Direito Comparado

Direito Comparado

Volume II
OBRIGAÇÕES

2018

Dário Moura Vicente
Catedrático da Faculdade de Direito
da Universidade de Lisboa

ALMEDINA

DIREITO COMPARADO
OBRIGAÇÕES, VOLUME II

AUTOR: Dário Moura Vicente
DIAGRAMAÇÃO: Almedina
DESIGN DE CAPA: FBA
ISBN: 978-85-8493-437-9

Dados Internacionais de Catalogação na Publicação (CIP)
(Câmara Brasileira do Livro, SP, Brasil)

Vicente, Dário Moura
Direito comparado : obrigações, volume II /
Dário Moura Vicente. -- São Paulo : Almedina, 2018.

Bibliografia.
ISBN 978-85-8493-437-9

1. Direito comparado 2. Obrigações (Direito)
I. Título.

18-22307 CDU-340.5

Índices para catálogo sistemático:
1. Direito comparado 340.5
Cibele Maria Dias - Bibliotecária - CRB-8/9427

Este livro segue as regras do novo Acordo Ortográfico da Língua Portuguesa (1990).

Novembro, 2018

EDITORA: Almedina Brasil
Rua José Maria Lisboa, 860, Conj.131 e 132, Jardim Paulista | 01423-001 São Paulo | Brasil
editora@almedina.com.br
www.almedina.com.br

In memoriam
Inocêncio Galvão Telles
(1917-2010)

DO AUTOR:

- *Da arbitragem comercial internacional. Direito aplicável ao mérito da causa*, Coimbra, Coimbra Editora, 1990.
- *Comentário à Convenção de Bruxelas*, Lisboa, Lex, 1994 (em coautoria com M. Teixeira de Sousa).
- *Da responsabilidade pré-contratual em Direito Internacional Privado*, Coimbra, Almedina, 2001.
- *Direito Internacional Privado. Ensaios*, Coimbra, Almedina, vol. I, 2002; vol. II, 2005; vol. III, 2010.
- *Problemática internacional da sociedade da informação*, Coimbra, Almedina, 2006.
- *A tutela internacional da propriedade intelectual*, Coimbra, Almedina, 2008.
- *O Direito Comparado após a Reforma de Bolonha*, Lisboa, Coimbra Editora, 2009.
- *La propriété intellectuelle en droit international privé*, Leiden/Boston, Martinus Nijhoff Publishers, 2009.
- *Direito Comparado*, vol. I, *Introdução. Sistemas jurídicos em geral*, Coimbra, Almedina, 3ª ed., 2014.

O AUTOR AGRADECE:

- À Faculdade de Direito da Universidade de Lisboa, a licença sabática concedida no ano letivo de 2014/15.
- Ao *Max Planck-Institut für ausländisches und Internationales Privatrecht*, de Hamburgo, a bolsa de estudos atribuída com vista à elaboração deste trabalho e o estágio de investigação proporcionado em 2015.
- À *Bibliothèque Cujas de Droit et Sciences Économiques*, de Paris, à *DuFour Law Library*, de Washington, D.C., ao *Institut Suisse de Droit Comparé*, de Lausanne, e ao Instituto de Direito Comparado da *Ludwig-Maximilians-Universität*, de Munique, as facilidades de trabalho concedidas entre 2015 e 2017.

ADVERTÊNCIAS

- Esta obra encontra-se atualizada com bibliografia e jurisprudência publicadas até junho de 2017; só excecionalmente foi possível tomar em consideração elementos posteriores.
- As obras referidas nas notas encontram-se identificadas com os principais dados relevantes na primeira citação; nas seguintes, apenas abreviadamente.
- As referências completas às obras citadas figuram na bibliográfica geral constante do § 3º, *a)* a *c)*, e na bibliografia específica inserida no termo de cada capítulo.
- Os diplomas legais citados correspondem, na falta de outra menção, às versões disponíveis nos sítios Internet mencionados no § 3º, *f)*.
- Quando não for indicada outra proveniência, as decisões judiciais citadas no texto são extraídas das bases de dados indicadas no § 3º, *g)*.
- Todas as traduções de textos originariamente publicados em línguas estrangeiras são, salvo indicação em contrário, da responsabilidade do autor.

ÍNDICE GERAL

Capítulo I
Introdução

§ 1º Objeto da obra. Relevância e atualidade do tema

I – Vamos ocupar-nos nesta obra do Direito Comparado das Obrigações. Podemos defini-lo como o estudo comparativo do regime jurídico das obrigações, que tomaremos aqui, de acordo com uma orientação que remonta ao Direito Romano[1], como os vínculos jurídicos em virtude dos quais uma pessoa fica adstrita para com outra a realizar uma prestação[2].

[1] I., 3, 13, pr.: «*Obligatio est iuris vinculum, quo necessitate adstringimur alicuius solvendae rei, secundum nostrae civitatis iura*» («A obrigação é o vínculo jurídico por força do qual estamos necessariamente adstritos a pagar algo a outrem, segundo as leis da nossa cidade»). Sobre esta noção, consultem-se: Reinhard Zimmermann, *The Law of Obligations. Roman Foundations of the Civilian Tradition*, Oxford, 1996, pp. 1 ss.; Jean Gaudemet, «Naissance d'une notion juridique. Les débuts de l'"obligation" dans le droit de la Rome antique», *Arch. phil. droit*, 2000, pp. 19 ss.; A. Santos Justo, *Direito Privado Romano – II (Direito das Obrigações)*, Coimbra, 2003, pp. 14 ss.; Ricardo Panero Gutiérrez, *Derecho Romano*, 4ª ed., Valencia, 2008, pp. 464 s.; David Deroussin, *Histoire du droit des obligations*, 2ª ed., Paris, 2012, pp. 9 ss.; Max Kaser/Rolf Knütel, *Römisches Privatrecht*, 20ª ed., Munique, 2014, pp. 184 ss.; e Peter Birks, *The Roman Law of Obligations*, Oxford, 2016, pp. 2 ss.

[2] Veja-se o art. 397º do Código Civil português e, sobre a genealogia deste preceito, António Menezes Cordeiro, *Tratado de Direito Civil*, vol. VI, 2ª ed., Coimbra, 2012, pp. 23 ss., com mais referências. No Brasil, a definição referida no texto é aceite por Orlando Gomes/Edvaldo Brito, *Obrigações*, 18ª ed., Rio de Janeiro, 2016, p. 9. Na doutrina francesa, define também a obrigação como um vínculo jurídico («*lien de droit*») entre duas ou mais pessoas, em virtude do qual uma delas deve fazer algo para a outra, Jean Carbonnier, *Droit civil*, vol. II, *Les biens. Les obligations*, reimpressão, Paris, 2004, p. 1917. Outra não é a noção que prevalece na doutrina italiana: cfr. Francesco Galgano, *Diritto privato*, 16ª ed., Pádua, 2013, pp. 193 s. («l'obbligazione si presenta come un rapporto o un vincolo ... che lega un soggetto ad un altro soggetto per l'esecuzione di una data prestazione»). Na Alemanha, utiliza-se preferentemente, a este respeito, a expressão «relação obrigacional» («*Schuldverhältnis*»). Em virtude desta, declara o § 241 (1) do BGB, «o credor tem o direito de exigir do devedor uma prestação». Encara-se, pois, neste preceito (que se refere apenas à denominada relação obriga-

Pedra angular dos sistemas jurídicos romano-germânicos, a obrigação, assim entendida, não tem um exato equivalente nas famílias jurídicas, como a de *Common Law,* em que não se deu a receção do Direito Romano. O termo é decerto utilizado por alguma literatura inglesa como conceito-quadro que compreende as noções de *contract, tort* e *restitution*[3]. Mas esse conceito está longe de possuir para os *common lawyers* o mesmo significado que tem para os juristas continentais[4]. Primeiro, porque nos Direitos romanistas a obrigação é o elemento nuclear de um sistema, que inexiste nos países de *Common Law.* Segundo, porque nestes países se tende a colocar a ênfase nos remédios jurídicos e não nos vínculos abstratos que unem os sujeitos jurídicos: a obrigação interessa aos juristas anglo-saxónicos essencialmente na perspetiva da sanção devida pela sua inexecução e não na dos direitos que confere aos respetivos sujeitos («*remedies precede rights*»)[5]. Terceiro, porque, como se verá no lugar oportuno desta obra, nos sistemas de *Common Law* o credor não pode, por via de regra, exigir em juízo a realização da prestação a que o devedor se obrigou, mas tão-só a indemnização do dano causado pelo seu incumprimento[6].

O que acabamos de dizer não nos impede de identificar na generalidade dos sistemas jurídicos um conjunto de situações em que uma pessoa se encontra adstrita a fazer ou a não fazer algo no interesse de outra e de confrontar quanto a este *tertium comparationis* os regimes estabelecidos nesses sistemas jurídicos, em ordem a identificar as semelhanças e diferenças entre os mesmos e a determinar a sua justificação racional. É essa indagação que nos propomos levar a cabo em seguida.

Importa notar que em diversos sistemas jurídicos contemporâneos, com destaque para o alemão (e, na esteira dele, o suíço, português e o brasileiro), se recon-

cional em sentido restrito) a mesma realidade sob o prisma oposto ao do Código português, i.é, o da pretensão («*Anspruch*»), que antes ainda da adoção do Código alemão Windscheid colocara no centro do sistema jurídico; mas o sentido último da definição legal é o mesmo. Vejam-se, sobre o ponto, Karl Larenz, *Lehrbuch des Schuldrechts,* vol. I, *Allgemeiner Teil,* 14ª ed., Munique, 1987, pp. 6 ss.; Joachim Gernhuber, *Das Schuldverhältnis,* Tubinga, 1989; Medicus/Lorenz, *Schuldrecht I. Allgemeiner Teil,* 18ª ed., Munique, 2008, pp. 3 s.; *Staudingers Kommentar*/Olzen, § 241, n.m. 36 ss.; Dirk Looschelders, *Schuldrecht. Allgemeiner Teil,* 13ª ed., Munique, 2015, pp. 1 ss.; Hans Brox/Wolf-Dietrich Walker, *Allgemeines Schuldrecht,* 39ª ed., Munique, 2015, pp. 7 ss.; *Münchener Kommentar*/Ernst, Einl. § 241, n.m. 10; *Palandt*/Grüneberg, Einl. v. § 214, n.m. 3.

[3] *Vide,* por todos, *Cheshire, North & Fawcett Private International Law,* 14ª ed. (por J.J. Fawcett e J. M. Carruthers), Londres, 2008, pp. 663 ss.

[4] Reconhece-o, por exemplo, Geoffrey Samuel, *Law of Obligations and Legal Remedies,* 2ª ed., Londres, 2001, p. 252.

[5] Neste sentido também David/Pugsley *Les contrats en droit anglais,* 2ª ed., Paris, 1985, p. 53.

[6] «The only universal consequence of a legally binding promise is, that the law makes the promisor pay damages if the promised event does not come to pass»: cfr. Oliver Wendell Holmes, *The Common Law,* reimpressão, Boston, etc., 1963, p. 236. Voltaremos a este tema adiante, no § 13º, *c).*

duz ainda ao conceito de relação obrigacional, além do referido vínculo singular, todo o vasto acervo de deveres de conduta (*maxime* de proteção, lealdade e informação) que se acham associados aos deveres de prestação por força de disposições legais específicas ou do princípio da boa-fé[7].

Tais deveres de conduta podem, aliás, constituir-se independentemente de existirem, a cargo dos respetivos sujeitos, quaisquer deveres de prestação; e isto em virtude de meros contactos negociais («*geschäftliche Kontakte*») entre os quais avulta o estabelecimento de negociações com vista à celebração de um contrato[8]. Nestes casos, admite-se nos referidos sistemas jurídicos a existência de uma «relação obrigacional sem deveres primários de prestação» («*Schuldverhältnis ohne primäre Leistungspflichten*»). O cumprimento dos deveres de conduta que a integram não é, bem entendido, suscetível de ser reclamado autonomamente em juízo; mas a sua violação pode dar origem, como se verá adiante, a pretensões indemnizatórias submetidas às regras gerais da responsabilidade obrigacional.

Como é bom de ver, este conceito de relação obrigacional – cuja consagração jurisprudencial foi classificada por Franz Wieacker[9] como uma «modificação radical» do Direito das Obrigações originariamente acolhido no Código Civil

[7] Haja vista ao § 241 (2) do BGB, aditado a este diploma legal em 2002, segundo o qual: «A relação obrigacional pode, em razão do seu conteúdo, vincular cada uma das partes a ter em consideração os direitos, bens jurídicos e interesses da outra parte». Sobre essa disposição, consultem-se Hans Christoph Grigoleit, «Leistungspflichten und Schutzpflichten», *in* Andreas Heldrich e outros (orgs.), *Festchrift für Claus-Wilhelm Canaris*, vol. I, Munique, 2007, pp. 275 ss.; Medicus/Lorenz, *Schuldrecht I. Allgemeiner Teil*, pp. 244 ss.; Looschelders, *Schuldrecht. Allgemeiner Teil*, pp. 6 ss.; e *Münchener Kommentar*/Bachmann, § 241, n.m. 2 e 46 ss. Na Suíça, pese embora a ausência de uma definição legal, distingue-se também a relação obrigacional em sentido restrito (entendida como «le lien juridique entre deux personnes en vertu duquel l'une est ténue envers l'autre d'exécuter une prestation»: veja-se Pierre Tercier/Pascal Pichonnaz, *Le droit des obligations*, 5ª ed., Zurique, 2012, p. 1) da relação obrigacional em sentido amplo (na qual se compreendem ainda deveres acessórios e de proteção: cfr. Ernst A. Kramer/Bruno Schmidlin, *Berner Kommentar zum schweizerischen Privatrecht*, vol. VI, *Das Obligationenrecht*, Berna, 1986, pp. 19 s.). Na doutrina portuguesa, esta conceção acerca da relação obrigacional foi acolhida, entre outros, por Carlos da Mota Pinto, *Cessão da posição contratual*, reimpressão, Coimbra, 1982, pp. 330 ss.; António Menezes Cordeiro, *Da boa-fé no Direito Civil*, Coimbra, 1985, vol. I, pp. 585 ss.; Manuel Carneiro da Frada, *Contrato e deveres de protecção*, Coimbra, 1994, pp. 36 ss.; João Antunes Varela, *Das obrigações em geral*, vol. I, 10ª ed., Coimbra, 2003, pp. 64 ss. e 121 ss.; Mário Júlio de Almeida Costa, *Direito das Obrigações*, 12ª ed., Coimbra, 2009, pp. 73 ss.; e Luís Menezes Leitão, *Direito das Obrigações*, vol. I, 14ª ed., Coimbra, 2017, pp. 117 ss. No Brasil, aderiram a ela Clóvis do Couto e Silva, *A obrigação como processo*, São Paulo, 1976, pp. 7 ss.; Judith Martins-Costa, *A boa-fé no Direito Privado. Critérios para a sua aplicação*, São Paulo, 2015, pp. 197 ss.; e Cláudia Lima Marques, *Contratos no Código de Defesa do consumidor. O novo regime das relações contratuais*, 8ª ed., São Paulo, 2016, pp. 224 ss.

[8] Cfr. o § 311 (2) do BGB e, sobre esta disposição, o que dizemos *infra*, no § 7º, *a)*.

[9] Cfr. *História do Direito Privado Moderno*, tradução portuguesa por António Hespanha, 2ª ed., Lisboa, 1993, p. 597.

alemão – tem um âmbito consideravelmente mais vasto do que aquele que pertence ao de obrigação na sua aceção primitiva atrás referida[10].

A exposição subsequente compreenderá também esta vertente das relações obrigacionais, a qual constitui, como veremos oportunamente, um importante fator de diferenciação dos sistemas jurídicos aqui examinados, cuja *ratio essendi* importará por isso igualmente esclarecer.

II – O estudo comparativo do Direito das Obrigações desempenha hoje várias funções de relevo, que cumpre referir[11].

Em primeiro lugar, ele é indispensável à interpretação do Direito nacional, o qual – não obstante os traços de originalidade que o caraterizam – é, no caso português, amplamente tributário de experiências jurídicas estrangeiras.

Em segundo lugar, é nele que radicam o desenvolvimento jurisprudencial deste ramo do Direito e a sua reforma legislativa, que não podem deixar de atender às soluções consagradas além-fronteiras para os mesmos problemas jurídicos. Disso são exemplos as diversas iniciativas empreendidas na Europa ao longo da última década e meia, tendo em vista a modernização do Direito das Obrigações, entre as quais se destacam: *a)* Na Alemanha, a Lei para a Modernização do Direito das Obrigações alemão («*Gesetz zur Modernisierung des Schuldrechts*»), em vigor desde 1 de janeiro de 2002[12]; *b)* Em Espanha, a proposta de reforma do Livro IV do Código Civil, relativo ao Direito das Obrigações e Contratos, publicada em 2009 pela Comissão Geral de Codificação do Ministério da Justiça[13]; e *c)* Em França, a *Ordonnance* nº 2016-131, de 10 de fevereiro de 2016, relativa à Reforma do Direito dos Contratos, do Regime Geral e da Prova das Obrigações[14], e o *Anteprojeto de Lei de Reforma da Responsabilidade Civil*, de 2016[15].

[10] Cfr. sobre o ponto, em perspetiva histórica e comparativa, Eugen Bucher, «"Schuldverhältnis" des BGB: ein Terminus – drei Begriffe», *in eisudem* (org.), *Norm und Wirkung. Beiträge zum Privat- und Wirtschaftsrecht aus heutiger und historischer Perspektive. Festschrift für Wolfgang Wiegand zum 65. Geburtstag*, Berna/Munique, 2005, pp. 93 ss.; e *Historisch-kritischer Kommentar*/Dorn, § 241 n.m. 6 ss.

[11] Cfr. sobre o tema, genericamente, o nosso *Direito Comparado*, vol. I, 3ª ed., Coimbra, 2014, § 4º.

[12] Sobre cujos pressupostos podem ver-se, por muitos, Claus-Wilhelm Canaris (org.), *Schuldrechtsmodernisierung 2002*, Munique, 2002, e Reinhard Zimmermann, *The New German Law of Obligations. Historical and Comparative Perspectives*, Oxford, 2005. Consultem-se ainda, em língua portuguesa: António Menezes Cordeiro, «A modernização do Direito das Obrigações», *ROA*, 2002, pp. 91 ss., 319 ss. e 711 ss.; *idem*, *Da modernização do Direito Civil*, vol. I, *Aspectos gerais*, Coimbra, 2004, pp. 69 ss.; e Claus-Wilhelm Canaris, «O novo Direito das Obrigações na Alemanha», *RBDC*, 2004, pp. 3 ss.

[13] Cfr. Comisión General de Codificación, *Propuesta para la modernización del Derecho de obligaciones y contratos*, Ministerio de Justicia, Madrid, 2009.

[14] Publicada no *Journal Officiel de la République Française*, de 11 de fevereiro de 2016. Nos termos do seu art. 9, este diploma legal entra em vigor em 1 de outubro de 2016; os contratos concluídos

Em terceiro lugar, a comparação jurídica é essencial à correta aplicação de leis estrangeiras, sempre que (como frequentemente sucede) estas sejam escolhidas pelas partes nos contratos internacionais ou designadas por regras de conflitos de Direito Internacional Privado[16]; e bem assim à compreensão do exato alcance de certas cláusulas padrão («*boilerplate clauses*») amiúde inseridas nos contratos internacionais, mas cujos efeitos podem divergir significativamente consoante a lei aplicável[17].

O enorme interesse suscitado nos últimos anos pelo Direito Comparado das Obrigações – bem patente no vasto número de publicações que lhe têm sido dedicadas e de que se dará conta adiante – acha-se, além disso, estreitamente ligado aos projetos que se encontram atualmente em curso de harmonização e

antes dessa data ficam, no entanto, submetidos à lei antiga. Foi precedida do *Anteprojeto de Reforma do Direito das Obrigações*, coordenado por Pierre Catala, de 2005 (*Avant-projet de réforme du droit des obligations (articles 1101 à 1386 du Code civil) et du droit de la prescription (articles 2234 à 2281 du Code civil). Rapport à M. Pascal Clément Garde des Sceaux, Ministre de la Justice, 22 septembre 2005*, disponível em http://www.justice.gouv.fr); do *Projeto de Reforma do Direito das Obrigações* divulgado em 2008 pelo Ministério da Justiça (*Projet de réforme du droit des obligations*, disponível em http://www.dimitri-houtcieff.fr); e do *Projeto de Reforma do Direito dos Contratos e do Regime Geral e da Prova das Obrigações*, divulgado pelo Governo francês em 2015 (*Projet d'Ordonnance portant réforme du droit des contrats, du régime général et de la preuve des obligations*, disponível em http://www.justice.gouv.fr). Ver, sobre a reforma francesa, John Cartwright/Stefan Vogenauer/Simon Whittaker (orgs.), *Reforming the French Law of Obligations: Comparative Reflections on the Avant-projet de reforme du droit des obligations et de la prescription («The Avant-projet Catala»)*, Oxford, 2009; Philippe Chauviré (org.), *La réforme du droit des contrats : du projet à l'ordonnance*, Paris, 2016 ; Alain Bénabent/Laurent Aynès (orgs.), *Réforme du droit des contrats : quelles innovations?*, Paris, 2016 ; Ana Quiñones Escámez, «El derecho contractual francés (2016)», *in* Sánchez Lorenzo (org.), *Derecho Contractual Comparado. Una perspectiva europea y transnacional*, 3ª ed., Madrid, 2016, t. I, pp. 243 ss.; e António Menezes Cordeiro, «A reforma francesa do Direito das Obrigações», *RDC*, 2017, pp. 9 ss.

15 Cfr. Direction des Affaires Civiles et du Sceau, *Avant-projet de loi réforme de la responsabilité civile*, disponível em http://www.textes.justice.gouv.fr/art_pix/avpjl-responsabilite-civile.pdf.

16 Tem interesse notar, a este respeito, que de acordo com uma estatística publicada pela Câmara de Comércio Internacional, em 79,8% dos contratos que deram origem a litígios submetidos a arbitragem naquela instituição, as partes escolheram o Direito aplicável ao mérito da causa. O Direito inglês foi o mais frequentemente escolhido (em 11,9% dos casos), seguido do suíço (10,2%), do alemão (7,2%), dos Direitos norte-americanos (7,1%), em especial o de Nova Iorque, e do francês (6,7%). Cfr. *International Court of Arbitration Bulletin*, 2008, pp. 5 ss. Mais recentemente, a preferência da *praxis* contratual internacional pelo Direito inglês e pelo Direito suíço foi confirmada pelo estudo de Gilles Cuniberti, *The International Market for Contracts. The Most Attractive Contract Laws*, Luxemburgo, 2014.

17 Estão neste caso as cláusulas, forjadas na *praxis* contratual anglo-saxónica mas hoje disseminadas por todo o mundo, designadas por *entire agreement, no waiver, no oral amendments, severability, liquidated damages, indemnity, representations and warranties, hardship* e *force majeure*. Sobre este fenómeno e os problemas que suscita na contratação internacional, veja-se Giuditta Cordero-Moss (org.), *Boilerplate Clauses, International Commercial Contracts and the Applicable Law*, Cambridge, 2011.

unificação do Direito das Obrigações, com destaque para os que incidem sobre o regime das obrigações contratuais.

Na União Europeia, sobressaem neste contexto as Diretivas que, desde os meados dos anos 80, têm procurado aproximar os Direitos nacionais, *v.g.*, no tocante às cláusulas abusivas nos contratos celebrados com os consumidores, à contratação à distância, à venda de bens de consumo e ao comércio eletrónico[18]. Entre 2000 e 2003, foram publicados os *Princípios de Direito Europeu dos Contratos*, emanados da denominada Comissão Lando, que procuraram identificar regras comuns aos sistemas jurídicos europeus quanto a esta fonte de obrigações[19]. Em 2009, saiu a lume o «Projeto de Quadro Comum de Referência» («*Draft Common Frame of Reference*» ou DCFR), que contém princípios, definições e regras-modelo em matéria de contratos, de gestão de negócios, de responsabilidade extracontratual e de enriquecimento sem causa[20]. E em 2011 a Comissão Europeia divulgou uma Proposta de Regulamento do Parlamento Europeu e do Conselho relativo a um Direito Europeu Comum da Compra e Venda («*Common European Sales Law*» ou CESL)[21]. No plano dos conflitos de leis, a unificação do regime europeu das obrigações contratuais e extracontratuais consumou-se com a publicação, em 2007 e 2008, dos regulamentos de Roma I e Roma II[22].

Em África, foi encetado um movimento paralelo sob a égide da Organização para a Harmonização do Direito dos Negócios em África (OHADA), da qual emanou, além de um *Ato Uniforme Sobre o Direito Comercial Geral* no qual se contém uma minuciosa regulamentação do contrato de compra e venda mercantil[23], um projeto de *Ato Uniforme Sobre o Direito dos Contratos*[24]. Mais recentemente, foi

[18] A fim de designarem este acervo normativo empregam alguns autores o conceito de *Direito Europeu dos Contratos* ou *Direito dos Contratos da União Europeia*: cfr. Karl Riesenhuber, *EU-Vertragsrecht*, Tubinga, 2013; e Reiner Schulze/Fryderyk Zoll, *Europäisches Vertragsrecht*, Baden-Baden, 2015.

[19] Cfr. Commission on European Contract Law, *Principles of European Contract Law, Parts I and II*, Haia/Londres/Boston, 2000; *Part III*, Haia/Londres/Nova Iorque, 2003.

[20] Cfr. Christian von Bar/Eric Clive/Hans Schulte-Nölke (orgs.), *Principles, Definitions and Model Rules of European Private Law. Draft Common Frame of Reference (DCFR). Outline Edition*, Munique, 2009.

[21] Doc. COM (2011) 635 final.

[22] Cfr. o Regulamento (CE) do Parlamento Europeu e do Conselho nº 593/2008, de 17 de junho de 2008, sobre a lei aplicável às obrigações contratuais («Roma I»), aplicável aos contratos celebrados a partir de 17 de dezembro de 2009; e o Regulamento (CE) nº 864/2007 do Parlamento Europeu e do Conselho, de 11 de julho de 2007, relativo à lei aplicável às obrigações extracontratuais («Roma II»), aplicável aos factos danosos ocorridos após 11 de janeiro de 2009.

[23] Cfr. *Acte uniforme du 15 décembre 2010 portant sur le droit commercial général*, reproduzido em Joseph Issa-Sayegh/Paul-Gérard Pougoué/Filiga Michel Sawadogo (coords.), *OHADA. Traité et actes uniformes commentés et annotés*, 4ª ed., s.l., 2014.

[24] Cfr. *Acte Uniforme OHADA sur le droit des contrats. Avant-projet*, s.l., 2004.

publicado um *Projeto de Texto Uniforme Relativo ao Direito Geral das Obrigações no Espaço OHADA*[25].

À escala mundial, desenvolveram-se desde os anos 20 do século passado, sob a égide de diferentes organizações intergovernamentais, diversos trabalhos com o mesmo objetivo fudamental, que culminaram na *Convenção das Nações Unidas Sobre a Compra e Venda Internacional de Mercadorias*, de 1980[26], e nos *Princípios UNIDROIT Sobre os Contratos Comerciais Internacionais*, cuja última versão foi publicada em 2017[27].

Todas estas iniciativas suscitam a questão de saber se, e em que medida, podem ser superadas, por via da unificação ou harmonização de legislações, as diferenças de regime existentes entre os Direitos nacionais em matéria de obrigações. Também deste tema nos iremos, pois, ocupar na exposição subsequente.

§ 2º Âmbito e plano da exposição

Nas sociedades contemporâneas são principalmente de duas ordens os factos jurídicos suscetíveis de gerarem relações obrigacionais: o contrato e os factos geradores de responsabilidade civil extracontratual. A exposição subsequente centrar-se-á, por isso, na análise destas figuras perante as principais famílias jurídicas (capítulos II e IV)[28].

Ocupar-nos-emos contudo também nesta obra dos negócios jurídicos unilaterais enquanto fontes de obrigações. Embora esta categoria seja desconhecida, como se verá, de vários sistemas jurídicos, e não obstante o seu caráter excecional nos próprios sistemas jurídicos que a admitem, tem inequívoco interesse examiná-la numa ótica de comparação de Direitos. É o que se fará no capítulo III.

[25] Cfr. Fondation pour le droit continental, *Projet de texte uniforme portant Droit général des obligations dans l'espace OHADA*, 2015, disponível em http://www.fondation-droitcontinental.org.

[26] De que pode ver-se uma tradução portuguesa *in* Maria Ângela Bento Soares/Rui Moura Ramos, *Contratos internacionais. Compra e venda. Cláusulas penais. Arbitragem*, Coimbra, 1986, pp. 443 ss. Cfr. o texto e o estado das ratificações da Convenção em http://www.uncitral.org.

[27] Cfr. International Institute for the Unification of Private Law, *UNIDROIT Principles of International Commercial Contracts 2016*, Roma, 2017. Existe tradução em língua portuguesa de uma versão anterior do articulado, disponível em http://www.unidroit.org.

[28] Será a propósito delas que se examinarão as situações reconduzidas por alguma doutrina à denominada *terceira via* («*Dritte Spur*») da responsabilidade civil, com destaque para a culpa na formação dos contratos e o contrato com eficácia protectora de terceiros, situadas na fronteira entre aquelas duas categorias de fontes das obrigações. Como se verá, é ainda fundamentalmente a partir das regras relativas aos contratos e à responsabilidade extracontratual que se constrói o regime dessas situações na maior parte dos sistemas jurídicos nacionais, embora se admita em alguns deles (como o português) a combinação dessas regras, atendendo à sua índole mista ou híbrida. Cfr. *infra*, §§ 7º, *a)*, e 12º, *b)*.

Às mencionadas fontes das obrigações acrescem ainda a gestão de negócios e o enriquecimento sem causa, que, embora com diverso relevo, integram igualmente o elenco dos factos constitutivos de vínculos obrigacionais em vários sistemas jurídicos nacionais; também esses institutos irão, por isso, ser examinados nos capítulos V e VI, respetivamente.

A comparação a que procederemos neste estudo incidirá predominantemente sobre os sistemas jurídicos integrados na família romano-germânica – com destaque para os que vigoram na Alemanha, em França, em Portugal e nos demais países lusófonos – e sobre os que pertencem à família de *Common Law* – entre os quais privilegiaremos os Direitos inglês e dos Estados Unidos da América. Não deixaremos, no entanto, de dar conta também do modo como os problemas aqui colocados são hoje resolvidos em duas outras tradições jurídicas do maior relevo: a muçulmana e a chinesa.

Procuraremos identificar, ao longo deste estudo, os principais *tipos de soluções* consagrados naqueles sistemas jurídicos para os problemas examinados. O que implica que, relativamente a cada tema, a atenção dada a esses sistemas não seja necessariamente a mesma: procurando manter-nos fiéis a um princípio de economia, que deve nortear toda a comparação jurídica, deter-nos-emos particularmente, a respeito de cada tema examinado, nos sistemas jurídicos mais representativos de cada tipo de solução identificado.

Resulta do exposto que iremos considerar as obrigações essencialmente sob o prisma das suas fontes, e não tanto da disciplina geral que para elas se encontra estabelecida em certos ordenamentos jurídicos nacionais (como é o caso do alemão e do português). Compreender-se-á a opção assim feita: a ausência, em vários sistemas jurídicos aqui considerados (nomeadamente nos de *Common Law*[29]), de uma teoria geral das obrigações torna inviável um estudo que tome esta última como base de uma «grelha comparativa»[30].

Não se logrará por certo desta forma uma análise exaustiva do regime jurídico das obrigações nos ordenamentos referidos; mas tão-pouco é esse o propósito deste estudo. Pretendemos antes captar e expor aqui os carateres essenciais do regime jurídico a que se subordinam nesses ordenamentos as situações da vida pelas quais tipicamente se constituem obrigações (ou, *rectius*, relações obrigacionais), em ordem a determinar o que há neles de comum quanto a esta matéria e quais as diferenças capitais que os separam.

[29] Nos quais o regime das obrigações se reparte, como se verá, por três ramos de Direito autónomos – *Contracts, Torts* e *Restitution* –, que estão longe de constituir um sistema dotado de princípios e categorias comuns a esses diferentes domínios.

[30] Ver, sobre esta noção, o nosso *Direito Comparado*, vol. I, § 8º, e a demais bibliografia aí citada.

Procuraremos sintetizar os resultados desta indagação, enunciando sumariamente, no termo dela, as principais conceções do Direito das Obrigações que se desprendem da análise comparativa empreendida (capítulo VII).

Não daremos, todavia, por concluída a nossa investigação sem examinarmos um outro ponto. É que este estudo tem como pano de fundo a contemporânea «globalização», ou «mundialização», da economia e a intensificação do comércio internacional que lhe está associada, as quais, no entender de alguns, postulam a eliminação das diferenças entre as legislações nacionais em matéria de obrigações, tidas como um embaraço à livre circulação dos bens e à prestação de serviços através das fronteiras.

Eis por que, após a comparação dos Direitos nacionais, nos ocuparemos ainda das fontes das obrigações nos principais textos normativos supra- e internacionais que visam harmonizar e unificar esta matéria, a respeito dos quais indagaremos, nomeadamente, se e em que medida lograram os mesmos superar, ou pelo menos mitigar, as diferenças de regime detetadas entre os sistemas jurídicos nacionais, esbatendo assim a diversidade das conceções acerca do Direito das Obrigações que lhes estão subjacentes (capítulo VIII).

Este, por conseguinte, o itinerário que nos propomos seguir nas páginas subsequentes. Antes de começarmos a percorrê-lo, importa dizer uma palavra acerca das fontes bibliográficas mais relevantes para o estudo das matérias indicadas. É o que faremos de imediato.

§ 3º Orientação bibliográfica[31]

a) Obras gerais de Direito Comparado das Obrigações e de Direito Privado Comparado

Alpa, Guido – *Il diritto privato nel prisma della comparazione*, Turim, Giappichelli, 2004.
–, Michael Joachim, Bonell, Diego Corapi, Luigi Moccia, Vicenzo Zeno-Zencovich e Andrea Zoppini – *Diritto Privato Comparato. Istituti e problemi*, 5ª ed., Roma, Editori Laterza, 2004.

Bar, Christian von (org.) – *Deliktsrecht in Europa*, Colónia, etc., Carl Heymanns, 1993. – *Gemeineuropäisches Deliktsrecht*, 2 vols., Munique, C. H. Beck, 1996/1999.

Betti, Emilio – *Cours de droit civil comparé des obligations*, Milão, Giuffrè, 1958.

Bussani, Mauro, e Anthony Sebock (orgs.) – *Comparative Tort Law. Global Perspectives*, Cheltenham, Edward Elgar, 2015.

Cabrillac, Rémy – *Droit européen comparé des contrats*, Paris, LGDJ, 2012.

Caemmerer, Ernst von, e Peter Schlechtriem (Chief Editors) – *Restitution/Unjust Enrichment and Negotiorum Gestio, in IECL*, vol. X, Tubinga/Leiden/Boston, Mohr Siebeck/ Nijhoff, 2007.

[31] Apenas se referem neste lugar obras de âmbito geral. Indica-se no termo de cada capítulo a bibliografia específica a ele respeitante.

Dam, Cees van – *European Tort Law*, 2ª ed., Oxford, Oxford University Press, 2014.

DiMatteo, Larry, e Martin Hogg (orgs.) – *Comparative Contract Law. British and American Perspectives*, Oxford, Oxford University Press, 2015.

Galgano, Francesco (org.) – *Atlante di diritto privato comparato*, 3ª ed., Bolonha, 1999.

Harris, Donald, e Denis Tallon (orgs.) – *Le contrat aujourd'hui: comparaisons franco-anglaises*, Paris, LGDJ, pp. 38 ss.

Kötz, Hein – *Europäisches Vertragsrecht*, 2ª ed., Tubinga, Mohr Siebeck, 2015 (existe tradução inglesa da 1ª edição, por Tony Weir, com o título *European Contract Law*, Oxford, Clarendon Press, 1997).

Mehren, Arthur Taylor von (Chief Editor) – *Contracts in General, in IECL*, vol. VII, Tubinga/Leiden, Mohr Siebeck/Nijhoff, 2008.

Portale, Giuseppe B. – *Lezioni di Diritto Privato Comparato*, 2ª ed., 2007.

Rainer, J. Michael – *Europäisches Privatrecht. Die Rechtsvergleichung*, Frankfurt a. M., Peter Lang, 2002.

Ranieri, Filippo – *Europäisches Obligationenrecht. Ein Handbuch mit Texten und Materialien*, 3ª ed., Viena/Nova Iorque, Springer, 2009.

Rheinstein, Max – *Die Struktur des vertraglichen Schuldverhältnisses im anglo-amerikanischen Recht*, Berlim/Leipziga, Walter de Gruyter, 1932 (reimpressão, 2013).

Sánchez Lorenzo, Sixto (org.) – *Derecho contractual comparado. Una perspectiva europea y transnacional*, 3ª ed., Madrid, Civitas/Thomson Reuters, 2016.

Schulze, Rainer, e Fryderyk Zoll – *The Law of Obligations in Europe. A New Wave of Codifications*, Munique, Sellier, 2013.

Smits, Jan – *Contract Law: A Comparative Introduction*, 2ª ed., Cheltenham/Northampton, Edward Elgar, 2017.

Tunc, André (Chief Editor) – *Torts, in IECL*, vol. XI, Tubinga/Haia, Mohr Siebeck/Nijhoff, 1983.

Zimmermann, Reinhard – *The Law of Obligations. Roman Foundations of the Civilian Tradition*, Oxford, Clarendon Press, 1996.

Zweigert, Konrad, e Hein Kötz – *Einführung in die Rechtsvergleichung*, 3ª ed., Tubinga, Mohr Siebeck, 1996, capítulos C-E (existe tradução inglesa, por Tony Weir, com o título *An Introduction to Comparative Law*, Oxford, Clarendon Press, 1998).

b) Obras sobre sistemas jurídicos específicos

I – Direito alemão

Brox, Hans, e Wolf-Dietrich Walker – *Allgemeiner Teil des BGB*, 38ª ed., Colónia/Munique, Carl Heymanns Verlag, 2014. – *Allgemeines Schuldrecht*, 39ª ed., Munique, C.H. Beck, 2015. – *Besonderes Schuldrecht*, 39. ª ed., Munique, C.H. Beck, 2015.

Canaris, Claus-Wilhelm – *Schuldrechtsmodernisierung 2002*, Munique, C.H. Beck, 2002.

Flume, Werner – *Allgemeiner Teil des Bürgerlichen Rechts*, vol. II, *Das Rechtsgeschäft*, 4ª ed., Berlim, etc., Springer Verlag, 1992.

Historisch-kritischer Kommentar zum BGB, por Mathias Schmoeckel, Joachim Rückert e Reinhard Zimmermann (orgs.), Tubinga, Mohr Siebeck, 2003/2013 (cit. *Historisch-kritischer Kommentar*/autor).

Köhler, Helmut – *BGB. Allgemeiner Teil*, 39ª ed., Munique, C.H. Beck, 2015.

Kötz, Hein – *Vertragsrecht*, 2ª ed., Tubinga, Mohr Siebeck, 2012. – e Gerhard Wagner – *Deliktsrecht*, 12ª ed., Munique, Vahlen, 2013.

Larenz, Karl – *Lehrbuch des Schuldrechts*, Munique, C.H. Beck, vol. I, *Allgemeiner Teil*, 14ª ed., 1987; vol. II, t. 1, *Besonderer Teil*, 13ª ed.; t. 2, 13ª ed. (por C.W. Canaris), 1994. – e Manfred Wolf – *Allgemeiner Teil des Bürgerlichen Rechts*, 9ª ed., Munique, C.H. Beck, 2004.

Looschelders, Dirk – *Schuldrecht. Allgemeiner Teil*, 13ª ed., Munique, Franz Vahlen, 2015.

Markesinis, Basil, e Hannes Unberath – *The German Law of Torts. A Comparative Treatise*, 4ª ed., Oxford/Portland, Hart Publishing, 2002. – e Angus Johnston – *The German Law of Contract: A Comparative Treatise*, 2ª ed., Oxford/Portland, Hart Publishing, 2006.

Medicus, Dieter – *Allgemeiner Teil des BGB*, 9ª ed., Heidelberga, C.F. Müller, 2006. - e Stefan Lorenz – *Schuldrecht*, vol. I, *Allgemeiner Teil*, 18ª ed., Munique, C.H. Beck, 2008.

Münchener Kommentar zum Bürgerlichen Gesetzbuch, 7ª ed., Munique, C.H. Beck, 2015/17 (cit. *Münchener Kommentar*/autor).

Palandt, Otto – *Bürgerliches Gesetzbuch mit Nebengesetzen*, 76ª ed., por Gerd Brudermüller e outros, Munique, C.H. Beck, 2017 (cit. *Palandt*/autor).

Pédamon, Michel – *Le contrat en droit allemand*, 2ª ed., Paris, LGDJ, 2004.

J. von Staudingers Kommentar zum Bürgerlichen Gesetzbuch mit Einführungsgesetz und Nebengesetzen, Buch 2: Recht der Schuldverhältnisse, 14ª ed., Berlim, Sellier/De Gruyter, 2010 (cit. *Staudingers Kommentar*/autor).

Wolf, Manfred, e Jörg Neuner – *Allgemeiner Teil des Bürgerlichen Rechts*, 10ª ed., Munique, C.H. Beck, 2012.

Zimmermann, Reinhard – *The New German Law of Obligations. Historical and Comparative Perspectives*, Oxford, Oxford University Press, 2005.

II – Direito brasileiro

Amaral, Francisco – *Direito Civil. Introdução*, 8ª ed., Rio de Janeiro, Renovar, 2014.

Diniz, Maria Helena – *Manual de Direito Civil*, São Paulo, Saraiva, 2011.

Fiuza, César – *Direito Civil*, 18ª ed., São Paulo, Revista dos Tribunais, 2015.

Gomes, Orlando – *Obrigações*, 18ª ed., revista e atualizada por Edvaldo Brito, Rio de Janeiro, Forense, 2016.

Gonçalves, Carlos Roberto – *Direito Civil Brasileiro*, vol. 2, *Teoria geral das obrigações*, 11ª ed., São Paulo, Saraiva, 2014.

Machado, Antônio Costa (org.), e Silmara Juny Chinellato (coord.) – *Código Civil Interpretado*, 7ª ed., São Paulo, Manole, 2014.

Marques, Cláudia Lima – *Contratos no Código de Defesa do Consumidor. O novo regime das relações contratuais*, 8ª ed., São Paulo, Revista dos Tribunais, 2016.

Miranda, Francisco Pontes de – *Tratado de Direito Privado*, tomos XXII a XXVI, *Direito das Obrigações*, São Paulo, Revista dos Tribunais, 2012 (tomos XXII a XXV, atualizados por Nelson Nery Jr. e Rosa Maria de Andrade Nery; tomo XXVI, atualizado por Ruy Rosado de Aguiar Jr. e Nelson Nery Jr.).

Nery, Rosa Maria de Andrade, e Nelson Nery Junior – *Instituições de direito civil*, São Paulo, Revista dos Tribunais, vol. I, tomo I, *Teoria geral do Direito Privado*; vol. I, tomo II, *Parte geral*; vol. II, *Direito das Obrigações*.

Tartuce, Flávio – *Direito Civil*, vol. 2, *Direito das Obrigações e Responsabilidade Civil*, 4ª ed., São Paulo, Editora Método, 2009.

Teixeira, Sálvio de Figueiredo (coord.) – *Comentários ao Novo Código Civil*, Rio de Janeiro, Editora Forense, 2003.

Wald, Arnoldo – *Direito Civil*, São Paulo, Saraiva, vol. 1, *Introdução e Parte Geral*, 14ª ed., 2015; vol. 2, *Direito das Obrigações e Teoria Geral dos Contratos*, 22ª ed., 2015; vol. 7, *Responsabilidade civil*, 3ª ed., 2015.

III – Direito chinês

Bu, Yuanshi (org.) – *Chinese Civil Law*, Munique, C.H. Beck/Hart/Nomos, 2013.

Chen, Jianfu – *Chinese Law: Context and Transformation*, Leiden/Boston, Martinus Nijhoff Publishers, 2008, capítulo 12.

Feuerstein, Mario – *Grundlagen und Besonderheiten des ausservertraglichen Haftungsrechtes der VR China*, Osnabrück, Universitätsverlag Rasch, 2001.

Fu, Junwei – *Modern European and Chinese Contract Law. A Comparative Study of Party Autonomy*, Alphen aan den Rijn, Kluwer, 2011.

Henderson, Dan, Preston M. Torbert e Huaishi Xie – «Contract Law in the Far East – China and Japan», *in International Encyclopedia of Comparative Law*, vol. VII, capítulo 6.

Ling, Bing – *Contract Law in China*, Hong Kong/Singapura/Malásia, Sweet & Maxwell, 2002.

Shi, Ping – *Die Prinzipien des chinesischen Vertragsrechts. Eine rechtsvergleichende Untersuchung aus deutscher Sicht*, Frankfurt a.M., etc., Peter Lang, 2005.

Timoteo, Marina – *Il contratto in Cina e Giappone nello specchio dei diritti occidentali*, Pádua, Cedam, 2004.

Zhang, Mo – *Chinese Contract Law. Theory and Practice*, Martinus Nijhoff, 2006.

IV – Direito espanhol

Díez-Picazo, Luis – *Fundamentos del derecho civil patrimonial*, Madrid, Thomson Reuters/Civitas, tomo I, *Introducción. Teoría del contrato*, 6ª ed., 2007; tomo II, *Las relaciones obligatorias*, 6ª ed., 2008; tomo V, *Responsabilidad Civil Extracontractual*, 2011. - e Antonio Gullón – *Sistema de derecho civil*, Madrid, Tecnos, vol. I, *Introducción. Derecho de la persona. Autonomía privada. Persona jurídica*, 12ª ed., 2012; vol. II, tomo 1, *El contrato en general. La relación obligatoria*, 11ª ed., 2016; tomo 2, *Contratos en especial. Cuasi contratos. Enriquecimiento sin causa. Responsabilidad extracontractual*, 11ª ed., 2015.

Hernández Gil, Antonio – *Obras completas*, tomo III, *Derecho de Obligaciones*, Madrid, Espasa-Calpe, 1988.

V – Direito dos Estados Unidos da América

American Law Institute – *Restatement of the Law Second. Torts Second*, St. Paul, Minesota, American Law Institute Publishers, 1965/1979 (parcialmente substituído por: *Restatement of the Law Third. Torts: Products Liability*, 1998; *Apportionment of Liability*, 2000; e *Liability for Physical and Emotional Harm*, 2010/2012). – *Restatement of the Law Second. Contracts Second*, St. Paul, Minesota, American Law Institute Publishers, 1981. – *Restatement of the Law Third, Agency*, St. Paul, Minesota, American Law Institute Publishers, 2006. – *Restatement of the Law Third. Restitution and Unjust Enrichment*, St. Paul, Minesota, American Law Institute Publishers, 2011. – *A Concise Restatement of Torts*,

3ª ed., St. Paul, Minesota, American Law Institute Publishers, 2013 (por Ellen M. Bublick).

Dobbs, Dan B., Paul T. Hayden e Ellen M. Bublick – *Hornbook on Torts,* 2ª ed., St. Paul, Minesota, 2016.

Farnsworth, Allan Edward – *Farnsworth on Contracts,* 3ª ed., Nova Iorque, Aspen, 3 vols., 2004; *2015-2 Cumulative Supplement,* Nova Iorque, Wolters Kluwer. – *Contracts,* 4ª ed., Nova Iorque, Aspen, 2004.

Garner, Bryan A. (*Editor in Chief*) – *Black's Law Dictionary,* 9ª ed., St. Paul, Minn., West Group, 2009.

Hay, Peter – *US-Amerikanisches Recht,* 6ª ed., Munique, etc., C.H. Beck e outros, 2015, capítulo 5.

Klass, Gregory – *Contract Law in the USA,* Austin, etc., Wolters Kluwer, 2010.

Mehren, Arthur Taylor von, e Peter L. Murray – *Law in the United States,* 2ª ed., Cambridge, Cambridge University Press, 2007, capítulo 3.

Murray on Contracts, 3ª ed., Charlottesville, Virginia, The Michie Company, 1990.

Prosser and Keeton on the Law of Torts, 5ª ed., por W. Page Keeton, Dan Dobbs, Robert Keeton e David Owen, St. Paul, Minesota, West Publishing Co., 1984; suplemento de atualização, 1988.

Williston, Samuel – *A Treatise on the Law of Contracts,* 4ª ed., por Richard A. Lord, Rochester, Nova Iorque, Lawyers Cooperative, 1990.

VI – Direito francês

Bénabent, Alain – *Droit des obligations,* 15ª ed., Paris, LGDJ, 2016.

Carbonnier, Jean - *Droit Civil,* vol. II, *Les biens. Les obligations,* reimpressão, Paris, Quadrige/PUF, 2004.

Fabre-Magnan, Muriel – *Droit des obligations,* Paris, PUF, vol. I, *Contrat et engagement unilatéral,* 4ª ed., 2016; vol. II, *Responsabilité civile et quasi-contrats,* 3ª ed., 2013.

Ghestin, Jacques (org.) – *Traité de Droit Civil,* Paris, LGDJ, *La formation du contrat,* 4ª ed., 2013, tomo 1, *Le contrat : le consentement,* tomo 2, *L'objet et la cause, les nullités* (por Jacques Ghestin, Grégoire Loiseau e Yves-Marie Serinet); *Les effets du contrat,* 3ª ed., 2001 (por Jacques Ghestin, Christophe Jamin e Marc Billiau) ; *Introduction à la responsabilité,* 3ª ed., 2008 (por Geneviève Viney); *Les conditions de la responsabilité,* 4ª ed., 2013 (por Geneviève Viney, Patrice Jourdain e Suzanne Carval) ; *Les effets de la responsabilité,* 3ª ed., 2011 (por Geneviève Viney e Patrice Jourdain).

Malaurie, Jean, Laurent Aynès e Philippe Stoffel-Munck – *Droit des obligations,* 8ª ed., Paris, LGDJ, 2016.

Mazeaud, Henri, Léon Mazeaud, Jean Mazeaud e François Chabas – *Leçons de droit civil,* t. II, *Obligations,* vol. 1, *Théorie générale,* 9ª ed., Paris, Montchrestien, 1998.

Nicholas, Barry – *The French Law of Contract,* 2ª ed., Oxford, Clarendon Press, 2005.

Starck, Boris, Henri Roland e Laurent Boyer – *Droit civil. Les Obligations. 2. Contrat,* 6ª ed., Paris, Litec, 1998.

Terré, François, Philippe Simler e Yves Lequette – *Droit civil. Les obligations,* 11ª ed., Paris, Dalloz, 2013.

VII – Direito holandês

Hartkamp, Athur S. – *Contract Law in the Netherlands*, 2ª ed., Alphen aan den Rijn, Kluwer, 2015.

Jong, Grietje de, Bart Krans e M. H. Wissink – *Verbintenissenrecht algemeen*, 4ª ed., Alphen aan den Rijn, Kluwer, 2014.

VIII – Direito inglês

Anson's Law of Contract, 30ª ed., por Jack Beatson, Andrew Burrows e John Cartwright, Oxford, Oxford University Press, 2016.

Atiyah's Accidents, Compensation and the Law, 8ª ed., por Peter Cane, Cambridge, Cambridge University Press, 2013.

Atiyah's Introduction to the Law of Contract, 6ª ed., por Stephen Smith, Oxford, Oxford University Press, 2005.

Birks, Peter – *Unjust Enrichment*, 2ª ed., Oxford, Clarendon Press, 2005.

Burrows, Andrew – *The Law of Restitution*, 3ª ed., Oxford, Oxford University Press, 2011.

Cartwright, John – Contract Law: An Introduction to the English Law of Contract for the Civil Lawyer, 2ª ed., Oxford, Hart Publishing, 2013.

Cheshire, Fifoot and Furmston's Law of Contract, 16ª ed., por Michael Furmston, Oxford, Oxford University Press, 2012.

Chitty on Contracts, 32ª ed., Londres, Sweet & Maxwell/Thomson Reuters, 2015, vol. I, *General Principles*, por H. G. Beale (general editor) e outros.

David, René – *Les contrats en droit anglais*, 2ª ed., por David Pugsley e Françoise Grivart de Kerstrat, Paris, LGDJ, 1985.

Goff, Robert, e Gareth Jones – *The Law of Unjust Enrichment*, 9ª ed., por Charles Mitchell, Paul Mitchell e Stephen Watterson, Londres, Sweet & Maxwell, 2016.

Markesinis and Deakin's Tort Law, 7ª ed., por Simon Deakin, Angus Johnston e Basil Markesinis, Oxford, Clarendon Press, 2013.

Pollock's Principles of Contract, 13ª ed., por Percy H. Winfield, Londres, Stevens & Sons, 1950.

Salmond and Heuston on the Law of Torts, 19ª ed., por R.A. Buckley, Londres, Sweet & Maxwell, 1987.

Samuel, Geoffrey – *Law of Obligations and Legal Remedies*, 2ª ed., Londres, Canvendish, 2001.

Treitel, Guenter H. – *An Outline of the Law of Contract*, 6ª ed., Oxford, Oxford University Press, 2004. – *The Law of Contract*, 14ª ed., por Edwin Peel, Londres, Sweet & Maxwell/Thomson Reuters, 2015.

Winfield and Jolowicz on Tort, 19ª ed., por Edwin Peel e James Goudkamp, Londres, Sweet & Maxwell/Thomson Reuters, 2014.

IX – Direito italiano

Alpa, Guido – *Manuale di Diritto Privato*, 8ª ed., Pádua, Cedam, 2013.

Bianca, Cesare Massimo – *Diritto Civile*, Milão, Giuffrè, vol. 3, *Il contratto*, 2ª ed., 2000; vol. 4, *L'obbligazione*, 1993; vol. 5, *La responsabilità*, 1994.

Galgano, Francesco – *Diritto privato*, 16ª ed., Pádua, Cedam, 2013.

Roppo, Vincenzo – *Diritto Privato*, Turim, Giappichelli, 2010.

Trimarchi, Pietro – *Istituzioni di diritto privato*, 20ª ed., Milão, Giuffrè, 2014.

X – Direito muçulmano

Bellefonds, Y. Linant de – *Traité de droit musulman comparé*, I, *Théorie générale de l'acte juridique*, Paris/Haia, Mouton & Co., 1965.

Buang, Ahmad Hidayat – *Studies in the Islamic Law of Contracts: The Prohibition of Gharar*, Kuala Lumpur, International Law Book Services, 2000.

Chehata, Chafik – *Essai d'une théorie générale de l'obligation en droit musulman*, reimpressão, Paris, LGDJ, 2005.

Comair-Obeid, Nayla – *Les contrats en droit musulman des affaires*, Paris, Economica, 1995.

Coulson, Noel – *Commercial Law in the Gulf States*, Londres, Graham & Trotman, 1984.

Mansuri, M. T. – *Islamic Law of Contracts and Business Transactions*, Adam Publishers, Delhi, 2010.

Niazi, Liaquat Ali Khan – *Islamic Law of Contract*, Lahore, Dyal Sing, 1991.

Rayner, Susan E. – *The Theory of Contracts in Islamic Law: A Comparative Analysis With Particular Reference To the Modern Legislation in Kuwait, Bahrein and the United Arab Emirates*, Londres, Graham & Troman, 1991.

Schacht, Joseph – *An Introduction to Islamic Law*, reimpressão, Oxford, Clarendon Press, 1982, capítulos 20 e 21.

Vogel, Frank E. – «Contract Law of Islam and the Arab Middle East», *in International Encyclopedia of Comparative Law*, vol. VII, capítulo 7.

Wichard, Johannes Christian – *Zwischen Markt und Moschee. Wirtschaftliche Bedürfnisse und religiöse Anforderungen im frühen islamischen Vertragsrecht*, Paderborn, etc., Ferdinand Schöningh, 1995.

XI – Direito português

Alarcão, Rui de – *Direito das Obrigações*, Coimbra, 1983 (com a colaboração de J. Sousa Ribeiro, J. Sinde Monteiro, Almeno de Sá e J.C. Proença).

Almeida, Carlos Ferreira de – *Contratos*, Coimbra, Almedina, vol. I, *Conceito. Fontes. Formação*, 5ª ed., reimpr., 2015; vol. II, *Conteúdo. Contratos de troca*, 4ª ed., 2016; vol. III, *Contratos de cooperação, de liberalidade e de risco*, 2012; vol. IV, *Funções. Circunstâncias. Interpretação*, 2014.

Ascensão, José de Oliveira – *Direito Civil. Teoria Geral*, Coimbra, Coimbra Editora, vol. I, *Introdução. As pessoas. Os bens*, 1997; vol. II, *Ações e factos jurídicos*, 2ª ed., 2003; vol. III, *Relações e situações jurídicas*, 2002.

Cordeiro, António Menezes – *Da boa-fé no Direito Civil*, 2 vols., Coimbra, Almedina, 1985 (existe reimpressão em um volume, de 1997). – *Da modernização do Direito Civil*, vol. I, *Aspectos gerais*, Coimbra, Almedina, 2004. – *Tratado de Direito Civil*, Coimbra, Almedina, vols. I, 4ª ed., 2012; II, 4ª ed., 2014 (com a colaboração António Barreto Menezes Cordeiro); VI, 2ª ed., 2012; VII, reimpr. 2014; VIII, reimpr., 2014; IX, 3ª ed., 2017.

Costa, Mário Júlio de Almeida – *Direito das Obrigações*, 12ª ed., Coimbra, Almedina, 2009.

Faria, Jorge Ribeiro – *Direito das Obrigações*, Coimbra, Almedina, 1990.

Fernandes, Luís A. Carvalho – *Teoria Geral do Direito Civil*, 2 vols., 5ª ed., Lisboa, Universidade Católica Editora, 2009/2010.

Hörster, Heinrich E. – *A parte geral do Código Civil português. Teoria geral do direito civil*, Coimbra, Almedina, 1992.

Leitão, Luís de Menezes – *Direito das Obrigações*, Coimbra, Almedina, vol. I, *Introdução. Da constituição das obrigações*, 14ª ed., 2017; vol. II, *Transmissão e extinção das obrigações. Não cumprimento e garantias do crédito*, 11ª ed., 2017.

Lima, Fernando Andrade Pires de, e João de Matos Antunes Varela – *Código Civil anotado*, Coimbra, Coimbra Editora, vol. I, 4ª ed., 1987 (com a colaboração de Manuel Henrique Mesquita); vol. II, 4ª ed., 1997.

Oliveira, Nuno Pinto – *Princípios de Direito dos Contratos*, Coimbra, Coimbra Editora, 2011.

Pinto, Carlos Mota – *Teoria Geral do Direito Civil*, 4ª ed., Coimbra, Coimbra Editora, 2005 (por António Pinto Monteiro e Paulo Mota Pinto).

Sousa, Rabindranath Capelo de – *Teoria Geral do Direito Civil*, vol. I, Coimbra, Coimbra Editora, 2003.

Telles, Inocêncio Galvão – *Direito das Obrigações*, 7ª ed., Coimbra, Coimbra Editora, 1997.
– *Manual dos contratos em geral*, 4ª ed., Coimbra, Coimbra Editora, 2002.

Varela, João de Matos Antunes – *Das obrigações em geral*, Coimbra, Almedina, vol. I, 10ª ed., reimpr., 2003; vol. II, 7ª ed., 1997.

Vasconcelos, Pedro Pais de – *Teoria Geral do Direito Civil*, 7ª ed., Coimbra, Almedina, 2012.

XII – Direito suíço

Berner Kommentar zum schweizerischen Privatrecht, vol. VI, *Das Obligationenrecht*, por Ernst A. Kramer e Bruno Schmidlin, Berna, Stämpfli & Cie, 1986.

Engel, Pierre – *Traité des obligations en droit suisse*, 2ª ed., Berna, Staempfli, 1997.

Gauch, Peter, Walter R. Schluep, Jörg Schmid e Susan Emmenegger – *Schweizerisches Obligationenrecht, Allgemeiner Teil ohne ausservertragliches Haftpflichtrecht*, 2 vols., 7ª ed., Zurique, Schulthess, 1998.

Guhl, Theo – *Das schweizerische Obligationenrecht*, 8ª ed., Zurique, Schulthess, 1995.

Tercier, Pierre, e Pascal Pichonnaz – *Le droit des obligations*, 5ª ed., Zurique, Schulthess, 2012.

c) Obras gerais sobre a unificação e a harmonização internacional do Direito das Obrigações

AAVV – *Um Código Civil para a Europa. A Civil Code for Europe. Un Code Civil pour l'Europe*, Coimbra, Coimbra Editora, 2002.

AAVV – *Worldwide Harmonisation of Private Law and Regional Economic Integration. Acts of the Congress to Celebrate the 75th Anniversary of the Founding of the International Institute for the Unification of Private Law (UNIDROIT), ULR/RDU*, vol. VIII, 2003, nºs 1 e 2.

AAVV – *Celebrating the 25th Anniversary of the United Nations Convention on Contracts for the International Sale of Goods. Articles Presented March 15-18, 2005, The Journal of Law and Commerce*, 2006.

Accademia dei Giusprivatisti Europei – *Code européen des contrats. Avant-projet*, Milão, Giuffrè, Livro I, 2ª ed., 2004; Livro II, Título I, 2007.

Afonso, Ana Isabel (org.) – *Um Direito Europeu das Obrigações? A influência do DCFR*, Porto, Universidade Católica Portuguesa, 2015.

Basedow, Jürgen, Klaus J. Hopt e Reinhard Zimmermann (orgs.) – *Handwörterbuch des Europäischen Privatrechts*, Tubinga, Mohr Siebeck, 2009 (versão em inglês com o título *Max Planck Encyclopedia of European Private Law*, Oxford, Oxford University Press, 2012).

Bianca, Cesare Massimo, e Michael Joachim Bonell (orgs.) – *Commentary on the International Sales Law. The 1980 Vienna Sales Convention*, Milão, Giuffrè, 1987.

Commission on European Contract Law (org.) – *Principles of European Contract Law, Parts I and II*, Haia/Londres/Boston, Kluwer, 2000; *Part III*, Haia/Londres/Nova Iorque, Kluwer, 2003.

DiMatteo, Larry, André Janssen, Ulrich Magnus e Reiner Schulze (orgs.) – *International Sales Law. Contract, Principles & Practice*, Baden-Baden, Nomos/C.H. Beck/Hart, 2016.

European Group on Tort Law (org.) – *Principles of European Tort Law*, Viena/Nova Iorque, 2005.

Hartkamp, Arthur, Martijn Hesselink, Ewoud Hondius, Chantal Mak e C. Edgar du Perron (orgs.) – *Towards a European Civil Code*, Alphen aan den Rijn/Nijmegen, Wolters Kluwer/Ars Aequi Libri, 3ª ed., 2004; 4ª ed., 2011 (salvo indicação em contrário, é citada adiante a última edição).

Honnold, John D. (org.) – *Uniform Law for International Sales under the 1980 United Nations Convention*, 3ª ed., s.l., Kluwer, 1999.

Issa-Sayegh, Joseph, Paul-Gérard Pougoué e Filiga Michel Sawadogo (orgs.) – *OHADA. Traité et actes uniformes commentés et annotés*, 4ª ed., s.l., 2014.

Kröll, Stefan, Loukas Mistelis e Pilar Perales Viscasillas (orgs.) – *UN Convention on Contracts for the International Sale of Goods (CISG). Commentary*, Munique, C.H. Beck/Hart/Nomos, 2011 (cit. *Kröll/Mistelis/Perales Viscasillas*/autor).

Mancuso, Salvatore – *Direito Comercial Africano (OHADA)*, Coimbra, Almedina, 2012.

Nalin, Paulo e Renata Steiner – *Compra e venda internacional de mercadorias. A convenção das Nações Unidas sobre compra e venda internacional de mercadorias (CISG)*, Belo Horizonte, Forum, 2016.

Schlechtriem, Peter, e Ingeborg Schwenzer – *Kommentar zum Einheitlichen UN-Kaufrecht. Das Übereinkommen der Vereinten Nationen über Verträge über dem internationalen Warenkauf – CISG*, 6ª ed., Munique/Basileia, C.H. Beck/Helbing Lichtenhahn, 2013.

Schlechtriem, Peter, e Ulrich G. Schroeter – *Internationales UN-Kaufrecht*, 5ª ed., Tubinga, Mohr Siebeck, 2013.

Schulze, Reiner (org.) – *Common European Sales Law. Commentary*, Baden-Baden, etc., Nomos, etc., 2012.

Schulze, Reiner, e Fryderyk Zoll – *Europäisches Vertragsrecht*, Baden-Baden, Nomos, 2015.

Soares, Maria Ângela Bento, e Rui Moura Ramos – *Contratos internacionais. Compra e venda. Cláusulas penais. Arbitragem*, Coimbra, Almedina, 1986.

Study Group on a European Civil Code/Research Group on EC Private Law (org.) – *Principles, Definitions and Model Rules of European Private Law. Draft Common Frame of Reference (DCFR). Outline Edition*, Munique, Sellier, 2009; *Full Edition*, 6 vols., Munique, Sellier, 2009.

UNIDROIT Principles of International Commercial Contracts 2016, Roma, UNIDROIT, 2017.

Vogenauer, Stefan (org.) – *Commentary on the UNIDROIT Principles of International Commercial Contracts (PICC)*, 2ª ed., Oxford, Oxford University Press, 2015.

d) Coletâneas de legislação e outros materiais

Beale, Hugh, Bénédicte Fauvarque-Cosson, Jacobien Rutgers, Denis Tallo e Stefan Vogenauer (orgs.) – *Cases, Materials and Text on Contract Law*, 2ª ed., Oxford/Portland, Hart Publishing, 2010.

Beatson, Jack, e Eltjo Schrage (orgs.) – *Unjustified Enrichment*, Oxford/Portland, Hart Publishing, 2003

Van Gerven, Walter, Jeremy Lever, Pierre Larouche, Christian von Bar e Geneviève Viney – *Tort Law. Scope of Protection*, Oxford, Hart Publishing, 1998.

Goode, Roy, Herbert Kronke, Ewan McKendrick e Jeffrey Wool – *Transnational Commercial Law. International Instruments and Commentary*, Oxford, Oxford University Press, 2004.

Gordley, James, e Arthur Taylor von Mehren – *An Introduction to the Comparative Study of Private Law. Readings, Cases, Materials*, Cambridge, Cambridge University Press, 2006.

Graziano, Thomas Kadner – *Comparative Contract Law. Cases, Materials and Exercises*, Basingstoke, Palgrave Macmillan, 2009.

Levasseur, Alain A. – *Comparative Law of Contracts. Cases and Materials*, Durham, North Carolina, Carolina Academic Press, 2008.

Magnus, Ulrich – *Europäisches Schuldrecht/European Law of Obligations/Droit européen des obligations Verordnungen und Richtlinien/Regulations and Directives/Règlements et Directives*, Munique, Sellier, 2002. – *Global Trade Law. International Business Law of the United Nations and UNIDROIT. Collection of UNCITRAL's and UNIDROIT's Conventions, Model Acts, Guides and Principles*, Munique, Sellier, 2004.

Schwenzer, Ingeborg, e Markus Müller-Chen – *Rechtsvergleichung. Fälle und Materialien*, Tubinga, J.C.B. Mohr (Paul Siebeck), 1996.

e) Publicações periódicas

Electronic Journal of Comparative Law (http://www.ejcl.org)
European Review of Contract Law (Berlim)
European Review of Private Law (Deventer)
Journal of Tort Law (Berkeley)
Journal of European Tort Law (Berlim)
Rabels Zeitschrift für Ausländisches und Internationales Privatrecht (Tubinga)
Revista Brasileira de Direito Comparado (Rio de Janeiro)
Revista de Direito Civil (Lisboa)
Scientia Iuridica. Revista de Direito Comparado Luso-Brasileiro (Braga)
Zeitschrift für Gemeinschaftsprivatrecht (Munique)
Zeitschrift für Europäisches Privatrecht (Munique)

f) Códigos e outras leis civis disponíveis em linha

Código Civil alemão – http://www.gesetze-im-internet.de/bgb
Código Civil brasileiro – http://www.planalto.gov.br/ccivil
Código Civil californiano – http://www.leginfo.ca.gov
Código Civil egípcio – http://sami-aldeeb.com
Código Civil espanhol – http://www.mjusticia.gob.es
Código Civil francês – http://www.legifrance.gouv.fr
Código Civil italiano – http://www.jus.unitn.it
Código Civil holandês – http://www.dutchcivillaw.com
Código civil húngaro – https://tdziegler.files.wordpress.com
Código civil macaense – http://bo.io.gov.mo

Código Civil português – http://www.pgdlisboa.pt
Código Civil quebequense – http://ccq.lexum.com/ccq/fr
Código das Obrigações e dos Contratos marroquino – http://rabat.eregulations.org
Código Civil e Código das Obrigações suíço – http://www.admin.ch
Código Civil e Comercial argentino – http://servicios.infoleg.gob.ar
Lei da Responsabilidade Civil da República Popular da China – http://www.npc.gov.cn
Lei dos Contratos da República Popular da China – http://www.npc.gov.cn
Lei dos Direitos Reais da República Popular da China – http://www.npc.gov.cn
Princípios Gerais de Direito Civil da República Popular da China – http://www.npc.gov.cn

g) Bases de dados de jurisprudência

http://www.bailii.org (British and Irish Legal Information Institute)
http://www.bundesgerichtshof.de (Supremo Tribunal Federal alemão)
http://www.uncitral.org/clout/index.jspx (Case Law on UNCITRAL Texts)
http://www.cortedicassazione.it (Tribunal da Cassação italiano)
http://courdecassation.fr (Tribunal da Cassação francês)
http://curia.europa.eu (Tribunal de Justiça da União Europeia)
http://www.dgsi.pt (Instituto das Tecnologias da Informação na Justiça)
http://www.giurcost.org (Tribunal Constitucional italiano)
https://www.judiciary.gov.uk (Courts and Tribunals Judiciary)
http://www.legifrance.gouv.fr (Legifrance)
http://www.rechtspraak.nl (Rechtspraak)
http://www.stj.jus.br (Superior Tribunal de Justiça do Brasil)
http://www.stj.pt (Supremo Tribunal de Justiça de Portugal)

h) Outras bases de dados disponíveis em linha

http://www.accademiagiusprivatistieuropei.it (Academia dos Jusprivatistas Europeus)
http://www.ali.org (American Law Institute)
http://www.biicl.org (British Institute of International and Comparative Law)
http://www.cisg-ac.org (CISG Advisory Council)
http://www.cisg-brasil.net (CISG Brasil)
http://www.cisg.law.pace.edu (Pace Law School/Institute of International Commercial Law)
http://www.cisg-online.ch (Universidade de Basileia/Global Sales Law)
http://www.cisgspanish.com (Universidade Carlos III de Madrid)
http://www.civil.udg.es/ecplp (European and Comparative Private Law Page)
http://www.comparativelaw.org (American Society of Comparative Law)
http://comparativelawblog.blogspot.com (Comparative Law Blog)
http://www.droitcivil.uottawa.ca/world-legal-systems/eng-monde.htm (World Legal Systems)
http://www.dvr.euv-frankfurt-o.de/Welcome.html (Der virtuelle Rechtsvergleicher)
http://ec.europa.eu/consumers/cons_int/safe_shop/fair_bus_pract/cont_law/common_frame_ref_en.htm (Projeto de Quadro Comum de Referência)
http://ec.europa.eu/justice/contract/index_pt.htm (Comissão Europeia/Justiça/Direito dos Contratos)

http://ec.europa.eu/internal_market/contractlaw/index_en.htm (Comissão Europeia/Mercado Interno/Direito dos Contratos)
http://www.egtl.org (European Group on Tort Law)
http://europa.eu.int (União Europeia)
http://www.fd.ul.pt/ICJ/luscommune.asp (Biblioteca Digital *Ius Commune*)
http://www.findlaw.com (Findlaw)
http://frontpage.cbs.dk/law/commission_on_european_contract_law (Commission on European Contract Law)
http://www.gddc.pt (Gabinete de Documentação e Direito Comparado)
http://www.glin.gov (Global Legal Information Network)
http://www.henricapitant.org (Association Henri Capitant)
http://www.isdc.ch (Institut Suisse de Droit Comparé)
http://www.iuscomp.org (The Comparative Law Society)
http://www.iuscomparatum.org (Académie Internationale de Droit Comparé)
http://www.juriguide.com (Juriguide)
http://jurisdiversitas.blogspot.com (Jurisdiversitas)
http://en.jurispedia.org (Jurispedia)
http://www.jus.uio.no/lm/eu.contract.principles.parts.1.to.3.2002/4.110.html (Princípios de Direito Europeu dos Contratos)
http://www.jus.unitn.it/dsg/common-core (The Common Core of European Private Law)
http://www.justinien.net (The Roman Law Library)
http://www.law.kuleuven.ac.be/casebook (Ius Commune Casebook Project)
http://www.legiscompare.com (Société de Legislation Comparée)
http://www.legis-palop.org (Base de Dados de Direito dos PALOP)
http://www.lexadin.nl/wlg (World Legal Guide)
http://www.loc.gov/law/guide (Library of Congress/Guide to Law Online)
http://www.mpipriv.de (Max-Planck-Institut für Ausländisches und Internationales Privatrecht)
http://www.nyulawglobal.org/globalex (New York University/Globalex)
http://www.ohada.com (Association pour l'Unification du Droit en Afrique)
http://ohada.org (OHADA)
http://www.ouclf.iuscomp.org (Oxford University Comparative Law Forum)
http://www.rechten.unimaas.nl/casebook (Ius Commune Casebook)
http://www.secola.org (Society for European Contract Law)
http://www.sgecc.net (Study Group on a European Civil Code)
http://ucl.ac.uk/laws/global_law/index.shtml (Institute of Global Law, University College London)
http://www.uncitral.org (Comissão das Nações Unidas para o Direito do Comércio Internacional)
http://www.unidroit.org (UNIDROIT)
http://www.unilex.info (UNILEX)
https://law.utexas.edu/transnational/foreign-law-translations (University of Texas at Austin)

Capítulo II
O contrato

§ 4º Preliminares

O contrato ocupa um lugar central entre as fontes das obrigações: é ele, nas economias de mercado, o instrumento jurídico por excelência da circulação de bens e serviços, assim como da colaboração entre os agentes económicos para a consecução de finalidades comuns.

Não obstante isso, o regime do contrato difere, nos sistemas jurídicos que nos propomos examinar neste estudo, quanto a vários aspetos essenciais: *a)* Os seus elementos constitutivos ou requisitos de existência; *b)* O regime da sua formação; *c)* A forma a que se encontra sujeito; *d)* A eficácia das cláusulas contratuais gerais utilizadas por uma ou ambas as partes; *e)* As regras a que obedece a interpretação e a integração da declaração negocial; *f)* As consequências da falta e dos vícios da vontade e da declaração negocial; *g)* Os efeitos que produz entre as partes e relativamente a terceiros; *h)* A admissibilidade de um controlo judicial do equilíbrio das prestações devidas ao abrigo dele; *i)* As regras que presidem ao cumprimento das obrigações dele emergentes e à definição das consequências do seu incumprimento; etc. É, por outro lado, também muito variável o fundamento da eficácia reconhecida ao contrato nesses sistemas jurídicos.

São estes, por conseguinte, os principais tópicos sobre os quais irá incidir a comparação que levaremos a efeito neste capítulo. Como se verá, as diferenças de regime entre os sistemas jurídicos considerados neste estudo permitem identificar *conceitos de contrato* muito diversos entre si. Apesar de constituir uma figura de âmbito universal – e de se verificar até, contemporaneamente, uma convergência de certos aspetos do seu regime, mercê dos instrumentos jurídicos internacionais e supranacionais que se analisarão adiante[32] – o contrato é

[32] Cfr. *infra*, § 46º.

ainda objeto de entendimentos muito díspares nos sistemas jurídicos nacionais, que procuraremos pôr aqui em evidência e cujas razões justificativas importará esclarecer.

Não menos relevantes são as diferenças que separam, no plano da técnica legislativa, os sistemas jurídicos em apreço quanto a esta matéria. Assim, ao passo que os sistemas jurídicos mais diretamente influenciados pela Pandectística – como é o caso do alemão, do português e do brasileiro – elegem o negócio jurídico («*Rechtsgeschäft*») como objeto primordial da disciplina jurídica das diferentes manifestações da autonomia privada, sedeando-a na parte geral do Código Civil[33], outros – como o francês, o suíço e o italiano – preferem regular apenas as manifestações concretas da autonomia privada na vida social, ocupando-se precipuamente, a este respeito, do contrato e mandando aplicar aos demais negócios jurídicos, com as necessárias adaptações, as regras do contrato[34]. Outros ainda – como é o caso do Direito inglês – limitam-se a disciplinar na lei certos contratos em especial, reservando à jurisprudência (salvo contadas exceções a que se fará referência adiante) a definição das regras gerais a que o contrato obedece.

A exposição subsequente versará, assim, sobre o contrato e não sobre o negócio jurídico em geral: este, em razão do exposto, dificilmente pode ser tomado como objeto de uma análise comparativa, pelo menos na medida em que esta compreenda sistemas jurídicos em que esse conceito é desconhecido. Tal a consequência, por outro lado, do *método funcional* com que opera o Direito Comparado, para o qual é imprestável, dado o alto grau de abstração que o carateriza, um conceito como o de negócio jurídico[35]. Não deixaremos, todavia, de nos referir aqui às disposições legais que disciplinam o negócio jurídico nos sistemas confrontados sempre que estes careçam, quanto a certos aspetos do seu regime, de disposições específicas sobre o contrato.

[33] Sobre a receção da Pandectística no Código Civil português podem ver-se, na literatura mais recente, António Pinto Monteiro, «A parte geral do Código, a teoria geral do direito civil e o direito privado europeu», *in Comemorações dos 35 anos do Código Civil e dos 25 anos da reforma de 1977*, vol. II, Coimbra, 2006, pp. 57 ss.; Jens Müller, *Der Allgemeine Teil im portugiesischen Zivilgesetzbuch. Entstehungsgeschichte und ausgewählte Einzelprobleme*, Hamburgo, 2008, pp. 54 ss.; e António Menezes Cordeiro, *Tratado de Direito Civil*, vol. I, 4ª ed., Coimbra, 2012, pp. 235 ss.

[34] Haja vista, designadamente, aos arts. 7 do Código Civil suíço, 1324 do Código Civil italiano e 1100-1 do Código Civil francês.

[35] Ver, neste sentido, Konrad Zweigert, «"Rechtsgeschäft" und "Vertrag" heute», *in* Ernst von Caemmerer *et al.* (orgs.), *Ius Privatum Gentium. Festschrift für Max Rheinstein*, Tubinga, 1969, vol. II, pp. 493 ss. (p. 499).

§ 5º Elementos constitutivos

a) Mútuo consenso

I – Nos sistemas romano-germânicos, o contrato constitui essencialmente um *acordo de vontades*, ou uma troca de consentimentos, tendente a coordenar interesses contrapostos[36].

Embora, como veremos, esses sistemas divirjam entre si quanto ao âmbito das matérias sobre as quais pode recair tal acordo, o *mútuo consenso* – a que aludia expressamente o art. 643º, nº 2, do Código Civil português de 1867 – constitui neles o elemento fundamental do contrato.

O Código Civil francês de 1804 acolheu esta ideia ao declarar, no art. 1101, que «[o] contrato é uma convenção pela qual uma ou mais pessoas se obrigam perante outra ou outras a dar, a fazer ou a não fazer certa coisa». O contrato era assim concebido, tal como o havia definido Pothier[37], como uma modalidade de convenção (do latim *conventio*, termo por seu turno derivado de *convenire*, i.é, reunir ou acordar): um *acordo de vontades*.

Essa ideia foi retomada na reforma do Código Civil francês de 2016, que definiu o contrato, na nova redação dada ao art. 1101, como «um acordo de vontades entre duas ou mais pessoas destinado a criar, modificar, transmitir ou extinguir obrigações»[38]. Desaparece aqui a referência à convenção, mas o requisito fun-

[36] Cfr., quanto ao Direito francês, Jean Carbonnier, *Droit civil*, vol. II *Les biens. Les obligations*, p. 1942; Jacques Ghestin, *Traité de droit civil. La formation du contrat*, t. 1, 4ª ed., Paris, 2013, p. 32; e François Terré/Philippe Simler/Yves Lequette, *Droit civil. Les obligations*, 11ª ed., Paris, 2013, p. 65; quanto ao Direito alemão, Werner Flume, *Allgemeiner Teil des Bürgerlichen Rechts*, vol. II, *Das Rechtsgeschäft*, 4ª ed., Berlim, etc., 1992, pp. 602 e 618; e Karl Larenz/Manfred Wolf, *Allgemeiner Teil des deutschen Bürgerlichen Rechts*, 9ª ed., Munique, 2004, pp. 550 ss.; Wolf/Neuner, *Allgemeiner Teil des bürgerlichen Rechts*, 10ª ed., Munique, 2012, pp. 314 ss.; quanto ao Direito italiano, Cesare Bianca, *Diritto civile*, vol. 3, *Il contratto*, 2ª ed., Milão, 2000, pp. 1 ss.; Francesco Galgano, *Diritto privato*, pp. 227 ss.; e Guido Alpa, *Manuale di Diritto Privato*, 8ª ed., Pádua, 2013, p. 400 ss.; e quanto ao Direito português, Castro Mendes, *Teoria Geral do Direito Civil*, vol. II, Lisboa, 1985, p. 313; Galvão Telles, *Manual dos contratos em geral*, 4ª ed., Coimbra, 2002, p. 73; Oliveira Ascensão, *Teoria Geral do Direito Civil*, vol. II, 2ª ed., 2003, p. 465; Antunes Varela, *Das Obrigações em geral*, vol. I, p. 216. Numa perspetiva de comparação de Direitos, veja-se Rodolfo Sacco, «Contract, Contrat, Vertrag», *Eur. Rev. Priv. Law*, 1999, pp. 237 ss.

[37] Cfr. Robert Joseph Pothier, *Traité des Obligations*, tomo I, Paris, 1764, p. 7: «Un contrat est une espèce de convention [...]. Une convention [...] est le consentement de deux ou plusieurs personnes, ou pour former entr'elles quelque engagement, ou pour en résoudre un précedent, ou pour le modifier. L'espèce de convention, qui a pour objet de former quelque engagement, est celle qu'on appelle contrat».

[38] Ver, sobre esse preceito, Muriel Fabre-Magnan, *Droit des obligations*, vol. I, *Contrat et engagement unilatéral*, 4ª ed., Paris, 2016, pp. 169 ss.; Alain Bénabent, *Droit des obligations*, 15ª ed., Paris, 2016, p. 30 ; Jean Malaurie/Laurent Aynès/Philippe Stoffel-Munck, *Droit des obligations*, 8ª ed., Paris, 2016, p. 227.

damental nela implícito, o acordo de vontades, mantém-se e ganhou até maior projeção[39].

A raiz da moderna noção de contrato como acordo de vontades é, contudo, bem mais longínqua: ela encontra-se no Direito Romano. Embora originariamente a celebração de contratos em Roma, tal como nas demais civilizações antigas, estivesse dominada pelo formalismo – sendo as solenidades exigidas para o efeito factos constitutivos das próprias obrigações e não meros modos de expressão da vontade negocial –, os juristas romanos desenvolveram a categoria, então excecional, dos *contratos consensuais*[40]. A ela reconduziram a compra e venda, a locação, a sociedade e o mandato, cuja validade dependia apenas da existência de um acordo (*consensus*) entre as partes[41]. Foi esta noção de contrato que, após ter sido consagrada pelo *Ius Commune* europeu, veio a ser acolhida nas codificações de Oitocentos.

Encontramo-la igualmente vertida em diversas codificações do século XX. Assim, a exigência de um acordo de vontades para a formação do contrato consta expressamente do art. 1º, nº 1, do Código das Obrigações suíço, segundo o qual o contrato se encontra perfeito quando as partes houverem, reciprocamente e de forma concordante, manifestado a sua vontade. Na mesma linha fundamental de orientação, dispõe o art. 1321 do Código Civil italiano de 1942 que o contrato é o acordo de duas ou mais partes para constituir, regular ou extinguir entre elas uma relação jurídica patrimonial. Por seu turno, o art. 6:213(1) do Código Civil holandês de 1992 declara que «[u]m contrato na aceção deste título é um negócio jurídico plurilateral, pelo qual uma ou mais partes assumem uma vinculação perante uma ou mais outras».

Os Códigos alemão, português e brasileiro, não definem o contrato; mas não sofre dúvida que também perante esses textos ele deve ser entendido como o negócio jurídico plurilateral que exprime um *acordo de vontades* quanto à produção de determinados efeitos de Direito[42].

[39] A distinção entre convenção e contrato – cuja relevância se prende essencialmente, como veremos, com a natureza dos seus efeitos possíveis – manteve-se todavia na Reforma de 2016: cfr. *infra*, § 12º, *a)*.

[40] Cfr. Birks, *The Roman Law of Obligations*, pp. 65 ss.

[41] Cfr. I. 3, 22: «*Consensu fiunt obligationes in emptionibus venditionibus, locationibus conductionibus, societatibus, mandatis. 1. Ideo autem istis modis consensu dicitur obligatio contrahi, quia neque scriptura neque praesentia omnimodo opus est, ac ne dari quidquam necesse est, ut substantiam capiat obligatio, sed sufficit eos qui negotium gerunt consentire*» («O consenso gera obrigações na compra e venda, na locação, na sociedade e no mandato. 1. Dizemos que, por estes modos, se contraem obrigações por consenso porque não se requer nenhuma formalidade nem de palavras nem de documentos, sendo suficiente que aqueles que celebram o negócio nele consintam »).

[42] Cfr., neste sentido, quanto ao Direito alemão, Wolf/Neuner, *Allgemeiner Teil*, p. 433; quanto ao Direito português, Carlos Ferreira de Almeida, *Contratos I*, 5ª ed., Coimbra, 2015, p. 29; e, quanto

Como se verá oportunamente, o princípio consensualista, assim acolhido nos sistemas romanistas, não tem relevância equiparável nos sistemas de *Common Law*, os quais reclamam por via de regra, em ordem a darem sanção à promessa contratual, que a esta corresponda uma *contrapartida negociada* a cargo da contraparte do promitente: a denominada *consideration*[43].

II – Agora pergunta-se: qual o escopo das matérias sobre as quais deve, nos sistemas jurídicos em apreço, haver mútuo consenso entre as partes a fim de que se possa ter o contrato por concluído? Terão estas de chegar a acordo quanto a todas as questões suscetíveis de se suscitarem a respeito do contrato? Ou poderão deixar algumas delas em aberto, sem prejuízo de se ter desde logo por concluído o contrato e de, por conseguinte, serem imediatamente exigíveis as prestações convencionadas?

O problema decorre da premência de que não raro se reveste a conclusão dos contratos e das dificuldades que as partes enfrentam, sobretudo nos contratos de maior complexidade, a fim de chegarem a acordo sobre todas as matérias por eles cobertas.

O Código português contemplou-o expressamente: «O contrato», diz o art. 232º, «não fica concluído enquanto as partes não houverem acordado em todas as cláusulas sobre as quais qualquer delas tenha julgado necessário o acordo».

Na mesma linha fundamental de orientação, estabelece o § 154 (1) do BGB que enquanto as partes não houverem acordado sobre todos os pontos do contrato sobre os quais deva existir acordo, ainda que por declaração de apenas uma das partes, tem-se o contrato, na dúvida, por não concluído; e que o acordo sobre determinados pontos não vincula as partes, ainda que haja sido consignado por escrito[44].

Prevalece nestes sistemas jurídicos, por conseguinte, o princípio da liberdade contratual na sua vertente negativa, i. é, a liberdade de não contratar («*negative Abschlussfreiheit*»)[45].

Das referidas disposições decorre, em todo o caso, que é lícito às partes deixarem, por acordo, certas matérias contratuais para determinação posterior, por elas próprias ou por um terceiro por elas escolhido[46].

ao Direito brasileiro, César Fiuza, *Direito Civil*, 18ª ed., São Paulo, 2015, p. 523.

[43] Cfr. *infra*, § 5º, *e)*.

[44] Na doutrina alemã admite-se, porém, uma exceção a essa regra no caso de as partes iniciarem de mútuo acordo a execução do contrato incompleto, caso em que a lacuna existente terá de ser suprida, na falta de consenso quanto ao ponto ou pontos em aberto, por «interpretação complementadora»: cfr., neste sentido, Dieter Medicus, *Allgemeiner Teil des BGB*, 9ª ed., Heidelberga, 2006, p. 172.

[45] Cfr. Larenz, *Lehrbuch des Schuldrechts*, vol. I, pp. 41 ss.

[46] Consoante se prevê, aliás, no art. 400º, nº 1, do Código português.

Concilia-se assim a exigência fundamental de mútuo consenso com o *favor contractus*. A referida exigência dos Direitos português e alemão não impede, pois, a celebração de contratos com *cláusulas em aberto*. À mesma conclusão se chega em face do Direito francês[47]. Outros sistemas jurídicos, como o suíço, vão mais longe, estabelecendo expressamente que, contanto que as partes hajam chegado a acordo quanto aos *essentialia negotii*, a incompletude do contrato não obsta à sua formação[48].

Como se verá adiante, esta questão suscita dificuldades particulares nos sistemas de *Common Law*, em razão da inexistência neles de codificações cujas regras supletivas possam servir de respaldo aos contratos incompletos; ao que não é evidentemente alheia a tendência, que neles se observa para a elaboração de contratos extremamente pormenorizados.

Requer-se em princípio nestes sistemas, a fim de que o contrato se possa considerar formado, que os respetivos termos sejam «razoavelmente certos»; requisito que se tem por verificado contanto que seja possível determinar a ocorrência de uma violação e um remédio apropriado[49].

Admite-se porém com certa liberalidade no Direito norte-americano a celebração de contratos com *open terms*, cabendo nesse caso aos tribunais suprir, segundo critérios de razoabilidade, as estipulações em falta[50].

[47] Assim sucedia já antes da reforma de 2016, não obstante a ausência de regra legal sobre o assunto: haja vista ao acórdão da *Chambre des Requêtes* de 1 de dezembro de 1887, *S.*, I, p. 167, em que se pode ler: «La vente est parfaite entre le vendeur et l'acheteur dès qu'ils sont convenus de la chose et du prix, le défaut d'accord sur les élements accessoires du contrat ne pouvant empêcher sa formation à moins que les parties n'aient entendu reporter celle-ci jusqu'à la fixation de ces modalités». Relativamente à fixação do preço, a reforma de 2016 introduziu no Código a regra conforme a qual nos contratos-quadro pode convencionar-se que o preço será fixado unilateralmente por uma das partes, cabendo-lhe justificar o valor caso este seja contestado (art. 1164).

[48] Neste sentido, veja-se o art. 2(1) do Código das Obrigações suíço, segundo o qual: «Si les parties se sont mises d'accord sur tous les points essentiels, le contrat est réputé conclu, lors même que des points secondaires ont été réservés». *Vide* ainda o art. 1242, 1º §, do Projeto espanhol de Modernização do Código das Obrigações e dos Contratos, segundo o qual: «No impedirá la perfección de un contrato, si las partes están de acuerdo en sus elementos esenciales y quieren vincularse ya, el que hayan dejado algún punto pendiente de negociaciones ulteriores».

[49] Cfr. o § 33 do *Restatement 2nd of Contracts* norte-americano: «(1) Even though a manifestation of intention is intended to be understood as an offer, it cannot be accepted so as to form a contract unless the terms of the contract are reasonably certain. (2) The terms of a contract are reasonably certain if they provide a basis for determining the existence of a breach and for giving an appropriate remedy. (3) The fact that one or more terms of a proposed bargain are left open or uncertain may show that a manifestation of intention is not intended to be understood as an offer or as an acceptance».

[50] Cfr. o § 204 do *Restatement 2nd of Contracts*, segundo o qual: «When the parties to a bargain sufficiently defined to be a contract have not agreed with respect to a term which is essential to

III – A exigência de mútuo consenso com vista à formação dos contratos («*uqud*», plural de «*aqd*», termo que literalmente significa «laço» ou «nó»[51]) encontra-se também consagrada no Direito muçulmano. Refere-se-lhe o versículo 4:29 Corão nos seguintes termos:

> «Ó vós que credes! Não dissipeis as vossas riquezas com o fútil, salvo se se trata de um negócio feito por mútuo consentimento. Não vos mateis. Deus é misericordioso convosco.»

A codificação otomana da *Xaria* (*Majala*), baseada na doutrina da escola hanifita, acolheu a referida exigência, ao dispor no art. 103:

> «O contrato (*aqd*) é o acordo das duas partes pelo qual estas se obrigam em vista de um objeto determinado; ele forma-se pela convergência da proposta e da aceitação.»

Os contratos devem assim, em princípio, basear-se no mútuo consenso das partes[52]. Esta exigência é reiterada pela legislação de diversos sistemas jurídicos muçulmanos contemporâneos. É esse o caso do Código Civil egípcio, de 1948, cujo art. 89 dispõe:

> «O contrato forma-se a partir do momento em que as duas partes trocaram duas vontades concordantes, sem prejuízo das formalidades que a lei exige para a conclusão do contrato.»

IV – No moderno Direito chinês, o contrato é definido, à imagem do que sucede nos sistemas romanistas, como um acordo de vontades. Neste sentido deõe o art. 2 da Lei dos Contratos da República Popular da China, segundo o qual:

> «Para os efeitos da presente lei, um contrato significa um acordo relativo à constituição, modificação ou extinção de uma relação civil obrigacional entre pessoas singulares, pessoas coletivas ou outras organizações como sujeitos de idêntico estatuto.»

a determination of their rights and duties, a term which is reasonable in the circumstances is supplied by the court».

[51] Observe-se, no entanto, que o termo *aqd* é também utilizado no Direito muçulmano para significar certos atos jurídicos unilaterais: por exemplo, o repúdio («*talaq*»), as disposições por morte («*wasya*») e a doação caritativa («*waqf*»).

[52] Cfr. Nabil Saleh, «Definition and Formation of Contract Under Islamic and Arab Laws», *Arab L.Q.*, 1990, pp. 101 ss.; Liaquat Niazi, *Islamic Law of Contract*, Lahore, 1991, p. 11; e M. T. Mansuri, *Islamic Law of Contracts and Business Transactions*, Delhi, 2010, pp. 4 e 19.

A exigência de mútuo consenso não tem, contudo, o mesmo significado na China e nos sistemas romanistas, dadas as limitações impostas à liberdade contratual neste país, de que dararemos conta oportunamente[53].

Daí, por exemplo, que o art. 44 da citada lei ressalve expressamente, em derrogação à regra segundo a qual o contrato vincula desde a sua celebração (i.é, em virtude do mero consenso das partes), as disposições legais que exigem a aprovação ou o registo do mesmo para esse efeito.

b) Objeto determinável, possível e lícito

I – Nos sistemas jurídicos romanistas, o objeto do contrato – tomado aqui como o seu *objeto mediato*, i.é, as prestações que em virtude dele ficam a cargo das partes – deve encontrar-se *determinado* ou ser *determinável* (como exigem os Direitos espanhol[54], italiano[55], português[56], brasileiro[57] e francês[58]); ou (como prefere dizer o legislador holandês) as obrigações a que as partes se sujeitam em virtude do contrato devem ser determináveis[59].

Essa determinação pode ser feita de diferentes modos: *a)* Por acordo entre as partes; *b)* Por ato unilateral de uma delas, a quem essa prerrogativa seja confiada[60]; *c)* Por ato de terceiro, escolhido pelas partes; ou *d)* Por decisão do tribunal, recorrendo às regras legais supletivas e aos usos[61]. Mas não é admissível, nos

[53] Cfr. *infra*, § 15º, *b)*.

[54] Art. 1261 do Código Civil: «No hay contrato sino cuando concurren los requisitos siguientes : 1º Consentimiento de los contraentes. 2º Objeto cierto que sea materia del contrato. 3º Causa de la obligación que se establezca».

[55] Art. 1346 do Código Civil: «L'oggetto del contratto deve essere possibile, lecito, determinato o determinabile».

[56] Art. 280º, nº 1, do Código Civil: «É nulo o negócio jurídico cujo objecto seja física ou legalmente impossível, contrário à lei ou indeterminável».

[57] Art. 104, inciso II, do Código Civil: «A validade do negócio jurídico requer: [...] objeto lícito, possível, determinado ou determinável».

[58] Art. 1163 do Código Civil: «L'obligation a pour objet un prestation présente ou future. Celle-ci doit être possible et determinée ou déterminable. La prestation est déterminable lorsqu'elle peut être déduite du contrat ou par référence aux usages ou aux relations antérieures des parties, sans qu'un nouvel accord des parties soit nécessaire».

[59] Art. 6:227 do Código Civil: «De verbintenissen die partijen op zich nemen, moeten bepaalbaar zijn».

[60] Hipótese que, não obstante radicar na vontade comum das partes, suscita dificuldades não despiciendas, dado o risco de abusos que envolve, o que justifica as cautelas de que a rodeia a sua regulação legal em França. Haja vista ao art. 1164 do Código Civil, segundo o qual: «Dans les contrats cadre, il peut être convenu que le prix sera fixé unilatéralement par l'une des parties, à charge pour elle d'en motiver le montant en cas de contestation. En cas d'abus dans la fixation du prix, le juge peut être saisi d'une demande tendant à obtenir des dommages et intérêts et le cas échéant la résolution du contrat».

[61] Voltaremos a este ponto adiante, a propósito da integração das lacunas contratuais: cfr. *infra*, § 9º, *b)*.

termos dos referidos preceitos legais, que as partes se limitem a estipular prestações cuja natureza ou valor não sejam conhecidos ao tempo da celebração, nem possam vir a sê-lo por um dos referidos modos.

Se o objeto do contrato não for determinável, este será nulo. É o que sucede, segundo o Supremo Tribunal de Justiça português, no caso da denominada fiança *omnibus*, através da qual se garantem obrigações futuras da responsabilidade do afiançado resultantes de certa ou certas relações negociais, se à data da sua prestação não existirem elementos que permitam inferir com segurança, relativamente aos débitos ainda não constituídos, «a origem, o prazo, os possíveis montantes e as relações entre os outorgantes, permissivas do enquadramento do crédito na fiança prestada»[62].

O problema apresenta contornos mais difusos nos sistemas de *Common Law*, dado que o conceito de objeto contratual não se encontra aí autonomizado[63]. Os contratos que sejam «*too indefinite*» são, como resulta do que se disse acima, ineficazes[64]; mas consente-se com certa largueza a indeterminação do valor das prestações das partes, fazendo-se nesse caso apelo, em ordem a supri-la, a critérios de razoabilidade[65].

II – Além de determinável, o objeto do contrato tem de ser física e juridicamente possível. «*À l'impossible nul n'est tenu*», afirma-se em França, distinguindo-se a este propósito a impossibilidade *absoluta* (de que enferma a prestação que nenhum devedor poderia executar e que determina a nulidade da obrigação) da *relativa* (i.é, respeitante a uma caraterística própria do devedor, a qual o faz incorrer em responsabilidade contratual)[66].

Na Alemanha, admite-se hoje, porém, que a eficácia de um contrato não é prejudicada pela impossibilidade originária da prestação devida ao abrigo dele[67].

[62] Cfr. o ac. de 19 de dezembro de 2006, proc. 06A4127.

[63] Neste sentido, quanto ao Direito inglês, David/Pugsley, *Les contrats en droit anglais*, p. 198; e quanto ao Direito norte-americano, Gregory Klass, *Contract Law in the USA*, Austin, etc., 2010, p. 123.

[64] Cfr. *supra*, § 5º, *a)*.

[65] Haja vista, por exemplo, à secção 8 do *Sale of Goods Act 1979* inglês, segundo a qual: «(1)The price in a contract of sale may be fixed by the contract, or may be left to be fixed in a manner agreed by the contract, or may be determined by the course of dealing between the parties. (2)Where the price is not determined as mentioned in sub-section (1) above the buyer must pay a reasonable price. (3) What is a reasonable price is a question of fact dependent on the circumstances of each particular case»; e ao § 2-204(3) do *Uniform Commercial Code* norte-americano, que dispõe: «Even if one or more terms are left open, a contract for sale does not fail for indefiniteness if the parties have intended to make a contract and there is a reasonably certain basis for giving an appropriate remedy».

[66] Ver Fabre-Magnan, *Droit des obligations*, vol. I, pp. 425 s.

[67] Cfr. *infra*, § 14º, *b)*, VII.

Outro tanto sucede em Inglaterra, em virtude da conceção do contrato como *garantia da prestação prometida*, aí vigente[68].

Impossibilidade física é, para este efeito, a que decorre de se ter convencionado no contrato uma prestação materialmente irrealizável, como sucederia, por exemplo, se o automóvel que *A* vendeu a *B* tivesse sido consumido pelo fogo antes de o contrato ser celebrado. Mas a impossibilidade também pode ser legal, ou jurídica, se a lei ferir o contrato de invalidade, de tal sorte que se lhe opõe um obstáculo tão inultrapassável como o que decorre de ele ser fisicamente impossível, apesar de não se poder impedir a sua execução material. É o que sucede, por exemplo, se, tendo *A* um mero direito de uso do referido automóvel, propriedade de *B*, quiser transmitir esse direito a *C*[69].

III – O contrato tem ainda de ser *lícito*, i.é, conforme à ordem jurídica, sob pena de nulidade[70].

A ilicitude pode referir-se tão-somente ao *objeto* contratual – *hoc sensu*, às obrigações e direitos estipulados pelas partes – ou ao próprio *fim* por elas visado (o qual, como se verá adiante, toma em alguns sistemas jurídicos romanistas a designação de *causa*, em sentido subjetivo, do contrato). Na lei portuguesa, esta distinção é relevante porque a ilicitude do fim só determina a nulidade do contrato se for comum a ambas as partes: é o que resulta do art. 281º do Código Civil[71].

No mesmo sentido se pronunciou inicialmente a Cassação francesa[72]. Na sequência, porém, de um *revirement de jurisprudence*, o mesmo tribunal veio a

[68] *Idem*.

[69] O que não é legalmente possível de acordo com o Direito português, pois nos termos do art. 1488º do Código Civil o direito do usuário é intransmissível.

[70] Questão que não se confunde com a da possibilidade legal: na ilicitude, há a *violação de um dever*; a lei não pode impedir essa violação, mas estabelece para ela uma sanção. Na impossibilidade legal, ocorre o *desrespeito de um ónus*: o de contratar em termos regulares; a lei impede nesse caso o próprio resultado pretendido pelas partes, que não chega a produzir-se. Cfr. Galvão Telles, *Direito das Obrigações*, 7ª ed., Coimbra, 1997, p. 46.

[71] Suponhamos, a fim de exemplificar, que *A* vende a *B* um automóvel seu. Em princípio, não há qualquer vício no objeto contratual. Imaginemos, porém, que o fim dessa venda é *A* furtar-se às suas responsabilidades perante os respetivos credores, que assim deixarão de ter bens que possam penhorar a fim de satisfazerem os seus créditos. Claro que *B* pode desconhecer completamente esta finalidade do negócio. Este não pode, por isso, ser inválido, sob pena de se pôr em causa a segurança do tráfico jurídico. Mas se *B* for cúmplice de *A* nessa manobra e a finalidade da venda for, portanto, comum às partes, a venda será nula.

[72] Cfr. o acórdão de 4 de dezembro de 1956, *JCP*, 1957, II, p. 10008, em que a Cassação considerou que não violara o art. 1131 do Código Civil uma *Cour d'appel* que concluíra pela inexistência de causa ilícita no contrato arrendamento disputado entre as partes porque não fora feita nos autos a prova de que o mesmo fora celebrado com vista ao estabelecimento no local arrendado de uma *maison de tolérance*, que aí operava por iniciativa do arrendatário.

decidir, em 1998, que um contrato podia ser anulado por causa ilícita ou imoral mesmo que uma das partes não tivesse tido conhecimento do caráter ilícito ou imoral do motivo determinante da conclusão do contrato[73]. A reforma de 2016 do Código Civil consagrou esta jurisprudência no art. 1162, que passou a dispor:

> «O contrato não pode violar a ordem pública, nem pelas suas estipulações nem pelo seu fim, quer este fosse ou não conhecido por todas as partes.»

Nos sistemas de *Common Law*, os tribunais podem igualmente recusar o *enforcement* de contratos ou de cláusulas destes com fundamento na violação da ordem pública; o que pode resultar, consoante prevê o *Restatement 2nd of Contracts*, quer da aplicação de normas legais que os proscrevam quer de uma ponderação dos interesses em jogo[74].

O controlo da licitude do objeto contratual é também uma preocupação da *Xaria* muçulmana, que o assegura desde logo proscrevendo a obtenção de vantagens pecuniárias sem qualquer contrapartida («*riba*»), assim como a celebração de contratos de cariz especulativo ou aleatório («*gharar*»). Daqui resultam, respetivamente, a proibição da cobrança de juros[75] e as restrições impostas à venda de coisas inexistentes ou cujas caraterísticas não sejam conhecidas ao tempo da conclusão do contrato, bem como ao contrato de seguro[76]. Além disso, no Direito muçulmano todos os contratos têm de conformar-se, sob pena de serem nulos («*batil*»), com os objetivos últimos da *Xaria* («*maqasid al-Shari'ah*»): a preservação da religião («*din*»), da vida («*nafs*»), da descendência («*nasl*»), da razão («*aql*») e da propriedade («*mal*»)[77]. Nos modernos Direitos muçulmanos, o controlo da licitude do objeto contratual encontra-se previsto em termos próximos da tradição romanista[78].

[73] Cfr. o acórdão de 7 de outubro de 1998, reproduzido em Henri Capitant/François Terré/Yves Lequette, *Les grands arrêts de la jurisprudence civile*, tomo 2, 11ª ed., Paris, 2000, pp. 88 ss.

[74] Cfr. o § 178(1): «A promise or other term of an agreement is unenforceable on grounds of public policy if legislation provides that it is unenforceable or the interest in its enforcement is clearly outweighed in the circumstances by a public policy against the enforcement of such terms».

[75] Ver, sobre o tema, Mohammad Siddiqi, *Riba, Bank Interest and the Rationale of its Prohibition*, Jeddah, 2004.

[76] Cfr. Ahmad Hidayat Buang, *Studies in the Islamic Law of Contracts: The Prohibition of Gharar*, Kuala Lumpur, 2000.

[77] Esses objetivos desempenham, assim, nos Direitos muçulmanos uma função análoga à da ordem pública nos sistemas romano-germânicos: cfr. Mansuri, *Islamic Law of Contracts and Business Transactions*, p. 13.

[78] É o que sucede, por exemplo, no Egito, cujo Código Civil dispõe no art. 135: «O contrato é nulo se o seu objeto for contrário à ordem pública ou aos bons costumes».

c) Vontade de vinculação jurídica

Não bastam porém, a fim de que se possa ter por validamente formado um contrato, o mútuo consenso das partes e a determinabilidade, a possibilidade física e legal e a licitude deste: por toda a parte se distinguem, com efeito, os contratos propriamente ditos dos atos de mera cortesia ou de pura obsequiosidade (*«Gefälligkeitshandlungen», «actes de complaisance»* e dos denominados acordos de cavalheiros (*«gentlemen's agréments», «engagements d'honneur»*), cujo cumprimento não é judicialmente exigível, por falta de *animus contrahendi*, ainda que possam dar origem, em caso de incumprimento, a sanções de natureza extrajurídica.

Estão naquele caso, por exemplo, os acordos informais celebrados no âmbito de relações familiares ou congéneres, aos quais por via de regra as partes não pretendem conferir eficácia vinculativa: os acordos entre cônjuges quanto à repartição de tarefas domésticas, à educação dos filhos ou às despesas do lar, as combinações entre amigos quanto a atividades lúdicas a realizar em comum, etc. Nestas hipóteses há, decerto, mútuo consenso; mas nenhuma das partes tem a intenção de criar uma relação jurídica, suscetível de dar azo a pretensões de tutela jurisdicional em caso de incumprimento. Outro tanto se dirá, como veremos adiante, de certos acordos preliminares celebrados no contexto de relações de negócios.

A vontade de vinculação jurídica (*«Rechtsbindungswille»*) objetivamente determinada deve assim ser tida como um elemento constitutivo do contrato[79].

Embora geralmente este elemento do contrato não se encontre explicitado nas regras legais referentes à matéria, são relativamente frequentes as espécies jurisprudenciais que, em diversos países, se lhe referem. Seja, a fim de ilustrá-lo, o *caso da pílula* (*«Pillen-Fall»*) decidido pelo Tribunal Federal alemão em 17 de abril de 1986[80]. Uma mulher havia prometido verbalmente ao homem com quem vivia em união de facto tomar regularmente um contracetivo. Tendo faltado à promessa sem informar disso o companheiro, engravidou e deu à luz uma criança, filha de ambos. O homem demandou-a, reclamando uma indemnização por incumprimento contratual. O Tribunal Federal rejeitou a pretensão, por entender que a referida promessa da mulher não podia ser interpretada, à luz dos usos, como uma declaração proferida com vontade de vinculação jurídica. «Existe uma declaração de vontade», afirmou o Tribunal, «quando o declarante

[79] Neste sentido, vejam-se, com referência ao Direito alemão, *Staudingers Kommentar*/Bork, Vorbem. zu §§ 145 ff, n.m. 80; Wolf/Neuner, *Allgemeiner Teil des bürgerlichen Rechts*, pp. 314 ss.; e Looschelders, *Schuldrecht. Allgemeiner Teil*, p. 40. Pelo que respeita ao Direito francês, consultem-se: Ghestin, *Traité de droit civil. La formation du contrat*, t. 1, pp. 88 ss.; e Malaurie/Aynès/Stoffel-Munck, *Droit des obligations*, p. 233. Quanto ao Direito português, cfr. Mota Pinto, *Teoria Geral do Direito Civil*, 4ª ed., Coimbra, 2005, p. 382.

[80] *BGHZ* 97, pp. 372 ss.

tem a consciência de proferir uma declaração negocial vinculativa, ou quando a declaração, segundo a boa-fé e os usos, possa ser interpretada como uma declaração proferida com vontade de vinculação jurídica». Não haveria assim entre as partes, no caso referido, um contrato vinculativo, por falta deste elemento.

A determinação da existência de vontade de vinculação jurídica resolve-se, em última análise, num problema de interpretação das declarações das partes. Nessa interpretação há que recorrer a critérios objetivos. Para o efeito, importa averiguar, segundo o Tribunal Federal alemão, se nas circunstâncias ocorrentes o declaratário podia imputar ao declarante uma tal vontade à luz da boa-fé e tendo em conta os usos do tráfego[81].

Os danos sofridos por uma das partes no contexto de relações desta natureza apenas serão ressarcíveis, em regra, ao abrigo das regras da responsabilidade extracontratual; admite-se porém na coutrina alemã a aplicação neste contexto, com fundamento no § 311 (2), nº 3, do BGB, das regras da responsabilidade contratual, caso ocorra uma violação de deveres de proteção e a situação *sub judice* seja configurável como um «contacto negocial análogo»[82].

Em França, exige-se igualmente, a fim de que haja um contrato, que as partes hajam tido a intenção de se vincularem juridicamente, i.é, que «tenham admitido a eventualidade de serem perseguidas perante os tribunais em caso de inexecução das suas obrigações»[83]. A prestação de serviços a título gratuito pode, assim, constituir um «puro ato de cortesia» sem natureza contratual. O eventual dever de indemnizar daí resultante para uma das partes está, nesse caso, subtraído às regras da responsabilidade contratual, cabendo, quando muito, no escopo da cláusula geral da responsabilidade aquiliana. Ou estar-se-á aqui mesmo no domínio do que Carbonnier apelidou *não-Direito*[84].

Em Inglaterra, presume-se que os *family arrangements* (*v.g.* um acordo entre cônjuges que não se encontrem legalmente separados) não têm subjacente a necessária vontade de vinculação jurídica[85]. Já no tocante aos contratos comerciais vale a presunção oposta, salvo se as partes houverem estipulado que certa

[81] Cfr. a sentença de 18 de dezembro de 2008, *NJW*, 2009, pp. 1141 s.

[82] Cfr., sobre esse preceito, *infra*, § 7º, *a)*.

[83] Fabre-Magnan, *Droit des obligations*, vol. I, p. 181.

[84] Cfr. «L'hypothese du non-droit», *in Flexible droit*, 6ª ed., Paris, 1988, pp. 24 ss.

[85] Cfr. a decisão proferida pelo *Court of Appeal* inglês em 25 de junho de 1919 no caso *Balfour v. Balfour*, [1919] 2 K.B. 571, em que aquele tribunal afirmou existir «a rebuttable presumption against an intention to create a legally enforceable agreement when the agreement is domestic in nature», tendo em consequência disso rejeitado a qualificação como «enforceable agreement» de um acordo entre dois cônjuges pelo qual o marido se comprometera a pagar determinada pensão à mulher. Consoante afirmou Lord Atkin nessa decisão, «such arrangements [...] are not contracts because the parties did not intend that they should be attended by legal consequences. [...] Agreements such as these are outside the realm of contracts altogether. [...] The parties themselves are advocates,

declaração negocial emitida por uma delas ou por ambas não produz efeitos jurídicos ou se tiverem aposto nela a menção de que foi emitida «*subject to contract*». No entanto, a existência de uma vontade de vinculação jurídica pressupõe, segundo o *Court of Appeal* inglês, que as partes hajam chegado a acordo pelo menos quanto aos aspetos essenciais do contrato[86].

Não é fundamentalmente diversa desta a solução acolhida no *Common Law* norte-americano, tal como o exprime o *Restatement 2nd of Contracts*, cujo § 21 dispõe:

> «Não é essencial à formação do contrato a vontade real ou aparente de que a promessa seja juridicamente vinculativa, mas uma manifestação de vontade no sentido de que uma promessa não crie relações jurídicas pode impedir a formação de um contrato.»

A China acolhe expressamente na lei a vontade de vinculação jurídica como requisito da formação do contrato. O art. 14 (b) da Lei dos Contratos, manifestamente inspirado nas disposições da Convenção de Viena sobre a Compra e Venda Internacional de Mercadorias e nos Princípios UNIDROIT Sobre os Contratos Comerciais Internacionais[87], estabelece com efeito que a proposta contratual deve «indicar a intenção do proponente de se vincular em caso de aceitação».

judges, Courts, sheriff's officer and reporter. In respect of these promises each house is a domain into which the King's writ does not seek to run, and to which his officers do not seek to be admitted».

[86] Veja-se, neste sentido, a decisão proferida em 28 de fevereiro de 2001 no caso *Baird Textile Holdings Ltd v. Marks & Spencer plc*, [2002] 1 All ER (Comm) 737. Discutia-se na espécie a existência de um contrato de longo prazo entre o autor o réu para o fornecimento pelo primeiro ao segundo de artigos de vestuário, que este revenderia nas suas lojas. Ao longo de trinta anos, esses fornecimentos tinham sido sazonalmente acordados entre as partes. Quando o réu informou o autor de que cessaria doravante as suas encomendas, este alegou a violação de um dever de pré-aviso decorrente do contrato implicitamente celebrado entre as partes. A pretensão foi porém rejeitada pelo *Court of Appeal*. Declarou a este respeito o Vice-Chanceler Andrew Morritt: «The alleged obligation on M&S to acquire garments from Baird is insufficiently certain to found any contractual obligation because there are no objective criteria by which the court could assess what would be reasonable either as to quantity or price. This is not a case in which, the parties having evidently sought to make a contract, the court seeks to uphold its validity by construing the terms to produce certainty. Rather it is a case in which the lack of certainty confirms the absence of any clear evidence of an intention to create legal relations». E acrescentou Lord Justice Mance: «I consider that the fact that there was never any agreement to reach or even to set out the essential principles which might govern any legally binding long-term relationship indicates that neither party can objectively be taken to have intended to make any legally binding commitment of a long-term nature».

[87] Às quais nos referiremos *ex professo* no § 46º, *a)*.

d) Causa

I – Não obstante o relativo consenso entre os sistemas jurídicos nacionais quanto aos elementos constitutivos do contrato até aqui examinados, existem divergências de tomo entre eles a respeito de outro desses elementos, que importa agora analisar. Referimo-nos à *causa* do contrato.

Com efeito, em França (pelo menos até recentemente), em Itália e em Espanha – e também, segundo certo setor da doutrina, em Portugal – o contrato pressupõe, além dos referidos elementos, uma *causa lícita* a fim de que possa validamente obrigar.

> «O consentimento», escreveu Henri Capitant[88], «não se basta a si próprio, não constitui em si todo o ato de volição do contraente. Há neste ato um outro elemento que constitui o facto essencial, primordial, decisivo, que é o desejo de alcançar um fim jurídico determinado. Destes dois fatores da manifestação de vontade, é este o principal. Pois se o contraente consente em obrigar-se, é apenas porque quer obter um resultado determinado.»

Também aqui deparamos com um elemento do contrato cujas origens remontam ao Direito Romano. Nos contratos consensuais, a que nos referimos acima, a determinação da causa era indispensável em Roma, em ordem a verificar se a finalidade económica visada pelas partes correspondia àquela que a ordem jurídica imputava ao tipo contratual em apreço[89].

Por isso afirmou a este respeito Ulpiano: «Mesmo que o assunto não caiba num dos contratos nominados, desde que haja causa, responde elegantemente Aristo a Celso, há obrigação»[90]. E acrescentou: «Não existindo causa, consta que não se pode constituir obrigação por convenção»[91].

Nos próprios contratos formais a causa assumia em Roma grande relevância pelo que respeita à *stipulatio*, i.é, à promessa oral de uma prestação dada em resposta a certas perguntas sacramentais (*Spondes? Spondeo*; *Promittis? Promitto; Dabis? Dabo*; etc.). A ausência de *causa stipulationis* (*hoc sensu*, de uma determinada finalidade material na promessa, como o pagamento de um preço, a doação de um bem, a prestação de uma garantia, etc.) implicava, segundo Ulpiano, a oponibilidade da *exceptio doli*: «se alguém estipular com outrem sem causa, e depois

[88] Cfr. *De la cause des obligations (contrats, engagements unilatéraux, legs)*, 3ª ed., Paris, 1927, p. 49.

[89] Neste sentido, Santos Justo, *Direito Privado Romano – II (Direito das Obrigações)*, p. 25.

[90] D., 2, 14, 7, 2: «*Sed et si in alium contractum res non transeat, subsit tamen causa, eleganter Aristo Celso respondit esse obligationem*».

[91] D., 2, 14, 7, 4: «*Sed cum nulla subest causa, propter conventionem hic constant non posse constitui obligationem*».

instaurar uma ação com base nessa estipulação, pode ser-lhe oposta a exceção de dolo»[92].

Daqui partiu a escolástica medieval – uma vez aceite, por influência do Direito Canónico, o princípio *pacta sunt servanda* e reconhecida a força vinculativa dos contratos independentemente da observância de qualquer forma[93] – para proclamar a causa como exigência geral dos contratos, ainda que nominados[94].

II – Foi na base da tradição assim formada que, no séc. XVIII, Pothier pôde afirmar:

> «Qualquer compromisso deve ter uma causa honesta. Nos contratos interessados, a causa do compromisso assumido por uma das partes é aquilo que a outra parte lhe dá, ou se compromete a dar-lhe, ou o risco que ela toma a seu cargo. Nos contratos de beneficiência, a liberalidade que uma das partes pretende efetuar a favor da outra é uma causa suficiente do compromisso assumido perante esta. Mas quando um compromisso é desprovido de causa ou, o que é o mesmo, quando a causa pela qual ele foi assumido é uma falsa causa, o compromisso é nulo e o contrato em que ele se contém é nulo.»[95]

Esta tradição encontrou acolhimento na redação originária do art. 1108 do Código Civil francês, que exigia como condições de validade dos contratos, além do consentimento da parte que se obriga, da sua capacidade para contratar e de um objeto certo, uma *causa lícita da obrigação*[96]. O art. 1131 do mesmo diploma legal dispunha, por seu turno, que a obrigação sem causa, ou que tivesse uma causa falsa ou ilícita, não produziria qualquer efeito. A causa seria ilícita, nos termos do art. 1133 do Código, quando proibida pela lei ou contrária aos bons costumes ou à ordem pública.

Com fundamento no art. 1131 do Código Civil, a Cassação francesa considerou por exemplo inválida a promessa de pagamento de certa quantia feita sem indicação de causa ao porteiro de um imóvel pelo respetivo sucessor, por ter aquele tribunal entendido que, não sendo o respetivo beneficiário titular de qualquer

[92] D., 44, 4, 2, 3: «*Si quis sine causa ab aliquo fuerit stipulatus, deinde ex ea stipulatione experiatur, exceptio utique doli mali ei nocebit*».

[93] Cfr. *infra*, § 8º, *a)*.

[94] Cfr. Helmut Coing, *Europäisches Privatrecht*, vol. I, *Älteres gemeines Recht (1500 bis 1800)*, Munique, 1985, pp. 402 s.

[95] *Traité des obligations*, tomo I, p. 52.

[96] Era o seguinte o teor dessa disposição: «Quatre conditions sont essentielles pour la validité d'une convention: Le consentement de la partie qui s'oblige; Sa capacité de contracter; Un objet certain qui forme la matière de l'engagement; Une cause licite dans l'obligation».

direito que pudesse ceder ao promitente a troco desse pagamento, o negócio era falho de causa[97].

Do mesmo modo, julgou a Cassação ser desprovida de causa a obrigação assumida pelo cessionário de um estabelecimento de ensino de condução automóvel que se vinculara perante o respetivo cedente a pagar-lhe, além de determinada quantia pelo estabelecimento cedido, uma outra pela transmissão do respetivo alvará, que o tribunal entendeu ser desprovido de valor económico, por ser atribuído a qualquer pessoa que preencha os requisitos legais para o efeito[98].

Mais recentemente, a Cassação considerou «não escrita» a cláusula constante de um contrato de transporte celebrado por uma empresa de transportes rápidos em que se excluía a responsabilidade desta pelo incumprimento da obrigação de entrega da mercadoria transportada no prazo convencionado, por, no entender daquele tribunal, essa cláusula contrariar a obrigação principal dele resultante[99]. A falta de causa poderia, assim, também invalidar uma cláusula contratual.

Não obstante o seu caráter emblemático do sistema jurídico francês, a exigência de causa esteve no centro dos debates acerca da reforma do Direito das Obrigações neste país[100].

No *Projeto Catala*, de 2005, dispunha-se ainda que o contrato seria válido sempre que o compromisso tivesse uma *causa real e lícita* que o justificasse[101]. O projeto de reforma do Direito das Obrigações divulgado em 2008 pelo Ministério da Justiça substituiu, porém, essa exigência pela de «*interesse*»: de acordo com o art. 85, «[c]ada uma das partes deve ter um interesse no contrato que justifique o seu compromisso». Manteve-se, assim, não obstante a eliminação da referência à

[97] Acórdão de 20 de fevereiro de 1973, *Caillet c. Dame Nivesse*, *Rec. Dalloz*, 1974, p. 37.

[98] Acórdão de 4 de maio de 1983, *JCP*, 1983, IV, pp. 214 ss.: «La convention relative à la cession d'un agrément administratif d'exploitation d'une auto-école est dépourvue d'objet, quelle qu'en soit la qualification donnée par l'une des parties, dès lors que le nombre d'établissements d'enseignement de la conduite automobile n'est limité par aucune disposition légale et que cet agrément est délivré à titre personnel à tous ceux qui remplissent les conditions prescrites par l'arrêté du 10 mars 1970. Dès lors, l'obligation de payer mise à la charge de l'acquéreur en contrepartie se trouve nulle faute de cause».

[99] Acórdão de 22 de outubro de 1996, *SA Banchereau c. Sté. Chronopost*, *Rec. Dalloz*, 1997, pp. 121 ss. A obrigação assumida pelo cliente de pagar um preço mais elevado pelo transporte de determinado objeto teria como causa a obrigação do transportador de efetuar esse transporte com celeridade; a cláusula contratual que praticamente eliminava a indemnização devida pelo transportador caso ocorresse um atraso na entrega anularia, segundo a Cassação, a causa daquela primeira obrigação.

[100] Vejam-se sobre o tema Jacques Ghestin, *Cause de l'engagement et validité du contrat*, Paris, 2006 ; e Jacques Ghestin/Grégoire Loiseau/Yves-Marie Serinet, *Traité de Droit Civil. La formation du contrat*, tomo 2, *L'objet et la cause, les nullités*, 4ª ed., Paris, 2013, pp. 388 ss.

[101] Art. 1124 do Código Civil.

causa, o controlo judicial das motivações da contratação por ela possibilitado; o que levou a que a noção de interesse logo fosse crismada de «clone» da causa[102].

Não é fundamentalmente diversa desta a orientação que prevaleceu na reforma do Direito dos Contratos adotada pelo Governo francês em 2016. De acordo com a nova redação dada ao art. 1128 do Código Civil, passam a ser elementos necessários do contrato o consentimento das partes, a sua capacidade de contratar e um «*conteúdo lícito e certo*». Por seu turno, o art. 1162 estabelece, como já notámos, que o contrato não pode violar a ordem pública «*pelo seu fim*». E no art. 1170, reputa-se não escrita qualquer cláusula que «*prive da sua substância a obrigação essencial do devedor*», acolhendo-se assim nele a jurisprudência *Chronopost*.

Verifica-se, deste modo, que a noção de causa é substituída na nova redação dada ao Código Civil por duas outras noções – o *conteúdo* dos contratos e o *fim* destes –, as quais correspondem segundo boa parte da doutrina francesa às aceções objetiva e subjetiva da causa.

Através das referidas disposições legais procurou-se manifestamente preservar as funções essenciais desta figura; o que motivou a crítica de que a reforma seria neste ponto meramente formal[103] ou um «desvio inútil»[104].

Aliás, já antes da reforma se reconhecia que «a noção de fim ilícito não é senão outra forma de designar a causa ilícita»[105] e que «um esforço de simplificação suplementar poderia ainda ser levado a cabo, substituindo a noção de causa ilícita pela de fim ilícito»[106]. Terá sido essa simplificação que se pretendeu concretizar através desta alteração legislativa. Na síntese de Muriel Fabre-Magnan, «a noção de causa é eliminada. Contudo, a questão permanece, exatamente com os mes-

[102] Ver Yves Picod, «Les projets français sur la reforme du droit des obligations», *InDret – Revista para el análisis del derecho*, 2009 (disponível em http://www.indret.com), p. 7, e a bibliografia aí citada.

[103] Cfr. Denis Mazeaud, «Pour que survive la cause, en dépit de la réforme!», *Droit et patrimoine*, nº 240, outubro de 2014, pp. 38 ss., observando, a respeito do projeto de reforma do Direito dos Contratos e do regime geral e da prova das obrigações divulgado pelo Governo francês em 2015: «c'est moins la disparition de la notion de cause que le projet de réforme emporterait, que la suppression du mot "cause"...La réforme serait donc purement formelle...Des mots, des mots...». Ver também sobre o ponto; Yves-Marie Laithier, «Dispositions relatives à la validité du contrat», *in* Philippe Chauviré (org.), *La réforme du droit des contrats : du projet à l'ordonnance*, Paris, 2016, pp. 27 ss. ; Thierry Revet, «Une philosophie générale ?», *in* Alain Bénabent/Laurent Aynès (orgs.), *Réforme du droit des contrats : quelles innovations ?*, Paris, 2016, pp. 5 ss., que escreve a este propósito: «la cause du contrat perdure sous le 'but du contrat' de l'article 1162 nouveau» (p. 7) ; Bénabent, *Droit des obligations*, p. 145 ; e Malaurie/Aynès/Stoffel-Munck, *Droit des obligations*, pp. 339 ss.

[104] Assim Thomas Genicon, «Défense et illustration de la cause en droit des contrats», *D.*, 2015, pp. 1551 ss. (p. 1554).

[105] Assim Ghestin/Loiseau/Serinet, *Traité de Droit Civil. La formation du contrat*, tomo 2, *L'objet et la cause, les nullités*, p. 28.

[106] *Idem*, p. 695.

mos contornos, e novos instrumentos são dados ao(s) juíz(es) a fim de levarem a cabo a obra de justiça contratual de que sempre foram guardiães»[107].

III – De França, a exigência de causa passou entretanto para diversos outros sistemas jurídicos. Assim, na esteira do Código francês de 1804, o Código Civil espanhol declara também imprescindível à eficácia do contrato uma causa lícita[108].

Reveste-se de especial interesse, a este propósito, o art. 1274 desse diploma legal, conforme o qual nos contratos onerosos se entende por causa, para cada parte contratante, a prestação ou a promessa de uma coisa ou serviço pela outra; nos remuneratórios, o serviço ou benefício que se remunera; e nos de pura beneficência, a mera liberalidade do benfeitor[109].

Esta definição não ficou, porém, imune à crítica: dela se disse que consagra uma «*concepción asseptica*» de causa, incompatível com o art. 1275 do Código, segundo o qual «os contratos sem causa, ou com causa ilícita, não produzem qualquer efeito». À luz do que se dispõe neste preceito, a causa seria antes, segundo Federico de Castro y Bravo, «o resultado específico prosseguido com o negócio singular concreto»[110].

A demonstração da ausência de causa, assim entendida, como um vício autónomo do contrato será porventura, como admite Díez-Picazo, muito difícil[111]. Não obstante isso, observa o mesmo autor, «a prática demonstrou a importância social de que se reveste a possibilidade de os juízes negarem a proteção jurídica a promessas cujo caráter obrigatório se mostra socialmente injustificado ou cujo verdadeiro fundamento por qualquer razão as partes preferiram manter oculto». E acrescenta: «Isto indica que, quaisquer que sejam as dificuldades de uma construção teórica rigorosa, a técnica normativa da falta de causa é útil para evitar a investigação e a valoração, por vezes impossível, da licitude e moralidade das verdadeiras causas».

[107] Cfr. *Droit des obligations*, vol. I, p. 434.

[108] Diz, a este respeito, o art. 1275: «Los contratos sin causa, o con causa ilícita, no producen efecto alguno. Es ilícita la causa cuando se opone a las leyes o a la moral».

[109] «En los contratos onerosos se entiende por causa, para cada parte contratante, la prestación o promessa de una cosa o servicio por la outra parte; en los remuneratórios, el servicio o beneficio que se remunera, y en los de pura beneficiencia, la mera liberalidad del bienhechor».

[110] Assim, Federico de Castro y Bravo, *El negocio juridico*, reimpressão, Madrid, 2016 (originariamente publicado em 1971), p. 183. Na mesma linha fundamental de orientação, vejam-se Luis Díez-Picazo/ Antonio Gullón, *Sistema de Derecho Civil*, vol. II, tomo 1, 11ª ed., Madrid, 2016, p. 37, que definem a causa como «o propósito de alcançar um determinado resultado empírico com o negócio».

[111] *Fundamentos del Derecho Civil Patrimonial*, vol. I, *Introducción. Teoria del contrato*, 6ª ed., Madrid, 2007, p. 281.

Para «calibrar» a causa de cada negócio, há decerto que atender, como reconheceu Castro y Bravo, ao seu objeto e conteúdo; mas ela não se identificaria com estes, nem eles a tornariam supérfluo. «As suas diferenças», escreve, «são evidentes. O objeto é a matéria social sobre a qual recairá o vínculo criado, que por isso não se confunde com a causa. Esta refere-se também a algo distinto e que está fora do conteúdo do negócio; trata-se do porquê e para quê do negócio»[112]

Seriam hipóteses de falta de causa, segundo o mesmo autor, nos negócios típicos, as situações em que falta, ou só exista nominalmente, algum dos elementos essenciais da sua estrutura formal (*v.g.* o preço na compra e venda); e nos negócios atípicos, as situações em que: *a)* Sendo o negócio pretensamente oneroso, não haja verdadeira reciprocidade de prestações; *b)* Num negócio que se pretenda gratuito, não haja ânimo de liberalidade; ou *c)* Num negócio que se pretenda remuneratório, não haja um serviço a remunerar. Aponta como exemplos de falta de causa o caso de um advogado que recebe uma retribuição anual de uma empresa sem que se lhe atribua ou encomende qualquer trabalho e sem que se possa saber se a mesma constitui o pagamento de influências ou de pressões inqualificáveis; e a promessa de uma remuneração feita a alguém para conseguir um resultado que estava obrigado a alcançar em virtude da sua condição de funcionário[113].

No atual Direito espanhol admite-se, é certo, a abstração da causa nos contratos; mas sem que isso signifique ausência de causa ou a admissão de contratos puramente abstratos. Por negócio jurídico abstrato entende-se aquele que produz os seus efeitos jurídicos desvinculados da causa: prescinde-se portanto da causa para a sua operatividade. Como notam Díez-Picazo e Antonio Gullón, «não é que existam negócios jurídicos que não tenham causa, pois todos se fazem por e para algo»[114]. Neste sentido depõe, aliás, o art. 1277 do Código Civil, que estabelece uma presunção geral de causa em todos os negócios jurídicos[115]. Estes produzem os seus efeitos jurídicos, sublinham os referidos autores, porque este elemento essencial existe, ache-se neles expresso ou não. Aquele preceito apenas admite, portanto (acrescentam os mesmos autores), uma abstração processual da causa, cujo efeito essencial consiste na inversão do ónus da prova: a existência e regularidade da causa não tem de ser provada pelo credor. Em qualquer caso, o sistema jurídico espanhol recusa a possibilidade de uma transmissão abstrata da propriedade e demais direitos reais sobre os bens: a aquisição da propriedade deve fundar-se na lei, em doação, sucessão *mortis causa* ou em certos contratos

[112] *El negocio juridico*, p. 192.

[113] Ob. cit., pp. 231 ss.

[114] Ob. cit., p. 56.

[115] Dispõe esse preceito: «Aunque la causa no se exprese en el contrato, se presume que existe y que es lícita mientras el deudor no pruebe lo contrario».

seguidos da tradição o entrega da coisa[116]. O simples consentimento de *A* e *B* para transmitir e adquirir a propriedade da coisa de *A* não é titulo bastante para que *B* adquira o domínio[117].

A Proposta de Modernização do Código Civil espanhol em matéria de Obrigações e Contratos, de 2009, preserva a exigência de causa, reformulando todavia o seu regime. Dispõe, a este respeito, o projetado novo art. 1238 do Código:

> «1. São nulos os contratos sem causa ou cuja causa seja contrária à lei ou à moral. Nenhuma das partes a quem se impute no mesmo grau a torpeza da causa poderá exigir o que tiver dado em virtude do contrato nulo. 2. Ainda que a causa não se encontre expressa no contrato, presume-se que existe e que é lícita até prova em contrário. A expressão de uma causa falsa nos contratos dará lugar à nulidade, se não se provar que se fundavam noutra verdadeira e lícita. 3. O regime jurídico aplicável a cada contrato é o que corresponder ao conjunto de propósitos práticos acordados pelas partes, qualquer que seja o nome atribuído ou o tipo utilizado. 4. Quando um contrato contiver elementos de diversos contratos típicos, aplicar-se-ão as disposições relativas a estes contratos naquilo que se adeque à causa do contrato celebrado.»

IV – Por seu turno, o art. 1325 Código Civil italiano, que nesta matéria reflete também a influência francesa, indica como requisitos do contrato, como vimos acima, o acordo das partes, a causa, o objeto e a forma, quando esta seja prescrita pela lei sob pena de nulidade.

A causa é ilícita, segundo o art. 1343 do Código, quando for contrária a normas imperativas, à ordem pública ou ao bom costume, sendo neste caso o contrato nulo nos termos do art. 1418. Por outro lado, de acordo com o art. 1322, nº 2, os negócios atípicos apenas são válidos na medida em que visem «realizar interesses merecedores de tutela segundo o ordenamento jurídico». Além de lícita, a causa tem, assim, de ser, *hoc sensu*, idónea. A autonomia privada só é acolhida em Itália, por conseguinte, se e na medida em que desempenhe uma *função socialmente útil*.

Foi esta a noção de causa sustentada por Emilio Betti[118], estreitamente conexa com o fundamento que o autor imputou ao reconhecimento da autonomia privada: na sua perspetiva, esta só seria protegida na vida de relação na medida em que através dela se prosseguissem interesses dignos de tutela; daí que apenas se conferissem aos negócios jurídicos os efeitos conformes à função económico-

[116] Cfr. o art. 609 do Código Civil espanhol, segundo o qual: «La propiedad y los demás derechos sobre los bienes se adquieren y transmiten por la ley, por donación, por sucesión testada e intestada, y por consecuencia de ciertos contratos mediante la tradición».

[117] Assim, Díez-Picazo/Antonio Gullón, ob. cit., p. 57.

[118] Cfr. *Teoria geral do negócio jurídico*, trad. port. de Fernando Miranda, Coimbra, 1969, vol. I, pp. 329 ss.

-social que lhes carateriza o tipo (e que constituem a sua «causa»)[119]. A razão de ser da força obrigatória dos acordos residiria, assim, na *função típica de cooperação* inerente a dada espécie de conduta na vida social, e não na vontade individual daquele que se obriga. A própria comparação jurídica confirmaria, segundo Betti, que as legislações modernas tendem a ligar certos efeitos obrigacionais aos atos de autonomia privada, não porque exista nos sujeitos destes últimos uma vontade orientada à produção de tais efeitos, mas antes porque os mesmos prosseguem um *interesse típico* que, segundo a avaliação das necessidades sociais feita pelo legislador, é de molde a justificar a produção de tais efeitos[120]. Numa palavra, seria o interesse típico, lícito e socialmente valioso na cooperação com outrem a razão de ser ou a «causa» da força obrigatória do contrato. Ia-se assim substancialmente mais longe do que na doutrina francesa da causa, elevando-a a *meio de controlo da utilidade social* do contrato. Na doutrina italiana contemporânea observa-se, no entanto, um esforço de redefinição do sentido da exigência de causa, de alguma sorte associado à preocupação de certos autores em se demarcarem da matriz ideológica em que assenta a construção de Betti[121].

V – Outro sistema jurídico de acentuada influência francesa, o do Quebeque, que se dotou em 1991 de uma nova codificação civil (em vigor desde 1994), exige igualmente uma causa a fim de que o contrato obrigue. Dispõe, a este respeito, o art. 1385 do Código Civil dessa província do Canadá:

> «O contrato forma-se pela mera troca de consentimentos entre pessoas capazes de contratar, salvo se a lei exigir, além disso, a observância de uma forma particular como condição necessária à sua formação, ou se as partes sujeitarem a formação do contrato a uma forma solene. É também da sua essência que tenha uma causa e um objeto.»

119 *Ibidem*, pp. 107 s.

120 Cfr. *Cours de droit civil comparé des obligations*, Milão, 1958, p. 64.

121 Assim, Bianca, *Diritto Civile*, vol. 3, *Il contratto*, pp. 450 ss., sublinha a necessidade de uma superação do conceito de causa como *função típica e abstrata* do negócio, orientada para o controlo da sua utilidade social, e de se reconhecer nela antes a *razão concreta do contrato*, i.é, a *função prática* que as partes lhe atribuíram. Para Guido Alpa, «Causa e contratto: profili attuali», *in* Letizia Vacca (org.), *Causa e contratto nella prospettiva storico-comparatistica*, Turim, 1997, pp. 245 ss., «la causa, in quanto ragione giustificativa dell'operazione economica, è un elemento logico-strutturale della veste giuridica in cui l'operazione è calata. Essa serve a spiegare le ragione del vincolo e tante altre cose (come i contratti atipici, i contratti misti e complessi etc.)». Noutra obra do mesmo autor, *Manuale di diritto privato*, pp. 443 ss., salienta-se a necessidade de um controlo não apenas dos interesses coletivos implicados no negócio, mas também dos interesses privados que nele se jogam, o que justificaria a autonomização de um conceito de causa como «*funzione economico-individuale del negozio*». Integra-se ainda nesta linha geral de orientação Trimarchi, *Istituzioni di diritto privato*, 20ª ed., Milão, 2014, p. 192, para quem a causa é «la ragione giustificatrice del negozio, sia dal punto di vista dei soggetti che lo pongano in essere [...] sia dal punto di vista dell'ordenamento giuridico».

VI – O Código Civil português de 1966 não refere expressamente a causa como um elemento necessário do contrato[122].

Contudo, o art. 458º, nº 1, desse diploma legal – na esteira, aliás, do art. 1988 do Código Civil italiano[123] –, ao dispor que «se alguém, por simples declaração unilateral, prometer uma prestação ou reconhecer uma dívida, sem indicação da respetiva causa, fica o credor dispensado de provar a relação fundamental, cuja existência se presume até prova em contrário», requer uma causa para que o negócio jurídico unilateral obrigue[124]. Presume-se, é certo, a sua existência; mas o declarante pode fazer prova do contrário. O mesmo é dizer: se se demonstrar a inexistência ou ilicitude da causa, a promessa ou o reconhecimento serão ineficazes[125].

[122] Na doutrina é porém controvertida a sua exigibilidade. Vejam-se sobre o tema: José Dias Marques, *Teoria Geral do Direito Civil*, vol. II, Coimbra, 1959, pp. 191 ss.; Manuel de Andrade, *Teoria Geral da Relação Jurídica*, reimpr., Coimbra, 1983, vol. II, pp. 343 ss.; Castro Mendes, *Teoria Geral do Direito Civil*, vol. II, Lisboa, 1987, pp. 183 ss.; António Pinto Monteiro, «Causa do negócio jurídico», *Enciclopédia Verbo Século XXI*, vol. 6, cols. 489 s.; Antunes Varela, *Das obrigações em geral*, vol. I, p. 275; Galvão Telles, *Manual dos contratos em geral*, pp. 287 ss.; Oliveira Ascensão, *Direito Civil. Teoria Geral*, vol. II, pp. 297 ss.; F. M. de Brito Pereira Coelho, «Causa objectiva e motivos individuais no negócio jurídico», *in Comemorações dos 35 anos do Código Civil e dos 25 anos da Reforma de 1977*, vol. II, *A parte geral do Código e a teoria geral do Direito Civil*, Coimbra, 2006, pp. 423 ss.; Carlos Ferreira de Almeida, «A função económico-social na estrutura do contrato», *in Estudos em memória do Professor Doutor José Dias Marques*, Coimbra, 2007, pp. 57 ss.; *idem*, *Contratos II*, 4ª ed., Coimbra, 2016, pp. 95 ss.; Diogo Pereira Duarte, «Causa: motivo, fim, função e fundamento do negócio jurídico», *in Estudos em honra do Professor Doutor José de Oliveira Ascensão*, vol. I, Coimbra, 2008, pp. 431 ss. ; Carvalho Fernandes, *Teoria Geral do Direito Civil*, 5ª ed., Lisboa, 2010, vol. II, pp. 377 ss.; Pais de Vasconcelos, *Teoria Geral do Direito Civil*, 7ª ed., Coimbra, 2012, pp. 263 ss.; Menezes Cordeiro, *Tratado de Direito Civil*, vol. VII, reimpr., 2014, pp. 601 ss.; e David Ruah Halfin, «A causa do negócio jurídico. Em especial, o problema da sua omissão à luz do Direito português», *ROA*, 2015, pp. 997 ss.

[123] Segundo o qual: «La promessa di pagamento o la ricognizione di un debito dispensa colui a favore del quale è fatta dell'onere di provare il rapporto fondamentale. L'esistenza di questo si presume fino a prova contraria».

[124] Ver, sobre essa disposição, *infra*, § 16º.

[125] O mesmo regime vigora na Suíça, apesar do teor menos explícito da lei. Declara, com efeito o art. 17 do Código das Obrigações suíço: «O reconhecimento de uma dívida é válido, ainda que não enuncie a causa da obrigação» («La reconnaissance d'une dette est valable, même si elle n'énonce pas la cause de l'obligation»). A propósito deste preceito, julgou o Tribunal Federal suíço no acórdão de 28 de junho de 1979, BGE 105 II 183: «En droit suisse, lorsqu'on dit qu'une reconnaissance de dette est abstraite, on entend simplement que la cause de l'obligation n'est pas énoncée dans l'engagement. Mais une telle cause doit exister et être valable; bien qu'elle ne soit pas exprimée, elle est la condition nécessaire de l'obligation: la reconnaissance de dette abstraite a pour objet une obligation causale. Quand le créancier invoque une reconnaissance de dette abstraite, le débiteur peut toujours se prévaloir de l'inexistence de la dette et soulever toutes les exceptions qui peuvent être fondées sur le rapport juridique à la base de la reconnaissance, et cela, en cas de cession, à l'égard du successeur à titre particulier du créancier (cf. art. 169 CO). Le seul effet de

À mesma conclusão conduz o disposto no art. 860º, nº 1, do Código Civil a respeito da novação, a qual fica sem efeito, segundo este preceito, se a obrigação que se visa substituir estava extinta ao tempo em que a segunda foi contraída ou se a mesma vier a ser declarada nula ou anulada.

Não se admite, portanto, em Portugal, em termos gerais, o *negócio abstrato* – i. é, aquele em que a causa é irrelevante, porque dela se abstrai a fim de que as partes se possam ter como vinculadas[126]. Este tipo de negócios só vincula nos casos em que a lei excecionalmente os admite, como sucede no domínio dos títulos de crédito, em relação aos quais a lei dispensa, para a produção dos respetivos efeitos, a revelação do negócio causal subjacente[127].

Se, por exemplo, *A* declara dever 1000 euros a *B*, sem indicar a causa dessa dívida, e mais tarde se apura que afinal a dívida não existia (*v.g.*, porque se tratava da indemnização de um dano pelo qual o promitente não era responsável ou do preço de uma venda nula), *A* não fica vinculado ao negócio. Na mesma ordem de ideias, um notário pode e deve recusar-se a celebrar uma escritura pública na qual *C* declare transferir para *D* a sua propriedade sobre *x* sem que as partes indiquem a que título o fazem (*v.g.* doação, compra e venda, etc.), i. é, a causa do contrato. Se tal contrato fosse celebrado, seria nulo ou inexistente[128].

Além de existir, a causa tem de ser *lícita*, sob pena de nulidade do contrato. «O ordenamento jurídico», escreveu Inocêncio Galvão Telles, «não concede de olhos fechados a sua proteção ao querer do homem. Antes de decidir faz uma apreciação valorativa da função prática do ato. Se essa função ou finalidade se lhe afigura de utilidade real, digna de estímulo e amparo, *reconhece* o ato e coloca-o debaixo da sua égide, como *ato jurídico lícito*; se a julga nociva e reprovável, hosti-

la reconnaissance de dette abstraite est de renverser le fardeau de la preuve: le créancier n'a pas à prouver la cause de sa créance; c'est au débiteur qui conteste sa dette d'établir quelle est la cause de l'obligation et de démontrer que cette cause n'est pas valable ou ne peut plus être invoquée». Ver ainda, neste sentido, *Berner Kommentar zum schweizerischen Privatrecht*, vol. VI, *Das Obligationenrecht*, art. 17, n.m. 20 ss. (por Ernst A. Kramer e Bruno Schmidlin).

[126] O negócio abstrato, importa notá-lo, tem também uma causa; simplesmente, a ordem jurídica, a fim de facilitar a fluidez do tráfico negocial, dispensa a alegação ou a demonstração dessa causa para que o negócio possa produzir os efeitos a que vai dirigido. Cfr., neste sentido, Vaz Serra, «Negócios abstractos», *BMJ* 83 (1959), pp. 5 ss.

[127] Note-se que a exigência de causa vale também para os *negócios fiduciários*, em que certo tipo negocial é utilizado para uma finalidade diversa daquela que a lei tinha em vista ao consagrá-lo. Tais negócios devem valer, atento o princípio da liberdade contratual, de acordo com a função que realmente visam desempenhar – a sua *causa real* –, contanto que a mesma não seja ilícita. A exigência de causa não constitui, assim, diversamente do que já se defendeu entre nós, um obstáculo ao reconhecimento de efeitos a este tipo de negócios (cfr., para uma exposição e crítica dessa orientação doutrinal, António Barreto Menezes Cordeiro, *Do trust no Direito Civil*, Coimbra, 2013, pp. 786 e 821 e ss.).

[128] Cfr. Inocêncio Galvão Telles, *Manual dos contratos em geral*, p. 295.

liza-a como *ato ilícito*, a que atribui efeitos desarmónicos com a vontade do agente; e por último *desconhece* o ato, tendo-o como *juridicamente indiferente*, todas as vezes que o seu fim é anódino por não possuir importância social bastante para justificar a tutela do Direito ou a sua reprovação»[129].

Por outras palavras, o contrato não é protegido pelo Direito português como um *fim em si mesmo*, mas tão-só como um meio de realização de *funções socialmente admissíveis*, que lhe servem de causa[130].

Os negócios cuja causa seja ilícita são nulos por força dos arts. 280º e 281º do Código Civil, que, de acordo com a lição de Manuel de Andrade[131], abrangem respetivamente na regulamentação do objeto e do fim do negócio jurídico o problema da relevância negativa da causa.

Em certos casos, porém, a ausência de causa lícita pode determinar tão-somente a *ineficácia relativa* do negócio. Assim sucede pelo que respeita aos negócios celebrados de má-fé pelo devedor e por um terceiro em detrimento do credor: de acordo com o art. 616º, nº 1, do Código Civil, julgada procedente a impugnação pauliana, o credor tem direito, na medida do seu interesse, à restituição dos bens que houverem sido transmitidos pelo devedor ao terceiro, podendo executá-los no património do obrigado à restituição e praticar os atos de conservação da garantia patrimonial autorizados pela lei[132].

Seja como for, o Direito português só consente, por via de regra, que o contrato produza os efeitos queridos pelas partes se e na medida em que possa controlar as finalidades visadas através dele (*hoc sensu*, a sua causa) e desde que estas não se mostrem socialmente irrelevantes ou inaceitáveis[133].

[129] *Idem*, p. 291.

[130] Neste sentido, *vide* Dias Marques, *Teoria Geral*, vol. II, p. 194. Não era outro o entendimento de Carvalho Fernandes, *Teoria Geral*, vol. II, p. 381, para quem «a lei só protege os negócios celebrados pelas pessoas enquanto eles sejam um meio adequado à realização de certos fins, que a ordem jurídica tem como dignos de protecção legal, juridicamente relevantes e legítimos. Só então o negócio é acolhido pela ordem jurídica e, nessa base, adequado a produzir certos efeitos».

[131] *Teoria geral*, vol. II, p. 349.

[132] Veja-se, no sentido de que a má-fé simultânea do devedor e do terceiro, consistente na consciência do prejuízo causado ao credor (o *consilium fraudis*), leva a que essa aquisição não possa ser considerada fundada numa *causa legítima*, Luís Menezes Leitão, *Direito das Obrigações*, vol. II, 11ª ed., Coimbra, 2017, p. 311.

[133] Pode ver-se um exemplo recente de um aresto em que se analisa sob este prisma a validade de um contrato no acórdão do Supremo Tribunal de Justiça de 3 de maio de 2016, proc. 27/14.5TVPRT.P1.S1. Discutia-se, na espécie, a validade de um contrato *swap*. O Supremo entendeu que «apesar de ser frequentemente apontada como causa ou função do contrato de *swap* a cobertura de risco, ou seja, a sua transferência para uma entidade bancária, ou a sua atenuação ou supressão, por forma a que, por regra geral, as empresas possam proteger-se contra variações desfavoráveis das taxas de juro sobre financiamentos que anteriormente lhes tenham sido concedidos e assim minorarem os prejuízos que daí lhes possam advir na hipótese de subida de tais taxas [...], também tem sido

Parece inequívoca, por outro lado, a relevância que a *causa-função* do contrato tem na sua qualificação e na determinação do seu regime jurídico.

Ainda que em parte absorvida por outros institutos, a exigência de causa encontrou, assim, acolhimento no Direito português.

VII – O Código Civil brasileiro, posto que sem se referir explicitamente à causa[134], acolhe a mesma orientação fundamental no art. 421, que abre o título sobre os contratos em geral, ao proclamar:

> «A liberdade de contratar será exercida em razão e nos limites da função social do contrato.»

Acolhe-se assim o princípio da *causalidade negocial*, não dando a ordem jurídica brasileira, em princípio, guarida a negócios abstratos[135]. Nisto se exprime, tem interesse notá-lo, uma certa comunhão ideológica entre o Direito brasileiro e os sistemas jurídicos latinos acima examinados[136].

VIII – Muito mais explícito é nesta matéria o Código Civil e Comercial argentino, promulgado em 2014 e em vigor desde 2015, que se ocupa em diversos pre-

reconhecido que tal contrato pode ser utilizado com finalidades puramente especulativas sobre a taxa de juro [...], só para uma das partes ou para ambas, conforme só uma ou ambas visem através do *swap* realizar operações lucrativas com base na futura evolução das taxas de juro, sendo então o swap utilizado sem ligação a qualquer outro contrato».

134 Que, aliás, o art. 104, atrás citado, não inclui entre os requisitos de validade do negócio jurídico.

135 Cfr., sobre o ponto, Antônio Junqueira Azevedo, *Negócio jurídico. Existência, validade e eficácia*, 3ª ed., São Paulo, 2000, especialmente pp. 150 ss., definindo a causa como a «função prático-social, ou econômico-social do negócio»; Teresa Negreiros, *Teoria do contrato: novos paradigmas*, Rio de Janeiro/São Paulo, 2002, pp. 205 ss.; Maria Celina Bodin de Moraes, «A causa dos contratos», *Revista Trimestral de Direito Civil*, 2003, p. 100; Nelson Rosenvald, «A função social do contrato», *in* Gisela Hironaka/Flávio Tartuce (orgs.), *Direito contratual. Temas atuais*, São Paulo, 2009, pp. 81 ss. (p. 87); Francisco Amaral, *Direito Civil. Introdução*, 8ª ed., Rio de Janeiro, 2014, pp. 466 ss.; Gerson Luiz Branco, «Elementos para interpretação da liberdade contratual e função social: o problema do equilíbrio econômico e da solidariedade social como princípios da Teoria Geral dos Contratos», *in* Judith Martins-Costa (org.), *Modelos de Direito Privado*, São Paulo, 2014, pp. 257 ss.; Arnoldo Wald, *Direito Civil, 2, Direito das Obrigações e teoria geral dos contratos*, 22ª ed., São Paulo, 2015, pp. 245 ss.

136 Cfr., a este respeito, Oliveira Ascensão, ob. cit., pp. 301 s. Consoante observa este autor, a questão da causa é uma *questão técnica*. Mas, por detrás da questão técnica, está uma *questão ideológica*. As correntes anticausalistas exprimem uma ordem formalista, hoje em grande relevo com a omnipotência do mercado e o relativismo dominante. Já as correntes causalistas estão associadas a uma intenção de controlo objectivo e de intervenção social. São menos liberais e não aceitam a tutela do tráfego como um valor absoluto.

ceitos da causa dos atos jurídicos, das obrigações e dos contratos[137]. Diz, quanto a estes últimos, o art. 1013:

> «A causa deve existir na formação do contrato e durante a sua celebração e subsistir durante a sua execução. A falta de causa dá lugar, consoante os casos, à invalidade, adaptação ou extinção do contrato.»

IX – No Direito alemão, ao invés do que sucede nos sistemas jurídicos até aqui examinados, nem sempre se requer uma causa a fim de que o contrato se forme validamente: basta, em certos casos, um acordo de vontades tendente à produção de determinados efeitos jurídicos[138].

Importa ter presente, a este respeito, o princípio da separação (*«Trennungsprinzip»*) que o Direito alemão estabelece entre dois tipos de negócios jurídicos, que não raro se conjugam na mesma operação económica: os *negócios de vinculação* (*«Verpflichtungsgeschäft»*), pelos quais se criam obrigações, por um lado, e os *negócios de disposição* (*«Verfügungsgeschäft»*), pelos quais se transferem, modificam ou extinguem direitos, por outro[139].

Relativamente aos primeiros, vigora, posto que apenas tendencialmente, o *princípio da causalidade* (*«Kausalitätsprinzip»*): as partes, ao acordarem a constituição de uma obrigação, decidem não apenas sobre o conteúdo desta, mas também, reflexamente, sobre o seu fim – *hoc sensu*, a sua causa[140]. Mesmo pelo que respeita a esta categoria de negócios jurídicos, o Direito alemão admite contudo, como se verá a seguir, a possibilidade de vinculações abstratas, que os sistemas latinos não consentem, se bem que sujeitando-as a exigências de forma específicas.

Em relação aos segundos, vale, ao invés, o *princípio da abstração* (*«Abstraktionsprinzip»*): entende-se que as partes apenas tiveram em vista, através deles, a transmissão de um direito, sendo o fim desta alheio ao contrato. Admite-se pois nestes casos, com grande amplitude, o *negócio jurídico abstrato*, o que é uma caraterís-

[137] Haja vista aos arts. 281 a 283, 726 e 1012 a 1014.

[138] Vejam-se sobre o tema, numa perspetiva de comparação de Direitos: Harm Peter Westermann, *Die causa im französischen und deutschen Zivilrecht*, Berlim, 1967; Gerhard Hohloch, «Causa e contratto. Riflessioni relative all'attuale fase del diritto tedesco», *in* Letizia Vacca (org.), *Causa e contratto nella prospettiva storico-comparatistica*, Turim, 1997, pp. 357 ss.; e Till Bremkamp, *Causa: der Zweck als Grundpfeiler des Privatrechts*, Berlim, 2008.

[139] Ver Werner Flume, *Allgemeiner Teil des Bürgerlichen Rechts*, vol. II, *Das Rechtsgeschäft*, pp. 152 ss.; Larenz/Wolf, *Allgemeiner Teil des Bürgerlichen Rechts*, pp. 418 ss.; Medicus, *Allgemeiner Teil des BGB*, pp. 92 ss.; *Staudingers Kommentar*/Olzen, Einleitung zum Schuldrecht, n.m. 26 ss.

[140] Cfr. no sentido de que, no negócio obrigacional causal, «a causa não é senão o *conteúdo do contrato obrigacional*» («ist die causa nichts anderes als der *Inhalt des Schuldvertrages*»), Flume, ob. cit., p. 170. Esse conteúdo está sujeito a controlo, designadamente, nos termos dos §§ 134 e 138 do BGB, sendo o negócio nulo sempre que contrário à lei e aos bons costumes.

tica do Direito alemão desconhecida da maioria dos outros sistemas jurídicos[141]. A elaboração doutrinal desta figura deve-se originariamente a Savigny, que procurou fundá-la nas fontes romanas[142]. A sua interpretação destas fontes é, porém, hoje contestada[143].

Como *negócios obrigacionais abstratos* preveem-se no Código Civil alemão a promessa de uma prestação («*Schuldversprechen*»), regulada no § 780, a qual é constitutiva de uma relação obrigacional independentemente da relação causal existente entre as partes; e o reconhecimento de uma dívida («*Schuldanerkenntnis*»), de que se ocupa o § 781, do qual resulta também a constituição de uma nova obrigação, ainda que se tenha extinguido a pretensão que lhe deu origem. Ambos os negócios se encontram imperativamente sujeitos à forma escrita.

Como *negócios de disposição abstratos*, consagram-se na lei alemã o acordo sobre a transferência da propriedade de um imóvel («*Auflassung*»), a que se refere o § 925 do BGB, o qual não é afetado pela eventual invalidade do contrato de compra e venda do mesmo bem, celebrado entre as mesmas partes, que apenas tem efeitos obrigacionais; e a entrega («*Übergabe*») de uma coisa móvel, que, nos termos do § 929 do BGB, juntamente com o acordo («*Einigung*») do proprietário e do adquirente nesse sentido, opera a transmissão da propriedade da coisa para o adquirente, independentemente da eficácia do contrato de compra e venda a que se encontre ligada. É também tida como negócio abstrato a entrega pelo comprador ao vendedor da quantia em dinheiro correspondente ao preço do bem vendido.

A permissão dos primeiros assenta no princípio da autonomia privada e no reconhecimento da necessidade prática de se admitirem certas vinculações abstratas (como as que têm lugar no âmbito das relações de conta corrente, do reconhecimento de saldos, etc.)[144]; a dos segundos, na segurança jurídica que a

[141] Para Zweigert/Kötz, *Einführung in die Rechtsvergleichung*, 3ª ed., Tubinga, 1996, p. 71, o «*abstrakter dinglicher Vertrag*» seria mesmo um dos institutos definidores do estilo («*stilprägend*») dos Direitos germânicos.

[142] Cfr. *Das Obligationenrecht*, vol. II, Berlim, 1853, pp. 254 ss., onde o autor invoca um trecho de Gaio em apoio da tese de que a *traditio* romana operaria a transferência da propriedade independentemente de *iusta causa*.

[143] Cfr. Uwe Wesel, *Die Geschichte des Rechts. Von den Frühformen bis zur Gegenwart*, 3ª ed., Munique, 2006, pp. 193 s. e 459, que, citando um fragmento de Paulo (D., 41,1,31, pr.: «*Nunquam nuda traditio transfert dominium, sed ita, si venditio aut aliaqua iusta causa praecesserit, propter quam traditio sequeretur*»), sublinha ser a *traditio* romana, ao contrário do que supunha Savigny, um negócio causal, porquanto o comprador, salvo nos casos de *mancipatio*, apenas adquiria a propriedade sobre a coisa que lhe fora entregue pelo vendedor se o correspondente contrato de compra e venda fosse eficaz.

[144] Ver *Münchener Kommentar*/Habersack, § 780, n.m. 16 e 25 ss. («Der Abstraktionswille ... ist damit das Kernstück des Schuldversprechens»)».

abstração proporciona ao adquirente do bem transmitido e aos terceiros a quem este, por seu turno, o transmita[145].

Deste modo, ao passo que em França certos contratos são nulos por ausência de causa (por exemplo, o seguro de um risco inexistente, sem que tenha havido erro), na Alemanha esses contratos são válidos, embora, como veremos adiante[146], deem lugar, ao abrigo do § 812 (1) do BGB, à obrigação de aquele que recebeu ao abrigo deles qualquer vantagem patrimonial a restituir, por ter ocorrido desse modo um enriquecimento sem causa. É, com efeito, apenas neste preceito do Código alemão que surge uma referência à causa («*Grund*»), não propriamente para invalidar o contrato em que a mesma falte, mas antes para obrigar aquele que tiver recebido de outrem uma prestação (*lato sensu*) carecida de causa a restituí-la a quem a realizou. O problema da causa transfere-se assim, na Alemanha, da formação do contrato, onde se situa no Direito francês, para a restituição do enriquecimento obtido à custa alheia.

Assim, se uma compra e venda for inválida, mas tiver sido validamente realizada a correspondente *Auflassung*, dá-se, por força desta, a transferência da propriedade do bem vendido. A propriedade deste modo transmitida só tem de ser restituída pelo adquirente através de uma ação de enriquecimento sem causa. De qualquer forma, se o adquirente do imóvel o alienar entretanto a um terceiro, este adquire a respetiva propriedade, mesmo que não esteja de boa-fé. A proteção do subadquirente, bem como dos respetivos credores, é, por isso, mais forte no Direito alemão do que, por exemplo, no Direito português e no Direito francês[147].

X – A influência francesa explicará por certo a adesão de certos sistemas jurídicos muçulmanos à exigência de causa nos contratos.

Está neste caso o Direito egípcio, cujo Código Civil fere o contrato de nulidade «quando as partes se obriguem sem causa ou por causa contrária à ordem pública ou aos bons costumes»[148]; e manda presumir que «qualquer obrigação tem uma causa lícita, ainda que a mesma não se ache expressa no ato», sendo a causa expressa no contrato «tida como verdadeira até prova em contrário». «Sendo

[145] Cfr., sobre a teleologia do princípio da abstração no Direito germânico, Hans Christoph Grigoleit, «Abstraktion und Willensmängel – Die Anfechtbarkeit des Verfügungsgeschäfts», *AcP*, 1999, pp. 379 ss. (especialmente pp. 381 ss. e 418); Medicus, *Allgemeiner Teil des BGB*, p. 92; e *Palandt*/Ellenberger, Überbl. v. § 104, n.m. 22 (expressando reservas quanto à viabilidade desse princípio no quadro da unificação jurídica europeia).

[146] Cfr. *infra*, § 36º, *c)*.

[147] À mesma conclusão chegam Heinrich Hörster, *A parte geral do Códogo Civil português*, Coimbra, 1992, p. 610; e Ulrich Drobnig, «Transfer of Property», *in* Arthur Hartkamp e outros (orgs.), *Towards a European Civil Code*, 4ª ed., Alphen aan den Rijn/Nijmegen, 2011, pp. 1003 ss. (p. 1018).

[148] Art. 136.

fornecida prova da simulação da causa», acrescenta-se no Código, «cabe àquele que sustenta que a obrigação tem outra causa lícita prová-lo»[149].

A exigência de causa nos contratos não é também estranha ao Direito muçulmano clássico, como procurou demonstrar Y. Linant de Bellefonds[150]: a promessa não causal é tida como não obrigatória pela maioria dos autores muçulmanos; e o mesmo sucede com o reconhecimento de uma dívida que omita a respetiva causa. Estas soluções foram expressamente consagradas na *Majala*[151]. Por outro lado, a escola hanbalita (dominante na Arábia Saudita) subordina a validade dos contratos à licitude do móbil prosseguido pelos contraentes.

O ato jurídico abstrato parece, assim, ser desprovido de vinculatividade no Direito muçulmano. Outro tanto sucede com os contratos que estipulem, a troco de uma contrapartida financeira, prestações obrigatórias para uma das partes em virtude de ato jurídico anterior ou da lei, como por exemplo o contrato pelo qual o marido se obrigasse a remunerar a mulher pelo aleitamento de um filho do casal.

XI – Diferentemente dos sistemas jurídicos anteriormente considerados, o Direito chinês contemporâneo não formulou qualquer requisito atinente à causa dos contratos. O controlo das finalidades práticas visadas pelas partes através do contrato encontra-se, no entanto, estritamente acautelado pela Lei dos Contratos.

Desde logo, cabe notar que, de acordo com o art. 1 dessa lei, ela tem como objetivos fundamentais, além da proteção dos direitos e interesses dos contraentes, a preservação da ordem social e económica e da modernização socialista[152]. Toda a contratação é assim colocada sob a égide de finalidades coletivas, em especial a salvaguarda do sistema socialista[153].

Por outro lado, o art. 52 do mesmo diploma prescreve a invalidade de todo o contrato que lese interesses públicos, vise finalidades ilegais ou viole disposições legais ou regulamentos administrativos de caráter imperativo[154].

149 Art. 137.

150 *Traité de droit musulman comparé*, I, *Théorie générale de l'acte juridique*, Paris/Haia, 1965, pp. 281 ss.

151 Cfr. os arts. 1511 («Celui qui a promis, sur l'ordre d'une personne, de payer la dette de cette dernière n'est pas tenu, de par cette simple promesse, de payer la dette») e 1628 («L'aveu ne fait que prouver l'objet sur lequel il porte, mais il ne donne pas naissance à ce droit ... n'est point recevable l'action par laquelle une personne dirait: "J'ai à recevoir telle somme d'un tel parce qu'il a avoué me devoir cette somme"»).

152 Dispõe esse preceito: «This Law is enacted for the purpose of protecting the legitimate rights and interests of the parties to contracts, maintaining the socio-economic order and promoting the socialist modernization».

153 Cfr., neste sentido, Nicole Kornet, «Contracting in China: Comparative Observations on Freedom of Contract, Contract Formation, Battle of Forms and Standard Form Contracts», *EJCL*, 2010, vol. 14.1.

154 Estabelece essa disposição: «A contract is invalid under any of the following circumstances: (1) either party enters into the contract by means of fraud or coercion and impairs the State's

XII – Em suma, nos sistemas jurídicos latinos atrás considerados, assim como nos demais que sofreram a sua influência, o contrato, a fim de se constituir validamente, pressupõe um acordo de vontades concluído com vontade de vinculação jurídica, que tenha uma causa ou se proponha um fim lícito. Diferentemente, no Direito alemão e nos sistemas jurídicos nele mais diretamente inspirados a eficácia desse acordo de vontades não pressupõe necessariamente a existência de uma causa.

A esta diversidade de regimes não são alheias, segundo alguns, diferentes mundividências, mormente as que separam as tradições católica e protestante[155].

A doutrina da causa deve com efeito um importante contributo ao Direito Canónico[156]. Partindo do princípio *pacta sunt servanda* – ele próprio, como se viu, uma criação sua –, os canonistas medievais sustentaram que nem todos os contratos informais (ou «pactos nús») seriam vinculativos: apenas os que tivessem uma *causa* (tomada na aceção aristotélica de *causa final*) se encontrariam abrangidos por esse princípio[157].

A comparação jurídica revela-nos todavia que o pensamento causalista e a recusa de eficácia a vinculações abstratas transcendem o universo dos Direitos de matriz católica, estendendo-se a outros que, do mesmo modo que estes, não dispensam um controlo das finalidades visadas pelas partes através dos seus contratos.

interests; (2) there is malicious conspiracy causing damage to the interests of the State, of the collective or of a third party; (3) there is an attempt to conceal illegal goals under the disguise of legitimate forms; (4) harm is done to social and public interests; or (5) mandatory provisions of laws and administrative regulations are violated».

155 Como nota Pedro Pais de Vasconcelos, *Teoria geral*, pp. 273 s., «a tradição cristã, mais concretamente católica, do Direito Civil é avessa à abstracção, porque remove do juízo de mérito a intencionalidade, o fim e a função do agir negocial, das atribuições patrimoniais, e permite que sejam utilizadas indiferentemente para o bem e para o mal. O conceito católico-tomista de liberdade dirige a liberdade ao bem e exclui a verdadeira liberdade quando dirigida ao mal, e por isso não dispensa a sindicação da intencionalidade, do fim e da função. O voluntarismo nominalista mais característico do protestantismo contenta-se mais facilmente com a simples vontade na formação do negócio, desde que livre e esclarecida. Por isso, o nominalismo moderno jusracionalista desloca a sindicação da validade do negócio para a verificação da liberdade e esclarecimento na celebração e para o acto constitutivo, enquanto o realismo tomista dá claramente maior atenção ao seu conteúdo».

156 Ver, sobre o ponto, Harold J. Berman, *Law and Revolution*, vol. I, *The Formation of the Western Legal Tradition*, Cambridge, Massachussets, e Londres, 1983, especialmente pp. 245 ss.

157 Nesta evolução teve papel de destaque Baldus degli Ubaldi, segundo o qual: «*iure canonico oritur actio ex nuda pacto, dummode habeat causam*» («de acordo com o Direito Canónico nasce uma ação do pacto nú, contanto que este tenha uma causa»). Cfr. James Gordley, *The Philosophical Origins of Modern Contract Doctrine*, Oxford, 1991, p. 56.

e) Promessa e **consideration**

I – Nos sistemas de *Common Law* diz-se contrato «uma promessa ou conjunto de promessas para cuja violação o Direito estabelece uma sanção ou cujo cumprimento o Direito reconhece constituir um dever»[158].

Por promessa deve entender-se para este efeito «uma manifestação da intenção de agir ou de se abster de agir de determinada maneira, feita por tal forma que o promissário possa justificadamente entender que foi assumido um compromisso»[159].

Em ordem a que uma promessa ou conjunto de promessas origine um contrato é necessário o mútuo consenso («*mutual assent*» ou «*meeting of the minds*») das partes[160]; e isso apesar de nos sistemas de *Common Law* também uma promessa unilateral poder constituir um contrato (dito nesse caso «*unilateral contract*»)[161].

Para este efeito não basta porém (salvo no caso dos contratos formais) o consentimento recíproco das partes: a fim de que a promessa de uma prestação possa ser tida como juridicamente eficaz – ou, melhor, para que seja suscetível de constituir fundamento de uma ação judicial (i.é, para que seja «*legally enforceable*») – exige-se ainda que lhe corresponda uma «consideração» («*consideration*»)[162].

[158] Tal a definição constante do *Restatement 2nd of Contracts* norte-americano, cujo § 1 dispõe: «A contract is a promise or a set of promises for the breach of which the law gives a remedy, or the performance of which the law in some way recognizes as a duty». A definição inspira-se na que fora preconizada por Frederick Pollock, em *Principles of Contract,* 13ª ed. (por Percy Winfield), Londres, 1950, p. 1, e, na esteira deste, por Samuel Williston, em *A Treatise on the Law of Contracts,* 4ª ed. (por Richard A. Lord), Rochester, Nova Iorque, 1990, § 1. Na doutrina contemporânea veja-se, para uma desenvolvida exposição do conceito de contrato como promessa, Charles Fried, *Contract as Promise: A Theory of Contractual Obligation,* Cambridge, Massachussets, 1981, pp. 7 ss. Cfr. ainda, aceitando a referida definição, *Chitty on Contracts,* 32ª ed., Londres, 2015, vol. I, p. 13; e *Anson's Law of Contract,* 30ª ed. (por Jack Beatson, Andrew Burrows e John Cartwright), Oxford, 2016, p. 2.

[159] Cfr. o § 2(1) do *Restatement 2nd of Contracts.*

[160] Cfr. o § 17(1) do *Restatement 2nd of Contracts,* onde se estabelece que «the formation of a contract requires a bargain in which there is a manifestation of mutual assent to the exchange and a consideration».

[161] Voltaremos a este ponto adiante, no § 18º, *b).*

[162] Cfr. a decisão proferida pela Câmara dos Lordes em 1778 no caso *Rann v. Hughes,* [1778] 101 E.R. 1014, em que Lord Skynner afirmou: «the law of this country supplies no means nor affords any remedy to compel the performance of an agreement made without sufficient consideration». Na doutrina contemporânea, veja-se no sentido do texto John Cartwright, *Contract Law: An Introduction to the English Law of Contract for the Civil Lawyer,* 2ª ed., Oxford/Portland, 2013, que escreve, a p. 66: «the parties' intention to be bound is not the test for the existence of the contract – the test being whether the parties have (objectively) agreed to a transaction which constitutes a bargain: the doctrine of consideration».

Ora, o que é a *consideration*? Segundo a definição clássica, este «produto único do *Common Law*»[163], no qual se revela a forte impregnação deste último por valorações de índole económica[164], consiste em «uma vantagem para o promitente ou uma desvantagem para o promissário» («*a benefit to the promisor or a detriment to the promisee*»), dada em troca da promessa contratual[165]. Uma orientação mais moderna define-a simplesmente como «o preço por que a promessa da contraparte é adquirida»[166].

No Direito inglês, a mera promessa de uma contraprestação a efetuar pelo promissário constitui *consideration*[167]: fala-se, neste caso, em *executory consideration*[168]. A *consideration* pode, além disso, consistir na prática de um ato pelo promissário no momento da formação do contrato, dizendo-se então *executed consideration*[169]. Mas já não é, em princípio, *consideration* suficiente um ato integralmente praticado antes da promessa (a chamada *past consideration*), visto que, nesse caso, a promessa é em rigor gratuita[170].

[163] A expressão é de Cartwright, *Contract Law*, p. 121.

[164] Neste sentido, quanto ao Direito norte-americano, Peter Hay, *US-Amerikanisches Recht*, 6ª ed., Muniquc, 2015, p. 113.

[165] Assim o decidiu a *Exchequer Chamber* em 1875 no caso *Currie v. Misa*, [1875] *L.R.*, 10 Ex., pp. 153 ss. (p. 162): «A valuable consideration, in the sense of the law, may consist either in some right, interest, profit, or benefit accruing to one party, or some forbearance, detriment loss, or responsibility, given, suffered, or undertaken by other». Neste sentido também Guenter Treitel, *The Law of Contract*, 14ª ed. (por Edwin Peel), Londres, 2011, pp. 72 ss.

[166] Cfr. *Cheshire, Fifoot & Furmston's Law of Contract*, 16ª ed. (por Michael Furmston), Oxford, 2012, p. 102. Esta definição foi adotada pela Câmara dos Lordes em 1915, no caso *Dunlop Pneumatic Tyre Co. v. Selfridge & Co.*, [1915] A.C. 847 ss. (p. 855).

[167] Cfr. Treitel, *The Law of Contract*, p. 82, que exemplifica com o caso em que o vendedor de certas mercadorias promete entregá-las no prazo de seis meses, vinculando-se o comprador a pagá-las na data da sua receção: a promessa de cada uma das partes é *consideration* da promessa da outra.

[168] Assim, *Pollock's Principles of Contract*, 13ª ed. (por Percy H. Winfield), Londres, 1950, p. 133; *Atiyah's Introduction to the Law of Contract*, 6ª ed., Oxford, 2006, p. 107; *Cheshire, Fifoot & Furmston's Law of Contract*, p. 102; *Anson's Law of Contract*, p. 100.

[169] Cfr. *Cheshire, Fifoot & Furmston's Law of Contract*, loc. cit., onde se aponta como exemplo a promessa pública de uma recompensa a quem praticar certo acto. Neste caso, a prática do ato constitui a necessária *consideration*. Denomina-se *executed* porque a promessa só se torna vinculativa para o promitente após a execução pelo promissário do acto que constitui a *consideration*, ao contrário do que sucede no exemplo anterior. Estamos aqui, como é bom de ver, no domínio dos negócios jurídicos unilaterais segundo a perspetiva própria dos sistemas romano-germânicos, ditos *unilateral contracts* nos sistemas de *Common Law*. Cfr. sobre o ponto, *infra*, capítulo III.

[170] Cfr. *Atiyah's Introduction to the Law of Contract*, pp. 121 ss.; *Cheshire, Fifoot & Furmston's Law of Contract*, pp. 102 s.; Treitel, *The Law of Contract*, pp. 88 ss.; e *Anson's Law of Contract*, cit., p. 101 («past consideration is, in effect, no consideration at all»).

Nos Estados Unidos da América, a *consideration* tem sido caraterizada, desde o final do século XIX, como uma contraprestação negociada («*bargained-for exchange* ou *bargained-for detriment*»)[171].

Este *bargain test* obteve acolhimento no § 71 do *Restatement 2nd of Contracts*, nos termos do qual a consideração é uma contra-promessa («*return promise*») ou a execução de uma prestação («*performance*») negociada. A contra-promessa ou execução de uma prestação considera-se negociada se tiver sido procurada pelo promitente em troca da sua promessa e se for dada pelo promissário em troca dessa promessa[172].

Através da *consideration* identificam-se as transações suscetíveis de tutela jurídica em virtude da sua presumível utilidade social. Dado que às promessas gratuitas (*v.g.* as doações e as alterações aos contratos a que não corresponda uma contraprestação a cargo da parte por elas beneficiada) falta, de acordo com a conceção anglo-saxónica de contrato, essa utilidade, não podem as mesmas ser feitas valer em juízo («*enforced*»), salvo se forem consignadas num instrumento formal. Dizem-se por isso, naquele caso, *unenforceable promises*[173].

Nos sistemas de *Common Law*, se houver um acordo de vontades sem *consideration*, haverá por conseguinte um *agreement*, mas não um *contract*.

Fica, assim, em princípio excluída a eficácia jurídica dos contratos gratuitos e dos contratos onerosos unilaterais informais. Uma doação, um comodato ou um mandato gratuito não são, nesta ótica, verdadeiros contratos. Apenas se excetuam a este princípio, nos Estados Unidos, as promessas gratuitas feitas *under seal*[174] e, em Inglaterra, as que forem formalizadas no instrumento solene a que se chama *deed*[175].

[171] Cfr. Oliver Wendell Holmes, *The Common Law*, pp. 199 s.; *Farnsworth on Contracts*, 3ª ed., Nova Iorque, 2004, vol. I, pp. 77 ss.

[172] Dispõe aquele preceito: « (1) To constitute consideration a performance or a return promise must be bargained for. (2) A performance or return promise is bargained for if it is sought by the promisor in exchange for his promise and is given by the promisee in exchange for that promise [...]». Conforme a epígrafe do preceito logo inculca, e se afirma expressamente no comentário oficial a este preceito do *Restatement*, o termo *consideration* é nele empregue no sentido de *elemento de troca* necessário para que o contrato seja eficaz.

[173] Cfr., pelo que respeita ao direito inglês, *Atiyah's Introduction to the Law of Contract*, p. 118; *Cheshire, Fifoot & Furmston's Law of Contract*, p. 99; Treitel, *The Law of Contract*, p. 78; e *Anson's Law of Contract*, cit., pp. 96 e 98. Quanto ao Direito dos E.U.A., ver *Farnsworth on Contracts*, vol. I, pp. 85 s.; e Arthur T. von Mehren/Peter L. Murray, *Law in the United States*, 2ª ed., Cambridge, 2007, pp. 86 s.

[174] Cfr. o § 95 (1) do *Restatement 2nd of Contracts*, segundo o qual: «In the absence of statute a promise is binding without consideration if (a) it is in writing and sealed; and (b) the document containing the promise is delivered; and (c) the promisor and promisee are named in the document or so described as to be capable of identification when it is delivered».

[175] Consistente num documento escrito, assinado pelo promitente e por uma testemunha que certifique a assinatura deste, no qual seja aposta a declaração de que o mesmo constitui um *deed*.

Da exigência de *consideration* deriva, pois, uma importante restrição ao âmbito do contrato, que não tem correspondência nos Direitos continentais.

Em contrapartida, o cumprimento das promessas onerosas («*bargained-for*») é em princípio exigível, como veremos adiante, independentemente do equilíbrio das prestações a que dizem respeito. Por isso se diz que a «adequação da consideração» («*adequacy of consideration*») não é, em geral, suscetível de fiscalização pelos tribunais[176].

Parte-se, com efeito, do princípio de que numa economia de mercado compete às partes e não aos tribunais determinar, no momento da contratação, o valor dos bens e serviços transacionados[177]. Consagra esta ideia o § 79 do *Restatement 2nd of Contracts*[178].

Não obstante isso, os negócios abstratos são basicamente excluídos em virtude desta doutrina, que obriga em alguma medida a revelar as motivações económicas do contrato a fim de que este possa ser feito valer em juízo[179].

II – Entre os corolários da exigência de *consideration* sem paralelo na disciplina dos contratos nos Direitos continentais, em virtude do princípio do consensualismo neles vigente, destacaremos os seguintes:

a) A proposta de contrato é livremente revogável até à sua aceitação pelo destinatário, como veremos, sem que o proponente incorra em qualquer responsabilidade, excepto se a ela corresponder alguma *consideration*. Na jurisprudência de certos Estados norte-americanos dispensa-se, nalguns destes casos, o requisito da *consideration*, por força da doutrina do *promissory estoppel*, se o promissário houver confiado legitimamente na eficácia da proposta. É este um ponto que contende diretamente com a disciplina da responsabilidade pré-contratual nos sistemas de *Common Law*, pelo que só nos ocuparemos *ex professo* dele mais adiante[180].

Cfr. o *Law of Property (Miscellaneous Provisions) Act 1989*, secção 1 (3).

176 Cfr., quanto ao Direito inglês, *Atiyah's Introduction to the Law of Contract*, p. 114, *Cheshire, Fifoot & Furmston's Law of Contract*, p. 110, Treitel, *The Law of Contract*, p. 85, e *Anson's Law of Contract*, cit., pp. 100 s.; e quanto ao Direito dos E.U.A., *Farnsworth on Contracts*, vol. I, pp. 124 ss., e von Mehren, «The Formation of Contracts», *in IECL*, vol. VII, cap. 9, p. 45.

177 Assim o *dictum* de Lord Blackburn no caso *Bolton v. Madden* [1873] 9 Q.B. pp. 55 ss. (p. 57): «The adequacy of the consideration is for the parties to consider at the time of making the agreement, not for the Court when it is sought to be enforced».

178 Ao dispor: «If the requirement of consideration is met, there is no additional requirement of (a) a gain, advantage, or benefit to the promisor or a loss, disadvantage, or detriment to the promisee; or (b) equivalence in the values exchanged [...]».

179 Neste sentido, Arthur T. von Mehren/Peter L. Murray, *Law in the United States*, 2ª ed., Cambridge, etc., 2007, p. 98.

180 Cfr. *infra* § 7º, *a)*.

b) No Direito inglês, a *consideration* deve ser fornecida pelo promissário («*consideration must move from the promisee*»)[181]; o que tem como consequência a inadmissibilidade de uma promessa contratual cuja contraprestação seja devida por terceiro (não assim, porém, no Direito dos Estados Unidos da América, onde se admite que a *consideration* seja fornecida por alguém que não o beneficiário da promessa contratual[182]).

c) São em princípio ineficazes, por falta de *consideration*, os acordos pelos quais se estipule um pagamento adicional por uma prestação devida ao abrigo de um contrato preexistente, se o promitente não receber em contrapartida desse pagamento qualquer benefício adicional[183]; solução que contrasta flagrantemente com a do Direito português, em que, conforme decorre do disposto no art. 406º, nº 1, do Código Civil, o contrato pode modificar-se por simples efeito do mútuo consentimento dos contraentes. No *Restatement 2nd of Contracts* considera-se todavia eficaz, não obstante a inexistência de *consideration*, a modificação do preço contratual convencionada pelas partes em vista de uma alteração das circunstâncias em que fundaram a decisão de contratar[184].

d) Não é admissível a renúncia do credor ao direito de exigir o cumprimento da prestação, ou parte dela, ainda que com a aquiescência da contraparte, excepto se lhe corresponder uma prestação diferente a cargo do devedor ou a renúncia por este a um contracrédito sobre o seu credor, ou se o crédito for contestado de boa-fé pelo devedor ou o seu montante for ilíquido[185].

e) Outro corolário da exigência de *consideration* como elemento constitutivo dos contratos é a ineficácia como tais das promessas de prestação de informações a título gratuito. Pode, é certo, haver responsabilidade pelas informações erradas desse modo prestadas; esta responsabilidade, porém, não se funda no incumprimento de qualquer contrato, mas antes na prática de um ilícito delitual («*tort*»), como se verá no lugar oportuno desta obra[186].

III – Coloca-se agora a seguinte questão: será a *consideration* funcionalmente equivalente ao conceito de causa, que, como vimos, constitui um elemento autónomo do contrato em diversos sistemas jurídicos romano-germânicos?

181 Cfr. Treitel, *The Law of Contract*, p. 91, e referências.

182 Cfr. *Farnsworth on Contracts*, vol. I, p. 81.

183 Cfr. *Cheshire, Fifoot and Furmston's Law of Contract*, pp. 121 ss.; Treitel, *The Law of Contract*, pp. 105 ss.; Klass, *Contract Law in the USA*, p. 76.

184 Cfr. o § 89 (a).

185 Cfr. Treitel, *The Law of Contract*, pp. 141 s.

186 Cfr. *infra*, § 26º, *a)*.

Neste sentido se pronunciaram os eminentes comparatistas alemães Konrad Zweigert e Hein Kötz[187].

Estamos todavia em crer que é distinto o alcance das duas figuras em apreço[188]. À causa dos Direitos latinos e à *consideration* anglo-saxónica subjazem, com efeito, conceções jurídicas e filosóficas muito diversas – diríamos mesmo antinómicas. A sua identidade funcional é meramente aparente: se é certo que ambas são instrumentos de aferição da admissibilidade do reconhecimento de efeitos jurídicos aos contratos, exercendo assim uma *screening function,* os seus pressupostos, os critérios com base nos quais esse reconhecimento se processa e os fins que através delas se prosseguem são inteiramente distintos.

O *Common Law* supre, como referimos atrás, a ausência do princípio consensualista mediante o requisito de que na génese do contrato se encontre um *sinalagma*: quando à promessa corresponda uma atribuição patrimonial, um benefício avaliável em dinheiro, a alcançar pelo promitente, pode ser reclamado em juízo o seu cumprimento ou o ressarcimento dos danos causados pelo seu incumprimento[189]. A *consideration* constitui, nesta medida, uma *causa eficiente* das obrigações contratuais[190].

Outro é o sentido da exigência de causa como elemento constitutivo do contrato nos Direitos continentais[191]. Esta pode, como vimos, ser entendida de dois

[187] Cfr. *Einführung in die Rechtsvergleichung*, 2ª ed., Tubinga, 1984, vol. II, pp. 90 ss. Os autores abandonaram entretanto esta posição: veja-se a 3ª ed. dessa obra, Tubinga, 1996, pp. 384 ss., bem como Hein Kötz, *Europäisches Vertragsrecht*, 2ª ed., Tubinga, 2015, p. 103, onde se reconhece expressamente que «as ordens jurídicas continentais não conhecem um princípio diretamente comparável» à doutrina da *consideration*. Ver ainda, do mesmo autor, «Seriositätsindizien», *in* Basedow/Hopt/Zimmermann (orgs.), *Handwörterbuch des Europäischen Privatrechts,* vol. II, pp. 1397 ss.

[188] Neste sentido nos pronunciámos já em *Da responsabilidade pré-contratual em Direito Internacional Privado,* Coimbra, 2001, pp. 159 ss., que aqui seguimos de perto. Vejam-se ainda as demais referências constantes dessa obra e, na literatura posterior, Barry Nicholas, *The French Law of Contract,* 2ª ed., Oxford, 2005, pp. 144 ss. (que afirma, referindo-se à causa: «the only functions which it can be said to perform do not include that of determining which agreements should be enforceable, which is the main function of consideration»); John Cartwright, *Contract Law* (que escreve, a p. 130, n. 37: «the doctrine of consideration is fundamentally different from the doctrine of *la cause* in French law and other systems which draw the principle from the French Civil Code»); e A. Barreto Menezes Cordeiro, «A *Consideration* no Direito inglês dos contratos», *RDC,* 2017, pp. 97 ss. (para quem «a *consideration* não encontra paralelo no Direito português ou nos demais Direitos continentais»: p. 110).

[189] Nesta linha de orientação, veja-se *Chitty on Contracts,* vol. I, p. 400, onde se pode ler: «The doctrine of consideration is based on the idea of reciprocity: that "something of value in the eye of the law" must be given for a promise in order to make it enforceable as a contract».

[190] A mesma opinião é expendida por Carlos Ferreira de Almeida: cfr. *Texto e enunciado na teoria do negócio jurídico,* vol. I, Coimbra, 1992, p. 501, n. 125 ; *Contratos II,* p. 99.

[191] Reconhece-o, por exemplo, René David, «Cause et Consideration», *in* AAVV, *Mélanges offerts à Jacques Maury,* vol. II, *Droit comparé. Théorie générale du droit et droit privé,* Paris, s.d. (1960), p. 111 ; *idem, Les contrats en droit anglais,* p. 132.

modos fundamentais: como *função social* do contrato ou como os *motivos* ou as circunstâncias cuja representação intelectual determinaram os seus sujeitos a querê-lo. Numa aceção eclética, a causa do contrato corresponde a ambas as noções, que constituem como que as suas vertentes objetiva e subjetiva[192]. Sinteticamente, a causa pode também ser definida como o *interesse* prosseguido pelo negócio jurídico[193]. Tem-se em vista, em qualquer caso, uma *causa final*[194].

Subjaz à causa, como dissemos, a ideia de que a lei apenas protege a regulamentação de interesses operada ao abrigo da autonomia privada na medida em que repute *merecedores de tutela jurídica* os fins visados através dela. A causa limita, pois, o consensualismo.

Ora, conforme vimos, nos sistemas anglo-saxónicos este problema não se põe. Compreende-se, assim, que ao juiz não pertença aí averiguar, através do requisito da *consideration*, a atendibilidade dos motivos que impelem as partes a contratar ou dos fins por elas prosseguidos através do contrato: a valoração a efetuar pelo tribunal restringe-se à verificação de que o contrato corresponde a uma troca em sentido económico (a *exchange* a que alude o *Restatement* norte-americano). De outro modo, não seria compreensível que, como vimos, aos tribunais ingleses esteja vedado apreciar a «adequação» da *consideration*.

Em suma, a promessa a que corresponda um *quid pro quo* obriga o promitente, nos sistemas de *Common Law*, independentemente das finalidades que lhe presidem. O exame destas – *punctum saliens* da doutrina da causa, que não tem apenas que existir, mas também de ser lícita e digna de tutela jurídica – não tem lugar através do instituto da *consideration*. Por isso pôde Oliver Wendell Holmes concluir, na sua obra fundamental sobre o *Common Law* norte-americano, que «toda a doutrina do contrato é formal e externa»[195]. Na mesma linha fundamental de orientação observa mais recentemente Raymond Youngs[196] que «o requisito da causa é mais exigente que o da *consideration*», pois esta «pode ter uma valor meramente nominal, enquanto que a causa tem de ser algo mais de que isso». Tem nesta medida razão Luciano Timm quando nota, a respeito da autonomia privada nos Estados Unidos, que «não há, como no Brasil, a restrição da chamada "função social do contrato"»[197].

[192] Cfr. Galvão Telles, *Manual dos contratos em geral*, cit., pp. 287 ss.

[193] Assim Castro Mendes, *Teoria geral do Direito Civil*, cit., vol. II, p. 187, e Carbonnier, *Droit Civil*, vol. II, *Les biens. Les obligations*, p. 2018.

[194] Assim Boris Starck/Henri Roland/Laurent Boyer, *Droit civil. Les Obligations. 2. Contrat*, 6ª ed., Paris, 1998, p. 296; Terré/Simler/Lequette, *Droit Civil. Les obligations*, p. 378; Ferreira de Almeida, *Contratos II*, loc. cit.

[195] Cfr. *The Common Law*, cit., p. 230, nota a.

[196] Cfr. *English, French and German Comparative Law*, 3ª ed., Londres/Nova Iorque, 2014, p. 569.

[197] Cfr., do autor citado, «Common Law e Contract Law: uma introdução ao Direito Contratual norte-americano», *RIDB*, 2012, pp. 525 ss.

Não falta de resto quem, na doutrina anglo-saxónica, negue a própria possibilidade de uma definição heterónoma dos interesses socialmente atendíveis, e, por conseguinte, de uma fiscalização da causa dos contratos[198].

Por outro lado, a causa dos sistemas romano-germânicos não exclui a validade dos contratos unilaterais, gratuitos ou destituídos de conteúdo económico[199], ao contrário do que sucede em virtude da *consideration*. A causa constitui, nesta medida, um requisito menos restritivo do que esta última.

Em face do exposto, havemos de concluir, com Josef Esser, que a *consideration* se furta a toda a comparação institucional com a construção jurídica continental[200]; e que dela deriva uma importante restrição ao domínio do contrato, que não tem correspondência nos Direitos continentais[201]. O mesmo se pode aliás dizer dos Direitos muçulmanos[202].

IV – Mas porquê a exigência de *consideration* nos sistemas de *Common Law* e não nos de *Civil Law*? Podemos avançar duas ordens de explicações a este respeito.

Uma, de carácter filosófico, prende-se com a contraposição entre o idealismo continental e o utilitarismo inglês. A Escola Histórica do Direito, em que pontifi-

[198] É o caso de Friedrich August Hayek, para quem a sociedade livre se carateriza por uma cooperação pacífica e mutuamente benéfica entre os seus membros, levada a efeito através das trocas, mas sem que estes hajam de chegar a qualquer acordo quanto aos fins particulares que lhes é dado prosseguir. Numa tal sociedade vigora, segundo o autor, uma «ordem abstracta, que não se propõe quaisquer fins específicos, mas que aumentará para todos a expectativa de alcançarem os seus fins individuais». Por isso se diz, acrescenta Hayek, que ela é *means-connected* e não *ends-connected*. Cfr. *Law, Legislation and Liberty. A New Statement of the Liberal Principles of Justice and Political Economy*, reimpressão, Londres, 1993, vol. II, pp. 109 ss.

[199] Consoante o admite o Direito português, desde que a prestação convencionada pelas partes corresponda a um interesse do credor, digno de protecção jurídica: cfr. o art. 398º, nº 2, do Código Civil.

[200] Cfr. *Grundsatz und Norm in der richterlichen Fortbildung des Privatrechts*, 4ª ed., Tubinga, 1990, p. 326. No sentido de que a *consideration* não pode ser equiparada à causa dos contratos sinalagmáticos, *vide* ainda: Anne de Moor, «Contract and Agreement in English and French Law», *Ox. J. L. St.*, 1986, pp. 275 ss. (pp. 281 s.); Denis Tallon, «The Notion of Contract: A French Jurist's Naïve Look at Common Law Contract», *in* D. Clark (org.), *Comparative and Private International Law. Essays in Honour of John Henry Merryman on his Seventieth Birthday*, Berlim, 1990, pp. 282 ss. (p. 286); P.D.V. Marsch, *Comparative Contract Law. England, France, Germany*, Aldershot, 1994, p. 104; Ugo Mattei/Pier Giuseppe Monateri, *Introduzione breve al diritto comparato*, Pádua, 1997, p. 32; e Sánchez Lorenzo, «Causa y "consideration"», *in eisudem* (org.), *Derecho Contractual Comparado*, t. I, pp. 1041 ss. (pp. 1061 ss.).

[201] Outra não é a conclusão de Arthur T. von Mehren e Peter L. Murray, *Law in the United States*, p. 83, onde se lê: «Direct comparison of the doctrine of consideration with doctrines of other legal systems is out of the question; the doctrines differ too greatly in formulation and technique».

[202] A exigência de *consideration* é, com efeito, alheia aos sistemas jurídicos muçulmanos, que expressamente admitem a celebração de contratos gratuitos, entre os quais se destacam a doação («*hiba*») e o comodato («*ariyya*»). Cfr. Noel J. Coulson, *Commercial Law in the Gulf States*, Londres, 1984, p. 18.

cou Savigny, viu no contrato uma expressão da ideia de liberdade[203], proclamada por Kant como único direito originário do Homem[204], e pôde assim fundar a sua eficácia no valor moral da autonomia da vontade[205], conferindo-lhe, em consequência disso, o mais vasto alcance.

Já o pensamento jurídico anglo-saxónico extraiu essa eficácia do princípio da utilidade, tal como este foi afirmado por Bentham[206], e portanto da existência de uma vantagem mútua para ambos os contraentes[207]. Ora, conforme notámos, falta em regra às promessas gratuitas, segundo a conceção anglo-saxónica, a utilidade social que justifica que tenham relevância jurídica. Por isso é que só se lhes atribuem efeitos se forem formalizadas. O contrato é, pois, nos Direitos inglês e norte-americano, o instrumento jurídico de uma troca ou negócio em sentido vulgar («*bargain*»). Eis, em suma, por que Cheshire, Fifoot e Furmston observam:

> «Um inglês é responsável, não por ter feito uma promessa, mas antes por ter feito um negócio.»[208]

[203] Entendida como a propriedade da vontade pela qual esta pode ser eficiente independentemente de causas estranhas que a determinem: cfr. Immanuel Kant, *Grundlegung zur Metaphysik der Sitten*, Riga, 1786 (reimpressão, Estugarda, s.d.), p. 103.

[204] Cfr. *Die Metaphysik der Sitten*, Königsberg, 1797 (reimpressão, Estugarda, s.d.), p. 76: «Freiheit (Unabhängigkeit von eines anderen nötigender Willkür), sofern sie mit jedes anderen Freiheit nach einem allgemeinen Gesetz zusammen bestehen kann, ist dieses einzige, ursprüngliche, jedem Menschen kraft seiner Menschheit zustehende Recht».

[205] Cfr. Friedrich-Karl von Savigny, *System des heutigen Römischen Rechts*, vol. 3, Berlim 1840 (2ª reimpressão, Aalen, 1981), p. 309, onde se define o contrato como «die Vereinigung Mehrerer zu einer übereinstimmenden Willenserklärung, wodurch ihre Rechtsverhältnisse bestimmt werden». Ver ainda *ibidem*, p. 258: «eigentlich muss der Wille an sich als das einzig Wichtige und Wirksame gedacht werden, und nur weil er ein inneres, unsichtbares Ereignis ist, bedürfen wir eines Zeichens, woran er von anderen erkannt werden könne, und dieses Zeichen, wodurch sich der Wille offenbart, ist eben die Erklärung».

[206] Cfr. Jeremy Bentham, *An Introduction to the Principles of Morals and Legislation*, Londres, 1789 (reimpressão, 1962), p. 11: «Nature has placed mankind under the governance of two sovereign masters, *pain* and *pleasure*. It is for them alone to point ou what we ought to do do, as well as to determine what we shall do [...]. The *principle of utility* recognizes this subjection». Compare-se esta formulação com Kant, *Grundlegung*, cit., p. 87: «Im Reiche der Zwecke hat alles entweder einen *Preis* oder eine *Würde*. Was einen Preis hat, an dessen Stelle kann auch etwas anderes als *Äquivalent* gesetzt werden; was dagegen über allen Preis erhoben ist, mithin kein Äquivalent verstattet, das hat eine Würde»; «das aber, was die Bedingung ausmacht, unter der allein etwas Zweck an sich selber sein kann, hat nicht bloss einen relativen Wert, d. i. einen Preis, sondern einen innern Wert, d. i., *Würde*»; e p. 88: «Treue im Versprechen, wohlwollen aus Grundsätzen (nicht aus Instinkt) haben einen innern Wert».

[207] Cfr. Patrick Selim Atiyah, *The Rise and Fall of Freedom of Contract*, 3ª ed., Oxford, reimpressão, 1988, p. 325.

[208] Cfr. *Cheshire, Fifoot and Furmston's Law of Contract*, p. 41.

Esta é também a razão por que se alude, a este propósito, a um *bargain principle* aplicável às promessas informais.

A outra explicação da diversidade de regimes em apreço é de caráter histórico. Com efeito, no Direito francês o regime do contrato foi largamente influenciado, como notam Denis Tallon e Donald Harris[209], pelos canonistas, ao passo que no Direito inglês ele foi sobretudo impregnado pelos costumes comerciais. Daí que no Direito francês o contrato constitua uma figura com caráter geral, que compreende toda a convenção pela qual duas ou mais pessoas se sujeitam a alguma obrigação, enquanto que a transação comercial foi considerada pelos juízes ingleses como o *paradigma do contrato*, sobre o qual a jurisprudência modelou a respectiva disciplina.

Por outro lado, como salienta James Gordley[210], ao passo que os juristas continentais, inspirados na distinção aristotélica entre liberalidade e justiça comutativa, admitiram uma causa gratuita e uma causa onerosa, os juízes ingleses do séc. XVI procuraram delimitar as promessas informais que podiam ser invocadas em juízo através da *action of assumpsit*, restringindo-as àquelas em que se verificasse o requisito da *consideration*.

Na verdade, a ação por incumprimento do contrato tem, em Inglaterra, uma origem particular: a ação penal de *trespass* (transgressão). Esta pressupunha originariamente um ato de violência e por conseguinte uma perturbação da ordem pública. Visava, além da imposição ao autor desse ato de uma sanção penal, a sua condenação a ressarcir a vítima do dano por ela sofrido. A circunstância, porém, de vigorar em Inglaterra um princípio de tipicidade das ações judiciais[211] e a necessidade de prover ao ressarcimento de danos causados noutras circunstâncias levaram os tribunais ingleses a estender a ação de *trespass*, no século XIV, a outras hipóteses de causação de danos a terceiros, as quais foram denominadas *trespass on the case*. Entre essas hipóteses veio a ser incluída a causação de danos mediante o incumprimento ou o cumprimento defeituoso do contrato informal. Esta última ação foi posteriormente designada por *assumpsit* (do latim *assumere*, i.é, assumir): o réu havia *assumido* certa obrigação, mediante a promessa de uma prestação, e não a cumprira, ou cumprira-a defeituosamente, causando desse modo um dano ao autor[212]. A procedência desta ação pressupunha, no entanto,

[209] *Le contrat aujourd'hui: comparaisons franco-anglaises*, Paris, 1987, p. 418.

[210] Cfr. *The Philosophical Origins of Modern Contract Doctrine*, p. 137.

[211] Sobre o qual pode ver-se o nosso *Direito Comparado*, vol. I, § 26º.

[212] Cfr. a decisão proferida em 1602 pelo *Court of Exchequer* no caso *Slade v. Morley*, 72 E.R. 677. Aí afirmou Lord Popham: «It was resolved, That every contract executory importeth in it self an Assumpsit, for when one agreeth to pay money, or to deliver anything, thereby he promiseth to pay, or deliver it; and therefore when one selleth any goods to another, and agreeth to deliver them at a day to come, and the other in consideration thereof promiseth to pay so much money to the other,

um exame pelo tribunal da razão pela qual fora feita a promessa contratual não cumprida; e essa razão deveria ser a promessa de uma contraprestação a realizar pelo lesado[213].

§ 6º Formação

a) Modelos de regulação

Examinaremos agora a formação do contrato. Fundamentalmente, trata-se de saber quando há um contrato, i.é, a partir de que momento os sujeitos que nele intervêm devem considerar-se vinculados àquilo que convencionaram entre si. Nesta matéria são vários os modelos de regulação que o Direito Comparado revela[214].

Os sistemas jurídicos alemão, português e brasileiro, em conformidade com a sua matriz savigniana, erigem a «declaração de vontade» («*Willenserklärung*»), ou «declaração negocial», em elemento central da disciplina do negócio jurídico. Por conseguinte, o regime da formação do contrato retira-se neles, em larga medida, das disposições que têm por objeto essa declaração: por exemplo, o problema de saber em que momento a aceitação de uma proposta contratual produz efeitos reconduz-se nesses sistemas à questão mais ampla de saber em que momento a declaração de vontade se torna eficaz.

Outros sistemas jurídicos, cujas codificações são anteriores ou foram menos permeáveis à dogmática germânica do século XIX, não contêm regras gerais sobre a declaração de vontade. Estão neste caso o Código Civil francês, que se ocupa especificamente, nos atuais arts. 1112 e seguintes, da formação do contrato[215]; e o

in this Case both parties may have an Action of debt, or an Action upon the Case on Assumpsit, for the mutual executory agreement of both parties importeth in it self reciprocal Action upon the Case, as well as Action of debt, and therewith agreeth the Judgment in Reade and Norwoods Case Plow Comm. 128. It was resolved, That the Plaintiff in this Action upon the Case upon Assumpsit shall not recover onely damages for the special loss (if any be) which he hath, but also for the whole debt, so that recovery or barre in this Action shall be a good barre in an Action of debt brought upon the same contract; so vice versa, a recovery or barre in an Action of debt is a good barre in an Action upon the Case upon Assumpsit». Sobre a origem da ação de *assumpsit* veja-se, para mais desenvolvimentos, Oliver Wendell Holmes, *The Common Law*, pp. 215 ss.

213 Ver *Cheshire, Fifoot and Furmston's Law of Contract*, pp. 2 ss.

214 Cfr. Martin Ilmer, «Vertragsschluss», *in* Basedow/Hopt/Zimmermann (orgs.), *Handwörterbuch des Europäischen Privatrechts*, vol. II, pp. 1696 ss.; Rodolfo Sacco, «Formation of Contracts», *in* Hartkamp e outros (orgs.), *Towards a European Civil Code*, pp. 483 ss.; Jessica Schmidt, *Der Vertragsschluss. Ein Vergleich zwischen dem deutschen, frazösischen, englischen Recht und dem CESL*, Tubinga, 2013.

215 Preceitos que são, aliás, inovadores: os legisladores do Código francês de Oitocentos tinham-se desinteressado manifestamente da formação do contrato, matéria que não se encontrava disciplinada na sua redação originária.

Código Civil italiano, cujos arts. 1326 e seguintes se referem diretamente ao contrato e aos seus elementos constitutivos. Não é outra a orientação prevalecente nos sistemas de *Common Law*, com a diferença, porém, de que a fonte primordial do regime jurídico da formação dos contratos são aí os precedentes emanados dos tribunais superiores.

Noutros sistemas jurídicos ainda, como é o caso dos muçulmanos, onde não logrou afirmar-se uma teoria geral do contrato e onde o regime deste apresenta um caráter marcadamente fragmentário, as regras sobre a formação do contrato são em larga medida extraídas dos tipos contratuais que a *Xaria* islâmica prevê, entre os quais se destacam a compra e venda («*bay*»), a doação («*hiba*»), a locação («*ijara*») e o mútuo («*ariyah*»)[216].

b) Proposta e aceitação

I – Nos sistemas jurídicos aqui considerados, as regras substantivas sobre a formação dos contratos divergem entre si em vários aspetos nucleares, que importa examinar[217].

Partiremos na análise deste ponto do modelo clássico de contratação assente numa proposta e numa aceitação[218].

Coloca-se a este respeito, desde logo, a questão de saber em que circunstâncias existe uma proposta (ou oferta) contratual.

Proposta é, *hoc sensu*, a declaração negocial pela qual alguém propõe a outrem a conclusão de um contrato, ficando o destinatário dela na posição de, mediante a sua simples aceitação, provocar a conclusão do contrato.

[216] Ver Noel J. Coulson, *Commercial Law in the Gulf States*, que escreve a p. 17: «Islamic law was denied the opportunity to emerge as a Law of Contract and remained crystallised as a law of contracts».

[217] Cfr. sobre esta matéria, numa perspetiva de Direito Comparado, Ángeles Lara Aguado, «La oferta y la aceptación contractuales», *in* Sánchez Lorenzo (org.), *Derecho Contractual Comparado*, t. I, pp. 681 ss.

[218] Este modelo subjaz, designadamente, ao Código Civil austríaco de 1811, que estabelece no § 861: «Aquele que declarar que transmitirá o seu direito a outrem, isto é, que lhe permitirá algo, que lhe dará algo, que lhe fará algo ou que por sua causa se absterá de fazer algo, faz uma promessa; se a outra parte a aceitar validamente, forma-se através da vontade coincidente de ambas as partes um contrato. Enquanto durarem as negociações e a promessa não tiver sido feita, ou não tiver sido aceite, não se constitui qualquer contrato». Contemporaneamente, o mesmo modelo foi consagrado no art. 6:217 do Código Civil holandês, segundo o qual: «Um contrato forma-se mediante uma oferta e a respetiva aceitação». Acolhe-o igualmente o Código francês, cujo art. 1113, na redação dada pela reforma de 2016, dispõe: «Le contrat est formé par la rencontre d'une offre et d'une acceptation par lesquelles les parties manifestent leur volonté de s'engager. Cette volonté peut résulter d'une déclaration ou d'un comportement non équivoque de son auteur». Outro tanto sucede na lei chinesa dos contratos, cujo art. 13 estabelece : «The parties shall, in making a contract, take the form of offer and acceptance».

Para haver uma proposta, exige-se nos sistemas romanistas a verificação de três requisitos fundamentais: *a)* A *firmeza*: não há proposta se a declaração for feita em termos dubitativos ou hipotéticos, sujeita a acordo posterior («*subject to agreement*») ou sem vinculação («*freibleibend*», «*sans engagement*», «*senza impegno*»); *b)* A *forma bastante*: a proposta deve revestir a forma requerida pelo negócio jurídico em causa; e *c)* A *completude*: a proposta tem de abranger todos os pontos necessários para que o contrato fique concluído com a sua aceitação pelo destinatário[219].

É particularmente esclarecedora, a este respeito, a norma introduzida no Código francês pela reforma de 2016. Dispõe, com efeito, o novo art. 1114:

> «A oferta, feita a pessoa determinada ou indeterminada, compreende os elementos essenciais do contrato visado e exprime a vontade do seu autor de se vincular em caso de aceitação. Na falta desses elementos, há apenas convite a entrar em negociação.»

Relativamente ao último elemento acima referido, observa-se nos sistemas de *Common Law* uma maior flexibilidade, que os leva a admitirem, em ordem a facilitarem a contratação, a existência de uma proposta ainda que certos aspetos essenciais do negócio visado, incluindo o próprio preço, se encontrem omissos nela, contanto que possam ser supridos com recurso a critérios de razoabilidade[220].

A generalidade dos sistemas jurídicos distingue a proposta do mero convite a contratar (*invitatio ad offerendum*), i. é, a declaração negocial pela qual alguém convida outra ou outras pessoas a fazerem uma proposta.

Não existe, porém, unanimidade de vistas nos sistemas aqui considerados quanto à delimitação da proposta a pessoas indeterminadas (ou *oferta ao público*) relativamente ao convite a contratar. Assim, nos Direitos inglês, norte-americano, alemão e chinês a exposição de mercadorias em montras de lojas ou nas prateleiras de supermercados e a sua publicitação em sítios da Internet ou noutros meios de comunicação social, com a indicação do respectivo preço, é tida como *mero convite a contratar*[221]. Já nos Direitos francês, suíço e português admite-se com maior

[219] Ver, pelo que respeita ao Direito português, Menezes Cordeiro, *Tratado de Direito Civil*, vol. II, 4ª ed., Coimbra, 2014, pp. 318 ss., e Ferreira de Almeida, *Contratos I*, pp. 101 ss.; quanto ao Direito italiano, Bianca, *Diritto Civile*, vol. 3, *Il contratto*, pp. 214 ss.; quanto ao Direito alemão, Wolf/Neuner, *Allgemeiner Teil*, pp. 418 ss.; e quanto ao Direito francês, Muriel Fabre-Magnan, *Droit des obligations*, vol. I, pp. 294 ss.

[220] Cfr. *supra*, § 5º, *b)*.

[221] Veja-se, a este respeito, a decisão proferida pelo *High Court* inglês no caso *Partridge v. Crittenden*, [1968] 1 WLR 1204, em que Lord Parker afirmou: «When one is dealing with advertisements and circulars, unless they indeed come from manufacturers, there is a business sense in their being construed as invitations to treat and not offers for sale». Sobre a qualificação, perante o Direito alemão, da oferta a pessoas indeterminadas como mero convite a contratar, *vide* Wolf/Neuner,

latitude que a oferta ao público constitui uma *verdadeira proposta contratual*[222]. A formação do contrato é neste caso antecipada para um momento anterior àquele que releva nos demais sistemas jurídicos. No tocante à oferta de produtos e serviços em sítios da Internet, é esta a solução consagrada em Portugal quando a mesma «contiver todos os elementos necessários para que o contrato fique concluído com a simples aceitação do destinatário, representando, caso contrário, um convite a contratar»[223]. Nisto se refletem as diferentes sensibilidades nacionais às necessidades do comércio. Com efeito, a solução referida em segundo lugar pode colocar em situação de incumprimento a empresa que, confrontada com um número de encomendas superior aos seus *stocks*, se veja impossibilitada de cumprir as suas obrigações de entrega no prazo contratual. Em contrapartida, essa solução protege melhor os consumidores. Parece, de todo o modo, que não deve prescindir-se da intenção de vinculação como requisito da qualificação da oferta ao público como proposta contratual; pelo que só em face dos termos concretos em que ela é feita pode ajuizar-se da sua natureza.

II – Igualmente significativas são, a este respeito, as diferenças de regime que separam os sistemas jurídicos nacionais quanto à eficácia da proposta contratual.

Alguns desses sistemas jurídicos admitem, na verdade, a *livre revogação* da proposta até à conclusão do contrato: tal a solução consagrada (posto que com algumas limitações) nos Direitos inglês[224], norte-americano[225] e holandês[226].

Allgemeiner Teil, p. 419. A lei chinesa dos contratos dispõe a este respeito no art. 15: «An invitation for offer is an intent indication showing the desire to receive offers from others. Mailed or delivered price catalogs, auction announcements, invitations for bid, capital-raising prospectus and commercial advertisements are such invitations for offer. A commercial advertisement shall, if its content conforms to the provisions regarding offers, be deemed an offer».

[222] Cfr. o art. 7, nº 3, do Código das Obrigações suíço, segundo o qual: «Le fait d'exposer des marchandises, avec indication du prix, est tenu dans la règle pour une offre». Em França, a Cassação decidiu em 28 de novembro de 1968 que «l'offre faite au public lie le pollicitant a l'égard du premier acceptant dans les memes conditions que l'offre faite a personne determinée». Para um confronto quanto a esta matéria dos Direitos francês e inglês, ver Barry Nicholas, *The French Law of Contract*, pp. 63 ss. Quanto ao Direito português, vejam-se, no sentido mencionado no texto, Mota Pinto, *Teoria geral*, p. 651, Ferreira de Almeida, *Contratos I*, p. 107, e Jorge Morais de Carvalho, *Manual de Direito do Consumo*, 3ª ed., Coimbra, 2016, p. 42; contra, Heinrich Hörster, *A parte geral do Códiigo Civil português*, p. 457.

[223] Cfr. o art. 32º, nº 1, do D.L. nº 7/2004, de 7 de janeiro. Para uma comparação dos regimes nacionais sobre este ponto, veja-se Pedro de Miguel Asensio, *Derecho Privado de Internet*, 5ª ed., Madrid, 2015, pp. 897 ss.

[224] Cfr., quanto ao Direito inglês, Cartwright, *Contract Law*, pp. 108 s.; *Cheshire, Fifoot and Furmston's Law of Contract*, p. 74.

[225] Cfr. *Farnsworth on Contracts*, vol. I, pp. 303 e 344.

[226] Art. 6:219(1) do Código Civil: «Uma proposta pode ser revogada se não contiver um prazo para a aceitação ou se dela não resultar de outra forma a sua irrevogabilidade».

Outros consideram em princípio o proponente *vinculado à proposta* durante certo lapso de tempo contado da sua receção ou do seu conhecimento pelo destinatário: é o regime dos Direitos alemão[227], suíço[228], português[229] e brasileiro[230].

Nos Direitos alemão, português e brasileiro, todavia, se a revogação da proposta chegar ao destinatário antes ou ao mesmo tempo que esta, o proponente desvincula-se validamente dela[231]. Outro tanto sucede no Direito chinês[232], que todavia estende a revogabilidade da proposta até ao momento da expedição da aceitação, salvo se aquela indicar que é irrevogável ou o destinatário dela tiver razões para crer que a mesma é irrevogável e tiver iniciado preparativos da sua prestação[233].

[227] Cfr. o § 145 do BGB, segundo o qual «[q]uem propuser a outrem a conclusão de um contrato, fica vinculado à proposta, salvo se tiver excluído a vinculação». A vinculação do proponente subsiste pelo prazo indicado na proposta (§ 148). Na falta de tal indicação, a proposta a pessoa presente tem de ser imediatamente aceite; se for feita a pessoa ausente, dura até ao momento em que o proponente possa, em circunstâncias normais, aguardar a chegada de uma resposta (§ 147).

[228] Arts. 3 (1) e 5 (1) do Código das Obrigações: «Toute personne qui propose à une autre la conclusion d'un contrat en lui fixant un délai pour accepter, est liée par son offre jusqu'à l'expiration de ce délai"; «Lorsque l'offre a été faite sans fixation de délai à une personne non présente, l'auteur de l'offre reste lié jusqu'au moment où il peut s'attendre à l'arrivée d'une réponse expédiée à temps et régulièrement».

[229] Cfr. o art. 230º, nº 1, do Código Civil: «Salvo declaração em contrário, a proposta de contrato é irrevogável depois de ser recebida pelo destinatário ou de ser dele conhecida». Note-se que a proposta tem, nos termos do art. 228º, uma duração temporal limitada. Esta será a que for fixada pelo proponente ou convencionada pelas partes; ou a necessária para que, em condições normais, a proposta e a aceitação cheguem ao seu destino, se não for fixado prazo, mas o proponente pedir resposta imediata; ou, nos restantes casos, mais cinco dias do que na hipótese anterior. Decorridos estes prazos, a proposta caduca.

[230] Cfr. o art. 427 do Código Civil, nos termos do qual: «A proposta de contrato obriga o proponente, se o contrário não resultar dos termos dela, da natureza do negócio, ou das circunstâncias do caso».

[231] § 130 (1), II parte do BGB: «Eine Willenserklärung [...] wird nicht wirksam, wenn dem anderen vorher oder gleichzeitig ein Widerruf zugeht». Art. 230º, nº 2, do Código Civil português: «Se, porém, ao mesmo tempo que a proposta, ou antes dela, o destinatário receber a retractação do proponente ou tiver por outro meio conhecimento dela, fica a proposta sem efeito». Art. 428, inciso IV, do Código Civil brasileiro: «Deixa de ser obrigatória a proposta [...] se, antes dela, ou simultaneamente, chegar ao conhecimento da outra parte a retratação do proponente».

[232] Art. 17 da Lei dos Contratos: «An offer may be withdrawn. The withdrawal notice of an offer shall reach the offeree before or at the same time as the arrival of the offer at the offeree».

[233] Art. 18 da Lei dos Contratos: «An offer may be revoked. The revocation notice of an offer shall reach the offeree before the dispatch of an acceptance notice by the offeree». Artigo 19: «An offer may not be revoked under any of the following conditions: (1) the offeror has specified a time limit for the acceptance, or has explicitly indicated in any other manner the irrevocability of the offer; (2) there are grounds for the offeree to maintain the irrevocability of the offer and the offeree has made preparations for the fulfillment of the contract».

Uma solução intermédia, que considera livre a *retratação* da proposta enquanto esta não tiver chegado ao seu destinatário e que a tem também como eficaz após esse momento, e até à aceitação, embora imponha neste caso ao proponente a obrigação de indemnizar os danos assim causados, acha-se consignada nos Direitos francês[234] e italiano[235].

Nos sistemas de *Common Law*, a livre revogabilidade da proposta («*offer*») é um corolário da exigência de *consideration*, atrás examinada: enquanto não tiver recebido a necessária contrapartida da sua promessa (a qual pode consistir, como se viu, numa contrapromessa ou na execução de uma prestação), o promitente não está vinculado a ela. Essa solução é, manifestamente, a mais favorável ao oferente de produtos ou serviços no mercado, que assim pode negociar simultaneamente com diferentes pessoas, retirando a proposta feita a qualquer delas caso encontre quem se disponha a pagar um preço mais elevado pelos seus bens.

A segunda das referidas soluções visa, ao invés, assegurar ao destinatário da proposta o tempo de reflexão necessário à decisão sobre a aceitação ou rejeição da mesma, protegendo-o contra a precipitação em que poderia incorrer por receio de o proponente entretanto se retratar e bem assim contra os danos que poderia sofrer em virtude de ter alterado a sua posição na perspetiva de vir a celebrar um contrato na base de uma proposta entretanto revogada[236].

Este interesse do destinatário da proposta é indubitavelmente digno de tutela; tanto mais que o proponente detém perante o destinatário a vantagem de ter tido a oportunidade de recolher previamente à emissão da proposta toda a informação necessária a fim de ponderar devidamente o seu teor. Mas o efeito visado pelos preceitos que a consagram desvanece-se um tanto em virtude da possibilidade de exclusão pelo proponente do caráter vinculativo da proposta, que quer o Direito alemão quer o português consentem abertamente.

234 Art. 1115 do Código Civil, na redação dada pela reforma de 2016: «[L'offre] peut être librement rétractée tant qu'elle n'est pas parvenue à son destinataire»; art. 1116: «[L'offre] ne peut être rétractée avant l'expiration du délai fixé par son auteur ou, à défaut, l'issue d'un délai raisonnable. La rétractation de l'offre en violation de cette interdiction empêche la conclusion du contrat. Elle engage la responsabilité extracontractuelle de son auteur dans les conditions du droit commun sans l'obliger à compenser la perte des avantages attendus du contrat». Cfr., sobre o ponto, Muriel Fabre-Magnan, *Droit des obligations*, vol. I, p. 301, fundamentando a revogabilidade da proposta no princípio da liberdade contratual. A responsabilidade cinge-se ao interesse negativo (*ibidem*, p. 305).

235 Veja-se, a este respeito, o art. 1328, nº 1, do Código Civil italiano, segundo o qual: «La proposta può essere revocata finché il contratto non sia concluso. Tuttavia, se l'accettante ne ha intrapreso in buona fede l'esecuzione prima di avere notizia della revoca, il proponente è tenuto a indenizzarlo delle spese e delle perdite subite per l'iniziatata esecuzione del contratto [...]». Cfr. ainda Bianca, *Diritto civile*, vol. 3, *Il contrato*, pp. 230 ss.

236 Ver Larenz, *Allgemeiner Teil des deutschen Bürgerlichen Rechts*, p. 521; Larenz/Wolf, *Allgemeiner Teil des Bürgerlichen Rechts*, pp. 579 s.

Afigura-se por isso mais eficaz, sob este ponto de vista, a solução adotada no Direito dos Estados Unidos, que, partindo da revogabilidade de princípio da proposta, a proscreve sempre que assim o imponha a tutela da confiança legítima do destinatário. Neste sentido dispõe o § 87 (2) do *Restatement 2nd of Contracts*:

> «Uma oferta que o oferente devesse razoavelmente esperar que induzisse uma ação ou abstenção de natureza substancial por parte do seu destinatário antes da aceitação, e que efetivamente induz essa ação ou abstenção, é vinculativa como um contrato de opção na medida do necessário a fim de se evitar uma injustiça.»

De notar que nos sistemas de *Common Law* a proposta é revogável ainda que nela se estipule a sua irrevogabilidade, salvo se a esta corresponder alguma contrapartida a cargo do destinatário da proposta[237]. Trata-se aqui, como é bom de ver, de outro corolário da doutrina da *consideration*: a promessa de manter uma proposta (dita «opção») é um contrato como outro qualquer, pelo que, a fim de ser vinculativa, carece de uma contrapartida do seu beneficiário.

Em determinados domínios específicos prevê-se contudo no Direito norte-americano a vinculação do proponente à proposta através de ofertas ditas «firmes» ou «abertas», i. é, irrevogáveis por efeito de uma declaração escrita do proponente, dispensando-se, a fim de que as mesmas sejam eficazes, o requisito da *consideration*. Para tanto, estabelece o § 2-205 do *Uniform Commercial Code* no tocante à compra e venda mercantil:

> «A oferta, por um comerciante, de compra ou venda de bens, constante de um escrito assinado que, pelos seus termos, dê a garantia de que a mesma será mantida em aberto, não é revogável, por falta de consideração, durante o prazo nela referido ou, caso não seja referido qualquer prazo, durante um prazo razoável, sendo que em caso algum poderá esse prazo de irrevogabilidade exceder três meses; qualquer garantia desse tipo constante de um formulário fornecido pelo destinatário da oferta deverá ser assinada em separado pelo oferente.»

Análoga disposição acha-se consignada no § 2A-205 do mesmo Código pelo que respeita ao contrato de locação mercantil («*lease contract*»).

III – Além da proposta, é em princípio necessário, para que haja contrato, que o destinatário dela emita uma declaração de aceitação. Esta pode, no entanto, ser meramente tácita, inferindo-se de um *comportamento concludente*[238].

[237] Cfr. a decisão proferida pelo *Court of Appeal* inglês no caso *Dickinson v. Dodds*, [1876] 2 Ch. D. 463.

[238] Sobre o tema, consulte-se na doutrina de língua portuguesa a monografia de Paulo Mota Pinto, *Declaração tácita e comportamento concludente no negócio jurídico*, Coimbra, 1995.

Admite essa hipótese, *v.g.*, o § 151 do BGB, nos termos do qual o contrato se forma pela aceitação da proposta, «sem que a aceitação tenha de ser declarada ao proponente quando não seja de esperá-la segundo os usos ou o proponente haja prescindido dela». Em rigor, não se prescinde aqui de uma manifestação de vontade – que deve em todo o caso resultar de um comportamento daquele a quem foi dirigida a proposta –, mas tão-só do recebimento pelo proponente de uma declaração de aceitação[239].

Na mesma linha fundamental de orientação, estabelece o art. 432 do Código Civil brasileiro que, «[s]e o negócio for daqueles em que não seja costume a aceitação expressa, ou o proponente a tiver dispensado, reputar-se-á concluído o contrato, não chegando a tempo a recusa».

É também isso o que sucede nos casos previstos no art. 234º do Código Civil português, segundo o qual quando a proposta, a natureza ou as circunstâncias do negócio, ou os usos tornem dispensável a declaração de aceitação, ter-se-á o contrato por concluído logo que a conduta da outra parte mostre a intenção de aceitar a proposta.

Esta disposição portuguesa inspira-se no art. 6 do Código das Obrigações suíço, que igualmente admite a aceitação tácita da proposta contratual quando assim o reclamem a natureza do negócio ou as circunstâncias do caso[240].

Assim, por exemplo, se o destinatário da proposta começar imediatamente a executar as suas obrigações – como sucederá, *v.g.*, se um fabricante de automóveis encomendar certas peças a um fornecedor habitual e este der logo início à sua produção – esta conduta pode valer como aceitação. O contrato considera-se então celebrado nos termos da proposta.

Esta situação encontra-se expressamente contemplada no art. 1327 do Código italiano, segundo o qual quando, a pedido do proponente ou em virtude da natureza do negócio ou dos usos, a prestação deva ser executada sem uma prévia resposta daquele a quem caiba realizá-la, ter-se-á o contrato por concluído no momento e no lugar em que tiver tido início a execução. O aceitante deve, no entanto, prevenir a outra parte do início da execução, sob pena de responder pelo dano que dessa forma lhe causar.

Na contratação em massa, a aceitação de uma proposta contratual pode ainda derivar, segundo um entendimento amplamente disseminado nos ordenamentos jurídicos contemporâneos, de certos *comportamentos socialmente típicos*. Está neste caso, por exemplo, a aceitação por alguém do transporte oferecido ao público

[239] Cfr. Wolf/Neuner, *Allgemeiner Teil*, pp. 319 e 425, que designam esta hipótese por «aceitação sem receção» («*Annhahme ohne Zugang*»).

[240] Diz esse preceito: «Lorsque l'auteur de l'offre ne devait pas, en raison soit de la nature spéciale de l'affaire, soit des circonstances, s'attendre à une acceptation expresse, le contrat est réputé conclu si l'offre n'a pas été refusée dans un délai convenable».

mediante o estacionamento de uma viatura em espaço disponibilizado para o efeito, abrindo a porta dessa viatura em cujo interior se encontra um motorista sentado ao volante[241].

IV – Alguns ordenamentos jurídicos equiparam abertamente o silêncio do destinatário de certas categorias de declarações negociais à aceitação das mesmas.

Assim, no Direito alemão, por força de uma regra consuetudinária, atribui-se ao silêncio do comerciante que haja recebido uma «carta comercial de confirmação» («*kaufmännisches Bestätigungschreiben*») de um contrato ajustado verbalmente o sentido de anuência («*Zustimmung*») ao teor da mesma[242]. O negócio vale, neste caso, em conformidade com os termos da carta, salvo prova de que foi previamente acordada coisa substancialmente diversa do que nela se estipula ou de que o confirmante incluiu nela alterações ou aditamentos ao pactuado, relativamente aos quais não podia contar com a aceitação do destinatário. Pertence assim à «carta de confirmação» valor constitutivo e não meramente reprodutivo dos termos de um negócio previamente celebrado[243]. Além disso, na Alemanha um comerciante que, no exercício da sua atividade, celebre negócios por conta de outrem (*v.g.* um corretor) e que receba uma proposta contratual deve responder à mesma, sob pena de o seu silêncio valer como aceitação[244]. Presume-se outrossim a aceitação da doação se o donatário a não recusar no prazo que para o efeito lhe for fixado pelo doador[245]; solução que se justifica, manifestamente, pela intenção de proteger o donatário.

Também no Direito francês o silêncio perante uma *lettre de confirmation* vale, em matéria comercial, como aceitação da mesma[246]. Mais genericamente, o silêncio acompanhado de outras circunstâncias que permitam atribuir-lhe esse significado («*silence circonstancié*»), como por exemplo a existência de relações anteriores entre as partes e o facto de o destinatário da proposta retirar vantagens da sua aceitação, ou de a mesma ser feita no seu exclusivo interesse, pode ser interpre-

[241] Veja-se, neste sentido, a decisão do *Bundesgerichtshof* de 14 de julho de 1956, *BGHZ* 21, pp. 319 ss.

[242] Cfr. Larenz, ob. cit., p. 646; Larenz/Wolf, ob. cit., pp. 599 ss.

[243] Cfr. Flume, *Allgemeiner Teil des Bürgerlichen Rechts*, vol. II, *Das Rechtsgeschäft*, p. 663.

[244] § 362 (1) do Código Comercial: «Geht einem Kaufmann, dessen Gewerbebetrieb die Besorgung von Geschäften für andere mit sich bringt, ein Antrag über die Besorgung solcher Geschäfte von jemand zu, mit dem er in Geschäftsverbindung steht, so ist er verpflichtet, unverzüglich zu antworten; sein Schweigen gilt als Annahme des Antrags. Das gleiche gilt, wenn einem Kaufmann ein Antrag über die Besorgung von Geschäften von jemand zugeht, dem gegenüber er sich zur Besorgung solcher Geschäfte erboten hat».

[245] Cfr. o § 516 (2) do BGB.

[246] Ghestin, *Traité de droit civil. La formation du contrat*, t. 1, pp. 696 s.

tado como declaração de aceitação[247]. Esta orientação jurisprudencial encontrou acolhimento expresso no art. 1120 do Código, na redação dada pela reforma de 2016, segundo o qual:

> «O silêncio não vale como aceitação, a menos que outra coisa resulte da lei, dos usos, das relações de negócios ou de circunstâncias particulares.»

Outros sistemas, como o brasileiro e português, mostram-se mais restritivos nesta matéria, apenas reconhecendo valor ao silêncio como meio declaratório nos casos em que o mesmo lhe seja atribuído por lei especial, pelos usos ou por convenção das partes[248]; e isto ainda que haja um dever de responder[249].

No Direito inglês, o silêncio raramente vale como manifestação de consentimento. Admite-se contudo uma exceção no caso da renovação de um contrato de prestações duradouras, *v.g.*, de arrendamento[250]. No Direito americano, prevê-se que se o destinatário de uma proposta não responder a esta, o seu silêncio e inação valem como aceitação: *a)* Se o destinatário da proposta houver beneficiado de serviços que lhe foram oferecidos, tendo tido oportunidade razoável de rejeitá-los, e devesse saber que os mesmos lhe foram oferecidos com a expetativa de uma compensação; *b)* Se o proponente tiver declarado ou dado ao destinatário da proposta razões para saber que o seu consentimento poderia ser manifestado pelo silêncio ou inação e o destinatário da proposta, ao manter-se em silêncio e inativo, tiver querido aceitar a proposta; e *c)* Se, em virtude de negociações anteriores ou por outro motivo, fosse razoável que o destinatário notificasse o proponente da sua intenção de não aceitar[251].

[247] Ver, neste sentido, os acórdãos da *Cour de Cassation*, Chambre Civile 1, de 12 de janeiro de 1988, *Bull. Civ.*, 1988, I, nº 8, p. 6; e de 24 de maio de 2005, *Bull. Civ.*, 2005, I, nº 223 (no qual se declara: «si le silence ne vaut pas à lui seul acceptation, il n'en est pas de même lorsque les circonstances permettent de donner à ce silence la signification d'une acceptation»).

[248] No Brasil, dispõe a este respeito o art. 111 do Código Civil brasileiro: «O silêncio importa anuência, quando as circunstâncias ou os usos o autorizarem, e não for necessária a declaração de vontade expressa». Sobre o tema, veja-se Priscila David Tutikian, «Silêncio como declaração negocial na formação dos contratos (sob a perspectiva dos Modelos Hermenêuticos de Miguel Reale)», *in* Judith Martins-Costa (org.), *Modelos de Direito Privado*, São Paulo, 2014, pp. 145 ss.

[249] Cfr. o art. 218º do Código Civil português. O incumprimento desse dever é, assim, suscetível de implicar a responsabilidade pré-contratual do destinatário da proposta pelo dano negativo, ou de confiança, causado a outrem; mas não a sua responsabilidade contratual pelo dano positivo ou de cumprimento.

[250] Veja-se, por exemplo, a decisão do *Court of Appeal* inglês em *Palmer v. Sandwell MBC*, [1987] 284 EG 1487.

[251] Cfr. o *Restatement 2nd of Contracts*, § 69 (1): «where an offeree fails to reply to an offer, his silence and inaction operate as an acceptance [...]: (a) Where an offeree takes the benefit of offered services with reasonable opportunity to reject them and reason to know that they were offered with the

V – Em alguns sistemas jurídicos admite-se que a declaração de aceitação, quando emitida por um consumidor, apenas produza efeitos ao fim de certo lapso de tempo. Alude-se, para designar este regime, a um *prazo de reflexão*. Consagra-o, por exemplo, o Direito francês[252]. Com ele não se confunde o *direito de arrependimento*, que diversos sistemas jurídicos acolhem igualmente em benefício do consumidor, permitindo-lhe desvincular-se livremente, dentro de certo prazo, de um contrato por si celebrado[253].

Nos demais casos, a aceitação apenas pode ser eficazmente revogada, no Direito português, mediante declaração que, ao mesmo tempo ou antes dela, chegue ao poder do proponente ou seja dele conhecida[254]. O que bem se compreende, uma vez que antes desse momento o proponente não poderia legitimamente contar com a aceitação. O Direito brasileiro consagra regra análoga[255]. Na Alemanha e em Itália, a aceitação pode também ser revogada desde que a revogação chegue ao conhecimento do proponente antes da aceitação[256]. Idêntica solução se tem por acolhida no Direito francês[257].

Em matéria de comércio eletrónico, alguns sistemas jurídicos exigem a confirmação pelo adquirente de produtos ou serviços anunciados *online* da aceitação da respetiva oferta: é o sistema dito do *duplo clique*, acolhido nas leis francesa e portuguesa[258]. Outros ordenamentos jurídicos bastam-se, porém, com uma confirmação da receção pelo oferente desses produtos ou serviços da respetiva aceitação[259].

expectation of compensation. (b) Where the offeror has stated or given the offeree reason to understand that assent may be manifested by silence or inaction, and the offeree in remaining silent and inactive intends to accept the offer. (c) Where because of previous dealings or otherwise, it is reasonable that the offeree should notify the offeror if he does not intend to accept».

252 Cfr. art. 1122 do Código Civil, segundo o qual: «La loi ou le contrat peuvent prévoir un délai de réflexion, qui est le délai avant l'expiration duquel le destinataire de l'offre ne peut manifester son acceptation [...]». Veja-se ainda o art. L. 312-10 do Código do Consumo, respeitante à formação dos contratos de crédito para a aquisição de imóveis, nos termos do qual o mutuário e os respetivos fiadores só podem aceitar uma proposta contratual dez dias após a sua receção.

253 Cfr. *infra*, § 14º, *a)*.

254 Art. 235º, nº 2, do Código Civil.

255 Cfr. o art. 433 do Código Civil: «Considera-se inexistente a aceitação, se antes dela ou com ela chegar ao proponente a retratação do aceitante».

256 § 130 (1), II parte, do BGB e art. 1328 (2) do Código Civil.

257 Cfr. o art. 1118 do Código Civil e, sobre este, Muriel Fabre-Magnan, *Droit des obligations*, vol. I, p. 318.

258 Vejam-se, respetivamente, os arts. 1127-2 do Código Civil francês e 29º, nº 5, do D.L. nº 7/2004, de 7 de janeiro.

259 Assim, em Espanha, o art. 28, nº 1, da *Ley 34/2002, de 11 de julio, de servicios de la sociedad de la información y de comercio electrónico*; e, no Reino Unido, a secção 11 das *E-Commerce Regulations 2002*.

VI – No Direito muçulmano, o acordo das partes tem de ser alcançado no período dito de «sessão do contrato» («*majlis al-aqd*»), o que pressupõe que a proposta («*ijab*») seja objeto de aceitação («*qabul*») imediata, quando a primeira for feita presencialmente, ou logo após a sua receção pelo respetivo destinatário, quando feita à distância, sob pena de caducidade[260]. Os efeitos desta regra são, no entanto, significativamente temperados pelo denominado «sistema das opções» («*khiyar*»), através das quais se confere a qualquer das partes a possibilidade de resolver o contrato durante certo lapso de tempo após a sua conclusão, independentemente de justa causa. Acautela-se deste modo, como se verá adiante[261], não apenas a necessidade de as partes ponderarem devidamente a transação em causa, mas também a proteção da parte lesada contra os vícios do consentimento e os defeitos da prestação devida pela outra.

VII – A aceitação deve exprimir a concordância do destinatário da proposta com os termos desta. Se, porém, a proposta for aceite com aditamentos, limitações ou modificações, não haverá, por via de regra, verdadeira aceitação, mas antes, quando muito, nova proposta – uma *contraproposta* –, conforme estabelece em Portugal o art. 233º do Código Civil. No mesmo sentido dispõem o § 150 (2) do BGB[262] e o art. 6:225 (1) do Código holandês[263]. No Direito alemão, alude-se a este respeito à *Spiegelbildtheorie*, conforme a qual a aceitação deve «espelhar» a proposta. Nos Direitos inglês e norte-americano, a regra em apreço é conhecida como *mirror image rule*. A aceitação da proposta em termos diversos dos que foram originariamente formulados constituiria também aí uma contra-proposta, que anula a proposta inicial («*the counter-offer kills the original offer*»)[264]. Sendo esta contraproposta aceite, é nos termos dela que o contrato valerá.

[260] Solução de que o Código Civil egípcio se faz eco no art. 94, que dispõe: «1) Si, en séance contractuelle, une offre est faite à une personne présente, sans fixation de délai pour l'acceptation, l'auteur de l'offre est délié, si l'acceptation n'a pas lieu immédiatement. Il en est de même si l'offre est faite de personne à personne au moyen de téléphone ou de tout autre moyen similaire. 2) Toutefois, le contrat est conclu, même si l'acceptation n'est pas immédiate, lorsque, dans l'intervalle entre l'offre et l'acceptation, rien n'indique que l'auteur de l'offre l'ait rétractée, pourvou que la déclaration de l'acceptation ait lieu avant que la séance contractuelle ne prenne fin».

[261] Cfr. *infra*, § 14º, *a)*.

[262] Segundo o qual: «Eine Annahme unter Erweiterungen, Einschränkungen oder sonstigen Änderungen gilt als Ablehnung verbunden mit einem neuen Antrag».

[263] Que declara: «Een aanvaarding die van het aanbod afwijkt, geldt als een nieuw aanbod en als een verwerping van het oorspronkelijke».

[264] Veja-se, por exemplo, o § 59 do *Restatement 2nd of Contracts*, segundo o qual: «A reply to an offer which purports to accept it but is conditional on the offeror's assent to terms additional to or different from those offered is not an acceptance but is a counter-offer».

De novo, porém, se trata aqui de uma regra que tem conhecido alguma atenuação nos sistemas de *Common Law* em homenagem a considerações de eficácia da contratação mercantil. Assim, por exemplo, o *Uniform Commercial Code* norte-americano admite expressamente, nas relações entre comerciantes, que uma declaração de aceitação inclua termos adicionais ou diferentes dos originalmente propostos, os quais integrarão o contrato independentemente da sua aceitação pelo proponente, salvo se: *a)* A proposta expressamente limitar a aceitação aos respetivos termos; *b)* Os referidos termos adicionais «alterarem substancialmente» a proposta; ou *c)* O proponente notificar a contraparte da sua objeção aos termos adicionais num prazo razoável após ter tido notícia deles[265]. Esta solução encontrou certo eco na codificação civil holandesa, a qual dispõe, no art. 6:225 (2), que se a resposta apenas diferir da proposta em aspetos acessórios, valerá como aceitação e o contrato formar-se-á em conformidade com ela, salvo se o proponente objetar sem demora às diferenças.

VIII – No tocante ao momento da formação dos contratos entre ausentes, distinguem-se também nitidamente os sistemas que o fazem coincidir com a *expedição* da declaração de aceitação, com a sua *receção* ou com o seu *conhecimento* pelo proponente.

A primeira destas soluções, que corresponde à denominada «*mailbox rule*» ou «*posting rule*», é adotada pelo Direito inglês[266] e pelo dos Estados

[265] Diz, com efeito, o art. 2-207 do citado Código: «(1) A definite and seasonable expression of acceptance or a written confirmation which is sent within a reasonable time operates as an acceptance even though it states terms additional to or different from those offered or agreed upon, unless acceptance is expressly made conditional on assent to the additional or different terms. (2) The additional terms are to be construed as proposals for addition to the contract. Between merchants such terms become part of the contract unless: (a) the offer expressly limits acceptance to the terms of the offer; (b) they materially alter it; or (c) notification of objection to them has already been given or is given within a reasonable time after notice of them is received».

[266] Onde remonta à decisão proferida em 1818 pelo *Court of King's Bench* no *leading case Adams v. Lindsell*, 106 Eng. Rep. 250. Em *Entores Ltd. v. Miles Far East Corporation*, [1955] 2 Q.B. 327, o *Court of Appeal* inglês decidiu todavia que a *posting rule* não se aplica aos meios de comunicação instantâneos, como o telefone e o *telex*: nestes casos a aceitação ocorreria no local onde a declaração correspondente for recebida pelo seu destinatário. Afirmou a este respeito Lord Denning no referido aresto: «the rule about instantaneous communications between the parties is different from the rule about the post. The contract is only complete when the acceptance is received by the offeror: and the contract is made at the place where the acceptance is received. In a matter of this kind, however, it is very important that the countries of the world should have the same rule. I find that most of the European countries have substantially the same rule as that I have stated. Indeed, they apply it to contracts by post as well as instantaneous communications». Cfr., sobre o ponto, *Cheshire, Fifoot and Furmston's Law of Contract*, pp. 70 s.; *Chitty on Contracts*, vol. I, pp. 223 ss.

Unidos[267]. A ela aderiu em tempos a Cassação francesa[268], embora, como se verá a seguir, a solução jurisprudencial se mostre hoje superada pelo Direito legislado. Consagra-a também o Direito brasileiro[269]. Ela permite proteger a confiança do destinatário da proposta, extinguindo tão cedo quanto possível o direito do proponente de revogar livremente a proposta, que, como vimos acima, qualquer destes ordenamentos jurídicos acolhe. Por força daquela regra, o destinatário de uma proposta contratual apenas está sujeito à revogação da mesma entre a sua receção e o momento em que expede a aceitação[270]. Por outro lado, existe na aceitação por via postal o risco de que a mensagem contendo a declaração de aceitação se atrase ou extravie; e é preferível que esse risco seja suportado pelo proponente sempre que este haja induzido o destinatário da proposta a utilizar os correios para enviar a sua declaração de aceitação[271].

A segunda solução referida corresponde à «*Empfangstheorie*», consagrada no § 130 (1) do BGB, segundo o qual:

> «Uma declaração de vontade destinada a outrem é eficaz, caso seja emitida na sua ausência, no momento em que é recebida [...].»

Na interpretação dada pelo Supremo Tribunal Federal a esta disposição, uma declaração deve considerar-se recebida pelo seu destinatário quando esta tiver chegado à sua esfera de influência («*Machtbereich*»), por forma tal que, em circunstâncias normais, seja de contar que tenha tomado conhecimento dela[272]. Não se exige, por conseguinte, o conhecimento efetivo da declaração pelo seu destinatário, mas tão-só a possibilidade de este aceder a ela.

[267] Cfr. *Farnsworth on Contracts*, vol. I, pp. 337 ss.; e o § 63 do *Restatement 2nd of Contracts*, que dispõe: «An acceptance made in a manner and by a medium invited by an offeror is operative [...] as soon as put out of the offeree's possession, without regard to whether it ever reaches the offeror».

[268] Cfr. o acórdão de 7 de janeiro de 1981, *in Bull. civ.*, 1981, IV, nº 14, p. 11. Cfr. a anotação de F. Chabas, *RTDCiv.*, 1981, pp. 849 ss.; Ghestin, *Traité de droit civil. La formation du contrat*, t. 1, p. 651; Terré/Simler/Lequette, *Droit civil. Les obligations*, p. 191; e Barry Nicholas, *The French Law of Contract*, p. 74.

[269] Cfr. o art. 434 do Código Civil: «Os contratos entre ausentes tornam-se perfeitos desde que a aceitação é expedida, exceto: I – no caso do artigo antecedente; II – se o proponente se houver comprometido a esperar resposta; III – se ela não chegar no prazo convencionado».

[270] Nesta medida, pode dizer-se que os sistemas jurídicos em questão prosseguem nesta matéria as mesmas *policies* através de diferentes técnicas jurídicas: cfr., neste sentido, von Mehren/Murray, *Law in the United States*, 2ª ed., Cambridge, 2007, p. 81.

[271] Assim, Cartwright, *Contract Law*, p. 113.

[272] Cfr. a decisão de 11 de abril de 2002, *NJW*, 2002, pp. 2391 ss.

Acolhem também essa solução o art. 224º, nº 1, do Código Civil português[273] e o art. 1121 do Código francês na redação dada a este preceito pela reforma de 2016, que assim rompe com a jurisprudência anterior[274].

A terceira solução referida, foi adotada, posto que com restrições, no Direito italiano. Dispõe, na verdade, o art. 1326 do Código Civil transalpino:

> «O contrato está concluído no momento em que aquele fez a proposta toma conhecimento da aceitação pela outra parte [...].»[275]

c) Consenso e dissenso

A fim de que haja contrato, é necessária a fusão da proposta e da aceitação, como resulta *v.g.*, do disposto no art. 233º do Código Civil português: só assim se verifica o *mútuo consenso* que, como vimos acima, se requer para o efeito. De contrário, haverá *dissenso* e não consenso. Importa, todavia, distinguir a este respeito o dissenso sobre aspetos principais, ou «dissenso total», do dissenso sobre aspetos acessórios do negócio[276].

Assim, se as partes não se puseram de acordo quanto a aspetos relativamente aos quais ele é imprescindível, como a natureza das prestações que lhes compete realizar, o contrato é inexistente, por falta de um dos seus elementos constitutivos.

Mas a exigência de consenso não significa, como decorre do que dissemos acima, que tenha de haver acordo relativamente a todos os problemas suscetíveis de serem suscitados pelo negócio visado. Podem, com efeito, ficar em aberto certas questões, a resolver posteriormente pelas partes ou por terceiros. É o dissenso sobre aspetos acessórios. Vários sistemas jurídicos admitem abertamente a existência de um contrato, mesmo que este se mostre lacunar, contanto que haja acordo quanto aos *essentialia negotia*; o que nos contratos mais complexos é, aliás, praticamente inevitável[277].

[273] Segundo o qual: «A declaração negocial que tem um destinatário torna-se eficaz logo que chega ao seu poder ou é dele conhecida; as outras, logo que a vontade do declarante se manifesta na forma adequada».

[274] «Le contrat est conclu dès que l'acceptation parvient à l'offrant. Il est réputé l'être au lieu où l'acceptation est parvenue».

[275] Note-se, porém, que o art. 1335 do mesmo diploma prevê que «a proposta, a aceitação e a sua revogação e qualquer outra declaração dirigida a determinada pessoa reputam-se conhecidas no momento em que chegam ao endereço do destinatário, se este não provar ter estado, sem culpa sua, impossibilitado de ter notícia dela».

[276] Cfr. Wolf/Neuner, *Allgemeiner Teil*, pp. 435 ss.

[277] As lacunas contratuais serão, nesse caso, supridas nos termos que examinaremos adiante: cfr. o § 9º.

A exigência de consenso também não prejudica a eficácia das cláusulas contratuais gerais, de que trataremos a seguir[278]. Muitos contratos são, com efeito, celebrados por adesão a esse tipo de cláusulas. Frequentemente, os que a elas aderem não têm efetivo conhecimento do seu teor. Mas ficam vinculados às mesmas, desde que lhes tenham sido comunicadas no modo em que a lei o exige e lhes hajam sido prestadas as informações adicionais por ela exigidas. Mais: se ambas as partes pretenderem sujeitar o contrato às suas próprias cláusulas contratuais gerais e executarem o negócio apesar de não terem chegado a acordo quanto a este ponto, pode ainda assim ter-se como concluído o contrato, nos termos que adiante se examinarão.

Outra limitação à exigência de mútuo consenso é a que decorre da inclusão nos contratos celebrados por consumidores de certas informações contidas em mensagens publicitárias[279]: ainda que não tenham sido queridas como cláusulas contratuais por quem as publicitou, tais informações integram, nesses casos, o teor dos contratos celebrados com consumidores.

d) Outros modelos de formação do contrato

Nem sempre a formação do contrato se dá através da conjugação de uma proposta com a respetiva aceitação, sucessivamente emitidas: ela pode também ocorrer (como frequentemente sucede nos contratos sujeitos a forma solene) através de declarações constantes de um único documento subscrito por ambas as partes[280]. Nestes casos, é a assinatura desse documento que marca a formação do contrato, não obstante a relevância que em certos sistemas jurídicos podem assumir, *maxime* como elementos de interpretação dele, os documentos produzidos anteriormente[281].

Noutros casos, o contrato forma-se de modo gradual, mediante negócios preliminares através dos quais as partes se vão vinculando progressivamente.

[278] *Infra*, § 10º.

[279] Prevista em Portugal no art. 7º, nº 5, da Lei de Defesa do Consumidor, nos termos do qual: «As informações concretas e objetivas contidas nas mensagens publicitárias de determinado bem, serviço ou direito consideram-se integradas no conteúdo dos contratos que se venham a celebrar após a sua emissão, tendo-se por não escritas as cláusulas contratuais em contrário». No art. 30º do Código brasileiro de Defesa do Consumidor acolhe-se regra análoga: «Toda informação ou publicidade, suficientemente precisa, veiculada por qualquer forma ou meio de comunicação com relação a produtos e serviços oferecidos ou apresentados, obriga o fornecedor que a fizer veicular ou dela se utilizar e integra o contrato que vier a ser celebrado».

[280] Ver Ferreira de Almeida, *Contratos I*, pp. 121 ss.

[281] Não é essa todavia, como se verá adiante, a solução adotada nos sistemas de *Common Law*, em razão da denominada *parol evidence rule*: cfr. *infra*, § 9º, *a)*.

Estão neste caso diversos tipos de acordos que a *praxis* negocial tem consagrado, em larga medida por influência anglo-saxónica[282]. Entre eles destacam-se: *a)* As denominadas «cartas de intenção» («*letters of intent*»), cujo subscritor declara que tenciona concluir um contrato com outrem, sem todavia se obrigar a isso; *b)* Os «acordos de negociação» («*agreements to negotiate*»), pelos quais as partes estipulam a realização de negociações com vista à conclusão de um contrato e regulam os seus trâmites; *c)* Os «acordos-base», ou «acordos de princípio» («*heads of agreement*», «*accords de principe*», «*Grundsatzvereinbarungen*»), relativos a certos pontos do contrato visado (por isso se dizendo a sua celebração, na Alemanha, «*Punktation*»[283], na França, «*Punctation*»[284] e, em Itália, «*puntuazione*»[285]), que as partes têm por adquiridos em certo momento da negociação, mas que não prejudicam a continuação das negociações quanto a aspetos secundários; *d)* Os «contratos-quadro» («*contrats cadre*», «*framework agreements*»), pelos quais as partes fixam as bases de futuros contratos que se propõem celebrar entre si, sendo as modalidades da respetiva execução fixadas por «contratos de aplicação» («*contrats d'application*»)[286]; *e)* Os «memorandos de entendimento» («*memoranda of understanding*» ou «*MoUs*»), em que as partes exprimem o seu acordo de princípio quanto a certa atuação comum, sem todavia a isso se vincularem formalmente[287]; e *f)* As «cartas de conforto» («*letters of confort*», «*Patronaterklärungen*»), através das quais uma sociedade-mãe assegura a um prospetivo contraente de uma sua afiliada, *v.g.*, que constitui sua política responsabilizar-se pelas dívidas desta.

[282] Ver, sobre este fenómeno, Hein Kötz, «Der Einfluss des Common Law auf die internationale Vertragspraxis», *in* Stephan Lorenz e outros (org.), *Festschrift für Andreas Heldrich zum 70. Geburtstag*, Munique, 2005, pp. 771 ss.

[283] Cfr. Medicus, *Allgmeiner Teil*, p. 172.

[284] Cfr. Malaurie/Aynès/Stoffel-Munck, *Droit des obligations*, p. 266.

[285] Cfr. Trimarchi, *Istituzioni di diritto privato*, p. 267.

[286] Ver o art. 1111 do Código Civil francês.

[287] Sobre o tema, consultem-se: Marcel Fontaine, «Les lettres d'intention dans la négotiation des contrats internationaux», *DPCI*, 1977, pp. 73 ss.; Allan Edward Farnsworth, «Precontratual Liability and Preliminary Agreements: Fair Dealing and Failed Negotiations», *Col. L.R.*, 1987, pp. 217 ss.; Ralph B. Lake/Ugo Draetta, *Letters of Intent and Other Precontractual Documents. Comparative Analysis and Forms*, 2ª ed., Salem, 1994; Marcus Lutter, *Der Letter of Intent. Zur rechtlichen Bedeutung von Absichtserklärungen*, 3ª ed., Colónia, etc., 1998; e Holger Jahn, *Der Letter of Intent*, Frankfurt, etc., 2000. Na doutrina portuguesa, podem ver-se a este respeito: António Menezes Cordeiro, «Da abertura de concurso para a celebração de um contrato no direito privado», *BMJ* 369 (1987), pp. 27 ss. (pp. 31 s.); *idem*, *Das cartas de conforto no Direito Bancário*, Lisboa, 1993, pp. 61 s.; Eduardo Santos Júnior, «Acordos intermédios», *ROA*, 1997, pp. 565 ss. (especialmente pp. 597 ss.); e Luís Menezes Leitão, «Negociações e responsabilidade pré-contratual nos contratos comerciais internacionais», *ROA*, 2000, pp. 49 ss.

Só por interpretação destes negócios jurídicos, que a maioria dos sistemas jurídicos não tipifica nem regula expressamente, se pode determinar quais os seus efeitos e bem assim se uma ou ambas as partes podem ser responsabilizadas pelo incumprimento de quanto neles se declara[288].

Há, no entanto, uma diferença fundamental quanto à sua eficácia nos sistemas romano-germânicos e nos de *Common Law*: é que enquanto nos primeiros o princípio da boa-fé pode implicar para as partes nesses acordos certos deveres de comportamento, consistentes, nomeadamente, em terem de prosseguir a negociação de boa-fé sob pena de incorrerem em responsabilidade pré-contratual, nos segundos tal não sucede, em virtude da rejeição desse princípio como diretriz fundamental da negociação de contratos. Deste ponto nos ocuparemos *ex professo* em seguida.

§ 7º Culpa na formação do contrato

a) Consagrações do instituto nos sistemas jurídicos romano-germânicos

I – A descoberta da culpa na formação do contrato («*culpa in contrahendo*») é geralmente atribuída a Rudolf von Jhering, que em 1861 publicou o seu conhecido ensaio sobre o tema[289]. Aí coloca o autor a questão de saber se quem dá origem à nulidade do contrato por ter incorrido em erro deve ressarcir o dano que desse modo, e por culpa sua, causa à contraparte.

Para Jhering, nas negociações preparatórias do contrato as partes acham-se já reciprocamente vinculadas através de uma relação jurídica integrada por deveres de conduta cujo incumprimento sujeita o inadimplente ao dever de indemnizar

[288] Neste sentido, veja-se a decisão proferida pelo *High Court* inglês em *British Steel Corporation v. Cleveland Bridge and Engineering Co. Ltd.*, [1984] 1 All ER 504, na qual o juiz Robert Goff afirmou: «There can be no hard and fast answer to the question whether a letter of intent will give rise to a binding agreement; everything must depend on the circumstances of the particular case». Em França, a Cassação declarou a respeito das cartas de intenção, num acórdão de 21 de dezembro de 1987, proc. 85-13173, que «malgré son caractère unilatéral, une lettre d'intention peut, selon ses termes, lorsqu'elle a été acceptée par son destinataire et eu égard à la commune intention des parties, constituer à la charge de celui qui l'a souscrite un engagement contractuel de faire ou de ne pas faire pouvant aller jusqu'à l'obligation d'assurer un résultat, si même elle ne constitue pas un cautionnement». Já em Inglaterra uma carta de conforto cuja subscritora declarava ao banco mutuante de uma subsidiária sua que «*it is our policy that [the subsidiary] is at all times in a position to meet its liabilities in respect of the loan*» foi interpretada pelo *Court of Appeal* como mera manifestação de uma política empresarial, suscetível de ser alterada e, por conseguinte, não vinculativa para quem a emitira: cfr. *Kleinwort Benson (KB) v. Malaysia Mining Corporation BHD (MMC BHD)*, [1989] 1 WLR 379.

[289] «Culpa in contrahendo oder Schadensersatz bei nichtigen oder nicht zur Perfektion gelangten Verträgen», *JhJh* 1861, pp. 1 ss. (reproduzido *in Gesammelte Aufsätze aus den Jahrbücher für die Dogmatik des heutigen römischen und deutschen Privatrechts von Rudolph von Jhering*, vol. I, pp. 327 ss.).

o «interesse contratual negativo» da contraparte. O fundamento desta regra é sintetizado pelo autor nos seguintes termos:

> «O mandamento da *diligentia* contratual tanto vale para as relações contratuais constituídas como para as constituendas, fundando a sua violação, aqui como além, uma ação indemnizatória contratual.»[290]

A pretensão ressarcitória fundada na *culpa in contrahendo* assim nascida tinha, segundo Jhering, natureza contratual. A esta caraterização não era certamente alheia a circunstância de o autor excluir enfaticamente do âmbito da responsabilidade delitual a causação negligente de danos patrimoniais puros, com fundamento nas consequências profundamente negativas que em seu entender adviriam para a liberdade das pessoas e para a fluidez do tráfico jurídico de uma admissão dessa responsabilidade em termos mais amplos.

Esta configuração restritiva do Direito delitual veio a prevalecer, como veremos adiante, no Código Civil alemão de 1900; e desde então não mais deixou de se impor na jurisprudência e na dogmática jurídica germânicas, tendo chegado incólume aos nossos dias.

A *culpa in contrahendo* germânica nasce e desenvolve-se, pois, na confluência de dois fatores essenciais, que podemos sintetizar do seguinte modo.

Por um lado, a preocupação em conter a responsabilidade civil dentro de limites razoáveis, por forma a não prejudicar o livre desenvolvimento da personalidade humana e a prossecução de certas atividades socialmente úteis – o que determina a irressarcibilidade de princípio dos danos patrimoniais causados negligentemente fora do contexto de uma relação contratual que não sejam precedidos de uma perda *in natura*, entre os quais se inclui precisamente a generalidade dos que são ocasionados mediante a violação de deveres pré-contratuais de conduta.

Por outro, o reconhecimento de que após a entabulação das negociações preparatórias de um contrato a ressarcibilidade dos referidos danos é uma exigência da justiça, não valendo contra ela nenhum dos argumentos que justificam a referida limitação.

II – Na redação originária do Código Civil alemão de 1900 não se encontrava qualquer cláusula geral relativa à *culpa in contrahendo*; mas o instituto aflorava já nos §§ 122, 179, 307 e 309 desse diploma legal, que impõem ao contraente e ao representante que derem causa à ineficácia do contrato, em virtude de falta ou de vício da vontade, de falta de poderes de representação, de impossibilidade da prestação ou de violação de uma proibição legal que lhe sejam imputáveis, a obrigação de indemnizar os danos desse modo causados à contraparte. Idêntica

[290] *Op. cit.*, p. 52.

cominação se estabeleceu nos §§ 463, 2ª parte, 523 (1), 524 (1) e 600 para as hipóteses em que uma das partes oculta um vício da coisa ou do direito que constituem objeto do contrato e nos §§ 663 e 675 quanto a certos casos de omissão da recusa expressa de uma proposta contratual. Ressuma nitidamente naqueles primeiros preceitos o pensamento de Jhering.

III – Contudo, até à reforma do Direito das Obrigações ocorrida em 2001, a responsabilidade pré-contratual fundou-se na Alemanha não tanto no BGB, mas sobretudo no costume jurisprudencial. A partir da conjugação dos preceitos referidos induziu-se, por *analogia iuris*, um princípio imanente à ordem jurídica segundo o qual a entrada em negociações tendentes à conclusão de um contrato punha a cargo das partes certos deveres cuja violação faz incorrer a parte faltosa em responsabilidade por *culpa in contrahendo*. Vejamos como.

Após alguma relutância inicial em aceitar a ideia de uma responsabilidade pré-contratual, o Tribunal do Império admitiu no *caso do linóleo*, julgado em 1911[291], a responsabilidade do proprietário de um estabelecimento perante a prospectiva cliente que sofrera ferimentos em consequência da queda de um rolo de linóleo causada pela atuação negligente de um empregado. A vítima havia entrado no estabelecimento com o intuito de nele adquirir um tapete de linóleo, mas no momento do acidente não havia ainda celebrado qualquer contrato, pelo que não havia responsabilidade contratual do réu. Este tão-pouco incorria em responsabilidade delitual, visto que o § 831 do BGB lhe permitia eximir-se a ela, demonstrando que pusera o cuidado devido na escolha do empregado que causara o acidente. O Tribunal entendeu, todavia, que a lesão consubstanciava a violação de um dever pré-contratual de observar o necessário cuidado quanto à saúde e à propriedade da contraparte, emergente de uma relação jurídica preparatória do contrato de compra e venda com carácter análogo à relação contratual; e aplicou, em consequência, a regra do § 278 do BGB relativa à responsabilidade do devedor pelos atos dos seus auxiliares.

Nos anos 20, conquistou aceitação generalizada na jurisprudência germânica o ponto de vista segundo o qual «as negociações contratuais, mesmo quando não conduzam à conclusão do contrato, geram entre as partes uma relação de confiança análoga à relação contratual, que as obriga à observância do cuidado necessário no tráfico»[292].

Numa sentença de 1952, o Tribunal Federal fundamentou a responsabilidade por *culpa in contrahendo* numa «relação obrigacional de fonte legal, constituída com a entrada em negociações, que obriga a adotar na conduta perante o par-

[291] Sentença de 7 de dezembro de 1911, *RGZ* 78, pp. 239 ss.

[292] Assim a sentença do Tribunal Imperial de 1 de março de 1928, *RGZ* 120, pp. 249 ss.

ceiro negocial o cuidado usual no tráfico»[293]. Esta ideia foi depois desenvolvida em outros acórdãos do mesmo tribunal.

A esta conceção aderiu a doutrina dominante, que caracteriza o vínculo estabelecido entre as partes durante o período das negociações preparatórias do contrato como uma relação jurídica obrigacional, de fonte legal, sem deveres primários de prestação, de que resultam para as partes deveres de informação e esclarecimento, de lealdade, de cuidado e de consideração pelos interesses da contraparte cuja violação é fonte do dever de indemnizar[294].

Como fundamento juspositivo e critério de aferição desses deveres aduziu-se até à reforma de 2002 o princípio da boa-fé consignado no § 242 do BGB[295]. O reconhecimento jurisprudencial da *culpa in contrahendo* refletiu assim a projeção no regime da formação dos contratos dos valores ético-jurídicos veiculados pela noção de boa-fé.

O referido dever de indemnizar foi construído por alguns autores alemães, com destaque para Claus-Wilhelm Canaris, como um *tertium genus* de responsabilidade, situado entre a responsabilidade contratual e a extracontratual: uma *terceira via*, ou *terceira pista* («*Dritte Spur*»), de responsabilidade[296].

IV – No Direito alemão contemporâneo podem distinguir-se diversas categorias de situações de responsabilidade por *culpa in contrahendo*, a que aqui apenas é possível fazer uma breve referência[297]. Entre elas incluem-se: *a)* A violação de deveres de proteção, assistência e cuidado quanto à pessoa e aos bens da contraparte nas negociações e na conclusão dos contratos («*Schutz-, Fürsorge- und*

[293] Sentença de 20 de junho de 1952, *BGHZ* 6, pp. 330 ss.

[294] Assim Larenz, *Lehrbuch des Schuldrechts*, vol. I, p. 106. Vejam-se ainda, na mesma linha fundamental de orientação: Claus-Wilhelm Canaris, «Ansprüche wegen "positiver Vertragsverletzung" und "Schützwirkung für Dritte" bei nichtigen Verträgen», *JZ*, 1965, pp. 475 ss. (p. 478); Volker Emmerich, «Zum gegenwärtigen Stand der Lehre von der culpa in contrahendo», *Jura*, 1987, pp. 561 ss. (p. 562); Dieter Medicus, «Die culpa in contrahendo zwischen Vertrag und Delikt», *in Festschift für Max Keller*, Zurique, 1989, pp. 205 ss. (pp. 207 e 218); Norbert Horn, «Culpa in contrahendo», *JuS*, 1995, pp. 377 ss. (p. 378); e Larenz/Wolf, *Allgemeiner Teil des Bürgerlichen Rechts*, p. 609.

[295] Cujas incidências no regime do cumprimento das obrigações emergentes do contrato serão examinadas adiante, no § 14º, *a)*.

[296] Ver, do autor citado, *Die Vertrauenshaftung im Deutschen Privatrecht*, Munique, 1971, especialmente pp. 411 ss. e 439 ss.; e «Schutzgesetze – Verkehrspflichten – Schutzpflichten», *in Festchrift für Karl Larenz zum 80. Geburtstag*, Munique, 1983, pp. 27 ss. (pp. 85 ss.).

[297] Cfr. Hans Stoll, «Tatbestände und Funktionen der Haftung für culpa in contrahendo», *in Festschrift für Ernst von Caemmerer*, Tubinga, 1978, pp. 435 ss.; Peter Gottwald, «Die Haftung für culpa in contrahendo», *JuS*, 1982, pp. 877 ss. (pp. 878 ss.); Emmerich, «Zum gegenwärtigen Stand der Lehre von der culpa in contrahendo», *Jura*, 1987, pp. 561 ss. (pp. 562 ss.); Larenz, *Lehrbuch des Schuldrechts*, vol. I, pp. 110 ss; Medicus/Lorenz, *Schuldrecht I. Allgemeiner Teil*, pp. 55 s.; Wolf/Neuner, *Allgemeiner Teil*, pp. 413 ss.; Looschelders, *Schuldrecht. Allgemeiner Teil*, pp. 60 ss.

Obhutspflichten»); *b)* A violação de deveres de informação e de esclarecimento acerca de factos que apenas são do conhecimento de uma das partes, e que só ela podia conhecer, mas que sabe serem decisivos para a resolução de contratar da contraparte ou que são impeditivos da eficácia do contrato («*Aufklärungs- und Mitteilungspflichten*»); *c)* O rompimento injustificado das negociações por aquele que criou na contraparte a convicção de que o mesmo viria a ser celebrado («*grundloser Abbruch der Vertragsverhandlungen*»); *d)* A causação da ineficácia do contrato («*Verursachung eines unwirksamen Vertragsschlusses*»); e *e)* A responsabilidade de terceiros que intervenham nas negociações na qualidade de representantes, intermediários, peritos ou conselheiros das partes e que por força da especial posição que ocupem exerçam uma influência determinante na conclusão do contrato («*Sachwalterhaftung*»).

V – A reforma do Código Civil alemão de 2002 consagrou a ideia de uma relação obrigacional nascida nos preliminares do contrato e integrada por deveres de conduta fundados na boa-fé, cuja violação faz o infrator incorrer na obrigação de indemnizar os danos desse modo causados a outrem.

Esse diploma estendeu, com efeito, aos preliminares do contrato os deveres de consideração pelos direitos, bens jurídicos e interesses alheios que, nos termos do § 241 (2) do BGB, vinculam as partes na relação obrigacional; e sujeitou a sua violação às regras gerais relativas ao incumprimento dos deveres emergentes da relação obrigacional. Para tanto, o § 311 (2) passou a dispor o seguinte:

> «Constitui-se também uma relação obrigacional integrada pelos deveres previstos no § 241 (2) através de: 1. A entabulação de negociações contratuais, 2. A preparação de um contrato, no decurso da qual uma das partes, tendo em vista uma eventual relação negocial, confira à outra a possibilidade de afetar os seus direitos, bens jurídicos ou interesses, ou lhe confie estes, ou 3. Contactos negociais análogos.» [298]

Este preceito abstém-se de identificar os deveres pré-contratuais de conduta cuja violação é suscetível de originar a responsabilidade por *culpa in contrahendo*, tarefa que é assim deixada à doutrina e à jurisprudência. Mas enunciam-se nele os *Tatbestände* fundamentais da constituição *ex lege* de uma relação obrigacio-

[298] Ver, sobre esta disposição, Martin Schwab, «Grundfälle zu culpa in contrahendo, Sachwalterhaftung und Vertrag mit Schutzwirkung für Dritte nach neuen Schuldrecht», *JuS*, 2002, pp. 773 ss. e 872 ss.; Helmut Heinrichs, «Bemerkungen zur culpa in contrahendo nach der Reform – Die Tatbestände des §311 Abs. 2 BGB», *in* Andreas Heldrich e outros (orgs.), *Festschrift für Claus-Wilhelm Canaris*, vol. I, Munique, 2007, pp. 421 ss.; Medicus/Lorenz, *Schuldrecht I. Allgemeiner Teil*, p. 54; Brox/Walker, *Allgemeines Schuldrecht*, pp. 66 ss.; *Münchener Kommentar*/Emmerich, § 311, n.m. 35-184; e *Palandt*/Grüneberg, § 311, n.m. 11-66.

nal integrada por tais deveres: *a)* O estabelecimento de negociações com vista à conclusão de um contrato (*v.g.* mediante a emissão de uma proposta ou de uma carta de intenções); *b)* A prática de atos preparatórios de um contrato que confiram a uma das partes a possibilidade de afetar a posição da outra (por exemplo, a entrada de um potencial cliente num estabelecimento comercial ou a realização de um teste de condução de um automóvel); e *c)* Os «contactos negociais análogos» (consistentes, *inter alia*, na prestação de informações por instituições bancárias independentemente de qualquer relação contratual preexistente).

Uma relação obrigacional integrada pelos referidos deveres pode constituir-se, segundo declara o § 311 (3), mesmo entre pessoas que não sejam partes no contrato. Essa relação constitui-se em especial quando houver sido depositada particular confiança num terceiro («*Sachwalter*») que dessa forma haja influenciado as negociações ou a conclusão do contrato.

A responsabilidade pela violação dos deveres em apreço decorre do § 280 (1) do Código, de que nos ocuparemos *ex professo* noutro lugar desta obra[299]. Segundo a doutrina dominante, a indemnização devida nestes casos visa fundamentalmente, posto que não necessariamente, o interesse contratual negativo («*negatives Interesse*»), consistente, *v.g.*, nas despesas inutilmente feitas pelo lesado com vista à conclusão do contrato ou nas despesas a mais em que incorreu para a aquisição do respetivo objeto[300]. Verificando-se, porém, que sem a atuação do lesante se teria chegado à conclusão de um contrato ou de um contrato mais favorável, admite-se a indemnização do interesse contratual positivo («*positives Interesse*»); pode então o lesado reclamar que o lesante o coloque na situação em que se encontraria se as negociações tivessem sido concluídas com êxito ou sem a violação dos deveres de conduta a cargo da contraparte[301].

Os preceitos acima referidos revelam uma *conceção amplíssima* de relação obrigacional, que se estende no sistema jurídico alemão muito para além dos deveres de prestação, compreendendo também no seu escopo – e conferindo-lhes clara autonomia sob o prisma da sua tutela jurídica – deveres de conduta que se constituem por força de meros «contactos negociais», independentemente da existência de deveres de prestação, originando os danos causados através da sua violação uma obrigação de indemnizar regida pelas disposições gerais da responsabilidade contratual.

[299] Cfr. *infra*, § 14º, *d)*.

[300] Veja-se sobre o ponto, por último, Heinrich Honsell, «Negatives oder positives Interesse wegen Vertragsverletzung der Aufklärungspflicht bei culpa in contrahendo und Delikt», *in* Volker Beuthien/Maximilian Fuchs/Herbert Roth/Gottfried Schiemann/Andreas Wacke (orgs.), *Perspektiven des Privatrechts am Anfang des 21. Jahrhunderts. Festschrift Dieter Medicus zum 80. Geburtstag*, Colónia, 2009, pp. 181 ss.

[301] Cfr. BGH, ac. de 29 de janeiro de 1965, *NJW* 1965, pp. 812 ss.

VI – No Direito suíço, tal como sucedia no alemão até 2002, a responsabilidade pré-contratual acha-se regulada em preceitos legais dispersos, não sendo objeto de qualquer disposição com caráter geral. Também nele a elaboração de regras gerais sobre a responsabilidade pré-contratual se deve fundamentalmente à doutrina e à jurisprudência.

No plano legislativo, a figura obteve consagração designadamente nos artigos 26, 31, nº 3, e 39 do Código das Obrigações (respeitantes à responsabilidade civil, respetivamente, do contraente que tenha incorrido em erro, daquele que dolosamente induzido a contraparte em erro e do representante sem poderes) e 411, nº 2, do Código Civil (relativo à responsabilidade do pupilo que se tenha falsamente dado como capaz). Destas disposições infere-se, segundo o Tribunal Federal suíço, um princípio geral de responsabilidade civil por culpa na formação do contrato[302].

Esse princípio funda-se, além disso, no princípio da boa-fé, que o art. 2 do Código Civil suíço expressamente consagra[303]. Dele decorre, segundo o entendimento do Tribunal Federal, que durante as negociações contratuais as partes devem conduzir-se segundo os ditames da boa-fé[304].

Por força desse princípio, geram-se na esfera jurídica das partes, com a entrada em negociações, deveres recíprocos de conduta, que integram uma relação pré-contratual («*Vertragsverhandlungsverhältnis*»)[305] cuja violação obriga a reparar os danos dela resultantes[306]. Entre eles inclui-se o dever de negociar com seriedade, que se tem por violado se uma das partes iniciar ou prosseguir negociações sem

[302] Cfr. a sentença de 6 de junho de 1951, *ATF*, vol. 77/II, pp. 135 ss. (p. 136): «l'idée qui est à la base de ces dispositions doit être généralisée si l'on veut assurer le règne de la bonne foi dans les relations d'affaires». Cfr. ainda, no sentido do texto, *Berner Kommentar zum schweizerischen Privatrecht*/Kramer, vol. VI/1, p. 70.

[303] Nele se dispõe: «1. Chacun est tenu d'exercer ses droits et d'exécuter ses obligations selon les règles de la bonne foi. 2. L'abus manifeste d'un droit n'est pas protégé par la loi.».

[304] Assim a sentença de 6 de fevereiro de 1979, *ATF*, vol. 105/II, pp. 75 ss. (p. 79): «Die Haftung aus culpa in contrahendo beruht auf der Überlegung, dass die Parteien sich während der Vertragsverhandlungen nach Treu und Glauben zu verhalten haben». No mesmo sentido, pode ver-se a sentença de 20 de setembro de 1990, *ATF*, vol. 116/II, pp. 695 ss. (p. 698).

[305] Neste sentido, veja-se a sentença proferida pelo Tribunal Federal em 15 de novembro de 1994, *ATF*, vol. 120/II, pp. 331 ss. Na doutrina, perfilham este entendimento Pierre Tercier/Pascal Pichonnaz, *Le droit des obligations*, p. 138.

[306] Cfr. neste sentido as cits. sentenças do Tribunal Federal de 6 de junho de 1951, p. 137, e de 6 de fevereiro de 1979, p. 80; e ainda as sentenças de 22 de outubro de 1964, *ATF*, vol. 90/II, pp. 449 ss. (p. 455), e de 20 de dezembro de 1966, *ATF*, vol. 92/II, pp. 328 ss. (p. 333). Na doutrina, professam a mesma opinião: Guhl, *Das Schweizerische Obligationenrecht*, 8ª ed., Zurique, Schulthess, 1995, p. 98; Herbert Schönle, «Rapport suisse», *in Travaux de l'Association Henri Capitant*, t. XLIII (1992), *La bonne foi*, pp. 193 ss. (pp. 198 ss. e 210); Gauch e outros, *Schweizerisches Obligationenrecht. Allgemeiner Teil*, vol. I, Zurique, 1995, p. 195.

a intenção de concluir um contrato[307]. Outro dever decorrente da boa-fé é o de as partes se informarem e esclarecerem mutuamente sobre os factos relevantes para a respetiva decisão de contratar ou que possam influenciar as condições do contrato[308]. A medida desse dever não pode, todavia, ser fixada em abstrato, dependendo antes das circunstâncias do caso concreto, nomeadamente a natureza do contrato, o modo como as negociações se desenvolveram, as intenções e os conhecimentos das partes[309].

À margem das violações de deveres de conduta potencialmente geradoras de responsabilidade pré-contratual ficam as lesões da integridade física e da propriedade alheia ocorridas nos preliminares dos contratos, as quais constituem fundamento de pretensões indemnizatórias *ex delicto*[310]; o mesmo sucede com a prestação por terceiros de informações falsas ou insuficientes[311]. Ao facto não será alheia, por certo, a maior amplitude da tutela delitual consagrada no Direito suíço[312].

O Tribunal Federal suíço entende que a responsabilidade por culpa na formação do contrato se restringe ao interesse contratual negativo: o lesado deve ser indemnizado do dano em que incorreu por ter confiado na celebração de um contrato eficaz[313].

307 Assim a cit. sentença do Tribunal Federal de 6 de junho de 1951, p. 138, e as sentenças da Cour de Justice Civile de Genève de 8 de março de 1974, *Sem. Jud.*, 1975, pp. 7 ss. (p. 14), e do Obergericht de Lucerna, de 22 de maio de 1989, *SJZ*, 1990, pp. 159 s.

308 Cfr. André Wahrenberger, *Vorvertragliche Aufklärungspflichte im Schuldrecht (unter besonderer Berücksichtigung des Kaufrechts). Zugleich ein Beitrag zur Lehre der culpa in contrahendo*, Zurique, 1992 p. 26.

309 Cfr. as sentenças do Tribunal Federal de 6 de fevereiro de 1979, cit., p. 80, e de 8 de junho de 1982, *ATF*, vol. 108/II, pp. 305 ss. (p. 313), e da Cour de Justice Civile de Genève, de 23 de novembro de 1979, *Sem. Jud.* 1981, pp. 562 ss. (p. 564).

310 Cfr. Theodor Bühler-Reimann, «Zum Problem der "culpa in contrahendo"», *SJZ*, 1979, pp. 357 ss. (p. 360); *Berner Kommentar*/Kramer, cit., p. 77; Franz Schenker, «Switzerland», *in Precontractual Liability. Reports to the XIIIth Congress. International Academy of Comparative Law*, Deventer/Boston, 1991, pp. 309 ss. (p. 316).

311 Cfr. as sentenças do Tribunal Federal de 17 de fevereiro de 1931, *ATF*, vol. 57/II, pp. 81 ss. (p. 85), e de 7 de outubro de 1942, *ATF*, vol. 68/II, pp. 295 ss. (p. 302). No sentido da qualificação delitual da responsabilidade do *Sachwalter*, veja-se Joachim Frick, *Culpa in contrahendo - eine rechtsvergleichende und kollisionsrechtliche Studie*, Zurique, 1992, pp. 245 ss.

312 Assim, por exemplo, os *Warenhausfälle* germânicos seriam abrangidos na Suíça pelo disposto no art. 58, nº 1, do Código das Obrigações, segundo o qual «[l]e propriétaire d'un bâtiment ou de toute autre ouvrage répond du dommage causé par des vices de construction ou par le défaut d'entretien»: cfr. *Berner Kommentar*, cit., p. 77.

313 Cfr. neste sentido as sentenças daquele Tribunal de 26 de maio de 1910, *ATF*, vol. 36/II, pp. 193 ss. (p. 203); de 29 de maio de 1914, *ATF*, vol. 40/II, pp. 370 ss. (p. 372); e de 6 de fevereiro de 1979, *ATF*, vol. 105/II, pp. 75 ss. (p. 81).

A caraterização da responsabilidade pré-contratual, a que tem sido frequentemente associada a determinação das regras que lhe são aplicáveis, é objeto de controvérsia na Suíça. A jurisprudência mais antiga do Tribunal Federal[314], acompanhada por uma parte da doutrina[315], entendia-a como uma forma de responsabilidade extracontratual. Posteriormente, aquele tribunal passou a aplicar à culpa na formação do contrato as regras da responsabilidade contratual[316]. Mas esta orientação veio entretanto a ser preterida a favor de uma posição eclética, também preconizada por alguma doutrina[317], que admite a aplicação às pretensões fundadas na *culpa in contrahendo* das regras próprias da responsabilidade contratual ou da responsabilidade extracontratual consoante a índole das questões em apreço[318]. De acordo com um último ponto de vista, a *culpa in contrahendo* é

[314] Cfr. as sentenças de 26 de maio de 1910, *ATF*, vol. 36/II, pp. 193 ss. (p. 203: responsabilidade extracontratual pelo dano sofrido por uma das partes em consequência da nulidade parcial de um contrato), e de 30 de outubro de 1919, *ATF*, vol. 45/II, pp. 548 ss. (p. 554: art. 41 do Código das Obrigações como fundamento da responsabilidade do vendedor que, por negligência grave, ocasionou a nulidade do contrato de compra e venda).

[315] Cfr. Paul Piotet, *Culpa in contrahendo et responsabilité précontractuelle en droit privé suisse*, Berna, 1963, pp. 28 e 50; *idem*, «Nature et modalités de la responsabilité précontractuelle», *ZSR*, 1975, pp. 253 ss. (pp. 257, 263 e 270); *idem*, «La culpa in contrahendo aujourd'hui», *SJZ*, 1981, pp. 225 ss. e 241 ss. (pp. 229 ss. e 242 s.); *idem*, «Développements récents de la théorie de la culpa in contrahendo», *in Mélanges Guy Flattet. Recueil de travaux offerts à Guy Flattet*, Lausana, s.d. (1985), pp. 363 ss. (p. 364); Pierre Tercier/Pascal Pichonnaz, *Le droit des obligations*, p. 147.

[316] Cfr. a sentença de 7 de outubro de 1942, *ATF*, vol. 68/II, pp. 295 ss. (p. 303), e o cit. ac. de 22 de outubro de 1964, p. 458. Neste sentido pronuncia-se também Engel, *Traité des obligations en droit suisse*, 2ª ed., Berna, 1997, pp. 749 ss.

[317] Cfr. Peter Jäggi, «Zum Begriff der Vertraglichen Schadenersatzforderung», *in Mélanges Schönenberger*, Friburgo, 1968, pp. 181 ss. (especialmente pp. 193 ss.); e *Berner Kommentar*/Kramer, p. 72, onde se preconiza a aplicação à responsabilidade pré-contratual das regras de uma ou outra das duas espécies fundamentais de responsabilidade, em função dos problemas específicos («*Modalitäten*») por ela suscitados. Uma reformulação parcial desta doutrina é proposta por Frick, *Culpa in contrahendo*, pp. 120 ss., especialmente pp. 123, 133 e 150. O autor autonomiza duas categorias fundamentais de deveres pré-contratuais de conduta – deveres de esclarecimento e de conservação –, a regular autonomamente. As violações dos primeiros teriam natureza análoga às violações de deveres contratuais; as dos segundos, natureza delitual. Na responsabilidade pré-contratual incluir-se-iam, assim, danos de natureza diversa, desde que ocorridos no decurso das negociações preparatórias de um contrato e em conexão funcional com elas.

[318] Cfr. as sentenças de 21 de maio de 1975, *ATF*, vol. 101/II, pp. 266 ss. (p. 269), e de 14 de junho de 1978, *ATF*, vol. 104/II, pp. 94 s. (p. 94), onde a questão da natureza jurídica da responsabilidade pré-contratual é deixada em aberto, optando-se, não obstante isso, pela aplicação à mesma do prazo prescricional da responsabilidade delitual previsto no art. 60 do Código das Obrigações; e a sentença de 14 de dezembro de 1982, *ATF*, vol. 108/II, pp. 419 ss. (p. 422), em que se aplica à responsabilidade pré-contratual o regime da responsabilidade do devedor por actos dos seus auxiliares previsto no art. 101 daquele Código.

uma categoria especial de responsabilidade[319], cujas lacunas de regulamentação devem ser preenchidas *modo legislatoris* pelo julgador, nos termos do art. 1, nº 2, do Código Civil suíço[320].

VII – O Direito holandês[321] acolhe nesta matéria uma conceção próxima da do Direito alemão, expressa sobretudo na jurisprudência do Supremo Tribunal (*Hoge Raad*). Também aí, com efeito, se admite a existência de uma relação jurídica pré-contratual regida pelo princípio da boa-fé[322].

No processo negocial, distingue o Supremo Tribunal holandês três fases[323]: *a)* Uma fase inicial, em que o rompimento das negociações é insuscetível de originar qualquer pretensão indemnizatória; *b)* Uma fase intermédia, em que as negociações podem ainda ser rompidas, mas sob a condição de ser ressarcido pela parte que assim proceder o interesse de confiança da outraparte; e *c)* Uma fase final, na qual é desconforme com o referido princípio pôr termo às negociações, devendo neste caso ser ressarcido o interesse de cumprimento da parte lesada.

A confiança legítima na conclusão do contrato, gerada por uma das partes na outra, é o critério decisivo na determinação da fase em que as negociações se encontavam à data do rompimento. Cada uma das partes nas negociações pré-contratuais acha-se, assim, obrigada a tomar em consideração, no decurso destas, os «interesses justificados» da outra, podendo a proteção da confiança legítima na conclusão do contrato, bem como outras circunstâncias atendíveis, restringir correspondentemente a liberdade de romper as negociações[324].

A indemnização devida pode compreender o interesse contratual positivo, incluindo os lucros cessantes que a parte lesada teria retirado do contrato visado, se este tivesse sido concluído[325].

319 Neste sentido, veja-se a sentença proferida pelo Tribunal Federal em 15 de novembro de 1994, *ATF*, vol. 120/II, pp. 331 ss., em que se carateriza a *culpa in contrahendo* como «*besonderer Haftungstatbestand*».

320 Segundo o qual «A défaut d'une disposition légale applicable, le juge prononce selon le droit coutumier et, à défaut d'une coutume, selon les règles qu'il établirait s'il avait à faire acte de législateur». No sentido referido no texto pronunciam-se Guhl e outros, *Das Schweizerische Obligationenrecht*, p. 99, e Gauch e outros, *Schweizerisches Obligationenrecht. Allgemeiner Teil*, vol. I, p. 199.

321 Sobre o qual podem ver-se, quanto a esta matéria, J.M. van Dunné, «The Prelude to Contract, the Threshold of Tort. The Law on Precontractual Dealings in the Netherlands» *in* E.H. Hondius/G.J.W. Steenhoff (orgs.), *Netherlands Reports to the Thirteenth International Congress of Comparative Law*, 1990, pp. 71 ss.; Arthur S. Hartkamp, *Contract Law in the Netherlands*, 2ª ed., Alphen aan den Rijn, 2015, pp. 79 s.

322 Cfr. o acórdão do *Hoge Raad* de 15 de novembro de 1957, *NJ*, 1958, pp. 67 ss. (*Baris v. Riezenkamp*).

323 Cfr. o acórdão do *Hoge Raad* de 18 de junho de 1982, *NJ*, 1983, pp. 723 ss. (*Plas v. Valburg*).

324 Cfr. o acórdão do *Hoge Raad* de 23 de outubro de 1987, *NJ*, 1988, pp. 1017 ss. (*VSH v. Shell*).

325 Neste sentido, Hartkamp, *Contract Law in the Netherlands*, p. 79.

VIII – Até recentemente, era muito diverso, neste particular, o panorama que nos oferecia o Direito francês: não só não existia nele uma regulamentação legal da responsabilidade pré-contratual, como, além disso, a jurisprudência rejeitava a doutrina germânica da *culpa in contrahendo*.

Quais as razões para que a responsabilidade pré-contratual não tenha logrado obter no Direito francês um desenvolvimento equiparável ao que teve no Direito alemão?

Como vimos, a *culpa in contrahendo* preenche neste último Direito duas funções básicas: *a)* Permite sancionar a causação negligente, nos preliminares e na formação dos contratos, de danos patrimoniais puros que os preceitos relativos à responsabilidade delitual não compreendem na sua esfera de intervenção; e *b)* Possibilita a aplicação a tais hipóteses do regime da responsabilidade do devedor pelos atos dos seus auxiliares em lugar da regulamentação mais permissiva da responsabilidade homóloga do agente.

Sucede que nenhum destes problemas se suscita no Direito francês. Para tanto concorrem dois fatores, que desenvolveremos noutro lugar desta obra[326]. Por um lado, a amplitude da cláusula geral da responsabilidade delitual consignada nos arts. 1382 e 1383 do *Code Civil* (a que correspondem os arts. 1240 e 1241 após a reforma de 2016), que permite abranger nas regras que a disciplinam os ditos danos patrimoniais (atribuindo-se-lhe, em virtude do seu «caráter absorvente», a natureza de *responsabilité de principe*). Por outro, a regra do art. 1384 do *Code Civil* (atual art. 1242), relativa à responsabilidade do comitente pelos atos do comissário, que não consagra causas de exoneração análogas às que vigoram no Direito delitual alemão. No mesmo sentido terá influído algum ceticismo da doutrina francesa relativamente ao *solidarismo contratual* em que se baseiam a ideia germânica de boa-fé e a imposição de responsabilidade civil pela violação dos deveres de conduta dela decorrentes[327].

Admitia-se, contudo, ainda antes da reforma de 2016, que havia o dever de indemnizar, nos termos gerais, os danos causados a outrem em caso de *faute précontractuelle*[328]. Essa *faute* podia consistir na violação de deveres de conduta (de

[326] Cfr. *infra*, cap. IV.

[327] Ceticismo esse bem patente na irónica observação de Jean Carbonnier conforme a qual: «On s'étonnera qu'à une époque où le mariage s'était peut-être trop transformé en contrat, d'aucuns aient rêvé de transformer tout contrat en mariage» (cfr. *Droit civil*, vol. II, *Les biens. Les obligations*, p. 1030).

[328] A expressão terá sido cunhada por Joanna Schmidt. Cfr., da autora, «La sanction de la faute précontractuelle», *RTDC*, 1974, pp. 46 ss.; *idem*, *Négociation et conclusion de contrats*, pp. 107 ss.; «L'évolution de la responsabilité precontractuelle en droit français», *in Entwicklung des Deliktrechts in rechtsvergleichender Sicht*, pp. 141 ss.; e «La période précontractuelle en droit français», *RIDC*, 1990, pp. 545 ss.

informação, de lealdade ou outros) que vinculam as partes nos preliminares do contrato («*pourparlers*»), na causação (*v.g.* mediante dolo) da ineficácia do contrato ou no rompimento por uma das partes de «pourparlers avancés [...] qui avaient déjà, à sa connaissance, engagé de gros frais», «sans raison légitime, brutalement et unilatéralement»[329] ou agindo com «légèreté blâmable»[330].

Não tendo havido a celebração de um contrato válido, aplicar-se-iam a essas hipóteses, segundo a jurisprudência e a doutrina dominantes, as regras da responsabilidade delitual[331]: «*sans contrat préalable, pas de responsabilité contractuelle*»[332].

Compreeende-se a esta luz que a indemnização do dano causado pela *faute précontractuelle* não incluísse, segundo a Cassação francesa, a perda da oportunidade de realizar os ganhos esperados com a conclusão do contrato[333].

Também as pretensões indemnizatórias emergentes de danos físicos causados pelos parceiros negociais ou seus auxiliares nos preliminares dos contratos se encontravam sujeitas, diversamente do que sucede no Direito alemão, às regras gerais da responsabilidade delitual, visto que uma eventual *obligation contractuelle de sécurité* não se constituiu ainda nesse momento[334].

A reforma do Direito das Obrigações de 2016 consagrou de forma expressa o princípio da boa-fé na formação dos contratos. Neste sentido, o art. 1104 do Código Civil passou a dispor:

> «Os contratos devem ser negociados, formados e executados de boa-fé. Esta disposição é de ordem pública.»

Nas negociações cada uma das partes deve, assim, adotar um *comportamento leal* relativamente à contraparte, abstendo-se de atitudes enganosas. Mas o período pré-contratual é igualmente regido pelo princípio da *liberdade contratual*, o

[329] Neste sentido o acórdão da *Chambre Commerciale* da *Cour de Cassation*, de 20 de março de 1972, *Bull.* 1972, IV, nº 93, pp. 90 s.; *JCP*, 1973, II, nº 17543. Ver também o acórdão da mesma Câmara de 31 de março de 1992, *Bull.*, 1992, 4, p. 102

[330] Assim o ac. da *Chambre Commerciale et Financière* da *Cour de Cassation*, de 22 de fevereiro de 1994, *Bull.*, 1994, IV, nº 79, p. 61.

[331] Cfr. os acs. da Cassação de 20 de março de 1972, cit., e de 11 de janeiro de 1984, *Bull.*, 1984, 4, pp. 13 s.

[332] Assim Mazeaud/Tunc, *Traité théorique et pratique de la responsabilité civile délictuelle et contractuelle*, t. I, 6 ª ed., Paris, 1965, p. 147.

[333] Ver, neste sentido, o acórdão proferido pela Cassação comercial em 26 de novembro de 2003, caso *Manoukian*, *Bull. Civ.*, IV, nº 186, em que aquele tribunal declarou: «les circonstances constitutives d'une faute commise dans l'exercice du droit de rupture unilatérale des pourparlers précontractuels ne sont pas la cause du préjudice consistant dans la perte d'une chance de réaliser les gains que permettait d'espérer la conclusion du contrat».

[334] Cfr. os acs. da Cassação de 7 de novembro de 1961, *D.* 1962, pp. 146 s., e de 12 de fevereiro de 1964, *D.* 1964, pp. 358 s.

mesmo é dizer: da liberdade de não contratar. Razão pela qual é legítimo a qualquer das partes, por exemplo, conduzir negociações paralelas, sem ter de informar disso os respetivos parceiros[335]; e bem assim romper as negociações, mesmo que avançadas, se o projeto de contrato não a satisfizer[336].

Por seu turno, o art. 1112 do Código acolheu a responsabilidade por atuações ilícitas durante as negociações, ainda que limitando-a ao ressarcimento do interesse contratual negativo:

> «A iniciativa, o desenvolvimento e a rutura das negociações précontratuais são livres. Devem imperativamente satisfazer as exigências da boa-fé. Em caso de atuação ilícita cometida nas negociações, a reparação do dano dela resultante não pode ter por finalidade compensar a perda dos benefícios esperados do contrato não concluído.»

A respeito desta responsabilidade, declara-se contudo no relatório relativo à referida reforma do Código Civil que «[e]sta responsabilidade será em princípio de natureza extracontratual, salvo havendo regulação convencional desta fase da negociação e da sua rutura»[337].

A *faute précontractuelle* continua assim, no atual Direito francês, a estar submetida às regras da responsabilidade extracontratual, consoante já sucedia antes da reforma[338].

Tanto em face do Direito anterior como daquele que resultou da reforma, os deveres de conduta em cuja violação se consubstancia a *faute précontractuelle* não integram, em suma, qualquer relação obrigacional, fundada na boa-fé, suscetível de ser tutelada pelas regras da responsabilidade obrigacional. O conceito de relação obrigacional assume, pois, no Direito francês um alcance mais restrito do que no alemão[339].

Aliás, o Código Civil francês consagrou expressamente no art. 1112-1, com independência do referido dever de boa-fé, um *dever de informação* nos preliminares dos contratos sempre que uma das partes tenha dela conhecimento, a outra pudesse ilegitimamente ignorá-la e ela fosse determinante para o seu consentimento; e acolheu também no art. 1112-2 um *dever de confidencialidade* quanto a informações obtidas por ocasião das negociações, cuja violação é suscetível de gerar a obrigação de indemnizar nos termos do Direito comum.

[335] Assim, Fabre-Magnan, *Droit des obligations*, vol. I, p. 263.

[336] Neste sentido, Malaurie/Aynès/Stoffel-Munck, *Droit des obligations*, p. 268.

[337] *Rapport au Président de la République relatif à l'ordonnance no 2016-131 du 10 février 2016 portant réforme du droit des contrats, du régime général et de la preuve des obligations*, publicado no *Journal Officiel de la République Française*, de 11 de fevereiro de 2016.

[338] Neste sentido Fabre-Magnan, *Droit des obligations*, vol. I, p. 270.

[339] Cfr., em sentido convergente, com referência à redação anterior do Código Civil francês, Filippo Ranieri, *Europäisches Obligationenrecht*, 3ª ed., Viena/Nova Iorque, 2009, p. 575.

IX – Em Espanha, perante uma norma nitidamente inspirada nos mencionados preceitos do Código francês relativos à responsabilidade extracontratual – segundo a qual «aquele que, por ação ou omissão, causar um dano a outrem, ocorrendo culpa ou negligência, está obrigado a reparar o dano causado»[340] – entendem Díez-Picazo e Antonio Gullón que a ação para exigir a responsabilidade pré-contratual, na medida em que visa também realizar o princípio *alterum non laedere* consagrado naquela norma, «é a mesma que para exigir a responsabilidade extracontratual»[341].

Em caso de rutura injustificada de negociações contratuais, a responsabilidade em causa restringe-se, segundo os mencionados autores, ao interesse negativo[342].

O projeto espanhol de reforma do Direito das Obrigações e Contratos acolhe, contudo, um regime específico para a culpa na formação dos contratos. Diz, a este respeito, o art. 1245 desse texto:

> «1. As partes são livres de entabular negociações dirigidas à formação do contrato, assim como de abandoná-las ou rompê-las em qualquer momento. 2. Na negociação dos contratos, as partes devem agir de acordo com a exigências da boa-fé. 3. Se durante as negociações uma das partes tiver facultado à outra uma informação com caráter confidencial, aquele que a tiver recebido só poderá revelá-la ou utilizá-la na medida em que resulte do conteúdo do contrato que tiver chegado a celebrar-se. 4. A parte que tiver procedido com má-fé ao entabular ou interromper as negociações será responsável pelos danos causados à outra. Em todo o caso, considera-se contrário à boa-fé entrar em negociações ou continuá-las sem intenção de chegar a um acordo. 5. A infração dos deveres de que tratam os números anteriores dará lugar à indemnização de danos e prejuízos. Na hipótese do número anterior, a indemnização consistirá em colocar a outra parte na situação que teria se não tivesse iniciado as negociações.»

X – No Direito italiano, a responsabilidade pré-contratual acha-se consagrada, como figura geral, no art. 1337 do Código Civil, que dispõe:

[340] Cfr. o art. 1902 do Código Civil.

[341] Cfr. *Sistema de Derecho Civil*, vol. II, tomo 1, *El contrato en general. La realción obligatoria*, 11ª ed., Madrid, 2016, p. 59. Vejam-se ainda, no mesmo sentido fundamental, Manzanares Secades, «La naturaleza de la responsabilidad precontratual o culpa in contrahendo», *ADC*, 1985, pp. 979 ss. (pp. 1005 ss.); Clara Asúa González, *La culpa in contrahendo*, Bilbao, s.d. [1989], p. 256; Mª Paz García Rubio, *La responsabilidad precontractual en el derecho español*, Madrid, 1991, pp. 78 ss; e Díez-Picazo, *Fundamentos del derecho civil patrimonial*, vol. I, *Introducción. Teoria del contrato*, pp. 318 ss.

[342] Ob e loc. cits.: «Supuesta la no justificación del desistimiento, su autor es responsable de los daños ocasionados a la otra parte, ha de indemnizar lo que desde Ihering se ha denominado "interés negativo", diferente del "interés positivo". No ha de resarcir como si se tratase de un incumplimiento de contrato que impide conseguir las utilidades previstas ("interés positivo"), sino en la medida de la disminución patrimonial que sufre el dañado, y que hubiera evitado si los tratos preliminares no se hubieran iniciado»

«As partes, no desenvolvimento das negociações e na formação do contrato, devem comportar-se segundo a boa-fé».[343]

O art. 1338 do mesmo diploma, que é tido como uma especificação do dever consignado no preceito anterior, estabelece por seu turno:

«A parte que, conhecendo ou devendo conhecer a existência de uma causa de invalidade do contrato, não tiver dado notícia dela à outra é obrigada a ressarcir o dano por esta sofrido em virtude de ter confiado, sem culpa sua, na validade do contrato.»

São várias as categorias possíveis de factos indutores da responsabilidade pré-contratual perante o Direito italiano. Em primeiro lugar, a violação, nos preliminares e na formação do contrato, dos deveres emergentes do princípio da boa-fé. Entre as hipóteses típicas que configuram uma tal violação inclui-se a omissão da comunicação à contraparte de causas de invalidade do contrato («*reticenza*»), a que se reporta o art. 1338 do Código Civil, e ainda as violações de deveres de informação à contraparte (*maxime* sobre circunstâncias de relevo atinentes ao contrato), de clareza, de segredo (*v.g.* quanto a informações reservadas recebidas no decurso das negociações), de custódia (por exemplo, de bens entregues para inspeção) e de realização dos atos necessários a fim de assegurar a validade e a eficácia do contrato, emergentes do mesmo princípio[344]. Em segundo lugar, o rompimento das negociações preparatórias de um contrato[345]. Este, de acordo com a jurisprudência constante do Tribunal de Cassação, dá lugar à obrigação de indemnizar os danos que dele resultarem quando uma das partes haja confiado na conclusão do contrato e o rompimento se mostre injustificado[346]. Em terceiro lugar, a celebração de um contrato inválido ou ineficaz, devida a facto

[343] «Cfr. Franco Vigotti, «La responsabilità precontrattualle», *in La responsabilità civile. Una rassegna di dottrina e giurisprudenza*, Turim, 1987, vol. I, pp. 257 ss. (p. 266).

[344] Cfr. Francesco Benatti, *La responsabilità precontrattuale*, tradução portuguesa, Coimbra, 1970, pp. 47 ss.; Bianca, *Diritto civile*, vol. 3, *Il contratto*, pp. 162 ss.; Galgano, *Diritto privatto*, pp. 358 ss.

[345] Deve-se a Gabriele Faggella o alargamento da responsabilidade pré-contratual ao rompimento intempestivo das negociações. Para este autor a entrada em negociações para a celebração de um contrato implicaria um acordo, expresso ou tácito, que legitimaria a realização das despesas necessárias à sua condução. A interrupção intempestiva das negociações obrigaria a parte que assim procedesse a indemnizar a outra dessas despesas. Cfr. «Dei periodi precontrattuali e della loro vera ed esatta costruzione scientifica», *in Studi Giuridici in Onore di Carlo Fadda*, Nápoles, 1906, vol. III, pp. 271 ss. (pp. 298 ss.).

[346] Segundo informa Alberto Musy, «Responsabilità precontrattuale (culpa in contrahendo)», *in Digesto delle Discipline Privatistiche. Sezione Civile*, vol. XVII, pp. 391 ss. (p. 401), é sobre este tema que versa o maior número de decisões proferidas pelos tribunais italianos em matéria de responsabilidade pré-contratual.

doloso ou culposo de uma das partes no contrato[347] ou de terceiros que intervêm na sua negociação ou conclusão (*v.g.* o *falsus procurator*, a que se refere o art. 1398 do Código Civil[348]). Controvertida é a questão da admissibilidade de responsabilidade pré-contratual na hipótese de celebração de contratos válidos. Exclui-a a jurisprudência[349]; mas uma parte da doutrina admite-a com fundamento na ampla formulação do art. 1337 do Código Civil[350].

No Direito italiano é ressarcível, segundo a doutrina e a jurisprudência dominantes, tão-só o dano negativo sofrido *in contrahendo*, compreendendo-se nele tanto as despesas realizadas inutilmente como as oportunidades negociais perdidas[351]. Esta solução encontra-se, aliás, expressamente consagrada nos arts. 1338 e 1398 do Código Civil quanto às hipóteses de conhecimento por um dos contraentes das causas de invalidade do contrato e de representação sem poderes.

Não existe unanimidade de vistas quanto à caraterização da responsabilidade pré-contratual. Segundo a jurisprudência[352] e a doutrina[353] dominantes, essa responsabilidade é no entanto de qualificar como extracontratual, pois o art. 1337 do Código Civil constitui uma aplicação do princípio *neminem laedere* consignado no art. 2043 do Código Civil[354]. Uma outra corrente, minoritária, preconiza ao

[347] Sobre o ponto, *vide* Bianca, *Diritto civile*, vol. 3, *Il contratto*, pp. 170 ss.

[348] Que estabelece: «*Rappresentanza senza potere.* – Colui che ha contrattato come rappresentante senza averne i poteri o eccedendo i limiti delle facoltà conferitegli, è responsabile del danno che il terzo contraente ha sofferto per avere confidato senza sua colpa nella validità del contratto».

[349] Neste sentido, *vide* a sentença da Cassação de 11 de setembro de 1989, nº 3922, *Rep. foro it.*, 1989, voz «Contrato in genere», nº 111.

[350] Cfr. Rodolfo Sacco, *Il contratto*, Turim, 1975, p. 358; Benatti, ob. cit., p. 23; e os demais autores citados por Marina Arietti, «Responsabilità precontrattuale», *Riv. Dir. Civ.*, 1991, II, pp. 731 ss. (p. 738).

[351] Cfr. Adriano de Cupis, *Il danno. Teoria generale della responsabilità civile*, 3ª ed., Milão, 1979, vol. I, 341 ss.; Guido Alpa, «Le contrat 'individuel' et sa définition», *RIDC*, 1988, pp. 327 ss. (p. 343); *idem*, «Italy», *in Precontractual Liability. Reports to the XIIIth Congress International Academy of Comparative Law*, pp. 195 ss. (p. 202); Bianca, *Diritto civile*, vol. 3, *Il contratto*, p. 175.

[352] Veja-se a sentença da Cassação de 11 de maio de 1990, nº 4051, *FI* 1991, parte I, cols. 184 ss.: «la responsabilità c.d. precontrattuale *ex* art. 1337 c.c. va ricondotta al *genus* delle responsabilità di fatto illecito, potendosi far valere in giudizio solo entro il termine prescrizionale quiquennale ex art. 2947 c.c.».

[353] Cfr. Rodolfo Sacco, «Culpa in contrahendo e culpa aquiliana; culpa in eligendo e apparenza», *RDCDGO*, 1951, II, pp. 82 ss. (pp. 86 ss.); *idem*, *Il contratto*, pp. 676 e 919; Andrea Fusaro, «Fondamento e limiti della responsabilità precontrattuale», *Giur. Ital.*, 1984, Parte Prima, Sezione I, cols. 1199 ss. (col. 1202); Guido Alpa, «Le contrat 'individuel' et sa définition», *RIDC*, 1988, pp. 327 ss. (pp. 342 s.); *idem*, *Istituzioni di Diritto Privato*, p. 823; Luca Nanni, *La buona fede contrattuale*, Pádua, 1988, p. 95; *idem*, «Le trattative», *NGCC*, 1989, II, pp. 137 ss. (p. 147); e Bianca, *Diritto civile*, vol. 3, *Il contratto*, pp. 157 ss.

[354] Nesta linha geral de orientação *vide* a cit. sentença de 11 de maio de 1990: «l'estrema genericità della responsabilità aquiliana ricostruita, nel codice vigente, secondo gli schemi dell'atipicità, non impedisce al legislatore di circoscrevere puntualmente in maniera differenziata il regime di

invés a qualificação contratual dessa responsabilidade[355], aduzindo para tanto, nomeadamente, que entre as partes nas negociações se constitui por força do art. 1337 do Código Civil uma verdadeira relação obrigacional, integrada por diversas obrigações específicas, estruturalmente idênticas às que vinculam as partes após a conclusão do contrato, sendo a responsabilidade pelo seu incumprimento regida pelo art. 1218 do Código Civil. Uma terceira orientação sustenta a classificação do dano *in contrahendo,* consoante os casos, na responsabilidade contratual e na responsabilidade extracontratual[356]. Outros ainda defendem a autonomia da *fattispecie* do art. 1337 relativamente às demais formas de responsabilidade, cabendo ao intérprete procurar para cada questão concreta a disciplina mais adequada[357].

XI – No artigo 227º, nº 1, do Código Civil português acolhe-se expressamente a regra conforme a qual:

> «Quem negoceia com outrem para a conclusão de um contrato deve, tanto nos preliminares como na formação dele, proceder segundo as regras da boa-fé, sob pena de responder pelos danos que culposamente causar à outra parte.»

Consagram-se ainda certos corolários dessa regra em preceitos esparsos do Código (os artigos 229º, nº 1, 245º, nº 2, 246º e 898º).

Está patente naquele primeiro preceito a corrente de pensamento iniciada por Jhering no seu ensaio de 1861, que como vimos aflorou em várias regras do Código Civil alemão de 1896 e que obteve consagração no Código italiano de 1942 e na jurisprudência holandesa. A fonte mais próxima do artigo 227º é, com efeito, o artigo 1337 daquele Código, no qual se acolhe de igual modo a boa-fé como fonte autónoma de direitos e deveres nas negociações e na conclusão do contrato. Nele encontrou Vaz Serra inspiração para o anteprojeto de articulado sobre a matéria, publicado em 1957[358].

un determinato fatto illecito considerato nella sua peculiarità e ciononostante pur sempre riconducibile al *genus.* L'art. 1337 c.c. in esame rappresenta appunto un'ipotesi di enucleazione di quel particolare tipo di illecito che si concreta nei comportamenti descritti dalla norma».

355 Neste sentido pronunciam-se Luigi Mengoni, «Sulla natura della responsabilità precontrattuale», *RDCDGO,* 1956, II, pp. 360 ss.; Renato Sconamiglio, «Responsabilità contrattuale ed extracontrattuale», *NssDI,* vol. XV, pp. 670 ss. (p. 675); Benatti, ob. cit., pp. 145 ss.; *idem,* «Culpa in contrahendo», *Contrato e impresa,* 1987, pp. 287 ss. (pp. 303 s.); Claudio Turco, *Interesse negativo e responsabilità precontrattuale,* Milão, 1990, pp. 723 ss.; e Francesco Galgano, *Diritto Privato,* p. 360.

356 É a opinião sustentada por De Cupis, *Il danno,* vol. I, pp. 119 ss., e por Davide Palmieri, *La responsabilità precontrattuale nella giurisprudenza,* Milão, 1999, pp. 111 s.

357 Assim Vicenzo Cuffaro, «Responsabilità precontrattuale», *EDD,* vol. XXXIX, pp. 1265 ss. (p. 1270).

358 Cfr. Adriano Vaz Serra, «Culpa do devedor ou do agente», *BMJ* 68 (1957), pp. 13 ss.

Podem resumir-se nas seguintes as principais categorias de factos constitutivos de responsabilidade pré-contratual no Direito português: *a)* A celebração de um contrato ineficaz (*lato sensu*) por vício imputável a facto culposo de uma das partes (*v.g.* a incapacidade que uma das partes tenha ocultado à outra, a falta ou vícios da vontade, a falta ou abuso de poderes de representação, a impossibilidade ou ilicitude do objeto, a usura, os vícios da coisa, a indisponibilidade do falido, insolvente ou executado e a inobservância da forma legalmente exigida para o contrato); *b)* A celebração de um contrato válido com violação de deveres de conduta decorrentes do princípio da boa-fé; e *c)* O rompimento de negociações para a celebração de um contrato[359].

Este último deve ser tido como ilícito, e por conseguinte gerador da obrigação de indemnizar, designadamente: *a)* Nas hipóteses de *recesso intencional,* i. é, nas situações em que uma das partes faça malograr intencionalmente negociações que normalmente conduziriam a um resultado positivo, *v.g.* pondo condições ou fazendo exigências destituídas de justificação económica ou de oportunidade, que obriguem a outra parte a desistir do negócio[360]; e *b)* Nas situações em que, tendo uma das partes criado à outra uma *convicção razoável* de que contrataria com ela, induzindo-a a realizar despesas com esse fim, rompe arbitrariamente as negociações, recusando-se a celebrar, dentro do prazo acordado, o contrato projectado[361]. Em contrapartida, não incorre em violação dos deveres de boa-fé nas relações pré-contratuais aquele que *advertir a contraparte,* com a devida antecedên-

[359] Ver, para mais desenvolvimentos, António Menezes Cordeiro, *Da boa-fé no Direito Civil,* vol. I, pp. 574 ss.; *idem, Tratado de Direito Civil,* vol. II, pp. 207 ss.; Ana Prata, *Notas sobre a responsabilidade pré-contratual,* Lisboa, 1991; Inocêncio Galvão Telles, «Culpa na formação dos contratos», *Dir.*, 1993, pp. 333 ss.; *idem, Direito das Obrigações,* pp. 69 ss.; Marcelo Rebelo de Sousa, «Responsabilidade pré-contratual – vertentes privatística e publicística», *Dir.*, 1993, pp. 383 ss.; Mário Júlio de Almeida Costa, *Responsabilidade civil pela ruptura das negociações preparatórias de um contrato,* reimpressão, Coimbra, 1994; *idem, Direito das Obrigações,* pp. 298 ss.; João Calvão da Silva, «Negociações preparatórias de contrato-promessa e responsabilidade pré-contratual», *in Estudos de Direito Civil e de Processo Civil,* Coimbra, 1996, pp. 77 ss.; Eva Sónia Moreira da Silva, *Da responsabilidade pré-contratual por violação dos deveres de informação,* Coimbra, 2003; Paulo Nascimento, «A responsabilidade pré-contratual pela ruptura das negociações e a recusa injustificada de formalização do contrato», *in* Menezes Cordeiro e outros (orgs.), *Estudos em homenagem ao Prof. Doutor Inocêncio Galvão Telles,* vol. IV, Coimbra, 2003, pp. 179 ss.; Mota Pinto, *Teoria geral,* p. 653; Moura Vicente, «Culpa na formação dos contratos», *in* Faculdade de Direito da Universidade de Coimbra, *Comemorações dos 35 anos do Código Civil e dos 25 anos da Reforma de* 1977, vol. III, *Direito das Obrigações,* Coimbra, 2007, pp. 265 ss.; Nuno Pinto Oliveira, *Princípios de Direito dos Contratos,* Coimbra, 2011, pp. 195 ss.; e Luís Menezes Leitão, *Direito das Obrigações,* vol. I, pp. 350 ss.

[360] Ver neste sentido o acórdão do Supremo Tribunal de Justiça de 9 de fevereiro de 1999, *CJSTJ,* 1999, t. I, pp. 84 ss. (p. 85).

[361] Assim o acórdão do Supremo Tribunal de Justiça de 5 de fevereiro de 1981, *RLJ,* ano 116º, pp. 81 ss., com anotação de Almeida Costa, a pp. 84 ss.

cia, de que a celebração do contrato constitui uma mera eventualidade e der por findas as relações pré-contratuais ao verificar a impossibilidade de concluí-lo[362].

O regime da indemnização do dano *in contrahendo* consignado no artigo 227º do Código Civil e desenvolvido pela jurisprudência não se reconduz quer ao da responsabilidade delitual quer ao da responsabilidade contratual.

Com efeito, a responsabilidade prevista naquele preceito tem por fundamento a violação de uma obrigação; no entanto, o regime de prescrição que lhe é aplicável, nos termos do seu nº 2, é o da responsabilidade extracontratual: direito de indemnização prescreve no prazo de três anos.

Exige-se, por outro lado, a culpa do lesante; mas esta deve, segundo a jurisprudência dominante, ser presumida nos termos do artigo 799º, nº 1, do Código Civil, que é privativo da responsabilidade contratual.

Por último, as indemnizações arbitradas pelos tribunais não visam exclusivamente reconstituir o *statu quo* anterior à lesão (como sucede na responsabilidade extracontratual) nem satisfazer a expetativa do lesado num bem que este obteria através do cumprimento do contrato projetado (que é o objetivo precípuo da responsabilidade contratual): ambas as finalidades têm sido prosseguidas através da imposição de responsabilidade pré-contratual, consoante a natureza do facto indutor do dano[363].

[362] Cfr. o acórdão do Supremo Tribunal de Justiça português de 22 de maio de 1996, *BMJ*, nº 457 (1996), pp. 308 ss. Vejam-se ainda sobre o rompimento de negociações os acórdãos do Supremo Tribunal dc Justiça de 8 de fevereiro de 2001, de 8 de fevereiro de 2001, *CJSTJ*, 2001, pp. 102 ss.; de 27 de março de 2001 e de 28 de fevereiro de 2002, e da Relação de Lisboa de 23 de janeiro 1977, *CJ*, 1977, t. I, pp. 213 ss., e de 18 de janeiro de 1990, *CJ*, 1990, t. I, pp. 144 ss.; bem como a sentença do 3º Juízo Cível de Lisboa de 16 de outubro de 1992, *CJ*, 1992, t. IV, pp. 336 ss.

[363] Nesta linha de orientação se situa, designadamente, o acórdão do Supremo Tribunal de Justiça de 20 de março de 2012, proc. 1903/06, em que se declara a este respeito: «a solução mais justa, e que a lei civil acolhe, é a de que o dano a indemnizar, não se deve cingir, apenas, a reconstituir a situação em que o lesado (a autora) estaria se não houvesse iniciado negociações e concluído o contrato com a ré, devendo antes procurar-se uma indemnização que, adequadamente, esconjure todos os danos patrimoniais que a autora sofreu na sua esfera jurídica, decorrentes da violação dos deveres de informação negocial pela ré». Veja-se ainda o acórdão do mesmo Tribunal de 25 de outubro de 2012, proc. 2625/09, no qual se declara: «Neste tipo de responsabilidade [*scl.*, a responsabilidade civil pré-contratual] a indemnização abrange o interesse contratual negativo, podendo, em casos limites e de acordo com as circunstâncias concretas do caso, incluir o interesse positivo, se já existia um acordo global e faltava apenas a formalização do negócio». No sentido porém de que «se o evento que obriga à reparação é constituído pela confiança criada no autor de que as negociações chegariam a bom termo e o contrato seria concuído, o lesado só pode pretender ser colocado na situação em que estaria se não lhe tivesse sido criada essa confiança, isto é, apenas pode pretender um ressarcimento correspondente ao interesse negativo, ou seja, na situação sem quaisquer negociações», veja-se o acórdão do Supremo de 1 de julho de 2013, proc. 5523/05. Na doutrina mais recente, vejam-se sobre o ponto: Paulo Mota Pinto, *Interesse contratual negativo e interesse*

O regime da responsabilidade pré-contratual tem assim, em Portugal, uma *natureza híbrida ou mista*[364], razão pela qual alguns a caraterizam, na esteira da doutrina alemã acima citada, como expressão de uma «*terceira via*» de responsabilidade civil[365]. O que é condizente com a índole – ela própria híbrida – das situações de culpa na formação dos contratos, localizadas numa «zona cinzenta» entre as que dão lugar à responsabilidade contratual e à extracontratual.

Esta circunstância – e em especial o facto de a jurisprudência portuguesa admitir hoje abertamente a imposição de um dever de indemnizar à parte a que seja imputável a violação de deveres pré-contratuais de conduta ao abrigo das regras da responsabilidade contratual – revela-nos que o sistema jurídico português aderiu à *conceção ampla* de relação obrigacional originária do Direito alemão, por força da qual esta compreende, além de deveres de prestação, deveres de conduta (*maxime* de proteção e cuidado, bem como de consideração pelos interesses alheios) que se constituem independentemente daqueles e que são autonomamente tutelados por via da responsabilidade pré-contratual.

XII – Uma orientação próxima da portuguesa é seguida pelo atual Código Civil brasileiro, cujo art. 422 dispõe:

contratual positivo, Coimbra, 2008, pp. 1125 ss.; Sónia Moreira, *Da responsabilidade pré-contratual por violação dos deveres de informação,* Coimbra, 2003; *idem,* «De novo os danos indemnizáveis em sede de responsabilidade pré-contratual», *CDP,* nº especial, 2012, pp. 97 ss.; Menezes Leitão, *Direito das Obrigações,* vol. I, pp. 355 s.; e Menezes Cordeiro, *Tratado de Direito Civil,* vol. II, pp. 282 ss.

364 Ponto de vista que é perfilhado no acórdão do Supremo Tribunal de Justiça de 18 de novembro de 2004, proc. 06A222, em cujo sumário se lê: «O regime aplicável, no caso da obrigação de indemnizar por responsabilidade pré-contratual (artigo 227 do Código Civil), deve ser construído a partir da aplicação de normas de responsabilidade contratual ou de responsabilidade delitual, consoante o que se considerar mais adequado ao caso». Na mesma linha fundamental de orientação, veja-se o citado acórdão do mesmo Tribunal de 20 de março de 2012, em que se declara: «Em nossa opinião, a responsabilidade pré-contratual situa-se num meio termo entre a responsabilidade contratual e a responsabilidade extracontratual, não emergindo, em rigor, do incumprimento de uma obrigação previamente assumida, nem, por outro lado, da violação de um dever genérico de respeito de direitos absolutos, mas antes de deveres surgidos no âmbito de uma relação específica entre as partes, que impõe a tutela da confiança no âmbito do tráfego negocial – poder-se-á falar, com alguma propriedade, de uma "terceira via" da responsabilidade civil». Em idêntico sentido, cfr. o acórdão do mesmo Tribunal de 25 de outubro de 2012, cit. *supra.*

365 Ver, neste sentido, João Baptista Machado, «A cláusula do razoável», *in João Baptista Machado. Obra Dispersa,* Braga, 1991, vol. I, pp. 457 ss. (pp. 573 ss.); Jorge Sinde Monteiro, *Responsabilidade por conselhos, recomendações e informações,* Coimbra, 1989, pp. 509 ss.; Manuel Carneiro da Frada, *Uma "terceira via" no direito da responsabilidade civil?,* Coimbra, 1997, pp. 95 ss.; Nuno Pinto Oliveira, *Princípios de Direito dos Contratos,* p. 212; e Luís Menezes Leitão, *Direito das Obrigações,* vol. I, pp. 348 ss.

> «Os contratantes são obrigados a guardar, assim na conclusão do contrato, como em sua execução, os princípios de probidade e boa-fé.»[366]

A violação destes princípios – ou, mais precisamente, dos *deveres de conduta* que deles decorrem para cada uma das partes na conclusão do contrato – constitui, perante o art. 186 do Código brasileiro, um ato ilícito que importa para aquele que o praticar a obrigação de reparar os danos culposamente causados a outrem. Pode, assim, afirmar-se, sem margem para dúvidas, que o Código consagrou a responsabilidade pré-contratual[367].

O referido preceito é, aliás, complementado por outros, que constituem concretizações da mesma ideia fundamental: *a)* O art. 430, relativo à hipótese de a aceitação, por circunstância imprevista, chegar tarde ao conhecimento do proponente, o qual deve comunicar imediatamente esse facto ao aceitante, sob pena de responder por perdas e danos; e *b)* O art. 443, que, a respeito dos vícios redibitórios, impõe ao alienante que conhecia o vício ou defeito da coisa o dever de restituir o que recebeu com perdas e danos, e àquele que o não conhecia, o de restituir o valor recebido, acrescido das despesas do contrato.

O legislador brasileiro não indicou no art. 422 do Código Civil quais os deveres pré-contratuais de conduta cuja violação dá origem à obrigação de reparar os danos assim causados a outrem. Apenas se consignam nesse preceito os *critérios ético-jurídicos* à luz dos quais as condutas das partes hão-de ser valoradas: a *probidade* e a *boa-fé*. Confia-se, assim, aos tribunais a determinação em concreto daqueles deveres; o que estes hão-de fazer atendendo às conceções dominantes no tráfico jurídico[368].

Uma dúvida que se pode suscitar em face do disposto no art. 422 prende-se com o âmbito dos princípios de probidade e boa-fé nele consignados. Valem estes apenas para a fase da *conclusão* do contrato – *hoc sensu*, a troca das declarações de vontade (proposta e aceitação) pelas quais se forma o contrato – ou também para as *negociações* que a antecedem (por vezes ditas *preliminares* do contrato ou «tratativas»), durante as quais se prepara o conteúdo do mesmo?

A dúvida resulta, como é bom de ver, de o referido preceito apenas aludir expressamente à primeira destas fases, omitindo qualquer referência à segunda,

[366] Ver, sobre o tema, o nosso estudo «A responsabilidade pré-contratual no Código Civil brasileiro de 2002», *RTDC*, 2004, pp. 3 ss., e a bibliografia aí citada. Na literatura posterior, consulte-se, por último, Judith Martins-Costa, *A boa-fé no Direito Privado. Critérios para a sua aplicação*, pp. 418 ss.

[367] «Isto», escrevem Rosa Nery e Nelson Junior, *Instituições do Direito Civil*, vol. II, *Direito das Obrigações*, São Paulo, 2015, p. 416, «para a nossa formação latina é muito mais que uma revolução de costumes jurídicos; é uma postura nova de vivenciar o risco dos negócios jurídicos».

[368] Para um enunciado dos deveres jurídicos que se extraem do princípio da boa-fé, *vide* Judith Martins-Costa, *A boa-fé no Direito Privado. Sistema e tópica no processo obrigacional*, São Paulo, 1999, pp. 437 ss.; *idem*, *A boa-fé no Direito Privado. Critérios para a sua aplicação*, pp. 521 ss.

que o art. 227º, nº 1, do Código Civil português, por exemplo, também coloca sob a égide da boa-fé *in contrahendo*. Essa omissão já foi apontada, aliás, como uma deficiência da formulação actual do art. 422, bem como da disposição que lhe correspondia no Projeto de Código Civil que o antecedeu (o art. 421)[369] [370].

Supomos, no entanto, que terão de se considerar compreendidas no art. 422 as negociações encetadas com vista à conclusão do contrato[371], sob pena de em duas fases do *iter* contratual funcionalmente ligadas entre si as partes ficarem submetidas a exigências ético-jurídicas divergentes. Semelhante contradição valorativa, que seria desconforme com o princípio da unidade da ordem jurídica e o próprio espírito do preceito, não parece admissível. Também no Direito brasileiro a boa-fé abrange, por isso, a fase dos preliminares do contrato.

Entre os deveres impostos pela boa-fé avultam, segundo a doutrina e a jurisprudência brasileiras, os de *informação*[372]. Impende, pois, sobre as partes durante a formação do contrato um dever de omitir informações falsas, susceptíveis de induzir a contraparte em erro. Além desta vertente negativa do dever de informar, existe uma outra, de carácter positivo: o dever de prestar à contraparte certas informações ou esclarecimentos. Não parece, em todo o caso, de admitir um dever geral de informar ou esclarecer a contraparte acerca da totalidade das circunstâncias de facto e de Direito determinantes da decisão de contratar: o dever de informar apenas existe onde o padrão de diligência exigível ao comum das pessoas não requeira que o contraente obtenha, pelos seus próprios meios, as informações e explicações necessárias a fim de se esclarecer[373].

369 Ver Antonio Junqueira Azevedo, «Insuficiência, deficiências e desatualização do Projeto de Código Civil na questão da boa-fé objetiva nos contratos», *RTDC*, 2000, pp. 3 ss. (p. 6).

370 Por isso se propôs no *Projeto Fiuza*, publicado em 2002, a reformulação do preceito, que deveria passar a dizer, segundo o seu autor: «Os contraentes são obrigados a guardar, assim nas negociações preliminares e conclusão do contrato, como em sua execução e fase pós-contratual, os princípios de probidade e boa-fé e tudo mais que resulte da natureza do contrato, da lei, dos usos e das exigências da razão e da equidade». Cfr. o Projeto de Lei nº 6960, de 2002, do Deputado Ricardo Fiuza, disponível em http://www.camara.gov.br.

371 Neste sentido, veja-se Regis Pereira, *A responsabilidade civil pré-contratual. Teoria geral e Responsabilidade pela ruptura das negociações contratuais*, Rio de Janeiro/São Paulo, 2001, pp. 210 s.

372 Cfr. Judith Martins-Costa, *A boa-fé no Direito Privado. Sistema e tópica no processo obrigacional*, p. 439; *idem*, *A boa-fé no Direito Privado. Critérios para a sua aplicação*, pp. 526 ss.; Flávio Alves Martins, *A boa-fé objectiva e sua formalização no Direito das Obrigações brasileiro*, Rio de Janeiro, 2000, pp. 87 s.; Regis Pereira, ob. cit., pp. 90 ss.; e Paulo Khouri, «Responsabilidade civil pela confiança e direito à informação pré-contratual», *in* José Fernando Simão/Sílvio Romero Beltrão (orgs.), *Direito Civil. Estudos em Homenagem a José de Oliveira Ascensão*, vol. 2, *Direito Privado*, São Paulo, 2015, pp. 131 ss. Sobre os deveres de informação em geral, veja-se Christoph Fabian, *O dever de informar no Direito Civil*, São Paulo, 2002.

373 Sobre o ponto, cfr., na doutrina brasileira, Christoph Fabian, ob. cit., pp. 158 ss.

A boa-fé impõe, em segundo lugar, a observância do *dever de lealdade ou de negociação honesta*[374]. É a «probidade» de que fala o art. 422. Dela resultam, como corolários, o dever de segredo relativamente a informações confidenciais obtidas no decurso das negociações e a ilicitude, em determinadas circunstâncias, do rompimento destas. É certo que o rompimento das negociações corresponde, em princípio, ao exercício de um direito: o direito de não contratar, que é uma das faces da autonomia privada. Mas, segundo o art. 187 do Código brasileiro, «também comete ato ilícito o titular de um direito que, ao exercê-lo, excede manifestamente os limites impostos pelo seu fim económico ou social, pela boa-fé ou pelos bons costumes». É a consagração da doutrina do *abuso de direito*, por força da qual a invocação da titularidade de um direito não retira ilicitude à violação de direito alheio, se o mesmo for irregularmente exercido[375]. O exercício abusivo do direito de não contratar há de assim ter-se por ilícito e como tal determinante da obrigação de indemnizar. Esta última é regida no Brasil pelas disposições relativas à responsabilidade extracontratual[376].

XIII – A responsabilidade por danos causados nos preliminares e na conclusão dos contratos pode também derivar do incumprimento de obrigações voluntariamente assumidas pelas partes quanto a essa fase do *iter* contratual – por exemplo, através de um «acordo de negociação» ou de um «acordo de princípio», pelo qual as partes se vinculam a iniciar ou a prosseguir negociações com vista à conclusão futura de um contrato; ou ainda de um «acordo de confidencialidade», mediante o qual se obrigam a não divulgar informações obtidas no decurso das negociações. É hoje, aliás, como notámos acima, relativamente frequente na *praxis* negocial a celebração de tais acordos[377]. Estar-se-á, porém, nesses casos perante uma forma de responsabilidade cujos pressupostos e conteúdo são (independentemente da caraterização jurídica que lhe for mais apropriada) em ampla medida determinados pela vontade das partes, a apurar por interpretação dos negócios jurídicos que constituem a fonte das referidas obrigações; razão por que não se confunde com a responsabilidade que aqui estamos a considerar.

XIV – Também não determinam responsabilidade pré-contratual, na aceção em que os Direitos português e brasileiro consagram este conceito, os acidentes ocorridos em estabelecimentos comerciais, de que resultem danos para potenciais clientes, ainda que se devam a negligência do dono do estabelecimento ou dos seus empregados.

[374] Cfr. Regis Pereira, ob. cit., pp. 93 ss.

[375] Veja-se sobre o tema José Carlos Barbosa Moreira, «Abuso do direito», *RTDC*, 2003, pp. 97 ss.

[376] Assim, Judith Martins-Costa, *A boa-fé no Direito Privado. Critérios para a sua aplicação*, p. 418.

[377] Cfr. *supra*, § 6º, *c)*.

Na Alemanha, como vimos, estas situações são reconduzidas pela jurisprudência à responsabilidade por *culpa in contrahendo*, a fim de se evitarem as limitações a que nesse país se encontra sujeita a imputação de danos com fundamento em ilícitos extracontratuais: não só não existe no Direito alemão uma cláusula geral de responsabilidade extracontratual, como, além disso, a responsabilização do comitente ou do empregador pelos atos dos seus empregados ou comissários se encontra aí restringida aos casos em que ocorra *culpa in eligendo* ou *in vigilando*.

Em Portugal e no Brasil, porém, não é assim: a cláusula geral de responsabilidade civil constante do art. 483º do Código Civil português e do art. 927 do Código Civil brasileiro abrange as situações referidas e o empregador e o comitente são, nos termos do art. 500º do Código português e do art. 932, inciso III, do Código brasileiro responsáveis pelos danos causados pelos seus empregados ou comissários. Na obsta, por conseguinte, a que esses danos lhes sejam imputados *ex delicto*.

b) A orientação prevalecente nos sistemas de Common Law

I – A doutrina da *culpa in contrahendo* não logrou penetrar no Direito inglês: não recaem aí sobre as partes, durante o período das negociações preparatórias e da formação dos contratos, os deveres recíprocos de esclarecimento e informação que a doutrina e a jurisprudência dos países continentais há muito extraem do princípio da boa-fé.

Há, decerto, no Direito inglês a figura da responsabilidade por *misrepresentation*, que é definida como uma declaração inexata, por desconforme à verdade dos factos, proferida antes ou aquando da celebração de um contrato, que induza o declaratário à celebração do mesmo[378].

A *misrepresentation* acha-se regulada por regras do *Common Law*, da *Equity* e do *Statute Law*. As principais fontes da sua disciplina jurídica são as decisões proferidas pela Câmara dos Lordes nos casos *Derry v. Peek*, em 1889[379], e *Hedley Byrne v. Heller*, em 1963[380], e o *Misrepresentation Act* de 1967. Delas se retira existirem três espécies de *misrepresentation*, sujeitas a regimes diferentes: a *fraudulent*, a *negligent* e a *innocent misrepresentation*.

Consiste a primeira na declaração conscientemente falsa («*a false statement which, when made, the representor did not honestly believe to be true*»); a segunda, numa declaração feita descuidadamente ou sem que houvesse fundamento razoável para o declarante crer na sua veracidade («*made carelessly or without reasonable grounds*

[378] Cfr. Allen, *Misrepresentation*, p. 11; *Cheshire, Fifoot and Furmston's Law of Contract*, p. 340; Treitel, *The Law of Contract*, p. 402; Cartwright, *Contract Law*, p. 80; *Anson's Law of Contract*, p. 320.

[379] [1889] 14 A.C. 337.

[380] [1963] 2 All E.R. 575; [1964] A.C. 465.

for believing it to be true»); e a terceira, numa declaração inexata feita sem dolo nem negligência («*in which no element of fraud or negligence is present*»).

Como consequências («*remedies*») da *misrepresentation* podem apontar-se: *a)* A faculdade que assiste ao declaratário («*representee*») de resolver o contrato («*right to rescission*»), com a consequente obrigação de cada uma das partes restituir à outra tudo o que houver sido prestado em virtude do contrato («*restitutio in integrum*»); *b)* O direito do mesmo sujeito a ser indemnizado, nos casos de *fraudulent* e *negligent misrepresentation*, dos danos sofridos em consequência de ter confiado na declaração falsa que o induziu a contratar («*reliance damages*»); *c)* O direito à indemnização dos danos sofridos em razão do incumprimento do contrato sempre que o autor das declarações em causa haja assumido, expressa ou implicitamente, a responsabilidade pela respetiva veracidade e as mesmas hajam sido, em consequência disso, incorporadas no contrato («*expectation damages*»); e *d)* O impedimento a que fica sujeito o autor da declaração inexacta de impugnar a veracidade dos factos que se deduzem dessa declaração («*estoppel by representation*»).

Fundamentalmente, a *misrepresentation* pressupõe uma atuação; a simples não revelação («*non-disclosure*») de determinados factos é, em princípio, insuficiente a fim de constituir *misrepresentation*, pois não existe no Direito inglês qualquer dever geral de informar a contraparte, nos preliminares e na formação do contrato, de factos suscetíveis de afetarem a sua decisão de contratar, sendo lícito a qualquer dos contraentes extrair vantagens do seu superior conhecimento desses factos[381]. Este *silence principle* acha-se profundamente enraizado na organização económica inglesa e no sistema da livre empresa que a carateriza, de que constitui um corolário o princípio segundo o qual as partes que negoceiam em pé de igualdade («*at arm's length*») não carecem de especial proteção.

Entende-se, por outro lado, que um dever geral de informação faria desaparecer o incentivo ao investimento na aquisição da informação necessária à actividade empresarial, pois que aquele que o realizou teria, por via de um tal dever, de partilhar gratuitamente os frutos desse investimento com quem o não fez. Afirma-se por isso que o Direito inglês «tolera uma certa insensibilidade moral no interesse da eficiência económica»[382].

[381] Excetuam-se os contratos ditos *uberrimae fidei*, como é o caso do contrato de seguro, em que cada uma das partes tem um dever de revelar à outra os factos que sejam do seu conhecimento ou de que deveria ter conhecimento, que sejam relevantes para a avaliação dos riscos cobertos pelo contrato; e bem assim aqueles em que exista entre as partes uma relação especial de confiança suscetível de originar *undue influence* (sobre a qual *vide infra*, § 13º, *b)*, IX)

[382] Barry Nicholas, «L'obligation précontractuelle de renseignements en droit anglais», *in* Harris/Tallon (orgs.), *Le contrat aujourd'hui: comparaisons franco-anglaises*, Paris, 1987, pp. 185 ss. (p. 201).

O Direito inglês não impõe, por outro lado, qualquer dever geral de negociar de boa-fé[383]. Neste sentido apontam-se fundamentalmente três ordens de razões: *a)* A relutância do Direito inglês em operar na base de princípios gerais e a preferência dos magistrados britânicos por fazerem evoluir o Direito de caso para caso; *b)* A incerteza inerente à dificuldade de definir o conceito de boa-fé; e *c)* A incompatibilidade do dever de agir de boa-fé com a natureza da relação que existe entre as partes durante as negociações[384].

Isto mesmo foi reconhecido numa decisão de grande relevo proferida em 1992 no caso *Walford v. Miles*[385] pela Câmara dos Lordes, que rejeitou de modo expresso a existência no Direito inglês de um dever de negociar de boa-fé e afirmou a liberdade de as partes romperem as negociações a todo o tempo e por qualquer motivo, sem ficarem por isso sujeitas a qualquer dever de indemnizar. Para tanto, declarou Lord Ackner nesse aresto:

> «O conceito de um dever de conduzir negociações de boa-fé é intrinsecamente repugnante à posição adversária das partes envolvidas em negociações. Cada uma das partes nas negociações tem o direito de prosseguir o seu próprio interesse, contanto que evite fazer falsas declarações.»

No caso versado nesta decisão, os réus haviam acordado, em 12 de março de 1987, vender aos autores, pelo preço de dois milhões de libras, o seu estabelecimento de fotografias. Em 17 de março de 1987, as partes convencionaram que se os autores obtivessem de um banco, até 20 do mesmo mês, uma «carta de conforto» confirmando a concessão de um empréstimo em vista da referida aquisição, os réus poriam termo a quaisquer negociações entabuladas para o mesmo fim com terceiros e não tomariam em consideração qualquer proposta concorrente. A «carta de conforto» foi apresentada pelos autores no prazo estipulado e as partes celebraram em 25 de março de 1987 um acordo *subject to contract*, nos termos do qual os réus manifestavam a sua vontade de vender a empresa nas condições já acordadas (entre as quais o preço referido) e nas demais que viessem a sê-lo. Em 30 de março, porém, os réus venderam o estabelecimento a um terceiro.

Os autores demandaram os réus por violação do acordo *lock-out* de 17 de março, por força do qual, no seu entender, os réus se haviam comprometido a não negociar ou considerar ofertas de terceiros em contrapartida da apresentação pelos autores da dita «carta de conforto». Alegaram também que as promessas dos réus constituíam *misrepresentations*.

383 *Sic, Chitty on Contracts*, vol. I, p. 327.

384 Neste sentido, Cartwright, *Contract Law*, pp. 71 ss.

385 [1992] 2 WLR 174.

Na primeira instância, os réus foram condenados a pagar aos autores a quantia de 700 libras por *misrepresentation*, sendo esta quantia o valor correspondente às despesas realizadas pelos autores em vista da celebração do contrato de compra e venda.

Em sede de recurso, a discussão centrou-se na eficácia do *collateral agreement* invocado pelos autores e no seu conteúdo, mormente na questão de saber se o mesmo integrava um *implied term* segundo o qual os réus se obrigavam a negociar de boa-fé com os autores enquanto mantivessem a intenção de vender o estabelecimento. O *Court of Appeal* qualificou esse acordo como um *contract to negotiate*, que julgou ineficaz («*unenforceable*»), dando assim provimento ao recurso interposto pelos réus.

Desta decisão recorreram os autores para a Câmara dos Lordes, alegando que o acordo em questão incluía a dita estipulação implícita por força da qual enquanto os réus mantivessem a intenção de vender o estabelecimento se obrigavam a continuar a negociar de boa-fé com os autores. O tribunal rejeitou o recurso por unanimidade.

Além do argumento reproduzido acima, Lord Ackner aduziu, com a concordância dos demais juízes, que um acordo pelo qual as partes se obrigam a negociar de boa-fé («*agreement to negotiate in good faith*») seria impraticável («*unworkable in practice*»), por incompatível com a posição de cada uma delas:

> «A meu ver (escreveu o mesmo magistrado), enquanto decorrem negociações qualquer das partes pode retirar-se delas, a todo o tempo e por qualquer razão. Não pode, por conseguinte, haver uma obrigação de prosseguir negociações até haver uma "razão apropriada" para se retirar delas. Consequentemente, um simples acordo de negociação não tem conteúdo jurídico.»

É certo que a noção de dever de cuidado («*duty of care*») não é estranha ao Direito inglês, nele radicando, como se verá adiante, a aferição da ocorrência de um *tort of negligence*[386].

Não pode, contudo, sustentar-se perante o Direito inglês, como na Alemanha e nos países mais diretamente influenciados pela sua cultura jurídica, que com a entrada em negociações se constitui uma relação jurídica cujas partes se acham adstritas a um dever de «consideração pelos interesses legítimos da contraparte». Pelo contrário: cada um dos contraentes é livre de prosseguir exclusivamente, nessa fase do *iter* contratual, o seu interesse próprio.

Os deveres de cuidado do Direito inglês têm uma configuração muito mais restrita do que a dos que o Direito alemão acolhe e a sua violação não dá, em qual-

[386] Cfr. *infra*, § 21º, *b)*.

quer caso, lugar a um dever de indemnizar moldado sobre as regras da responsabilidade contratual, mas antes, e quando muito, a um dever de indemnizar *in tort.*

A ideia de um vínculo jurídico nascido de meros contactos negociais é, nesta medida, completamente estranha ao Direito inglês.

Esta não é, porém, uma posição isolada do Direito inglês. Demonstra-o a decisão proferida em 2000 pelo Supremo Tribunal do Canadá no caso *Martel Building Ltd. v. Canada*[387], em que aquela jurisdição canadiana rejeitou nos seguintes termos a extensão do *tort of negligence* às negociações contratuais:

> «Defraudaria a essência das negociações e constrangeria o mercado a extensão de um dever de cuidado à condução de negociações e a qualificação como negligente da omissão por uma das partes da revelação do seu objetivo essencial, das suas motivações ou da sua posição final. Uma tal conclusão forçaria necessariamente a revelação de informação adquirida particularmente e a dissipação de qualquer vantagem competitiva dela resultante, o que é incompatível com a atividade de negociação e barganha.»

II – Nos Estados Unidos, a situação é, porém, um tanto diversa.

Também aí a *misrepresentation* constitui fundamento de responsabilidade pré-contratual[388]. Contudo, em determinadas circunstâncias a mera ocultação («*concealment*») e a não revelação («*non-disclosure*») de certos factos são consideradas equivalentes a uma declaração falsa[389]. Assim sucede, no segundo caso, quando a revelação de determinado facto for necessária a fim de corrigir uma declaração inexata feita anteriormente ou um erro da contraparte e tal for exigível segundo a boa-fé; bem como quando a contraparte tenha o direito de conhecer esse facto em virtude de uma relação de confiança existente entre as partes[390].

A *misrepresentation* pode ser *fraudulent,* quando a declaração for conscientemente falsa e tiver em vista induzir a contraparte a prestar o seu consentimento[391], ou *material,* se, apesar de não fraudulenta, for suscetível de induzir uma pessoa razoável a dar o seu consentimento ou se o seu autor souber que ela é suscetível de induzir o declaratário a proceder desse modo[392]. Em princípio, só a primeira é fundamento de responsabilidade *in tort*[393], embora ambas determinem a anulabi-

[387] Cfr. (2000) 2 SCR 860.

[388] Definida no § 159 do *Restatement 2nd of Contracts* como «uma declaração que não corresponde aos factos» («*an assertion that is not in accord with the facts*»).

[389] Cfr. §§ 160 e 161 do *Restatement 2nd of Contracts.*

[390] § 161 do *Restatement 2nd of Contracts.*

[391] § 162 (1) do *Restatement 2nd of Contracts* e § 526 do *Restatement 2nd of Torts.*

[392] § 162 (2) do *Restatement 2nd of Contracts.*

[393] Cfr. § 525 do *Restatement 2nd of Torts.*

lidade do contrato[394]. Em certos casos admite-se, no entanto, a responsabilidade *in tort* por *negligent misrepresentation*[395] e mesmo por *innocent misrepresentation*[396].

Além da anulação do contrato e da responsabilidade civil delitual do seu autor, a *misrepresentation* é suscetível de determinar duas outras ordens de efeitos: a ineficácia total do contrato (que não chega a formar-se), quando atinja termos essenciais do mesmo[397], e a sua modificação pelo tribunal[398].

A *misrepresentation* pode também ser fundamento do dever de indemnizar pela não conclusão de contratos. Assim sucede quando uma parte inicia ou prossegue negociações sem a intenção séria de concluir um contrato, embora declare o contrário. Assim, em 1969 o Supremo Tribunal do Estado de Washington condenou um senhorio, com fundamento em *misrepresentation*, a indemnizar o seu arrendatário pelos danos que este sofrera em virtude de o primeiro lhe ter feito crer que pretendia renovar o contrato de arrendamento vigente entre as partes, ao mesmo tempo que negociava em segredo com um terceiro a venda do arrendado, o que veio posteriormente a concretizar-se, ficando prejudicada, em consequência disso, a prometida renovação do arrendamento[399].

III – Passemos ao exame do chamado *promissory estoppel* e da responsabilidade pela confiança depositada na promessa.

Como vimos, nos sistemas de *Common Law* a promessa informal sem *consideration* em princípio não vincula. Se porém o promissário tiver agido com base nela, e o promitente devesse prever essa reação do promissário, a estrita aplicação do *bargain principle* poderia gerar situações de injustiça.

Foi para atender a essas situações que os tribunais norte-americanos passaram a admitir, nos finais do século XIX, a invocação pelo destinatário de certas promessas informais e gratuitas, a título de exceção contra uma pretensão da contraparte, mas não como causa de pedir (conforme o exprime o aforismo «*estoppel is a shield, not a sword*»).

Para tanto, socorreram-se da figura do *estoppel*[400], em virtude da qual quem faz uma declaração falsa com o objetivo de que o declaratário atue confiando nela não pode ulteriormente, caso aquele venha efetivamente a agir na base dela, prevalecer-se da sua falsidade; e estenderam-no às hipóteses em que alguém promete algo a outrem independentemente de qualquer contrapartida, sabendo que o promissário atuará confiando no cumprimento da promessa.

[394] Cfr. o § 164 (1) do *Restatement 2nd of Contracts.*

[395] Cfr. o § 552 (1) do *Restatement 2nd of Torts.*

[396] Cfr. o § 552C (1) do *Restatement 2nd of Torts.*

[397] Cfr. § 163 do *Restatement 2nd of Contracts.*

[398] *Idem*, § 166.

[399] Caso *Markov v. ABC Transfer & Storage Company*, 457 P. 2nd. 535.

[400] Termo derivado do verbo *estop* (impedir ou precludir).

Em tais casos, não pode o promitente, segundo o entendimento que veio a prevalecer na jurisprudência, invocar a ausência de *consideration* como fundamento de invalidade da promessa[401].

Sob o impulso de Williston, o *promissory estoppel* obteve consagração expressa no *Restatement of Contracts* norte-americano de 1934 (de que aquele autor foi relator geral). Dispunha o § 90 desse texto:

> «Uma promessa que o promitente devesse razoavelmente esperar que induziria uma ação ou omissão de natureza definida e substancial por parte do promissário e que induz essa ação ou omissão é vinculativa se apenas puder evitar-se uma injustiça através da sua efetividade [*enforcement*].»

Num dos desenvolvimentos mais espetaculares do Direito dos Contratos norte-americano no século XX, a *detrimental reliance* passou assim a constituir fundamento autónomo de eficácia das promessas a que não corresponda qualquer troca («*unbargained-for promises*»).

Nos anos 40, o *promissory estoppel* foi também acolhido na jurisprudência inglesa, por influência de Lord Denning, sob a invocação dos princípios da *Equity*[402].

[401] Assim sucedeu no caso *Rickets v. Scothorn*, 77 N.W. 365, julgado em 1898: a autora recebera de seu avô uma livrança («*promissory note*») contendo a promessa do pagamento da quantia de 2000 dólares se deixasse de trabalhar. Tendo rescindido o seu contrato de trabalho em consequência disso, a autora viu, porém, recusado o pagamento da dita quantia pelo executor testamentário do promitente, entretanto falecido. O tribunal decidiu que «having intentionally influenced the plaintiff to alter her position for the worse on the faith of the note being paid when due, it would be grossly inequitable to permit the maker, or his executor, to resist payment on the ground that the promise was given without consideration».

[402] Assim sucedeu no caso *Central London Property Trust Limited v. High Trees House Limited*, julgado em 18 de julho de 1946 pelo *Court of Appeal*. Discutia-se na espécie se o acordo pelo qual o senhorio de um bloco de apartamentos havia aceitado, durante a II Guerra Mundial, a redução para metade da respectiva renda o vinculava perante o respetivo arrendatário ou se, ao invés, como reclamava o primeiro, o segundo lhe era devedor da diferença entre as rendas inicialmente estipuladas e as efetivamente pagas ao abrigo desse acordo, por este ser carecido de «consideração». Sustentou a propósito Lord Denning o princípio segundo o qual: «a promise intended to be binding, intended to be acted on, is binding so far as its terms properly apply», do qual extraiu, na espécie, a conclusão de que «a promise to accept a smaller sum in discharge of a larger sum, if acted upon, is binding notwithstanding the absence of consideration»: cfr. [1947] K.B. 131. O princípio foi reiterado designadamente nos casos *Beesly v. Hallwood Estates Ltd.*, [1960] 2 All E.R. 314 (p. 324), e *Emmanuel Ajayi v. RT Briscoe (Nigeria) Ltd.*, [1964] 3 All E.R. 556 (p. 559). Como fundamento do *promissory estoppel* exige-se, em todo o caso, uma declaração «clara e inequívoca»: cfr. a decisão proferida pela Câmara dos Lordes no caso *Woodhouse AC Israel Cocoa Ltd. SA v. Nigerian Produce Marketing Co. Ltd.*, [1972] A.C. 741.

A «explosão» da responsabilidade civil nos Estados Unidos trouxe consigo o alargamento desta doutrina às relações comerciais e a admissibilidade da sua invocação como causa de pedir em ações de indemnização de danos sofridos em virtude da confiança depositada em promessas informais.

Assim, no caso *Hoffman v. Red Owl Stores*[403], julgado em 1965, o Supremo Tribunal do Wisconsin fundou no princípio do *promissory estoppel* a condenação dos réus no dever de repararem os danos causados pelo rompimento das negociações preparatórias de um contrato. Na espécie, os autores haviam realizado, a instâncias dos réus e mediante garantias por estes prestadas quanto à conclusão futura de um contrato de *franchising*, certos atos de disposição de bens de sua propriedade e gasto quantias avultadas com vista a preparar a abertura de um estabelecimento comercial. Não obstante a inexistência de acordo entre as partes quanto a todas as cláusulas essenciais do contrato, o tribunal condenou os réus a indemnizarem os autores pelo valor da diferença entre o preço de mercado e o preço recebido pelos bens que estes haviam alienado em vista da celebração futura do mesmo e ainda pelas despesas efetuadas no decurso das respectivas negociações. Invocou para tanto: «Ocorreria uma injustiça se aos autores não fosse concedida alguma reparação pelo incumprimento pelos réus das suas promessas, a qual induziu os autores a agirem em seu próprio prejuízo».

Neste ponto separam-se porém o Direito inglês e o dos Estados Unidos, porquanto no primeiro o *estoppel* segue sendo invocável apenas como meio de defesa perante o exercício inadmissível de certos direitos contra o promissário[404]: o rompimento de negociações não dá aí lugar, em princípio, à obrigação de indemnizar os danos desse modo causados à contraparte, ainda que ocorra num estádio avançado das mesmas e implique a frustração de expetativas do lesado[405].

No § 90(1) do *Restatement 2nd of Contracts*, de 1981, consignou-se uma formulação ligeiramente diferente da doutrina do *promissory estoppel*. Estabelece esse preceito:

«Uma promessa que o promitente devesse razoavelmente esperar que induziria uma ação ou omissão por parte do promissário ou de um terceiro e que induz essa

[403] 133 N.W. 2d. 267.

[404] Veja-se neste sentido a decisão proferida em 1951 pelo *Court of Appeal* no caso *Combe v. Combe*, [1951] 2 K.B. 215, em que Lord Denning afirmou, referindo-se ao *promissory estoppel*: «That principle does not create new causes of action where none existed before. It only prevents a party from insisting upon his strict legal rights, when it would be unjust to allow him to enforce them, having regard to the dealings which have taken place between the parties».

[405] Por isso já se observou: «English courts have preserved estoppel as a shield and not converted it into a sword»: cfr. Gunther Kühne, «Reliance, Promissory Estoppel and Culpa in Contrahendo: A Comparative Analysis», *Tel Aviv U. St. Law*, 1990, pp. 279 ss. (p. 291).

ação ou omissão é vinculativa se apenas se puder evitar uma injustiça através da sua efetividade. A reparação concedida pode ser limitada consoante o exija a justiça.»

Consolidou-se assim no Direito norte-americano a admissão da responsabilidade pela confiança induzida através da promessa contratual a que não corresponda qualquer *consideration*; solução a que o Direito inglês permaneceu até hoje alheio[406].

Naturalmente que os sistemas jurídicos, como os continentais, que configuram o contrato como um acordo de vontades cuja eficácia não depende de à promessa de uma das partes corresponder uma contrapartida negociada a prestar pela outra, pouca ou nenhuma necessidade têm de uma construção como o *promissory estoppel*.

Este instituto não deixa contudo de apresentar certas analogias com a responsabilidade por *culpa in contrahendo*. Com efeito: *a)* Ambos visam o ressarcimento do *dano patrimonial puro* que não é fruto nem do incumprimento de uma obrigação negocialmente assumida, nem da violação de um direito absoluto alheio; e *b)* Ambos constituem expressão de uma ideia de *tutela da confiança* nos preliminares e na formação dos contratos.

Porém, diversamente da *culpa in contrahendo* e da responsabilidade pré-contratual continentais, a responsabilidade que nos Estados Unidos vem sendo associada ao *promissory estoppel* não é fundada pela doutrina e pela jurisprudência na violação de qualquer dos deveres pré-contratuais de conduta que nos sistemas de *Civil Law* são, como vimos, extraídos do princípio da boa-fé.

Não existe, aliás, no Direito norte-americano um dever geral de atuação segundo a boa-fé nos preliminares e na conclusão dos contratos[407]. Admite-se, quando muito (diversamente, aliás, do que sucede no Direito inglês), a estipulação convencional de um dever de negociar de boa-fé num «*agreement to negotiate*» ou num «*contract to bargain*».

As razões que subjazem à exclusão, no Direito dos Estados Unidos, de um dever geral de boa-fé na negociação de contratos são em parte coincidentes com as que se apontaram acima a fim de explicar a solução homóloga do Direito inglês: crê-se que uma obrigação de *fair dealing* criaria incerteza e teme-se desencorajar desse modo a entrada em negociações sempre que as partes não tenham por segura a celebração do contrato («*chilling effect*») ou, ao invés, fomentar a sua conclusão precipitada; ao que acresce a convicção de que o resultado das negociações preparatórias dos contratos é indiferente do ponto de vista social[408].

406 Neste sentido, Adams/Brownsword, *Understanding Contract Law*, 5ª ed., Londres, 2013, p. 217.

407 Neste sentido Klass, *Contract Law in the USA*, p. 98.

408 Cfr. Farnsworth, «Precontratual Liability and Preliminary Agreements: Fair Dealing and Failed Negotiations», *Col. L.R.*, 1987, pp. 217 ss.

c) Outros sistemas jurídicos

I – O Corão e a Suna são pródigos em exortações à atuação honesta dos crentes nas relações comerciais[409]. Contudo, não existe nos sistemas jurídicos muçulmanos um princípio geral de boa-fé nem um regime de responsabilidade por culpa na formação dos contratos equivalentes aos dos sistemas romano-germânicos acima referidos. O que bem se compreende.

A noção de boa-fé tem as suas raízes na cultura jurídica ocidental, onde exerce a função de abrir o Direito positivo a valorações éticas, conferindo ao julgador, pelo seu caráter indeterminado e pela referência às circunstâncias do caso concreto que postula, uma maior liberdade de decisão. Estas são, porém, caraterísticas próprias de todo o Direito muçulmano clássico, como a exposição subsequente demonstrará; pelo que a necessidade do conceito de boa-fé nunca se fez sentir nele do mesmo modo que nos sistemas jurídicos ocidentais.

Em idêntico sentido concorre a circunstância de, como já notámos, inexistir no Direito muçulmano uma teoria geral do contrato suscetível de fixar regras comuns aos diferentes tipos contratuais quanto à conduta exigível às partes nos preliminares e na conclusão dos mesmos.

Por outro lado, a figura das opções, na medida em que confere a qualquer das partes a possibilidade de resolver livremente o contrato durante certo período de tempo após a sua conclusão, reduz consideravelmente a relevância das vicissitudes da fase pré-contratual como fontes de danos.

O que acabamos de dizer não significa, contudo, que nos sistemas jurídicos muçulmanos seja inviável a imputação de danos sofridos *in contrahendo* àquele que os causou[410]: ela pode com efeito ocorrer, até por efeito de disposições legais expressas, por exemplo em caso de anulação do contrato[411].

II – Nesta matéria, a influência europeia é muito mais nítida no Direito chinês contemporâneo. Estabelece, com efeito, o art. 42 da Lei dos Contratos chinesa:

[409] Cfr., por exemplo, os versículos 83:1 a 83.5: «Em nome de Deus, beneficiente e misericordioso! 1. Ai dos defraudadores, 2. Que quando compram algo aos outros pedem a medida exata, 3. mas quando eles medem ou pesam defraudam! 4. Esses não creem que serão ressuscitados, 5. para assistir a um grande dia».

[410] Admite essa possibilidade Walied M. H. Malik, «Precontractual Liability in Mineral Negotiations with Special Reference to Islamic Law», *Yearbook of Islamic and Middle Eastern Law*, 1996, pp. 3 ss., que todavia reconhece: «the concept of precontractual liability under Islamic law has never been discussed or tested in any Arab country as far as I know».

[411] Haja vista, *v.g.*, ao art. 142(1) do Código Civil egípcio, segundo o qual: «Lorsque le contrat est nul ou annulé, les parties sont restituées dans l'état où eles se trouvaient auparavant. Si cette restitution est impossible, eles pourront être indemnisées d'une manière equivalente».

> «Na conclusão de um contrato, a parte que incorra em alguma das seguintes circunstâncias, causando dano à outra parte, será responsável por este: (1) estabelecimento de consultas com intenção dolosa, a pretexto da celebração de um contrato; (2) ocultação intencional de factos chave relacionados com a conclusão do contrato ou fornecimento de informação falsa; ou (3) realização de qualquer outro ato contrário ao princípio da boa fé.»

A formação dos contratos encontra-se assim genericamente submetida ao princípio da boa-fé («*chengshi xinyong*»), o qual constitui a fonte de diversos deveres pré-contratuais de conduta (momente de informação e lealdade) cuja violação é suscetível de gerar a obrigação de indemnizar[412].

O padrão de exigência da lei chinesa é, no entanto, mais elevado do que o das legislações europeias pelo que respeita à imputação de danos causados pela omissão de informações nos preliminares e na conclusão dos contratos, uma vez que se exige nela, para o efeito, o dolo do lesante[413].

Entre os deveres pré-contratuais de conduta inclui-se ainda o de confidencialidade quanto a segredos de negócio obtidos no decurso de negociações contratuais, cuja violação é igualmente suscetível de gerar a obrigação de indemnizar os danos causados à outra parte[414].

d) Síntese comparativa

I – A análise comparativa a que procedemos acima permite concluir que, nos sistemas jurídicos considerados, há três tipos fundamentais de soluções normativas para o problema da ressarcibilidade dos danos causados por atos ou omissões ocorridos nos preliminares e na formação dos contratos e do regime a que ela se encontra submetida. Esses tipos de soluções espelham não apenas uma diferente construção jurídica da responsabilidade pré-contratual, mas também três conceções fundamentalmente diversas quanto à posição relativa das partes

[412] Cfr., neste sentido, Wang Liming/Xu Chuanxi, «Fundamental Principles of China's Contract Law», *Columbia Journal of Asian Law*, 1999, pp. 1 ss. (pp. 16 ss.); Simona Novaretti, «General Clauses and Practice: The Use of the Principle of Good Faith in the Decisions of Chinese Courts», *Eur. Rev. Priv. Law*, 2010, pp. 953 ss. (pp. 969 ss.); e Yuanshi Bu (org.), *Chinese Civil Law*, Munique, 2013, pp. 48 s.

[413] Assim Junwei Fu, *Modern European and Chinese Contract Law. A Comparative Study of Party Autonomy*, Alphen aan den Rijn, 2011, p. 93.

[414] Cfr. o art. 43 da referida lei, segundo o qual: «Neither party may disclose or inappropriately exploit business secrets obtained in the making of a contract no matter the contract is executed or not. The party that discloses or inappropriately exploits the said business secrets causing thus loss to the other party shall hold the liability for the loss».

nos preliminares do contrato e à responsabilidade pelos danos causados à contraparte nesse período[415].

Assim, nalguns ordenamentos jurídicos a responsabilidade pré-contratual é entendida como uma *responsabilidade obrigacional*: admite-se neles a existência de específicos deveres de conduta no processo formativo dos contratos, derivados da boa-fé, que integram uma relação obrigacional constituída com a entrada em negociações e concebida de forma muito ampla. A sua violação determina um dever de indemnizar os danos causados regido pelas normas da responsabilidade contratual, ainda que seja suscetível de ser caraterizado como uma «terceira via» de responsabilidade. É este, em traços gerais, o sistema alemão.

Noutros ordenamentos, a responsabilidade pré-contratual assume antes a feição de uma *responsabilidade extraobrigacional*, pois que se rejeita neles, em princípio, a existência de um vínculo obrigacional entre aqueles que negoceiam com vista à conclusão de um contrato e apenas se admite a imputação dos danos causados *in contrahendo* nos termos das normas da responsabilidade extracontratual. É este o regime vigente em França e nos países de *Common Law*, embora por razões diferentes. Em França, dada a amplitude da cláusula geral de responsabilidade extracontratual aí vigente – a qual, literalmente entendida, compreende a própria violação de obrigações – e também porque se entende que sem contrato não pode haver responsabilidade contratual. Nos sistemas de *Common Law*, porque para haver contrato é necessária uma contrapartida («*consideration*») da promessa feita por uma das partes e porque a abertura de negociações para a celebração de um contrato não cria entre as partes qualquer relação jurídica integrada por deveres de conduta específicos: cada uma pode, por exemplo, conduzir negociações paralelas sem informar a outra e rompê-las arbitrariamente, mesmo à beira da assinatura do contrato; e pode omitir à outra informações vitais para a decisão de contratar, que só ela possui. A boa-fé e a consideração pelos interesses alheios por ela postulada não são aí tidos como padrões de conduta necessários nos preliminares e na formação dos contratos.

Finalmente, numa terceira categoria de sistemas, a responsabilidade pré-contratual é uma *figura híbrida*: admite-se neles a existência de deveres pré-contratuais de conduta fundados no princípio da boa-fé, os quais integram uma relação jurídica obrigacional, que se constitui com a entrada em negociações; porém, o dever de indemnizar inerente ao seu incumprimento não se acha exclusiva ou necessariamente sujeito às regras da responsabilidade contratual, como sucede na Alemanha, antes se rege pelas normas de uma ou outra das duas espécies fundamentais de responsabilidade, consoante a natureza do respectivo facto indutor

[415] Veja-se também, sobre o ponto, Ángeles Lara Aguado, «La responsabilidad precontractual en derecho comparado», *in* Sánchez Lorenzo (org.), *Derecho Contractual Comparado,* t. I, pp. 627 ss.

e da questão *sub judice*. É o que sucede, como vimos, nos Direitos italiano e português.

II – Esta diversidade de regimes não é desprovida de consequências práticas. Verifica-se, com efeito, que a proteção conferida pelo Direito inglês contra danos sofridos por uma das partes nos preliminares e na formação dos contratos é muito inferior à do Direito português, outro tanto podendo concluir-se de um confronto daquele primeiro Direito com o alemão ou o italiano[416].

Consideremos, a fim de demonstrar esta conclusão, o seguinte exemplo. Um empresário português convida um colega inglês a vir a Lisboa negociar um contrato. O convidado apanha um avião, reserva um quarto de hotel e aluga um carro. Quando chega ao escritório do anfitrião, este informa-o de que celebrou o contrato duas semanas antes com um terceiro. À face do Direito português, há responsabilidade pré-contratual pela violação de deveres de informação decorrentes da boa-fé. Mas perante o Direito inglês não há responsabilidade de qualquer espécie: não há contrato entre as partes, pelo que não pode haver responsabilidade contratual; não há *misrepresentation* nem violação de qualquer dever de cuidado, pelo que também não pode haver imputação de danos com esse fundamento; e tão-pouco há qualquer obrigação de restituir por enriquecimento sem causa.

Seja ainda estoutro caso. Um comerciante de arte compra um quadro de Malhoa por 1.000 euros à viúva de um professor aposentado, que o tinha em sua casa, ignorando a respetiva autoria e valor. O comerciante, que sabia perfeitamente quem era o autor do quadro, revende-o posteriormente por 100.000 euros. No Direito português, o contrato é anulável por erro sobre o objeto do negócio qualificado por dolo e há responsabilidade por *culpa in contrahendo*; não assim, todavia, perante o Direito inglês. Isto porque entre nós o silêncio do comerciante é, nas circunstâncias descritas, ofensivo da boa-fé, ao passo que no Direito inglês, não ocorrendo *misrepresentation* e não existindo um dever geral de agir de boa-fé, o contrato não padece de qualquer vício.

III – A aludida diversidade de regimes explica-se por diversos fatores, jurídicos e metajurídicos.

Comecemos pelos primeiros. Releva desde logo, a este respeito, a diferente hierarquização das duas ordens de valores jurídicos que se acham no cerne da problemática em apreço: a *liberdade individual* na negociação e na conclusão de contratos, por um lado; e a ideia de *solidariedade* traduzida na consideração pelos

[416] Reconhecem-no, por exemplo, Basil Markesinis, *The German Law of Obligations*, vol. I, Oxford, 1997, p. 71, e Richard Zimmermann/Simon Whittakker (orgs.), *Good Faith in European Contract Law*, Cambridge, 2000, pp. 208 ss.

interesses legítimos da contraparte e na tutela da confiança depositada por essa contraparte na mesma fase do iter contratual, por outro.

Em todas as épocas e em todos os lugares se reconheceu que, para além da vida individual, existe a vida em comunidade; e que a fim de que esta seja viável, é necessário que o interesse individual consinta em algum sacrifício a favor do interesse coletivo. A medida desse sacrifício tem todavia variado consideravelmente no tempo e no espaço.

A imposição de deveres pré-contratuais de conduta e de responsabilidade civil pelos danos causados pelo seu incumprimento reflete determinado ponto de vista acerca desse equilíbrio entre o interesse individual e o interesse coletivo. O contrato que se visa através da imposição da boa-fé nos seus preliminares não é um qualquer contrato, mas o *contrato socialmente aceitável*[417]: o contrato conforme às exigências da ética social. Isso só se consegue através de algum cerceamento da liberdade individual na formação do contrato e da imposição de deveres de lealdade e de entreajuda que constituem entre aqueles que negoceiam para a conclusão do contrato um vínculo obrigacional. As diferenças de regime detetadas na análise comparativa empreendida acima demonstram que esse ponto de vista não é universalmente aceite[418].

Não menos relevantes são, nesta matéria, o regime das responsabilidades contratual e extracontratual e o conceito de contrato. A responsabilidade pré-contratual está no cerne da problemática geral da responsabilidade civil, pois que se trata do dever de ressarcir *danos patrimoniais puros* causados fora do âmbito de uma relação contratual, i. é, de danos em princípio não abrangidos nem pelas regras da responsabilidade extracontratual nem pelas da responsabilidade contratual[419].

Ora, o caráter restritivo da regulamentação da responsabilidade extracontratual constante do Código Civil alemão, bem como a índole mais favorável aos interesses do credor do regime da responsabilidade contratual consagrado no mesmo Código, estão na origem da autonomização da *culpa in contrahendo* pela jurisprudência germânica e da sujeição desta às regras da responsabilidade contratual. Nela se compreendem, pois, situações que de outro modo ficariam desprovidas de tutela, dadas as características próprias do Direito delitual germânico. A função da *culpa in contrahendo* germânica, nos casos da responsabili-

[417] Cfr. Alberto Musy, «Responsabilità precontrattuale (culpa in contrahendo)», *in Digesto delle Discipline Privatistiche. Sezione Civile*, vol. XVII, Turim, 1998, pp. 391 ss. (p. 410).

[418] Estas diferenças não se restringem, aliás, ao problema da boa-fé; refletem-se também na inexistência de uma doutrina do abuso de direito em Inglaterra, a qual, como se sabe, constitui uma das manifestações mais significativas da conceção social do Direito, que funcionaliza o seu exercício a fins socialmente aceitáveis.

[419] Ver, sobre o tema, *infra*, §§ 22º, *d)*, e 25º.

dade do *Sachwalter* e da violação de deveres de proteção *in contrahendo*, consiste, pois, em suprir estas limitações do Direito delitual germânico.

Diferentemente, a amplitude da cláusula geral da responsabilidade delitual no Direito francês e a inexistência nele de causas de exoneração do lesante por atos dos seus auxiliares permitem incluir naquela cláusula as pretensões indemnizatórias emergentes de danos patrimoniais causados nos preliminares dos contratos.

Nos sistemas de *Common Law*, é a rígida estruturação do contrato em torno do princípio da *privity of contract*[420] e do requisito da *consideration* que leva a admitir o ressarcimento ao abrigo das regras do *tort of deceit* e do *tort of negligence* dos danos patrimoniais sofridos por aquele que modificou a sua posição jurídica confiando em informações inexatas («*misrepresentations*») prestadas por quem consigo se encontre numa «relação especial»; e bem assim a autonomização da responsabilidade *ex promissory estoppel* pela confiança depositada numa promessa informal a que não corresponda qualquer contrapartida suscetível de ser caracterizada como *consideration*. A conceção do contrato como garantia, que vigora nesses sistemas[421], determina o carácter objetivo da responsabilidade por *incorporated misrepresentation* e por *promissory estoppel*.

Nas ordens jurídicas em que as responsabilidades contratual e extracontratual não se acham sujeitas aos mencionados constrangimentos – como a italiana e a portuguesa – a responsabilidade pré-contratual assume uma *fisionomia híbrida*: trata-se aí de uma responsabilidade emergente da violação de deveres específicos de comportamento baseados na boa-fé (*hoc sensu*, uma responsabilidade obrigacional), sujeita a um regime misto, que recolhe elementos das duas espécies fundamentais de responsabilidade consoante a natureza do respectivo facto indutor e os interesses e valores prevalecentes relativamente a cada questão jurídica concreta. A construção jurídica da responsabilidade pré-contratual tem, pois, nestes sistemas viabilidade e alcance limitados; o que mais não é do que a confirmação de que os fenómenos da vida nem sempre se deixam apreender dentro das fronteiras de sistemas conceptuais rigidamente delimitados.

Avulta ainda nesta matéria o próprio conceito de Direito. Os sistemas jurídicos que veem nele o reflexo de imperativos morais ou lógicos admitem com maior facilidade a responsabilidade pré-contratual: é o caso do alemão. Já os que encaram o Direito fundamentalmente como a expressão de necessidades sociais, tal como estas são interpretadas pelos tribunais, são menos favoráveis ao acolhimento de um princípio ético, como a boa-fé, nos preliminares e na formação dos contratos, dado o risco que tal acarreta de prejudicar a fluidez do tráfico jurídico. É o caso do sistema inglês.

[420] Sobre a qual pode ver-se *infra*, o § 12º, *b*).

[421] *Vide infra*, § 14º, *b*), VII.

IV – Passemos aos fatores metajurídicos. Relevam, entre estes, fatores históricos. A origem da boa-fé situa-se no Direito Romano. Ela aflorava nos *iudicia stricti iuris*, através da cláusula da *exceptio doli*; e nos *iudicia bonae fidae*, porque nestes o juiz tinha o poder discricionário de condenar o réu a dar ou fazer ao autor o que fosse exigível nos termos da boa-fé[422]. A ausência de uma receção do Direito Romano nos sistemas de *Common Law* explicará, em parte, a não consagração neles do princípio da boa-fé.

Podem, além disso, invocar-se a este respeito fatores ideológicos. Nos sistemas jurídicos em que predomina uma conceção individualista da sociedade e do Direito, que procura salvaguardar ao máximo a liberdade de vinculação jurídica dos agentes económicos, tem a responsabilidade pré-contratual menor acolhimento, por envolver certa limitação da autonomia privada. Nesses sistemas (como é o caso do inglês), a preocupação dominante no Direito dos Contratos consiste em assegurar as condições essenciais ao funcionamento de uma economia de mercado – a liberdade contratual e a força vinculativa dos contratos – e não a justiça social[423].

A proteção de expetativas nos preliminares dos contratos mediante a imposição de responsabilidade por danos sofridos em situações em que não há qualquer contrato é aí tida como expressão de uma ideologia paternalista, segundo a qual as pessoas devem ajudar-se mutuamente, prevenindo-se umas às outras de todos os riscos possíveis (incluindo o da própria eventualidade de não vir a ser celebrado qualquer contrato); o que seria injustificável à luz da crença na liberdade contratual e da ideia de que cada um deve apenas contar consigo próprio, excepto se tiver um direito contratual sobre outrem.

No mesmo sentido concorre o ceticismo com que é geralmente encarada em Inglaterra a ideia – hoje com acolhimento legal na Alemanha, como vimos – de que os contraentes devem ter em consideração, tanto no contrato como nos preliminares dele, os interesses da outra parte; ideia essa que seria, na ótica inglesa,

[422] Ver Zimmermann, *The Law of Obligations*, pp. 308, 360, 674, 789 e *passim*; e, na literatura de língua portuguesa, Menezes Cordeiro, *Da boa-fé no Direito Civil*, vol. I, pp. 71 ss.

[423] Como notam John Adams e Roger Brownsword, a função do Direito dos Contratos consiste, na ótica do pensamento que denominam *market-individualism*, em estabelecer um mercado regulado, em que os contraentes possam negociar com segurança. Salvo ocorrendo fraude, erro, coação ou outro vício semelhante, os negócios concluídos no mercado por contraentes capazes são vinculativos. A fronteira entre a *misrepresentation* e a *mere non-disclosure* exemplificaria, segundo os referidos autores, este ponto de vista. A *misrepresentation* encontra-se proscrita; mas a não revelação de alguma vantagem informativa constituiria simplesmente uma forma de *prudent bargaining*. Daí que os contraentes não estejam sujeitos a um dever de negociar de boa-fé, consoante o admitiu a Câmara dos Lordes no caso *Walford v. Miles*. Cfr., dos autores citados, *Understanding Contract Law*, pp. 158 ss. e 192 s.

dificilmente compatível com o facto de esses interesses serem, na maior parte dos casos, opostos entre si.

Nos ordenamentos jurídicos que atendem em maior grau a necessidades sociais no plano do Direito Privado e que valorizam particularmente a segurança do tráfico jurídico, como é o caso do alemão, admite-se com maior amplitude a responsabilidade pré-contratual como uma decorrência da violação de deveres de conduta que vinculam as partes na negociação e na conclusão dos contratos. A consagração de um princípio de boa-fé nos preliminares dos contratos corresponde neles à passagem do Estado liberal para o Estado social que caracteriza o séc. XX[424].

Ora, os ideais alemães e a tradição inglesa correspondem a conceções de vida antagónicas[425]; e por muito que se distinga da germânica, a mundividência portuguesa acha-se mais próxima dela do que da inglesa. Não é, por isso, de estranhar que a *culpa in contrahendo* tenha penetrado facilmente na doutrina, na jurisprudência e na legislação portuguesas.

Avultam nesta matéria, por fim, fatores económicos. A informação é para muitos um bem dotado de valor económico; seria ineficiente, sob este ponto de vista, que uma das partes houvesse de oferecê-lo gratuitamente à outra na negociação dos contratos[426].

§ 8º Forma

a) O princípio da liberdade de forma

I – A forma do contrato é o modo pelo qual se exteriorizam as declarações de vontade que o integram: a sua configuração externa.

Na generalidade dos sistemas jurídicos contemporâneos, a eficácia do contrato não está em princípio sujeita à observância de quaisquer formalidades: consagra-se neles o princípio da *liberdade de forma*, do *consensualismo* ou da *consensualidade*, de acordo com o qual a vontade dos contraentes tem, por si só, força vinculativa[427]. É o que decorre, designadamente, dos arts. 1278 do Código Civil espanhol, 11, nº 1, do Código das Obrigações suíço, 219º do Código Civil portu-

[424] Veja-se sobre o ponto, reconhecendo também a relevância nesta matéria dos fatores ideológicos apontados no texto, Sjef van Erp, «The Pre-Contractual Stage», *in* Hartkamp e outros (orgs.), *Towards a European Civil Code*, pp. 493 ss.

[425] Como o demonstrou Friedrich Hayek em *The Road to Serfdom*, originariamente publicado em 1944 (há tradução portuguesa, com o título *O caminho para a servidão*, Lisboa, 1977).

[426] Neste sentido Anthony Kronman, «Mistake, Disclosure, Information, and the Law of Contracts», *Journal of Legal Studies*, 1978, pp. 1 ss. (p. 9).

[427] Veja-se, sobre o tema, Mercedes Soto Moya, «La forma del contrato», *in* Sánchez Lorenzo (org.), *Derecho Contractual Comparado*, t. I, pp. 933 ss.

guês, 3:37(1) do Código Civil holandês, 10 da lei chinesa dos contratos, 107 do Código Civil brasileiro e 1172 do Código francês. Atente-se, a título de exemplo, neste último, que estabelece o seguinte:

> «Os contratos são em princípio consensuais. Excecionalmente, a validade dos contratos solenes é subordinada à observância de formas determinadas pela lei, na falta da qual o contrato é nulo, sem prejuízo da possível regularização [...].»

Os Códigos alemão e italiano não enunciam expressamente a mesma regra; mas ela infere-se do que neles se dispõe acerca das condições de validade do contrato[428]. Os sistemas de *Common Law* acolhem também o princípio da liberdade de forma[429], ainda que certos contratos possam ter de ser reduzidos a escrito ou objeto de um *deed*.

II – Não sucedia assim no Direito Romano: o contrato era aí, salvo contadas exceções[430], um negócio cuja eficácia dependia do cumprimento de certas formalidades[431] ou da entrega de uma coisa[432]. A regra então prevalecente era, por isso, segundo a conhecida fórmula de Ulpiano, a de que «os pactos nús não geram obrigações» (*nuda pactio obligationem non parit*)[433].

Foi só na Idade Média, sob a influência do Direito Canónico e do respeito pela palavra dada, postulado pela moral cristã, que se impôs, como regra geral, a liberdade de forma nos contratos, mais tarde adoptada pelos códigos modernos[434]. No mesmo sentido contribuiu o jusracionalismo, que viu no dever de cumprir as promessas, ainda que informais, uma exigência do Direito Natural[435].

[428] Haja vista, designadamente, ao art. 1108 do Código francês, ao § 125 do BGB e ao art. 1325 do Código italiano.

[429] Cfr., quanto ao Direito inglês, *Beckham v. Drake* [1841] 9 M&W, 79; e relativamente ao Direito dos Estados Unidos o § 4 do *Restatement 2nd of Contracts,* que dispõe: «A promise may be stated in words either oral or written, or may be inferred wholy or partly from conduct».

[430] Como notámos acima, no § 5º, *a)*, a compra e venda, a locação, a sociedade e o mandato.

[431] Entre as quais avultava o ritual de perguntas e respostas a que, como notámos acima, se sujeitava a denominada *stipulatio.*

[432] Consoante sucedia no caso do comodato (*commodatum*), do mútuo (*mutuum*), do penhor (*pignum*) e do depósito (*depositum*).

[433] D., 2, 14, 7, 4.

[434] Cfr. o Livro I, Título 35, Capítulo I das *Decretais* promulgadas pelo Papa Gregório IX em 1234 (mais tarde integradas, como *Liber Extra,* no *Corpus Iuris Canonici*), onde se consagra o princípio conforme o qual «os pactos, ainda que nús, devem ser cumpridos» («*pacta quantumcunque nuda servanda sunt*»).

[435] Cfr. Hugo Grócio, *De jure belli ac pacis libri tres,* reimpressão, Amesterdão, 1735, livro II, cap. XI, § IV: «*promissa praestentur venire ex natura immutabilis justitiae, quae Deo & omnibus his quae ratione*

III – O Direito muçulmano clássico oferece-nos uma outra perspetiva deste problema. Se bem que a exigência de forma escrita esteja em regra ausente dele, pelo menos no que respeita aos contratos de execução instantânea[436], estes não se têm por concluídos sem que certas palavras sejam pronunciadas pelas partes, mediante as quais estas exprimam a intenção de se obrigarem. Para tanto, exige-se que os verbos sejam conjugados no presente ou no passado; o contrato concluído com a utilização de formas verbais no futuro é nulo. Há assim no Direito muçulmano, como nota Chehata, um formalismo especial: o *verbalismo*[437].

IV – A liberdade de forma justifica-se, antes de mais, pela necessidade de assegurar a fluidez do tráfico jurídico e de facilitar a circulação dos bens e dos serviços. Isso é perfeitamente evidente nos países onde predomina o denominado *comércio informal*, como sucede em África, onde a exigência de forma escrita entravaria de modo intolerável a atividade económica, mesmo nas relações entre comerciantes. Mas a celeridade que hoje se requer nos países mais desenvolvidos pelo que respeita à celebração de contratos, muitos deles concluídos em massa, exige amiúde que se prescinda também aí da sua redução a escrito.

Por outro lado, as exigências de forma aumentam os custos dos contratos. O preço de uma escritura pública, por exemplo, pode ser superior ao valor do bem transacionado. A eficiência económica pode, por isso, reclamar também a dispensa de forma especial na conclusão dos contratos.

b) Principais tipos de exigências formais e suas finalidades

I – Não obstante o exposto, a maioria dos sistemas jurídicos consagra requisitos formais para a conclusão de certos contratos. Na maior parte dos casos, os contratos puramente verbais são apenas aqueles que as partes executam imediatamente; os demais são, por via de regra, reduzidos a escrito[438], quer porque a lei o exige (estão neste caso, em muitos países, designadamente os contratos de arrendamento[439] e de trabalho a termo certo[440]), quer por força de uma opção

utuntur, suo modo communis est» («o cumprimento das promessas decorre da natureza imutável da justiça, que é comum a Deus e a todos os que têm o uso da razão»).

[436] Cfr. o versículo 2:282 do Corão: «se tudo no contrato é trocado ao mesmo tempo, não existe pecado em não o reduzir a escrito».

[437] Cfr. *Essai d'une théorie générale de l'obligation en droit musulman*, reimpressão, Paris, 2005, p. 110.

[438] Requisito que o art. 1365 do Código francês define da seguinte maneira: «L'écrit consiste en une suite de lettres, de caractères, de chiffres ou de tous autres signes ou symboles dotés d'une signification intelligible, quel que soit leur support».

[439] Cfr., por exemplo, o § 550 do BGB e o art. 1069º do Código Civil português.

[440] Haja vista, *v.g.*, ao art. L1222-2 do Código do Trabalho francês e o art. 141º, nº 1, do Código do Trabalho português.

das partes. Nalguns sistemas jurídicos, a exigência de forma escrita prende-se com o valor pecuniário do contrato[441].

Bem se compreende a observância de forma escrita na conclusão desses contratos.

Por um lado, ela proporciona maior *segurança jurídica* quer quanto à circunstância de o negócio ter sido celebrado, quer quanto ao seu conteúdo, i. é, às cláusulas que o integram, quer ainda, nos casos em que intervenha na sua celebração um oficial público, quanto à própria autenticidade dos documentos que o consubstanciam, ou seja, à sua proveniência das pessoas a quem os mesmos são atribuídos. Fica, na verdade, um registo do negócio que pode ser utilizado posteriormente, nomeadamente se surgir um litígio a seu respeito. A forma escrita facilita, assim, enormemente a prova do contrato, de crucial importância sempre que – como frequentemente sucede numa economia assente no crédito – as prestações das partes não sejam devidas simultaneamente. A forma oral, ainda que não exclua a prova do negócio por outros meios, *v.g.*, testemunhas, é por natureza muito mais falível e exposta à fraude[442].

Por outro lado, a forma escrita protege os declarantes contra a sua própria precipitação na conclusão do contrato. É, com efeito, um dado da experiência que quanto mais fácil for a conclusão de um negócio, maior será a tendência para as pessoas se comprometerem sem ponderarem devidamente as consequências dos seus atos e a possibilidade de cumprirem as obrigações assumidas. O formalismo negocial proporciona um compasso de espera que é propício a uma reflexão acerca da oportunidade, conveniência e viabilidade do contrato. Ele está, por outro lado, associado à exigência, cada vez mais frequente, da observância pelos profissionais de deveres de informação e esclarecimento nos preliminares dos contratos. Tal a razão por que muitas disposições legais de proteção do consumidor requerem hoje a redução a escrito do contrato[443]. De tal sorte se multiplicaram estas disposições nos últimos anos (em boa parte graças ao Direito da União Europeia) que não falta quem aluda, a este respeito, a um *renascimento do formalismo*[444].

[441] Assim, por exemplo, no Direito brasileiro a prova exclusivamente testemunhal só se admite no negócio jurídico cujo valor não ultrapasse o décuplo do maior salário mínimo vigente no País ao tempo em que foi celebrado: cfr. o art. 227 do Código Civil.

[442] Daí que nos sistemas jurídicos anglo-saxónicos as leis relativas à forma dos contratos sejam denominadas *Statutes of Frauds*.

[443] Estão neste caso, em Portugal, os contratos celebrados com consumidores fora do estabelecimento comercial, os quais, nos termos do art. 9º do D.L. nº 24/2014, de 14 de fevereiro, estão sujeitos a forma escrita. No caso de contratos celebrados por telefone, o art. 5º, nº 7, do mesmo diploma legal estabelece que o consumidor só fica vinculado depois de assinar a oferta ou enviar o seu consentimento escrito ao fornecedor de bens ou prestador de serviços.

[444] Cfr. Hein Kötz, «Formerfordernisse», *in* Basedow/Hopt/Zimmermann (orgs.), *Handwörterbuch des Europäischen Privatrechts*, vol. I, pp. 616 ss.; e, em português, Jorge Morais de Carvalho, *Manual de Direito do Consumo*, p. 30.

Finalmente, o recurso à forma escrita nas transações comerciais que a ela não se encontrem imperativamente sujeitas é um meio de os comerciantes assegurarem a aplicação a essas transações das condições contratuais por eles previamente definidas em cláusulas contratuais gerais.

O advento do comércio eletrónico suscitou, é certo, novas dificuldades pelo que respeita à observância da forma escrita. Mas a forma eletrónica é hoje equiparada num largo número de países à forma escrita, desde que seja suscetível de preencher as principais funções daquela, *maxime* a preservação de um registo para utilização futura[445].

II – Em diversos sistemas jurídicos da família romano-germânica requer-se a celebração de certos contratos por ato autêntico, *maxime* a escritura pública[446].

Além das finalidades gerais da forma escrita, esta exigência serve o interesse público na observância de regras legais imperativas. A celebração de um contrato por escritura pública implica, com efeito, a intervenção de um oficial público, o notário, o que constitui um ensejo para que possa ser controlada a legalidade do ato. Sempre que este viole regras legais imperativas, deve esse oficial público, com efeito, recusar-se a celebrá-lo ou advertir as partes de que o mesmo apenas terá os efeitos que a lei lhe conferir. A forma do contrato pode, assim, ser um modo de prevenir a celebração de negócios ilicitos.

III – A celebração de contratos por ato notarial é incomum nos sistemas de *Common Law*, salvo quando se destinem a ser invocados no estrangeiro, caso em que pode ser solicitado a intervir na sua elaboração um *public notary*; este não exerce qualquer função de controlo da legalidade do ato (que pode até estar sujeito a uma lei estrangeira), limitando-se a autenticar o documento de que ele consta.

Relativamente aos contratos gratuitos, esses sistemas jurídicos exigem, no entanto, a respetiva formalização em ordem a que possam ter-se como vinculativos. Essa formalização pode ter lugar em Inglaterra, como notámos acima[447], através de um *deed*, i.é, uma declaração escrita do promitente, cuja autenticidade é certificada através da aposição no documento que a consubstancia da assinatura

[445] Haja vista, no Direito português, ao art. 25º, nº 1, do Decreto-Lei nº 7/2004, de 7 de janeiro, que transpôs a Diretiva 2000/31/CE sobre o comércio eletrónico. O princípio da equivalência entre a forma escrita e a forma eletrónica obteve também acolhimento no art. 1366 do Código Civil francês, no § 126 (3) do BGB e na secção 7 do *Uniform Electronic Transactions Act* dos E.U.A.

[446] Assim sucede, ainda que com exceções, no Direito alemão (§ 311b do BGB), no Direito português (art. 875º do Código Civil), no Direito holandês (art. 3:89 do Código Civil) e no Direito brasileiro (art. 108 do Código Civil) pelo que respeita à compra e venda de imóveis.

[447] Cfr. o § 5º, *e*).

de uma testemunha; e, nos Estados Unidos, de um selo. Trata-se de uma consequência da doutrina da *consideration* e da reserva com que os contratos gratuitos são encarados nos sistemas de *Common Law*. Esta exigência de forma não tem, por conseguinte, correspondência funcional com as que vigoram nos sistemas de *Civil Law*.

c) Sanções da falta de forma

I – Em vários países do continente europeu o negócio celebrado sem observância da forma legal é, em princípio, nulo[448]. Trata-se de uma sanção particularmente grave, que opera automaticamente: a declaração e o negócio em que a mesma se integra não produzem qualquer efeito, não sendo sequer necessário requerer em juízo a sua anulação. Excetuam-se, porém, a essa sanção os casos em que a forma legal apenas é exigida para efeitos de prova[449].

Outra é a solução nos sistemas de *Common Law*: aí, o contrato que não observe os requisitos de forma aplicáveis é tido como *unenforceable*, ou seja, insuscetível de execução coativa, mas não como nulo[450]. As prestações realizadas ao abrigo desse contrato são, por conseguinte, irrepetíveis.

II – Em Portugal a nulidade dos contratos por inobservância de prescrições de forma pode ser invocada a todo o tempo, nos termos do art. 286º, e pode ser declarada oficiosamente pelo tribunal. Outro tanto resulta, no Brasil, do disposto no art. 168 do Código Civil.

Claramente, é o interesse público que determina este regime. Mas ele suscita diversos problemas, que importa examinar.

[448] Assim sucede, por exemplo, no Direito português, em virtude do disposto no art. 220º do Código Civil (que todavia ressalva a possibilidade de ser outra a sanção, quando regra especial a preveja). Outro tanto resulta do disposto no § 125 do BGB, no art. 1325, nº 4, do Código Civil italiano, no art. 3:39 do Código Civil holandês e no art. 166, inciso IV, do Código Civil brasileiro.

[449] Neste sentido, veja-se o art. 1173 do Código Civil francês: «Les formes exigées aux fins de preuve ou d'opposabilité sont sans effet sur la validité des contrats».

[450] Veja-se a secção 4 do *Statute of Frauds 1677* inglês: «Noe Action shall be brought . . . whereby to charge the Defendant upon any speciall promise to answere for the debt default or miscarriages of another person . . . unlesse the Agreement upon which such Action shall be brought or some Memorandum or Note thereof shall be in Writeing and signed by the partie to be charged therewith or some other person thereunto by him lawfully authorized». Haja vista ainda ao § 2-201 (1) do *Uniform Commercial Code* americano, que dispõe: «Except as otherwise provided in this section a contract for the sale of goods for the price of $500 or more is not enforceable by way of action or defense unless there is some writing sufficient to indicate that a contract for sale has been made between the parties and signed by the party against whom enforcement is sought or by his authorized agent or broker. A writing is not insufficient because it omits or incorrectly states a term agreed upon but the contract is not enforceable under this paragraph beyond the quantity of goods shown in such writing».

Primeiro: *quid iuris* se uma das partes já tiver realizado a sua prestação, nos termos de um contrato nulo por falta de forma, e a outra não? Pode esta guardar a prestação que recebeu e recusar a realização da sua? É evidente a injustiça a que isso conduziria. Por isso determina, o art. 289º do Código português, no seu nº 1, que «deve ser restituído tudo o que tiver sido prestado ou, se a restituição em espécie não for possível, o valor correspondente». À mesma solução conduz o disposto no § 812 do BGB e no art. 182 do Código brasileiro.

Segundo: poderá a forma legal ser substituída por outra? A resposta a esta questão depende do sentido da exigência formal. Se esta servir apenas para prova da declaração (formalidade *ad probationem*), pode, nos termos do art. 364º, nº 2, do Código Civil português, ser substituída por confissão expressa, desde que esta conste de documento de igual ou superior valor probatório. Em princípio, porém, a exigência legal de forma é *ad substantiam*. Não pode, nesses casos, ser substituído por outro meio de prova (salvo se de força probatória superior: art. 364º, nº 1) o documento escrito exigido na lei para a conclusão do contrato (como sucede, por exemplo, em matéria de arrendamento e no tocante a certos contratos de trabalho).

Terceiro: poderá ser rejeitada a alegação de falta de forma pela parte que lhe deu causa? Se, por exemplo, um dos contraentes induz o outro, menos experiente ou dependente do primeiro, a não formalizar o contrato, estar-lhe-á vedada a invocação do vício? A questão é difícil, dada a diversidade dos interesses em jogo. Se apenas estiverem em causa interesses privados, dir-se-á que sim, com fundamento na proscrição do abuso de direito prevista no art. 2, nº 2, do Código Civil suíço[451], no art. 334º do Código Civil português e no art. 187 do Código Civil brasileiro: há um comportamento contraditório, um *venire contra factum proprium*, que parece intolerável à luz do princípio da boa-fé[452]. Mas, como vimos, podem estar também em jogo nesta matéria interesses públicos. Trata-se, pois, de um caso em que os valores da justiça e da segurança jurídica se encontram poten-

[451] Segundo o qual: «L'abus manifeste d'un droit n'est pas protégé par la loi».

[452] Nesta linha de orientação se pronunciou o Tribunal Federal suíço em acórdão de 21 de março de 1967 (BGE 93 II 97), em que se declara: «la partie qui invoque la nullité du contrat commet un abus de droit au sens de l'art. 2 CC lorsque son comportement apparaît manifestement contraire aux règles de la bonne foi». Na Alemanha, a jurisprudência constante do *Bundesgerichtshof* é também no sentido de que a invalidade do contrato não pode ser invocada quando, em face das circunstâncias, tal se mostre contrário ao princípio da boa-fé (cfr., por exemplo, o ac. de 3 de dezembro de 1958, *BGHZ* 29, 6, em que se afirma: «Die Rechtsfolge der Nichtigkeit tritt aber nicht ein, wenn ein Vertragsteil einen von ihm verursachten Formmangel dazu benutzt, sich vom Vertrage zu lösen, entsprechend seiner bei Vertragsschluß bereits vorhandenen Absicht, vom Vertrage loszukommen, sobald ein ihm drohender Vermögensverlust gerade durch die Erfüllung des Vertrages seitens des Vertragsgegners abgewendet worden ist»).

cialmente em colisão. O primeiro poderá exigir a inalegabilidade do vício[453]; o segundo, a sua alegabilidade. Daí que na Alemanha a invocação de vícios formais só seja excluída quando conduza a um resultado intolerável[454]. Em qualquer caso, se uma das partes tiver dado origem culposamente ao vício, responderá *ex culpa in contrahendo* pelos danos assim causados[455].

Em Inglaterra, onde o princípio do abuso de direito não tem acolhimento, a jurisprudência aplica a estes casos as figuras do *promissory* e do *proprietary estoppel*, nos termos das quais o promitente ou o proprietário de um bem se considera impedido de invocar a falta de forma da sua promessa ou da transmissão de propriedade por si operada se o promissário ou adquirente, confiando de modo justificado nas declarações do promitente ou proprietário, tiver modificado a respetiva situação em sua própria desvantagem[456].

§ 9º Interpretação, integração e correção do contrato

a) Regras gerais de interpretação

I – A interpretação do contrato é a determinação do sentido com que este deve valer. Nesta medida, é uma operação indispensável: toda a expressão do pensamento humano, por mais perfeita que seja, carece de interpretação. Por vezes, esta não suscita dificuldades especiais. Noutros casos, o sentido do contrato é obscuro e a sua interpretação revela-se mais difícil. Mas há sempre interpretação

[453] É o que sucede na lei portuguesa em matéria de contrato-promessa: nos termos do art. 410º, nº 3, do Código Civil, tratando-se de promessa respeitante à celebração de contrato oneroso de transmissão ou constituição de direito real sobre edifício, ou fração autónoma dele, já construído, em construção ou a construir, o documento de que consta o contrato deve conter o reconhecimento presencial das assinaturas do promitente ou promitentes e a certificação, pela entidade que realiza aquele reconhecimento, da existência da respectiva licença de utilização ou de construção; contudo, o contraente que promete transmitir ou constituir o direito só pode invocar a omissão destes requisitos quando a mesma tenha sido culposamente causada pela outra parte.

[454] Assim a sentença do *Bundesgerichtshof* de 6 de maio de 1985, *NJW*, 1985, pp. 2579 ss., em que se declara: «die Berufung auf den Formmangel dem anderen Vertragsteil [kann] nur ausnahmsweise und zur Vermeidung schlechthin untragbarer Ergebnisse versagt werden».

[455] Ver, neste sentido, o acórdão do *Bundesgerichtshof* de 29 de janeiro de 1965, *NJW*, 1965, pp. 812 ss.: «Ist ein Grundstückskaufvertrag wegen eines vom Verkäufer verschuldeten Formfehlers nichtig, wäre er aber ohne das schuldhafte Verhalten formgültig abgeschlossen worden, dann ist der Käufer in Geld so zu entschädigen, daß er sich ein gleichwertiges anderes Grundstück zu beschaffen vermag». Cfr. também Kötz, *Europäisches Vertragsrecht*, p. 130.

[456] Haja vista, a este respeito, à sentença proferida pelo *Court of Appeal* inglês no caso *Pascoe v. Turner*, [1979] 1 WLR 431, em que o tribunal considerou que se achava precludida (*«estopped»*) a invocação, por parte do réu, proprietário de uma casa, da ausência de um *deed* para a sua doação, por isso que ao longo de anos havia declarado à autora que a mesma lhe pertencia e consentira que esta, confiando nas suas declarações, investisse somas consideráveis na respetiva manutenção e decoração.

a fim de se determinar qual o sentido com que hão-de valer as cláusulas de um contrato, ainda que se conclua pelo seu caráter inequívoco. Por isso se reconhece hoje não ser exata a máxima *in claris non fit interpretatio*[457]. O contrato é, a esta luz, não apenas o resultado do mútuo consenso das partes, mas também da interpretação que dele for feita.

II – São bem conhecidas as divergências que separam os ordenamentos jurídicos nacionais quanto aos critérios que devem presidir à interpretação dos contratos. Delas nos ocuparemos agora[458].

A maior parte dos sistemas romanistas acolhe nesta matéria a orientação segundo a qual é a *vontade real* das partes que o intérprete do contrato deve acima de tudo indagar. Essa orientação é reforçada pelas regras relativas ao erro, que consentem com relativa facilidade a anulação do contrato em caso de divergência entre o querido e o declarado pelas partes[459].

Destaca-se a este respeito o Direito francês. Segundo o novo art. 1188, 1º parágrafo, do *Code Civil* (que retoma a redação do anterior art. 1156), o contrato interpreta-se «segundo a intenção comum das partes em lugar de se ater ao sentido literal dos seus termos».

> «A intenção», escreveu a este propósito Carbonnier, «prevalece sobre a formulação»[460]. E acrescentava o ilustre autor: «O juiz deve indagar por todos os meios, mesmo extrínsecos ao ato, qual foi o pensamento verdadeiro, íntimo, que reuniu os contraentes.»

A este respeito, determina agora o segundo parágrafo da referida disposição legal, manifestamente inspirado nos instrumentos internacionais de harmonização do Direito dos Contratos que examinaremos adiante[461]: «Quando essa intenção não puder ser determinada, o contrato interpreta-se segundo o sentido que lhe daria uma pessoa razoável colocada na mesma situação».

Por outro lado, o art. 1190 do Código francês, refletindo nesta matéria o *favor debitoris* que subjaz a diversas outras disposições desse diploma legal, manda

457 Cuja primeira enunciação formal remontará ao século XVIII: cfr. Sverio Masuelli, «"In claris non fit interpretatio". Alle origine del brocardo», *Rivista di Diritto Romano*, 2002, pp. 401 ss. O Código francês mantém-na contudo no art. 1192. Diz esse preceito: «On ne peut interpréter les clauses claires et précises à peine de dénaturation».

458 Ver sobre o tema, numa perspetiva de comparação de Direitos, Sánchez Lorenzo, «La interpretación del contrato», *in eiusdem* (org.), *Derecho contractual comparado*, t. II, pp. 235 ss.

459 Cfr. *infra*, § 11º.

460 Cfr. *Droit civil*, vol. II, *Les biens. Les obligations*, p. 2170.

461 Cfr. *infra*, § 46º, *f*).

interpretar os contratos individualmente negociados contra o credor e os contratos de adesão contra aquele que os houver proposto.

Também o BGB prescreve, no § 133, que na interpretação de uma declaração de vontade se indague a vontade real do declarante, não devendo o intérprete cingir-se ao sentido literal da expressão. Mas o subjetivismo desta disposição é significativamente mitigado pelo § 157, segundo o qual os contratos devem ser interpretados «em conformidade com as exigências da boa-fé e atendendo aos usos do tráfego». O sentido normativo da declaração ganha primazia, com fundamento neste preceito, sempre que a tutela da confiança ou os interesses do tráfego o imponham[462]. Só deste modo, diz-se, pode haver um mínimo de segurança jurídica: enquanto ato de comunicação, a declaração de vontade dirige-se a alguém, pelo que, em caso de divergência quanto ao seu sentido, a perceção que dela tiver um declaratário razoável desempenha um papel determinante na fixação do seu sentido[463]. Isto, porém, sob a condição de esse sentido normativo da declaração ser imputável ao declarante[464].

Não sofre dúvida, em todo o caso, que no Direito alemão a vontade comum das partes («*übereinstimmende Wille*») – determinada não apenas com base na expressão escrita ou oral do contrato, mas também, se necessário, por apelo às negociações pré-contratuais, às relações contratuais anteriormente estabelecidas entre as partes e à própria execução do contrato – prevalece sobre o que foi por elas declarado.

Assim, de acordo com a decisão proferida num caso célebre, se cada uma das partes sabia perfeitamente o que a outra queria (*v.g.* porque uma delas pretendia vender certa quantidade de carne de baleia originária da Noruega e a outra queria comprá-la), ainda que se lhe hajam referido imprecisamente (designando o objeto do contrato, por exemplo, por *Haakjöringsköd*, que em norueguês significa carne de tubarão, mas que as partes julgavam significar carne de baleia), é a vontade real das partes que prevalece na fixação do sentido do contrato; este vale, assim, com o sentido que as partes lhe imputaram[465]. Trata-se da regra *falsa demonstratio non nocet*: uma falsa demonstração não prejudica. Quer dizer, uma expressão falsa, errada ou inepta da vontade comum das partes não vicia o negócio, o qual valerá de acordo com essa vontade comum. O sentido subjetivo deste prima, nesses casos, sobre o objetivo.

[462] Assim Wolf/Neuner, *Allgemeiner Teil*, pp. 393 s.

[463] Cfr. Claus Canaris/Hans Christoph Grigoleit, «Interpretation of Contracts», *in* Hartkamp e outros (orgs.), *Towards a European Civil Code*, pp. 587 ss. (p. 592).

[464] Cfr. Wolf/Neuner, ob. cit., pp. 391 s.

[465] Tal a decisão proferida pelo *Reichsgericht* alemão em 8 de junho de 1920, no «caso da carne de tubarão» (*Haakjöringsköd-Fall*), *in RGZ* 99, pp. 147 ss., do qual extraímos a hipótese apresentada no texto.

A esta regra subjazem dois fundamentos principais. Por um lado, a *autonomia privada*: aquilo que as partes efetivamente quiseram prevalece na determinação do sentido do negócio, mesmo que haja sido imperfeitamente expresso. Por outro lado, o reconhecimento de que não existe, nestes casos, uma *confiança do declaratário* digna de tutela jurídica. Se este conhecia a vontade real do declarante, não se formou no seu espírito qualquer expetativa válida de que o negócio valeria com outro sentido; fica, por isso, vinculado àquilo que sabia ser a vontade real do declarante. Como nota um ilustre comparatista francês[466], está-se longe, em todo o caso, do subjetivismo que os tribunais franceses imprimem à interpretação contratual.

Não é fundamentalmente diversa da alemã a orientação a este respeito prevalecente na Suíça, onde o art. 18, nº 1, do Código das Obrigações manda o intérprete «determinar a real e comum intenção das partes, sem se ater às expressões ou denominações inexatas de que as mesmas se possam ter servido». O princípio da confiança pode, é certo, justificar que se retenha uma interpretação do contrato correspondente ao que, nas mesmas circunstâncias, teria compreendido uma pessoa razoável e honesta; mas a interpretação conforme à vontade real das partes prevalece na jurisprudência do Tribunal Federal suíço sobre qualquer interpretação segundo o princípio da confiança[467].

A mesma linha de orientação foi adotada pelo Código Civil italiano, cujo art. 1362, 1º parágrafo, estabelece que a interpretação do contrato deve buscar a «intenção comum das partes», não se limitando ao «sentido literal das palavras». Para se determinar essa intenção comum, importa ter em conta, nos termos do 2º parágrafo da mesma disposição, o «comportamento global» das partes, inclusive após a conclusão do contrato. Em qualquer caso, acrescenta o art. 1366, o contrato deve ser interpretado de acordo com a boa-fé[468]. O juiz deve, por isso, ter presente o «parâmetro do homem médio», em ordem a aferir como teria um terceiro entendido as expressões usadas pelas partes[469].

Estas disposições do Direito italiano encontraram eco no novo Código Civil brasileiro, cujo art. 112 dispõe (na esteira, aliás, do que já constava do Código Beviláqua) que «[n]as declarações de vontade se atenderá mais à intenção nelas consubstanciada do que ao sentido literal da linguagem», acrescentando o art. 113 que «[o]s negócios jurídicos devem ser interpretados conforme à boa-fé e os usos do lugar de sua celebração»[470]. Nos contratos de consumo, o Direito brasi-

[466] Cfr. Michel Pédamon, *Le contrat en droit allemand*, 2ª ed., Paris, 2004, p. 129.

[467] Cfr., neste sentido, Pierre Tercier/Pascal Pichonnaz, *Le droit des obligations*, p. 213.

[468] «Il contratto deve essere interpretato secondo buona fede».

[469] Cfr. Guido Alpa, *Manuale di diritto privato*, p. 488.

[470] Ver Francisco Marino, *Interpretação do negócio jurídico*, São Paulo, 2011, pp. 253 ss.; Francisco Amaral, «Código Civil e interpretação jurídica», *RBDC*, 2014, pp. 147 ss. Sobre a função hermenêutica da boa-fé à luz do segundo daqueles preceitos, veja-se Judith Martins-Costa, *A boa-fé no Direito Privado. Critérios para a sua aplicação*, pp. 439 ss.

leiro adota, porém, regras de diferente teor, ditadas pela intenção de proteger o consumidor[471].

III – Outros sistemas jurídicos dão, pelo menos formalmente, uma ênfase muito maior ao *sentido objetivamente cognoscível* das declarações negociais na interpretação dos contratos.

Está neste caso o Direito português: o que vale nesta matéria, segundo o art. 236º, nº 1, do Código Civil, não é o sentido que cada uma das partes concretamente imputou à sua declaração, mas antes aquele que uma *pessoa normal*, medianamente diligente, quando colocada na posição do real declaratário, lhe atribuiria[472]. A determinação do sentido juridicamente relevante das declarações negociais não é, assim, colocada na dependência do apuramento da vontade real das partes.

A mesma solução fundamental foi acolhida no Direito holandês, em que, no silêncio da lei, prevalece hoje o entendimento firmado pelo Supremo Tribunal no caso *Haviltex*, conforme o qual na interpretação dos contratos se considera decisivo o sentido que as partes podiam mutuamente atribuir às respetivas estipulações nas circunstâncias ocorrentes e aquilo que podiam esperar uma da outra[473].

Por outro lado, nos negócios formais a declaração não pode valer, segundo o art. 238º, nº 1, do Código português, com um sentido que não tenha um mínimo de correspondência no respetivo texto, ainda que imperfeitamente expresso.

Mas o Direito português submete a orientação objetivista nele acolhida a este respeito a importantes ressalvas, que atenuam muito significativamente o seu alcance[474]. A primeira resulta de o sentido objetivo da declaração não poder prevalecer, consoante determina o art. 236º, nº 1, *in fine*, do Código Civil, sempre que o mesmo não seja imputável ao declarante, por isso que, à luz de critérios de razoabilidade, este não podia contar com ele[475]. A segunda flui da circunstância de que, sempre que a vontade real das partes seja conhecida e coincidente, é de acordo com ela que, consoante determina o nº 2 da mesma disposição, valem as declarações emitidas por estas, ainda que fosse outro o sentido normalmente apreensível por quem não a conhecesse: *falsa demonstratio non nocet*. A terceira

[471] Cfr. *infra*, § 13º, *d)*.

[472] Cfr., sobre os problemas postos pela aplicação desse preceito à interpretação dos contratos, Carlos Ferreira de Almeida, «Interpretação do contrato», *Dir.*, 1992, pp. 629 ss.; *idem*, *Contratos IV*, Coimbra, 2014, pp. 267 ss.

[473] *Hoge Raad*, decisão de 13 de março de 1981, *NJ*, 1981, pp. 635 ss.

[474] Cfr., sobre o ponto, Mota Pinto, *Teoria geral*, pp. 444 s.; e Menezes Cordeiro, *Tratado de Direito Civil*, vol. II, pp. 718 ss.

[475] Neste sentido já Ferrer Correia, *Erro e interpretação na teoria do negócio jurídico*, 2ª ed., Coimbra, 2001, p. 201.R

prende-se com o facto de que, mesmo nos negócios formais, a exigência de que o sentido a atribuir à declaração tenha um mínimo de correspondência no respetivo texto não vale, de acordo com nº 2 do art. 238º, se o mesmo corresponder à vontade real das partes e as razões determinantes da forma do negócio a tal não se opuserem.

Não falta por isso, na doutrina portuguesa, quem entenda que «se deve buscar a chamada vontade real dos contraente (o que alguns designam "interpretação subjetiva") e só se nada se apurar quanto à mesma é que se aplicam as restantes regras (o que alguns designam "interpretação objetiva")»[476]. A interpretação contratual encontra-se, em todo o caso, «umbilicalmente ao serviço da autonomia privada»[477].

Avulta ainda nesta matéria a preocupação do Direito português com o equilíbrio das prestações contratuais, bem patente no art. 237º do Código Civil, que, em caso de dúvida, determina que prevaleça quanto aos negócios onerosos o sentido da declaração que melhor possibilite aquele desiderato[478]. O *paradigma substantivista* que inspira a interpretação contratual nos sistemas romanistas aflora aqui de forma muito nítida[479].

Parece, assim, evidente a *hibridez* do regime legal português[480], o qual antecipou neste aspeto, de alguma sorte, os instrumentos internacionais que examinaremos adiante[481].

IV – Uma opção muito mais decidida pela orientação objetivista em matéria de interpretação das declarações contratuais encontra-se subjacente aos sistemas de *Common Law*[482].

[476] Assim, Rui Pinto Duarte, *A interpretação dos contratos*, Coimbra, 2016, p. 56.

[477] Neste sentido, Carneiro da Frada, «Sobre a interpretação do contrato», *in Forjar o Direito*, Coimbra, 2015, pp. 11 ss. (p. 15).

[478] Ver, sobre o ponto, *infra*, § 15º, *d)*.

[479] Outra manifestação dele é o princípio do *favor negotii*, que diversas legislações igualmente consagram como critério interpretativo dos contratos : haja vista, designadamente, ao novo art. 1191 do Código Civil francês, segundo o qual: «Lorsqu'une clause est susceptible de deux sens, celui qui lui confère un effet l'emporte sur celui qui ne lui en fait produire aucun». Veja-se ainda o art. 1367 do Código italiano, nos termos do qual: «Nel dubbio, il contratto o le singole clausole devono interpretarsi nel senso in cui possono avere qualche effetto, anziché in quello secondo cui non ne avrebbero alcuno».

[480] Reconhecida também por Oliveira Ascensão, *Teoria geral*, II, p. 189.

[481] Cfr, *infra*, § 46º, *f)*.

[482] Para um confronto, quanto a esta matéria, dos Direitos inglês e francês, veja-se Barry Nicholas, *The French Law of Contract*, pp. 47 ss., que escreve: «where the Common law, in the interests of commercial convenience and the security of transactions, looks to the external appearance of consent, French law, influenced no doubt by the doctrine of autonomy of the will and more concerned for the justice in the individual case than for commercial expediency, often takes account of the true state of mind of one of the parties».

O *approach* inglês sobre esta matéria foi sintetizado por Lord Hoffmann na sentença proferida pela Câmara dos Lordes em 19 de junho de 1997 no caso *Investors Compensation Scheme v. West Bromwich Building Society*[483]. Aí se define a interpretação do contrato como «a determinação do significado que o documento teria para uma pessoa razoável que possuísse todo o conhecimento que estivesse razoavelmente ao alcance das partes na situação em que estas se encontravam ao tempo do contrato». No tocante aos contratos comerciais, esta diretriz implica, segundo o Supremo Tribunal do Reino Unido, a preferência pela interpretação que for mais conforme com o «*business common sense*»[484].

Os elementos atendíveis na interpretação das estipulações contratuais foram recentemente sumariados por Lord Neuberger na decisão proferida pelo mesmo Tribunal no caso *Arnold v. Britton*[485]. Segundo aquele magistrado, o significado de uma cláusula contratual (constante, na espécie, de um contrato de arrendamento) teria de ser aferido à luz dos seguintes fatores: «(i) o significado natural e comum da cláusula, (ii) quaisquer outras disposições relevantes do arrendamento, (iii) a finalidade geral da cláusula e do arrendamento, (iv) os factos e as circunstâncias conhecidos ou pressupostos pelas partes ao tempo em que o documento foi elaborado, e (v) o senso comum comercial, mas (vi) desatendendo-se a prova subjetiva das intenções de qualquer das partes».

Nos Estados Unidos, o contrato vale em princípio com o sentido que ambas as partes lhe atribuíram; se elas lhe tiverem atribuído sentidos diferentes, prevalece o que lhe foi atribuído por uma delas, se a outra o conhecesse ou tivesse razões para o conhecer. Fora destes casos, nenhuma das partes se encontra vinculada ao sentido atribuído pela outra, ainda que tal importe a ausência de consenso[486]. Na determinação do sentido das estipulações contratuais atende-se em

[483] [1998] 1 All E.R. 98. Na mesma linha fundamental de orientação, veja-se a decisão proferida pelo referido Tribunal em *Chartbrook Ltd. v. Persimmon Homes Ltd.*, [2009] 1 AC 1101, em que o mesmo magistrado declarou: «the question is what a reasonable person having all the background knowledge which would have been available to the parties would have understood them to be using the language in the contract to mean».

[484] «If there are two possible constructions, the court is entitled to prefer the construction which is consistent with business common sense and to reject the other»: *sic*, Lord Clarke, *in Rainy Sky S. A. and others (Appellants) v. Kookmin Bank (Respondent)*, [2011] UKSC 50.

[485] Cfr. *Arnold (Respondent) v. Britton and Others (Appelants)*, [2015] UKSC 36.

[486] Cfr. o § 201 do *Restatement 2nd of Contracts*: «(1) Where the parties have attached the same meaning to a promise or agreement or a term thereof, it is interpreted in accordance with that meaning. (2) Where the parties have attached different meanings to a promise or agreement or a term thereof, it is interpreted in accordance with the meaning attached by one of them if at the time the agreement was made (a) that party did not know of any different meaning attached by the other, and the other knew the meaning attached by the first party; or (b) that party had no reason to know of any different meaning attached by the other, and the other had reason to know

particular às circunstâncias que rodearam a sua celebração e às finalidades visadas pelas partes[487]. Na jurisprudência, a interpretação dos contratos orienta-se maioritariamente para a determinação do seu sentido objetivo[488].

Exclui-se geralmente nos sistemas de *Common Law* a relevância, enquanto elementos atendíveis na interpretação dos contratos, dos tratos prévios à sua celebração[489]: é a denominada *parol evidence rule*[490]. Apesar da sua designação, esta regra não se limita a excluir admissibilidade da prova testemunhal respeitante às negociações orais («*parol*»), antes compreende quaisquer comunicações escritas entre as partes anteriores à conclusão do contrato e os próprios projetos de clausulados que entre elas hajam sido trocados. Tem-se assim fundamentalmente em vista conferir eficácia à presumível intenção das partes de que o documento escrito que consubstancia o seu contrato constitui a expressão final e completa do acordo de vontades a que chegaram (caso em que se fala de um «*integrated document*»)[491]; intenção essa, aliás, não raro explicitada nas denominadas «cláu-

the meaning attached by the first party. (3) Except as stated in this Section, neither party is bound by the meaning attached by the other, even though the result may be a failure of mutual assent».

[487] Cfr. o § 202 (1) do *Restatement 2nd of Contracts*: «Words and other conduct are interpreted in the light of all the circumstances, and if the principal purpose of the parties is ascertainable it is given great weight».

[488] Assim Klass, *Contract Law in the USA*, p. 149.

[489] Nesse sentido, afirma-se na citada decisão da Câmara dos Lordes de 19 de junho de 1997: «The law excludes from the admissible background the previous negotiations of the parties and their declarations of subjective intent. They are admissible only in an action for rectification. The law makes this distinction for reasons of practical policy and, in this respect only, legal interpretation differs from the way we would interpret utterances in ordinary life». Esta orientação foi confirmada pela Câmara dos Lordes em *Chartbrook Ltd. v. Persimmon Homes Ltd.*, [2009] UKHL 38.

[490] Cfr., quanto ao Direito inglês, *Cheshire, Fifoot and Furmston's Law of Contract*, p. 163, e Treitel, *The Law of Contract*, pp. 233 ss.; e quanto ao Direito dos Estados Unidos, *Farnsworth on Contracts*, vol. II, pp. 219 ss., e Klass, *Contract Law in the USA*, pp. 142 ss. Haja vista ainda ao § 213 do *Restatement 2nd of Contracts*, que dispõe: «(1) A binding integrated agreement discharges prior agreements to the extent that it is inconsistent with them. (2) A binding completely integrated agreement discharges prior agreements to the extent that they are within its scope [...]». Veja-se também o § 2-202 do *Uniform Commercial Code*, segundo o qual: «Terms with respect to which the confirmatory memoranda of the parties agree or which are otherwise set forth in a writing intended by the parties as a final expression of their agreement with respect to such terms as are included therein may not be contradicted by evidence of any prior agreement or of a contemporaneous oral agreement but may be explained or supplemented (a) by course of dealing or usage of trade (Section 1-205) or by course of performance (Section 2-208); and (b) by evidence of consistent additional terms unless the court finds the writing to have been intended also as a complete and exclusive statement of the terms of the agreement».

[491] Neste sentido, E. Allan Farnsworth, «Comparative Contract Law», *in* Mathias Reimann/ Reinhard Zimmermann (orgs.), *The Oxford Handbook of Comparative Law*, Oxford, 2006, pp. 899 ss. (p. 921).

sulas de integralidade» («*merger clauses*»), através das quais as partes declaram que o documento contratual por si subscrito contém a totalidade das cláusulas entre elas acordadas, não podendo ser contraditado nem suprido com recurso a acordos ou declarações anteriores[492]. O funcionamento de uma regra como a *falsa demonstratio* fica assim fortemente restringido. Daqui o apôdo de *textualista*, ou *formalista*, por vezes empregado a fim de caraterizar a orientação prevalecente nos sistemas de *Common Law* quanto à interpretação contratual.

As regras inglesas e norte-americanas sobre a matéria são, em suma, tributárias de um objetivismo muito mais acentuado do que aquele que logrou afirmar-se em alguns sistemas romanistas[493]. Na sua base está a preocupação com a segurança das transações comerciais que subjaz aos sistemas de *Common Law* em diversas outras matérias e a sua nítida preferência pelo *strict enforcement* dos contratos[494].

V – A orientação objetivista em matéria de interpretação contratual encontrou acolhimento na Lei dos Contratos chinesa, que manda os tribunais determinarem o «verdadeiro significado» das cláusulas controvertidas entre as partes com base nas palavras e frases nelas utilizadas, nas cláusulas com elas conexas, na finalidade do contrato, nos usos mercantis e no princípio da boa fé[495]; em contrapartida, as negociações prévias à conclusão do contrato não são atendíveis. Não obstante a influência de um modo geral exercida pelos sistemas romanistas sobre o Direito chinês contemporâneo, a vontade real das partes tem assim menor relevância neste do que naqueles; o que, de alguma sorte, está de acordo com o papel subalterno que a autonomia privada nele desempenha[496].

b) Integração de lacunas contratuais

I – Lacuna contratual é uma questão deixada em aberto na regulamentação de interesses estabelecida pelas partes, considerada esta última à luz das finalidades através dela visadas. Trata-se, dito de outro modo, de uma «incompleição do contrato contrária ao plano das partes» («*planwidrige Unvollständigkeit*»), consoante é designada na Alemanha[497].

492 Seja o seguinte exemplo: «This agreement, along with any exhibits, appendices, addenda, schedules, and amendments hereto, encompasses the entire agreement of the parties, and supersedes all previous understandings and agreements between the parties, whether oral or written».
493 Destaca também o objetivismo do modelo inglês de interpretação António Barreto Menezes Cordeiro, «A interpretação contratual anglo-saxónica», *O Direito*, 2009, pp. 665 ss.
494 Voltaremos a este ponto adiante, no § 14º, a propósito do incumprimento do contrato e das suas consequências.
495 Art. 125 (1).
496 Cfr. *infra*, § 15º, *b)*.
497 A expressão é empregada por Wolf/Neuner, *Allgemeiner Teil*, p. 401.

Os contratos apresentam frequentemente lacunas nesta aceção quer porque as partes não contemplaram certas questões (nem expressa nem implicitamente), quer porque não chegaram a acordo sobre elas, apesar de quererem contratar. Contanto que a lacuna não respeite a um elemento fundamental do contrato (como a identificação das partes, do seu objeto ou do preço devido por uma delas), o contrato será ainda assim eficaz[498]. Coloca-se então o problema de saber como suprir a lacuna. É dele que nos ocuparemos agora.

Observe-se antes de prosseguirmos que este problema não se confunde com a interpretação do contrato, uma vez que transcende a determinação do seu sentido. Todavia, como se verá a seguir, nem todos os sistemas jurídicos estabelecem com nitidez esta distinção.

II – Em face de um ponto omisso no contrato, os tribunais dos sistemas romanistas procuram frequentemente nas regras legais supletivas as disposições suscetíveis de suprirem a lacuna contratual. Tal a diretriz traçada pelo art. 1194 do Código Civil francês (ex-art. 1135), segundo o qual:

> «Os contratos obrigam não apenas ao que neles se encontra expresso, mas ainda a todas as consequências que lhes imputem a equidade, os usos ou a lei.»

O recurso às normas legais supletivas é ainda em certo sentido uma forma de atender à vontade das partes: como notam Mazeaud e Chabas, «presume-se que as partes, mantendo silêncio, quiseram referir-se às disposições legais supletivas»[499].

A mesma ordem fundamental de soluções foi acolhida no *Codice Civile* italiano, cujo art. 1374 dispõe que «[o] contrato obriga as partes não apenas ao que nele se encontra expresso, mas também a todas as consequências que dele derivam, ou, na falta dela, dos usos e da equidade». Como nota Alpa[500], «[h]á aqui uma diferença entre o querido pelas partes e os efeitos que o negócio produz. Diferença essa que se acentua na integração quando por efeito da lei, dos usos ou da equidade, o negócio é objeto de modificações».

Outro tanto pode, aliás, dizer-se do *Burgerlijk Wetboek* holandês, que consignou no art. 6:248(1) o princípio conforme o qual o contrato tem não apenas os efeitos acordados pelas partes, mas também todos os que, de acordo com a natureza do contrato, resultem da lei, dos usos e das exigências da razoabilidade e da equidade (*«redelijkheid en billijkheid»*).

[498] Cfr. *supra*, § 5º, *a)*.

[499] *Leçons de Droit civil*, tomo II, *Obligations. Théorie générale*, 9ª ed., Paris, 1998, p. 337.

[500] *Manuale di diritto privato*, p. 493.

A referência aos usos como elementos de integração do contrato encontra-se igualmente consagrada no art. 1287 do Código Civil espanhol[501]; e deve também ter-se por admissível no Direito português, no quadro da determinação da vontade hipotética das partes para que, como veremos a seguir, o art. 239º do Código Civil remete nesta matéria[502].

III – Nos sistemas de *Common Law*, o problema em apreço coloca-se em termos substancialmente diversos. Não existe neles, como já notámos, uma codificação propriamente dita do Direito dos Contratos; e o Direito das Obrigações é desconhecido enquanto ramo autónomo da ordem jurídica. Apenas em domínios específicos – como é o caso, em Inglaterra, da compra e venda de mercadorias, regulada pelo *Sale of Goods Act 1979* e, nas relações de consumo, pelo *Consumer Rights Act 2015* – se encontra uma regulamentação legal dos contratos. O *case law* fornece, pois, nesses sistemas as bases fundamentais do regime jurídico dos contratos.

Neste contexto não surpreenderá que seja estranha aos juristas anglo-saxónicos a ideia, a que fizemos referência acima, conforme a qual basta às partes acordarem quanto aos denominados *essentialia negotii*, deixando às regras legais supletivas a definição do regime aplicável aos restantes aspetos da sua relação. Os contratos tendem, por isso, a ser substancialmente mais pormenorizados nestes sistemas jurídicos do que nos romano-germânicos[503].

Tal não prejudica todavia que os contratos possam ser, também aí, objeto de integração, *maxime* com recurso às denominadas «cláusulas implícitas por força da lei» («*terms implied in law*»). Estas tanto podem resultar de disposições legais (neste caso consideravelmente menos abundantes do que nos sistemas continentais) como de precedentes judiciais[504].

[501] Segundo o qual: «El uso o la costumbre del país se tendrán en cuenta para interpretar las ambigüedades de los contratos, supliendo en éstos la omisión de cláusulas que de ordinario suelen establecerse». Veja-se também o art. 1258 do mesmo Código, segundo o qual: «Los contratos se perfeccionan por el mero consentimento, y desde entonces obligan no sólo al cumplimiento de lo expresamente pactado, sino también a todas las consecuencias que, según su naturaleza, sean conformes a la buena fe, al uso y a la ley».

[502] Neste sentido, Mota Pinto, *Teoria Geral*, p. 455, nota 588.

[503] «[E]xpress drafting helps to make the contract "judge-proof": to anticipate and provide for possible conflicts in advance»: John Cartwright, *Contract Law*, p. 60. Para um confronto com o Direito alemão, veja-se Wulf H. Döser, «Anglo-amerikanische Vertragsstrukturen in deutschen Vertriebs- Lizenz- und sonstigen Vertikalvertägen», *NJW*, 2000, pp. 1451 ss.

[504] São *implied terms*, por exemplo, a regra conforme a qual a pessoa que vende um bem no âmbito de uma atividade empresarial assegura que o mesmo é de qualidade satisfatória (*Sale of Goods Act 1979*, secção 14(2): «Where the seller sells goods in the course of a business, there is an implied term that the goods supplied under the contract are of satisfactory quality»); e a de que o prestador

Os *implied terms* são um expediente que permite reconduzir conceptualmente as regras legais supletivas, referentes *v.g.* a deveres acessórios, à vontade dos contraentes, preservando assim – posto que de forma um tanto artificial – a primazia desta na definição do regime do contrato postulada pela ideologia própria dos sistemas de *Common Law*[505].

Independentemente, porém, da real natureza dos *implied terms*, importa reconhecer que a integração contratual empreendida com recurso a eles tem um alcance muito mais restrito do que o das regras legais supletivas nos sistemas romano-germânicos: basta ter presente, a este respeito, o elevado número de regras dessa índole atinentes à repartição dos riscos contratuais, as quais não encontram qualquer correspondente nos *implied terms* dos Direitos inglês e norte-americano. Aos tribunais ingleses e norte-americanos é, com efeito, vedado levarem a cabo qualquer repartição *ope judicis* dos riscos contratuais por via de *implied terms*[506]. Não há, assim, uma perfeita equivalência funcional entre estes e as regras legais supletivas dos sistemas romano-germânicos.

IV – Não raro, porém, as regras legais ou jurisprudenciais com carácter supletivo não dão resposta ao problema das lacunas contratuais, *v.g.*, por isso que o tipo contratual em apreço não se encontra regulado na lei. Noutros casos, apesar da existência de uma regulação legal do problema em apreço, verifica-se que as partes não a quiseram para o seu contrato. O tribunal tem então que suprir a lacuna de outro modo.

Na Alemanha vingou quanto a estas hipóteses, que a doutrina reconduz ao conceito de «interpretação complementadora do contrato» («*ergänzende Vertragsauslegung*»), a regra enunciada pelo *Bundesgerichtshof* em acórdão de 18 de dezembro de 1954[507], segundo a qual compete ao tribunal «determinar e observar aquilo que as partes [...] teriam declarado, atenta a finalidade visada pelo contrato, se tivessem regulado nos seus acordos o ponto deixado em aberto e se tivessem observado simultaneamente as exigências da boa-fé e dos usos do tráfico».

de um serviço o executará com razoável cuidado e competência (*Supply of Goods and Services Act 1982*, secção 13: «In a contract for the supply of a service where the supplier is acting in the course of a business, there is an implied term that the supplier will carry out the service with reasonable care and skill»).

505 Cfr. a este respeito Treitel, *The Law of Contract*, que escreve a p. 255: «The implication of a term in law is simply a way of specifying some of the duties which prima facie arise out of certain types of contracts». Na doutrina portuguesa, veja-se sobre os *implied terms* Paulo Mota Pinto, *Declaração tácita e comportamento concludente no negócio jurídico*, pp. 132 ss.; Ferreira de Almeida, *Contratos IV*, pp. 317 ss.

506 Neste sentido, Cartwright, *Contract Law*, p. 204.

507 *BGHZ* 16, pp. 71 ss.

Manda-se assim atender nesta matéria à *vontade hipotética* das partes. Esta, enquanto expressão da autonomia privada, tem precedência sobre o Direito dispositivo sempre que seja claro que as partes não quiseram a regulamentação legal ou o caso *sub judice* apresente especificidades que as regras legais supletivas não tomam em conta[508].

A «interpretação complementadora» do contrato constitui assim uma categoria intermédia entre a mera interpretação, entendida como a determinação do seu sentido, e a integração de lacunas com recurso a critérios normativos: como referem Zweigert e Kötz[509], o juiz deve partir das estipulações acordadas pelas partes e completá-las à luz da finalidade visada pelo contrato e dos interesses em presença, de tal forma que a questão omissa seja resolvida coerentemente com as questões nele reguladas.

A diretriz traçada pelo art. 239º do Código Civil português inspira-se manifestamente na referida jurisprudência do Tribunal Federal alemão, posto que na doutrina portuguesa esse preceito seja predominantemente interpretado no sentido de que a referência à vontade hipotética ou conjetural das partes dele constante pressupõe a inexistência de uma disposição legal supletiva aplicável diretamente ou por analogia[510]. É essa de resto, como se verá adiante, a solução vigente em Portugal em matéria de cláusulas contratuais gerais[511].

A referência à boa-fé e aos usos foi também acolhida, como se viu acima, no art. 113 do Código Civil brasileiro a propósito da interpretação dos negócios jurídicos, diretriz que deverá valer igualmente para a respetiva integração.

Nos sistemas de *Common Law*, admite-se nos casos em apreço a integração do contrato com recurso aos denominados *terms implied in fact,* ou seja, a «cláusulas implícitas» que são inferidas pelos tribunais das circunstâncias do caso. As condições para que uma cláusula possa ser tida como implícita são todavia assaz restritivas. Exige-se para tanto, com efeito, que a cláusula: *a)* Seja razoável

[508] Neste sentido, Larenz/Wolf, *Allgemeiner Teil,* p. 541; Hein Kötz, «Dispositives Recht und ergänzende Vertragsauslegung» *JuS,* 2013, pp. 289 ss. (p. 294). Em sentido crítico quanto à admissibilidade do recurso à vontade hipotética das partes, vejam-se porém Wolf/Neuner, *Allgemeiner Teil,* p. 402, que preconizam neste caso o recurso à cláusula da boa-fé consignada no § 242 do BGB.

[509] *Einführung in die Rechtsvergleichung,* p. 401.

[510] Cfr. Mota Pinto, *Teoria geral,* p. 455; Galvão Telles, *Manual dos contratos em geral,* p. 448; Mafalda Miranda Barbosa, «O problema da integração das lacunas contratuais à luz de considerações de carácter metodológico – algumas reflexões», *in Comemorações dos 35 anos do Código Civil e dos 25 anos da Reforma de 1977,* vol. II, *A parte geral do Código e a Teoria Geral do Direito Civil,* Coimbra, 2006, pp. 367 ss. (pp. 376 ss.); Menezes Cordeiro, *Tratado de Direito Civil,* vol. II, p. 768; Ferreira de Almeida, *Contratos IV,* p. 330; Pinto Duarte, *A interpretação dos contratos,* p. 72.

[511] Cfr. os arts. 9º, nº 1, e 13º, nº 2, do regime jurídico aprovado pelo D.L. nº 446/85 (analisado *infra,* § 10º, *b)* e *d)*).

e equitativa; *b)* Seja necessária a fim de conferir «eficácia comercial» ao contrato; *c)* Seja tão óbvia que seria escusado dizê-lo; *d)* Seja suscetível de expressão clara; e *e)* Não contrarie qualquer cláusula expressa do contrato[512]. Dito de outro modo, «uma cláusula só será tida como implícita se, sem ela, o contrato carecesse de coerência comercial ou prática»[513].

A integração do contrato *ope judicis* é, assim, objeto de restrições que não vigoram nos sistemas romanistas, as quais revelam a relutância dos tribunais ingleses em interferirem na composição de interesses acordada pelas partes. Também por isso a boa-fé, que é fonte de um vasto manancial de deveres acessórios de conduta no Direito alemão e nos demais sistemas jurídicos por ele influenciados, não pode servir de critério de integração dos contratos nos sistemas anglo-saxónicos.

c) ***Correção do contrato***

Com a integração do contrato não se confunde a sua correção. Em ambos os casos há, decerto, uma *determinação heterónoma* do conteúdo do contrato. Mas ao passo que a primeira visa suprir as lacunas de que este porventura enferme, a segunda consubstancia-se numa modificação *ope judicis* da composição de interesses acordada entre as partes.

São várias, nos sistemas romanistas, as situações em que essa correção é consentida. Entre elas avultam, segundo Jörg Neuner[514], certas hipóteses típicas qualificadas pela jurisprudência alemã como de interpretação complementadora, empreendida ao abrigo os princípios da boa-fé, da tutela da confiança e da função social do contrato. Dela é exemplo, designadamente, o instituto do contrato com eficácia de proteção de terceiros («*Vertrag mit Schutzwirkung für Dritte*»), a que nos referiremos *ex professo* adiante[515].

[512] Cfr. a decisão proferida pelo *Privy Council* no caso *BP Refinery (Westernport) Pty. Ltd. v. President, Councillors and Ratepayers of the Shire of Hastings*, [1977] UKPC 13, em que se afirma: «for a term to be implied, the following conditions (which may overlap) must be satisfied: (1) it must be reasonable and equitable; (2) it must be necessary to give business efficacy to the contract, so that no term will be implied if the contract is effective without it; (3) it must be so obvious that "it goes without saying"; (4) it must be capable of clear expression; (5) it must not contradict any express term of the contract». Na jurisprudência mais antiga, consulte-se o *leading case The Moorcock* (1889) 14 PD 64, em que Bowen LJ afirmou: «In business transactions such as this, what the law desires to effect by the implication is to give such business efficacy to the transaction as must have been intended at all events by both parties who are business men; not to impose on one side all perils of the transaction, or to emancipate one side from all the chances of failure, but to make each party promise in law as much, at all events as it must have been in the contemplation of both parties that he should be responsible for in respect to those perils or chances».

[513] «A term can only be implied if, without the term, the contract would lack comercial or practical coherence»: cfr. *Marks and Spencer v. BNP Paribas*, [2015] UKSC 72.

[514] Cfr. «Vertragsauslegung – Vertragsergänzung – Vertragsskorrektur», *in* Andreas Heldrich *et al.* (orgs.), *Festschrift für Claus-Wilhelm Canaris*, vol. I, Munique, 2007, pp. 901 ss.

[515] Cfr. *infra*, § 12º, *b)*.

A ideia de uma interpretação complementadora do contrato com este alcance obteve igualmente acolhimento em Itália, onde se admite, com fundamento no princípio da interpretação segundo a boa-fé, que o juiz «faz o contrato pelas partes»: sem se deter na sua análise formal ou literal, cabe-lhe reconstituir a vontade real das partes, modificando, se necessário, a regulamentação de interesses dele constante[516].

Também em Portugal a correção do contrato tem o seu campo próprio de aplicação, no qual se compreendem, nomeadamente, as situações de alteração das circunstâncias em que as partes fundaram a decisão de contratar[517]. Outra, bem diversa desta, é, como se verá adiante, a orientação prevalecente quanto a esta matéria nos sistemas de *Common Law*, onde a intervenção dos tribunais na modelação do conteúdo do contrato se encontra vedada, mesmo nos casos de *frustration* e de *impracticability*, salvo havendo acordo expresso das partes nesse sentido (*v.g.* através de uma cláusula de *hardship*)[518].

§ 10º Cláusulas contratuais gerais

a) Posição do problema

I – A maioria dos contratos não é hoje individualmente negociada. Pelo contrário: os contratos resultam, em muitos casos, da adesão de uma das partes, expressa ou implícita, a um conjunto de cláusulas previamente formuladas pela outra, que a primeira se limita a aceitar ou rejeitar, sem ter a possibilidade fáctica de as discutir com aquele que as predispõe. São as chamadas *cláusulas contratuais gerais*.

Este fenómeno, para o qual Salleilles cunhou a expressão *contrats d'adhésion*[519], resulta, em larga medida, da massificação dos contratos de fornecimento de produtos ou serviços ocorrida a partir da revolução industrial, a qual excluiu em muitos casos qualquer possibilidade de uma negociação individualizada dos respectivos termos. Para ele contribuiu também significativamente a circunstância de muitos tipos contratuais não estarem regulados na lei, ou serem objeto de uma regulamentação lacunar, e de as empresas procurarem utilizar o espaço de liberdade assim criado em ordem a sujeitarem os contratos por si celebrados a condições que lhes sejam mais favoráveis.

[516] Cfr. Alpa, *Manuale di diritto privato*, p. 488.

[517] Neste sentido, Menezes Cordeiro, *Tratado de Direito Civil*, vol. II, p. 764.

[518] Voltaremos a este ponto adiante, no § 13º, *c)*.

[519] Cfr. Raimond Salleilles, *De la declaration de volonté. Contribution à l'étude de l'acte juridique dans le Code civil allemand (art. 116 à 144)*, Paris, 1901, p. 229. Tratar-se-ia, segundo o autor, de contratos «dans lesquels il y a la prédominance exclusive d'une seule volonté, agissant comme volonté unilatérale, qui dicte sa loi, non plus à un individu, mais une collectivité indeterminée».

Não se confunde com o contrato de adesão o denominado *contrato-tipo* («*contrat-type*»; «*model contract*»; «*Mustervertrag*»), de uso corrente no comércio internacional. Este último é um modelo contratual destinado a ser proposto a múltiplos contraentes. Se estes se limitarem a aceitá-lo em bloco sem o negociarem, o contrato daí resultante dir-se-á de adesão; mas nada impede que certas ou mesmo todas as suas cláusulas sejam individualmente negociadas, caso em que o contrato não pode ser qualificado como de adesão.

II – Não são poucos os problemas que o fenómeno em apreço suscita. Com efeito, por vezes o aderente não se apercebe sequer de que o contrato por si celebrado se encontra abrangido por tais cláusulas, *maxime* porque estas não lhe foram adequadamente comunicadas. Por outro lado, a redação dessas cláusulas é amiúde obscura, suscitando dificuldades na sua interpretação e integração. Ocorre ainda as cláusulas em exame serem o instrumento jurídico através do qual o predisponente procura exonerar-se da sua responsabilidade perante o aderente, ou impor-lhe outras condições abusivas. Nas relações entre empresas, sucede igualmente ambas as partes socorrerem-se de clausulados conflituantes entre si («*battle of the forms*»).

Pergunta-se por isso: *a)* Se, e em que termos, deve o aderente ter-se como vinculado às cláusulas em questão; *b)* Caso estas vinculem as partes, de que condições depende a sua eficácia e, nomeadamente, quais os deveres de comunicação e esclarecimento que recaem sobre a parte que as oferece, bem como quais as sanções do incumprimento desses deveres; *c)* Quais os critérios que presidem à sua interpretação e integração; *d)* Em que termos deve admitir-se um controlo do conteúdo das cláusulas em questão; *e)* Caso certas cláusulas devam ser excluídas do contrato, por abusivas, que efeito isso tem sobre o contrato celebrado por adesão às mesmas; e *f)* Ocorrendo um conflito de clausulados, qual deles (se algum) prevalecerá. Indagam-se, em suma, os requisitos processuais e substanciais da formação de contratos com recurso a cláusulas contratuais gerais.

III – Vários sistemas jurídicos nacionais dedicam a esta matéria regras especiais, podendo dizer-se que este fenómeno corresponde a uma *tendência comum* aos sistemas jurídicos europeus mais representantivos e aos que são por eles mais diretamente influenciados; tendência essa que, como veremos, não se estende ao Direito norte-americano[520].

[520] Ver, para uma análise histórica e comparativa do instituto, Phillip Hellwege, *Allgemeine Geschäftsbedingungen, einseitig gestellte Vertragsbedingungen und die allgemeine Rechtsgeschäftslehre*, Tubinga, 2010; e Klaus Dohrmann, «Las condiciones generales de la contratación: una lectura de los diferentes modelos de control», *in* Sánchez Lorenzo (org.), *Derecho contractual comparado*, t. I, pp. 753 ss.

Assim, em Itália a matéria é desde 1942 objeto dos artigos 1341, 1342 e 1370 do Código Civil, complementados em 1996 pelos artigos 1469-*bis* a 1469-*sexies*, relativos às *clausule vessatorie*, i. é, aquelas que «apesar da boa-fé, impliquem, em prejuízo do consumidor, um significativo desequilíbrio dos direitos e obrigações decorrentes do contrato» (art. 1469-*bis*).

Na Alemanha, a jurisprudência fundou o controlo de mérito das cláusulas contratuais gerais, desde o segundo pós-guerra, no princípio da boa-fé consignado no § 242 do BGB. Em 1976, foi adotada a Lei Para a Regulação das Cláusulas Contratuais Gerais («*Gesetz zur Regelung des Rechts der Allgemeinen Geschäftsbedingungen*»), que consagrou normativamente essa jurisprudência. As suas regras foram integradas no Código Civil (com ressalva das disposições processuais) pela Lei de Modernização do Direito das Obrigações, que para este efeito deu nova redação aos §§ 305 a 310.

No Reino Unido, o Parlamento aprovou em 1977 o *Unfair Contract Terms Act*, que se ocupou especificamente dos problemas suscitados pela exclusão ou limitação da responsabilidade de um dos contraentes através deste tipo de cláusulas, introduzindo no Direito inglês restrições inéditas ao princípio da liberdade contratual; posteriormente, foram adotadas as *Unfair Terms in Consumer Contracts Regulations 1999*, quc disciplinaram mais amplamente as cláusulas abusivas nas relações com consumidores. Em 2015, este último diploma foi substituído pelo *Consumer Rights Act*, cuja parte 2 trata dos *unfair terms* nas relações de consumo.

Em França, a matéria foi pela primeira vez regulada no art. 35 da Lei nº 78-23 (*Loi Scrivener*), relativa à proteção e à informação dos consumidores de produtos e serviços, substituído entretanto pelos arts. L212-1 a L212-3 do *Code de la Consommation*, adotado em 1993 e revisto por por último em 2016. Referem-se-lhe também diversas disposições introduzidas no Código Civil pela Reforma de 2016, com destaque para o art. 1110, que acolhe agora a *summa divisio* entre o contrato celebrado «por mútuo consenso» («*de gré à gré*») e o contrato de adesão[521].

Em Portugal, as cláusulas contratuais gerais são disciplinadas pelo regime jurídico instituído pelo D.L. nº 446/85, de 25 de outubro[522]. Esse diploma influenciou, por seu turno, a legislação de outros países de língua oficial portuguesa, entre os quais Angola, onde a Lei nº 4/03, de 18 de fevereiro, que disciplinou as cláusulas gerais dos contratos, reflete em larga medida a legislação portuguesa, e Moçambique, onde o Código Comercial aprovado pelo D.L. nº 2/2005, de 27

[521] Dispõe esse preceito: «Le contrat de gré à gré est celui dont les stipulations sont librement négociées entre les parties. Le contrat d'adhésion est celui dont les conditions générales, soustraites à la négociation, sont déterminées à l'avance par l'une des parties».

[522] Alterado pelo D.L. nº 220/95, de 31 de agosto, pelo D.L. nº 249/99, de 7 de julho, e pelo D.L. nº 323/2001, de 17 de dezembro.

de dezembro, regula a matéria em apreço em termos que revelam igualmente a inspiração portuguesa.

Na Holanda, a matéria foi regulada em 1992 nos arts. 6:231 a 6:237 do Código Civil. Em Espanha, ela constitui objeto da Lei nº 7/1998, de 13 de abril de 1998, sobre *Condiciones Generales de la Contratación*[523]. Na Suíça, foi instituído em 2012 um controlo do conteúdo das cláusulas contratuais gerais através da nova redação então dada ao art. 8 da Lei da Concorrência Desleal[524].

A União Europeia dedicou ao assunto particular atenção, ainda que apenas na ótica da defesa do consumidor. Neste sentido, foi adotada em 1993 a Diretiva do Conselho nº 93/13/CEE, relativa às cláusulas abusivas nos contratos celebrados com os consumidores[525], a qual foi fortemente influenciada pela lei alemã de 1976.

Fora da Europa, destacam-se nesta matéria a legislação brasileira, que a regula nos arts. 423 e 424 do Código Civil e nos arts. 51 a 54 do Código de Defesa do Consumidor[526]; e a lei chinesa dos contratos, que regula as cláusulas contratuais gerais nos arts. 39 a 41.

IV – Importa notar que, apesar da tendência comum, que estes regimes legais evidenciam, no sentido da introdução de limites à eficácia das cláusulas em apreço, não é igual o seu âmbito de aplicação.

Assim, o Código italiano ocupa-se no art. 1341 de quaisquer «condições gerais de contrato predispostas por um dos contraentes», independentemente da qualidade destes. Já o regime das *clausule vessatorie,* constante dos arts. 1469-*bis* e seguintes, apenas vale para contratos de consumo.

De modo semelhante, os §§ 305 a 310 do BGB regulam as «condições negociais gerais» («*Allgemeine Geschäftsbedingungen*»), que o § 305 (1) define como «todas as condições contratuais pré-formuladas para uma pluralidade de contratos, que uma das partes (utilizador) apresenta à outra aquando da conclusão de um contrato». As regras estabelecidas no § 305 (2) sobre a inserção de cláusulas contratuais gerais nos contratos e as regras especiais sobre cláusulas contratuais gerais ineficazes constantes dos §§ 308 e 309 não se aplicam, contudo, às relações entre empresas (§ 310 (1)).

No Código holandês, as cláusulas contratuais gerais («*allgemene voorwarden*») são definidas como «uma ou mais estipulações escritas que são estabelecidas a

[523] Alterada, por último, pela Lei nº 3/2014, de 27 de março.

[524] Lei Federal de 19 de dezembro de 1986.

[525] *In JOCE*, nº L 95, de 21 de abril de 1993, pp. 29 ss. Foi alterada pela Diretiva 2011/83/UE, do Parlamento Europeu e do Conselho, de 25 de outubro de 2011, relativa aos direitos dos consumidores, publicada no *JOUE* nº L 304, de 22 de novembro de 2011, pp. 64 ss. Ver, sobre este instrumento jurídico europeu, *infra,* § 46º, *g).*

[526] Lei nº 8078, de 11 de setembro de 1990.

fim de serem incorporadas numa pluralidade de contratos» (art. 6:231). Diferentemente porém do que sucede na Alemanha, as regras sobre o controlo substancial dessas cláusulas aplicam-se também aos contratos celebrados entre empresas.

Na mesma linha geral de orientação, a lei espanhola de 1998 define as «condições gerais da contratação» como «as cláusulas predispostas cuja incorporação no contrato seja imposta por uma das partes, independentemente da autoria material das mesmas, da sua aparência externa, da sua extensão e de quaisquer outras circunstancias, tendo sido redigidas com a finalidade de serem incorporadas numa pluralidade de contratos» (art. 1º, nº 1); e manda aplicar as suas disposições «aos contratos que contenham condições gerais celebrados entre um profissional – predisponente – e qualquer pessoa física ou jurídica – aderente» (art. 2º, nº 1). Para os efeitos dessa lei, entende-se por profissional «qualquer pessoa física ou jurídica que atue no âmbito da sua atividade profissional ou empresarial, seja pública ou privada» (art. 2º, nº 2). O aderente pode ser também um profissional, «sem necessidade de que atue no âmbito da sua atividade» (art. 2º, nº 3).

Já o Código do Consumo francês regula as cláusulas abusivas nas relações entre profissionais e não profissionais ou consumidores independentemente de as mesmas serem ou não de aplicação geral (art. L212-1)[527].

Por seu turno, a mencionada lei inglesa de 2015, como resulta da sua designação, só vale nas relações entre comerciantes ou profissionais (designados por «*traders*») e consumidores (definidos como as pessoas singulares que atuam para fins alheios às suas atividades comerciais ou profissionais)[528].

A Diretiva europeia tem por objeto as «cláusulas contratuais que não tenham sido objeto de negociação individual» (art. 3º, nº 1). O seu campo de aplicação é, sob este prisma, mais amplo do que o das legislações nacionais relativas às cláusulas contratuais gerais (como era o caso da alemã e da portuguesa na sua formulação original), abrangendo, além delas, todos os casos em que uma das partes não haja podido influenciar, por via da negociação, o teor de uma cláusula contratual – portanto, mesmo que se trate, *hoc sensu*, de uma *cláusula indivi-*

[527] A reforma do Código Civil de 2016 introduziu todavia no art. 1119 deste algumas disposições de caráter geral sobre a conclusão de contratos na base de condições gerais predispostas por uma das partes.

[528] Permanece assim intacta a jurisprudência da Câmara dos Lordes que julgou em princípio válidas, nas relações entre profissionais, as cláusulas contratuais gerais que visem excluir a responsabilidade do predisponente. Haja vista, em especial, à decisão proferida no caso *Photo Production Ltd. V. Securicor Transport Ltd.*, [1980] A.C. 827, em que Lord Wilberforce afirmou a respeito do *Unfair Contract Terms Act 1977*: «After this Act, in commercial matters generally, when the parties are not of unequal bargaining power, and when risks are normally borne by insurance, not only is the case for judicial intervention undemonstrated, but there is everything to be said, and this seems to have been Parliament's intention, for leaving the parties free to apportion the risks as they think fit and for respecting their decisions».

dual. Em contrapartida, as disposições da Diretiva apenas valem relativamente às «cláusulas abusivas em contratos celebrados entre profissionais e consumidores» (art. 1º, nº 1). Esta delimitação do âmbito de aplicação da Diretiva terá sido ditada pela preocupação de conciliar dois modelos distintos de regulação da matéria; o alemão e o francês[529]. A *ratio* deste ato jurídico comunitário não é, em todo o caso, a proteção do mercado, como sucede com a lei alemã, mas antes a defesa do consumidor[530].

O regime jurídico português procura também conjugar os dois modelos mencionados. Assim, nos termos do seu art. 1º, nº 1, ele aplica-se às «cláusulas contratuais gerais elaboradas sem prévia negociação individual, que proponentes ou destinatários indeterminados se limitem, respectivamente a subscrever ou a aceitar». Estende-se, porém, o regime em questão, no nº 2 desse preceito (aditado em 1999 com o intuito de transpor a Diretiva europeia[531]) «às cláusulas inseridas em contratos individualizados, mas cujo conteúdo previamente elaborado o destinatário não pode influenciar». Portanto, as disposições legais portuguesas aplicam-se a duas categorias de situações: *a)* As cláusulas contratuais gerais pré-formuladas tendo em vista a sua inclusão numa pluralidade de contratos; e *b)* As cláusulas inseridas em contratos individuais que não sejam negociadas entre as partes, ainda que não se destinem a uma utilização plural. Por outro lado, as regras portuguesas sobre a inserção nos contratos singulares de cláusulas contratuais gerais tanto valem nas relações com consumidores finais como nas relações entre empresas e entidades equiparadas. Em suma, a lei portuguesa rege todos os contratos de adesão, quer estes sejam ou não celebrados na base de cláusulas contratuais gerais e quer os aderentes sejam ou não consumidores. Daí que já se tenha observado, com razão, refletir o Direito português uma «diferente compreensão e um diferente ponto de partida em relação ao conceito regulativo subjacente à directiva comunitária»[532]. Esse conceito é, no caso da lei portuguesa, a *assimetria do poder negocial* das partes, e não a condição de consumidor do aderente a cláusulas pré-formuladas.

Na Alemanha, a transposição da regra da Diretiva europeia que estende a proteção contra as cláusulas abusivas nas relações de consumo a todas as cláusulas não individualmente negociadas foi assegurada através do § 310(3), nº 2, do

[529] Assim Sousa Ribeiro, *O problema do contrato. As cláusulas contratuais gerais e o princípio da liberdade contratual*, Coimbra, 1999, p. 595.

[530] Neste sentido, Phillip Hellwege, «Allgemeine Geschäftsbedingungen», *in* Basedow/Hopt/Zimmermann (orgs.), *Handwörterbuch des Europäischen Privatrechts*, vol. I, pp. 28 ss. (p. 32).

[531] Ver, sobre o ponto, António Pinto Monteiro, «O novo regime jurídico dos contratos de adesão/cláusulas contratuais gerais», *ROA*, 2002, pp. 111 ss.

[532] Neste sentido, Almeno de Sá, *Cláusulas contratuais gerais e directiva sobre cláusulas abusivas*, 2ª ed., Coimbra, 2005, p. 49.

Código Civil, nos termos do qual os §§ 305c(2), 306 e 307 a 309 desse diploma legal, respeitantes à interpretação das cláusulas contratuais gerais e ao controlo do seu conteúdo, são também aplicáveis, nas relações de consumo, às cláusulas contratuais pré-formuladas que se destinem a uma única utilização, contanto que o consumidor não haja podido influenciar o seu conteúdo em virtude da sua pré-formulação.

Outros sistemas jurídicos, *maxime* os dos países nórdicos[533], vão mais longe, na medida em que admitem que o controlo de mérito das cláusulas contratuais, que a Diretiva europeia institui, valha também para contratos individualmente negociados, tanto nas relações com consumidores, como nas estabelecidas entre comerciantes[534]. O regime italiano das *clausule vessatorie* adota nesta matéria uma orientação intermédia: embora, como se disse, valha apenas para as relações de consumo, contempla também no art. 1469-*quinquies* a ineficácia de certas cláusulas, *v.g.* de exclusão de responsabilidade do profissional, «ainda que sejam objeto de negociação» («*quantunque oggetto di trattativa*»).

Não existe, em suma, na União Europeia, apesar da Diretiva de 1993, uma plena harmonização dos regimes nacionais sobre esta matéria[535]: *a)* Ao passo que uns se propõem proteger o *aderente* a cláusulas contratuais gerais independentemente da sua qualidade ou estatuto, outros têm apenas em vista tutelar o *consumidor*; *b)* Enquanto que a maioria desses regimes faz depender o controlo do caráter abusivo das cláusulas contratuais da ausência de uma negociação individual («*procedural approach*»), alguns estendem-no a todos os contratos, ainda que concluídos na base de uma *negociação individual* («*substantive approach*»); *c)* Uma parte desses sistemas cinge a regulamentação desta matéria às *cláusulas contratuais gerais*, mas outros alargam-na a todos os contratos celebrados por adesão a cláusulas pré-definidas por uma das partes, ainda que destinadas a *contratos individualizados*[536]. Daqui provém igualmente o interesse de que se reveste a comparação desses regimes, que ensaiaremos em seguida.

[533] *Vide* o § 36 do *Nordic Contracts Act*, segundo o qual: «An agreement may set aside wholly or in part or may be amended insofar as it would seem unreasonable or in conflict with good commercial practice to invoke it».

[534] Cfr. Thomas Wilhelmsson, «Various Approaches to Unfair Terms and Their Background Philosophies», *Juridica International*, 2008, pp. 51 ss. (p. 54).

[535] Que, aliás, a própria Diretiva não parece ter pretendido implementar, na medida em que declara expressamente no art. 8º: «Os Estados-membros podem adoptar ou manter, no domínio regido pela presente directiva, disposições mais rigorosas, compatíveis com o Tratado, para garantir um nível de protecção mais elevado para o consumidor».

[536] Cfr. Thomas Wilhelmsson, «Standard Form Conditions», *in* Hartkamp e outros (orgs.), *Towards a European Civil Code*, pp. 571 ss.

V – A lei chinesa dos contratos define as cláusulas contratuais gerais no art. 39 como as que são antecipadamente formuladas por uma das partes, sem negociação com a outra, tendo em vista a sua utilização reiterada. Ainda que evidenciem certa influência europeia, as disposições chinesas sobre a matéria têm, nesta medida, um campo de aplicação mais restrito do que o das regras homólogas vigentes na Europa. Esse campo de aplicação não se cinge, em contrapartida, aos contratos de consumo, antes abrange também os celebrados entre empresas e profissionais.

VI – Nos Estados Unidos, diferentemente do que sucede na Europa e na China, não existe legislação especial sobre as cláusulas contratuais gerais, que são tratadas pelo *Common Law* como quaisquer outras cláusulas contratuais[537]; quando muito, os tribunais podem socorrer-se, a fim de as controlarem, do § 2-302 do *Uniform Commercial Code,* que consagra a invalidade dos contratos de compra e venda ou de cláusulas deste que se revelem abusivas («*unconscionable*»); o que pressupõe que as mesmas sejam de tal forma injustas ou desequilibradas a favor da parte com maior poder negocial que nenhuma pessoa razoável as aceitaria conscientemente. Mas a utilização desta figura, de que se cuidará *ex professo* adiante, é relativamente escassa na jurisprudência americana[538]: só em casos excecionais têm os tribunais americanos recusado eficácia a contratos celebrados na base de condições gerais unilateralmente predispostas por uma das partes[539]. Consoante informa Farnsworth[540], os tribunais norte-americanos tendem a caraterizar a inclusão neste tipo de contratos de cláusulas irrazoavelmente favoráveis a uma das partes como uma forma de *substantive unconscionability*; e a ausência de qualquer possibilidade real de escolha como uma expressão de *procedural unconscionability*. Contudo, os tribunais norte-americanos têm resistido, segundo o mesmo autor, a aplicar a doutrina em causa quando se verifique apenas a primeira dessas formas de *unconscionability*: «portanto, o mero facto de o contrato ser de adesão não

[537] «Courts treat contracts of adhesion no differently from contracts that are the product of mutual assent, that is, as fully enforceable absent a valid defense. This position is justified to the extent that two of the defining characteristics of adhesion contracts – the inequality of bargaining power between the parties and the inability of the non-drafting party to bargain over the contract's terms – are not prerequisites to contract formation»: cfr. Shelley Smith, «Reforming the Law of Adhesion Contracts: A Judicial Response to the Subprime Mortgage Crisis», *Lewis & Clark Law Review,* 2010, pp. 1035 ss. (p. 1082).

[538] Cfr. *infra,* § 13º, *b),* VI.

[539] Smith, est. cit., p. 1121, salientando o papel desempenhado pelos contratos de adesão celebrados por consumidores americanos com instituições financeiras no advento da crise do *subprime* e os seus efeitos «devastadores» na economia americana.

[540] Cfr. *Farnsworth on Contracts,* vol. I, pp. 582 s.; «Comparative Contract Law», *in* Mathias Reimann/ Reinhard Zimmermann (orgs.), *The Oxford Handbook of Comparative Law,* Oxford, 2006, pp. 899 ss. (p. 914).

é geralmente encarado como fatal, especialmente quando não houver qualquer elemento de surpresa na cláusula em questão», conclui aquele autor. Na doutrina salienta-se, aliás, a relevância das cláusulas em apreço na redução dos custos das transações e na promoção, em geral, da eficiência económica[541].

b) Integração das cláusulas contratuais gerais no contrato

I – A Diretiva europeia não definiu as condições de que depende a integração das cláusulas contratuais gerais no contrato. Não surpreende, assim, que as legislações nacionais regulem esta matéria de formas distintas, podendo distinguir-se a este respeito duas orientações fundamentais. Vejamo-las.

Num primeiro grupo de sistemas jurídicos, apenas é exigível para aquele efeito que tenha sido dada ao aderente a oportunidade de tomar conhecimento das cláusulas em questão. É o que alguns denominam por *princípio da cognoscibilidade*. Estão neste caso os Direitos inglês e holandês.

O Direito inglês não contém todavia regras legais sobre a integração das cláusulas contratuais gerais no contrato. Vale quanto a elas a doutrina do «aviso razoável» («*reasonable notice*»), formulada em 1956 por Lord Denning num *obiter dictum* proferido no caso *J. Spurling Ltd v. Bradshaw*[542], em que este ilustre magistrado afirmou:

> «Concordo inteiramente que quanto mais irrazoável for uma cláusula, maior o aviso que dela deve ser feito. Alguma cláusulas que vi deveriam ser impressas em tinta vermelha com uma mão vermelha apontando para elas a fim de que o aviso pudesse ser tido como suficiente.»

As cláusulas contratuais gerais que excluam a responsabilidade da parte que as predispôs só se consideram, assim, incorporadas no contrato se a outra parte as conhecia ou se tiverem sido objeto de um tal aviso[543]. Esta *red hand rule* foi entretanto estendida pelo *Court of Appeal* às cláusulas contratuais gerais que visem conferir direitos ao predisponente (*v.g.* o direito ao percebimento de multas contratuais) e que se revelem particularmente onerosas para o aderente[544].

Na Holanda, as estipulações constantes de cláusulas contratuais gerais são anuláveis se o respetivo utilizador não tiver conferido à outra parte uma possibilidade razoável de tomar conhecimento delas (art. 6:233 (b) do Código Civil).

[541] Cfr., para um confronto do *approach* americano nesta matéria com o europeu, James R. Maxeiner, «Standard-Terms Contracting in the Global Electronic Age: European Alternatives», *The Yale Journal of International Law*, 2003, pp. 109 ss.

[542] [1956] 1 WLR 461.

[543] Assim Treitel, *The Law of Contract*, p. 266.

[544] Cfr. *Interfoto Picture Library Ltd v. Stiletto Visual Programmes Ltd.*, [1989] Q.B. 433.

O dever de aviso quanto a cláusulas contratuais gerais que isentem ou restrinjam a responsabilidade do predisponente acha-se igualmente consagrado no art. 39 da lei chinesa dos contratos, que o obriga além disso a prestar ao aderente os esclarecimentos que lhe forem solicitados a respeito dessas cláusulas.

Um segundo grupo de sistemas jurídicos exige para este efeito o *consentimento do aderente* relativamente às cláusulas contratuais em causa. É o que fazem os Direitos alemão, espanhol, português e francês.

Assim, segundo o § 305 (2) do BGB, as cláusulas contratuais gerais apenas se tornam parte integrante de um contrato se: *a)* O seu utilizador, aquando da conclusão dele, as referir expressamente ou chamar a atenção para elas num aviso claramente visível no local da conclusão do contrato; *b)* O utilizador conceder à outra parte uma possibilidade razoável de tomar conhecimento delas; e *c)* A outra parte estiver de acordo com elas. Estas exigências apenas valem, todavia, para as relações com consumidores, sendo as duas primeiras excluídas pelo § 305a relativamente a cláusulas gerais oficialmente aprovadas; o que significa que nas relações entre comerciantes basta, a fim de que as cláusulas em apreço vinculem as partes, um comportamento concludente quer do predisponente quer da contraparte. Em todo o caso, a aceitação do aderente, mesmo sendo um consumidor, pode ser meramente tácita[545]. Não integram o contrato as «cláusulas-surpresa», i.é, as que, «em face das circunstâncias, especialmente a aparência externa do contrato, se mostrem tão inusitadas que o aderente não tivesse de contar com elas» (§ 305c (1)).

De acordo com o art. 5 da lei espanhola, as condições gerais «passarão a formar parte do contrato quando o aderente aceite a sua incorporação no mesmo e seja assinado por todos os contratantes». Todo o contrato deve, por outro lado, fazer referência às condições gerais nele incorporadas. Não pode entender-se que tenha havido aceitação da incorporação de condições gerais no contrato «quando o predisponente não haja informado expressamente o aderente acerca da sua existência e não lhe tenha facultado um exemplar das mesmas». Porém, quando o contrato não deva formalizar-se por escrito e o predisponente entregue um comprovativo da contraprestação recebida, bastará que o predisponente anuncie as condições gerais em lugar visível dentro do local onde se celebrar o negócio, que as insira na documentação do contrato que acompanha a sua celebração ou que, por qualquer outra forma, garanta ao aderente uma possibilidade efetiva de conhecer a sua existência e o seu conteúdo no momento da celebração».

Por seu turno, o art. 4º da lei portuguesa faz depender a inclusão das cláusulas contratuais gerais nos contratos individuais de duas condições fundamentais: *a)* A sua aceitação pelo aderente; e *b)* O cumprimento pelo predisponente

[545] Neste sentido Wolf/Neuner, *Allgemeiner Teil*, p. 558.

dos deveres de comunicação e informação colocados a seu cargo pelos arts. 5º e 6º[546]. Assim, as cláusulas contratuais gerais têm de ser comunicadas na íntegra aos aderentes, de forma adequada e com a antecedência necessária; e o predisponente deve informar a outra parte dos aspetos das cláusulas contratuais gerais cuja aclaração se justifique. A violação destes deveres determina, nos termos do art. 8º, a exclusão das cláusulas em causa dos contratos singulares; outro tanto sucede com as cláusulas que, pela sua apresentação, passem despercebidas a um contraente normal. Mas o que sucede aos contratos singulares nesses casos? Há que distinguir duas hipóteses. Se a lacuna decorrente da exclusão das cláusulas contratuais gerais puder ser suprida com recurso à normas supletivas aplicáveis ou, se necessário, às regras gerais de integração dos negócios jurídicos, o contrato mantém-se (art. 9º, nº 1). Se tal não for possível, ou se resultar da referida lacuna um desequilíbrio nas prestações atentatório da boa-fé, o contrato é nulo (art. 9º, nº 2). Além disso, prevê-se que, em caso de contradição entre cláusulas contratuais gerais e cláusulas especificamente acordadas entre as partes, prevalecem estas (art. 7º). Ao contrário do que sucede na lei alemã, em Portugal estes requisitos de inserção das cláusulas contratuais gerais nos contratos singulares valem indistintamente para as relações com consumidores e entre empresários. A lei portuguesa é, assim, dentre as aqui consideradas, a que se mostra mais exigente nesta matéria.

O Código Civil francês acolheu também, no art. 1119 (introduzido pela reforma de 2016), o princípio conforme o qual as condições gerais invocadas por uma das partes apenas produzem efeitos relativamente à outra se tiverem sido levadas ao seu conhecimento e se esta as tiver aceitado.

Uma orientação intermédia entre as anteriores é perfilhada pelo Direito italiano. De acordo com o art. 1341 do Código Civil, as condições gerais dos contratos só são eficazes perante a contraparte se, no momento da conclusão do contrato, esta as tiver conhecido ou devesse ter conhecido usando de diligência comum. Devem, em qualquer caso, ser especificamente aprovadas por escrito as condições que estabeleçam a favor de quem as predispôs limitações de responsabilidade ou a faculdade de resolver o contrato ou de suspender a sua execução, bem como as que imponham à outra parte prazos de caducidade, limites à faculdade de opor exceções, restrições à liberdade contratual nas relações com terceiros, prorrogações ou renovações tácitas do contrato, cláusulas compromissórias ou derrogações à competência autoridade judiciária.

II – Alguns sistemas jurídicos exigem ainda, como condição de eficácia das cláusulas contratuais gerais, a clareza e inteligibilidade das mesmas. Alude-se,

[546] Ver, sobre o alcance dessas regras, Sousa Ribeiro, *O problema do contrato*, pp. 368 ss.

a este propósito, a um princípio de *transparência formal*, que a Diretiva europeia também acolhe no art. 5º. Está naquele caso o Direito italiano, na medida em que o art. 1469-*quater* do Código Civil dispõe que, quando tais cláusulas sejam propostas ao consumidor por escrito, devem ser «redigidas de modo claro e compreensível». De modo análogo, o art. 5º, nº 5, da lei espanhola requer que «a redação das cláusulas gerais se ajuste aos criterios da transparência, da clareza, da concretude e da simplicidade». O § 307(1), nº 2, do BGB admite também a ocorrência de um «prejuízo desproporcionado» (*«unangemessene Benachteiligung»*) para o cocontratante do predisponente quando as estipulações constantes de cláusulas contratuais gerais não sejam claras e inteligíveis. No Reino Unido. a secção 68 do *Consumer Rights Act 2015* estabelece que as cláusulas inseridas nos contratos com consumidores devem ser transparentes, i. é, «expressas em linguagem simples e inteligível e legíveis». Por seu turno, o Código de Defesa do Consumidor brasileiro dispõe, no art. 54, § 3º, que «[o]s contratos de adesão escritos serão redigidos em termos claros e com caracteres ostensivos e legíveis, cujo tamanho da fonte não será inferior ao corpo doze, de modo a facilitar sua compreensão pelo consumidor»; e acrescenta, no § 4º do mesmo artigo, que «[a]s cláusulas que implicarem limitação de direito do consumidor deverão ser redigidas com destaque, permitindo sua imediata e fácil compreensão». Em Portugal, o requisito de clareza e inteligibilidade das cláusulas contratuais gerais consta do art. 9º, nº 2, alínea *a)*, da Lei de Defesa do Consumidor[547].

c) Interpretação das cláusulas contratuais gerais

Consideremos agora o problema de saber como se interpretam as cláusulas contratuais gerais. Diversas disposições constantes das leis nacionais adoptam nesta matéria o princípio de que, na dúvida, prevalece o sentido mais favorável ao aderente: *in dubio contra proferentem*. O que bem se compreende. Tendo o predisponente o controlo da redação das cláusulas gerais de que se socorre, deve ser ele quem suporta os riscos inerentes à utilização de cláusulas obscuras.

É o que decorre, por exemplo, do art. 1370 do Código Civil italiano, do § 305c (2) do BGB, do art. 1190 do Código Civil francês, da secção 7 (2) da lei inglesa de 1999, do art. 6º, nº 1 da lei espanhola, do art. 41 da lei chinesa dos contratos e do art. 423 do Código Civil brasileiro[548]. A Diretiva europeia adota também aquela regra, embora restrinja o seu alcance subjetivo: «em caso de dúvida sobre o significado de uma cláusula», diz o art. 5º, «prevalecerá a interpretação mais favorável

[547] Lei nº 24/96, de 31 de julho, alterada por último pela Lei nº 47/2014, de 28 de julho, e republicada em anexo a esta.

[548] Este princípio de interpretação *pro consumatore* é estendido pelo art. 47 do código brasileiro de defesa do consumidor a todos os contratos celebrados por consumidores, independentemente de terem sido concluídos por adesão a cláusulas contratuais gerais.

ao consumidor»[549]. É esta também a solução consignada no art. 1469-*quater* do Código italiano. A lei portuguesa seguiu nesta matéria uma orientação ligeiramente diversa: em princípio, valem as regras gerais de interpretação dos negócios jurídicos (art. 10º). Sendo as cláusulas em apreço ambíguas, têm o sentido que um aderente normal lhes daria (art. 11º, nº 1); na dúvida, prevalece o sentido mais favorável ao aderente (art. 11º, nº 2).

Sobre aquele que se socorre de cláusulas contratuais gerais na sua atividade empresarial ou profissional recai assim, como nota Judith Martins-Costa, um «*ónus de falar claro*»[550].

d) Controlo do conteúdo das cláusulas contratuais gerais

I – Também pelo que respeita ao controlo do conteúdo das cláusulas em apreço se notam nos diferentes sistemas jurídicos nacionais orientações fundamentalmente diversas. Dispõe a este propósito o § 307(1), nº 1, do BGB:

> «São ineficazes as estipulações constantes de cláusulas contratuais gerais que prejudiquem o cocontratante do predisponente de forma desproporcionada e contrária às exigências da boa-fé.»

A eficácia das cláusulas contratuais gerais é assim subordinada à sua conformidade com a boa-fé. Concretizando esta regra, acrescenta o § 307(2) que, na dúvida, se presumirá a ocorrência de um prejuízo desproporcionado quando uma estipulação se mostre incompatível com princípios fundamentais do regime legal ou restrinja de tal forma direitos ou deveres essenciais resultantes da natureza do contrato, que a consecução da finalidade visada pelo contrato seja posta em risco.

Os §§ 308 e 309 do BGB consagram, por seu turno, duas listas de cláusulas contratuais típicas especificamente proscritas: a «lista cinzenta» e a «lista negra». A primeira enuncia certas cláusulas que serão ineficazes («*unwirksam*») se o tribunal assim o entender, atentas as circunstâncias do caso, estando por isso mesmo a disposição que as estabelece subordinada à epígrafe «proibição de cláusulas com possibilidade de valoração» («*Klauselverbote mit Wertungsmöglichkeit*»); a segunda, refere cláusulas que em caso algum podem ser tidas como vinculativas, razão por que se acha a mesma epigrafada de «proibição de cláusulas sem possibilidade de valoração» («*Klauselverbote ohne Wertungsmöglichkeit*»).

Na sua aplicação aos casos singulares, a ordem pela qual os preceitos citados são considerados pelos tribunais é, em homenagem ao princípio da especialidade,

[549] Essa regra não vale todavia, segundo a mesma disposição, para o controlo abstrato das cláusulas contratuais gerais a que nos referiremos em seguida.

[550] Cfr. *A boa-fé no Direito Privado. Critérios para a sua aplicação*, p. 481.

a inversa daquela por que figuram na lei. Assim, impõe-se examinar em primeiro lugar se a cláusula em questão cabe na «lista negra» constante do § 309. Só se assim não for cabe indagar se a mesma se reconduz à «lista cinzenta» do § 308. E só se também não for este o caso podem os tribunais alemães lançar mão da regra geral constante do § 307[551].

Esta técnica legislativa, que provém da mencionada lei alemã de 1976, foi depois parcialmente adotada por outros sistemas jurídicos, entre os quais o francês[552], o holandês[553] e o espanhol[554], que igualmente se socorrem de listas exemplificativas de cláusulas proibidas. Todos estes sistemas contêm, além disso, regras que definem critérios gerais de aferição da validade das cláusulas contratuais em apreço; mas prescinde-se nos primeiros da referência à boa-fé, que como vimos tem um papel central no Direito alemão, acolhendo-se antes, a este respeito, o critério do *desequilíbrio significativo*, em detrimento do aderente, entre os direitos e obrigações das partes decorrentes do contrato, acolhido no art. 3º, nº 1, da Diretiva 93/13/CEE[555].

Neste sentido, dispõe o art. L212-1 do Código do Consumo francês que são abusivas as cláusulas constantes de contratos celebrados entre profissionais e consumidores «que tenham por objetivo ou por efeito criar, em prejuízo do consumidor, um desequilíbrio significativo entre os direitos e as obrigações das partes no contrato». De acordo com o art. L241-1, tais cláusulas são tidas como não escritas; o contrato mantém-se na medida em que puder subsistir sem essas cláusulas. Esta *police judiciaire du contrat* foi alargada à generalidade dos contratos de adesão na reforma do Código Civil de 2016. Assim, de acordo com o atual art. 1171 do Código Civil francês, num contrato de adesão «qualquer cláusula que crie um desequilíbrio significativo entre os direitos e as obrigações das partes é tida como não escrita»; todavia, a apreciação desse desequilíbrio não incidirá (consoante o admite a Diretiva) sobre o objeto principal do contrato nem sobre a adequação do preço à contraprestação.

Por seu turno, o Código holandês estabelece no art. 6:233 que uma estipulação constante de cláusulas contratuais gerais é anulável se: *a)* À luz da natureza e conteúdo do contrato, da forma como as cláusulas contratuais gerais se formaram, dos interesses recíprocos das partes e das demais circunstâncias do caso, essa estipulação for irrazoavelmente desfavorável para a outra parte; *b)* O utili-

[551] Cfr. Wolf/Neuner, *Allgemeiner Teil*, p. 565.

[552] Cfr. o art. L212-1 e os arts. R-212-1 a R212-5 do Código do Consumo.

[553] Cfr. os arts. 6:236 e 6:237 do Código Civil.

[554] Cfr. o art. 10bis, nº 1, da Lei nº 7/1998.

[555] Voltaremos a este o ponto, *infra*, no § 46º, *g)*.

zador não tiver dado à contraparte uma oportunidade razoável de tomar conhecimento da cláusula[556].

Já a lei espanhola consigna no art. 10*bis*, nº 1, que se considerarão cláusulas abusivas «todas as estipulações não negociadas individualmente que, contra as exigências da boa-fé, causem, em prejuízo do consumidor, um desequilíbrio importante dos direitos e obrigações das partes que derivem do contrato. Em todo o caso, considerar-se-ão cláusulas abusivas as estipulações que se relacionam na disposição adicional à presente Lei».

O Código italiano contém no art. 1469-*bis* uma extensa lista de cláusulas que «se presumem abusivas até prova em contrário». De acordo com o art. 1469-quinquies, tais cláusulas, ditas *vessatorie*, «são ineficazes embora o resto do contrato permaneça eficaz».

Na lei portuguesa, são genericamente proibidas as cláusulas contratuais gerais contrárias à boa-fé (art. 15º). Na aplicação desta regra, ter-se-á especialmente em conta, segundo o art. 16º: *a)* A confiança suscitada nas partes pelo sentido global das cláusulas contratuais gerais em causa, pelo processo de formação do contrato singular celebrado, pelo teor deste e ainda por quaisquer outros elementos atendíveis; e *b)* O objetivo negocial visado pelas partes ou, dito de outro modo, a «materialidade da disciplina jurídica»[557].

A lei portuguesa difere, neste ponto, das demais legislações europeias que, mesmo quando se socorrem da boa-fé como critério geral de controlo das cláusulas contratuais gerais, se referem nesta matéria ao desequilíbrio entre os direitos e obrigações das partes ou ao prejuízo desproporcionado dele decorrente para uma delas: esta referência está, com efeito, omissa na lei portuguesa, que se limita a referir, nos preceitos citados, o sentido geral do princípio da boa-fé[558].

Proíbem-se em todo o caso na lei portuguesa, à imagem das suas congéneres europeias, determinadas categorias específicas de cláusulas contratuais gerais. A este respeito, estabelecem-se na lei duas ordens de distinções. Por um lado, autonomizam-se as relações entre empresários (arts. 18º e 19º) daquelas que se

[556] «Een beding in algemene voorwaarden is vernietigbaar a. indien het, gelet op de aard en de overige inhoud van de overeenkomst, de wijze waarop de voorwaarden zijn tot stand gekomen, de wederzijds kenbare belangen van partijen en de overige omstandigheden van het geval, onredelijk bezwarend is voor de wederpartij; of b. indien de gebruiker aan de wederpartij niet een redelijke mogelijkheid heeft geboden om van de algemene voorwaarden kennis te nemen».

[557] *Vide* a este respeito Mário Júlio de Almeida Costa/António Menezes Cordeiro, *Cláusulas contratuais gerais. Anotação ao Decreto-Lei nº 446/85, de 25 de Outubro*, Coimbra, 1986, p. 41; Menezes Cordeiro, *Tratado de Direito Civil*, vol. II, pp. 451 s.

[558] Para uma crítica desses preceitos pela ausência neles de pontos de vista que orientem, de forma específica, a aplicação da boa-fé como critério de controlo do conteúdo das cláusulas contratuais gerais, veja-se Sousa Ribeiro, *O problema do contrato*, pp. 568 ss.

estabelecem com consumidores (arts. 21º e 22º), sendo o legislador mais restritivo pelo que respeita às cláusulas admissíveis no segundo caso, o que é compreensível à luz da circunstância de que a desigualdade do poder negocial das partes é geralmente mais acentuada nas relações de consumo. Por outro, distinguem-se as cláusulas absolutamente proibidas (arts. 18º e 21º) das relativamente proibidas (arts. 19º e 22º). As primeiras são excluídas em todo e qualquer caso; a subsistência das segundas depende de uma valoração a cargo do julgador, tendo em conta as circunstâncias do caso. Também na lei portuguesa há, assim, uma «lista negra» e uma «lista cinzenta».

Nos termos do art. 12º, as cláusulas contratuais gerais proibidas são nulas. O contrato celebrado com base nessas cláusulas não é, porém, nulo, podendo manter-se se o aderente quiser (art. 13º, nº 1). Neste caso, a manutenção do contrato implica a vigência, na parte afetada, das normas supletivas aplicáveis, devendo recorrer-se, se necessário, às regras gerais de integração dos negócios jurídicos (art. 13º, nº 2). Se a faculdade de manter o contrato não for exercida ou, sendo-o, se tal conduzir a um desequilíbrio entre as prestações das partes atentatório da boa-fé, aplica-se a regra geral sobre a redução dos negócios jurídicos, constante do art. 292º do Código Civil: o contrato mantém-se, salvo se se demonstrar que não teria sido concluído sem a parte viciada (art. 14º).

O *Unfair Contract Terms Act* inglês de 1977 estabelece um enunciado de cláusulas de exclusão de responsabilidade tidas como ineficazes. Destas, umas são-no em qualquer caso[559]; outras, tão-somente quando não satisfaçam o critério da razoabilidade («*reasonableness*»)[560]. Esta deverá ser aferida à luz das circunstâncias que foram ou devessem ter sido conhecidas ou contempladas pelas partes ao tempo da conclusão do contrato[561]. Já a secção 62(4) da mencionada lei inglesa de 2015 dispõe, na esteira da Diretiva, que são tidas como injustas («*unfair*») as

[559] Como é o caso das que excluem a responsabilidade do predisponente por *negligence*: cfr. secção 2(1), nos termos da qual «[a] person cannot by reference to any contract term or to a notice given to persons generally or to particular persons exclude or restrict his liability for death or personal injury resulting from negligence».

[560] Haja vista à secção 3, segundo a qual: «(1) This section applies as between contracting parties where one of them deals as consumer or on the other's written standard terms of business. (2) As against that party, the other cannot by reference to any contract term – (a) when himself in breach of contract, exclude or restrict any liability of his in respect of the breach; or (b) claim to be entitled – (i) to render a contractual performance substantially different from that which was reasonably expected of him, or (ii) in respect of the whole or any part of his contractual obligation, to render no performance at all, except in so far as (in any of the cases mentioned above in this subsection) the contract term satisfies the requirement of reasonableness».

[561] Cfr. a secção 11: «the term shall have been a fair and reasonable one to be included having regard to the circumstances which were, or ought reasonably to have been, known to or in the contemplation of the parties when the contract was made».

cláusulas que «contrariamente à exigência da boa-fé, causem um desequilíbrio significativo nos direitos e obrigações das partes decorrentes do contrato, em prejuízo do consumidor»[562].

A noção de boa-fé obteve assim (tal como já acontecia na lei de 1999) um acolhimento pontual no Direito inglês; o que constitui o resultado da aplicação do Direito da União Europeia[563]. Procurando concretizar essa noção, reconduziu-a Lord Bingham à exigência de lealdade e transparência na contratação («*fair and open dealing*»)[564]. O que corresponderá a uma ideia de *procedural fairness*, que contrasta com a *substantive fairness* reclamada, com base no princípio da boa fé, por alguns sistemas jurídicos continentais[565]. A referida regra não é, em todo o caso, extensível às relações entre empresários.

Uma cláusula injusta incluída num contrato celebrado com um consumidor por um vendedor ou fornecedor não vincula o primeiro, segundo dispõe a secção 62(1) da referida lei inglesa. Os *core terms* do contrato estão todavia subtraídos à avaliação da sua justiça substantiva, de acordo com a secção 62(2). A parte 1 do anexo 2 à lei contém uma lista não exaustiva de cláusulas gerais que podem ser tidas como injustas, a qual reproduz em larga medida o anexo à Diretiva europeia sobre a mesma matéria.

A lei brasileira de defesa do consumidor consagra, no art. 51, um extenso catálogo de cláusulas relativas ao fornecimento de produtos e serviços que são «nulas de pleno direito». Entre elas avultam as que «impossibilitem exonerem ou atenuem a responsabilidade do fornecedor por vícios dos seus produtos ou serviços ou que impliquem renúncia ou disposição de direitos» (inciso I) e bem assim as que «estabeleçam obrigações consideradas iníquas, abusivas, que coloquem o consumidor em desvantagem exagerada, ou sejam incompatíveis com a boa-fé

562 «A term is unfair if, contrary to the requirement of good faith, it causes a significant imbalance in the parties' rights and obligations under the contract to the detriment of the consumer».

563 Cfr. Adams/Brownsword, *Understanding Contract Law*, pp. 116 ss.; Ana Quiñones Escámez, «Buena fe y lealtad contractual», *in* Sánchez Lorenzo (org.), *Derecho contractual comparado*, t. II, pp. 133 ss. (pp. 148 ss.).

564 Cfr. a decisão proferida pela Câmara dos Lordes em 25 de outubro de 2001 no caso *Director General of Fair Trading v. First National Bank*, [2002] 1 All E.R. 97, em que aquele magistrado afirmou: «The requirement of good faith in this context is one of fair and open dealing. Openness requires that the terms should be expressed fully, clearly and legibly, containing no concealed pitfalls or traps. Appropriate prominence should be given to terms which might operate disadvantageously to the customer. Fair dealing requires that a supplier should not, whether deliberately or unconsciously, take advantage of the consumer's necessity, indigence, lack of experience, unfamiliarity with the subject matter of the contract, weak bargaining position or any other factor listed in or analogous to those listed in Schedule 2 of the regulations».

565 Neste sentido, veja-se *Anson's Law of Contract*, p. 230.

ou a equidade» (inciso IV)[566]. São assim muito amplos os poderes de intervenção dos tribunais brasileiros nos contratos concluídos por adesão a cláusulas gerais. «A nulidade de uma cláusula contratual abusiva», acrescenta porém o § 2º do citado preceito legal, «não invalida o contrato, exceto quando de sua ausência, apesar dos esforços de integração, decorrer ônus excessivo a qualquer das partes». Também aqui, por conseguinte, o *favor contractus* permite preservar o contrato de adesão não obstante o vício de que enferme alguma das suas cláusulas. Por seu turno, o Código Civil brasileiro estabelece a nulidade das cláusulas que prevejam a renúncia antecipada do aderente a «direito resultante da natureza do negócio» (art. 424). Não falta, além, disso, quem entenda que a cláusula geral da função social do contrato, constante do art. 421 do Código[567], permite igualmente identificar, no domínio dos contratos civis e empresariais, cláusulas abusivas e como tais suscetíveis de revisão em ordem a restabelecer-se o equilíbrio contratual[568].

Na China, as cláusulas contratuais gerais encontram-se sujeitas ao princípio da justiça[569], sendo inválidas não apenas quando violem regras legais imperativas, se proponham finalidades ilícitas ou prejudiquem os interesses do Estado, mas também quando exonerem o predisponente de responsabilidade, imponham responsabilidades mais significativas ao aderente ou o privem dos seus principais direitos[570].

Outra, bem diversa desta, é a orientação acolhida na Suíça. A matéria encontra-se aí regulada, como dissemos, na lei da concorrência desleal, cujo art. 8 dispõe que age de forma desleal aquele que «utilize condições gerais que, contrariamente à boa fé, prevejam, em prejuízo do consumidor, uma desproporção notável e injustificada entre os direitos e obrigações decorrentes do contrato»[571]. Não se prevê todavia, fora das relações de consumo, qualquer controlo judicial do equilíbrio das prestações convencionadas em contratos de adesão[572].

II – Nos sistemas jurídicos de diversos países, a nulidade das cláusulas contratuais gerais deve ser invocada numa ação declarativa para o efeito intentada. Mas isso pode revelar-se insuficiente, porquanto, a fim de evitar a sua utilização futura, pode ser necessário inibir o predisponente de tais cláusulas de fazê-lo.

[566] Ver Cláudia Lima Marques, *Contratos no Código de Defesa do consumidor. O novo regime das relações contratuais*, pp. 1065 ss.

[567] A que nos referimos acima, no § 5º, *d)*.

[568] Tal a tese sustentada por Alda Roboredo, *A função social do contrato e as cláusulas abusivas*, Curitiba, 2007.

[569] Art. 39 da Lei dos Contratos.

[570] Art. 40 da Lei dos Contratos.

[571] Cfr. Marie-Noëlle Gobet, «L'article 8 LCD et les clauses insolites. Le point sur les conditions générales», *L'expert-comptable suisse*, 2013, pp. 539 ss.

[572] Cfr. Tercier/Pichonnaz, *Le droit des obligations*, 5ª ed., Zurique, 2012, pp. 196 s.

Eis por que, dando execução ao disposto no art. 7º, nº 1, da Diretiva 93/13, os Estados-Membros da União Europeia introduziram nos respetivos sistemas jurídicos mecanismos tendentes a assegurar que «no interesse dos consumidores e dos profissionais concorrentes, existam meios adequados e eficazes para pôr termo à utilização das cláusulas abusivas nos contratos celebrados com os consumidores por um profissional».

Entre esses mecanismos, ditos de *controlo abstrato*, destacam-se, na Alemanha, a ação coletiva («*Verbandsklage*») de cessação de uso de cláusulas contratuais gerais ineficazes[573]; em França, a *action en cessation d'agissements illicites*, para cuja instauração o Código do Consumo atribui legitimidade às associações de defesa dos interesses dos consumidores (art. L 621-2); em Espanha, a *acción de cesación* (art. 12º, nº 2, da lei); e em Itália, a *azione inibitoria* que o art. 1469-*sexies* prevê possa ser intentada por associações de consumidores e profissionais, bem como por câmaras de comércio, indústria, artesanato e agricultura de a fim de impedir o uso de cláusulas contratuais gerais abusivas.

Também em Portugal a lei das cláusulas contratuais gerais prevê uma *ação inibitória* destas, que pode ser intentada por associações de defesa de consumidores, por associações sindicais ou profissionais e pelo Ministério Público (art. 26º).

No Brasil, o art. 51, § 4º, do Código de defesa do consumidor consagra faculta ao consumidor ou a entidade que o represente requerer ao Ministério Público que ajuíze a competente ação para ser declarada a nulidade de «cláusula contratual que contrarie o disposto neste Código ou de qualquer forma não assegure o justo equilíbrio entre direitos e obrigações das partes».

III – A tendência para admitir um controlo de mérito das cláusulas contratuais sempre que estas não hajam sido individualmente negociadas parece, assim, impor-se nos sistemas jurídicos europeus e do Brasil, pelo menos no que toca aos contratos celebrados por consumidores. Também por esta via a ideia de justiça contratual obteve acolhimento nesses sistemas jurídicos[574]. Este *approach* não logrou, porém, encontrar eco no Direito norte-americano, que se mantém avesso ao controlo de mérito dos contratos.

e) Conflito de clausulados («battle of the forms»)

Nas negociações entre empresas, não raro ambas as partes se socorrem de cláusulas contratuais gerais para as quais remetem nas respetivas declarações negociais, vindo posteriormente essas cláusulas a revelar-se conflituantes entre si.

[573] Instituída pela *Gesetz über Unterlassungsklagen bei Verbraucherrechts- und anderen Verstößen* (*Unterlassungsklagengesetz – UKlaG*), de 2001.

[574] Voltaremos a este tópico adiante, no § 13º.

Por exemplo, as do comprador de certa mercadoria preveem a imposição de uma penalidade pela entrega tardia da mesma e as do vendedor excluem a imposição de qualquer sanção a esse título.

No caso de uma ou ambas as partes terem entretanto iniciado a execução do contrato, pergunta-se se se formou validamente um contrato e, na hipótese afirmativa, qual o seu conteúdo[575]. Também a este respeito têm prevalecido diferentes orientações nos sistemas jurídicos nacionais, o que se deve à circunstância de se tratar aqui de situações ocorridas nas relações entre empresas, como tais excluídas do escopo da harmonização de legislações levada a cabo pela União Europeia neste domínio.

De acordo com a primeira dessas orientações, o contrato forma-se na base das cláusulas contratuais gerais predispostas pelo primeiro dos contraentes a propô-las, salvo se forem expressamente rejeitadas pela contraparte: é a *first shot rule*, consignada no Código Civil holandês[576]. Depõe a seu favor a preocupação com a certeza jurídica na formação dos contratos e a circunstância de se evitar assim o protelamento da conclusão do contrato que potencialmente decorre da solução oposta.

Nos termos de uma outra orientação, prevalecem nas hipóteses em apreço as cláusulas contratuais gerais do último contraente a propô-las sem objeção da outra parte. É a *last shot rule*, consagrada na jurisprudência inglesa[577]. Constitui um corolário (ou, melhor, um desenvolvimento) da já referida *mirror-image rule*, tradicionalmente consagrada nos sistemas de *Common Law* em matéria de formação do contrato[578].

De acordo com um terceiro ponto de vista, as cláusulas contratuais gerais em apreço apenas se anulam reciprocamente na medida em que sejam conflituantes entre si, aplicando-se portanto todas as que não o sejam e, no tocante às questões omissas, as regras legais supletivas. Alude-se, a fim de designá-la, à *knock-out rule*. É a solução que se extrai do *Uniform Commercial Code* norte-americano[579] e

[575] Sobre o tema, *vide*, numa perspetiva de Direito Comparado, Arthur von Mehren, «The "Battle of Forms": a Comparative View», *AJCL*, 1990, pp. 265 ss.; C.B.P. Mahé, «Conflit de conditions générales: quelle tactique adopter?», *EJCL*, vol. 1.1 (novembro de 1997); António Frada de Sousa, *Conflito de clausulados e consenso nos contratos internacionais*, Porto, 1999; e Valerio Forti, «La bataille des conditions générales contradictoires: étude comparative», *RIDC*, 2008, p. 729 ss.

[576] Art. 6:225 (3): «Remetendo a proposta e a aceitação para condições gerais distintas, a segunda remissão não produzirá qualquer efeito, quando não tenha sido expressamente rejeitada a aplicabilidade das condições referidas na primeira».

[577] Cfr. a decisão proferida pelo *Court of Appeal* inglês no caso *Butler Machine Tool Co. Ltd. v. Ex-Cell-O Corporation (England) Ltd.*, [1979] 1 All E.R. 965.

[578] Cfr. *supra*, § 6º, *b)*, III.

[579] Cfr. o § 2-207 (3), que dispõe: «Conduct by both parties which recognizes the existence of a contract is sufficient to establish a contract for sale although the writings of the parties do not otherwise establish a contract. In such case the terms of the particular contract consist of

que é também adotada na Alemanha[580], onde tem por si o disposto no § 150 (2) do BGB[581]. Consagrou-a igualmente o art. 1119, 2º §, do Código Civil francês[582]. Ressuma nela a ideia de *favor contractus*, consagrada em diversas ordens jurídicas nacionais: é preferível, de acordo com esta orientação, que em caso de conflito se apliquem as cláusulas contratuais gerais substancialmente comuns a ambas as partes a que o contrato não se forme (ou a que não lhe sejam aplicáveis quaisquer cláusulas contratuais gerais)[583].

§ 11º Falta e vícios da vontade e da declaração negocial

a) Noção e interesses em presença

I – Vimos acima que o contrato é, pelo menos nos sistemas jurídicos romano-germânicos, o resultado do encontro entre duas ou mais manifestações de vontade convergentes.

Nesta ordem de ideias, para que o contrato seja plenamente eficaz é em princípio necessário que haja vontade de concluí-lo; que essa vontade seja livre; e que a manifestação exterior desta (i. é, a declaração ou as declarações emitidas) corresponda à vontade real do declarante.

Sucede por vezes o contrato encontrar-se viciado: seja porque não houve vontade de celebrá-lo, seja porque a vontade de celebrá-lo foi induzida por uma informação falsa, defeituosa ou incompleta, seja ainda porque a declaração através da qual ela se exteriorizou não corresponde à vontade real do declarante. É destas situações patológicas do contrato – a falta e os vícios da vontade – que vamos agora tratar.

Os vícios em questão podem ser, fundamentalmente, de três ordens: *a)* Vícios na formação da vontade (os quais podem, por seu turno, revestir também diversas modalidades: coação moral, erro nos motivos determinantes da vontade, dolo e incapacidade acidental); *b)* Divergências entre a vontade e a declaração (as quais

those terms on which the writings of the parties agree, together with any supplementary terms incorporated under any other provisions of this Act».

580 Cfr. Larenz/Wolf, *Allgemeiner Teil*, pp. 777 s., e Wolf/Neuner, *Allgemeiner Teil*, pp. 436 e 558 s., que aludem, nesta matéria ao «princípio da vigência congruente» («*Prinzip der Kongruenzgeltung*»).

581 Nos termos do qual: «Uma aceitação com aditamentos, restrições ou outras alterações vale como recusa associada a uma nova proposta».

582 Segundo o qual: «En cas de discordance entre des conditions générales invoquées par l'une et l'autre des parties, les clauses incompatibles sont sans effet».

583 Propende também para esta solução, em Portugal, Ferreira de Almeida, *Contratos I*, p. 181, que considera os arts. 232º e 233º do Código Civil português, concebidos para a negociação individual, inaplicáveis à inserção de cláusulas contratuais gerais, devendo a lacuna legal ser preenchida nos termos do art. 10º, nº 3, do Código Civil.

ocorrem nas situações de simulação, reserva mental, declarações não sérias, erro na declaração, erro de cálculo ou de escrita e erro na transmissão da declaração); e *c)* Ausência de vontade negocial (a qual pode verificar-se nas situações de coação física, falta de consciência da declaração e incapacidade acidental). Em ordem a captarmos devidamente a noção de contrato prevalecente nos sistemas jurídicos em exame, importa também conhecer o modo como se regulam neles estes vícios. É o que faremos em seguida.

II – Estão em jogo nesta matéria diferentes interesses: a tutela da vontade do declarante, por um lado; a proteção da confiança legítima do declaratário, por outro; e, de um modo geral, a segurança do tráfico jurídico.

A primeira exige que a declaração negocial apenas valha se e na medida em que tenha sido efetivamente querida pelo seu autor e bem assim que a vontade juridicamente relevante desse sujeito seja apenas a vontade real, esclarecida e livre: se a declaração tiver sido emitida por erro ou sob a ameaça de um mal não deve vincular o declarante.

A segunda depõe no sentido de que seja protegida a expetativa de quem confiou numa declaração negocial alheia, posto que viciada, mantendo-se o negócio apesar desse vício ou compensando-se esse sujeito caso ele seja anulado.

A terceira requer que o contrato não seja invalidado com demasiada facilidade, sob pena de se lançar a insegurança no tráfico. Desta preocupação flui, aliás, o próprio princípio *pacta sunt servanda*: os contratos são para se cumprir, sob pena de toda a atividade económica se tornar impraticável. Uma pessoa não deve, por isso, poder desvincular-se de um contrato por um motivo fútil, de que a outra parte não soubesse nem devesse saber. Fala-se também, a este respeito, de um princípio de *favor contractus* ou de aproveitamento dos contratos: estes devem, tanto quanto possível, ser mantidos, em ordem a preservar-se a segurança do tráfico jurídico.

Ora, a comparação jurídica revela que estes interesses são diferentemente valorados pelos sistemas jurídicos que vimos analisando nesta obra[584]. É o que vamos ver a propósito de três categorias fundamentais de vícios: o erro, o dolo e a coação.

[584] Vejam-se sobre o tema, numa ótica comparativa: Ernst Kramer, *Der Irrtum beim Vertragsschluss. Eine weltweit rechtsvergleichende Bestandsaufnahme*, Zurique, 1998; Ernst Kramer/Thomas Probst, «Defects in the Contracting Process», *in IECL*, vol. VII, *Contracts in General*, capítulo 11; Wolfgang Ernst, «Irrtum», *in* Basedow/Hopt/Zimmermann (orgs.), *Handwörterbuch des Europäischen Privatrechts*, vol. I, pp. 909 ss.; John Cartwright, «Defects of Consent in Contract Law», *in* Hartkamp e outros (orgs.), *Towards a European Civil Code*, pp. 537 ss.; Fernando Esteban de la Rosa, «El error como vicio del consentimento contractual», *in* Sánchez Lorenzo (org.), *Derecho contractual comparado*, t. I, pp. 1117 ss.; e Hein Kötz, *Europäisches Vertragsrecht*, pp. 217 ss.

b) Erro

I – É possível distinguir, a propósito do primeiro dos aludidos vícios, o *erro na declaração* do *erro sobre os motivos* determinantes da vontade.

Um (dito *Erklärungsirrtum* na terminologia germânica), ocorre nas situações em que alguém emitiu uma declaração, mas – ou porque incorreu num lapso, ou porque atribuiu às suas palavras um significado diferente do seu sentido objetivo – aquela tem um conteúdo diferente da sua vontade efetiva; o outro (a que na Alemanha se chama *Motivirrtum*), é uma representação inexata da realidade ou a ignorância de uma circunstância de facto ou de Direito, que foram determinantes da vontade de celebrar ou negócio. Interessa-nos aqui sobretudo o segundo, que vamos agora examinar.

A orientação favorável à nulidade ou anulabilidade do contrato por erro sobre os motivos tem na sua base a *teoria da vontade*, que prosperou na Europa durante o século XIX[585].

Subjaz essa orientação, nomeadamente, aos Códigos francês[586], alemão[587] e suíço[588], que admitem a nulidade ou a anulação do contrato com fundamento em erro sobre as *qualidades essenciais* da prestação ou da contraparte (i.é, na fórmula francesa, aquelas que «foram expressa ou tacitamente acordadas e em conside-

[585] Sob a influência, designadamente, de Savigny: cfr. *System des heutigen römischen Rechts*, vol. 3, cit., p. 258.

[586] Cfr. os arts. 1130 («L'erreur, le dol et la violence vicient le consentement lorsqu'ils sont de telle nature que, sans eux, l'une des parties n'aurait pas contracté ou aurait contracté à des conditions substantiellement différentes. Leur caractère déterminant s'apprécie eu égard aux personnes et aux circonstances dans lesquelles le consentement a été donné») e 1132 («L'erreur de droit ou de fait, à moins qu'elle ne soit inexcusable, est une cause de nullité du contrat lorsqu'elle porte sur les qualités essentielles de la prestation due ou sur celles du cocontractant»), ambos do Código Civil (redação de 2016).

[587] Cfr. o § 119 do BGB, segundo o qual: «(1) Wer bei der Abgabe einer Willenserklärung über deren Inhalt im Irrtum war oder eine Erklärung dieses Inhalts überhaupt nicht abgeben wollte, kann die Erklärung anfechten, wenn anzunehmen ist, dass er sie bei Kenntnis der Sachlage und bei verständiger Würdigung des Falles nicht abgegeben haben würde. (2) Als Irrtum über den Inhalt der Erklärung gilt auch der Irrtum über solche Eigenschaften der Person oder der Sache, die im Verkehr als wesentlich angesehen waren».

[588] Código das Obrigações, art. 23: «Le contrat n'oblige pas celle des parties qui, au moment de le conclure, était dans une erreur essentielle»; *idem*, art. 24 (1): «L'erreur est essentielle, notamment: 1. lorsque la partie qui se prévaut de son erreur entendait faire un contrat autre que celui auquel elle a déclaré consentir; 2. lorsqu'elle avait en vue une autre chose que celle qui a fait l'objet du contrat, ou une autre personne et qu'elle s'est engagée principalement en considération de cette personne ; 3. lorsque la prestation promise par celui des contractants qui se prévaut de son erreur est notablement plus étendue, ou lorsque la contre-prestation l'est notablement moins qu'il ne le voulait en réalité; 4. lorsque l'erreur porte sur des faits que la loyauté commerciale permettait à celui qui se prévaut de son erreur de considérer comme des éléments nécessaires du contrat».

ração das quais as partes contrataram»[589]), quando se demonstre que, na ausência dele, o errante não teria dado o seu consentimento ou só o teria dado em termos substancialmente diversos (ainda que temperem essa regra excluindo a nulidade, como se faz em França, quando o erro seja indesculpável[590] e quando se tenha aceitado um risco relativo à prestação[591]; ou impondo ao errante, consoante sucede na Alemanha e na Suíça, o dever de indemnizar os danos suportados pela contraparte em virtude de ter confiado na validade do contrato[592]).

Tal orientação, de pendor marcadamente subjetivista, não logrou todavia obter o mesmo grau de aceitação noutros códigos modernos, como o italiano[593] e o brasileiro[594], que adotam nesta matéria uma orientação bastante mais restritiva quanto à possibilidade de anulação do contrato, exigindo para tal o *conhecimento* ou a *cognoscibilidade pelo declaratário* do erro do declarante.

A formulação porventura mais elaborada desta orientação, que visa tutelar a confiança do declaratário através do enunciado dos pressupostos da anulação por erro, é a do Código Civil holandês. De acordo com o art. 6:228(1) deste diploma legal, um contrato apenas é anulável por erro se: *a)* Este tiver sido causado por informação falsa ou inexata fornecida pela outra parte (a menos que esta pudesse presumir que o contrato também teria sido concluído sem essa informação);

[589] Art. 1133 do Código Civil, 1º §: «Les qualités essentielles de la prestation sont celles qui ont été expressément ou tacitement convenues et en considération desquelles les parties ont contracté».

[590] Cfr. o acórdão da Cassação de 3 de julho de 1990, *JCP*, 1990, IV, p. 334, em que se afirma: «l'erreur n'est cause de nullité que dans la mesure où elle est excusable». Esta solução foi consagrada no art. 1132 do Código, na redação dada em 2016.

[591] Cfr. o art. 1133, 3º §, do Código segundo o qual: «L'acceptation d'un aléa sur une qualité de la prestation exclut l'erreur relative à cette qualité».

[592] *Vide* o § 122 do BGB, que dispõe: «(1) Ist eine Willenserklärung nach § 118 nichtig oder auf Grund der §§ 119, 120 angefochten, so hat der Erklärende, wenn die Erklärung einem anderen gegenüber abzugeben war, diesem, andernfalls jedem Dritten den Schaden zu ersetzen, den der andere oder der Dritte dadurch erleidet, dass er auf die Gültigkeit der Erklärung vertraut, jedoch nicht über den Betrag des Interesses hinaus, welches der andere oder der Dritte an der Gültigkeit der Erklärung hat. (2) Die Schadensersatzpflicht tritt nicht ein, wenn der Beschädigte den Grund der Nichtigkeit oder der Anfechtbarkeit kannte oder infolge von Fahrlässigkeit nicht kannte (kennen musste)». Também o Código das Obrigações suíço impõe ao errante um dever de indemnizar no caso de erro culposo. Diz o art. 26 (1) a este respeito : «La partie qui invoque son erreur pour se soustraire à l'effet du contrat est tenue de réparer le dommage résultant de l'invalidité de la convention si l'erreur provient de sa propre faute, à moins que l'autre partie n'ait connu ou dû connaître l'erreur».

[593] Art. 1428: «L'errore è causa di annullamento del contratto quando è essenziale ed è ricognoscibile dall'altro contraente».

[594] Cfr. o art. 138 do Código Civil, segundo o qual: «São anuláveis os negócios jurídicos, quando as declarações de vontade emanarem de erro substancial que poderia ser percebido por pessoa de diligência normal, em face das circunstâncias do negócio».

b) A contraparte do errante, à luz do que conhecia ou deveria ter conhecido acerca do erro, devesse ter informado o errante; ou *c)* O erro for comum a ambas as partes, i.é, se a contraparte do errante, no momento da conclusão do contrato, se tiver baseado na mesma suposição incorreta que este. A anulação não pode, além disso, basear-se em erro respeitante a facto exclusivamente futuro ou em erro que, em face da natureza do contrato, das conceções comuns no tráfico ou das circunstâncias do caso, deva ser exclusivamente imputado ao errante.

A lei portuguesa adota nesta matéria uma posição intermédia. Caso o erro sobre os motivos determinantes da vontade negocial incida sobre a pessoa do declaratário ou o objeto do negócio, este é anulável nas condições do erro na declaração (art. 251º do Código Civil); haverá, assim, lugar à anulação do contrato quando o declaratário conhecesse ou não devesse ignorar a essencialidade, para o declarante, do elemento sobre o qual incidiu o erro (consoante determina o art. 247º do mesmo Código). Se, por exemplo, um construtor civil comprar um terreno para construir nele um edifício e mais tarde verificar que tal não é possível, atenta a qualidade do solo ou a localização do imóvel, o contrato de compra e venda será anulável. Não se exige, por conseguinte, que o declaratário tivesse efetivo conhecimento do erro, nem que o erro do declarante seja desculpável: basta, nestes casos, a possibilidade de o declatarário reconhecer a *essencialidade* para o declarante do elemento do negócio sobre o qual incidiu o seu erro a fim de que o negócio seja anulado.

Caso o erro incida sobre os motivos determinantes da vontade, mas não se refira à pessoa do declaratário nem ao objeto do negócio (consoante sucede nos casos de erro sobre a causa, *hoc sensu,* do negócio: *v.g.* alguém arrenda uma casa na errada suposição de que irá trabalhar na localidade onde a mesma se situa), exige-se em Portugal, a fim de que o negócio possa ser anulado com esse fundamento, que as partes hajam reconhecido por acordo (expresso ou tácito) a essencialidade do motivo em questão[595]. Outro tanto sucede na atual lei francesa[596].

Apesar desta última restrição – através da qual se manda atender, no fundo, à repartição do risco do erro operada pelas próprias partes –, pode dizer-se que a lei portuguesa é bastante liberal no tocante às condições de anulação do contrato por erro-vício. A vontade do declarante é, pois, fortemente tutelada nas situações em apreço, recaindo o risco do erro num considerável número de situações sobre o declatário. Tal como na Alemanha e na Suíça, é essencialmente por via

[595] Art. 252º, nº 1, do Código Civil.

[596] Art. 1135 do Código Civil: «L'erreur sur un simple motif, étranger aux qualités essentielles de la prestation due ou du cocontractant, n'est pas une cause de nullité, à moins que les parties n'en aient fait expressément un élément déterminant de leur consentement».

da responsabilidade pré-contratual do errante que, nas situações em apreço, se protege a confiança do declaratário[597].

Observe-se todavia, a este respeito, que, tanto no Direito português como no brasileiro e no francês, a declaração de vontade viciada por erro permanece eficaz até ser anulada ou declarada nula em juízo. Visa-se também deste modo proteger o tráfico jurídico e a confiança do declaratário. Não era assim, porém, no Direito Romano clássico. Neste, o erro respeitante a um dos elementos essenciais dos contratos consensuais (*v.g.* a compra e venda) conduzia automaticamente à ineficácia destes. A proteção do tráfico em caso de erro não era, ao tempo, uma preocupação dominante, até porque a conclusão dos contratos de compra e venda se dava geralmente entre presentes, sendo por isso mais limitada a probabilidade de uma das partes incorrer em erro quanto ao objeto do negócio. Por outro lado, no Direito Romano os negócios jurídicos não eram tidos como integrados por declarações de vontade: a declaração de vontade, com as suas componentes objetiva e subjetiva, corresponde a uma descoberta da era moderna. Para os jurisconsultos romanos da época clássica, só a intenção das partes contava; querendo cada uma delas coisas diferentes, ainda que em virtude de um erro unilateral, faltava o necessário *consensus ad idem* e o negócio não podia sobreviver[598]. Na Alemanha, a anulação da declaração negocial opera ainda hoje por mera declaração do interessado à contraparte[599].

II – Nos sistemas de *Common Law* – que encaram este problema não na ótica do errante, mas antes na do sujeito que deu origem ao erro –, as coisas passam-se de modo diferente.

A perspetiva tradicional do Direito inglês relativamente à anulabilidade do contrato por erro é muito restritiva[600]. A fim de determinar a invalidade do con-

[597] Ver, sobre o ponto, *supra*, § 7º, *a)*.

[598] É o que se extrai do seguinte trecho de Ulpiano reproduzido em D. 18, 1, 9, pr.: «*In venditionibus et emptionibus consensum debere intercedere palam est: ceterum sive in ipsa emptione dissentient sive in pretio sive in quo alio, emptio imperfecta est. Si igitur ego me fundum emere putarem Cornelianum, tu mihi te vendere Sempronianum putasti, quia in corpore dissensimus, emptio nulla est. Idem est, si ego me Stichum, tu Pamphilum absentem vendere putasti: nam cum in corpore dissentiatur, apparet nullam esse emptionem*» («É óbvio que o consentimento de ambas as partes é necessário em todas as compras e vendas: havendo dissenso quanto ao preço ou a algum outro aspeto da venda, esta é imperfeita. Portanto, se pensei comprar a propriedade de Cornélio e tu pensaste vender-me a de Semprónio, dado que existe dissenso quanto ao objeto da transação, a venda será nula. O mesmo sucede se eu tiver suposto que me vendias Estico enquanto que tu supunhas vender-me Panfilo, que se encontrava ausente: porquanto quando há desacordo quanto ao objeto, a venda é nula»).

[599] § 143 (1) do BGB: «Die Anfechtung erfolgt durch Erklärung gegenüber dem Anfechtungsgegner».

[600] Ver, sobre esta matéria, John Cartwright, *Misrepresentation, Mistake and Non-Disclosure*, 3ª ed., Londres, 2012.

trato, o erro tem de ser comum a ambas as partes («*common mistake*»)[601] ou de ser mútuo («*mutual mistake*»)[602]; deve, além disso, ser um erro fundamental[603]. O erro em que tenha incorrido apenas uma das partes («*unilateral mistake*») e que não seja causado por *misrepresentation* da outra é em princípio irrelevante, mesmo que esta tivesse conhecimento dele.

No Direito norte-americano estas regras foram flexibilizadas. O contrato celebrado com erro unilateral é anulável desde que: *a)* Incida sobre um pressuposto essencial do contrato; *b)* Tenha um efeito substancial sobre a troca acordada pelas partes; *c)* O errante não tenha assumido o risco do erro; e *d)* Dele resulte um desequilíbrio contratual significativo em detrimento do errante, de tal sorte que seja irrazoável conferir efeitos ao contrato, ou a outra parte devesse conhecer o erro ou o tenha causado por culpa sua[604].

[601] O que sucede quando as partes comungam, sem culpa, do mesmo erro quanto à ocorrência de certo estado de coisas e a inexistência deste torna a execução do contrato impossível. Cfr. a decisão proferida pelo *Court of Appeal* em *Great Peace Shipping Ltd v. Tsavliris (International) Ltd.*, [2003] Q.B. 679, em que Lord Phillips of Worth Matravers enunciou os seguintes pressupostos do *common mistake*: «(i) there must be a common assumption as to the existence of a state of affairs (ii) there must be no warranty by either party that that state of affairs exists (iii) the non-existence of the state of affairs must not be attributable to the fault of either party (iv) the non-existence of the state of affairs must render performance of the contract impossible (v) the state of affairs may be the existence, or a vital attribute, of the consideration to be provided or circumstances which must subsist if performance of the contractual adventure is to be possible».

[602] O qual se entende ter lugar quando cada uma das partes tem uma representação diferente do mesmo facto. Não há, nestes casos, verdadeiro consenso, sendo por isso o contrato nulo: cfr. a decisão proferida pelo Court of Exchequer no caso *Raffles v. Wickelhaus*, [1864] 159 E.R. 373. Na espécie, as partes haviam acordado entre si a compra e venda de uma partida de algodão, a transportar de Bombaim para Liverspool no navio *Peerless*. Nenhuma delas sabia da existência de dois navios com essa denominação, ambos transportando algodão de Bombaim para Liverpool, posto que em datas diferentes. O comprador supunha ter adquirido o algodão a ser transportado no navio que chegaria ao destino em outubro; o vendedor referia-se ao que chegaria em dezembro. Tendo o comprador recusado a mercadoria quando esta lhe foi entregue em dezembro, o vendedor demandou-o com fundamento em incumprimento do contrato. O tribunal absolveu-o, considerando não haver um contrato válido.

[603] I.é, deve reportar-se a uma circunstância sem a qual as partes não teriam celebrado o contrato. Cfr. a decisão proferida pela Câmara dos Lordes em 1931 no caso *Bell v. Lever Brothers Ltd.*, [1932] A.C. 161, em que se declara: «A mutual mistake as to some fact which, by the common intention of the parties to a contract, whether expressed or implied, constitutes the underlying assumption without which the parties would not have made the contract they did, and which, therefore, affects the substance of the whole consideration, is sufficient to render the contract void».

[604] Veja-se o § 153 do *Restatement 2nd of Contracts*, nos termos do qual: «Where a mistake of one party at the time a contract was made as to a basic assumption on which he made the contract has a material effect on the agreed exchange of performances that is adverse to him, the contract is voidable by him if he does not bear the risk of the mistake under the rule stated in 154 and (a) the effect of the mistake is such that enforcement of the contract would be unconscionable, or

O risco do erro recai assim, nos sistemas de *Common Law,* essencialmente sobre o errante; o que bem se compreende, pois predomina neles a preocupação com a segurança das transações e a confiança do promissário[605].

No confronto com os Direitos inglês e americano, a maior facilidade com que o Direito alemão admite a invalidação do contrato baseada em erro (a qual não tem escapado à crítica da doutrina mais recente[606]) pode ainda explicar-se pelo *princípio da abstração* que vigora neste último quanto aos negócios de disposição, e que os primeiros desconhecem, porquanto esse princípio protege os terceiros e a segurança do tráfico jurídico em muitas situações em que o negócio obrigacional é invalidado.

Uma análoga conclusão pode formular-se a respeito dos sistemas jurídicos, como o francês e o português, que, embora não acolham com a mesma latitude o princípio da abstração, protegem o adquirente de boa-fé de bens que hajam sido objeto de um negócio anulado ou declarado nulo mediante a aplicação do princípio «posse vale título»[607] ou prevendo a inoponibilidade a esse sujeito, em certas condições, da declaração de nulidade ou da anulação do negócio[608]. Dadas, porém, as limitações a que se subordina essa proteção (que em França só beneficia o subadquirente de bens móveis corpóreos suscetíveis de tradição manual e em Portugal apenas opera tratando-se de um imóvel ou de um móvel sujeito a registo e dentro de certos limites temporais), há que reconhecer que a tutela do errante sobreleva nestes sistemas, de um modo geral, à da segurança do tráfico jurídico[609].

(b) the other party had reason to know the mistake or his fault caused the mistake». De acordo com a anotação *c* ao § 152 do *Restatement,* a fim de demonstrar o «efeito substancial» («*material effect*») exigido por esta disposição (e pela seguinte), o *errans* «tem de provar que o desequilíbrio daí resultante para a troca acordada é tão grave que não seria justo exigir-lhe que a cumprisse». Cfr. *Farnsworth on Contracts,* vol. II, p. 599; Klass, *Contract Law in the USA,* p. 107.

[605] Neste sentido, observou Lord Diplock na decisão proferida em 1982 pela Câmara dos Lordes no caso *Paal Wilson v. Partenreederei Hannah Blumenthal (The Hannah Blumenthal),* [1983] 1 A.C. 854: «The rule that neither party can rely upon his own failure to communicate accurately to the other party his own real intention by what he wrote or said or did, as negativing the *consensus ad idem,* is an example of a general principle of English law that injurious reliance on what another person did may be a source of legal rights against him».

[606] *Vide,* aduzindo argumentos extraídos do Direito Comparado, Wolf/Neuner, *Allgemeiner Teil,* p. 457.

[607] Cfr. o art. 2276 do Código Civil francês, segundo o qual: «En fait de meubles, la possession vaut titre».

[608] Cfr. o art. 291º do Código Civil português.

[609] Cfr., em sentido convergente, Muriel Fabre-Magnan/Ruth Sefton-Green, «Defects of Consent in Contract Law», *in* Hartkamp e outros (orgs.), *Towards a European Civil Code,* 3ª ed., Nijmegen, 2004, pp. 399 ss.

Recorde-se, em todo o caso, que nos sistemas romanistas o errante responde perante a contraparte, com certa largueza, por *culpa in contrahendo*; o que de alguma sorte mitiga as consequências de uma anulação mais fácil do contrato por erro nesses sistemas jurídicos, conferindo à confiança do declaratário a tutela que os sistemas de *Common Law*, assim como o holandês, preferem assegurar-lhe através de uma definição mais restritiva dos pressupostos da anulação do contrato por erro.

III – Não logrou autonomizar-se no pensamento jurídico islâmico clássico uma teoria geral do erro; o que bem se compreende, tendo em conta que as situações que como tais podem ser qualificadas se acham, de um modo geral, cobertas pelo sistema dito das «opções» («*khiyar*»), que permite a qualquer dos contraentes resolver o contrato quando os bens ou serviços prestados se mostrem defeituosos ou lhes faltem as qualidades pressupostas pelo respetivo adquirente, ainda que deva ter-se o contrato (ao contrário do que sucede nos sistemas ocidentais) como validamente concluído[610].

As legislações modernas dos países muçulmanos acolhem, no entanto, uma regulamentação do erro (dito «*khata*» em árabe) em moldes análogos aos dos códigos europeus. Assim, por exemplo, o art. 120 do Código Civil egípcio estabelece que «pode ser pedida a anulação do contrato pela parte que, no momento da respetiva conclusão, houver cometido um erro essencial, se a outra parte tiver incorrido no mesmo erro ou tiver tido conhecimento dele ou tivesse podido dar-se conta dele facilmente».

IV – O Direito chinês opera nesta matéria com o conceito de «equívoco significativo», cuja ocorrência na celebração do contrato pode determinar a sua anulação ou modificação[611].

A fim de poder desencadear estas consequências, o «equívoco» em causa tem no entanto, segundo a interpretação do Supremo Tribunal Popular, de ter originado um «dano substancial»[612]. Não se atende para este efeito, em contrapartida, à desculpabilidade do erro ou ao seu conhecimento ou cognoscibilidade pela contraparte. O critério de relevância do erro é, assim, essencialmente

[610] Retomaremos este ponto adiante, no § 14º, *a)*.

[611] Art. 54 da Lei dos Contratos.

[612] Cfr. *Opinions of the Supreme People's Court on Several Issues concerning the Implementation of the General Principles of the Civil Law of the People's Republic of China (for trial implementation)*, nº 71: «Where an actor performs his conducts on the basis of false understanding of the nature of the conduct, the opposite party, the variety, quality, specification and amount of the objects, etc., which leads to the consequence of the conduct going against his own will and results in considerably serious damages, it shall be deemed as significant misconception» (tradução disponível em http://www.cietac.org).

objetivo[613]; o que está de acordo com a limitada relevância que a teoria da vontade e a autonomia privada tradicionalmente têm tido no Direito chinês[614].

c) Dolo

I – Passemos ao dolo, a que os alemães chamam «engano fraudulento» («*arglistige Täuschung*»). Este é, essencialmente, o erro causado ou ocultado por outrem, ainda que em alguns ordenamentos jurídicos caibam também nele situações de indução de outrem à celebração de um contrato, abusando da sua situação de debilidade ou dependência[615].

Também quanto ao dolo se podem distinguir diferentes modalidades.

Em primeiro lugar, integra esse conceito, como se diz no art. 253º, nº 1, do Código português, «qualquer sugestão ou artifício que alguém empregue com a intenção ou consciência de induzir ou manter em erro o autor da declaração»: é o chamado *dolo positivo* («*Täuschung durch positives Tun*»). Será o caso, por exemplo, das falsas afirmações sobre a autoria de um quadro, que é atribuída pelo vendedor a Paula Rego mas que na realidade é de um artista desconhecido, as quais levam certa pessoa a adquiri-lo.

Em segundo lugar, reconduz-se ao dolo a dissimulação pelo declaratário ou terceiro do erro do declarante: é o chamado *dolo negativo* («*Täuschung durch Unterlassen*»). Está neste caso, por exemplo, a situação em que uma pessoa supõe adquirir um quadro da autoria de Paula Rego, que todavia não foi pintado por esta artista; sendo que o vendedor sabe disso, mas nada diz ao comprador.

O dolo pode, assim, compreender tanto atos como omissões daquele que induz ou mantém outrem em erro. Esta conceção sobre a figura em apreço é comungada pelos sistemas alemão[616], francês[617], holandês[618] e brasileiro[619], que qualificam o silêncio, em certas situações, como dolo.

[613] Neste sentido, Junwei Fu, *Modern European and Chinese Contract Law*, p. 101.

[614] Cfr. *infra*, § 15º, *b)*.

[615] Tal o caso do Direito espanhol, que considera existir dolo, no art. 1269 do Código Civil, «cuando, con palabras o maquinaciones insidiosas de parte de uno de los contratantes, es inducido el otro a celebrar un contrato que, sin ellas, no hubiera hecho». Ver María Luisa Palazón Garrido, «El dolo como vicio del consentimento», *in* Sánchez Lorenzo (org.), *Derecho contractual comparado*, t. I, pp. 1221 ss. (p. 1225).

[616] Ver, a este respeito, o acórdão do *Bundesgerichtshof* de 2 de março de 1979, na *NJW*, 1979, pp. 2243 ss.

[617] Onde a situação em apreço é designada por *réticence dolosive*. Haja vista ao acórdão da Cassação de 15 de janeiro de 1971, *Bull. Cass.*, 1971, I, nº 30, em que se afirma: «le dol peut être constitué par le silence d'une partie dissimulant à son cocontractant un fait qui, s'il avait été connu de lui, l'aurait empêché de contracter». Esta solução encontrou acolhimento no art. 1137 do Código, na redação dada pela reforma de 2016, que dispõe: «Le dol est le fait pour un contractant d'obtenir le consentement de l'autre par des manœuvres ou des mensonges. Constitue également un dol la

Não constituem todavia dolo, consoante declara o art. 253º, nº 2, do Código português, «as sugestões ou artifícios usuais, considerados legítimos segundo as conceções dominantes no comércio jurídico»; ou, como diz o art. 3:44(3), *in fine*, do Código holandês, «os elogios formulados de modo genérico, ainda que falsos». Trata-se do chamado *dolus bonus*: o «dolo bom» (também dito «*puffery*» nos sistemas de *Common Law*[620]). Por exemplo: a afirmação, feita pelo vendedor do quadro de um artista desconhecido, de que um dia este se há de valorizar tanto como um de Paula Rego.

Tão-pouco se reconduz àquele conceito, segundo a mesma disposição da lei portuguesa, «a dissimulação do erro quando nenhum dever de elucidar o declarante resulte da lei, de estipulação negocial ou daquelas conceções».

Por seu turno, a lei espanhola requer, a fim de que o dolo possa invalidar o contrato, que o mesmo seja grave e não haja sido empregado pelas duas partes contratantes[621].

Deve todavia notar-se que a tolerância relativamente a este tipo de condutas, sobretudo nas relações com consumidores, se tem reduzido gradualmente, graças sobretudo à proliferação de deveres de informação constantes de legislação especial.

Na Alemanha, a doutrina e a jurisprudência admitem há muito que o dever de informar ou esclarecer a outra parte pode resultar não apenas de disposições especiais da lei, mas também do princípio da boa fé: embora se deva partir nesta matéria de um princípio de *auto-responsabilidade* («*Selbstverantwortlichkeit*»), por força do qual cada um deve procurar obter por si mesmo as informações necessárias à decisão de contratar, a circunstância de uma das partes ser um profissional (por exemplo, um vendedor de automóveis usados) dotado de conhecimentos particulares e em quem a contraparte confie ou de se tratar de uma relação jurídica que obrigue à proteção de interesses alheios (como sucede nos contratos de prestação de serviços de advocacia), pode fazer surgir, *ex bona fide*, um especial

dissimulation intentionnelle par l'un des contractants d'une information dont il sait le caractère déterminant pour l'autre partie».

618 Art. 3:44 (3) do Código Civil: «Ocorre fraude quando alguém induz outrem a concluir um ato jurídico através de uma declaração intencionalmente incorreta, da dissimulação de um facto que o dissimulador deveria ter revelado ou mediante outro artifício [...]».

619 Cfr. o art. 147 do Código Civil: «Nos negócios jurídicos bilaterais, o silêncio intencional de uma das partes a respeito de fato ou qualidade que a outra parte haja ignorado, constitui omissão dolosa, provando-se que sem ela o negócio não se teria celebrado».

620 O qual é definido pela *Federal Trade Commission* norte-americana do seguinte modo: «exaggerations reasonably to be expected of a seller as to the degree of quality of his product, the truth or falsity of which cannot be precisely determined».

621 Art. 1270 do Código Civil: «Para que el dolo produzca la nulidad de los contratos, deberá ser grave y no haber sido empleado por las dos partes contratantes».

dever de informação[622]. Outro tanto pode dizer-se em face do disposto no art. 227º do Código Civil português.

O dolo tem dois efeitos principais: a anulabilidade do negócio jurídico e a responsabilidade daquele que induziu ou manteve em erro a parte contrária. A primeira sanção encontra-se prevista nos códigos alemão[623], italiano[624], português[625], holandês[626] e brasileiro[627]; nos Direitos francês[628] e espanhol[629], o contrato celebrado com dolo de uma das partes é nulo. A segunda, produz-se nestes sistemas jurídicos nas condições atrás examinadas, a propósito da culpa na formação dos contratos[630].

II – Também quanto a esta matéria é diferente a orientação que prevaleceu no Direito inglês, que não conhece um dever geral de informação pré-contratual e que, portanto, não qualifica o silêncio de uma das partes nos preliminares ou na conclusão do contrato como *misrepresentation*[631]. Pelo contrário, o princípio *caveat emptor* («*let the buyer beware*») é ainda hoje a regra básica do Direito inglês em matéria de compra e venda[632]. Cada uma das partes tem, assim, de obter por si as informações de que carece a fim de tomar a decisão de contratar ou não.

622 Cfr. Wolf/Neuner, *Allgemeiner Teil*, p. 478.

623 § 123 (1) do BGB: «Wer zur Abgabe einer Willenserklärung durch arglistige Täuschung oder widerrechtlich durch Drohung bestimmt worden ist, kann die Erklärung anfechten».

624 Art. 1439 (1) do Código Civil: «Il dolo è causa di annullamento del contrato quando i raggiri usati da uno dei contraenti sono stati tali che, senza di essi, l'altra parte non avrebbe contrattato».

625 Art. 254º, nº 1, do Código Civil.

626 Art. 3:44(1) do Código Civil: «Um ato jurídico pode ser anulado quando haja sido concluído em resultado de ameaça, fraude ou abuso das circunstâncias».

627 Cfr. o art. 145 do Código Civil: «São os negócios jurídicos anuláveis por dolo, quando este for a sua causa».

628 Cfr. o art. 1131 do Código Civil, segundo o qual : «Les vices du consentement sont une cause de nullité relative du contrat».

629 Art. 1270 do Código Civil, cit. *supra*.

630 Cfr. *supra*, § 7º, *a)*.

631 O precedente fundamental nesta matéria é o caso *Smith v. Hughes*, [1871] Q.B. 597, em que Lord Blackburn afirmou: «In this case I agree that on the sale of a specific article, unless there be a warranty making it part of the bargain that it possesses some particular quality, the purchaser must take the article he has bought though it does not possess that quality. And I agree that even if the vendor was aware that the purchaser thought that the article possessed that quality, and would not have entered into the contract unless he had so thought, still the purchaser is bound, unless the vendor was guilty of some fraud or deceit upon him, and that a mere abstinence from disabusing the purchaser of that impression is not fraud or deceit; for, whatever may be the case in a court of morals, there is no legal obligation on the vendor to inform the purchaser that he is under a mistake, not induced by the act of the vendor».

632 Assim, *Chitty on Contracts*, vol. I, p. 608.

É a *conceção individualista e liberal* do contrato, própria do Direito inglês, que uma vez mais aqui se manifesta.

Já a prestação intencional, meramente negligente, ou até acidental, de informações falsas ou inexatas cabe na noção de *misrepresentation*. Nestes casos, o contrato é anulável («*voidable*»); o que se justifica por uma das partes ter sido induzida em erro por via da prestação de tais informações. O tribunal pode, no entanto, recusar a anulação se a *misrepresentation* não for fraudulenta, substituindo-a por uma indemnização («*damages in lieu of rescission*»)[633]. A responsabilidade inerente à *misrepresentation* é, como se referiu oportunamente, de natureza delitual[634].

III – O dolo é, no Direito muçulmano clássico, objeto de uma opção de resolução específica: a *opção de dolo* («*khiyar al-tadlis*»). Esta pressupõe a prática por uma das partes de um ato que induziria qualquer pessoa normalmente prudente em erro e um prejuízo para a outra parte, traduzido por exemplo, no preço excessivo por ela pago[635].

Também nesta matéria encontramos nas legislações contemporâneas dos países muçulmanos disposições moldadas sobre as dos códigos europeus. Está neste caso o art. 125 do Código egípcio, segundo o qual o contrato pode ser anulado por dolo quando as manobras praticadas por uma das partes ou o seu representante houverem sido tais que, sem elas, a outra parte não teria contratado. O silêncio intencional de uma das partes sobre um facto ou uma modalidade constitui dolo quando se demonstre que o contrato não teria sido concluído se a outra parte tivesse tido conhecimento dele.

d) Coação

I – Consideremos por fim a coação, também dita «violência» («*violence*»), «intimidação» («*intimidación*») ou «ameaça» («*Drohung*») em alguns sistemas jurídicos[636].

Importa distinguir a este respeito a coação física (*vis absoluta*) da moral (*vis compulsiva*). A primeira tem lugar quando uma pessoa é obrigada pela força a emitir uma declaração negocial. A segunda, quando uma declaração é emitida por medo de algo de que uma pessoa foi ameaçada; distingue-se da primeira, fundamentalmente, porque há nela uma possibilidade de escolha. Neste sentido, declara-se no art. 1140 do Código francês, na redação dada a este preceito pela reforma de 2016:

[633] *Misrepresentation Act 1967*, secção 2(2).

[634] Ver *supra*, § 7º, *b)*.

[635] Ver Coulson, *Commercial Law in the Gulf States*, pp. 69 ss.

[636] Veja-se, numa perspetiva de comparação de Direitos, Carmen Ruiz Sutil, «La violencia y la intimidación», *in* Sánchez Lorenzo (org.), *Derecho Contractual Comparado*, t. I, pp. 1269 ss.

«Há coação quando uma parte se obriga sob a pressão de uma ameaça que lhe inspira o receio de expor a sua pessoa, a sua fortuna ou a dos seus próximos a um mal considerável.»

Só ocorre, pois, coação física quando a liberdade do coagido é totalmente excluída. A ameaça de violência física não determina necessariamente a existência de coação física, podendo consubstanciar-se antes numa coação moral.

No Direito português, a declaração emitida sob coação física «não produz qualquer efeito» (art. 246º do Código Civil). O negócio é, assim, inexistente, segundo a doutrina dominante, por falta de uma manifestação de vontade[637]. Outro tanto sucede no Direito alemão[638]. Procura-se deste modo tutelar a autodeterminação do declarante.

No caso da coação moral, diz o art. 256º do Código português, a declaração é anulável, ainda que a coação provenha de terceiro. Mas neste caso é necessário que seja *grave* o mal e *justificado* o receio da sua consumação. A coação moral é igualmente causa de recusa de efeitos ao contrato nos Direitos alemão[639], francês[640], italiano[641], espanhol[642], holandês[643] e brasileiro[644].

II – Também aqui deparamos com uma orientação mais restritiva nos sistemas de *Common Law*. Originariamente, o contrato só podia ser anulado por «*duress*» (do latim *duritia* pelo francês *duresse*) quando fosse celebrado sob a ameaça de violência física. Hoje, porém, admite-se também a relevância da *economic duress*,

[637] Cfr. Galvão Telles, *Manual dos contratos em geral*, p. 78; Mota Pinto, *Teoria geral*, p. 530. No sentido de que a sanção aplicável seria a nulidade do negócio, veja-se Menezes Cordeiro, *Tratado de Direito Civil*, vol. II, p. 826.

[638] Cfr. Wolf/Neuner, ob. cit., p. 482.

[639] § 123 (1) do BGB, cit. *supra*.

[640] Cfr. art. 1131 do Código Civil, já citado.

[641] Arts. 1434 e 1435 do Código Civil: «La violenza è causa di annullamento del contratto, anche se esercitata da un terzo»; «La violenza deve essere di tal natura da far impressione sopra una persona sensata è da farle temere di esporre se o i suoi beni a un male ingiusto è notevole. Si ha riguardo, in questa materia, all'età, al sesso e alla condizione delle persone».

[642] Art. 1268: «La violencia o intimidación anularán la obligación, aunque se hayan empleado por un tercero que no intervenga en el contrato».

[643] Arts. 3:44 (1), cit. *supra*, e 3:44 (2) do Código Civil: «Ocorre uma ameaça quando alguém induz outrem a celebrar certo ato jurídico ameaçando-o ilicitamente ou a um terceiro com um mal à sua pessoa ou bens. A ameaça deve ser de molde a que uma pessoa razoável fosse influenciada por ela».

[644] Art. 151 do Código Civil: «A coação, para viciar a declaração de vontade, há de ser tal que incuta ao paciente fundado temor de dano iminente e considerável à sua pessoa, à sua família, ou aos seus bens».

que pode traduzir-se na ameaça do rompimento de uma relação contratual se esta não for objeto de renegociação[645].

A jurisprudência desenvolveu ainda a figura da *undue influence* para os casos em que alguém se aproveita de uma relação de confiança com outra pessoa para a levar à conclusão do contrato; mas esta figura aproxima-se mais da usura continental, pelo que será examinada a respeito desta[646].

III – Nos sistemas jurídicos muçulmanos, a coação («*ikrah*») determina que o contrato é nulo («*batil*»), pois o Corão, como se viu acima, requer o mútuo consentimento a fim de que se forme validamente um contrato e o consentimento forçado não é verdadeiro consentimento[647]. A invalidade do contrato celebrado nestas circunstâncias encontra-se igualmente acolhida nas fontes contemporâneas do Direito muçulmano[648].

§ 12º Efeitos

a) Efeitos do contrato nas relações entre as partes

I – Nos sistemas romano-germânicos podem distinguir-se diferentes conceções quanto aos efeitos do contrato nas relações entre as partes.

A primeira é a *conceção restrita de contrato*, nos termos da qual este apenas produz efeitos obrigacionais. Contrato é, nesta ordem de ideias, o acordo de vontades do qual nascem obrigações e os correspondentes direitos de crédito. Esta conceção tem a sua raiz no Direito Romano, perante o qual os contratos alienatórios, como a compra e venda (*emptio et venditio*), eram destituídos de eficácia translativa da propriedade sobre o bem alienado, para a qual se requeria um ato de entrega da coisa denominado, na época justinianeia, *traditio*[649].

Dessa conceção se fez eco formalmente, na esteira do ensinamento de Pothier[650], o Código Civil francês[651]. O contrato seria, assim, uma espécie do

[645] Cfr. *Cheshire, Fifoot and Furmston's Law of Contract*, pp. 389 ss.; *Anson's Law of Contract*, p. 375 ss.; Klass, *Contract Law in the USA*, p. 114. No Direito norte-americano entende-se por *duress* a situação em que «a manifestação de vontade de uma das partes é induzida por uma ameaça imprópria da outra parte que não deixa à vítima qualquer alternativa»: cfr. o § 175(1) do *Restatement 2nd of Contracts*.

[646] Cfr. *infra*, § 13º, *b)*.

[647] Cfr. Coulson, *Commercial Law in the Gulf States*, pp. 47 ss.

[648] Haja vista ao art. 127, nº 1, do Código egípcio, segundo o qual: «Le contrat est annulable pour cause de violence, si l'une des parties a contracté sous l'empire d'une crainte fondée que lui avait inspirée sans droit l'autre partie».

[649] Cfr. Zimmermann, *The Law of Obligations*, pp. 271 ss.

[650] *Traité des obligations*, p. 7: «L'espèce de convention qui a pour objet de former quelque engagement est celle qu'on appelle contrat».

[651] *Vide* o art. 1101, que dispunha na sua redação original: «Le contrat est une convention par laquelle une ou plusieurs personnes s'obligent, envers une ou plusieurs autres, à donner, à faire

género convenção, a qual se definia como um acordo de vontades entre duas ou mais pessoas tendente à criação de efeitos jurídicos de qualquer espécie[652]. O Código foi, contudo, além do modelo romano, ao estabelecer que a coisa alienada se torna, por efeito do contrato, propriedade do adquirente[653]. O contrato tendente à alienação de um bem é, assim, dotado de *eficácia real* no Direito francês, não sendo portanto os seus efeitos restritos à constituição de obrigações. Na legislação mais recente, qualifica-se, além disso, como contrato o «pacto civil de solidariedade» (PACS), cujo objeto consiste em organizar a vida em comum de duas pessoas[654]. A distinção entre contrato e convenção perdeu, deste modo, muito do seu interesse no atual Direito francês[655]. Por isso pôde Ghestin definir o primeiro como um *acordo de vontades, entre duas ou mais pessoas, tendente à produção de efeitos jurídicos*[656]. O contrato identificar-se-ia, assim, com a figura da convenção *tout court*. Mas a reforma do Código Civil de 2016 manteve a distinção entre as duas categorias nos termos tradicionais[657]. O contrato é assim, em França, uma convenção particular, criadora, translativa ou extintiva de obrigações[658].

ou à ne pas faire quelquer chose». Após a reforma de 2016, o mesmo preceito passou a dispor : «Le contrat est un accord de volontés entre deux ou plusieurs personnes destiné a créer, modifier, transmettre ou éteindre des obligations».

652 *Sic*, Muriel Fabre-Magnan, *Droit des obligations*, vol. I, p. 169 («Une convention est généralement définie comme un accord de volontés entre deux ou plusieurs personnes ayant pour objet de créer des effets de droit quelconques»).

653 Cfr. o atual art. 1196 do Código Civil, que dispõe (na esteira do anterior art. 1138): «Dans les contrats ayant pour objet l'aliénation de la propriété ou la cession d'un autre droit, le transfert s'opère lors de la conclusion du contrat». Atente-se ainda nos arts. 711 («La propriété des biens s'acquiert et se transmet par succession, par donation entre vifs ou testamentaire, et par l'effet des obligations»), 938 («La donation dûment acceptée sera parfaite par le seul consentement des parties; et la propriété des objets donnés sera transférée au donataire, sans qu'il soit besoin d'autre tradition») e 1583 («[La vente] est parfaite entre les parties, et la propriété est acquise de droit à l'acheteur à l'égard du vendeur, dès qu'on est convenu de la chose et du prix, quoique la chose n'ait pas encore été livrée ni le prix payé»), todos do mesmo Código.

654 Haja vista ao art. 515-1 do Código Civil, introduzido neste diploma pela Lei nº 99-944, de 15 de novembro de 1999 nos termos do qual: «Un pacte civil de solidarité est un contrat conclu par deux personnes physiques majeures, de sexe différent ou de même sexe, pour organiser leur vie commune».

655 Reconhecem-no, por exemplo, François Terré/Philippe Simler/Yves Lequette, *Droit civil. Les obligations*, p. 65.

656 Cfr. Jacques Ghestin, «La notion de contrat», *Recueil Dalloz Sirey*, 1990, pp. 147 ss. (p. 156); *idem*, «Contrat», *in* Denis Alland/Stéphane Rials (orgs.), *Dictionnaire de la culture juridique*, reimpressão, Paris, 2007, pp. 276 ss. ; *idem*, *Traité de Droit Civil. La formation du contrat*, tomo 1, pp. 32 e 47.

657 Cfr. o *Rapport au Président de la République relatif à l'ordonnance nº 2016-131*.

658 Cfr. Nicolas Damas, «Dispositions relatives à la formation du contrat», *in* Philippe Chauviré (org.), *La réforme du droit des contrats : du projet à l'ordonnance*, Paris, 2016, pp. 13 ss. (p. 16); Bénabent, *Droit des obligations*, p. 30.

No pólo oposto da anterior, encontra-se a *conceção ampla de contrato*, sustentada por Savigny, que o definiu como «a associação de vários sujeitos numa declaração de vontade convergente, através da qual as suas relações jurídicas são disciplinadas»[659]. Segundo o mesmo autor, o contrato pode produzir qualquer espécie de efeitos: obrigacionais, reais, familiares e sucessórios[660]. Contrato é, assim, todo o *negócio jurídico bilateral*.

Esta conceção encontra-se consagrada no Direito alemão, como o revela, desde logo, a circunstância de as disposições sobre o contrato constantes do BGB (§§ 145 a 157) figurarem na parte geral e não no livro do Direito das Obrigações. O Código alemão prevê, por outro lado, a celebração de contratos no domínio dos Direitos Reais[661], do Direito da Família[662] e do Direito das Sucessões[663].

Adota também esta conceção o atual Direito português, em que os contratos alienatórios da propriedade de um bem são dotados não apenas de eficácia obrigacional, na medida em que fazem nascer na esfera jurídica das partes direitos de crédito e deveres de prestação, mas também de eficácia real, porquanto a transmissão da propriedade tem lugar automaticamente em virtude deles, sem que para tal seja necessário um ato de tradição ou de publicitação[664]. Pode o

[659] «Vertrag überhaupt ist die Vereinigung Mehrerer zu einer übereinstimmenden Willenserklärung, wodurch ihre Rechtsverhältnisse bestimmt waren» : cfr., do autor referido, *Das Obligationenrecht*, vol. II, Berlim, 1853, p. 7.

[660] Cfr. *System des heutigen römischen Rechts*, vol. 3, cit., pp. 309 s.: «Es fragt sich nämlich, ob Rechtsverhältnisse aller Art, oder etwa nur eine einzelne Art derselben, Gegenstand des Vertrages seyn können. Von dieser Seite nun müssen wir für den angegebenen Begriff die ausgedehnteste Anwendbarkeit in Anspruch nehmen. Es sind also Verträge möglich im Völkerrecht, im Staatsrecht, im Privatrecht: in diesem ferner bey allen Arten der ihm angehörenden Rechtsinstitute».

[661] Como é o caso da *Auflassung*, referida no § 925, e da *Einigung* «dass das Eigentum übergehen soll», a que alude o § 929. Como se viu acima, no § 5º, *b)*, II, no Direito alemão o contrato de compra e venda, negócio obrigacional, não tem a virtualidade de operar, por si só, a transferência da propriedade sobre o bem alienado, sendo ainda necessário, para o efeito, um ato formal de transmissão da propriedade (*Auflassung*), no caso dos imóveis, seguida da sua inscrição no registo (*Eintragung*), ou a entrega do bem (*Übergabe*), acompanhada do acordo das partes (*Einigung*) de que a propriedade será transferida, pelo que respeita aos móveis. Ora, o ato que opera a transmissão da propriedade constitui também um acordo de vontades, integrando portanto o conceito de contrato no Direito alemão, sendo aí designado por contrato real (*dinglicher Vertrag*). Cfr. Flume, *Das Rechtsgeschäft*, p. 604; Hein Kötz, *Vertragsrecht*, Tubinga, 2009, p. 4.

[662] Consoante sucede no casamento (§ 1310 (1)) e nos acordos relativos à prestação de alimentos (§ 1585c).

[663] De que são exemplos os contratos sucessórios a que se refere o § 1941.

[664] Cfr. o art. 408º, nº 1, do Código Civil. Sobre as razões de política legislativa subjacentes a esta disposição, veja-se Adriano Vaz Serra, «Efeitos dos contratos (Princípios gerais)», *BMJ* 74 (1958), pp. 333 ss. Reconhecendo que a orientação adotada pelo Código alemão no tocante aos imóveis sujeitos a registo tem por si a vantagem da publicidade, o autor afastou-a todavia no seu projeto de articulado sobre a matéria. Por um lado, porque ela assentaria numa «organização perfeita

contrato, além disso, produzir em Portugal efeitos familiares[665] e sucessórios[666], assim como de direito público[667]. Trata-se, pois, como nota Francisco Pereira Coelho[668], de um «mecanismo *abstrato, hoc sensu,* suscetível de ser utilizado com vista à produção de *qualquer* efeito de direito, independentemente da sua fonte ou localização sistemática».

No Direito italiano, vingou uma conceção intermédia entre as anteriores, conforme a qual o contrato é suscetível de produzir quaisquer efeitos patrimoniais[669]. Seria este, segundo um setor da doutrina, o único domínio relativamente ao qual poderia valer na sua plenitude o princípio da autonomia privada, de que o contrato é expressão[670]. O casamento, por lhe faltar o requisito da patrimonialidade, não é um contrato[671]. Em contrapartida, a propriedade sobre os bens alienados transfere-se para o adquirente *solo consensu*[672]. O contrato produz, assim, efeitos autónomos das obrigações a que dá origem.

dos livros prediais que entre nós não existe». Por outro, porque o sistema germânico, «obrigando as partes a registar sempre, representaria uma tão grande alteração nos hábitos da população, acostumada em largos domínios a não registar (e por vezes a nem sequer documentar os actos), que seria susceptível de lhe causar graves prejuízos, sem ao menos a vantagem de lhe assegurar o direito adquirido, pois o registo não sanaria os vícios do título aquisitivo». Finalmente, porque a aquisição da propriedade ao comprar-se uma coisa corresponderia ao «sentimento geral» da população portuguesa. Quanto aos móveis para que não haja registo, entendeu também Vaz Serra ser desnecessário impor a sua entrega como requisito necessário para a transferência da propriedade ou a constituição de direitos reais: bastaria, em seu entender, que se adotasse um sistema adequado de defesa dos terceiros de boa-fé, na linha do princípio *posse vale título* dos Direitos francês e italiano, o qual tempera o da transferência da propriedade por mero efeito de contrato, determinando que se a alienação da coisa móvel não for acompanhada da sua entrega ao comprador e entretanto um terceiro de boa-fé a adquirir juntamente com a respetiva posse, este adquire a propriedade sobre a coisa, ainda que *a non domino.*

665 Como é o caso do casamento: cfr. o art. 1577º do Código Civil.

666 De que é exemplo o pacto sucessório: haja vista aos arts. 1701º, 2026º e 2028º do Código Civil.

667 Haja vista, designadamente, ao Código dos Contratos Públicos, aprovado pelo Decreto-Lei nº 18/2008, de 29 de janeiro, alterado por último pelo Decreto-Lei nº 214-G/2015, de 2 de outubro.

668 Cfr. Francisco Manuel de Brito Pereira Coelho, «"Contrato" – Evolução do conceito no Direito português. Do "acordo entre duas ou mais pessoas em dar ou fazer uma cousa que lhes apraz" (Melo Freire) ao actual "negócio jurídico bilateral"», *BFDUC,* vol. 64 (1988), pp. 233 ss. (p. 243).

669 Cfr. o art. 1321 do Código Civil: «Il contratto è l'accordo di due o più parti per costituire, regolare o estinguere tra loro un rapporto giuridico patrimoniale».

670 Ver Bianca, *Diritto Civile,* vol. 3, *Il contratto,* pp. 5 ss.

671 Assim Roppo, *Diritto privato,* p. 368. O casamento é regulado pelos arts. 79 a 230 do Código Civil, integrantes do respetivo Título VI do Livro I («Delle persone e della famiglia»).

672 Cfr. o Código Civil, arts. 922 (segundo o qual: «La proprietà si aquista [...] per effeto di contratti») e 1376 (que estabelece: «Nei contratti che hanno per oggetto il trasferimento della proprietà di una cosa determinata, la costituzione o il trasferimento di un diritto reale ovvero il trasferimento di un altro diritto, la proprietà o il diritto si trasmettono e si acquistano per effetto del consenso delle parti legittimamente manifestato»).

II – Os sistemas de *Common Law* desconhecem o princípio germânico da separação entre o negócio obrigacional e o negócio de disposição. No entanto, o contrato produz neles essencialmente efeitos obrigacionais («*rights in personam*»), ainda que dele possa em certos casos também resultar a transferência da propriedade («*conveyance of property*»), como sucede em Inglaterra no caso da venda de coisas móveis («*sale of goods*»)[673]. No tocante aos imóveis, a transferência da propriedade pressupõe, é certo, a celebração de um *deed*[674] e o registo do ato[675] a fim de que possa produzir efeitos relativamente a terceiros. Mas o contrato é, por si só, fonte de *equitable property rights* equivalentes aos *legal property rights*[676]. Em princípio, o contrato não produz efeitos familiares. E a instituição de *trusts* está também excluída do âmbito do contrato nos sistemas de *Common Law*, ao invés do que sucede nos sistemas continentais[677]. Nos primeiros, os *trusts* são, com efeito, instituídos por uma manifestação de vontade do titular dos bens afetos ao *trust* («*express trust*»), por imposição legal («*statutory trust*») ou por decisão judicial («*resulting trust*» e «*constructive trust*»); mas não, ao menos segundo o ponto de vista dominante, por contrato[678]. Compreende-se, a esta luz, que o contrato seja definido por um autor inglês tão-somente como «um acordo gerador de obrigações juridicamente executadas ou reconhecidas»[679].

As funções sócio-económicas do contrato diferem, pois, substancialmente consoante os sistemas jurídicos examinados: ao passo que em alguns elas se cingem à criação de obrigações, noutros vão muito além disso. Também por aqui se vê que não há um conceito unitário de contrato nesses sistemas jurídicos[680].

673 Cfr., o *Sale of Goods Act 1979*, secção 2(1): «A contract of sale of goods is a contract by which the seller transfers or agrees to transfer the property in goods to the buyer for a money consideration, called the price»; secção 17(1): «Where there is a contract for the sale of specific or ascertained goods the property in them is transferred to the buyer at such time as the parties to the contract intend it to be transferred»; e secção 18 (1): «Where there is an unconditional contract for the sale of specific goods in a deliverable state the property in the goods passes to the buyer when the contract is made, and it is immaterial whether the time of payment or the time of delivery, or both, be postponed».

674 *Law of Property Act 1925*, secção 52(1).

675 *Land Registration Act 2002*, secção 27.

676 Neste sentido, John Cartwright, *Contract Law*, cit., p. 54.

677 Haja vista, por exemplo, ao art. 2012 do Código Civil francês, que dispõe: «La fiducie est établie par la loi ou par contrat».

678 Ver António Barreto Menezes Cordeiro, *Do Trust no Direito Civil*, cit., pp. 415 ss. e 1024 ss.

679 «An agreement giving rise to obligations which are enforced or recognised by law»: cfr. Treitel, *The Law of Contract*, p. 1.

680 À mesma conclusão chegam Guido Alpa, «Le contrat "individuel" et sa définition», *RIDC*, 1988, pp. 327 ss. ; Pier Giuseppe Monateri/Rodolfo Sacco, «Contratto in diritto comparato», *Digesto delle discipline Privatistiche. Sezione Civile*, vol. IV, Turim, 1989, pp. 138 ss.; e Martin Oudin, «Un droit européen...pour quel contrat? Recherches sur les frontières du contrat en droit comparé», *RIDC*, 2007, pp. 475 ss.

b) Efeitos do contrato relativamente a terceiros

I – Em regra, os contratos não produzem efeitos relativamente a terceiros: é o princípio dito da *relatividade dos contratos*, oriundo do Direito Romano[681].

Modernamente, este princípio encontrou acolhimento no Código Civil francês, cujo atual art. 1199, retomando com outra formulação a regra anteriormente acolhida no art. 1165, dispõe que «o contrato apenas cria obrigações entre as partes» e que «um terceiro não pode exigir o seu cumprimento nem ser obrigado a cumpri-lo», salvo nos casos em que a lei o estabeleça. O mesmo princípio acha-se consagrado no Código italiano, cujo art. 1372, nº 2, estabelece que «o contrato não produz efeitos relativamente a terceiros senão nos casos previstos pela lei». Esta fórmula inspirou por seu turno o art. 406º, nº 2, do Código Civil português, nos termos do qual «em relação a terceiros, o contrato só produz efeitos nos casos e termos especialmente previstos na lei».

No Direito alemão, o princípio da relatividade das relações obrigacionais («*Grundsatz der Relativität der Schuldverhältnisse*») não tem uma consagração legal tão explícita, embora se encontre refletido no § 241(1), I parte, do BGB, segundo o qual «em virtude da relação obrigacional, o credor tem o direito de exigir uma prestação ao devedor»; a doutrina, de um modo geral, aceita-o[682].

Os sistemas de *Common Law* acolhem, por seu turno, o princípio da *privity of contract*, segundo o qual um contrato não pode, em regra, conferir direitos ou impor obrigações a uma pessoa que dele não seja parte[683].

Trata-se aqui como que da *face negativa* do princípio da liberdade contratual.

II – Nos sistemas romano-germânicos, uma das partes num contrato pode todavia assumir perante a outra a obrigação de efetuar uma prestação a favor de um terceiro, estranho ao negócio, que assim adquire o direito de exigir diretamente o seu cumprimento[684]: é o chamado *contrato a favor de terceiro, Vertrag zugunsten Dritter* ou *stipulation pour autrui*, previsto na legislação de diversos países[685].

[681] Recorde-se o excerto de Ulpiano reproduzido em D. 45, 1, 38, 17: «*alteri stipulari nemo potest, praeterquam si servus domino, filius patri stipuletur*» («ninguém pode estipular para outrem, exceto se um servo estipular para o dono ou um filho para o pai»).

[682] Cfr. Medicus/Lorenz, *Schuldrecht I. Allgemeiner Teil*, pp. 13 s.; Looschelders, *Schuldrecht. Allgemeiner Teil*, p. 12.

[683] «A contract cannot, as a general rule, confer rights or impose obligations arising under it on any person except the parties to it»: cfr. Treitel, *The Law of Contract*, p. 694.

[684] Haja vista, designadamente, ao art. 1205 do Código francês; ao § 328 (1) do Código alemão; ao art. 112(2) do Código das Obrigações suíço; ao art. 443º, nº 1, do Código português; ao art. 6:253 do Código Civil holandês; e ao art. 436 do Código brasileiro.

[685] Para um panorama histórico e comparativo do regime do contrato a favor de terceiro, *vide* Hein Kötz, «Rights of Third Parties. Third Party Beneficiaries and Assignment», *in IECL*, vol. VII, *Contracts in General*, capítulo 13; Jan Hallebeek, «Contracts for a third-party beneficiary: a brief

O interesse prático da figura é inequívoco, como o demonstra a sua ampla utilização, por exemplo, no domínio dos seguros, em que é frequente a estipulação do dever do segurador de pagar a um terceiro a indemnização do dano sofrido em consequência de um sinistro, que lhe seria de outro modo devida pelo tomador do seguro, ou de pagar a um familiar deste uma pensão ou outra prestação pecuniária em caso de morte ou invalidez do primeiro. Mas a admissão do contrato a favor de terceiro opera também naqueles sistemas jurídicos como um mecanismo de justiça contratual, sempre que, em face das circunstâncias do contrato, das finalidades por ele prosseguidas ou dos usos, seja de admitir a atribuição de um direito de ação *ex contractu* a um terceiro que não é parte dele e cuja posição não possa ser adequadamente protegida por outra via[686].

Nos sistemas de *Common Law*, porém, o contrato a favor de terceiro foi rejeitado durante muito tempo (e é-o ainda em alguns deles[687]) em razão do princípio da *privity of contract*, por força do qual só as partes no contrato podem reclamar em juízo o seu cumprimento; e bem assim da doutrina da *consideration*, em virtude da qual o *enforcement* de uma promessa contratual só pode, por via de regra, ser exigido se for devida ao promitente uma contrapartida pelo beneficiário dela[688]:

> «Os casos modernos», afirmou em 1861 o *Court of Queen's Bench* no caso *Tweedle v. Atkinson*, «demonstram que a *consideration* tem de partir da parte com direito a demandar com base no contrato. Seria uma afirmação monstruosa dizer que uma pessoa é

sketch from the Corpus Iuris to present-day civil law», *Fundamina*, 2007, nº 2, pp. 12 ss.; e Pilar Jimenez Blanco, «Los contratos a favor de tercero en el derecho europeo», *in* Sánchez Lorenzo (org.), *Derecho contractual comparado*, t. II, pp. 365 ss.

686 Foi o que sucedeu no caso decidido pelo Tribunal Federal alemão em 17 de janeiro de 1985, *NJW*, 1985, p. 1457. A cliente de uma operadora turística contratara com esta uma viagem às Caraíbas. A operadora reservara, por seu turno, os lugares necessários nos voos de certa companhia aérea. Tendo entretanto a operadora suspendido os seus pagamentos, a companhia aérea recusou à passageira o transporte no voo de regresso. O tribunal considerou haver incumprimento pela companhia aérea do contrato de transporte celebrado com a operadora em benefício da passageira e reconheceu a esta o direito a ser ressarcida.

687 Tal o caso da Austrália, onde este tipo de contratos continua a não ser admitido em termos gerais.

688 Veja-se a opinião expressa por Lord Haldane em *Dunlop Pneumatic Tyre Co Ltd. v. Selfridge & Co. Ltd.*, [1915] A.C. 847: «Our law knows nothing of a *jus quaesitum tertio* arising by way of contract. Such a right may be conferred by way of property, as, for example, under a trust, but it cannot be conferred on a stranger to a contract as a right to enforce the contract *in personam*». Cfr. ainda a decisão proferida pela Câmara dos Lordes em *Beswick v. Beswick*, [1968] A.C. 58, em que aquele tribunal rejeitou que a autora – beneficiária de um contrato entre o seu falecido marido e um sobrinho, pelo qual este havia assumido a obrigação de lhe pagar uma pensão após o falecimento do tio, como contrapartida da cedência por este de uma empresa de que era titular – pudesse demandar o sobrinho por incumprimento do contrato, uma vez que não era parte nele.

parte num contrato para o efeito de demandar com base nele em seu próprio benefício, mas que não é parte nele para o efeito de ser demandada.»[689]

Certos diplomas legais ingleses conferiram pontualmente efeitos, é certo, a estipulações a favor de terceiros contidas, *v.g.*, em contratos de seguro: tal o caso, designadamente, do *Married Women Property Act 1882* e do *Road Traffic Act 1988*. Mas só em 1999 o Parlamento inglês aprovou uma lei – o *Contracts (Rights of Third Parties) Act 1999* – que reformou (sem todavia o revogar) o referido princípio, reconhecendo a terceiros, sob certas condições, a possibilidade de exigirem em juízo o cumprimento de estipulações contratuais que visem beneficiá-los[690]. Esta lei, que Raymond Youngs carateriza como «*a step in the continental direction*»[691], não se aplica todavia caso as partes a tenham afastado, expressa ou tacitamente[692]. Por outro lado, a estipulação a favor de terceiro deve ser expressa; e o beneficiário deve ser identificado no contrato pelo seu nome, pela pertença a uma classe ou pela correspondência a determinada descrição, o que exclui certas situações que noutros sistemas jurídicos cabem no contrato a favor de terceiro[693]. Como nota Pilar Jimenez Blanco[694], o que é decisivo a fim de identificar um contrato a favor de terceiro, em face daquele diploma legal inglês, não é que do contrato resulte um benefício para o terceiro, mas antes que exista a vontade de conceder-lhe o direito de exigir em juízo certo benefício («*right to sue*»), o qual deve ser-lhe expressamente outorgado. Não é possível, por conseguinte, consoante vimos suceder nos sistemas continentais, inferir a estipulação a favor de terceiro das circunstâncias do contrato ou das finalidades por ele visadas.

Já no Direito dos Estados Unidos da América a figura do *third party beneficiary* obteve acolhimento bastante mais cedo do que em Inglaterra, tanto no *Restatement 2nd of Contracts*[695] como na legislação de certos Estados[696].

[689] Cfr. [1861] 121 E.R. 762 .

[690] Cfr. a secção 1(1) desse diploma, que estabelece: «Subject to the provisions of this Act, a person who is not a party to a contract (a "third party") may in his own right enforce a term of the contract if- (a) the contract expressly provides that he may, or (b) subject to subsection (2), the term purports to confer a benefit on him».

[691] Cfr. *English, French & German Comparative Law,* 3ª ed., Londres/Nova Iorque, 2014, p. 588.

[692] Secção 1(2): «Subsection (1)(b) does not apply if on a proper construction of the contract it appears that the parties did not intend the term to be enforceable by the third party».

[693] Cfr., respetivamente, a secção 1(1)(a) e a secção 1 (3).

[694] Est. cit., p. 1165.

[695] Cfr. o § 302 (1), segundo o qual: «Unless otherwise agreed between promisor and promisee, a beneficiary of a promise is an intended beneficiary if recognition of a right to performance in the beneficiary is appropriate to effectuate the intention of the parties and either (a) the performance of the promise will satisfy an obligation of the promisee to pay money to the beneficiary; or (b) the circumstances indicate that the promisee intends to give the beneficiary the benefit of the

III – Os sistemas jurídicos alemão e português vão, porém, nesta matéria consideravelmente mais longe, porquanto admitem que do contrato resultem deveres acessórios de conduta, que vinculem o devedor perante terceiros que se encontrem numa relação de especial proximidade com o credor.

Trata-se fundamentalmente de deveres de evitar, nos preliminares, na formação e na execução do contrato, danos pessoais ou patrimoniais a pessoas que não são partes dele, nem beneficiários das prestações nele estipuladas, mas que de alguma sorte «gravitam» em torno dele; deveres esses que se fundam, na falta de disposições legais específicas, no princípio da boa-fé. Para designar o vínculo assim constituído alude-se à categoria dos contratos com eficácia de proteção de terceiros («*Verträge mit Schutzwirkung für Dritte*»)[697].

Entre os sujeitos contratuais que podem encontrar-se vinculados ao cumprimento de tais deveres incluem-se os seguintes: *a)* O vendedor de um produto perante o trabalhador assalariado do respetivo comprador, que haja sofrido ferimentos aquando da sua manipulação, por o empregador não ter sido devidamente esclarecido acerca da sua perigosidade; *b)* O senhorio perante os familiares do inquilino, pelo que respeita aos danos pessoais por estes sofridos em virtude de defeitos do imóvel locado; *c)* O dono de um estabelecimento comercial perante os acompanhantes de um cliente por acidentes ocorridos nas instalações daquele aquando da realização de uma compra; *d)* O subempreiteiro perante o dono da obra, no que respeita aos trabalhos que lhe cumpre executar, na medida em que da sua inexecução ou execução defeituosa possam resultar danos para aquele; *e)* O advogado perante um terceiro que o seu constituinte tinha em vista beneficiar através de certo negócio jurídico (*v.g.* um testamento) cuja preparação lhe confiara e que haja sofrido danos patrimoniais em virtude da sua não celebração ou ineficácia; e *f)* O auditor financeiro perante o mutuante de um cliente seu, que lhe haja emprestado dinheiro com base em informações inexatas fornecidas por aquele no âmbito de uma auditoria que lhe fora encomendada.

A figura em apreço é de origem jurisprudencial[698]; mas foi expressamente acolhida, aquando da reforma do Direito das Obrigações, no § 311 (3) do Código

promised performance». Ver, sobre esta disposição, David Summers, «Third Party Beneficiaries and the Restatement (Second) of Contracts», *Cornell L.Rev.*,1981/82, pp. 880 ss.

[696] Haja vista, por exemplo, ao Código Civil da Califórnia, cuja secção 1559 dispõe: «A contract, made expressly for the benefit of a third person, may be enforced by him at any time before the parties thereto rescind it».

[697] Para uma síntese sobre esta figura, vejam-se Medicus/Lorenz, *Schuldrecht I. Allgemeiner Teil*, pp. 395 ss.; Looschelders, *Schuldrecht. Allgemeiner Teil*, pp. 53 ss.; e, em língua portuguesa, Hans-Joachim Musielak, «A inserção de terceiros no domínio da protecção contratual», *in* António Pinto Monteiro (coord.), *Contratos: actualidade e evolução*, Porto, 1997, pp. 283 ss.

[698] Cfr., designadamente, os acórdãos do BGH de 15 de maio de 1959, *NJW*, 1959, pp. 1676 ss.; e de 28 de janeiro de 1976, *NJW*, 1976, pp. 712 ss.

Civil alemão, por força do qual o dever de consideração pelos interesses alheios pode estender-se a pessoas que não sejam partes do contrato[699].

Como é bom de ver, a admissão desta figura reveste-se de grande melindre. Por um lado, porque ao admitirem-se deveres desta índole se aceitam limitações muito significativas à liberdade contratual: uma das partes ficará vinculada, independentemente da sua vontade, perante pessoas que não intervieram no contrato e que, portanto, não foram por si escolhidas. Por outro, porque se se admitir que a responsabilidade pelo incumprimento desses deveres se encontra sujeita às mesmas regras que valem para o incumprimento de obrigações voluntariamente assumidas perante a contraparte – as regras da responsabilidade contratual – se estará a ampliar também de forma muito relevante o círculo das situações originariamente tuteladas por esta modalidade do dever de responder, a qual passará a compreender danos causados a pessoas com as quais o responsável não tinha qualquer relação jurídica contratual ou pré-contratual anteriormente à constituição da obrigação ressarcitória.

Daí que se exija na doutrina e na jurisprudência alemãs, a fim de que o terceiro possa ser inserido no domínio de proteção do contrato, a verificação cumulativa das seguintes condições[700]: *a)* Que o terceiro se ache numa relação de certa proximidade com a prestação contratual («*Leistungsnähe*»), em virtude da qual se encontre, pelo que respeita aos perigos conexos com a prestação, numa posição semelhante à do próprio credor; *b)* Que o credor deva ter um interesse justificado na proteção do terceiro («*Schutzinteresse*»); *c)* Que o devedor possa, no momento da conclusão do contrato, reconhecer que a sua prestação contratual é destinada também a um terceiro, em ordem a poder estimar os riscos em que incorre ao contratar («*Erkennbarkeit*»); e *d)* Que exista uma necessidade especial de proteção («*Schutzbedürftigkeit*») do terceiro, que justifique o reconhecimento a este da possibilidade de recorrer à ação contratual (o que não será o caso sempre que a vítima possa demandar o próprio credor em ordem a ressarcir-se do dano sofrido, como sucede nas relações entre subarrendatário e senhorio).

A questão nuclear que as situações do referido tipo suscitam é, conforme resulta do que já se disse, a de saber qual o regime de responsabilidade a que as mesmas ficam submetidas: se o da responsabilidade contratual ou o da responsabilidade extracontratual.

O Direito alemão distingue, tal como o fazem o Direito português e outros, a responsabilidade contratual da extracontratual, as quais são nele submetidas a regimes diversos. Essa distinção é, porém, mais acentuada na Alemanha do que

[699] Ver *supra*, § 7º, *a)*, V.

[700] Cfr. Brox/Walker, *Allgemeines Schuldrecht*, pp. 387 ss.; Looschelders, *Schuldrecht. Allgemeiner Teil*, pp. 65 ss.

em Portugal e nos demais países cujos sistemas jurídicos vimos analisando nesta obra, pois o regime da responsabilidade contratual é naquele primeiro país globalmente bastante mais favorável aos interesses do credor da indemnização do que o regime da responsabilidade extracontratual.

O Direito alemão estabelece, com efeito, como se verá oportunamente[701], limitações à imputação de danos *ex delicto* que não têm paralelo em diversos sistemas jurídicos nacionais.

Assim, na Alemanha os danos patrimoniais («*Vermögenschaden*») apenas são ressarcíveis ao abrigo das regras que disciplinam a responsabilidade delitual se ocorrer uma violação concomitante de bens jurídicos pessoais, de uma lei de proteção ou dos bons costumes (§§ 823 e 826 do BGB); nos termos das regras referentes à responsabilidade contratual, tais danos são indemnizáveis independentemente da lesão prévia dos referidos bens jurídicos, de leis de proteção ou dos bons costumes.

Por outro lado, a exoneração do agente pelos atos dos seus auxiliares tem lugar, de acordo com as disposições germânicas relativas à responsabilidade delitual, mediante a demonstração de que não houve, da sua parte, *culpa in elegendo, in instruendo* ou *in vigilando* (§ 831 (1) do BGB); ao passo que, segundo as normas da responsabilidade contratual, o devedor responde pelos atos dos seus auxiliares nos mesmos termos em que responde pelos seus atos (§ 278 do BGB).

Finalmente, até à reforma do BGB de 2002, a prescrição das pretensões indemnizatórias ocorria, tratando-se de responsabilidade delitual, ao cabo de 3 anos, tendo entretanto passado para 10 anos (§ 852); no caso de responsabilidade contratual, o prazo geral era de 30 anos, sendo agora de 3 anos (§ 195), embora muitas pretensões continuem a prescrever em 30 anos (cfr. o § 197).

Produziu-se na Alemanha, em consequência desta diversidade de regimes, um movimento doutrinal e jurisprudencial de expansão da responsabilidade contratual, a qual passou a abranger muitas situações originariamente não cobertas por ela. Fala-se, a este propósito, de uma «fuga para o contrato» («*Flucht in Vertragssphäre*»)[702] e mesmo de uma «hipertrofia da responsabilidade contratual» («*Hypertrophie der Vertragshaftung*»)[703], pois em muitos casos os bens jurídicos tute-

[701] Cfr. *infra*, § 25º.

[702] Assim, Rudolf Nirk, «Rechtsvergleichendes zur Haftung für culpa in contrahendo», *RabelsZ*, 1953, pp. 310 ss. (p. 352).

[703] Cfr., sobre esse fenómeno, Ernst von Caemmerer, «Wandlungen des Deliktsrechts», *in* AAVV, *Hundert Jahre Deutsches Rechtsleben. Festschrift zum 100jährigen Bestehen des Deutschen Juristentages 1860-1960*, vol. II, Karlruhe, 1960, 49 (pp. 56 ss.); Erwin Deutsch, «Zum Verhältnis von vertraglicher und deliktischer Haftung», *in* H.-M. Pawlowski/Franz Wieacker (orgs.), *Festschrift für Karl Michaelis*, Göttingen, 1972, pp. 26 ss. (p. 30); Peter Schlechtriem, «Vertragliche und ausservertragliche Haftung», *in* Bundesminister der Justiz, *Gutachten und Vorschläge zur Überarbeitung des Schuldrechts*,

lados por esta via são, na realidade, bens tipicamente protegidos por normas delituais: a vida, a integridade física e o património das pessoas.

Entre as situações abrangidas por este fenómeno – que é como que o reverso do que ocorre em outros sistemas jurídicos, com destaque para os de *Common Law*[704] – estão justamente algumas das hipóteses atrás mencionadas de *contrato com eficácia protetora de terceiros*, e bem assim da denominada *liquidação do dano a terceiro* (a que nos referiremos a seguir), que a jurisprudência alemã tende maioritariamente a sujeitar às regras da responsabilidade contratual, como forma de evitar as regras mais restritivas da responsabilidade extracontratual[705].

Pode assim dizer-se que o Direito dos Contratos preenche na Alemanha, mesmo após a modernização do Direito das Obrigações, certas lacunas da proteção oferecida pelo Direito da responsabilidade civil.

IV – No Direito português, não existe uma previsão legal genérica relativa aos deveres de proteção de terceiros; mas isso não tem impedido a doutrina e a jurisprudência de admitirem a existência de tais deveres com base no princípio da boa-fé ou por apelo a disposições legais específicas[706].

Nalguns casos, os deveres em apreço têm natureza contratual. Assim sucede, desde logo, quando os deveres de proteção a que aludimos tenham sido convencionados pelas próprias partes, correspondendo a verdadeiros *deveres de prestação* a cargo de uma delas. A sua violação dá então lugar a responsabilidade contratual[707].

Noutros casos, porém, trata-se de deveres legais: é o que sucede, por exemplo, com os deveres acessórios de proteção que decorrem do princípio da boa-fé consagrado no art. 762º do Código Civil. São, nessas hipóteses, deveres acessórios dos deveres de prestação, i. é, simples *deveres de conduta*, cuja violação deve em princípio sujeitar-se às regras gerais da responsabilidade extracontratual. Este entendimento tem por si a lei, a jurisprudência e a doutrina dominante; e é também, a nosso ver, o preferível, atentos os interesses e valores em jogo, na

vol. II, Colónia, 1981, pp. 1591 ss. (p. 1600); e Eduard Picker, «Vertragliche und deliktische Schadenshaftung», *JZ*, 1987, pp. 1041 ss. (p. 1042).

[704] Cfr. *infra*, § 26º, *a*).

[705] Criticou abertamente esta orientação Werner Lorenz, «Die Einbeziehung Dritter in vertragliche Schuldverhältnisse – Grenzen zwischen vertraglicher und deliktischer Haftung», *JZ*, 1960, pp. 108 ss. (pp. 112 ss.), que, aduzindo exemplos extraídos dos Direitos francês, inglês e dos E.U.A, preconizou a sujeição das hipóteses mencionadas no texto às regras do Direito delitual.

[706] Ver sobre o tema, em especial, Manuel Carneiro da Frada, *Contrato e deveres de protecção*, pp. 103 ss.; *idem*, *Teoria da confiança e responsabilidade civil*, Coimbra, 2004, pp. 135 ss.

[707] Será esse, por exemplo, o caso de um contrato pelo qual os pais confiam uma criança a um infantário: veja-se o acórdão do Supremo Tribunal de Justiça de 25 de novembro de 1998, *BMJ* 481, pp. 470 ss.

medida em que tais deveres visam essencialmente a proteção da integridade física e patrimonial alheia[708].

Por outro lado, a violação de tais deveres enquadra-se sem dificuldades na cláusula geral do art. 483º, nº 1, do Código Civil, pelo menos quando o dano seja físico[709]. Mais duvidoso é que ela caiba nos arts. 798º e seguintes, visto que não estão em causa verdadeiras obrigações, mas antes simples deveres de conduta; e não é líquido que devam aplicar-se a estes as regras que valem para o incumprimento dos deveres de prestação, *maxime* a inversão do ónus da prova da culpa estabelecida no art. 799º, nº 1[710].

Não se verificam em Portugal, além disso, os condicionalismos que levaram a doutrina alemã a alargar a responsabilidade contratual, para incluir no seu âmbito as violações de deveres de proteção. Em especial, porque se prevê no art. 500º do Código Civil português uma responsabilidade objetiva do agente por atos de terceiros que intervenham como seus auxiliares, que não existe na Alemanha[711]: em Portugal, o agente não se exonera de responsabilidade pelo simples facto de ter selecionado, instruído e supervisionado cuidadosamente os seus auxiliares, como sucede na Alemanha.

Em certos casos, será porém de admitir neste tipo de situações a combinação das regras das duas modalidades fundamentais do dever de indemnizar.

O problema colocou-se com certa acuidade a propósito dos acidentes ocorridos nas autoestradas devido à colisão de veículos com animais que nelas penetraram ou ao arremessamento de pedras ou outros objetos[712]. Dos contratos de

[708] Cfr. António Menezes Cordeiro, *Da boa-fé no Direito Civil*, vol. I, p. 639, que informa, na n. 384, que «C. W. Canaris, perante a exposição do esquema português da responsabilidade aquiliana, concorda com a desnecessidade, nesse sistema, dos deveres unitários de protecção»; Miguel Teixeira de Sousa, *O concurso de títulos de aquisição da prestação*, Coimbra, 1988, p. 145, n. 21; e Pedro Romano Martinez, *Cumprimento defeituoso em especial na compra e venda e na empreitada*, Coimbra, 1994, pp. 273 s.

[709] Por vezes, tal violação corresponderá a ambas as modalidades de ilicitude previstas no art. 483º, nº 1: a violação de direitos subjetivos e a violação de uma disposição legal destinada a proteger interesses alheios.

[710] Carneiro da Frada, *Contrato e deveres de protecção*, admite a aplicação analógica aos deveres de protecção do art. 799º, nº 1, do Código Civil (pp. 197 e 217); mas adverte que «só a ponderação do tipo de risco concretamente envolvido dá a chave definitiva da distribuição do ónus da prova» (p. 195, n. 408) e preconiza a aplicação das normas próprias da responsabilidade delitual em matéria de prescrição, de Direito Internacional Privado, de ressarcimento dos danos não patrimoniais e de limitação da indemnização em caso de simples culpa (pp. 218 s.).

[711] Recorde-se, a este propósito, que para Karl Larenz foi o regime do § 831 do BGB a razão determinante da autonomização dos deveres pré-contratuais de protecção. Ver *supra*, § 7º.

[712] Sobre esta matéria, vejam-se António Menezes Cordeiro, *Igualdade rodoviária e acidentes de viação nas auto-estradas. Estudo de Direito Civil português*, Coimbra, 2004; Manuel A. Carneiro da Frada, «Sobre a responsabilidade das concessionárias por acidentes ocorridos em auto-estradas», *in Forjar*

concessão dessas vias, aprovados pelo D.L. nº 294/97, de 24 de outubro (alterado pelo D.L. nº 247-C/2008, de 30 de dezembro), consta a Base XXXVI, nº 2, nos termos da qual:

> «A concessionária será obrigada, salvo caso de força maior devidamente verificado, a assegurar permanentemente, em boas condições de segurança e comodidade, a circulação nas auto-estradas, quer tenham sido por si construídas, quer lhe tenham sido entregues para conservação e exploração, sujeitas ou não ao regime de portagem.»

As concessionárias vinculam-se deste modo perante o Estado a garantir, em benefício dos respetivos utentes, a segurança das autoestradas que lhes foram concessionadas. Tais contratos têm, *hoc sensu*, *eficácia de proteção de terceiros*. Pergunta-se todavia: por que regras se pauta a responsabilidade pela violação dos deveres de proteção a cargo das concessionárias?

O Supremo Tribunal de Justiça pronunciou-se inicialmente, em decisões proferidas sobre ações de indemnização por danos sofridos por utentes de autoestradas em acidentes nelas ocorridos, no sentido da aplicação das regras da responsabilidade extracontratual.

Foi o que sucedeu no caso julgado pelo acórdão de 12 de novembro de 1996[713]. Este era relativo aos danos causados a um automobilista pelo atravessamento de um canídeo numa autoestrada. Para o Supremo, havia um dever de proteção a cargo da concessionária da autoestrada; mas cabia ao lesado o ónus de provar «os factos que permitam imputar o evento, a título de culpa, ao alegado lesante».

No mesmo sentido decidiu o Tribunal da Comarca de Santo Tirso num acórdão em que se concluiu que um contrato de concessão entre a Brisa e o Estado tinha eficácia de proteção relativamente a terceiros, mas a responsabilidade pela eventual violação dos deveres de proteção a cargo da Brisa se sujeitava às regras da responsabilidade extracontratual, mormente a imposição ao lesado do ónus de provar a culpa do autor da lesão, nos termos do art. 487º do Código Civil[714].

Também no acórdão de 17 de fevereiro de 2000, relativo a uma ação de indemnização pelos danos causados a um utente de uma autoestrada pelo arremessamento

o Direito, Coimbra, 2015, pp. 129 ss; Rui Ataíde, «Acidentes em auto-estradas: natureza e regime jurídico da responsabilidade dos concessionários», *in* AAVV, *Estudos em homenagem ao Professor Doutor Carlos Ferreira de Almeida*, Coimbra, 2011, pp. 157 ss.; Pedro Pires Fernandes, «Responsabilidade das concessionárias por acidentes de viação ocorridos em auto-estradas. Entre a responsabilidade civil contratual e a responsabilidade delitual», *in* Maria Olinda Garcia (org.), *Estudos sobre incumprimento do contrato*, Coimbra, 2011, pp. 131 ss.; Maria da Graça Trigo, *Responsabilidade civil. Temas especiais*, Lisboa, 2015, pp. 88 ss.

[713] *RLJ*, ano 131º, p. 48.

[714] *RLJ*, ano 133º, p. 21.

de pedras a partir de uma passagem aérea sobre a mesma, o Supremo Tribunal julgou que não havia incumprimento pela concessionária da autoestrada do contrato celebrado com o utente, mas antes uma conduta ilícita e culposa de terceiro, pela qual a concessionária não era responsável; e que a concessionária não era obrigada a vedar as passagens aéreas sobre a autoestrada[715].

Um acórdão de 22 de junho de 2004[716] do mesmo Tribunal veio todavia sustentar que existe nos casos em apreço um contrato inominado celebrado entre o utente e a concessionária da autoestrada em que o utente tem como prestação o pagamento de uma taxa e a concessionária a contraprestação consistente em permitir que o utente a utilize com comodidade e segurança. Este poderia, assim, prevalecer-se da presunção de culpa do devedor em caso de incumprimento ou cumprimento defeituoso do contrato, prevista no art. 799º, nº 1. Tratando-se de uma autoestrada «sem custos para o utilizador» (SCUT), o contrato de concessão celebrado com o Estado seria dotado de eficácia de proteção em relação aos utentes, pelo que se aplicaria do mesmo modo aquele preceito.

Mas no acórdão do Supremo Tribunal de 14 de outubro de 2004[717] prevaleceu o entendimento de que o pagamento de uma taxa de portagem pelos utentes da autoestrada «representa a cobrança de uma receita coactiva, de um financiamento público, e não a satisfação, por parte do utilizador dessa via, de uma obrigação assumida no âmbito de um contrato sinalagmático»; e de que, sendo «estranhos ao contrato de concessão, os utentes da via não podem exigir da Brisa o cumprimento das obrigações assumidas naquele contrato, nomeadamente a obrigação de assegurar permanentemente, em boas condições de segurança e comodidade, a circulação nas auto-estradas, conforme Base XXXVI, nº 2, do Anexo ao D.L. 294/97, que, na expressão do nº 1 do art. 483º C. Civ., constitui uma disposição legal destinada a proteger interesses alheios». Por outro lado, segundo se declara no acórdão, «a figura dos contratos com eficácia de protecção de terceiros surgiu no Direito alemão com a finalidade de ultrapassar limitações, nesse ordenamento, do regime da responsabilidade extracontratual que não se verificam no nosso sistema jurídico». A responsabilidade da Brisa perante os utentes das autoestradas cuja exploração lhe foi concedida seria, assim, de *natureza extracontratual* e regulada no art. 483º e seguintes do Código Civil. Ora, a presunção instituída no art. 493º, nº 1, reportar-se-ia apenas a danos causados pelo imóvel e não no imóvel, sendo que no caso decidendo neste aresto os danos em questão não haviam sido causados pela autoestrada em si mesma considerada, na sua estrutura física, mas antes pelo embate de um veículo com um canídeo por ele atropelado. O aparecimento de um animal na autoestrada e a existência de uma abertura na vedação da mesma

[715] *RLJ*, ano 133º, p. 17.

[716] Proc. 04A1299.

[717] Proc. 04B2885.

perto do local onde ele se encontrava constituiriam, no entanto, «anomalia que justifica a presunção – simples, natural, judicial ou *hominis* – de que na sua construção ou manutenção não foi observado o cuidado devido». Pelo que, ainda que na espécie de responsabilidade extracontratual se tratasse, «a materialidade da violação do dever de segurança traduzida no aparecimento do canídeo faz, nas circunstâncias concretas do caso, presumir a violação culposa desse dever, cabendo à B, para se exonerar de responsabilidade, fazer a prova da ausência de culpa».

Este problema foi posteriormente objeto da Lei nº 24/2007, de 18 de julho, cujo art. 12º, nº 1, veio dispor a este respeito:

> «Nas autoestradas, com ou sem obras em curso, e em caso de acidente rodoviário, com consequências danosas para pessoas ou bens, o ónus da prova do cumprimento das obrigações de segurança cabe à concessionária, desde que a respectiva causa diga respeito a: *a*) Objetos arremessados para a via ou existentes nas faixas de rodagem; *b*) Atravessamento de animais; *c*) Líquidos na via, quando não resultantes de condições climatéricas anormais.»

Esta regra é também aplicável, nos termos do art. 2º, nº 2, do mesmo diploma, às autoestradas concessionadas com portagem, sem custos diretos para o utilizador.

Estabeleceu-se assim uma *presunção de ilicitude* (e não apenas de culpa) da concessionária, mesmo em casos em que não existe qualquer contrato entre a concessionária e o utente.

Segundo o acórdão do Supremo Tribunal de Justiça de 1 de outubro de 2009[718], que reafirma a natureza extracontratual da responsabilidade da concessionária de uma autoestrada perante o respectivo utente, o art. 2º, nº 2, deste diploma, ao estender a sua aplicação a situações em que nenhum contrato existe entre o utente e a concessionária, teria reforçado os argumentos da orientação (maioritária na jurisprudência) que defende a *índole extracontratual* dessa responsabilidade. Esta não seria, aliás, incompatível com uma presunção de culpa do agente, que o art. 493º, nº 1, estabelece para os casos de danos causados por coisas que alguém tenha em seu poder com o dever de as vigiar: seria justamente este o caso, segundo aquele acórdão, dos danos causados pelo incorreto funcionamento dos elementos acessórios da autoestrada que visam garantir a segurança dos seus utentes, como vedações, placas de sinalização, separadores de sentidos de trânsito, etc.

É de admitir, em suma, no Direito português a existência de deveres de segurança ou proteção perante terceiros, a cargo de uma das partes no contrato; mas

[718] Proc. 1082/04.

não parece necessária nem conveniente – sobretudo quando a violação desses deveres origine a lesão de bens jurídicos tipicamente tutelados pelas normas da responsabilidade extracontratual – a sistemática aplicação das regras da responsabilidade contratual às suas violações, como sucede na Alemanha.

Já nas hipóteses em que da prestação de informações resultem danos para pessoa diferente de quem as solicitou, sem que se verifique a violação de um direito subjetivo de outrem ou de uma disposição legal destinada a proteger interesses alheios – como sucede nos casos em que alguém conclui um contrato confiando em informações prestadas por um terceiro (*v.g.* um auditor, um consultor ou um perito) ao seu parceiro contratual – o ressarcimento desses *danos patrimoniais puros* não será possível, por via de regra, ao abrigo das normas sobre a responsabilidade extracontratual.

Tem-se admitido, por isso, consoante sucede na Alemanha, um dever de responder por tais danos com base na figura do contrato com eficácia de proteção de terceiros, o qual representaria «um tipo mais fraco de contrato a favor de terceiro»[719]. Mas o ponto não é pacífico na doutrina[720].

Tal como na responsabilidade por culpa na formação do contrato, estamos aqui num *domínio intermédio*, numa zona de fronteira entre o contrato e a responsabilidade extracontratual:

> «A responsabilidade perante terceiros protegidos não é obrigacional», observa Manuel Carneiro da Frada[721], «porque não está em causa sancionar o não cumprimento de deveres de prestar, apenas estabelecidos entre as partes no contrato. Mas não será também aquiliana, uma vez que se funda no contrato enquanto ato tendente a proteger (também) interesses de terceiros.»

[719] Neste sentido, Jorge Sinde Monteiro, *Responsabilidade por conselhos, recomendações e informações*, pp. 518 ss.; *idem*, «Responsabilidade por informações face a terceiros», *BFDUC*, 1997, pp. 35 ss. (p. 48); *idem*, «Portugal», *in The Limits of Expanding Liability*, s.l., 1998, pp. 173 ss. (p. 175); *idem*, «Hipóteses típicas de responsabilidade civil», *Revista Jurídica da Universidade Moderna*, 1998, pp. 1 ss. (p. 5); *idem*, anotação ao ac. do Supremo Tribunal de Justiça de 12 de novembro de 1996, *RLJ*, ano 131º, pp. 41 ss. (ano 132º, p. 62).

[720] A possibilidade de responsabilizar nestes termos os auditores que influenciem a celebração de contratos por terceiros é, no entanto, rejeitada por Manuel Carneiro da Frada, *Uma "terceira via" no direito da responsabilidade civil?*, p. 92, por não existir entre estes e o credor da prestação a comunhão de interesses que é pressuposto daquela figura. Este autor advoga, ao invés, a fundamentação das pretensões indemnizatórias em apreço na responsabilidade delitual por abuso de direito (quando a conduta dos auditores se revele atentatória dos bons costumes) – pp. 48 ss. e 113 – ou na *culpa in contrahendo* – pp. 98 ss. e 113.

[721] «Sobre a responsabilidade das concessionárias por acidentes ocorridos em auto-estradas», *ROA*, 2005, pp. 407 ss. (p. 425).

Daí que o regime da responsabilidade apresente, segundo o mesmo autor, uma índole que se pode caraterizar como *híbrida* ou *intercalar.* Por isso também se integra por vezes esta figura numa *terceira via* da responsabilidade civil, situada entre a responsabilidade contratual e a extracontratual[722].

V – No Brasil, a figura dos contratos com eficácia de proteção de terceiros era já admitida, na vigência do Código Civil de 1916, por Pontes de Miranda, nos casos em que «um dos figurantes de tal modo está ligado a outras pessoas que o dano (contratual) pode alcança-las»[723]. Perante o atual Código, a eficácia protetora de terceiros, embora não tipificada nele, é tida como um efeito decorrente da cláusula geral da boa fé consignada no art. 422[724].

VI – O fenómeno acima aludido não tem correspondência no Direito francês. Por várias ordens de razões, que importa precisar.

Desde logo, porque o Direito francês acolhe nesta matéria o princípio, já aludido, segundo o qual os contratos apenas produzem efeitos entre as partes contratantes, sendo que nele a responsabilidade contratual pressupõe necessariamente um contrato prévio.

Depois, porque se incluem sem dificuldade na ampla cláusula geral de responsabilidade civil extracontratual consagrada no art. 1240 (ex-art. 1382) do *Code Civil*[725], que não autonomiza a ilicitude como pressuposto do dever de indemnizar, os *danos patrimoniais puros* causados por simples negligência, como são boa parte daqueles a que se refere a doutrina dos contratos com eficácia protectora de terceiros e que a lei alemã não permite que sejam ressarcidos *ex delicto.*

Finalmente, porque o art. 1242 (ex-art. 1384), primeiro parágrafo, do Código Civil francês, na medida em que consagra a responsabilidade civil extracontratual por danos causados por coisas (*«responsabilité du fait des choses»*), permite à vítima obter a reparação de danos pessoais em várias situações reconduzidas pela jurisprudência germânica à figura em apreço[726].

Compreende-se assim que um autor francês observe, referindo-se à responsabilidade por violação de deveres contratuais de proteção de terceiros, que «a

[722] Veja-se, por exemplo, Luís Menezes Leitão, *Direito das Obrigações,* vol. I, pp. 350 ss. Em sentido crítico quanto a esta orientação pronuncia-se Menezes Cordeiro, *Tratado de Direito Civil,* vol. VIII, Coimbra, 2014, pp. 400 ss., para quem a matéria se reconduz ao que o autor designa por «paracontratualidade».

[723] Cfr. *Tratado de Direito Privado,* tomo XXVI, São Paulo, 2012 (atualizado por Nelson Nery Jr. e Rosa Maria Nery), pp. 413 ss.

[724] *Idem,* p. 416 s.

[725] Cfr., sobre essas disposições, adiante, § 22º, *a).*

[726] Cfr., sobre o ponto, Michel Pédamon, *Le contrat en droit allemand,* p. 124.

maior parte dos casos típicos da jurisprudência alemã ou austríaca são para nós quase incompreensíveis»[727].

Daí também que a *Cour de Cassation* haja podido afirmar, no acórdão *Besse*[728], que «o subempreiteiro não se encontra contratualmente ligado ao dono da obra» – solução que parece ser extensível às relações entre os *contractants extrêmes* nos demais casos de *groupes de contrats*[729]. A esta luz se entende ainda que o mesmo tribunal haja posteriormente julgado, no acórdão proferido no caso *Broux* c. *T.*[730], que, «enquanto redator de um ato, o notário é obrigado a tomar todas as medidas úteis para assegurar a sua eficácia». Razão por que, na espécie, a circunstância de os autores terem sido aconselhados por um terceiro não o dispensava de preveni-los dos riscos inerentes a aceitarem o pagamento do preço no prazo de oito meses a contar da venda sem obterem qualquer garantia especial. Ao decidir de modo diverso, a *Cour d'appel* recorrida teria violado, segundo a Cassação, o disposto no art. 1382 do Código Civil.

Certo, também a jurisprudência francesa admite que o contrato impõe às partes obrigações acessórias, entre as quais avulta a «*obrigação de segurança*» relativamente à pessoa e aos bens do credor, cuja violação importa a constituição do devedor em responsabilidade contratual[731]; mas o fenómeno tem um alcance mais restrito do que o que lhe corresponde na Alemanha e suscitou sérios reparos na doutrina, com destaque para Jean Carbonnier, a quem se deve a conhecida observação de que «as tragédias são da competência dos artigos 1382 e seguintes» do Código Civil[732].

Observa-se mesmo na jurisprudência mais recente um «refluxo» da obrigação de segurança e uma extensão correlativa da responsabilidade delitual ou

[727] Ver Pascal Ancel, «Le contrat avec des effets protecteurs pour les tiers», *RdC*, 2004, pp. 471 ss.

[728] Acórdão de 12 de julho de 1991, *D.* 1991, p. 549.

[729] *Vide* neste sentido Geneviève Viney, «Sous-contrat et responsabilite civile», *in* António Pinto Monteiro (coordenador), *Contratos: actualidade e evolução*, Porto, 1997, pp. 257 ss (p. 277); e Terré/Simler/Lequette, *Droit civil. Les obligations*, pp. 565 s.

[730] Acórdão de 21 de fevereiro de 1995, *Bull.* 1995, I, 95.

[731] Para uma descrição das consagrações jurisprudenciais da obrigação de segurança, vejam-se Henri Mazeaud/Léon Mazeaud/Jean Mazeaud/François Chabas, *Leçons de droit civil*, t. II, *Obligations*, vol. 1, *Théorie générale*, pp. 396 ss.; Starck/Roland/Boyer, *Droit civil. Les obligations. 2. Contrat*, cit., pp. 425 ss.

[732] Ver *Droit civil*, vol. II, *Les biens. Les obligations*, p. 2412 : «ce qu'on appelle responsabilité contractuelle devrait être conçu comme quelque chose de très limité : l'obligation de procurer au créancier l'équivalent de l'intérêt (pécuniaire) qu'il attendait du contrat ; c'est artifice que de faire entrer là-dedans des bras cassés et des morts d'homems ; les tragédies sont de la compétence des a. 1382 s.». Consultem-se ainda, sobre o ponto, Patrice Jourdain, *Les principes de la responsabilité civile*, 4ª ed., Paris, 1998, pp. 36 s.; e Geneviève Viney/Patrice Jourdain/Suzanne Carval, *Traité de Droit Civil. Les conditions de la responsabilité*, 4ª ed., Paris, 2013, pp. 532 ss.

quase-delitual, que se revela, com o desenvolvimento da responsabilidade objetiva, mais favorável à vítima[733]. O que se deve designadamente à circunstância de que, sendo o art. 1384 (atual art. 1242), primeiro parágrafo, do Código Civil francês privativo da responsabilidade delitual, esta disposição não aproveita ao credor de uma obrigação de segurança.

De todo o modo, segundo alguns autores a dita obrigação só integra o conteúdo do contrato quando as partes a hajam convencionado expressa ou tacitamente ou isso resulte de uma disposição legal, e não por força de um princípio geral[734].

VII – Nos sistemas de *Common Law* exclui-se, em virtude do princípio da *privity of contract,* a figura do contrato com eficácia protetora de terceiros.

A *Law Commission* inglesa, que recomendou a aprovação da lei de 1999 sobre os contratos a favor de terceiros, perfilhou expressamente o ponto de vista conforme o qual não há contrato a favor de terceiro nos casos em que um terceiro (*v.g.* o beneficiário de um testamento ou o dono da obra) demanda o devedor pelo incumprimento de deveres contratuais a que estava vinculado, em virtude, por exemplo, de um contrato celebrado entre o autor de um testamento e um advogado ou entre o empreiteiro principal e um subempreiteiro, sem que todavia as partes houvessem feito nesse contrato, expressa ou tacitamente, qualquer estipulação a favor de terceiro[735].

Trata-se de situações que na Alemanha cairiam na alçada do contrato com eficácia de proteção para terceiros, mas que em Inglaterra se encontram abrangidas pelo Direito delitual, outro tanto sucedendo no Direito dos Estados Unidos da América[736].

Em Inglaterra, não há, pois, mesmo após a reforma de 1999, contratos com eficácia protetora de terceiros: quando um terceiro seja lesado pelo incumprimento por uma das partes das suas obrigações contratuais, mas não houvesse a intenção destas de beneficiar esse terceiro através do contrato, terá de recorrer às regras da responsabilidade delitual[737].

Vale isto por dizer que, apesar da consagração formal do contrato a favor de terceiro no *statute law* inglês, o âmbito de aplicação do Direito dos Contratos continua a ser mais restrito em Inglaterra do que na Alemanha. A possibilidade de

[733] Cfr. neste sentido Terré/Simler/Lequette, *Droit civil. Les obligations*, pp. 505 e 615.

[734] Cfr. Henri Mazeaud, est. cit., pp. 614 ss.; Mazeaud/Tunc, *Traité*, cit., pp. 191 ss.; e Léontin-Jean Constantinesco, *Inexécution et faute contractuelle en droit comparé*, Estugarda/Bruxelas, 1960, pp. 151 ss.

[735] Cfr. *Anson's Law of Contract*, p. 664.

[736] Cfr. *infra*, § 26º, *a)*.

[737] Não falta, por isso, quem fale a este respeito de uma «fuga para o delito» («*escape into tort*») no Direito inglês: cfr. *infra*, § 26º, *a)*.

alguém ser demandado ao abrigo das regras do Direito dos Contratos em Inglaterra sem ter consentido nisso permanece excluída neste sistema jurídico; o que não sucede na Alemanha.

Por via dos deveres acessórios de conduta que comporta e do reconhecimento a terceiros de pretensões ressarcitórias nele fundadas, o conceito de contrato revela-se, em suma, objetiva e subjetivamente mais amplo no Direito alemão do que nos demais ordenamentos jurídicos aqui examinados[738]. Inversamente, ele assume no Direito inglês, em virtude dos requisitos da *consideration* e da *privity*, a sua configuração mais restrita.

Mais uma vez se conclui, por conseguinte, não ter o conceito de contrato o mesmo significado em todos os sistemas jurídicos.

VIII – Admite-se ainda na Alemanha, com fundamento no princípio da boa-fé, a chamada «liquidação de dano de terceiro» («*Drittschadensersatz*» ou «*Drittschadensliquidation*»), i. é, a indemnização, ao abrigo das normas da responsabilidade contratual, do dano sofrido por um terceiro em virtude do incumprimento (ou do cumprimento defeituoso) de uma obrigação assumida por outrem[739].

Seja, a fim de exemplificar, o seguinte caso. *A* vende a coisa *x* a *B*, obrigando-se a enviá-la para o local *y*, através do transportador *C*, com quem contrata o respectivo transporte. O risco do perecimento da coisa transfere-se para *B* com a sua entrega ao transportador; mas não a propriedade, que, segundo o Direito alemão, apenas passa para a esfera jurídica do comprador por efeito do já referido ato de disposição a que se chama na Alemanha *Übereignung*. *C* causa a deterioração de *x* devido ao mau acondicionamento da mercadoria no convés do navio em que efectuou o transporte. *B* sofre assim um dano; *prima facie*, não se encontra todavia em condições de reclamar uma indemnização de *C*, visto que não contratou com ele nem é o proprietário da mercadoria. Em contrapartida, *A* tem o direito de acionar *C* por incumprimento do contrato; mas não pode fazê-lo, pois não sofreu pessoalmente qualquer dano, uma vez que o risco de perecimento da coisa transportada não corria por sua conta. A jurisprudência alemã admite, em casos como este, que *B* demande *C* ao abrigo das

[738] Em sentido próximo, mas reportando-se tão-só aos Direitos francês e alemão, cfr. Constantinesco, ob. cit., p. 156.

[739] Ver, sobre esta figura, Larenz, *Lehrbuch des Schuldrechts*, vol. I, pp. 460 ss.; Medicus/Lorenz, *Schuldrecht I. Allgemeiner Teil*, pp. 319 ss.; Brox/Walker, *Allgemeines Schuldrecht*, pp. 333 ss.; e Looschelders, *Schuldrecht. Allgemeiner Teil*, pp. 361 ss. Numa ótica de comparação de Direitos, podem consultar-se ainda: Werner Lorenz, «Contract Beneficiaries in German Law», *in* Basil Markesinis (org.), *The Gradual Convergence: Foreign Ideas, Foreign Influences, and English Law on the Eve of the 21st Century*, Oxford, 1994, pp. 65 ss.; Basil Markesinis/Hannes Unberath, *The German Law of Torts. A Comparative Treatise*, 4ª ed., Oxford/Portland, 2002, pp. 64 ss.

normas da responsabilidade contratual, a fim de ser ressarcido do seu dano, pois de outro modo o causador do dano não seria responsável perante ninguém[740].

Neste tipo de situações, o lesado não tem uma relação contratual com o lesante e portanto não pode demandá-lo *ex contractu;* mas as normas sobre a responsabilidade extracontratual também não lhe permitem fazê-lo, pois não houve lesão de um dos bens jurídicos por elas tipicamente tutelados, nomeadamente a propriedade, visto que o lesado não era dono da mercadoria. A indemnização do dano proveniente do incumprimento ou do cumprimento defeituoso do contrato deve, segundo a jurisprudência, ser feita neste tipo de casos a um terceiro, que não é parte nele, mas que sofreu esse dano.

Não há aqui um *dever de prestação* relativamente a esse terceiro, como no contrato a favor de terceiro, nem sequer um *dever de proteção,* como nos contratos com eficácia de proteção de terceiros, mas tão-somente a satisfação a um terceiro da indemnização pelo dano sofrido em virtude do incumprimento de obrigações contratuais de que ele não é credor.

Como se chega a este resultado?

Ao contrário do que sucede no contrato com eficácia de proteção de terceiros, o terceiro não tem uma pretensão indemnizatória contra o lesante, que lhe seja dado exercer diretamente em juízo. O que a jurisprudência lhe reconhece é antes a possibilidade de reclamar do titular do direito à indemnização (o credor na relação com o lesante) a cessão deste direito – *hoc sensu,* a *liquidação do dano* – sempre que, em virtude de uma relação estreita existente entre ambos, o dano haja sido transferido para si, podendo por seu turno o credor ressarcir-se junto do devedor. Assim se evita que o lesante fique, em virtude de uma relação contratual a que é alheio, exonerado da obrigação de indemnizar, o que seria injusto[741].

O fundamento legal da referida cessão encontrar-se-ia, segundo a jurisprudência, nos §§ 242 e 285 do BGB[742]. De todo o modo, o Código Comercial ale-

[740] Vejam-se, designadamente, as sentenças do *Bundesgerichtshof* de 10 de julho de 1963, *BGHZ* 40, pp. 91 ss.; de 29 de janeiro de 1968, *BGHZ* 49, pp. 356 ss.; e de 10 de maio de 1984, *NJW,* 1985, pp. 2411 ss.

[741] Disse, a este respeito o *Bundesgerichtshof,* em acórdão de 18 de março de 2010: «Die Drittschadensliquidation soll verhindern, dass dem Schädiger durch vertragliche Vereinbarungen zwischen seinem Gläubiger und einem Dritten, die den Schaden vom Gläubiger auf den Dritten verlagern, ein ungerechtfertigter Vorteil entsteht. Die Rechtsbeziehungen zwischen dem Ersatzberechtigten und dem Dritten sind für den Schädiger grundsätzlich ohne Bedeutung. Nach den Grundsätzen der Drittschadensliquidation ist der Absender (hier: die B. im Verhältnis zur Beklagten) als Vertragspartner des Frachtführers daher zur Geltendmachung von Schäden Dritter aus dem Verlust oder der Beschädigung des Transportgutes legitimiert, gleichviel ob die Schäden dem Vertragspartner des Absenders oder aber dem Endempfänger erwachsen sind».

[742] Por força do segundo desses preceitos, pode o devedor que seja simultaneamente credor de uma indemnização perante terceiro, e que não haja sofrido qualquer dano, ser obrigado a ceder ao seu

mão passou a admitir, desde 1999, que o transportador seja demandado em casos deste tipo tanto pelo expedidor como pelo destinatário das mercadorias por si transportadas, consagrando assim a *Drittschadensliquidation*[743].

Em Portugal, são menos frequentes as situações deste tipo, pois a propriedade transfere-se para o comprador por efeito da venda (art. 408º); mas pode não ser assim, *v.g.*, se houver sido convencionada a reserva de propriedade a favor do vendedor (art. 409º). Quando tal suceda, a boa-fé permitirá também no sistema jurídico português a liquidação do dano de terceiro[744].

A liquidação do dano de terceiro representa, como é bom de ver, uma nova modalidade de extensão dos efeitos do contrato a terceiros que dele não são partes.

IX – Vejamos agora qual a posição do Direito inglês quanto a estes casos[745].

No caso *Albacruz (Cargo Owners) Respondents v. Albazero (Owners) Appellants (The Albazero)*[746], a Câmara dos Lordes admitiu a possibilidade de o expedidor de uma mercadoria demandar o respetivo transportador pelos danos sofridos pelos proprietários da mesma, devendo no entanto entregar a estes a indemnização que porventura receber daquele: e o que se denomina *transferred loss*[747]. Nesta medida,

próprio credor, que sofreu um dano em virtude da impossibilidade de realização da prestação por si devida, o seu direito ao ressarcimento desse dano ou a indemnização já percebida. Neste sentido, dispoe-se aí: «Erlangt der Schuldner infolge des Umstands, auf Grund dessen er die Leistung nach § 275 Abs. 1 bis 3 nicht zu erbringen braucht, für den geschuldeten Gegenstand einen Ersatz oder einen Ersatzanspruch, so kann der Gläubiger Herausgabe des als Ersatz Empfangenen oder Abtretung des Ersatzanspruchs verlangen».

743 Dispõe, com efeito, o § 421 (1) desse diploma legal: «Nach Ankunft des Gutes an der Ablieferungsstelle ist der Empfänger berechtigt, vom Frachtführer zu verlangen, ihm das Gut gegen Erfüllung der Verpflichtungen aus dem Frachtvertrag abzuliefern. Ist das Gut beschädigt oder verspätet abgeliefert worden oder verlorengegangen, so kann der Empfänger die Ansprüche aus dem Frachtvertrag im eigenen Namen gegen den Frachtführer geltend machen; der Absender bleibt zur Geltendmachung dieser Ansprüche befugt. Dabei macht es keinen Unterschied, ob Empfänger oder Absender im eigenen oder fremden Interesse handeln».

744 Cfr. sobre o tema, em face do ordenamento jurídico português, Menezes Cordeiro, *Da boa-fé no Direito Civil*, p. 620, n. 307; Calvão da Silva, *A responsabilidade civil do produtor*, Coimbra, 1990, pp. 310 ss.; Jorge Mattamouros, «A liquidação do dano de terceiro no Direito Civil português», *RFDUP*, 2006, pp. 303 ss.; e Carneiro da Frada, *Direito Civil. Responsabilidade civil*, Coimbra, 2006, pp. 97 ss.

745 Cfr. Guenter Treitel, «Damages in Respect of a Third Party's Loss», *LQR*, 1998, pp. 527 ss.

746 [1977] A.C. 774.

747 Segundo afirmou Lord Diplock nesse caso, «the consignor may recover substantial damages against the ship owner if there is privity of contract between him and the carrier for the carriage of goods; although, if the goods are not his property or at his risk, he will be accountable to the true owner for the proceeds of his judgment». Isto porque, segundo o mesmo magistrado, «in a commercial contract concerning goods where it is in the contemplation of the parties that the proprietary interests in the goods may be transferred from one owner to another after the contract

o Direito inglês apresenta, quanto ao problema em apreço, alguma semelhança com o Direito alemão.

Contudo, nem sempre assim é. Consideremos o caso *Leigh and Sillavan Ltd. v. The Aliakmon Shipping Co Ltd.*, julgado pela Câmara dos Lordes em 1986[748]. A autora, que adquirira determinada mercadoria ao abrigo de um contrato em que se continha a cláusula *cost and freight*, accionou a respetiva transportadora pelo prejuízo que sofrera em virtude da deterioração da mesma durante o transporte, por causa imputável a esta. O risco do perecimento ou deterioração da mercadoria transferira-se para a autora em virtude daquela cláusula, mas os vendedores haviam reservado para si a propriedade sobre a mesma até ao pagamento do preço. Não sendo a autora titular de qualquer direito contratual contra a ré, suscitou-se a questão de saber se podia obter dela o ressarcimento do dano sofrido *in tort*. À face do Direito alemão, o problema resolver-se-ia nos termos da doutrina da *Drittschadensliquidation*. Foi, porém, diverso o entendimento que prevaleceu na Câmara dos Lordes a este respeito. Para o tribunal, o reconhecimento, na espécie, de um dever de cuidado a cargo do transportador e da responsabilidade inerente à sua violação poderia conduzir a um alargamento indevido do âmbito da responsabilidade pessoal; além de que as partes no contrato de compra e venda poderiam ter convencionado que os vendedores da mercadoria exerceriam o direito de ação contra a transportadora por conta da compradora ou mesmo a cessão desse direito a esta, o que não haviam feito[749].

has been entered into and before the breach which causes loss or damage to the goods, an original party to the contract, if such be the intention of them both, is to be treated in law as having entered into the contract for the benefit of all persons who have or may acquire an interest in the goods before they are lost or damaged, and is entitled to recover by way of damages for breach of contract the actual loss sustained by those for whose benefit the contract is entered into».

[748] [1986] A.C. 785.

[749] Escreveu, com efeito, Lord Brandon a este respeito na citada decisão: «under the usual c.i.f. or c. and f. contract the bill of lading issued in respect of the goods is endorsed and delivered by the seller to the buyer against payment by the buyer of the price. When that happens, the property in the goods passes from the sellers to the buyers upon or by reason of such endorsement, and the buyer is entitled, by virtue of section 1 of the Bills of Lading Act 1855, to sue the shipowners for loss of or damage to the goods on the contract contained in the bill of lading. The remedy so available to the buyer is adequate and fair to both parties, and there is no need for any parallel or alternative remedy in tort for negligence. In the present case, as I also indicated earlier, the variation of the original c. and f. contract agreed between the sellers and the buyers produced a hybrid contract of an extremely unusual character. It was extremely unusual in that what had originally been an ordinary c. and f. contract became, in effect, a sale exwarehouse at Immingham, but the risk in the goods during their carriage by sea remained with the buyers as if the sale had still been or. a c. and f. basis. In this situation the persons who had a right to sue the shipowners for loss of or damage to the goods on the contract contained in the bill of lading were the sellers, and the buyers, if properly advised, should have made it a further term of the variation that the sellers should either

Resumem-se, assim, a duas, segundo cremos, as *policy reasons* que norteiam esta decisão. Por um lado, a prevenção do «rebentamento dos diques» da responsabilidade civil extracontratual. Por outro, o respeito intransigente pela autonomia das partes (na espécie, pela distribuição da responsabilidade por elas expressa ou implicitamente operada). Ambas, se bem se atentar, refletem o *ideal de autossuficiência* que distingue o *Common Law* inglês do Direito alemão.

Não menos relevante é nesta matéria o princípio da *privity of contract*, atrás referido, como o revela a solução a que se chegou (com dois votos contrários) no caso *Alfred McAlpine Construction Ltd. v. Panatown Ltd.*, julgado em 2001 pela Câmara dos Lordes[750]. Curava-se na espécie da eventual responsabilidade de um empreiteiro, *McAlpine*, perante o dono de uma obra, *Panatown*, por defeitos de um edifício construído num terreno pertencente a um terceiro, a *UIPL*, sociedade do mesmo grupo a que pertencia a *Panatown*. Também aqui o tribunal declinou a concessão de uma indemnização a quem não sofrera o dano, como era o caso da *Panatown*, visto não ser esta empresa a proprietária do referido edifício: «O autor», afirmou nessa ocasião Lord Clyde, «apenas pode ser indemnizado por um dano que ele próprio tenha sofrido». Existem decerto, consoante reconheceu o mesmo magistrado, exceções a este princípio; mas nenhuma delas teria aplicação neste caso[751].

X – Pode-se ainda perguntar, neste contexto, se é admissível que um terceiro seja chamado a indemnizar o dano sofrido por uma das partes no contrato em virtude de atos seus que lesem o direito do credor, *v.g.* o aliciamento do devedor a romper o contrato. Trata-se do problema também dito da *eficácia externa das obrigações contratuais* ou da *oponibilidade a terceiros* das relações contratuais[752].

exercise this right for their account (see *The Albazero* [1977] A.C. 774) or assign such right to them to exercise for themselves. If either of these two precautions had been taken, the law would have provided the buyers with a fair and adequate remedy for their loss. These considerations show, in my opinion, not that there is some lacuna in English law relating to these matters, but only that the buyers, when they agreed to the variation of the original contract of sale, did not take the steps to protect themselves which, if properly advised, they should have done. To put the matter quite simply the buyers, by the variation to which they agreed, were depriving themselves of the right of suit under section 1 of the Bills of Lading Act 1855 which they would otherwise have had, and commercial good sense required that they should obtain the benefit of an equivalent right in one or other of the two different ways which I have suggested».

750 [2001] 1 A.C. 518.

751 Entre essas exceções sobressairia a que foi consagrada no referido caso *Albazero*. Esta não seria aplicável ao caso em apreço, segundo a orientação que fez vencimento, dado que o empreiteiro e o proprietário do edifício haviam estipulado num acordo autónomo (um *duty of care deed*) a possibilidade de o segundo demandar diretamente o primeiro. Também aqui, portanto, a autonomia da vontade limitou o funcionamento das exceções ao princípio da *privity*.

752 Sobre o qual podem ver-se na doutrina portuguesa, para além das obras gerais de Direito das Obrigações: Adriano Vaz Serra, «Responsabilidade de terceiros no não cumprimento de

Nos sistemas romanistas, entendia-se tradicionalmente que os direitos de crédito não podiam ser violados por terceiros: tal como não pode em princípio beneficiar de uma relação creditícia alheia, o terceiro também não a poderia violar[753]. Um terceiro poderia assim contratar livremente com o devedor, mesmo que isso o impossibilitasse de cumprir perante o seu credor original.

De um modo geral, está certo que assim seja numa economia de mercado assente na liberdade de iniciativa económica privada e na concorrência; de outro modo, todo aquele que quisesse contratar com outrem teria de averiguar previamente a existência de vínculos obrigacionais do devedor anteriores ao que pretende constituir, com ele eventualmente incompatíveis; o que restringiria muito a fluidez do tráfico jurídico. A autonomia privada, na sua vertente de liberdade contratual, ficaria assim fortemente posta em causa. E outro tanto se diria da segurança jurídica, dada a incerteza que se geraria em torno da licitude da contratação.

A liberdade de contratar não é, porém, irrestrita, estando, mesmo numa economia concorrencial, necessariamente sujeita a limites. Estes são fundamentalmente de duas ordens.

Por um lado, há os limites que decorrem da proscrição do *abuso de direito*, consignada em diversos sistemas jurídicos continentais[754]. Se, por exemplo, a contratação com um terceiro visar unicamente inflingir um dano ao credor da relação preexistente, pode haver abuso de direito. Neste caso, a contratação com um terceiro será ilícita e tutelada delitualmente.

Por outro lado, relevam nesta matéria os limites decorrentes da proibição da *concorrência desleal*, acolhida na generalidade dos sistemas continentais (posto que não nos de *Common Law*), por força da qual são proscritos os atos de concorrência contrários às «normas e usos honestos de qualquer ramo da atividade económica»[755]. A indução do devedor a contratar com um terceiro, rompendo um vínculo contratual anterior, pode efetivamente constituir um ato de concorrência desleal, o qual é também suscetível de gerar a responsabilidade delitual do terceiro.

obrigações», *BMJ* nº 85 (1959), pp. 345 ss.; Rita Amaral Cabral, *A eficácia externa da obrigação e o nº 2 do art. 406º do Código Civil*, Braga, 1984; *idem*, «A tutela delitual do direito de crédito», *in Estudos em homenagem ao Professor Doutor Manuel Gomes da Silva*, Coimbra, 2001, pp. 1025 ss.; Eduardo Santos Júnior, *A responsabilidade civil do terceiro por lesão do direito de crédito*, Coimbra, 2003; Mário Júlio de Almeida Costa, «A eficácia externa das obrigações. Entendimento da doutrina clássica», *RLJ*, ano 135º (2006), pp. 130 ss. Pelo que respeita ao Direito brasileiro, cfr. Wagner Mota Alves de Souza, «Tutela externa do crédito», *in* Fátima Andrighi (coord.), *Responsabilidade civil e inadimplemento no Direito brasileiro*, São Paulo, 2014, pp. 65 ss.

753 Assim sucede, designadamente, no Direito português, segundo um setor da doutrina, em razão do disposto no art. 406º, nº 2, do Código Civil.

754 Nomeadamente o português, que a acolhe no art. 334º do Código Civil.

755 Cfr. o art. 317º do Código da Propriedade Industrial português.

Mas não faltam, como se verá adiante, sistemas jurídicos (como o francês) que levam mais longe a ideia de oponibilidade a terceiros das obrigações contratuais, admitindo com fundamento nela a indemnização *ex delicto* de danos patrimoniais puros sofridos por um dos contraentes em virtude da lesão, imputável a um terceiro, do seu direito de crédito. Sempre que assim suceda, a esfera de eficácia do contrato vê-se reflexamente estendida a pessoas que dele não são partes[756].

§ 13º Controlo da justiça contratual

a) Lesão enorme

I – É muito antiga, nos sistemas jurídicos continentais, a preocupação com a justiça contratual. Reflete-a, designadamente, a figura da «lesão enorme» (*laesio enormis*), que vários desses sistemas jurídicos consagraram sob a influência da doutrina do *iustum pretium* desenvolvida pelo pensamento cristão medieval[757].

Está nesse caso o Direito português. As Ordenações Filipinas permitiam, com efeito, rescindir o contrato em que ocorresse lesão enorme, a qual tinha lugar quando o valor de uma das prestações superasse em metade o valor da contraprestação[758]. Quem comprasse por 15 cruzados o que só valia 10, ou quem vendesse por 5 o que valia 10, podia, deste modo, desfazer o contrato.

Lesão era, pois, a situação que se verificava quando ocorresse uma excessiva ou injustificada desproporção entre as prestações dos contraentes nos contratos comutativos. Não relevava, evidentemente, qualquer lesão: só a que fosse «enorme», i.é, que ultrapassasse metade do justo valor que o lesado devia receber. Em todo o caso, a lesão tinha relevância autónoma, independentemente da comprovação de um vício da vontade.

O advento das ideias liberais, que valorizaram sobretudo a vontade individual, levou a que aquela regra não passasse para o Código Civil português de 1867: neste, a lesão deixou de constituir causa de nulidade dos negócios jurídicos. Nos termos do art. 1582º, a lesão passou a invalidar o contrato apenas quando resultasse do erro de uma das partes.

O Código Civil de 1966 também não sancionou a lesão enorme. Mas permitiu que por outros meios seja corrigida a composição de interesses resultante do

756 Voltaremos a este ponto adiante, no § 22º, *d)*.

757 A qual achou consagração expressa no *Corpus Iuris Canonici*: cfr. *Decretales Gregorii IX*, Liber III, Titulum XVII, *De emptione et venditione*, Capitulum III: «*Tenet venditio, licet venditor sit deceptus ultra dimidiam iusti pretii; potest tamen venditor agere, ut restituatur res vel iustum pretium suppleatur, et, si alterum praecise petit, succumbit*» («Se o vendedor for lesado em mais de metade do preço, pode agir para que lhe seja restituída a coisa vendida ou reposto o preço justo e, se pedir outra coisa, sucumbirá»).

758 Livro IV, tt. 13, pr.

contrato, ou que lhe seja negada eficácia obrigatória, quando a mesma se mostre desconforme com o princípio da equivalência das prestações.

É o que sucede, designadamente, nos casos de negócios usurários, de alteração anormal das circunstâncias em que as partes fundaram a decisão de contratar, de cláusulas penais manifestamente excessivas e de contratos de adesão de que resulte um desequilíbrio nas prestações gravemente atentatório da boa-fé.

Mais próximo da antiga tradição portuguesa revela-se o regime da «compensação suplementar» por lesão patrimonial, prevista no art. 49º, nº 1, do Código do Direito de Autor e dos Direitos Conexos[759]. De acordo com este preceito, se o criador intelectual ou os seus sucessores, tendo transmitido ou onerado o seu direito de exploração a título oneroso, sofrerem grave lesão patrimonial por «manifesta desproporção entre os seus proventos e os lucros auferidos pelo beneficiário daqueles atos», podem reclamar deste uma compensação suplementar, que incidirá sobre os resultados da exploração.

Visa-se deste modo garantir a justiça comutativa nos contratos pelos quais se opera a disposição do direito autor, a qual fica comprometida se se gerar uma *desproporção manifesta* entre os lucros do transmissário e os proventos do autor ou dos seus sucessores, ocorrida, *v.g.*, em virtude de o número de exemplares vendidos da obra exceder o que era esperado aquando da celebração do contrato.

Não se exige, a fim de que seja devida a compensação suplementar, qualquer alteração anormal ou imprevisível das circunstâncias em que as partes fundaram a decisão de contratar (como faz o art. 437º, nº 1, do Código Civil a fim de que possa ser efetuada uma modificação do contrato), mas tão-só a referida *desproporção manifesta* – a qual podia até ser previsível (*v.g.* se o autor tiver transmitido ou onerado os seus direitos a baixo preço) – e a consequente *lesão patrimonial grave* para o criador ou seus sucessores.

O preceito apenas contempla expressamente a hipótese de a disposição ter sido efetuada mediante uma transmissão ou oneração, total ou parcial, do direito de exploração, e não a simples autorização para a utilização ou exploração económica da obra. No entanto, ele deve considerar-se analogicamente aplicável neste caso, porquanto a *ratio legis* do preceito tanto vale para os primeiros como para o segundo (porventura até mais frequentes).

II – Na versão originária do Código Civil francês, a figura da *lésion*[760] teve um acolhimento relativamente modesto. Fazendo-se eco da filosofia subjacente ao

[759] Sobre a qual pode ver-se Oliveira Ascensão, *Direito de autor e direitos conexos*, Coimbra, 1992, pp. 609 ss.

[760] Sobre a figura da lesão como expressão de uma ideia moral na teoria do contrato, ver Georges Ripert, *La règle morale dans les obligations civiles*, Paris, 1949, pp. 116 ss.

Código, o art. 1118 declarava que a lesão não vicia os contratos senão nos casos previstos nas disposições pertinentes[761]. Entre estas avultam o art. 889, relativo à partilha em que um dos partilhantes houver sido lesado em mais de um quarto, caso em que lhe deve ser entregue um complemento da sua parte; e o art. 1674, segundo o qual se o vendedor houver sido lesado em mais de sete dozeavos no preço de um imóvel, tem o direito de exigir a rescisão da venda, ainda que haja expressamente renunciado no contrato à faculdade de exigir essa rescisão ou haja declarado doar a mais-valia.

Ao caráter restritivo do regime legal da lesão no Código francês não era, evidentemente, alheia a circunstância de a exigência de *causa* dar cobertura aos casos de desproporção extrema entre prestações e de ausência de uma contrapartida real; o seu acolhimento expresso em matéria de venda de imóveis prendeu-se com a preocupação do legislador em acautelar a preservação no seio da família do património imobiliário que à época lhe servia de esteio económico.

Na reforma de 2016, o art. 1118 do Código foi substituído pelo art. 1168, que dispõe agora:

> «Nos contratos sinalagmáticos, a falta de equivalência das prestações não constitui causa de nulidade do contrato, a menos que a lei disponha de outra forma.»

Os preceitos subsequentes introduzem todavia importantes limitações a esta regra, no sentido de acautelarem a justiça contratual. Está neste caso o novo art. 1169, segundo o qual:

> «Um contrato a título oneroso é nulo quando, no momento da sua formação, a contrapartida convencionada em benefício daquele que se compromete é ilusória ou irrisória.»

A introdução deste preceito no Código francês relaciona-se com a supressão da causa como condição geral de validade dos contratos pela reforma de 2016, de que demos conta acima[762]; algumas das situações que eram dantes acauteladas através da exigência de causa passaram, assim, a sê-lo por esta via[763].

Refletem a mesma preocupação fundamental os arts. 1170 e 1171, relativos, respetivamente, à «privação da substância» de uma obrigação essencial e aos contratos de adesão, de cujo teor demos conta oportunamente[764]. Por via deles é

[761] «La lésion ne vicie les conventions que dans certains contrats ou à l'égard de certaines personnes, ainsi qu'il sera expliqué en la même section».

[762] Cfr. *supra*, § 5º, *d)*.

[763] Neste sentido, Malaurie/Aynès/Stoffel-Munck, *Droit des obligations*, p. 348.

[764] Cfr. *supra*, respetivamente, § 5º, *d)*, e § 10º, *d)*.

dado aos tribunais franceses controlarem de forma muito relevante o equilíbrio das prestações contratuais[765].

III – A expressão porventura mais significativa da doutrina da lesão enorme nos Códigos do século XIX é o § 934 do *Allgemeine Bürgerliches Gesetzbuch* austríaco, de 1811, que confere à parte lesada o direito à anulação do contrato, se não houver recebido da outra pelo menos metade daquilo que lhe entregou[766]. Estabelece esse preceito:

> «Se nos negócios reciprocamente vinculativos uma das partes não obtiver a metade daquilo que deu à outra, por esta recebido de acordo com o valor usual, a lei confere à parte lesada o direito de exigir a anulação e a reconstituição da situação anterior. À outra parte assiste no entanto a possibilidade de manter o negócio, se estiver disposta a suprir a diferença até ao valor usual. A diferença do valor é determinada por referência ao momento da conclusão do negócio.»

IV – O Direito do antigo Império alemão acolheu o princípio da equivalência material das prestações consagrado no Direito Canónico. Correspondendo o preço de uma coisa a mais do dobro do seu valor real, ocorria uma lesão enorme, que tinha como consequência a ineficácia do contrato[767].

Os redatores do BGB, porém, rejeitaram essa figura, tida como adversa à segurança jurídica[768]. Apenas quando estejam verificados os pressupostos da usura (à qual nos referiremos adiante) será, assim, possível obstar à eficácia de contratos em que se verifique *ab origine* uma grave desproporção entre as prestações a cargo de cada uma das partes.

Neste ponto, o BGB, tal como o Código Civil português de 1867, foi fiel à ética contratual do liberalismo e à exaltação da vontade individual que a caraterizou.

V – No Brasil, o Código Civil de 2002 recuperou a lesão, que o Código de 1916, de cunho mais voluntarista, não regulara[769]. A matéria é objeto do art. 157 daquele diploma legal, que dispõe:

765 Neste sentido, Fabre-Magnan, *Droit des obligations*, vol. I, pp. 444 ss.

766 Ver Peter Rummel (org.), *Kommentar zum Allgemeinen Bürgerlichen Gesetzbuch*, 3ª ed., vol. I, Viena, 2000, pp. 1893 ss.; e Michael Schwimann (org.), *ABGB Praxiskommentar*, 3ª ed., vol. 4, Viena, 2006, pp. 651 ss.

767 Cfr. Uwe Wesel, *Die Geschichte des Rechts*, cit., p. 393.

768 Cfr. *Motive zu dem Entwurfe eines Bürgerlichen Gesetzbuches für das Deutsche Reich*, vol. II, *Recht der Schuldverhältnisse*, Berlim/Leipziga, 1888, p. 321.

769 Ver, sobre a evolução da figura no direito brasileiro, Caio Mário da Silva Pereira, *A lesão nos contratos*, 5ª ed., Rio de Janeiro, 1993, pp. 77 ss.

«Ocorre a lesão quando uma pessoa, sob premente necessidade, ou por inexperiência, se obriga a prestação manifestamente desproporcional ao valor da prestação oposta. § 1.º Aprecia-se a desproporção das prestações segundo os valores vigentes ao tempo em que foi celebrado o negócio jurídico. § 2.º Não se decretará a anulação do negócio, se for oferecido suplemento suficiente, ou se a parte favorecida concordar com a redução do proveito.»

O negócio celebrado com lesão é anulável nos termos do art. 171, inciso II, do Código Civil.

Aflora nestes preceitos, assim como no art. 51, § 4º, do Código de Defesa do Consumidor, já citado, o *ideal de justiça contratual* que inspira o novo Código brasileiro[770]. Mas a desproporção de prestações não basta, só por si, a fim de desencadear a anulabilidade do contrato: é ainda necessário que haja sido determinada por «premente necessidade» ou «inexperiência» de uma das partes; o que aproxima esta figura do Direito brasileiro da usura europeia, de que trataremos adiante.

VI – A doutrina da lesão enorme obteve a sua consagração legislativa mais recente no Código Civil húngaro de 2013, cujo art. 6:98 dispõe:

«(1) Se, ao tempo da conclusão do contrato, a diferença entre o valor de um serviço e a contrapartida devida pelo mesmo – sem que qualquer das partes tivesse a intenção de fazer uma doação – for grosseiramente injusta, poderá a parte lesada anular o contrato. O contrato não poderá ser anulado pela parte que conhecesse ou devesse conhecer a disparidade grosseira do valor, ou se tiver assumido o risco desta. (2) As partes podem excluir o direito de anulação previsto no número (1), salvo nos contratos entre consumidores e empresas.»

VII – Nos sistemas de *Common Law*, a equivalência das prestações não é só por si fator condicionante da eficácia do contrato[771]. É o que se deduz, nomeadamente, do referido princípio segundo o qual aos tribunais é vedado apreciar a «adequação» da *consideration* e, por conseguinte, a justiça substancial («*fairness*») da transação consubstanciada no contrato. A figura da lesão não tem, assim, acolhimento no *Common Law* atual[772].

[770] Cfr., neste sentido, Teresa Negreiros, *Teoria do contrato: novos paradigmas*, pp. 154 ss.; Eduardo Lyra Júnior, «Os princípios do direito contratual», *Jus Navigandi*, ano 8 (2003), nº 62 (disponível em http://jus.com.br); Adriano Marteleto Godinho, *A lesão no novo Código Civil brasileiro*, Belo Horizonte, 2008, p. 39; Frederico Glitz, *Contrato e sua conservação. Lesão e cláusula de hardship*, Curitiba, 2012, p. 131.

[771] Reconhece-o, por exemplo, Brian Coote, «The Essence of Contract», *J. Contract L.*, 1988, pp. 91 ss. (p. 101).

[772] Neste sentido *Anson's Law of Contract*, p. 105.

Certas decisões dos tribunais ingleses sobre questões de interpretação dos contratos e de vícios da vontade dos contraentes, em especial a *undue influence*, evidenciam, é certo, alguma abertura à ideia de reciprocidade substancial nas trocas[773]. Não basta, no entanto, que exista desproporção entre as prestações das partes para que se tenha por verificada a *undue influence*, antes se exige que uma delas tenha tirado partido indevidamente do ascendente («*influence*») que exercia sobre a outra; o que aproxima esta doutrina da usura continental. Outro tanto pode dizer-se da denominada *unconscionability*, consagrada tanto no Direito inglês como no dos Estados Unidos da América. Voltaremos a estas figuras adiante[774].

A esta orientação restritiva dos Direitos inglês e norte-americano não será porventura alheio o volume de informação sobre os preços dos bens e serviços habitualmente disponível nos respetivos mercados: onde, com efeito, essa informação se encontre facilmente acessível aos contraentes – consoante sucede por exemplo no Reino Unido e nos Estados Unidos – é em princípio menor a justificação para a anulação do contrato com fundamento em lesão enorme[775].

Mas essa orientação é sobretudo tributária do pensamento liberal e individualista («*market-individualism*») que tende a prevalecer na jurisprudência inglesa e da sua fundamental aversão a toda a interferência dos tribunais na livre contratação entre privados[776].

b) Usura

I – Se hoje a lesão raramente determina, por si só, a invalidade do contrato, outro tanto não pode dizer-se (pelo menos nos sistemas romanistas) dos casos em que a desproporção entre as prestações a cargo de cada uma das partes decorre do aproveitamento por uma delas da situação de necessidade, inexperiência ou dependência em que a outra porventura se encontre[777].

[773] Cfr. P. S. Atiyah, «Contract and Fair Exchange», *in Essays on Contract*, 2ª ed., Oxford, 1990, pp. 329 ss.; *Atiyah's Introduction to the Law of Contract*, pp. 289 s.

[774] Cfr. *infra*, § 12º, alínea *d)*.

[775] Neste sentido, Hugh Beale, «A Comparison of the Contract Sections of the New Hungarian Civil Code with English Law and the Proposed Common European Sales Law», *ELTE Law Journal*, 2014, pp. 35 ss.

[776] *Vide*, nesta linha de orientação, Adams/Brownsword, *Understanding Contract Law*, p. 38, que escrevem: «market individualism enshrines the landmark principles of "freedom of contract" and "sanctity of contract", the essential thrust of which is to give the parties the maximum licence in setting their own terms, and to hold parties to their freely made bargains. One particularly important entailment of market-individualism is that judges should offer no succour to parties who are simply trying to escape from a bad bargain, for the sum total of freely negotiated bargains is the good of society as a whole in that it results in an economically efficient use of resources».

[777] Ver sobre o tema, em perspetiva comparada, María Luisa Palazón Garrido, «El abuso de debilidad, confianza o dependencia», *in* Sánchez Lorenzo (org.), *Derecho contractual comparado*, t. I, pp. 1303 ss.

A este respeito, dispõe o § 138 (2) do BGB:

«É nulo, em especial, um negócio através do qual alguém, explorando a situação de necessidade, de inexperiência, de falta de conhecimentos patrimoniais ou de considerável fraqueza de vontade de outrem, obtenha para si ou para terceiro vantagens patrimoniais, ou a sua promessa, que estejam em patente desproporção com a prestação.»

Neste preceito não é já a desproporção entre as prestações convencionadas pelas partes, em si mesma, que determina a invalidade do negócio jurídico, mas antes a circunstância de uma delas o ter conseguido graças à situação de particular fragilidade da outra. Reconduz-se por isso a situação em apreço à contrariedade do negócio aos bons costumes («*guten Sitten*»), a qual determina genericamente a sua nulidade nos termos do § 138 (1) do Código[778].

Na sua jurisprudência, o *Bundesgerichtshof* tem, no entanto, alargado o escopo das situações em que o negócio usurário pode ser declarado nulo, subsumindo ao referido preceito o denominado «negócio análogo a usura» («*wucherähnliches Rechtsgeschäft*»).

Para aquele Tribunal, a previsão do § 138 (2) encontrar-se-ia preenchida, por exemplo, sempre que num contrato de mútuo se verifique uma «disparidade ostensiva» («*auffäliges Missverhältnis*») entre as prestações a cargo das partes e o mutuante aproveite conscientemente em seu benefício a situação economicamente mais frágil do mutuário na fixação das condições do mútuo[779]. Esta jurisprudência foi posteriormente estendida a outros tipos contratuais.

Nos casos de «disparidade grosseira» («*grob Missverhältnis*») entre as prestações de um contrato sinalagmático, *v.g.*, por o valor de uma delas corresponder ao dobro do valor da outra, seria de presumir, segundo o mesmo Tribunal, que a parte beneficiada teve consciência da situação de necessidade que levou a outra a concluir o negócio nessas condições[780].

A mais alta instância civil alemã afastou-se assim significativamente do modelo liberal que inspirou os legisladores do BGB e aproximou-se, em alguma medida, da teoria da lesão enorme[781]. Não surpreende, por isso, que haja quem, na doutrina de expressão germânica, aluda ao «renascimento» desta figura[782].

[778] «Ein Rechtsgeschäft, das gegen die guten Sitten verstösst, ist nichtig».

[779] Cfr. a decisão proferida em 12 de março de 1981, *BGHZ* 80, pp. 153 ss.

[780] Assim a decisão proferida em 19 de janeiro de 2001, *BGHZ* 298, pp. 298 ss.

[781] Neste sentido, Thomas Finkenauer, «Laesio enormis», *in* Basedow/Hopt/Zimmermann (orgs.), *Handwörterbuch des Europäischen Privatrechts*, vol. II, pp. 998 ss. (p. 1000).

[782] Cfr. Theo Mayer-Maly, «Renaissance der laesio enormis?», *in* Claus-Wilhelm Canaris/Uwe Diederichsen (orgs.), *Festschrift für Karl Larenz zum 80. Geburtstag am 23. April 1983*, Munique, 1983, pp. 395 ss.

O poder de os tribunais alemães controlarem a justiça do contrato exerce-se ainda na redução das cláusulas penais excessivas, prevista no § 343 (1) do BGB.

II – Na mesma linha fundamental de orientação, dispõe o art. 21, nº 1, do Código das Obrigações suíço:

> «Em caso de desproporção evidente entre a prestação prometida por uma das partes e a contra-prestação da outra, a parte lesada pode, no prazo de um ano, declarar que resolve o contrato e repetir o que houver pago, se a lesão houver sido determinada pela exploração da sua necessidade, ligeireza ou inexperiência.»

Também neste caso a lei considera insuficiente para a desvinculação do contrato a falta de equivalência entre as prestações nele convencionadas, sendo ainda necessário, para essse efeito, que esta haja sido determinada por uma deficiência da vontade que afete a liberdade de decisão da parte lesada[783].

No Direito suíço a lesão situa-se assim, como notam Tercier e Pichonnaz[784], «no interface entre os vícios do objeto (a desproporção) e os vícios o consentimento (a exploração da fraqueza)».

III – Muito próxima da solução suíça é a que se encontra consignada no Código Civil italiano, que estabelece no art. 1448, nº 1:

> «Se houver desproporção entre a prestação de uma parte e a da outra, e a desproporção for consequência do estado de necessidade de uma parte, do qual a outra parte aproveitou para retirar vantagem, a parte lesada pode solicitar a rescisão do contrato.»

Por outro lado, também em Itália a cláusula penal excessiva pode ser reduzida pelos tribunais, nos termos previstos no art. 1384 do Código Civil.

Na jurisprudência do Tribunal Constitucional italiano[785] sublinham-se, além disso, «as margens de intervenção suscetíveis de serem reconhecidas ao juiz perante uma cláusula negocial que reflita (como sucedida na espécie) uma regulamentação dos interesses opostos iníqua e gravemente desequilibrada em prejuízo de uma das partes. E isto em razão da suscetibilidade de declaração, *ex officio,* da nulidade (total ou parcial) *ex* artigo 1418 cód. civ., da própria cláusula, por violação do preceituado no artigo 2 da Constituição[786] (na perspetiva do cumpri-

[783] Cfr. *Berner Kommentar zum schweizerischen Privatrecht,* vol. VI, *Das Obligationenrecht,* nota 5 ao art. 21 (por Ernst Kramer).

[784] *Le droit des obligations,* cit., p. 187.

[785] Cfr. a *Ordinanza* nº 248, de 21 de outubro de 2013.

[786] É o seguinte o teor dessa disposição: «La Repubblica riconosce e garantisce i diritti inviolabili dell'uomo, sia come singolo, sia nelle formazioni sociali ove si svolge la sua personalità, e richiede l'adempimento dei doveri inderogabili di solidarietà politica, economica e sociale».

mento dos deveres inderrogáveis de solidariedade), o qual entra diretamente no contrato, em conjugação com o cânone da boa fé, ao qual atribui *vis* normativa, "funcionalizando assim a relação obrigacional à tutela também do interesse do parceiro negocial na medida em que este não colida com o interesse próprio do obrigado"».

IV – O Código Civil holandês ocupa-se desta matéria a propósito do conceito de «abuso de circunstâncias», que constitui fundamento de anulação dos atos jurídicos.

Ocorre um tal abuso, segundo o art. 3:44(4) do Código, quando alguém souber, ou devesse saber, que outra pessoa poderia ser induzida a celebrar um ato jurídico por se encontrar sob a influência de circunstâncias particulares, tais como um estado de emergência, dependência, irreflexão ou adição, uma condição mental anormal ou inexperiência, e, não obstante isso, houver estimulado essa pessoa a celebrar tal ato.

V – No Direito português, são anuláveis os negócios usurários, tidos como aqueles em que «alguém, explorando a situação de necessidade, inexperiência, ligeireza, dependência, estado mental ou fraqueza de carácter de outrem, obtiver deste, para si ou para terceiro, a promessa ou a concessão de benefícios excessivos ou injustificados» (Código Civil, art. 282º, nº 1). Nestes casos, em lugar da anulação, o lesado pode requerer a modificação do negócio (art. 283º, nº 1). Se for requerida a anulação, a parte contrária pode também opor-se ao pedido, declarando aceitar a modificação (art. 283º, nº 2).

Por outro lado, o Código Civil estabelece regras especiais a respeito da *cláusula penal usurária*, de que se ocupa o art. 812º, e do *mútuo usurário*, a que se refere o art. 1146º.

Nos termos do primeiro destes preceitos, «a cláusula penal pode ser reduzida pelo tribunal, de acordo com a equidade, quando for manifestamente excessiva, ainda que por causa superveniente».

De acordo com o segundo, «é havido como usurário o contrato de mútuo em que sejam estipulados juros anuais que excedam os juros legais, acrescidos de 3% ou 5%, conforme exista ou não garantia real» (nº 1). Tem-se também como usurária «a cláusula penal que fixar como indemnização devida pela falta de restituição do empréstimo relativamente ao tempo de mora mais do que o correspondente a 7% ou 9% acima dos juros legais, conforme exista ou não garantia real» (nº 2). Excedendo a taxa de juros estipulada ou o montante da indemnização os referidos valores máximos, consideram-se reduzidos a estes últimos, independentemente da vontade dos contraentes (nº 3).

Como nota Pedro Eiró[787], «[é] no negócio usurário que o ordenamento jurídico português atribui relevância à lesão como causa invalidante do negócio». Com efeito, acrescenta, «[l]esão e usura estão hoje indissoluvelmente ligadas. Se por um lado não existe usura sem lesão – esta é um dos seus elementos componentes –, por outro lado a lesão, como vício do negócio, só é relevante em sede de negócio usurário».

Atualmente, a lesão não tem, assim, relevância autónoma como causa de invalidade dos negócios jurídicos no Direito português: além do *prejuízo* causado por um negócio jurídico, traduzido, *v.g.*, na desproporção das prestações a cargo das partes, é ainda necessário que se verifique uma das *situações de inferioridade* do lesado previstas no art. 282º, nº 1, do Código Civil. É a exploração dessa situação, tendo como resultado a obtenção por alguém da «promessa ou concessão de benefícios excessivos ou injustificados», que a lei sanciona com a anulabilidade do negócio jurídico ou, em certos casos, com a sua modificabilidade.

De todo o modo, estes elementos da usura devem, como preconiza Menezes Cordeiro, ser interpretados e aplicados dentro da lógica do denominado *sistema móvel*: «quando a lesão seja muito grande», diz aquele autor, «a "exploração" e a fraqueza do prejudicado poderão estar menos caracterizadas. E quando a dependência do prejudicado seja escandalosa – por exemplo – não será de exigir um tão grande desequilíbrio»[788].

Qual o fundamento desta figura à luz do Direito português?

Parece inequívoco que se encontra aqui presente a ideia de *justiça comutativa*, uma vez que se pressupõe, a fim de que o negócio possa ser anulado ou modificado, que uma das partes no negócio jurídico em causa haja conseguido para si benefícios que, à luz das circunstâncias do caso e das conceções gerais acerca da justiça interna dos negócios, devam ser tidos como excessivos ou injustificados[789].

Porém, tal como veremos ser o caso do regime da alteração das circunstâncias em que as partes fundaram a decisão de contratar, aflora também aqui a ideia de *boa-fé*[790] – ou, mais precisamente, de *atuação leal, honesta e razoável* por parte dos contraentes nos preliminares e na conclusão dos negócios jurídicos –, porquanto esta se encontra necessariamente em falta nas situações de usura a que a lei portuguesa faz corresponder o referido desvalor[791].

[787] *Do negócio usurário*, Coimbra, 1990, p. 15.

[788] *Tratado de Direito Civil*, vol. II, p. 499.

[789] Neste sentido Pedro Eiró, ob. cit., p. 152.

[790] Nesta linha geral de orientação, afirma Pedro Pais de Vasconcelos, referindo-se à usura, que será «inaceitável a exploração que colida com a exigência de boa fé na celebração do negócio»: veja-se *Teoria geral*, cit., p. 538.

[791] Isso mesmo o reconheceu o Supremo Tribunal de Justiça no acórdão de 22 de novembro de 2012, em que se pode ler, a propósito de uma hipótese configurada nesse aresto como de negócio

VI – O Código Civil francês não continha até recentemente disposições equivalentes às dos Códigos alemão, italiano e português sobre esta matéria.

No entanto, os tribunais franceses chegavam aos mesmos resultados com base nas disposições relativas ao dolo (os arts. 1116 e 1117), tidas como aplicáveis às situações em que uma das partes explorasse a inexperiência, a idade provecta ou o estado de saúde débil da outra.

Na reforma de 2016, consignou-se um novo art. 1143 no Código Civil, que qualifica como coação («*violence*») as situações em que «uma parte, abusando do estado de dependência em que se encontra o seu co-contratante, obtém deste um compromisso que ele não teria subscrito na ausência de uma tal ameaça e retira daí uma vantagem manifestamente excessiva»; o que não deixou de suscitar reparos na doutrina[792].

VII – Muito mais longe do que os sistemas romanistas vão nesta matéria os Direitos muçulmanos, aos quais subjaz, nas palavras de Chafik Chehata[793], «uma preocupação constante de manter a justiça entre os contraentes», traduzida na equivalência das suas prestações. Daqui que os textos fundamentais do Islão proíbam expressamente, como já notámos, a *riba*, entendida como toda a prática comercial iníqua[794]. Declara a este respeito o versículo 2:275 do Corão:

> «os que praticam a usura não se levantarão de seus túmulos senão como aquele que o demónio possuiu, deixando-o transtornado; e isso porque disseram que o comércio é o mesmo que a usura; no entanto, Deus consente o comércio e veda a usura.»

No mesmo sentido, pode ver-se a Declaração Islâmica dos Direitos Humanos, de 1981, cujo art. XV, alínea *f*, dispõe:

usurário: «os RR., apesar de conhecerem todo o circunstancialismo em que decorreu o negócio, aproveitaram-se do estado de necessidade da Autora pretendendo transformar um negócio a bem dizer fictício numa pechincha em seu proveito, num circunstancialismo de aperto económico da Autora, a quem haviam prometido a sua colaboração, acabando por ver-se esta despojada da propriedade do prédio, em resultado da recusa dos RR. em vendê-la à Autora, precisamente o resultado que pretendia obviar com a solução encontrada. Tal atitude, para além de ser elemento constitutivo da usura, é igualmente lesiva do princípio da "boa-fé contratual" com acolhimento no artigo 227º do Código Civil apresentando-se ética e juridicamente como censurável» (proc. 3309/07.9TBLSB.L1.S1).

792 Ver Yves-Marie Laithier, «Dispositions relatives à la validité du contrat», *in* Philippe Chauviré (org.), *La réforme du droit des contrats : du projet à l'ordonnance*, Paris, 2016, pp. 27 ss., que afirma a este respeito : «Le texte, tel qu'il est rédigé, laisse la regrettable impression que tirer avantage de la position de force que l'on occupe face à un cocontractant faible est en soi abusif. Ce qui aboutit à fragiliser comme jamais le contrat conclu avec une personne en état de dépendance».

793 Cfr. *Essai d'une théorie générale de l'obligation en droit musulman*, p. 58.

794 Neste sentido, Coulson, *Commercial Law in the Gulf States*, p. 11.

«A lei islâmica proíbe os monopólios, as práticas comerciais restritivas demedidas, a usura, o uso da força para fazer contratos e a publicação de propaganda enganosa.»

VIII – O Código dos Contratos chinês estabelece, por seu turno, no art. 54(2) que qualquer das partes pode solicitar a um tribunal popular ou a uma instituição de arbitragem a modificação ou rescisão de um contrato que se revele injusto.

De acordo com um entendimento expresso pelo Supremo Tribunal Popular, a injustiça do contrato tem de ser óbvia a fim de poder desencadear os referidos efeitos; o que sucede designadamente quando uma das partes aproveite a sua posição de superioridade ou a inexperiência da outra a fim de subverter o princípio da equivalência das prestações[795].

IX – Diferentemente dos sistemas jurídicos até aqui examinados, o Direito inglês não consagra qualquer regra geral que permita invalidar um negócio usurário. É certo que algumas figuras desse Direito conferem à parte lesada, sob certos pressupostos, uma proteção análoga; mas o seu âmbito de aplicação é consideravelmente mais restrito do que o da usura dos Direitos continentais.

Está neste caso a *economic duress*, que pode ser invocada, como referimos anteriormente, pela parte a quem haja sido imposta a alteração de um contrato (*v.g.* no tocante ao respetivo preço), causando-lhe grave prejuízo[796]. Em ordem a obter a resolução ou a obstar ao *enforcement* desse contrato, a jurisprudência da Câmara dos Lordes exigia contudo que a parte lesada demonstrasse que a alteração contratual em causa fora obtida mediante o exercício de uma pressão ilegítima e que não tivera outra opção senão submeter-se à mesma[797].

Outra figura que permite alcançar resultados semelhantes aos da anulação por usura é a *undue influence*[798]. Esta apenas abrange, contudo, os contratos iníquos celebrados por pessoas entre as quais existisse ao tempo da sua conclusão uma relação de particular confiança (*v.g.*, pais e filhos, médicos e pacientes, advogados e seus constituintes, etc.) e em que a parte beneficiada haja tirado partido indevidamente dessa circunstância, assim como às garantias prestadas por pessoas afetivamente ligadas ao devedor principal.

Diz-se, por outro lado, que existe um negócio abusivo («*unconscionable bargain*») se uma das partes se aproveitar da carência económica ou ignorância da

[795] Cfr. *Opinions of the Supreme People's Court on Several Issues Concerning the Interpretation of the General Principles of Civil Law*, art. 72.

[796] Cfr. Treitel, *The Law of Contract*, pp. 500 ss.; Cartwright, *Contract Law*, pp. 183 ss.

[797] Cfr. *Universe Tankships Inc. of Monrovia v. International Transport Workers Federation (The Universe Sentinel)*, [1983] A.C. 366.

[798] Sobre a qual pode ver-se Sebastian Martens, «Undue influence», *in* Basedow/Hopt/Zimmermann (orgs.), *Handwörterbuch des Europäischen Privatrechts*, vol. II, pp. 1534 ss.

outra a fim de lhe adquirir um bem por preço muito inferior ao seu valor real; a *equity* permite nesse caso a anulação do negócio[799]. A figura é, porém, escassamente utilizada pelos tribunais; e o fundamento de anulação em causa é, de todo o modo, a circunstância de o contrato ter sido obtido por meios impróprios e não a injustiça dos seus termos. Por isso se afirma que a intervenção dos tribunais ingleses ao abrigo das doutrinas da *duress*, da *undue influence* e da *unconscionability* apenas pode basear-se na injustiça processual («*procedural unfairness*») e não na injustiça substantiva («*substantive unfairness*») do contrato em causa[800].

No caso *Lloyds Bank Ltd. v. Bundy*[801], julgado em 1974 pelo *Court of Appeal*, Lord Denning procurou, é certo, enunciar um princípio de acordo com o qual a desigualdade de poder negocial das partes poderia conduzir à anulação do contrato quando uma delas tirasse indevidamente partido dela. Esse princípio não logrou, porém, obter a aceitação da Câmara dos Lordes[802]. O mero aproveitamento da desigualdade do poder negocial das partes não constitui, assim, uma hipótese de *undue influence* suscetível de conduzir à anulação do contrato.

As razões desta postura restritiva do Direito inglês quanto ao exercício pelos tribunais do poder de anularem contratos com fundamento no abuso do poder negocial de uma das partes sintetizou-as Lord Hoffmann na decisão proferida pelo *Privy Council* em *Union Eagle Ltd. v. Golden Achievement Ltd.*[803], em que aquele magistrado afirmou:

> «A existência de um poder discricionário de recusar eficácia ao contrato com fundamento em que isso seria abusivo [«*unconscionable*»] é suficiente a fim de gerar

[799] Haja vista ao caso *Fry v. Lane*, [1888] 40 ChD 312, julgado em 1888 pela *Chancery Division*, em que o juiz Kay declarou: «where a purchase is made from a poor and ignorant man at a considerable undervalue, the vendor having no independent advice, a Court of Equity will set aside the transaction».

[800] Cfr., neste sentido, Cartwright, *Contract Law*, pp. 189 e 210 s.

[801] [1975] Q.B. 326.

[802] Assim, em *National Westminster Bank plc v. Morgan*, [1985] A.C. 686, Lord Scarman afirmou: «The fact of an unequal bargain will, of course, be a relevant feature in some cases of undue influence. But it can never become an appropriate basis of principle of an equitable doctrine which is concerned with transactions "not to be reasonably accounted for on the ground of friendship, relationship, charity, or other ordinary motives on which ordinary men act" (Lindley L.J. *in Allcard v. Skinner*, at p. 185). And even in the field of contract I question whether there is any need in the modern law to erect a general principle of relief against inequality of bargaining power. Parliament has undertaken the task – and it is essentially a legislative task – of enacting such restrictions upon freedom of contract as are in its judgment necessary to relieve against the mischief: for example, the hire-purchase and consumer protection legislation, of which the Supply of Goods (Implied Terms) Act 1973, Consumer Credit Act 1974, Consumer Safety Act 1978, Supply of Goods and Services Act 1982 and Insurance Companies Act 1982 are examples. I doubt whether the courts should assume the burden of formulating further restrictions».

[803] [1997] A.C. 514.

incerteza. Ainda que seja muito improvável que esse poder seja exercido, a sua mera existência possibilita a utilização da litigância como tática negocial. Na vida comercial isso pode gerar injustiças que não podem ser compensadas pela decisão final do caso.»

X – No Estados Unidos da América a *undue influence* é fundamentalmente invocada pelos tribunais nas situações em que exista uma relação especial entre as partes, que torne uma delas particularmente suscetível à influência da outra[804].

Por seu turno, a *unconscionability* encontra-se expressamente acolhida no *Uniform Commercial Code*, cujo artigo 2-302 (1) permite aos tribunais recusarem eficácia aos contratos de compra e venda ou às cláusulas destes que se mostrem afetadas por esse vício[805]. No comentário oficial a essa disposição afirma-se que o *basic test* da *unconscionability* consiste em determinar se, à luz das necessidades do comércio e das circunstâncias do caso, as cláusulas em questão são de tal forma desequilibradas que devam ser tidas como abusivas[806]. A mesma regra fundamental acha-se consignada no § 208 do *Restatement 2nd of Contracts*[807].

A lei americana não consagra qualquer definição de *unconscionability*. Na jurisprudência, distingue-se, como já notámos, a *substantive unconscionability* da *procedural unconscionability*: a primeira manifesta-se na inclusão no contrato de cláusulas desrazoavelmente favoráveis a uma das partes; a segunda, na ausência de qualquer hipótese significativa de escolha por parte de um dos contraentes. A maioria dos casos de *unconscionability* envolve uma conjugação das duas modalidades; se, porém, a *procedural unconscionability* configurar no caso de espécie uma forma de *misrepresentation*, o contrato será anulável independentemente de *substantive unconscionability*[808]. Já a situação inversa parece ser de verificação muito rara.

[804] Veja-se, a este respeito, o § 177 do *Restatement 2nd of Contracts*, que define a *undue influence* como «unfair persuasion of a party who is under the domination of the person exercising the persuasion or who by virtue of the relation between them is justified in assuming that that person will not act in a manner inconsistent with his welfare».

[805] Dispõe esse preceito: «If the court as a matter of law finds the contract or any clause of the contract to have been unconscionable at the time it was made the court may refuse to enforce the contract, or it may enforce the remainder of the contract without the unconscionable clause, or it may so limit the application of any unconscionable clause as to avoid any unconscionable result».

[806] «Whether, in the light of the general commercial background and the commercial needs of the particular trade or case, the clauses involved are so one-sided as to be unconscionable under the circumstances existing at the time of the making of the contract».

[807] Que estabelece o seguinte: «If a contract or term thereof is unconscionable at the time the contract is made a court may refuse to enforce the contract, or may enforce the remainder of the contract without the unconscionable term, or may so limit the application of any unconscionable term as to avoid any unconscionable result».

[808] Cfr. *Farnsworth on Contracts*, vol. I, pp. 584 s.

A aplicação desta figura pelos tribunais norte-americanos é, em todo o caso, assaz restrita. Daí que Farnsworth advirta, a propósito do citado preceito do *Uniform Commercial Code*, que «de um modo geral, os juízes têm sido cautelosos na aplicação da doutrina da *unconscionability*, reconhecendo que frequentemente as partes têm de celebrar o seu contrato depressa, que o seu poder negocial raramente será idêntico e que os tribunais se encontram mal apetrechados a fim de lidarem com os problemas da distribuição desigual da riqueza na sociedade»[809].

c) Alteração de circunstâncias

I – A admissão de um ajustamento dos contratos, ou mesmo da sua resolução, em caso de alteração das circunstâncias em que as partes fundaram a decisão de contratar tem antecedentes longínquos nos sistemas jurídicos europeus.

No período do Direito Comum, difundiu-se na Europa, por influência da teologia cristã, a doutrina da cláusula *rebus sic stantibus*. Formulada pela primeira vez por Teutonicus, na glosa ao *Decreto* de Graciano[810], dela se fez eco também S. Tomás de Aquino[811]. Baldo de Ubaldis estendeu-a à generalidade das promessas[812]. Hugo Grócio referiu-se-lhe igualmente no seu *opus magnum*[813], ao que não foi alheio o seu posterior acolhimento pelo Direito Internacional Público[814]. As codificações iluministas – nomeadamente o *Codex Maximilianeus Bavaricus*, de 1756[815],

[809] Ob. e loc. cit.

[810] Cfr. *Decretum Gratiani*, C. 22, q. 2, c. 14, em cuja glosa se pode ler: «*Ergo semper subintelligitur haec conditio, si res in eodem statu manserit*» («Portanto, subentende-se sempre a condição de que as coisas permanecerão no mesmo estado»).

[811] Cfr. *Summa Theologiae*, II-II, q. 110, art. 3, *ad quintum*: «*Ut enim Seneca dicit, in libro de Benefic., ad hoc quod homo teneatur facere quod promisit, requiritur quod omnia immutata permaneant*» («Como disse Séneca, no livro de Benefic., para que o homem esteja vinculado a fazer o que prometeu, é necessário que tudo permaneça imutável»).

[812] Cfr. *In Digestum Novum Commentaria*, Veneza, 1577, *ad* D. 46, 3, 38: «*omnes promissio intelligitur rebus sic se habentibus*» («qualquer promessa deve ser entendida tendo assim as coisas»).

[813] Grócio apenas admitiu, no entanto, uma aplicação restritiva da cláusula. Segundo escreveu em *De jure belli ac pacis*, livro II, cap. XVI, § XXV: «*Solet et hoc disputari, an promissa in se habeant tacitam conditionem, si res maneant quo sunt loco: quod negandum est, nisi apertissime pateat statum rerum praesentem in unica illa quam diximus ratione inclusum esse*» («É uma questão frequentemente disputada, se a continuidade das coisas no seu estado presente constitui uma condição tácita do cumprimento das promessas: o que é de rejeitar, salvo se for manifesto que o atual estado de coisas está incluído na única razão [pela qual a promessa foi feita] a que nos referimos»).

[814] Haja vista ao art. 62 da Convenção de Viena Sobre o Direito dos Tratados. Sobre o tema, *vide* Ralf Köbler, *Die "clausula rebus sic stantibus" als allgemeiner Rechtsgrundsatz*, Tubinga, 1991, especialmente pp. 74 ss.

[815] Cfr. o § 12, IV, 15, segundo o qual: «alle Verbindungen die Clausulam rebus sic stantibus stillschweigend in sich halten».

e o *Allgemeines Landesrecht* prussiano, de 1794[816] – consagraram-na em matéria civil.

O Código Civil austríaco acolheu-a igualmente, ainda que apenas a respeito do pré-contrato. Dispõe, com efeito, o § 936 desse texto legal:

> «O acordo de celebração futura de um contrato apenas é vinculativo se tanto o momento da conclusão como os aspetos essenciais do contrato estiverem determinados e entretanto as circunstâncias não se alterarem de tal forma que, por força disso, fique frustrada a finalidade expressamente estipulada ou determinada a partir das circunstâncias ou se perca a confiança de uma ou outra das partes [...].»

Em suma, de acordo com a doutrina em apreço deve subentender-se nos contratos de execução continuada ou diferida uma cláusula de acordo com a qual estes apenas vinculam enquanto se mantiverem as circunstâncias em que foram concluídos. A esta doutrina contrapôs-se, porém, que a repercussão sobre o contrato de uma modificação das circunstâncias em que as partes fundaram a decisão de contratar não deve depender da vontade destas, sendo essa cláusula, na realidade, uma ficção. Daí o surgimento na Europa de outras construções que visaram de um modo geral uma maior objetivização do regime da alteração de circunstâncias, que o Direito positivo foi consagrando em medida variável. Delas se dará conta em seguida.

II – Na sua redação originária, o Código Civil francês apenas conferiu relevância à ausência e ao rompimento do equilíbrio entre as prestações contratuais nos casos ditos de *force majeure* e de *lésion*; não nos de *imprévision*[817].

Assim, em princípio a alteração das circunstâncias em que as partes fundaram a decisão de contratar, decorrente de um evento imprevisto, não conferia à

[816] Cfr. os §§ 377 e 378 da Parte I, Título 5, que dispunham: «§. 377. Außer dem Fall einer wirklichen Unmöglichkeit, kann wegen veränderter Umstände, die Erfüllung eines Vertrags in der Regel nicht verweigert werden. §. 378. Wird jedoch durch eine solche unvorhergesehene Veränderung die Erreichung des ausdrücklich erklärten, oder aus der Natur des Geschäfts sich ergebenden Endzwecks beyder Theile unmöglich gemacht, so kann jeder derselben von dem noch nicht erfüllten Vertrage wieder abgehn».

[817] Cfr. o acórdão da Cassação de 6 de março de 1876, *Canal de Craponne, in Rec. Dalloz,* 1876, I, pp. 193 ss., em que se pode ler: «L'art. 1134 *c.civ.*, d'après lequel les conventions légalement formées tiennent lieu de loi à ceux qui les ont faites, est applicable même aux contrats antérieurs à la promulgation du code civil. Cette disposition est générale et absolue, et elle régit les contrats, dont l'exécution s'étend à des époques successives, de même que ceux de toute autre nature. Il n'appartient jamais aux tribunaux, quelque équitable que puisse leur paraître leur décision, de prendre en considération le temps et les circonstances pour modifier les conventions des parties et substituer des clauses nouvelles à celles qui ont été librement acceptées par les contractants».

parte lesada, na versão primitiva do *Code Civil*, o direito à revisão ou resolução dos contratos civis[818].

Relativamente a estes contratos, o princípio da *force obligatoire du contrat* foi entendido com grande rigor pelos redatores do Código Civil, apenas se excetuando a ele os casos de *force majeure*, em que o cumprimento da obrigação se torna impossível em virtude de um «evento razoavelmente irresistível e imprevisível»[819].

A este facto não será estranha a perspetiva muito rigorosa da separação de poderes que prevaleceu em França após a revolução de 1789 e a perceção de que é ao poder legislativo, e não ao judicial, que cabe definir os efeitos da perda de valor da moeda sobre as relações jurídicas. Terá pesado na opção do legislador francês, por outro lado, a preocupação de evitar o oportunismo de certos devedores, para quem a alteração de circunstâncias poderia constituir o ensejo de se libertarem das suas obrigações com consequências graves não apenas para os respetivos credores, mas também para o tráfico jurídico em geral, pela insegurança que isso nele introduziria.

A situação era, porém, diferente no tocante aos contratos administrativos, cuja revisão o *Conseil d'Etat* admitiu, ao abrigo do princípio do *equilíbrio financeiro do contrato*, nos casos de *fait du prince* (i.é, quando o contraente público exerce a sua prerrogativa de modificar unilateralmente as obrigações a cargo do seu co-contratante ou adota uma medida individual suscetível de agravar os custos por este suportados) e de *imprévision* (ou seja, de ocorrência de uma perturbação substancial das condições económicas de execução do contrato, imprevisível e independente da vontade das partes, *v.g.* o aumento inesperado do preço de uma matéria prima essencial à prestação do serviço concessionado ao contraente privado, de que resultem para este sobrecustos ruinosos); o que se explica pelo interesse público em assegurar a continuidade dos contratos (*maxime* de concessão)

818 Cfr. Carbonnier, *Droit Civil*, vol. II, *Les biens. Les obligations*, pp. 2172 s.; Denis Tallon, «Hardship», *in* Hartkamp *et al.* (orgs.), *Towards a European Civil Code*, 3ª ed., Nijmegen, 2004, pp. 499 ss.; Eduardo Santos Júnior, «A imprevisão ou alteração das circunstâncias no Direito Privado francês e as perspectivas de evolução em face dos projectos de reforma do Direito das Obrigações no *Code Civil*», *in Estudos em homenagem ao Prof. Doutor Jorge Miranda*, vol. VI, Coimbra, 2012, pp. 471 ss.

819 Cfr. o acórdão da *Assemblée Plenière* da Cassação de 14 de abril de 2006, *RTDCiv.*, 2006, pp. 775 ss.: «il n'y a lieu à aucuns dommages-intérêts lorsque, par suite d'une force majeure ou d'un cas fortuit, le débiteur a été empêché de donner ou de faire ce à quoi il était obligé, ou a fait ce qui lui était interdit ; qu'il en est ainsi lorsque le débiteur a été empêché d'exécuter par la maladie, dès lors que cet événement, présentant un caractère imprévisible lors de la conclusion du contrat et irrésistible dans son exécution, est constitutif d'un cas de force majeure». O conceito de *force majeure* é atualmente definido pelo art. 1218, 1º §, do Código, nos termos do qual: «Il y a force majeure en matière contractuelle lorsqu'un événement échappant au contrôle du débiteur, qui ne pouvait être raisonnablement prévu lors de la conclusion du contrat et dont les effets ne peuvent être évités par des mesures appropriées, empêche l'exécution de son obligation par le débiteur».

destinados à satisfação de necessidades gerais, que a insolvência do contraente privado poderia comprometer[820].

Algumas decisões da Cassação francesa admitiram, no entanto, sob certos pressupostos, um dever das partes de renegociarem as condições estipuladas no contrato[821].

O anteprojeto de reforma do Direito das Obrigações e do Direito da Prescrição, de 2005 consagrou esse dever no art. 1135-2. Por força deste preceito, na falta de uma cláusula contratual que preveja a renegociação do contrato quando o equilíbrio das prestações seja perturbado de tal forma que uma das partes perca «qualquer interesse» no contrato, poderia esta requerer judicialmente que seja ordenada a renegociação do contrato. Falhando a renegociação, dispunha o art. 1135-3 que qualquer das partes poderia desvincular-se do contrato sem ter de indemnizar a outra. A revisão do contrato pelos tribunais encontrava-se, em todo o caso, excluída[822]. Já o projeto de reforma do Direito das Obrigações de 2008 veio admitir, dentro de certos limites, a possibilidade de uma adaptação ou resolução *ope judicis* do contrato em caso de alteração das circunstâncias[823].

Foi esta última solução que prevaleceu na reforma do Código Civil empreendida em 2016, o qual passou a dispor no art. 1195:

> «Se uma alteração de circunstâncias imprevisível aquando da conclusão do contrato tornar a sua execução excessivamente onerosa para uma parte que não teria aceitado assumir o respetivo risco, esta pode pedir uma renegociação do contrato ao seu cocontratante. Ela continua a executar as suas obrigações durante a renegociação. / Em caso de recusa ou de fracasso da negociação, as partes podem convencio-

[820] Ver Jean Rivero/Jean Waline, *Droit administratif*, 19ª ed., Paris, 2002, pp. 121 ss.

[821] *Vide* os acórdãos de 3 de novembro de 1992, *Bull. Civ.*, IV, nº 338, de 24 de novembro de 1998, *Bull. Civ.*, IV, nº 277, e de 16 de março de 2004, *D.*, 2004, p. 1754.

[822] Dispunha o art. 1135-1 do ante-projeto: «Dans les contrats à exécution successive ou échelonnée, les parties peuvent s'engager à négocier une modification de leur convention pour le cas où il adviendrait que, par l'effet des circonstances, l'équilibre initial des prestations réciproques fût perturbé au point que le contrat perde tout intérêt pour l'une d'entre elles». E acrescentava o art. 1135-2: «A défaut d'une telle clause, la partie qui perd son intérêt dans le contrat peut demander au président du tribunal de grande instance d'ordonner une nouvelle négociation». Nos termos do art. 1135-3 : «Le cas échéant, il en irait de ces négociations comme il est dit au chapitre ler du présent titre. Leur échec, exempt de mauvaise foi, ouvrirait à chaque partie la faculté de résilier le contrat sans frais ni dommage».

[823] Estabelecia, neste sentido, o art. 136: «Si un changement de circonstances, imprévisible et insurmontable, rend l'exécution excessivement onéreuse pour une partie qui n'avait pas accepté d'en assumer le risque, celle-ci peut demander une renégociation à son co-contractant mais doit continuer à exécuter ses obligations durant la renégociation. En cas de refus ou d'échec de la renégociation, le juge peut, si les parties en sont d'accord, procéder à l'adaptation du contrat, ou à défaut y mettre fin à la date et aux conditions qu'il fixe».

nar a resolução do contrato, na data e nas condições que determinarem, ou pedir de comum acordo ao juiz que proceda à sua adaptação. Na falta de acordo num prazo razoável, pode o juiz, a pedido de uma parte, rever o contrato ou pôr-lhe termo, na data e nas condições que fixar.»

A título de justificação desta alteração legislativa, afirma-se no relatório da *ordonnance* nº 2016-131, que aprovou a reforma: «A França é um dos últimos países da Europa que não reconhece a teoria da imprevisão como causa moderadora da força obrigatória do contrato. Esta consagração, inspirada no Direito Comparado e nos projetos de harmonização europeus, permite lutar contra os desequilíbrios contratuais de monta que sobrevenham no decurso da execução do contrato, em conformidade com o objetivo da justiça contratual prosseguido pela *ordonnance*».

O acolhimento assim dado à teoria da imprevisão não se eximiu, porém, ao apodo de tímida, quer pelos apertados pressupostos a que se encontra sujeita (os quais compreendem a imprevisibilidade da alteração de circunstâncias ocorrida, a excessiva onerosidade da execução do contrato daí resultante e a não assunção do respetivo risco pela parte lesada), quer pelo considerável número de etapas que têm de ser vencidas pela parte lesada a fim de se libertar do contrato (em que se incluem a tentativa de renegociação do contrato, um eventual acordo das partes quanto à resolução ou adaptação do contrato pelo tribunal e só na falta deste a formulação pelo interessado de um pedido de revisão do contrato pelo tribunal)[824].

Formulam-se, em todo o caso, reservas à consagração legal do poder de os tribunais reverem o contrato em ordem a ajustá-lo ao novo circunstancialismo que o rodeia, a qual rompe com uma orientação jurisprudencial que vigorava há mais de 140 anos; e isto, diz-se, não só pelo melindre de que se reveste o exercício desse poder, o qual pressupõe uma *culture de métier* de que os magistrados franceses não dispõem, como pela perda de atratividade que a sua consagração poderá implicar para o Direito francês, no confronto com os sistemas de *Common Law*.

[824] Cfr., neste sentido, Philippe Chauviré, «Les dispositions relatives aux effets du contrat», *in eiusdem* (org.), *La réforme du droit des contrats : du projet à l'ordonnance*, Paris, 2016, pp. 43 ss. (p. 47); e Thierry Revet, «Le projet de réforme et les contrats structurellement déséquilibrés», *in ibidem*, pp. 67 ss. (p. 81). Não falta contudo quem entenda que a noção de onerosidade excessiva acolhida no preceito em apreço compreende não apenas os casos em que a prestação a cargo da parte lesada se tornou mais dispendiosa, mas também aqueles em que diminuiu o valor da respetiva contraprestação, designadamente em virtude de uma desvalorização da moeda: assim Philippe Stoffel-Munck, «L'imprévision et la réforme des effets du contrat», *in* Alain Bénabent/ Laurent Aynès (orgs.), *Réforme du droit des contrats: quelles innovations?*, Paris, 2016, pp. 30 ss. (p. 33).

De todo o modo, a nova regra legal tem caráter supletivo, consoante declara o relatório da *ordonnance* nº 2016-131, podendo, por conseguinte, ser precisada ou mesmo afastada por estipulação contratual[825].

III – Na Alemanha, a cláusula *rebus sic stantibus*, assim como a teoria da pressuposição («*Voraussetzung*») formulada por Windscheid nos meados do século XIX[826], segundo a qual a declaração de vontade apenas valeria na medida em que se verificasse ou mantivesse certa circunstância ou situação pressuposta pelo declarante, foram rejeitadas pelos redatores do BGB.

Também quanto a este ponto vingou o modelo individualista e liberal que, de um modo geral, inspirou o Código alemão, assim como a preocupação com a segurança jurídica, que aquelas construções (especialmente a segunda, dado o seu extremo subjetivismo) colocariam em risco.

Mas a jurisprudência do Tribunal do Império não tardou em recuperar a dita cláusula, sob a pressão dos problemas económicos que afetaram o país no primeiro pós-guerra.

Na célebre decisão que proferiu em 21 de setembro de 1920[827], aquele Tribunal declarou, com efeito, que, sendo o dever de cumprimento e o direito ao cumprimento regidos, nos termos § 242 do BGB, pelo princípio da boa-fé, não seria devido nem exigível o cumprimento de um contrato se, em consequência de uma alteração completa das circunstâncias, a prestação contratualmente devida se houvesse transformado, do ponto de vista económico, noutra «completamente diferente daquela que as partes haviam originariamente pensado e querido»[828].

O caso julgado nesse aresto era relativo a um contrato concluído em 1912, em que a autora se obrigara a facultar à ré a utilização de certas instalações de que era proprietária e bem assim a fornecer-lhe a energia de que a ré necessitava para o funcionamento da sua indústria naquelas instalações. Em consequência do aumento exponencial do preço das matérias-primas, nomeadamente o carvão, ocorrido na Alemanha após a I Guerra Mundial, os encargos suportados pela autora com o cumprimento do contrato passaram a superar largamente o preço

[825] Neste sentido, Fabre-Magnan, *Droit des obligations*, vol. I, p. 560; Malaurie/Aynès/Stoffel-Munck, *Droit des obligations*, p. 407.

[826] Cfr. *Die Lehre des römischen Rechts von der Voraussetzung*, Düsseldorf, 1850.

[827] *RGZ* 100, pp. 129 ss.

[828] «Beherrschen nach [§ 242 BGB] Treu und Glauben die Erfüllungspflicht des Schuldners wie dementsprechend gegenseits auch das Erfüllungsrecht des Gläubigers – sein Recht auf die Erfüllung -, so kann unter diesem Gesichtspunkte die Erfüllung eines Vertrags nicht mehr geschuldet und gefordet werden, wenn infolge der völligen Veränderung der Zustände die Vertragsleistung jetzt wirtschaftlich zu einer ganz anderen geworden ist, als wie sie ursprünglich von beiden Parteien gedacht und gewollt war».

estipulado. O prejuízo assim sofrido pela autora excedia dez vezes o valor anual do contrato. A autora exigiu a declaração da nulidade deste ou a revisão do preço estipulado. Para o *Reichsgericht*, seria claramente injusto que as consequências do surto inflacionista subsequente à guerra, imprevisível para qualquer das partes ao tempo da conclusão do contrato, fossem exclusivamente suportadas pela autora. À luz da cláusula *rebus sic stantibus* e do princípio da boa-fé, a pretensão seria, assim, procedente.

Foi na sequência deste caso que Paul Oertmann desenvolveu, numa monografia com grande repercussão, a figura da *base do negócio* («*Geschäftsgrundlage*»), que o autor definiu como «a representação de uma das partes, evidenciada aquando da conclusão do negócio, cuja importância a contraparte reconheceu e à qual não objetou, ou a representação comum das diferentes partes, sobre a existência ou a ocorrência de determinadas circunstâncias em que se baseia a vontade negocial»[829].

Esta doutrina viria a ser acolhida pelo Tribunal Imperial, logo em 1922[830]. De acordo com a formulação que lhe deu modernamente Karl Larenz, quando ocorra, em consequência da «supressão da base objetiva do negócio» («*Fortfall der objektiven Geschäftsgrundlage*»), uma perturbação da equivalência das prestações («*Äquivalenzstörung*») ou a frustração do fim do contrato («*Zweckvereitelung*»), assiste à parte lesada, com fundamento no princípio da boa-fé, o direito à modificação do contrato ou à sua resolução[831].

Numa formulação mais recente, que obteve acolhimento em diversas decisões do Tribunal Federal[832], compreendem-se na base do negócio quer as representações mentais de ambas as partes, ou de apenas uma delas mas reconhecidas pela outra, que constituíram a base da decisão de concluir o negócio (a «*base subjetiva do negócio*»), quer as circunstâncias exteriores ao negócio cuja existência ou continuidade foram pressupostas pelas partes, de tal forma que apenas desse modo o negócio mantém, atento o seu fim típico ou aquele que resulta do seu conteúdo, uma regulação dotada de sentido (a «*base objetiva do negócio*»), não havendo distinção a estabelecer entre os respetivos efeitos jurídicos[833].

[829] Cfr. *Die Geschäftsgrundlage. Ein neuer Rechtsbegriff*, Leipziga, 1921, p. 37.

[830] Cfr. a decisão de 3 de fevereiro de 1922, *RGZ* 103, pp. 328 ss.

[831] Ver *Lehrbuch des Schuldrechts*, vol. I, *Allgemeiner Teil*, pp. 320 ss.

[832] Cfr., por exemplo, a sentença de 1 de junho de 1979, *BGHZ* 74, pp. 370 ss., em que se define a base do negócio como «bei Vertragsschluss zutage getretenen gemeinschaftlichen Vortellungen beider Parteien oder dem Geschäftsgegner erkennbaren und vom ihm nicht beanstandeten Vorstellungen der einen Vertragspartei vom Vorhandensein oder dem künftigen Eintritt gewisser Umstände, auf denen sich der Geschäftswille der Parteien aufbaut».

[833] Cfr. Larenz/Wolf, *Allgemeiner Teil des Bürgerlichen Rechts*, pp. 700 s.

A importância destes desenvolvimentos foi posta em relevo por Franz Wieacker, que, referindo-se à evolução da jurisprudência dos tribunais superiores no século XX, observou: «O acontecimento mais importante quanto a aspetos fundamentais foi talvez o regresso da jurisprudência ao princípio da equivalência material»[834].

Não surpreende, assim, que a *Schuldrechtsmoderniserung* de 2002 haja consagrado a teoria da base do negócio. Dispõe agora, a este respeito, o § 313 do BGB:

> «(1) Quando as circunstâncias que constituíram a base do contrato se houverem alterado gravemente depois da conclusão deste, e se as partes não o tivessem concluído ou o tivessem concluído com outro conteúdo caso tivessem previsto essa alteração, pode ser exigida a adaptação do contrato, desde que, tendo em conta todas as circunstâncias do caso concreto, em especial a repartição contratual ou legal do risco, não seja exigível a uma das partes a vinculação ao contrato inalterado. (2) É equiparada a uma alteração de circunstâncias a situação em que se revelem erradas representações essenciais que tenham estado na base do contrato. (3) Quando a adaptação do contrato não seja possível ou exigível a uma das partes, pode a parte lesada resolver o contrato. Nas relações obrigacionais duradouras, opera o direito de denúncia em lugar do direito de resolução.»

Deste preceito retira-se uma clara preferência da lei alemã pela adaptação dos contratos, em caso de alteração de circunstâncias, relativamente à sua resolução ou denúncia, as quais só podem ter lugar quando a primeira não seja possível ou exigível a uma das partes. Em ordem a que qualquer delas possa ter lugar, é necessário que se verifiquem cumulativamente quatro requisitos: *a)* Que as circunstâncias em causa (*v.g.* a estabilidade da moeda ou a disponibilidade no mercado de certa matéria-prima) constituam a «base do contrato» (e não, por conseguinte, o conteúdo dele); *b)* Que essas circunstâncias hajam sofrido, após a conclusão do contrato, uma alteração grave (consistente, por exemplo, numa desvalorização muito significativa da moeda utilizada para pagamentos ao abrigo do contrato ou na escassez e correspondente aumento do preço da referida matéria-prima); *c)* Que as partes não tivessem concluído o contrato, ou não o tivessem concluído nas mesmas condições, se houvessem previsto essa alteração; e *d)* Que não seja exigível à parte lesada, atenta a repartição legal e contratual do risco, a vinculação ao contrato nos seus termos iniciais. A par de uma alteração superveniente da base do contrato, contempla-se no preceito a sua ausência originária – a qual não é senão um erro bilateral sobre os motivos –, hipótese em que o contrato

[834] Cfr. *História do Direito Privado Moderno*, tradução portuguesa por António Hespanha, Lisboa, s.d., p. 593.

pode igualmente ser adaptado, resolvido ou denunciado, verificados que estejam os referidos requisitos.

Nas relações duradouras, a resolução do contrato por alteração de circunstâncias cede o lugar, segundo o § 313 (3), à denúncia. Esta encontra-se disciplinada no § 314, que faculta a qualquer das partes a possibilidade de denunciar o contrato por «motivo importante» («*wichtiger Grund*»). «Ocorre um motivo importante», diz o mesmo preceito, «se não for exigível ao denunciante, tendo em conta as circunstâncias do caso e os interesses de ambas as partes, a prossecução da relação contratual até ao seu termo convencional».

IV – Da jurisprudência e da doutrina alemãs a figura da base do negócio passou para o Direito português onde está hoje consagrada, em termos gerais, no art. 437º do Código Civil[835].

Pressuposto fundamental do regime estabelecido neste preceito legal é que haja ocorrido, como se diz nele, uma «alteração das circunstâncias em que as partes fundaram a decisão de contratar».

Trata-se aqui da *base do negócio*, i.é, o circunstancialismo preexistente ao contrato, que foi determinante da sua celebração e sem o qual ele não teria sido concluído, ou só teria sido concluído noutros termos[836]. Essa base do negócio deverá ser *bilateral*, pois a própria lei alude às circunstâncias em que ambas as partes fundaram a decisão de contratar. Todas as demais alterações de circunstâncias que não integrem a base do negócio são, portanto, irrelevantes. Assim, por exemplo, se a legislação sobre contratos se alterou, mas as partes não a tomaram em consideração ao negociarem o contrato, essa alteração é irrelevante.

Não sofre dúvida que, como tem sido reconhecido na doutrina[837] e em diversos arestos dos tribunais superiores portugueses[838], a crise económica e financeira

[835] Sobre o qual podem ver-se, além das obras gerais acima citadas: Adriano Vaz Serra, «Resolução ou modificação dos contratos por alteração das circunstâncias», *BMJ* 68 (1957), pp. 293 ss.; João Antunes Varela/Manuel Henriques Mesquita, «Resolução ou modificação do contrato por alteração de circunstâncias», *CJ*, ano VII, 1982, tomo 4, pp. 7 ss.; António Menezes Cordeiro, «Da alteração de circunstâncias», *in Estudos em memória do Prof. Doutor Paulo Cunha*, Lisboa, 1989, pp. 293 ss.; *idem*, «A crise a alteração de circunstâncias», *RDC*, 2016, pp. 7 ss.; Durval Ferreira, *Erro negocial. Objeto – Motivos – Base Negocial e Alteração de Circunstâncias*, Coimbra, 1995; José de Oliveira Ascensão, «Onerosidade excessiva por "alteração das circunstâncias"», *ROA*, 2005, pp. 625 ss.; e Catarina Monteiro Pires, «Efeitos da alteração das circunstâncias», *Dir.*, 2013, pp. 181 ss.

[836] Veja-se, sobre o ponto, o est. cit. de Vaz Serra, p. 311, em que se admitia já que «a teoria da base do negócio [talvez] possa fornecer soluções aproveitáveis para a regulamentação legislativa da matéria de resolução ou modificação dos contratos por alteração de circunstâncias».

[837] Cfr. José Lebre de Freitas, «Contrato de *swap* meramente especulativo. Regimes de validade e de alteração de circunstâncias», *ROA*, 2012, pp. 943 ss.; Paulo Mota Pinto, «Contrato de *swap* de taxas de juro, jogo e aposta e alteração das circunstâncias que fundaram a decisão de contratar»,

que afetou Portugal e outros países a partir de 2008 consubstancia potencialmente uma alteração das circunstâncias em que as partes fundaram a decisão de contratar, relevante para os efeitos do art. 437º do Código Civil. Não basta, porém, a ocorrência de uma crise a fim de desencadear os efeitos previstos nesse preceito:

> «É necessário», afirmou o Supremo Tribunal de Justiça no acórdão de 10 de janeiro de 2013[839], «que haja uma correlação direta e demonstrada factualmente nos autos entre a crise económica geral e a atividade económica concreta de determinado agente para que se possa falar de uma alteração anormal das circunstâncias.»

Exige-se por outro lado, no mesmo preceito, que essa alteração seja *anormal*. Deverá tratar-se, pois, de uma alteração significativa ou de vulto. Se ocorre, por exemplo, uma pequena subida de preços, não se pode dizer que estejamos perante uma alteração anormal. Deve, além disso, essa alteração ser *imprevisível*. Se as partes contavam, ou deviam ter contado, por exemplo, com a diminuição temporária da procura de determinados serviços ou produtos, em razão da alternância normal dos ciclos económicos, o referido regime legal não se aplica. Muitos contratos estipulam, por exemplo, as condições em que pode ter lugar uma atualização de preços. Nestes casos, prevalecerá o regime contratual sobre o legal.

Em terceiro lugar, requer-se, a fim de que possa dar-se a resolução ou a modificação do contrato por alteração de circunstâncias, que a manutenção deste, tal como foi concluído pelas partes, envolva *lesão*, i.é, um dano, para uma delas. Essa lesão pode decorrer, designadamente, de a alteração de circunstâncias pôr em causa o *equilíbrio das prestações*: uma delas passa, por exemplo, a valer muito mais do que a outra, *v.g.*, porque se deu uma desvalorização abrupta e significativa da moeda. Outra hipótese consiste em a prestação de uma das partes, em virtude da alteração de circunstâncias, se ter tornado *excessivamente onerosa*, quer no

RLJ, 143º, pp. 391 ss., e 144º, pp. 14 ss. (especialmente pp. 49 s.); Manuel Carneiro da Frada, «Crise financeira mundial e alteração das circunstâncias. Contratos de depósito vs. Contratos de gestão de carteiras», *in Forjar o Direito*, Coimbra, 2015, pp. 23 ss. Mais reservado, Menezes Cordeiro, «A crise e a alteração de circunstâncias», *RDC*, 2016, pp. 7 ss.; *idem*, *Tratado de Direito Civil*, vol. IX, pp. 703 ss.

[838] Dentre os quais destacamos o acórdão do Supremo Tribunal de Justiça de 10 de outubro de 2013, proc. 1387/11.5TBBCL.G1.S1. Aí se decidiu que nos contratos ditos de *swap*, ou de permuta financeira (i.é, os contratos através dos quais uma parte transfere o risco económico inerente a um ativo para outra parte, em troca de uma remuneração) «o risco fornece o próprio objeto contratual pelo que a alteração das circunstâncias tem de ser de apreciável vulto ou proporções extraordinárias: o prejuízo só justifica a resolução ou modificação do contrato quando se verifique um profundo desequilíbrio do contrato, sendo intolerável com a boa-fé que o lesado o suporte. Tal profundo desequilíbrio pode resultar da significativa descida das taxas de juro, provocada por grave crise financeira, com grande divergência da taxa, superior, que as partes representaram como possível e a que o contrato pretendia assegurar».

[839] Proc. 187/10.4TVLSB.L2.S1.

plano patrimonial quer no pessoal, por exemplo, porque os materiais com que o empreiteiro tem de construir a obra encareceram muito, ou os salários subiram vertiginosamente.

Pressupõe-se, em quarto lugar, que, em virtude dessa alteração anormal de circunstâncias, a exigência das obrigações assumidas por uma das partes *afete gravemente os ditames da boa-fé*. Entre estes inclui-se, como se observa noutros lugares desta obra[840], o dever de *atuação leal, honesta e razoável* por parte dos contraentes, tanto nos preliminares e na conclusão do contrato como na execução das obrigações dele decorrentes; ou, noutra formulação, o dever de consideração pelos direitos, bens jurídicos e interesses legítimos da outra parte. Ora, é justamente a violação deste padrão de conduta que se pressupõe, ao exigir-se a uma das partes o estrito cumprimento do contrato na sua expressão originária, a fim de que o tribunal possa decretar a respetiva resolução ou modificação por alteração de circunstâncias[841]. Não é difícil identificar algumas das situações em que tipicamente ocorre esse pressuposto: trata-se, nomeadamente, das hipóteses em que, por força do grave desequilíbrio entre as prestações a cargo de cada uma das partes ou da onerosidade excessiva da prestação devida por uma delas, originadas na alteração de circunstâncias, a exigência do respetivo cumprimento configure – quer pelo sacrifício desproporcionado que tal importaria para a parte onerada, quer pelos benefícios injustificáveis que daí extrairia a outra – uma *conduta desleal, desonesta ou irrazoável*[842]. A exigência de uma obrigação assumida pela contraparte será contrária à boa-fé, por exemplo, se der origem ao enriquecimento sem causa de uma das partes à custa alheia ou se o sacrifício imposto a uma das partes não se justificar por um interesse legítimo da outra. O art. 437º do Código Civil português constitui, nesta medida, uma concretização, no domínio particular a que diz respeito, do princípio geral da boa-fé[843].

840 Cfr. *supra*, § 7º, *a)*, e *infra*, § 14º, *a)*.

841 Nesta linha de orientação pronunciava-se Vaz Serra, est. cit., p. 305, para quem «não procede de boa fé o contraente que exige do outro uma prestação que a alteração de circunstâncias torna inexigível». E acrescentava, a p. 319: «é na boa fé que, em última análise, se baseia a resolução ou modificação do contrato [...] atendendo a que ela proíbe as reclamações não exigíveis ao devedor».

842 Como refere Pedro Pais de Vasconcelos, *Teoria Geral do Direito Civil*, pp. 321 s.: «O mecanismo do artigo 437º deve funcionar nos casos em que a perturbação da justiça contratual for tal que uma pessoa de bem, séria e honesta – uma pessoa de boa fé – se absteria de exigir o cumprimento rigidamente e sem atender à alteração ocorrida. A boa fé impediria, nessas circunstâncias, a exigência do cumprimento e a desconsideração da alteração de circunstâncias. Quer isto dizer que é necessário que a alteração das circunstâncias tenha provocado uma perturbação da justiça contratual, uma injustiça, tão grave que nenhuma pessoa de bem, de boa fé, persistiria na exigência do cumprimento, de um modo rígido e sem consideração da injustiça envolvida».

843 Expressamente neste sentido, Menezes Cordeiro, *Tratado de Direito Civil*, vol. I, p. 967; ver também vol. IX, p. 688.

Por fim, a alteração de circunstâncias não deve estar coberta pelos *riscos próprios do contrato*. Se as partes assumiram, expressa ou implicitamente, o risco da alteração de circunstâncias, não pode aplicar-se o regime legal. É o que sucede, por exemplo, num contrato de seguro cujo objeto seja precisamente a cobertura do risco de verificação do facto em questão. E ainda num contrato promessa de compra e venda de imóveis, em que «o risco típico a que se sujeita o comprador é o de não conseguir estar em condições de pagar o preço, vendo gorada a possibilidade de consumar o negócio prometido e sofrendo as consequências previstas para o seu incumprimento (tipicamente, a perda do que entretanto prestou)»[844].

O primeiro efeito que a lei portuguesa imputa à alteração das circunstâncias que constituem a base do negócio, no art. 437º, nº 1, do Código Civil, é o *direito de resolver o contrato* conferido à parte lesada. A resolução tem lugar, segundo o art. 439º, nos termos dos arts. 432º e seguintes do Código. Portanto, embora possa ser retroativa (art. 434º, nº 1), a resolução em princípio não abrange as prestações já efetuadas (art. 434º, nº 2). Se se tratar de um contrato de execução duradoura e uma parte dele já tiver sido executada antes da alteração de circunstâncias, a resolução só afeta as prestações futuras, não destruindo retroativamente o contrato, o que a aproxima da denúncia prevista na lei alemã. A resolução é, pois, limitada pela sua própria justificação.

O segundo efeito possível da alteração de circunstâncias é a *modificação do contrato*, que pode ter lugar, desde logo, a pedido da própria parte lesada. Se for requerida a resolução, a parte contrária pode, segundo o art. 437º, nº 2, opor-se a ela, declarando que aceita a modificação. Trata-se, também aqui, de uma manifestação da ideia de aproveitamento dos negócios jurídicos (*favor negotii*): na medida do possível, procura-se evitar a ineficácia destes. Mas não pode, com propriedade, falar-se de subsidiariedade da resolução relativamente à modificação do contrato[845], uma vez que esta não tem lugar *ex officio*, ainda que *in casu* seja bastante a fim de repor o equilíbrio das prestações. A liberdade contratual (tomada aqui em sentido negativo) tem, pois, no Direito português, primazia sobre o *favor negotii*.

Quando deva proceder-se à modificação do contrato, esta tem lugar, diz o art. 437º, nº 1, «segundo juízos de equidade». Assim, se a alteração de circunstâncias afetou o equilíbrio das prestações, cumpre modificar o contrato na medida do necessário a fim de restaurar esse equilíbrio. O que pode ter lugar, por exemplo, mediante a atualização do preço convencionado pelas partes, em ordem a que ele reflita a desvalorização da moeda entretanto ocorrida.

[844] Neste sentido, cfr. o ac. do Tribunal da Relação de Lisboa de 19 de fevereiro de 2013, proc. 1117/10.9TVLSB.L1-1.

[845] Como sustenta Pinto Oliveira, *Princípios de Direito dos contratos*, p. 586.

O Direito português não acolhe especificamente um dever de renegociar o contrato em caso de alteração de circunstâncias; mas nada obsta a que as partes o estipulem, nomeadamente através da inclusão nele de uma cláusula de *hardship*[846]. Na falta de tal estipulação, poderá inferir-se esse dever, pelo menos nas relações contratuais duradouras, do princípio da boa-fé (art. 762º, nº 2, do Código Civil)[847].

No Direito Administrativo português, a matéria é hoje regulada pelo Código dos Contratos Públicos. Nos termos do art. 282º deste, há lugar à reposição do *equilíbrio financeiro do contrato*, designadamente, quando certo facto altere os pressupostos com base nos quais o contraente privado determinou o valor das prestações a que se obrigou, desde que o contraente público conhecesse ou não devesse ignorar esses pressupostos. Por outro lado, a alteração de circunstâncias imputável a uma decisão do contraente público, adotada fora do exercício dos seus poderes de conformação da relação contratual, que se repercuta de modo específico na situação contratual do co-contratante, confere também a este, nos termos do art. 314º do Código dos Contratos Públicos, o direito à reposição do equilíbrio financeiro do contrato[848]. Este último encontra-se, não raro, expresso numa equação financeira entre receitas e despesas inerentes à execução do contrato, com base na qual as partes aceitaram contratar (frequentemente designada por «*caso-base*»), que deve ser reposta sempre que se verifiquem certos eventos, *v.g.* alterações unilaterais das condições de desenvolvimento das atividades integradas numa concessão, casos de força maior ou alterações legislativas que se repercutam de modo significativo sobre aquelas receitas e despesas. Como é bom de ver, o Direito português mostra-se, quanto a este ponto, largamente tributário da influência francesa.

V – O princípio da equivalência das prestações está também subjacente a diversas disposições do Direito italiano dos contratos[849].

[846] Neste sentido, António Pinto Monteiro/Júlio Gomes, «*Rebus Sic Stantibus* – Hardship Clauses in Portuguese Law», *Eur. Rev. Priv. Law*, 1998, pp. 319 ss.; *idem*, «A "Hardship Clause" e o problema da alteração das circunstâncias (breve apontamento)», *in* Manuel Afonso Vaz/J.A. Azeredo Lopes (orgs.), *Juris et de jure. Nos 20 anos da Faculdade de Direito da UCP – Porto*, Porto, 1998, pp. 17 ss. Sobre as cláusulas de *hardship* no comércio internacional, veja-se o § 46º, *j*).

[847] Cfr., sobre o ponto, Júlio Gomes, «Cláusulas de Hardship», *in Contratos: Actualidade e evolução*, Porto, 1997, pp. 167 ss. (pp. 202 ss.); Menezes Cordeiro, *Tratado*, vol. VI, p. 568; e Catarina Monteiro Pires, est. cit., pp. 198 ss.

[848] Ver, sobre o tema, António Menezes Cordeiro, *Contratos públicos: subsídios para a dogmática administrativa com exemplo no princípio do equilíbrio financeiro*, Coimbra, 2007; Pedro Vaz Mendes, *Pacta sunt servanda e interesse público nos contratos administrativos*, Lisboa, 2016, pp. 186 ss.

[849] Ver Guido Alpa, «Princípios gerais e Direito dos Contratos. Um inventário de *Dicta* e de Questões», *in* António Pinto Monteiro (coordenador), *Contratos: actualidade e evolução*, Porto, 1997, pp. 101 ss. (p. 104).

No Código Civil, prevê-se a possibilidade de resolução ou modificação dos contratos de execução continuada ou diferida em que a prestação de uma das partes se torne *excessivamente onerosa* em razão de «eventos extraordinários e imprevisíveis», contanto que tal não entre na álea normal do contrato[850]. A onerosidade excessiva da prestação tanto pode decorrer do aumento do respetivo custo como da perda do valor da contraprestação que lhe corresponde. A modificação do contrato só pode ter lugar, no entanto, a pedido da parte demandada. Tratando-se de contratos em que apenas uma das partes haja assumido obrigações, pode esta requerer a redução da sua prestação ou a modificação da forma da sua execução em termos de equidade[851]. Pelo que respeita ao contrato de empreitada, o Código consente a revisão do preço, a pedido do empreiteiro ou do dono da obra, quando, em virtude de circunstâncias imprevisíveis, o custo dos materiais ou da mão-de-obra hajam aumentado ou diminuído por forma a determinarem um aumento ou redução superior a um décimo do preço ajustado; além disso, se no decurso da obra se manifestarem dificuldades de execução decorrentes de causas geológicas, hídricas ou semelhantes não previstas pelas partes, que tornem notoriamente mais onerosa a prestação do empreiteiro, tem este direito a uma compensação equitativa[852].

Admite-se, por outro lado, na doutrina e na jurisprudência italianas, a relevância da «pressuposição», definida pela Cassação como «situação de facto ou de direito, passada, presente ou futura, de caráter objetivo – cuja existência, cessação e verificação seja totalmente independente da atividade e da vontade dos contraentes e não constitua objeto de uma sua específica obrigação – que possa, mesmo na falta de referência expressa a ela nas cláusulas contratuais, considerar-se como tida presente pelos próprios contraentes, na formação do seu consenso, como pressuposto com valor determinante para os fins da existência e subsistência do vínculo contratual». Assim entendida, a pressuposição «determina a invalidade ou a resolução do contrato quando a situação pressuposta, passada ou presente, de facto não exista no momento da conclusão do contrato, ou a contemplada como futura (mas certa) não se verifique»[853].

VI – No Direito brasileiro foi recebida, por manifesta influência italiana, a noção de onerosidade excessiva, que encontrou acolhimento no Código Civil como fundamento possível da resolução dos contratos de execução continuada

[850] Art. 1467.

[851] Art. 1468.

[852] Art. 1664.

[853] Neste sentido, veja-se o acórdão da Cassação de 24 de março de 1998, nº 3083, *Giust. civ.*, 1998, I, p. 3161. Cfr. ainda na doutrina, com mais referências, Bianca, *Diritto civile*, vol. 3, *Il contratto*, cit., pp. 435 ss., Galgano, *Diritto Privato*, cit., pp. 351 s., e Alpa, *Manuale di diritto privato*, pp. 549 s.

ou diferida, sempre que sobrevenham acontecimentos extraordinários e imprevisíveis susceptíveis de comprometerem o equilíbrio das prestações originariamente convencionado entre as partes[854]. Estabelece, a este respeito, o art. 478 daquele diploma legal:

> «Nos contratos de execução continuada ou diferida, se a prestação de uma das partes se tornar excessivamente onerosa, com extrema vantagem para a outra, em virtude de acontecimentos extraordinários e imprevisíveis, poderá o devedor pedir a resolução do contrato. Os efeitos da sentença que a decretar retroagirão à data da citação.»

Diferentemente do citado preceito da lei italiana, não se exige aqui que a onerosidade excessiva exceda a *álea normal* do contrato; mas esta exigência deve ser tida como implícita no referido preceito, na medida em que nele se requer que a onerosidade excessiva da prestação decorra de *acontecimentos extraordinários e imprevisíveis*: como nota Oliveira Ascensão, não é extraordinário o que está dentro dos riscos normais do contrato[855].

Tão-pouco figura no preceito em causa o requisito, formulado como vimos na lei portuguesa, de que a exigência das obrigações assumidas pela parte lesada se mostre contrária à boa-fé. Ao que não será estranha a diferente linhagem dos preceitos brasileiro e português sobre a matéria: aquele, como dissemos, sobretudo inspirado no Código italiano; este, na jurisprudência alemã, que desenvolveu a figura em apreço a partir da cláusula geral do § 242 do BGB. Não deixa, contudo, a boa-fé de desempenhar papel de relevo na valoração, em face do Direito brasileiro, das situações de desequilíbrio contratual decorrentes da alteração de circunstâncias[856].

Não se prevê no preceito acima transcrito a possibilidade de o devedor requerer a modificação do contrato com fundamento na onerosidade excessiva da prestação, o que explicará a inserção do preceito no capítulo relativo à extinção do contrato; mas a doutrina tem-na admitido com fundamento no princípio da con-

[854] Ver, sobre o regime brasileiro, José de Oliveira Ascensão, «Alteração das circunstâncias e justiça contratual no novo Código Civil», *Revista CEJ*, 2004, pp. 59 ss.; Paulo Roque Khouri, *A revisão judicial dos contratos no novo Código Civil, Código do Consumidor e Lei nº 8.666/93. A onerosidade excessiva superveniente*, São Paulo, 2006; André Borges de Carvalho Barros, «A onerosidade excessiva como fundamento da revisão ou resolução do contrato no Código Civil e no Código de Defesa do Consumidor», *in* Giselda Hironaka/Flávio Tartuce, *Direito contratual. Temas atuais*, São Paulo, 2007, pp. 315 ss.; Laura Coradini Frantz, «Excessiva onerosidade superveniente: uma análise dos julgados do STJ», *in* Judith Martins-Costa (org.), *Modelos de Direito Privado*, São Paulo, 2014, pp. 215 ss.

[855] Est. cit., p. 62.

[856] Sobre o ponto, veja-se, com amplas referências jurisprudenciais, Judith Martins-Costa, *A Boa-Fé no Direito Privado. Critérios para a sua aplicação*, São Paulo, 2015, pp. 590 ss.

servação dos negócios jurídicos, que aflora designadamente nos arts. 170[857] e 184[858] do Código[859].

Essa possibilidade está, em todo o caso, prevista no art. 479, nos termos do qual «[a] resolução poderá ser evitada, oferecendo-se o réu a modificar eqüitativamente as condições do contrato». Por outro lado, o art. 480, que replica o art. 1468 do Código italiano, admite que, «[s]e no contrato as obrigações couberem a apenas uma das partes, poderá ela pleitear que a sua prestação seja reduzida, ou alterado o modo de executá-la, a fim de evitar a onerosidade excessiva».

Pressupõe-se evidentemente, nestes preceitos, o preenchimento dos requisitos da resolução do contrato previstos no art. 478: *a)* Um contrato duradouro; *b)* Um facto superveniente extraordinário e imprevisível; *c)* A onerosidade excessiva da prestação em causa manifestada na desproporção entre o valor desta e o da contraprestação; e *d)* A extrema vantagem dessa situação para uma das partes.

A mesma preocupação com o equilíbrio das prestações contratuais subjaz à regra constante do art. 317 do Código brasileiro, nos termos da qual:

> «Quando, por motivos imprevisíveis, sobrevier desproporção manifesta entre o valor da prestação devida e o do momento de sua execução, poderá o juiz corrigi-lo, a pedido da parte, de modo que assegure, quanto possível, o valor real da prestação.»

O acento tónico é aqui posto na desproporção entre o valor da prestação pecuniária no momento inicial e o que ela tem no momento em que é devida a sua realização, permitindo-se ao juiz corrigi-la em ordem a assegurar o seu valor real. É o fenómeno da desvalorização da moeda, o qual afetou particularmente o Brasil em épocas recentes, que se tem aqui em vista. Ao passo que o art. 478 se refere à resolução (ou modificação) do contrato tipicamente a pedido do devedor, neste caso o interesse dominante é o do credor.

O Código Civil brasileiro reparte assim por duas disposições o regime da alteração de circunstâncias, que o Direito alemão e o português condensam num só preceito; mas o seu regime não difere substancialmente do que estes acolhem.

[857] «Se, porém, o negócio jurídico nulo contiver os requisitos de outro, subsistirá este quando o fim a que visavam as partes permitir supor que o teriam querido, se houvessem previsto a nulidade».

[858] «Respeitada a intenção das partes, a invalidade parcial de um negócio jurídico não o prejudicará na parte válida, se esta for separável; a invalidade da obrigação principal implica a das obrigações acessórias, mas a destas não induz a da obrigação principal».

[859] Veja-se, neste sentido, o enunciado nº 176 do Conselho de Justiça Federal: «Em atenção ao princípio da conservação dos negócios jurídicos, o art. 478 do Código Civil de 2002 deverá conduzir, sempre que possível, à revisão judicial dos contratos e não à resolução contratual» (disponível em http://www.cjf.jus.br/enunciados).

Também no Brasil se admite a validade, ao abrigo do princípio da autonomia privada, da cláusula contratual determinativa da obrigação de renegociar em vista de um evento tido como fonte de *hardship*[860].

De notar ainda que o Código de Defesa do Consumidor consagra como «direito básico do consumidor», no art. 6º, inciso V, «a modificação das cláusulas contratuais que estabeleçam prestações desproporcionais ou a sua revisão em razão de fatos supervenientes que as tornem excessivamente onerosas». Prescinde-se aqui, em benefício do consumidor, do caráter extraordinário e imprevisível do evento em causa como requisito da revisão do contrato; solução que evidentemente radica na condição mais vulnerável daquele e na sua maior necessidade de proteção[861]. O facto superveniente em questão deve, em todo o caso, situar-se fora da álea própria do contrato de consumo: se se inserir nos riscos normais do contrato, não pode o consumidor invocá-lo a fim de obter a revisão do contrato. Por outro lado, a circunstância de o preceito citado apenas contemplar a revisão a pedido do consumidor não exclui que ela possa ter lugar a pedido do cocontratante deste, contanto que se encontrem preenchidos os requisitos para o efeito estabelecidos nas disposições citadas do Código Civil[862].

VII – O Direito espanhol adota nesta matéria um modelo intermédio entre o francês, tradicionalmente assaz restritivo, como vimos, e o alemão, bastante mais generoso. A jurisprudência do Tribunal Supremo socorre-se, para o efeito, da teoria da cláusula *rebus sic stantibus*, ainda que reconheça que a mesma não está legalmente consagrada e que só deve admitir-se cautelarmente, tendo em conta a sua elaboração doutrinal e os princípios de equidade a que corresponde. Exige, para o efeito, a verificação dos seguintes requisitos em ordem a conferir relevância à alteração de circunstâncias: *a)* Uma alteração extraordinária das circunstâncias no momento do cumprimento do contrato relativamente às previstas aquando da sua celebração; *b)* A imprevisibilidade absoluta dessa alteração de circunstâncias; e *c)* A causação de uma desproporção inusitada e exorbitante, que aniquile o necessário equilíbrio entre as prestações[863].

[860] Neste sentido Judith Martins-Costa, «A cláusula de *hardship* e a obrigação de renegociar nos contratos de longa duração», *Revista de Arbitragem e Mediação*, 2010, pp. 11 ss. (p. 22).

[861] Cfr. Cláudia Lima Marques, *Contratos no Código de Defesa do consumidor. O novo regime das relações contratuais*, p. 1055.

[862] Neste sentido, Paulo Khouri, *Direito do Consumidor. Contratos, responsabilidade civil e defesa do consumidor em juízo*, 4ª ed., São Paulo, 2009 p. 95.

[863] Cfr. Luis Díez-Picazo, *Fundamentos de Derecho Civil Patrimonial*, vol. II, pp. 1065 ss.; e Sánchez Lorenzo «La frustración del contrato», *in eiusdem* (org.), *Derecho contractual comparado*, t. II, pp. 703 ss. (pp. 738 s.).

A *Proposta de Modernização do Direito das Obrigações e Contratos* consagra uma pormenorizada disposição sobre esta matéria, claramente inspirada no Código alemão e nas legislações dele tributárias. Também aí encontrou acolhimento normativo a ideia de *onerosidade excessiva* da execução do contrato. Diz, a este propósito, o art. 1213 desse texto:

> «Se as circunstâncias que serviram de base ao contrato se tiverem alterado de forma extraordinária e imprevisível durante a sua execução de forma que esta se tenha tornado excessivamente onerosa para uma das partes ou se haja frustrado o fim do contrato, o contraente a que, tendo em conta as circunstâncias do caso e especialmente a distribuição contratual de riscos, não seja razoavelmente exigível que permaneça sujeito ao contrato, poderá pretender a sua revisão e, se esta não for possível ou não puder ser imposta a uma das partes, poderá aquele pedir a sua resolução. A pretensão de resolução só poderá ser julgada procedente quando não seja possível obter da proposta ou propostas de revisão oferecidas por cada uma das partes uma solução que restaure a reciprocidade de interesses do contrato.»

Nota-se aqui uma preocupação mais acentuada do que no Direito português com a preservação do contrato, uma vez que, à imagem do que sucede na lei alemã, a resolução deste tem no projeto espanhol caráter subsidiário relativamente à sua revisão.

VIII – O Código holandês enveredou igualmente pela orientação em apreço, admitindo com grande amplitude a modificação ou dissolução do contrato por alteração de circunstâncias[864]. Dispõe, a este respeito, o art. 6:258 (1):

> «A pedido de uma das partes, pode o juiz modificar os efeitos do contrato, ou dissolvê-lo no todo ou em parte, com fundamento em circunstâncias imprevistas que sejam de molde a que o co-contratante, de acordo com critérios de razoabilidade e equidade, não esperasse que o contrato se mantivesse imodificado. Pode ser conferida eficácia retroativa à modificação ou dissolução do contrato.»

Consagram-se assim no Direito holandês dois requisitos fundamentais para a modificação ou dissolução *ope judicis* do contrato por alteração de circunstâncias: *a)* A ocorrência de circunstâncias imprevistas, i.é, posteriores à conclusão do contrato e não expressa ou implicitamente contempladas neste, designadamente através da repartição do risco por ele operada; e *b)* Que, à luz dos critérios da razoabilidade e da equidade (que o art. 3:12 do Código manda concretizar com base nos «princípios jurídicos geralmente aceites», nos «pontos de vista jurí-

[864] Cfr. Hartkamp, *Contract Law in the Netherlands*, pp. 72 e 143 s.

dicos correntes nos Países-Baixos» e nos «interesses sociais e pessoais afetados pelo caso») o outro contraente não devesse esperar que o contrato se mantivesse nessas circunstâncias. Sendo o contrato modificado ou parcialmente dissolvido por decisão judicial, pode esta prever, segundo o art. 6:260(2), que qualquer das partes o rescinda, querendo, no prazo que para o efeito for fixado pelo juiz.

IX – No confronto com os sistemas de *Civil Law*, os de *Common Law* são muito mais restritivos no tocante à admissibilidade da resolução ou modificação do contrato por alteração de circunstâncias: o princípio de que se parte é, com efeito, o da «*sanctity of contracts*»[865], por força do qual só em situações excecionais é permitido ao devedor exonerar-se das suas obrigações contratuais.

Neste sentido, afirmou o *Court of King's Bench*, numa decisão célebre proferida no século XVII: «quando uma parte através de um contrato por si celebrado assume um dever ou um ónus, está vinculada a observá-lo, se puder fazê-lo, não obstante qualquer acidente inevitável, pois podia ter-se prevenido contra ele pelo seu contrato»[866]. E, na mesma linha fundamental de orientação, observa-se num manual contemporâneo sobre Direito dos Contratos: «Os empresários em particular estão preocupados em assegurar que as partes no contrato se atenham ao seu negócio e que sejam consentidas tão poucas possibilidades quanto possível de se subtraírem às obrigações contratuais. Em geral, o Direito inglês é relutante em admitir justificações para o não cumprimento»[867].

Não surpreende, por isso, que num estudo comparativo recente sobre o regime da alteração de circunstâncias no Direito Europeu dos Contratos, coordenado por dois reputados civilistas, se conclua a este propósito que «[a] ideia de que uma alteração de circunstâncias pode, em si mesma, levar à adaptação ou à cessação de uma obrigação contratual é desconhecida dos Direitos inglês e irlandês»[868].

Um caso recente permite ilustrar a orientação dos tribunais ingleses quanto a esta matéria[869]. Um grupo de empresas públicas de transportes sediadas em Portugal, com um alto grau de endividamento, celebrou com um banco integrado num grupo financeiro internacional um conjunto de contratos de *swap* de taxas de juro. Através desses contratos, as partes trocaram entre si as quantias representativas de juros vencidos às taxas *Libor* e *Euribor*, sobre um capital de referência especificado

[865] Sobre o qual pode ver-se a obra de David Parry, *The Sanctity of Contracts in English Law*, Londres, 1959.

[866] Cfr. *Paradine v. Jane*, [1647] 4 K.B.

[867] Cfr. *Anson's Law of Contract*, p. 8.

[868] Cfr. Ewoud Hondius/Hans Christoph Grigoleit (orgs.), *Unexpected Circumstances in European Contract Law*, Cambridge, 2011, p. 164.

[869] Cfr. *Banco Santander Totta S.A. v Companhia Carris de Ferro de Lisboa S.A. and Others*, [2016] EWHC 465 (Comm.); [2016] EWCA Civ. 1267.

nos contratos, pelas quantias correspondentes à aplicação ao mesmo capital de uma taxa de juro fixa. Procuraram assim as empresas portuguesas salvaguardar-se contra a eventual subida das referidas taxas de juro. Sempre, porém, que aquelas taxas de juro descessem abaixo da barreira inferior especificada nos contratos ou subissem acima da barreira superior neles indicada, seria adicionado um *spread* ao valor dos pagamentos devidos pelas empresas de transportes ao banco. Os contratos atribuíam competência para dirimir os litígios deles resultantes aos tribunais ingleses e estipulavam a aplicabilidade da lei inglesa.

Em consequência da crise económica internacional, as taxas *Libor* e *Euribor* desceram acentuadamente a partir de 2008 e aproximaram-se do zero. Correspondentemente, os valores devidos pelas empresas de transportes ao abrigo dos contratos aumentaram de forma continuada, tendo as suas obrigações de pagamento atingido, em 2015, valores que ascendiam a 70% dos montantes nocionais correspondentes. O valor de mercado dos *swaps* degradou-se também progressivamente para as empresas, tornando-se negativo para estas em mais de 1,3 mil milhões de euros. Por se considerarem lesadas em virtude da manutenção, inalterados, desses contratos, as empresas suspenderam os pagamentos devidos ao abrigo dos mesmos.

Demandadas perante os tribunais ingleses com fundamento em incumprimento contratual, as empresas invocaram a alteração anormal das circunstâncias em que as partes haviam fundado a decisão de contratar e reclamaram a resolução pelo tribunal dos referidos contratos. A sua pretensão foi, porém, recusada pelo *Commercial Court*, que, embora reconhecendo o impacto da descida das taxas de juro de referência sobre os pagamentos devidos ao abrigo dos contratos e o caráter imprevisível da mesma, as condenou no cumprimento das obrigações contraídas; e, em sede de recurso, pelo *Court of Appeal*, que confirmou a decisão anterior.

Algumas das funções desempenhadas pela base do negócio no Direito alemão são, é certo, levadas a cabo nos sistemas jurídicos de *Common Law* pelo instituto da *frustration of contract*[870]. Não são despiciendas, contudo, as diferenças entre estas duas figuras. Com efeito, a *frustration* tem lugar quando um evento superveniente e imprevisto compromete o propósito fundamental de uma das partes ao celebrar o contrato, desde que ambas as partes o conhecessem ao tempo da celebração.

A consagração jurisprudencial da *frustration* remonta, em Inglaterra, ao caso *Taylor v. Caldwell*, julgado em 1863 pelo *High Court (Queen's Bench Division)*[871]. O caso dizia respeito ao arrendamento de um imóvel para a realização de uma série de con-

[870] Cfr., sobre o ponto, Reinhard Zimmermann, «"Heard melodies are sweet, but those unheard are sweeter..." Conditio tacita, implied condition und die Fortbildung des europäischen Vertragsrechts», *AcP*, 1993, pp. 121 ss. (pp. 137 ss.); Hannes Rösler, «Geschäftsgrundlage», *in* Basedow/Hopt/Zimmermann (orgs.), *Handwörterbuch des Europäischen Privatrechts*, vol. I, pp. 710 ss. (p. 713).

[871] [1863] 122 E.R. 309.

certos. Pouco antes da data prevista para estes, o imóvel foi destruído por um incêndio. Os arrendatários demandaram os proprietários do imóvel pelos danos sofridos em consequência do alegado incumprimento por estes do contrato. O juiz Blackburn decidiu porém que a existência do imóvel era uma *condição implícita* da execução do contrato. Tendo o mesmo sido destruído sem culpa de qualquer das partes, ambas teriam ficado exoneradas das suas obrigações[872]. Esta jurisprudência foi posteriormente desenvolvida na decisão proferida em 1903 pelo *Court of Appeal* num dos *coronation cases* suscitados pelo adiamento da coroação de Eduardo VII[873]. Os efeitos da *frustration* foram entretanto regulados pelo *Law Reform (Frustrated Contracts) Act 1943*. Nos Estados Unidos, vários tribunais aplicaram a doutrina da *frustration* a contratos de arrendamento celebrados por vendedores de bebidas alcoólicas depois de, em 1919, a XVIII Emenda à Constituição Federal e o *National Prohibition Act* terem interditado a sua produção e comercialização[874].

O âmbito e os pressupostos desta figura são, como é bom de ver, muito mais apertados do que os da base do negócio:

> «A *frustration* ocorre», escreveu Lord Radcliffe, «sempre que a ordem jurídica reconhece que, sem que haja incumprimento de qualquer das partes, uma obrigação contratual se tornou insuscetível de ser executada, porque as circunstâncias em que a sua execução teria lugar a transformariam em algo radicalmente diferente daquilo que foi convencionado no contrato. *Non haec in foedera veni*. Não foi isto o que prometi fazer.»[875]

[872] Para tanto, aduziu aquele magistrado: «There seems no doubt that where there is a positive contract to do a thing, not in itself unlawful, the contractor must perform it or pay damages for not doing it, although in consequence of unforeseen accidents, the performance of his contract has become unexpectedly burthensome or even impossible [...]. But this rule is only applicable when the contract is positive and absolute, and not subject to any condition either express or implied: and there are authorities which, as we think, establish the principle that where, from the nature of the contract, it appears that the parties must from the beginning have known that it could not be fulfilled unless when the time for the fulfilment of the contract arrived some particular specified thing continued to exist, so that, when entering into the contract, they must have contemplated such continuing existence as the foundation of what was to be done; there, in the absence of any express or implied warranty that the thing shall exist, the contract is not to be construed as a positive contract, but as subject to an implied condition that the parties shall be excused in case, before breach, performance becomes impossible from the perishing of the thing without default of the contractor».

[873] Cfr. *Krell v. Henry*, [1903] 2 K.B. 740.

[874] Cfr. por exemplo, a sentença proferida em 2 de deembro de 1921 pelo Supremo Tribunal do Estado de Nova Iorque, Appelate Division, em *Doherty v. Monroe Eckstein Brewing Co.*, 191 N.Y.S. 59.

[875] Cfr. *Davis Contractors Ltd. v. Fareham U.D.C.*, [1956] 2 All E.R. 145. Tratava-se, na espécie, de um contrato de empreitada cuja execução levou 22 meses em lugar dos oito estipulados no contrato,

A mera alteração superveniente do equilíbrio financeiro de uma transação, que torne mais oneroso o cumprimento das obrigações a cargo de uma das partes («*hardship*»), não constitui, assim, causa de *frustration*[876]. O que não deve surpreender, pois, como já foi notado na doutrina, a *hardship* é filha da boa-fé[877] e esta, consoante já sabemos, não encontrou até hoje grande favor no Direito inglês[878]. A *hardship* é, assim, em princípio rejeitada como causa de exoneração do devedor pelo Direito inglês; e a *frustration* cobre fundamentalmente as situações que nos sistemas romanísticos integram o conceito de *impossibilidade superveniente* da prestação[879].

Por outro lado, o efeito precípuo da ocorrência de um *frustrating event* consiste na exoneração («*discharge*») do devedor em virtude da sua resolução («*termination*»)[880]. Pode ainda haver lugar à restituição de quantias recebidas e à compensação de despesas realizadas[881]. Tradicionalmente, porém, os tribunais dos sistemas de *Common Law* recusam-se a rever os contratos em virtude da ocorrência de uma alteração superveniente de circunstâncias («*all or nothing*

devido a escassez de mão-de-obra e de materiais, daí resultando um custo para o empreiteiro muito superior ao do preço estipulado. A Câmara dos Lordes rejeitou a pretensão do empreiteiro de um pagamento adicional fundado na excessiva onerosidade do contrato.

876 Neste sentido, Cartwright, *Contract Law*, p. 257; *Anson's Law of Contract*, p. 8; e Adams/Brownsword, *Understanding Contract Law*, pp. 138 ss. (salientando a filiação desta doutrina no pensamento *market-individualist*).

877 Assim, Denis Tallon, «Hardship», *in* Hartkamp e outros (orgs.), *Towards a European Civil Code*, 3ª ed., Nijmegen, 2004, pp. 499 ss. (p. 503).

878 O que não impede – antes tem incentivado – a estipulação, sobretudo nos contratos internacionais, de cláusulas de *hardship*, tendo em vista prevenir este tipo de situações. Cfr. Mustapha Mekki/Martine Kloepfer-Pelèse, «Hardship and Modification (or "Revision") of the Contract», *in* Arthur Hartkamp e outros (orgs.), *Towards a European Civil Code*, pp. 651 ss. (pp. 667 s.).

879 Seja, a fim de exemplificar a distinção entre *hardship* e *frustration*, o caso *Tsakiroglou & Co. Ltd. v. Noblee Thorl GmbH*, [1962] A.C. 93, julgado pela Câmara dos Lordes em 1962. O réu havia-se obrigado a transportar até Hamburgo, por via marítima, uma partida de castanhas do Sudão, em novembro ou dezembro de 1956. A 2 de novembro de 1956, o Canal do Suez foi encerrado à navegação marítima pelas autoridades egípcias. O réu podia, apesar disso, transportar as castanhas no prazo contratualmente definido, contornando o Cabo da Boa Esperança; mas essa rota tomar-lhe-ia consideravelmente mais tempo e implicaria encargos substancialmente superiores. Invocou por isso a *frustration* do contrato. A Câmara dos Lordes rejeitou, todavia, a alegação, por entender que seria ainda assim possível cumprir o contrato e que a maior onerosidade do mesmo para o devedor só por si não importava a respetiva *frustration*.

880 Neste sentido, dispõe o § 265 do *Restatement 2nd of Contracts* norte-americano: «Where, after a contract is made, a party's principal purpose is substantially frustrated without his fault by the occurrence of an event the non-occurrence of which was a basic assumption on which the contract was made, his remaining duties to render performance are discharged, unless language or circumstances indicate the contrary».

881 Cfr. o *Law Reform (Frustrated Contracts) Act 1943*, secção 1 (2) e (3).

rule»)[882]. Também por esta via procuram esses sistemas jurídicos salvaguardar o mais possível a liberdade contratual.

Acresce que a *frustration* apenas opera, por via de regra, como exceção relativamente ao *enforcement* do contrato; não como causa de pedir independente.

No Direito norte-americano opera-se ainda, neste contexto, com a noção de *commercial impracticability*. Esta pressupõe o preenchimento cumulativo de três requisitos, suscetíveis de determinarem a exoneração do devedor: *a)* A ocorrência de uma «contingência», i.é, de um facto inesperado; *b)* Que o risco da ocorrência desse facto não recaia sobre uma das partes por força do contrato ou dos usos; e *c)* Que a ocorrência desse facto tenha tornado o contrato «comercialmente impraticável»[883].

Por si só, o custo acrescido da execução do contrato não constitui motivo de liberação do devedor ao abrigo desta doutrina, salvo se tal se dever a uma contingência imprevista que altere a natureza da prestação. Tão-pouco o serão um aumento ou o colapso dos preços no mercado, uma vez que este é tido precisamente como o tipo de risco empresarial que os contratos de preço fixo visam cobrir. Mas outro tanto já não se poderá dizer da escassez grave de matérias-primas devida a uma guerra, a um embargo, à perda de uma colheita, ao encerramento imprevisto de fontes de abastecimento ou a facto semelhante, que cause

[882] Cfr., quanto ao Direito inglês, *Cheshire, Fifoot and Furmston's Law of Contract*, pp. 714 ss.; Cartwright, *Contract Law*, p. 259; Treitel, *Frustration and Force Majeure*, 3ª ed., Londres, 2014; *The Law of Contract*, pp. 1083 ss.; e *Anson's Law of Contract*, pp. 497 ss. Quanto ao Direito dos Estados Unidos, cfr. *Murray on Contracts*, 3ª ed., Charlottesville, 1990, pp. 655 ss.; e *Farnsworth on Contracts*, vol. II, pp. 650 ss.

[883] Neste sentido, veja-se a decisão proferida pelo Supremo Tribunal de Nova Iorque no caso *Maple Farms Inc. v. City School Dist.*, 352 N.Y.S.2d 784, interpretando o § 2-615 do *Uniform Commercial Code* norte-americano, no qual se prevê que a mora ou a omissão da entrega de bens vendidos não constituem incumprimento do contrato sempre que o cumprimento haja sido tornado impraticável pela ocorrência de «uma contingência cuja não verificação constituísse uma pressuposição básica do contrato» («a contingency the non-occurrence of which was a basic assumption on which the contract was made»). Haja vista também ao § 261 do *Restatement 2nd of Contracts*, que dispõe a este respeito: «Where, after a contract is made, a party's performance is made impracticable without his fault by the occurrence of an event the non-occurrence of which was a basic assumption on which the contract was made, his duty to render that performance is discharged, unless the language or the circumstances indicate the contrary». Para uma aplicação desta regra, veja-se a decisão proferida em 26 de abril de 1991 pelo *United States Court of Appeals of the Sixth Circuit* no caso *Karl Wendt Farm Equipment Co., Inc., v. International Harvester Co.*, 931 F.2d 1112, na qual se julgou que o facto de um agente comercial, confrontado com uma «quebra dramática» no mercado do equipamento agrícola, ter tido de abandonar a sua atividade nesse domínio sob pena de declarar falência, não justificava a resolução unilateral do contrato de agência com fundamento em *impracticability*, pois tal não corresponderia ao «provável entendimento» entre as partes quanto à repartição do risco contratual.

um aumento assinalável do preço ou impeça o vendedor de realizar o fornecimento por si devido[884].

A orientação anglo-americana nesta matéria, ao rejeitar a modificação dos contratos em caso de alteração de circunstâncias e ao apenas admitir a exoneração do devedor em caso de *frustration* ou de *impracticability*, introduz, como é bom de ver, um elemento de rigidez no sistema contratual, que pode, como já tem sido notado, conduzir a resultados injustos[885].

Não é estranha, porém, à relativa insensibilidade dos sistemas de *Common Law* a este tipo de preocupações, no contraste com os de *Civil Law*, por um lado, a singular experiência histórica daqueles primeiros sistemas – muito menos marcada pelo fenómeno da hiperinflação que atingiu a Alemanha e outros países do continente europeu no primeiro pós-guerra e os países sul-americanos no último quartel do século XX –; e, por outro, a circunstância de o seu Direito Contratual ter sido fundamentalmente moldado, como vimos notando, pela jurisprudência dos tribunais ingleses, na qual avulta em especial medida a preocupação em preservar a segurança no tráfico jurídico. Nela se funda também a ideia de responsabilidade objetiva («*strict liability*») pelo incumprimento contratual, de que daremos conta adiante[886].

Mas a diversidade de regimes aqui identificada radica, em última análise, numa diferença conceptual: à *conceção social* do contrato acolhida pelo Direito alemão, que postula, como se referiu, um certo equilíbrio das prestações contratuais, na falta do qual é dado ao tribunal interferir na regulação de interesses operada pelas partes em ordem a repô-lo, corresponde nos sistemas de *Common Law* uma *conceção liberal*, que toma como paradigma o contrato comercial e põe o acento tónico na liberdade das partes de autodisciplinarem os seus interesses, acautelando se necessário eventuais alterações de circunstâncias e provendo às respetivas consequências. Daqui, como se verá adiante, toda a dificuldade de harmonizar quanto a este ponto os sistemas jurídicos em apreço.

X – A ideia de equivalência das prestações contratuais ocupa um lugar central no Direito muçulmano[887].

Assim sucede, desde logo, na medida em que a *Xaria* proíbe, como já notámos, os contratos aleatórios («*gharar*»), por isso que estes são suscetíveis de beneficiar injustamente uma das partes em detrimento da outra[888].

[884] Cfr. a nota 4 ao § 2-615 do *Uniform Commercial Code*.

[885] Admite-o, por exemplo, Raymond Youngs, *English, French & German Comparative Law*, p. 673.

[886] Cfr. *infra*, § 14º, *b*).

[887] Ver Nayla Comair-Obeid, *Les contrats en droit musulman des affaires*, Paris, 1995, p. 8 e *passim*.

[888] Cfr. *supra*, § 5º, *b*).

Por outro lado, os juristas muçulmanos extraem da proibição do ganho indevido («*riba*»), a que também já fizemos alusão[889], a consequência de que quaisquer circunstâncias supervenientes não previstas pelas partes ao tempo da conclusão do contrato, que tornem a sua execução impossível ou mais onerosa do que o originariamente contemplado legitimam a parte lesada a resolver o contrato[890].

Não surpreende, pois, que os modernos Direitos muçulmanos hajam acolhido a teoria da imprevisão, apesar da sua exclusão na versão originária do Código Civil francês (que não raro serviu de inspiração fundamental às codificações civis dos Estados muçulmanos contemporâneos). Está neste caso o Código Civil egípcio, que consagra aquela teoria no art. 147, nº 2, segundo o qual:

> «[Q]uando, em razão de circunstâncias excecionais, imprevisíveis e com caráter geral, a execução da obrigação contratual, sem se tornar impossível, for excessivamente onerosa, por forma tal que ameace o devedor de uma perda exorbitante, o juiz pode, consoante as circunstâncias e após ter tomado em consideração os interesses das partes, reduzir, em medida razoável, a obrigação que se tiver tornado excessiva. Qualquer acordo em contrário é nulo.»

XI – Na China, a *conceção confucionista* do Direito e das relações sociais que ainda hoje tende a prevalecer valoriza a resolução dos conflitos por meio de acordos ou de conciliação entre as partes[891]. Em matéria de contratos, isso importa a admissão, com certa liberalidade, da revisão dos contratos em caso de alteração das circunstâncias em que as partes fundaram a decisão de contratar[892]. Não surpreende, por isso, que seja relativamente comum os contratos sujeitos ao Direito chinês incluírem cláusulas que preveem a resolução dos litígios deles emergentes por meio de renegociação.

Esta solução não se acha, contudo, contemplada na *Lei dos Contratos* de 1999, apesar da sua assumida filiação nos Princípios UNIDROIT, que a acolhem expressamente no art. 6.2.3[893]. Tratar-se-á aqui de mais uma manifestação do desfasamento que não raro ocorre neste país entre o Direito legislado e as práticas sociais.

A interpretação da referida lei emitida pelo Supremo Tribunal Popular em 24 de abril de 2009 (em vigor desde 13 de maio do mesmo ano)[894] veio todavia, na sequência da crise económica internacional, admitir a revisão dos contratos

[889] *Supra*, §§ 5º, *b)*, e 13º, *b)*.

[890] Neste sentido Coulson, *Commercial Law in the Gulf States*, p. 86.

[891] Veja-se o I volume desta obra, cap. VII.

[892] Neste sentido, Junwei Fu, *Modern European and Chinese Contract Law*, p. 122.

[893] Ver, *infra*, § 46º, *i)*.

[894] De que existe uma tradução inglesa com o título *Interpretation on Several Issues Concerning the Application of the PRC Contract Law (2)*, disponível em http://www.chinalawandpractice.com. Ver ainda, sobre essa interpretação, Kristie Thomas, *The Impact of the Recently Issued Judicial Interpretation*

em termos substancialmente coincidentes com a doutrina *rebus sic stantibus*. Nos termos do art. 26 dessa interpretação, os contratos sujeitos ao Direito chinês podem ser modificados ou resolvidos por decisão judicial sempre que ocorra uma alteração substancial de circunstâncias após a sua conclusão, contanto que essa alteração fosse imprevisível quando o contrato foi concluído, não haja sido causada por caso de força maior, não corresponda a um risco comercial ou negocial e a manutenção do contrato seja manifestamente injusta para uma das partes ou a finalidade do mesmo se visse assim frustrada[895].

XII – A análise antecedente revela-nos, em suma, duas tendências de sinal oposto. Por um lado, nos sistemas em que se registou um alargamento do âmbito objetivo e subjetivo do contrato, *maxime* em virtude da admissão da *culpa in contrahendo* e do contrato com eficácia protetora de terceiros (como é o caso do alemão), observa-se concomitantemente um certo enfraquecimento do seu teor obrigatório, em razão da admissão da resolução ou modificação do contrato por foça de uma alteração de circunstâncias. Por outro, onde o escopo do contrato se manteve fiel à sua matriz original, em homenagem aos princípios da autonomia privada e da sua eficácia relativa (consoante sucede em Inglaterra), a força vinculativa do contrato entre as partes tende a ser tomada com maior rigor.

São, como já notámos, duas *conceções distintas* de contrato que aqui se defrontam. De uma banda encontra-se a que vê nele, essencialmente, a expressão da vontade dos contraentes, sendo esta o elemento que lhe dá vida e justifica o seu caráter obrigatório; o que tem como corolário que, uma vez celebrado o contrato, só a vontade comum das partes pode, em princípio, desfazê-lo ou modificá-lo. É o conceito anglo-americano de contrato. Do outro lado, surge-nos a conceção conforme a qual o contrato deve a sua existência não apenas à vontade individual, mas também – e acima de tudo – à sanção da lei, que lhe confere obrigatoriedade se e na medida em que tal se mostre socialmente útil e conforme com o equilíbrio das prestações reclamado pelo ideal da justiça. É a conceção de contrato que prevalece nos sistemas romano-germânicos.

of China's Contract Law 1999: Creating Certainty for All?, s.l., 2009, disponível em http://www.papers.ssrn.com, e Yuanshi Bu (org.), *Chinese Civil Law*, pp. 58 ss.

[895] «Where material changes which are unforeseeable by the parties at the time of concluding the contract and which are not caused by force majeure and are not commercial risks happen to objective conditions after the contract has been concluded, and specific performance of the contract will be obviously unfair for one party or can not realize the contractual purposes, if the parties claim with the people's court for alteration of rescission of the contract, the people's court shall determine whether to alter or rescind the contract or not according to the principle of fairness and in line with the actual conditions of the case».

d) Proteção da parte mais fraca

I – À preocupação com a justiça comutativa do contrato, a que vimos de nos referir, acresce uma outra, que preside a boa parte da legislação adotada em diversos países nos últimos anos no domínio do Direito dos Contratos: a justiça distributiva, que reclama que a ordem jurídica confira proteção àqueles que, em virtude da sua situação de inferioridade económica, de falta de experiência ou de carência de informação, tipicamente não se acham em condições de acautelar de modo eficaz os seus interesses no tráfico contratual[896].

Essa proteção aflora, por exemplo, nas disposições legais que visam tutelar o trabalhador por conta de outrem, o consumidor, o arrendatário, o tomador do seguro e o investidor não institucional[897]; e bem assim nas regras que possibilitam o controlo judicial do conteúdo das cláusulas contratuais gerais e determinam a ineficácia destas quando, como se diz no art. 3º, nº 1, da Diretiva 93/13/CEE, deem origem a um «desequilíbrio significativo em detrimento do consumidor, entre os direitos e obrigações das partes decorrentes do contrato»[898].

Entre os sistemas jurídicos que deram expressão normativa a esta preocupação sobressai o brasileiro. Aí se acolhe o *princípio da vulnerabilidade do consumidor*[899], a qual se revela nomeadamente no plano informacional e constitui o ponto de partida de todo o regime dos contratos consagrado no Código no Código de Defesa do Consumidor[900]. A esta luz se compreende, por exemplo, o direito, consignado no art. 6º, inciso V, do Código, de o consumidor reclamar a «modificação das cláusulas contratuais que estabeleçam prestações desproporcionais»; direito esse que, segundo Cláudia Lima Marques, «caracteriza as normas do CDC como intervenção estatal no espaço antes reservado para a autonomia da vontade, de acordo com os postulados sociais da nova teoria contratual do Estado de Direito»[901]. Outra manifestação da mesma ideia é a denominada *hipossuficiência (económica) do consumidor*, cuja verificação confere ao juiz

[896] Ver Larenz/Wolff, *Allgemeiner Teil*, cit., pp. 32 s.

[897] Cfr., na literatura jurídica portuguesa, Guilherme Machado Dray, «O ideal da justiça contratual e a tutela do contraente mais débil», *in Estudos em homenagem ao Professor Doutor Inocêncio Galvão Telles*, vol. I, *Direito Privado e Vária*, Coimbra, 2002, pp. 75 ss.

[898] Cfr. *supra*, § 10º.

[899] Art. 4º, inciso I, do Código de Defesa do Consumidor de 1990: «A Política Nacional das Relações de Consumo tem por objetivo o atendimento das necessidades dos consumidores, o respeito à sua dignidade, saúde e segurança, a proteção de seus interesses econômicos, a melhoria da sua qualidade de vida, bem como a transparência e harmonia das relações de consumo, atendidos os seguintes princípios: I – reconhecimento da vulnerabilidade do consumidor no mercado de consumo [...]».

[900] Cfr. Cláudia Lima Marques, *Contratos no Código de Defesa do consumidor. O novo regime das relações contratuais*, pp. 326 ss.

[901] *Op. cit.*, p. 1054.

o poder de inverter o ónus da prova no processo civil a favor do consumidor[902]. O Código é igualmente notável pelo vastíssimo acolhimento nele dado à *desconsideração da personalidade jurídica* do cocontraente do consumidor[903]. Prevê-se nele, outrossim, que «[a]s cláusulas contratuais serão interpretadas de maneira mais favorável ao consumidor»[904]. Não falta por isso quem veja no Código brasileiro de Defesa do Consumidor a expressão de uma «nova conceção social do Direito dos Contratos», cuja função principal é «procurar o reequilíbrio da relação contratual»[905].

Na União Europeia, a proteção do contraente mais fraco encontrou também amplo acolhimento, por via sobretudo das leis de transposição das Diretivas em matéria de contratos de consumo[906], seguramente um dos domínios em que a harmonização de legislações nacionais teve maior sucesso[907]. Nelas se consignam em benefício dos consumidores importantes desvios às regras gerais da contratação, de que é exemplo o denominado *direito de arrependimento*[908].

Em alguma medida, estes desenvolvimentos constituem o reflexo no Direito Privado do *princípio do Estado social*, consagrado em diversas constituições europeias, com destaque para a alemã[909]. Nalguns sistemas jurídicos, porém, o pensamento subjacente à proteção do consumidor foi estendido às relações entre empresários sempre que um deles, mercê de assimetrias informativas ou outros fatores de debilidade, padeça de um *deficit* de poder negocial perante um parceiro contratual «dominante». Trata-se das situações hoje designadas em Itália por «terceiro contrato» («*terzo contrato*»)[910]. Exemplo dessa orientação é o regime

[902] Art. 6º, inciso VIII: «São direitos básicos do consumidor: [...] a facilitação da defesa de seus direitos, inclusive com a inversão do ônus da prova, a seu favor, no processo civil, quando, a critério do juiz, for verossímil a alegação ou quando for ele hipossuficiente, segundo as regras ordinárias de experiências».

[903] Diz, a este respeito, o proémio do art. 28º: «O juiz poderá desconsiderar a personalidade jurídica da sociedade quando, em detrimento do consumidor, houver abuso de direito, excesso de poder, infração da lei, fato ou ato ilícito ou violação dos estatutos ou contrato social. A desconsideração também será efetivada quando houver falência, estado de insolvência, encerramento ou inatividade da pessoa jurídica provocados por má administração». E o § 5º do mesmo preceito acrescenta ainda: «Também poderá ser desconsiderada a pessoa jurídica sempre que sua personalidade for, de alguma forma, obstáculo ao ressarcimento de prejuízos causados aos consumidores».

[904] Art. 47º.

[905] Cláudia Lima Marques, ob. cit., p. 803.

[906] Sobre as quais *vide infra*, cap. VIII.

[907] Cfr. Ferreira de Almeida, *Direito do Consumo*, pp. 65 ss.

[908] Sobre o qual *vide infra*, § 14º, *a*).

[909] Cfr. o art. 20 (1) da Lei Fundamental.

[910] Cfr. Vincenzo Roppo, «Ancora su contratto asimmetrico e terzo contratto. Le coordinate del dibattito, con qualche elementi di novità», *in* Guido Alpa/Vincenzo Roppo (orgs.), *La vocazione civile del giurista. Saggi dedicati a Stefano Rodotà*, Roma, 2013, pp. 179 ss.

instituído naquele país pela Lei nº 192/1998, de 18 de junho de 1998, que disciplina os contratos de subfornecimento, em que uma empresa realiza trabalhos ou fornece componentes solicitados por outra, que os utiliza na sua própria produção de acordo com projetos, modelos ou tecnologias por si impostas. Entre as prescrições dessa lei inclui-se a proibição do «abuso de dependência económica», definida no art. 9 como a situação em que uma empresa se encontra a em condições de determinar, nas relações comerciais com outra, um «excessivo desequilíbrio de direitos e obrigações».

II – Outra é, nesta matéria, a orientação prevalecente nos sistemas de *Common Law*. Apesar de existirem neles importantes consagrações da ideia de proteção da parte mais fraca, sobretudo no regime dos contratos de consumo[911], a literatura jurídica de expressão inglesa sustenta há muito a neutralidade do Direito dos Contratos pelo que respeita à distribuição da riqueza[912]: caberia a este ramo do Direito, tão-somente, assegurar a *procedural fairness* dos contratos através de figuras como o erro, a fraude e a *misrepresentation;* não a *substantive fairness* das transações validamente concluídas[913].

Nessa linha de pensamento se insere o *obter dictum* de Lady Hale, constante da decisão proferida em 25 de novembro de 2009 pelo Supremo Tribunal do Reino Unido no caso *The Office of Fair Trading (Respondents) v. Abbey National plc & Others (Appellants)*[914], segundo o qual:

> «O Direito do Consumidor deste país visa possibilitar ao consumidor uma escolha informada em vez de protegê-lo de uma escolha insensata.»

É certo que a referida ideia aflora em certas disposições das *Unfair Terms in Consumer Contracts Regulations 1999* (entretanto substituídas pelo *Consumer Rights Act 2015*), que visaram transpor para o Direito inglês a Diretiva europeia relativa às cláusulas abusivas nos contratos celebrados com consumidores. Essas disposições legais não deixaram, porém, de suscitar reações adversas. Observou-se, com efeito que o *test of unfairness* do art. 3º, nº 1, da Diretiva seria, «se não desprovido de sentido, pelo menos muito difícil de aplicar»; e que o princípio da *privity* se oporia à atribuição de efeitos gerais a decisões individuais de *unfairness*, nos ter-

[911] Com destaque, em Inglaterra, para o *Consumer Rights Act 2015.*

[912] A qual não deveria sequer, segundo certa corrente de pensamento, constituir uma responsabilidade do Estado: ver F. A. Hayek, *Law, Legislation and Liberty*, vol. II, pp. 62 ss.

[913] Ver, sobre o ponto, Hugh Collins, «Distributive Justice Through Contracts», *Current Legal Problems*, 1992, pp. 49 ss.

[914] [2009] 3 WLR 1215.

mos do art. 7º, nº 2, da Diretiva[915]. A própria necessidade de uma proteção legal contra situações de desigualdade de poder negocial foi questionada na jurisprudência inglesa[916].

No Direito inglês, o paradigma da contratação entre privados continua, assim, a ser o contrato comercial celebrado por partes que negoceiam em pé de igualdade e cuidam dos seus próprios interesses[917].

Nos Estados Unidos é ainda mais ténue o impacto do pensamento solidarista e da ideia de proteção do consumidor. Disso dá elucidativo testemunho a ausência de regras legais sobre os contratos de adesão, de que demos conta acima[918]. Ao que não é, evidentemente, alheia a circunstância de a ideia de Estado Social não ter logrado afirmar-se no pensamento político norte-americano.

III – Nos sistemas muçulmanos, a proteção da parte mais fraca no contrato ocupa tradicionalmente um lugar central, visto que é nela que radicam as regras da *Xaria* que proscrevem o ganho injusto e os contratos especulativos ou aleatórios, de que demos conta oportunamente, assim como as que, sob a designação de «opções», possibilitam a qualquer dos contraentes a resolução do contrato com fundamento nos vícios do consentimento ou na falta de conformidade da prestação com o acordado entre as partes[919]. O que, como é bom de ver, constitui uma projeção no domínio contratual do *ideal de solidariedade* que inspira o Islão.

IV – Na China, a *Lei de Proteção dos Direitos e Interesses do Consumidor*, de 1993 (revista por último em 2013)[920], reflete a evolução do país, desde 1992, para a economia de mercado e a influência europeia na produção legislativa mais recente. Nela se consignam, designadamente, os direitos dos consumidores à segurança dos produtos e serviços, à informação e à compensação dos danos sofridos. A sua violação é sancionada com multas administrativas e indemnizações punitivas. A efetividade da lei está, no entanto, por comprovar.

[915] Cfr. Anne de Moor, «Common and Civil Law Conceptions of Contract and a European Law of Contract: the Case of the Directive on Unfair Terms in Consumer Contracts», *Eur. Rev. Priv. Law*, 1995, pp. 257 ss.

[916] Cfr. a *opinion* de Lord Scarman no caso *National Westminster Bank plc v. Morgan*, [1985] A.C. 686, cit. *supra*.

[917] Assim, Cartwright, *Contract Law*, pp. 289 s.

[918] Cfr. *supra*, § 10º.

[919] Cfr. *infra*, § 14º, *a)*.

[920] Sobre a qual podem ver-se: Jörg Binding, «Consumer Protection Law in the People's Republic of China», *China-EU Law J.*, 2014, pp. 223 ss.; e Zhixiong Liao, «The Recent Amendment to China's Consumer Law: An Imperfect Improvement and Proposal for Future Changes», *Beijing L.R.*, 2014, pp. 163 ss.

§ 14º Cumprimento e incumprimento

a) O cumprimento do contrato e os princípios que o regem

I – É bem conhecida a máxima, comum à generalidade dos sistemas jurídicos romano-germânicos, conforme a qual os contratos, ainda que consensuais, vinculam as partes e devem ser por elas cumpridos: *pacta sunt servanda*[921]. Consagra-a de forma particularmente incisiva o art. 1103 (ex-art. 1134, 1º parágrafo) do Código Civil francês, que dispõe a este respeito:

> «Os contratos legalmente formados valem como lei entre aqueles que os celebraram.»[922]

Diversos outros sistemas jurídicos acolheram, por influência francesa, formulações próximas do mesmo princípio[923].

Não sucedeu assim, porém, na Alemanha onde o princípio em apreço, aí dito da «fidelidade ao contrato» («*Vertragstreue*»), era de tal modo evidente para o legislador do BGB que este entendeu não ser necessário referi-lo expressamente; mas ele está pressuposto em várias das suas disposições[924].

O Código português consagra, a este respeito, a regra conforme a qual o contrato deve ser cumprido «pontualmente» (*hoc sensu*, «ponto por ponto», i. é, em todas as suas cláusulas) e só pode modificar-se ou extinguir-se por mútuo consentimento dos contraentes ou nos casos admitidos na lei (art. 406º, nº 1).

Muito mais mitigada é a consagração deste princípio no Direito holandês. Dispõe, na verdade, o art. 6:248(2) do Código Civil:

> «Uma regra que vincule as partes em virtude do seu contrato não se aplica se, nas circunstâncias ocorrentes, tal for inaceitável segundo os critérios da razoabilidade e da equidade.»

[921] A origem dessa máxima estará no trecho de Ulpiano reproduzido em D. 2, 14, 7, 7: «*Ait praetor: "pacta conventa, quae neque dolo malo, neque adversus leges plebis scita senatus consulta decreta edicta principum, neque quo fraus cui eorum fiat facta erunt, servabo"*». Mas a extensão do princípio em apreço à generalidade dos contratos, incluindo os consensuais, foi, como se deixou dito acima, obra do Direito Canónico (cfr. *supra*, § 8º, *a*)).

[922] O art. 1193 (ex-art. 1134, 2º parágrafo) acrescenta a este respeito: «Les contrats ne peuvent être modifiés ou révoqués que du consentement mutuel des parties, ou pour les causes que la loi autorise».

[923] Diz, por exemplo, o art. 1372 do Código Civil italiano: «O contrato tem força de lei entre as partes. Não pode ser resolvido senão por mútuo consenso ou por causas admitidas pela lei. O contrato não produz efeitos relativamente a terceiros senão nos casos previstos na lei».

[924] Entre as quais o § 241(1), que confere ao credor o direito ao cumprimento natural do contrato. Cfr., sobre esta matéria, *Staudingers Kommentar*/Olzen, Einleitung zum Schuldrecht, n.m. 65.

Aos tribunais neerlandeses é assim dado derrogarem, com fundamento na cláusula geral da *razoabilidade e equidade* («*redelijkheid en billijkheid*») – a qual constitui a expressão holandesa da boa fé (anteriormente dita neste país «*goede trouw*»)[925] – a força vinculativa do contrato; e isso independentemente do caráter usurário deste ou da ocorrência de uma alteração de circunstâncias. O Direito holandês vai nesta matéria, como é bom de ver, substancialmente mais longe que os outros sistemas romanistas.

Estes últimos admitem no entanto um desvio significativo ao princípio *pacta sunt servanda* em matéria de contratos celebrados por consumidores. Consagra-se, com efeito, em benefício deles um *direito de arrependimento*[926], que lhes permite desvincularem-se livremente de certos contratos por si celebrados. Esse direito – que alguns consideram o *ex libris* ou, pelo menos, uma das figuras mais emblemáticas do Direito do Consumo[927] – acha-se hoje previsto, nomeadamente, nos Direitos alemão[928], francês[929], português[930] e brasileiro[931].

[925] Ver Jong/Krans/Wissink, *Verbintenissenrecht algemeen*, 4ª ed., Alphen aan den Rijn, 2014, pp. 25 ss.; Hartkamp, *Contract Law in the Netherlands*, pp. 59 s.

[926] O qual configura, no dizer de Ferreira de Almeida, «um rude golpe no princípio *pacta sunt servanda*»: cfr. *Direito do Consumo*, Coimbra, 2005, p. 114.

[927] Neste sentido, Ferreira de Almeida, *Direito do Consumo*, p. 106; e Jorge Morais de Carvalho, *Manual de Direito do Consumo*, p. 119.

[928] Haja vista § 312g do BGB, que regula o direito de retratação («*Widerrufsrecht*») do consumidor pelo que respeita aos contratos celebrados fora de estabelecimentos comerciais ou à distância. Esse direito acha-se disciplinado em termos gerais no § 355 do BGB.

[929] Cfr. art. 1122 do Código Civil, segundo o qual: «La loi ou le contrat peuvent prévoir [...] un délai de rétractation, qui est le délai avant l'expiration duquel son bénéficiaire peut rétracter son consentement». Veja-se ainda o art. L. 221-18 do Código do Consumo francês, segundo o qual: «Le consommateur dispose d'un délai de quatorze jours pour exercer son droit de rétractation d'un contrat conclu à distance, à la suite d'un démarchage téléphonique ou hors établissement, sans avoir à motiver sa décision ni à supporter d'autres coûts que ceux prévus aux articles».

[930] Onde assume relevância, designadamente, no tocante aos contratos celebrados com consumidores à distância ou fora do estabelecimento comercial: cfr. o art. 9º, nº 7, da Lei de Defesa do Consumidor (Lei nº 24/96, de 31 de julho, alterada por último pela Lei nº 47/2014, de 28 de julho) e o art. 10º, nº 1, do Decreto-Lei nº 24/2014, de 14 de fevereiro (que transpõe a Diretiva 2011/83/UE relativa aos direitos dos consumidores). Sobre esta matéria, consulte-se, por último, Carlos Lacerda Barata, «Contratos celebrados fora de estabelecimento comercial», *RDC*, 2016, pp. 861 ss. Cfr. ainda, para outras concretizações do direito de arrependimento, Romano Martinez, *Da cessação do contrato*, 3ª ed., Coimbra, 2015, pp. 153 ss.

[931] *Vide* o art. 49 do Código de Defesa do Consumidor: «O consumidor pode desistir do contrato, no prazo de 7 dias a contar de sua assinatura ou do ato de recebimento do produto ou serviço, sempre que a contratação de fornecimento de produtos e serviços ocorrer fora do estabelecimento comercial, especialmente por telefone ou a domicílio. Parágrafo único. Se o consumidor exercitar o direito de arrependimento previsto neste artigo, os valores eventualmente pagos, a qualquer título, durante o prazo de reflexão, serão devolvidos, de imediato, monetariamente atualizados».

II – No Direito inglês, o princípio *pacta sunt servanda* tem um alcance diverso do que lhe é reconhecido nos sistemas jurídicos continentais, em particular o francês[932].

Certo, também a jurisprudência inglesa proclamou a vinculação das partes aos contratos por elas livremente celebrados:

> «Se há coisa que a ordem pública exige mais do que qualquer outra», escreveu em 1875 Sir George Jessel, então Presidente do Tribunal de Apelação (*Master of the Rolls*), «é que os homens maiores e dotados de discernimento tenham a máxima liberdade de contratar e que os seus contratos, quando celebrados livre e voluntariamente, sejam tidos como sagrados e feitos valer pelos tribunais judiciais.»[933]

Outro tanto pode dizer-se do Direito dos Estados Unidos da América, onde a máxima em apreço foi acolhida no *Restatement 2nd of Contracts*[934].

Contudo, essa máxima conhece nestes sistemas jurídicos uma importante restrição, decorrente, como se verá adiante, da noção – particularmente cara à chamada análise económica do Direito – de «incumprimento eficiente do contrato» («*efficient breach of contract*») e da inadmissibilidade, por via de regra, da execução específica dos contratos, que este postula[935]. Não se acolhe, portanto, nesses sistemas, diferentemente do que sucede nos romano-germânicos, o primado do cumprimento natural.

III – Por seu turno, a lei chinesa dos contratos estabelece no seu art. 8, evidenciando a influência sobre ela exercida pelas codificações europeias, o seguinte:

> «Um contrato legalmente celebrado tem força vinculativa para as partes. As partes cumprirão as suas obrigações conforme acordado e não podem modificar ou pôr termo arbitrariamente ao contrato. Um contrato legalmente celebrado é protegido pela lei.»

E o art. 60 acrescenta:

> «As partes cumprirão integralmente as suas obrigações conforme contratado.»

É bem sabido, contudo, que a cultura chinesa encara com reserva o recurso aos tribunais a fim de se obter a aplicação coerciva de normas legais ou de esti-

[932] Neste sentido David/Pugsley, *Les contrats en droit anglais*, p. 102.

[933] Cfr. *Printing and Numerical Registering Co. v. Sampson*, [1875] L.R. 19 Equity 462.

[934] Cfr. a nota introdutória ao capítulo 11, onde se pode ler: «Contract liability is strict liability. It is an accepted maxim that *pacta sunt servanda*, contracts are to be performed».

[935] Ver *infra*, § 14º, *c)*.

pulações contratuais, preferindo-lhe decididamente a conciliação como forma de composição de litígios[936]. O princípio *pact sunt servanda* é objeto, por isso, uma certa relativização na China, sendo comum, historicamente, consentirem-se dilações e ajustamentos às estipulações contratuais em ordem a preservar a relação contratual[937].

IV – Os sistemas muçulmanos oferecem-nos nesta matéria um quadro muito diferente. O Corão acolhe, é certo, o princípio da força vinculativa dos contratos no versículo 5:1, ao proclamar:

> «Ó vós que credes! Cumpri todos os contratos.»

Esta injunção aos crentes é, porém, fortemente mitigada pela consagração na *Xaria* das chamadas *opções* («*khayarat*», plural de «*khiyar*»)[938], i.é, as cláusulas em virtude das quais as partes, ou uma delas, se reservam a faculdade de resolver ou confirmar o contrato dentro um lapso de tempo razoável após a sua celebração. Visa-se deste modo, fundamentalmente, proteger as partes contra o eventual desequilíbrio das prestações convencionadas no contrato, permitindo-lhes que ponham termo a este, designadamente, em caso de vício da coisa vendida («opção de vício» ou «*khiyar al-aib*»), de venda de coisa que o comprador não teve a possibilidade de inspecionar aquando da celebração do contrato («opção de vista» ou «*khiyar al-ru'ya*») ou de fornecimento de bens ou serviços cujas qualidades ou quantidades não correspondam ao que foi descrito no contrato («opção de descrição» ou «*khiyar al-wasf*»). A estas três modalidades de opções implícitas acresce a opção de resolução acordada expressamente entre as partes («opção por estipulação» ou «*kiyar al-chart*»)

Em alguma medida, está em causa nas «opções implícitas» o equivalente funcional dos institutos que, nos Direitos ocidentais, visam acautelar a falta conformidade da coisa vendida ou os vícios do consentimento, não resultando, por isso, das opções muçulmanas uma restrição à força obrigatória do contrato superior à que deriva daqueles institutos. Outro tanto se concluirá do confronto

[936] Veja-se, a este respeito, o vol. I desta obra, § 64º, *a)*.

[937] Cfr. Marina Timoteo, *Il contratto in Cina e Giappone nello specchio dei diritti occidentali*, Pádua, 2004, pp. 63 ss.; Nicole Kornet, «Contracting in China: Comparative Observations on Freedom of Contract, Contract Formation, Battle of Forms and Standard Form Contracts», *EJCL*, 2010, vol. 14.1, p. 6.

[938] Sobre as quais podem ver-se: Linant de Bellefonds, *Traité de droit musulman comparé*, I, pp. 307 ss.; Noel Coulson, *Commercial Law in the Gulf States*, pp. 58 ss.; Susan E. Rayner, *Theory of Contracts in Islamic Law*, Londres, 1991, pp. 305 ss.; Nayla Comair-Obeid, *Les contrats en droit musulman des affaires*, pp. 67 ss. ; Mansuri, *Islamic Law of Contracts and Business Transactions*, pp. 163 ss.; e Sélim Jahel, «Le khiyar al-chart, clause de repentir du droit musulman et les intermittences de la volonté», *in eiusdem*, *La place de la Char'ia dans les systèmes juridiques de pays arabes*, Paris, 2012, pp. 241 ss.

entre esta figura e o *direito de arrependimento* que, como vimos acima, vigora em diversos sistemas jurídicos ocidentais quanto aos contratos celebrados por consumidores.

Mas parece inequívoco que o sistema muçulmano das opções estende aquele direito a um leque muito mais vasto de situações, deixando em larga medida ao arbítrio das partes a resolução do contrato enquanto as mesmas vigorarem; ao que não é estranho o diferente regime de formação do contrato consagrado no Direito muçulmano e em particular a exigência, nele acolhida, de aceitação imediata da proposta, sob pena de caducidade desta[939]. Daí que um distinto cultor do Direito muçulmano haja podido afirmar que «só quando o vasto e elaborado sistema das opções se encontra esgotado é que o compromisso contratual se torna plenamente operante e juridicamente vinculativo»[940].

De todo o modo, o princípio da força vinculativa dos contratos foi modernamente acolhido nos sistemas jurídicos muçulmanos que adotaram codificações civis visando conciliar os ditames do Direito muçulmano com as necessidades do tráfico jurídico contemporâneo[941].

V – As diferentes tradições jurídicas em exame nesta obra consagram pois, com as limitações apontadas, a *vinculatividade do contrato*; o que bem se compreende atenta a sua imprescindibilidade à segurança do comércio jurídico.

Não obstante esta convergência fundamental, variam significativamente, consoante os sistemas jurídicos considerados, tanto as condições em que uma das partes pode ser exonerada do dever de cumprir, *maxime* com fundamento no desequilíbrio entre as prestações devidas por cada uma delas, como os termos em que é devido o cumprimento das obrigações contratuais e as sanções inerentes ao seu incumprimento. Do primeiro ponto já nos ocupámos no parágrafo anterior. Examinaremos agora os seguintes.

VI – No cumprimento da obrigação, tal como no exercício do direito correspondente, devem as partes, segundo o art. 762º, nº 2, do Código Civil português, proceder de boa-fé[942]. O legislador português impôs assim a observância, também no cumprimento da obrigação, dos deveres de lealdade, informação e pro-

[939] Cfr. *supra*, § 6º, *b)*.

[940] Assim, Coulson, *Commercial Law in the Gulf States*, p. 74.

[941] Dispõe, por exemplo, o art. 147, nº 1, do Código Civil egípcio: «O contrato vale como lei entre as partes. Não pode ser revogado nem modificado senão pelo seu consentimento mútuo ou pelas causas previstas na lei».

[942] Cfr., a respeito dessa disposição legal, Menezes Cordeiro, *Da boa-fé no Direito Civil*, vol. I, pp. 586 ss.; *idem*, *Tratado de Direito Civil*, vol. IX, 3ª ed., Coimbra, 2017, pp. 71 ss.; Antunes Varela, *Das Obrigações em geral*, vol. II, pp. 10 ss.; Almeida Costa, *Direito das Obrigações*, pp. 995 ss.; Brandão

teção decorrentes do princípio da boa-fé, que acolheu no art. 227º a respeito da negociação e conclusão dos contratos.

Exige-se, por outras palavras, que cada uma das partes que tome em consideração, também nesta fase do *iter* contratual, os interesses legítimos da outra. Permite-se, é certo, que cada uma delas prossiga os seus próprios interesses; mas não lhe é dado lesar injustificadamente interesses alheios. Quando o sacrifício de outra parte não se mostre justificado por um interesse legítimo próprio estar-se-á em contravenção à boa-fé e haverá, por conseguinte, um ilícito[943].

O Código Civil brasileiro de 2002 reuniu numa só disposição estas duas vertentes fundamentais da boa-fé, dispondo no art. 422 que os contratantes «são obrigados a guardar, assim na conclusão do contrato, como em sua execução, os princípios de probidade e boa-fé»[944].

Ambas as legislações lusófonas são tributárias, nesta como em muitas outras matérias, do labor dos juristas alemães e italianos. O princípio da boa-fé no cumprimento das obrigações (posto que apenas referido ao devedor) acha-se com efeito consignado, desde a sua adoção em 1896, no § 242 do Código Civil alemão, que estabelece:

> «O devedor está obrigado a realizar a prestação consoante o exige a boa-fé, tendo em conta os usos do tráfico.»

Este preceito, que viabiliza o recurso pelos tribunais a valorações ético-sociais e a considerações de equidade na aplicação do Direito, constitui uma das mais importantes portas de entrada do desenvolvimento jurisprudencial do Direito na ordem jurídica alemã[945].

Do princípio nele consignado flui, segundo a doutrina e a jurisprudência germânicas, um vasto acervo de deveres acessórios de conduta que vinculam ambas as partes no cumprimento das obrigações contratuais: deveres de esclarecimento («*Aufklärungspflichten*»), de lealdade («*Leistungstruepflichten*»), de colaboração («*Mitwirkungspflichten*») e de proteção («*Schutzpflichten*»)[946].

Proença, *Lições de cumprimento e não cumprimento das obrigações*, Coimbra, 2011, pp. 55 ss.; e Menezes Leitão, *Direito das Obrigações*, vol. II, pp. 144 s.

[943] Veja-se, interpretando deste modo a referência legal à boa-fé no art. 762º, nº 2, do Código Civil, Castro Mendes, *Teoria Geral do Direito Civil*, vol. II, p. 283.

[944] Ver Judith Martins Costa, *Comentários ao Novo Código Civil. Do Direito das Obrigações. Adimplemento e Extinção das Obrigações*, volume V, 2ª ed., Rio de Janeiro, 2005; *idem*, *A boa-fé no Direito Privado. Critérios para a sua aplicação*, pp. 430 ss.

[945] Assim Looschelders, *Schuldrecht. Allgemeiner Teil*, p. 28.

[946] Sobre o tema, consulte-se, em especial, o estudo de Franz Wieacker, *Zur rechtstheoretische Präzisierung des § 242 BGB*, Tubinga, 1956. Na doutrina mais recente, vejam-se: Werner Ebke/Bettina M. Steinhauer, «The Doctrine of Good Faith in German Contract Law», *in* Jack Beatson/Daniel

Por seu turno, o art. 1175 do Código Civil italiano acolhe nesta matéria o *principio della corretteza,* dispondo que «[o] devedor e o credor devem comportar-se segundo as regras da correção»; e o art. 1375 explicita essa regra, estabelecendo que «[o] contrato deve ser executado segundo a boa-fé». Ambas as regras acolhem assim um cânone com o qual o devedor deve conformar-se no cumprimento das suas obrigações.

Na mesma linha fundamental de orientação, determina o art. 2, nº 1, do Código Civil suíço que «[c]ada um deve exercer os seus direitos e cumprir as suas obrigações em conformidade com as regras da boa-fé»[947].

Nos Países-Baixos, o art. 6:2(1) do Código Civil determina, como regra geral do Direito das Obrigações, que «o credor e o devedor devem agir reciprocamente de acordo com os critérios da razoabilidade e da equidade»[948].

Em França, o art. 1104 do Código Civil passou a dispor após a reforma de 2016, como já notámos, que «os contratos devem ser negociados, formados e executados de boa-fé». Também também no Direito francês se admite, por esta via, a imposição às partes, *ope judicis,* de deveres acessórios de conduta por elas não convencionados, que a seu tempo Josserand crismou de *forçagem do conteúdo contratual*[949].

Nesta matéria, a influência europeia fez-se igualmente sentir na lei chinesa dos contratos, cujo art. 6 dispõe que «[a]s partes observarão o princípio da boa-fé no exercício dos seus direitos e no cumprimento das suas obrigações».

Não pode portanto o devedor nestes sistemas jurídicos limitar-se a um cumprimento meramente formal da prestação, em termos tais que ela se mostre inadequada à satisfação do interesse do credor. Não é lícito ao devedor, por exemplo, omitir os esclarecimentos que a boa-fé imponha quanto aos produtos ou serviços que fornecer ao credor, aos seus perigos eventuais e aos riscos associados à sua utilização, a fim de evitar-lhe danos escusados e a possibilitar que o cumprimento satisfaça o seu interesse real. Ao devedor cabe, em suma, cooperar com o credor em ordem a que o negócio com este celebrado possa preencher as finalidades para que foi concluído[950].

Mas este princípio não vincula apenas o devedor: ele vale também para o credor, que tem igualmente de atuar em conformidade com ele. O credor não pode, pois, criar ao devedor dificuldades desnecessárias no cumprimento da obrigação.

Friedmann (orgs.), *Good Faith and Fault in Contract Law,* Oxford, 1995, pp. 171 ss.; *Staudingers Kommentar*/Looschelders/Olzen, § 242; *Münchener Kommentar*/Schubert, § 242; e *Palandt*/Grüneberg, § 242.

[947] Ver, sobre esta disposição, por último, Tercier/Pichonnaz, *Le droit des obligations,* pp. 25 ss.

[948] Ver, sobre essa regra, Jong/Krans/Wissink, *Verbintenissenrecht algemeen,* p. 25.

[949] Cfr. Louis Josserand, «L'essor moderne du concept contractuel», *in Recueil d'études sur les sources du droit en l'honneur de François Gény,* vol. II, Paris, 1934, pp. 333 ss. (p. 340).

[950] Sobre o ponto, veja-se, Gloria Esteban de la Rosa, «El principio de cooperación en la contratación», *in* Sánchez Lorenzo (org.), *Derecho contractual comparado,* t. II, pp. 197 ss.

Encontramos um corolário desta regra, por exemplo, no art. 1209º, nº 1, do Código Civil português, segundo o qual o dono da obra pode fiscalizar, à sua custa, a execução dela, «desde que não perturbe o andamento ordinário da empreitada».

O dever de atuação conforme à boa-fé, exigível ao credor no cumprimento da obrigação, não se cinge, aliás, a omitir condutas que dificultem a realização da prestação; ele compreende também a realização pelo credor de todos os atos necessários a fim de que o devedor possa cumprir, *v.g.*, fornecendo-lhe as informações de que este carece para o efeito e que só o credor possui. Se, por exemplo, uma empresa encomenda uma auditoria a uma firma especializada, terá de lhe fornecer os elementos documentais e outros necessários para o efeito, sob pena de aquela não poder realizar o seu trabalho. Se assim não fosse, poderia o credor facilmente descartar-se de um contrato que não lhe conviesse, dificultando ou impossibilitando a realização pelo devedor da sua prestação. Semelhante atuação deve ter-se como ilícita, por contrária à boa-fé.

A violação dos referidos deveres permite caraterizar o cumprimento da prestação debitória como defeituoso e é fonte da obrigação de ressarcir os danos assim causados à outra parte. Este ressarcimento pauta-se pelas regras da responsabilidade obrigacional visto tratar-se aqui de deveres específicos de conduta, decorrentes de uma relação preexistente, e não de deveres genéricos que vinculem qualquer pessoa perante os seus semelhantes, como aqueles que estão em causa na responsabilidade extraobrigacional.

Além disso, o incumprimento dos referidos deveres acessórios de conduta a cargo do credor pode justificar o incumprimento da prestação em que, por seu turno, o devedor incorra como consequência dele.

No limite, esse incumprimento pode facultar à contraparte do inadimplente a resolução do contrato. Assim sucede, designadamente, quando o incumprimento dos deveres em questão impossibilite a consecução das finalidades precípuas do contrato, sendo por isso inexigível, à luz do critério da boa-fé, a manutenção deste.

Mas os deveres acessórios de conduta decorrentes do princípio da boa-fé transcendem a própria vigência do contrato, mantendo-se – *maxime* sob a forma de deveres de lealdade e assistência – após o cumprimento dos deveres de prestação: é a impropriamente chamada *pós-eficácia das obrigações*, ou *culpa post pactum finitum*, que constituiria segundo alguns a situação simétrica da *culpa in contrahendo*[951].

Verifica-se assim que os sistemas romanistas são nesta matéria bastante mais exigentes para com as partes do que outras legislações nacionais que não consagram o princípio da boa-fé, ou que não o consagram com a mesma latitude, dando maior relevo à autonomia privada na determinação do conteúdo da prestação.

[951] Ver, por último, Menezes Cordeiro, *Tratado de Direito Civil*, vol. IX, pp. 167 ss.

Está neste último caso o Direito inglês, que rejeita de um modo geral esse princípio, não só pelo que respeita à formação do contrato, mas também no tocante ao adimplemento das obrigações dele emergentes, o qual se sujeita, como veremos melhor a seguir, a uma regra de *strict enforcement*[952]. É certo que o Direito inglês emprega em certas situações um critério de lealdade e razoabilidade («*fairness and reasonableness*») na aferição dos deveres que recaem sobre os contraentes; mas não vigora nele qualquer dever geral de agir em conformidade com esse critério, tanto na formação como na execução das obrigações contratuais[953].

O que bem se compreende, encarado o problema sob o prisma da lógica própria do Direito contratual inglês. Pois, como nota Martin Hogg, «quanto mais as obrigações criadas por promessas forem reguladas ou modificadas por conceitos normativos externos como a boa-fé, menos consideração demonstrará o sistema jurídico pela vontade autónoma do promitente»[954].

Já no Direito norte-americano a boa-fé encontrou certo acolhimento formal no Código Comercial Uniforme, cujo § 1-304 dispõe, pelo que respeita ao cumprimento das obrigações contratuais:

> «Todo o contrato ou dever no âmbito do Código Comercial Uniforme impõe uma obrigação de boa-fé no seu cumprimento e aplicação.»

No § 1-201 (20) desse Código define-se a boa-fé como «atuação honesta e observância de padrões comerciais razoáveis de lealdade»; e no § 2-103 (1) (b), aplicável apenas à compra e venda, diz-se que «a "boa-fé", no caso de um comerciante, significa a atuação honesta e a observância de padrões comerciais razoáveis de lealdade na indústria».

O influxo germânico explicará porventura a cisão que se regista neste particular entre os Direitos inglês e norte-americano: na redação dos preceitos transcritos, Karl Llewellyn, que foi *Chief Reporter* do dito diploma legislativo, inspirou-se no § 242 do BGB; ao que não será estranho o facto de ter anteriormente estudado e ensinado em Leipziga[955].

[952] Excetuam-se os contratos de consumo : cfr. *supra*, § 10º, *d)*.

[953] Neste sentido, vejam-se John Cartwright, *Contract Law*, p. 62; *Chitty on Contracts*, vol. I, p. 35 (onde se lê: «in English contract law there is no legal principle of good faith of general application»); e Treitel, *The Law of Contract*, p. 252 (que escreve: «It is well established that English law does not recognize any general duty of the parties to an ordinary commercial contract to perform their obligations "in good faith"»).

[954] Cfr. *Promises and Contract Law. Comparative Perspectives*, Cambridge, 2014, p. 422.

[955] Cfr. sobre a boa-fé no Direito norte-americano, em especial, os estudos de Allan Farnsworth, *The Concept of Good Faith in American Law*, Roma, 1993, e «Good Faith in Contract Performance», *in* Jack Beatson/Daniel Friedmann (orgs.), *Good Faith and Fault in Contract Law*, Oxford, 1995, pp. 153 ss.

Do Código Comercial Uniforme, o dever de atuação segundo a boa-fé passou para o *Restatement 2nd of Contracts*, onde obteve consagração no § 205, que estabelece:

> «Todo o contrato impõe a cada uma das partes um dever de boa-fé e lealdade no seu cumprimento e aplicação.»

Procurando explicitar este princípio, observa-se na anotação *d)* a essa disposição do *Restatement*[956]:

> «Um catálogo completo de tipos de má-fé é impossível, mas os seguintes incluem-se entre os que têm sido reconhecidos como tais nas decisões judiciais: iludir o espírito do negócio, falta de diligência e desleixo, realização intencional de uma prestação defeituosa, abuso do poder de especificar condições contratuais e interferência com ou falta de cooperação no cumprimento pela outra parte.»

A boa-fé subjetiva aparece aqui indiferenciada da objetiva, o que evidencia a incipiência da elaboração dogmática deste princípio no Direito norte-americano: não obstante a sua consagração nos referidos textos, ele está muito longe de assumir na jurisprudência estadunidense a relevância que possui nos sistemas romano-germânicos enquanto fonte de específicos deveres de conduta a cargo das partes na execução das obrigações contratuais[957].

Importa notar, por outro lado, que a violação desses deveres não constitui no Direito norte-americano uma *cause of action* autónoma, não podendo ser, por si só, fundamento de específicas pretensões de tutela jurisdicional[958].

VII – Outra ideia-força que domina o regime legal do cumprimento das obrigações em diversos países é a proteção do devedor, ou *favor debitoris*. A obrigação significa, com efeito, um sacrifício para o devedor, que lhe não deve ser imposto

[956] Este trecho do *Restatement* inspira-se na conceção de boa-fé perfilhada por Robert S. Summers, «"Good Faith" in General Contract Law and the Sales Provisions of the Uniform Commercial Code», *Va. L.Rev.*, 1968, pp. 224 ss., que via nela fundamentalmente uma cláusula geral destinada a excluir certos comportamentos das partes (razão por que a crismou de «*excluder*»).

[957] É elucidativa disso a decisão proferida em 1991 pelo U.S. Court of Appeals for the 7th Circuit no caso *Market Street Associates Limited Partnership vs. Frey*, 941 F. 2nd 588, em que se podem ler as seguintes considerações do Juiz Posner: «The duty of honesty, of good faith even expansively conceived, is not a duty of candor. [...] after you have signed a contract, you are not obliged to become an altruist toward the other party and relax the terms if he gets into trouble in performing his side of the bargain. [...] Otherwise mere difficulty of performance would excuse a contracting party--which it does not. [...] It would be quixotic as well as presumptuous for judges to undertake through contract law to raise the ethical standards of the nation's business people».

[958] Cfr. Klass, *Contract Law in the USA*, p. 43.

senão quando para ele exista uma *causa suficiente*; na dúvida, deve portanto excluir-se a obrigação, ou admitir-se para ela o conteúdo que menos onere o devedor[959].

Acolhe essa ideia a lei portuguesa, nomeadamente no tocante à determinação do lugar da prestação, o qual é, salvo estipulação diversa ou regra legal em contrário, o do domicílio do devedor[960]. Por outro lado, o prazo para a realização da prestação debitória tem-se por estabelecido a favor do devedor, quando se não mostre que o foi a favor do credor, ou do devedor e do credor conjuntamente[961].

O Direito português não leva, porém, esse princípio ao ponto de consentir a redução da prestação em virtude da situação económica gravosa em que se encontre ou em que o cumprimento integral deixaria o devedor, o que conflituaria com o princípio da pontualidade do cumprimento, que, como vimos, se encontra acolhido no art. 406º, nº 1, do Código Civil e constitui um corolário fundamental da autonomia privada. O *favor debitoris* apenas tem aplicação em Portugal, em princípio, quando nem da vontade das partes, nem da lei, nem da criação judicial do Direito resultar para o devedor uma obrigação ou um conteúdo mais extenso para esta[962].

A referida possibilidade está, porém, prevista no Código Civil francês (porventura mais preocupado com a proteção do devedor do que qualquer outro código europeu), cujo art. 1343-5 permite ao juiz reduzir ou escalonar o pagamento de uma dívida, tendo em conta a situação económica do devedor.

No Direito português, esta regra não tem correspondência direta; mas procura-se apesar disso acautelar a subsistência económica do devedor por via da definição, no processo executivo, dos bens impenhoráveis ou só parcialmente penhoráveis[963].

Do referido princípio da pontualidade resulta também, como corolário, que o devedor não se exonera mediante a prestação de coisa diferente da que era por si devida, ainda que porventura de valor equivalente ou até superior[964]. Daí que a dação em cumprimento careça em princípio do assentimento do credor[965]. Assim,

[959] Cfr., neste sentido, Vaz Serra, «Objecto da obrigação. A prestação – suas espécies, conteúdo e requisitos», *BMJ* 74 (1958), pp. 15 ss. (pp. 53 e 79).

[960] Haja vista ao art. 772º, nº 1, do Código Civil.

[961] *Vide* o disposto no art. 779º do mesmo diploma legal.

[962] Assim, Vaz Serra, est. e loc. cits.

[963] Cfr. os arts. 736º e seguintes do Código de Processo Civil.

[964] Cfr. o art. 1197, nº 1, do Código italiano: «Il debitore non può liberarsi eseguendo una prestazione diversa da quella dovuta, anche si di valore eguale o maggiore, salvo che il creditore consenta. In questo caso l'obbligazione si estingue quando la diversa prestazione è eseguita».

[965] Cfr. o art. 837º do Código Civil português: «A prestação de coisa diversa da que for devida, embora de valor superior, só exonera o devedor se o credor der o seu assentimento». Veja-se também o art. 1342-4, 2º § do Código francês: «Le créancier [...] peut accepter de recevoir en paiement autre chose que ce qui lui est dû».

por exemplo, o devedor que estava obrigado a entregar um veículo de modelo X da marca Y não se exonera mediante a entrega de veículo de modelo Z da mesma marca, ainda que porventura este seja mais recente ou tenha alguns extras que o primeiro não possui. É o princípio do *cumprimento natural*, a que já fizemos alusão.

Mas também aqui a lei consente, em alguns sistemas jurídicos, importantes desvios ao mencionado princípio, fundados na ideia de *favor debitoris*. Está neste caso, em Portugal, o Regime Extraordinário de Proteção de Devedores de Crédito à Habitação em Situação Económica Muito Difícil, aprovado pela Lei nº 58/2012, de 9 de novembro. Esse regime admite a aplicação de certas medidas substitutivas da execução hipotecária aos mutuários abrangidos por esse diploma legal que as requeiram, entre as quais se conta a dação em cumprimento do imóvel hipotecado, que assume neste caso natureza potestativa[966].

O favorecimento do devedor emerge ainda muito nitidamente do primado do cumprimento natural consagrado nos Direitos alemão, brasileiro e português nos casos ditos no primeiro deles de perturbação da prestação. Por força dele, o contrato deve em princípio ser cumprido *in natura* e não mediante um seu sucedâneo pecuniário. Dá-se por isso prioridade, em caso de incumprimento, à pretensão de realização da prestação originariamente devida, assim como à sua reparação ou substituição, sobre a de pagamento de uma indemnização em lugar da prestação, a qual é por via de regra mais onerosa para o devedor[967].

Como se verá oportunamente, estas regras não têm paralelo nos sistemas *Common Law*.

VIII – Outro tanto se dirá do regime do cumprimento por terceiro. Em sentido restrito, o cumprimento do contrato traduz-se na realização voluntária pelo próprio devedor da prestação ou prestações nele estipuladas[968].

Porém, em diversos sistemas jurídicos a prestação debitória pode também ser feita por um terceiro, desde que não seja infungível[969]. Neste sentido se pronunciava já Gaio: «Se alguém pagar uma dívida de outrem, ainda que sem o seu consentimento ou conhecimento, libera-o»[970].

O sistema que hoje leva esta solução mais longe é o alemão, que admite a eficácia liberatória do cumprimento por terceiro, mesmo que nem o devedor nem o credor o tenham consentido: o credor só pode recusar o cumprimento por terceiro se o

[966] Cfr. Hugo Ramos Alves, *Dação em cumprimento*, Coimbra, 2017, p. 858.

[967] Cfr., sobre o ponto, *infra*, § 14º, *b)*, *d)* e *j)*, e a literatura aí citada.

[968] Haja vista ao disposto no art. 762º, nº 1, do Código Civil português.

[969] Cfr., numa ótica de comparação de Direitos, Ricardo Rueda Valdivia, «El cumplimiento de las obligaciones no pecuniárias», *in* Sánchez Lorenzo (org.), *Derecho contractual comparado*, t. II, pp. 609 ss. (pp. 615 ss.).

[970] Cfr. D. 3, 5, 38: «*Solvendo quisque pro alio licet invito et ignorante liberat eum*».

devedor objetar a isso, o que não será porventura uma hipótese muito comum[971]. Também em Itália a obrigação pode ser cumprida por terceiro, ainda que contra a vontade do credor, contanto que este não tenha interesse na execução da prestação pelo próprio devedor; pode, no entanto, recusá-la se o devedor tiver manifestado a sua oposição a tal[972]. Em França, o credor apenas se pode opor ao cumprimento por um terceiro quando se trate de uma obrigação de prestação de facto e o credor tenha um interesse em que a mesma seja cumprida pelo próprio devedor[973]. Já o Direito português confere ao credor a possibilidade de se opor ao cumprimento por terceiro sempre que se tenha acordado expressamente que a prestação deveria ser feita pelo devedor ou quando a substituição do devedor o prejudique[974].

A referida regra dos sistemas romanistas não tem paralelo nos Direitos inglês e norte-americano[975]. Admite-se, é certo, em Inglaterra a *vicarious performance* por um terceiro, *v.g.* por via da subcontratação de uma empreitada ou parte dela, contanto que tal não se mostre contrário à natureza do contrato ou às respetivas estipulações[976]; e nos Estados Unidos a *delegation of performance* é permitida sempre que não haja acordo em contrário ou a outra parte tenha um interesse substancial no cumprimento pelo seu promitente original[977]. Mas o pagamento de uma dívida alheia sem o consentimento do devedor não tem eficácia liberatória relativamente a este[978]. Ao que não é evidentemente alheio o já referido princípio

[971] Cfr. o § 267 do BGB, que dispõe: «(1) Hat der Schuldner nicht in Person zu leisten, so kann auch ein Dritter die Leistung bewirken. Die Einwilligung des Schuldners ist nicht erforderlich. (2) Der Gläubiger kann die Leistung ablehnen, wenn der Schuldner widerspricht».

[972] Art. 1180 do Código Civil: «L'obbligazione può essere adempiuta da un terzo, anche contro la volontà del creditore, se questi non ha interesse a che il debitore esegua personalmente la prestazione. Tuttavia il creditore può rifiutare l'adempimento offertogli dal terzo, se il debitore gli ha manifestato la sua opposizione».

[973] Art. 1237 do Código Civil: «L'obligation de faire ne peut être acquitée par un tiers contre le gré du créancier, lorsque ce dernier a intérêt qu'elle soit remplie par le débiteur lui-même».

[974] Art. 767º, nº 2, do Código Civil.

[975] Neste sentido, Markesinis/Unberath/Johnston, *The German Law of Contract. A Comparative Treatise,* 2ª ed., Oxford/Portland, 2006, p. 366.

[976] Veja-se, sobre o ponto, a decisão proferida pelo *Court of Appeal* no caso *Davies v. Collins,* [1945] 1 All E.R. 247, em que Lord Greene afirmou: «Whether or not in any given contract performance can properly be carried out by the employment of a sub-contractor, must depend on the proper inference to be drawn from the contract itself, the subject matter of it and other material surrounding circumstances».

[977] Cfr. o § 2-210(1) do Uniform Commercial Code, segundo o qual: «A party may perform his duty through a delegate unless otherwise agreed or unless the other party has a substantial interest in having his original promissor perform or control the acts required by the contract. No delegation of performance relieves the party delegating of any duty to perform or any liability for breach».

[978] Assim, Peter Birks/Jack Beatson, «Unrequested Payment of Another's Debt», *LQR,* 1976, pp. 188 ss; *Chitty on Contracts,* vol. I, p. 1614; e *Anson's Law of Contract,* pp. 472 s.

da *privity of contract*, por força do qual ninguém pode tornar-se credor de outrem sem o seu consentimento.

IX – Verifica-se assim, pelo que respeita ao regime do cumprimento das obrigações contratuais, um paradoxo: os sistemas jurídicos quc mais ampliam o conteúdo obrigacional do contrato mediante a admissão de deveres acessórios de conduta fundados na boa-fé, que obrigam as partes não apenas entre si mas igualmente perante terceiros, são também aqueles que mais facilmente admitem a desvinculação ou atenuação das obrigações por elas assumidas, *maxime* em homenagem à ideia de *favor debitoris*; inversamente, os sistemas que mais relutantes se mostram na admissão daqueles deveres são também os mais rigorosos na aplicação do princípio *pacta sunt servanda*.

b) Modalidades de incumprimento do contrato e suas consequências possíveis

I – Passemos ao incumprimento do contrato e às suas consequências. Os Direitos português e brasileiro distinguem, tal como o fazia o Direito alemão antes da reforma de 2002 (e em certa medida continua a fazê-lo), duas modalidades fundamentais de incumprimento das obrigações imputável ao devedor: o incumprimento temporário, ou mora, também dito *inadimplemento relativo* no Brasil; e o incumprimento definitivo, denominado no Brasil *inadimplemento absoluto*[979].

A *mora do devedor* tem lugar quando este se atrasa culposamente no cumprimento da prestação debitória, subsistindo todavia a possibilidade do cumprimento ulterior do contrato:

> «O devedor considera-se constituído em mora», diz o art. 804º, nº 2, do Código português, «quando, por causa que lhe seja imputável, a prestação, ainda possível, não foi efetuada no tempo devido.»[980]

A entrega da mercadoria era devida, por exemplo, em certa data no armazém do credor. Não foi entregue nessa data, porque o devedor preferiu fornecer o *stock* de que dispunha a outrem. Mas pode ainda cumprir, pois o credor mantém interesse na prestação, posto que tenha sofrido um prejuízo com o atraso

[979] Cfr. por último, pelo que respeita ao Direito brasileiro, James Eduardo Oliveira, «Inadimplemento relativo e inadimplemento absoluto», *in* Fátima Andrighi (coord.), *Responsabilidade civil e inadimplemento no Direito brasileiro*, São Paulo, 2014, pp. 15 ss., Arnoldo Wald, *Direito Civil*, 2, pp. 164 ss., e Orlando Gomes/Edvaldo Brito, *Obrigações*, p. 172; e, quanto ao Direito português, Menezes Leitão, *Direito das Obrigações*, vol. II, pp. 225 ss., e Menezes Cordeiro, *Tratado de Direito Civil*, vol. IX, pp. 233 ss.

[980] Sobre a mora pode ver-se, numa perspetiva de comparação de Direitos, o estudo de Carmen Vaquero López, «La mora en los contratos», *in* Sánchez Lorenzo (org.), *Derecho contractual comparado*, t. II, pp. 819 ss.

registado. A mora do devedor é, assim, passível de *purgação*, como se declara no art. 401, inciso I, do Código Civil brasileiro[981].

O *incumprimento definitivo* ocorre quando a prestação debitória, não tendo sido efetuada atempadamente, se tornou impossível ou perdeu interesse para o credor. É o que ocorre se, no referido exemplo, a mercadoria não tiver sido entregue na data convencionada porque entretanto se tinha inutilizado, razão pela qual já não pode sê-lo; ou porque, embora possa ainda ser entregue, o credor já não tem interesse nela, pois tratava-se de genéros alimentícios que se destinavam a serem servidos em certo evento, que já teve lugar. O incumprimento gera, neste caso, a «morte», *hoc sensu*, da relação obrigacional.

A estas hipóteses acresce, em Portugal, o denominado *cumprimento defeituoso* do contrato, consubstanciado na realização deficiente da prestação principal ou na violação de deveres acessórios de conduta decorrentes da lei[982]. Se, no nosso exemplo, a mercadoria tiver sido entregue pelo devedor no prazo estipulado, mas estiver estragada; ou se o devedor não tiver avisado o credor de que a utilização dela comportava determinados perigos e devido a essa omissão se registarem danos, ocorrerá uma situação de cumprimento defeituoso. O art. 799º, nº 1, do Código Civil português alude expressamente a esta terceira categoria de situações; mas é sobretudo no capítulo do Código sobre os contratos em especial e em legislação avulsa que, como veremos, se encontram as regras aplicáveis em Portugal ao cumprimento defeituoso dos contratos[983].

No Brasil, estas situações cabem no conceito amplo de mora consignado no art. 394 do Código Civil:

> «Considera-se em mora o devedor que não efetuar o pagamento e o credor que não quiser recebê-lo no tempo, lugar e forma que a lei ou a convenção estabelecer.»

A mora não é, pois, no Brasil, simples retardamento da prestação, antes abrange também as hipóteses de imperfeição no cumprimento da obrigação[984].

[981] Ver Paulo Khouri, «A crise do inadimplemento, purgação da mora e conservação do contrato», *in* Fátima Andrighi (coord.), *Responsabilidade civil e inadimplemento no Direito brasileiro*, São Paulo, 2014, pp. 207 ss.

[982] Sobre a noção de cumprimento defeituoso vejam-se, na doutrina portuguesa, Romano Martinez, *Cumprimento defeituoso em especial na compra e venda e na empreitada*, pp. 30 e 181 ss; Antunes Varela, *Das obrigações em geral*, vol. II, pp. 126 ss.; Menezes Cordeiro, *Tratado de Direito Civil*, vol. IX, pp. 420 ss.; e Menezes Leitão, *Direito das Obrigações*, vol. II, pp. 284 s.

[983] Cfr. *infra*, § 14º, *j)*.

[984] Cfr. Pontes de Miranda, *Tratado de Direito Privado*, tomo XXIII, São Paulo, 2012 (atualizado por Nelson Nery Jr. e Rosa Maria Nery), p. 222; Adisson Leal, «Violação positiva dos contratos», *in* Fátima Andrighi (coord.), *Responsabilidade civil e inadimplemento no Direito brasileiro*, São Paulo, 2014, pp. 1 ss. (p. 9); e Renata Steiner, *Descumprimento contratual. Boa-fé e violação positiva do contrato*, São Paulo, 2014, pp. 150 ss.

No Direito português, assim como no brasileiro, em princípio o devedor apenas fica constituído em mora depois de ter sido interpelado, judicial ou extrajudicialmente, para cumprir[985]. Não assim, porém, quando a obrigação tenha prazo certo: *dies interpellat pro homine*. E também se provier de facto ilícito (caso em que o respetivo autor tem de indemnizar imediatamente o dano por si causado à vítima, contando-se por isso a mora desde a prática do facto ilícito) ou se o próprio devedor impedir a interpelação (considerando-se interpelado, neste caso, na data em que normalmente o teria sido)[986]. Além disso, é em princípio necessário que o crédito seja líquido, i.é, que o seu montante exato esteja determinado: *in illiquidis non fit mora*[987]. A mora converte-se em incumprimento definitivo se o credor, em consequência dela, perder o interesse que tinha na prestação ou se esta não for realizada dentro do prazo que razoavelmente lhe for fixado para o efeito pelo credor[988]. Em ambos os casos, trata-se de factos ilícitos, posto que, como se verá, as suas consequências não sejam as mesmas: só o incumprimento definitivo confere ao credor o direito de resolver o contrato, consignado no art. 801º, nº 2, do Código Civil português e no art. 475 do Código Civil brasileiro.

Em Itália, a constituição do devedor em mora depende igualmente da uma intimação ou pedido feito por escrito a fim de que cumpra. Este requisito apenas é dispensado quando a dívida decorra de ato ilícito, o devedor haja declarado por escrito não querer executar a obrigação ou tenha decorrido o prazo, quando a prestação deva ser realizada no domicílio do credor[989].

II – O esquema conceptual que acabamos de descrever é fundamentalmente tributário da influência germânica: o BGB disciplinava originariamente esta matéria, de acordo com o ensinamento de Mommsen[990], por referência às situações de impossibilidade («*Unmöglichkeit*») e de atraso no cumprimento («*Verzug*»). Desde o início do século XX, porém, a doutrina alemã autonomizou (e o costume jurisprudencial consagrou) a «violação positiva do contrato» («*positive Vertragsverletzung*»), como terceira modalidade possível de «perturbação da prestação» («*Leistungsstörung*»), à qual reconduziu as hipóteses de cumprimento defeituoso de deveres de prestação, de recusa antecipada de cumprimento destes e de violação de deveres de proteção e cuidado, que o código originariamente não

[985] Cfr. o art. 805º, nº 1, do Código Civil português; art. 397, § único, do Código Civil brasileiro.

[986] Cfr. o art. 805º, nº 2, do Código Civil; arts. 397 e 398 do Código Civil brasileiro.

[987] Cfr. o art. 805º, nº 3, do Código Civil português; art. 397 do Código Civil brasileiro.

[988] Cfr. o art. 808º, nº 1, do Código Civil.

[989] Art. 1219 do Código Civil.

[990] Cfr. Friedrich Mommsen, «Die Unmöglichkeit der Leistung in ihrem Einfluss auf obligatorische Verhältnisse», *in Beiträge zum Obligationenrecht*, vol. I, Braunschweig, 1853, pp. 1 ss.

regulava[991]. O Direito alemão desconhecia assim – tal como sucede ainda hoje nos Direitos português, brasileiro e italiano – um regime unitário do incumprimento das obrigações.

O Direito alemão posterior à reforma de 2002 passou no entanto a operar nesta matéria – por manifesta influência, como se verá, da Convenção de Viena Sobre a Compra e Venda Internacional de Mercadorias[992] – com um conceito unitário e mais abrangente: a «violação de dever» («*Pflichtverletzung*»)[993], a que se referem designadamente os §§ 280 (1) e 324 do BGB.

Compreendem-se nesse conceito, em consonância com o disposto no § 241 do BGB, não apenas o incumprimento de *deveres de prestação*, mas também as violações de *deveres de conduta* a cargo das partes, as quais podem aliás constituir o objeto exclusivo de uma relação obrigacional sem deveres primários de prestação.

Violando o devedor um desses deveres, diz o § 280 (1), pode o credor exigir uma indemnização do dano que assim lhe for causado; e pode além disso, de acordo com o § 324, resolver o contrato sinalagmático se a vinculação a este já não lhe for exigível[994].

Contudo, a nova lei alemã não deixou de diferenciar, pelo que respeita às consequências da violação de um dever, a impossibilidade da prestação (§ 275) e o atraso no cumprimento (§ 286). Com efeito, em ordem a que este último possa determinar a constituição do devedor no dever de indemnizar, exige-se, tal como em Portugal e no Brasil, uma interpelação («*Mahnung*») do devedor, salvo se a obrigação tiver prazo certo para ser cumprida ou se verificar uma das outras situações em que a lei dispensa a interpelação. Em qualquer caso, o devedor não fica constituído em mora se a prestação não puder ser realizada em virtude de uma circunstância pela qual não seja responsável. A mora do devedor requer assim, no Direito alemão, a *culpa* deste.

Por outro lado, a indemnização em lugar da prestação apenas é devida, nos termos dos §§ 280 (3) e 281 (1), se credor tiver previamente concedido ao devedor um prazo adequado («*angemessene Frist*») para cumprir. A lei alemã consagra assim, em caso de mora, o primado do cumprimento natural da prestação sobre

[991] Deve-se ao advogado berlinense Hermann Staub um estudo pioneiro sobre o assunto, intitulado «Die positiven Vertragsverletzungen und ihre Rechtsfolgen», originariamente publicado no *Festschrift für den 26. Deutschen Juristentag*, Berlim, 1902, pp. 31 ss.

[992] Cfr. *infra*, § 46º, *k)*.

[993] Sobre o qual podem ver-se: Claus-Wilhelm Canaris (org.), *Schuldrechtsmodernisierung 2002*, pp. XI ss.; *idem*, «Die Reform des Rechts der Leistungsstörungen», *JZ*, 2001, pp. 499 ss.; *Münchener Kommentar*/Ernst, § 280 n.m. 10-20; e *Palandt*/Grüneberg, § 280, n.m. 12. Na doutrina portuguesa veja-se Menezes Cordeiro, «A modernização do Direito das Obrigações», cit., especialmente pp. 319 ss.; e *Da modernização do Direito Civil*, vol. I, pp. 97 ss.

[994] Desenvolveremos estes pontos adiante, no § 14º, *d)* e *g)*.

a indemnização pelo seu incumprimento; o que não sucede nos demais casos de violação de dever, *maxime* ocorrendo impossibilidade do cumprimento, em que, não sendo viável a realização da prestação, resta ao credor o exercício do direito a prestações secundárias, com destaque para a indemnização dos danos que sofreu.

Os interesses em jogo são pois, nestas situações, muito diferentes. Compreende-se assim que o atual Direito alemão das perturbações da prestação autonomize, sob o prisma do seu regime, diferentes *Tatbestände* de incumprimento contratual, como fazem as legislações anteriormente referidas (mas não, como se verá a seguir, os sistemas de *Common Law*); o que leva alguns a caraterizá-lo como um *sistema misto*[995].

No Direito suíço, o regime da mora é análogo ao alemão. Também aí, com efeito, o devedor de uma obrigação exigível é colocado em mora através de uma interpelação pelo credor, salvo se a data do cumprimento tiver sido fixada por acordo das partes, caso em que a mora ocorre a partir dessa data; o devedor em mora é responsável pelos danos causados pela execução tardia da prestação e responde mesmo por caso fortuito, embora possa subtrair-se a essa responsabilidade provando que a mora não se deve a culpa sua ou que a coisa devida teria sido inutilizada por caso fortuito mesmo que tivesse cumprido atempadamente[996]. Nos contratos sinalagmáticos, o devedor em mora apenas pode ser acionado, em princípio, se lhe tiver sido concedido um prazo suplementar («*délai de grâce*») para cumprir[997].

O Código holandês consagrou igualmente um conceito unitário de incumprimento («*tekortkoming*») das obrigações contratuais, diferenciando todavia o regime da impossibilidade de cumprimento («*onmogelijkheid van nakoming*») do da mora («*verzuim*»), que apenas tem lugar após o decurso de um prazo razoável concedido pelo credor ao devedor mediante notificação escrita («*aanmaning*»), sem que seja realizada por este a prestação a seu cargo[998].

Em França, o incumprimento do contrato passou também a constituir objeto de um regime unitário após a reforma de 2016. O Código Civil estabelece a este respeito, no art. 1217, que o credor da obrigação que não tiver sido cumprida, ou que tiver sido imperfeitamente cumprida, pode: *a)* Recusar ou suspender o cumprimento da sua própria obrigação; *b)* Requerer a execução específica da obrigação; *c)* Solicitar uma redução do preço; *d)* Resolver o contrato; e *e)* Pedir a reparação das consequências do incumprimento. As sanções que não sejam

[995] Neste sentido, Looschelders, *Schuldrecht. Allgemeiner Teil*, p. 152.

[996] Cfr. os artigos 102 e 103 do Código das Obrigações.

[997] Cfr. o art. 107 do mesmo Código.

[998] Cfr. o art. 6:82. Excetuam-se, porém, no art. 6:83 as hipóteses em que haja um prazo previamente fixado para realizar a prestação, a obrigação resulte de facto ilícito ou o credor deva concluir de uma comunicação do devedor que este não cumprirá a obrigação.

incompatíveis entre si podem ser cumuladas; a elas pode sempre acrescer a indemnização[999].

A resolução do contrato pressupõe todavia, no Direito francês, uma interpelação infrutífera («*mise en demeure infructueuse*») do devedor, a menos que tenha sido convencionado que esta resultaria do mero incumprimento[1000]; o princípio *dies interpellat pro homine* não tem, por isso, acolhimento em França. Por outro lado, o credor só tem direito a ser indemnizado pelo incumprimento da obrigação após ter interpelado o devedor para cumprir num prazo razoável[1001]. Em matéria de indemnização, o Código mantém no art. 1231-1 a distinção, anteriormente estabelecida, entre o «incumprimento da obrigação» («*inexécution de l'obligation*») e o «atraso no cumprimento» («*retard dans l'exécution*»), com reflexos noutras disposições.

Em Espanha, o Projeto de Modernização do Direito das Obrigações e dos contratos estabelece, no art. 1188, que há incumprimento «quando o devedor não realiza exatamente a prestação principal ou qualquer outro dos deveres que resultem da relação obrigacional». De novo, porém, a resolução do contrato com fundamento em mora pressupõe, segundo o art. 1200, § 1º, a interpelação do devedor para cumprir num prazo razoável.

III – Os sistemas de *Common Law* – aos quais, como notámos anteriormente, é alheia uma teoria geral das obrigações – utilizam nesta matéria o conceito de «violação do contrato» («*breach of contract*»). Esta ocorre «quando uma parte deixa de cumprir ou se recusa a cumprir sem justificação o que deve ao abrigo do contrato, quando o cumpre defeituosamente ou se incapacita para cumpri-lo»[1002].

[999] «La partie envers laquelle l'engagement n'a pas été exécuté, ou l'a été imparfaitement, peut: refuser d'exécuter ou suspendre l'exécution de sa propre obligation; poursuivre l'exécution forcée en nature de l'obligation; solliciter une réduction du prix; provoquer la résolution du contrat; demander réparation des conséquences de l'inexécution. Les sanctions qui ne sont pas incompatibles peuvent être cumulées; des dommages et intérêts peuvent toujours s'y ajouter».

[1000] Cfr. o art. 1225, 2º parágrafo, do Código Civil, segundo o qual: «La résolution est subordonnée à une mise en demeure infructueuse, s'il n'a pas été convenu que celle-ci résulterait du seul fait de l'inexécution. La mise en demeure ne produit effet que si elle mentionne expressément la clause résolutoire».

[1001] Art. 1231 do Código: «A moins que l'inexécution soit définitive, les dommages et intérêts ne sont dus que si le débiteur a préalablement été mis en demeure de s'exécuter dans un délai raisonnable».

[1002] *Sic*, Treitel, *The Law of Contract*, p. 928. Ver também o § 235(2) do *Restatment 2nd of Contracts*: «When performance of a duty under a contract is due any non-performance is a breach». Segundo o comentário b a esta disposição, «anything short of full performance is a breach, even if the party who does not fully perform was not at fault and even if the defect in his performance was not substantial [...]. Non-performance includes defective performance as well as an absence of performance».

Cabem neste conceito (que prevaleceu, como veremos, na Convenção de Viena de 1980) as hipóteses que nos Direitos romanistas são designadas por mora, impossibilidade de cumprimento e cumprimento defeituoso, as quais se sujeitam, nos sistemas de *Common Law*, às mesmas regras fundamentais. A fim de que o devedor incorra em *breach of contract*, dispensa-se qualquer interpelação deste pelo credor.

A constituição do devedor em mora não é excluída, além disso, por a respetiva causa lhe não ser imputável:

> «A omissão ou a recusa de cumprimento de uma promessa contratual quando a sua execução era devida», escreve Treitel, «constitui *prima facie* uma violação do contrato.»[1003]

Prevalece, assim, nos sistemas anglo-saxónicos, uma *conceção objetiva* do incumprimento contratual, que contrasta com aqueloutra, muito mais permeável a considerações de índole subjetiva, que tem acolhimento nos Direitos continentais, onde nem todo o atraso na execução da prestação constitui uma infração. Voltaremos a este ponto adiante, a propósito da culpa como pressuposto da responsabilidade contratual[1004].

IV – Não sendo cumpridas as obrigações emergentes do contrato por causa imputável ao devedor, são possíveis diferentes ordens de consequências. Entre estas destacam-se: *a)* A sua execução específica; *b)* O reconhecimento ao credor da prestação não cumprida do direito a uma indemnização pelos danos sofridos em consequência desse incumprimento; *c)* A aplicação de sanções pecuniárias convencionadas pelas partes; e *d)* A resolução do contrato.

Sendo a obrigação proveniente de um contrato bilateral em que não haja prazos diferentes para cada uma das partes cumprir a sua obrigação, tem além disso cada uma delas a faculdade de recusar a sua prestação enquanto a outra não efectuar a que lhe compete: é a denominada exceção de não cumprimento do contrato.

No caso de cumprimento defeituoso, pode também o credor, em diversos sistemas jurídicos, exigir a eliminação do vício da prestação ou a sua substituição por outra, bem como a redução do valor da contraprestação.

É, pois, destas consequências do incumprimento que curaremos em seguida.

c) A execução específica

I – A primeira das referidas consequências não é comum a todos os sistemas jurídicos em presença.

[1003] Ob. e loc. cit.

[1004] Cfr. *infra*, § 14º, *e)*.

Nos Direitos alemão, italiano, holandês, português, brasileiro, espanhol e francês, a execução específica é, por via de regra, suscetível de ser reclamada em juízo pelo credor.

Assim, o § 241 (1) do BGB estabelece, sem diferenciar consoante a natureza da prestação, que, «em virtude da relação obrigacional, o credor tem o direito de exigir uma prestação ao devedor». Este direito importa a faculdade de o credor reclamar em juízo a prestação através de uma ação apropriada («*Leistungsklage*») e de, caso o devedor seja condenado a realizá-la, executar o seu património («*Zwangsvollstreckung*»)[1005]. Mesmo tratando-se de uma obrigação de prestação de facto, pode o credor obter a execução específica, contanto que a mesma seja fungível («*vertretbare Handlung*»), requerendo em juízo a sua realização por terceiro à custa do devedor[1006].

Na mesma linha fundamental de orientação, declara o art. 1453, 1º §, do Código italiano: «Nos contratos comutativos, quando um dos contraentes não cumprir as suas obrigações, o outro pode, à sua escolha, exigir o cumprimento ou a resolução do contrato, sem prejuízo, em qualquer caso, do ressarcimento do dano».

Analogamente, dispõe a este respeito o art. 3:296 (1) do Código Civil holandês: «Salvo quando decorra solução diversa da lei, da natureza da obrigação ou de negócio jurídico, a pessoa obrigada a entregar, a realizar ou a não realizar algo relativamente a outra, pode ser condenada pelo tribunal a fazê-lo a pedido do titular do direito».

Por seu turno, estabelece o art. 817º do Código Civil português que, «[n]ão sendo a obrigação voluntariamente cumprida, tem o credor o direito de exigir judicialmente o seu cumprimento e de executar o património do devedor». Em consonância com este preceito, se a prestação consistir na entrega de coisa determinada, tem o credor a faculdade de requerer, em execução, que essa entrega lhe seja feita (art. 827º, nº 1). Se a prestação devida for de facto fungível, pode também o credor requerer, em execução, que o facto seja prestado por outrem à custa do devedor (art. 828º). E se o devedor estiver obrigado a não praticar algum ato e vier a praticá-lo, tem o credor o direito de exigir que a obra, caso esta exista, seja demolida à custa do que que se obrigou a não a fazer (art. 829º, nº 1). A própria promessa de contratar é suscetível de execução específica, na falta de convenção em contrário e sempre que a isso se não oponha a natureza da obrigação assu-

1005 Ver Larenz, *Lehrbuch des Schuldrechts*, vol. I, p. 19.

1006 Estabelece, a este respeito, o § 887 (1) da *Zivilprozessordnung* alemã: «Erfüllt der Schuldner die Verpflichtung nicht, eine Handlung vorzunehmen, deren Vornahme durch einen Dritten erfolgen kann, so ist der Gläubiger von dem Prozessgericht des ersten Rechtszuges auf Antrag zu ermächtigen, auf Kosten des Schuldners die Handlung vornehmen zu lassen».

mida, através de sentença judicial que produza os efeitos da declaração negocial do contraente faltoso (art. 830º, nº 1)[1007].

No Brasil, a tutela específica da obrigação mediante a exigência do seu cumprimento *in natura* acha-se hoje prevista no art. 475 do Código Civil[1008] e no art. 497 do Código de Processo Civil de 2015[1009].

Em Espanha, o art. 1096 do Código Civil dispõe que «quando o que deva entregar-se for uma coisa determinada, o credor, independentemente do direito [à indemnização] que lhe outorga o art. 1101, pode compelir o devedor a realizar a entrega». Por seu turno, o art. 1098 prevê que «se o obrigado a fazer alguma coisa não a fizer, mandar-se-á executá-la à sua custa». O Projeto de Modernização do Direito das Obrigações e Contratos acolhe também a execução específica, ainda que impondo-lhe algumas restrições em razão da natureza da prestação em falta, das consequências dessa execução para o devedor ou das circunstâncias em que a mesma lhe é exigida[1010].

A reforma do Código Civil francês estabeleceu no art. 1221, sob a epígrafe *exécution forcée en nature*, que o credor de uma obrigação pode, após interpelação, prosseguir com a sua execução específica, salvo se esta for impossível ou se existir uma desproporção manifesta entre o seu custo para o devedor e o seu interesse para o credor. Também após a interpelação, pode o credor, segundo o art. 1222, 1º §, num prazo e a um custo razoáveis, fazer executar ele próprio a obrigação ou, mediante autorização prévia do juiz, destruir o que houver sido feito em violação desta. Por isso observa Fabre-Magnan que o contrato, além de um vínculo obrigacional («*lien obligatoire*»), cria entre as partes um vínculo executório («*lien exécutoire*»)[1011].

Pode, assim, dizer-se que nos sistemas mencionados a realização coativa da prestação mediante a execução específica da obrigação é a *sanção primária* do incumprimento[1012]. É o já referido princípio do *primado do cumprimento natural* na sua vertente negativa.

[1007] O mesmo já não sucede relativamente a outros acordos preliminares: cfr. o ac. do STJ de 24 de outubro de 1995, *BMJ* 450 (1995), pp. 443 ss.

[1008] Segundo o qual: «A parte lesada pelo inadimplemento pode pedir a resolução do contrato, se não preferir exigir-lhe o cumprimento, cabendo, em qualquer dos casos, indenização por perdas e danos».

[1009] Nos termos do qual: «Na ação que tenha por objeto a prestação de fazer ou de não fazer, o juiz, se procedente o pedido, concederá a tutela específica ou determinará providências que assegurem a obtenção de tutela pelo resultado prático equivalente».

[1010] Haja vista ao art. 1192.

[1011] *Droit des obligations*, vol. I, p. 180.

[1012] Neste sentido, Marco Torsello, «Remedies for breach of contract», *in* Jan Smits (org.), *Elgar Encyclopedia of Comparative Law*, Cheltenham/Northampton, 2006, pp. 610 ss. (p. 618).

Nem sempre foi assim. No Direito Romano clássico, prevalecia o princípio *omnis condemnatio pecuniaria,* por força do qual o devedor inadimplente apenas podia ser condenado no pagamento de uma quantia em dinheiro[1013]. Foi só na Idade Média que se começou a admitir, por obra dos glosadores e comentadores, o direito do credor à execução específica, salvo no tocante às obrigações de prestação de facto, relativamente às quais valia o princípio *nemo ad factum praecise cogi potest* («ninguém pode ser compelido a praticar um facto»). No século XIX, a Pandectística germânica deixaria porém cair esta distinção, estendendo a *Naturalleistung* a todas a categorias de obrigações; solução que, como se viu, o BGB consagrou[1014].

II – Diferentemente, nos Direitos inglês e norte-americano a denominada *specific performance* apenas é judicialmente exigível em hipóteses muito contadas. «Em princípio», escreveu Atiyah, «a parte que alegue uma violação do contrato não pode compelir a outra ao cumprimento deste, antes tem de contentar-se com uma compensação monetária»[1015].

Ao abrigo da *equity* e da lei, o tribunal pode, é certo, decretar a *specific performance* de obrigações assumidas em virtude de um contrato, o que normalmente apenas sucede no tocante a contratos de compra e venda de imóveis[1016]. Podem, além disso, ser decretadas injunções («*injunctions*») quando esteja em causa a

[1013] Cfr. Gaius, *Institutiones*, IV, 48: «*Omnium autem formularum, quae condemnationem habent, ad pecuniariam aestimationem condemnatio concepta est. itaque et si corpus aliquod petamus, uelut fundum, hominem, uestem, aurum, argentum, iudex non ipsam rem condemnat eum, cum quo actum est, sicut olim fieri solebat, sed aestimata re pecuniam eum condemnat*». («Sempre que uma fórmula contiver uma condenação, é concebida como uma condenação em dinheiro. De forma que, mesmo que peticionemos uma coisa corpórea, como uma quinta, um escravo, um vestido, ouro ou prata, o juiz não condena o réu a entregar a coisa em si, como no antigo processo, mas antes o seu valor em dinheiro»).

[1014] Cfr. Harry Dondorp, «Specific Performance: a Historical Perspective», *in* Jan Smits/Daniel Haas/Geerte Hese (orgs.), *Specific Performance in Contract Law: National and Other Perspectives*, Antuérpia, etc., 2008, pp. 265 ss.

[1015] Cfr. *Atiyah's Introduction to the Law of Contract,* p. 377 s.

[1016] Haja todavia vista à secção 52 (1) do *Sale of Goods Act* inglês, nos termos do qual: «In any action for breach of contract to deliver specific or ascertained goods the court may, if it thinks fit, on the plaintiff's application, by its judgment or decree direct that the contract shall be performed specifically, without giving the defendant the option of retaining the goods on payment of damages». Cfr. ainda o art. 2-716 (1) do *Uniform Commercial Code* norte-americano, que dispõe: «Specific performance may be decreed if the goods are unique or in other proper circumstances. In a contract other than a consumer contract, specific performance may be decreed if the parties have agreed to that remedy. However, even if the parties agree to specific performance, specific performance may not be decreed if the breaching party's sole remaining contractual obligation is the payment of money».

violação de deveres de abstenção. O incumprimento quer de uma ordem de *specific performance* quer de uma *injunction* constitui uma forma de *contempt of court*, punível com multa ou prisão. Mas a execução específica é, em ambos os casos, uma medida discricionária cuja prolação apenas tem lugar quando o arbitramento de uma indemnização («*damages*») seja tido como inadequado a fim de acautelar a posição do credor (*v.g.* por isso que este tem um interesse legítimo em certa coisa que lhe foi prometida pelo devedor)[1017]. A execução específica não pode, por isso, ser reclamada pelo credor como um direito potestativo seu («*as of right*»)[1018].

Com isto se liga a doutrina dita da «violação eficiente do contrato» («*efficient breach of contract*»)[1019]. Nos termos desta, o devedor pode deixar de cumprir a sua obrigação contratual, contanto que indemnize o credor, se isso o deixar em posição economicamente mais favorável do que aquela em que se encontraria caso cumprisse[1020]. O que, como é bom de ver, apenas é possível em virtude das restrições impostas por esses sistemas à execução específica e constitui, de alguma sorte, a explicação destas. Essa doutrina foi particularmente desenvolvida pelos autores ligados à análise económica do Direito, posto que alguns a façam remontar a Oliver Wendell Holmes e à sua conhecida afirmação de que as obrigações contratuais se reconduzem fundamentalmente a uma opção entre cumprir e pagar uma indemnização pelo incumprimento[1021]. Ela obteve, além disso, certo acolhimento no *Restatement 2nd of Contracts*[1022]. A sua justificação estaria, pelo menos em parte, no especial relevo conferido pelos sistemas de *Common Law* a

[1017] Cfr. Guenter Treitel, «Remedies for Breach of Contract», *in IECL*, vol. VII, cap. 16, p. 17 ss.; Cartwright, *Contract Law*, p. 268; Klass, *Contract Law in the USA*, pp. 211 ss.; e o § 357 do *Restatement 2nd of Contracts*.

[1018] Neste sentido, *Atiyah's Introduction to the Law of Contract*, p. 378.

[1019] Sobre a qual podem ver-se: Robert Cooter/Thomas Ulen, *Law & Economics*, 4ª ed., Boston, etc., 2004, pp. 201 ss.; Richard Posner, *Economic Analysis of Law*, 8ª ed., Nova Iorque, 2011, pp. 131 ss.; e, em língua portuguesa, Fernando Araújo, *Teoria económica do contrato*, Coimbra, 2007, pp. 735 ss., e Paulo Mota Pinto, *Interesse contratual negativo e interesse contratual positivo*, pp. 366 ss.

[1020] Cfr. *Black's Law Dictionary*, 9ª ed., St. Paul, Minn., 2009, onde se define a *efficient breach theory* do seguinte modo: «The view that a party should be allowed to breach a contract and pay damages, if doing so would be more economically efficient than performing under the contract».

[1021] Cfr. «The Path of the Law», *Harvard L.R.*, 1897, pp. 457 ss., onde se lê: «The duty to keep a contract at common law means a prediction that you must pay damages if you do not keep it — and nothing else».

[1022] Veja-se a nota introdutória ao capítulo 16, onde se afirma: «The traditional goal of contract remedies has not been compulsion of the promisor but compensation of the promisee for the loss resulting from breach. "Wilful" breaches have not been distinguished from other breaches, punitive damages have not been awarded for breach of contract, and specific performance has not been granted where compensation in damages is an adequate substitute for the injured party. In general, therefore, a party may find it advantageous to refuse to perform a contract if he will still have a net gain after he has fully compensated the injured party for the resulting loss».

considerações de eficiência económica no regime dos contratos (e não só)[1023]. Mas a faculdade de não cumprir, ainda que pagando uma indemnização pelo dano desse modo causado ao credor, constituiria também uma expressão da liberdade individual, que como se viu acima esses sistemas procuram acautelar ao mais alto grau em matéria contratual.

Importa em todo o caso notar que, ainda que deva ser tida como expressão do Direito vigente nos sistemas de *Common Law* – o que não é pacífico[1024] –, a doutrina da *efficient breach* conhece limitações que decorrem da necessidade de compatibilizá-la com outras figuras que examinaremos adiante: a responsabilidade por *tort of interference with contractual relations* e o *disgorgement of profits*[1025].

No plano económico, a ausência de execução específica das obrigações contratuais nos Direitos inglês e norte-americano pode ainda explicar-se pela dimensão dos mercados em que os mesmos vigoram e pela circunstância de, em consequência disso, ser neles mais fácil encontrar bens de substituição do que noutros países. Daí que uma das situações em que a *specific performance* é admitida em Inglaterra seja precisamente a venda de coisa específica (*v.g.* uma antiguidade) em que não exista alternativa disponível no mercado para o bem transacionado[1026].

Além disso, a restrição do direito do credor, em caso de inadimplemento, a uma compensação monetária justifica-se, na ótica dos sistemas de *Common Law*, pela maior celeridade e facilidade em executá-la, quando comparada com a execução específica da obrigação pactuada, e pela maior eficácia de que a mesma se reveste na resolução dos litígios[1027].

1023 Cfr. *infra*, § 14º, *e)*.

1024 Ver, por último, Gregory Klass, «Efficient Breach», *in The Philosophical Foundations of Contract Law*, Oxford, 2014, pp. 362 ss.

1025 Cfr. *infra*, respetivamente, §§ 22º, *d)*, e 39º, *b)*.

1026 Veja-se, neste sentido, Cartwright, *Contract Law*, p. 270.

1027 Haja vista, a este respeito, à decisão proferida pela Câmara dos Lordes em 21 de maio de 1997 no caso *Co-op Insurance Society v. Argyll Stores*, [1997] 2 WLR 898. A autora era proprietária de um centro comercial em Sheffield. A ré arrendara por 35 anos uma das unidades desse centro comercial, tendo-se comprometido a instalar nela um supermercado que se destinava a funcionar como «loja-âncora» do centro. Em face dos prejuízos que sofrera na exploração do supermercado, a ré encerrou-o. A autora demandou-a, reclamando a execução específica do contrato, invocando nesse sentido o impacto negativo do encerramento daquele estabelecimento sobre o funcionamento dos demais que existiam no centro. A Câmara dos Lordes rejeitou, não obstante isso, a pretensão da autora, tendo Lord Hoffman aduzido neste sentido o seguinte: «The purpose of the law of contract is not to punish wrongdoing but to satisfy the expectations of the party entitled to performance. A remedy which enables him to secure, in money terms, more than the performance due to him is unjust. From a wider perspective, it cannot be in the public interest for the courts to require someone to carry on business at a loss if there is any plausible alternative by which the other party can be given compensation. It is not only a waste of resources but yokes the parties together in a continuing hostile relationship. The order for specific performance prolongs the battle. If the

O diferente regime dos sistemas de *Common Law* quanto a esta matéria compreende-se ainda pela circunstância, já aludida[1028], de em Inglaterra o principal meio processual de *enforcement* dos contratos ter sido, desde os primórdios do século XVII, a ação delitual dita de *assumpsit*, que originariamente correspondia ao *tort* de *trespass on the case* e se dirigia tão-somente à obtenção pelo autor de uma reparação pelo ilícito contra si praticado pelo réu.

III – Regressando, antes de concluirmos este ponto, aos sistemas romano-germânicos, verificamos que não existe neles a referida opção em benefício do devedor, visto que conferem ao credor o poder de obter a prestação originária à custa do património do devedor, sempre que isso seja possível através da execução específica.

Assim sucede atualmente, na ordem jurídica portuguesa, mesmo que as partes hajam convencionado, num contrato-promessa respeitante à celebração de contrato oneroso de transmissão ou constituição de direito real sobre edifício ou fração autónoma dele, a constituição de sinal ou até se houverem fixado uma pena para o caso de não cumprimento da promessa. Com efeito, embora no contrato-promessa o sinal possa tradicionalmente funcionar como o *preço do arrependimento* do promitente faltoso (donde a sua designação, nesses casos, como *arras penitenciais*), na hipótese acima referida o art. 830º, nº 3, do Código Civil português[1029] estabelece que o direito à execução específica não pode ser afastado pelas partes, conferindo assim natureza imperativa, nas situações socialmente mais relevantes de celebração de contrato-promessa de compra e venda de imóveis, às normas legais que o prevêem.

Nos sistemas romanistas há por conseguinte, na esfera jurídica do credor, um verdadeiro *direito à prestação*, e não uma *mera expetativa* de vir a recebê-la, como por via de regra sucede nos de *Common Law*[1030].

d) A responsabilidade civil contratual

I – O devedor que falta culposamente ao cumprimento da obrigação, diz o art. 798º do Código Civil português, torna-se responsável pelo prejuízo que causa ao

defendant is ordered to run a business, its conduct becomes the subject of a flow of complaints, solicitors' letters and affidavits. This is wasteful for both parties and the legal system. An award of damages, on the other hand, brings the litigation to an end. The defendant pays damages, the forensic link between them is severed, they go their separate ways and the wounds of conflict can heal». A decisão é ilustrativa do grau de discricionariedade de que os tribunais ingleses gozam em matéria de execução específica dos contratos.

[1028] Cfr. *supra*, § 5º, *e)*.

[1029] Na redação dada pelo D.L. nº 379/86, de 11 de novembro.

[1030] Ver, neste sentido, na doutrina portuguesa, Antunes Varela, *Das Obrigações em geral*, vol. I, p. 116.

credor; a simples mora, acrescenta o art. 804º, nº 1, constitui o devedor na obrigação de reparar os danos causados ao credor.

Na mesma linha de orientação, dispõe o art. 389 do Código Civil brasileiro que, não cumprida a obrigação, responde o devedor por perdas e danos, mais juros e atualização monetária segundo índices oficiais regularmente estabelecidos, e honorários de advogado; e o art. 395 estabelece idêntica cominação relativamente à mora do devedor.

Outra não é a regra fundamental acolhida no § 280 (1) do BGB, segundo o qual «se o devedor violar um dever emergente de uma relação obrigacional, pode o credor exigir a indemnização do dano daí resultante». Esta regra não se aplica, contudo, quando a violação não seja imputável ao devedor. A referida disposição é complementada pelo § 281 (1) do mesmo diploma legal, nos termos do qual se o devedor não realizar a prestação, ou não a realizar como era devida, pode o credor reclamar uma «indemnização em lugar da prestação», contanto que tenha, sem êxito, fixado ao devedor um prazo razoável para a realização da prestação.

Na Suíça, a responsabilidade do devedor pela inexecução da obrigação ou pela sua execução imperfeita encontra-se igualmente prevista no art. 97, nº 1, do Código das Obrigações. E também o Código holandês prevê, no art. 6:74(1), que «todo o incumprimento de uma obrigação impõe ao devedor o dever de reparar o dano sofrido pelo credor em consequência dele, salvo se o incumprimento não for imputável ao devedor». Por seu turno, o novo art. 1231-1 do Código francês estabelece que «[o] devedor é condenado, se a tal houver lugar, ao pagamento de uma indemnização quer em razão da inexecução da obrigação, quer em razão do atraso na execução, se não demonstrar que a execução foi impedida por força maior».

Nasce assim, com o incumprimento do contrato (ou decorrido que esteja o prazo concedido ao devedor para saná-lo), aquilo que é, para uns, um dever secundário de prestação integrado ainda na relação obrigacional originária (agora modificada quanto ao seu objeto) e, para outros, uma nova obrigação, perfeitamente distinta do dever de prestar não cumprido ou defeituosamente cumprido: o *dever de indemnizar* o dano causado pelo incumprimento[1031]. Dele nos ocuparemos agora.

Quem estiver obrigado a reparar um dano, diz o art. 562º do Código português, deve reconstituir a situação que existiria se não se tivesse verificado o evento que obriga à reparação. É o princípio da restauração natural, que o Direito alemão igualmente consagra no § 249 (1) do BGB, tomando aí a designação de *Naturalherstellung* ou *Naturalrestitution*: verificado um dano, o seu causador terá de reconstituir a situação que existiria se não fosse a lesão. Com uma diferença, porém: é que no § 249 (2) confere-se ao credor da indemnização a possibilidade

[1031] Retomaremos este ponto adiante, no § 25º, *c)*, X.

de exigir, em vez da reposição da situação preexistente, a quantia em dinheiro necessária para o efeito; o que no Direito português, como se verá a seguir, só é possível dentro de pressupostos mais apertados. No Direito brasileiro, vigora também o princípio da restauração natural, não obstante a ausência de preceito legal expresso nesse sentido[1032].

Sempre que possível, a reparação do dano faz-se, portanto, nos sistemas jurídicos português e brasileiro (e também no alemão, se não for pedida uma indemnização por equivalente), por indemnização em *forma específica* dos interesses lesados, *v.g.*, a reparação de uma coisa danificada.

Frequentemente, porém, a restauração natural não é possível porque não existe a possibilidade material de repor as coisas como estavam antes da lesão. Há então lugar à indemnização em dinheiro ou por equivalente. Di-lo o art. 566º, nº 1, do Código português, segundo o qual a indemnização é fixada em dinheiro «sempre que a reconstituição natural não seja possível, não repare integralmente os danos ou seja excessivamente onerosa para o devedor». Ainda que possa corresponder à solução mais frequente, a indemnização em dinheiro tem, assim, caráter subsidiário na lei portuguesa. Agora já não se trata de remover o dano real, mas tão-só de indemnizar o chamado *dano de cálculo* através do pagamento de uma quantia em dinheiro. A mesma regra fundamental consta do § 251 do BGB[1033].

Essa indemnização compreende tanto o dano emergente como o lucro cessante incorrido pelo lesado[1034]. Em qualquer caso, ela tem como finalidade precípua, nos sistemas romanistas, a compensação daquele pelo dano sofrido em virtude do incumprimento: é-lhe fundamentalmente estranha, nesses sistemas jurídicos, uma função sancionatória ou punitiva[1035].

[1032] Cfr. Judith Martins-Costa, *Comentários ao novo Código Civil*, vol. V, tomo II, Rio de Janeiro, 2003, p. 321.

[1033] No qual se estabelece: «(1) Soweit die Herstellung nicht möglich oder zur Entschädigung des Gläubigers nicht genügend ist, hat der Ersatzpflichtige den Gläubiger in Geld zu entschädigen. (2) Der Ersatzpflichtige kann den Gläubiger in Geld entschädigen, wenn die Herstellung nur mit unverhältnismäßigen Aufwendungen möglich ist [...]».

[1034] Cfr. o art. 1231-2 do Código Civil francês, o § 252 do BGB, o art. 564º, nº 1, do Código Civil português e o art. 6:96(1) do Código Civil holandês.

[1035] Daí, por exemplo, que a graduação da indemnização em função da culpa do lesante apenas se encontre prevista, no art. 494º do Código Civil português, para a responsabilidade extracontratual; solução a que não é alheia a funcionalização do regime das obrigações à satisfação do interesse do credor, o qual ficaria comprometido se, consoante determina aquele preceito, em derrogação ao princípio da indemnização integral do dano, nos casos de incumprimento contratual a indemnização pudesse ser fixada em montante inferior ao dos danos causados sempre que a culpabilidade do agente, a situação económica deste e do lesado e as demais circunstâncias do caso o justificassem. Também a segurança do comércio jurídico ficaria, aliás, em perigo por essa via: nenhum credor poderia estar certo de receber, através da ação de indemnização, a prestação lhe era devida ou

Por outro lado, a indemnização não se baseia nos ganhos obtidos pelo devedor inadimplente (por exemplo, através da celebração de um contrato mais lucrativo com um concorrente do credor). Estes podem, é certo, ter de ser restituídos ao credor se se verificarem os requisitos do enriquecimento sem causa[1036]. Mas nem o incumprimento do contrato obriga, por si só, a essa restituição, nem a indemnização a arbitrar com fundamento nele visa operar a restituição do lucro ilícito[1037].

Outra é a orientação prevalecente nos sistemas de *Common Law*, que desconhecem o princípio da restauração natural: aí a obrigação de indemnização – que, como dissemos, constitui a principal consequência jurídica do incumprimento de obrigações contratuais – tem por objeto exclusivo o pagamento de uma quantia em dinheiro: os *money damages*[1038].

Estes – importa notá-lo – não pressupõem, ao contrário do que sucede nos sistemas continentais, a ocorrência de um dano, ou a prova dele, uma vez que se admite em Inglaterra e nos Estados Unidos a condenação do devedor inadimplente no pagamento de *nominal damages*, geralmente de valor simbólico (por exemplo, um dólar). A função dessa indemnização simbólica não consiste em compensar monetariamente o credor, mas antes em proporcionar-lhe a satisfação moral inerente ao reconhecimento («*vindication*») do seu direito e da respetiva violação pelo réu e, eventualmente, em justificar a imposição ao devedor do pagamento das custas do processo[1039].

Por outro lado, os Direitos anglo-americanos admitem em determinadas circunstâncias a imposição de *restitutionary damages*[1040], os quais visam possibilitar, nos casos em que uma indemnização compensatória se revele insuficiente ou invi-

o seu equivalente pecuniário. O ponto é, no entanto, controvertido na doutrina: cfr., para uma síntese da discussão sobre ele travada, Menezes Leitão, *Direito das Obrigações*, vol. II, pp. 248 ss.

1036 *V.g.* se, em violação do contrato, o devedor utilizou bens do credor, poupando assim despesas que de outro modo teria de realizar: cfr. *infra*, cap. VI.

1037 O que não é prejudicado pela faculdade, prevista no art. 442º, nº 2, do Código Civil português, de o promitente-comprador exigir do promitente-vendedor o valor da coisa prometida, havendo incumprimento por este do contrato-promessa e caso tenha havido tradição dela, porquanto a mesma não tem cariz indemnizatório, antes se funda no princípio da restituição do enriquecimento injustificado: cfr. Menezes Leitão, *Direito das Obrigações*, vol. I, p. 235.

1038 Ver, sobre o ponto, Guenter Treitel, «Remedies for Breach of Contract», cit., pp. 10 ss.; Klass, *Contract Law in the USA*, pp. 196 s.

1039 Prevê expressamente a imposição de *nominal damages* o § 346(1) do *Restatement 2nd of Contracts*: «If the breach caused no loss or if the amount of the loss is not proved under the rules stated in this Chapter, a small sum fixed without regard to the amount of loss will be awarded as nominal damages». Cfr. sobre esta figura, quanto ao Direito inglês, *Cheshire, Fifoot and Furmston's Law of Contract*, pp. 747 ss.; e quanto ao norte-americano, Farnsworth, *Contracts*, p. 784.

1040 Sobre os quais podem ver-se, na doutrina inglesa, *Cheshire, Fifoot and Furmston's Law of Contract*, p. 748; e na americana, Farnsworth, *Contracts*, pp. 850 ss.

ável (*v.g.* em virtude da ausência de dano), a atribuição ao credor dos ganhos auferidos pelo devedor em resultado da violação do contrato celebrado com aquele[1041].

Já os denominados *punitive damages* apenas são em princípio admitidos em matéria delitual, não podendo ser decretados por incumprimento do contrato, ainda que intencional, salvo se este constituir simultaneamente um *tort*[1042]; o que bem se compreende, uma vez que de outro modo se dissuadiriam os contraentes da já referida *efficient breach of contract*[1043].

Não sofre dúvida, em todo o caso, que nos sistemas de *Common Law* os denominados *damages* exercem um leque mais diversificado de funções do que as que competem à responsabilidade contratual nos sistemas romanistas.

II – Pelo que respeita aos danos indemnizáveis em caso de incumprimento contratual, tende a prevalecer nos sistemas jurídicos em exame o princípio conforme o qual o credor deve ser colocado em situação equivalente àquela em que hipoteticamente se encontraria se a prestação devida tivesse sido realizada.

É assim ressarcível, de acordo com uma orientação que logrou afirmar-se há muito nos ordenamentos jurídicos anglo-saxónicos[1044], e que obteve também aco-

[1041] Foi o que sucedeu em Inglaterra no caso *Attorney General v. Blake*, [2001] 1 A.C. 268, julgado pela Câmara dos Lordes, no qual este tribunal atribuiu à Coroa Britânica o direito à remuneração paga por um editor ao antigo agente do Secret Intelligence Service George Blake, que havia assumido em 1951 a condição de agente duplo, prestando serviço também à União Soviética. Detido em Inglaterra em 1961 e condenado a 42 anos de prisão, Blake fugira para a União Soviética em 1966. Em 1989, celebrou com o editor Jonathan Cape Ltd. um contrato tendo em vista a publicação do livro autobiográfico intitulado *No Other Choice*, em que revelava diversas informações respeitantes à sua atividade enquanto funcionário dos serviços secretos ingleses, violando desse modo o dever de confidencialidade a que se vinculara. A informação revelada no livro, que foi publicado em 1990, era, no entanto, antiga e na sua maior parte encontrava-se no domínio público. Não foi demonstrada a existência de dano patrimonial para a Coroa. Não obstante isso, o Tribunal, reconhecendo que em certas circunstâncias não se deve permitir ao infrator de um contrato que retire qualquer benefício da sua violação, condenou Blake a pagar Coroa o valor das remunerações auferidas e a auferir ao abrigo do contrato de edição. No Direito norte-americano refere-se a esta matéria o § 39 do *Restatement 3rd of Restitution and Unjust Enrichment*, que dispõe no nº 1: «If a deliberate breach of contract results in profit to the defaulting promisor and the available damage remedy affords inadequate protection to the promisee's contractual entitlement, the promisee has a claim to restitution of the profit realized by the promisor as a result of the breach. Restitution by the rule of this section is an alternative to a remedy in damages».

[1042] Cfr. *infra*, § 24º, *b)*.

[1043] Em sentido diverso, veja-se porém William Dodge, «The Case for Punitive Damages in Contracts», *Duke L.J.*, 1999, pp. 629 ss.

[1044] *Vide* o estudo pioneiro de Lon Fuller e William Pardue, «The Reliance Interest in Contract Damages», *Yale L.J.*, 1936, pp. 52 ss. e 373 ss. (de que há recensão em língua portuguesa, por Ruy de Albuquerque, na *Ciência e Técnica Fiscal*, 1962, pp. 544 ss.). Na doutrina inglesa mais recente, vejam-se *Atiyah's Introduction to the Law of Contract*, pp. 404 ss., *Cheshire, Fifoot and Furmston's Law*

lhimento nos sistemas romanistas[1045], o interesse positivo ou de cumprimento («*expectation interest*», «*intérêt positif*», «*Erfüllungsinteresse*»), ou seja, os benefícios que o credor retiraria da execução do contrato; e não apenas o interesse negativo ou de confiança («*reliance interest*», «*intérêt négatif*», «*Vertrauensinteresse*»), i.é, o prejuízo que o credor não teria tido se não tivesse celebrado o contrato.

A ressarcibilidade do interesse positivo é, aliás, um dos elementos distintivos da responsabilidade contratual relativamente à extracontratual. O que se prende com a circunstância de ser diferente a índole dos factos geradores da responsabilidade contratual e da responsabilidade extracontratual (na primeira, o incumprimento de uma obrigação, na segunda, a violação de deveres jurídicos gerais) e dos bens jurídicos através delas tutelados (numa, a expetativa do credor no cumprimento de uma obrigação; na outra, essencialmente a vida, a integridade física e moral e a propriedade)[1046].

Se porém o contrato for resolvido pelo credor com fundamento no seu incumprimento pelo devedor, é discutido se a indemnização do dano sofrido por aquele abrange o interesse contratual positivo ou se deve antes cingir-se ao interesse contratual negativo, cabendo ao devedor, neste caso, tão-somente colocar o credor na situação em que este se encontraria se o contrato não houvesse sido celebrado.

Em França, a lei admite expressamente, no novo art. 1217 do Código Civil (como já o fazia antes o art. 1184 da redação originária), o cúmulo da indemniza-

of Contract, pp. 749 ss., e *Anson's Law of Contract*, p. 9; e na norte-americana, Klass, *Contract Law in the USA*, pp. 196 ss. No Direito inglês, a regra em apreço remonta ao caso *Robinson v. Harman*, julgado em 1848 pelo *Court of Exchequer*, [1848] 154 E.R. 363, em que o juiz Parke afirmou: «The rule of the common law is, that where a party sustains a loss by reason of a breach of contract, he is, so far as money can do it, to be placed in the same situation, with respect to damages, as if the contract had been performed». Consagra-a igualmente o § 347 do *Restatement 2nd of Contracts*, segundo o qual: «Subject to the limitations stated in §§ 350-53, the injured party has a right to damages based on his expectation interest as measured by (a) the loss in the value to him of the other party's performance caused by its failure or deficiency, plus (b) any other loss, including incidental or consequential loss, caused by the breach, less (c) any cost or other loss that he has avoided by not having to perform».

[1045] O BGB acolhe a ressarcibilidade do interesse contratual positivo, desde a *Schuldrechtsmodernisierung*, nos §§ 280 a 283, respeitantes à «indemnização em lugar da prestação», e a do interesse contratual negativo no § 284, relativo a «dispêndios inúteis». Cfr. Looschelders, *Schuldrecht. Allgemeiner Teil*, pp. 342 s. Na doutrina portuguesa, vejam-se sobre a distinção Vaz Serra, «Obrigação de indemnização (Colocação. Fontes. Conceito e espécies de dano. Nexo causal. Extensão do dever de indemnizar. Espécies de indemnização). Direito de abstenção e de remoção», *BMJ* 84 (1959), pp. 5 ss. (pp. 15 ss.), Manuel Carneiro da Frada, *Teoria da confiança e responsabilidade civil*, pp. 41 ss. e 662 ss., e Paulo Mota Pinto, *Interesse contratual negativo e interesse contratual positivo*, especialmente pp. 849 ss. e 1471 ss. Na doutrina brasileira, consulte-se Judith Martins-Costa, *Comentários ao novo Código Civil*, vol. V, tomo II, p. 329.

[1046] Desenvolver-se-á este ponto adiante, no § 25º.

ção com a resolução do contrato. Entende-se todavia na doutrina que a indemnização apenas compreende neste caso o dano que o credor não teria sofrido se não houvesse concluído o contrato (i. é, os «*dommages-intérêts négatifs*»)[1047]. A mesma solução vigora no Direito suíço, em virtude do disposto no art. 109 do Código das Obrigações, que é também interpretado no sentido de que a indemnização devida se restringe, em caso de resolução do contrato, ao interesse contratual negativo[1048].

Na Alemanha o § 325 do BGB estabelece, desde a reforma de 2002, que «o direito de exigir indemnização num contrato bilateral não é afastado pela resolução»[1049]. E na Holanda o art. 6:277 do Código Civil prevê, mais explicitamente ainda, que «quando um contrato bilateral for resolvido no todo ou em parte, a parte cujo incumprimento houver dado azo à resolução deve compensar o dano que a outra parte tiver sofrido em virtude de não ter sido cumprido o contrato». Outra não é a solução que se extrai do *Uniform Commercial Code* norte-americano[1050].

Em Portugal, não falta também quem entenda que nos casos de resolução do contrato pode ser ressarcido o interesse contratual positivo[1051]. Esta seria, com efeito, a solução reclamada pelo disposto nos arts. 562º e 798º do Código Civil, dos quais não parece possível retirar qualquer limitação da indemnização devida por incumprimento contratual ao interesse negativo. Afirma-se contudo em sentido contrário que só a solução acima referida em primeiro lugar é compatível com o efeito retroativo da resolução consagrado, *v.g.*, no art. 434º, nº 1, do Código Civil português[1052]: quem reclama a destruição *ex tunc* dos efeitos do

[1047] Cfr., neste sentido, Fabre-Magnan, *Droit des obligations*, vol. I, pp. 754 e 772.

[1048] Veja-se, com mais referências, Pierre Engel, *Traité des obligations en droit suisse*, 2ª ed., Berna, 1997, p. 734, sustentando que apenas é ressarcível, ao abrigo dessa disposição, o dano correspondente ao interesse negativo (entendido como «le dommage que quelqu'un subit du fait de la conclusion d'un contrat, c'est-à-dire le dommage qu'il n'aurait pas éprouvé si le contrat n'avait pas été conclu»).

[1049] Outra era a solução do Direito anterior à reforma. Sobre o significado desse preceito, veja-se Looschelders, *Schuldrecht. Allgemeiner Teil*, p. 246.

[1050] Cfr. os §§ 2-711 (1) e 2-713, por força dos quais o comprador pode, em caso de resolução do contrato de compra e venda por incumprimento do vendedor, ser compensado pelo valor correspondente à diferença entre o preço de mercado do bem vendido ao tempo em que teve conhecimento do incumprimento e o preço estipulado no contrato, acrescido de quaisquer danos incidentais ou indiretos e deduzido das despesas não incorridas em consequência do incumprimento.

[1051] Cfr. Paulo Mota Pinto, *Interesse contratual negativo e interesse contratual positivo*, vol. II, pp. 1639 ss.; *idem*, «Indemnização e resolução de contrato por não cumprimento», *CDP*, nº especial, 2012, pp. 63 ss.; Romano Martinez, *Da cessação do contrato*, pp. 202 s.; e Menezes Cordeiro, *Tratado de Direito Civil*, vol. IX, p. 271.

[1052] Cfr., por muitos, Antunes Varela, *Das obrigações em geral*, vol. II, p.109. Para uma síntese recente da controvérsia doutrinal a este respeito, veja-se Luís Menezes Leitão, *Direito das Obrigações*, vol. II, pp. 259 ss.

contrato (o que implica, em princípio, a restituição do que tiver sido prestado por cada uma das partes à outra ou, se a restituição em espécie não for possível, o valor correspondente[1053]) não poderia, sob pena de ocorrer um enriquecimento sem causa, pretender simultaneamente ser colocado na posição que ocuparia se o contrato tivesse sido cumprido[1054]. Mas semelhante resultado pode ser evitado deduzindo-se à indemnização devida ao credor as vantagens que este porventura aufira em virtude da cessação do contrato (*compensatio lucri cum damno*). Por outro lado, como já foi notado entre nós, «a partir do momento em que se verifica o não cumprimento, que não se deu por causa imputável ao credor, é injusto que este tenha de, para obter uma indemnização por não cumprimento, realizar ou manter a sua prestação junto do devedor»[1055]. Compreende-se assim que o Supremo Tribunal de Justiça português, apoiando-se na doutrina mais recente e na lição do Direito Comparado, haja ultimamente admitido que «[a] indemnização pela destruição da relação contratual, por efeito da resolução, não está limitada ao interesse contratual negativo, podendo ainda abranger, em certos casos, os danos positivos, o interesse contratual positivo, desde que tal não acarrete qualquer situação geradora de desequilíbrios ou benefícios injustificados»[1056].

De todo o modo, nos casos em que a resolução não tem efeito retroativo – como sucede, de acordo com o art. 434º do Código Civil português, se a retroatividade contrariar a vontade das partes ou a finalidade da resolução e bem assim nos contratos de execução continuada pelo que respeita às prestações já efetuadas – parece de admitir sem grandes reservas que a indemnização abranja também os danos positivos; e em caso algum se deverá ter por prejudicado o ressarcimento dos lucros cessantes incorridos pelo credor em virtude de oportunidades negociais falhadas devido à celebração do contrato não cumprido.

III – A ressarcibilidade de danos não patrimoniais (*hoc sensu*, não avaliáveis em dinheiro) nas hipóteses de incumprimento do contrato não é universalmente admitida. Apenas o Direito francês, dentre os ordenamentos jurídicos aqui considerados, admite a reparação do dano não patrimonial (aí predominantemente

[1053] Cfr. o art. 289º, nº 1, do Código Civil português.

[1054] Daí que a lei portuguesa estabeleça, nos casos de anulação do contrato de compra e venda de bens onerados ou de coisa defeituosa celebrado com dolo do vendedor, que este deve indemnizar o comprador apenas do prejuízo que ele não sofreria se a compra e venda não tivesse sido celebrada: haja vista ao art. 908º do Código Civil.

[1055] Mota Pinto, *Interesse contratual negativo e interesse contratual positivo*, vol. II, p. 1702.

[1056] *Vide* os acs. de 12 de fevereiro de 2009 (proc. 08B4052) e de 21 de outubro de 2010 (proc. 1285/07), reproduzidos, com uma anotação de Paulo Mota Pinto, na *RLJ*, 140º, nº 3968, pp. 300 ss. Cfr. ainda os acs. do mesmo Tribunal de 12 de março de 2013 (proc. 1097/09) e de 4 de junho de 2015 (proc. 4308/10).

designado por «dano moral») resultante do incumprimento do contrato sem limitações especiais[1057]; solução que se prende com a circunstância de neste Direito vigorar a regra dita do «não-cúmulo» («*non-cumul*») de responsabilidades[1058], a qual seria inviável se fosse diferente o regime do ressarcimento de tal dano.

Outros sistemas jurídicos europeus só muito recentemente passaram a admitir em termos gerais a indemnização dos danos não patrimoniais nas ações fundadas no incumprimento de obrigações contratuais.

Assim sucedeu no Direito alemão, por força do novo § 253 (2) do BGB, introduzido neste diploma legal em 2002, segundo o qual são ressarcíveis, independentemente do fundamento da pretensão ressarcitória (que pode, por conseguinte, basear-se no incumprimento de obrigações contratuais), os danos não patrimoniais causados mediante a lesão da integridade física, da saúde, da liberdade e da autodeterminação sexual. Já anteriormente se admitia, contudo, no § 651f (2) do BGB, o ressarcimento dano consistente na inutilização do tempo de férias decorrente do incumprimento de um contrato de viagem («*Reisevertrag*»).

No Direito italiano, o ressarcimento dos danos não patrimoniais causados por lesões de direitos de personalidade em virtude do incumprimento de obrigações contratuais foi reconhecido em sentença proferida em 2008 pelas secções civis reunidas da Cassação[1059].

Também o Direito inglês[1060] e o dos Estados Unidos da América[1061] admitem, posto que com certas restrições, o ressarcimento da dor e do sofrimento moral («*mental distress*») em matéria contratual. Em Inglaterra, o princípio geral há muito afirmado pela Câmara dos Lordes é ainda o de que não há lugar a indemnização

[1057] Cfr. Carbonnier, *Droit civil*, vol. II, *Les biens. Les obligations*, pp. 2189 s.

[1058] Cfr. *infra*, § 27º, *b)*.

[1059] *Vide* a sentença proferida em 11 de novembro de 2008, proc. nº 26972/2008, nos termos da qual: «Dal principio del necessario riconoscimento, per i diritti inviolabili della persona, della minima tutela costituita dal risarcimento, consegue che la lesione dei diritti inviolabili della persona che abbia determinato un danno non patrimoniale comporta l'obbligo di risarcire tale danno, quale che sia la fonte della responsabilità, contrattuale o extracontrattuale. Nell'ambito della perdita subita e mancate utilità, ex art. 1223 c.c., vanno ricompresi anche i pregiudizi non patrimoniali». Ver, sobre o ponto, Mirca Sacchi, *I danni non patrimoniali da inadempimento, in* Paolo Cendon (org.), *Responsabilità civile,* Turim, 2017, pp. 1488 ss.

[1060] Cfr. *Cheshire, Fifoot and Furmston's Law of Contract,* pp. 770 ss; Treitel, *The Law of Contract,* pp. 1162 ss.; Cartwright, *Contract Law,* pp. 281 s.

[1061] Cfr. Prosser, «The Borderland of Tort and Contract», *in Selected Topics on the Law of Torts,* pp. 380 ss. (p. 426); *Prosser and Keeton on the Law of Torts,* 5ª ed., St. Paul, Minesota, 1984, p. 665; *Farnsworth on Contracts,* vol. III, p. 291; *Restatement 2nd of Contracts,* § 353 (segundo o qual: «Recovery for emotional disturbance will be excluded unless the breach also caused bodily harm or the contract or the breach is of such a kind that serious emotional disturbance was a particularly likely result»).

por *injured feelings* numa ação contratual[1062]. Mas admite-se na jurisprudência mais recente o ressarcimento da dor e do sofrimento causados pelo incumprimento contratual de que haja resultado uma lesão física ou até um simples incómodo físico («*physical inconvenience*»)[1063]; e é atribuível uma indemnização por *distress* no caso de incumprimento de contratos cujo objeto consista em assegurar ao credor «*enjoyment, security, comfort or sentimental benefits*»[1064].

Perante o Direito português, uma parte da doutrina pronunciou-se contra a ressarcibilidade dos danos não patrimoniais no domínio da responsabilidade contratual[1065]; mas a orientação inversa, conforme a qual se deve admitir o ressarcimento desses danos nas duas espécies de responsabilidade, tem recolhido a adesão da maior parte dos autores[1066] e da jurisprudência[1067]. No sentido daquela primeira solução aduz-se a circunstância de o art. 496º do Código Civil, que disciplina a matéria, ser privativo da responsabilidade extracontratual. Contra ela, depõe todavia o facto de os arts. 798º e 804º, nº 1, do Código não distinguirem as duas categorias de danos. Ao regular os danos não patrimoniais tão-só na secção referente à responsabilidade extracontratual e não na que se reporta à obrigação de indemnização, o Código parece, no entanto, querer restringir a esta forma de responsabilidade o ressarcimento desses danos[1068].

[1062] Cfr. *Addis v. Gramophone Co Ltd.*, [1909] A.C. 488. Tratava-se, na espécie, do despedimento de um trabalhador levado a cabo pela entidade patronal de forma vexatória para aquele.

[1063] Cfr. *Watts and Another v. Morrow*, [1991] 1 W.L.R. 1421. No caso, a ré tinha omitido aos autores a existência de certos defeitos num imóvel que pretendiam adquirir; o tribunal atribuiu-lhes uma indemnização pela *mental distress* associada ao incómodo de terem de habitar um imóvel em obras enquanto os defeitos deste eram reparados.

[1064] Cfr. *Farley v. Skinner*, [2002] A.C. 737. Na espécie, o réu fora contratado pelo autor a fim de levar a cabo uma prospeção imobiliária. Tendo omitido negligentemente a informação devida sobre o elevado nível de ruído existente no local onde se situava o imóvel que o autor veio a adquirir, o qual, por esse motivo, não lhe era suscetível de lhe proporcionar a paz de espírito que almejava, foi o réu condenado a indemnizá-lo do dano moral assim sofrido.

[1065] Cfr. Antunes Varela, *Das Obrigações em geral*, vol. I, p. 627, e vol. II, p. 106; *idem*, anotação ao acórdão do Supremo Tribunal de Justiça de 25 de maio de 1985, *RLJ*, ano 123º, pp. 253 ss.

[1066] Cfr. Vaz Serra, «Reparação do dano não patrimonial», *BMJ* 83 (1959), pp. 69 ss. (p. 104); *idem*, anotação ao acórdão do Supremo Tribunal de Justiça de 4 de junho de 1974, *RLJ*, ano 108º, p. 222; Galvão Telles, *Direito das Obrigações*, pp. 386 s.; Pinto Monteiro, *Cláusulas limitativas e de exclusão da responsabilidade civil*, Coimbra, 1985, p. 85; *idem*, *Cláusula penal e indemnização*, Coimbra, 1990, p. 31, n. 77; *idem*, «A indemnização por danos não patrimoniais em debate: também na responsabilidade contratual? Também a favor das pessoas jurídicas?», *RBDC*, nº 46 (2015), pp. 13 ss.; Almeida Costa, *Direito das Obrigações*, pp. 603 s.; Pinto Oliveira, *Princípios*, p. 638; e Brandão Proença, *Lições de cumprimento e não cumprimento das obrigações*, Coimbra, 2011, pp. 238 s.

[1067] Cfr., por último, o acórdão da Relação de Coimbra de 6 de dezembro de 2011.

[1068] Cfr. Pires de Lima/Antunes Varela, *Código Civil anotado*, vol. II, p. 501.

À distinção dos regimes quanto a este ponto está ligada a ideia de que uma irrestrita ressarcibilidade *ex contractu* dos danos não patrimoniais criaria, dada a grande frequência da responsabilidade contratual na vida económica contemporânea, o risco, para que advertiu Larenz[1069], de um alargamento ilimitado da indemnização por danos e do número de processos tendentes a efetivá-la; e tentaria muitos a formularem pretensões indemnizatórias exageradas ou baseadas em motivos fúteis, com a consequente desvalorização dos bens imateriais cuja violação compete à ordem jurídica prevenir e reprimir sobretudo através de sanções penais.

Mas não parece de excluir a aplicação à responsabilidade contratual, sempre que a analogia das situações o justifique, das disposições que regulam o ressarcimento dos danos não patrimoniais a propósito dos ilícitos extracontratuais: é o que sucede, designadamente, quando a prestação devida tenha por objeto a satisfação de interesses de índole não patrimonial[1070].

Por outro lado, não pode deixar de reconhecer-se que nas economias contemporâneas, amplamente assentes na prestação de serviços que constituem muitas vezes bens essenciais para os consumidores, o incumprimento contratual pode gerar danos imateriais cujo ressarcimento se impõe. É o caso do dano resultante das chamadas «férias estragadas» ou das lesões à integridade física causadas por erro médico, a respeito do qual este problema se tem colocado com frequência. Compreende-se assim que o art. 12º, nº 1, da Lei de Defesa do Consumidor portuguesa estabeleça que «o consumidor tem direito à indemnização dos danos patrimoniais e não patrimoniais resultantes do fornecimento de bens ou prestações de serviços defeituosos».

IV – Nos sistemas jurídicos continentais, o direito à indemnização por incumprimento pressupõe em princípio, além do facto ilícito consistente na violação do dever de prestar e do correlativo direito de crédito ou de deveres de conduta acessórios daquele, o nexo de imputação desse facto ao devedor que se exprime

[1069] Cfr. *Lehrbuch des Schuldrechts*, vol. I, *Allgemeiner Teil*, pp. 477 ss.

[1070] Assim o estabelece, por exemplo, o Direito suíço: cfr. o art. 49, nº 1, do Código das Obrigações, segundo o qual: «Celui qui subit une atteinte illicite à sa personnalité a droit à une somme d'argent à titre de réparation moral, pour autant que la gravité de l'atteinte le justifie et que l'auteur ne lui ait pas donné satisfaction autrement». Este preceito é aplicável aos efeitos da *faute contractuelle*, nos termos do art. 99, nº 3, do mesmo Código, segundo o qual: «Les règles relatives à la responsabilité dérivant d'actes illicites s'appliquent par analogie aux effets de la faute contractuelle».

na noção de *culpa* na Alemanha[1071], em Itália[1072], na Holanda[1073], em Portugal[1074], no Brasil[1075] e em Espanha[1076]; e na denominada *faute* em França[1077] e na Suíça[1078].

Exige-se, com efeito, nesses sistemas jurídicos um *juízo de censura* sobre o modo como agiu ou deixou de agir certo sujeito, que podia e devia ter atuado de outro modo[1079]. É nesse juízo que se funda a imposição ao devedor da obrigação de reparar o dano: em regra, este é só por si irrelevante. Apenas excecionalmente – *maxime* no caso das chamadas *obrigações de garantia*, em que o devedor assume voluntariamente o risco da impossibilidade de realização da prestação – se admite

1071 Onde o § 276 (1) do BGB estabelece que a imputação do incumprimento ao devedor se faz em princípio a título de dolo ou de negligência, apenas se excetuando desta regra os casos sem que se ache determinada na lei ou deva inferir-se do conteúdo da relação obrigacional, em especial da assunção de uma garantia, uma responsabilidade mais ou menos estrita. O § 280 (1), 2º período, exclui, por seu turno, o direito do credor de ser ressarcido do dano sofrido em virtude da violação de um dever pelo devedor quando esta lhe não seja imputável. A *Schuldrechtsmodernisierung* preservou, assim, a orientação geral a este respeito consagrada na versão originária do BGB.

1072 *Vide* o art. 1218 do Código Civil italiano, que dispõe: «Il debitore che non esegue esattamente la prestazione dovuta è tenuto al risarcimento del danno, se non prova che l'inadempimento o il ritardo è stato determinato da impossibilità della prestazione derivante da causa a lui non imputabile».

1073 Cfr. o art. 6:75 do Código Civil: «O incumprimento não é imputável ao devedor, se não se dever a culpa sua ou não lhe for atribuível por força da lei, de ato jurídico ou das conceções dominantes no tráfico». Este preceito admite uma imputação ao devedor das consequências do incumprimento da obrigação fundada não apenas na culpa, mas também nos riscos que a lei ou outras fontes nele especificadas coloquem a seu cargo. Ao fazê-lo limita-se, porém, a explicitar uma modalidade de responsabilidade contratual que os outros sistemas romano-germânicos também admitem, posto que, como referirá a seguir no texto, apenas a título excecional.

1074 Art. 798º do Código Civil: «O devedor que falta culposamente ao cumprimento da obrigação torna-se responsável pelo prejuízo que causa ao credor». Na aferição da culpa, vale, por força da remissão constante do art. 799º, nº 2, para as regras aplicáveis à responsabilidade civil, o critério da diligência exigível a um *bom pai de família* consignado no art. 487º, nº 2.

1075 Cfr. o art. 392 do Código Civil, segundo o qual: «Nos contratos benéficos, responde por simples culpa o contratante, a quem o contrato aproveite, e por dolo aquele a quem não favoreça. Nos contratos onerosos, responde cada uma das partes por culpa, salvo as exceções previstas em lei».

1076 Art. 1101 do Código Civil: «Quedan sujetos a la indemnización de los daños y perjuicios causados los que en cumplimiento de sus obligaciones incurrieren en dolo, negligencia o morosidad, y los que de cualquier modo contravinieren al tenor de aquéllas».

1077 Não há, no Direito francês, texto legal que o afirme expressamente. Contudo, a exigência da *faute contractuelle* como requisito do dever de indemnizar os danos decorrentes do incumprimento é amplamente aceite pela doutrina. *Vide*, sobre o ponto, Carbonnier, *Droit Civil*, vol. II, *Les biens. Les obligations*, pp. 2190 ss.; e Malaurie/Aynès/Stoffel-Munck, *Droit des obligations*, p. 535 ss.

1078 Art. 99, nº 1, do Código das Obrigações: «En général, le débiteur répond de toute faute».

1079 Para uma justificação dessa exigência, veja-se Larenz, *Richtiges Recht*, pp. 103 s. (na tradução castelhana, pp. 115 s.); *idem*, *Lehrbuch des Schuldrechts*, vol. I, *Allgemeiner Teil*, p. 276; e, na doutrina portuguesa, Vaz Serra, «Culpa do devedor ou do agente», *BMJ* 68, pp. 13 ss. (pp. 31 ss.).

a responsabilidade contratual sem culpa[1080]. Trata-se do *princípio da culpa* (*«Verschuldensprinzip», «principe de la culpabilité», «principio della colpa», «schuldbeginsel»*)[1081].

Daqui resulta, designadamente, que o devedor não será responsável, por via de regra, quando o incumprimento se deva a uma impossibilidade originária ou superveniente da prestação que não lhe seja imputável[1082].

A esses sistemas, também ditos «subjetivos» ou «culpabilísticos», contrapõem-se os «objetivos», como o inglês e o norte-americano, em que o devedor incorre em responsabilidade pelo mero facto do incumprimento, a não ser que ocorra alguma causa de justificação; em matéria contratual a culpa não desempenha neles, por conseguinte, qualquer papel[1083].

Também na China a responsabilidade do devedor pelos danos causados através do inadimplemento contratual é independente de culpa[1084]; o refletirá a influência anglo-americana exercida sobre a lei chinesa dos contratos por intermédio da Convenção Sobre a Compra e Venda Internacional de Mercadorias e os Princípios UNIDROIT Relativos aos Contratos Comerciais Internacionais[1085]. Em caso de força maior (*«force majeure»*), a parte inadimplente pode, no entanto, ficar exonerada de responsabilidade pelos referidos danos[1086].

Importa todavia notar que naqueles primeiros sistemas a culpa do devedor é presumida no caso de incumprimento ou cumprimento defeituoso dos contratos, razão pela qual não é ao credor que compete provar que o devedor agiu culposamente, antes é a este que cabe demonstrar que os referidos factos não lhe são imputáveis, nomeadamente por isso que se devem a *force majeure*. É o

[1080] É ainda isso o que sucede quando o devedor se socorra de auxiliares (mandatários, procuradores, comissários, depositários, etc.) para o cumprimento da obrigação, caso em que pode ser responsabilizado, independentemente de culpa sua, pelos actos destes. Cfr. o art. 800º do Código Civil português, que acolhe, quanto a estas situações, uma modalidade de responsabilidade objetiva. Outro tanto sucede no Direito alemão, em virtude do disposto no § 278 do BGB; no Direito suíço, por força do art. 101 do Código das Obrigações; no Direito italiano, atento o art. 1228 do Código Civil; e no Direito holandês, em conformidade com o art. 6:76 do Código Civil.

[1081] Sobre o qual podem ver-se, numa perspetiva de Direito Comparado, Ernst Rabel, *Das Recht des Warenkaufs. Eine Rechtsvergleichende Darstellung*, vol. I, Berlim/Leipziga, 1936, especialmente pp. 329 ss.; Léontin-Jean Constantinesco, *Inexécution et faute contractuelle en droit comparé*, pp. 194 ss.; e Zweigert/Kötz, *Einführung in die Rechtsvergleichung*, p. 512.

[1082] Cfr. *infra*, § 14º, *e)*.

[1083] Por isso escreve Klass, *Contract Law in the USA*, p. 181: «There is no equivalent term in U.S. law to the civil law concept of faulty behavior of the obligor». No sentido do texto, *vide* ainda David/Pugsley, *Droit anglais de contrats*, p. 294; e María Luisa Palazón Garrido, «La indemnización de daños y perjuicios derivados del incumplimiento del contrato», *in* Sánchez Lorenzo (org.), *Derecho contractual comparado*, t. II, pp. 973 ss. (pp. 675 ss.). Cfr., *infra*, § 14º, *e)*.

[1084] Artigo 107 da Lei dos Contratos.

[1085] Neste sentido Yuanshi Bu (org.), *Chinese Civil Law*, p. 70.

[1086] Art. 117 da Lei dos Contratos.

que resulta, por exemplo, do disposto no art. 1231-1 do Código Civil francês, já citado[1087]. Na mesma linha fundamental de orientação, estabelece o art. 799º, nº 1, do Código Civil português:

> «Incumbe ao devedor provar que a falta de cumprimento ou o cumprimento defeituoso da obrigação não procede de culpa sua.»

Em França entende-se contudo que a culpa do devedor (ou, *rectius*, a sua *faute*) não se presume, antes tem de ser provada pelo credor, no caso de incumprimento de meras obrigações de meios («*obligations de moyens*»), em que o devedor se vincula tão-só a desenvolver diligentemente a sua atividade com vista a alcançar certo resultado, mas sem o garantir; essa presunção apenas vale, por conseguinte, para as denominadas obrigações de resultado («*obligations de résultat*»), como é tipicamente o caso das de prestação de coisa[1088].

V – Existem ainda diferenças significativas entre os sistemas jurídicos em análise pelo que respeita ao *nexo de causalidade* exigível entre o ato ou omissão do devedor inadimplente e o dano sofrido pelo credor.

Para a generalidade desses sistemas não basta, é certo, a fim de que o dano possa ser tido como consequência juridicamente relevante da conduta do devedor, que esta seja uma condição em sentido naturalístico (*conditio sine qua non*) da verificação daquele – isto é, que se possa afirmar que esse dano provavelmente não se teria verificado se não tivesse ocorrido o incumprimento do contrato –, dado o risco que daí adviria de um excessivo alargamento da responsabilidade contratual.

Estabelecem-se, por isso, em várias legislações nacionais critérios normativos de aferição do nexo de causalidade exigível a fim de que o devedor possa ser chamado a indemnizar o credor das consequências lesivas do inadimplemento das suas obrigações contratuais. Esses critérios diferem porém consideravelmente entre si. Apesar da complexidade da questão, as principais orientações que o Direito Comparado permite discernir a este respeito podem resumir-se, por ordem crescente do seu grau de exigência, no seguinte:

a) Razoabilidade. O critério porventura mais lasso nesta matéria é o da «imputabilidade razoável» («*toerekening naar redelijkheid*»), originariamente formulado pela jurisprudência holandesa. De acordo com esse critério, devem ser tomadas

[1087] Cfr. *supra*, § 14º, *d)*, I.

[1088] Cfr., neste sentido, Malaurie/Aynès/Stoffel-Munck, *Droit des obligations*, p. 537. Na doutrina portuguesa, a distinção aludida no texto tem suscitado reservas: cfr. Brandão Proença, *Lições de cumprimento e não cumprimento das obrigações*, pp. 225 ss., com mais referências.

em consideração, na determinação dos danos imputáveis (em sentido objetivo) ao devedor inadimplente, todas as circunstâncias do caso[1089]. Entre estas sobressaem a natureza da responsabilidade e do dano em causa, nela se incluindo a previsibilidade deste último[1090]. Esse critério obteve acolhimento no art. 6:98 do Código Civil neerlandês, que estabelece:

> «Só é tido em conta na indemnização o dano que se encontre conexo com o evento que determinou a responsabilidade do devedor por forma tal que, tendo em conta a natureza da sua responsabilidade e do dano, possa ser-lhe imputado como consequência desse evento.»

Confere-se assim ao julgador, nos Países-Baixos, uma ampla margem de discricionariedade na aferição da imputabilidade, *hoc sensu*, do dano ao devedor inadimplente.

b) Necessidade. Ligeiramente mais restritiva é a orientação acolhida a este respeito no Direito brasileiro. O art. 403 do atual Código Civil (correspondente ao art. 1060 do Código de 1916) limita-se, com efeito, a dispor quanto a esta matéria:

> «Ainda que a inexecução resulte de dolo do devedor, as perdas e danos só incluem os prejuízos efetivos e os lucros cessantes por efeito dela direto e imediato, sem prejuízo do disposto na lei processual.»

A doutrina dominante interpreta a expressão «efeito direto e imediato» utilizada neste preceito no sentido de *consequência necessária* da inexecução da obrigação, não sendo portanto o caráter indireto ou mediato do dano só por si excludente do direito à reparação. «Assim», escreve Agostinho Alvim, «é indenizável todo o dano que se filia a uma causa, ainda que remota, desde que ela lhe seja causa necessária, por não existir outra que explique o mesmo dano»[1091]. Este critério da *necessidade da causa* (que o art. 707º do Código Civil português de 1867 também acolheu) apenas excluiria a reparação, por conseguinte, quando o dano sobrevindo ao incumprimento houvesse resultado de outra ou outras causas (*maxime* um ato do credor ou de terceiro ou um facto qualificável como caso

[1089] Cfr. Hartkamp, *Contract Law in the Netherlands*, p. 169.

[1090] Veja-se neste sentido a decisão proferida pelo *Hoge Raad* em 10 de fevereiro de 2017, proc. 15/04734, disponível em http://www.rechtspraak.nl.

[1091] Cfr. *Da inexecução das obrigações e suas consequências*, São Paulo, 1972, p. 356. Em sentido concordante, Arnoldo Wald, *Direito Civil*, vol. 7, p. 113. Para um crítica desta doutrina, veja-se Guilherme Reinig, «A teoria do dano direto e imediato no direito civil brasileiro: análise crítica da doutrina e comentários à jurisprudência do STF sobre a responsabilidade civil do Estado por crime praticado por fugitivo, *RDCC*, 2017 (no prelo).

fortuito ou de força maior) que houvessem concorrido com a inexecução da obrigação, interrompendo o nexo causal[1092].

c) Adequação. Os tribunais alemães procuraram levar substancialmente mais longe a limitação dos danos imputáveis ao devedor inadimplente. De acordo com uma orientação longamente enraizada na jurisprudência germânica, a imputabilidade do dano deve ser aferida por apelo ao critério da causalidade adequada, ou adequação («*Adäquanz*»), em virtude do qual é necessário que a conduta do lesante se mostre adequada, segundo o curso normal das coisas («*nach dem regelmässigen Verlauf der Dinge*»), a fim de produzir o dano sofrido pelo lesado[1093]. O devedor inadimplente ficará assim exonerado se demonstrar que o dano apenas sobreveio em virtude de circunstâncias fortuitas ou excecionais ou se deveu à conduta de terceiros ou do próprio credor[1094]. A ocorrência desse nexo de causalidade adequada afere-se, ainda segundo a jurisprudência alemã, na base de um *juízo de prognose objetiva* para o qual há que atender ao conhecimento de um «observador quase omnisciente» («*eines nahezu allwissenden Beobachters*»)[1095].

É esta também, no essencial, a solução que a doutrina e a jurisprudência dominantes em Portugal têm por consagrada no art. 563º do Código Civil, como o inculca a circunstância de aí se exigir um juízo sobre a probabilidade de o dano resultar da lesão para que exista a obrigação de indemnizar: o facto danoso deve constituir não apenas uma *conditio sine qua non* do dano, mas também a sua *causa provável* ou *adequada*[1096]. O que se justificaria, segundo o autor do anteprojeto de articulado sobre a matéria, pela circunstância de que «se a responsabilidade se basear na culpa, o razoável é que o agente responda pelos danos que a sua conduta podia, segundo a sua natureza geral e as regras ordinárias da experiência, causar – pois só esses danos podiam ele prever, ainda que com grande esforço, como consequência da sua conduta»; sendo que «se assim é quando o dever de indemnizar se fundar na culpa, com maior razão assim deve ser quando a responsabilidade for independente dela»[1097].

1092 Nesta linha de orientação, cfr. o acórdão do Supremo Tribunal Federal de 12 de maio de 1992, proc. 130.764/PR.

1093 Vejam-se, a este respeito, os arestos referidos *infra*, no § 22º, *e*).

1094 Cfr. Larenz, *Lehrbuch des Schuldrechts*, vol. I, pp. 435 ss.

1095 Assim, Brox/Walker, *Allgemeines Schuldrecht*, p. 343.

1096 Cfr. neste sentido: Antunes Varela, *Das Obrigações em geral*, vol. I, p. 898; Galvão Telles, *Direito das Obrigações*, p. 409; Almeida Costa, *Direito das Obrigações*, p. 766; e Pinto Oliveira, *Princípios*, p. 646. Sobre a posição da jurisprudência portuguesa relativamente à doutrina da causalidade adequada, veja-se Mafalda Miranda Barbosa, «A conformação da causalidade pela jurisprudência nacional: consenso ou dissenso evolutivo?», *BFDUC*, 2014, pp. 219 ss. (especialmente pp. 237 ss).

1097 Cfr. Vaz Serra, «Obrigação de indemnização», cit., pp. 29 s.

No Brasil, não falta quem interprete a noção de *efeito direto e imediato*, consignada no citado preceito do Código Civil, no sentido de causa determinante do dano segundo o «curso normal das coisas», i.é, nos termos da teoria da causalidade adequada[1098].

d) Escopo de proteção da norma violada. Alguma doutrina e jurisprudência tem, na Alemanha, em Itália e em Portugal, preconizado que a imputação dos danos indemnizáveis tenha ainda em atenção o «escopo de proteção» («*Schutzzweck*»; «*ambito della protezione*») da norma legal violada ou da obrigação contratual não cumprida ou defeituosamente executada[1099]. Segundo esta teoria, não seria apenas em função da existência de um nexo de causalidade adequada que se operaria aquela imputação, antes se deveria ter em conta que só têm de ser ressarcidos os danos que atinjam os interesses protegidos pelos deveres legais ou contratuais violados; o que permitiria em alguns casos limitar os danos a ressarcir (por exemplo: a violação por um banco dos seus deveres contratuais de informação poderá justificar o ressarcimento dos danos patrimoniais que um cliente tiver suportado em virtude de um investimento ruinoso; mas não já dos danos que porventura tenha sofrido na sua saúde em consequência disso, uma vez que estes não se inserem no escopo de proteção do contrato). A isto se tem no entanto contraposto que, ainda que o dano recaia no escopo de proteção da norma violada, pode suceder que o facto que dele é condição *sine qua non* se não mostre, segundo o curso normal das coisas, idóneo a causá-lo; hipótese em que não deve o agente responder por ele. O interesse protegido pela norma violada relevará, assim, na fundamentação da responsabilidade; mas não basta, por si só, a fim de delimitar o dano indemnizável. Trata-se, nesta medida, de um critério que poderá limitar em certos casos o funcionamento do da causalidade adequada, mas que não parece destinar-se a operar propriamente como uma alternativa a este[1100].

[1098] Cfr. Judith Martins-Costa, *Comentários ao novo Código Civil*, vol. V, tomo II, p. 138; Flávio Tartuce, *Direito Civil*, vol. 2, 4ª ed., São Paulo, 2009, p. 360.

[1099] Tese originariamente defendida na Alemanha por Ernst Rabel em *Das Recht des Warenkaufs. Eine Rechtsvergleichende Darstellung*, vol. I, p. 497, que conquistou depois diversas adesões na doutrina germânica, com destaque para Ernst von Caemmerer, «Das deutsche Recht und die Rechtsvergleichung», *NJW*, 1956, pp. 569 ss.; *idem*, *Das Problem des Kausalzusammenhangs im Privatrecht*, Friburgo, 1956. Na doutrina italiana, veja-se Visintini, *Cos'è la responsabilità civile*, 2ª ed., Nápoles, 2014, pp. 314 s. Em Portugal, a doutrina em apreço teve eco, designadamente, no pensamento de Menezes Cordeiro, *Tratado de Direito Civil*, vol. VIII, pp. 537 ss., e Menezes Leitão, *Direito das Obrigações*, vol. I, p. 343.

[1100] Parece-nos dever interpretar-se neste sentido o acórdão do *Bundesgerichtshof* de 13 de fevereiro de 2003, *NJW-RR*, 2003, pp. 1035 ss., segundo o qual, em princípio, aquele a quem é imputável um evento lesivo responde perante o lesado por todas as consequências danosas desse evento; contudo em matéria contratual e pré-contratual, a violação de um dever só obriga a indemnizar

e) Previsibilidade. «O devedor», declara o art. 1231-3 (ex- art. 1150) do Código francês, que acolhe nesta matéria a doutrina de Pothier[1101], «não é obrigado a indemnizar senão os danos que foram previstos ou que poderiam ter sido previstos aquando da conclusão do contrato, salvo se a inexecução for devida a culpa grave ou a dolo». E acrescenta o art. 1231-4 (ex-art. 1151) do mesmo Código: «Mesmo que a inexecução resulte de culpa grave ou dolo, a indemnização compreende apenas o que for uma consequência imediata e direta da inexecução».

Por força destas regras, não seria indemnizável segundo a Cassação francesa, por exemplo, o dano sofrido pelo passageiro de um comboio que chegara tardiamente ao destino, decorrente de ter perdido a ligação com um transporte aéreo, porquanto não se demonstrara nos autos em que medida o transportador ferroviário podia prever, aquando da conclusão do contrato de transporte, que o termo da viagem de comboio não era o destino final do passageiro e que este havia concluído com um terceiro um contrato de transporte aéreo[1102].

Do Direito francês o critério da previsibilidade do dano passou, ainda que com variações, para outros sistemas jurídicos. Assim, por exemplo, o art. 1225 do Código Civil italiano estabelece, na esteira do Código francês, que:

> «Se o incumprimento ou o atraso não dependerem de dolo do devedor, o ressarcimento é limitado ao dano que pudesse prever-se ao tempo em que se constituiu a obrigação.»

Por seu turno, o art. 1107 do Código espanhol dispõe:

> «Os danos e prejuízos pelos quais responde o devedor de boa-fé são os previstos ou que se pudessem prever ao tempo em que se constituiu a obrigação e que sejam a consequência necessária da sua falta de cumprimento. Em caso de dolo, o devedor responderá por todos os danos que se saiba derivarem da falta de cumprimento da obrigação.»

os danos dele decorrentes que o dever violado visasse prevenir. Na doutrina portuguesa, veja-se, em sentido próximo do texto, Paulo Mota Pinto, *Interesse contratual negativo e interesse contratual positivo*, vol. II, p. 947.

1101 Cfr. *Traité des obligations*, tomo I, p. 181: «Lorsqu'on ne peut reprocher au débiteur aucun dol, et que ce n'est que par un simple faute qu'il n'a pas exécuté son obligation [...] le débiteur n'est tenu que des dommages et intérêts qu'on a pu prévoir, lors du contrat, que le créancier pourrait souffrir de l'inéxecution de l'obligation ; car le débiteur est censé ne s'être soumis qu'à ceux-ci».

1102 Cfr. o acórdão de 28 de abril de 2011, rec. 10-15056: «en se déterminant par des motifs généraux, sans expliquer en quoi la SNCF pouvait prévoir, lors de la conclusion du contrat, que le terme du voyage en train n'était pas la destination finale de M. et Mme X... et que ces derniers avaient conclu des contrats de transport aérien, la juridiction de proximité n'a pas donné de base légale à sa décision».

O critério da previsibilidade do dano constitui um raro exemplo de receção de uma doutrina oriunda dos ordenamentos jurídicos romanistas pelos de *Common Law*. Com efeito, no Direito inglês os danos indemnizáveis por violação do contrato são, segundo a regra estabelecida em 1854 no caso *Hadley v. Baxendale*[1103]: *a)* Os que «possam justa e razoavelmente ser considerados como surgindo naturalmente, isto é, de acordo com o curso normal das coisas», i.é, que sejam previsíveis; e *b)* Os que, embora resultem de circunstâncias anómalas, «possa razoavelmente supor-se terem sido contemplados por ambas as partes no momento da celebração do contrato como a consequência provável da violação deste».

Há, porém, uma diferença não despicienda entre os regimes francês e inglês desta matéria: é que enquanto que em França no caso de dolo do devedor este tem de ressarcir todo o dano por si diretamente causado, ainda que o mesmo não fosse previsível, em Inglaterra não vigora essa restrição ao funcionamento da doutrina em apreço, sendo o devedor apenas responsável, mesmo nos casos de violação intencional do contrato, pelos danos que pudesse ter contemplado ao tempo da celebração do contrato. É a salvaguarda pelo Direito inglês da já referida «violação eficiente do contrato» (a que o Direito francês é alheio) que uma vez mais se manifesta aqui.

Em 1949, Lord Asquith sustentou, na decisão proferida pelo *Court of Appeal* no caso *Victoria Laundry (Windsor) v. Newman Industries Ltd.*[1104], que as duas vertentes da referida regra constituem emanações do princípio segundo o qual «nos casos de violação do contrato o lesado apenas tem direito a ser ressarcido do dano que ao tempo da celebração do contrato era razoavelmente previsível como suscetível de resultar da violação»; mas esse entendimento foi censurado pela Câmara dos Lordes na decisão proferida em 1969 no caso *Koufos v. Czarnikow*[1105]: a questão não consistiria em saber se o dano devia ter sido previsto pelo inadimplente, mas antes em determinar se a sua ocorrência foi «contemplada por ambas as partes, agindo como pessoas razoáveis». Ainda que previsíveis, os danos podem, assim, não ser ressarcíveis, se em face das circunstâncias não se puder razoavelmente considerar que o lesante teria assumido a responsabilidade por tais danos[1106].

A doutrina formulada no caso *Hadley v. Baxendale* obteve acolhimento legislativo no *Sale of Goods Act 1979*, cuja secção 51 (2) determina:

> «A medida da indemnização é o prejuízo estimado resultante direta e naturalmente, no curso normal dos eventos, da violação do contrato pelo vendedor.»

1103 [1843-60] All E. R. Reprint 461.

1104 [1949] 1 All E.R. 997.

1105 Também conhecido por *The Heron II*, [1969] 1 A.C. 350.

1106 Esta limitação à regra *Hadley v. Baxendale* foi introduzida pela Câmara dos Lordes na decisão proferida no caso *The Achilleas* (*Transfield Shipping Inc v Mercator Shipping Inc.*), [2008] 4 All E.R. 159.

A mesma ordem fundamental de soluções vigora nos Estados Unidos da América. Foi, com efeito, consagrada no § 351 (1) do segundo *Restatement of the Law of Contract* a regra segundo a qual não é ressarcível o dano que o lesante não tivesse qualquer razão para prever como *consequência provável* da violação do contrato quando este foi celebrado; e acrescenta-se no parágrafo (2) da mesma disposição que o dano será tido como previsível se resultar da violação segundo o curso normal das coisas ou de circunstâncias especiais, que a parte inadimplente conhecia ou devia conhecer. No § 2-715, parágrafo (2), alínea (a), do *Uniform Commercial Code* acolhe-se idêntico critério quanto à responsabilidade do vendedor pela violação do contrato, ao prever-se a imputação a este de «qualquer dano resultante de exigências e necessidades gerais ou especiais que o vendedor conhecesse ou devesse conhecer ao tempo da contratação e que não pudesse ser razoavelmente prevenido».

A salvaguarda da autonomia da vontade surge-nos como pano de fundo destes regimes, visto que por força deles se atende na delimitação do dano indemnizável tão-só aos riscos que o devedor, expressa ou tacitamente, tomou a seu cargo no momento da celebração do contrato[1107]. Sendo as obrigações contratuais voluntariamente assumidas, seria injusto impor ao devedor uma responsabilidade por consequências do seu incumprimento imprevisíveis à data da contratação; até porque, como sustentou Lord Reid na opinião que proferiu sobre o citado caso *Koufos v. Czarnikow*, o contraente que queira precaver-se contra um risco inusitado pode fazê-lo, chamando a atenção da contraparte para esse risco antes da celebração do contrato.

Por outro lado, diz-se, a imputação do risco do dano ao único contraente que dele tinha conhecimento permite a sua distribuição de modo mais eficiente, pois induz esse contraente a tomar as precauções apropriadas ou a revelá-lo à contraparte, pagando-lhe para que esta o assuma[1108].

Há ainda quem, na doutrina americana, veja na exigência de previsibilidade do dano uma forma de os tribunais evitarem a condenação do devedor inadimplente em indemnizações desproporcionadas relativamente ao valor da prestação em falta[1109].

O dano indemnizável com fundamento na violação de contrato é, também na China, o *dano previsível*: nos termos do art. 113 da Lei dos Contratos, o devedor inadimplente responde pelos danos que hajam sido ou devessem ter sido por si antecipados aquando da conclusão do contrato.

[1107] Cfr. Malaurie/Aynès/Stoffel-Munck, *Droit des obligations*, p. 554.

[1108] Neste sentido, Richard Posner, *Economic Analysis of Law*, p. 127.

[1109] É a tese sustentada por James Gordley em «The Foreseeability Limitation on Liability in Contract», *in* Hartkamp e outros (orgs.), *Towards a European Civil Code*, pp. 699 ss.

Este critério de delimitação do dano indemnizável opera uma restrição potencialmente mais acentuada da responsabilidade do devedor do que a que resulta do critério da causalidade adequada: podem com efeito ocorrer, em consequência do inadimplemento das obrigações a cargo do devedor, danos imprevisíveis para este, que todavia constituam uma consequência normal dele, dadas as circunstâncias em que o incumprimento ocorreu, e que, portanto, devam ser reparados à luz da doutrina da causalidade adequada. Esta protege melhor, por conseguinte, o credor lesado pelo incumprimento.

Esta diferença de regimes tem de ser entendida à luz da diversidade de soluções consagrada pelos sistemas jurídicos em exame quanto à exigência de culpa do devedor: é que, como se viu acima, ao passo que os sistemas português e alemão fazem assentar a responsabilidade do devedor pelo incumprimento na culpa (ainda que presumida) deste, os Direitos anglo-saxónicos prescindem desse pressuposto, admitindo a responsabilização do devedor independentemente dela: a responsabilidade contratual é aí, como dissemos, uma *strict liability*. Correspondentemente, mostram-se estes sistemas mais restritivos quanto aos danos ressarcíveis. Compreende-se assim que a exclusão da exigência de previsibilidade do dano nos casos de dolo do devedor, expressamente consignada nos Direitos francês e italiano, não haja sido transposta para os Direitos inglês e americano. A exigência da previsibilidade destes está igualmente em consonância, como notámos acima, com a admissão pelos Direitos anglo-americanos da *efficient breach of contract*, uma vez que esta seria potencialmente dissuadida se neles se acolhesse a causalidade adequada como critério de delimitação do dano indemnizável.

VI – Conexa com a matéria da causalidade está a controversa questão da ressarcibilidade da perda de uma oportunidade (*«perte d'une chance»*, *«loss of chance»*, *«Verlust einer Chance»*), sobre a qual não existe unanimidade de vistas nos sistemas jurídicos que vimos examinando nesta obra[1110].

Oriunda da jurisprudência francesa[1111] e também acolhida em Itália[1112], a doutrina da perda de uma oportunidade diz fundamentalmente respeito a situa-

[1110] Sobre o tema podem ver-se, numa perspetiva de comparação de Direitos, Nils Jansen, «The idea of a lost chance», *Ox.J.L.St.*, 1999, pp. 271 ss.; Thomas Kadner Graziano, «Loss of Chance in European Private Law. "All or Nothing" or Partial Liability in Cases of Uncertain Causation», *Eur. Rev. Priv. Law*, 2008, pp. 1009 ss.; e Rui Cardona Ferreira, «The Loss of Chance in Civil Law Countries: A Comparative and Critical Analysis», *Maastricht Journal of European and Comparative Law*, 2013, pp. 56 ss.

[1111] Veja-se, por exemplo, o acórdão da Cassação, 1ª Câmara Civil, de 21 de novembro de 2006, em que o tribunal afirmou a doutrina, dominante em França, conforme a qual «constitui uma perda de oportunidade reparável o desaparecimento atual e certo de uma eventualidade favorável». Na espécie, o tribunal considerou ressarcível o dano causado pelo advogado que patrocinara os autores

ções em que, por força de atos ou omissões de um cocontratante, alguém se vê privado da possibilidade de obter uma vantagem, consistente, *v.g.*, num ganho patrimonial.

O problema tem-se posto, designadamente, a respeito da atividade de profissionais liberais ou outros prestadores de serviços, *v.g.* médicos e advogados, que, pela violação de deveres deontológicos ou de regras da arte a que se encontram sujeitos, ou pelo incumprimento ou cumprimento defeituoso das respetivas obrigações contratuais, dão azo à perda por um cliente da oportunidade de obter certa vantagem (por exemplo, de se curar ou vencer um pleito judicial). Nestas hipóteses, não sofre dúvida que uma das partes agiu negligentemente; mas em regra o lesado não pode demonstrar com inteira segurança que a perda da referida vantagem (o «dano final») teria sido evitada se o lesante tivesse atuado com a diligência que lhe era exigível. Falha assim a demonstração de que o facto imputável ao agente foi *conditio sine qua non* do dano final sofrido pela vítima (consistente, *v.g.*, em certa vantagem por ela pretendida) e, por conseguinte, de que existe entre estes um nexo de causalidade adequada.

Em França, o *Anteprojeto de Lei de Reforma da Responsabilidade Civil*, de 2016, regulou esta matéria no art. 1238, que acolhe a orientação, prevalecente na jurisprudência, segundo a qual a perda de *chance* consistente na frustração da possibilidade de obter um resultado favorável constitui um dano autónomo relativamente ao mencionado dano final. Dispõe esse preceito:

> «Apenas constitui uma perda de oportunidade reparável o desaparecimento atual e certo de uma eventualidade favorável. O dano de perda de oportunidade é distinto da vantagem que essa oportunidade teria proporcionado se se tivesse concretizado.»

Em Portugal, apesar de algumas hesitações, a jurisprudência tem considerado a perda de oportunidade como um dano ressarcível, ainda que dentro de certos limites[1113]; já a doutrina revela maior relutância em admiti-lo[1114]. Não

numa ação judicial, e que os aconselhara a interpor recurso de uma decisão desfavorável, mas que os tinha feito perder, pela sua própria inércia, uma possibilidade séria de obterem a anulação dessa decisão. Cfr. ainda sobre o tema, na doutrina, Malaurie/Aynès/Stoffel-Munck, *Droit des obligations*, pp. 147 s. e 552; Terré/Simler/Lequette, *Droit Civil. Les obligations*, pp. 758 ss.

1112 Cfr. o acórdão da Cassação de 14 de maio de 2013, nº 11548, relatado em http://www.mgiudiziario.it, no qual se declara: «In materia di contratto d'opera intellettuale, nel caso in cui risulti provato l'inadempimento del professionista per negligente svolgimento della prestazione, il danno derivante da eventuali sue omissioni deve ritenersi sussistente qualora, sulla scorta di criteri probabilistici, si accerti che senza quell'omissione il risultato sarebbe stato conseguito».

1113 Cfr., por exemplo, o acórdão do Supremo Tribunal de Justiça de 9 de dezembro de 2014, proc. 1378/11, em cujo sumário pode ler-se: «A figura da perda de chance não está conceptualizada na lei e conecta-se com o facto de alguém ser lesado no direito de obter uma vantagem futura, ou de não

faltam todavia na literatura jurídica portuguesa pronunciamentos no sentido da autonomização da perda de *chance* como nova espécie de dano, distinto do dano final, o qual é, como se disse, de ocorrência incerta neste tipo de situações. A perda de uma *chance*, entendida como um bem *a se* integrante do património da vítima, seria ressarcível, nesta perspetiva, sempre que se demonstre «um grau não desprezível de probabilidade de que, não fora uma conduta desvaliosa alheia, poderia ter alcançado o resultado útil pretendido»; sendo que esse grau de probabilidade deveria ser refletido no *quantum* da indemnização[1115].

No Brasil, a ressarcibilidade da perda de *chance* tem tido ampla aceitação jurisprudencial, principalmente nos tribunais situados no sul do país, contanto que a mesma seja «séria e real»[1116].

ser lesado, por facto de terceiro, sendo que esse facto pode fundar responsabilidade contratual ou extracontratual. Não se confunde com a perda de expectativa, pois aqui há uma esperança (com forte carga subjectiva) de um direito, por ter havido um percurso que a ele conduziria com forte probabilidade, sendo uma situação a inserir na dogmática da responsabilidade pré-contratual. Na perda de chance não se busca a indemnização pela perda do resultado querido mas antes pela oportunidade perdida, como um direito em si mesmo. Deve estar demonstrado – como matéria de facto da exclusiva competência das instâncias – a causalidade naturalística entre a conduta – activa ou omissiva – e a perda de chance de vencimento».

1114 Consultem-se sobre o tema: Carneiro da Frada, *Direito Civil. Responsabilidade civil*, p. 104; Júlio Gomes, «Sobre o dano da perda de chance», *Direito e Justiça*, 2005, pp. 9 ss.; *idem*, «Ainda sobre a figura do dano de perda de oportunidade ou perda de chance», *CDP*, nº especial, 2012, pp. 17 ss.; Paulo Mota Pinto, *Interesse Contratual Negativo e Interesse Contratual Positivo*, vol. II, pp. 1103 ss. (nota 3103); *idem*, «Perda de chance processual», *RLJ*, 145º, nº 3997, pp. 174 ss.; Rui Cardona Ferreira, *Indemnização do interesse contratual positivo e perda de chance (em especial na contratação pública)*, Coimbra, 2011; *idem*, «A *perda de chance* revisitada (a propósito da responsabilidade do mandatário forense)», *ROA*, 2013, pp. 1301 ss.; Menezes Cordeiro, *Tratado de Direito Civil*, vol. II, p. 288; Menezes Leitão, *Direito das Obrigações*, vol. I, pp. 336 ss.; e Mafalda Miranda Barbosa, *Lições de responsabilidade civil*, pp. 327 ss.

1115 Cfr. Nuno Santos Rocha, *A «perda de chance» como uma nova espécie de dano*, Coimbra, reimpressão, 2015, p. 60. A determinação do valor da indemnização devida pela perda de *chance* pressuporia, segundo este autor, três operações: *a)* A determinação do valor económico do resultado em expetativa; *b)* A determinação, calculada numa percentagem, da probabilidade que existiria de o alcançar, não fora a ocorrência de certo facto antijurídico; e *c)* A aplicação dessa percentagem ao primeiro valor. Não sendo possível proceder a estas operações, deveria o tribunal julgar com recurso à equidade (cfr. *ibidem*, pp. 66 s.).

1116 Vejam-se, sobre o ponto, Vera Andrighi, «Reparação moral e material pela perda de uma chance», *in* Fátima Andrighi (coord.), *Responsabilidade civil e inadimplemento no Direito brasileiro*, São Paulo, 2014, pp. 249 ss.; Rafael Peteffi da Silva, «A responsabilidade pela perda de uma chance, rico exemplo de circulação de modelos doutrinários e jurisprudenciais», *in* Judith Martins-Costa (org.), *Modelos de Direito Privado*, São Paulo, 2014, pp. 391 ss. O segundo destes autores dá conta de uma recomendação aprovada em 2011 pelo Conselho de Justiça Federal, com o seguinte teor: «A responsabilidade civil pela perda de chance não se limita à categoria de danos extrapatrimoniais, pois, conforme as circunstâncias do caso concreto, a chance perdida pode apresentar também

Outra é a orientação prevalecente na Alemanha, onde a figura em apreço não teve até hoje acolhimento jurisprudencial; ao que não é alheia a dificuldade em estabelecer nos referidos casos o nexo de causalidade entre o evento lesivo e o dano exigível segundo a lei alemã[1117]. Por isso se afirma correntemente que vale nesta matéria um «*Alles-oder-Nichts-Prinzip*», de acordo com o qual é reconhecido ao demandante o direito à indemnização integral do seu prejuízo se o mesmo tiver logrado demonstrar com suficiente segurança que a vantagem por si almejada teria sido conseguida ou o prejuízo por si receado não teria sido incorrido, nada lhe sendo devido na hipótese contrária[1118].

Uma solução intermédia entre as anteriores é adotada pelo Direito inglês. O ressarcimento da perda de *chance* é aí admitido, mas acha-se submetido a uma importante restrição resultante da exigência de que, a fim de que possa haver lugar a qualquer compensação, exista uma probabilidade superior a metade de que a atuação do lesante tenha causado o dano final (ou seja, de que a relação causal seja «*more likely than not*»)[1119]. Não se concebe, pois, diferentemente do que sucede em França, uma indemnização proporcional à probabilidade de verificação do benefício frustrado. Também em Inglaterra vigora, em suma, um «*all or nothing principle*», ainda que mitigado por um certo aligeiramento da prova exigível no tocante ao nexo causal.

A doutrina favorável à indemnização da perda de *chance* introduz aparentemente um desvio fundamental, na aferição da ressarcibilidade do dano, às regras relativas ao nexo de causalidade exigível e à fixação do *quantum* da indemnização devida. Com efeito, como se notou acima, não é possível demonstrar nas

a natureza jurídica de dano patrimonial. A chance deve ser séria e real, não ficando adstrita a percentuais apriorísticos».

[1117] Haja vista, designadamente, ao acórdão do *Bundesgerichtshof* de 16 de junho de 2005, *JZ*, 2006, pp. 198 ss. Na doutrina de expressão alemã, a imputação de danos a este título tem, no entanto, encontrado alguns pronunciamentos favoráveis: ver, por exemplo, Holger Fleischer, «Schadensersatz für verlorene Chancen im Vertrags- und Delikstrecht», *JZ*, 1999, pp. 766 ss.

[1118] Cfr. Hein Kötz, *Europäisches Vertragsrecht*, p. 393.

[1119] Cfr. a decisão proferida pelo *Court of Appeal* no caso *Chaplin v. Hicks*, [1911] 2 K.B. 786, em que Williams LJ afirmou: «the fact that damages cannot be assessed with certainty does not relieve the wrongdoer of the necessity of paying damages for his breach of contract». Na espécie, a autora reclamava uma indemnização pela perda de uma oportunidade de emprego, em virtude de não ter recebido atempadamente do réu o convite para uma entrevista; o tribunal julgou a ação procedente. Na jurisprudência mais recente, veja-se a decisão proferida pela Câmara dos Lordes no caso *Gregg v. Scott*, [2005] 2 A.C. 176, em que o tribunal, aplicando o «*all or nothing principle*» referido no texto, recusou a um doente de cancro o ressarcimento por um médico, que retardara negligentemente o respetivo tratamento, da perda da oportunidade de curá-lo, uma vez que a probabilidade de o autor sobreviver à doença era inferior a 50%. Na doutrina, veja-se sobre o tema Treitel, *The Law of Contract*, pp. 1144 ss.

situações em apreço o nexo causal entre o incumprimento do contrato, ou o seu cumprimento defeituoso, e o dano invocado pelo credor da prestação não realizada, ou defeituosamente realizada, uma vez que não se pode determinar com segurança que a utilidade frustrada seria conseguida caso o incumprimento ou cumprimento defeituoso não se tivesse verificado. Daí que, segundo a referida doutrina (tal como ela é entendida em França, Itália e Portugal), o dano haja de ser objeto de um *cálculo da probabilidade* de se verificar, devendo a respetiva indemnização ser proporcional a essa probabilidade[1120].

Por via de regra, não há assim uma indemnização integral do dano consistente na vantagem gorada[1121]. O que não suscita qualquer dificuldade nos sistemas, como o francês, que veem na perda de *chance* um dano autónomo, uma vez que aquilo que é indemnizado não é essa vantagem, mas antes como referimos a frustração da possibilidade de obtê-la. A caraterização desta última como um dano patrimonial *a se* revela-se contudo mais problemática nos sistemas jurídicos, como o alemão e o português, em que, consoante se verá adiante, a determinação do seu valor se faz com base na teoria da diferença, dado que a reparação parcial postulada pela doutrina da perda de *chance* não coloca o lesado na situação patrimonial que este teria se o dano não se tivesse verificado[1122].

VII – O Direito inglês, assim como o norte-americano, consagram ainda nesta matéria o princípio da «minimização dos danos» («*mitigation of damages*»), que os Direitos continentais, em geral, não acolhem de modo expresso[1123]. Nos termos desse princípio, o credor tem, no caso de incumprimento de uma obrigação contratual, o dever de limitar os danos por si sofridos, não sendo a parte inadimplente responsável por aqueles que pudessem ter sido evitados. Assim, por exemplo, o

[1120] Seja, a título de exemplo, o caso *Hospital CUF Descobertas*, decidido pelo Tribunal da Comarca de Lisboa em acórdão de 23 de julho de 2015 (inédito). Fixado o valor pecuniário do *dano final*, traduzido na morte de certa pessoa devido ao cumprimento defeituoso pelo referido hospital dos seus deveres no quadro de uma prestação de serviços médicos a que se obrigara perante a vítima, bem como nos danos morais e patrimoniais sofridos por esta e pelos seus familiares mais próximos; e fixada em 40% a probabilidade de sobrevivência da vítima se lhe tivessem sido prestados atempadamente os cuidados médicos adequados e exigíveis no caso, o tribunal aplicou esta percentagem aos referidos danos e concluiu que os réus-reconvintes deveriam ser indemnizados pela perda de *chance* no valor daí decorrente.

[1121] Neste sentido, veja-se o acórdão da Cassação francesa de 16 de julho de 1998, nº 96-15380, em que se declara: «la réparation d'une perte de chance doit être mesurée à la chance perdue et ne peut être égale à l'avantage qu'aurait procuré cette chance si elle s'était réalisée».

[1122] Cfr., neste sentido, quanto ao Direito alemão, Helmut Koziol, «Schadenersatz für den Verlust einer Chance?», *in Festschrift für Hans Stoll zum 75. Geburtstag*, Tubinga, 2001, pp. 233 ss. (pp. 240 ss.).

[1123] Cfr. o § 350 do *Restatement of Contracts* e o § 2-715(2) do *Uniform Commercial Code* norte-americano.

trabalhador ilicitamente despedido tem o dever de tomar as medidas adequadas a fim de encontrar um emprego alternativo[1124].

Esta regra compreende-se facilmente à luz da ideia de *eficiência económica* que inspira o pensamento jurídico anglo-saxónico; mas ela justifica-se também pela preocupação em limitar os danos indemnizáveis – a qual está igualmente na base das regras inglesas e americanas sobre a causalidade – cuja pertinência é inequívoca nos sistemas que excluem em princípio a execução específica do contrato em caso de inadimplemento deste.

Em face da ordem jurídica portuguesa, o incumprimento do referido dever pode configurar uma hipótese de culpa do lesado, suscetível de, nos termos do art. 570º, nº 1, do Código Civil, determinar a redução ou mesmo a exclusão da indemnização devida. A mesma solução fundamental encontra-se acolhida no § 254 do BGB, no art. 44 do Código das Obrigações suíço (aplicável à responsabilidade contratual por força da remissão constante do art. 99, nº 3), no art. 1227 do Código Civil italiano e no art. 6:101 do Código Civil holandês. Em Espanha, o art. 1211 do Projeto de Modernização do Direito das Obrigações e dos Contratos prevê expressamente que o devedor não responde pelo dano que o credor tivesse podido evitar, adotando as medidas exigidas pela boa-fé; mas deverá ressarcir o credor dos gastos razoavelmente incorridos com essa finalidade, ainda que as medidas em causa se hajam revelado infrutíferas[1125]. No Brasil, o dever de mitigar os danos sofridos pelo devedor é tido como uma especificação do dever de cooperação entre as partes no contrato, postulado pelo princípio da boa-fé[1126].

Outra é, nesta matéria, a orientação perfilhada pelo Direito francês, que não acolhe na lei o referido dever e o tem rejeitado persistentemente na jurisprudência dos tribunais superiores[1127].

e) Impossibilidade da prestação e risco contratual

I – Notámos acima que a responsabilidade contratual pressupõe nos sistemas romanistas a culpa do devedor inadimplente. Daqui que, em princípio, o devedor não seja responsável quando o incumprimento se deva a uma impossibilidade originária ou superveniente da prestação que não lhe seja atribuível[1128].

[1124] Neste sentido se pronunciou o *High Court* inglês em *Brace v. Calder*, [1895] 2 Q.B. 253.

[1125] Diz esse preceito: «No responderá el deudor del daño que el acreedor hubiera podido evitar o reducir adoptando para ello las medidas requeridas por la buena fe, pero deberá resarcir los gastos razonablemente ocasionados al acreedor con tal fin, aunque las medidas hayan resultado infructuosas».

[1126] Ver Judith Martins-Costa, *A boa-fé no Direito Privado. Critérios para a sua concretização*, pp. 554 ss.

[1127] Cfr., por último, o acórdão da Cassação de 10 de julho de 2013, nº 12-13851, em que se declara: «l'auteur d'un dommage doit en réparer toutes les conséquences et que la victime n'est pas tenue de limiter son préjudice dans l'intérêt du responsable».

[1128] Ver sobre o ponto, numa perspetiva de comparação de Direitos, José Joaquín Vara Parra, «La imposibilidad inicial», *in* Sánchez Lorenzo (org.), *Derecho contractual comparado*, t. I, pp. 1161 ss.;

Assim, tradicionalmente o risco da impossibilidade originária da prestação corre nesses sistemas jurídicos por conta do credor, em conformidade com a máxima romana *impossibilium nulla obligatio est* («a obrigação impossível é nula»)[1129]. A Pandectística, através de Mommsen[1130] e Windscheid[1131], recuperou essa máxima, bem como a regra *casus a nullo praestantur* («o acaso não aproveita a ninguém»)[1132], tendo as mesmas sido acolhidas pelo BGB[1133] e, na esteira dele, pelo Código das Obrigações suíço[1134] e pelos Códigos Civis italiano[1135] e português[1136].

Estas regras conheceram todavia uma importante atenuação aquando da reforma do Direito das Obrigações alemão de 2001[1137]. O atual § 275 (1) do Código exclui ainda o direito à prestação «na medida em que esta seja impossível para o devedor ou para qualquer outra pessoa»[1138]. Mas o novo § 311a[1139] prevê que «a eficácia de um contrato não é prejudicada pela circunstância de o devedor não ter de realizar a prestação nos termos do § 275 (1) a (3) e de o impedimento à

Sánchez Lorenzo, «La frustración del contrato», *in ibidem*, t. II, pp. 703 ss. ; Catarina Monteiro Pires, *Impossibilidade da prestação*, Coimbra, 2017, pp. 55 ss. e 611 ss.; e Menezes Cordeiro, *Tratado de Direito Civil*, vol. IX, pp. 309 ss.

1129 D. 50, 17, 185.

1130 Cfr. «Die Unmöglichkeit der Leistung in ihrem Einfluss auf obligatorische Verhältnisse», *in Beiträge zum Obligationenrecht*, vol. I, Braunschweig, 1853, pp. 1 ss.

1131 Cfr. *Lehrbuch des Pandektenrechts*, vol. II, 6ª ed., Frankfurt a. M., 1887, pp. 58 ss.

1132 D. 50, 17, 23.

1133 Na redação inicial do Código alemão, a regra da nulidade dos contratos que tivessem por objeto prestações originariamente impossíveis figurava no § 306, segundo o qual: «Ein auf eine unmögliche Leistung gerichteter Vertrag ist nichtig». A impossibilidade superveniente da prestação era regulada no § 275 (1), que liberava o devedor caso esta se tornasse impossível em virtude de facto posterior à constituição da relação obrigacional que não lhe fosse imputável. Dispunha esse preceito: «Der Schuldner wird von der Verpflichtung zur Leistung frei, soweit die Leistung infolge eines nach der Entstehung des Schuldverhältnisses eintretenden Umstandes, den er nicht zu vertreten hat, unmöglich wird».

1134 Cfr. os arts. 20, nº 1 («Le contrat est nul s'il a pour objet une chose impossible, illicite ou contraire aux mœurs») e 119, nº 1 («L'obligation s'éteint lorsque l'exécution en devient impossible par suite de circonstances non imputables au débiteur»).

1135 Cfr. o art. 1256, § 1º («L'obbligazione si estingue quando, per una causa non imputabile al debitore, la prestazione diventa impossibile»).

1136 Cfr. os arts. 401º, nº 1 («A impossibilidade originária da prestação produz a nulidade do negócio jurídico») e 790º, nº 1 («A obrigação extingue-se quando a prestação se torna impossível por causa não imputável ao devedor»).

1137 Na linha, aliás, da solução acolhida nos *Princípios UNIDROIT* e nos *Princípios Europeus de Direito dos Contratos*: cfr. *infra*, § 46º, *k)*, VII.

1138 Diz esse preceito: «Der Anspruch auf Leistung ist ausgeschlossen, soweit diese für den Schuldner oder für jedermann unmöglich ist».

1139 Sobre cujas razões justificativas podem consultar-se: Canaris, «Die Reform des Rechts der Leistungsstörungen», *JZ*, 2001, pp. 499 ss. (pp. 505 ss.); e Zimmermann, *The New German Law of Obligations*, pp. 62 ss.

prestação já existir ao tempo da conclusão do contrato». Neste caso, «o credor pode optar por reclamar uma indemnização em lugar da prestação, ou a compensação das suas despesas na medida prevista no § 284». Esta regra não é aplicável no caso de «o devedor não conhecer o impedimento à realização da prestação aquando da conclusão do contrato e não responder pelo seu desconhecimento».

Assim, em lugar de exonerar automaticamente o devedor nos casos de impossibilidade originária da prestação, o Código germânico manda agora atender à *repartição do risco* operada pelas partes no que toca a essa impossibilidade. Sem deixar de consagrar nesta matéria o *princípio da culpa*, o legislador alemão reconheceu que, como o demonstrara a experiência da aplicação do anterior § 306, o devedor pode ter assumido esse risco, *garantindo a prestação*. Caber-lhe-á neste caso, de acordo com o novo regime, o ónus de provar a verificação das circunstâncias que excluem a sua responsabilidade nos termos do § 311a (2): o desconhecimento, sem culpa sua, da impossibilidade da prestação aquando da conclusão do contrato[1140]. Em qualquer caso, a execução específica da prestação impossível está excluída, apenas podendo o credor reclamar uma indemnização tendente a ressarcir o interesse contratual positivo[1141]. Aplicando-se o § 275 (1), fica sem efeito, nos contratos bilaterais, o direito do devedor à contraprestação (§ 326 (1)); e pode o credor, sem sujeição a prazo especial, rescindir o contrato (§ 326 (5)).

O Direito brasileiro consagra uma solução próxima da alemã no art. 393 do Código Civil, segundo o qual o devedor não responde pelos prejuízos resultantes de caso fortuito ou força maior, «se expressamente não se houver por eles responsabilizado». Também aqui se manda atender, portanto, à repartição do risco de impossibilidade da prestação acordada entre as partes[1142].

Por seu turno, o Código francês manda igualmente atender, nesta matéria, à repartição dos riscos estipulada pelas partes, dispondo o art. 1351 que a impossibilidade da prestação decorrente de *force majeure*, quando definitiva, libera o devedor, salvo se este houver assumido o risco daquela.

A adoção no Direito português de um modelo análogo ao alemão é defendido, *de jure condendo*, na doutrina nacional[1143].

II – Às situações de *impossibilidade absoluta* da prestação, a que acabamos de aludir, equiparam alguns sistemas jurídicos as de *impossibilidade relativa*, ou *prá-*

[1140] O ponto é, no entanto, controvertido na doutrina germânica. No sentido do texto, veja-se *Münchener Kommentar*/Ernst, § 311a, n.m. 65.

[1141] Quando devida, a indemnização corresponde, assim, ao valor de mercado da prestação não realizada: cfr. Brox/Walker, *Allgemeines Schuldrecht*, pp. 240 e 243 s.

[1142] Cfr. Arnoldo Wald, *Direito Civil, 2, Direito das Obrigações e teoria geral dos contratos*, pp. 171 ss.; Orlando Gomes/Edvaldo Brito, *Obrigações*, pp. 151 ss.

[1143] Cfr. Catarina Monteiro Pires, *Impossibilidade da prestação*, pp. 212 e 792, com mais referências.

tica («*praktische Unmöglichkeit*»), em que a superação pelo devedor de um impedimento à sua realização é possível, mas tal não lhe é exigível, à luz de um critério de razoabilidade, dada a desproporção entre o interesse do credor e o esforço que a mesma requereria ao devedor[1144]. A este respeito dispõe atualmente o § 275 (2) do BGB:

> «O devedor pode recusar a prestação se esta reclamar um dispêndio que, tendo em consideração o conteúdo da relação obrigacional e as exigências da boa-fé, seja grosseiramente desproporcional ao interesse do credor. Na determinação dos esforços exigíveis ao devedor, atender-se-á também à questão de saber se o devedor responde pelos impedimentos à prestação.»

No Direito português não existe disposição equivalente a esta, embora as regras sobre o abuso de direito (art. 334º), a substituição da restauração natural pela indemnização pecuniária quando aquela se revele excessivamente onerosa para o devedor (art. 566º, nº 1, do mesmo Código) e a boa fé (art. 762º, nº 2) possam conduzir ao mesmo resultado nos referidos casos, que constituem de alguma sorte uma situação intermédia entre a impossibilidade da prestação e a alteração das circunstâncias em que as partes fundaram a decisão de contratar[1145].

III – A estas hipóteses de impossibilidade aditou o legislador alemão, na *Schuldrechtsmodernisierung*, uma terceira: a «impossibilidade pessoal», a que se refere o § 275 (3) do BGB, segundo o qual:

> «O devedor pode também recusar a prestação se lhe couber realizá-la pessoalmente e ela não lhe for exigível, ponderados os obstáculos que se opõem à sua realização e o interesse do credor na prestação.»

1144 Seja, por exemplo, o célebre «caso do anel». É concluído entre as partes um contrato de compra e venda de um anel. Antes de este ser entregue ao credor, cai num lago e afunda-se. A recuperação do anel pelo devedor será, em tese, possível, por exemplo, drenando o lago ou utilizando um detetor de metais a fim de localizar o anel no fundo do lago. Em rigor, portanto, a prestação não é impossível. Mas os custos da sua realização seriam completamente desproporcionados relativamente ao valor do anel e, portanto, à utilidade que o mesmo tem para o credor. Cfr. Philipp Heck, *Grundriss des Schuldrechts*, Tubinga, 1929, p. 89, que desenvolveu a este respeito o conceito de «limite do sacrifício» («*Opfergrenze*») exigível ao devedor.

1145 Cfr., sobre o ponto, Nuno Pinto Oliveira, *Princípios de Direito dos Contratos*, pp. 569 ss.; Catarina Monteiro Pires, «Limites dos esforços e dispêndios exigíveis ao devedor para cumprir», *ROA*, 2016, pp. 105 ss.; *idem*, *Impossibilidade da prestação*, pp. 523 ss. (sustentando, a p. 795, um «princípio de proporcionalidade entre os dispêndios do devedor e o interesse do credor na prestação, enquanto limite ao exercício de uma pretensão de cumprimento natural»); e Menezes Cordeiro, *Tratado de Direito Civil*, vol. IX, p. 338.

Cura-se aqui de situações em que a prestação devida, *v.g.* ao abrigo de um contrato de trabalho ou de prestação de serviços, tem de ser realizada pelo próprio devedor e este se defronta com um impedimento pessoal (doença de um familiar próximo, necessidade de cumprir um dever militar, etc.) que torne inexigível, à luz de uma ponderação dos interesses em jogo, essa prestação. Nestes casos, o devedor pode, licitamente, recusar o seu cumprimento.

Trata-se, como nota Menezes Cordeiro[1146], de um alargamento da figura da impossibilidade a situações que noutros sistemas jurídicos, como o português, face ao caráter absoluto da impossibilidade visada pelas disposições legais aplicáveis, relevam quando muito como causas de exclusão da culpa do devedor inadimplente para efeitos de imputação de responsabilidade civil[1147].

IV – Diversa é a orientação seguida a este respeito nos sistemas de *Common Law,* onde a máxima *impossibilium nulla obligatio est* nunca logrou penetrar[1148]. Vigora aí, ao invés, a regra do «cumprimento estrito» («*strict performance*») do contrato: salvo estipulação em contrário, o devedor *garante* («*warrants*») a prestação prometida. O incumprimento responsabiliza-o, portanto, independentemente de culpa sua ou dos seus auxiliares[1149].

A responsabilidade contratual é, assim, em Inglaterra e nos Estados Unidos, uma responsabilidade objetiva («*strict liability*»): não importam as razões do incumprimento do contrato, mas tão-só quem assumiu o risco desse incumprimento, presumindo-se, na falta de acordo das partes em sentido diverso, que foi o devedor. Por si só, a impossibilidade de cumprimento não exonera, portanto, o devedor, ainda que esta não lhe seja imputável:

> «É axiomático», escreveu Lord Edmund-Davies na decisão proferida pela Câmara dos Lordes em 1981 no caso *Raineri v. Miles,* «que relativamente a uma pretensão de indemnização por incumprimento do contrato é, em geral, irrelevante a razão pela

[1146] *Tratado de Direito Civil,* vol. IX, p. 317.

[1147] Cfr., sobre o ponto, Eduardo Santos Júnior, «Da "impossibilidade pessoal" de cumprir. Breve confronto do novo Direito alemão com o Direito português», *Dir.,* 2010, pp. 423 ss.; e Catarina Monteiro Pires, *Impossibilidade da prestação,* pp. 565 ss.

[1148] Cfr. James Gordley, «Impossibility and Changed and Unforeseen Circumstances», *AJCL,* 2004, pp. 513 ss.; Solène Rowan, «Fault and Breach of Contract in France and England: Some Comparisons», *EBLR,* 2011, pp. 467 ss.

[1149] Veja-se neste sentido o *Restatement 2nd of Contracts,* p. 309: «Contract liability is strict liability. It is an accepted maxim that *pacta sunt servanda,* contracts are to be kept. The obligor is therefore liable in damages for breach of contract even if he is without fault and even if circumstances have made the contract more burdensome or less desirable than he had anticipated». Na mesma linha de orientação, cfr. a secção 12 (15) do *Sale of Goods Act 1979* inglês: «Performance of seller's duties is a matter of strict liability».

qual o réu deixou de cumprir as suas obrigações e certamente não constitui defesa alegar que fez o seu melhor.»[1150]

Apenas se excetuam a esta responsabilidade objetiva, por um lado, os contratos de prestação de serviços (*v.g.* por médicos, advogados, etc.), relativamente aos quais se exigem unicamente ao devedor, na execução da prestação, «cuidado e competência razoáveis» («*reasonable care and skill*»)[1151]; e, por outro, a hipótese de *frustration of contract*, na qual, como vimos acima, os Direitos inglês e dos Estados Unidos admitem, dentro de certos limites, a exoneração do devedor[1152]. O regime da *frustration* difere, contudo, do da impossibilidade de cumprimento num aspeto capital: é que ao passo que esta se refere à obrigação individualmente considerada, aquela reporta-se ao contrato como um todo; razão pela qual enquanto que nos sistemas romanistas este subsiste sempre que a impossibilidade for meramente parcial ou temporária, nos de *Common Law* a consequência da *frustration* é necessariamente a resolução («*termination*») do contrato.

A regra da *strict performance* constitui outra manifestação da *conceção utilitarista do contrato* que prevalece nos sistemas de *Common Law*, os quais se mostram, nesta e noutras matérias, adversos a uma valoração ética da conduta do devedor, como a que é postulada pelo princípio da boa-fé nos sistemas romanistas: a preocupação dominante neles é antes, como se viu, a repartição do risco contratual[1153].

Observa-se aqui, além disso, a diferente estrutura da obrigação contratual nos sistemas de *Civil* e de *Common Law*, que Max Rheinstein colocou em evidência[1154]: ao passo que nos primeiros a obrigação contratual é, como vimos, um vínculo jurídico pelo qual uma pessoa fica adstrita para com outra a realizar certa *prestação*, nos segundos ela constitui antes uma garantia de determinado *resultado* a ser alcançado pela realização da prestação.

Compreende-se, a esta luz, que os sistemas anglo-saxónicos possam operar com um *conceito unitário de incumprimento* e não autonomizem, pelo que respeita aos efeitos deste, a mora e a impossibilidade de cumprimento. Este regime é, manifestamente, mais favorável ao credor. Revela-se também aqui o distanciamento dos sistemas de *Common Law* relativamente ao *favor debitoris* que, como vimos, domina os Direitos da Europa continental.

[1150] Cfr. [1981] A.C. 1050.

[1151] Cfr., no Reino Unido, a secção 13 do *Supply of Goods and Services Act 1982*: «In a contract for the supply of a service where the supplier is acting in the course of a business, there is an implied term that the supplier will carry out the service with reasonable care and skill».

[1152] Cfr. *supra*, § 13º, *c)*, nº IX.

[1153] Por isso pôde Holmes definir o contrato, em face dos sistemas de *Common Law*, como «a assunção de um risco» («*the taking of a risk*»): cfr. *The Common Law*, p. 236.

[1154] Cfr. *Die Struktur des vertraglichen Schuldverhältnisses im anglo-amerikanischen Recht*, Berlim/Leipziga, 1932 (reimpressão, 2013), pp. 160 ss.

f) Cláusula penal, astreintes *e* liquidated damages

I – Os sistemas romano-germânicos são, de um modo geral, recetivos à estipulação pelas próprias partes, não apenas do montante da indemnização exigível em caso de incumprimento definitivo ou mora do devedor (em vários deles denominada *cláusula penal*), mas também de sanções pecuniárias cumuláveis com aquela indemnização («*astreintes conventionnelles*», «*Vertragsstrafen*», «penas convencionais» ou «cláusulas penais compulsórias»). Enquanto que no primeiro caso a estipulação das partes tem uma função que se presume meramente *indemnizatória*, no segundo ela exerce uma função essencialmente *coerciva*, visando compelir o devedor ao cumprimento do contrato[1155].

A cláusula penal está prevista os arts. 810º, 811º e 812º do Código Civil português. O que está em causa nos dois primeiros preceitos não é propriamente uma pena ou sanção imposta por efeito do contrato ao devedor inadimplente, mas antes a fixação antecipada da indemnização devida pelos danos sofridos pelo credor. Neste sentido depõe desde logo o preceituado no art. 810º, que define a cláusula penal como o acordo pelo qual as partes fixam o montante da indemnização exigível. No mesmo sentido concorre o art. 811º, nº 3 (aditado em 1983), segundo o qual o credor não pode, tendo sido fixada uma cláusula penal na aceção daquele primeiro preceito, exigir uma indemnização que exceda o valor do prejuízo resultante do incumprimento da obrigação principal; ao devedor inadimplente será, assim, dado provar que não houve danos em virtude do seu incumprimento ou que o valor destes é inferior ao fixado na cláusula em questão. A cláusula penal a que aquelas disposições legais aludem é pois essencialmente uma *liquidação antecipada de danos*, que dispensa a sua alegação e prova pelo credor, bem como a respetiva quantificação[1156]. Também assim sucede em França[1157], em Espanha[1158], em Itália[1159] e nos Países-Baixos[1160].

[1155] Ver sobre o tema, na doutrina portuguesa, António Pinto Monteiro, *Cláusula penal e indemnização*, especialmente pp. 577 ss., «Sobre o controlo da cláusula penal», *in Comemorações dos 35 anos do Código Civil e dos 25 anos da reforma de 1977*, vol. III, Coimbra, 2007, pp. 189 ss., e «A pena e o dano», *CDP*, nº especial, 2012, pp. 49 ss.; e, na brasileira, Orlando Gomes/Edvaldo Brito, *Obrigações*, pp. 161 ss.

[1156] Cfr., a este respeito, o acórdão do Supremo Tribunal de Justiça de 9 de fevereiro de 1999, proc. 99A0011.

[1157] Onde o art. 1231-5, 1º parágrafo, do Código Civil estabelece: «Lorsque le contrat stipule que celui qui manquera de l'exécuter paiera une certaine somme à titre de dommages et intérêts, il ne peut être alloué à l'autre partie une somme plus forte ni moindre».

[1158] Cfr. o art. 1152 do Código Civil: «En las obligaciones con cláusula penal, la pena sustituirá a la indemnización de daños y al abono de intereses en caso de falta de cumplimiento, si outra cosa no se hubiere pactado».

[1159] Art. 1382 do Código Civil: «La clausola, con cui si conviene che, in caso d'inadempimento o di ritardo nell'adempimento, uno dei contraenti è tenuto a una determinata prestazione, ha l'effetto di limitare il risarcimento alla prestazione promessa, se non è stata convenuta la risarcibilità del danno ulteriore».

A estipulação de uma tal cláusula penal, dita compensatória, compreende-se pela maior segurança que proporciona quanto às consequências do inadimplemento contratual: em virtude dela, cada uma das partes sabe aquilo com que conta nesse caso e poupa-se aos tribunais o esforço de apurarem o montante dos danos. Essa cláusula não tem, todavia, caráter alternativo relativamente à execução específica, pois não confere ao devedor a possibilidade de optar por pagar o respetivo montante em lugar de cumprir o contrato[1161].

Se, porém, o seu valor acrescer ao da indemnização devida pelo incumprimento da obrigação contratual, a cláusula penal pode ter também uma finalidade coerciva[1162]. Trata-se, neste caso, da denominada *cláusula penal compulsória*, ou *pena convencional*, que a lei alemã regula autonomamente[1163]. Em Portugal, a «cláusula penal de natureza compulsória, em que há uma pena que acresce ao cumprimento ou que acresce à indemnização pelo incumprimento, sendo a finalidade das partes, nesta última hipótese, a de pressionar o devedor a cumprir, e já não a de substituir a indemnização», foi também admitida pelo Supremo Tribunal de Justiça[1164]. A estoutra cláusula, que encontra respaldo no princípio da liberdade contratual, são inaplicáveis os arts. 810º e 811º do Código Civil.

A cláusula penal suscita, particularmente no segundo caso, o problema do seu eventual abuso por parte do credor. Daí que nos sistemas jurídicos em apreço os tribunais disponham, via de regra, do poder de reduzi-la equitativamente quando se revele manifestamente excessiva, não sendo consentido às partes excluir tal

[1160] Veja-se o art. 6:92(2) do Código Civil, que prescreve a respeito da cláusula penal («*boetebeding*»): «O que for devido ao abrigo de uma cláusula penal substitui a compensação por danos que seria devida nos termos da lei».

[1161] No art. 811º, nº 1, do Código português prevê-se mesmo a possibilidade de o credor exigir cumulativamente o cumprimento coercivo da obrigação principal e o pagamento da cláusula penal estabelecida para o atraso da prestação. Outro tanto sucede no Brasil, onde o art. 411 do Código Civil dispõe: «Quando se estipular a cláusula penal para o caso de mora, ou em segurança especial de outra cláusula determinada, terá o credor o arbítrio de exigir a satisfação da pena cominada, juntamente com o desempenho da obrigação principal».

[1162] Esta *dupla função* da cláusula penal encontra-se expressamente prevista no Código Civil de Macau, cujo art. 799º, nº 1, dispõe: «As partes podem fixar por acordo a indemnização exigível ou a sanção aplicável, para os casos de não cumprimento, cumprimento defeituoso ou mora no cumprimento; a cláusula do primeiro tipo designa-se por cláusula penal compensatória e a do segundo por cláusula penal compulsória».

[1163] § 339 do BGB: «Verspricht der Schuldner dem Gläubiger für den Fall, dass er seine Verbindlichkeit nicht oder nicht in gehöriger Weise erfüllt, die Zahlung einer Geldsumme als Strafe, so ist die Strafe verwirkt, wenn er in Verzug kommt. Besteht die geschuldete Leistung in einem Unterlassen, so tritt die Verwirkung mit der Zuwiderhandlung ein».

[1164] Acórdão de 27 de setembro de 2011, proc. nº 81/1998.

possibilidade[1165]. Trata-se aqui, como é bom de ver, de um corolário do princípio da proporcionalidade.

São também suscetíveis de serem aplicadas pelos tribunais de alguns destes sistemas jurídicos sanções pecuniárias não convencionadas pelas partes, destinadas a compelir a parte inadimplente a efetuar a prestação devida[1166]. Estão neste caso em França as *astreintes légales*[1167]; em Portugal, as *sanções pecuniárias compulsórias*[1168]; e, no Brasil, a *multa*[1169]. No primeiro destes países, de onde a figura é originária, o recurso particularmente frequente às *astreintes* visava até recentemente suprir as limitações à execução específica de obrigações de prestação de facto resultantes do art. 1142 do Código Civil (suprimidas na reforma de 2016).

Perante o Direito português, trata-se também aqui de uma sanção suscetível de ser imposta com fundamento no incumprimento de certas obrigações, que reverte em partes iguais para o credor e para o Estado e cujo valor acresce ao da indemnização que no caso porventura seja devida. A lei portuguesa apenas a consente, no entanto, relativamente a duas categorias de obrigações: as de prestação de facto infungível, positivo ou negativo, e as pecuniárias. No primeiro caso, a sanção tem de ser determinada judicialmente a pedido do credor; no segundo, opera automaticamente por força da lei. Temos assim, correspondentemente, duas categorias de sanções pecuniárias compulsórias: as judiciais e as legais. A primeira delas só é admitida pela lei portuguesa em termos muito limitados uma vez que: *a)* Não pode ser decretada oficiosamente pelo tribunal, exigindo-se o requerimento do credor; *b)* Mesmo havendo requerimento do credor não é de aplicação automática, pressupondo-se uma «violação atual ou iminente da obri-

1165 Vejam-se, neste sentido, o art. 1231-5, 2º parágrafo, do Código Civil francês ; o § 343 do BGB; o art. 812º do Código Civil português; o art. 6:94(1) do Código Civil holandês; e o art. 413 do Código Civil brasileiro. Sendo a cláusula inserida num contrato de adesão, a lei portuguesa tem-na por nula: cfr. o art. 19º, *c)*, do D.L. nº 446/85.

1166 Sobre esta matéria, consulte-se, com amplos desenvolvimentos, João Calvão da Silva, *Cumprimento e sanção pecuniária compulsória*, 4ª ed., Coimbra, 2002.

1167 Ver os arts. L131-1 («Tout juge peut, même d'office, ordonner une astreinte pour assurer l'exécution de sa décision. Le juge de l'exécution peut assortir d'une astreinte une décision rendue par un autre juge si les circonstances en font apparaître la necessité») e L131-2, 1º § («L'astreinte est indépendante des dommages-intérêts») do Código de Processo Civil.

1168 Cfr. o art. 829º-A do Código Civil.

1169 Veja-se o art. 536 do Código de Processo Civil, segundo o qual: «No cumprimento de sentença que reconheça a exigibilidade de obrigação de fazer ou de não fazer, o juiz poderá, de ofício ou a requerimento, para a efetivação da tutela específica ou a obtenção de tutela pelo resultado prático equivalente, determinar as medidas necessárias à satisfação do exequente. § 1º Para atender ao disposto no *caput*, o juiz poderá determinar, entre outras medidas, a imposição de multa [...]».

gação», «sob pena de a força dissuasora e precetiva da justiça, expressa na sanção pecuniária compulsória, ser mobilizada sem verdadeira causa»[1170].

De notar que, diferentemente do que sucede em Portugal, no Brasil o valor da multa reverte apenas para o credor[1171].

A sanção pecuniária compulsória encontrou consagração muito mais ampla no art. 333º, nº 1, do Código Civil de Macau, que a prevê como instituto de âmbito geral, aplicável tanto nas situações de incumprimento de obrigações contratuais, ainda que fungíveis, como nas de violação de direitos absolutos e de condenação na obrigação de indemnizar.

II – Os sistemas de *Common Law* são mais restritivos nesta matéria. Com efeito, além de não existir neles um equivalente das *astreintes*, de acordo com a denominada *penalty rule* as referidas cláusulas só são eficazes na medida em que estipulem o *quantum* da indemnização devida (caso em que se fala de «*liquidated damages clauses*»); não quando estabeleçam uma pena para o devedor inadimplente («*penalty clauses*»)[1172].

Por outro lado, uma cláusula de *liquidated damages* que fixe a indemnização devida em valor excessivamente elevado é também ineficaz[1173].

[1170] Cfr. neste sentido, o ac. do Tribunal da Relação de Lisboa de 13 de fevereiro de 2014, proc. 1053/13.7YRLSB-2.

[1171] Cfr. o art. 537, § 2º, do Código de Processo Civil.

[1172] A distinção entre as duas categorias de cláusulas foi primeiramente estabelecida pela Câmara dos Lordes na decisão proferida em 1914 sobre o caso *Dunlop Pneumatic Tyre Co. Ltd. v. New Garage and Motor Co. Ltd.*, [1915] A.C. 79. Aí afirmou Lord Dunedin: «The essence of a penalty is a payment of money stipulated as in terrorem of the offending party; the essence of liquidated damages is a genuine pre-estimate of damage». Numa decisão mais recente, proferida pelo Supremo Tribunal do Reino Unido nos casos *Cavendish Square Holding B.V. v. Talal El Makdessi* e *ParkingEye Limited v. Beavis*, [2015] UKSC 67, julgados conjuntamente, Lord Neuberger e Lord Sumption reformularam o critério de qualificação de uma cláusula como relativa a uma pena, e não a uma indemnização, nos seguintes termos: «The true test is whether the impugned provision is a secondary obligation which imposes a detriment on the contract-breaker out of all proportion to any legitimate interest of the innocent party in the enforcement of the primary obligation. The innocent party can have no proper interest in simply punishing the defaulter. His interest is in performance or in some appropriate alternative to performance». No interesse do credor que justifica a cláusula de *liquidated damages* compreender-se-ia, segundo os mesmos magistrados, não apenas a compensação do dano decorrente do incumprimento, mas também a preservação do respetivo *goodwill*. Uma cláusula contratual geral impondo o pagamento da quantia de 85 libras ao utente de um parque de estacionamento automóvel que exceda o tempo máximo de utilização gratuita do mesmo não seria, por isso, injustificada face aos interesses do respetivo proprietário e não deveria, por isso, ser qualificada como pena.

[1173] Cfr. o § 356(1) do *Restatement 2nd of Contracts*, segundo o qual: «Damages for breach by either party may be liquidated in the agreement but only at an amount that is reasonable in the light of

Estas excecionais limitações à liberdade contratual fundam-se não só na preocupação de evitar a exploração da parte inadimplente pelo seu cocontratante, mas também no receio de que tais cláusulas refreiem a referida *violação eficiente do contrato*, que os sistemas de *Common Law* consentem (e de alguma sorte procuram estimular).

g) A resolução do contrato por incumprimento

I – Outro ponto em que os sistemas jurídicos aqui considerados consagram orientações muito diversas é a resolução do contrato por incumprimento. Consideraremos, a este respeito, os pressupostos da resolução, o modo de exercício do correspondente direito e os seus efeitos.

No Direito português, a resolução dos contratos bilaterais pode ter lugar, por iniciativa do credor, se a prestação se tornar total ou parcialmente impossível por causa imputável ao devedor[1174] e bem assim nos casos de impossibilidade parcial da prestação não imputável ao devedor, se o credor não tiver, justificadamente, interesse no cumprimento parcial da obrigação[1175]. A simples mora não permite, em princípio, resolver o contrato: é ainda necessário que ela se converta em incumprimento definitivo, nos termos acima referidos – ou porque o credor, em razão dela, perdeu o interesse que tinha na prestação ou porque esta não foi realizada dentro do prazo suplementar que, mediante interpelação admonitória, for razoavelmente fixado pelo credor[1176]. A interpelação só produz esse efeito, no entanto, «se se traduzir numa intimação para o cumprimento, dentro de um prazo razoável em vista dessa finalidade, e em termos de directamente deixar transparecer a intenção do credor de ter a obrigação como definitivamente não cumprida se não se verificar o cumprimento dentro daquele prazo»[1177].

No caso de cumprimento defeituoso, a resolução do contrato apenas é possível, de um modo geral, se o devedor não reparar o defeito ou substituir a prestação,

the anticipated or actual loss caused by the breach and the difficulties of proof of loss. A term fixing unreasonably large liquidated damages is unenforceable on grounds of public policy as a penalty».

1174 Cfr. os arts. 801º, nº 2, e 802º do Código Civil.

1175 Art. 793º, nº 2.

1176 Haja vista ao art. 808º, nº 1, do Código Civil. Excetuam-se, no entanto, ao que dizemos no texto os casos previstos nos arts. 1041º, 1083º, nº 3, e 1084º, nº 1 (locação), 1150º (mútuo), 1235º (renda perpétua) e 1242º (renda vitalícia), todos do Código Civil, em que ao credor é dado resolver imediatamente o contrato, ocorrendo mora do devedor. Por outro lado, «nada impede as partes de, logo no momento da constituição do vínculo obrigacional, fixarem o prazo exigido pelo art. 808º, nº 1, do Código Civil, com a cominação de, ultrapassado o mesmo, se verificar, por banda do violador, o incumprimento definitivo do contrato»: cfr. o acórdão do Supremo Tribunal de Justiça de 23 de setembro de 2010, proc. 4320/07.5TVLSB.L1.S1. Veja-se ainda, sobre esta matéria, Romano Martinez, *Da cessação do contrato*, pp. 127 s.

1177 Cfr. o acórdão do Supremo Tribunal de Justiça de 6 de fevereiro de 2007, proc. 06A4749.

no prazo que para tal lhe for fixado, e bem assim se a redução da contraprestação a cargo do credor não se revelar adequada[1178].

Não é, assim, como notou João Baptista Machado, um qualquer inadimplemento que confere o direito à resolução do contrato, mas tão-só aquele que, pela sua gravidade, «justifique o desaparecimento do interesse do credor na manutenção da relação contratual»[1179].

A ordem jurídica portuguesa prefere, em suma, a indemnização à resolução do contrato em caso de mora, como forma de preservação do contrato. A resolução do contrato é, por outras palavras, uma *ultima ratio*[1180].

O que bem se compreende à luz do princípio do *favor contractus* que subjaz ao Direito das Obrigações português. Este não se limita a acolher a liberdade de constituição das obrigações, mormente através de contratos, antes protege também a expressão concreta dessa liberdade traduzida em contratos já concluídos, atentas as expetativas que podem ter-se formado no espírito das partes em razão dessa realidade. É, pois, a ideia de tutela da confiança que aqui reencontramos. Mas não será também alheio ao regime descrito o reconhecimento de que, em face de um mero atraso no cumprimento, é razoável, de acordo com o sentimento de justiça dominante, conceder ao devedor uma *segunda oportunidade* para cumprir.

De notar ainda que no Direito português o credor não pode resolver o contrato se o não cumprimento parcial, atendendo ao seu interesse, tiver escassa importância[1181]. De novo é o *favor contractus* que aqui se manifesta.

Outra não é a orientação fundamental consignada no Direito brasileiro, onde o efeito precípuo da mora é, como vimos, a constituição do devedor na obrigação de reparar o prejuízo assim causado ao credor, apenas sendo admitida a resolução do contrato nos casos de *inadimplemento definitivo*, nos termos do art. 475 do Código Civil[1182].

Na Alemanha, é também possível a resolução unilateral («*Rücktritt*») de um contrato sinalagmático pelo credor, se o devedor não realizar a prestação devida ou não a realizar de acordo com o contrato; foi, aliás, o BGB a primeira codificação europeia a consagrar semelhante regra, que o Direito Romano não acolhia[1183]. Porém, em caso de mora ou de cumprimento defeituoso a resolução do contrato

[1178] Ver os arts. 1050º, alínea *b)* (locação), e 1222º (empreitada) do Código Civil e 4º do Decreto-Lei nº 67/2003, de 8 de abril (venda de bens de consumo).

[1179] Cfr. «Pressupostos da resolução por incumprimento», reproduzido *in João Baptista Machado. Obra Dispersa*, Braga, 1991, vol. I, pp. 125 ss. (p. 126).

[1180] *Sic*, Catarina Monteiro Pires, «Breves notas sobre a resolução do contrato por incumprimento no direito português, brasileiro e alemão», *RDC*, 2017, pp. 75 ss. (p. 81).

[1181] Art. 802º, nº 2, do Código Civil.

[1182] Cfr. Judith Martins-Costa, *Comentários ao novo Código Civil*, vol. V, tomo II, p. 164.

[1183] Cfr. Zimmermann, *The Law of Obligations*, pp. 800 ss.

pressupõe que tenha sido fixado ao devedor, sem êxito, um prazo suplementar («*Nachfrist*») para aquele efeito[1184]. É o primado da pretensão de cumprimento da prestação que aqui uma vez mais se manifesta. Apenas se dispensa a fixação desse prazo quando: *a)* O devedor recuse o cumprimento, séria e definitivamente; *b)* O devedor não realize a prestação na data especificada no contrato ou num determinado prazo e o credor haja subordinado no contrato a continuidade do seu interesse na prestação à pontualidade do cumprimento; ou *c)* Ocorram circunstâncias especiais que, à luz de uma ponderação dos interesses de ambas as partes, justifiquem a resolução imediata[1185]. O direito à resolução é, em todo o caso, excluído quando a violação do dever em causa for insignificante («*unerheblich*»), *v.g.*, por afetar uma proporção ínfima do valor do bem objeto do contrato[1186]. O credor pode, além disso, resolver um contrato sinalagmático se o devedor violar um dos deveres acessórios de conduta a que se refere o § 241 (2) sempre que não lhe seja exigível que, nessas circunstâncias, se mantenha vinculado ao contrato[1187].

O Direito suíço consagra regras análogas, apenas cabendo ao credor o direito de resolver o contrato se, estando o devedor em mora, lhe houver concedido um prazo suplementar conveniente para cumprir («*délai de grâce*») e a obrigação não for executada nesse prazo; ressalvam-se, porém, os casos em que a fixação desse prazo se mostre inútil ou excessiva[1188].

Na Holanda, o incumprimento por uma das partes das suas obrigações contratuais confere à outra o direito a resolvê-lo («*te ontbinden*»), salvo se o incumprimento, pela sua natureza específica ou pelo seu caráter trivial, não justificar a resolução; mas se o cumprimento não for temporária ou permanentemente impossível o direito à resolução só existe a partir da constituição do devedor em mora (a qual pressupõe, nas obrigações sem prazo certo, a fixação de um prazo razoável para o cumprimento)[1189].

Também a lei chinesa dos contratos prevê, no art. 94(3), que qualquer das partes pode resolver o contrato quando a outra se encontre em mora no cumprimento das suas obrigações principais e não as cumpra num prazo razoável após ser intimada a fazê-lo.

Diferentemente dos sistemas jurídicos até aqui considerados, o Direito inglês distingue, em matéria de resolução («*termination*») do contrato, consoante a importância da cláusula incumprida. Para se pôr termo à relação contratual, é necessário que aquela cláusula seja uma *condition*, i.é, uma cláusula essencial (por

[1184] § 323 (1) do BGB.
[1185] § 323 (2) do BGB.
[1186] § 323 (5) do BGB.
[1187] § 324 do BGB
[1188] Código das Obrigações, arts. 107 e 108.
[1189] Cfr. o art. 6:265 do Código Civil.

oposição a uma *warranty*, cujo incumprimento apenas dá lugar a uma indemnização). Verificado esse requisito, pode a parte lesada resolver o contrato, sem necessidade de conceder ao devedor qualquer prazo adicional para o efeito. A qualificação de uma cláusula como *condition* ou *warranty* pode decorrer da lei[1190], de estipulação das partes[1191] ou de interpretação judicial do contrato[1192]. A *termination* tem lugar, outrossim, nos casos de «violação fundamental do contrato» («*fundamental breach of contract*»), i.é, aquela que tem por efeito privar a parte lesada, substancialmente, de todos os benefícios que deveria obter através do contrato[1193]. A distinção entre a simples mora e a impossibilidade de cumprimento não é todavia relevante para este efeito; e tão-pouco se exige a fixação de um prazo adicional para o devedor cumprir antes de o credor resolver o contrato[1194].

[1190] Haja vista, por exemplo, à secção 12 do *Sale of Goods Act 1979* inglês, que dispõe que num contrato de compra e venda se considera implícito que o vendedor tem direito a vender os bens em causa (nº 1) e que os bens vendidos se encontram livres de quaisquer ónus ou encargos não conhecidos do comprador antes da conclusão do contrato (nº 2). O primeiro destes *implied terms* é qualificado no nº 5A como uma *condition*; o segundo, como uma *warranty*.

[1191] Consoante afirmou Lord Upjohn na decisão proferida em 1962 pelo *Court of Appeal* no caso *Hong Kong Fir Shopping Co. v. Kawasaki Kisen Kaisha*, [1962] 2 Q.B. 26: «It is open to the parties to a contract to make it clear either expressly or by necessary implication that a particular stipulation is to be regarded as a condition which goes to the root of the contract, so that it is clear that the parties contemplate that any breach of it entitles the other party at once to treat the contract as at an end».

[1192] Assim, por exemplo, no caso *Bunge Corporation v. Tradax*, [1981] 1 W.L.R. 711, a Câmara dos Lordes qualificou como *condition* a cláusula de um contrato de compra e venda *free on board* de uma partida de soja que obrigava o comprador a prevenir o vendedor com pelo menos quinze dias de antecedência de que se encontrava apto a carregar a mercadoria a bordo do navio em que a transportaria (obrigação que o comprador não cumprira, pois avisara o vendedor com menos antecedência); consoante aduziu Lord Wilberforce, outra qualificação "would be commercially most undesirable. It would expose the parties, after a breach of one, two, three, seven and other numbers of days to an argument whether this delay would have left time for the seller to provide the goods. It would make it, at the time, at least difficult, and sometimes impossible, for the supplier to know whether he could do so. It would fatally remove from a vital provision in the contract that certainty which is the most indispensable quality of mercantile contracts, and lead to a large increase in arbitrations. It would confine the seller—perhaps after arbitration and reference through the courts—to a remedy in damages which might be extremely difficult to quantify".

[1193] Cfr., neste sentido, Lord Diplock em *Photo Production Ltd v. Securicor Transport Ltd*, [1980] A.C. 827.

[1194] É elucidativo a este respeito o caso *Union Eagle Ltd v Golden Achievement Ltd*, [1997] A.C. 514, julgado pelo *Privy Council*, em que este qualificou como *repudiatory breach*, que legitimava a resolução do contrato pelo vendedor, um atraso de dez minutos no pagamento do preço de um apartamento em Hong Kong. Para tanto, invocou Lord Hoffmann, opondo-se à aplicação ao caso da doutrina da *unconscionability*: «The existence of an undefined discretion to refuse to enforce the contract on the ground that this would be "unconscionable" is sufficient to create uncertainty. Even if it is most unlikely that a discretion to grant relief will be exercised, its mere existence enables litigation to be

Nos Estados Unidos da América, o incumprimento só dá lugar à suspensão do cumprimento da prestação do credor e à resolução do contrato se o incumprimento se prolongar durante um lapso de tempo significativo e puder ser qualificado como «substancial» («*material*»)[1195].

II – Passemos à questão de saber como se exerce o direito de resolução. Também nesta matéria deparamos com sistemas perfeitamente distintos.

Até recentemente, destacava-se nesta matéria, pelo seu caráter fortemente restritivo, o Direito francês, em que a resolução do contrato só podia ser determinada por *decisão judicial*: subentendia-se nos contratos sinalagmáticos uma condição resolutiva para os casos em que uma das partes não cumprisse (no que se compreendiam tanto o incumprimento definitivo como a mora e a violação de deveres acessórios). Segundo o art. 1184 do Código Civil, a resolução tinha de ser requerida em juízo pelo interessado, podendo o tribunal fixar um prazo adicional (o já referido «*délai de grâce*») para o cumprimento, findo o qual se teria o contrato por resolvido caso a prestação devida não tenha sido realizada. Na jurisprudência admitia-se, contudo, que a gravidade da conduta de uma das partes podia justificar que a outra lhe pusesse termo unilateralmente, «*por sua conta e risco*» («*à ses risques et périls*»)[1196]; o que significava que o autor da resolução podia ser sancionado se a gravidade do comportamento da outra parte não justificasse a imediata resolução do contrato. Foi essa faculdade que a reforma de 2016 consagrou no art. 1226 do Código Civil[1197]. Atualmente, a resolução do contrato pode, assim, resultar, consoante dispõe o art. 1224: *a)* Da aplicação de uma cláusula resolutiva; *b)* Em caso de inexecução suficientemente grave, de uma notificação do credor ao devedor; ou *c)* De uma decisão judicial.

employed as a negotiating tactic. The realities of commercial life are that this may cause injustice which cannot be fully compensated by the ultimate decision in the case».

[1195] Na determinação da ocorrência de um incumprimento substancial, o tribunal deve atender, segundo o § 241 do *Restatement 2nd of Contracts*, aos seguintes factores: «(a) the extent to which the injured party will be deprived of the benefit which he reasonably expected; (b) the extent to which the injured party can be adequately compensated for the part of the benefit of which he will be deprived; (c) the extent to which the party failing to perform or to offer to perform will suffer forfeiture; (d) the likelihood that the party failing to perform or to offer to perform will cure his failure, taking account of all the circumstances including anty reasonable assurances; (e) the extent to which the behavior of the party failing to perform or to offer to perform comports with standards of good faith and fair dealing».

[1196] Haja vista, por último, ao acórdão da Cassação (1ère Chambre Civile) de 28 de outubro de 2003, *RDC*, 2004, pp. 273 ss.

[1197] Cujo 1º § dispõe: «Le créancier peut, à ses risques et périls, résoudre le contrat par voie de notification. Sauf urgence, il doit préalablement mettre en demeure le débiteur défaillant de satisfaire à son engagement dans un délai raisonnable».

Já a lei italiana continua a estabelecer que nos contratos de prestações recíprocas, quando um dos contraentes não cumpra as suas obrigações, pode o outro, à sua escolha, exigir judicialmente o cumprimento ou a resolução do contrato, sem prejuízo, em qualquer caso, do ressarcimento do dano[1198]. No entanto, a resolução do contrato tem lugar independentemente de qualquer declaração judicial: *a)* Quando o credor intime por escrito a parte inadimplente para cumprir em certo prazo, declarando que, caso esse prazo decorra inutilmente, se considerará o contrato resolvido sem mais[1199]; *b)* Quando os contraentes hajam convencionado expressamente que o contrato se resolverá se uma determinada obrigação não for cumprida, caso em que a resolução se verifica logo que a parte interessada se prevaleça da cláusula resolutiva[1200]; e *c)* Se tiver sido fixado um prazo essencial no interesse de uma das partes[1201]. Atenuam-se assim os inconvenientes do necessário recurso aos tribunais para este efeito. O contrato não pode ser resolvido, em todo o caso, se o incumprimento tiver «escassa importância»[1202].

Em Espanha, o Código Civil exige igualmente, em princípio, o recurso às vias judiciais para a resolução do contrato[1203]; mas na Proposta de Modernização do Direito das Obrigações e dos Contratos dispensa-se essa exigência[1204].

Na Alemanha, a resolução do contrato tem lugar mediante simples declaração à contraparte[1205]. Outro tanto sucede em Portugal[1206]. O seu controlo judicial apenas tem lugar *a posteriori.*

Perante o atual Direito brasileiro a resolução do contrato é independente de qualquer intervenção judicial quando o mesmo contenha uma cláusula resolutiva expressa, apenas podendo ter lugar pela via judicial se essa cláusula for meramente tácita[1207].

O Direito holandês consagra quanto a este ponto uma solução híbrida: a resolução do contrato é efetuada por declaração escrita do titular do respetivo direito dirigida à parte contrária; mas pode também ter lugar por decisão judicial, proferida em ação intentada por aquele primeiro sujeito[1208].

1198 Art. 1453 do Código Civil.

1199 Art. 1454.

1200 Art. 1456.

1201 Art. 1457.

1202 Art. 1455.

1203 Artigo 1124 do Código Civil.

1204 Cfr. o art. 1199.

1205 § 349 do BGB.

1206 Cfr. o art. 436º, nº 2, do Código Civil.

1207 Cfr. Antônio Costa Machado/Silmara Juny Chinellato, *Código Civil Interpretado,* 7ª ed., São Paulo, 2014.

1208 *Vide* o art. 6:267 do *Burgelijk Wetboek.*

III – Vejamos, por fim, a questão dos efeitos da resolução do contrato. De novo estes não são idênticos nos sistemas jurídicos aqui considerados.

Assim, em Portugal (tal como sucedia em França até recentemente) a resolução opera em princípio retroativamente[1209]. Tendo uma das partes prestado alguma coisa em execução do contrato, assiste-lhe, por conseguinte, o direito de reavê-la, uma vez que permaneceu proprietária dela.

Diversa é a orientação que prevalece nos Direitos alemão, holandês e francês (desde a reforma de 2016, que rompeu nesta matéria com a tradição anterior), onde a resolução não tem efeito retroativo. A parte que tiver resolvido o contrato tem decerto, também nesses sistemas jurídicos, direito a recuperar a prestação realizada ou o valor dela[1210]. Mas em caso de insolvência do devedor terá de concorrer com os demais credores deste. Também em Inglaterra a *termination* do contrato não opera retroativamente, ficando salvaguardados os efeitos por ele já produzidos[1211].

IV – A comparação acima empreendida revela-nos diversos tipos de soluções quanto aos problemas postos pela resolução do contrato fundada no seu incumprimento[1212].

No tocante aos *pressupostos* da resolução, distinguem-se fundamentalmente os sistemas que requerem em princípio, a fim de que ela se possa dar validamente, o incumprimento definitivo do contrato (como o português e o brasileiro) daqueles que o admitem relativamente a todas as formas de não execução pontual da

[1209] Cfr. o art. 434º, nº 1, do Código Civil.

[1210] Cfr. o § 346 (1) do BGB. Haja vista também ao art. 6:271 do Código holandês, que dispõe: «A resolução liberta as partes das obrigações pore la afetadas. Se já tiverem sido executadas, mantém-se eficaz a base jurídica dessa execução, mas as partes ficam obrigadas a restituir as prestações já recebidas em virtude do contrato resolvido». Veja-se ainda o art. 1229 do Código francês, segundo o qual: «La résolution met fin au contrat. La résolution prend effet, selon les cas, soit dans les conditions prévues par la clause résolutoire, soit à la date de la réception par le débiteur de la notification faite par le créancier, soit à la date fixée par le juge ou, à défaut, au jour de l'assignation en justice. Lorsque les prestations échangées ne pouvaient trouver leur utilité que par l'exécution complète du contrat résolu, les parties doivent restituer l'intégralité de ce qu'elles se sont procuré l'une à l'autre. Lorsque les prestations échangées ont trouvé leur utilité au fur et à mesure de l'exécution réciproque du contrat, il n'y a pas lieu à restitution pour la période antérieure à la dernière prestation n'ayant pas reçu sa contrepartie; dans ce cas, la résolution est qualifiée de résiliation. Les restitutions ont lieu dans les conditions prévues aux articles 1352 à 1352-9». Segundo o relatório justificativo da reforma do Código francês, esta «abandona a ficção jurídica da retroatividade tradicionalmente ligada à resolução pela doutrina e pela jurisprudência».

[1211] Cfr. *Cheshire, Fifoot and Furmston's Law of Contract*, pp. 683 s.

[1212] Ver, sobre o ponto, o estudo de María Luisa Palazón Garrido, «La resolución del contrato como medio de tutela en caso de incumplimiento», *in* Sánchez Lorenzo (org.), *Derecho contractual comparado*, t. II, pp. 867 ss.

prestação devida, incluindo, portanto, a simples mora, ainda que exigindo que a mesma apresente um certo grau de gravidade a fim de que possa determinar a resolução (como é o caso do inglês e do norte-americano).

Relativamente ao *modo de exercício* do direito à resolução, diferenciam-se os sistemas que impõem o recurso às vias judiciais (como o italiano e o espanhol) daqueles que permitem que ela tenha lugar também extrajudicialmente (como o português, o alemão, o inglês e agora também o francês).

Quanto aos *efeitos* da resolução, autonomizam-se os sistemas que lhe conferem eficácia retroativa (como o português), daqueles que apenas lhe imputam efeitos para futuro (como sucede com o alemão e o inglês), ainda que impondo às partes a obrigação de restituir as prestações recebidas em execução do contrato.

Estas diferentes soluções têm subjacentes conceitos muito diversos de resolução por incumprimento: *a)* De um lado, encontram-se os sistemas que a constroem essencialmente como a *sanção de um ilícito*, por via de regra culposo, consistente no inadimplemento dos deveres de prestação a cargo de uma das partes no contrato: é o caso dos sistemas português e francês; *b)* Do outro, situam-se os sistemas que a concebem como um *simples remédio* («*remedy*»), tendente a liberar o credor confrontado com uma qualquer modalidade de inexecução atempada da prestação: é o que sucede, designadamente, nos sistemas inglês e norte-americano, aos quais é alheia, como vimos acima, a ideia de culpa do devedor como pressuposto da responsabilidade contratual.

h) A violação antecipada do contrato

I – Importa ainda examinar, a propósito da temática em exame, a figura, oriunda dos sistemas de *Common Law*, a que se convencionou chamar «violação antecipada do contrato» («*anticipatory breach of contract*»).

Se uma das partes declarar de forma inequívoca, ou indicar através de atos seus, antes do vencimento da obrigação, que a não cumprirá – hipótese denominada «repúdio do contrato» («*repudiation of contract*») – pode a outra, nos Direitos inglês[1213] e norte-americano[1214], pôr imediatamente termo ao contrato e recla-

[1213] Cfr. a decisão proferida em 1853 pelo *High Court* no caso *Hochster v. De la Tour*, (1853) 2 El. & Bl. 678. Para uma exposição atualizada da doutrina, consulte-se *Cheshire, Fifoot and Furmston's Law of Contract*, pp. 673 ss.

[1214] Cfr. o § 2-610 do *Uniform Commercial Code*, segundo o qual: «When either party repudiates the contract with respect to a performance not yet due the loss of which will substantially impair the value of the contract to the other, the aggrieved party may (a) for a commercially reasonable time await performance by the repudiating party; or (b) resort to any remedy for breach, even though he has notified the repudiating party that he would await the latter's performance and has urged retraction; and (c) in either case suspend his own performance or proceed in accordance with the provisions of this Article on the seller's right to identify goods to the contract notwithstanding

mar desde logo uma indemnização por incumprimento[1215], sem ter de aguardar pelo vencimento da obrigação. A mera insegurança quanto ao cumprimento das obrigações a cargo do devedor pode legitimar o credor a exigir-lhe uma garantia adequada, na falta da qual lhe é dado suspender a execução da prestação a seu cargo e considerar também o contrato «repudiado»[1216].

Aduzem-se neste sentido dois argumentos principais: por um lado, evitam-se assim ao credor maiores danos, dado que lhe será possível celebrar um contrato substitutivo; por outro, quando tenha já realizado a sua prestação, o credor seria seriamente prejudicado se não tivesse a possibilidade de reagir contra a recusa de cumprimento antes da data fixada para este, designadamente porque poderia não dispor dos meios necessários para celebrar outro contrato[1217].

II – Na Alemanha, a recusa de cumprimento («*Erfüllungsverweigerung*») – que é aí caraterizada, desde Staub, como uma hipótese de «violação positiva do contrato»[1218] – tem como efeito a concessão à contraparte do direito à resolução do contrato ou, em alternativa, à indemnização dos danos sofridos. Segundo os atuais §§ 281 (2) e 323 (2) do BGB, o exercício destes direitos não pressupõe, nos casos de recusa antecipada do cumprimento, a fixação pelo credor de um prazo para o cumprimento; e o § 323 (4) estabelece que o credor pode resolver o contrato, antes ainda de ser devida a prestação, se for manifesto que se verificarão os pressupostos da resolução. Além disso, nos termos do § 321 (1) do BGB, o devedor num contrato sinalagmático pode recusar a sua prestação quanto se torne

breach or to salvage unfinished goods». Veja-se ainda o § 253 do *Restatement 2nd of Contracts*, segundo o qual: «(1) Where an obligor repudiates a duty before he has committed a breach by non-performance and before he has received all of the agreed exchange for it, his repudiation alone gives rise to a claim for damages for total breach. (2) Where performances are to be exchanged under an exchange of promises, one party's repudiation of a duty to render performance discharges the other party's remaining duties to render performance».

1215 Em Inglaterra exige-se no entanto, para o efeito, uma prévia aceitação ou recusa do repúdio.

1216 Neste sentido o § 2-609 (1) do *Uniform Commercial Code*: «When reasonable grounds for insecurity arise with respect to the performance of either party the other may in writing demand adequate assurance of due performance and until he receives such assurance may if commercially reasonable suspend any performance for which he has not already received the agreed return». Cfr. ainda o § 251 do *Restatement of Contracts*: «(1) Where reasonable grounds arise to believe that the obligor will commit a breach by non-performance that would of itself give the obligee a claim for damages for total breach under § 243, the obligee may demand adequate assurance of due performance and may, if reasonable, suspend any performance for which he has not already received the agreed exchange until he receives such assurance. (2) The obligee may treat as a repudiation the obligor's failure to provide within a reasonable time such assurance of due performance as is adequate in the circumstances of the particular case».

1217 Cfr. Treitel, *The Law of Contract*, pp. 945 s.

1218 Ver Larenz, *Lehrbuch des Schuldrechts*, vol. I, p. 365, n. 8.

manifesto, após a conclusão do mesmo, que a sua pretensão à contraprestação se encontra em risco devido à deficiente capacidade de cumprimento da outra parte: é o que a lei alemã denomina «exceção de incerteza» («*Unsicherheitseinrede*»).

Em Itália, a hipótese do *rifiuto ad adempiere* está expressamente prevista no art. 1219 do Código Civil, cujo nº 2 estabelece que o devedor se considera constituído em mora, independentemente de intimação para cumprir, quando haja declarado por escrito não querer cumprir a obrigação.

Soluções análogas encontram-se consagradas no art. 6:80 do Código Civil holandês, segundo o qual os efeitos do incumprimento se produzem antes ainda de ser devida a pretensão do credor se: *a)* For seguro que o cumprimento será impossível; *b)* O credor deva concluir de uma declaração do devedor que este não cumprirá conforme o contrato; ou *c)* O credor tiver boas razões para recear que o devedor não cumprirá a sua obrigação e não observar uma notificação do credor em que este lhe solicita que confirme, dentro de um prazo razoável, se tenciona cumprir a sua obrigação.

Em Espanha, o art. 1200, § 3º, do Projeto de Modernização do Direito das Obrigações e Contratos admite a resolução do contrato, independentemente da fixação de qualquer prazo para cumprir, nos casos em que haja declarado que não cumprirá as suas obrigações.

No Direito francês, não existia até recentemente texto legal sobre a matéria e eram muito escassos os pronunciamentos doutrinais e jurisprudenciais a seu respeito. A reforma de 2016 do Código Civil acolheu contudo a *exceptio timoris,* permitindo que qualquer das partes suspenda o cumprimento da sua obrigação quando for manifesto que a outra não cumprirá a que lhe compete no respetivo vencimento, desde que as consequências desse incumprimento sejam suficientemente graves para si[1219]. Admite-se assim uma antecipação da exceção de não cumprimento (que por via de regra apenas opera após o vencimento da obrigação), mas não a resolução do contrato[1220].

Na ordem jurídica portuguesa, conquanto esta matéria não se encontre expressamente contemplada na lei, a jurisprudência tem entendido que a recusa de cumprimento manifestada através de uma «declaração absoluta, inequívoca e clara que anuncie o propósito de não cumprir», ou inferida de conduta do devedor que «torne patente, certa e segura a intenção de não querer cumprir», equivale ao incumprimento definitivo do contrato, dispensando o credor da interpelação admonitória exigida pelo art. 805º, nº 1, do Código Civil a fim de que o devedor fique constituído em mora[1221]; e que «[q]uando o devedor toma atitudes

[1219] Art. 1220 do Código.

[1220] Cfr. Fabre-Magnan, *Droit des obligations,* vol. I, pp. 723 s.

[1221] Ver o acórdão do Supremo Tribunal de Justiça de 15 de março de 1983, *BMJ* 325, pp. 561 ss. Na espécie, os promitentes vendedores de uma fração autónoma de um imóvel haviam-na posto de novo

ou comportamentos que revelem inequivocamente, a intenção de não cumprir a prestação a que se obrigou, porque não quer ou não pode, o credor não tem de esperar pelo vencimento da obrigação (se ainda não ocorreu), não tem de alegar e provar a perda de interesse na prestação do devedor, nem o tem de interpelar admonitoriamente, para ter por não cumprida a obrigação»[1222]. Além disso, reconhece-se em Portugal que assiste ao credor nestas hipóteses o direito à execução específica da obrigação em causa, sendo-lhe também lícito recusar ao devedor inadimplente, nos termos que se analisarão adiante, a sua própria prestação[1223]. Esta regra não é, bem vistas as coisas, senão um corolário do princípio da boa-fé. Seria, na verdade, contrário a este princípio, por consubstanciar um inadmissível *venire contra factum proprium*, que o devedor pudesse prevalecer-se do benefício do prazo estipulado a seu favor caso seja manifesto que não irá cumprir a prestação[1224]. Pelo que deve considerar-se também acolhida no Direito português, ao abrigo daquele princípio, a faculdade de o credor resolver o contrato antes do vencimento da prestação, se for claro que esta não será cumprida pelo devedor.

Não é outro o entendimento acolhido no Brasil pela melhor doutrina, que sublinha a este respeito: «não seria probo (Código Civil, art. 422) deixar o credor

à venda, no decurso do prazo para celebração da escritura de venda, pedindo preço superior àquele por que haviam prometido a venda. A ação visando a execução específica do contrato-promessa foi liminarmente indeferida em primeira instância por o julgador entender que os demandados «ainda não violaram o contrato, pois estão em tempo de o celebrar». A Relação de Lisboa revogou, porém, o despacho de indeferimento; e o Supremo negou provimento ao recurso interposto dessa decisão, por entender que o promitente comprador «pode fazer declarar o não cumprimento definitivo, por banda dos promitentes vendedores, antes do momento em que o contrato devia ser cumprido, para obter a execução do contrato prometido».

1222 Neste sentido, vejam-se os acórdãos do Supremo Tribunal de Justiça de 20 de maio de 2010, proc. 8/03, e de 10 de janeiro de 2012, proc. 25/09.

1223 Ver, sobre o tema, na literatura jurídica portuguesa, Carlos Ferreira de Almeida, «Recusa de cumprimento declarada antes do vencimento (Estudo de Direito Comparado e de Direito Civil Português)», *in Estudos em memória do Professor Doutor João de Castro Mendes*, Lisboa, s.d., pp. 291 ss. ; João Calvão da Silva, «A declaração da intenção de não cumprir», *in Estudos de Direito Civil e Processo Civil*, Coimbra, 1996, pp. 123 ss.; José Carlos Brandão Proença, «A hipótese da declaração (*lato sensu*) antecipada de incumprimento por parte do devedor», *Estudos em Homenagem ao Professor Doutor Jorge Ribeiro de Faria*, Coimbra, 2003, pp. 359 ss.; Joana Farrajota, «Anticipatory breach no Direito português?», *in* AAVV, *Estudos em homenagem ao Professor Doutor Carlos Ferreira de Almeida*, Coimbra, 2011, vol. II, pp. 287 ss.; Menezes Leitão, *Direito das Obrigações*, vol. II, p. 230; Romano Martinez, *Da cessação do contrato*, p. 135; David Ruah Halfin, «A recusa do dever de prestar antes do vencimento da obrigação: comparação entre a ordem jurídica inglesa, a ordem jurídica portuguesa e o *Draft Common Frame of Reference*», *ROA*, 2016, pp. 137 ss.; e Menezes Cordeiro, *Tratado de Direito Civil*, vol. IX, pp. 262 ss.

1224 Neste sentido também Maria Ângela Bento Soares/Rui de Moura Ramos, *Contratos internacionais*, Coimbra, 1986, p. 195.

inerte e de mãos amarradas, no aguardo de um adimplemento que certamente não virá, já que anunciada, com certeza, a inevitabilidade do inadimplemento»[1225].

III – Na China, a lei dos contratos prevê expressamente a possibilidade de resolução do contrato quando qualquer das partes, antes da data do respetivo cumprimento, declare ou revele pela sua conduta que não cumprirá as suas obrigações principais (art. 94(2)). Além disso, a parte lesada pode, nessas circunstâncias, reclamar a indemnização dos danos causados pela violação do contrato (art. 108).

i) A exceção de não cumprimento do contrato

I – Consideremos agora a exceção de não cumprimento do contrato. Ela é privativa dos contratos bilaterais, ou sinalagmáticos, em que há obrigações para ambas as partes. Constitui um corolário do chamado *sinalagma funcional*, i. é, a relação de reciprocidade que existe entre as prestações que nele se encontram a cargo de cada uma das partes. Esta última traduz-se em a execução de cada uma dessas prestações ser a contrapartida da outra e, em princípio, ser devida simultaneamente com o oferecimento da outra.

Mas em que consiste, ao certo, essa exceção? Fundamentalmente, na faculdade que assiste a cada uma das partes de, nos referidos contratos, recusar a sua prestação enquanto a outra não efetuar a que lhe compete ou não oferecer o seu cumprimento simultâneo[1226]. Reflete-se nela a ideia de *justiça comutativa* que, como vimos, subjaz ao regime jurídico das obrigações contratuais nos sistemas romanistas.

O Direito Romano não a consagrava de modo expresso; mas na ação de compra era dado ao juiz tomar em consideração a circunstância de o autor não ter cumprido a sua própria obrigação[1227]; razão pela qual não falta quem, com autoridade, considere a *exceptio non adimpleti contractus* inerente aos *bona fidei iudicia*[1228].

[1225] Assim, Judith Martins-Costa, *A boa-fé no Direito Privado. Critérios para a sua concretização*, p. 688. Segundo a autora, requer-se, a fim de que se possa ter como verificado um inadimplemento antecipado», que «(i) ocorra um inadimplemento imputável caracterizado como grave violação do contrato, possibilitando uma "justa causa" à resolução; (ii) haja plena certeza de que o cumprimento não se dará até ao vencimento; (iii) caracterize-se, por parte do devedor, uma conduta culposa, seja ao declarar que não vai cumprir, seja ao se omitir quanto aos atos de execução, recaindo em inércia de modo que o seu comportamento contratual nada indique no sentido da execução (comportamento concludente)».

[1226] Assim, Antunes Varela, *Das Obrigações em geral*, vol. I, p. 399.

[1227] Neste sentido aduz-se um fragmento de Ulpiano que permitia ao vendedor reter a coisa por si vendida quando o comprador apenas lhe oferecesse parte do preço (cfr. D. 19,1,13,8: «*Offerri pretium ab emptore debet, cum ex empto agitur, et ideo etsi pretii partem offerat, nondum est ex empto actio: venditor enim quasi pignus retinere potest eam rem quam vendidit*»).

[1228] Ver Zimmermann, *The Law of Obligations*, p. 801, n. 133.

Acolheram-na igualmente os canonistas medievais, aos quais se deve a máxima *frangenti fidem non est fides servanda* («àquele que infringe a fé, não é devida fé»)[1229].

Em França, onde foi tida por alguns como um corolário da exigência de *causa* das obrigações[1230], a *exceptio* encontrou acolhimento no regime legal de alguns contratos civis, designadamente a compra e venda[1231] e a troca[1232]. Porém, só a reforma de 2016 lhe deu expressão geral no *Code Civil*, dispondo o atual art. 1219 que uma parte pode recusar-se a executar a sua obrigação, mesmo que esta seja exigível, se a outra não executar a sua e se esta inexecução for suficientemente grave.

Diferentemente, o Código alemão consagrou desde o início a exceção do contrato não cumprido («*Einrede des nicht erfüllten Vertrags*»), a qual é objeto do § 320 (1), onde se determina que quem se encontrar obrigado em virtude de um contrato bilateral pode recusar a prestação que lhe cumpre realizar até que seja oferecida a contraprestação, salvo se estiver obrigado a efetuá-la em primeiro lugar.

Em Itália, a *eccezione d'inadempimento* obteve acolhimento no art. 1460 do Código Civil, segundo o qual nos contratos com prestações correlativas, cada um dos contraentes pode recusar-se a cumprir a sua obrigação, se o outro não cumprir ou não se dispuser a cumprir contemporaneamente a sua própria obrigação, salvo se se tiverem sido estabelecidos pelas partes ou resultarem da natureza do contrato prazos diversos para o cumprimento.

Na lei portuguesa, a matéria encontra-se disciplinada no art. 428º, nº 1, do Código Civil. Pressuposto do exercício da faculdade em apreço é, segundo esse preceito, além da bilateralidade do contrato, a inexistência de prazos diferentes para o cumprimento das prestações em causa. Ou, talvez mais exatamente, que o excecionante não tenha de cumprir, nos termos do contrato ou da lei, antes da outra parte. Portanto, a *exceptio* também funciona, havendo prazos diferentes, sempre que o sujeito contratual que a invoque apenas deva o cumprimento da sua prestação depois do outro. Pode, além disso, a exceção ser invocada em casos em que o excecionante originariamente devesse o cumprimento antes da parte contra a qual invoca a exceção, se a outra parte, posteriormente à celebração do contrato, perder o benefício do prazo[1233].

Na Holanda, sempre que uma das partes num contrato bilateral não cumpra a sua obrigação, pode a outra suspender a execução das suas obrigações cor-

[1229] Cfr. Friedrich Merzbacher, «Die Regel "Fidem frangenti fides frangitur" und ihre Anwendung», *Zeitschrift der Savigny-Stiftung für Rechtsgeschichte. Kanonistische Abteilung*, 1982, pp. 347 ss.

[1230] Ver Carbonnier, *Droit civil*, vol. 2, p. 2248.

[1231] Art. 1612 do Código Civil.

[1232] Art. 1704 do Código Civil.

[1233] O que pode ocorrer, *v.g.*, caso o devedor se torne insolvente: cfr. o art. 780º do Código Civil português.

respondentes; essa suspensão pode ter lugar mesmo por iniciativa da parte que deva o cumprimento em primeiro lugar se esta tiver boas razões para recear que a outra parte não cumprirá[1234].

No Direito brasileiro, a matéria é objeto do art. 476 do Código Civil, segundo o qual: «Nos contratos bilaterais, nenhum dos contratantes, antes de cumprida a sua obrigação, pode exigir o implemento da do outro». O art. 477 acrescenta que «se, depois de concluído contrato, sobrevier a uma das partes contratantes diminuição em seu patrimônio capaz de comprometer ou tornar duvidosa a prestação pela qual se obrigou, pode a outra recusar-se à prestação que lhe incumbe, até que aquela satisfaça a que lhe compete ou dê garantia bastante de satisfazê-la».

II – Nos sistemas de *Common Law*, a doutrina em exame não se encontra expressamente consagrada na lei nem na jurisprudência. Se porém uma das prestações contratuais for devida antes da outra, a sua realização é tida como «condição implícita» («*implied*» ou «*constructive condition*») da obrigação de realizar a respetiva contraprestação; sendo elas devidas simultaneamente, considera-se a obrigação de cada uma das partes de realizar a sua prestação subordinada à condição de a outra realizar ou oferecer também a que lhe compete[1235].

j) Efeitos específicos do cumprimento defeituoso

I – Examinemos por fim os efeitos específicos do cumprimento defeituoso. Trata-se, como notámos acima[1236], de situações cujo elemento distintivo relativamente à mora e ao incumprimento definitivo está na circunstância de não ocorrer nelas um atraso nem uma falta absoluta da prestação, a qual é efetivamente realizada pelo devedor, embora apresente vícios ou defeitos ou tenha sido feita com violação deveres acessórios de conduta. Não há, por conseguinte, nestas situações uma violação negativa do dever de prestar, mediante a omissão da prestação, mas antes, *hoc sensu*, uma *violação positiva*, consistente em a prestação ser mal realizada.

Alguns casos de cumprimento defeituoso não se distinguem, no plano dos seus efeitos jurídicos, da mora e do incumprimento definitivo. Assim, se o devedor entregar mercadorias defeituosas e o credor as recusar, fixando-lhe um prazo para ele efetuar a sua prestação em termos conformes ao contrato, a situação equivale praticamente à mora; e se naquele prazo o devedor não reparar a prestação efetuada ou o credor rejeitar pura e simplesmente as mercadorias defeituosas, que são insuscetíveis de reparação ou de substituição por outras em termos de satisfazer ainda o interesse do credor, a situação equivale ao não cumprimento definitivo.

[1234] Arts. 6:262(1) e 6:263(1) do Código Civil.

[1235] Assim o estabelecem, respetivamente os §§ 237 e 238 do *Restatement 2nd of Contracts*.

[1236] Cfr. *supra*, § 14º, *b)*.

Noutros casos, porém, a prestação defeituosa é aceite pelo credor, que não se apercebe atempadamente do defeito, sem que haja nisso culpa sua; e ela causa-lhe danos ou é inservível para o fim a que se destina. É o que acontece, por exemplo, se o automóvel recém-adquirido apresenta um defeito no sistema de travagem, de que o comprador só se dá conta aquando de um acidente de viação; se a refeição ingerida no restaurante estava estragada e causa uma intoxicação ao cliente; ou se o tratamento prescrito por um médico não observa as regras da arte e agrava o estado de saúde do paciente.

Ocorrem nestas hipóteses situações especiais de não cumprimento do dever de prestar, que não podem ser reconduzidas à mora nem ao incumprimento definitivo, uma vez que nenhuma destas modalidades de incumprimento seria suscetível de produzir os resultados apontados. Levanta-se então o problema de saber quais os meios de reação a conceder ao credor da prestação defeituosamente realizada. A este sujeito contratual interessa, por via de regra, resolver o contrato e reaver a sua contraprestação ou exigir a substituição da prestação defeituosa independentemente da gravidade do defeito; ao devedor, pelo contrário, convém manter o contrato ainda que ficando sujeito à obrigação de reparar o defeito ou de compensar o credor.

II – No Direito português, é sobretudo no capítulo dos contratos em especial do Código Civil e em legislação avulsa que se encontram consignadas as regras aplicáveis ao cumprimento defeituoso. Estão neste caso os arts. 913º e seguintes, relativos à venda de coisas defeituosas, 1032º e seguintes, sobre os vícios da coisa locada, 1218º e seguintes, respeitantes aos defeitos da obra, e 3º e seguintes do Decreto-Lei nº 67/2003, de 8 de abril[1237], que disciplinam a venda de bens de consumo, incluindo as situações aí designadas por «falta de conformidade com o contrato». Nos casos de cumprimento defeituoso há, pois, que recorrer a estes preceitos, conjugando-os com as regras gerais do incumprimento.

Importa contudo notar que o regime consignado nos arts. 913º e seguintes do Código Civil para a venda de coisa específica assenta na anulabilidade do contrato por erro ou dolo sempre que aquela sofra de vício que a desvalorize ou impeça a realização do fim a que é destinada ou não tiver as qualidades asseguradas pelo vendedor ou necessárias para a realização daquele fim. É só nos casos de venda de coisa genérica que se admite, no art. 918º, tratar-se de uma hipótese de não cumprimento de obrigações[1238].

[1237] Alterado pelo Decreto-Lei nº 84/2008, de 31 de maio.

[1238] O ponto é, no entanto, controvertido na doutrina portuguesa: ver, a este respeito, Inocêncio Galvão Telles, «Contratos civis (projecto completo de um título do futuro Código Civil português e respectiva exposição de motivos»)», *BMJ* 83 (1959), pp. 114 ss. (pp. 129 ss.); João Baptista Machado, «Acordo negocial e erro na venda de coisas defeituosas», *BMJ* 215 (1972), pp. 5 ss.; Manuel Carneiro

Além dos direitos à indemnização do dano causado em virtude do defeito da coisa vendida ou construída, a resolver o contrato (ou a anulá-lo na compra e venda de coisa específica) e a recusar a contraprestação (tratando-se de contratos bilaterais), assistem ao credor, nas situações de cumprimento defeituoso, segundo aqueles preceitos: *a)* O direito à reparação da prestação defeituosa, mediante a eliminação do vício de que esta padece; *b)* O direito à sua substituição; e *c)* O direito à redução proporcional do preço, se se demonstrar que o comprador, sem o defeito, teria também comprado a coisa, mas por preço inferior.

Em parte, estas regras radicam no Direito Romano, que consagrava, pelo que respeita à venda de coisas defeituosas, as *actiones redhibitoria* e *quanti minoris*, dirigidas respetivamente à anulação do contrato e à redução do preço[1239].

Acolheu-as igualmente o Código francês, no art. 1644, que conferiu ao comprador de coisa defeituosa a opção entre devolvê-la e obter a restituição do preço pago ou mantê-la e conseguir o reembolso de uma parte desse preço, a arbitrar por peritos. Mais recentemente, o art. 1223 do Código, introduzido neste pela reforma de 2016, passou a prever que «[o] credor pode, após interpelação, aceitar uma execução imperfeita do contrato e solicitar uma redução proporcional do preço. Se ainda não tiver pago, o credor notifica prontamente a sua decisão de reduzir o preço». Generalizou-se assim a solução que já constava do art. 1644.

Também o Direito brasileiro estabeleceu em matéria de vícios redibitórios a regra conforme a qual a coisa recebida em virtude contrato comutativo pode ser «enjeitada por vícios ou defeitos ocultos, que a tornem imprópria ao uso a que é destinada, ou lhe diminuam o valor» (art. 441). Em vez de rejeitar a coisa, redibindo o contrato, pode o adquirente reclamar o abatimento do preço (art. 442).

Na versão originária do BGB, as faculdades de anulação («*Wandelung*») do contrato de compra e venda e de redução do respetivo preço («*Minderung*») encontravam-se igualmente previstas no § 462[1240], de cujo teor se fez eco o art. 205 (1) do Código das Obrigações suíço[1241], outro tanto tendo sucedido no Código

da Frada, «Erro e incumprimento na não-conformidade da coisa com o interesse do comprador», *Dir.*, 1989, pp. 461 ss.; António Pinto Monteiro e Paulo Mota Pinto, «La protection de l'acheteur de choses défectueuses en droit portugais», *BFDUC*, 1993, pp. 259 ss.; Miguel Teixeira de Sousa, «O cumprimento defeituoso e a venda de coisas defeituosas», *in Ab uno ad omnes – 75 anos da Coimbra Editora*, Coimbra, 1998, pp. 567 ss.; e Romano Martinez, *Da cessação do contrato*, pp. 248 ss. Cfr. ainda o acórdão do Supremo Tribunal de Justiça de 3 de março de 1998, *CJSTJ*, 1998, t. I, pp. 107 ss.

1239 Ver Reinhard Zimmermann, *The Law of Obligations. Roman Foundations of the Civilian Tradition*, pp. 317 s.

1240 Segundo o qual: «Wegen eines Mangels, den der Verkäufer nach den Vorschriften der §§ 459, 460 zu vertreten hat, kann der Käufer Rückgängigmachung des Kaufes (Wandelung) oder Herabsetzung des Kaufpreises (Minderung) verlangen».

1241 Que dispõe: «Dans les cas de garantie en raison des défauts de la chose, l'acheteur a le choix ou de faire résilier la vente en exerçant l'action rédhibitoire, ou de réclamer par l'action en réduction

italiano[1242]. A *Schuldrechtmodernisierung* reconduziu porém a garantia por vícios no contrato de compra e venda ao regime comum das perturbações da prestação, para o qual se remete agora no § 437 do BGB[1243]. Sendo a coisa vendida defeituosa, conferem-se ao comprador os direitos de reclamar a sua reparação ou substituição, de resolver o contrato ou de exigir a redução do preço e de pedir uma indemnização nos termos gerais. O direito de resolução do contrato é no entanto subordinado à condição de o defeito não ser sanado pelo devedor no prazo suplementar que lhe for concedido pelo credor, nos termos do § 439, para a reparação ou substituição da coisa (a denominada «*Nacherfüllung*»); e tem-se por excluído, nos termos do § 323 (5), quando o defeito da coisa vendida for tido como irrelevante[1244]. Tal como na mora, a primazia é aqui dada à realização da prestação originariamente devida – solução, por via de regra, menos onerosa para o devedor.

A influência dos sistemas romanistas fez-se sentir, também nesta matéria, sobre a lei chinesa dos contratos cujo art. 111 consagra, em caso de cumprimento defeituoso, os direitos do credor à reparação, à substituição, à redução do preço e à indemnização dos danos sofridos.

III – Nos sistemas de *Common Law*, o devedor encontra-se em princípio sujeito à obrigação de realizar uma prestação *substancialmente conforme* ao contrato: um defeito menor na prestação devida por uma das partes não desobriga a outra[1245].

Em matéria de compra e venda, consagra-se todavia nos Direitos anglo-americanos a *perfect tender rule*, por força da qual o comprador pode rejeitar os bens fornecidos pelo vendedor e recusar o pagamento do preço se aqueles se mostrarem em algum aspeto desconformes ao contrato[1246].

de prix une indemnité pour la moins-value».

1242 Art. 1490 (1): «Il venditore è tenuto a garantire che la cosa venduta sia immune da vizi che la rendano inidonea all'uso a cui è destinata o ne diminuiscano in modo apprezzabile il valore»; art. 1492 (1): «Nei casi indicati dall'articolo 1490 il compratore può domandare a sua scelta la risoluzione del contratto ovvero la riduzione del prezzo, salvo che, per determinati vizi, gli usi escludano la risoluzione. La scelta è irrevocabile».

1243 Nos termos do qual: «Ist die Sache mangelhaft, kann der Käufer, wenn die Voraussetzungen der folgenden Vorschriften vorliegen und soweit nicht ein anderes bestimmt ist, 1. nach § 439 Nacherfüllung verlangen, 2. nach den §§ 440, 323 und 326 Abs. 5 von dem Vertrag zurücktreten oder nach § 441 den Kaufpreis mindern und 3. nach den §§ 440, 280, 281, 283 und 311a Schadensersatz oder nach § 284 Ersatz vergeblicher Aufwendungen verlangen».

1244 Cfr. Brox/Walker, *Besonderes Schuldrecht*, 39ª ed., Munique, 2015, pp. 71 s.

1245 Trata-se da *substantial performance rule*, consagrada na decisão proferida pelo *New York Court of Appeals* em 25 de janeiro de 1921 no caso *Jacob & Youngs, Inc. v. Kent*, 230 N.Y. 239.

1246 Haja vista à secção 35 do *Sale of Goods Act* inglês e ao art. 2-601 do *Uniform Commercial Code* norte-americano.

Fiéis ao princípio de que o incumprimento do contrato apenas confere à parte lesada o direito a *damages*, os sistemas em apreço não reconheceram a esta, até recentemente, a possibilidade de obter a redução do preço pago por uma coisa defeituosa, nem a sua substituição ou reparação[1247].

Nas relações *business to business*, a indemnização devida ao comprador corresponde, em caso de violação de *implied terms* ou *warranties* relativos à qualidade de produtos vendidos, à diferença entre o valor da coisa entregue pelo vendedor e aquele que ela teria se fosse conforme ao contrato[1248]. Procura-se assim, também nestes casos, tutelar o interesse de cumprimento («*expectation interest*») do comprador[1249].

A diferenciação entre o regime da venda de coisas defeituosas e o das demais formas de perturbação da prestação, caraterística dos sistemas romanistas, não foi, nesta medida, recebida no mundo de *Common Law*, pelo menos no tocante àquele tipo de relações contratuais.

IV – A transposição da Diretiva 99/44/CE, relativa a certos aspetos da venda de bens de consumo e das garantias a ela relativas[1250], obrigou, no entanto, em vários países europeus, a alterações do regime da venda de coisas defeituosas nas relações *business to consumer*, que atenuaram substancialmente aquela diferenciação. Delas se dará conta mais pormenorizadamente noutro lugar desta obra[1251]. Por ora, observe-se apenas que essa aproximação do regime da venda de coisas de defeituosas a consumidores relativamente ao do incumprimento ou cumprimento defeituoso das obrigações foi ao encontro do ponto de vista daqueles que, como Ernst Rabel[1252], há muito a conceptualizavam, mesmo no caso da venda de coisa específica, como uma forma de violação de deveres de prestação a cargo do

[1247] Excetua-se, nos Estados Unidos, o *right to cure* reconhecido ao vendedor pelo art. 2-508 do *Uniform Commercial Code*, no caso de fornecimento de bens desconformes ao contrato, quando estes hajam sido rejeitados pelo comprador antes do vencimento da obrigação de entrega e quando o vendedor tivesse «motivos razoáveis» para supor que a sua prestação seria aceitável.

[1248] Cfr. o *Sale of Goods Act* inglês, secção 53 (3), segundo a qual: «In the case of breach of warranty of quality such loss is prima facie the difference between the value of the goods at the time of delivery to the buyer and the value they would have had if they had fulfilled the warranty». Ver ainda o § 2-714 (2) do *Uniform Commercial Code* norte-americano, que dispõe: «The measure of damages for breach of warranty is the difference at the time and place of acceptance between the value of the goods accepted and the value they would have if they had been as warranted, unless special circumstances show proximate damages of a different amount».

[1249] Cfr. Treitel, «Remedies for Breach of Contract», cit., pp. 42 ss.

[1250] *JOCE*, nº L 171, de 7 de julho de 1999, pp. 12 ss.

[1251] Cfr. *infra*, § 46º, *k)*.

[1252] Veja-se, deste autor, *Das Recht des Warenkaufs. Eine rechtsvergleichende Darstellung*, vol. II, Berlim/Tubinga, 1958, pp. 101 ss.

vendedor (concretamente, o *dever de conformidade* ao contrato da coisa entregue pelo vendedor, subjacente ao regime consagrado nos sistemas de *Common Law*) e não como um problema atinente à formação do contrato.

§ 15º Fundamentos de eficácia

a) Posição do problema

Para além dos aspetos já examinados, a delimitação do conceito de contrato carece ainda de ser feita à luz do fundamento da sua eficácia obrigatória.

Ora, o contrato é um instrumento de realização de escolhas individuais voluntariamente assumidas; mas ele é também um importante fator de criação e consolidação de expetativas e um mecanismo através do qual as sociedades não assentes no planeamento central da atividade económica disciplinam as trocas de bens e serviços, assegurando a sua conformidade com as conceções de justiça nelas prevalecentes.

Os efeitos jurídicos do contrato podem ser explicados a partir de qualquer destas perspetivas. Em última análise, o seu regime pode refleti-las todas; mas tem variado no tempo e no espaço a relevância atribuída a cada uma delas. Essas perspetivas tendem, na verdade, a atribuir um alcance desigual, na disciplina do conteúdo e dos efeitos do contrato, às intenções das partes, às expetativas geradas pelas declarações de cada uma delas no espírito da outra e ao equilíbrio de interesses dele emergente.

Assim, uma conceção que procure salvaguardar ao máximo a liberdade de vinculação e a segurança do tráfico jurídico propenderá a atribuir maior relevância ao primeiro destes aspetos; já uma conceção que valorize mais as expetativas geradas na contraparte ou em terceiros ou a justiça comutativa nas trocas entre privados admitirá com maior facilidade a intervenção do Estado na relação contratual, através da lei ou dos tribunais, imputando-lhe ou recusando-lhe efeitos na medida do necessário a fim de salvaguardar aqueles desideratos.

Procuraremos em seguida averiguar qual a medida em que cada uma dessas conceções (ou ideologias, na expressão de alguns[1253]) obteve acolhimento nos sistemas jurídicos contemporâneos.

b) Autonomia privada

I – À face da maior parte dos sistemas jurídicos ocidentais, o reconhecimento de efeitos aos contratos onerosos explica-se, em primeiro lugar, por apelo ao *princípio da autonomia privada*, de que a liberdade contratual constitui o elemento nuclear.

[1253] Ver Adams/Brownsword, «The Ideologies of Contract», *Legal Studies*, 1987, pp. 205 ss.; *idem*, *Understanding Contract Law*, pp. 38 ss. e 188 ss.

Os particulares são, na verdade, livres de contratarem, pertencendo-lhes, no caso de o fazerem, o poder de fixarem, em termos vinculativos, a disciplina aplicável ao contrato[1254].

Possibilita-se deste modo a autoregulamentação pelos particulares dos seus interesses[1255] e, por conseguinte, uma ordenação espontânea, não autoritária, da vida social. O contrato é, nesta perspetiva, um instrumento da autonomia privada[1256].

O referido princípio está em estreita conexão com a economia de mercado, na medida em que pressupõe e é instrumento necessário da liberdade de iniciativa económica privada[1257] postulada por aquela; mas constitui também uma proje-

[1254] É o que decorre, por exemplo, do art. 1322 do Código Civil italiano, segundo o qual: «Le parti possono determinare il contenuto del contratto nei limiti imposti dalla legge e dalle norme corporative. Le parti possono anche concludere contratti che non appartengano ai tipi aventi una disciplina particolare, purché siano diretti a realizzare interessi meritevoli di tutela secondo l'ordinamento giuridico». Na mesma linha fundamental de orientação, dispõe o art. 405º, nº 1, do Código Civil português: «Dentro dos limites da lei, as partes têm a faculdade de fixar livremente o conteúdo dos contratos, celebrar contratos diferentes dos previstos neste código ou incluir nestes as cláusulas que lhes aprouver». Veja-se ainda o art. 1255 do Código Civil espanhol, segundo o qual: «Los contraentes pueden establecer los pactos, clausulas y condiciones que tengan por conveniente, siempre que no sean contrarios a las leyes, a la moral, ni al orden público». O art. 19, nº 1, do Código das Obrigações suíço estabelece por seu turno: «L'objet d'un contrat peut être librement determiné, dans les limites de la loi». A mais recente consagração legislativa deste princípio é a do Código Civil francês, na redação dada pela reforma de 2016, que dispõe agora no art. 1102: «Chacun est libre de contracter ou de ne pas contracter, de choisir son cocontractant et de déterminer le contenu et la forme du contrat dans les limites fixées par la loi. La liberté contractuelle ne permet pas de déroger aux règles qui intéressent l'ordre public».

[1255] Caraterizam o contrato como um ato de autoregulamentação de interesses contrapostos: Emilio Betti, *Teoria geral do negócio jurídico*, vol. I, pp. 85 ss.; José Dias Marques, *Noções elementares de Direito Civil*, 7ª ed., Lisboa, 1992, pp. 56 s.; e Inocêncio Galvão Telles, *Direito das Obrigações*, pp. 58 s.

[1256] Cfr., na doutrina portuguesa, Luís Carvalho Fernandes, «Negócio jurídico», *Polis*, vol. 4, cols. 603 ss. (col. 605); *idem*, *Teoria Geral do Direito Civil*, vol. II, pp. 32 ss.; José de Oliveira Ascensão, *Direito civil. Teoria geral*, vol. II, pp. 77 ss.; António Menezes Cordeiro, *Tratado de Direito Civil*, vol. II, pp. 56 s.; Nuno Pinto Oliveira, *Princípios de Direito dos Contratos*, pp. 147 ss.

[1257] Que a Constituição portuguesa consagra no art. 61º, nº 1, e que em França decorre do disposto no art. 4 da Declaração dos Direitos do Homem e do Cidadão, de 1789, segundo o qual: «La liberté consiste à pouvoir faire tout ce qui ne nuit pas à autrui : ainsi, l'exercice des droits naturels de chaque homme n'a de bornes que celles qui assurent aux autres Membres de la Société la jouissance de ces mêmes droits. Ces bornes ne peuvent être déterminées que par la Loi». Sobre a filiação da liberdade contratual neste preceito, veja-se, por último, a decisão do Conselho Constitucional francês de 13 de junho de 2013, nº 2013-672 DC, disponível em http://www.conseil-constitutionnel.fr, em que se pode ler: «il est loisible au législateur d'apporter à la liberté d'entreprendre et à la liberté contractuelle qui découlent de l'article 4 de la Déclaration de 1789, des limitations liées à des exigences constitutionnelles ou justifiées par l'intérêt général, à la condition qu'il n'en résulte pas d'atteintes disproportionnées au regard de l'objectif poursuivi; [...] d'autre part, le

ção no domínio contratual do direito ao livre desenvolvimento da personalidade, que as Constituições de diversos países consagram[1258].

II – Poucos sistemas jurídicos terão ido tão longe na exaltação da vontade humana enquanto fonte de efeitos jurídicos como o francês: de acordo com o art. 1103 (ex-art. 1134) do *Code Civil*, os contratos legalmente formados «valem como lei» entre os que os celebraram[1259]. O contrato seria assim, segundo certo entendimento, uma espécie de *lex privata* dos respetivos sujeitos: uma fonte criadora de regras jurídicas, situada no mesmo plano que a própria lei[1260].

Porém, segundo se deduz do referido preceito, os contratos apenas produzem os efeitos visados na medida em que se hajam «formado legalmente». Requer-se no Código francês, além disso, como condição de validade do contrato, um conteúdo lícito e certo (art. 1128); e que lhe esteja subjacente uma finalidade (*«but»*) conforme à ordem pública (art. 1162)[1261]. Por outro lado, consoante resulta do art. 1194 (ex-art. 1135), os contratos obrigam não apenas ao que neles se encontra estipulado, mas também às consequências que a equidade, os usos e a lei imputam às obrigações convencionadas pelas partes[1262].

législateur ne saurait porter aux contrats légalement conclus une atteinte qui ne soit justifiée par un motif d'intérêt général suffisant sans méconnaître les exigences résultant des articles 4 et 16 de la Déclaration de 1789».

[1258] Cfr. o art. 2 (1) da Lei Fundamental alemã, segundo o qual: «Todos têm o direito ao livre desenvolvimento da sua personalidade, desde que não violem direitos de outrem e não atentem contra a ordem constitucional ou a lei moral». No sentido do texto, vejam-se as decisões do Tribunal Constitucional Federal alemão de 12 de novembro de 1958, *BVerfGE* 8, pp. 274 ss. (p. 328), e de 13 de maio de 1986, *BVerfGE* 72, pp. 155 ss. (p. 170). Entendem que a liberdade contratual está compreendida no direito fundamental ao livre desenvolvimento da personalidade Brox/Walker, *Allgemeines Schuldrecht*, p. 28. Em Portugal, pronunciam-se também pela inclusão da autonomia privada no âmbito da tutela conferida pelo art. 26º, nº 1, da Constituição (nos termos do qual: «A todos são reconhecidos os direitos à identidade pessoal, ao desenvolvimento da personalidade, à capacidade civil, à cidadania, ao bom nome e reputação, à imagem, à palavra, à reserva da intimidade da vida privada e familiar e à protecção legal contra quaisquer formas de discriminação») Sousa Ribeiro, *O problema do contrato*, pp. 145 ss., n. 350; e Paulo Mota Pinto, «O direito ao livre desenvolvimento da personalidade», *in Portugal-Brasil ano 2000. Tema Direito*, Coimbra, 1999, pp. 149 ss. (p. 214). O Supremo Tribunal de Justiça reconheceu no acórdão de 9 de julho de 1998, *BMJ* 479, pp. 580 ss., que o princípio da autonomia privada é tutelado constitucionalmente.

[1259] Esta fórmula foi posteriormente replicada nos arts. 1091 do Código Civil espanhol e 1372, nº 1, do Código Civil italiano.

[1260] Ver, para uma exposição e crítica deste entendimento, Georges Rouhette, «La force obligatoire du contrat», *in* Denis Tallon/Donald Harris (orgs.), *Le contrat aujourd'hui: comparaisons franco-anglaises*, Paris, 1987, pp. 27 ss.; Jacques Ghestin, *Traité de droit civil. La formation du contrat*, t. 1, pp. 59 ss.

[1261] Cfr. *supra*, § 5º, *d)*.

[1262] Cfr. *supra*, § 9º, *b)*.

Não falta por isso quem observe, referindo-se às disposições do Código francês, que «os próprios textos que parecem consagrar a autonomia da vontade, na realidade restringem-na»[1263]. Em França, a vontade das partes não constitui, em suma, a única medida das obrigações decorrentes do contrato[1264].

O advento, modernamente, dos contratos coletivos, dos contratos de adesão e até de contratos obrigatórios evidencia em todo o caso um certo declínio da conceção de contrato que inspirou o preceito do Código francês acima citado em primeiro lugar[1265]. No mesmo sentido concorreu a *vision morale du contrat* que, sob a influência designadamente de Georges Ripert[1266], logrou afirmar-se no Direito francês contemporâneo, bem patente no *favor debitoris* por este amplamente acolhido e nas obrigações de informação impostas aos profissionais nas relações contratuais com consumidores.

Também em Itália o contrato se distingue dos demais modos de constituição, regulação ou extinção de relações patrimoniais pelo papel nele desempenhado pela autonomia privada[1267]. Tal como em França, consagra-se no sistema jurídico transalpino o princípio da força vinculativa dos contratos[1268]. Mas também nele se entende que para a produção de um tal efeito jurídico não basta o acordo das partes: é ainda exigível, como notámos acima, uma justificação económico-social: uma *causa*. Prevê-se, por isso, um controlo jurisdicional do uso feito pelos privados da sua autonomia, tendente a verificar, *inter alia*, se os interesses prosseguidos através do contrato são «*meritevoli di tutela secondo l'ordinamento giuridico*»[1269]; controlo esse que, segundo Galgano[1270], visa proteger os próprios contraentes, em particular o mais débil. No tocante aos contratos celebrados por consumidores, tal proteção é ainda levada a efeito mediante a cominação de ineficácia das cláusulas ditas *vessatorie*[1271]. No Direito italiano, a intangibilidade da vontade individual cede, pois, como sublinha Bianca[1272], perante a exigência de justiça social.

Perante o Direito alemão contemporâneo, acentua-se igualmente na doutrina o papel do contrato como meio de conformação autónoma das relações

[1263] Rouhette, est. cit., p. 31.

[1264] Ghestin, ob. cit., pp. 159 ss.

[1265] Cfr. Muriel Fabre-Magnan, *Droit des obligations*, vol. I, pp. 76 ss.; Bénabent, *Droit des obligations*, p. 42.

[1266] Cfr. *La règle morale dans les obligations civiles*, Paris, 1949.

[1267] Haja vista ao art. 1322, nº 1, do Código Civil, que dispõe: «Le parti possono liberamente determinare il contenuto del contratto nei limiti imposti dalla legge».

[1268] Cfr. o art. 1372, nº 1, do Código Civil, cit. *supra*, § 14º, *a)*.

[1269] Cfr. o art. 1322, nº 2, do Código Civil.

[1270] *Diritto privato*, p. 250.

[1271] Cfr. *supra*, § 10º, *a)*.

[1272] *Diritto civile*, vol. 3, *Il contratto*, p. 33.

jurídicas[1273]. A consagração da liberdade contratual terá mesmo constituído, segundo o historiador do Direito Uwe Wesel, a mais importante alteração ocorrida no Direito Civil alemão no século XIX[1274]: por força dela, subordinou-se a contratação privada ao livre jogo das forças do mercado.

O conceito de contrato e as respostas dadas pela lei aos problemas por ele suscitados são, de acordo com aquele entendimento doutrinal, essencialmente determinados pela sua função de instrumento da autonomia privada[1275].

Mas também na Alemanha se reconhece há muito a necessidade de complementar essa doutrina, na definição do fundamento da eficácia dos contratos, com outros pontos de vista, nomeadamente a tutela da confiança e a justiça comutativa traduzida no equilíbrio das prestações a cargo das partes.

Alude-se a este respeito, na literatura mais recente, a uma *materialização* da autonomia privada, refletida designadamente na maior preocupação da lei e da jurisprudência com a liberdade fáctica de tomar as decisões subjacentes à contratação[1276]. Nesta ressumaria a evolução de uma *Weltanschauung* liberal, que inspirou a redação originária do Código Civil alemão, para o contemporâneo Estado social de Direito.

Em boa medida, essa evolução deu-se ao abrigo de cláusulas gerais consagradas no próprio Código Civil, como as que estabelecem a nulidade dos negócios jurídicos contrários aos bons costumes (§ 138) e o princípio da boa-fé (§ 242).

Por outro lado, a garantia constitucional da autonomia privada, tal como o princípio do Estado social, consignados respetivamente no art. 2 (1) e 20 (1) da Lei Fundamental alemã reclamariam, conforme entendeu o Tribunal Constitucional Federal na denominada *Bürgschaftsentscheidung*, que os tribunais cíveis verifiquem se um «contrato inusitadamente oneroso para uma das partes», que consagre uma «composição de interesses manifestamente desajustada», reflete uma diferença estrutural no poder negocial das partes; e que, sendo esse o caso, o corrijam ao abrigo daquelas cláusulas gerais[1277]. E declara-se ainda nessa decisão:

[1273] Veja-se, neste sentido, Werner Flume, *Allgemeiner Teil des Bürgerlichen Rechts*, vol. 2, *Das Rechtsgeschäft*, p. 4 : «Der Vertrag ist die Hauptform der privatautonomen Gestaltung. Die Idee des Vertrages ist, dass das vertraglich Vereinbarte deshalb gilt, weil die Vertragsschliessenden, ein jeder in Selbstbestimmung, vereinbart haben, das es so Rechtens sein soll». Em sentido concordante, Karl Larenz, *Richtiges Recht. Grundzüge einer Rechtsethik*, Munique, 1979, p. 60.

[1274] Cfr. *Die Geschichte des Rechts*, cit., p. 457.

[1275] Para uma síntese acerca do tema, veja-se Hannes Unberath, «Vertragsfreiheit», *in* Basedow/Hopt/Zimmermann (orgs.), *Handwörterbuch des Europäischen Privatrechts*, vol. II, pp. 1692 ss.

[1276] Ver Claus-Wilhelm Canaris, «Wandlungen des Schuldvertragsrechts – Tendenzen zu seiner "Materialisierung"», *AcP*, 2000, pp. 273 ss.

[1277] Decisão de 19 de outubro de 1993, *in BVerfGE* 89, pp. 214 ss. (p. 234).

«A Ciência do Direito Civil converge no sentido de que o princípio da boa-fé representa um limite intrínseco à liberdade de conformação dos contratos e legitima o controlo judicial do conteúdo dos mesmos.»

Noutros casos, a «materialização» da autonomia privada operou-se com base em legislação avulsa, como foi o caso da lei das cláusulas contratuais gerais e dos diplomas legais de proteção do consumidor (entretanto incorporados no BGB).

A liberdade contratual tem na Alemanha como corolários os princípios da fidelidade ao contrato («*Vertragstreue*») e da eficácia relativa das relações obrigacionais («*relativität der Schuldverhältnisse*»), a que aludimos acima. Mas também estes princípios consentem aí, como vimos, importantes desvios, ditados designadamente por considerações de justiça comutativa e pelo respeito devido ao valor da confiança legítima: o primeiro, por via da relevância atribuída ao desaparecimento da «base do negócio» («*Geschäftsgrundlage*»)[1278]; o segundo, através da sujeição dos contraentes, em determinadas condições, a deveres de proteção («*Schutzpflichten*») relativamente a terceiros[1279].

O Direito vigente em Portugal confere também um lugar central à vontade das partes na produção dos efeitos do contrato – o qual, na sua expressão mínima, se traduz na exigência de consciência da declaração, sem a qual esta não produz qualquer efeito[1280].

Por si só, a vontade humana não produz, todavia, efeitos jurídicos; antes é o Direito que se impõe às pessoas, só dele derivando esses efeitos. Nenhuma vontade, por mais esclarecida que seja, pode, aliás, ponderar e querer todos os efeitos jurídicos dela derivados[1281]. E mesmo pelo que respeita aos efeitos jurídicos estipulados pelas partes, a circunstância de eles se produzirem para além do momento da celebração do contrato e independentemente da vontade dos contraentes de se manterem vinculados demonstra que não é apenas a vontade que obriga nos contratos.

À mesma conclusão se chegará tendo presente que, por via da interpretação e da integração, se imputam no Direito português à vontade dos contraentes consequências das suas declarações que não foram rigorosamente queridas por eles[1282]. E outro tanto se infere do facto de a usura e a alteração das circunstâncias em que as partes fundaram a decisão de contratar conferirem à parte lesada o direito à modificação do contrato segundo juízos de equidade[1283].

1278 Cfr. *supra*, § 13º, *c)*.

1279 Cfr. *supra*, § 12º, *b)*.

1280 Consagrada no art. 246º do Código Civil.

1281 Neste sentido, Menezes Cordeiro, *Tratado de Direito Civil*, vol. II, p. 54.

1282 Haja vista, designadamente, aos arts. 236º e 239º do Código Civil.

1283 Cfr. os arts. 283º e 437º do Código Civil.

A liberdade contratual exerce-se, além disso, «dentro dos limites da lei»[1284], *maxime* das normas imperativas através das quais o Estado procura desempenhar as suas incumbências no domínio social e económico.

Mais recentemente, vem-se admitindo, na esteira de legislação europeia, o controlo judicial do conteúdo dos contratos à luz dos princípios constitucionais da igualdade entre os sexos e da não discriminação em razão da raça ou da etnia, os quais de igual modo importam restrições à liberdade contratual[1285].

Não é fundamentalmente diversa desta a orientação prevalecente no moderno Direito brasileiro, sobretudo após a publicação do atual Código Civil. Também no Brasil, como se viu acima, a liberdade contratual se exerce «em razão e nos limites da função social do contrato»[1286]; e também nele a lesão enorme e a onerosidade excessiva da prestação contratual a cargo do devedor constituem fundamentos de exoneração deste ou pelo menos de modificação do contrato[1287].

O exposto até aqui basta para se poder concluir que nos sistemas romano-germânicos a autonomia privada, embora constitua o esteio da contratação entre particulares, não pode hoje aspirar à condição de fundamento exclusivo da força obrigatória dos contratos[1288].

III – Nesta matéria, o Direito chinês apresenta significativas diferenças relativamente aos Direitos ocidentais.

A ideia de liberdade contratual não faz parte, com efeito, da tradição jurídica chinesa. Esta assenta ainda hoje no pensamento de Confúcio, que é fundamentalmente adverso a essa ideia[1289]. E com ela são incompatíveis certos postulados

[1284] Cfr. o art. 405º, nº 1, do Código Civil.

[1285] Cfr. a Lei nº 14/2008, de 12 de março, que proíbe e sanciona a discriminação em função do sexo no acesso a bens e serviços e seu fornecimento, transpondo para a ordem jurídica interna a Diretiva nº 2004/113/CE, do Conselho, de 13 de dezembro; e a Lei nº 93/2017, de 23 de agosto, que estabelece o regime jurídico da prevenção, da proibição e do combate à discriminação, em razão da origem racial e étnica, cor, nacionalidade, ascendência e território de origem.

[1286] Cfr. o art. 421 do Código Civil. No sentido de que a função social do contrato, no caso particular da autonomia privada, significa que o reconhecimento e o exercício desse poder, ao realizar-se na promoção da livre circulação de bens e de prestação de serviços e na auto-regulamentação das relações disso decorrentes, condicionam-se aos efeitos sociais que tal circulação possa causar, tendo em vista o bem comum e a igualdade material», veja-se Francisco Amaral, *Direito Civil. Introdução*, 8ª ed., Rio de Janeiro, 2014, p. 93.

[1287] Cfr., respetivamente, os arts. 157 e 478 do Código Civil.

[1288] Em sentido convergente, veja-se Rocío Caro Gándara, «En la secular búsqueda europea de un paradigma de justicia contractual: el enfoque de justicia relacional», *in* Sánchez Lorenzo (org.), *Derecho contractual comparado*, t. I, pp. 55 ss. (p. 86).

[1289] Neste sentido, Chaibong Hahm, «Confucianism and the concept of liberty», *Asia Europe Journal*, 2006, pp. 477 ss.; e Junwei Fu, «Towards a Social Value Convergence: a Comparative Study of Fundamental Principles of Contract Law in the EU and China», *Oxford University Comparative*

em que em alguma medida continua a radicar a economia chinesa, como o planeamento central da economia[1290].

Os *Princípios Gerais de Direito Civil da República Popular da China*, adotados em 1986, consagraram, é certo, no art. 4, o princípio da autonomia da vontade, aí dito da «voluntariedade» («*ziyuan*»). Por seu turno, a *Lei dos Contratos da República Popular da China*, adotada em 1999, estabeleceu no art. 4:

> «Uma parte tem o direito de celebrar um contrato voluntariamente ao abrigo da lei e nenhuma entidade ou indivíduo pode interferir ilicitamente com esse direito.»

Estes preceitos refletem a evolução da China, desde os anos 80, para a denominada economia socialista de mercado. A consagração neles feita da liberdade contratual, é, porém, limitada, pois apenas se refere à conclusão do contrato, e não à escolha do parceiro contratual ou à estipulação do conteúdo do contrato[1291].

Os referidos *Princípios Gerais de Direito Civil* estabelecem, com efeito, no art. 7, que os atos civis devem respeitar a moral social e não podem lesar o interesse público nem violar os planos económicos do Estado ou perturbar a ordem sócio-económica; e cominam de nulidade, no art. 58, nº 6, todos os contratos económicos que violem os planos imperativos do Estado.

Outras restrições à liberdade contratual resultam dos princípios da justiça, da boa-fé e da legalidade consagrados na Lei dos Contratos.

Assim, as partes devem, nos termos do art. 5 da Lei, conformar-se com o princípio da justiça na estipulação dos seus direitos e deveres, *v.g.* observando certa proporção no que respeita ao valor das respetivas prestações e à distribuição dos riscos contratuais; o que está em conformidade com o conceito de retidão («*yi*») proclamado pelo Confucionismo como virtude moral essencial[1292].

As partes devem, por outro lado, segundo o art. 6, observar o princípio da boa-fé no exercício dos seus direitos e no cumprimento das obrigações que sobre si impendem, solução exigida por outra virtude cardeal proclamada pelo Confucionismo: a benevolência («*ren*»), que implica igualmente as noções de fidelidade e lealdade[1293].

Law Forum, 2009 (disponível em http://ouclf.iuscomp.org), p. 3; *idem*, *Modern European and Chinese Contract Law*, cit., p. 39.

1290 Ver Huaishi Xie, «Contract Law in the Far East – China and Japan», *in International Encyclopedia of Comparative Law*, vol. XI, Tubinga/Haia, vol. VII, capítulo 6, pp. 35 ss.

1291 Junwei Fu, «Towards a Social Value Convergence», loc. cit.; *Modern European and Chinese Contract Law*, p. 40.

1292 Cfr. Junwei Fu, «Towards a Social Value Convergence», cit., p. 5; *idem*, *Modern European and Chinese Contract Law*, p. 43.

1293 Cfr. Wang Liming/Xu Chuanxi, «Fundamental Principles of China's Contract Law», *Columbia Journal of Asian Law*, 1999, pp. 1 ss. (p. 16); Simona Novaretti, «General Clauses and Practice: The

Finalmente, na conclusão e na execução do contrato, as partes devem, consoante prescreve o art. 7 da Lei dos Contratos, observar as leis e os regulamentos administrativos relevantes, bem como a moral social, e não podem perturbar a ordem social e económica, nem prejudicar o interesse público (concebido, este último, de forma muito ampla). Em ordem a assegurar o cumprimento desta disposição, o art. 127 atribui à Autoridade da Indústria e do Comércio, bem como a outras autoridades relevantes, a incumbência de «monitorar e lidar com qualquer ato ilegal que, pela conclusão de um contrato, prejudique os interesses do Estado ou os interesses públicos».

Sempre que o Estado determine, em função das suas necessidades, a aquisição de bens, as pessoas jurídicas e organizações interessadas concluirão os correspondentes contratos em conformidade com os direitos e deveres estabelecidos nas leis e nos regulamentos administrativos aplicáveis (art. 38 da Lei dos Contratos). O planeamento central da economia continua, assim, a condicionar a celebração de contratos.

São em todo o caso nulos, de acordo com o art. 52 da mesma Lei, todos os contratos que: *a)* Sejam concluídos por meio de dolo ou coação de qualquer das partes e que prejudiquem os interesses do Estado; *b)* Envolvam conluio das partes em prejuízo dos interesses do estado, da coletividade ou de um terceiro; *c)* Procurem ocultar uma finalidade ilícita sob uma forma legítima; *d)* Lesem o interesse público; ou *e)* Violem disposições imperativas da lei ou de regulamentos administrativos[1294].

Apesar de ter transposto para o seu sistema jurídico certas noções fundamentais do Direito dos Contratos dos países ocidentais (em boa parte sob a influência da Convenção de Viena Sobre a Compra e Venda Internacional de Mercadorias e dos Princípios UNIDROIT, que inspiraram visivelmente a referida Lei dos Contratos[1295]), a China manteve-se, assim, fiel à tradição confucionista, mormente por via das limitações impostas na lei à autonomia privada[1296]. Vigora por isso neste país, como observa Robert Heuser, um princípio de *liberdade contratual limitada*[1297].

IV – Um relance pelo Direito muçulmano mostra-nos que tão-pouco existe nele um princípio de liberdade contratual com a amplitude do que se encontra

Use of the Principle of Good Faith in the Decisions of Chinese Courts», *Eur. Rev. Priv. Law,* 2010, pp. 953 ss. (p. 958); e Junwei Fu, «Towards a Social Value Convergence», cit., p. 6; *idem, Modern European and Chinese Contract Law,* p. 44.

1294 Ver, sobre esta disposição, Bu (org.), *Chinese Civil Law,* pp. 41 ss.

1295 Neste sentido, Marina Timoteo, *Il contratto in Cina e Giappone nello specchio dei diritti occidentali,* p. 332.

1296 A conclusão é de Junwei Fu, «Towards a Social Value Convergence», cit., p. 17.

1297 Cfr. *Einführung in die chinesische Rechtskultur,* Hamburgo, 2002, p. 352.

consagrado nos sistemas jurídicos ocidentais[1298]. A *Xaria* assenta, com efeito (ao menos na perspetiva das escolas zahirita e hanifita), num *princípio de tipicidade* dos contratos, por força do qual só são consentidos aqueles que as fontes textuais consagram[1299].

Às partes é decerto lícito, segundo a escola hanbalita, estipular condições («*shurut*») nos contratos por si celebrados, através das quais definem os respetivos efeitos; mas estas apenas são válidas na medida em que se mostrem conformes com as regras da *Xaria* e as finalidades essenciais ou o espírito do contrato («*muqtada al-aqd*»): ao vendedor é defeso, por exemplo, estipular que o comprador não pode alienar a coisa por si comprada, uma vez que a venda confere necessariamente a este um poder absoluto sobre aquela[1300].

Por outro lado, dentro dos tipos contratuais permitidos pelo Direito muçulmano existem também restrições à liberdade contratual, relativas, designadamente, aos bens suscetíveis de serem transacionados[1301].

A filiação da *Xaria* no pensamento religioso explica as restrições por ela impostas à liberdade contratual, uma vez que esta, tomada na aceção ocidental, seria incompatível com o *controlo ético* das transações postulado pelo Islão[1302].

Essas restrições – importa notá-lo – mantêm a sua relevância mesmo nos países muçulmanos que optaram por levar a cabo uma modernização dos seus sistemas jurídicos através de codificações de modelo ocidental, de que demos conta anteriormente. Isto, por um lado, porque a *Xaria* preservou neles a sua condição de fonte (ainda que subsidiária) de Direito[1303]; e, por outro, porque, qualquer que seja o grau de vinculação dos países muçulmanos aos textos da *Xaria*, esta é inerente à vida do crente, o que por si só assegura a perenidade das

[1298] Neste sentido, Joseph Schacht, *An Introduction to Islamic Law*, reimpressão, Oxford, 1982, p. 144. Ver também, sobre o tema, Nadjma Yassari, *The Concept of Freedom of Contract in Western and Islamic Legal Cultures*, Innsbruck, 1999, pp. 109 ss.; Johannes Wichard, *Zwischen Markt und Moschee. Wirtschaftliche Bedürfnisse und religiöse Anforderungen im frühen islamischen Vertragsrecht*, Paderborn, etc., 1995, pp. 231 ss.; e Nicholas Foster, «Islamic Commercial Law (II): An Overview. Some Principles and Rules», *InDret*, 2007.

[1299] Ver, sobre o ponto, Frank E. Vogel, «Contract Law of Islam and the Arab Middle East», *IECL*, vol. VII, capítulo 7, pp. 28 s.

[1300] Cfr. Coulson, *Commercial Law in the Gulf States*, pp. 50 ss.

[1301] Está nesse caso, designadamente, a venda de bens futuros, que o Direito muçulmano restringe. Cfr., sobre o ponto, Nicholas C. Dau-Schmidt, «Forward Contracts – Prohibitions on Risk and Speculation Under Islamic Law», *Indiana Journal of Global Legal Studies*, 2012, pp. 533 ss.

[1302] Neste sentido, Schacht, ob. e loc. cit.

[1303] Haja vista, por exemplo, ao art. 1º do Código Civil egípcio, que dispõe: «À défaut d'une disposition législative applicable, le juge statuera d'après la coutume et, à son défaut, d'après les principes du droit musulman. À défaut de ces principes, le juge aura recours au droit naturel et aux règles de l'équité».

suas regras morais, as quais constituem a *pedra angular* do Direito dos Contratos no Islão[1304].

O alcance das referidas restrições é, no entanto, consideravelmente relativizado pelos autores (filiados sobretudo na escola hanbalita) que colocam em evidência a relevância atribuída pelo Direito muçulmano à formação dos contratos na base do mero consenso das partes e ao dever de cumpri-los (a que aludimos acima[1305]), dos quais extraem a admissibilidade da celebração de contratos inominados, contanto que os mesmos não violem as proibições da usura («*riba*») e da incerteza («*gharar*») nem contrariem os textos do Corão e da Suna ou os objetivos da *Xaria*[1306].

Por outro lado, aos contratos expressamente contemplados no Corão e na *Suna* do Profeta, acrescem os tipos contratuais que a analogia («*qiyas*») permitiu aos juristas construírem e que a opinião comum destes («*ijma*») validou[1307].

Mas este entendimento é rejeitado pelos juristas zahiritas e hanifitas, para quem o papel da vontade humana se limita a fazer surgir o ato jurídico; o conteúdo deste está antecipadamente fixado pela *Xaria,* não cabendo ao homem modificar, estender ou limitar os seus efeitos[1308].

A autonomia privada conhece nestes sistemas jurídicos a sua expressão mais restrita.

V – Outra, bem diversa das anteriores, é a conceção que prevalece a este respeito no Direito inglês contemporâneo, assim como no norte-americano. Estes permaneceram fundamentalmente alheios à ideia, que vingou no continente europeu, de que aos tribunais seria dado escrutinarem o exercício da autonomia privada, designadamente através das noções de causa, lesão enorme e onerosidade excessiva. Por outro lado, a adequação da *consideration* encontra-se desde sempre subtraída nesses sistemas jurídicos, como notámos, a qualquer crivo jurisdicional.

A isso não será estranha a circunstância de os juristas ingleses de Oitocentos terem recebido dos economistas liberais, com destaque para John Stuart Mill, a ideia de que o exercício da autonomia privada livre de quaisquer constrangimentos possibilitaria por si só um adequado equilíbrio dos interesses das partes no contrato. Justificou-o aquele autor nos seguintes termos:

1304 Neste sentido, Nayla Comair-Obeid, *Les contrats en droit musulman des affaires,* p. 205.

1305 Cfr., *supra,* respetivamente, §§ 5º, *a),* e 14º, *a).*

1306 Cfr. Abd El-Hassan, «Freedom of Contract, the Doctrine of Frustration, and Sanctity of Contracts in Sudan Law and Islamic Law», *Arab L.Q.,* 1985, pp. 51 ss.; Susan E. Rayner, *The Theory of Contracts in Islamic Law,* pp. 93 ss.; e Mansuri, *Islamic Law of Contracts and Business Transactions,* pp. 14 ss.

1307 Ver Coulson, *Commercial Law in the Gulf States,* pp. 27 ss.

1308 Cfr. Y. Linant de Bellefonds, *Traité de droit musulman comparé,* I, pp. 225. No mesmo sentido, referindo-se à escola hanifita, Wichard, ob. cit., pp. 254 s.

«a liberdade do indivíduo, nas coisas em que só ele é interessado, implica uma correspondente liberdade de um qualquer número de indivíduos regularem por acordo mútuo as coisas que lhes digam respeito conjuntamente, e que a mais ninguém respeitem [...] A razão para não interferir nos atos voluntários de uma pessoa, exceto para salvaguardar terceiros, é a consideração pela sua liberdade. A sua escolha voluntária é a prova de que o que escolher é desejável, ou pelo menos suportável para si, e de um modo geral atende-se melhor ao seu bem, permitindo-lhe que utilize os seus próprios meios de o buscar.»[1309]

Não faltou, é certo, quem visse na evolução do Direito dos Contratos ocorrida em Inglaterra ao longo do século XX um declínio progressivo da liberdade contratual[1310]. E nos Estados Unidos chegou a ser anunciada, nos anos 70 desse século, a «morte do contrato»[1311].

A verdade, porém, é que na sua essência o Direito inglês se manteve fiel – sobretudo no domínio comercial – a uma perspetiva marcadamente liberal dos contratos[1312]; e outro tanto se dirá do Direito norte-americano[1313]. O seu *ex libris* é o princípio da *sanctity of contracts*[1314]. Por outro lado, a imputação de efeitos ao contrato não expressa ou tacitamente queridos pelas partes, como aqueles que na Alemanha e em Portugal decorrem dos deveres acessórios de conduta decorrentes da boa-fé, só em limitada medida é admitida na lei e na jurisprudência, que procuram assim preservar o mais possível a vontade dos contraentes.

Pode assim dizer-se que a autonomia privada encontra contemporaneamente a sua consagração mais ampla nos Direitos inglês e norte-americano.

c) Tutela da confiança

I – Em segundo lugar, fundam-se os efeitos do contrato na tutela da confiança: cada contraente deve responder pelas expetativas dignas de tutela jurídica que gerar na contraparte através da sua declaração[1315].

«O contrato», escreve Manuel Carneiro da Frada, «representa um importantíssimo *Tatbestand* de confiança: para além de ato de autonomia privada, criador de nor-

[1309] Cfr. *On Liberty*, Londres, 1859, pp. 194 s.

[1310] Cfr. Atiyah, *The Rise and Fall of Freedom of Contract* (obra originariamente publicada em 1979). O autor viria posteriormente a reconhecer uma certa recuperação da liberdade contratual durante o consulado de Margareth Thatcher como Primeira-Ministra: ver *Atiyah's Introduction to the Law of Contract*, p. 16.

[1311] Cfr. Grant Gilmore, *The Death of Contract*, 2ª ed., Columbus, 1995 (a 1ª ed. data de 1974).

[1312] Assim, Sánchez Lorenzo, *El derecho inglés y los contratos internacionales*, Valencia, 2013, p. 27.

[1313] Ver Charles Fried, *Contract as Promise: A Theory of Contractual Obligation*, p. 2.

[1314] Cfr. *supra*, § 13º, *c)*, VIII.

[1315] Ver, nesta linha de orientação, Antunes Varela, *Das obrigações em geral*, vol. I, p. 226; e Menezes Cordeiro, *Tratado de Direito Civil*, vol. II, p. 57 (referindo-se ao negócio jurídico em geral).

mas de comportamento que se impõem às partes, ele configura indiscutivelmente um *elemento de confiança e estabilização de expetativas.*»[1316]

O valor da confiança manifesta-se, no Direito português, nomeadamente na disciplina legal dos problemas da formação do negócio jurídico[1317], da interpretação da declaração negocial[1318], da falta e vícios da vontade e da declaração[1319] e da representação aparente[1320]. Nele se funda, além disso, o vasto acervo de deveres pré-contratuais de conduta que vinculam reciprocamente as partes na negociação e na conclusão dos contratos[1321], assim como certos deveres de proteção e cuidado relativamente aos interesses de terceiros[1322].

Outro tanto sucede no Direito brasileiro[1323], que protege igualmente a confiança legítima, *inter alia*, através das regras relativas à interpretação da declaração de vontade[1324], ao dolo por omissão informativa[1325], à ilicitude no exercício dos direitos[1326] e à responsabilidade pré-contratual[1327].

[1316] *Teoria da confiança*, cit., p. 666.

[1317] Haja vista, designadamente, ao art. 230º, nº 1, do Código Civil, que consagra o princípio da irrevogabilidade da proposta de contrato.

[1318] Cfr. o art. 236º, nº 1, do Código Civil, que, ao consagrar a doutrina da impressão do destinatário, visa proteger a legítima confiança firmada pelo declaratário na aparência criada pelo declarante. Ver, sobre o ponto, Manuel de Andrade, *Teoria geral da relação jurídica*, vol. II, Coimbra, 1983, p. 312; António Ferrer Correia, *Erro e interpretação na teoria do negócio jurídico*, 2ª ed., Coimbra, 1985, p. 206; João Baptista Machado, «A cláusula do razoável», *in Obra dispersa*, Braga, 1991, pp. 457 ss. (p. 522); Mota Pinto, *Teoria Geral*, p. 444; e António Menezes Cordeiro, *Tratado de Direito Civil*, vol. II, p. 741.

[1319] No Código Civil, a tutela da confiança explica, por exemplo, a validade da declaração emitida com reserva mental se esta não for conhecida do declaratário (art. 244º); a responsabilidade do declarante que haja culposamente emitido uma declaração sem consciência dela (art. 246º); a exigência de acordo sobre a essencialidade do motivo como requisito da anulabilidade do negócio por erro sobre os motivos (art. 252º, nº 1); e a validade da declaração emitida com incapacidade acidental, se o facto não for notório nem conhecido do declaratário (art. 257º).

[1320] Cfr. o art. 23º, nº 1, do D.L. nº 178/86, de 3 de julho, que regulamenta o contrato de agência ou representação comercial, segundo o qual: «O negócio celebrado por um agente sem poderes de representação é eficaz perante o principal se tiverem existido razões ponderosas, objetivamente apreciadas, tendo em conta as circunstâncias do caso que justifiquem a confiança do terceiro de boa-fé na legitimidade do agente, desde que o principal tenha igualmente contribuído para fundar a confiança do terceiro».

[1321] Veja-se o art. 227º do Código Civil.

[1322] Cfr. *supra*, § 12º, *b)*, II.

[1323] Ver Judith Martins-Costa, *A boa-fé no Direito Privado. Critérios para a sua aplicação*, pp. 230 ss., sublinhando, a este propósito, a relação de interdependência entre os princípios da autonomia privada e da confiança.

[1324] Art. 112 do Código Civil.

[1325] Art. 147 do Código Civil.

[1326] Art. 187 do Código Civil.

[1327] Art. 422 do Código Civil.

Na doutrina alemã, não falta quem tenha procurado fundar na confiança a eficácia da declaração de vontade[1328] ou do contrato em geral[1329]. Uma orientação mais matizada vê nos princípios da autonomia e da proteção da confiança o fundamento da eficácia obrigatória do contrato[1330]. A tutela da confiança encontrou acolhimento normativo expresso na cláusula geral da boa-fé consignada no § 242 do BGB[1331]. Nela se funda o substancial alargamento do escopo obrigatório do contrato levado a cabo pela jurisprudência alemã ao longo de um século e acolhido no Código Civil através da *Lei de Modernização do Direito das Obrigações*: é a tutela da confiança que justifica, designadamente, a imposição aos contraentes de certos deveres acessórios de conduta perante a contraparte, tanto nos preliminares como na execução dos contratos, assim como a inclusão de terceiros na esfera de proteção do contrato[1332].

Pode ver-se uma consagração muito nítida do princípio da confiança como fundamento da eficácia dos contratos no art. 3:35 do Código Civil holandês, nos termos do qual:

> «Perante aquele que houver interpretado uma declaração ou conduta alheia em conformidade com o sentido que lhe podia ser razoavelmente atribuído nas circunstâncias ocorrentes não pode ser invocada a ausência de uma declaração de vontade com esse significado.»

Uma parte pode assim ficar vinculada a um contrato, independentemente da sua vontade real, se a outra pudesse, em face das circunstâncias, interpretar a sua declaração ou conduta como a expressão do seu consentimento[1333].

Em França, a fundamentação da força obrigatória do contrato na tutela da confiança, que goza de certo apoio na doutrina[1334], encontrou um importante ponto de apoio no novo art. 1112-1 do Código Civil, cujo § 1 estabelece que a parte que dispõe de uma informação cuja importância é determinante para o consen-

[1328] Cfr. Hermann Eichler, *Die Rechtslehre vom Vertrauen. Privatrechtliche Untersuchungen über den Schutz des Vertrauens*, Tubinga, 1950, pp. 106 s.; Götz von Craushaar, *Der Einfluss des Vertrauens auf die Privatrechtsbildung*, Munique, 1969, pp. 35 ss. e 58.

[1329] Cfr. Zweigert/Kötz, *Einführung in die Rechtsvergleichung*, p. 318.

[1330] Cfr. Reinhold Zippelius, *Rechtsphilosophie*, 3ª ed., Munique, 1994, p. 220.

[1331] Ver, neste sentido, Wolf/Neuner, *Allgemeiner Teil*, p. 112.

[1332] Recorde-se, a este respeito, o § 311 (3) do BGB, segundo o qual pode constituir-se uma relação obrigacional integrada pelos deveres de consideração pelos direitos, bens jurídicos e interesses alheios a que alude o § 241 (2) em relação a pessoas que não sejam partes no contrato, mas em quem haja sido depositada particular confiança e que, dessa forma, hajam influenciado consideravelmente as negociações ou a conclusão do mesmo.

[1333] Cfr. Hartkamp, *Contract Law in the Netherlands*, p. 45.

[1334] Ver Muriel Frabre-Magnan, *Droit des obligations*, vol I, p. 95.

timento da outra deve transmitir-lha, contanto que esta, legitimamente, ignore essa informação ou confie no seu cocontraente.

A tutela da confiança dificilmente pode ser aceite, todavia, como fundamento único da eficácia dos contratos. *De jure condendo*, dada a dificuldade em prová-la e avaliá-la e também porque o promissário deve ter o direito de confiar na promessa independentemente da credibilidade que, em concreto, lhe mereça o promitente[1335]; não pode a confiança, por isso, constituir a causa (*hoc sensu*) da vinculação, que antes radica no ato de autovinculação em que se consubstancia a promessa. *De jure condito*, porque no Direito vigente a vinculação assumida por contrato é independente de o promissário ter efetivamente confiado na promessa contratual[1336]. Neste domínio, a confiança só pode constituir, por isso, uma explicação para soluções pontuais da lei; não o fundamento geral dos efeitos jurídicos do contrato.

II – Também nos sistemas de *Common Law* tiveram eco as teorias que procuram fundar a força vinculativa dos contratos na ideia de tutela da confiança. Com efeito, esta é aí tida como essencial ao funcionamento regular de uma economia baseada no crédito, que necessariamente depende de as expetativas induzidas nos agentes económicos através de promessas contratuais não serem defraudadas[1337].

É, designadamente, na tutela da confiança que se funda o reconhecimento, no Direito norte-americano, de certos efeitos às promessas contratuais não negociadas (*«unbargained-for promises»*) por via do denominado *promissory estoppel*, a que, como vimos, o § 90(1) do *Restatement 2nd of Contracts* deu acolhimento[1338].

Mas a tutela da confiança está muito longe de ter gerado nesses sistemas os desenvolvimentos que lhe são atribuíveis nos Direitos de base romanista, em particular aqueles que se traduzem na constituição de uma relação jurídica obrigacional pelo mero estabelecimento de negociações contratuais, integrada por deveres de informação, lealdade e proteção fundados na salvaguarda das expetativas legítimas da contraparte e na correlativa responsabilidade pela violação de tais deveres *in contrahendo*, cominada designadamente pelos Direitos alemão,

[1335] Cfr. Baptista Machado, «Tutela da confiança e "venire contra factum proprium"», *in Obra dispersa*, cit., vol. I, pp. 345 ss. (p. 359).

[1336] Neste sentido depõem os arts. 245º e 246º do Código Civil português: o primeiro, porque dele se deduz que a declaração não séria é nula, ainda que feita em circunstâncias que hajam induzido o declaratário a confiar na sua seriedade; o segundo, porque exige a consciência da declaração.

[1337] Na doutrina norte-americana avulta a este respeito o já citado estudo de Lon Fuller e William Pardue, publicado em 1936, «The Reliance Interest in Contract Damages», *Yale Law Journal*, 1936, pp. 52 ss. e 373 ss. Na doutrina inglesa sobressai, em defesa da relevância da confiança como fundamento da eficácia dos contratos, *Atiyah's Introduction to the Law of Contract*, pp. 3 ss.

[1338] Cfr. *supra*, § 7º, *b)*, II.

italiano, português e brasileiro[1339]. Ao que não será estranha uma certa reserva do pensamento liberal relativamente à proteção irrestrita de expetativas não contratuais, tida como fundamentalmente incompatível com o funcionamento livre do mercado[1340].

d) Equilíbrio das prestações

I – Em terceiro lugar, avulta neste domínio uma ideia de justiça comutativa, expressa nomeadamente nas regras que visam assegurar o *equilíbrio das prestações*: nos contratos onerosos comutativos, à prestação de cada um dos contraentes deve corresponder, por parte do outro contraente, uma prestação de valor proporcional.

Embora a conceção que esteve na raiz do BGB colocasse o acento tónico na denominada «justiça processual» ou «formal» do contrato, traduzida, *v.g.*, na ausência de vícios da vontade, a evolução registada no Direito Civil alemão ao longo do século XX, culminando na *Modernização do Direito das Obrigações*, que como vimos acolheu no Código a chamada «perturbação da base negocial» («*Störung der Geschäftsgrundlage*») e o controlo do conteúdo das cláusulas contratuais gerais (nomeadamente sob o prisma da ocorrência de um «prejuízo desproporcionado» para uma das partes), denota uma crescente preocupação com a «justiça material» ou «substantiva». Também nisso se reflete a aludida «materialização» do Direito dos Contratos.

Compreende-se assim que, para Karl Larenz[1341] e Manfred Wolf[1342], o Direito alemão dos contratos assente hoje na conjugação dos princípios da autonomia privada e da confiança com o do equilíbrio das prestações[1343].

No Direito português, em parte por influência alemã, o princípio do equilíbrio das prestações está subjacente às regras, atrás analisadas, que disciplinam, designadamente, a interpretação dos negócios jurídicos, a usura e a alteração das circunstâncias em que as partes fundaram a decisão de contratar[1344]. Outro

[1339] Vejam-se as considerações a este respeito tecidas por Lord Ackner no caso *Walford v. Miles*, de que demos conta *supra*, § 7º, *b)*, I.

[1340] Cfr. F. A. Hayek, *Law, Legislation and Liberty*, cit., vol. I, pp. 102 s., e vol. II, pp. 124 s.

[1341] Cfr. *Richtiges Recht*, cit., p. 79, e *Allgemeiner Teil des deutschen Bürgerlichen Rechts*, 7ª ed., Munique, 1989, p. 48, onde o autor escreveu: «Das Vertragsrecht des BGB kann weder aus dem Prinzip der Privatautonomie – so zentral dieses ist –, noch aus dem Vertrauensprinzip, noch aus dem Prinzip der ausgleichenden Vertragsgerechtigkeit allein, sondern aus dem Zusammenspiel dieser Prinzipien verstanden werden».

[1342] Cfr. Larenz/Wolf, *Allgemeiner Teil des Bürgerlichen Rechts*, pp. 29 e 481 ss.

[1343] Veja-se ainda, na mesma linha fundamental de orientação, Franz Bydlinski, *Privatautonomie und objektive Grundlagen des verpflichtenden Rechtsgeschäfts*, Viena/Nova Iorque, 1967, pp. 56 ss.

[1344] Ver, neste sentido, Rui Pinto Duarte, «O equilíbrio contratual como princípio jurídico», *in Escritos jurídicos vários 2000-2015*, Coimbra, 2015, pp. 685 ss., que sublinha: «o princípio não exige

tanto sucede no Brasil, em razão da norma do Código Civil relativa à lesão, a que fizemos referência oportunamente[1345].

Também em França se entende hoje que a *justiça contratual*, traduzida num certo equilíbrio entre as prestações das partes nos contratos onerosos, é fundamento da força obrigatória reconhecida ao contrato. «O contrato», escreve Jacques Ghestin, «não é vinculativo senão na medida em que for justo»[1346]. É certo que, como se viu acima, durante muito tempo apenas o desequilíbrio originário das prestações contratuais, e não o superveniente, teve relevância no Direito Civil francês. Em certos casos, a *Cour de Cassation* admitiu que uma obrigação seria desprovida de causa se não tivesse qualquer contrapartida[1347]; mas recusou-se até recentemente a apreciar a equivalência das prestações por apelo à noção de causa. Está-se em todo o caso muito longe da ideia, sustentada nos primórdios do século XX, conforme a qual «*qui dit contractuel dit juste*»[1348]. Disso constitui evidência a jurisprudência da Cassação que, desde 2004, vem impondo às partes uma obrigação de renegociação do contrato, quando se mostre que a prestação de uma das partes é desproporcionada relativamente à da outra. No mesmo se sentido se orientou a reforma do Direito francês das Obrigações entretanto publicada, a qual inseriu no art. 1195 do Código Civil, como vimos, a possibilidade de revisão ou resolução do contrato por alteração de circunstâncias que torne a execução da prestação excessivamente onerosa.

II – Diferentemente, nos Direitos inglês e dos Estados Unidos, predomina ainda a orientação que postula a restrição do exame da justiça contratual a critérios processuais ou formais, por contraposição à justiça substantiva reclamada pelos sistemas continentais.

que os valores das prestações sejam iguais, mas antes limita a desigualdade, por um lado, em função do seu grau e, por outro, em função da correspondência desses valores com a vontade das partes».

1345 Cfr. *supra*, § 13º, *a)*.

1346 Cfr. «Contrat», cit., p. 280: «Le contrat n'est obligatoire que s'il est juste». Ver ainda, no mesmo sentido, Jacques Ghestin, «La notion de contrat», cit., pp. 149 s.; *Traité de droit civil. La formation du contrat*, t. 1, pp. 273 ss.; e Jacques Ghestin/Christophe Jamin, «Le juste et l 'utile dans les effets du contrat», *in* António Pinto Monteiro (coordenador), *Contratos: actualidade e evolução*, Porto, 1997, pp. 123 ss.

1347 Assim, por exemplo, uma cláusula de não concorrência constante de um contrato de trabalho será nula se for desprovida de qualquer contrapartida financeira paga pelo empregador: cfr o ac. da Câmara Social da Cassação de 10 de juho de 2002, *D.*, 2002, p. 2491, em que se declara: «une clause de non-concurrence n'est licite que si elle est indispensable à la protection des intérêts légitimes de l'entreprise, limitée dans le temps et dans l'espace, qu'elle tient compte des spécificités de l'emploi du salarié et comporte l'obligation pour l'employeur de verser au salarié une contrepartie financière, ces conditions étant cumulatives».

1348 Cfr. Alfred Fouillée, *La science sociale contemporaine*, 5ª ed., Paris, 1910, p. 410. VER

Como se viu acima, nos Direitos anglo-saxónicos o equilíbrio das prestações não é requisito de eficácia do contrato nem critério de interpretação deste. É o que resulta, designadamente, da irrelevância da «adequação» da *consideration*. As figuras do *Common Law* que, em situações pontuais, permitem dar alguma proteção à parte lesada em virtude de um contrato iníquo (como a *undue influence* e a *unconscionability*) estão, sob este ponto de vista, muito longe das regras continentais sobre a lesão e a usura.

Por outro lado, a onerosidade excessiva da prestação devida por uma das partes, ainda que decorrente de uma alteração anómala de circunstâncias, só constitui fundamento de modificação ou resolução do contrato dentro dos apertados pressupostos em que opera a doutrina da *frustration of contracts* ou nos casos em que as partes lhe hajam expressamente atribuído relevância no quadro de uma cláusula de *hardship*.

Não surpreende assim que para alguns seja o *interesse* – e não a *justiça* ou o equilíbrio sinalagmático das prestações – a razão de ser precípua da vinculação ao contrato no Direito inglês[1349].

g) *Eficiência económica*

Uma outra ordem de explicações para a força vinculativa dos contratos apela preferentemente à ideia de eficiência económica. Trata-se da orientação sufragada pelos autores que se integram na chamada *análise económica do Direito*, para os quais este consistiria fundamentalmente num sistema de regras destinadas a maximizar a utilização eficiente dos recursos económicos, através da eliminação ou da redução dos custos das transações[1350].

Esta orientação entronca na *conceção utilitária do Direito*, que impregnou especialmente os sistemas jurídicos anglo-saxónicos[1351]. Compreende-se, por isso, que ela haja assumido particular relevo nos Estados Unidos, onde diversos autores têm procurado explicar as regras e os institutos do Direito Contratual vigente à luz da ideia de eficiência económica[1352]. Assim sucederia, *v.g.*, no tocante a figuras

[1349] Neste sentido, Sánchez Lorenzo, *El derecho inglés y los contratos internacionales*, p. 27.

[1350] Cfr. o vol. I desta obra, § 38º, *f*), e a bibliografia aí citada.

[1351] Conceção essa que, como se sabe, remonta a Jeremy Bentham. Veja-se, desse autor, *Theory of Legislation*, 2ª ed., 1871, p. 194, onde se pode ler : «It is thus that the whole theory of obligations may be made to rest upon the basis of utility [...]. The pact serves to prove the existence of a mutual advantage on the part of the contractors. It is this reason of utility which gives the contract all its force ; thereby it is that the cases are distinguished in which a contract ought to be confirmed, as well as those in which it ought to be annuled».

[1352] Ver, em especial, Richard Posner, *Economic Analysis of Law*, , pp. 115 ss., que escreve: «The basic aim of contract law (as recognized since Hobbes's day) is, by deterring people from behaving opportunistically toward their contracting parties, to encourage the optimal timing of economic activity and (the same point) obviate costly self-protective measures». Vejam-se ainda Michael

como a *consideration*, o *promissory estoppel*, os *implied terms*, etc.[1353]. O contrato seria o instrumento preferencial de uma repartição eficiente dos recursos económicos. Nesta perspetiva, as restrições à liberdade contratual deveriam cingir-se ao mínimo indispensável[1354].

A ênfase posta pelos sistemas de *Common Law* no funcionamento eficiente do mercado explicará também o caráter estrito das obrigações contratuais nesses sistemas e o regime do respetivo *enforcement*, que como vimos acima abstrai, por via de regra, de considerações éticas[1355].

É o que sucede, designadamente, no tocante à onerosidade excessiva, que por si só não libera o devedor (salvo tendo as partes estipulado uma cláusula de *hardship*); e em matéria de incumprimento, na medida em que, como vimos, a ausência de culpa do devedor inadimplente não o exonera de responsabilidade (exceto nos casos de *force majeure*). Outro tanto pode dizer-se da denominada *efficient breach of contract* e da excecionalidade de que se revestem nos sistemas de *Common Law* os mecanismos de execução específica do contrato.

A verdade, porém, é que nem todas as regras do Direito dos Contratos podem ser adequadamente explicadas deste modo[1356]. Nos Estados Unidos, por exemplo, a doutrina da *unconscionability* foi, como vimos, modelada de modo a permitir aos tribunais a recusa de efeitos a cláusulas contratuais seriamente injustas[1357]. Ora,

Trebilcock, *The Limits of Freedom of Contract*, Cambridge, Massachussets, 1993, *passim*; e Robert Cooter/Thomas Ulen, *Law & Economics*, cit., 2004, pp. 188 ss.

1353 A orientação em exame teve certo eco na Europa: cfr., na doutrina alemã, Hans-Bernd Schäfer/Claus Ott, *Lehrbuch der ökonomischen Analyse des Zivilrechts*, 4ª ed., Berlim/Heidelberga, 2005, pp. 393 ss.; e na doutrina portuguesa, os estudos de Fernando Araújo, «Da tutela negativa da confiança ao "paradoxo da indemnização": uma análise económica dos contratos», *in Estudos em memória do Professor Doutor António Marques dos Santos*, vol. II, Coimbra, 2005, pp. 441 ss.; «A eficiência do "anti-seguro" e da "responsabilidade decrescente": uma análise económica dos contratos – II», *in Estudos jurídicos e económicos em homenagem ao Prof. Doutor António de Sousa Franco*, Lisboa, 2006, pp. 905 ss.; e *Teoria económica do contrato*, *passim*.

1354 Cfr. Michael J. Trebilcock, *The Limits of Freedom of Contract*, cit.

1355 Haja vista à decisão proferida pelo Supremo Tribunal dos Estados Unidos no caso *American Airlines v. Wolens* 513 U.S. 219 (1995), em que a Juíza Ruth Ginsburg afirmou: «Market efficiency requires effective means to enforce private agreements». Pretendia-se assim justificar a vinculação daquela companhia aérea norte-americana a certos compromissos assumidos perante os seus clientes no âmbito de um programa de passageiro frequente, não obstante a liberalização da sua atividade levada a cabo em 1978 pelo *Airline Deregulation Act*. Sobre a importância do *enforcement* dos contratos como condição do funcionamento eficiente da economia veja-se ainda o relatório do Banco Mundial intitulado *Doing Business 2015: Going Beyond Efficiency*, disponível em http://www.doingbusiness.org.

1356 Reconhece-o abertamente, por exemplo, Eric Posner, «Economic Analysis of Contract Law After Three Decades: Success or Failure?», *Yale L.J.*, 2003, pp. 829 ss.

1357 Cfr. *supra*, § 13º, *b)*, X.

como nota James Gordley[1358], «se tudo o que importa é a eficiência, é difícil ver como pode um contrato ser injusto ou porque é que isso há de ser relevante».

Por outro lado, a ideia de eficiência económica dificilmente permite explicar, como adverte o mesmo autor[1359], a relevância conferida pelo Direito vigente ao interesse de cumprimento na determinação da indemnização devida pelo inadimplemento contratual. Se alguém cancela uma encomenda antes de o bem encomendado ser entregue e o vendedor consegue vendê-lo a um terceiro, o vendedor não incorre em qualquer custo adicional em virtude do cancelamento. No entanto, o Direito vigente permite-lhe exigir uma indemnização por incumprimento. O adquirente do bem terá assim um custo se não tiver o direito de cancelar a encomenda. Ora, se (como sustenta a *análise económica do Direito*) o risco contratual deve ser distribuído entre as partes por forma a ser suportado por aquela que estiver em condições de fazê-lo com menores custos, o adquirente deveria ter esse direito, nas circunstâncias descritas, sem ter de pagar qualquer indemnização.

A isto acresce que não se afigura muito conforme com a realidade o modelo do *homo economicus* em que assenta a doutrina em apreço, segundo a qual os agentes económicos se apresentam, na negociação e celebração de contratos, como sujeitos inteiramente racionais e capazes de otimizarem a utilização dos recursos escassos ao seu dispor; ora, faltando esse pressuposto, como não raro sucede, dificilmente podem a lei ou os tribunais tomar como critério de solução as orientações propugnadas pela análise económica do Direito.

Se atentarmos agora nos sistemas jurídicos continentais, a conclusão não pode deixar de ser a mesma. Porquanto, pese embora a indiscutível valia da análise económica do Direito como elemento coadjuvante da formulação de opções político-legislativas, mesmo no domínio do Direito dos Contratos, não se vê como possam a eficiência económica e o bem-estar social por esta eventualmente proporcionado ser elevados a finalidades exclusivas deste ramo do Direito e a explicações únicas da eficácia por ele conferida (ou não) às concretas expressões da autonomia privada[1360].

A demonstrá-lo aí está, por exemplo, a circunstância de, no Direito português, a dissimulação do erro do declarante, pelo declatarário ou por terceiro, ser expressamente qualificada como dolo e de, portanto, poder determinar a anulação da declaração negocial, ainda que certo esclarecimento devido ao declarante pelo declaratário possa implicar a transmissão ao primeiro, a título gratuito, de

[1358] Cfr. «Contract», in Peter Cane/Mark Tushnet (orgs.), *The Oxford Handbook of Legal Studies*, Oxford, 2003, pp. 33 s.

[1359] Est. cit., p. 18.

[1360] Neste sentido nos pronunciámos já no vol. I desta obra, § 38º, *f)*. Na mesma linha fundamental de orientação, veja-se Paulo Mota Pinto, *Interesse contratual negativo e interesse contratual positivo*, vol. I, pp. 42 ss.

informação sobre o objeto do contrato para cuja aquisição o segundo haja incorrido em despesa[1361], solução insuscetível de ser justificada sob o prisma da afetação eficiente de recursos económicos.

f) Conclusão

A análise antecedente permite concluir que não há, nos sistemas jurídicos aqui examinados, um princípio único ao qual se deixe reconduzir a força vinculativa dos contratos. Pelo contrário: os efeitos produzidos pelos contratos, o âmbito destes e os limites a que se sujeitam resultam da conjugação de diferentes princípios, que em parte são até antagónicos entre si. Essa conjugação dá-se, por outro lado, de formas diversas nos sistemas jurídicos analisados, daí resultando os diferentes conceitos de contrato que a comparação jurídica coloca em evidência. Uma teorização do contrato de âmbito universal é assim, como se reconhece num estudo comparativo recente[1362], um exercício inviável: o contrato é um instrumento de regulação da interação social e, como tal, a sua índole é eminentemente variável no tempo e no espaço.

§ 16º Síntese comparativa

I – Nos sistemas romano-germânicos o contrato é essencialmente, como se viu acima, um acordo de vontades. O fundamento da sua eficácia jurídica é, antes de mais, a própria vontade das partes; mas essa eficácia assenta também numa ideia de equidade, traduzida na preservação de um certo equilíbrio entre as prestações contratuais. Admite-se, por isso, com certa latitude, a intervenção dos tribunais na conformação do conteúdo contratual, quer imputando-lhe efeitos (mormente deveres acessórios de conduta) não convencionados pelas partes, quer modificando-o em ordem a ajustá-lo a novas circunstâncias, quer ainda recusando-lhe efeitos quando não seja possível assegurar de outro modo o referido equilíbrio.

Diferentemente, nos sistemas de *Common Law* não basta um acordo de vontades a fim de que se forme um contrato (aí predominantemente definido como uma promessa ou conjunto de promessas reconhecidas pelo Direito como vinculativas). Para este efeito, é necessário que à promessa de uma das partes corresponda uma contrapartida («*consideration*») da outra ou que, em alternativa, seja observada uma forma especial na sua celebração. A fim de que possa obrigar, o contrato pressupõe assim, por via de regra, uma troca («*exchange*») em sentido económico. O Direito dos Contratos é, nesses sistemas, fundamentalmente um Direito das trocas entre privados. Os tribunais ingleses e americanos não podem,

[1361] Cfr. os arts. 253º, nº 1, e 254º, nº 1, do Código Civil.

[1362] Martin Hogg, *Promises and Contract Law. Comparative Perspectives*, p. 173.

contudo, controlar ou adaptar os contratos em ordem a assegurar a *substantive fairness* dessas trocas: o valor da contrapartida que cada uma das partes obtém pela sua própria prestação é, em princípio, matéria que apenas a cada uma delas compete ajuizar. Além disso, a *frustration of contracts* apenas tem lugar dentro de pressupostos muito apertados; e a *privity of contracts* impede, em princípio, a vinculação de terceiros por contratos de que não sejam partes: se os contraentes se vinculam por sua vontade, devem eles, e só eles, ficar adstritos às suas estipulações. Embora não possa dizer-se que o contrato é nestes sistemas jurídicos uma pura expressão da autonomia da vontade, a sua eficácia repousa, assim, muito mais acentuadamente na vontade das partes e os desvios à estabilidade e à relatividade dos contratos são neles muito mais limitados do que nos sistemas romano-germânicos.

No Direito chinês, a conclusão do contrato é também, em princípio, fruto da vontade das partes; mas são estabelecidas pela lei fortes restrições à livre conformação do seu conteúdo e à própria liberdade de celebração dos contratos, que tem de se conformar com os planos estaduais.

O Islão consente também, como se viu, a celebração de contratos; mas tão só daqueles que a *Xaria* tipifica ou que o costume ou o consenso dos juristas qualificados consagraram. E mesmo no tocante a estes com sujeição a estritas exigências no tocante à equivalência das prestações acordadas pelas partes e à certeza das obrigações por elas assumidas; o que implica a exclusão de todas as transações tidas como iníquas ou especulativas. Não obstante a inegável influência exercida sobre os sistemas jurídicos muçulmanos pelo Direito dos Contratos dos países ocidentais, é naqueles que encontramos hoje o padrão mais exigente de aferição da licitude das manifestações possíveis da autonomia privada.

II – No tocante ao controlo pelos tribunais da justiça comutativa no contrato, a análise acima empreendida permite identificar quatro modelos fundamentais, que podemos enunciar do seguinte modo, por ordem decrescente do rigor com que visam assegurá-la: *a)* O dos sistemas muçulmanos, em que todo o ganho obtido à custa alheia ao qual não corresponda uma contrapartida adequada («*riba*») é tido como ilícito, sendo nulos os contratos que visem possibilitá-lo; *b)* O dos sistemas, como o austríaco e o brasileiro, que consagram a ineficácia do contrato por *lesão enorme* quando as prestações a cargo das partes se mostrem gravemente desproporcionadas; *c)* O daqueloutros, como era originariamente o alemão, em que apenas se admite a ineficácia de um contrato em que se registe essa disparidade quando estejam preenchidos os requisitos da *usura*, i. é, quando uma das partes tenha tirado partido da situação de especial desvantagem em que uma das partes se encontrava a fim de conseguir um contrato iníquo; e *d)* O dos sistemas de *Common Law*, em que a ausência de equilíbrio entre as prestações não é, em princípio, motivo de ineficácia do contrato. A evolução nos sistemas jurídicos da Europa continental é, como o evidencia o recente código húngaro, no sentido de um retorno ao segundo modelo, que prevaleceu antes do advento dos Códigos Civis do século XIX.

III – Pelo que respeita ao escopo do contrato, notam-se também nos sistemas aqui examinados tendências de sinal oposto.

Os sistemas romanistas caraterizam-se de um modo geral por um alargamento do conteúdo obrigatório do contrato, levado a efeito, na Alemanha, sobretudo por via da cláusula geral da *boa-fé* e, em França, através da regra conforme a qual contratos obrigam não apenas ao que neles se encontra expresso, mas ainda às consequências que lhes imputem a *equidade*. O que permitiu à jurisprudência desses países, ao longo do último século, integrar nele um vasto leque de *deveres acessórios de conduta* que vinculam as partes não só na execução das obrigações dele decorrentes, mas também nos preliminares e na conclusão dele e até após o cumprimento dos deveres principais de prestação, dando assim lugar, segundo alguns, a um fenómeno de *pós-eficácia*. Essa vinculação opera, aliás, não apenas nas relações dos contraentes entre si, mas também perante terceiros que, não sendo partes no contrato, de alguma sorte gravitam em torno dele e podem, por isso, ser afetados pela execução das prestações convencionadas pelas partes: é o que sucede, designadamente, no caso dos denominados *contratos com eficácia de proteção de terceiros*.

Concomitantemente, observa-se em vários dos sistemas referidos, em especial o alemão, o português e o brasileiro, um certo enfraquecimento da vinculação das partes aos seus deveres de prestação, em virtude da admissão, com considerável amplitude, da revisão e da resolução dos contratos em caso de *alteração das circunstâncias* em que as partes fundaram a decisão de contratar, da qual decorra um aumento da onerosidade da prestação ou das prestações a cargo de uma delas.

Estes fenómenos não têm paralelo nos sistemas de *Common Law*, que se mantiveram mais estritamente fiéis aos princípios da autonomia privada e da relatividade dos contratos e que se mostram, por conseguinte, muito mais relutantes em admitirem a sujeição das partes a deveres de conduta por elas não expressa ou implicitamente convencionados. Para tanto contribuiu decisivamente a ausência nesses sistemas jurídicos, em particular no inglês, de uma cláusula geral de boa-fé como a que vigora hoje em boa parte dos Direitos continentais. Esta circunstância reflete-se também na ausência de uma regra que preveja a adaptação dos contratos com fundamento em *hardship* sempre que falte uma estipulação das partes nesse sentido.

As *fronteiras do contrato* – podemos agora afirmá-lo com segurança – não são as mesmas em todos os sistemas jurídicos aqui examinados.

IV – A obrigação contratual revela-se, além disso, estruturalmente diversa nestas duas tradições jurídicas: ao passo que nos sistemas de *Civil Law* ela se traduz, por via de regra, na promessa recíproca de certa conduta, nos de *Common Law* uma das partes garante à outra certo resultado da execução da prestação a seu cargo. Correspondentemente, diferem também as consequências do incumprimento do contrato nos sistemas jurídicos em apreço.

Assim, no Direito anglo-americano qualquer desvio à *strict performance* do programa obrigacional é, independentemente de culpa do devedor, suscetível de originar a obrigação de indemnizar o dano causado ao credor; mas não há lugar, salvo contadas hipóteses, à execução específica do contrato e este só pode ser resolvido pelo credor quando o incumprimento assuma certa gravidade, designadamente por respeitar a uma *condition*.

Já nos sistemas romanistas a imputação ao devedor inadimplente dos danos causados ao credor pressupõe a culpa do primeiro, que se tem em regra por excluída quando ocorra a impossibilidade objetiva da prestação; a indemnização em dinheiro tem, por outro lado, caráter subsidiário, em virtude do princípio do primado do cumprimento natural. Admite-se com certa largueza a execução específica das prestações em falta; mas esta não pode ser reclamada quando o seu cumprimento se revele *objetivamente impossível*; e a resolução do contrato por incumprimento deve geralmente ser precedida da fixação de um prazo suplementar destinado a conferir ao devedor uma *segunda oportunidade* de realizar a prestação, que inexiste nos sistemas de *Common Law*.

V – Estas diferenças de regime não são reconduzíveis a meros aspetos de técnica jurídica, antes radicam em razões mais profundas, de índole histórica, filosófica e ideológica.

São, com efeito, muito diferentes as conceções prevalecentes nos sistemas jurídicos em apreço quanto ao grau de respeito devido à *liberdade contratual* e à *força vinculativa* do contrato. Esse respeito tende a ser maior nos sistemas de *Common Law*, onde, como notámos, se proclama a «*sanctity*» dos contratos, do que nos sistemas continentais, em consonância com o individualismo que inspira os primeiros[1363], o qual constitui um dos traços mais marcantes do denominado «espírito inglês»[1364].

[1363] Sobre a *sanctity of contracts* como ideia-força de uma conceção individualista do Direito dos contratos, vejam-se Adams/Brownsword, «The Ideologies of Contract», *Legal Studies*, 1987, pp. 205 ss. (especialmente pp. 208 ss.); *idem*, *Understanding Contract Law*, pp. 194 ss. A respeito da ligação do *Common Law* com o espírito inglês pode ver-se Castro Mendes, *Direito Comparado* (revisto e atualizado por Maria Fernanda Rodrigues e Armindo Ribeiro Mendes), Lisboa, 1985, pp. 172 e 176 ss.

O Direito dos Contratos dos sistemas romano-germânicos é, em larga medida, tributário da ética contratual formulada por S. Tomás de Aquino (inspirando-se em Aristóteles[1365]), a qual postula, como corolário da justiça comutativa, que se observe uma certa proporção no valor das prestações contratuais[1366]. Subjaz àqueles sistemas, assim, uma *visão moral do contrato*[1367], que explica não apenas a preocupação com o equilíbrio das prestações, mas também o *favor debitoris* e as demais manifestações de *solidarismo contratual* de que se deu conta acima.

Ora, os juristas anglo-saxónicos do séc. XIX, como Anson e Pollock, que lançaram as bases do atual Direito dos Contratos dos sistemas de *Common Law* não foram recetivos a essa conceção acerca das relações entre os contraentes, a qual se afigurava demasiado paternalista ao pensamento dominante na época[1368]. No mesmo sentido concorreu nos Estados Unidos o pensamento marcadamente hostil a toda a fundamentação da ordem jurídica em princípios éticos, que aflora designadamente na obra de Oliver Wendell Holmes[1369] e de Roscoe Pound[1370], segundo o qual o Direito é sobretudo a expressão normativa de necessidades sociais, tal como os juízes as interpretam. É este utilitarismo que explica não apenas a exigência da *consideration* e a ausência de deveres de respeito pelos interesses da contraparte, mas também a inexistência, em princípio, de execução específica do contrato, a qual permite ao contraente que disponha de uma alternativa mais compensadora optar pela *efficient breach* das obrigações contratuais por si assumidas, ainda que arcando com a responsabilidade a isso inerente.

1364 Para uma definição do espírito inglês, consulte-se Alfred Leslie Rowse, *The English Spirit*, Londres, 1946, p. 36, que escreve: «at the core of the English spirit is happiness, a deep source of inner contentment with life, which explains the Englishman's profoundest wish, to be left alone, and his willingness to leave others to their own devices so long as they do not trouble his repose».

1365 Cfr. *Ética a Nicómaco*, Livro V, Capítulo V, 1133a33 (na tradução portuguesa, por António C. Caeiro, Lisboa, 2004, p. 118): «Quando se estabelece a igualdade, há uma justa retribuição proporcional de acção recíproca, de tal sorte que, assim como o agricultor está para o sapateiro, também parte do trabalho do sapateiro está para parte do trabalho do agricultor».

1366 Cfr. *Summa Theologica*, (ed. bilingue, em português e latim, com tradução de Alexandre Corrêa, 2ª ed., Porto Alegre, 1980), parte II-II, questão 77, art. 1: «se o preço exceder a quantidade do valor da coisa ou se, inversamente, a coisa exceder o preço, desaparece a igualdade da justiça. Por onde, vender mais caro ou comprar mais barato do que a coisa vale é em si mesmo injusto e ilícito».

1367 Assim Rémy Cabrillac, *Droit européen comparé des contrats*, Paris, 2012, p. 23.

1368 Reconhece-o, por exemplo, James Gordley, *The Philosophical Origins of Modern Contract Doctrine*, cit., pp. 146 ss. e 201 ss.

1369 Cfr. *The Common Law*, p. 5: «The life of the law has not been logic: it has been experience»; e p. 32: «Every important principle which is developed by litigation is in fact and at bottom the result of more or less definitely understood views of public policy».

1370 Cfr. *An Introduction to the Philosophy of Law*, New Haven/Londres, 1982, p. 47: «I am content to think of law as a social institution to satisfy social wants – the claims and demands and expectations involved in the existence of civilized society».

Não falta é certo quem, na literatura jurídica norte-americana, tenha tentado fundar a eficácia vinculativa das promessas contratuais num princípio moral: a obrigação de manter a palavra dada através de uma promessa voluntariamente assumida («*promise principle*»)[1371]. A conformidade desta tese com o Direito positivo não deixou, todavia, de suscitar sérias reservas na própria doutrina norte-americana[1372]. A recondução do contrato à promessa e da sancionabilidade do seu incumprimento ao valor moral desta apenas é possível, com efeito, desvalorizando a relevância da exigência de *consideration*: é que, como essa figura sobejamente evidencia, a força vinculativa do contrato não radica, nos sistemas de *Common Law*, na promessa em si, mas antes na troca económica que ela consubstancia[1373]. E tanto basta para que o referido princípio moral se deva ter como insuficiente a fim de fundamentar, nesses sistemas, a eficácia do contrato.

Nos sistemas muçulmanos, as restrições impostas à liberdade contratual fundam-se na natureza revelada da *Xaria* e na visão teocêntrica da vida em sociedade que lhe subjaz, à qual é alheia a noção ocidental de que os indivíduos são os melhores juízes dos seus próprios interesses e de que lhes pertence, por conseguinte, uma ampla esfera de autodeterminação. No mesmo sentido concorre a *ética de solidariedade* própria do Islão, que proscreve todo o ganho injusto à custa alheia e reclama a proteção do contraente mais fraco contra quaisquer formas de exploração.

Na China, é o pensamento confucionista e a sua tradição de autoridade que justifica o alcance fortemente restritivo com que o princípio da liberdade contratual se encontra acolhido na lei. Mas é também esse pensamento que explica a conceção altamente flexível das relações contratuais que tende a prevalecer neste país, nos termos da qual o contrato não é visto como a expressão definitiva dos direitos e obrigações das partes, mas antes como o ponto de partida de uma relação de negócios em permanente adaptação, podendo o mesmo, designadamente, ser renegociado sempre que as circunstâncias em que foi celebrado se alterarem.

VI – Que balanço pode traçar-se no termo do confronto entre as diferentes conceções acerca do contrato como fonte de obrigações que o Direito Comparado nos revela?

[1371] Cfr., neste sentido, a conhecida tese de Charles Fried, *Contract as Promise: A Theory of Contractual Obligation*, pp. 14 ss.

[1372] Veja-se, por exemplo, a recensão à obra de Fried por Anthony Kronman, «A New Champion for the Will Theory», *Yale L.J.*, 1981/82, pp. 404 ss.

[1373] Cfr. *supra*, § 5º, *e)*

Como escreve Geoffrey Samuel[1374], cada sistema tem as suas forças e fraquezas, não sendo seguro, designadamente, que a *scientia iuris* dos códigos continentais seja superior à *ars iudicandi* do precedente anglo-americano.

Levando mais longe esta ideia, diríamos que tão-pouco é seguro que a conceção ampla da relação contratual que triunfou nos sistemas romano-germânicos acima mencionados (em especial o alemão), com o seu complexo acervo de acessórios deveres de conduta constituídos através de meros «contactos negociais», suscetíveis de gerarem a obrigação de reparar os danos causados através da respetiva infração independentemente de qualquer ato de autovinculação, seja superior à noção muito mais restrita de contrato que se extrai dos sistemas de *Common Law* e ao ideal de liberdade de vinculação entre privados que neles se procura preservar; ou que a relativa diluição do conteúdo obrigatório do contrato a que se assiste nos sistemas romanistas por via da consagração neles de múltiplos mecanismos que permitem aos contraentes exonerarem-se das suas obrigações, mormente em caso de alteração de circunstâncias de que derive uma maior onerosidade das prestações por si devidas, seja superior à mais estrita vinculação das partes aos seus compromissos contratuais postulada pelos sistemas de *Common Law*; ou ainda que o funcionamento quiçá mais eficiente do mercado conseguido através da ampla liberdade contratual reconhecida aos privados nestes sistemas e ao *strict enforcement* das obrigações contratuais neles acolhido leve real vantagem à preservação de certos padrões éticos fundamentais ou do interesse público na contratação, que o Direito muçulmano e o Direito chinês em última análise prosseguem através das normas que neles restringem a faculdade de contratar e permitem, verificados certos pressupostos, a desvinculação dos contraentes relativamente ao pactuado.

No limite, esta diversidade de conceções radica, como vimos, em divergências ideológicas atinentes, por um lado, à medida da liberdade de que devem gozar os agentes económicos – e, reflexamente à medida em que estes devem ter-se por sujeitos, *v.g.*, a deveres recíprocos de solidariedade e de consideração pelos interesses alheios –; e, por outro, à relevância que as considerações de justiça comutativa e o interesse público devem ter na definição dos efeitos das obrigações contratuais.

O que explica, à uma, que não possa objetivamente concluir-se pela superioridade de qualquer dessas conceções; e, depois, que as mesmas não sejam facilmente superáveis, como se verá oportunamente[1375], em homenagem a um ideal uniformizador.

[1374] *Law of Obligations and Legal Remedies*, p. 26.

[1375] Cfr. *infra*, § 46º.

Bibliografia específica

Adams, John N., e Roger Brownsword – «The Ideologies of Contract», *Legal Studies*, 1987, pp. 205 ss. – *Understanding Contract Law*, 5ª ed., Londres, Sweet & Maxwell, reimpressão, 2013.

Allen, David K. – *Misrepresentation*, Londres, Sweet & Maxwell, 1988.

Almeida, Carlos Ferreira de – «Recusa de cumprimento declarada antes do vencimento (Estudo de Direito Comparado e de Direito Civil Português)», *in Estudos em memória do Professor Doutor João de Castro Mendes*, Lisboa, Lex, s.d., pp. 291 ss. – «Interpretação do contrato», *Dir.*, 1992, pp. 629 ss. – *Direito do Consumo*, Coimbra, Almedina, 2005. – «A função económico-social na estrutura do contrato», *in Estudos em memória do Professor Doutor José Dias Marques*, Coimbra, Almedina, 2007, pp. 57 ss.

Alpa, Guido - «Le contrat "individuel" et sa définition», *RIDC*, 1988, pp. 327 ss. – «Contratto nei sistemi di common law», *Digesto delle discipline Privatistiche. Sezione Civile*, vol. IV, Turim, UTET, 1989, pp. 148 ss. – «Causa e contratto: profili attuali», *in* Letizia Vacca (org.), *Causa e contratto nella prospettiva storico-comparatistica*, Turim, Giappichelli, 1997, pp. 245 ss. - «Italy», *in* E. Hondius (org.), *Precontractual Liability. Reports to the XIIIth Congress International Academy of Comparative Law*, Deventer/Boston, Kluwer, 1990, pp. 195 ss.

Alves, Hugo Ramos – *Dação em cumprimento*, Coimbra, Almedina, 2017.

Amaral, Francisco – «Código Civil e interpretação jurídica», *RBDC*, 2014, pp. 147 ss.

Ancel, Pascal – «Le contrat avec des effets protecteurs pour les tiers», *RdC*, 2004, pp. 471 ss.

Andrighi, Vera – «Reparação moral e material pela perda de uma chance», *in* Fátima Andrighi (coord.), *Responsabilidade civil e inadimplemento no Direito brasileiro*, São Paulo, Atlas, 2014, pp. 249 ss.

Antunes, Henrique Sousa – «A alteração das circunstâncias no direito europeu dos contratos», *CDP*, 2014, nº 5, pp. 3 ss.

Araújo, Fernando – *Teoria económica do contrato*, Coimbra, Almedina, 2007.

Arietti, Marina – «Responsabilità precontrattuale», *Riv. Dir. Civ.*, 1991, II, pp. 731 ss.

Ascensão, José de Oliveira – «Alteração das circunstâncias e justiça contratual no novo Código Civil», *Revista CEJ*, 2004, pp. 59 ss. – «Onerosidade excessiva por "alteração das circunstâncias"», *ROA*, 2005, pp. 625 ss.

Asúa González, Clara – *La culpa in contrahendo*, Bilbao, Universidad del Pais Vasco, s.d. [1989].

Ataíde, Rui – «Acidentes em auto-estradas: natureza e regime jurídico da responsabilidade dos concessionários», *in* AAVV, *Estudos em homenagem ao Professor Doutor Carlos Ferreira de Almeida*, Coimbra, Almedina, 2011, vol. II, pp. 157 ss.

Atiyah, Patrick Selim – *The Rise and Fall of Freedom of Contract*, 3ª ed., Oxford, Clarendon Press, reimpressão, 1988.

Azevedo, António Junqueira de – *Negócio jurídico. Existência, validade e causa,* 3ª ed., São Paulo, Saraiva, 2000.

Barata, Carlos Lacerda – «Contratos celebrados fora de estabelecimento comercial», *RDC,* 2016, pp. 861 ss.

Barbosa, Ana Mafalda Miranda – «O problema da integração das lacunas contratuais à luz de considerações de carácter metodológico – algumas reflexões», *in* Faculdade de Direito da Universidade de Coimbra (org.), *Comemorações dos 35 anos do Código Civil e dos 25 anos da Reforma de 1977,* vol. II, *A parte geral do Código e a Teoria Geral do Direito Civil,* Coimbra, Coimbra Editora, 2006, pp. 367 ss.

Barros, André Borges de Carvalho – «A onerosidade excessiva como fundamento da revisão ou resolução do contrato no Código Civil e no Código de Defesa do Consumidor», *in* Giselda Hironaka/Flávio Tartuce, *Direito contratual. Temas atuais,* São Paulo, 2007, pp. 315 ss.

Beale, Hugh – «A Comparison of the Contract Sections of the New Hungarian Civil Code with English Law and the Proposed Common European Sales Law», *ELTE Law Journal,* 2014, pp. 35 ss.

Bénabent, Alain, e Laurent Aynès (orgs.) – *Réforme du droit des contrats: quelles innovations ?,* Paris, Lextenso, 2016.

Benatti, Francesco - *La responsabilità precontrattuale,* Milano, 1963 (tradução portuguesa por A. Vera Jardim e Miguel Caeiro, sob o título *A responsabilidade pré-contratual,* Coimbra, 1970). – «Culpa in contrahendo», *Contrato e impresa,* 1987, pp. 287 ss.

Binding, Jörg – «Consumer Protection Law in the People's Republic of China», *China--Eu Law Journal,* 2014, pp. 223 ss.

Birks, Peter, e Jack Beatson – «Unrequested Payment of Another's Debt», *LQR,* 1976, pp. 188 ss.

Branco, Gerson Luiz – «Elementos para interpretação da liberdade contratual e função social: o problema do equilíbrio econômico e da solidariedade social como princípios da Teoria Geral dos Contratos», *in* Judith Martins-Costa (org.), *Modelos de Direito Privado,* São Paulo, Marcial Pons, 2014, pp. 257 ss.

Bucher, Eugen – «"Schuldverhältnis" des BGB: ein Terminus – drei Begriffe», *in eisudem* (org.), *Norm und Wirkung. Beiträge zum Privat- und Wirtschaftsrecht aus heutiger und historischer Perspektive. Festschrift für Wolfgang Wiegand zum 65. Geburtstag,* Berna/Munique, Stämpfli/Beck, 2005, pp. 93 ss.

Bühler-Reimann, Theodor – «Zum Problem der "culpa in contrahendo"», *SJZ,* 1979, pp. 357 ss.

Cabral, Rita Amaral – *A eficácia externa da obrigação e o nº 2 do art. 406º do Código Civil,* Braga, Livraria Cruz, 1984.

Caemmerer, Ernst von – «Das deutsche Recht und die Rechtsvergleichung», *NJW,* 1956, pp. 569 ss. – *Das Problem des Kausalzusammenhangs im Privatrecht,* Friburgo, Schulz, 1956.

Canaris, Claus-Wilhelm – «Ansprüche wegen "positiver Vertragsverletzung" und "Schützwirkung für Dritte" bei nichtigen Verträgen», *JZ*, 1965, pp. 475 ss. – *Die Vertrauenshaftung im Deutschen Privatrecht*, Munique, C.H. Beck, 1971 (reimpressão, 1981). – «Schutzgesetze – Verkehrspflichten –Schutzpflichten», *in Festchrift für Karl Larenz zum 80. Geburtstag*, Munique, Beck, 1983, pp. 27 ss. – «A Liberdade e a Justiça Contratual na "Sociedade de Direito Privado"» *in* António Pinto Monteiro (org.), *Contratos: actualidade e evolução*, Porto, Universidade Católica Portuguesa, 1997, pp. 49 ss. – «Wandlungen des Schuldvertragsrechts – Tendenzen zu seiner "Materialisierung"», *AcP*, 2000, pp. 273 ss. – «Die Reform des Rechts der Leistungsstörungen», *JZ*, 2001, pp. 499 ss. – (org.), *Schuldrechtsmodernisierung 2002*, Munique, C.H. Beck, 2002. – «O novo Direito das Obrigações na Alemanha», *RBDC*, 2004, pp. 3 ss.

Capitant, Henri – *De la cause des obligations (contrats, engagements unilatéraux, legs)*, 3ª ed., Paris, Dalloz, 1927.

Cartwright, John – *Misrepresentation, Mistake and Non-Disclosure*, 3ª ed., Londres, Sweet & Maxwell, 2012. – *Contract Law: An Introduction to the English Law of Contract for the Civil Lawyer*, 2ª ed., Oxford, Hart Publishing, 2013.

Carvalho, Jorge Morais de – *Manual de Direito do Consumo*, 3ª ed., Coimbra, Almedina, 2016.

Castro y Bravo, Federico de – *El negocio juridico*, reimpressão com uma introdução de Juan Vallet de Goytisolo, Madrid, Civitas, 2016.

Castronovo, Carlo – «Precontractual Liability», *in* AAVV, *Estudos em homenagem ao Professor Doutor Carlos Ferreira de Almeida*, Coimbra, Almedina, 2011, vol. II, pp. 225 ss.

Chauviré, Philippe (org.) – *La réforme du droit des contrats : du projet à l'ordonnance*, Paris, Dalloz, 2016 .

Cohen, Nili, e Ewan McKendrick (orgs.) – *Comparative Remedies for Breach of Contract*, Oxford/Portland, Oregon, Hart Publishing, 2005.

Constantinesco, Léontin-Jean – *Inéxecution et faute contractuelle en droit comparé (Droits français, allemand, anglais)*, Estugarda/Bruxelas, Kohlhammer/Librairie Encyclopedique, 1960.

Coelho, Francisco Manuel de Brito Pereira – «"Contrato" – Evolução do conceito no Direito português. Do "acordo entre duas ou mais pessoas em dar ou fazer uma cousa que lhes apraz" (Melo Freire) ao actual "negócio jurídico bilateral"», *BFDUC*, vol. 64 (1988), pp. 233 ss. – «Causa objectiva e motivos individuais no negócio jurídico», *in* Faculdade de Direito da Universidade de Coimbra (org.), *Comemorações dos 35 anos do Código Civil e dos 25 anos da reforma de 1977*, vol. II, Coimbra, Coimbra Editora, 2006, pp. 549 ss.

Cordeiro, António Barreto Menezes Cordeiro – «A interpretação contratual anglo-saxónica», *O Direito*, 2009, pp. 665 ss. – «A *Consideration* no Direito inglês dos contratos», *RDC*, 2017, pp. 97 ss.

Cordeiro, António Menezes – «Da alteração de circunstâncias», *in Estudos em memória do Prof. Doutor Paulo Cunha*, Lisboa, 1989, pp. 293 ss. – «A modernização do Direito das Obrigações», *ROA*, 2002, pp. 91 ss., 319 ss. e 711 ss. – *Igualdade rodoviária e acidentes de viação nas auto-estradas. Estdudo de Direito Civil português,* Coimbra, Almedina, 2004. – *Contratos públicos: subsídios para a dogmática administrativa com exemplo no princípio do equilíbrio financeiro,* Cadernos de *O Direito,* nº 2, Coimbra, Almedina, 2007. – «A crise a alteração de circunstâncias», *RDC,* 2016, pp. 7 ss.

Correia, António Ferrer – *Erro e interpretação na teoria do negócio jurídico,* 2ª ed., Coimbra, Almedina, 2001.

Costa, Mário Júlio de Almeida – *Responsabilidade civil por ruptura de negociações preparatórias de um contrato,* separata da *RLJ,* reimpressão, Coimbra, Coimbra Editora, 1994. – «A eficácia externa das obrigações. Entendimento da doutrina clássica», *RLJ,* ano 135º (2006), pp. 130 ss. – e António Menezes Cordeiro – *Cláusulas contratuais gerais. Anotação ao Decreto-Lei nº 446/85, de 25 de Outubro,* Coimbra, Almedina, 1986.

Dau-Schmidt, Nicholas C. – «Forward Contracts – Prohibitions on Risk and Speculation Under Islamic Law», *Indiana Journal of Global Legal Studies,* 2012, pp. 533 ss.

David, René – «Cause et consideration», *in* AAVV, *Mélanges offerts à Jacques Maury,* vol. II, *Droit comparé. Théorie générale du droit et droit privé,* Paris, Dalloz & Sirey, s.d. (1960), pp. 111 ss.

Dondorp, Harry – «Specific Performance: a Historical Perspective», *in* Jan Smits/Daniel Haas/Geerte Hese (orgs.), *Specific Performance in Contract Law: National and Other Perspectives,* Antuérpia, etc., Intersentia, 2008, pp. 265 ss.

Döser, Wulf H. – «Anglo-amerikanische Vertragsstrukturen in deutschen Vertriebs-Lizenz- und sonstigen Vertikalvertägen», *NJW,* 2000, pp. 1451 ss.

Dray, Guilherme Machado – «O ideal da justiça contratual e a tutela do contraente mais débil», *in Estudos em homenagem ao Professor Doutor Inocêncio Galvão Telles,* vol. I, *Direito Privado e Vária,* Coimbra, Almedina, 2002, pp. 75 ss.

Duarte, Diogo Pereira – «Causa: motivo, fim, função e fundamento do negócio jurídico», *in Estudos em honra do Professor Doutor José de Oliveira Ascensão,* vol. I, Coimbra, Almedina, 2008, pp. 431 ss.

Duarte, Rui Pinto – «O equilíbrio contratual como princípio jurídico», *in Escritos jurídicos vários 2000-2015,* Coimbra, Almedina, 2015, pp. 685 ss. – *A interpretação dos contratos,* Coimbra, Almedina, 2016.

Dunné, J.M. van – «The Prelude to Contract, The Threshold of Tort. The Law on Precontractual Dealings in the Netherlands» *in* E.H. Hondius/G.J.W. Steenhoff (orgs.), *Netherlands Reports to the Thirteenth International Congress of Comparative Law,* 1990, pp. 71 ss.

Ebke, Werner, e Bettina M. Steinhauer – «The Doctrine of Good Faith in German Contract Law», *in* Jack Beatson/Daniel Friedmann (orgs.), *Good Faith and Fault in Contract Law,* Oxford, Clarendon Press, 1995, pp. 171 ss.

Eiró, Pedro – *Do negócio usurário,* Coimbra, Almedina, 1990.

El-Hassan, Abd – «Freedom of Contract, the Doctrine of Frustration, and Sanctity of Contracts in Sudan Law and Islamic Law», *Arab L.Q.,* 1985, pp. 51 ss.

Emmerich, Volker – «Zum gegenwärtigen Stand der Lehre von der culpa in contrahendo», *Jura*, 1987, pp. 561 ss.

Faggella, Gabriele – «Dei periodi precontrattuali e della loro vera ed esatta costruzione scientifica», *in Studi Giuridici in Onore di Carlo Fadda*, Nápoles, Luigi Pierro, 1906, vol. III, pp. 271 ss.

Farnsworth, Allan Edward - «Precontractual Liability and Preliminary Agreements: Fair Dealing and Failed Negotiations», *Columbia L.R.*, 1987, pp. 217 ss. - «Negotiation of Contracts and Precontractual Liability: General Report», *in* W. Stoffel e P. Volken (orgs.), *Mélanges en l'honneur de Alfred E. Von Overbeck*, Fribourg, Éditions Universitaires, 1990, pp. 657 ss. – *The Concept of Good Faith in American Law*, Roma, Centro di Studi e Richerche di Diritto Comparato e Straniero, 1993. – «Good Faith in Contract Performance», *in* Jack Beatson/Daniel Friedmann (orgs.), *Good Faith and Fault in Contract Law*, Oxford, Clarendon Press, 1995, pp. 153 ss. – «Comparative Contract Law», *in* Mathias Reimann/Reinhard Zimmermann (orgs.), *The Oxford Handbook of Comparative Law*, Oxford, Oxford University Press, 2006, pp. 899 ss.

Farrajota, Joana – «Anticipatory breach no Direito português?», *in* AAVV, *Estudos em homenagem ao Professor Doutor Carlos Ferreira de Almeida*, Coimbra, Almedina, 2011, vol. II, pp. 287 ss.

Fernandes, Pedro Pires – «Responsabilidade das concessionárias por acidentes de viação ocorridos em auto-estradas. Entre a responsabilidade civil contratual e a responsabilidade delitual», *in* Maria Olinda Garcia (org.), *Estudos sobre incumprimento do contrato*, Coimbra, 2011, pp. 131 ss.

Ferrari, Franco – «Offer and acceptance inter absentes», *in* Jan Smits (org.), *Elgar Encyclopedia of Comparative Law*, Cheltenham/Northampton, Edward Elgar, 2006, pp. 497 ss.

Ferreira, Durval – *Erro negocial. Objeto – Motivos – Base Negocial e Alteração de Circunstâncias*, Coimbra, Almedina, 1995.

Ferreira, Rui Cardona – *Indemnização do interesse contratual positivo e perda de chance (em especial na contratação pública)*, Coimbra, Coimbra Editora, 2011. – «A *perda de chance* revisitada (a propósito da responsabilidade do mandatário forense)», *ROA*, 2013, pp. 1301 ss. – «The Loss of Chance in Civil Law Countries: A Comparative and Critical Analysis», *Maastricht Journal of European and Comparative Law*, 2013, pp. 56 ss.

Fleischer, Holger – Schadensersatz für verlorene Chancen im Vertrags- und Delikstrecht», *JZ*, 1999, pp. 766 ss.

Fontaine, Marcel – «Les lettres d'intention dans la négotiation des contrats internationaux», *DPCI*, 1977, pp. 73 ss.

Forti, Valerio – «La bataille des conditions générales contradictoires: étude comparative», *RIDC*, 2008, pp. 729 ss.

Foster, Nicholas – «Islamic Commercial Law: An Overview (II)», *InDret*, 2006. – «Islamic Commercial Law (II): An Overview. Some principles and rules», *InDret*, 2007.

Frada, Manuel Carneiro da – «Erro e incumprimento na não-conformidade da coisa com o interesse do comprador», *Dir.*, 1989, pp. 461 ss. – *Contrato e deveres de proteção*, separata do vol. XXXVIII do *Suplemento ao BFDUC*, Coimbra, 1994. – *Uma «terceira via» no Direito da responsabilidade civil?*, Coimbra, Almedina, 1997. – *Teoria da confiança e responsabilidade civil*, Coimbra, Almedina, 2004. – «Sobre a interpretação do contrato», *in Forjar o Direito*, Coimbra, Almedina, 2015, pp. 11 ss. – «Crise financeira mundial e alteração das circunstâncias. Contratos de depósito vs. Contratos de gestão de carteiras», *ibidem*, pp. 23 ss. – «Sobre a responsabilidade das concessionárias por acidentes ocorridos em auto-estradas», *ibidem*, pp. 129 ss.

Frantz, Laura Coradini – «Excessiva onerosidade superveniente: uma análise dos julgados do STJ», *in* Judith Martins-Costa (org.), *Modelos de Direito Privado*, São Paulo, Marcial Pons, 2014, pp. 215 ss.

Freitas, José Lebre de – «Contrato de *swap* meramente especulativo. Regimes de validade e de alteração de circunstâncias», *ROA*, 2012, pp. 943 ss.

Frick, Joachim F. - *Culpa in contrahendo - eine rechtsvergleichende und kollisionsrechtliche Studie*, Zurique, Schulthess, 1992.

Fried, Charles – *Contract as Promise. A Theory of Contractual Obligation*, Cambridge, Massachussets, Harvard University Press, 1981.

Fu, Junwei – «Towards a Social Value Convergence: a Comparative Study of Fundamental Principles of Contract Law in the EU and China», *Oxford University Comparative Law Forum*, 2009 (disponível em http://ouclf.iuscomp.org).

Fuller, Lon, e William Pardue - «The Reliance Interest in Contract Damages», *Yale L.J.*, 1936, pp. 52 ss. e 373 ss. (existe tradução castelhana com o título *Indemnización de los daños contractuales y protección de la confianza*, Barcelona, Bosch, 1957).

Fusaro, Andrea – «Fondamento e limiti della responsabilità precontrattuale», *Giur. Ital.*, 1984, Parte Prima, Sezione I, cols. 1199 ss.

García Rubio, Mª Paz – *La responsabilidad precontractual en el derecho español*, Madrid, Tecnos, 1991.

Genicon, Thomas – «Défense et illustration de la cause en droit des contrats», *D.*, 2015, pp. 1551 ss.

Ghestin, Jacques – «La notion de contrat», *Recueil Dalloz Sirey*, 1990, pp. 147 ss. – *Cause de l'engagement et validité du contrat*, Paris, LGDJ, 2006. – «Contrat», *in* Denis Alland/ Stéphane Rials, *Dictionnaire de la culture juridique*, reimpressão, Paris, PUF, 2007, pp. 276 ss. – e Christophe Jamin, «Le juste et l'utile dans les effets du contrat», *in* António Pinto Monteiro (coordenador), *Contratos: actualidade e evolução*, Porto, 1997, pp. 123 ss.

Giliker, Paula – *Pre-contractual Liability in English and French Law*, Haia/Londres/Nova Iorque, 2002.

Gilmore, Grant – *The Death of Contract*, 2ª ed., Columbus, Ohio State University Press, 1995.

Godinho, Adriano Marteleto – *A lesão no novo Código Civil brasileiro*, Belo Horizonte, Mandamentos, 2008.

Gomes, Júlio – «Cláusulas de Hardship», *in Contratos: Actualidade e evolução*, Porto, 1997, pp. 167 ss. – «Sobre o dano da perda de chance», *Direito e Justiça*, 2005, pp. 9 ss. – «Ainda sobre a figura do dano de perda de oportunidade ou perda de *chance*», *CDP*, nº especial, 2012, pp. 17 ss.

Goode, Roy - «England», *in* AAVV, *Formation of contracts and precontractual liability*, Paris, CCI, 1990, 51. – *The Concept of «Good Faith» in English Law*, Roma, Centro di Studi e Ricerche di Diritto Comparato e Straniero, 1992.

Gordley, James – *The Philosophical Origins of Modern Contract Doctrine*, Oxford, Clarendon Press, 1991. – «Contract in Pre-Commercial Societies and in Western History», *in IECL*, vol. VII, *Contracts in General*, capítulo 2. – «Contract», *in* Peter Cane e Mark Tushnet (orgs.), *The Oxford Handbook of Legal Studies*, Oxford, Oxford University Press, 2003, pp. 3 ss. – «Mistake in Contract Formation», *AJCL*, 2004, pp. 433 ss. – «Impossibility and Changed and Unforeseen Circumstances», *AJCL*, 2004, pp. 513 ss. – «Consideration», *in* Jan Smits (org.), *Elgar Encyclopedia of Comparative Law*, Cheltenham/ Northampton, Edward Elgar, 2006, pp. 180 ss.

Gottwald, Peter – «Die Haftung für culpa in contrahendo», *JuS*, 1982, pp. 877 ss.

Graziano, Thomas Kadner – «Loss of Chance in European Private Law. "All or Nothing" or Partial Liability in Cases of Uncertain Causation», *Eur. Rev. Priv. Law*, 2008, pp. 1009 ss.

Grigoleit, Hans Christoph – «Abstraktion und Willensmängel – Die Anfechtbarkeit des Verfügungsgeschäfts», *AcP*, 1999, pp. 379 ss. – «Leistungspflichten und Schutzpflichten», *in* Andreas Heldrich e outros (orgs.), *Festchrift für Claus-Wilhelm Canaris*, vol. I, Munique, C.H. Beck, 2007, pp. 275 ss.

Hagedorn, Axel – «Western and Chinese Contract Law. A Comparative Cultural Perspective», *in* Heidi Dahles/Harry Wels (orgs.), *Culture, Organization and Management in East Asia: Doing Business in China*, Nova Iorque, Nova Science, 2002.

Hahm, Chaibong – «Confucianism and the concept of liberty», *Asia Europe Journal*, 2006, pp. 477 ss.

Halfin, David Ruah – «A causa do negócio jurídico. Em especial, o problema da sua omissão à luz do Direito português», *ROA*, 2015, pp. 997 ss. – «A recusa do dever de prestar antes do vencimento da obrigação: comparação entre a ordem jurídica inglesa, a ordem jurídica portuguesa e o *Draft Common Frame of Reference*», *ROA*, 2016, pp. 137 ss.

Hallebeek, Jan – «Contracts for a third-party beneficiary: a brief sketch from the Corpus luris to present-day civil law», *Fundamina*, 2007, no. 2, pp. 12 ss.

Heinrichs, Helmut – «Bemerkungen zur culpa in contrahendo nach der Reform – Die Tatbestände des §311 Abs. 2 BGB», *in* Andreas Heldrich e outros (orgs.), *Festchrift für Claus-Wilhelm Canaris*, vol. I, Munique, 2007, C.H. Beck, pp. 421 ss.

Herbots, Jacques H. – «Interpretation of contracts», *in* Jan Smits (org.), *Elgar Encyclopedia of Comparative Law*, Cheltenham/Northampton, Edward Elgar, 2006, pp. 325 ss.

Hogg, Martin – *Promises and Contract Law. Comparative Perspectives,* Cambridge, Cambridge University Press, 2014.

Hohloch, Gerhard – «Causa e contratto. Riflessioni relative all'attuale fase del diritto tedesco», *in* Letizia Vacca (org.), *Causa e contratto nella prospettiva storico-comparatistica,* Turim, Giappichelli, 1997, pp. 357 ss.

Hondius, Ewoud – «General Report», *in* E. Hondius (org.), *Precontractual Liability. Reports to the XIIIth Congress International Academy of Comparative Law,* Boston/Deventer, Kluwer, 1991, pp. 1 ss. – e Hans Christoph Grigoleit – *Unexpected Circumstances in European Contract Law,* Cambridge, etc., Cambridge University Press, 2011.

Honsell, Heinrich – «Negatives oder positives Interesse wegen Vertragsverletzung der Aufklärungspflicht bei culpa in contrahendo und Delikt», *in* Volker Beuthien/Maximilian Fuchs/Herbert Roth/Gottfried Schiemann/Andreas Wacke (orgs.), *Perspektiven des Privatrechts am Anfang des 21. Jahrhunderts. Festschrift Dieter Medicus zum 80. Geburtstag,* Colónia, Heymann, 2009, pp. 181 ss.

Horn, Norbert – «Culpa in contrahendo», *JuS,* 1995, pp. 377 ss.

Jäggi, Peter – «Zum Begriff der Vertraglichen Schadensersatzforderung», *in Mélanges en l'honneur de Wilhelm Schönenberger offertes à l'occasion de son 70e anniversaire,* Friburgo, Éditions Universitaires, 1968, pp. 181 ss.

Jahel, Sélim – «Le khiyar al-chart, clause de repentir du droit musulman et les intermittences de la volonté», *in eiusdem, La place de la Char'ia dans les systèmes juridiques de pays arabes,* Paris, LGDJ, 2012, pp. 241 ss.

Jahn, Holger – *Der Letter of Intent,* Frankfurt, etc., Lang, 2000.

Jansen, Nils – «The idea of a lost chance», *Ox.J.L.St.,* 1999, pp. 271 ss. – e Reinhard Zimmermann – «Vertragsschluss und Irrtum im europäischen Vertragsrecht», *AcP,* 2010, pp. 229 ss.

Jhering, Rudolf von - «Culpa in contrahendo oder Schadenersatz bei Nichtigen oder nicht zur perfektion Gelangten Vertragen», *in JhJh,* vol. IV, 1861, pp. 1 ss.

Josserand, Étienne Louis – «L'essor moderne du concept contractuel», *in Recueil d'études sur les sources du droit en l'honneur de François Gény,* vol. II, Paris, Sirey, 1934, pp. 333 ss.

Kegel, Gerhard – *Vertrag und Delikt,* Colónia, etc., Carl Heymanns, 2002.

Khouri, Paulo Roque – *A revisão judicial dos contratos no novo Código Civil, Código do Consumidor e Lei nº 8.666/93. A onerosidade excessiva superveniente,* São Paulo, 2006. – *Direito do Consumidor. Contratos, responsabilidade civil e defesa do consumidor em juízo,* 4ª ed., São Paulo, Atlas, 2009.- «A crise do inadimplemento, purgação da mora e conservação do contrato», *in* Fátima Andrighi (coord.), *Responsabilidade civil e inadimplemento no Direito brasileiro,* São Paulo, Atlas, 2014, pp. 207 ss. – «Responsabilidade civil pela confiança e direito à informação pré-contratual», *in* José Fernando Simão/Sílvio Romero Beltrão (orgs.), *Direito Civil. Estudos em Homenagem a José de Oliveira Ascensão,* vol. 2, *Direito Privado,* São Paulo, Atlas, 2015, pp. 131 ss.

Klass, Gregory – «Efficient Breach», *in* Gregory Klass, George Letsas e Prince Saprai (orgs.), *The Philosophical Foundations of Contract Law*, Oxford, Oxford University Press, 2014, pp. 362 ss.

Köndgen, Johannes - *Selbstbindung ohne Vertrag. Zur Haftung aus geschäftsbezogenem Handlen*, Tubinga, J.C.B. Mohr (Paul Siebeck), 1981.

Kornet, Nicole – «Contracting in China: Comparative Observations on Freedom of Contract, Contract Formation, Battle of Forms and Standard Form Contracts», *EJCL*, 2010, vol. 14.1.

Kötz, Hein – «The Doctrine of Privity of Contract in the Context of Contracts Protecting the Interests of Third Parties», *Tel Aviv St. L.*, 1990, pp. 195 ss. – «Der Einfluss des Common Law auf die internationale Vertragspraxis», *in* Stephan Lorenz e outros (org.), *Festschrift für Andreas Heldrich zum 70. Geburtstag*, Munique, Beck, 2005, pp. 771 ss. – «Dispositives Recht und ergänzende Vertragsauslegung» *JuS*, 2013, pp. 289 ss.

Koziol, Helmut – «Schadenersatz für den Verlust einer Chance?», *in Festschrift für Hans Stoll zum 75.Geburtstag*, Tubinga, Mohr Siebeck, 2001, pp. 233 ss.

Kozolchyk, Boris – *La contratación comercial en el Derecho Comparado*, Madrid, Dykinson, 2006.

Kramer, Ernst – *Der Irrtum beim Vertragsschluss. Eine weltweit rechtsvergleichende Bestandsaufnahme*, Zurique, Schulthess, 1998.

Kronman, Anthony – «A New Champion for the Will Theory», *Yale L.J.*, 1981/82, pp. 404 ss.

Laithier, Yves-Marie – *Étude comparative des sanctions de l'inexécution du contrat*, Paris, LGDJ, 2007.

Lake, Ralph B., e Ugo Draetta – *Letters of Intent and Other Precontractual Documents. Comparative Analysis and Forms*, 2ª ed., Salem, Butterwoths, 1994.

Lawson, F. H. – «Fault and Contract. A Few Comparisons», *Tul. L.R.*, 1975, pp. 295 ss.

Leal, Adisson – «Violação positiva dos contratos», *in* Fátima Andrighi (coord.), *Responsabilidade civil e inadimplemento no Direito brasileiro*, São Paulo, Atlas, 2014, pp. 1 ss.

Legrand Jr., Pierre – «Pre-Contractual Disclosure and Information: English and French Law Compared», *Ox.J.L.St.*, 1986, pp. 322 ss.

Lehmann, Matthias – «Die Zukunft der culpa in contrahendo im Europäischen Privatrecht», *ZEuP*, 2009, pp. 693 ss.

Liao, Zhixiong – «The Recent Amendment to China's Consumer Law: An Imperfect Improvement and Proposal for Future Changes», *Beijing Law Review*, 2014, pp. 163 ss.

Liming, Wang, e Xu Chuanxi – «Fundamental Principles of China's Contract Law», *Columbia Journal of Asian Law*, 1999, pp. 1 ss.

Lorenz, Werner – «Contract Beneficiaries in German Law», *in* Basil Markesinis (org.), *The Gradual Convergence: Foreign Ideas, Foreign Influences, and English Law on the Eve of the 21st Century*, Oxford, Clarendon Press, 1994, pp. 65 ss.

Lutter, Marcus – *Der Letter of Intent. Zur rechtlichen Bedeutung von Absichtserklärungen*, 3ª ed., Colónia, etc., Carl Heymanns, 1998.

Lyra Júnior, Eduardo Messias Gonçalves – «Os princípios do direito contratual», *Jus Navigandi*, ano 8 (2003), nº 62 (disponível em http://jus.com.br).

Mahé, C.B.P. – «Conflit de conditions générales: quelle tactique adopter?», *EJCL*, vol. 1.1 (Novembro 1997).

Machado, João Baptista – «Acordo negocial e erro na venda de coisas defeituosas», *BMJ* 215 (1972), pp. 5 ss. – «Pressupostos da resolução por incumprimento», *in João Baptista Machado. Obra Dispersa*, Braga, Scientia Iuridica, 1991, vol. I, pp. 125 ss. – «Tutela da confiança e "venire contra factum proprium"», *in João Baptista Machado. Obra Dispersa*, Braga, Scientia Iuridica, 1991, vol. I, pp. 345 ss. – «A cláusula do razoável», *ibidem*, pp. 457 ss.

Malik, Walied M. H. – «Precontractual Liability in Mineral Negotiations with Special Reference to Islamic Law», *Yearbook of Islamic and Middle Eastern Law*, 1996, pp. 3 ss.

Manzanares Secades – «La naturaleza de la responsabilidad precontratual o culpa in contrahendo», *ADC*, 1985, pp. 979 ss.

Marino, Francisco Paulo de Crescenzo – *Interpretação do negócio jurídico*, São Paulo, Saraiva, 2011.

Markesinis, Basil S. – «An Expanding Tort Law – The Price of a Rigid Contract Law», *LQR*, 1987, 354.

Marsh, P. D. V. – *Comparative Contract Law. England, France, Germany*, Aldershot, Gower, 1994.

Martinez, Pedro Romano – *Cumprimento defeituoso em especial na compra e venda e na empreitada*, Coimbra, Almedina, reimpressão, 2015. – *Da cessação do contrato*, 3ª ed., Coimbra, Almedina, 2015.

Martins-Costa, Judith – *A boa-fé no Direito Privado. Sistema e tópica no processo obrigacional*, São Paulo, Revista dos Tribunais, 1999. – «A cláusula de *hardship* e a obrigação de renegociar nos contratos de longa duração», *Revista de Arbitragem e Mediação*, 2010, pp. 11 ss. – «Dano moral à brasileira», *in* Janaina Conceição Paschoal/Renato de Mello Jorge Silveira (orgs.), *Livro de homenagem a Miguel Reale Júnior*, Rio de Janeiro, GZ, 2014, pp. 289 ss. – «Critérios para aplicação do princípio da boa-fé objetiva (com ênfase na relações empresariais)», *in* Judith Martins-Costa e Véra Jacob de Fradera (organizadoras), *Estudos de Direito Privado e Processual Civil em Homenagem a Clóvis do Couto e Silva*, São Paulo, Revista dos Tribunais, 2014, pp. 189 ss. – *A boa-fé no Direito Privado. Critérios para a sua aplicação*, São Paulo, Marcial Pons, 2015.

Mattamouros, Jorge – «A liquidação do dano de terceiro no Direito Civil português», *RFDUP*, 2006, pp. 303 ss.

Maxeiner, James R. – «Standard-Terms Contracting in the Global Electronic Age: European Alternatives», *The Yale Journal of International Law*, vol. 28, nº 3 (Winter 2003), pp. 109 ss.

Mayer-Maly, Theo – «Renaissance der laesio enormis?», *in* Claus-Wilhelm Canaris e Uwe Diederichsen (orgs.), *Festschrift für Karl Larenz zum 80. Geburtstag am 23. April 1983*, Munique, C.H. Beck, 1983, pp. 395 ss.

Mazeaud, Denis – «Pour que survive la cause, en dépit de la réforme!», *Droit et patrimoine*, nº 240, outubro de 2014, pp. 38 ss.

Medicus, Dieter – «Grenzen der Haftung für culpa in contrahendo», *JuS*, 1965, pp. 209 ss. «Verschulden bei Vertragsverhandlungen», *in* Bundesminister der Justiz, *Gutachten und Vorschläge zur Überarbeitung des Schuldrechts*, Colónia, Bundesanzeiger Verlagsges., 1981, vol. I, pp. 479 ss. - «Zur Entdeckungsgeschichte der culpa in contrahendo», *in* H.P.Benör e outros (orgs.), *Festgabe für Max Kaser*, Viena/Colónia/Graz, Hermann Böhlam, 1986, pp. 169 ss. - «Die culpa in contrahendo zwischen Vertrag und Delikt», *in* P. Forstmoser e outros (orgs.), *Festschrift für Max Keller zum 65. Geburtstag*, Zurique, Schulthess, 1989, pp. 205 ss.

Mehren, Arthur Taylor von – «The "Battle of Forms": a Comparative View», *AJCL*, 1990, pp. 265 ss.

Meli, Marisa – *La tutela della parte debole del raporto nel diritto contrattuale inglese. Les doctrines della Undue Influence e della Unconscionability. Corso di diritto privato comparato*, Pádua, Cedam, 2005.

Mendes, Armindo Ribeiro – «Aspectos gerais da responsabilidade contratual em direito comparado inglês e português», *ROA*, 1977, pp. 5 ss. e 317 ss.

Mengoni, Luigi – «Sulla natura della responsabilità precontratttuale», *RDCDGO*, 1956, II, pp. 360 ss. – «Responsabilità contrattuale (dir. vig.)», *EDD*, vol. XXXIX, pp. 1072 ss.

Mommsen, Friedrich – «Die Unmöglichkeit der Leistung in ihrem Einfluss auf obligatorische Verhältnisse», *in Beiträge zum Obligationenrecht*, vol. I, Braunschweig, Schwetschke, 1853, pp. 1 ss.

Monateri, Pier Giuseppe, e Rodolfo Sacco – «Contratto in diritto comparato», *Digesto delle discipline Privatistiche. Sezione Civile*, vol. IV, Turim, UTET, 1989, pp. 138 ss.

Monteiro, António Pinto – *Cláusula penal e indemnização*, Coimbra, 1990. – «Causa do negócio jurídico», *Enciclopédia Verbo Século XXI*, vol. 6, cols. 489 s. – «O novo regime jurídico dos contratos de adesão/ cláusulas contratuais gerais», *ROA*, 2002, pp. 111 ss. – «A parte geral do Código, a teoria geral do direito civil e o direito privado europeu», *in Comemorações dos 35 anos do Código Civil e dos 25 anos da reforma de 1977*, vol. II, Coimbra, Coimbra Editora, 2006, pp. 57 ss. – «Sobre o controlo da cláusula penal», Faculdade de Direito da Universidade de Coimbra (org.), *Comemorações dos 35 anos do Código Civil e dos 25 anos da reforma de 1977*, vol. III, Coimbra, Coimbra Editora, 2007, pp. 189 ss. – «A pena e o dano», *CDP*, nº especial, 2012, pp. 49 ss. – «A indemnização por danos não patrimoniais em debate: também na responsabilidade contratual? Também a favor das pessoas jurídicas?», *RBDC*, nº 46 (2015), pp. 13 ss. – e Júlio Gomes, «*Rebus Sic Stantibus* – Hardship Clauses in Portuguese Law», *Eur. Rev. Priv. Law* 1998, pp. 319 ss. – «A "Hardship Clause" e o problema da alteração das circunstâncias (breve apontamento)», *in* Manuel Afonso Vaz/J.A. Azeredo Lopes (orgs.), *Juris et de jure. Nos 20 anos da Faculdade de Direito da UCP – Porto*, Porto, UCP, 1998, pp. 17 ss. – e Paulo Mota Pinto – «La protection de l'acheteur de choses défectueuses en droit portugais», *BFDUC*, 1993, pp. 259 ss.

Monteiro, Jorge Ferreira Sinde – *Responsabilidade por conselhos, recomendações ou informações*, Coimbra, Almedina, 1989. – «Responsabilidade por informações face a terceiros», *BFDUC*, 1997, pp. 35 ss.

Moss, Giuditta Cordero – *Lectures on Comparative Law of Contracts*, Oslo, 2004.

Müller, Jens – *Der Allgemeine Teil im portugesischen Zivilgesetzbuch. Entstehungsgeschichte und ausgewählte Einzelprobleme*, Hamburgo, Verlag Dr. Kovac, 2008.

Musielak, Hans-Joachim – «A inserção de terceiros no domínio da proteção contratual», *in* António Pinto Monteiro (coord.), *Contratos: actualidade e evolução*, Porto, 1997, pp. 283 ss.

Musy, Alberto – «Responsabilità precontrattuale (culpa in contrahendo)», *in Digesto delle Discipline Privatistiche. Sezione Civile*, vol. XVII, Turim, UTET, 1998, pp. 391 ss.

Nanni, Luca – *La buona fede contrattuale*, Pádua, CEDAM, 1988. – «Le trattative», *NGCC*, 1989, II, pp. 137 ss.

Nascimento, Paulo – «A responsabilidade pré-contratual pela ruptura das negociações e a recusa injustificada de formalização do contrato», *in* Menezes Cordeiro e outros (orgs.), *Estudos em homenagem ao Prof. Doutor Inocêncio Galvão Telles*, vol. IV, Coimbra, Almedina, 2003, pp. 179 ss.

Negreiros, Teresa – *Teoria do contrato: novos paradigmas*, Rio de Janeiro/São Paulo, Renovar, 2002.

Neuner, Jörg – «Vertragsauslegung – Vertragsergänzung – Vertragsskorrektur», *in* Andreas Heldrich e outros (orgs.), *Festchrift für Claus-Wilhelm Canaris*, vol. I, Munique, 2007, C.H. Beck, pp. 901 ss.

Nicholas, Barry – «L'obligation précontractuelle de renseignements en droit anglais», *in* D. Tallon/D.Harris (orgs.), *Le contrat aujourd'hui: comparaisons Franco-Anglaises*, Paris, 1987, pp. 185 ss.

Nirk, Rudolf - «Rechtsvergleichendes zur Haftung für culpa in contrahendo», *RabelsZ*, 1953, pp. 310 ss. - «Culpa in contrahendo - eine richterliche Rechtsfortbildung – in der Rechtssprechung des Bundesgerichtshofes», *in* W. Hefermehl e H.C. Nipperdey (orgs.), *Festschrift fur Philip Möhring zum 65. Geburtstag*, Munique/Berlim, C.H. Beck, 1965, pp. 385 ss. - «Culpa in contrahendo - eine geglückte richterliche Rechtsfortbildung - Quo Vadis?», *in* W. Hefermehl, R.Nirk e H. Westermann (orgs.), *Festschrift für Philip Möhring zum 75. Geburtstag*, Munique, C.H. Beck, 1975, pp. 71 ss.

Novaretti, Simona – «General Clauses and Practice: The Use of the Principle of Good Faith in the Decisions of Chinese Courts», *Eur. Rev. Priv. Law*, 2010, pp. 953 ss.

O'Neill, Philip, e Nawaf Salam – «Is the Exception Non Adimpleti Contractus Part of the New Lex Mercatoria», *in* Emmanuel Gaillard (org.), *Transnational Rules in International Commercial Arbitration*, Paris, 1993, pp. 147 ss.

Oliveira, James Eduardo – «Inadimplemento relativo e inadimplemento absoluto», *in* Fátima Andrighi (coord.), *Responsabilidade civil e inadimplemento no Direito brasileiro*, São Paulo, Atlas, 2014, pp. 15 ss.

Oudin, Martin – «Un droit européen...pour quel contrat? Recherches sur les frontières du contrat en droit comparé», *RIDC,* 2007, pp. 475 ss.

Parry, David – *The Sanctity of Contracts in English Law,* Londres, Stevens & Sons, 1959.

Pereira, Caio Mário da Silva – *A lesão nos contratos,* 5ª ed., Rio de Janeiro, Forense, 1993.

Picker, Eduard – «Positive Forderungsverletzung und culpa in contrahendo – zur Problematik der Haftungen ‚zwischen' Vertrag und Delikt», *AcP,* 183 (1983), pp. 369 ss.

Picod, Yves – «Les projets français sur la reforme du droit des obligations», *InDret – Revista para el análisis del derecho,* 2009 (disponível em http://www.indret.com).

Pinto, Carlos da Mota – *Cessão da posição contratual,* Coimbra, Almedina, 1982.

Pinto, Paulo Mota – *Declaração tácita e comportamento concludente no negócio jurídico,* Coimbra, Almedina, 1995. – «Falta e vícios da vontade – O Código Civil e os regimes mais recentes», *in* Faculdade de Direito da Universidade de Coimbra (org.), *Comemorações dos 35 anos do Código Civil e dos 25 anos da reforma de 1977,* vol. II, Coimbra, Coimbra Editora, 2006, pp. 459 ss. – «Sobre o equivalente metodológico e funcional dos "implied terms"», *in* Rui de Moura Ramos e outros, *Estudos em homenagem à Professora Doutora Isabel de Magalhães Collaço,* Coimbra, Almedina, 2002, vol. I, pp. 241 ss. – *Interesse Contratual Negativo e Interesse Contratual Positivo,* Coimbra, Coimbra Editora, 2008. – «S.T.J., Acórdãos de 12 de Fevereiro de 2009 e de 21 de Outubro de 2010 (*Indemnização em caso de resolução do contrato*)», *RLJ,* 140º, nº 3968, pp. 300 ss. – «Indemnização e resolução de contrato por não cumprimento», *CDP,* nº especial, 2012, pp. 63 ss. – «Contrato de *swap* de taxas de juro, jogo e aposta e alteração das circunstâncias que fundaram a decisão de contratar», *RLJ,* 143º, pp. 391 ss., e 144º, pp. 14 ss. – «Perda de chance processual», *RLJ,* 145º, nº 3997, pp. 174 ss.

Piotet, Paul - *Culpa in contrahendo et responsabilité précontractuelle en droit privé suisse,* Berne, Staempfli, 1963. – «Nature et modalités de la responsabilité precontractuelle», *ZSR,* 1975, pp. 252 ss. – «La culpa in contrahendo aujourd'hui», *RSJ,* 1981, pp. 225 ss. - «Développements récents de la théorie de la culpa in contrahendo», *in* B. Dutoit e outros (orgs.), *Mélanges Guy Flattet - Recueil de travaux offerts à Guy Flattet,* Lausana, Payot, s.d. (1985), pp. 363 ss.

Pires, Catarina Monteiro – «Efeitos da alteração das circunstâncias», *Dir.,* 2013, pp. 181 ss. – «Limites dos esforços e dispêndios exigíveis ao devedor para cumprir», *ROA,* 2016, pp. 105 ss. – *Impossibilidade da prestação,* Coimbra, Almedina, 2017. – «Breves notas sobre a resolução do contrato por incumprimento no direito português, brasileiro e alemão», *RDC,* 2017, pp. 75 ss.

Posner, Eric – «Economic Analysis of Contract Law After Three Decades: Success or Failure?», *Yale L.J.,* 2003, pp. 829 ss.

Prata, Ana – *Notas sobre a responsabilidade pré-contratual,* separata da *Revista da Banca,* nºs 16 e 17, Lisboa, 1991.

Proença, José Carlos Brandão – «A hipótese da declaração (*lato sensu*) antecipada de incumprimento por parte do devedor», *Estudos em Homenagem ao Professor Doutor Jorge*

Ribeiro de Faria, Coimbra, Coimbra Editora, 2003, pp. 359 ss. – *Lições de cumprimento e não cumprimento das obrigações*, Coimbra, Coimbra Editora, 2011.

Rabel, Ernst – *Das Recht des Warenkaufs. Eine rechtsvergleichende Darstellung*, 2 vols., Berlim/Tubinga, J.C.B. Mohr,1936/1958.

Reinig, Guilherme – «A teoria do dano direto e imediato no direito civil brasileiro: análise crítica da doutrina e comentários à jurisprudência do STF sobre a responsabilidade civil do Estado por crime praticado por fugitivo, *RDCC*, 2017 (no prelo).

Ribeiro, Joaquim de Sousa – *O problema do contrato. As cláusulas contratuais gerais e o princípio da liberdade contratual*, Coimbra, Almedina, 1999. – O regime dos contratos de adesão: algumas questões decorrentes da transposição da directiva sobre as cláusulas abusivas», Faculdade de Direito da Universidade de Coimbra (org.), *Comemorações dos 35 anos do Código Civil e dos 25 anos da reforma de 1977*, vol. III, Coimbra, Coimbra Editora, 2007, pp. 209 ss. – «A boa-fé como norma de validade», *in* Jorge Figueiredo Dias *et al.* (orgs.), *Ars Iudicandi. Estudos em homenagem ao Prof. Doutor António Castanheira Neves*, vol. II, *Direito Privado*, Coimbra, Coimbra Editora, 2008, pp. 667 ss.

Roboredo, Alda – *A função social do contrato e as cláusulas abusivas*, Curitiba, Juruá, 2007.

Rocha, Nuno Santos – *A «perda de chance» como uma nova espécie de dano*, reimpressão, Coimbra, Almedina, 2015.

Roppo, Vincenzo – «Ancora su contratto asimmetrico e terzo contratto. Le coordinate del dibattito, con qualche elementi di novità», *in* Guido Alpa/Vincenzo Roppo (orgs.), *La vocazione civile del giurista. Saggi dedicati a Stefano Rodotà*, Roma, Editori Laterza, 2013, pp. 178 ss.

Roscetti, Rudi – «Necessity or Nuisance? A Comparative Review of the Approach towards the Recovery of Pure Economic Loss in English Law with that of French Law», *Manchester Student Law Review*, 2012, pp. 60 ss.

Rosenvald, Nelson – «A função social do contrato», *in* Gisela Hironaka/Flávio Tartuce (orgs.), *Direito contratual. Temas atuais*, São Paulo, 2009, pp. 81 ss.

Rösler, Hannes – «Hardship in German Codified Private Law – In Comparative Perspective to English, French and International Contract Law», *Eur. Rev. Priv. Law*, 2007, pp. 483 ss.

Rouhette, Georges – «La force obligatoire du contrat, *in* Denis Tallon/Donald Harris (orgs.), *Le contrat aujourd'hui: comparaisons franco-anglaises*, Paris, LGDJ, 1987, pp. 27 ss.

Rowan, Solène – «Fault and Breach of Contract in France and England: Some Comparisons», *European Business Law Review*, 2011, pp. 467 ss.

Sá, Almeno de – *Cláusulas contratuais gerais e Directiva sobre cláusulas abusivas*, 2ª ed., reimpressão, Almedina, 2005. – «Relação bancária, cláusulas contratuais gerais e o novo Código Civil brasileiro», *RBDC*, nº 23 (2003), pp. 167 ss.

Sacchi, Mirca – *I danni non patrimoniali da inadempimento*, *in* Paolo Cendon (org.), *Responsabilità civile*, Turim, UTET, 2017, pp. 1488 ss

Sacco, Rodolfo – «Culpa in contrahendo e culpa aquiliana; culpa in eligendo e apparenza», *RDCDGO*, 1951, II, pp. 82 ss. – *Il contratto*, Turim, UTET, 1975. – «Contract, Contrat, Vertrag», *Eur. Rev. Priv. Law*, 1999, pp. 237 ss.

Saleh, Nabil – «Definition and Formation of Contract Under Islamic and Arab Laws», *Arab L.Q.*, 1990, pp. 101 ss.

Sánchez Lorenzo, Sixto – «L'interprétation du contrat: questions de droit comparé et de droit international privé», *in* Jörb Bernreuther e outros (orgs.), *Festchrift für Ulrich Spellenberg*, Munique, Sellier, 2010, pp. 329 ss. – *El Derecho inglés y los contratos internacionales*, Valencia, Tirant lo Blanch, 2013.

Santos Júnior, Eduardo – «Da "impossibilidade pessoal" de cumprir. Breve confronto do novo Direito alemão com o Direito português», *Dir.*, 2010, pp. 423 ss. – «A imprevisão ou alteração das circunstâncias no Direito Privado francês e as perspectivas de evolução em face dos projectos de reforma do Direito das Obrigações no *Code Civil*», *in Estudos em homenagem ao Prof. Doutor Jorge Miranda*, vol. VI, Coimbra, 2012, pp. 471 ss.

Saraiva, José Hermano – *O problema do contrato. A crise do contratualismo e a construção científica do direito privado*, Lisboa, Jornal do Fôro, 1950.

Savigny, Friedrich Carl von – *Das Obligationenrecht als Theil des heutigen Römischen Rechts*, 2 vols., Berlim, Veit und Comp., 1851/53.

Schenker, Franz – «Switzerland», *in Precontractual Liability. Reports to the XIIIth Congress. International Academy of Comparative Law*, Deventer/Boston, 1991, pp. 309 ss.

Schmidt, Jessica – *Der Vertragsschluss. Ein Vergleich zwischen dem deutschen, französischen, englischen Recht und dem CESL*, Tubinga, Mohr Siebeck, 2013.

Schmidt-Szalewski, Joanna - «La sanction de la faute précontractuelle», *RTDCiv.*, 1974, pp. 47 ss. - «L'évolution de la responsabilité précontractuelle en droit français», *in* G. Weick (org.), *Entwicklung des Deliktsrechts in rechtsvergleichender Sicht*, Frankfurt a.M., Metzner, 1987, pp. 141 ss. - «La période précontratuelle en droit français. Rapport au XIIIe Congrès International de Droit Comparé», *RIDC*, 1990, pp. 545 ss.

Schönle, Herbert – Rapport suisse», *in Travaux de l'Association Henri Capitant*, t. XLIII (1992), *La bonne foi*, pp. 193 ss.

Sefton-Green, Ruth (org.) – *Mistake, Fraud and Duties to Inform in European Contract Law*, Cambridge, University Press, 2005.

Serra, Adriano Vaz – «Resolução ou modificação dos contratos por alteração das circunstâncias», *BMJ* 68 (1957), pp. 293 ss. – «Objecto da obrigação. A prestação – suas espécies, conteúdo e requisitos», *BMJ* 74 (1958), pp. 15 ss. – «Efeitos dos contratos (Princípios gerais)», *BMJ* 74 (1958), pp. 333 ss. – «Fontes das obrigações. O contrato e o negócio jurídico unilateral como fontes das obrigações», *BMJ* 77 (1958), pp. 127 ss. – «Negócios abstratos», *BMJ* 83 (1959), pp. 5 ss. – «Responsabilidade de terceiros no não cumprimento de obrigações», *BMJ* 85 (1959), pp. 345 ss. – «Perfeição da declaração de vontade – Eficácia da emissão da declaração – requisitos especiais da conclusão do contrato», *BMJ* 103 (1961), pp. 5 ss.

Sharp, Malcolm P. – «Pacta Sunt Servanda», Columbia L.R., 1941, pp. 783 ss.

Silva, Clóvis do Couto e – *A obrigação como processo,* São Paulo, José Bushatsky, 1976.

Silva, Eva Sónia Moreira da – *Da responsabilidade pré-contratual por violação dos deveres de informação,* Coimbra, 2003. – «De novo os danos indemnizáveis em sede de responsabilidade pré-contratual», *CDP,* nº especial, 2012, pp. 97 ss.

Silva, João Calvão da – «Negociações preparatórias de contrato-promessa e responsabilidade pré-contratual», *in Estudos de Direito Civil e de Processo Civil,* Coimbra, Almedina, 1996, pp. 77 ss. – «A declaração da intenção de não cumprir», *ibidem,* pp. 123 ss. – *Cumprimento e sanção pecuniária compulsória,* 4ª ed., Coimbra, Almedina, 2002. – «Não cumprimento das obrigações», *in* Faculdade de Direito da Universidade de Coimbra (org.), *Comemorações dos 35 anos do Código Civil e dos 25 anos da Reforma de* 1977, vol. III, *Direito das Obrigações,* Coimbra, Coimbra Editora, 2007, pp. 483 ss. – «Contratação por cláusulas contratuais gerais (contratos de adesão)», *RBDC,* nº 39 (2010), pp. 71 ss.

Silva, Rafael Peteffi da – «A responsabilidade pela perda de uma chance, rico exemplo de circulação de modelos doutrinários e jurisprudenciais», *in* Judith Martins-Costa (org.), *Modelos de Direito Privado,* São Paulo, Marcial Pons, 2014, pp. 391 ss.

Smith, Shelley – «Reforming the Law of Adhesion Contracts: A Judicial Response to the Subprime Mortgage Crisis», *Lewis & Clark Law Review,* 2010, pp. 1035 ss.

Sousa, António Carneiro da Frada de – *Conflito de clausulados e consenso nos contratos internacionais,* Porto, Universidade Católica Portuguesa, 1999.

Sousa, Gabriela Mesquita – «Impossibilidade de cumprimento da obrigação: as alterações do regime alemão e as normas do Código Civil português», *in* Maria Olinda Garcia (org.), *Estudos sobre incumprimento do contrato,* Coimbra, 2011, pp. 105 ss.

Sousa, Marcelo Rebelo de – «Responsabilidade pré-contratual – vertentes privatística e publicística», *Dir.,* 1993, pp. 383 ss.

Sousa, Miguel Teixeira de – «O cumprimento defeituoso e a venda de coisas defeituosas», *in Ab uno ad omnes. 75 anos da Coimbra Editora,* Coimbra, 1998, pp. 567 ss.

Souza, Wagner Mota Alves de – «Tutela externa do crédito», *in* Fátima Andrighi (coord.), *Responsabilidade civil e inadimplemento no Direito brasileiro,* São Paulo, Atlas, 2014, pp. 65 ss.

Smorto, Guido – «La justice contractuelle», *RIDC,* 2008, pp. 583 ss.

Steiner, Renata – *Descumprimento contratual. Boa-fé e violação positiva do contrato,* São Paulo, Quartier Latin, 2014.

Stoll, Hans – «Tatbestände und Funktionen der Haftung für culpa in contrahendo», *in Festschrift für Ernst von Caemmerer,* Tubinga, J.C.B. Mohr, 1978, pp. 435 ss.

Summers, David – «Third Party Beneficiaries and the Restatement (Second) of Contracts», *Cornell L.Rev.,*1981/82, pp. 880 ss.

Summers, Robert S. – «"Good Faith" in General Contract Law and the Sales Provisions of the Uniform Commercial Code», *Va. L.Rev.,* 1968, pp. 224 ss.

Tallon, Denis – «The Notion of Contract: A French Jurist's Naïve Look at Common Contract Law», *in* D. Clark (org.), *Comparative and Private International Law. Essays in Honour of John Henry Merryman on his Seventieth Birthday*, Berlim, Duncker & Humblot, 1990, pp. 283 ss. – e Donald Harris (orgs.) – *Le contrat aujourd'hui: comparaisons franco-anglaises*, Paris, L.G.D.J., 1987.

Telles, Inocêncio Galvão – «Contratos civis (projecto completo de um título do futuro Código Civil português e respectiva exposição de motivos»)», *BMJ* 83 (1959), pp. 114 ss. – «Culpa na formação do contrato», *Dir.*, 1993, pp. 333 ss.

Thomas, Kristie – *The Impact of the Recently Issued Judicial Interpretation of China's Contract Law 1999: Creating Certainty for All?*, s.l., 2009.

Timm, Luciano Benetti – «Common Law e Contract Law: uma introdução ao Direito Contratual norte-americano», *RIDB*, 2012, pp. 525 ss.

Tomas de Aquino (S.) – *Summa Theologica* (tradução brasileira por Alexandre Corrêa, organização e direcção de Rovílio Costa e Luís Alberto de Boni, introdução de Martin Grabmann, 2ª ed., Porto Alegre, Escola Superior de Teologia São Lourenço de Brindes e Livraria Sulina Editora; Caxias do Sul, Universidade de Caxias do Sul, 1980).

Torsello, Marco – «Remedies for breach of contract», *in* Jan Smits (org.), *Elgar Encyclopedia of Comparative Law*, Cheltenham/Northampton, Edward Elgar, 2006, pp. 610 ss.

Trebilcock, Michael J. – *The Limits of Freedom of Contract*, Cambridge/Londres, Harvard University Press, 1993.

Treitel, Guenter – *Frustration and Force Majeure*, 3ª ed., Londres, Sweet & Maxwell/Thomson Reuters, 2014.

Turco, Claudio – *Interesse negativo e responsabilità precontrattuale*, Milão, Giuffrè, 1990.

Tutikian, Priscila David – «Silêncio como declaração negocial na formação dos contratos (sob a perspectiva dos Modelos Hermenêuticos de Miguel Reale), *in* Judith Martins-Costa (org.), *Modelos de Direito Privado*, São Paulo, Marcial Pons, 2014, pp. 145 ss.

Varela, João de Matos Antunes, e Manuel Henriques Mesquita – «Resolução ou modificação do contrato por alteração de circunstâncias», *CJ*, 1982, tomo 4, pp. 7 ss.

Vicente, Dário Moura – *Da responsabilidade pré-contratual em Direito Internacional Privado*, Coimbra, Almedina, 2001. – «Culpa na formação dos contratos», *in* Faculdade de Direito da Universidade de Coimbra (org.), *Comemorações dos 35 anos do Código Civil e dos 25 anos da Reforma de* 1977, vol. III, *Direito das Obrigações*, Coimbra, Coimbra Editora, 2007, pp. 265 ss. – «A autonomia privada e os seus diferentes significados à luz do Direito Comparado», *RDC*, 2016, pp. 277 ss.

Vigotti, Franco – «La responsabilità precontrattualle», *in* Alpa/Bessone (orgs.), *La responsabilità civile. Una rassegna di dottrina e giurisprudenza*, Turim, UTET, 1987

Viney, Geneviève – «Exécution de l'obligation, faculté de remplacement et réparation en nature en droit français», *Revue de Droit Henri Capitant*, nº 3 (2011).

Wahrenberger, André – *Vorvertragliche Aufklärungspflichte im Schuldrecht (unter besonderer Berücksichtigung des Kaufrechts). Zugleich ein Beitrag zur Lehre der culpa in contrahendo*, Zurique, Schulthess, 1992.

Weir, Tony – «Contracts in Rome and England», *Tul. L.R.*, vol. 66 (1991/1992), pp. 1615 ss.

Westbrook, Raymond – «The Origin of *Laesio Enormis*», *RIDA*, 2008, pp. 39 ss.

Wieacker, Franz – *Zur rechtstheoretische Präzisierung des § 242 BGB*, Tubinga, 1956.

Wilhemsson, Thomas – «Various Approaches to Unfair Terms and Their Background Philosophies», *Juridica International*, 2008, pp. 51 ss.

Windscheid, Bernhard – *Lehrbuch des Pandektenrechts*, vol. II, 6ª ed., Frankfurt a. M., Rütten & Loening, 1887.

Yassari, Nadjma – *The Concept of Freedom of Contract in Western and Islamic Legal Cultures*, Innsbruck, 1999 (polic.).

Zimmermann, Reinhard – «"Heard melodies are sweet, but those unheard are sweeter..." Conditio tacita, implied condition und die Fortbildung des europäischen Vertragsrechts», *AcP*, 1993, pp. 121 ss. – e Simon Whittakker (orgs.) – *Good Faith in European Contract Law*, Cambridge, Cambridge University Press, 2000.

Zweigert, Konrad – «"Rechtsgeschäft" und "Vertrag" heute», *in* Ernst von Caemmerer *et al.* (orgs.), *Ius Privatum Gentium. Festschrift für Max Rheinstein*, Tubinga, J.C.B. Mohr, 1969, vol. II, pp. 493 ss.

Capítulo III
Os negócios jurídicos unilaterais

§ 17º Noção e admissibilidade

a) Posição do problema

Dizem-se unilaterais, nos sistemas romano-germânicos, os negócios jurídicos em que há apenas uma declaração de vontade ou em que existem várias declarações dessa natureza, mas paralelas umas às outras. É o caso, tipicamente, do testamento, da procuração e da promessa pública.

Salientámos já serem esses negócios uma categoria desconhecida de vários sistemas jurídicos contemporâneos, como o inglês e os da maior parte dos Estados norte-americanos. Nos próprios ordenamentos jurídicos que o admitem – como é o caso do alemão, do italiano, do português e do brasileiro –, eles assumem caráter excecional como factos constitutivos de vínculos obrigacionais, tendo as obrigações voluntárias a sua fonte, por via de regra, no contrato[1376].

A questão fundamental que se coloca a seu respeito é, pois, a de saber em que medida deve admitir-se que tais negócios sejam fontes de obrigações. Por outras palavras: se a promessa de uma prestação pode ser considerada vinculativa do promitente independentemente da sua aceitação por outrem. Tal o problema de que nos iremos ocupar em seguida.

b) O princípio da tipicidade ou **numerus clausus** *dos negócios unilaterais*

I – A relutância em admitir a vinculação de alguém à promessa unilateral de uma prestação feita a pessoas indeterminadas remonta ao Direito Romano. Este

[1376] Sobre o ponto veja-se, na doutrina portuguesa, Adriano Vaz Serra, «Fontes das obrigações. O contrato e o negócio jurídico unilateral como fontes das obrigações», *BMJ* 77 (1958), pp. 127 ss. (especialmente pp. 191 ss.).

previa uma modalidade de promessa unilateral, a *pollicitatio*, cujo cumprimento podia ser exigido em determinadas condições, mormente se constituísse a contrapartida de uma honra (*pollicitatio ob honorem*), através da denominada *cognitio extra ordinem*[1377]. Mas a *pollicitatio* romana era unicamente feita em benefício do município do promitente, por ocasião da sua candidatura a um cargo público, não sendo qualificada como tal a simples promessa de uma recompensa *ad incertas personas*, a qual terá permanecido em Roma como um fenómeno extrajurídico[1378].

II – Nos sistemas jurídicos contemporâneos, pese embora um certo alargamento da vinculação a promessas unilaterais, as regras aplicáveis neste domínio são substancialmente diversas das que valem quanto aos contratos, *maxime* porque no lugar da liberdade vamos aqui encontrar, em vários deles, um princípio de tipicidade ou *numerus clausus*. Em Portugal este encontra-se formulado no art. 457º do Código Civil, segundo o qual:

> «A promessa unilateral de uma prestação só obriga nos casos previstos na lei.»

Esta regra contrasta com a do art. 405º, nº 1, do mesmo Código, que reconhece às partes a liberdade de fixarem o conteúdo dos contratos e de celebrarem contratos diferentes dos previstos no Código. Assim, ao passo que os interessados podem livremente (*rectius*, dentro dos limites impostos pelas regras legais imperativas) criar obrigações através de contratos, não o podem fazer com a mesma amplitude através de negócios jurídicos unilaterais.

A regra acabada de referir encontra-se igualmente consagrada em outros sistemas jurídicos que admitem o negócio unilateral como fonte de obrigações. Assim, estabelece o § 311 (1) do BGB:

> «Para a constituição de uma relação obrigacional por negócio jurídico, assim como para a alteração do conteúdo de uma relação obrigacional, é necessário um contrato entre as partes, salvo quando a lei dispuser de outro modo.»

Por seu turno, o art. 1987 do Código Civil italiano dispõe a este respeito que a promessa unilateral de uma prestação «não produz efeitos obrigacionais fora dos casos admitidos na lei». E em Espanha o art. 1092, 2º §, da Proposta de Moderni-

[1377] D., 50, 12, 1: «*Si pollicitus quis fuerit rei publicae opus se facturum vel pecuniam daturum, in usuras non convenietur: sed si moram coeperit facere, usurae accedunt, ut imperator noster cum divo patre suo rescripsit. 1. Non semper autem obligari eum, qui pollicitus est, sciendum est. Si quidem ob honorem promiserit decretum sibi vel decernendum vel ob aliam iustam causam, tenebitur ex pollicitatione: sin vero sine causa promiserit, non erit obligatus. Et ita multis constitutionibus et veteribus et novis continetur*».

[1378] Neste sentido, Reinhard Zimmermann, *The Law of Obligations*, pp. 574 s. Na doutrina portuguesa, veja-se sobre o ponto Santos Justo, *Direito Privado Romano – II (Direito das Obrigações)*, pp. 107 ss.

zação do Direito das Obrigações e Contratos declara que a promessa unilateral de uma prestação só obriga nos casos previstos na lei.

Manifesta-se aqui, segundo um entendimento amplamente difundido, o «princípio do contrato» («*Vertragsgrundsatz*»). Por força deste, como observa Larenz[1379], «a promessa dada unilateralmente não basta para fundamentar uma vinculação jurídica; a sua aceitação por parte do destinatário da promessa deve acrescer-lhe». Na realidade, porém, o contrato não esgota, mesmo nos sistemas jurídicos mencionados, as fontes possíveis de obrigações voluntárias, antes se estabelece neles uma *tipicidade legal* dos negócios unilaterais, que deixa a estes, ainda assim, uma ampla margem de relevância como fontes de obrigações[1380].

III – Uma orientação substancialmente mais aberta aos negócios unilaterais foi recentemente consagrada no Código Civil francês. Este, na redação dada pela reforma de 2016, estabelece no art. 1100 que «as obrigações nascem de atos jurídicos, de factos jurídicos ou da mera autoridade da lei»; e precisa, no art. 1100-1, que os primeiros, entendidos como «manifestações de vontade destinadas a produzir efeitos jurídicos», podem ser convencionais ou unilaterais.

No *Rapport au Président de la République* justificativo da reforma afirma-se expressamente que a disposição legal citada em segundo lugar inclui o «compromisso unilateral de vontade» («*engagement unilatéral de volonté*»), aí descrito como «categoria de ato unilateral que cria, pela mera vontade do seu autor, uma obrigação a cargo deste».

Nenhuma regra de tipicidade se encontra estabelecida na nova lei a respeito destes últimos atos; e na doutrina qualificam-se as disposições legais que regulam certas categorias de atos unilaterais como meros exemplos[1381].

A validade desses atos está em todo o caso sujeita a certas condições: *a)* A formulação expressa da promessa; *b)* A intenção do promitente de se vincular juridicamente; *c)* A formulação da promessa de uma vantagem; e *d)* A convicção legítima por parte do beneficiário da promessa de que podia confiar nela. Preenchidas estas condições, o compromisso unilateral tem a mesma força obrigatória que a promessa contida num contrato[1382].

IV – O princípio do contrato pode, no entanto, ser admitido relativamente a outros sistemas jurídicos em que a figura do negócio ou ato jurídico unilateral

[1379] Cfr. *Lehrbuch des Schuldrechts*, vol. I, p. 40.

[1380] Ver Reinhard Zimmermann, «Vertrag und Versprechen. Deutsches Recht und Principles of European Contract Law im Vergleich», *in* Stephan Lorenz e outros (orgs.), *Festschrift für Andreas Heldrich zum 70. Geburtstag*, Munique, 2005, pp. 467 ss.

[1381] Cfr. Muriel Fabre-Magnan, *Droit des obligations*, vol. I, p. 813.

[1382] *Idem, ibidem*, pp. 815 ss.

não tem acolhimento e onde o contrato é, por conseguinte, a única fonte possível de obrigações voluntárias. É o que sucede no Direito inglês e nos da maioria dos Estados norte-americanos[1383].

Integram, na verdade, o conceito anglo-americano de «contrato unilateral» («*unilateral contract*») certos atos jurídicos classificados como negócios unilaterais pelos Direitos continentais – de que é exemplo a promessa pública – desde que tenham como contrapartida («*consideration*») um ato ou uma omissão alheios[1384].

Como é bom de ver, a figura do *unilateral contract* (a que se contrapõe o *bilateral contract* em que à promessa ou promessas de uma das partes correspondem uma ou mais contra-promessas da outra) pressupõe um entendimento específico do mútuo consenso como condição da formação do contrato. Com efeito, a promessa é concebida nestes casos como uma oferta contratual («*offer*»); e a execução («*performance*») do ato nela requerido constitui a sua aceitação; alude-se por isso a uma *acceptance by performance*[1385]. Na ótica dos sistemas jurídicos em apreço, é esse ato, por conseguinte, que opera a perfeição do contrato unilateral[1386]. Salvo se a promessa o exigir, a aceitação não tem de ser notificada ao promitente[1387]. No caso da promessa de uma recompensa, a oferta contratual nela consubstanciada caduca com a primeira aceitação ocorrida nestes termos[1388].

Por via de regra, a referida *performance* constitui também a *consideration* exigível a fim de que se forme um contrato eficaz[1389]. Nalguns casos vai-se porém mais longe e admite-se, por razões de conveniência comercial, a celebração de contratos unilaterais independentemente de qualquer *consideration*. Está neste caso a carta de crédito irrevogável («*irrevocable letter of credit*») emitida por um banco

[1383] Excetua-se, nestes últimos, a Luisiana, onde a promessa de uma recompensa vincula o promitente ainda que aquele que praticar o ato requerido a desconheça: cfr. o art. 1944 do Código Civil.

[1384] Cfr. *Chitty on Contracts*, vol. I, p. 96, onde se dá como exemplo de um *unilateral contract* a oferta de uma recompensa pela devolução de um bem perdido.

[1385] Neste sentido, veja-se o § 62(1) do *Restatement 2nd of Contracts*, que dispõe: «Where an offer invites an offeree to choose between acceptance by promise and acceptance by performance, the tender or beginning of the invited performance or a tender of a beginning of it is an acceptance by performance».

[1386] Cfr. o § 45(1) do *Restatement 2nd of Contracts*, segundo o qual: «Where an offer invites an offeree to accept by rendering a performance and does not invite a promissory acceptance, an option contract is created when the offeree tenders or begins the invited performance or tenders a beginning of it».

[1387] Haja vista ao § 54(1) do *Restatement 2nd of Contracts*, em que se pode ler: «Where an offer invites an offeree to accept by rendering a performance, no notification is necessary to make such acceptance effective unless the offer requests a notification».

[1388] Neste sentido *Anson's Law of Contract*, p. 39.

[1389] Recorde-se a este respeito o disposto no § 71(1) do *Restatement 2nd of Contracts*, cit. *supra* no § 5º, *e*).

em benefício do vendedor de certa mercadoria, a pedido do respetivo comprador, que a doutrina inglesa carateriza como um *unilateral contract* apesar de a mesma não pressupor qualquer *consideration* a cargo do beneficiário[1390].

V – Mas, cabe perguntá-lo, porquê a aludida diferença de regimes entre o negócio unilateral e o contrato? Por que motivo tem o negócio unilateral caráter excecional enquanto fonte de obrigações?

Deparamos aqui, evidentemente, com uma restrição à autonomia privada, pois do referido *numerus clausus* decorre que não se reconhece à vontade individual, salvo num contado número de situações expressamente enunciadas na lei, a virtualidade de originar obrigações unilateralmente, ou seja, independentemente de haver uma declaração de aceitação da constituição do vínculo por parte do credor.

A razão de ser desta restrição prender-se-á, em alguma medida, com a proteção do devedor; trata-se, nessa medida, de mais uma manifestação do *favor debitoris* que aflora em diversas disposições do Direito das Obrigações dos sistemas romanistas. O legislador teve, com efeito, a preocupação de evitar que o devedor se obrigasse (acaso irrefletidamente) por tempo indeterminado através de negócios unilaterais; o que não sucede, por via de regra, com os contratos, nos quais a vinculação unilateral do promitente tem uma duração limitada ao prazo fixado na lei ou na proposta para a aceitação desta. Não deixa, contudo, de suscitar alguma reserva a pertinência desta preocupação quanto a negócios celebrados por instituições dotadas de grande capacidade económica, como os bancos, que recorrem com frequência a atos unilaterais[1391].

Pode, por outro lado, aduzir-se no sentido da tipicidade legal o argumento de que a constituição unilateral de vínculos obrigacionais tem, no plano económico, interesse limitado, uma vez que é sobretudo através do contrato que a circulação de produtos e serviços se processa nas economias de mercado: seria apenas nas situações em que se reconhece existir esse interesse que a ordem jurídica admitiria, excecionalmente, a eficácia obrigacional dos negócios unilaterais. Assim sucederia, designadamente, no caso da promessa pública. De novo, porém, se trata de um argumento pouco persuasivo, atenta a frequência com que a *praxis* dos negócios – sobretudo a internacional – faz surgir figuras que o legislador não contemplou, mas que visam acudir a necessidades atendíveis do tráfico jurídico. Estão neste caso as cartas de crédito, as cartas de conforto e as garantias à pri-

[1390] Ver *Anson's Law of Contract*, p. 121. Na doutrina portuguesa, essa figura é construída como um contrato a favor de terceiro (cfr. António Menezes Cordeiro, *Manual de Direito Bancário*, 4ª ed., Coimbra, 2010, p. 670); mas esta categoria é, como se viu (*supra*, § 12º, *b)*), encarada com reserva no Direito inglês.

[1391] Cfr. Menezes Cordeiro, *Manual de Direito Bancário*, pp. 215 ss.

meira solicitação, que se apresentam, nas relações entre os respetivos subscritores e beneficiários, como atos unilaterais geradores de obrigações[1392]. Compreende-se assim que alguns textos normativos internacionais recentes acolham com muito maior latitude a vinculação às promessas unilaterais[1393].

VI – Mas poderá dizer-se, consoante já se defendeu na doutrina[1394] e na jurisprudência[1395] portuguesas, que a liberdade de formulação de propostas contratuais põe em causa a excecionalidade do negócio unilateral?

Não cremos. Porquanto, embora no Direito português a proposta contratual «obrigue» o proponente enquanto durar[1396] e seja em princípio irrevogável – pelo menos depois de recebida pelo seu destinatário ou de ser dele conhecida[1397] –, não resulta dela qualquer obrigação propriamente dita a cargo do proponente. Esta, a bem dizer, só surge com a aceitação da proposta; mas nesse momento temos um contrato perfeito, e não um negócio unilateral[1398].

A proposta, como se sabe, apenas faz surgir na esfera jurídica do seu destinatário um *direito potestativo*: o de dar origem à formação do contrato mediante a sua aceitação. Não se constitui, em contrapartida, qualquer direito de crédito em virtude da mera formulação e do envio da mesma. Eis por que, a nosso ver, o regime da proposta negocial vigente em Portugal não coloca em crise o denominado princípio do contrato.

A situação é um tanto distinta nos ordenamentos jurídicos, como o italiano, em que a proposta dirigida à celebração de um contrato de que apenas resultem obrigações para o proponente é irrevogável logo que chegue ao conhecimento do seu destinatário; este pode recusá-la no prazo exigido pela natureza do negócio ou pelos usos, mas considera-se o contrato concluído na ausência de tal recusa[1399]. Com efeito, aqui a obrigação nasce da própria proposta não recusada no prazo aplicável; razão pela qual não falta quem a qualifique como um «negócio unilateral sujeito a recusa» («*negozio unilaterale soggetto a rifiuto*»), o qual se subtrairia à tipicidade legal[1400]. Ao que se pode todavia obtemperar que a situação em apreço difere, ainda assim, da dos negócios unilaterais, pois a eficácia da promessa pode

[1392] Veja-se o levantamento dessas espécies feito por Filippo Maisto em *Promesse unilaterali*, Nápoles, 2014, pp. 81 ss.

[1393] Cfr. *infra*, § 46º, *b)*.

[1394] Cfr. Menezes Cordeiro, *Tratado de Direito Civil*, vol. VII, pp. 681 ss.

[1395] Cfr. o acórdão do Supremo Tribunal de Justiça de 8 de julho de 1997, proc. 97A417.

[1396] Assim se exprime, com efeito, o art. 228º, nº 1, do Código Civil.

[1397] Cfr. o art. 230º, nº 1, do Código Civil.

[1398] Neste sentido, Menezes Leitão, *Direito das Obrigações* vol. I, p. 269.

[1399] Art. 1333 do Código Civil.

[1400] Assim Giuseppe Benedetti, *Dal contratto al negozio unilaterale*, reimpr., Milão, 2007, pp. 191 e 238.

aqui ser paralisada pela recusa, diversamente do que sucede nos negócios unilaterais, que produzem efeitos sem que a tal se possa opor o seu beneficiário; a vontade de ambas as partes, ainda que não declarada, é neste caso necessária a fim de que a obrigação se constitua na esfera jurídica do promitente, como é próprio do contrato[1401].

§ 18º Modalidades

a) A promessa de cumprimento e reconhecimento de dívida

Consideremos agora as diferentes modalidades de negócios unilaterais reguladas na lei. Entre elas contam-se a promessa de cumprimento e o reconhecimento de dívida, previstos nos arts. 1988 do Código Civil italiano e 458º do Código Civil português. Diz o primeiro daqueles preceitos:

> «A promessa de pagamento ou o reconhecimento de uma dívida dispensa aquele a favor de quem é feita do ónus de provar a relação fundamental. A existência desta presume-se até prova em contrário.»

Numa formulação próxima, dispõe o art. 458º, nº 1:

> «Se alguém, por simples declaração unilateral, prometer uma prestação ou reconhecer uma dívida, sem indicação da respetiva causa, fica o credor dispensado de provar a relação fundamental, cuja existência se presume até prova em contrário.»

Não se trata aqui, contudo, de negócios unilaterais que constituam só por si fontes de obrigações. A promessa de cumprimento de uma obrigação e o reconhecimento de uma dívida pressupõem, na verdade, que a obrigação já exista, derivando de uma outra causa: a «relação fundamental». Esta pode consistir, por exemplo, num contrato preexistente entre as partes. É essa relação que constitui a fonte da obrigação; não a declaração em que se promete o seu cumprimento ou se reconhece a sua existência.

O sentido útil dos referidos preceitos consiste, pois, tão-só em inverter o ónus da prova da existência dessa relação fundamental, que não tem de ser provada pelo destinatário da declaração, caso queira prevalecer-se dela, uma vez que se presume a sua existência. Se o devedor quiser escusar-se validamente ao cumprimento da prestação prometida ou da dívida que reconheceu, terá de provar que tal relação não existe, *v.g.* porque o contrato não chegou a ser celebrado, ou é inválido.

[1401] Neste sentido, Carlo Falqui-Massidda, «Promessa unilaterale», *NssDI*, vol. XIV, pp. 77 ss. (p. 79); Trimarchi, *Istituzioni di diritto privato*, p. 159.

O negócio unilateral a que se reportam os arts. 1988 do Código italiano e 458º do Código português é, assim, causal, apenas se presumindo a sua causa. Estes preceitos são, nesta medida, corolários da inadmissibilidade em princípio dos negócios abstratos, i.é, aqueles cuja validade não depende da existência de uma causa[1402].

Neste ponto os Direitos italiano e português afastam-se, *v.g.*, do alemão, que admite nos §§ 780 e 781 do BGB, respetivamente, a promessa de uma prestação e o reconhecimento de uma dívida independentemente da existência e validade da respetiva causa[1403]; o que se justificará pela preocupação de acautelar situações de abuso, que os negócios abstratos podem propiciar.

b) A promessa pública

I – Passemos à promessa pública. É esta a categoria de promessas unilaterais relativamente às quais se coloca mais frequentemente a questão da sua eficácia obrigacional[1404].

Trata-se de atos pelos quais uma pessoa se obriga a dar uma recompensa a quem se encontre em determinada situação ou pratique determinado facto positivo ou negativo: achar um objeto perdido, fornecer às autoridades policiais informações que levem à captura do suspeito de um crime, etc.

Nos sistemas romano-germânicos, a promessa pública não se confunde com a oferta ao público: embora ambas as categorias de atos se dirijam a um conjunto indeterminado de pessoas, a segunda é uma proposta contratual, que apenas dá lugar à formação de um contrato mediante a respetiva aceitação, ao passo que a primeira prescinde de aceitação, aperfeiçoando-se com a sua mera publicação[1405].

Por outro lado, no Direito português admite-se a revogação da oferta ao público, desde que na mesma forma desta (art. 230º, nº 3, do Código Civil); já a promessa ao público que tenha determinado prazo de validade, fixado pelo promitente ou imposto pela natureza ou fim da promessa, é em princípio irrevogável, salvo havendo justa causa (art. 461º, nº 1, do Código), e não o é em caso algum se a situação prevista já se tiver verificado ou se o facto requerido pelo promitente já tiver sido praticado (*idem*, art. 461º, nº 2). Mais longe vai nesta matéria o Código italiano, que exige sempre a justificação da revogação da promessa (art. 1990). E também de acordo com o § 658 do BGB a promessa pública é irrevogável logo que seja praticado o facto exigido pelo promitente. Só o Código das Obriga-

[1402] Cfr. *supra*, § 5º, *d)*.

[1403] Cfr. *Münchener Kommentar*/Habersack, § 780, n.m. 4-6.

[1404] Veja-se sobre o tema, numa perspetiva de Direito Comparado, Pablo Lerner, «Promises of Rewards in a Comparative Perspective», *Annual Survey of International & Comparative Law*, 2004, pp. 53 ss.

[1405] Sublinham também este ponto Falqui-Massidda, est. cit., p. 89; e Adolfo di Majo, «Promessa unilaterale (dir. priv.)», *EDD*, vol. XXXVII, pp. 33 ss. (p. 61).

ções suíço admite, no art. 8, nº 2, a livre revogação da promessa pública, embora imponha nesse caso ao promitente a obrigação de reembolsar, até ao limite do que havia prometido, as despesas feitas de boa-fé, a não ser que demonstre que o facto requerido na promessa não teria sido realizado.

II – O caráter vinculativo da promessa pública encontra-se expressamente previsto no art. 1989 do Código italiano, que dispõe a este respeito:

> «Aquele que, dirigindo-se ao público, promete uma prestação a favor de quem se encontre em determinada situação ou execute uma determinada ação, fica vinculado pela promessa logo que esta seja tornada pública.»

É praticamente idêntico o teor do art. 459º, nº 1, do Código Civil português:

> «Aquele que, mediante anúncio público, prometer uma prestação a quem se encontre em determinada situação ou pratique certo facto, positivo ou negativo, fica vinculado desde logo à promessa.»

Aspeto relevante do regime legal é que esta vinculação nasce mesmo que a promessa pública seja desconhecida da pessoa que se coloca na situação prevista pelo promitente ou pratique o ato em causa sem o intuito de conseguir a prestação prometida. É o que estabelece o art. 459º, nº 2, do Código português, segundo o qual:

> «Na falta de declaração em contrário, o promitente fica obrigado mesmo em relação àqueles que se encontrem na situação prevista ou tenham praticado o facto sem atender à promessa ou na ignorância dela.»

Por outras palavras, não é necessária qualquer aceitação da promessa, expressa ou por facto concludente, a fim de que o promitente fique obrigado. A obrigação nasce, na promessa pública, com o seu simples anúncio público. Nisto está, como é bom de ver, o elemento distintivo fundamental da promessa unilateral relativamente ao contrato, que pressupõe uma aceitação por parte do destinatário da prestação. A válida emissão de uma promessa requer, em todo o caso, que a mesma seja feita através de anúncio público. Se a promessa for feita particularmente, o regime em apreço não se aplica.

As mesmas soluções fundamentais acham-se consignadas no § 657 do Código Civil alemão, que dispõe acerca da promessa pública de recompensa («*Auslobung*»):

> «Quem prometer, através de anúncio público, uma recompensa pela adoção de certa conduta, em especial pela produção de um resultado, fica obrigado a pagar a recompensa a todo aquele que empreender a conduta, ainda que este tenha agido sem ter em vista a recompensa.»

Também no Direito alemão, por conseguinte, se constitui o direito à recompensa prometida pela mera adoção da conduta requerida na promessa, sem que seja necessária para o efeito a sua aceitação expressa ou tácita[1406].

Outro tanto se estabelece no Brasil. Diz, a este propósito, o art. 854 do Código Civil brasileiro:

> «Aquele que, por anúncios públicos, se comprometer a recompensar, ou a gratificar, a quem preencha certa condição, ou desempenhe certo serviço, contrai obrigação de cumprir o prometido.»

E acrescenta o art. 855:

> «Quem quer que, nos termos do artigo antecedente, fizer o serviço ou satisfizer a condição, ainda que não pelo interesse da promessa, poderá exigir a recompensa estipulada.»

Não é fundamentalmente diversa desta a orientação acolhida no art. 1093 da Proposta de Modernização do Direito espanhol das Obrigações e dos Contratos, segundo o qual:

> «A promessa, mediante anúncio público, de uma prestação a favor de quem realize determinada atividade, obtenha um concreto resultado ou se encontre em certa situação, obriga o promitente perante quem tenha realizado a conduta, produzido o resultado ou se encontre na situação contemplada, ainda que tal tenha ocorrido sem consideração pela promessa. A promessa pública é revogável ou modificável por efeito da vontade do promitente, mas se tiver sido submetida a um prazo de vigência só será revogável por justa causa. A fim de ser eficaz, a revogação ou modificação deverá ser tornada pública na mesma forma que a promessa, ou outra equivalente. A revogação ou modificação da promessa é ineficaz se a conduta, o resultado ou a situação previstos já se tiverem realizado. Se a obtenção do resultado previsto for devida à atuação de várias pessoas conjunta ou separadamente, dividir-se-á entre elas a prestação prometida na proporção da participação de cada um no resultado.»

Na esteira dos sistemas romanistas, a lei chinesa dos direitos reais, de 2007, prevê expressamente no art. 112 a vinculação do promitente de uma recompensa àquele que achar o objeto a que a mesma se refere. Na doutrina, uma tal promessa é qualificada como um negócio jurídico unilateral[1407].

[1406] Neste sentido, Looschelders, *Schuldrecht. Allgemeiner Teil*, p. 39.

[1407] Cfr. Yuanshi Bu (org.), *Chinese Civil law*, p. 48.

III – Os Direitos inglês e norte-americano apresentam-nos uma diferente construção deste tipo de situações: a promessa pública de uma recompensa («*reward*») é neles qualificada, consoante já observámos, como uma oferta ao público suscetível de dar origem a um contrato sempre que, antes da sua revogação, alguém a aceite praticando o ato nela previsto.

Assim o decidiu o *Court of Appeal* inglês na sentença proferida em 1893 no caso *Carlill v. Carbolic Smoke Ball Co.*[1408]. Curava-se na espécie dos efeitos de um anúncio publicado num periódico inglês, em que a ré havia prometido uma recompensa de cem libras a qualquer pessoa que contraísse gripe («*influenza*») após ter usado durante certo período de tempo, e de acordo com certas especificações, o produto denominado *carbolic smoke ball*. A autora, que havia adquirido e utilizado esse produto de acordo com as indicações do fabricante, contraiu a doença em causa e reclamou o pagamento da recompensa prometida. A ré recusou-se a fazê-lo, alegando que o anúncio não constituía uma proposta contratual e que, portanto, não se achava vinculada a ele. Este argumento foi, no entanto, rejeitado pelo tribunal, que considerou ter-se formado validamente um contrato entre as partes. Neste sentido, aduziu Lord Bowen, reportando-se ao dito anúncio:

> «Trata-se de uma oferta feita ao mundo inteiro; e porque não há de poder ser feita uma oferta ao mundo, que dê origem a um contrato com qualquer pessoa que pratique o ato que condiciona a sua formação? É uma oferta de responsabilização perante qualquer um que pratique esse ato antes de a mesma ser retirada e, embora a oferta seja feita ao mundo, o contrato é concluído com os membros do público que, fazendo fé no anúncio, pratiquem o ato que condiciona a sua formação.»

IV – Os dois *approaches* em causa – o *unilateralista* e o *contratualista*, chamemos-lhes assim – não são, importa notá-lo, funcionalmente equivalentes entre si.

Como se observou acima, a solução germânica, portuguesa, brasileira e espanhola determina a vinculação do promitente independentemente de aquele que praticou o ato previsto na promessa o ter feito com o intuito de beneficiar da recompensa – portanto, como se diz no Projeto espanhol, mesmo que o tenha feito «*sin consideración a la promessa*»; tal a consequência de se construir a promessa como um *negócio jurídico unilateral*, que é fonte de obrigações independentemente de qualquer aceitação da mesma.

Diferentemente, nos Direitos inglês e americano essa vinculação depende de a prática do ato em causa (tido, como se viu acima, como uma *condition* da formação do contrato) ter tido lugar, consoante referiu Lord Bowen na sentença *Carbolic Smoke Ball*, «*on faith of the advertisement*». Aquele que realize a conduta requerida na promessa desconhecendo a recompensa prometida não pode, pois,

[1408] [1892] EWCA Civ. 1.

reclamá-la[1409]; o que está em consonância com a visão contratualista da promessa pública que prevalece nesses Direitos[1410].

c) O concurso público

Resta-nos por examinar o concurso público. Neste caso, a prestação prometida – o prémio – foi-o apenas a quem se candidate a recebê-lo, e desde que um júri o atribua. Não é concebível, por isso, que alguém possa reclamá-lo sem ter conhecimento da existência do concurso. Nas hipóteses em apreço, não bastam, assim, a promessa e a prática do ato nela requerido para que se constitua o direito à prestação prometida.

Por outro lado, o concurso surge não raro associado à aquisição pelos concorrentes de produtos ou serviços oferecidos pelo próprio promitente, que a promessa de um prémio visa incentivar.

No concurso público, a correlação dos interesses em jogo é, nesta medida, um tanto diversa da que se verifica na promessa pública.

Não obstante isso, tanto a lei alemã[1411] como a portuguesa[1412] e a brasileira[1413] e o Projeto espanhol[1414] enquadram estas hipóteses no regime da promessa pública.

Avulta nos preceitos dessas leis relativos a esta matéria a preocupação de tutelar os concorrentes: a promessa só é válida, por isso, se se fixar no respetivo anúncio público o prazo para a apresentação de candidaturas. Assim se acautela o risco de o promitente ir adiando o cumprimento da sua obrigação a pretexto de aguardar a apresentação de mais candidaturas. Não será difícil compreender essa preocupação, tendo em conta a multiplicidade de situações em que os concursos são atualmente utilizados como instrumentos de *marketing* e como tais suscetíveis de induzirem os consumidores em erro.

As decisões sobre a admissão de candidatos e sobre a atribuição do prémio competem exclusivamente, nas legislações referidas, ao júri designado na promessa ou, na falta dele, ao promitente, ficando assim excluído, salvo indicação em contrário no próprio anúncio, o recurso para tribunal.

[1409] Assim, Hogg, *Promises and Contract Law*, p. 228.

[1410] Daí não se retira, contudo, que inexista lugar nos sistemas de *Common Law* para a dicotomia promessa-contrato, ou que esses sistemas consagrem uma «conceção promissória do contrato», como sustenta Luigi Moccia, «Promessa e contrato (Spunti storico-comparativi)», *Riv. Dir. Civ.*, 1994, pp. 819 ss. (pp. 845 ss.); porquanto, mesmo relativamente ao *unilateral contract*, não deixam esses sistemas de exigir, salvo nos casos de *promissory estoppel*, que à promessa acresça uma «consideração» a fim de que possa ter-se o promitente como vinculado.

[1411] Cfr. o § 661 do BGB.

[1412] Art. 463º do Código Civil.

[1413] Art. 859 do Código Civil.

[1414] Art. 1094.

Diferentemente, nos sistemas de *Common Law* o concurso para a atribuição de um prémio («*prize contest*») integra, tal como a promessa pública, a categoria do *unilateral contract*, sendo-lhe por isso aplicáveis as regras gerais relativas aos contratos, com a ressalva de que a aceitação da oferta se dá neste caso com o início da execução do ato requerido no anúncio do concurso[1415].

§ 19º Síntese comparativa

De quanto até aqui se disse resulta coexistirem nos ordenamentos jurídicos em exame duas orientações fundamentalmente diversas quanto à eficácia obrigacional da promessa unilateral de uma prestação.

Com efeito, nos sistemas romanistas a promessa vincula o seu autor independentemente da respetiva aceitação pelo promissário, contanto que se inclua num dos tipos de negócios unilaterais expressamente contemplados na lei. Diversamente, nos sistemas de *Common Law* requer-se, a fim de que o promitente fique vinculado à promessa, que o comportamento do promissário possa ser configurado como uma aceitação (posto que tácita), ou seja, que a situação se reconduza a um contrato.

Este último, dito nesses sistemas *unilateral contract*, não se confunde, cumpre notá-lo, com o contrato unilateral dos ordenamentos jurídicos romanistas. Na verdade, o *unilateral contract* anglo-saxónico autonomiza-se do *bilateral contract* pelo seu modo particular de formação, a qual não pressupõe uma troca de promessas, mas tão-só uma promessa unilateral aceite através da execução de certo ato pelo promissário; já o contrato unilateral dos sistemas romanistas distingue-se do contrato bilateral pela sua estrutura, na medida em que apenas gera obrigações para uma das partes.

É, assim, significativamente mais restritiva a orientação que a este respeito vingou nos sistemas anglo-americanos, uma vez que nestes a promessa pública não obriga sempre que quem a invocar não tenha atuado com conhecimento dela e, por conseguinte, não se possa inferir do seu comportamento uma aceitação da promessa.

Não há, pois, nesses sistemas uma vinculação unilateral do promitente perante aquele que tenha agido desinteressadamente. O que é condizente com a orientação neles prevalecente em matéria de vinculação a contratos bilaterais: como se viu acima, a toda a promessa (salvo quando consignada num instrumento formal) deve corresponder, na *Common Law*, uma «consideração» por parte do promissário; a promessa contratual gratuita, mesmo que aceite por aquele a quem é

[1415] *Vide*, a este propósito, a sentença proferida pelo United States Court of Appeals, Eighth Circuit, em 2 de agosto de 1996, no caso *David Mears v. Nationwide Mutual Insurance Co.*, 91 F.3d 1118, em que se declara categoricamente: «Prize contests are enforceable contracts».

dirigida, em princípio não obriga, pois não corresponde a uma troca em sentido económico. E se assim é, outro tanto deve suceder, por maioria de razão, com a promessa unilateral de uma prestação que não tenha como contrapartida a execução intencional pelo promissário do ato requerido pelo promitente.

Também neste domínio se manifesta, por conseguinte, o pensamento utilitarista que inspira os sistemas de *Common Law*.

Bibliografia específica

Benedetti, Giuseppe – *Dal contrato al negozio unilaterale*, reimpr., Milão, Giuffrè, 2007.

Falqui-Massidda, Carlo – «Promessa unilaterale», *NssDI*, vol. XIV, pp. 77 ss.

Lerner, Pablo – «Promises of Rewards in a Comparative Perspective», *Annual Survey of International & Comparative Law*, 2004, pp. 53 ss.

Maisto, Filippo – *Promesse unilaterali*, Nápoles, Edizioni Scientifiche Italiani, 2014.

Majo, Adolfo di – «Promessa unilaterale (dir. priv.)», *EDD*, vol. XXXVII, pp. 33 ss.

Moccia, Luigi – «Promessa e contrato (Spunti storico-comparativi)», *Riv. Dir. Civ.*, 1994, pp. 819 ss.

Serra, Adriano Vaz – «Fontes das obrigações. O contrato e o negócio jurídico unilateral como fontes das obrigações», *BMJ* 77 (1958), pp. 127 ss.

Zimmermann, Reinhard – «Vertrag und Versprechen. Deutsches Recht und Principles of European Contract Law im Vergleich», *in* Stephan Lorenz e outros (org.), *Festschrift für Andreas Heldrich zum 70. Geburtstag*, Munique, Beck, 2005, pp. 467 ss.

Capítulo IV
A responsabilidade civil extracontratual

§ 20º Noção; problema central

I – O conceito de responsabilidade civil pode ser definido, perante os Direitos português e brasileiro, como a obrigação de reparar um dano causado a outrem[1416]. Ele identifica-se assim, no essencial, com os conceitos de *responsabilité civile* e de *responsabilità civile* que a ciência jurídica isolou, respetivamente, nos Direitos francês[1417] e italiano[1418].

À luz dos Direitos alemão e suíço, o termo *Haftung* é também empregado no sentido referido, mesmo pelos autores que veem no débito e na responsabilidade

[1416] Ver, nesta linha fundamental de orientação, quanto ao Direito português: Vaz Serra, «Requisitos da responsabilidade civil», *BMJ* 92 (1960), pp. 37 ss.; Sinde Monteiro, «Responsabilidade civil. I. Introdução», *RDE*, 1978, pp. 313 ss. (p. 314); Rui de Alarcão, *Direito das Obrigações*, Coimbra, 1983, p. 206; Pessoa Jorge, *Ensaio sobre os pressupostos da responsabilidade civil*, reimpr., Coimbra, 1995, p. 36; Galvão Telles, *Direito das Obrigações*, p. 208; Almeida Costa, *Direito das Obrigações*, p. 517 s.; Oliveira Ascensão, *Direito Civil. Teoria geral*, vol. II, p. 21; Pinto Monteiro, «Princípios gerais da responsabilidade civil», *Revista da Escola Nacional de Magistratura*, 2007, pp. 106 ss. (pp. 108 s.); Menezes Cordeiro, *Tratado de Direito Civil*, vol. VIII, p. 288; e Menezes Leitão, *Direito das Obrigações*, vol. I, p. 275. Relativamente ao Direito brasileiro, vejam-se: Maria Helena Diniz, *Manual de Direito Civil*, São Paulo, 2011, p. 294; e Arnoldo Wald, *Direito Civil*, vol. 7, *Responsabilidade Civil*, 3ª ed., São Paulo, 2015, p. 34.

[1417] Cfr. André Tunc, «Introduction», *in IECL*, vol. XI, *Torts*, cap. I, p. 9; Mazeaud/Chabas, *Leçons de Droit Civil*, t. II, vol. I, *Obligations. Théorie générale*, pp. 359 e 365; Le Tourneau/Cadiet, *Droit de la responsabilité*, Paris, 1996, p. 1; Jourdain, *Les principes de la responsabilité civile*, 4ª ed., Paris, 1998, p. 1; Carbonnier, *Droit civil*, vol. II, *Les biens. Les Obligations*, p. 2253; Geneviève Viney, *Traité de doit civil. Introduction à la responsabilité*, 3ª ed., Paris, 2008, p. 1 ; Bénabent, *Droit des obligations*, p. 387; Malaurie/Aynès/Stoffel-Munck, *Droit des obligations*, p. 23.

[1418] Cfr. Sconamiglio, «Responsabilità civile», *NssDI*, vol. XV, pp. 628 ss. (p. 634); Bianca, *Diritto civile*, vol. V, *La responsabilità*, pp. 11 e 532; Alpa, *Manuale di Diritto Privato*, pp. 685 s.; Giovanna Visintini, *Cos'è la responsabilità civile*, p. 11.

vínculos distintos e reservam para o segundo a sujeição do património do devedor inadimplente à agressão do credor através da ação executiva[1419].

Entende-se por responsabilidade civil extracontratual o dever de reparar um dano causado por um ato ilícito que não o incumprimento de uma obrigação, assim como pelo risco ou por um facto lícito, posto a cargo de quem o causou ou, excecionalmente, de um terceiro. À responsabilidade extracontratual contrapõe-se a contratual (*rectius*, obrigacional), i. é, a que decorre do ilícito consistente no incumprimento de uma obrigação. Desta última nos ocupámos já nesta obra[1420]; vamos agora centrar-nos na primeira.

II – Sobressai no referido conceito, como condição essencial da obrigação de indemnizar, o *dano* ou *prejuízo*[1421]. Não supreende, por isso, que se aponte como problema central da responsabilidade civil no Direito contemporâneo justamente o que consiste em determinar se, e em que condições, deve alguém ser chamado a indemnizar um dano sofrido por outrem[1422].

A decisão sobre esta questão depende de uma valoração dos interesses fundamentais em jogo nesta matéria: a proteção dos bens jurídicos do lesado, por um lado, e a tutela da liberdade de atuação do lesante, por outro.

O princípio geral que domina esta matéria exprime-se, por isso, na máxima *casum sentit dominus*: em regra, o dano deve ficar com aquele que o sofre:

> «É boa política», escreveu Oliver Wendell Holmes, «deixar as perdas ficarem onde se registaram, exceto quando se demonstre haver uma razão especial para interferir.»[1423]

[1419] Assim, à face do Direito alemão, Larenz, *Lehrbuch des Schuldrechts*, vol. I, p. 22, refere como significados possíveis da expressão *Haftung*: *a)* «Responsabilidade da pessoa por danos» («Verantwortlichkeit der Person für Schädigungen»; e *b)* «Sujeição do seu património à penhora pelo credor no processo de execução» («Unterworfensein ihres Vermögens unter den Zugriff der Gläubiger in der Zwangsvollstreckung»); por seu turno, Brox, *Allgemeines Schuldrecht*, p. 11, começa por definir *Haftung* como «a sujeição do devedor à penhora pelo credor» («das Unterworfensein des Schuldners unter den zwangsweisen Zugriff des Gläubigers»), mas acrescenta: «com o termo responsabilidade quer-se frequentemente também significar a responsabilidade por danos ocorridos» («mit "Haftung" bezeichnet man häufig auch das Einstehenmüssen für entstandene Schäden»). Perante o Direito suíço, Gausch/Schluep/Schmid/Rey, *Schweizerisches Obligationenrecht. Allgemeiner Teil*, vol. I, pp. 22 e ss., advertem que a palavra tem diversos significados: um deles, o de «sujeição do devedor à penhora pelo credor a que não foi realizada a prestação devida» («Unterworfensein des Schuldners unter die Zugriffsmacht des Gläubigers, dem nicht geleistet wird»); o outro, o de «dever de indemnização» («Schadensersatzpflicht»).

[1420] Cfr. *supra*, § 14º, *d)*.

[1421] «O prejuízo», observou Manuel Gomes da Silva, «é o fulcro de tôda a responsabilidade»: cfr. *O dever de prestar e o dever de indemnizar*, vol. I, Lisboa, 1944, p. 156.

[1422] Neste sentido, Carneiro da Frada, *Direito Civil. Responsabilidade civil*, p. 61.

[1423] Cfr. *The Common Law*, p. 42.

Só há, por conseguinte, lugar ao ressarcimento do dano causado a outrem quando, à luz das conceções ético-jurídicas dominantes em cada sociedade, ele exceda os riscos normais da vida social. A reparação de todos os prejuízos económicos ocorridos nos contactos sociais independentemente de uma relação especial entre o lesante e o lesado poderia, com efeito, tornar inviáveis muitas atividades socialmente úteis.

Não pode, assim, afirmar-se a vigência sem restrições do princípio expresso no brocardo latino *alterum non laedere*[1424]. É antes do princípio contrário, por força do qual é o património da vítima que em regra suporta o dano, que deve partir-se[1425].

Avulta ainda nas sociedades contemporâneas mais avançadas a preocupação em conter a responsabilidade civil dentro de limites razoáveis, a fim de que esta não tolha de modo intolerável a iniciativa privada.

Há, com efeito, uma estreita relação entre a medida em que se admite a imputação de danos ao seu causador e o modelo económico adotado em cada sociedade: um alargamento excessivo da responsabilidade civil poderia entravar desnecessariamente a liberdade de iniciativa privada. São, pois, também critérios de utilidade social que presidem ao regime da imputação de danos *ex delicto*.

Paradoxalmente, quanto maior é a liberdade económica, maior tende a ser o número de situações em que se podem inflingir danos a outrem; e maiores são também a *claims consciousness* e a pressão no sentido do «rebentamento dos diques» da responsabilidade. Esta uma das razões pelas quais o Direito da responsabilidade civil se acha particularmente desenvolvido nos países que há mais tempo se dotaram de uma economia de mercado. No mesmo sentido opera uma certa intolerância ao dano (em particular o não patrimonial) que tende a desenvolver-se nas sociedades ocidentais, com destaque para as anglo-saxónicas, e que reflete uma específica *cultura da responsabilidade civil*[1426].

§ 21º Sistemas de delimitação dos factos geradores de responsabilidade extracontratual

a) Razão de ordem

Do que dissemos até aqui resulta já que a disciplina desta matéria gira em torno de duas ideias essenciais: *a)* A *segurança jurídica*, que reclama que a interação social não seja tolhida pelo receio de lesões dos bens jurídicos próprios mediante atos

1424 «*Iuris praecepta sunt haec: honeste vivere, alterum non laedere, suum cuique tribuere*»: Ulpiano, D., 1.1.10.

1425 Constitui expressão desta ideia, na ordem jurídica portuguesa, a irressarcibilidade de princípio dos danos causados por conselhos, recomendações ou informações prestados por quem não tivesse a obrigação de os dar, consagrada no art. 485º, nº 1, do Código Civil.

1426 Ver, sobre o tema, Ken Oliphant, «Cultures of Tort Law in Europe», *JETL*, 2012, pp. 147 ss.; Mauro Bussani/Marta Infantino, «Tort Law and Legal Cultures», *AJCL*, 2015, pp. 77 ss.

ou omissões alheias; e *b)* A *liberdade individual*, que depõe no sentido de certos comportamentos, ainda que causem danos a outrem, não darem origem à obrigação de indemnizar.

Assim, a necessidade de segurança pode justificar a imputação ao agente de certos danos independentemente de qualquer juízo de reprovação sobre a sua conduta. Em contrapartida, o receio de que um alargamento excessivo da responsabilidade civil iniba atividades socialmente úteis, com prejuízo para a colectividade, está na origem das limitações que, em maior ou menor grau, são impostas na generalidade dos sistemas jurídicos aqui considerados ao ressarcimento de danos patrimoniais não precedidos da violação de direitos absolutos ou de normas legais de proteção de interesses alheios.

O modo pelo qual aqueles dois valores se articulam na delimitação dos factos geradores de responsabilidade civil extracontratual depende largamente das conceções de justiça e do tipo de organização económica e social prevalecentes em cada ordenamento jurídico; e avulta ainda na forma por que essa delimitação é efectuada o papel conferido à lei e à jurisprudência na revelação e na explicitação do conteúdo das normas jurídicas.

Trata-se, pois, de algo eminentemente variável de país para país. A hipótese de um *Direito delitual comum* aos Estados-Membros da União Europeia, aventada há alguns anos por Christian von Bar[1427], parece, nesta medida, um propósito de difícil concretização.

Demonstra-o, além do mais, a circunstância de a delimitação do dano indemnizável, quando causado por facto ilícito, ser levada a efeito nos sistemas aqui considerados por processos muito diversos. Uma análise comparativa permite ordená-los em três sistemas fundamentais: *a)* O da *tipicidade* dos factos indutores de responsabilidade; *b)* O da *cláusula geral* de responsabilidade; e *c)* Os *sistemas intermédios*. Vejamo-los.

b) O sistema da tipicidade dos factos geradores de responsabilidade

Consagram atualmente uma tipicidade dos factos indutores de responsabilidade extracontratual os Direitos inglês e dos Estados Unidos da América.

As origens deste sistema são, contudo, bem mais antigas, remontando ao Direito Romano. Neste, tal como sucederia vários séculos mais tarde em Inglaterra, as regras de Direito material formaram-se essencialmente a partir de casos concretos e mediante a intervenção dos jurisconsultos. Compreende-se assim que não existisse em Roma uma cláusula geral de responsabilidade civil e que as situações da vida sancionáveis através da imposição do dever de indemnizar se hajam autonomizado gradualmente e formado, por aditamentos sucessivos, um

[1427] Cfr. *Gemeineuropäisches Deliktsrecht*, vol. I, Munique, 1996, pp. vii e 402 s.

catálogo de ilícitos delituais (*delicta*), entre os quais sobressaíam o furto (*furtum*), o roubo (*rapina*), a ofensa à integridade física ou moral de uma pessoa (*iniuria*) e a danificação ou destruição de coisa alheia (*damnum iniuria datum*)[1428].

Esta tipicidade dos ilícitos delituais seria posteriormente retomada (posto que sem qualquer influência direta do Direito Romano) pelo Direito inglês. Neste, a ação não era concebida como um simples meio de obter o reconhecimento em juízo de uma pretensão, antes a existência de uma ação apropriada («*form of action*»), tipificada no *Common Law*, era condição desse reconhecimento. A instauração de qualquer ação pressupunha, por seu turno, uma ordem («*writ*») emitida pelo chanceler em nome do rei, na qual se determinava a adoção pelo réu de certa conduta, sob pena de este ter de se submeter a julgamento e à sentença dele resultante. Quem pretendesse obter o reconhecimento de uma pretensão pelos tribunais reais devia por isso dirigir-se à chancelaria real («*chancery*») e solicitar desta o *writ* apropriado ao seu caso. Na falta deste, ficava excluído o reconhecimento pelos tribunais reais da pretensão em causa (donde o aforismo «*no writ, no right*»)[1429].

Os *writs* delimitaram assim historicamente os tipos de ilícitos determinantes da obrigação de indemnizar: os *torts*. Por *tort* entende-se «um ilícito civil distinto da violação de um contrato» («*a civil wrong, other than a breach of contract*»)[1430]. Os *torts* só em parte correspondem, no entanto, aos delitos dos Direitos continentais, pois compreendem também certas situações, como o *tort of trespass to land*[1431], que podem não dar lugar à obrigação de indemnizar, mas antes fundamentar outro tipo de pretensões, como a manutenção ou a restituição da posse através de *injunctions*[1432] (correspondentes aos meios possessórios dos Direitos alemão e português). Dizem-se, por isso, «*torts actionable per se without any proof of damage*»[1433].

Apesar da eliminação das *forms of action* ocorrida no século XIX, o sistema do precedente vinculativo favoreceu a preservação (posto que com múltiplas alterações e desenvolvimentos) das categorias tradicionais da responsabilidade deli-

[1428] Ver Zimmermann, *The Law of Obligations*, pp. 922 ss.; Panero Gutiérrez, *Derecho Romano*, pp. 684 ss.; James Gordley, «The architecture of the common and civil law of torts: An historical survey», *in* Mauro Bussani/Anthony Sebock (orgs.), *Comparative Tort Law. Global Perspectives*, Cheltenham, 2015, pp. 173 ss. ; Menezes Cordeiro, *Tratado de Direito Civil*, vol. VIII, pp. 301 ss.

[1429] Ver, sobre o ponto, para mais desenvolvimentos, o vol. I desta obra, § 26º, *a)*.

[1430] Assim *Prosser and Keeton on the Law of Torts*, p. 2. Cfr. também Salmond/Heuston, *Law of Torts*, 19ª ed., Londres, 1987, p. 15.

[1431] Isto é, «the act of (1) entering upon land in the possession of the plaintiff, or (2) remaining upon such land, or (3) placing or projecting any object upon it – in each case without lawful justification»: cfr. Salmond/Heuston, ob. cit., p. 46.

[1432] *Ibidem*, pp. 659 ss.

[1433] *Ibidem*, pp. 46 s.

tual. Daqui a inexistência nos sistemas de *Common Law* de uma cláusula geral de responsabilidade extracontratual[1434].

A rigidez deste *action-minded approach* é, no entanto, atenuada pela possibilidade de a jurisprudência criar novos *torts* e alargar o âmbito dos existentes por recurso à analogia. É o que vem sucedendo sobretudo com o *tort of negligence*.

Neste último compreende-se, no Direito inglês, qualquer conduta que não satisfaça o padrão de cuidado exigível nas circunstâncias do caso concreto a uma pessoa razoável e que, em consequência disso, cause danos pessoais ou patrimoniais à vítima ou, em certas circunstâncias, que a lese económica ou financeiramente[1435].

Pressupostos do dever de indemnizar por *negligence* são, por conseguinte, a existência de um dever de cuidado («*duty of care*») perante o lesado, a violação deste e a causação por esse meio de um dano a outrem[1436].

O conceito de dever de cuidado ocupa um papel central na delimitação levada a efeito pela jurisprudência inglesa dos bens jurídicos protegidos pelo Direito delitual[1437]. Por isso pôde Peter Fleming escrever que «cada novo dever de cuidado cria de facto um novo *tort*»[1438].

Na ausência de um dever de cuidado perante o lesado, não há responsabilidade com fundamento no *tort of negligence*, ainda que tenha ocorrido um dano causado culposamente[1439].

Pergunta-se, por isso, em que circunstâncias pode ter-se como existente um dever de cuidado. Embora o Direito inglês se ache em evolução quanto a este ponto, pode afirmar-se que a determinação pelos tribunais da existência de um dever de cuidado pressupõe atualmente a verificação de três requisitos fundamentais: *a)* Que fosse «razoavelmente previsível» («*reasonably foreseeable*») a causação de um dano à vítima em virtude da violação do dever; *b)* Que entre o agente e a vítima existisse uma relação de «proximidade» («*proximity*») ou «vizinhança» («*neighbourhood*»); e *c)* Que seja «equitativo, justo e razoável» («*fair, just and reasonable*») impor esse dever ao agente[1440].

[1434] Cfr. Salmond/Heuston, ob. cit., pp. 18 e 21; Peter Cane, *The Anatomy of Tort Law*, Oxford, 1997, p. 21; *Winfield and Jolowicz on Tort*, 19ª ed., por Edwin Peel e James Goudkamp, Londres, 2014, pp. 77 ss.

[1435] Cfr. Peter Kaye, *An Explanatory Guide to the English Law of Torts*, Chichester, 1996, p. 2.

[1436] Cfr. Kaye, ob. cit., p. 236; *Markesinis and Deakin's Tort Law*, 7ª ed., por Simon Deakin, Angus Johnston e Basil Markesinis, Oxford, 2013, p. 99.

[1437] Segundo Walter van Gerven e outros, *Tort Law. Scope of Protection*, Oxford, 1998, p. 14, a sua função é por isso equiparável à que desempenha no Direito alemão o conceito de direito subjetivo.

[1438] Cfr. *The Law of Torts*, p. 5, n. 21: «[e]ach new "duty of care" creates in effect a new tort».

[1439] Daí o *dictum* de Lortd Esher em *Le Lievre v. Gould*, [1893] A.C. 92, conforme o qual: «A man is entitled to be as negligent as he pleases towards the whole world if he owes no duty to them».

[1440] Este *tripartite test* foi instituído na decisão proferida pela Câmara dos Lordes em *Caparo Industries Plc. v. Dickman*, [1990] A.C. 562.

Diferentemente do que sucede nos Direitos continentais, onde a observância dos deveres de cuidado delituais é exigível perante qualquer um, no *Common Law* inglês os tribunais têm por conseguinte de apreciar, caso a caso, se a relação entre o agente e a vítima era de molde a fazer surgir entre eles um particular dever de cuidado[1441].

A relação de proximidade exigível para este efeito foi precisada pela Câmara dos Lordes na decisão proferida no caso *Donoghue v. Stevenson*[1442]. Aí sustentou Lord Atkin que, não sendo viável reconhecer a todo o lesado por um ato moralmente censurável o direito a ser indemnizado dos danos por si sofridos, o referido dever em que se funda a responsabilidade por *negligence* apenas existe em relação às pessoas que, por serem diretamente afetadas através da atuação em causa, devessem ser tomadas em consideração pelo agente, procedendo este de forma razoável[1443].

É assim manifesto que o sentido da exigência de um dever de cuidado como pressuposto da *negligence* é fundamentalmente o de limitar a responsabilidade do agente. Perante o Direito inglês, inexiste, com efeito, uma responsabilidade geral pela causação negligente de danos a outrem. O dever de cuidado é, na realidade, como notam os autores ingleses, um «*control device*» que permite aos tribunais manterem a responsabilidade por *negligence* dentro de limites aceitáveis[1444]. Reconheceu-o a Câmara dos Lordes no referido caso *Caparo Industries,* em que Lord Oliver afirmou:

> «Por conseguinte, a exigência de um simples dever de evitar qualquer dano que, numa análise retrospetiva, fosse razoavelmente suscetível de ser previsto torna-se

[1441] Reconhece-o, quanto ao Direito francês, Muriel Fabre-Magnan, *Droit des Obligations,* vol. II, p. 176.

[1442] [1932] A.C. 562.

[1443] Afirmou a este respeito o ilustre magistrado: «At present I content myself with pointing out that in English law there must be, and is, some general conception of relations giving rise to a duty of care, of which the particular cases found in the books are but instances. The liability for negligence, whether you style it such or treat it as in other systems as a species of "culpa," is no doubt based upon a general public sentiment of moral wrongdoing for which the offender must pay. But acts or omissions which any moral code would censure cannot, in a practical world, be treated so as to give a right to every person injured by them to demand relief. In this way rules of law arise which limit the range of complainants and the extent of their remedy. The rule that you are to love your neighbour becomes in law, you must not injure your neighbour; and the lawyer's question, Who is my neighbour? receives a restricted reply. You must take reasonable care to avoid acts or omissions which you can reasonably foresee would be likely to injure your neighbour. Who, then, in law, is my neighbour? The answer seems to be – persons who are so closely and directly affected by my act that I ought reasonably to have them in contemplation as being so affected when I am directing my mind to the acts or omissions which are called in question».

[1444] Assim, *Winfield and Jolowicz on Tort,* p. 81.

insustentável sem a imposição de alguns limites inteligíveis destinados a manter o regime da *negligence* dentro das fronteiras do senso comum e da praticabilidade. Esses limites foram encontrados mediante a exigência do que se denominou uma "relação de proximidade" entre o autor e o réu e pela imposição de uma exigência adicional de que a imputação de responsabilidade por danos que tenham ocorrido seja "justa e razoável".»

Como notam Markesinis, Deakin e Johnston[1445], na maior parte das situações será difícil distinguir o requisito de que a imposição do dever de cuidado seja «justa e razoável», ínsita no *Caparo-test,* de uma análise das *policy considerations* que justificam a imposição ou recusa de responsabilidade civil.

Pode ainda ser inferido um dever de cuidado da circunstância de ter havido uma «assunção de responsabilidade» («*assumption of responsability*») do agente perante a vítima, o que tem especial relevância nos casos de danos patrimoniais puros causados mediante a prestação de informações à margem de qualquer relação contratual[1446].

Em todo o caso, consoante observou Lord Bridge no caso *Caparo Industries,* a jurisprudência inglesa contemporânea revela a «incapacidade de qualquer princípio geral fornecer um teste prático que possa ser aplicado em todas as situações a fim de se determinar se existe um dever de cuidado e, se for esse o caso, qual o seu escopo»[1447]; sendo, de acordo com o mesmo magistrado, preferível que «o Direito desenvolva novas categorias de *negligence* gradualmente e por analogia com as categorias já existentes»[1448].

O dever de cuidado pressuposto pelo *tort of negligence* pode assim ser determinado na base de três *approaches,* consoante reconheceu Lord Mance na decisão proferida em *Customs and Excise Commissioners v. Barclays Bank*[1449]: *a)* O *tripartite*

[1445] *Markesinis and Deakin's Tort Law,* p. 113. No mesmo sentido, ver *Winfield and Jolowicz on Tort,* p. 98.

[1446] Cfr. os casos *Hedley Byrne* e *White v. Jones,* relatados *infra,* no § 26º, *a).*

[1447] *Caparo Industries Plc. v. Dickman,* cit.: «the inability of any single general principle to provide a practical test which can be applied to every situation to determine whether a duty of care is owed and, if so, what is its scope».

[1448] *Idem* (citando o *dictum* de Brennan J. no caso *Sutherland Shire Council v. Heyman,* decidido pelo *High Court of Australia* em 1985): «It is preferable, in my view, that the law should develop novel categories of negligence incrementally and by analogy with established categories, rather than by a massive extension of a prima facie duty of care restrained only by indefinable 'considerations which ought to negative, or to reduce or limit the scope of the duty or the class of person to whom it is owed».

[1449] [2007] 1 A.C. 181: «The conceptual basis on which courts decide whether a duty of care exists in particular circumstances has been repeatedly examined. Three broad approaches have been suggested, involving consideration (a) whether there has been an assumption of responsibility, (b) whether a three-fold test of foreseeability, proximity and "fairness, justice and reasonableness" has been satisfied or (c) whether the alleged duty would be "incremental" to previous cases».

test formulado no caso *Caparo Industries*; *b)* A assunção voluntária de responsabilidade pelo agente; e *c)* O desenvolvimento gradual da jurisprudência anterior.

Não há no Direito inglês, por conseguinte, nada que se assemelhe às cláusulas gerais de responsabilidade civil dos sistemas continentais: mesmo conjugando os diferentes *torts* nele reconhecidos, fica-se aquém dos regimes francês e alemão, que se examinarão a seguir[1450]. Por outras palavras, não existe em Inglaterra um Direito delitual («*law of tort*»), mas antes um Direito dos delitos («*law of torts*»)[1451]: um ato lesivo de direitos ou interesses alheios que não se reconduza, diretamente ou por analogia, a um dos *torts* tipificados na lei ou no *Common Law* não gera a obrigação de indemnizar o dano causado, ainda que constitua um ilícito criminal[1452].

Também nos Estados Unidos a *negligence* obteve consagração, durante a primeira metade do século XIX, como fundamento autónomo de responsabilidade delitual, constituindo hoje a *cause of action* dominante em matéria de danos acidentais[1453]. Tal como em Inglaterra, a primeira exigência para que haja responsabilidade por *negligence* nos Estados Unidos é a violação de um dever de cuidado razoável («*duty of reasonable care*»)[1454]; e também neste país se reconhece um certo grau de expansibilidade desse conceito[1455]. Há, com efeito, um dever de cuidado

[1450] Neste sentido, Raymond Youngs, *English, French & German Comparative Law*, p. 371.

[1451] *Sic*, *Winfield and Jolowicz on Tort*, p. 13.

[1452] Ver, neste sentido, a decisão proferida pela Câmara dos Lordes em *Lonrho Ltd. v. Shell Petroleum Ltd. (No. 2)*, [1982] A.C. 173. A demandante havia construído um oleoduto que ligava a Beira, em Moçambique, a Umtali, na Rodésia. Depois de esta ter declarado unilateralmente a independência, em 1965, fora instituído pelo *Southern Rhodesia Act 1965* um embargo ao fornecimento de produtos petrolíferos à Rodésia. Em consequência disso, a demandante deixara de fornecer produtos petrolíferos à Rodésia. A demandada continuara, no entanto, esse fornecimento, em violação da referida lei, o que constituía crime. A demandante reclamou da demandada, sua concorrente, uma indemnização pelos danos alegadamente sofridos em virtude dessa atuação ilícita, a qual tinha como consequência, segundo alegou, o prolongamento das sanções em causa e a continuada paralisia do seu oleoduto. A Câmara dos Lordes rejeitou a imposição à demandada de qualquer dever de indemnizar a este título, por: *a)* A violação da referida lei não conferir à demandante qualquer *cause of action in tort*, ainda que constituísse um ilícito criminal e lhe tivesse efetivamente causado danos; *b)* Não estarem preenchidos na espécie os pressupostos do *tort of conspiracy* (visto que não havia um atuação concertada no sentido de prejudicar a demandante); e *c)* Inexistir no Direito inglês qualquer *tort* inominado de causação de danos por meios ilícitos.

[1453] *Prosser and Keeton on the Law of Torts*, p. 161; Dobbs/Hayden/Bublick, *Hornbook on Torts*, 2ª ed., St. Paul, Minn., 2016, p. 187.

[1454] *Prosser and Keeton on the Law of Torts*, p. 164; Dobbs/Hayden/Bublick, *Hornbook on Torts*, p. 197. Veja-se também, a este respeito, o § 3 do *Restatement of the Law Third, Torts: Liability for Physical and Emotional Harm*, em que se declara: «A person acts negligently if the person does not exercise reasonable care under all the circumstances [...]».

[1455] Cfr. *Prosser and Keeton on the Law of Torts*, p. 359: «Changing social conditions lead constantly to the recognition of new duties».

razoável, por via de regra, quando a conduta do agente crie o risco de um dano físico[1456].

Daqui não se segue, todavia, como notam Prosser e Keeton[1457], que o *law of torts* seja suscetível de ser reduzido a um princípio geral de acordo com o qual todo o dano causado a outrem constitui um ilícito («*wrong*») e como tal deve ser reparado, salvo se houver uma causa de justificação. «Há muitas interferências com os interesses do demandante», prosseguem os mesmos autores, «para as quais a ordem jurídica não concede qualquer remédio, ainda que o demandado tivesse agido claramente com culpa».

c) O sistema da cláusula geral

O sistema da cláusula geral de responsabilidade civil encontra-se acolhido no Direito francês, que rejeitou uma tipificação dos factos ilícitos geradores da obrigação de indemnizar como o consagrado no Direito inglês: em lugar de um regime baseado em regras pormenorizadas («*rule-based*»), encontramos aqui uma regulação da responsabilidade civil extracontratual assente em princípios («*principle-based*»)[1458].

Ora, o princípio fundador do sistema francês é o da culpa («*faute*»), por força do qual, nas palavras de André Tunc[1459], «todo o cidadão deve ajustar-se permanentemente aos seus deveres como membro da sociedade, incorrendo em responsabilidade por todo o dano causado em virtude de se ter afastado desse padrão de conduta». Neste sentido, dispõe o atual art. 1240 (ex-art. 1382) do *Code Civil*:

> «Todo o facto humano que cause um dano a outrem obriga aquele por culpa de quem este tiver ocorrido a repará-lo.»[1460]

A isto acrescenta o art. 1241 (ex-art. 1383) que «cada um é responsável pelo dano que houver causado, não apenas por ato próprio, mas ainda por negligência ou imprudência».

Estas disposições consagram o entendimento dominante em França ao tempo da codificação, tal como Domat o exprimira na sua obra fundamental publicada

[1456] Cfr. o § 7 (a) do *Restatement of the Law Third, Torts: Liability for Physical and Emotional Harm*: «An actor ordinarily has a duty to exercise reasonable care when the actor's conduct creates a risk of physical harm».

[1457] *Op. cit.*, p. 4.

[1458] Assim, Gerhard Wagner, «Comparative Tort Law», *in* Mathias Reimann/Reinhard Zimmermann (orgs.), *The Oxford Handbook of Comparative Law*, Oxford, 2006, pp. 1003 ss. (p. 1006).

[1459] «A Codified Law of Tort – The French Experience», *Louisiana Law Review*, 1979, pp. 1051 ss. (p. 1060).

[1460] «Tout fait quelconque de l'homme, qui cause à autrui un dommage, oblige celui par la faute duquel il est arrivé, à le réparer».

um século antes da revolução[1461]. O anteprojeto francês de Lei de Reforma da Responsabilidade Civil, de 2016, prevê uma reformulação do teor das regras citadas, que todavia não parece afetar o seu sentido fundamental[1462].

De França este sistema irradiou para outros países. Em Espanha, por exemplo, dispõe o art. 1902 do Código Civil: «Aquele que, por ação ou omissão, causar dano a outrem, com culpa ou negligência, está obrigado a reparar o dano causado»[1463]. Na mesma linha fundamental de orientação, estabelece o art. 41, nº 1, do Código das Obrigações suíço que «aquele que causar de forma ilícita um dano a outrem, seja intencionalmente, seja por negligência ou imprudência, é obrigado a repará-lo»[1464]. Em Itália, vale nesta matéria o preceituado no art. 2043 do *Codice Civile*, que declara: «Qualquer facto doloso ou culposo, que cause a outrem um dano injusto, obriga aquele que tiver cometido o facto a ressarcir o dano»[1465]. No Egito, a cláusula geral de modelo francês encontrou acolhimento expresso no art. 163 do Código Civil, segundo o qual: «Toda a atuação culposa que cause um dano a outrem obriga quem a cometeu a repará-la»[1466].

Encontramos nestas disposições legais, como notou Helmut Coing[1467], um legado do jusnaturalismo a que o Direito inglês permaneceu alheio. Constituindo um progresso significativo relativamente ao sistema anterior, pela superação que possibilitaram do casuísmo a ele inerente, as fórmulas transcritas – em especial a primeira – envolvem todavia o risco de um alargamento excessivo da responsabilidade extracontratual, pois que, literalmente entendidas, permitiriam

[1461] Cfr. Jean Domat, *Les loix civiles dans leur ordre naturel*, Paris, 1689, livro II, secção IV, onde se pode ler: «Toutes les pertes et tous les dommages, qui peuvent arriver par le fait de quelque personne, soit imprudence, légèreté, ignorance de ce qu'on doit savoir, ou autres fautes semblables, si légères qu'elles puissent être, doivent être réparées par celui dont l'imprudence ou autre faute y a donné lieu. Car c'est un tort qu'il a fait, quand même il n'aurait pas eu l'intention de nuire» (texto reproduzido em *Oeuvres complètes de J. Domat*, por J. Remy, Paris, 1835).

[1462] Assim, o art. 1241 passará a dispor: «Toute faute oblige son auteur à réparer le préjudice qu'elle a causé». O projetado novo art. 1242 declara, por seu turno, que: «Constitue une faute la violation d'une règle de conduite imposée par la loi ou le manquement au devoir général de prudence ou de diligence».

[1463] Cfr., a respeito da filiação desse preceito no Direito francês, Díez-Picazo, *Fundamentos del derecho civil patrimonial*, tomo V, p. 19.

[1464] Ver, sobre a interpretação desta norma, Tercier/Pichonnaz, *Le droit des obligations*, pp. 414 ss.

[1465] Acerca desta regra e dos seus antecedentes, consulte-se, por muitos, Giovanna Visintini, *Cos'è la responsabilità civile*, pp. 45 ss.

[1466] Ver, sobre essa disposição, Hossam El-Ehwany, «La responsabilité délictuelle en droit civil égyptien», *in* République Arabe d'Égypte/Ministère de la Justice, *Actes du congrès international du cinquantenaire du Code civil égyptien (1948-1998)*, Cairo, 1998, pp. 244 ss.

[1467] Cfr. «Die Bedeutung der Europäischen Rechtsgeschichte für die Rechtsvergleichung», *RabelsZ*, 1968, pp. 1 ss. (pp. 16 s.).

ligar a toda a causação negligente de um dano de qualquer espécie a obrigação de indemnizar[1468].

A delimitação das interferências na esfera jurídica alheia geradoras de responsabilidade extracontratual – em particular mediante a concretização dos conceitos de *faute* e de *danno ingiusto* – é assim nestes sistemas fundamentalmente cometida aos tribunais. Esta a razão por que o Direito delitual francês é ainda hoje essencialmente de fonte jurisprudencial[1469]. Em consequência disso, podem os particulares ser neles confrontados com uma inesperada imputação de danos a título delitual. Nesta medida, o sistema da cláusula geral de responsabilidade civil é potencialmente gerador de alguma incerteza para todos aqueles que desenvolvem atividades suscetíveis de causarem danos a outrem.

d) Sistemas intermédios

I – É justamente a preocupação em evitar essa incerteza que está subjacente aos sistemas intermédios de delimitação da fonte da obrigação ressarcitória *ex delicto*, como o alemão, o português, o holandês e o brasileiro.

No primeiro projeto do Código Civil alemão, de 1887, continha-se uma cláusula geral de responsabilidade extracontratual, de estilo francês[1470]. Fundava-se a mesma na preocupação em assegurar uma proteção suficiente contra atos ilícitos, que um dever de indemnização restrito a delitos enunciados de modo não exaustivo seria insuscetível de levar a efeito[1471]. Essa solução, assim como a proposta de uma cláusula geral semelhante à que hoje figura no Código das Obrigações suíço[1472], foram afastadas no segundo projeto do Código alemão, de 1895, conso-

[1468] Com a ressalva, porém, de que à face do Direito suíço o dano deve ser causado «de modo ilícito», e de que segundo o Direito italiano há de poder-se qualificá-lo como «injusto» (entendendo-se como tal «a lesão de um interesse alheio merecedora de protecção segundo o ordenamento jurídico»: cfr. Galgano, *Diritto privato*, p. 372); o que torna potencialmente mais restrito o alcance da protecção delitual conferida por estes ordenamentos (cfr. neste sentido Franco Ferrari, «Remarks on the different methods in approaching liability for one's own acts», *Eur. Rev. Priv. Law*, 1997, pp. 439 ss. (pp. 443 s.).

[1469] Cfr. Zweigert/Kötz, *Einführung in die Rechtsvergleichung*, p. 620.

[1470] § 704 (1): «Hat jemand durch eine aus Vorsatz oder Fahrlässigkeit begangene widerrechtliche Handlung [...] einem anderen einen Schaden zugefügt, (...) so ist er dem anderen zum Ersatz des durch die Handlung verursachten Schadens verpfichtet».

[1471] Cfr. *Motive zu dem Entwurfe eines Bürgerlichen Gesetzbuches für das Deutsche Reich*, vol. II, *Recht der Schuldverhältnisse*, cit., p. 725: «Soll ein in allen Fällen ausreichender Schutz gegen unerlaubte Handlungen gewährt werden, so ist die Schadensersatzpflicht nicht an einzelne bestimmte, möglicherweise nicht erschöpfend gestalte Delikte zu knüpfen, sondern allgemein als die mögliche Folge einer jeden unerlaubten Handlung hinzustellen».

[1472] Cfr. *Protokolle der Kommission für die zweite Lesung des Entwurfs des Bürgerlichen Gesetzbuchs*, vol. II, *Recht der Schuldverhältnisse*, Berlim, Guttentag, 1898, p. 567: «Wer einem Anderen widerrechtlich Schaden zufügt, sei es aus Vorsatz, sei es aus Fahrlähssigkeit, ist ihm zum Ersatze verpflichtet».

ante se refere nas atas da comissão revisora, por não corresponderem à conceção dominante na Alemanha acerca da função judicial e também a fim de evitar os abusos evidenciados em numerosas decisões dos tribunais franceses[1473]. O texto aprovado por essa comissão visava assim fornecer ao juiz um critério objetivo de apreciação dos pressupostos do dever de indemnizar[1474], precisando as modalidades de ilicitude determinantes de responsabilidade e enunciando os direitos através dela protegidos[1475].

Foi esta orientação fundamental que veio a triunfar no BGB[1476]. Este estabelece em matéria delitual três «pequenas cláusulas gerais»[1477]: *a)* O § 823 (1), que responsabiliza aquele que, com dolo ou negligência, lesar ilicitamente a vida, o corpo, a saúde, a liberdade, a propriedade ou outro direito alheio[1478]; *b)* O § 823 (2), que responsabiliza quem viole uma disposição legal destinada à proteção de outrem[1479]; e *c)* O § 826, que responsabiliza quem, dolosamente, provoque danos a alguém atentando contra os bons costumes[1480]. Diversas disposições especiais preveem ainda outras hipóteses delituais (§§ 824, 825, 831, 832 e 839).

O Direito delitual germânico é, assim, marcado por uma atitude de prudência em matéria de ressarcimento de danos causados por factos ilícitos: estes ou atingem bens jurídicos («*Rechtsgüter*») essenciais da pessoa – a vida, a integridade

[1473] Cfr. *Protokolle*, cit., vol. II, p. 571: «Es entspreche aber weder der Tendenz des Entw. noch der im deutschen Volke herrschenden Auffassung von der Stellung des Richteramts, die Lösung solcher Aufgaben, die durch das Gesetz erfolgen müsse, auf die Gerichte abzuwälzen. Es lässe sich auch nicht absehen, zu welchen Konsequenzen die Einräumung einer autoritativen Stellung an den Richter führen und ob nicht die deutsche Rechtsprechung zu ähnlichen Auswüchsen gelangen würde, welche zahlreiche Urtheile der franz. Gerichte aufweisen».

[1474] *Idem, ibidem*: «Diesen Bedenken gegenüber verdiene es den Vorzug, dem Richter zu seiner Entscheidung schon im Gesetz einen gewissen objektiven Massstab an die Hand zu geben».

[1475] Nele se dispunha: «Wer vorsätzlich oder aus Fahrlässigkeit widerrechtlich das Recht eines Anderen verletzt oder gegen ein den Schutz eines anderen bezweckendes Gesetz vertstösst, ist zum Ersatze des daraus entstanden Schadens verpflichtet. Zu den Rechten im Sinne dieser Vorschrift gehört auch der Besitz; als Verletzung eines Rechtes gilt auch die Verletzung des Lebens, des Körpers, der Gesundheit und der Ehre» (transcrito *in Protokolle*, cit., vol. II, p. 566).

[1476] Sobre os antecedentes das regras deste diploma relativas à responsabilidade civil consultem-se ainda Larenz/Canaris, *Lehrbuch des Schuldrechts*, vol. II/2, 13ª ed., Munique, 1994, p. 354; *Münchener Kommentar*/Wagner, vor § 823, n.m. 7-16.

[1477] A expressão é de Larenz/Canaris, ob. cit., p. 355.

[1478] «Wer vorsätlich oder fahrlässig das Leben, den Körper, die Gesundheit, die Freiheit, das Eigentum oder ein sonstiges Recht eines anderen widerrechtlich verletzt, ist dem anderen zum Ersatze des daraus entstehenden Schadens verpflichtet»

[1479] «Die gleiche Verpflichtung trifft denjenigen, welcher gegen ein den Schutz eines anderen bezweckendes Gesetz verstösst. Ist nach dem Inhalte des Gesetzes ein Vorstoss gegen dieses auch ohne Verschulden möglich, so tritt die Ersatzpflicht nur im Falle des Verschuldens ein».

[1480] «Wer in einer gegen die guten Sitten verstossenden Weise einem anderen vorsäztlich Schaden zufugt, ist dem anderen zum Ersatze des Schadens verpflichtet».

física, a propriedade, etc. –, e geram responsabilidade extracontratual, ou resultam da violação de obrigações preexistentes, originando neste caso responsabilidade contratual. Em princípio, o dano patrimonial puro («*rein Vermögensschaden*» ou «*primär Vermögensschaden*») – *hoc sensu*, a diminuição do património da vítima que não resulte da lesão de algum dos referidos bens jurídicos – quando causado por mera negligência, apenas é ressarcível se decorrer do incumprimento de obrigações ou outros deveres jurídicos emergentes de uma «ligação especial» («*Sonderverbindung*»)[1481].

Visou-se deste modo limitar o número de potenciais credores de indemnizações e garantir às pessoas certa liberdade de ação, a qual é essencial, como é bom de ver, ao funcionamento da economia de mercado. Mas este sistema suscita uma dificuldade: quando uma lesão inflingida por negligência atinja um bem não incluído nos *Tatbestände* delituais referidos – como acontece, por exemplo, nos casos de danos patrimoniais puros causados por culpa na formação do contrato ou inflingidos a terceiros por um dos contraentes –, pode a recusa de imputação do dano àquele que o causou (que as regras citadas não permitem) ser injusta. Foi em parte para evitar essa injustiça que a jurisprudência alemã admitiu ao longo do século XX a existência, a cargo daqueles que negoceiam com vista à conclusão de um contrato, de diversos deveres de conduta fundados na boa-fé, cuja violação importa a constituição do infrator na obrigação de indemnizar, e bem assim de «contratos com eficácia protetora de terceiros», suscetíveis de fundarem uma pretensão ressarcitória deduzida contra um dos contraentes por quem não é parte no contrato[1482].

Por outro lado, a jurisprudência alemã alargou o leque dos bens jurídicos protegidos ao abrigo do § 823 (1) do BGB mediante a admissão do «direito geral de personalidade» e do «direito à empresa», cuja violação constitui um ilícito sancionado através da imposição do dever de indemnizar[1483].

II – Os trabalhos preparatórios do Código português de 66 revelam uma certa preferência do legislador pela formulação de um princípio geral de responsabilidade civil, à semelhança dos códigos francês e italiano[1484]. Ponderaram-se, no entanto, os riscos de arbítrio judicial e de insegurança no tráfico inerentes a uma cláusula geral e procurou-se superá-los através da enunciação, no art. 483º, nº 1, das características definidoras da ilicitude do ato determinante de respon-

1481 Neste sentido, *vide* Larenz, *Lehrbuch des Schuldrechts*, vol. I,. 122 e 369; Larenz/Canaris, *ibidem*, vol. II/2, pp. 356 s.; Canaris, «Grundstrukturen des deutschen Deliktsrechts», *VersR*, 2005, pp. 577 ss.; Kötz/Wagner, *Deliktsrecht*, 12ª ed., Munique, 2013, p. 47.

1482 Cfr. os §§ 7º, *a)*, 12º, *b)*, e 25º, *b)*.

1483 Cfr. *infra*, § 22º, *b)*.

1484 Cfr. Vaz Serra, «Requisitos da responsabilidade civil», *BMJ* 92 (1960), pp. 37 ss. (p. 67).

sabilidade extracontratual[1485]. São elas: *a)* A violação de um direito subjetivo de outrem; e *b)* A violação de uma disposição legal destinada a proteger interesses alheios (ainda que esta não confira ao lesado qualquer direito subjetivo propriamente dito). A estas duas modalidades de ilicitude acrescem, por força do disposto no art. 334º do Código, a prática de ato que constitua abuso de direito[1486] e as hipóteses previstas nos arts. 484º, 485º, 486º, 491º, 492º e 493º, que concretizam ou complementam as primeiras. Não obstante a ausência, no art. 483º do Código Civil, de um enunciado dos bens jurídicos protegidos através da responsabilidade civil, como o que o § 823 (1) do BGB consagra, está-se assim muito longe, na regra portuguesa, de uma cláusula geral de estilo francês ou italiano.

III – Na mesma linha fundamental de orientação, o art. 6:162 do Código holandês de 1992 procurou igualmente precisar os carateres de ilicitude que o ato danoso deve revestir a fim de obrigar o seu autor a indemnizar. Diz esse preceito:

> «1. Aquele que pratica contra outrem um ato ilícito que lhe possa ser imputado é obrigado a indemnizar o dano dessa forma causado. 2. Consideram-se atos ilícitos a violação de um direito e uma ação ou omissão contrária a um dever legal ou a uma regra de conduta no tráfico social imposta por Direito não escrito, salvo havendo causa de justificação. 3. O ato ilícito pode ser imputado ao agente se for devido a culpa sua ou a causa que, por força da lei ou das conceções prevalecentes no tráfico, lhe seja atribuível.»

IV – A técnica legislativa utilizada no Direito brasileiro não difere substancialmente da dos sistemas anteriores. Com efeito, no art. 927 do Código Civil

1485 Sobre as opções de política legislativa subjacentes ao art. 483º, nº 1, do Código, veja-se Antunes Varela, *Das Obrigações em geral*, vol. I, p. 551.

1486 Neste sentido: Pessoa Jorge, *Ensaio sobre os pressupostos da responsabilidade civil*, pp. 202 ss.; Sinde Monteiro/Moura Ramos/Heinrich Hörster, «Portugal», *in Deliktsrecht in Europa*, Colónia, etc., 1993, pp. 12 s.; Cunha de Sá, *Abuso do direito*, reimpressão, Coimbra, 1997, p. 638; Antunes Varela, *Das Obrigações em geral*, vol. I, p. 547; Almeida Costa, *Direito das obrigações*, p. 564; Menezes Cordeiro, *Litigância de má-fé, abuso do direito de ação e culpa in agendo*, 3ª ed., Coimbra, 2014, pp. 133 s.; Menezes Leitão, *Direito das Obrigações*, vol. I, p. 291; Mafalda Miranda Barbosa, *Lições de responsabilidade civil*, Cascais, 2017, pp. 182 ss. A solução achava-se já prevista no articulado sobre a matéria proposto por Vaz Serra: cfr. «Abuso de direito (em matéria de responsabilidade civil», *BMJ* 85 (1959), pp. 243 ss. (p. 335). Para uma concretização jurisprudencial desta variante da ilicitude veja-se o ac. da Relação de Évora de 21 de maio de 1998, *CJ*, 1998, t. III, pp. 258 ss. Aí se decidiu que a utilização da personalidade jurídica societária para subtrair o património social à garantia geral e comum dos credores configura um abuso de direito. Tendo os réus, gerentes de uma sociedade, devedora de avultada importância, constituído para funcionar no mesmo local e com praticamente o mesmo objeto uma outra sociedade para a qual transferiram parte dos bens daquela, descapitalizando-a por completo, entendeu o Tribunal que os mesmos incorriam em responsabilidade civil extracontratual perante os credores da primeira sociedade.

declara-se: «Aquele que, por ato ilícito (arts. 186 e 187), causar dano a outrem, fica obrigado a repará-lo». Estes últimos preceitos qualificam, por seu turno, como atos ilícitos: *a)* A violação de direito de outrem (art. 186: «Aquele que, por ação ou omissão voluntária, negligência ou imprudência, violar direito e causar dano a outrem, ainda que exclusivamente moral, comete ato ilícito»); *b)* O abuso de direito (art. 187: «Também comete ato ilícito o titular de um direito que, ao exercê-lo, excede manifestamente os limites impostos pelo seu fim económico ou social, pela boa-fé ou pelos bons costumes»)[1487].

V – Tanto o Direito português como o alemão, o holandês e o brasileiro fixam, pois, certas linhas de orientação que permitem ao julgador distinguir com alguma segurança os comportamentos danosos qualificáveis como delituais dos que são tolerados pelo Direito. Evita-se deste modo um alargamento desmedido da responsabilidade e a incerteza inerente ao sistema da cláusula geral.

O Código alemão foi todavia mais longe do que o português nesta direção, pois especifica os bens jurídicos cuja violação determina a imputação do dano ao agente. O legislador português, temendo porventura que desse modo não ficassem abrangidas na lei todas as hipóteses em que é razoável admitir a imputação do dano àquele que o causou, limitou-se a enunciar os carateres de ilicitude que a conduta danosa deve revestir a fim de que o lesante fique incurso em responsabilidade[1488]. Não se referem, designadamente, os direitos de personalidade cuja ofensa determina a obrigação de indemnizar, embora se mencione expressamente a responsabilidade civil entre os meios de tutela da personalidade física ou moral dos indivíduos[1489]; o que torna potencialmente muito vasta a proteção proporcionada pelo Direito delitual português[1490].

Os dois ordenamentos admitem ainda a violação de disposição legal destinada à proteção de outrem como forma complementar de determinação da ilicitude da conduta lesiva. Em ambos os sistemas a causação de danos patrimoniais puros não dá lugar, na falta de uma tal disposição legal ou de uma conduta que configure um abuso de direito, à obrigação de indemnizá-los *ex delicto*.

Não há, por conseguinte, diferenças essenciais a registar entre o BGB e o Código Civil português quanto ao modo pelo qual delimitam as fatispécies deli-

[1487] Veja-se, sobre essas disposições e as que as antecederam no Código de 1916, Pontes de Miranda, *Tratado de Direito Privado*, tomo XXVI, São Paulo, 2012 (atualizado por Ruy Rosado de Aguiar Jr. e Nelson Nery Jr.), pp. 79 ss.

[1488] Cfr., na mesma linha fundamental de orientação, Sinde Monteiro, *Responsabilidade por conselhos, recomendações ou informações*, p. 184; e Carneiro da Frada, *Contrato e deveres de protecção*, pp. 134 ss.

[1489] Cfr. o art. 70º, nº 2, do Código Civil.

[1490] Não é pacífica, na doutrina, esta via de solução: Pessoa Jorge, por exemplo, classificou-a de «perigosíssima»: cfr. *Ensaio*, p. 300.

tuais, nem quanto às considerações de política legislativa que os inspiram nesta matéria[1491].

O mesmo se dirá dos Direitos holandês e brasileiro, que todavia apresentam relativamente aos anteriores algumas particularidades dignas de nota. O primeiro, por aditar à violação de um direito as ações ou omissões contrárias a deveres legais ou a regras de conduta sociais; o que representa uma importante abertura às fontes extralegais na qualificação dos atos danosos como ilícitos. O segundo, por incluir expressamente o abuso de direito entre os *Tatbestände* delituais (sendo que, em contrapartida, omite nas regras sobre a matéria uma referência expressa às normas legais de proteção de interesses alheios, que os Direitos alemão e português expressamente consagram).

VI – A lei chinesa da responsabilidade civil, de 2009[1492], consagra uma regra com certas semelhanças relativamente às disposições portuguesas e alemãs sobre a matéria. Com efeito, nos termos do art. 2 deste diploma:

> «Aqueles que infringirem direitos e interesses civis ficarão sujeitos a responsabilidade delitual de acordo com a presente lei.»

A mesma disposição esclarece que a expressão «direitos e interesses civis», nela utilizada, «inclui o direito à vida, o direito à saúde, o direito ao nome, o direito à reputação, o direito à honra, o direito à própria imagem, o direito à privacidade, a autonomia conjugal, a tutela, a propriedade, o usufruto, as garantias reais, o direito de autor, o direito de patente, o direito exclusivo de usar uma marca, o direito de produção de prova, valores mobiliários, direito de sucessão, e outros direitos e interesses pessoais e patrimoniais».

Esta cláusula geral é combinada na mesma lei com um vasto número de disposições relativas à responsabilidade por categorias específicas de ilícitos (*v.g.* a responsabilidade por produtos defeituosos, por difamação, por acidentes de viação, por erros médicos, por poluição ambiental, por atividades «ultraperigosas», por danos causados por empregados, crianças e animais domésticos, etc.), o que leva alguns a verem nela uma certa aproximação aos sistemas de *Common Law*.

[1491] Não falta, por isso, quem caraterize a regra do art. 483º, nº 1, do Código português com «a somewhat misleading façade whose actual interior resembles § 823 (1) BGB»: cfr. Mauro Bussani/Vernon Palmer, «The liability regimes of Europe – their façades and interiors», *in eiusdem, Pure Economic Loss in Europe*, Cambridge, 2013, pp. 120 ss. (p. 155).

[1492] Em vigor desde 1 de julho de 2010. Sobre essa lei, consultem-se Lihong Zhang, «The Latest Developments in the Codification of Chinese Civil Law», *Tulane Law Review*, 2009, pp. 999 ss.; Helmut Koziol/Yan Zhu, «Background and Key Contents of the New Chinese Tort Liability Law», *JETL*, 2010, pp. 328 ss.; Yuanshi Bu (org.), *Chinese Civil Law*, pp. 117 ss.

A tipificação legal das hipóteses de imputação de danos ao respetivo causador assim conseguida é, porém, fortemente mitigada pela denominada *responsabilidade fundada na equidade* acolhida no art. 132 dos Princípios Gerais de Direito Civil e no art. 24 da Lei da Responsabilidade Civil, segundo os quais se nenhuma das partes tiver culpa («*guocuo*») na ocorrência do dano este poderá ser repartido entre elas em função das circunstâncias do caso. Entre estas inclui-se a capacidade económica do agente e do lesado. Manifesta-se aqui a relevância que os critérios de justiça distributiva assumem tradição jurídica chinesa[1493].

§ 22º Pressupostos da responsabilidade extracontratual por factos ilícitos

a) Facto voluntário

I – A responsabilidade civil pressupõe, em primeiro lugar, um facto voluntário do agente. Com efeito, a imputação de um dano àquele que o causou funda-se, além do mais, na circunstância de a sua produção radicar num comportamento dominável pela vontade. Um facto da natureza, ou um até um facto pessoal praticado sob coação física, situam-se, pois, fora do escopo deste instituto.

O facto em questão pode, no entanto, traduzir-se numa ação ou numa omissão. Na sequência de uma longa tradição, que remonta ao Direito Romano, esta última é sancionada civilmente, através da imposição de um dever de indemnizar, quando o ato omitido tivesse impedido, com razoável grau de probabilidade, a produção do dano e houvesse, a cargo do putativo responsável, o dever jurídico de praticar esse ato[1494]. É o que estabelece, por exemplo, o art. 486º do Código Civil português, segundo o qual as simples omissões apenas dão lugar à obrigação de reparar os danos se existisse, por força da lei ou de negócio jurídico, o dever de praticar o ato omitido.

Não é, portanto, qualquer omissão que em Portugal responsabiliza o agente; o que bem se compreende dado que inexiste um dever geral de evitar danos a outrem, o qual levaria longe de mais o pensamento subjacente a este instituto, com as consequências nocivas sob o prisma da liberdade de atuação de cada um que referimos antes. É preciso, além da verificação do dano, que a omissão que lhe está na origem corresponda à violação de um *dever específico de agir*, resultante da lei ou de negócio jurídico.

II – Noutros países foi-se, porém, foi bastante mais longe nesta matéria. Assim, em França admite-se que uma abstenção pode constituir uma *faute* se um «bom

[1493] Cfr., sobre o ponto, Hao Jiang, «Chinese tort law: Between tradition and transplants», *in* Mauro Bussani/Anthony Sebock (orgs.), *Comparative Tort Law. Global Perspectives*, Cheltenham, 2015, pp. 385 ss. (pp. 405).

[1494] Cfr., neste sentido, Vaz Serra, «Obrigação de indemnização», cit., p. 108.

pai de família», colocado na mesma situação, não se teria abstido: «*qui peut et n'empêche, pèche*»[1495].

Foi o que sucedeu no acórdão proferido em 27 de fevereiro de 1951 sobre o caso *Consorts Branly c. Turpain*[1496], em que a Cassação declarou:

> «a falta prevista pelos artigos 1382 e 1383 do Código Civil tanto pode consistir numa abstenção como num ato positivo; [...] a abstenção, mesmo não ditada pela malícia e pela intenção de lesar, implica a responsabilidade do seu autor quando o facto omitido devesse ser realizado quer em virtude de uma obrigação legal, regulamentar ou convencional, quer também, na ordem profissional, tratando-se nomeadamente de um historiador, em virtude das exigências de uma informação objetiva.»

Com fundamento neste genérico dever profissional de objetividade, que em seu entender se imporia aos historiadores, julgou aquele tribunal francês que não podia deixar de ser imposta a obrigação de indemnizar a um historiador que omitira voluntariamente, num artigo alusivo à origem da telegrafia sem fios, qualquer referência aos trabalhos de determinado cientista, a quem os demandantes, seus sucessores, consideravam serem devidas experiências determinantes na matéria, posto que essa omissão refletisse a opinião sincera do demandado e não houvesse da sua parte qualquer intenção de lesar terceiros[1497].

III – A jurisprudência alemã admite, por seu turno, que pode haver responsabilidade por omissão quando tiver sido violado um *dever de segurança no tráfego* («*Verkehrssicherungspflicht*» ou «*Verkehrspflicht*») ou *dever de prevenção de perigo*. Nesta ordem de ideias, quem possui coisas ou exerce atividades suscetíveis de causarem danos a outrem e que sejam, nesta medida, fonte de perigos, tem o dever de tomar providências para os evitar, respondendo pelos danos assim causados se não o fizer[1498]. Um tal dever encontra particulares expressões legais nos §§ 836 a 838 do BGB e é tido por alguns como costume jurisprudencial. O seu reconhe-

1495 Neste sentido, Bénabent, *Droit des obligations*, p. 411.

1496 *D.*, 1951, p. 329.

1497 A decisão não escapou, porém, à crítica contundente de Jean Carbonnier, em «Le silence et la gloire», *D.*, 1951, pp. 119 ss. Atualmente, a Cassação entende que o exercício da liberdade de expressão apenas constitui *faute* nos casos especialmente previstos na lei: cfr. o acórdão de 22 de janeiro de 2014, recurso nº 12-35264.

1498 Ver, sobre o tema, entre muitos: Christian von Bar, *Verkehrspflichten. Richterliche Gefahrsteuerungsgebote im deutschen Deliktsrecht*, Colónia, etc., 1980; Claus Canaris, «Schutzgesetze – Verkehrspflichten – Schutzpflichten», *in Festschrift Larenz*, cit., pp. 27 ss.; Larenz/Canaris, *Lehrbuch des Schuldrechts*, vol. II/2, pp. 399 ss.; *Staudingers Kommentar*/Hager, §§ 823 E-1, 824, 825; Kötz/Wagner, *Deliktsrecht*, pp. 75 ss.; Brox/Walker, *Besonderes Schuldrecht*, pp. 540 ss.; *Münchener Kommentar*/Wagner, § 823, n.m. 297 ss.; *Palandt*/Sprau, § 823, n.m. 45 ss.

cimento funda-se, dada a lacuna existente a este respeito no § 823 (1), na analogia com aqueles preceitos ou no seu desenvolvimento jurisprudencial; trata-se, pois, de uma criação da *praxis*.

Em Portugal, esta doutrina obteve adesões importantes, havendo quem entenda que, para além dos dois casos referidos no art. 486º, «há o dever de agir para evitar o dano, quando a pessoa tenha sido a criadora da fonte especial de perigo da qual o dano resultou»[1499].

A razão de ser desse dever veem-na alguns dos autores que se têm ocupado do tema no «controlo das fontes de perigo»[1500] por todo aquele que empreende uma atividade ou detém bens suscetíveis de causarem danos: esse seria o sujeito que em melhores condições se encontraria de prevenir o perigo e de efectuar um seguro contra o mesmo. Seriam protegidos através de tais deveres todos aqueles cuja colocação em risco seria expectável pelo sujeito onerado. Em apoio da construção em apreço invoca-se também o *princípio da precaução*, com consagrações relevantes em matéria ambiental[1501].

A doutrina em apreço tem como efeito inevitável um certo alargamento do escopo da responsabilidade civil por omissões. Cria-se, por via dela, uma nova *cláusula geral* de responsabilidade civil: quem, pela atividade que desenvolva ou pelas coisas que possua, crie uma fonte de perigo para terceiros, responde pelos

[1499] Cfr. Pires de Lima/Antunes Varela, *Código Civil anotado*, vol. I, nota 3 ao art. 486º. Veja-se ainda, a este respeito, a anotação de Antunes Varela ao acórdão do Supremo Tribunal de Justiça de 26 de março de 1980, *RLJ*, ano 114º, pp. 40 ss. e 72 ss. Na espécie, a autora demandara o proprietário de um prédio contíguo ao seu pelos danos que este alegadamente lhe causara ao demoli-lo. O réu iniciara, com efeito, obras de demolição do seu prédio sem tomar as precauções necessárias: a demolição foi feita com alavancas que desprenderam das paredes as pedras que as integravam, algumas das quais de grande peso, caindo as mesmas sobre os soalhos do prédio e abalando assim a casa da autora. Em consequência disso, as paredes desta abriram brechas, entrou humidade na casa e danificaram-se os respectivos interiores. O réu foi condenado a indemnizar a autora dos danos assim causados. Em anotação, Antunes Varela sustentou que teria havido no caso violação pelo réu do dever de prevenção do perigo, por não ter adotado as providências necessárias a fim de evitar danos no prédio vizinho, *v.g.*, protegendo as paredes deste. A sua responsabilidade fundar-se-ia, assim, na violação desse dever e não no abuso de direito, como entendera o Supremo. Já antes Vaz Serra preconizara a consagração no Código Civil de uma regra do seguinte teor: «Aquele que abre uma fonte de perigos tem o dever de adoptar as cautelas indispensáveis para os impedir, mesmo que sejam impostas pelos regulamentos administrativos». Cfr. «Obrigação de indemnização», cit., p. 126. No sentido de que «[o]s elementos disponíveis permitem construir uma figura geral de deveres do tráfego», veja-se Menezes Cordeiro, *Tratado do Direito Civil*, vol. VIII, p. 587.

[1500] Assim, por último, Rui Ataíde, *Responsabilidade civil por violação de deveres no tráfego*, Coimbra, 2015, p. 268.

[1501] Cfr., designadamente, o art. 191º, nº 2, do Tratado Sobre o Funcionamento da União Europeia e, em Portugal, o art. 4º, alínea *e)*, do D.L. nº 142/2008, de 24 de julho, que estabelece o regime jurídico da conservação da natureza e da biodiversidade.

danos por estes sofridos se não tiver adotado as medidas tidas como adequadas a fim de evitá-los. Portanto, esse sujeito responde pela sua omissão ainda que nenhuma regra legal ou estipulação negocial lhe impusesse um específico dever de atuação. O que suscita complexas questões nos sistemas jurídicos, como o português, que não acolhem uma genérica responsabilidade por danos negligentes.

A favor da imputação de danos nos referidos termos depõe, é certo, a circunstância de, por via de regra, as pessoas a quem é assim imposto um dever de indemnizar atuarem no seu interesse próprio, razão pela qual seria justo sujeitá-las a esse dever: *ubi commoda, ibi incommoda*. Mas não pode ignorar-se que poderão também estar em causa atividades altruístas (e estão-no, de facto, em muitas situações) de que o sujeito onerado com os deveres em causa não extrai qualquer vantagem pessoal.

Além disso, a possibilidade real de esse sujeito evitar os danos em causa é não raro diminuta; e o exercício de um controlo efetivo sobre o tráfico tendente a evitar tais danos teria custos económicos que superam os proventos das atividades que o agente se propõe empreender. Talvez por isso, tem-se excluído no domínio dos chamados serviços da sociedade da informação que os prestadores intermediários de serviços em rede estejam sujeitos a um dever geral de vigilância sobre as informações que transmitem ou armazenam[1502]. A fim de se evitarem situações de flagrante injustiça, consagra-se, por outro lado, nos citados preceitos da lei portuguesa, a relevância negativa da *causa virtual*.

A imputação destes danos ao sujeito que supostamente controla a fonte dos respetivos perigos (amiúde feita a título de culpa presumida) pode, outrossim, influir negativamente sobre o cuidado ou a atenção postos pelas próprias vítimas na prevenção dos riscos inerentes a toda a interação social.

Frequentemente, a definição dos deveres de segurança cujo cumprimento era exigível apenas pode ser feita judicialmente e *ex post facto*, atenta a inexistência de regras legais ou de estipulações contratuais que os consagrem; e depende de uma multiplicidade de factores a apreciar pelos tribunais em face das circunstâncias do caso concreto, com as consequências inerentes sob o prisma da segurança jurídica[1503].

[1502] Veja-se, a este respeito, o art. 15º da Diretiva 2000/31/CE, de 8 de junho de 2000 e o art. 12º do D.L. nº 7/2004, de 7 de janeiro.

[1503] Alerta também para este problema Carneiro da Frada, *Contrato e deveres de proteção*, p. 176, n. 364, para quem a consagração de deveres do tráfico para proteção do património alheio «equivale a atribuir à jurisprudência legitimidade para a criação de novas posições jurídicas delitualmente protegidas, o que, em países como a Alemanha e o nosso, contraria a opção legislativa por uma fixação normativa e prévia das situações de responsabilidade».

Vem daqui a necessidade, que a doutrina contemporânea evidencia, de uma cuidadosa delimitação das espécies em que é de admitir a imputação de danos com este fundamento[1504].

IV – Já se têm visto concretizações da responsabilidade por violação de deveres de segurança no tráfego na jurisprudência inglesa e norte-americana[1505]. Importa contudo notar que a responsabilidade por *negligence* – o tipo delitual a que seriam reconduzíveis as espécies em apreço nos sistemas de *Common Law* – pressupõe a violação de um *duty of care* cuja constituição obedece a requisitos substancialmente mais apertados do que os *Verkehrssicherungspflichten*. Por outro lado, trata-se geralmente no *tort of negligence* de uma responsabilidade por ações, e não por omissões: como se viu a propósito da *culpa in contrahendo*, os sistemas de *Common Law* são muito relutantes em imporem deveres de reparar danos resultantes de omissões[1506].

A razão de ser desta orientação restritiva deu-a Lord Hoffmann na *opinion* que proferiu no caso *Stovin v. Wise*[1507]. Exprimindo o ponto de vista da maioria dos membros da Câmara dos Lordes, sublinhou aquele magistrado existirem sólidas razões pelas quais as omissões requerem um tratamento diferente das condutas positivas, entre as quais destacou a circunstância de a limitação da liberdade individual ser menor se se exigir a uma pessoa que tenha em consideração a segurança alheia nas suas ações do que se se lhe impuser um dever de salvamento ou proteção. Com este fundamento, a Câmara dos Lordes julgou improcedente a pretensão indemnizatória deduzida pela vítima de um acidente de viação contra uma autarquia local (o *Norfolk County Council*) por esta ter alegadamente omitido as medidas necessárias a fim de remover de um cruzamento sob a sua jurisdição um aterro que limitava a visibilidade dos condutores que nela circulavam e de que teria resultado o referido acidente.

Tratava-se aqui de uma hipótese em tudo análoga às que na Alemanha são há muito tidas como geradoras de responsabilidade por violação de deveres de segurança no tráfego. Seja, a título de exemplo, a decisão proferida pelo Tribunal Imperial em 23 de fevereiro de 1903 num caso em que se discutia a responsabili-

[1504] Ver na doutrina portuguesa, além dos autores e obras já citados, Sinde Monteiro, *Responsabilidade por conselhos, recomendações ou informações*, pp. 307 ss.; Carneiro da Frada, *Direito Civil. Responsabilidade civil*, p. 74; Menezes Cordeiro, *Tratado de Direito Civil*, vol. VIII, pp. 571 ss.; e Menezes Leitão, *Direito das Obrigações*, vol. I, pp. 283 s.

[1505] Ver as referências em Basil Markesinis/Hannes Unberath, *The German Law of Torts. A Comparative Treatise*, Oxford/Portland, 2002, p. 89.

[1506] Neste sentido, quanto ao Direito inglês, Raymond Youngs, *English, French & German Comparative Law*, p. 392.

[1507] [1996] A.C. 923.

dade de uma Comuna pela deficiente manutenção de um caminho local aberto ao público, em que esta instância declarou: «aquele que afeta um imóvel seu ao tráfego público está obrigado a fazê-lo por forma correspondente às exigências da segurança do tráfego, recaindo sobre si um dever de cuidado nesse sentido, e quem coloca e mantém uma via à livre disposição do público responde pelo dano que causou pela deficiente manutenção da mesma ou pela não remoção de obstáculos à circulação»[1508].

Deparamos aqui de novo com a diferente relevância conferida pelo *Common Law* inglês e pelo Direito alemão aos valores da liberdade individual e da solidariedade no tocante à imputação de danos *ex delicto* àquele que os causou.

Não menos relevante é, nesta matéria, a circunstância de que uma genérica admissão no Direito inglês da responsabilidade civil por omissões colidiria com a regra, de que demos conta oportunamente[1509], conforme a qual a promessa apenas gera a responsabilidade do promitente se este tiver tido em vista vincular-se juridicamente através dela e for sustentada por *consideration* ou formalizada num *deed*[1510].

b) Ilicitude

I – Além de um facto voluntário, em diversos ordenamentos jurídicos é em princípio requisito da responsabilidade extracontratual a *ilicitude* desse facto, i.é, a sua contrariedade ao Direito.

Este requisito encontra-se expressamente enunciado, como se viu acima, no Direito alemão (mormente no § 823 (1) do BGB), no Direito português (art. 483º, nº 1, do Código Civil) e no Direito holandês (art. 6:162 do Código Civil). Considerá-los-emos, por isso, em primeiro lugar.

No Código alemão, a ilicitude («*Rechtswidrigkeit*») da conduta danosa ocorre fundamentalmente, como se viu acima, em três categorias de situações: *a)* A violação de um dos direitos subjetivos enunciados no § 823 (1) do BGB; *b)* A violação de uma disposição legal destinada à proteção de outrem; e *c)* A ofensa dos bons costumes. Além dos bens jurídicos identificados naquele preceito (a vida, o corpo, a saúde, a liberdade e a propriedade), são ainda tutelados ao abrigo dele, como

[1508] Cfr. *RGZ* 54, pp. 53 ss.: «derjenige, welcher sein Grundstück zum öffentlichen Verkehr bestimmt und einrichtet, verpflichtet ist, das in einer Weise zu tun, wie es den Anforderungen der Verkehrssicherheit entspricht, dass ihm auch weiterhin eine Fürsorgepflicht in dieser Richtung obliegt, und das also, wer einen Weg dem Publikum zum freien Gemeingebrauch gestellt hat und hierzu unterhält, für den Schaden aufzukommen hat, der durch mangelhafte Instandhaltung oder Nichtbeseitigung von Verkehrshindernissen verursacht hat» (p. 59). Vejam-se ainda as demais referências jurisprudenciais coligidas em *Staudingers Kommentar*/Hager, § 823, n.m. E 73 ss.

[1509] Cfr. *supra*, § 5º, *e)*.

[1510] Neste sentido, *Winfield and Jolowicz on Tort*, p. 6.

«outros direitos», os demais direitos reais, os direitos sobre bens intelectuais e os direitos sobre participações sociais. A estes acrescem dois «direitos-quadro» («*Rahmenrechte*») de criação jurisprudencial: o «direito geral de personalidade» («*allgemeines Persönlichkeitsrecht*»)[1511] e o «direito à empresa estabelecida e em funcionamento» («*Recht am eingerichteten und ausgeübten Gewerbebetrieb*»)[1512].

O requisito da ilicitude desempenha no Direito alemão um papel nuclear na delimitação das condutas danosas suscetíveis de gerarem o dever de indemnizar. Não é todavia pacífico na doutrina alemã se esse requisito deve ter-se por preenchido pela mera lesão de um dos bens jurídicos mencionados nas referidas regras, como entende a teoria da *ilicitude do resultado* («*Erfolgsunrecht*»), ou se, além disso, deve exigir-se que a própria atuação do agente seja merecedora de reprovação, consoante preconiza a teoria da *ilicitude da ação* («*Handlungsunrecht*»).

De acordo com a teoria da ilicitude do resultado, na primeira categoria de casos em apreço o requisito da ilicitude não tem de ser demonstrado pela parte que se queira prevalecer do direito à indemnização: o preenchimento do *Tatbestand* da norma legal, em virtude da lesão de um dos bens jurídicos nela identificados, permite presumir a ilicitude; é antes a eventual verificação de uma causa de justificação da conduta ilícita que tem de ser demonstrada por aquele a quem isso interesse[1513]. Não assim, porém, nos casos em que o objeto da lesão for um dos mencionados «direitos-quadro», em que a ilicitude da conduta lesiva terá de ser demonstrada pela vítima, uma vez que a determinação da ofensa de um desses direitos pressupõe uma valoração dos interesses em conflito, *maxime* quando tenham proteção constitucional[1514].

Diferentemente, segundo a teoria da ilicitude da ação, a lesão de um bem jurídico não é por si só suficiente (salvo nos casos de atuação dolosa) a fim de que se possa ter como verificado o requisito da ilicitude: para tanto, requer-se ainda que a atuação do agente viole um dever de cuidado exigível no tráfico jurídico[1515]. Assim, por exemplo, ao condutor da locomotiva que atropela alguém que se lança na linha férrea com o propósito de se suicidar ou ao produtor de armas que as coloca no mercado cumprindo a legislação aplicável não pode ser impu-

[1511] Originariamente acolhido na decisão proferida pelo Tribunal Federal em 25 de maio de 1954, *BGHZ* 13, pp. 334 ss. (*Schachtbrief-Entscheidung*), com fundamento nas regras da Lei Fundamental relativas ao respeito devido à dignidade da pessoa humana (art. 1) e ao direito ao livre desenvolvimento da personalidade (art. 2).

[1512] Que o Tribunal Federal ancorou na regra constitucional relativa ao direito de propriedade (art. 14): cfr. a decisão proferida em 7 de junho de 1990, *BGHZ* 111, pp. 349 ss.

[1513] Neste sentido Brox/Walker, *Allgemeines Schuldrecht*, p. 322; *idem*, *Besonderes Schuldrecht*, p. 545 s.

[1514] *Idem*, *Allgemeines Schuldrecht*, p. 323.

[1515] Cfr. Larenz/Canaris, *Lehrbuch des Schuldrechts*, vol. II/2, pp. 364 ss.; Kötz/Wagner, *Deliktsrecht*, pp. 50 ss.

tado qualquer ilícito pela circunstância de através das suas condutas terem, direta ou indiretamente, causado a morte de alguém.

Num largo número de situações, esta divergência de entendimentos não conduz, todavia, a resultados diferentes, uma vez que, na perspetiva própria da teoria da ilicitude do resultado, a observância pelo agente do cuidado exigível na sua conduta deve ser aferida a propósito do juízo dobre a culpa, só assim não sucedendo nos casos em que esta seja dispensável como pressuposto legal do dever de indemnizar.

II – No Direito português, a ilicitude pode revestir três modalidades principais: *a)* A violação de um direito subjetivo; *b)* A violação de normas legais de proteção de interesses alheios; e *c)* O abuso de direito.

Por direito subjetivo deve entender-se, para este efeito, o poder de exigir de outrem uma conduta ou abstenção, ou de produzir na esfera jurídica alheia certos efeitos jurídicos[1516]. O conceito de direito subjetivo é, pois, muito lato, abrangendo realidades muito diferentes. A questão principal que se suscita a este respeito é, assim, a de saber quais os direitos subjetivos cuja violação dá lugar à responsabilidade extracontratual.

Em Portugal, devem considerar-se abrangidos no art. 483º, nº 1: *a)* Os direitos de personalidade (por exemplo, a vida, a integridade física, a saúde, a liberdade, a privacidade, etc.[1517]); *b)* Os direitos reais (propriedade e direitos do possuidor, nomeadamente); *c)* Os direitos intelectuais (direito de autor e conexos e direitos de propriedade industrial); *d)* O direito à empresa: certos atos que originem a privação do exercício deste direito (*v.g.* o boicote a produtos, a divulgação de informações sem interesse legítimo, etc.) podem originar responsabilidade civil; e *e)* Os direitos familiares (*v.g.* à fidelidade, ao respeito, etc.).

Estes últimos não são, decerto, direitos absolutos, como sucede com os anteriores. Tradicionalmente, entendia-se, por isso, que a sua violação não originava responsabilidade civil extracontratual. Eram tutelados por outra via (*maxime*

[1516] Na doutrina portuguesa contemporânea, podem consultar-se a este respeito: Carvalho Fernandes, *Teoria Geral do Direito Civil*, vol. II, pp. 535 ss.; Oliveira Ascensão, *Direito Civil. Teoria Geral*, vol. III, pp. 63 ss.; Rabindranath Capelo de Sousa, *Teoria Geral do Direito Civil*, vol. I, Coimbra, 2003, pp. 175 ss.; Mota Pinto, *Teoria Geral do Direito Civil*, pp. 178 ss.; Menezes Cordeiro, *Tratado de Direito Civil*, vol. I, pp. 871 ss.; e Pais de Vasconcelos, *Teoria Geral do Direito Civil*, pp. 217 ss., todos com mais referências. Numa ótica de comparação de Direitos, veja-se o nosso «O direito subjectivo além-fronteiras. Nota comparativa», *SI*, 2009, pp. 541 ss.

[1517] A circunstância de a lei portuguesa não tipificar os bens jurídicos pessoais cuja lesão origina a responsabilidade civil, consoante sucede na Alemanha, dispensa em Portugal o recurso para este efeito ao conceito de «direito geral de personalidade»: cfr. Oliveira Ascensão, *Direito Civil. Teoria Geral*, vol. I, pp. 86 ss. No sentido também de que esse conceito é dispensável no Direito português, veja-se Menezes Cordeiro, *Tratado de Direito Civil*, vol. VIII, p. 447.

o divórcio). Mas o art. 1792º do Código Civil, na nova redação dada pela Lei nº 61/2008, de 31 de outubro, permite ao cônjuge lesado intentar uma ação de indemnização nos tribunais comuns nos termos gerais para reparação dos danos causados pelo outro cônjuge. O dano indemnizável é, neste caso, o que decorre da própria dissolução do casamento, nomeadamente o dano moral que resulte de desconsideração social para com o divorciado e a dor sofrida pelo cônjuge não culpado em virtude da frustração de um projeto de vida em comum[1518].

Mais duvidoso é que possam considerar-se compreendidos no art. 483º, nº 1, do Código português os direitos de crédito, cuja tutela é primordialmente levada a cabo nos termos das regras da responsabilidade contratual (arts. 798º e seguintes). A relevância da limitação deriva, como é bom de ver, de o regime das duas formas de responsabilidade ser diferente, nomeadamente quanto ao ónus da prova da culpa, ao prazo de prescrição e ao dano indemnizável. Pode todavia perguntar-se se o dano causado pela lesão de um direito de crédito por pessoa distinta do devedor poderá ser indemnizado ao abrigo das regras da responsabilidade extracontratual. Voltaremos a este ponto adiante, a propósito do ressarcimento do denominado dano patrimonal puro.

Também na doutrina portuguesa tem sido sustentado que não basta, a fim de que se possa ter como preenchido o requisito da ilicitude, a lesão de um dos bens jurídicos referidos na lei, sendo ainda de exigir que a *atuação do agente* seja merecedora de um juízo de desvalor, por ter aquele tido a intenção de lesar ou violado um dever de cuidado[1519]. Tal como no Direito alemão, parece, todavia, que aquele juízo pode ter lugar no Direito português em sede de aferição da culpa, pelo menos nos casos em que esta seja exigível como pressuposto da responsabilidade civil.

Constitui-se ainda o dever de indemnizar um dano, nos termos do art. 483º, nº 1, quando este seja causado por violação de normas legais destinadas a proteger interesses alheios, as quais todavia não confiram direitos subjetivos aos titulares desses interesses. A questão fundamental que se coloca a este respeito é a de saber em que condições pode a violação de tais normas dar lugar à indemnização de danos[1520].

São três os pressupostos específicos da responsabilidade civil pela violação de tais normas: *a)* Devem as mesmas proteger interesses particulares e não apenas interesses públicos (é o que sucede, por exemplo, com as normas de Direito da Con-

[1518] Veja-se, sobre o ponto, o acórdão do Supremo Tribunal de Justiça de 17 de setembro de 2013, proc. 5036/11.

[1519] Neste sentido, Menezes Leitão, *Direito das Obrigações*, vol. I, p. 284. Sustentando antes que a ilicitude assenta na valoração do resultado da conduta lesiva, *vide* Mafalda Miranda Barbosa, *Lições de responsabilidade civil*, pp. 203 ss.

[1520] Sobre o tema veja-se Adelaide Menezes Leitão, *Normas de protecção e danos puramente patrimoniais*, Coimbra, 2009, especialmente pp. 617 ss.

corrência e de Direito Rodoviário); *b)* Deve haver uma omissão do comportamento exigido pelas normas em causa ou a adoção de um comportamento a elas contrário; e *c)* O dano deve verificar-se no círculo de interesses protegidos pela norma.

Nestes casos, importa notá-lo, não se exige a lesão de um bem físico ou moral. Os danos patrimoniais puros, i.é, as perdas pecuniárias a que não esteja associada uma lesão física, a que nos reportaremos adiante, são também ressarcíveis com este fundamento. A segunda modalidade de ilicitude consagrada no Direito português opera, assim, um inequívoco alargamento do âmbito da proteção jurídica operada pela responsabilidade civil por referência à primeira modalidade acima descrita.

O *abuso de direito* não está expressamente previsto no art. 483º, nº 1, mas a doutrina e a jurisprudência portuguesas têm-no considerado compreendido neste. O art. 334º funciona assim como uma previsão específica de ilícito gerador da responsabilidade civil, a par dos arts. 484º e 485º[1521].

III – No Código holandês são, como vimos acima, de duas ordens os ilícitos suscetíveis de originarem o dever de indemnizar: a violação de um direito e a violação de um dever legal ou decorrente de regra de conduta não escrita. Também aqui se tem por preenchido o requisito em apreço se não existir causa de justificação.

IV – Outros sistemas jurídicos integrados na família romano-germânica não autonomizam o requisito em apreço: é o caso do Direito francês, que se socorre, em ordem a delimitar os atos suscetíveis de originarem a obrigação de indemnizar, da noção mais ampla de *faute*[1522].

Esta consiste numa «atuação ou omissão simultaneamente ilícita e imputável ao seu autor»[1523]. Ou, de acordo com outra definição (aplicável, porém, apenas aos casos em que não seja intencional), um «erro de conduta que não teria sido cometido por uma pessoa prudente colocada nas mesmas circunstâncias "externas" que o réu»[1524]. Reconduz-se ainda a esta noção o abuso de direito[1525].

A *faute* absorve, assim, a ilicitude[1526]. Contudo, não se cinge a ela, na medida em que conjuga ainda outros pressupostos do dever de indemnizar: ao *elemento*

[1521] Ver *supra*, § 21º, *d)*, e a bibliografia aí citada.

[1522] Cfr. *supra*, § 21º, *c)*.

[1523] Viney/Jourdain/Carval, *Traité de droit civil. Les conditions de la responsabilité*, p. 442.

[1524] Cfr. Mazeaud/Chabas, *Leçons de droit civil*, t. II, *Obligations*, vol. 1, *Théorie générale*, p. 336.

[1525] Cfr. o acórdão da Cassação de 3 de agosto de 1915, *Clément-Bayard c. Coquerel*, em que foi tida como determinante da obrigação de indemnizar a atuação do demandado consistente em colocar na sua propriedade uma estrutura de madeira com dezasseis metros de altura, dotada de espigões de ferro na extremidade superior, cujo único propósito era impedir um vizinho de utilizar um terreno seu como campo de aviação e que, de facto, danificara um balão dirigível deste.

[1526] *Sic*, Malaurie/Aynès/Stoffel-Munck, *Droit des obligations*, p. 43.

objetivo, consistente na violação de um dever – traduzido no afastamento («*écart*») entre a conduta exigida pelo respeito desse dever (de fonte legal, regulamentar ou outra) e a que foi adotada pelo autor do dano – acresce um *elemento subjetivo*, designado por «culpabilidade» («*culpabilité*») ou «imputabilidade» («*imputabilité*»), o qual exprime a aptidão psicológica do agente a fim de compreender o alcance dos seus atos e assumir as respetivas consequências[1527].

A ilicitude é, nesta medida, também exigível no Direito francês como condição da imputabilidade jurídica do dano a quem o causou. O certo, porém, é que a lei francesa não explicita os bens jurídicos cuja lesão pode constituir *faute*, nem os carateres de ilicitude que o ato lesivo deve revestir a fim de que possa integrar esse conceito. Donde resulta que a aptidão da noção legal de *faute* a fim de delimitar as situações danosas suscetíveis de gerarem a obrigação de indemnizar é muito limitada. Neste ponto se distingue nitidamente o Direito francês do alemão, do português e do holandês.

V – Outro tanto se dirá do Direito italiano, que consagra no art. 2043 do Código Civil, como se viu acima, a noção de «dano injusto» («*danno ingiusto*») como pressuposto da obrigação de indemnizar. Por tal deve entender-se, segundo Giovanna Visintini, «a lesão de um direito ou pelo menos de um interesse juridicamente apreciável»[1528]. A «injustiça» do dano deriva, assim, da ilicitude do facto que o causou. Mas também aqui a fluidez do conceito em causa é muito grande e a sua operatividade como mecanismo delimitador dos atos geradores de responsabilidade correspondentemente muito restrita. Tal como em França, é no essencial à jurisprudência que a lei italiana confia essa função[1529].

VI – Nos sistemas de *Common Law*, o elemento da ilicitude não é, por via de regra, autonomamente considerado. Contudo, pelo que respeita ao *tort of negligence* – que, como vimos, ocupa um lugar central no Direito delitual daqueles sistemas jurídicos – ele está implícito na exigência da violação de um dever de cuidado («*breach of duty*») como requisito da imputação de qualquer dano a esse título àquele que o causou[1530]. Como tal deve entender-se, no Direito inglês, a

[1527] Viney/Jourdain/Carval, ob. e loc. cits.

[1528] Cfr. *Cos'è la responsabilitá civile*, pp. 101 ss.

[1529] Para tanto requer-se, segundo Trimarchi, *Istituzioni di diritto privato*, p. 110, uma valoração comparativa de dois interesses contrapostos: o interesse ameaçado por um certo tipo de conduta e o interesse que o agente pretende realizar com essa conduta.

[1530] Cfr., sobre o ponto, Salmond/Heuston, ob. cit., pp. 217 ss.; *Winfield and Jolowicz on Tort*, pp. 143 ss.; *Markesinis and Deakin's Tort Law*, pp. 198 ss.; *Atiyah's Accidents, Compensation and the Law*, 8ª ed., por Peter Cane, Cambridge, 2013, pp. 66 ss.

omissão de um ato que uma pessoa razoável teria realizado ou a realização de um ato que essa pessoa não realizaria[1531].

Além desta forma de ilicitude, avulta nos Estados Unidos a que consiste na violação de uma norma legal de proteção. Sempre que a vítima se inclua entre as pessoas que a norma visa proteger e o dano por ela sofrido seja do tipo dos que a norma visa prevenir, ocorre, na ausência de qualquer causa de justificação, a denominada *negligence per se*[1532]. Tem-se nesse caso por violado o dever de cuidado que, como vimos acima, é pressuposto do *tort of negligence*[1533]. Não assim, porém, em Inglaterra, onde a violação de uma norma legal constitui um *tort* autónomo: o *breach of statutory duty*[1534]. Este tem hoje especial incidência no domínio da responsabilidade por acidentes laborais. A fim de que a violação da norma legal possa obrigar à reparação dos danos daí resultantes, exige-se no Direito inglês a demonstração de que era essa a intenção do Parlamento ao impor o dever dela constante. Além disso, quando o dever legal houver sido instituído em benefício de determinada categoria de pessoas, deve o demandante provar que se inclui nela; e se a norma visar a prevenção de determinado tipo de danos, só o dano dessa índole pode dar azo à obrigação de indemnizar. O padrão de conduta exigível ao agente será também aquele que a norma em causa estabelece.

O abuso de direito não constitui nos sistemas jurídicos anglo-americanos fundamento autónomo de imputação de danos *in tort*. É o que resulta, designadamente, da decisão proferida pela Câmara dos Lordes no caso *The Mayor of the Borough of Bradford v. Pickles*[1535]. Discutia-se aí a imputação ao demandado de um *tort of nuisance*, por ter aquele impedido deliberadamente que a água proveniente de certas correntes subterrâneas existentes numa propriedade sua fluísse para um terreno contíguo, pertencente ao município demandante, com o único intuito de privá-lo do abastecimento de água de que o mesmo carecia para utilização pelos munícipes e de o forçar a adquirir-lhe a sua propriedade a um preço superior ao seu valor real. Lord Halsbury, com a concordância dos demais membros do tribunal, rejeitou neste caso a ocorrência de qualquer *tort*.

[1531] «Negligence is the omission to do something which a reasonable man, guided upon those considerations which ordinarily regulate the conduct of human affairs, would do, or doing something which a prudent and reasonable man would not do»: cfr. *Blyth v. Birmingham Waterworks Company*, [1856] 156 E.R. 1047.

[1532] Sobre a qual pode ver-se o § 14 do *Restatement of the Law Third, Torts: Liability for Physical and Emotional Harm*, que dispõe: «An actor is negligent if, without excuse, the actor violates a statute that is designed to protect against the type of accident the actor's conduct causes, and if the accident victim is within the class of persons the statute is designed to protect».

[1533] Cfr. *Prosser and Keeton on the Law of Torts*, pp. 220 ss.

[1534] Sobre o qual pode ver-se *Winfield and Jolowicz on Tort*, pp. 207 ss.

[1535] [1895] A.C. 587.

c) Culpa

I – Da ilicitude distingue-se conceptualmente a culpa. Esta consubstancia-se num *juízo de censura* sobre o comportamento do agente, que podia e devia ter agido de outro modo atentas as circunstâncias do caso concreto[1536]. Ao passo que na ilicitude está em causa a contrariedade da conduta lesiva a um comando legal, sendo portanto esta encarada sob um *prisma objetivo*, na culpa considera-se essa conduta sob o *prisma subjetivo* da sua reprovabilidade. A exigência da culpa como pressuposto da responsabilidade civil reflete assim uma distinta valoração da conduta lesiva, assente num *critério ético-jurídico*. Ressuma nela a conceção do Homem como ser moral dotado de livre-arbítrio[1537].

O requisito da culpa é comum a um largo número de sistemas jurídicos ocidentais: justamente aqueles em que vingou esta conceção. Porém, o seu exato alcance é variável de país para país.

Em França, por exemplo, a exigência de culpa obteve acolhimento no Código Civil, embora não apareça aí autonomizada da ilicitude: como vimos, estabelece-se no art. 1382 (art. 1240 na reforma de 2016) como requisito da obrigação de reparar o dano causado a outrem a *faute*, a qual implica também um «comportamento repreensível»[1538] ou uma «falha de conduta»[1539]. O dolo («*faute intentionelle ou dolosive*»), porém, raramente é exigido como condição da obrigação de indemnizar[1540]; basta em princípio, para esse efeito, a negligência: é o princípio da *unidade da faute*, que o art. 1241 (ex-art. 1383) do Código Civil expressamente acolheu e permanece em vigor[1541]. Por conseguinte, «toda a *faute* implica a responsabilidade do seu autor, independentemente da respetiva gravidade»[1542]. A circunstância de o Direito francês admitir hoje a responsabilidade objetiva num largo número de situações reduz consideravelmente, como se verá, o significado da exigência de *faute*, ainda que assim entendida[1543].

Ao regime da responsabilidade delitual consagrado no Código alemão de 1900 subjaz igualmente o princípio da culpa («*Verschuldensprinzip*»), que os §§ 823 e 826 consagram como pressuposto do dever de indemnizar[1544]. Só há

[1536] Neste sentido, Menezes Cordeiro, *Tratado de Direito Civil*, vol. VIII, p. 467; Menezes Leitão, *Direito das Obrigações*, vol. I, p. 305; e Mafalda Miranda Barbosa, *Lições de responsabilidade civil*, p. 228.

[1537] Cfr. Friedrich Hegel, *Princípios de Filosofia do Direito* (trad. port. por Orlando Vitorino, Lisboa, 1990), especialmente §§ 115 ss.

[1538] Cfr. Terré/Simler/Lequette, *Droit civil. Les obligations*, p. 778.

[1539] Assim, Bénabent, *Droit des obligations*, p. 405.

[1540] É-o, por exemplo, no caso de abuso de direito.

[1541] Cfr. Viney/Jourdain/Carval, *Traité de droit civil. Les conditions de la responsabilité*, p. 709.

[1542] *Idem, ibidem*, p. 711.

[1543] Cfr. *infra*, § 23º, *a)*.

[1544] Cfr. Larenz/Canaris, *Lehrbuch des Schuldrechts*, vol. II/2, p. 351; Esser/Weyers, *Schuldrecht*, vol. II, *Besonderer Teil*, p. 520; *Münchener Kommentar*/Wagner, Vor § 823, n.m. 17.

responsabilidade objetiva nos casos tipificados na lei, o que torna a exigência da culpa incontornável em muitas situações. De notar contudo que nos casos de violações de normas de proteção (a que se reporta o § 823 (2)), demonstrada a infração do seu dispositivo, e contanto que este estabeleça um dever de conduta («*Verkehrspflicht*») suficientemente preciso, presume-se a culpa do agente[1545].

O Código das Obrigações suíço, no seu art. 41, nº 1, e o Código Civil italiano, no art. 2043, exigem igualmente, para haver responsabilidade delitual, um ato doloso ou culposo[1546]. O mesmo pode dizer-se do Código português de 1966, que afirma expressamente no art. 483º, nº 2, o carácter excecional da responsabilidade objetiva, ao estatuir que só existe obrigação de indemnizar independentemente de culpa nos casos especificados na lei. Também no Direito português a exigência de culpa desempenha, portanto, um papel central em matéria de responsabilidade civil. Mas a culpa pode ser presumida, consoante sucede, por exemplo, no caso do exercício pelo agente de atividades perigosas por natureza[1547] ou de violação de normas legais de proteção.

Nos sistemas de *Common Law*, a responsabilidade delitual pressupõe, em regra, a culpa do agente[1548]. Vários *torts* pressupõem aliás a intenção do agente como condição do dever de indemnizar. Está neste caso o *tort of deceit*, a que já fizemos alusão. O princípio *no liability without fault* foi afirmado no século XIX como fundamento exclusivo da imputação ao agente de danos causados a outrem[1549]. A justificação desse princípio foi formulada por Holmes nos seguintes termos[1550]:

> «Uma vez que não se podem evitar as atuações, e que estas visam o interesse público, não há evidentemente qualquer razão de política legislativa que justifique que se faça recair sobre o agente o risco daquilo que é ao mesmo tempo desejável e inevitável.»

O princípio da culpa coadunava-se com o individualismo então em voga e com as necessidades de uma economia em rápida expansão, que reclamava a máxima

1545 Neste sentido, Kötz/Wagner, *Deliktsrecht*, p. 103.

1546 Define-o a Cassação italiana nos seguintes termos: «La colpa, in senso tecnico-giuridico, consiste in un comportamento cosciente dell'agente che, sia pure senza volontà di recare danno ad altri, è causa di un evento lesivo per negligenza, imprudenza, imperizia ovvero per inosservanza di regole o norme di condotta» (cfr. o acórdão de 28 de abril de 1979, nº 2488, *FI, Repertorio*, 1979, nº 70).

1547 Cfr. o art. 493º, nº 2, do Código Civil.

1548 Cfr. *Winfield and Jolowicz on Tort*, p. 21: «The claimant in a tort action must generally show that his injuries were caused by the defendant's fault».

1549 Cfr. Fleming, *An Introduction to the Law of Torts*, p. 5; *The Law of Torts*, p. 7; *Markesinis and Deakin's Tort Law*, pp. 48 ss.

1550 *The Common Law*, pp. 77 s.

liberdade de atuação dos indivíduos, não obstante o risco de acidentes[1551], da responsabilidade delitual nos sistemas de *Common Law*.

É certo que em alguns casos de danos acidentais os tribunais ingleses dispensam a demonstração pela vítima da *negligence – rectius*, dos elementos que a integram: *duty of care, breach of duty* e *causation* – a fim de que o dano possa ser imputado ao seu alegado causador: trata-se das hipóteses abrangidas pela doutrina *res ipsa loquitur* (expressão latina correntemente traduzida para inglês por «*the thing speaks for itself*»), em que é dado ao tribunal inferir a ocorrência de *negligence* das circunstâncias em que o dano se produziu[1552].

Neste sentido, dispõe nos Estados Unidos o § 17 do *Restatement of the Law Third, Torts: Liability for Physical and Emotional Harm*:

> «O apurador dos factos [«*factfinder*»] pode inferir que o réu foi negligente quando o acidente que causou o dano do autor for um tipo de acidente que habitualmente ocorre em resultado da neligência de uma categoria de agentes a que o réu pertence.»

Mas a regra *res ipsa loquitur* é de aplicação estrita, requerendo-se para tal, no Direito inglês, a verificação de quatro requisitos: *a)* Que o dano não ocorra habitualmente sem negligência; *b)* Que o dano haja sido causado por instrumentos que se encontrassem sob o exclusivo controlo do demandado («*the injury is caused by an agency or instrumentality within the exclusive control of the defendant*»); *c)* Que o acidente causador do dano não se deva a qualquer atuação voluntária do demandante; e *d)* Que o demandado não haja justificado cabalmente o dano sofrido pelo demandante. Nos Estados Unidos, o *Restatement 2rd of Torts* aboliu, no entanto, o segundo destes requisitos, substituindo-o pela exigência de que a prova feita nos autos seja suficiente a fim de se excluirem outras causas do acidente[1553].

[1551] O princípio da culpa foi apontado por Holmes como o modo preferível de conciliar a directriz (por ele enunciada) segundo a qual as perdas devem ficar onde se registaram com a protecção do indivíduo contra o dano: cfr. *The Common Law*, pp. 42 e 115.

[1552] O *leading case* nesta matéria é a decisão proferida em *Byrne v. Boadle*, 159 Eng. Rep. 299 (1863). Um barril com farinha caíra do segundo andar de um armazém, atingindo um transeunte na cabeça. A vítima não conseguira todavia demonstrar em juízo a violação de um dever de cuidado pelo proprietário do barril. O Juiz Pollock declarou neste caso o seguinte: «The present case upon the evidence comes to this, a man is passing in front of the premises of a dealer in flour, and there falls down upon him a barrel of flour. I think it apparent that the barrel was in the custody of the defendant who occupied the premises, and who is responsible for the acts of his servants who had the control of it; and in my opinion the fact of its falling is *prima facie* evidence of negligence, and the plaintiff who was injured by it is not bound to show that it could not fall without negligence, but if there are any facts inconsistent with negligence it is for the defendant to prove them».

[1553] Cfr. o § 328D, que estabelece: «*Res Ipsa Loquitur* (1) It may be inferred that harm suffered by the plaintiff is caused by negligence of the defendant when (a) the event is of a kind which ordinarily does not occur in the absence of negligence; (b) other responsible causes, including the conduct

II – O regime da responsabilidade civil pode, em todo o caso, variar em função da gravidade que a culpa revista no caso concreto. Avulta a este respeito a distinção entre o *dolo*, entendido como a intenção de causar um dano, e a *negligência* ou *mera culpa*, i. é, o comportamento adotado pelo agente sem intenção de lesar, mas também sem o cuidado exigível. A ela mandam atender diversos sistemas jurídicos na fixação do montante da indemnização ou de outras sanções pecuniárias aplicáveis aos ilícitos extracontratuais[1554]. Por outro lado, em alguns sistemas jurídicos só o dolo pode desencadear a responsabilidade do agente por determinadas formas de ilicitude[1555].

A negligência é apreciada, num largo número de sistemas jurídicos, com base num critério objetivo, consistente no «cuidado exigível no tráfico»[1556] ou na diligência expectável de «pessoa razoável»[1557], de um «homem normal»[1558] ou de um «bom pai de família»[1559]. O que bem se compreende, designadamente pela segurança jurídica que um critério desse tipo proporciona aos que intervêm no tráfico jurídico.

Em alguns sistemas jurídicos admite-se contudo uma certa atenuação deste padrão estritamente objetivo, no sentido de uma valoração da culpa que tenha em conta as circunstâncias do caso[1560] ou as qualidades ou caraterísticas pessoais do agente[1561]. Entre estas relevam, por exemplo, o facto de o agente ser um profissional de certo ramo da atividade económica ou um mero consumidor; o

of the plaintiff and third persons, are sufficiently eliminated by the evidence; and (c) the indicated negligence is within the scope of the defendant's duty to the plaintiff. (2) It is the function of the court to determine whether the inference may reasonably be drawn by the jury, or whether it must necessarily be drawn. (3) It is the function of the jury to determine whether the inference is to be drawn in any casewhere different conclusions may reasonably be reached».

1554 Assim sucede, designadamente, nos Direitos espanhol (art. 1103 do Código Civil), suíço (art. 43, nº 1, do Código das Obrigações) e português (art. 494º do Código Civil). Voltaremos a este ponto adiante, a propósito função punitiva da responsabilidade civil: cfr. *infra*, § 24º, *b)*.

1555 É o que acontece, por exemplo, na Alemanha, de acordo com o § 826 do BGB, nos casos de causação de danos mediante ato ofensivo dos bons costumes; e nos sistemas de *Common Law* pelo que respeita aos *torts* de *battery, assault, false imprisonment* e *trespass*.

1556 Assim o § 276 (2) do BGB, segundo o qual: «Fahrlässig handelt, wer die im Verkehr erforderliche Sorgfalt außer Acht lässt».

1557 Assim no Direito inglês, pelo que respeita ao *tort of negligence*: cfr. *Markesinis and Deakin's Tort Law*, p. 201.

1558 Cfr., pelo que respeita ao Direito francês, Viney/Jourdain/Carval, *Traité de droit civil. Les conditions de la responsabilité*, p. 480.

1559 A que se refere o art. 487º, nº 2, do Código Civil português.

1560 Igualmente mencionado no referido preceito da lei portuguesa.

1561 Sobre o ponto, *vide* Mauro Bussani, *As peculiaridades da noção de culpa. Um estudo de Direito Comparado*, tradução portuguesa por Helena Saldanha, Porto Alegre, 2000.

seu estrato social e grau de educação; o seu nível etário; o seu estado de saúde; as suas aptidões físicas e intelectuais, etc.

Por outro lado, distinguem-se há muito nos sistemas romanistas diferentes graus de culpa, que o Supremo Tribunal de Justiça português enunciou da seguinte forma: «a negligência (culpa em sentido restrito) pode ser *levíssima*, *leve* ou *grave*. Será *levíssima* quando o agente tenha omitido os deveres de cuidado que só uma pessoa excepcionalmente diligente e prudente teria observado; será *leve* quando o agente deixar de observar os deveres de cuidado que uma pessoa normalmente diligente teria adoptado; será *grave* quando tiverem sido omitidos os deveres de cuidado a omissão que só uma pessoa especialmente descuidada e incauta deixaria de respeitar»[1562].

Mas se a graduação da culpa levada a cabo na base dos critérios acabados de referir releva em alguns sistemas jurídicos continentais para efeitos da determinação da responsabilidade e do *quantum* da indemnização, a propensão dos Direitos anglo-americanos a fim de tomarem em consideração elementos subjetivos na determinação do *standard of care* exigível para imporem o dever de indemnizar por *negligence* é notoriamente menor. Afirmou-o de forma particularmente incisiva Oliver Wendell Holmes na sua obra fundamental, onde se pode ler:

> «Os critérios jurídicos são de aplicação geral. A lei não toma em consideração as infinitas variedades de temperamento, intelecto e educação, que tornam tão diversa a natureza do mesmo ato em pessoas diferentes [...] Quando os Homens vivem em sociedade, é necessário ao bem comum o sacrifício, para além de certo ponto, das particularidades individuais. Se, por exemplo, um homem nasceu precipitado e desajeitado, se constantemente sofre acidentes e se fere a si próprio ou aos seus vizinhos, os seus defeitos congénitos serão certamente consentidos nos tribunais do Céu, mas as suas falhas não serão menos perturbadoras para os que o rodeiam do que se resultassem da negligência [...]. A lei considera, por outras palavras, o que seria censurável num homem médio, o homem de inteligência e prudência comuns, e determina a responsabilidade com base nisso.»[1563]

III – O princípio da culpa encontra-se também consagrado no Direito chinês, que o acolhe nos seguintes termos no art. 106, 2º §, dos Princípios Gerais de Direito Civil:

> «Os cidadãos e as pessoas coletivas que lesarem culposamente a propriedade coletiva ou do Estado ou a propriedade ou a personalidade de outras pessoas incorrerão em responsabilidade civil.»

[1562] Acórdão de 13 de dezembro de 2007, proc. 07S3655.

[1563] Cfr. *The Common Law*, pp. 86 s.

Numa formulação mais neutra, dispõe sobre a mesma matéria o art. 6, 1º §, da Lei da Responsabilidade Civil:

> «Aquele que violar culposamente direitos civis ou interesses alheios incorre em responsabilidade civil extracontratual.»

Este princípio consente, no entanto, os desvios a favor da responsabilidade objetiva previstos em disposições especiais, que o art. 7 da mesma Lei expressamente ressalva; e é, além disso, suscetível de ser derrogado com base em considerações de equidade nos termos acima referidos[1564].

d) Dano

I – Outro pressuposto geral da responsabilidade civil é a ocorrência de um dano ou prejuízo[1565]: em princípio, só há responsabilidade civil quando o facto ilícito e culposo lese alguém[1566]. Assim, por exemplo, o condutor que viola regras do trânsito, circulando em excesso de velocidade, mas não causa qualquer acidente, poderá ficar sujeito a sanções de diversa ordem, mas não a responsabilidade civil, uma vez que não há um dano a indemnizar.

Alguns sistemas jurídicos romanistas, com destaque para o francês, admitem no entanto *presunções de danos*, de fonte jurisprudencial, por exemplo, em matéria de concorrência desleal[1567], de ofensa à privacidade[1568] e de violação do direito de propriedade por atos da administração pública[1569]. Além disso, diversas legislações dispensam a prova do dano a fim de que possa ser imposta ao infrator de um direito de propriedade intelectual a obrigação de indemnizar o respetivo titular, sendo a indemnização fixada, nesse caso, com base no lucro obtido pelo primeiro ou na remuneração que o segundo teria auferido se tivesse licenciado a utilização dos seus bens intelectuais[1570].

Noutros sistemas, como é o caso dos de *Common Law*, admite-se a imposição de indemnizações simbólicas (*«nominal damages»*) a cargo do infrator de direi-

[1564] Cfr. *supra*, § 21º, *d)*.

[1565] Termos que o Código Civil português utiliza em sinonímia: haja vista, por exemplo, aos arts. 483º e 798º.

[1566] Veja-se neste sentido o ac. do Supremo Tribunal de Justiça de 17 de abril de 2007, proc. 07B755, que recusou à autora qualquer indemnização pela edição e publicação, sem autorização sua, de uma obra literária de cujos direitos autorais era titular, em virtude de não se ter provado a ocorrência, na espécie, de qualquer dano.

[1567] Cfr. o ac. da Cassação de 22 de outubro de 1985, nº 83-15096.

[1568] Cfr. o ac. da Cassação de 5 de novembro de 1996, nº 94-14798.

[1569] Cfr. o ac. da Cassação de 9 de setembro de 2009, nº 08-11154.

[1570] Assim sucede, desde 2008, no Direito português: cfr. o art. 338º-L do Código da Propriedade Industrial e o art. 211º do Código do Direito de Autor e dos Direitos Conexos.

tos alheios quando não seja possível ao lesado demonstrar a ocorrência de um dano ou o respetivo valor. Assim sucede no Direito inglês, nos casos de *torts* ditos *actionable per se*, como o *tort of trespass to land*[1571]. Por via de regra, a indemnização encontra-se nestes casos associada ao reconhecimento pelo tribunal da existência e da violação de um direito subjetivo, a que a ação vai também dirigida, posto que a título incidental. A sua função aproxima-se, nesta medida, da que é desempenhada nos sistemas romanistas pelas ações de simples apreciação.

II – Mas exatamente em que consiste o dano? Não são muitas as legislações nacionais que o definem[1572]. No § 1293 do Código Civil austríaco encontra-se porém a seguinte noção:

> «Dano é toda a desvantagem causada a alguém no seu património, nos seus direitos ou na sua pessoa.»

Trata-se aqui, bem entendido, do *dano em sentido naturalístico*, traduzido na lesão de certo interesse ou bem jurídico: a destruição ou deterioração de uma coisa; a morte de alguém; os ferimentos sofridos pela vítima de um acidente; a ofensa feita ao bom nome de uma pessoa; os ganhos que a vítima deixou de auferir; o sofrimento psíquico por ela experimentado, etc.

Já a determinação do dano indemnizável – *hoc sensu*, o *dano em sentido normativo* – pressupõe uma multiplicidade de valorações, relativas designadamente à suscetibilidade de tutela por esta via do bem ou interesse lesado; e estas, como se verá em seguida, são eminentemente variáveis no tempo e no espaço, não sendo, por isso, viável uma definição desse conceito universalmente válida.

Por outras palavras, nem toda a «desvantagem», no sentido apontado, obriga aquele que a infligiu a outrem a indemnizá-la. Nisto vai ínsita outra dificuldade de tomo que ao Direito da Reponsabilidade Civil compete resolver. A diferença entre estas duas aceções do dano é posta em evidência pelo art. 6:95 do Código Civil holandês, segundo o qual:

> «O dano indemnizável por força de uma obrigação legal compreende o dano patrimonial e outras desvantagens, estas na medida em que a lei confira um direito ao seu ressarcimento.»

III – Avulta a este respeito, desde logo, a questão da ressarcibilidade do chamado *dano patrimonial puro*. Entende-se geralmente por dano patrimonial a *expres-*

[1571] Cfr. *Winfield and Jolowicz on Tort*, p. 690.

[1572] Ver sobre o tema, numa perspetiva de comparação de Direitos, Stoll, «Consequences of Liability: Remedies», *IECL*, vol. XI, *Torts*, cap. 8, pp. 11 ss.; e Christian von Bar, *Gemeineuropäisches Deliktsrecht*, vol. II, pp. 2 ss.

são pecuniária da lesão, ou dano real, que a vítima sofreu: o custo do tratamento ou do funeral, da reparação do bem danificado, etc. Este dano acha-se em princípio, como veremos, pela diferença entre a situação patrimonial da vítima em virtude da lesão e aquela em que se encontraria se a mesma não tivesse ocorrido. No fundo, o dano patrimonial é a redução do património da vítima decorrente da lesão sofrida num bem ou interesse de que é titular.

Frequentemente, o dano real e o dano patrimonial, tomados nesta aceção, não são senão duas perspetivas diferentes pelas quais se encara o mesmo fenómeno. Contudo, nem todo o dano patrimonial tem na sua base uma perda *in natura*. Distingue-se, por isso, o *dano patrimonial puro* daquele que é precedido de uma ofensa a um direito absoluto. No primeiro caso estarão, por exemplo, as perdas patrimoniais sofridas por uma pessoa em consequência de informações falsas ou inexatas que lhe foram prestadas gratuitamente por outrem ou em virtude da concorrência que outro agente económico lhe move; no segundo, a lesão da vida, da integridade física ou moral ou da propriedade de alguém, a que se segue uma diminuição do seu património[1573].

Normalmente, a responsabilidade civil extracontratual só ocorre quanto a este segundo tipo de danos. Os primeiros apenas serão ressarcíveis, em regra, se entre o lesante e o lesado existisse, ao tempo do dano, alguma relação contratual ou pré-contratual (caso em que são abrangidos pela responsabilidade contratual ou pré-contratual), se ocorrer a violação de alguma disposição de proteção de interesses alheios ou se a atuação em causa for abusiva, *v.g.*, por contrária aos bons costumes, caso em que os danos em apreço cabem ainda no escopo da responsabilidade extracontratual[1574].

Suponhamos, a fim de exemplificar, que alguém conduz um veículo na via pública, o qual sofre uma avaria mecânica ou um acidente de que o condutor é responsável. Por esse motivo, o condutor é obrigado a imobilizar o veículo, impedindo a circulação de outros veículos na mesma via. Forma-se uma longa fila de veículos, que apenas se dissipa quando o primeiro veículo é removido para outro local. Alguns dos condutores ou proprietários desses outros veículos sofrem prejuízos económicos graves, *v.g.*, porque, em virtude de chegarem atrasados aos respetivos destinos, perdem oportunidades de negócio ou vantagens profissionais ou são obrigados a compensar os passageiros que transportavam. São, no entanto, danos patrimoniais puros no sentido apontado. O condutor do veículo imobilizado não pode, num largo número

[1573] Ou do de um terceiro, consoante sucede, *v.g.*, nos casos em que o lesado é alguém a quem a vítima de um homicídio devia alimentos. O ressarcimento desse dano encontra-se previsto no Direito delitual de vários países: cfr., por exemplo, o § 844 do BGB e o art. 495º, nº 3, do Código Civil português.

[1574] Neste sentido, veja-se o acórdão do Supremo Tribunal de Justiça português de 8 de setembro de 2016, proc. 1952/13.

de sistemas jurídicos, ser chamado a indemnizá-los. Se assim não fosse, alargar-se-ia desmesuradamente a responsabilidade civil, pois na vida em sociedade a atuação de cada um, ainda que não intencional, é frequentemente fonte de danos patrimoniais desta índole para os demais. O seu ressarcimento tolheria de modo muito significativo a liberdade de atuação individual e a iniciativa económica privada, pelo elevado risco em que cada um incorreria de ter de ressarcir danos deste tipo involuntariamente causados a um número indeterminado de terceiros[1575].

O prejuízo meramente económico já será todavia ressarcível se, por exemplo, o motorista que ficara de transportar certa pessoa ao respetivo destino não tiver comparecido à hora marcada. O que bem se compreende. Pois o ressarcimento de danos patrimoniais puros nos casos em que entre o lesante e o lesado exista uma relação contratual de cuja violação esses danos resultaram não suscita as referidas dificuldades. Nestes casos, a relação preexistente permite operar uma delimitação do círculo dos potenciais credores de indemnização, perante os quais o devedor tem de agir com particular cuidado, designadamente evitando infringir as suas obrigações e empregando na execução destas a diligência necessária.

Vem daqui que num considerável número de sistemas jurídicos o dano puramente patrimonial não é, em princípio, ressarcível *ex delicto:* valem quanto a ele as regras, já aludidas, *casum sentit dominus* e *res perit domino suo.*

Na Alemanha, por exemplo, com ressalva dos casos de violação de normas de proteção ou de ofensa dos bons costumes, apenas se indemniza em sede delitual o dano patrimonial que seja o reflexo do dano real sobre a situação patrimonial do lesado. É antes com fundamento na responsabilidade contratual ou pré-contratual que o ressarcimento dos danos patrimoniais puros deve ser reclamado. O sistema delitual do BGB apenas protege, em princípio, os direitos absolutos e não o património genericamente[1576].

Por seu turno, o § 1(a) do projeto de *Restatement 3rd, Torts: Liability for Economic Harm* norte-americano estabelece a este respeito:

> «O agente não tem qualquer dever geral de evitar a causação não intencional de danos económicos a terceiros.»

A comparação jurídica revela, contudo, diversos exemplos de ressarcimento ao abrigo das regras da responsabilidade civil de danos puramente patrimoniais, que iremos agora considerar[1577].

[1575] Nesta linha fundamental de orientação, veja-se Helmut Koziol, «Schadensersatz für reine Vermögensschaden», *Juristische Blätter,* 2004, pp. 273 ss.

[1576] Cfr., neste sentido, *Münchener Kommentar*/Wagner, § 823, n.m. 370.

[1577] *Vide,* para uma análise deste tema numa perspetiva de Direito Comparado, Christian von Bar, *Gemeineuropäisches Deliktsrecht,* vol. II, pp. 30 ss.; Heinrich Honsell, «Der Ersatz reiner

IV – Seja, em primeiro lugar, a lesão de um direito de crédito, decorrente, *v.g.*, de alguém impedir o devedor de cumprir as suas obrigações contratuais ou o induzir a violá-las.

As soluções adotadas a este respeito nos diferentes sistemas jurídicos nacionais são assaz variadas. Em França e Itália, as situações em apreço são geralmente tidas como abrangidas pela responsabilidade extracontratual, em razão do caráter muito amplo das cláusulas gerais consagradas nos respetivos sistemas jurídicos.

Assim, por exemplo, na decisão proferida em 20 de abril de 1955, a *Cour d'appel* de Colmar atribuiu uma indemnização ao clube de futebol de Metz com fundamento no «dano por ricochete» («*dommage par ricochet*») sofrido por aquele em razão da morte acidental de um jogador seu causada por um terceiro[1578].

Por outro lado, a contratação por uma empresa de trabalhadores ao serviço de uma empresa concorrente através de manobras fraudulentas (como, por exemplo, a oferta de condições anormalmente favoráveis), dita «*débauchage*», que tenha por efeito desorganizar essa empresa, *v.g.* privando-a dos quadros de carece para prosseguir a sua atividade, constitui segundo a jurisprudência constante da Cassação francesa um ato de concorrência desleal, suscetível de gerar a obrigação de indemnizar os danos desse modo cauados ao abrigo do art. 1382 do Código Civil[1579].

Em Itália, a *Corte di Cassazione* decidiu, por seu turno, no denominado caso *Meroni*, julgado pela sentença de 26 de janeiro de 1974[1580], que «[q]uem através de um facto doloso ou culposo seu causar a morte do devedor de outrem é obrigado a ressarcir o dano sofrido pelo credor, quando aquela morte houver determinado a extinção do crédito e uma perda definitiva e irreparável para o referido credor». A lesão de um direito de crédito pode assim constituir, como nota Giovanna Visintini, um «*danno ingiusto*»[1581].

Já na Alemanha a configuração mais restritiva do Direito delitual limita consideravelmente o ressarcimento deste tipo de danos ao abrigo das respetivas regras. Ela é, porém, admitida pela jurisprudência nos casos em que possa ter-se como preenchida a previsão do § 826 do BGB, por o terceiro ter induzido o

Vermögenschäden in Rechtsgeschichte und Rechtsvergleichung», *in* Rauscher/Mansell (orgs.), *Festschrift für Werner Lorenz zum 80. Geburtstag*, Munique, 2001, pp. 483 ss.; Rudi Roscetti, «Necessity or Nuisance? A Comparative Review of the Approach towards the Recovery of Pure Economic Loss in English Law with that of French Law», *Manchester Student Law Review*, 2012, pp. 60 ss.; Mauro Bussani/Vernon Palmer (orgs.), *Pure Economic Loss in Europe*, Cambridge, 2013; Cees Van Dam, *European Tort Law*, 2ª ed., Oxford, 2014, pp. 208 ss.; e Vernon Palmer, «A comparative law sketch of pure economic loss», *in* Mauro Bussani/Anthony Sebock (orgs.), *Comparative Tort Law. Global Perspectives*, Cheltenham, 2015, pp. 300 ss.

1578 Cfr. *JCP*, 1955, II, p. 8741.

1579 Ver, por último, o acórdão da Cassação de 3 de maio de 2016.

1580 Reproduzida em *Giur. It.*, 1971, I, 1, cols. 679 ss.

1581 Cfr. *Cos'è la responsabilità civile*, p. 137.

devedor, intencionalmente e contra os bons costumes, a violar as suas obrigações contratuais, *v.g.* tomando a seu cargo a eventual indemnização devida por aquele em virtude do incumprimento do contrato[1582]. Também nesta matéria a ideia de uma *violação eficiente do contrato* sempre que um terceiro se disponha a pagar mais pela prestação prometida não tem, pois, acolhimento, no Direito alemão. Como escreve Jürgen Oechsler, «[o] facto de se poder *analisar* economicamente a violação do contrato, não significa que se deva também *valorá-la* segundo critérios económicos»[1583].

No Direito português, a lesão por alguém de um direito de crédito alheio, *v.g.*, mediante a indução do devedor a romper a relação obrigacional, pode configurar um exercício abusivo da autonomia privada, o qual é suscetível de fundar o dever de indemnizar o dano causado ao credor[1584]; e outro tanto pode suceder, consoante notámos já, se a atuação em causa for suscetível de ser configurada como uma forma de concorrência desleal. Mas há também na doutrina portuguesa quem reconduza ao art. 483º do Código Civil todo o desrespeito de um direito de crédito por terceiro conhecedor da sua existência, considerando que no «direito de outrem» referido naquele preceito se incluem os direitos de crédito[1585].

[1582] Veja-se, neste sentido, a decisão do *Bundesgerichtshof* de 2 de junho de 1981, *NJW*, 1981, pp. 2184 ss. Na doutrina, cfr. Larenz/Canaris, *Lehbuch des Schuldrechts*, vol. II/2, p. 455 s., e Kötz/Wagner, *Deliktsrecht*, p. 74. Sustentando, porém, que a responsabilidade do terceiro ao abrigo do § 826 apenas pode ser efetivada quando o cocontraente do devedor inadimplente não possa obter deste o ressarcimento do seu dano, *vide* Helmut Köhler, «Die "Beteiligung an fremdem Vertragsbruch" – eine unerlaubte Handlung?», *in* Andreas Heldrich e outros (orgs.), *Festschrift für Claus-Wilhelm Canaris zum 70. Geburtstag*, Munique, 2007, pp. 591 ss.

[1583] Cfr. *Staudingers Kommentar zum BGB. Buch 2. Recht der Schuldverhältnisse. §§ 826-829; ProdHaftG (Unerlaubte Handlungen 2, Produkthaftung)*, Berlim, 2014, § 826, n.m. 233.

[1584] Haja vista, na jurisprudência mais recente, aos acórdãos do Supremo Tribunal de Justiça de 25 de maio de 2012, proc. 3987/07 (em que se afirma: «É, assim, o instituto do abuso do direito previsto no art. 334 do C.C. que fundamenta a imputação do dano, resultante da violação do contrato por quem nele não foi parte») e de 11 de dezembro de 2012, proc. 165/1995 (em que se pode ler: «a interferência de terceiros na esfera negocial pode assumir aspectos que ultrapassam os limites da liberdade contratual. Quando tal sucede, o comportamento do terceiro interferente poderá ser passível de censura à luz dos princípios da boa fé ou do abuso do direito, verificados os pressupostos da responsabilidade civil»).

[1585] O ponto não é contudo pacífico: no sentido do texto, vejam-se Galvão Telles, *Direito das Obrigações*, p. 20; Rita Amaral Cabral, «A tutela delitual do direito de crédito», *in Estudos em homenagem ao Professor Doutor Manuel Gomes da Silva*, Coimbra, 2001, pp. 1025 ss.; Eduardo Santos Júnior, *Da responsabilidade civil do terceiro por lesão do direito de crédito*, Coimbra, 2003, pp. 550 ss.; e Menezes Cordeiro, *Tratado de Direito Civil*, vols. VI, pp. 425 ss., e VIII, pp. 447 s. Contra: Sinde Monteiro, *Responsabilidade civil por conselhos, recomendações ou informações*, p. 187; Antunes Varela, *Das obrigações em geral*, vol. I, p. 533; Almeida Costa, *Direito das Obrigações*, p. 562; Nuno Pinto Oliveira, *Princípios de Direito dos Contratos*, pp. 990 s.; e Menezes Leitão, *Direito das Obrigações*, vol. I, p. 285.

A ideia teve, porém, escasso acolhimento na jurisprudência nacional[1586]. De todo o modo, num caso pelo menos a lei portuguesa admite expressamente a responsabilidade extracontratual pela ofensa de um direito de crédito: aquele em que da morte ou lesão corporal inflingida a alguém resulte a impossibilidade de a vítima cumprir uma obrigação de alimentos[1587].

Bastante mais longe vai a nova regra constante do art. 1200, 1º parágrafo, do Código Civil francês, nos termos da qual:

> «Os terceiros devem respeitar a situação jurídica criada pelo contrato.»

Esta consagração de um genérico dever de respeito pelas situações contratuais importa, como é bom de ver, o acolhimento da sua oponibilidade *erga omnes,* com a inerente sujeição dos terceiros a quem seja imputada a respetiva violação à responsabilidade extracontratual pelos danos assim causados ao credor[1588].

Nos sistemas de *Common Law,* a lesão por terceiros de direitos de crédito é há muito reconduzida ao *tort of inducing a breach of contract* ou *tort of interference with contractual relations.* No caso *Lumley v. Gye*[1589], decidido em 1853, a *Queen's Bench Division* do *High Court* inglês condenou o empresário Frederick Gye, proprietário de um teatro em Covent Garden, a indemnizar os danos sofridos por um concorrente seu, Benjamin Lumley, em virtude de o primeiro ter induzido Johanna Wagner, cantora de ópera, a romper o contrato que havia celebrado com o segundo, pelo qual se obrigara a atuar em exclusividade no *Her Majesty's Theatre* durante certo período de tempo. Para tanto, afirmou o Juiz Crompton:

> «Uma pessoa que ilícita e maliciosamente, ou, o que é o mesmo, com aviso prévio, interrompe a relação existente entre patrão e empregado, conseguindo que o empregado deixe o serviço do seu patrão ou albergando-o e mantendo-se como seu empregado depois de ele o ter deixado durante o período de tempo estipulado para o serviço, e lesando o patrão em consequência disso, comete um ato ilícito pelo qual é responsável.»

A orientação atualmente prevalecente na jurisprudência inglesa a este respeito é, porém, assaz restritiva. Numa decisão de vasto alcance, proferida em 2008 sobre os recursos para ela interpostos em três casos[1590], a Câmara dos Lor-

[1586] Veja-se contudo o acórdão do Supremo Tribunal de Justiça de 25 de outubro de 1993, proc. 84098.

[1587] Cfr. o art. 495º, nº 3, do Código Civil.

[1588] Cfr. Fabre Magnan, *Droit des obligations,* vol. I, pp. 579 ss.; Malaurie/Aynès/Stoffel-Munck, *Droit des obligations,* pp. 434 s.

[1589] [1853] 2 El. & Bl. 216.

[1590] Cfr. *OBG Limited and others (Appellants) v. Allan and others (Respondents), Douglas and another and others (Appellants) v. Hello! Limited and others (Respondents), Mainstream Properties Limited (Appellants) v. Young and others and another (Respondents),* [2008] 1 A.C. 1.

des enunciou como condições necessárias a fim de que se possa ter por verificado o segundo dos referidos *torts*: *a)* A existência de um contrato; *b)* A sua violação por uma das partes; *c)* Que o réu, através da sua conduta, haja induzido essa violação; *d)* Que haja, além disso, tido conhecimento das estipulações contratuais violadas; e *e)* Que tenha tido consciência do resultado da sua conduta. De notar que as situações abrangidas são apenas, atentos estes requisitos, aquelas em que ocorre a causação dolosa de um dano. A imposição do dever de indemnizar nestes casos não envolve, por conseguinte, qualquer desvio ao princípio da irressarcibilidade dos danos patrimoniais puros causados por negligência.

Analogamente, o *tort of interference* pressupõe no Direito norte-americano: *a)* A existência de um contrato eficaz entre o demandante e um terceiro; *b)* O conhecimento pelo demandado da existência do contrato; *c)* A interferência intencional do demandado com o contrato; *d)* Com um motivo impróprio ou por meios impróprios; *e)* Dela resultando o incumprimento do contrato; e *f)* Um dano para o demandante, o enriquecimento sem causa do demandado, a perspetiva de um dano que justifique uma *injunction* ou o risco de danos para o público por a interferência restringir a concorrência ou o comércio[1591].

V – Outra categoria de situações em que se colocou com acuidade a questão da ressarcibilidade dos danos patrimoniais puros prende-se com a interrupção do fornecimento de energia, água, comunicações ou outros bens essenciais a empresas, negligentemente causada por entidades diversas do respetivo fornecedor contratual (por exemplo, um empreiteiro que acidentalmente corte um cabo de alimentação existente sob a via pública). Também nestas hipóteses se discutiu perante os tribunais de diversos países se poderiam tais danos ser indemnizados ao abrigo das regras da responsabilidade extracontratual, dada a inexistencia de uma relação contratual entre o lesante e o lesado[1592].

De novo os tribunais franceses e italianos deram a esta questão uma resposta positiva, fundada na circunstância de as hipóteses em apreço caberem no âmbito das cláusulas gerais de responsabilidade civil extracontratual consignadas nos respetivos ordenamentos jurídicos[1593].

[1591] Cfr. Dobbs/Hayden/Bublick, *Hornbook on Torts*, p. 1096.

[1592] Veja-se sobre o tema, na doutrina portuguesa, Sinde Monteiro, *Responsabilidade por conselhos, recomendações ou informações*, pp. 199 ss. e 257 ss.

[1593] Haja vista, em França, ao acórdão da Cassação de 8 de maio de 1970, em que se admite o ressarcimento do dano sofrido pelo proprietário de uma fábrica em razão da interrupção do fornecimento de gás de que a mesma necessitava para laborar, ocorrida em virtude da rutura acidental da respetiva canalização no decurso de trabalhos efetuados por um empreiteiro. No tocante ao Direito italiano, veja-se à sentença da Cassação de 24 de junho de 1972, publicada na *Giur. It.*, 1973, I, 1, cols. 1124 ss., em que se pode ler: «Il terzo, che distrugge lo strumento

Na Alemanha, a questão suscitou, porém, maiores dificuldades, dada a funcionalização da responsabilidade extracontratual à tutela dos direitos absolutos enunciados no § 823 do BGB, a qual impede a imputação *ex delicto* de danos decorrentes da simples lesão de direitos de crédito, fora dos já referidos casos de ofensa dos bons costumes. Consoante se referiu, a jurisprudência alemã reconheceu porém, entre os «outros direitos» («*sonstige Rechte*») tutelados nos termos daquele preceito, o direito à empresa; e admitiu o ressarcimento dos danos causados aos respetivos titulares nos chamados *Kabelfälle* sempre que da interrupção do fornecimento de energia resulte uma lesão direta desse direito, traduzida, *v.g.*, na perda de produtos fabricados pela empresa (mas não assim, porém, nos casos de meros danos financeiros decorrentes, por exemplo, de uma diminuição da produtividade da empresa)[1594].

Em Inglaterra, o receio de um alargamento excessivo da responsabilidade extracontratual levou o *Court of Appeal* a recusar o ressarcimento do dano patrimonial puro («*pure economic loss*») sofrido por uma empresa a que havia sido acidentalmente cortado o fornecimento de energia durante o período de laboração, por um empreiteiro que procedia a trabalhos de escavação, apenas tendo determinado a reparação do dano físico sofrido pela empresa em consequência desse acidente, traduzido na perda de materiais por si fabricados, e ao lucro cessante decorrente da não comercialização destes[1595].

Perante o Direito inglês, o dano patrimonial independente de qualquer perda *in natura* seria, assim, em princípio irressarcível *in tort*[1596]. A jurisprudência inglesa admite, no entanto, certas exceções a esta regra, nomeadamente pelo que respeita aos danos financeiros causados mediante a prestação negligente de informações falsas ou erradas («*negligent misstatements*»), não faltando quem aluda, a

indispensabile al debitore per eseguire la prestazione in un rapporto di somministrazione, rendendola temporaneamente impossibile (limitatamente al periodo di tempo necessario per reintegrare quello strumento), è responsabile a norma dell'art. 2043 cod. civ. per la conseguente perdita difinitiva e irreparabile non altrimente evitabile, subita dal creditore».

1594 Cfr., por exemplo, o acórdão do Bundesgerichtshof de 9 de dezembro de 1958, *BGHZ* 29, pp. 65 ss.

1595 Cfr. a decisão proferida em 1972 no caso *Spartan Steel & Alloys Ltd. v. Martin & Co. (Contractors) Ltd.*, [1973] All E.R. 27.

1596 Neste sentido, aduziu Lord Denning na decisão referida na nota anterior: «if claims for economic loss were permitted for this particular hazard, there would be no end of claims. Some might be genuine, but many might be inflated, or even false. A machine might not have been in use anyway, but it would be easy to put it down to the cut in supply. It would be well-nigh impossible to check the claims. If there was economic loss on one day, did the claimant do his best to mitigate it by working harder next day? and so forth. Rather than expose claimants to such temptation and defendants to such hard labour – on comparatively small claims – it is better to disallow economic loss altogether, at any rate when it stands alone, independent of any physical damage».

este respeito, a uma «fuga para o delito» («*escape into tort*»). O mesmo fenómeno tem expressão relevante nos Estados Unidos da América. Voltaremos a este ponto adiante[1597].

VI – Retomemos, antes de concluir a análise deste tema, o exemplo acima figurado em primeiro lugar, em que, devido à congestão do tráfego em certa via, causada por um acidente ou pela avaria de um veículo que nela transitava, os demais utilizadores dessa via, impedidos de chegarem a tempo aos seus destinos, sofrem danos patrimoniais puros.

Como observámos, na generalidade dos sistemas jurídicos aqui considerados esses danos, quando causados de forma não intencional, são irressarcíveis. É o que sucede, no Direito alemão, quando o ato lesivo em questão não ofenda qualquer dos bens jurídicos identificados no § 823 (1) do BGB, nem envolva a violação de uma norma de proteção ou constitua uma conduta contrária aos bons costumes; e bem assim no Direito inglês, quando não seja identificável qualquer violação de um dever de cuidado do lesante perante os lesados, na aceção em que a jurisprudência tem definido este conceito[1598]. Outro tanto sucede em face do Direito português, não havendo *in casu* a violação de um direito absoluto ou de uma norma legal de proteção, nem uma atuação do lesante que possa ser qualificada como um abuso de direito.

Não assim, porém, no Direito francês. Como o evidencia a decisão proferida pela Cassação em 28 de abril de 1968[1599], é ressarcível com fundamento no art. 1382 do Código Civil o dano sofrido por uma empresa de transportes rodoviários consistente na perda de receitas para si decorrente do atraso em que incorrera um dos seus autocarros por força do congestionamento de uma estrada onde transitava, atribuível a um acidente imputável ao demandado.

VII – A análise até aqui empreendida permite-nos formular a seguinte conclusão: os sistemas jurídicos que delimitam o universo dos danos ressarcíveis *ex delicto* através de uma cláusula geral, como o francês, são aqueles que se mostram por via de regra mais abertos à imputação ao agente de danos patrimoniais puros causados por negligência; diferentemente, os que optam nesta matéria pela tipicidade dos ilícitos extracontratuais, como o inglês, ou que delimitam os referidos danos através da identificação na lei dos bens jurídicos protegidos pela responsabilidade civil, como o alemão, mostram-se mais relutantes quanto a essa imputação.

1597 Cfr. *infra*, § 26º.

1598 Em sentido convergente, Walter van Gerven e outros, *Tort Law. Scope of Protection*, p. 241.

1599 Cfr. *Régie autonome des transports de la ville de Marseille (RATVM) v. Marcailloux*.

O que permite inferir que subjazem a estas diferentes técnicas de regulação distintas *policy choices* quanto ao problema fundamental que a responsabilidade civil visa resolver. Avulta a este respeito a preocupação, particularmente cara aos tribunais ingleses, de evitar a «abertura dos diques» da litigiosidade, que poderia tornar-se incomportável se a responsabilidade *ex delicto* por danos patrimoniais puros fosse admitida sem restrições[1600]. Não menos relevante é a imprevisibilidade da extensão de uma tal responsabilidade, quer do ponto de vista do valor dos danos ressarcíveis quer sob o prisma do número de titulares do direito à indemnização, a qual tornaria extremamente difícil a celebração de contratos de seguro de responsabilidade civil.

VIII – Consideremos agora o problema de saber se, e em que medida, devem considerar-se ressarcíveis com base nas regras que disciplinam a responsabilidade extracontratual os danos não patrimoniais[1601]: a dor física, o sofrimento psicológico, a privação de bens imateriais, etc.

No Direito Romano esta questão recebia uma resposta negativa: *liberum corpus nullam recipit aestimationem*[1602]. Ou seja, o valor do corpo de um homem livre não pode ser estimado. Já o pensamento jusnaturalista mostrar-se-ia muito mais favorável ao ressarcimento do dano não patrimonial. Nesse sentido se pronunciou decididamente Hugo Grócio, que escreveu a este respeito:

> «Mas o dano, como dissemos, pode afetar a honra ou a reputação, por agressão, insulto, difamação, calúnia, zombaria ou outro meio semelhante. Neste caso, tal como nos de furto e outros crimes, a natureza criminal do ato deve ser distinguida dos seus efeitos. Pois àquela corresponde a pena e a estes a reparação do dano. Essa reparação pode ser feita mediante a confissão da culpa, uma manifestação de honra, o reconhecimento da inocência da vítima ou outros meios semelhantes; no entanto, o dano pode ser reparado com dinheiro, se o lesado quiser, pois o dinheiro é a medida da utilidade de todas as coisas.»[1603]

1600 Haja vista, a este propósito, ao *dictum* de Lord Denning no já referido caso *Spartan Steel & Alloys Ltd. v. Martin & Co. (Contractors) Ltd.*, [1973] All E.R. 27: «[I]f claims for economic loss were permitted for this particular hazard, there would be no end of claims. Some might be genuine, but many might be inflated, or even false. A machine might not have been in use anyway, but it would be easy to put it down to the cut in supply. It would be well-nigh impossible to check the claims. If there was economic loss on one day, did the claimant do his best to mitigate it by working harder next day? and so forth. Rather than expose claimants to such temptation and defendants to such hard labour – on comparatively small claims – it is better to disallow economic loss altogether, at any rate when it stands alone, independent of any physical damage».

1601 Expressão que inclui, sem todavia a ele se restringir, o denominado dano moral, resultante da ofensa de bens morais, como a honra, a reputação, etc.

1602 D. 9, 3, 1, 5.

1603 Cfr. *De jure belli ac pacis*, livro II, cap. XVII, § XXII.

Contra esse ressarcimento aduzem-se há muito diversos argumentos: a irreparabilidade dos danos em causa, dada a sua natureza imaterial; a extrema dificuldade, e mesmo o arbítrio, que a determinação do *quantum* da indemnização envolve; a circunstância de alguns destes danos caberem no risco geral de vida em que cada um necessariamente incorre sob pena de a convivência em sociedade se tornar impossível; etc.

Claro que se estes argumentos fossem decisivos no sentido de afastar todo e qualquer ressarcimento do dano não patrimonial o autor da lesão ficaria em situação mais favorável nos casos em que causasse danos desse tipo do que se desse origem a danos patrimoniais, o que se afigura dificilmente justificável à luz dos interesses em jogo, em particular da necessidade de tutela das vítimas de ofensas aos direitos de personalidade. Por outro lado, a reparação desses danos, além de ser uma forma de minorar ou atenuar o sofrimento da vítima, pode operar como sanção de uma conduta particularmente reprovável do lesante; e desempenha ainda uma relevante função preventiva de condutas lesivas[1604].

Há em todo o caso que reconhecer, com Vaz Serra, que «[a] satisfação ou compensação dos danos morais não é [...] uma verdadeira indemnização, no sentido de um equivalente do dano, isto é, de um valor que reponha as coisas no seu estado anterior à lesão. Trata-se apenas de dar ao lesado uma satisfação ou compensação do dano sofrido, uma vez que este, sendo apenas moral, não é susceptível de equivalente»[1605].

O posicionamento muito restritivo do Direito Romano relativamente ao *pretium doloris* teve contudo certo eco na Pandectística e, por via dela, na redação original do BGB[1606]. Aí se estabelecia que o dano não patrimonial apenas seria ressarcível nos casos definidos na lei (§ 253), podendo em caso de lesão do corpo, da saúde ou da liberdade ser atribuída uma indemnização equitativa em dinheiro («*Schmerzensgeld*») (§ 847 (1)). A honra, a privacidade e os demais direitos de personalidade não abrangidos por aquele preceito eram desprovidos de tutela delitual. Foi só a partir dos meados do século XX que, por obra da jurisprudência do Tribunal Federal e do Tribunal Constitucional Federal, os §§ 823 e 847 do BGB

1604 Ver Stephen D. Sugarman, «Tort damages for non-economic lesses: Personal injury», *in* Mauro Bussani/Anthony Sebock (orgs.), *Comparative Tort Law. Global Perspectives*, Cheltenham, 2015, pp. 323 ss.

1605 Cfr. «Reparação do dano não patrimonial», *BMJ* 83 (1959), pp. 69 ss. (p. 83).

1606 Bernhard Windscheid chegou, com efeito, a sustentar que «dores e prestação em dinheiro são medidas absolutamente incomensuráveis» («*Schmerzen und Geldleistung sind absolut unvergleichbare Grösse*»), razão pela qual a indemnização daquelas seria, na realidade, uma pena («*Strafe*»). Mas Windscheid viria posteriormente a mudar de opinião e a reconhecer a suscetibilidade de indemnização dos danos não patrimoniais: cfr. *Lehrbuch des Pandektenrechts*, vol. II, pp. 755 s., n. 31, onde o autor dá conta da evolução do seu pensamento sobre a matéria.

passaram a ser interpretados no sentido de que neles se compreendiam também as ofensas a esses direitos pessoais[1607]. Na *Modernização do Direito das Obrigações*, aquele último preceito foi suprimido, tendo a regra dele constante passado a integrar o novo § 253 (2), a que já fizemos alusão[1608]. Essa regra adquiriu assim um âmbito de aplicação substancialmente mais vasto, estendendo-se agora a todas as situações de responsabilidade[1609]. Manteve-se contudo a tipificação dos bens jurídicos cuja lesão constitui fundamento possível de indemnização por danos não patrimoniais, os quais são agora o corpo, a saúde, a liberdade e autodeterminação sexual. Apenas nos casos de violações particularmente graves do direito geral de personalidade, em que a lesão não possa ser satisfatoriamente compensada de outro modo, admitiu o Tribunal Federal afastar-se da referida regra, arbitrando à vítima uma indemnização em dinheiro com base nos arts. 1 e 2 da Lei Fundamental[1610]. A morte da vítima não é, em todo o caso, ressarcível a este título; e tão-pouco o são os danos não patrimoniais sofridos por outras pessoas em consequência dela[1611]. Prevalece assim no Direito alemão, mesmo após a reforma de 2002, uma orientação assaz restritiva a este respeito.

Já perante o Direito francês mostra-se muito menos problemática a indemnização não só dos danos não patrimoniais sofridos por alguém em resultado de uma lesão inflingida nos seus bens jurídicos («*dommage moral*»), mas também do dano sofrido em consequência da morte ou da diminuição física de uma pessoa a quem o lesado se encontrava unido por laços afetivos ou de assistência («*dommage par ricochet*»)[1612]. Manifesta-se aqui a tradição jusnaturalista que, nesta como noutras matérias, influenciou o Código francês.

Em Itália, o art. 2059 do Código Civil apenas admite o ressarcimento do dano não patrimonial nos casos previstos na lei, entre os quais sobressai o dano não patrimonial causado através da prática de um crime («*danno da reato*»), previsto no art. 185 do Código Penal. Mas a jurisprudência italiana tem adotado, para os efeitos daquela primeira disposição, uma conceção restritiva do dano não patrimonial, reduzindo-o aos danos morais puros, i.é, aqueles que não envolvem,

[1607] Veja-se, a este respeito, o acórdão proferido em 1973 pelo Tribunal Constitucional Federal no caso *Soraya*, *in BVerfGE* 34, pp. 269 ss. (descrito no vol. I desta obra, § 18º, *d*)).

[1608] Cfr. *supra*, § 14º, *d*), III.

[1609] Cfr. *Staudingers Kommentar*/Schiemann, § 253, n.m. 20.

[1610] Cfr. a decisão proferida em 15 de novembro de 1994, *BGHZ*, 128, pp. 1 ss. (*Caroline von Monaco-Entscheidung*), em que se declara: «Nach der ständigen Rechtsprechung des Senats steht dem Opfer einer Verletzung des allgemeinen Persönlichkeitsrechts ein Anspruch auf eine Geldentschädigung zu, wenn es sich um einen schwerwiegenden Eingriff handelt und die Beeinträchtigung nicht in anderer Weise befriedigend ausgeglichen werden kann».

[1611] Ver, sobre o ponto, Kötz/Wagner, *Deliktsrecht*, pp. 296 ss.

[1612] Ver Terré/Simler/Lequette, *Droit Civil. Les obligations*, pp. 770 s. ; Bénabent, *Droit des obligations*, pp. 494 ss. ; Malaurie/Aynès/Stoffel-Munck, *Droit des obligations*, pp. 62 ss.

direta ou indiretamente, consequências avaliáveis em dinheiro, ampliando assim a esfera do dano ressarcível a situações em que só de forma muito indireta pode ter-se como verificada uma diminuição do património da vítima. Estão neste caso, designadamente, as figuras, de criação jurisprudencial, do «*danno a la vita di relazione*», do «*danno biologico*» e do «*danno esistenziale*», respeitantes a lesões dotadas de certo impacto na vida social da vítima ou na sua qualidade de vida, relativamente às quais seria possível uma avaliação em termos económicos e que, por conseguinte, não seriam suscetíveis de serem qualificadas como danos não patrimoniais[1613]. Por outro lado, a Cassação italiana admite, desde 1998, que «aos parentes próximos, e em particular aos progenitores, da vítima de lesões culposas compete também o ressarcimento do dano moral»[1614].

O art. 496º, nº 1, do Código português admite o ressarcimento de quaisquer danos não patrimoniais «que, pela sua gravidade, mereçam a tutela do direito»[1615]. Neste caso, o montante da indemnização é «fixado equitativamente pelo tribunal», diz o art. 496º, nº 4. Para o efeito, o tribunal deve atender à culpa do autor do dano e à situação económica dele e do lesado, bem como às demais circunstâncias que o justifiquem. A indemnização reveste-se assim, posto que acessoriamente, de um certo caráter sancionatório. Em caso de morte da vítima, são ressarcíveis os danos não patrimoniais sofridos pela mesma antes de falecer e bem assim os danos padecidos pelas pessoas designadas no art. 496º, nºs 2 e 3.

Mais controversa é a questão de saber se é ressarcível, como dano autónomo, a própria perda da vida do lesado («dano da morte»), cujo ressarcimento caberia depois, por via sucessória, aos seus herdeiros[1616]. Dir-se-á que a tal se opõe a circunstância de a morte não poder originar um direito à reparação para quem deixou de existir como pessoa nesse preciso instante, consoante resulta do disposto no art. 68º, nº 1, do Código Civil; e que, de outro modo, ocorreria em muitos casos uma dupla indemnização, dado que alguns dos herdeiros da vítima já são contemplados pelo art. 496º, nºs 2 e 3[1617]. Mas os tribunais superiores portugueses têm aderido decididamente à tese da ressarcibilidade desse dano[1618]. Neste

[1613] Cfr. Visintini, *Cos'è la responsabilità civile*, pp. 257 ss.

[1614] Acórdão de 23 de abril de 1998, nº 4186, *RCP*, 1998, p. 1409.

[1615] Para uma explanação dos pressupostos em que assenta esse preceito, que reflete o projeto apresentado por Vaz Serra, veja-se, deste autor, «Reparação do dano não patrimonial», *BMJ* 83 (1959), pp. 69 ss. Sobre a evolução subsequente da jurisprudência portuguesa nesta matéria, caraterizada por um progressivo alargamento da indemnização dos danos morais, veja-se Menezes Cordeiro, *Tratado de Direito Civil*, vol. VIII, pp. 416 ss.

[1616] Neste sentido, Menezes Cordeiro, *Tratado de Direito Civil*, vol. VIII, pp. 516 ss.; Menezes Leitão, *Direito das Obrigações*, vol. I, pp. 334; Mafalda Miranda Barbosa, *Lições de responsabilidade civil*, pp. 311 s.

[1617] Cfr. Antunes Varela, *Das Obrigações em geral*, I, pp. 608 ss., com mais referências.

[1618] Cfr. Andreia Rodrigues, *Análise jurisprudencial da reparação do dano morte: impacto do regime da proposta razoável de indemnização*, Lisboa, 2014.

ponto, a comparação jurídica revela que o Direito português, na interpretação que dele tem sido feita por certa doutrina e jurisprudência, se encontra isolado relativamente aos demais sistemas jurídicos[1619].

Pelo que respeita à ressarcibilidade dos danos não patrimoniais sofridos por terceiros nos casos em que a vítima sobrevive (hipótese omissa no referido preceito), o Supremo Tribunal de Justiça português fixou em 9 de janeiro de 2014 a seguinte jurisprudência uniforme no Acórdão de Uniformização de Jurisprudência nº 6/2014[1620]:

> «Os artigos 483º, nº 1 e 496º, nº 1 do Código Civil devem ser interpretados no sentido de abrangerem os danos não patrimoniais, particularmente graves, sofridos por cônjuge de vítima sobrevivente, atingida de modo particularmente grave.»

Estavam em causa, na espécie, o sofrimento psíquico e a alteração de vida resultantes para a autora da circunstância de o seu marido, cantoneiro de recolha do lixo em Braga, ter sido vítima de um embate violento no veículo em que transitava de pé, apoiado no estribo próprio para a dita recolha, por um veículo conduzido em excesso de velocidade por um terceiro, em razão do qual sofreu vários traumatismos (crânio-encefálico, do tórax, do abdómen e do membro inferior direito, o qual lhe foi amputado), para além de outras lesões, tendo ficado permanentemente incapacitado para a sua profissão, a padecer de depressão crónica e a depender da ajuda de outra pessoa (prestada pela mulher) para as atividades quotidianas. O tribunal de primeira instância arbitrou uma indemnização de 50.000 euros ao marido e outra de 15.000 euros à mulher, as quais foram confirmadas pelo Supremo, atenta a gravidade dos ferimentos do primeiro e do sofrimento da segunda. O dano não patrimonial por alguns dito «reflexo» ou «indireto» (*hoc sensu*, consequente a um dano da mesma natureza sofrido por outra pessoa) é, nesta medida, também ressarcível no Direito português, mesmo nos casos em que não resulte, consoante pressupõe o art. 496º, da morte de outrem.

No Direito inglês, o ressarcimento de danos não patrimoniais tem lugar ao abrigo de diversos *torts*, entre os quais avultam os de *libel* (difamação por escrito), *slander* (difamação oral), *breach of confidence* (divulgação não autorizada de informação confidencial) e *battery* (ofensas corporais). Admite-se ainda esse ressarcimento nos casos de lesão psiquiátrica causada por «choque nervoso» («*nervous shock*») inflingido pela atuação negligente de alguém. Exige-se para tanto, todavia, não apenas que se encontrem preenchidos os requisitos do *tort of negligence* – nomeadamente a violação pelo agente de um dever de cuidado e que o dano

[1619] Assim Christian von Bar, *Gemeineuropäisches Deliktsrecht*, vol. II, Munique, 1999, p. 61; Cees van Dam, *European Tort Law*, pp. 170 e 347.

[1620] Publicado no *DR*, 1ª série, nº 98, de 22 de maio de 2014, pp. 2926 ss.

fosse a consequência previsível dessa violação –, mas também, em princípio, que o demandante seja uma «*primary victim*», i.é, alguém que foi também vítima de uma lesão física, à qual se associou uma perturbação psiquiátrica, e não apenas uma pessoa que, *v.g.*, testemunhou essa lesão (dita «*secondary victim*»)[1621]. Assim, a doença psiquiátrica sofrida pelo cônjuge da vítima de um acidente em razão da morte ou das lesões padecidas por este não é, por via de regra, ressarcível[1622]. Também nesta matéria, por conseguinte, o Direito inglês se revela mais restritivo do que o francês e o português.

Uma orientação igualmente muito restritiva quanto à indemnização do dano não patrimonial era adotada pelo Direito islâmico clássico, que excluía o seu ressarcimento[1623]. A influência francesa levou porém alguns sistemas jurídicos muçulmanos a admitirem-no nas suas codificações civis[1624].

IX – Pergunta-se ainda: poderá uma pessoa ser indemnizada pelo alegado dano consistente na «vida errónea» («*wrongful life*»)?

O tema tem estado na ordem do dia em diversos países[1625]. Dada a falibilidade dos meios de diagnóstico prénatal e dos próprios médicos que os utilizam, ocorre com cada vez maior frequência nascerem pessoas com malformações que podiam ter sido detetadas antes do nascimento. Não o tendo sido, ou não tendo sido comunicadas a quem de direito, suscita-se a questão se saber se o portador delas pode ser indemnizado do *dano de ter nascido* – i. é, da vida de sofrimento que está condenado a ter.

Alguns tribunais norte-americanos, com destaque para os da Califórnia, concederam indemnizações com este fundamento; mas cingiram-nas às despesas extraordinárias suportadas pela vítima com o tratamento de uma doença hereditária, excluindo assim a compensação da dor e do sofrimento causados pela

[1621] Ver *Page v. Smith*, [1996] A.C. 155.

[1622] Neste sentido, veja-se a decisão da Câmara dos Lordes no caso *Alcock v. Chief Constable of South Yorkshire Police*, [1992] 1 A.C. 310, em que Lord Oliver afirmou: «the law will not compensate such a person for the mental anguish and even illness which may flow from having lost a wife, parent or child or from being compelled to look after an invalid». Segundo o mesmo magistrado, esta regra conhece no entanto uma exceção nos casos em que esteja preenchido o denominado *witness requirement* (i.é, «in those cases in which the event of injury to the primary victim has been actually witnessed by the plaintiff and the injury claimed is established as stemming from that fact»).

[1623] Cfr. Chafik Chehata, *Essai d'une théorie générale de l'obligation en droit musulman*, p. 159.

[1624] Cfr. o art. 222(1) do Código Civil egípcio, segundo o qual: «Les dommages-intérêts comprennent également la réparation du préjudice moral»; e o art. 77 do Código das Obrigações e dos Contratos marroquino, que dispõe: «Tout fait quelconque de l'homme qui, sans l'autorité de la loi, cause sciemment et volontairemente un dommage matériel ou moral, oblige son auteur à réparer ledit dommage, losqu'il est établi que ce fait en est la cause directe».

[1625] Veja-se, numa perspetiva de Direito Comparado, Ivo Giesen, «The Use and Influence of Comparative Law in 'Wrongful Life' Cases», *Utrecht Law Review*, 2012, pp. 35 ss.

doença[1626]. Mais longe foi o Supremo Tribunal holandês no caso *Kelly Molenaar*, em que se reconheceu a uma criança nascida com uma grave malformação o direito a ser indemnizada não apenas dos custos acrescidos com a sua manutenção, mas também do sofrimento causado por aquela[1627].

A resposta à questão acima colocada é porém negativa na maioria dos países europeus. Nestes casos, a malformação não pode ser evitada por qualquer ato médico. Há, quando muito, a alternativa do aborto. Portanto, o alegado dano em questão é *a própria vida* da criança nascida com deficiência. Ora, a indemnização desse dano suporia um ato ilícito consistente na violação do *direito a não nascer*; e este não é, de um modo geral, admitido nos sistemas jurídicos contemporâneos. O que bem se compreende, pois não se pode dar como adquirido que o não nascimento – *rectius*, a morte – seja preferível à vida, por mais sofrida que esta seja. A vida não pode constituir, nesta perspetiva, um dano. Tal não exclui, bem entendido, que os pais da criança deficiente sejam ressarcidos pelos danos sofridos em consequência do diagnóstico deficiente das malformações da criança – por exemplo, as despesas incorridas com tratamentos ou o sofrimento moral devido a terem um filho deficiente. Mas a criança não tem direito a ser indemnizada pelo facto de ter nascido com uma malformação[1628].

Neste sentido se pronunciaram, em Inglaterra, o *Court of Appeal*[1629]; na Alemanha, o Supremo Tribunal Federal[1630] e o Tribunal Constitucional Federal[1631]; e, em Portugal, o Supremo Tribunal de Justiça[1632].

[1626] Cfr. *Turpin v. Sortini*, (1982) 31 C3d 220, em que o Supremo Tribunal da Califórnia concluiu: «while a plaintiff-child in a wrongful life action may not recover general damages for being born impaired as opposed to not being born at all, the child – like his or her parents – may recover special damages for the extraordinary expenses necessary to treat the hereditary ailment».

[1627] *Hoge Raad*, decisão de 18 de março de 2005, *NJ*, 2006, pp. 606 ss.

[1628] Vejam-se, sobre o tema, com referência ao Direito português, Paulo Mota Pinto, «Indemnização em caso de "nascimento indevido" e de "vida indevida" ("wrongful birth" e "wrongful life")», *Lex Medicinae*, 2007, pp. 5 ss.; Manuel Carneiro da Frada, «A própria vida como dano? Dimensões civis e constitucionais de uma questão-limite», *in Forjar o Direito*, Coimbra, 2015, pp. 253 ss.; Luís Menezes Leitão, «O dano da vida», *CDP*, nº especial, 2012, pp. 3 ss.; e Mafalda Miranda Barbosa, *Lições de responsabilidade civil*, pp. 319 ss.

[1629] Cfr. *McKay v. Essex Area Health Authority*, [1982] 1 Q.B. 1166.

[1630] Cfr. a decisão proferida em 18 de janeiro de 1983, *BGHZ* 86, pp. 240, sumariada nos seguintes termos: «Ist die Gefahr der Schädigung eines Ungeborenen (der durch Röteln-Erkrankung der Mutter während der Frühschwangerschaft), die den Wunsch der Mutter auf Unterbrechung der Schwangerschaft gerechtfertigt hätte, von dem die Mutter beratenden Arzt schuldhaft nicht erkannt worden, haftet dieser den Eltern auf Ersatz der durch die Behinderung bedingten Mehraufwendungen (über den Ersatz des normalen Unterhalts war nicht zu entscheiden). Ein Ersatzanspruch des Kindes gegen den Arzt besteht nicht».

[1631] Cfr. a decisão proferida em 28 de maio de 1993, *BVerfGE* 88, 203, na qual se declara contrária ao princípio da dignidade da pessoa huma a qualificação da existência de uma criança como fonte

Em sentido oposto se orientou, porém, a Cassação francesa no acórdão proferido sobre o célebre caso *Perruche*. Invocando os arts. 1165 e 1382 do Código Civil, a Assembleia Plenária deste tribunal considerou nesse aresto que, tendo as *fautes* cometidas pelo médico e pelo laboratório que haviam assistido a mãe de uma criança nascida com grave deficiência (devida à rubéola contraída pela mãe durante a gravidez e não diagnosticada oportunamente) impedido esta de exercer o seu direito de interromper a gravidez a fim de evitar o nascimento da criança, podia esta exigir a reparação do prejuízo resultante dessa deficiência[1633].

Esta decisão francesa foi corrigida por uma lei de 4 de março de 2002, a que ficou ligado o nome do então ministro da saúde francês Bernard Kouchner[1634], em que se estabeleceu que ninguém pode prevalecer-se do dano consistente no seu próprio nascimento, havendo contudo responsabilidade civil pelas deficiências congénitas diretamente causadas ou agravadas por erro médico[1635]; e que a pessoa portadora de deficiência, qualquer que seja a causa desta, tem direito à solidariedade da comunidade nacional[1636].

A compensação visada pela *loi Kouchner* apenas compreendia, como é bom de ver, os danos ligados à deficiência (*v.g.* decorrentes da necessidade de cuidados medicos, de auxílio ou alojamento especiais, etc.), e não o próprio dano da vida da criança nascida com malformações, que o *arrêt Perruche* havia admitido como ressarcível. A aplicação retroativa dessa lei viria por isso a ser julgada descon-

de danos: «Eine rechtliche Qualifikation des Daseins eines Kindes als Schadensquelle kommt hingegen von Verfassungs wegen (Art. 1 Abs. 1 GG) nicht in Betracht».

1632 Cfr. os acórdãos de 19 de junho de 2001, proc. 01A1008 (em que se declara expressamente: «O direito à não existência não encontra consagração na nossa lei e, mesmo que tal direito existisse, não poderia ser exercido pelos pais em nome do filho menor»), e de 17 de janeiro de 2013, proc. 9434/06 (no qual se afirma: «O Autor existe, mas concluir-se que o mesmo não deveria existir assim desta forma deficiente e por isso tem o direito a ser ressarcido, não pode ser, uma vez que a tal se opõe, além do mais, o direito»).

1633 Acórdão de 17 de novembro de 2000: «dès lors que les fautes commises par le médecin et le laboratoire dans l'exécution des contrats formés avec Mme X... avaient empêché celle-ci d'exercer son choix d'interrompre sa grossesse afin d'éviter la naissance d'un enfant atteint d'un handicap, ce dernier peut demander la réparation du préjudice résultant de ce handicap et causé par les fautes retenues».

1634 *Loi n.º 2002-303 du 4 mars 2002 relative aux droits des malades et à la qualité du système de santé.* A lei foi revogada em 2005 e as suas disposições parcialmente introduzidas no *Code de l'action sociale et des familles* (arts. L114 e seguintes).

1635 Art. 1, nº 1: «Nul ne peut se prévaloir d'un préjudice du seul fait de sa naissance. La personne née avec un handicap dû à une faute médicale peut obtenir la réparation de son préjudice lorsque l'acte fautif a provoqué directement le handicap ou l'a aggravé, ou n'a pas permis de prendre les mesures susceptibles de l'atténuer».

1636 Art. 1, nº 2: «Toute personne handicapée a droit, quelle que soit la cause de sa déficience, à la solidarité de l'ensemble de la collectivité nationale».

forme à Convenção Europeia dos Direitos do Homem, sendo por isso a mesma tida como inaplicável aos danos sobrevindos anteriormente à data da sua entrada em vigor[1637]. Em França, pode assim ser reclamada a indemnização do «*prejudice d'être né*» por pessoas nascidas antes dessa data.

e) Nexo de causalidade entre o facto e o dano

I – Passemos agora a uma outra vertente da problemática da delimitação do dano indemnizável *ex delicto*: a que consiste em saber quais, dentre os danos sobrevindos a certo facto constitutivo de responsabilidade civil, devem ser reparados pelo seu autor[1638].

Suponhamos, a fim de exemplificar, que *A* agride *B*, o qual sofre, em consequência disso, danos corporais. *B* recolhe a um hospital a fim de ser tratado. Contrai aí uma doença infecciosa que lhe é transmitida por *C*, com quem se cruzou no corredor do hospital, vindo a morrer desta. Será *A* responsável, não apenas pelos danos corporais sofridos por *B*, mas também pela sua morte? Imaginemos agora que *D* faz circular na Internet certa notícia difamatória de *E*. Este, que sofre do coração, morre com um ataque cardíaco ao saber da divulgação dessa notícia. Terá *D* de indemnizar *F*, viúva de *E*?

Coloca-se nestes casos o problema, paralelo ao que já examinámos a respeito da responsabilidade contratual[1639], do nexo de causalidade que deve existir entre o facto praticado pelo agente e o dano sofrido pela vítima, a fim de que esta possa reclamar o respetivo ressarcimento.

Em ambos os exemplos referidos não sofre dúvida que o facto praticado pelo agente foi *condição necessária*, posto que não suficiente, da verificação do dano. Coloca-se assim a questão de saber se tal facto deve ser tido como bastante a fim de que o dano possa ser juridicamente imputado ao agente. Uma resposta positiva seria suscetível de conduzir a um alargamento excessivo da responsabilidade civil, impondo ao agente um dever de indemnizar desproporcionado à gravidade do seu ato. Eis por que a maioria dos ordenamentos jurídicos limita nestes casos, ainda que através de diferentes técnicas, a imputação do dano ao agente. Vejamos como.

[1637] Cfr. o acórdão da Cassação de 15 de dezembro de 2011.

[1638] Vejam-se sobre o tema, numa perspetiva de comparação de Direitos: A. M. Honoré, «Causation and Remoteness of Damage», *IECL*, vol. XI, cap. 7; Marta Infantino, *La causalità nella responsabilità extracontrattuale. Studio di diritto comparato*, Berna/Nápoles, 2012; *idem*, «Causation theories and causation rules», *in* Mauro Bussani/Anthony Sebock (orgs.), *Comparative Tort Law. Global Perspectives*, Cheltenham, 2015, pp. 279 ss.

[1639] Cfr. *supra*, § 14º, *d)*, V.

II – De acordo com a orientação prevalecente na Alemanha, só há obrigação de indemnizar os danos que se achem ligados ao facto lesivo através de um *nexo de causalidade adequada*. Não basta, portanto, que um facto seja condição *sine qua non* da lesão, como nos exemplos acima referidos, em que, sem a agressão *B* ou a difusão da notícia por *D*, não se teria desencadeado a sucessão de eventos que conduziu ao dano. É ainda necessário que esse facto seja *causa adequada* da lesão; o que sucede, segundo o Tribunal Federal, quando o mesmo «tenha aumentado de um modo geral e não despiciendo a probabilidade objetiva de verificação de uma lesão do tipo da ocorrida»[1640].

Na valoração do preenchimento deste requisito devem tomar-se em consideração: *a)* Todas as circunstâncias cognoscíveis por um «observador ótimo» ao tempo da lesão; e *b)* As demais circunstâncias conhecidas do autor da condição[1641]. Se o dano se produziu em virtude de circunstâncias fortuitas ou excecionais, ou se deveu à conduta de terceiros ou da própria vítima, deve ser suportado por esta.

Ao «observador ótimo» a que se refere o Tribunal Federal alemão nada escapa, porém – mesmo o processo causal mais inusitado. Não faltam, por isso, casos em que os tribunais alemães apreciam com grande liberalidade o requisito da adequação, admitindo a imputação do dano ao agente mesmo em face de circunstâncias do referido tipo[1642]. O critério da adequação perde assim muita da sua aptidão a fim de limitar a responsabilidade do agente[1643].

Daí que, segundo um entendimento professado por boa parte da doutrina alemã, o critério da adequação careça de ser complementado pelo do *escopo de proteção* da norma de conduta que fundamenta o dever de indemnizar, excluindo este último sempre que o facto lesivo em questão, ainda que constitua causa

[1640] Veja-se, por exemplo, a decisão proferida pelo *Bundesgerichtshof* em 16 de abril de 2002, *NJW*, 2002, pp. 2232 s. O réu entrou em casa da vítima, ameaçando-a e insultando-a. A vítima, assustada, saltou da janela para a rua, a uma altura de dez metros, ferindo-se gravemente. O Tribunal considerou o comportamento do réu em geral adequado a causar semelhante resultado.

[1641] Cfr., neste sentido, a decisão proferida pelo *Bundesgerichtshof* em 23 de outubro de 1951, *BGHZ* 3, 261. Na espécie, uma embarcação colidira com outra ao atravessar uma eclusa e afundara-se. O acidente devera-se às indicações incorretas fornecidas pelo capitão da segunda embarcação quanto à respetiva largura; porém, o tribunal considerou que esse facto não fora causa adequada do acidente, visto ter-se demonstrado que o pessoal que operava a eclusa havia lidado de forma negligente com a situação.

[1642] Haja vista, por exemplo, à espécie decidida pelo *Oberlandesgericht Frankfurt* em 1 de setembro de 1981, *JZ*, 1982, pp. 201 ss., em que foi tido como responsável pela morte da vítima o agressor desta cuja conduta obrigara ao seu internamento num hospital, onde aquela veio a contrair uma gripe de que resultou o seu falecimento.

[1643] Reconhece-o Larenz, ob. cit., p. 437.

adequada do dano, viole uma norma que não visa prevenir ou sancioná-lo[1644]. Se, por exemplo, ocorrer um acidente numa autoestrada devido ao incumprimento pelas entidades competentes dos seus deveres de segurança, não será ressarcível o dano económico sofrido pelos condutores que em razão disso houverem chegado atrasados aos respetivos destinos, uma vez que não é esse o escopo de proteção das normas que estabelecem os referidos deveres[1645]. Nem sempre, porém, será possível extrair da norma em que se funda a responsabilidade civil qualquer conclusão quanto ao âmbito dos danos abrangidos no dever de indemnizar: é o que sucede, designadamente, nos casos dos §§ 823 (1) e 826 do BGB. O critério em apreço tem assim vocação para funcionar sobretudo nos casos de responsabilidade civil pela violação de normas de proteção.

Já vimos, a propósito da questão homóloga que se coloca no âmbito da responsabilidade contratual, ser também a causalidade adequada a orientação maioritariamente tida como subjacente ao disposto no art. 563º do Código Civil português. Acrescentar-se-á agora apenas que o funcionamento desse critério pode igualmente ser limitado em matéria de responsabilidade extracontratual pelo *escopo da norma violada*, consoante vem sendo admitido por parte da doutrina portuguesa[1646].

O problema da causalidade analisa-se assim, nos Direitos alemão e português, em três questões distintas: *a)* A qualificação do facto lesivo como *conditio sine qua non* do dano; *b)* A determinação da existência de um *nexo de causalidade adequada* entre esse facto e o dano superveniente; e *c)* A recondução deste ao *escopo da norma violada*, quando ela exista. Só verificados estes três requisitos será admissível imputar objetivamente o dano ao agente, impondo-lhe, se os demais pressupostos acima referidos estiverem presentes, a obrigação de indemnizá-lo.

Em França, considera-se exigível, com base no disposto no antigo art. 1151 do Código Civil (atual art. 1231-4), que o dano constitua uma «consequência imediata e direta» («*suite immédiate et directe*») do evento lesivo, a fim de que o agente seja chamado a indemnizá-lo: apesar de referida à responsabilidade contratual, essa disposição é tida como expressão de um princípio geral aplicável a toda a responsabilidade civil[1647].

1644 Ver Larenz, ob. cit., pp. 440 ss.; Kötz/Wagner, *Deliktsrecht*, pp. 85 s.; Brox/Walker, *Besonderes Schuldrecht*, p. 538 s.; Looschelders, *Schuldrecht. Allgemeiner Teil*, pp. 348 s.; *Münchener Kommentar*/Wagner, § 823, n.m. 452-461.

1645 Veja-se neste sentido a decisão do Tribunal Federal de 18 de dezembro de 1972, *BGHZ* 60, 54.

1646 Neste sentido, Menezes Cordeiro, *Tratado de Direito Civil*, vol. VIII, p. 550; Menezes Leitão, *Direito das Obrigações*, vol. I, p. 343.

1647 Cfr. Carbonnier, *Droit civil*, vol. II, *Les biens. Les obligations*, p. 2284; Viney/Jourdain/Carval, *Traité de droit civil. Les conditions de la responsabilité*, p. 252.

Aparentemente, o agente não seria, assim, responsável pelas *consequências indiretas* dos seus atos. A aplicação do referido critério pelos tribunais franceses tem no entanto sido feita com certa largueza, chegando-se na responsabilidade por *faute* a resultados semelhantes àqueles a que conduziria a *teoria da equivalência das condições*[1648].

Admite-se além disso, com grande amplitude, a reparação do denominado «dano por ricochete»[1649]; e não se exige um juízo de certeza absoluta acerca do nexo de causalidade entre o facto e o dano: a mera perda de uma oportunidade (*«perte d'une chance»*), *v.g.*, de a vítima se curar de uma doença, determina a obrigação de indemnizá-la[1650].

III – Nos sistemas de *Common Law*, distingue-se, em matéria delitual, a causalidade em termos fácticos da causalidade em sentido jurídico. A primeira recebe a designação de *«factual cause»*, ou *«but-for cause»*, e tem-se por verificada quando o facto em questão constitua uma *conditio sine qua non* do dano. A segunda designa-se por *«legal cause»*, ou *«proximate cause»*, sendo considerada imprescindível, na senda de uma longa tradição, a fim de que o dano possa ser imputado ao agente[1651].

Em ordem a determinar a ocorrência de uma causa fáctica, pergunta-se se o dano não teria sido sofrido pela vítima se não fosse a conduta do agente (*«but-for test»*)[1652]. Demonstrado que assim é, há ainda que determinar, a fim de se concluir que uma condição do dano constitui causa dele em sentido jurídico, se o nexo entre a conduta lesiva e o dano dela decorrente era *suficientemente próximo*.

Tal como na responsabilidade contratual, esse nexo resolve-se primariamente, pelo que respeita ao *tort of negligence*, num requisito de previsibilidade (*«foreseeabilty»*).

[1648] Cfr., por exemplo, o acórdão da Cassação de 17 de maio de 1973, que considerou haver uma relação de causa e efeito entre o acidente de viação de que fora vítima o marido da autora e a interrupção da gravidez desta, ocorrida semanas mais tarde, na origem da qual estava o choque nervoso que a autora sofrera quando, após o acidente, o marido regressara a casa ensanguentado e com as roupas rasgadas. Veja-se ainda o acórdão 4 de dezembro de 2001, em que a Cassação julgou o causador de um acidente de viação responsável pelos danos sofridos pela vítima desse acidente em virtude de esta ter contraído hepatite C na sequência da transfusão de sangue contaminado a que fora sujeita após o acidente, aduzindo o tribunal, para tanto, que «les transfusions sanguines ayant entraîné la contamination avaient été rendues nécessaires par l'accident imputable à M. Y».

[1649] Cfr. *supra*, § 22º, *d)*, IV.

[1650] Cfr. o acórdão da Cassação de 12 de novembro de 1985 (perda de *chance* de a vítima de um acidente hemiplégico se curar em virtude do atraso com que, por erro de diagnóstico, foi submetido a uma intervenção cirúrgica). A respeito da questão homóloga suscitada no âmbito da responsabilidade contratual, *vide supra*, § 14º, *d)*, VI.

[1651] Neste sentido se pronunciou Francis Bacon (1561-1626) ao proclamar: *«In jure non remota causa, sed proxima spectatur»* («em Direito não se olha à causa remota, mas sim à causa próxima»). Cfr. Basil Montagu (org.), *The Works of Francis Bacon Lord Chancellor of England*, vol. III, Filadélfia, 1844, p. 223.

[1652] Cfr. *Markesinis and Deakin's Tort Law*, p. 218; Dobbs/Hayden/Bublick, *Hornbook on Torts*, pp. 317 ss.

Seja, a fim de ilustrarmos o funcionamento desta regra, o caso *Overseas Tankship (UK) Ltd. v. Morts Dock and Engineering Co Ltd.* (também conhecido como *The Wagon Mound no.1)*[1653], julgado pelo *Privy Council* em 1961. Aí declarou o juiz Simonds:

> «É sem dúvida apropriado, ao considerar-se a responsabilidade delitual por *negligence,* analisar os seus elementos e afirmar que o demandante tem de provar a existência de um dever do demandado para consigo, a violação desse dever pelo demandado, e um dano daí resultante. Mas não pode haver responsabilidade sem que tenha sido causado um dano. Não é no ato, mas antes nas suas consequências que se funda a responsabilidade delitual [...]. Quem conhece ou pode presumir-se que conheça todos os processos da natureza? Mas se seria errado que um homem fosse tido como responsável por um dano imprevisível por um homem razoável porque este foi "direto" ou "natural", também o seria que ele pudesse subtrair-se à sua responsabilidade, por mais "indireto" que fosse o dano, se tiver previsto ou pudesse razoavelmente prever, os acontecimentos que conduziram à sua ocorrência.».

O dano apenas será, assim, ressarcível quando tenha sido *previsto,* ou fosse razoavelmente *previsível,* pelo agente.

Com base neste critério, o *Privy Council* negou, no referido caso, o ressarcimento dos danos sofridos pelo porto de Sidney e por dois navios nele atracados em virtude de um incêndio causado pelo despejo na água do porto, por atuação negligente de trabalhadores de um navio da ré, denominado *The Wagon Mound,* de óleo dele proveniente, o qual se inflamara em virtude de sobre ele terem posteriormente caído pedaços de metal incandescente oriundos de um estaleiro existente no porto. O tribunal reconheceu ter ocorrido na espécie a violação de um dever de cuidado por parte da ré; mas considerou que esta não sabia, nem podia razoavelmente esperar-se que soubesse, que o óleo se poderia incendiar na água.

O critério em apreço é potencialmente mais restritivo do que o adotado em França na aferição da causalidade, uma vez que o dano que constitua consequência *direta e imediata* do evento lesivo pode não ser ressarcido em Inglaterra se, como sucedeu no caso *Wagon Mound,* for *imprevisível.* Outro tanto pode dizer-se do confronto desse critério com o da *causalidade adequada,* que, como decorre do que se expôs acima, não requer a previsibilidade do dano a fim de que este seja imputável ao agente, mas tão-só que o facto por ele praticado se mostre em abstrato apto a produzi-lo.

No Direito inglês, a imputação do dano ao agente pode ainda ser recusada, mesmo que se mostre preenchido o requisito da previsibilidade – tido por vezes como demasiado amplo –, por força de um segundo critério de aferição da *remo-*

[1653] [1961] 1 All E.R. 404.

teness of damage. Conforme este último, quando um novo evento («*nova causa interveniens*»), atribuível às forças da natureza ou a ato ou omissão de terceiro ou do lesado, intervém na cadeia de eventos que conduziu ao dano, do qual esse evento constitui a causa mais próxima, tal dano não é indemnizável pelo agente, por ser uma consequência «demasiado longínqua» («*too remote*») do evento causal que lhe atribuível. É o que sucede, *v.g.*, se *A* fere *B* num membro e a vítima é tratada num hospital, vindo a perder o referido membro devido à negligência de *C*, médico que a assistiu, administrando-lhe um tratamento totalmente inapropriado à natureza do ferimento: não pode esta segunda lesão, à luz do referido critério, ser imputada a *A*[1654].

Nos Estados Unidos, uma conduta é tida como «causa fáctica» de um dano sempre que este não tivesse ocorrido na ausência dela[1655]. Só a *causa próxima* («*proximate cause*»), ou *causa jurídica* («*legal cause*»), origina, porém, a responsabilidade do agente[1656]. No *tort of negligence*, é necessário, para este efeito, que o risco da ocorrência do dano fosse previsível pelo agente[1657].

Nos sistemas de *Common Law* é, assim, mais nítida do que nos de *Civil Law* a preocupação em assegurar através das regras da causalidade que a responsabilidade do agente seja proporcional à gravidade da sua conduta.

[1654] Cfr. *Winfield and Jolowicz on Tort*, pp. 193 ss.

[1655] Cfr. o § 26 do *Restatement of the Law Third, Torts : Liability for Physical and Emotional Harm*: «Tortious conduct must be a factual cause of harm for liability to be imposed. Conduct is a factual cause of harm when the harm would not have occurred absent the conduct [...]».

[1656] Cfr. *Prosser and Keeton on the Law of Torts*, pp. 263 ss.

[1657] Cfr. o *Restatement of the Law Third, Torts : Liability for Physical and Emotional Harm*, § 3 : «[...] Primary factors to consider in ascertaining whether the person's conduct lacks reasonable care are the foreseeable likelihood that the person's conduct will result in harm, the foreseeable severity of any harm that may ensue, and the burden of precautions to eliminate or reduce the risk of harm». Veja-se ainda, na jurisprudência americana, o caso *Palsgraf v. Long Island Railroad Co.*, 162 N.E. 99. A autora, utente de uma estação de caminhos de ferro, ficara ferida em razão da queda de uma balança existente na mesma, por seu turno causada pela explosão ocorrida na sequência da queda sobre os carris de produtos pirotécnicos transportados por um passageiro, no momento em que entrava num comboio em andamento com a ajuda de dois funcionários da ré. O *New York Court of Appeals*, em decisão relatada pelo juiz Benjamin Cardozo, recusou a imputação à ré, proprietária do caminho de ferro, dos danos sofridos pela autora, por considerar imprevisível a sequência de eventos que conduzira à lesão em causa («One who seeks redress at law does not make out a cause of action by showing without more that there has been damage to his person. If the harm was not willful, he must show that the act as to him had possibilities of danger so many and apparent as to entitle him to be protected against the doing of it though the harm was unintended»).

§ 23º Responsabilidade pelo risco e por factos lícitos

a) Responsabilidade pelo risco

I – Em vários sistemas jurídicos contemporâneos reconhece-se ao lesado, em determinadas hipóteses, a faculdade de repercutir sobre o lesante os danos provenientes de acidentes ocorridos no desenvolvimento de certas atividades socialmente úteis, como o trabalho com máquinas ou o transporte em veículos a motor, independentemente de culpa do segundo[1658].

Destaca-se a este respeito o Direito francês. Originariamente, o *Code Civil* apenas dispensou a prova da *faute* nos casos de acidentes causados por animais, previstos no art. 1385 (atual art. 1243), e pela ruína de edifícios, a que se refere o art. 1386 (atual art. 1244). No final do século XIX, porém, a multiplicação dos acidentes de trabalho e de viação confrontou os tribunais franceses com o problema da imputação dos danos causados a outrem independentemente de culpa num leque muito mais vasto de situações. Compreende-se assim que a partir de 1896, a Cassação haja admitido, com base no art. 1384, § 1º, do Código (atual art. 1242, § 1º)[1659], uma presunção de *faute* nos acidentes causados por coisas à guarda de alguém[1660]. A *responsabilité du fait des choses* tornou-se assim um traço distintivo do Direito francês[1661]. No acórdão *Jand'heur*[1662], de 1930, a Cassação estendeu-a aos danos causados por veículos em movimento, declarando que essa presunção apenas pode ser afastada pela demonstração da ocorrência de um caso fortuito ou de força maior ou de uma «*cause étrangère*» não imputável ao agente. Em 1985, a *Loi Badinter*, reconhecendo a insuficiência desta solução a fim de dar resposta adequada à necessidade de compensação dos danos acidentais, consagrou um regime de indemnização das vítimas de acidentes de circulação rodoviária, que excluiu a eficácia exoneratória do caso de força maior e do facto de terceiro relativamente à responsabilidade do condutor ou do guarda do veículo e instituiu um procedimento célere

[1658] Ver, para uma análise comparativa, Christoph Oertel, *Objektive Haftung in Europa. Rechtsvergleichende Untersuchung zur Weiterentwicklung der verschuldensunabhängigen Haftung im europäischen Privatrecht*, Tubinga, 2010, pp. 49 ss.

[1659] Nos termos do qual: «On est responsable non seulement du dommage que l'on cause par son propre fait, mais encore de celui qui est causé par le fait des personnes dont on doit répondre, ou des choses que l'on a sous sa garde».

[1660] Cfr. o acórdão *Teffaine*, de 16 de junho de 1896, *DP*, 1897, I, p. 433. Sobre o ponto, *vide* Terré/Simler/Lequette, *Droit Civil. Les obligations*, pp. 804 ss.

[1661] O Anteprojeto de Reforma da Responsabilidade Civil de 2016 acolheu-a expressamente como modalidade de responsabilidade objetiva. Cfr. o art. 1243, 1º §, do Código Civil, na redação desse anteprojeto: «On est responsable de plein droit des dommages causés par le fait des choses corporelles que l'on a sous sa garde».

[1662] Reproduzido em Capitant/Terré/Lequette, *Les grands arrêts de la jurisprudence civile*, tomo 2, pp. 254 ss.

de indemnização pelos seguradores[1663]. Em 1998, foi introduzida no Código Civil a responsabilidade objetiva do fabricante de produtos defeituosos[1664]. Paulatinamente, a responsabilidade pelo risco de danos causados por coisas foi assim elevada a princípio geral, ocupando parte do espaço originariamente pertencente à responsabilidade por *faute*. É o ideal solidarista, prevalecente no Direito francês desde os primórdios de Oitocentos, que aqui uma vez mais se manifesta.

Diferentemente do Código francês, o BGB não dedicou qualquer disposição genérica à responsabilidade pelo risco («*Gefährdungshaftung*»), a qual apenas aflora no § 833, relativo aos danos causados por animais. Desde os finais do século XIX, essa forma de responsabilidade foi, no entanto, sendo prevista em leis especiais, *v.g.*, sobre os danos pessoais e patrimoniais causados por empresas de transporte ferroviário, instalações de gás e eletricidade, etc.[1665], acidentes rodoviários[1666], produtos defeituosos[1667] e danos causados ao meio ambiente[1668]. Não falta por isso quem aluda, a este respeito, a uma «fuga para as cláusulas especiais» («*Flucht in die Spezialklauseln*»)[1669]. Tem-se hoje, em todo o caso, como fundamento autónomo da responsabilidade extracontratual no Direito alemão a imputação do risco de danos provenientes de atividades perigosas àquele que as desenvolve no seu próprio interesse, ainda que com observância das regras legais aplicáveis. Mas esta forma de responsabilidade sujeita-se a um «princípio de enumeração» («*Enumerationsprinzip*»), que limita significativamente o desenvolvimento jurisprudencial do Direito nesta matéria, designadamente com base na analogia[1670]. Aos tribunais alemães é, com efeito, constitucionalmente vedado criar novas espécies de responsabilidade pelo risco a partir das que a lei consagra[1671]. O regime alemão da responsabilidade pelo risco mostra-se, nesta medida, consideravelmente mais restritivo do que o francês.

[1663] *Loi nº 85-677 du 5 juillet 1985 tendant à l'amélioration de la situation des victimes d'accidents de la circulation et à l'accélération des procédures d'indemnisation.*

[1664] Arts. 1245 a 1245-17 (ex-1386-1 a 1386-18).

[1665] *Haftpflichtgesetz* de 1978.

[1666] *Strassenverkehrgesetz*, alterada por último em 2016.

[1667] *Produkthaftungsgesetz* de 1989.

[1668] *Umwelthaftungsgesetz* de 1990.

[1669] Assim Kötz/Wagner, *Deliktsrecht*, p. 206.

[1670] Cfr., sobre o ponto, Larenz/Canaris, *Lehrbuch des Schuldrechts*, vol. II/2, p. 601; *Münchener Kommentar*/Wagner, vor § 823, n.m. 25.

[1671] Neste sentido, veja-se a decisão proferida pelo Bundesgerichtshof em 25 de janeiro de 1971 (*BGHZ* 55, pp. 229 ss.), em que esta jurisdição declarou: «Jedenfalls aber ist es dem an das Gesetz gebundenen Richter versagt, von sich aus völlig neue, mit einer erweiternden Abgrenzung der im Gesetz bereits festgelegten nicht mehr zu erfassende Tatbestände für eine Gefährdungshaftung einzuführen. Der Richter würde damit über die ihm verfassungsmäßig gesteckten Grenzen hinausgreifen und Aufgaben an sich ziehen, die nach der Verfassung dem Gesetzgeber vorbehalten sind und in dessen alleiniger Zuständigkeit und Verantwortung stehen».

Em Itália, art. 2049 do Código Civil prevê a responsabilidade do dador de trabalho pelos factos ilícitos dos seus dependentes, fundada não na sua culpa na escolha ou vigilância destes, mas antes no risco inerente a toda a atividade económica[1672]. Por seu turno, o art. 2050 do mesmo Código acolheu o princípio da *exposição ao perigo* como critério de imputação de danos, dispondo que «aquele que causa dano a outrem no desenvolvimento de uma atividade perigosa pela sua natureza ou pelos meios adotados, é obrigado ao ressarcimento se não demonstrar que adotou todas as medidas idóneas a fim de evitar o dano». Trata-se aqui também, segundo a doutrina contemporânea, de uma responsabilidade pelo risco fundada no mero facto de o agente exercer uma atividade perigosa, e não na sua culpa[1673]. Consagram-se ainda no Código, entre outras formas de responsabilidade objetiva, a imputadção de danos causados por coisas sob a custódia do agente (art. 2051), por animais (art. 2052), por ruína de edifício (art. 2053) e pela circulação de veículos (art. 2054). Em legislação especial encontra-se regulada a responsabilidade do produtor por danos causados por produtos defeituosos, a qual prescinde também da culpa daquele[1674].

O Código português disciplinou de modo expresso a responsabilidade objetiva, à qual reservou uma subsecção do regime da responsabilidade civil (arts. 499º a 510º). Aí se preveem especificamente: *a)* A responsabilidade do comitente pelos atos do comissário; *b)* A responsabilidade do Estado e outras pessoas coletivas públicas por danos causados a terceiros pelos seus órgãos, agentes ou representantes no exercício de atividades de gestão privada; *c)* A responsabilidade por danos causados por animais; *d)* A responsabilidade por acidentes rodoviários; e *e)* A responsabilidade por danos causados por instalações de energia elétrica ou gás. A estas disposições vieram depois aditar-se outras, dispersas por diplomas especiais, que estendem a responsabilidade objetiva a domínios específicos, como é o caso da responsabilidade do produtor[1675], da responsabilidade do Estado por atos de gestão pública[1676], da responsabilidade por danos ambientais[1677] e da responsabilidade por acidentes de trabalho[1678]. A responsabilidade pelo risco mantém, em todo o caso, caráter excecional na ordem jurídica portuguesa, valendo quanto a ela, diversamente do que sucede no tocante à responsabilidade por factos ilícitos, um *princípio de tipicidade*, que o art. 483º, nº 2, do

[1672] Cfr. Visintini, *Cos'è la responsabilità civile*, p. 192.
[1673] *Ibidem*, p. 207.
[1674] Cfr. os arts. 114 a 127 do Código do Consumo.
[1675] D.L. nº 383/89, de 6 de novembro, alterado pelo D.L. nº 131/2001, de 24 de abril.
[1676] Lei nº 67/2007, de 31 de dezembro, alterada pela Lei nº 31/2008, de 17 de julho.
[1677] D.L. nº 147/2008, de 29 de julho.
[1678] Lei nº 98/2009, de 4 de setembro.

Código Civil expressamente enuncia[1679]. Em face deste preceito, deve ter-se por vedada em Portugal a aplicação analógica das disposições legais relativas à responsabilidade pelo risco[1680].

Outra foi a orientação adotada nesta matéria pelo Código brasileiro de 2002, que consagrou no art. 927, § único, uma cláusula geral do seguinte teor:

> «Haverá obrigação de reparar o dano, independentemente de culpa, nos casos especificados em lei, ou quando a atividade normalmente desenvolvida pelo autor do dano implicar, por sua natureza, risco para os direitos de outrem.»

Também na China se prescindiu de uma tipicidade das situações de responsabilidade pelo risco, ao estabelecer-se no art. 69 da Lei da Responsabilidade Civil que «aquele que causar dano a outrem mediante atividades de alto risco incorrerá em responsabilidade civil», sem todavia se definir em que consistem essas atividades.

II – O Direito inglês é marcado nesta matéria por uma orientação muito mais restritiva do que a dos sistemas jurídicos até aqui examinados.

A culpa («*fault*») é decerto dispensável como pressuposto da obrigação de indemnizar nos casos ditos de *strict liability*, cujos fundamentos foram estabelecidos no caso *Rylands v. Fletcher*[1681]. Este último foi julgado, em sede de apelação, pelo *Court of Exchequer Chamber* e depois pela Câmara dos Lordes, que aprovou o *dictum* proferido pelo Juiz Blackburn, daquele primeiro tribunal, segundo o qual «a pessoa que, para os seus próprios fins, trouxer para as suas terras e aí mantiver qualquer coisa que seja suscetível de causar dano se escapar, deve guardá-la por sua conta e risco e, se não o fizer, será *prima facie* responsável por todo o dano que seja a consequência natural da sua fuga». A estes requisitos aditou porém a Câmara dos Lordes a exigência de que o uso da coisa em questão seja «não natural», no sentido de que deve envolver um perigo acrescido de danos para terceiros. Discutia-se na espécie a responsabilidade pelos danos causados pela inundação de uma mina situada numa propriedade do demandante por água proveniente de um reservatório construído numa propriedade vizinha, pertencente ao demandado. Não tinha havido violação de qualquer dever de cuidado por este, pelo que não podia incorrer em responsabilidade por *negligence*. Não obstante isso, a *Exchequer Chamber* considerou justo que o demandado fosse obrigado a indemnizar os danos daquele modo causados.

[1679] Admitindo, porém, a introdução na lei de uma cláusula geral, veja-se Carneiro da Frada, *Direito Civil. Responsabilidade civil*, p. 83.

[1680] Assim Menezes Leitão, *Direito das Obrigações.*, vol. I, p. 361.

[1681] [1866] 1 Exch. 265; [1868] 3 H.L. 330.

A regra enunciada no caso *Rylands* foi contudo significativamente restringida pela jurisprudência posterior. Entre as decisões que se referem ao tema sobressai a proferida no caso *Cambridge Water Co. v. Eastern Counties Leather plc.*[1682], em que a Câmara dos Lordes formulou a exigência de que o dano em causa fosse previsível pelo agente a fim de que pudesse ser-lhe imputado, tendo recusado com esse fundamento a imposição ao proprietário de uma fábrica de curtumes da obrigação de indemnizar os danos causados pela contaminação das águas provenientes de um furo pertencente à demandante por um solvente utilizado pelo demandado no tratamento de couros. Acolheu-se assim o ponto de vista, sustentado nesse aresto por Lord Goff, segundo o qual a referida regra consubstanciaria afinal uma mera extensão da responsabilidade pelo *tort of nuisance* e não propriamente uma modalidade autónoma de *strict liability*; e deu-se igualmente expressão à preferência manifestada pelo mesmo magistrado por que esta forma de responsabilidade seja imposta pelo Parlamento e não pelos tribunais[1683].

A própria consistência da regra formulada no caso *Rylands* tem sido recorrentemente questionada, não só em Inglaterra mas também noutras jurisdições de *Common Law*[1684]. Em causa está, como notou Lord Hoffmann em *Transco plc. v. Stockport Metropolitan Borough Council*[1685], o «interesse público na promoção do desenvolvimento económico», que tornaria desrazoável a imputação de danos ao empresário que não tenha agido negligentemente. Daqui o ascendente que, consoante observou aquele magistrado, a regra *no liability without fault* mantém nos sistemas de *Common Law*.

Certos diplomas legais ingleses consagraram entretanto regimes especiais de responsabilidade independente de culpa. Sobressai entre eles o *Consumer Protection Act 1987*, que disciplina a responsabilidade do produtor, transpondo a diretiva europeia sobre a matéria[1686]. Não é porém inequívoco o caráter objetivo da responsabilidade do produtor nele estabelecida, atenta designadamente a «*development risk defense*» consagrada na secção 4(1)(e) deste diploma[1687].

[1682] [1994] 1 All E.R. 53.

[1683] Afirmou a este respeito Lord Goff: «I incline to the opinion that, as a general rule, it is more appropriate for strict liability in respect of operations of high risk to be imposed by Parliament, than by the courts. If such liability is imposed by statute, the relevant activities can be identified, and those concerned can know where they stand. Furthermore, statute can where appropriate lay down precise criteria establishing the incidence and scope of such liability».

[1684] Como a Escócia e a Austrália, onde essa regra foi revogada por decisões subsequentes.

[1685] [2003] UKHL 61.

[1686] Cfr. *infra*, § 47º, *d)*.

[1687] A qual permite ao produtor exonerar-se de responsabilidade se em face do estado dos conhecimentos técnicos e científicos ao tempo do fornecimento do produto não pudesse esperar-se que um fabricante de produtos do mesmo tipo tivesse detetado o defeito enquanto o produto se encontrava sob o seu controlo. A fórmula aproxima-se muito, consoante foi notado na doutrina,

Seja como for, a *strict liability* mantém caráter extraordinário em Inglaterra: salvo contadas exceções, a responsabilidade civil subordina-se ao *fault principle* de que demos conta acima. Este vale mesmo quanto aos danos acidentais: a noção de responsabilidade objetiva por danos causados por coisas sob o controlo do agente, tão cara, como vimos, ao Direito francês, é estranha ao Direito inglês, que não acolhe sequer regras especiais quanto aos danos ocasionados pelo funcionamento de veículos automóveis ou de caminhos de ferro.

Neste ponto, o Direito inglês afasta-se, pois, consideravelmente dos sistemas continentais. Ao que não são estranhas, por um lado, as diferenças filosóficas que o separam desses sistemas[1688], em particular a preocupação com a preservação da liberdade individual que uma imputação demasiado ampla de danos acidentais àquele que os causou é suscetível de comprometer; e, por outro, o receio de que a responsabilidade objetiva aumente dramaticamente o número de vítimas com direito a ressarcimento dos seus danos e limite a função preventiva de condutas lesivas desempenhada pela responsabilidade subjetiva[1689].

Nos Estados Unidos, o princípio enunciado no caso *Rylands*, tido como adverso às necessidades de desenvolvimento do país, foi durante longo tempo encarado com reserva pela jurisprudência, que o restringiu às «atividades anormalmente perigosas» ou, na expressão de Prosser, «*the thing out of place*»[1690]. O *Restatement of Torts* viria a recebê-lo nas suas disposições justamente com este alcance[1691]. A essas hipóteses acrescentou-se porém, no *Restatement 2nd of Torts*, a respon-

do critério de aferição da *negligence*, afastando-se correspondentemente do das expetativas do consumidor, que inspira a diretiva: cfr. *Markesinis and Deakin's Tort Law*, p. 603, e *Winfield and Jolowicz on Tort*, p. 315.

[1688] Assim Hugh Beale, «An Outline of Liability in Tort in English Law or "Continent Cut Off by Fog"», *Europa e diritto privato*, 1999, pp. 361 ss. (pp. 386 s.).

[1689] Cfr. *Winfield and Jolowicz on Tort*, p. 28.

[1690] Cfr. *Prosser and Keeton on the Law of Torts*, p. 551.

[1691] Cfr. o § 519 do *Restatement 2nd of Torts*, que estabelece: «(1) One who carries on an abnormally dangerous activity is subject to liability for harm to the person, land or chattels of another resulting from the activity, although he has exercised the utmost care to prevent the harm. (2) This strict liability is limited to the kind of harm, the possibility of which makes the activity abnormally dangerous». O § 520 carateriza do seguinte modo o conceito de atividade anormalmente perigosa: «In determining whether an activity is abnormally dangerous, the following factors are to be considered: (a) existence of a high degree of risk of some harm to the person, land, or chattels of others; (b) likelihood that the harm that results from it will be great; (c) inability to eliminate the risk by the exercise of reasonable care; (d) extent to which the activity is not a matter of common usage; (e) inappropriateness of the activity to the place where it is carried on; and (f) extent to which its value to the community is outweighed by its dangerous attributes». No § 20 do *Restatement of the Law Third, Torts: Liability for Physical and Emotional Harm*, adota-se a seguinte regra a este respeito: «(a) An actor who carries on an abnormally dangerous activity is subject to strict liability for physical harm resulting from the activity. (b) An activity is abnormally dangerous if: (1) the

sabilidade do produtor, nele regulada de forma pioneira[1692], tendo esta matéria entretanto passado a constituir objeto de um volume específico do *Restatement of the Law Third, Torts: Products Liability*, publicado em 1998[1693].

III – Entre as situações relativamente às quais a imputação de danos independentemente de culpa assume particular relevo avulta a responsabilidade por atos ou omissões de terceiros, a que se chama nos sistemas anglo-saxónicos *vicarious liability* e nos francófonos *responsabilité du fait d'autrui*.

Cuida-se aqui, designadamente, das situações em que alguém se socorre de um auxiliar para desenvolver certa atividade, estando essa pessoa numa relação de subordinação consigo. É o que sucede, tipicamente, nas relações laborais. A entidade patronal serve-se de trabalhadores seus a fim de levar a cabo determinadas atividades, que envolvem o risco de causarem danos a terceiros e que não pode executar por si própria: por exemplo, a condução de veículos ou a realização de trabalhos de construção civil. Natural é que, havendo danos causados a terceiros no decurso das atividades executadas pelo trabalhador, por conta e no interesse do seu empregador, seja este a arcar, pelo menos em primeira linha, com a obrigação de indemnizá-los. É, por outro lado, o empregador quem se encontra em melhores condições de, segurando a sua responsabilidade e repercutindo o prémio da respetiva apólice nos preços dos seus produtos ou serviços, disseminar os danos em causa, evitando assim que a responsabilidade recaia sobre uma só pessoa, não raro de diminuta capacidade financeira. Assim se garante, além disso, a indemnização do lesado, que muitas vezes teria grande dificuldade em se ressarcir apenas à custa do património do trabalhador.

O princípio *respondeat superior* obteve acolhimento expresso no art. 1242 (ex-1384), do Código Civil francês, no qual se dispõe que os patrões e comitentes são solidariamente responsáveis pelos danos causados pelos seus domésticos e prepostos nas funções para as quais os utilizaram. Concorrem neste caso os diferentes fundamentos em que assenta a *responsabilité du fait d'autrui: a)* A presunção de *faute* nas instruções dadas ou na vigilância exercida sobre alguém; *b)* A criação de um risco para terceiros mediante certa atividade; *c)* A circunstância

activity creates a foreseeable and highly significant risk of physical harm even when reasonable care is exercised by all actors; and (2) the activity is not one of common usage».

[1692] Cfr. o § 402A(1), segundo a qual: «One who sells any product in a defective condition unreasonably dangerous to the user or consumer or to his property is subject to liability for physical harm thereby caused to the ultimate user or consumer, or to his property, if (a) the seller is engaged in the business of selling such a product, and (b) it is expected to and does reach the user or consumer without substantial change in the condition in which it is sold».

[1693] Cujo § 1 dispõe: «One engaged in the business of selling or otherwise distributing products who sells or distributes a defective product is subject to liability for harm to persons or property caused by the defect».

de alguém agir por conta e no interesse de outrem; *d)* A necessidade de proteção das vítimas; e *e)* A maior facilidade do comitente em segurar a sua própria responsabilidade. Daí que o comitente não possa, em França, exonerar-se em caso algum da sua responsabilidade[1694]. O vínculo de subordinação exigido por este preceito foi, por outro lado, estendido pela jurisprudência a casos em que existe uma mera autoridade de facto exercida de forma ocasional. A *responsabilité du commetant* alargou-se assim muito significativamente no Direito francês. O anteprojeto de reforma da responsabilidade civil de 2016, procurando fixar o Direito vigente nesta matéria, estabelece no art. 1249, 1º §, que «[o] comitente é objetivamente responsável pelos danos causados pelo seu preposto». «É comitente», acrescenta a mesma disposição, «aquele que tem o poder de dar ordens ou instruções relacionadas com a execução das funções do preposto».

Em Itália, o art. 2049 do Código Civil, refletindo a influência francesa, prevê que «os patrões e os comitentes são responsáveis pelos danos causados pelo facto ilícito dos seus domésticos e comissários no exercício das incumbências a que se acham adstritos», regra que a jurisprudência aplica prescindindo da culpa dos primeiros como critério de imputação do dano e que é, por conseguinte, reconduzida à responsabilidade objetiva[1695].

Outro tanto ocorre no Direito português, onde a denominada responsabilidade do comitente pelos atos do comissário tem como pressupostos, segundo o art. 500º do Código Civil, além da relação de comissão (entendida aí como a atividade realizada por conta e no interesse de outrem): *a)* Que o facto danoso praticado pelo comissário haja sido praticado *no exercício da função* que lhe foi confiada, ainda que contra as instruções do comitente (ficando assim excluídos desta responsabilidade os atos praticados pelo comissário extravazando das suas funções ou meramentre por ocasião destas, mas sem qualquer *nexo funcional* com elas[1696]);

[1694] Cfr. Bénabent, *Droit des obligations*, p. 436.

[1695] Cfr. Visintini, *Cos'è la responsabilità civile*, p. 192.

[1696] Assim, por exemplo, será responsável a este título o empregador do operário que deixa acidentalmente cair uma ferramenta onde exerce da sua atividade, ferindo um terceiro; mas já não o será no caso de o mesmo operário lançar uma ponta de cigarro sobre material inflamável existente no estaleiro, deflagrando assim um incêndio. O ato gerador do dano foi, neste último caso, praticado por ocasião do exercício das funções confiadas ao comissário, mas não faz parte do conteúdo delas, nem é por elas requerido – bem pelo contrário. O ponto é, no entanto, controvertido na doutrina portuguesa: no sentido do texto, vejam-se Antunes Varela, *Das obrigações em geral*, vol. I, p. 643, e Almeida Costa, *Direito das Obrigações*, p. 619. Preconiza antes que o comitente responda por todos os danos que o comissário causa a outrem «enquanto exerce essa função» Menezes Leitão, *Direito das Obrigações*, vol. I, p. 364, com a concordância de Menezes Cordeiro, *Tratado de Direito Civil*, vol. VIII, p. 614. Esta orientação parece-nos todavia levar longe de mais a regra legal, na medida em que a imputação do dano ao comitente não encontra apoio, neste caso, no princípio fundador do art. 500º: a imposição de responsabilidade àquele que tira proveito de atividades perigosas que

e *b)* Que sobre o comissário recaia também a obrigação de indemnizar, salvo se se dispensar a culpa deste no caso vertente. O comitente tem, em todo o caso, direito de regresso contra o comissário, salvo havendo culpa também da sua parte.

No Direito inglês, o empregador («*employer*») é tido como responsável, independentemente de culpa sua, pelos danos causados a terceiros mediante atos ilícitos praticados pelos seus empregados («*employees*») na constância do respetivo vínculo («*in the course of their employment*»). Por empregado deve entender-se, para este efeito, a pessoa que se encontre sujeita ao «controlo e direção» («*control and direction*») do empregador no que respeita ao modo como há de executar a sua atividade[1697]. A conduta ilícita em questão responsabiliza o empregador contanto que, pela conexão estreita («*close connection*») que possui com os atos que o empregado se encontrava autorizado a realizar, possa, de forma justa e apropriada («*fairly and properly*»), ser tida como compreendida no escopo do seu vínculo, ainda que os atos em questão não tenham sido especificamente autorizados pelo empregador[1698]. O mesmo princípio geral encontra-se consignado no Direito norte-americano[1699].

Muito mais restritiva é a orientação que vingou a este respeito no Direito alemão e que está em parte na origem, como se observou acima, da tendência germânica para enquadrar múltiplas situações dessa natureza na responsabilidade contratual[1700]: de acordo com o § 831(1) do BGB, não incorre em responsabilidade o comitente que demonstre não ter havido, da sua parte, culpa *in eligendo, in instruendo* ou *in vigilando*. Aquele preceito requer, assim, uma atuação culposa do comitente a fim de que lhe possam ser imputadas as consequências dos atos lesivos praticado pelo comissário. Aquele preceito não acolhe, por conseguinte, o princípio *respondeat superior*, consagrado nos sistemas jurídicos acima referidos.

confia a terceiros no seu próprio interesse e que se acha em condições de controlar, pelo poder de direção que exerce sobre o comissário, o risco de causação de danos por este a terceiros. Este controlo apenas pode ser eficazmente exercido, como é bom de ver, sobre os atos do comissário que apresentem o referido nexo funcional com as tarefas de que foi incumbido; não com quaisquer outros levados a cabo à margem delas.

1697 Cfr. *Mersey Docks v. Coggins & Griffith*, [1964] 2 All E.R. 345.

1698 Cfr. *Dubai Aluminium Co. v. Salaam*, [2003] 1 All E.R. 97, onde Lord Nicholls aduziu neste sentido as próprias *policy reasons* da *vicarious liability*, que o ilustre magistrado sumariou do seguinte modo: «The underlying legal policy is based on the recognition that carrying on a business enterprise necessarily involves risks to others. It involves the risk that others will be harmed by wrongful acts committed by the agents through whom the business is carried on. When those risks ripen into loss, it is just that the business should be responsible for compensating the person who has been wronged».

1699 Diz a este respeito o § 2.04 do *Restatement of the Law Third, Agency*: «An employer is subject to liability for torts committed by employees while acting within the scope of their employment».

1700 Cfr. *supra*, § 7º, *a)*.

IV – Através da consagração da responsabilidade objetiva procurou-se evitar, nas ordens jurídicas mencionadas, que os danos acidentais, relativamente aos quais é muitas vezes impossível provar a culpa do agente, ficassem exclusivamente a cargo das vítimas, frequentemente carecidas de proteção e economicamente incapazes de os suportarem; e imputaram-se esses danos àqueles que retiram benefícios das atividades que deles são fonte e que em melhores condições se encontram de controlar os riscos a elas inerentes.

Esta justificação corresponde no essencial à *teoria do risco* em que assenta, desde Saleilles[1701], a responsabilidade objetiva e que se exprime também no brocardo *ubi commoda, ibi incommoda*. Da justiça comutativa, em que se fundam as regras gerais da responsabilidade civil, passa-se aqui para a justiça distributiva: não se trata agora apenas de assegurar um *quid pro quo*, através da imposição de um dever de indemnizar um dano àquele que o causou (e que o podia e devia ter evitado), mas antes de estabelecer certa distribuição de danos, em larga medida inevitáveis, entre os membros da sociedade, atendendo à posição relativa destes.

Deste modo se deu satisfação, por outro lado, à *necessidade social de segurança*, que tanto é ameaçada por condutas lesivas intencionais ou negligentes como pelos riscos de danos inerentes a atividades ou coisas perigosas por sua própria natureza.

Numa perspetiva económica, dir-se-á que, quando referida a danos resultantes de atividades empresariais, a responsabilidade pelo risco é uma forma de as empresas *internalizarem certos custos* (decorrentes, *v.g.*, da poluição do meio ambiente), que de outro modo seriam suportados pela comunidade em geral sem que haja justificação para isso; do mesmo passo que através dela se incentivam os potenciais lesantes, que são também os *cheapest cost avoiders*, a tomarem as precauções necessárias a fim de evitarem, com um mínimo de custos, esses danos[1702].

Seja como for, é inequívoco que o fundamento ético-jurídico da imputação de danos a este título, assim como as suas funções sociais, são essencialmente diferentes dos que subjazem à responsabilidade por factos ilícitos e culposos; donde a necessidade sentida por diversos sistemas jurídicos de a sujeitar a um regime distinto desta[1703].

[1701] Cfr. *Les accidents de travail et la responsabilité civile (Essai d'une théorie objective de la responsabilité délictuelle)*, Paris, 1897.

[1702] Cfr. Landes/Posner, «The Positive Economic Theory of Tort Law», *Georgia Law Review*, 1980, pp. 851 ss.; Richard Posner, *Economic Analysis of Law*, pp. 192 ss.

[1703] Neste sentido, pelo que respeita ao Direito alemão, Canaris, «Grundstrukturen des deutschen Deliktsrechts», *VersR*, 2005, pp. 577 ss.; e, numa perspetiva de Direito Comparado, Franz Werro/Erdem Büyüksagis, «The bounds between negligence and strict liability», *in* Mauro Bussani/Anthony Sebock (orgs.), *Comparative Tort Law. Global Perspectives*, Cheltenham, 2015, pp. 201 ss.

V – Quando associada ao seguro de responsabilidade civil obrigatório[1704] ou aos denominados fundos de garantia[1705], a responsabilidade pelo risco constitui, além disso, um importante mecanismo de *socialização do dano*. Por via dela, opera-se, com efeito, uma distribuição dos riscos de danos pela coletividade constituída por aqueles que pagam os prémios de seguros (e que sustentam, através destes, os fundos de garantia que asseguram a reparação nos casos em que falham a responsabilidade individual e o respetivo seguro) ou mesmo pelos contribuintes, quando tais fundos são financiados pelo Estado. Os custos do ressarcimento dos danos acidentais são assim diluídos naquela comunidade ou transferidos do lesante para a sociedade[1706]. A esta última opção não são alheias as críticas de iniquidade[1707] e de ineficiência económica[1708] dirigidas ao sistema aquiliano como mecanismo de reparação de danos. Mas por detrás dela encontra-se sobretudo a ideia segundo a qual, sendo hoje a atividade dos indivíduos e das empresas fonte de um grande número de acidentes estatisticamente inevitáveis, dos quais resultam danos pessoais que a responsabilidade civil é incapaz de compensar de modo

[1704] Cfr., em Portugal, o art. 4º, nº 1, do Decreto-Lei nº 291/2007, de 21 de agosto, que aprova o regime do sistema do seguro obrigatório de responsabilidade civil automóvel, e o art. 79º, nº 1, Lei nº 98/2009, de 4 de setembro, que regulamenta o regime de reparação de acidentes de trabalho e de doenças profissionais, no qual se estabelece que o empregador é obrigado a transferir a responsabilidade pela reparação prevista nessa lei para entidades legalmente autorizadas a realizar este seguro.

[1705] Através dos quais se procura assegurar a indemnização do lesado nos casos em que o responsável não é conhecido ou não dispõe dos meios necessários para reparar o dano. Cfr., no Direito português, os arts. 47º e seguintes do Decreto-Lei nº 291/2007, que disciplinam o chamado *Fundo de Garantia Automóvel*; o Decreto-Lei nº 142/99, de 30 de abril, que cria o *Fundo de Acidentes de Trabalho*; e o art. 35º, nº 1, do Código dos Valores Mobiliários, que prevê a constituição de fundos de garantia com o objetivo de «ressarcir os investidores não qualificados pelos danos sofridos em consequência da atuação de qualquer intermediário financeiro». Veja-se ainda a Lei nº 104/2009, de 14 de setembro, que aprova o regime de concessão pelo Estado de indemnizações às vítimas de crimes violentos e de violência doméstica.

[1706] Assinala essa transferência, por exemplo, o juiz do Supremo Tribunal dos Estados Unidos Robert Borck: «One thing we are seeing is [...] a move from individual responsibility to collective responsibility. Nowhere is this more true than in tort law». Cfr. as atas do simpósio sobre «Individual Responsibility and the Law», *Cornell L.R.*, vol. 77 (1992), pp. 955 ss. (p. 1021).

[1707] Decorrente, segundo John Fleming, da discriminação que as regras da responsabilidade civil supostamente estabelecem entre as vítimas de acidentes segundo o grau de culpabilidade do agente. Cfr., do autor citado, «Is there a Future for Tort?», *Austr. L. J.*, 1984, pp. 131 ss. (p. 137).

[1708] Segundo o relatório da *Comissão Pearson*, no Reino Unido os custos de funcionamento do sistema delitual ascendem a 86% do valor das indemnizações através dele arbitradas, ao passo que os da segurança social correspondem apenas a 11% do valor das compensações por ela pagas (cfr. Salmond/Heuston, ob. cit., p. 34, n. 74). Informa também Fleming que nos Estados Unidos da América aqueles custos ascendem a $1.07 por cada dólar pago a título de indemnização por danos causados através de acidentes de viação e a $1.25 por cada dólar pago com fundamento em responsabilidade por produtos defeituosos (cfr. est. cit. na nota anterior, p. 139).

satisfatório ou economicamente eficiente, deve a sociedade assumir a responsabilidade por esses mesmos danos[1709].

A verdade, porém, é que as propostas no sentido da substituição da responsabilidade civil por sistemas de segurança social ou afins como forma preferencial de compensação dos danos acidentais, que proliferaram nos anos 70, não vingaram na maior parte dos países; ao que se ligam, entre outros aspetos, os enormes custos orçamentais desses sistemas (que a experiência neozelandeza comprovou) e as dificuldades financeiras enfrentadas por muitos Estados no novo século. Por outro lado, como nota Peter Cane[1710], a substituição, ainda que parcial, da responsabilidade civil pela segurança social não deixaria de se refletir negativamente na prevenção de atividades danosas, que a primeira de alguma sorte também assegura.

Pelo que respeita ao seguro, não pode negar-se que a circunstância de o mesmo se encontrar hoje disponível a relativamente baixo custo para cobrir o risco de um largo espectro de danos acidentais desempenhou em vários sistemas jurídicos, incluindo o português, um papel fundamental no alargamento da responsabilidade objetiva, a que neles se vem assistindo, e na concomitante elevação dos padrões de exigência pelo que respeita às condutas perigosas, sem que desse modo se inibam atividades socialmente úteis. Ainda assim, não parece que este fenómeno possa ser tido como universal, atenta designadamente a relutância com que, como vimos, o Direito inglês continua a encarar a imputação ao lesante de danos ocorridos sem culpa sua.

b) Responsabilidade por factos lícitos

I – Excecionalmente, admitem ainda alguns sistemas jurídicos uma *responsabilidade por factos lícitos*, também dita *responsabilidade pelo sacrifício*. Esta intervém em situações nas quais se consente a lesão de bens alheios em ordem a fazer prevalecer direitos ou interesses de valor superior aos que são tutelados através desses bens, concedendo-se em contrapartida uma indemnização pelo dano desse modo suportado.

É o que sucede, designadamente, nos casos de *estado de necessidade*, i.é, as situações em que alguém sacrifica uma coisa alheia em ordem a afastar o perigo atual de um dano manifestamente superior, quer do agente, quer de terceiro[1711]. São

[1709] Tal a ideia inspiradora do sistema dito *no-fault* de compensação pelo Estado de danos acidentais instituído em 1972 na Nova Zelândia em substituição da responsabilidade civil. Cfr., sobre o tema, André Tunc, *La responsabilité civile*, 2ª ed., Paris, 1989, pp. 79 e 163 s.; Stephen D. Sugarman, «Doing Away with Tort Law», *California Law Review*, 1985, pp. 558 ss.; e *Atiyah's Accidents, Compensation and the Law*, pp. 464 ss.

[1710] Cfr. *Key Ideas About Tort Lans*, Oxford/Portland, 2017, p. 132.

[1711] Assim o art. 339º, nº 1, do Código Civil português.

exemplos destas situações de perigo: um incêndio já deflagrado; uma inundação; o risco de naufrágio de um navio; o risco de atropelamento de um peão; etc.

Admite-se nestes casos a prática de atos de destruição ou danificação de coisas alheias tendentes a afastar esse perigo. Assim sucede, por exemplo, se se arromba a porta de uma casa para apagar um incêndio ou suster uma inundação; se se alija-se a carga de um navio para evitar um naufrágio; ou se se colide com outro veículo, de preferência a atropelar um peão. Poderão ainda admitir-se atos de outro tipo, como a utilização de coisas alheias: por exemplo, alguém utiliza um automóvel alheio, sem permissão, a fim de transportar um ferido ao hospital.

No Direito português, são três os pressupostos da licitude dos atos praticados em estado de necessidade, que o art. 339º, nº 1, do Código Civil enuncia: 1º, o perigo de um dano; 2º, o caráter atual, e não meramente potencial, desse perigo (se ele for meramente potencial, deverá ser evitado por outros meios, que não impliquem a destruição ou danificação de coisas); 3º, que o dano que o ato em causa teve em vista evitar seja manifestamente superior àquele que é causado por esse ato. Se o dano causado for superior, não tem sentido a prática desse ato. Há, assim, tal como no caso da legítima defesa, um *princípio de proporcionalidade* entre o dano causado e aquele que se quer evitar, que a lei estabelece como condição da licitude do ato praticado em estado de necessidade.

Verificados estes pressupostos, o ato praticado em estado de necessidade é lícito: o estado de necessidade que levou à prática desse ato constitui, assim, uma *causa de justificação* desse ato, que afasta a sua ilicitude. Isso não impede, todavia, que possa haver lugar a indemnização do dano causado em dois casos, que o art. 339º, nº 2, do Código português indica: *a)* Se o perigo que se quis evitar for provocado por culpa exclusiva do autor da destruição ou do dano (*v.g.* se foi ele quem causou o incêndio, que depois apagou, causando estragos em bens de terceiros); *b)* Se o tribunal entender que, mesmo sem culpa do agente, é por ele devida uma indemnização equitativa. Neste caso, podem ser obrigados a indemnizar não apenas o agente, mas também os terceiros que tiraram proveito do ato ou que contribuíram para o estado de necessidade (por exemplo, os proprietários do edifício incendiado, para cuja salvação foi necessário danificar um edifício contíguo).

Em tais hipóteses, o dever de indemnizar não se funda na ilicitude do ato, nem no risco, mas sim num princípio de *justiça comutativa* que manda compensar o titular do interesse sacrificado a um interesse superior[1712].

Pode ainda haver responsabilidade civil por factos lícitos noutras situações que o Código Civil português contempla. Entre estas sobressaem os danos causados pela captura de enxames de abelhas[1713]; por instalações perigosas[1714];

[1712] Cfr. Antunes Varela, *Das Obrigações em geral*, vol. I, p. 715.

[1713] Art. 1322º, nº 1.

[1714] Art. 1347º, nº 3.

por escavações[1715]; pela passagem forçada ou momentânea[1716]; e pela apanha de frutos[1717]. Comum a estas situações é a circunstância de estar em causa a prática de atos que são lícitos porque visam satisfazer interesses qualificados de uma pessoa, sendo todavia injusto deixar aquele que foi lesado pela sua prática sem qualquer compensação. Daí a imputação ao agente do dano por ele causado a terceiros.

Na Alemanha, diversas situações deste tipo são também geradoras de responsabilidade civil: prevê-as o BGB nos §§ 904, relativo ao estado de necessidade («*Notstand*»); 906, nº 2, onde se regulam as emissões de substâncias imponderáveis (gases, vapores, cheiros, etc.), a partir de uma propriedade vizinha; 912, em que se disciplinam as consequências da construção de um edifício que invada em parte uma propriedade alheia («*Überbau*»); e 917, respeitante à passagem forçada («*Notweg*»). Tal como no Direito português, o dever de indemnizar recai nestes casos sobre aquele que beneficiou do sacrifício alheio, e não necessariamente sobre o lesante dos bens jurídicos afetados; o que reflete, também neste caso, a diversa fundamentação dogmática da responsabilidade por factos lícitos relativamente à responsabilidade por factos ilícitos.

II – As situações em apreço não se confundem, além disso, com as que se encontram na base da responsabilidade pelo risco.

Também nesta estamos, é certo, perante factos que são, por via de regra, lícitos. Contudo, na responsabilidade pelo risco está em jogo a causação de danos no âmbito de atividades que são perigosas por natureza, ainda que socialmente úteis, fazendo por isso a lei recair sobre aquele que gera o risco desses danos a responsabilidade por eles, ainda que não tenha sido esse sujeito o autor dos atos que lhes deram origem (como sucede na responsabilidade do comitente ou por danos causados por animais) ou os mesmos sejam devidos ao acaso. Uma pessoa pode assim ser chamada a indemnizar danos que não lhe são psicologicamente atribuíveis, contanto que tenha retirado vantagens da atividade que os ocasionou. Trata-se, como se notou já, de uma manifestação do princípio de justiça distributiva conforme o qual *ubi commoda, ibi incommoda*.

Na responsabilidade por atos lícitos *stricto sensu* não é isso o que se passa. Trata-se aqui antes das consequências de atos tidos como lícitos porque a lei *sacrifica* o interesse de uma pessoa ao de outra, tido como superior àquele; porém, a fim de evitar injustiças, admite-se a indemnização do lesado pelo agente. Donde a designação responsabilidade pelo sacrifício («*Aufopferungshaftung*») adotada nesta

[1715] Art. 1348º, nº 2.
[1716] Art. 1349º, nº 3.
[1717] Art. 1367º.

matéria por alguns autores[1718]. Nestes casos é, como se disse, a justiça comutativa que intervém. Estas situações são, em todo o caso, excecionais. Tal como a responsabilidade pelo risco, a responsabilidade por factos lícitos está, portanto, sujeita a um *princípio de tipicidade*.

Também por aqui se vê que o princípio geral que domina esta matéria é o *casum sentit dominus*. O dano que não deriva de culpa do seu causador deve ser suportado por aquele que o sofreu, salvo se houver alguma razão especial para decidir em contrário. De outro modo, gerar-se-iam grandes entraves à atuação humana, pois ninguém saberia se, mesmo agindo com o cuidado e a prudência normais e sem infringir qualquer norma legal, não seria responsabilizado pelos danos causados a outrem. A relação causal entre o facto e o dano, só por si, não basta, em princípio, para a imputação do dano àquele que o causou.

§ 24º Conteúdo da responsabilidade

a) Obrigação de indemnizar

I – A responsabilidade civil consubstancia-se fundamentalmente, como notámos acima, na obrigação de indemnizar um dano. Aquele que se encontrar sujeito a essa obrigação deve, consoante estabelecem o § 249 (1) do Código Civil alemão e o art. 562º do Código português, reconstituir a situação que existiria se não se tivesse verificado o evento que obriga à reparação. Idêntica solução vigora nos Direitos francês[1719] e italiano[1720]. Diferem porém os sistemas jurídicos nacionais quanto à forma de dar satisfação a este desiderato.

Na Alemanha e em Portugal, acolhe-se nesta matéria o já referido princípio da *restauração natural*. Assim, por exemplo, sendo danificado um veículo automóvel num acidente de viação, o obrigado à indemnização deverá em princípio repará-lo ou fazê-lo reparar a expensas suas ou disponibilizar ao lesado um veículo equivalente em substituição daquele. Trata-se, por via de regra, da solução que melhor acautela o interesse do lesado na preservação dos seus bens e na reposição do *statu quo ante*[1721].

[1718] Cfr., na doutrina alemã, Larenz/Canaris, *Lehrbuch des Schuldrechts*, vol. II/2, pp. 654 ss.; e na portuguesa, Menezes Cordeiro, *Tratado de Direito Civil*, vol. VIII, pp. 713 ss., e Menezes Leitão, *Direito das Obrigações*, vol. I, pp. 394 ss.

[1719] Veja-se o ac. Cassação de 9 julho de 1981, nº 80-12142: «le propre de la responsabilité civile est de rétablir aussi exactement que possible l'équilibre détruit par le dommage et de replacer la victime dans la situation ou elle se serait trouvée si l'acte dommageable ne s'était pas produit». No mesmo sentido, cfr. o art. 1258 do *Anteprojeto de lei de reforma da responsabilidade civil*, de 2016.

[1720] Cfr. Visintini, *Cos'è la responsabilità civile*, p. 288.

[1721] «A indemnização em dinheiro», escreveu Vaz Serra, «não assegura ao credor senão uma reparação imperfeita do dano»: cfr. «Obrigação de indemnização», cit., p. 131. Evidenciam-no as

Não sendo possível a reposição do *statu quo* anterior ao dano, ou se esta não reparar integralmente os danos ou se mostrar excessivamente onerosa para o agente, tem lugar uma *indemnização por equivalente,* que visa possibilitar a constituição, geralmente pelo pagamento ao lesado de uma quantia em dinheiro, de uma situação economicamente equivalente à que existia antes da lesão: no exemplo apontado, mediante, *v.g.*, a aquisição pelo lesado de um veículo equivalente ao sinistrado[1722].

O Direito italiano consagra igualmente esta solução, embora permita ao lesado optar *ab initio* pela indemnização por equivalente[1723]. Esta constitui assim, no sistema jurídico transalpino, uma alternativa à restauração natural, ao passo que nos Direitos alemão e português ela tem caráter subsidiário.

Em matéria de danos não patrimoniais frequentemente não é possível a restauração natural, devendo nesses casos, nos Direitos alemão e português, arbitrar-se uma indemnização em dinheiro segundo critérios de equidade[1724].

Noutros sistemas jurídicos, como o inglês, a indemnização em dinheiro tem a primazia, apenas havendo lugar à restauração natural quando aquela se mostre inapropriada, *v.g.* por estar em causa um *tort* respeitante à posse de bens específicos[1725]. É a solução geralmente mais favorável ao lesante, uma vez que o exonera da obrigação de repor os bens danificados na situação em que se encontravam antes da lesão.

Subjacente às regras mencionadas está, em todo o caso, a ideia, aceite pela generalidade das legislações nacionais, de que o ressarcimento do dano deve ser integral (*«full compensation»*; *«réparation intégrale»*; *«Totalreparation»*)[1726]. O que pode, aliás, justificar uma cumulação das duas formas referidas de reparação do prejuízo, consoante o admite expressamente o Anteprojeto francês de Reforma da Responsabilidade Civil de 2016[1727].

Sendo a indemnização fixada em dinheiro, esta tem como medida, segundo a *«teoria da diferença»*, o saldo entre a situação patrimonial em que o facto danoso

situações, relativamente frequentes, em que o *valor venal* de um veículo danificado num acidente de viação é inferior ao custo da sua reparação. Com ressalva das hipóteses a seguir referidas no texto, o lesante é obrigado, nesses casos, a repor a situação existente antes do acidente por uma das formas que apontámos. Cfr. Maria da Graça Trigo, *Responsabilidade civil. Temas especiais,* pp. 41 ss.

1722 Cfr. o § 251 do BGB e o art. 566º, nº 1, do Código Civil português, bem como o art. 1261 do Anteprojeto francês cit. *supra.*

1723 É o que se infere do disposto no art. 2058 do Código Civil.

1724 Cfr. o § 253 (2) do BGB e o art. 496º, nº 4, do Código Civil português.

1725 Cfr. *Winfield and Jolowicz on Tort,* p. 738.

1726 Cfr. Stoll, «Consequences of Liability: Remedies», *IECL,* vol. XI, *Torts,* cap. 8, p. 28; Youngs, *English, French & German Comparative Law,* p. 518.

1727 Cfr. o art. 1259: «La réparation peut prendre la forme d'une réparation en nature ou d'une condamnation à des dommages et intérêts, ces deux types de mesures pouvant se cumuler afin d'assurer la réparation intégrale du préjudice».

deixou o lesado (o *status quo injuriae*) e aquela em que ele hipoteticamente se encontraria se não tivessem ocorridos danos (o *status integralis*). Esta solução, que a doutrina alemã tem por implícita no § 249 do BGB[1728], consta expressamente do art. 566º, nº 2, do Código português, ainda que se mostre imprestável em diversas situações[1729].

Em vários sistemas jurídicos, a indemnização pode, no entanto, ser limitada em razão do grau de culpabilidade do agente, da sua situação económica e de outras circunstâncias relevantes. É o que sucede, designadamente, nos Direitos português, espanhol, suíço e holandês[1730].

A mesma ideia fundamental subjaz à doutrina anglo-americana da *mitigation of damages*, conforme a qual a vítima não tem direito ao ressarcimento dos danos que poderia ter evitado através de medidas razoáveis que lhe era dado tomar após a lesão, sendo todavia as despesas em que incorrer para esse efeito indemnizáveis pelo agente[1731].

A referida ideia tem como seu reverso o princípio de que a indemnização não deve conduzir ao enriquecimento da vítima à custa do agente; razão pela qual devem tomar-se em consideração no respetivo cálculo, deduzindo-os ao valor a pagar, os benefícios eventualmente auferidos pela vítima em virtude do evento lesivo (*compensatio lucri cum damno*)[1732]. Di-lo expressamente o Código Civil holandês no art. 6:100, segundo o qual:

> «Quando o mesmo evento tiver causado ao lesado, além do dano, um benefício, deve este ser tido em conta, na medida em que tal seja razoável, na determinação do dano a indemnizar.»

Nalguns sistemas jurídicos admite-se ainda que na indemnização devida ao lesado se incluam os ganhos ilicitamente obtidos pelo lesante através da prática de um facto ilícito de que o primeiro foi vítima: assim sucede nos sistemas de *Common Law*, designadamente, em matéria de *property torts*[1733]. Contudo, estes *restitutionary damages* estão, em rigor, para além da compensação do dano sofrido

[1728] Cfr. Larenz, *Lehrbuch des Schuldrechts*, vol. I, p. 480; Kötz/Wagner, *Deliktsrecht*, p. 266; Brox/Walker, *Allgemeines Schuldrecht*, pp. 326 s.

[1729] Como sucede, designadamente, nos casos de danos não patrimoniais, de danos futuros, de danos continuados e do dano da privação de uso. Para uma desenvolvida crítica dessa solução, veja-se, na doutrina portuguesa, Paulo Mota Pinto, *Interesse contratual negativo e interesse contratual positivo*, vol. I, pp. 562 ss., com mais referências.

[1730] Haja vista, respetivamente, aos arts. 494º do Código Civil português, 1103 do Código Civil espanhol, 44 do Código das Obrigações suíço e 6:109 do Código Civil holandês.

[1731] Cfr. *Winfield and Jolowicz on Tort*, p. 711.

[1732] Ver, com múltiplas referências de Direito Comparado, Mota Pinto, *op. cit.*, vol. I, pp. 710 ss.

[1733] Cfr. *Winfield and Jolowicz on Tort*, p. 700.

pela vítima (visada pelos «*compensatory damages*») e, portanto, fora do domínio próprio da responsabilidade civil[1734].

II – De um modo geral, os montantes das indemnizações concedidas em sede de responsabilidade extracontratual tendem a ser mais baixos nos países do continente europeu (com ressalva, todavia, da Alemanha) do que nos países anglo-saxónicos (especialmente nos Estados Unidos, onde atingem não raro valores elevadíssimos)[1735].

O que evidencia um paradoxo: nos sistemas mais liberais em matéria de pressupostos da obrigação de indemnizar, como os romanistas, as quantias atribuídas a este título tendem a ser mais baixas; onde os requisitos da imputação de danos *ex delicto* se mostram mais apertados, como sucede em Inglaterra e nos Estados Unidos, os tribunais são mais generosos na fixação da indemnização devida.

Ao facto não serão decerto alheias as diferenças do custo de vida nos países em causa; mas ele espelha também a maior sensibilidade dos sistemas referidos em primeiro lugar à ideia de justiça distributiva, a qual é em alguma medida fomentada pela atribuição de indemnizações num número muito amplo de situações, posto que de baixo valor individual[1736]. Jogam, em contrapartida, no sentido da concessão de indemnizações de alto valor nos sistemas referidos em segundo lugar, particularmente o norte-americano, o julgamento das ações delituais por um júri e a admissão do *contingent fee* na fixação dos honorários dos advogados que patrocinam as vítimas[1737].

b) Punitive damages

I – Nos sistemas de *Common Law*, admite-se a imposição ao autor de um *tort* dos chamados *punitive, penal* ou *exemplary damages*. Estes não são propriamente uma forma de responsabilidade civil, pois não visam compensar o lesado dos prejuízos que sofreu, os quais são ressarcidos por uma indemnização atribuída nos termos gerais, mas antes uma pena que acresce à indemnização do dano[1738].

[1734] Voltaremos a este ponto no § 39º, *b)*, a propósito da restituição do enriquecimento sem causa.

[1735] Vejam-se, sobre o ponto, com referência especial ao Direito português, as reflexões de António Menezes Cordeiro, em *Responsabilidade civil dos administradores das sociedades comerciais*, pp. 550 ss.; e *Tratado de Direito Civil*, vol. VIII, pp. 748 ss.

[1736] Nesta linha, Cees van Dam, *European Tort Law*, p. 393.

[1737] Ver, sobre o ponto, o I volume desta obra, §§ 34º e 35º.

[1738] Assim, quanto ao Direito inglês, Salmond/Heuston, *Law of Torts*, p. 595; McGregor, *On Damages*, p. 254; e Cane, *The Anatomy of Tort Law*, p. 114, que escreve: «punitive damages may be seen as "civil (as opposed to criminal) fines"». Quanto ao Direito norte-americano consultem-se *Prosser and Keeton on the Law of Torts*, p. 9; David G. Owen, «A Punitive Damages Overview: Functions, Problems and

O montante dessa pena reverte para o próprio lesado, solução que, além do mais, visa estimular a propositura pela vítima do *tort* da correspondente ação judicial e, por esta via, a *private law enforcement*[1739].

De um modo geral, é pressuposto dos *punitive damages* a ocorrência de um ilícito civil em circunstâncias tão afrontosas que o tornem merecedor de punição[1740]. No Direito inglês, são de três ordens as situações em que é admitida a sua aplicação segundo a Câmara dos Lordes[1741]: *a)* Quando tal se ache previsto em lei especial; *b)* Quando o dano tenha decorrido uma atuação opressiva, arbitrária ou inconstitucional de funcionários públicos; e *c)* Quando o réu tenha planeado a sua conduta por forma a realizar um lucro que exceda a compensação devida ao autor. Os *exemplary damages* são admissíveis, no Direito inglês, relativamente a qualquer tipo de *tort*, «se, mas apenas se, a quantia atribuída a título de compensação for inadequada a fim de punir o réu»[1742]. Tendo o réu sido condenado numa sanção criminal, não lhe são aplicáveis *exemplary damages*[1743].

Mais longe vai o Direito norte-americano, que há muito admite a aplicação de *punitive damages* em diversas outras situações. A matéria é fundamentalmente regida pelo *Common Law*, embora existam disposições legais sobre a matéria. Estabelece, por exemplo, a secção 3294, alínea *a)*, do Código Civil da Califórnia:

> «Numa ação fundada na violação de uma obrigação que não resulte de um contrato, quando se demonstre através de prova clara e convincente que o demandado é culpado de opressão, fraude ou dolo, pode o demandante, além da indemnização, receber uma compensação a título de exemplo e punição do demandado.»

Reform», *Villanova Law Review*, 1994, pp. 363 ss.; e Dobbs/Hayden/Bublick, *Hornbook on Torts*, pp. 861 ss. Numa perspetiva de Direito Comparado, *vide* Stoll, «Consequences of Liability: Remedies», *in IECL*, vol. XI, *Torts*, cap. 8, p. 99; John Y. Gotanda, «Punitive Damages: A Comparative Analysis», *Columb. J.Transnat'l.L.*, 2004, pp. 391 ss. Sobre a distinção entre responsabilidade e pena civil pode ver-se Oliveira Ascensão, «Responsabilidade e pena civil na tutela do direito de autor», *in Estudos jurídicos em homenagem ao Professor Orlando Gomes*, Rio de Janeiro, 1979, pp. 3 ss.

1739 Cfr. David G. Owen, est. cit., p. 380.

1740 Cfr. *Prosser and Keeton on the Law of Torts*, pp. 9 s.; McGregor, ob. e loc. cits.; Dobbs/Hayden/Bublick, *Hornbook on Torts*, pp. 862 s. No *Restatement of the Law Second, Torts*, § 908, definem-se os *punitive damages* como «damages, other than compensatory or nominal damages, awarded against a person to punish him for his outrageous conduct and to deter him and others like him from similar conduct in the future».

1741 *Rookes v. Barnard*, [1964] A.C. 1129.

1742 *Cassel and Co. Ltd. v. Broome and Another*, [1972] A.C. 1027.

1743 Cfr. *Archer v. Brown*, [1984] 2 All ER 267, em que o juiz Peter Pain declarou: «a man should not be punished twice for the same offence. Since he has undoubtedly been punished, I should not enrich the plaintiff by punishing the defendant again».

No domínio da propriedade intelectual, diversas regras de Direito federal preveem também a imposição de *punitive damages* aos infratores de exclusivos alheios[1744].

O poder de os tribunais norte-americanos imporem *punitive damages* é largamente discricionário. Entre os fatores mais frequentemente atendidos na fixação do seu montante incluem-se: *a)* A censurabilidade da conduta do agente; *b)* O património deste; *c)* Os lucros por ele obtidos com a conduta ilícita; *d)* Os custos do processo; *e)* O conjunto das sanções civis e criminais aplicáveis ao agente; e *f)* O dano causado, ou potencialmente causado, pela conduta do agente[1745].

II – A pena privada constitui o precursor histórico da moderna indemnização por danos[1746]. A ideia de punição é, no entanto, fundamentalmente estranha ao regime contemporâneo da responsabilidade civil nos sistemas jurídicos continentais[1747].

Não obstante isso, em alguns desses sistemas jurídicos a disciplina comum da responsabilidade civil, na medida em que admite, designadamente, a redução do montante da indemnização nos casos de mera culpa do lesante[1748] e de conculpabilidade do lesado[1749], revela que a este instituto se acha também de alguma sorte associada a ideia de retribuição de um ato culposo – portanto, de pena. A indemnização exercerá pois, nesses sistemas jurídicos, não apenas uma *função ressarcitória*, mas também, ao menos acessoriamente, uma *função sancionatória*[1750].

[1744] Está neste caso o *Lanham (Trademark) Act*, cujo § 35(b) admite a imposição ao autor da contrafação de uma marca de uma penalidade equivalente ao triplo do valor dos danos ou dos lucros cessantes (consoante o que for maior) sofridos pelo titular do direito infringido. Estes *treble damages* podem também ser aplicados em caso de violação de patente, nos termos do § 284 do *Patent Act*. Por seu turno, o *Copyright Act* norte-americano prevê, no § 504(c), que, em lugar de uma indemnização do dano real sofrido pelo titular do direito («*actual damages*») ou dos lucros auferidos pelo infrator («*infringer's profits*»), pode aquele optar por uma indemnização pré-fixada na lei («*statutory damages*»), a qual pode ascender a 150.000 dólares e exerce também uma função sancionatória.

[1745] Cfr. Dobbs/Hayden/Bublick, *Hornbook on Torts*, p. 865.

[1746] Cfr., pelo que respeita ao Direito Romano, Zimmermann, *The Law of Obligations*, pp. 914 ss.

[1747] Cfr., quanto ao Direito alemão, Larenz, *Lehrbuch des Schuldrechts*, vol. I, p. 423; e *Staudingers Kommentar*/Olzen, Einleitung zum Schuldrecht, n.m. 45; e quanto ao francês, Malaurie/Aynès/Stoffel-Munck, *Droit des obligations*, p. 143.

[1748] Consoante preveem, entre outros, o art. 1103 do Código Civil espanhol, o art. 43, nº 1, do Código das Obrigações suíço e o art. 494º do Código Civil português.

[1749] Hipótese que se encontra contemplada, designadamente, no § 254 (1) do BGB, no art. 44, nº 1, do Código das Obrigações suíço, no art. 1227 do Código Civil italiano (aplicável à responsabilidade extracontratual por força do art. 2056 do Código), no art. 570º, nº 1, do Código Civil português e no art. 3, 3º §, da lei francesa nº 85-877, relativa aos acidentes de viação, assim como, em termos gerais, no art. 1254 do anteprojeto de lei francês de reforma da responsabilidade civil.

[1750] O ponto não é, porém, pacífico na doutrina portuguesa. Admitem abertamente que a responsabilidade civil desempenha uma função sancionatória: Antunes Varela, «Rasgos inovadores do Código Civil português de 1966 em matéria de responsabilidade civil», *BFDUC*, 1972, pp. 77 ss.

Esta função revela-se de forma particularmente nítida no domínio dos danos morais, sempre que a jurisprudência fixa o montante da indemnização devida tendo em conta a gravidade da ofensa ou a culpa do agente e lhe impõe, nessa base, uma reparação cujo valor é independente do prejuízo sofrido pela vítima[1751].

Outro tanto sucede nas legislações, como a portuguesa, que consagram como critérios atendíveis na fixação da indemnização devida pela violação de direitos intelectuais, entre outros, o lucro obtido pelo infrator, a gravidade da lesão sofrida pela vítima, o grau de difusão ilícita da obra ou prestação e o caráter reiterado ou especialmente gravoso da conduta do infrator[1752]. Está-se aqui muito longe da mera compensação de um dano através da imposição do pagamento de uma indemnização pecuniária: a responsabilidade civil exerce nestes casos uma *função punitiva*, na qual se reflete, por intermédio do Direito Europeu, a influência norte-americana[1753].

(pp. 90 ss.); *idem, Das Obrigações em geral*, vol. I, pp. 561 s. e 961; Rui de Alarcão, *Direito das Obrigações*, p. 247; Ribeiro de Faria, *Direito das Obrigações*, vol. I, pp. 426 s.; Galvão Telles, *Direito das Obrigações*, p. 418; F. M. Pereira Coelho, *O problema da causa virtual na responsabilidade civil*, pp. 5 s., 8 e 10 da nota prévia à reimpressão da obra, e pp. 218 s.; Menezes Cordeiro, *Da responsabilidade civil dos administradores das sociedades comerciais*, Lisboa, 1997, p. 481; *idem, Tratado de Direito Civil*, vol. VIII, p. 419; Paula Meira Lourenço, *A função punitiva da responsabilidade civil*, Coimbra, 2006, pp. 245 ss.; e Luís Menezes Leitão, *Direito das Obrigações*, vol. I, p. 276. Mostram-se mais reservados, face ao Código Civil atual, Pessoa Jorge, *Ensaio sobre os pressupostos da responsabilidade civil*, pp. 11, 52 e 417 (que, todavia, concede que a responsabilidade civil exerce, em plano secundário ou indireto, uma função punitiva); José Carlos Brandão Proença, *A conduta do lesado como pressuposto e critério de imputação do dano extracontratual*, Coimbra, reimpr., 2008, pp. 120 ss. e 161 ss.; Carneiro da Frada, *Direito Civil. Responsabilidade civil*, p. 67; e Mafalda Miranda Barbosa, *Lições de responsabilidade civil*, pp. 46 ss.

1751 Assim sucede, designadamente, no Direito português, com base no disposto no art. 496º, nº 4, do Código Civil: cfr. Galvão Telles, *Direito das Obrigações*, p. 387, n. 1; e Menezes Leitão, *Direito das Obrigações*, vol. I, p. 331. Em face do Direito italiano, reconhece-se também que a responsabilidade civil exerce nestes casos, pelo motivo apontado no texto, uma função *lato sensu* punitiva: cfr. Visintini, *Cos'è la responsabilità civile*, p. 16. Analogamente, perante o Direito alemão observa-se que à jurisprudência relativa às ofensas aos direitos de personalidade (com destaque para a referida *Caroline von Monaco-Entscheidung* de 1994) subjaz também uma intenção preventiva ou mesmo punitiva: cfr. Christian von Bar, *Gemeineuropäisches Deliktsrecht*, vol. I, p. 605; e Kötz/Wagner, *Deliktsrecht*, p. 172. Em França, as indemnizações por danos morais exercem também, segundo notam Viney/Jourdain, *Traité de droit civil. Les effets de la responsabilité*, 3ª ed., Paris, 2010, p. 24, a função de punir um comportamento repreensível, ainda que esta não seja abertamente assumida na jurisprudência.

1752 Cfr. o Código da Propriedade Industrial, art. 338º-L; e o Código do Direito de Autor e dos Direitos Conexos, art. 211º.

1753 Ver Luís Menezes Leitão, «A transposição da Directiva 2004/48/CE sobre a aplicação efectiva dos direitos de propriedade intelectual efectuada pela Lei 16/2008, de 1 de Abril», *Direito da Sociedade da Informação*, vol. VIII, Coimbra, 2009, pp. 281 ss.; Alberto Ribeiro de Almeida, «Responsabilidade civil pela violação de direitos subjetivos da propriedade intelectual – as influências anglo-saxónicas», *RDI*, 2014, pp. 165 ss. ; Adelaide Menezes Leitão, «Responsabilidade civil por violação de direito de autor», *Jurismat*, 2014, pp. 201 ss.

Na ordem jurídica portuguesa parece todavia duvidoso que, na falta de disposição legal que a isso o habilite e a menos que haja de decidir com base na equidade (*v.g.*, porque as partes lhe conferiram poderes para tal), o tribunal possa fixar o montante da indemnização devida pelo agente em valor superior ao do dano sofrido pela vítima, como forma de punir o primeiro[1754].

Recentemente, o Anteprojeto francês de Lei de Reforma da Responsabilidade Civil, previu no art. 1266 a aplicabilidade pelos tribunais de uma multa civil sempre que o autor do dano haja cometido deliberadamente uma «falta grave» («*faute lourde*»). A multa deve ser proporcionada à gravidade da falta, às faculdades contributivas do agente e aos benefícios que o mesmo dela tenha retirado. O seu montante não deve, em princípio, exceder dois milhões de euros, mas pode atingir o décuplo do montante do lucro ou da economia realizados. Tratando-se de uma pessoa coletiva, pode ascender a 10% do seu volume de negócios mundial antes de impostos. Diferentemente, porém, do que sucede nos sistemas de *Common Law*, a multa em questão reverte para um fundo de indemnização ou, na falta deste, para o Tesouro.

III – A aplicação de *punitive damages* suscita, nos casos em que é admissível, o problema da sua conformidade com o princípio da proporcionalidade.

Como se viu acima, subjaz à responsabilidade civil nos sistemas jurídicos integrados na família romano-germânica uma ideia de *justiça comutativa*, conforme a qual a indemnização posta a cargo do lesante deve, em princípio, consistir na reposição das coisas no estado em que se encontravam se não se tivesse produzido o dano ou, quando seja fixada em dinheiro, equivaler ao dano sofrido pelo lesado. Avulta por outro lado nesses sistemas jurídicos a preocupação em evitar indemnizações excessivas[1755], ainda que a fixação do respetivo montante tenha sido feita pelas partes[1756].

[1754] Na doutrina, têm por excluída essa possibilidade Antunes Varela, «Rasgos inovadores do Código Civil português de 1966 em matéria de responsabilidade civil», *BFDUC*, 1972, pp. 77 ss. (pp. 90 s.); F.M. Pereira Coelho, *O enriquecimento e o dano*, reimpressão, Coimbra, 1999, p. 34 e n. 70; e Mafalda Miranda Barbosa, *Lições de responsabilidade civil*, p. 63.

[1755] Essa preocupação aflora de modo particularmente nítido no art. 508º do Código Civil português (limites máximos da indemnização fundada em acidente de viação, quando não haja culpa do responsável); mas o apelo à temperança do julgador subjaz também às remissões para critérios de equidade ou para o prudente arbítrio do tribunal na fixação do montante da indemnização, constantes dos arts. 339º, nº 2, 489º, 494º, 566º, nº 3, e 1594º, nº 3 do Código Civil, e à restrição da indemnização dos danos não patrimoniais àqueles que, pela sua gravidade, mereçam a tutela do Direito (art. 496º, nº 1, do mesmo Código).

[1756] Prevê-se por isso no Direito português, a redução das cláusulas penais manifestamente excessivas (art. 812º, nº 1, do Código Civil) ou usurárias (art. 1146º, nº 3); e proíbem-se as cláusulas contratuais gerais que consagrem cláusulas penais desproporcionadas aos danos a ressarcir (art.

Vale isto por dizer que se consagra nesses sistemas um *princípio de proporcionalidade* da sanção do ato ilícito, tanto no sentido da proscrição do excesso como no de que a sua fixação em concreto deve exprimir uma justa relação entre a gravidade da sanção, por um lado, e a culpa do agente, por outro[1757].

Este princípio foi implicitamente acolhido pelo Supremo Tribunal dos Estados Unidos em 1996 na decisão proferida sobre o caso *BMW of North America, Inc. v. Gore*[1758], em que se julgou inconstitucional, por violação da *due process clause,* a atribuição de *punitive damages* «grosseiramente excessivos» (como seriam os do caso de espécie, em que ascendiam a dois milhões de dólares) e enunciou, pela pena do juiz John Paul Stevens, os seguintes critérios de atribuição dos *punitive damages*: o grau de censurabilidade da conduta do agente; a relação entre a indemnização compensatória atribuída e os *punitive damages* em causa; e as penas civis ou criminais aplicáveis a uma conduta semelhante.

Mais recentemente, no caso *Exxon Shipping Co. et al. v. Baker et al.*[1759], o Supremo Tribunal reduziu de 2,5 mil milhões para 500 milhões de dólares os danos punitivos devidos às vítimas da poluição causada pelo acidente protagonizado em 1989 pelo petroleiro *Exxon Valdez* no Alasca, com fundamento em que o valor dos *punitive damages* não deveria exceder o da indemnização compensatória devida pelo agente.

Não obstante isso, os tribunais norte-americanos têm não raro imposto aos responsáveis por eventos lesivos, a título de *punitive* ou *exemplary damages*, elevadas sanções pecuniárias, discricionariamente fixadas por júris, as quais não correspondem a qualquer perda *in natura* e superam em muito os danos realmente sofridos pelas vítimas[1760].

Tem sido questionada a conformidade da atribuição de efeitos a essas condenações nos sistemas romanistas com a cláusula de ordem pública internacional, que limita a aplicação de leis estrangeiras e o reconhecimento de sentenças estrangeiras pelos tribunais nacionais[1761].

19º, alínea *c)*, do Regime Jurídico das Cláusulas Contratuais Gerais). Cfr., sobre o ponto, o que se deixou dito *supra*, no § 13º, *f)*.

[1757] Nesta linha de orientação, vejam-se, na doutrina francesa, Viney/Jourdain, *Traité de droit civil. Les effets de la responsabilité*, p. 27; e, na portuguesa, Mafalda Miranda Barbosa, *Lições de responsabilidade civil*, pp. 68 s.

[1758] 517 U.S. 559 (1996).

[1759] 554 U.S. 471 (2008).

[1760] Reconhecem-no *Prosser and Keeton on the Law of Torts*, p. 15: «where the enormity of the defendant's outrage calls for it, very large awards of punitive damages, ranging far out of all conceivable proportion to the amount found by way of compensation, have been sustained». Veja-se, a este respeito, o caso *Texaco, Inc. v. Pennzoil, Co.*, julgado em 12 de fevereiro de 1987 pelo *Court of Appeals of Texas*, relatado no vol. I, § 34º, *f)*, desta obra.

[1761] Ver sobre este tema, para maiores desenvolvimentos, o nosso *Da responsabilidade pré-contratual em Direito Internacional Privado*, pp. 698 ss.

O problema foi examinado pelo Tribunal Federal alemão em 1992[1762]. Ocorrera na espécie uma conduta lesiva nos Estados Unidos, de onde as partes eram nacionais e onde se achavam estabelecidas ao tempo dos factos. Após a instauração do processo perante o tribunal de origem, o réu transferiu a sua residência para a Alemanha, de onde era também nacional. O Tribunal Federal alemão deferiu o pedido de reconhecimento da sentença proferida por um tribunal norte-americano na parte respeitante à indemnização por ele arbitrada; mas recusou-a, ao abrigo do disposto no § 328 (1), nº 4, da *Zivilprozessordnung*, relativa à ordem pública internacional, no tocante à condenação do réu no pagamento de *punitive damages*, que considerou incompatível com a natureza exclusivamente compensatória da responsabilidade civil no Direito alemão[1763].

Parece legítimo inferir desta decisão que deverá também ser recusada na Alemanha, por ofensiva da ordem pública internacional, a concessão ao abrigo de leis estrangeiras designadas por regras de conflitos, de indemnizações que se mostrem excessivas à luz do Direito nacional[1764].

Perante o Direito português, deve igualmente ter-se como ofensiva da ordem pública internacional toda a sanção do ilícito civil que se revele desproporcionada ou excessiva. As pretensões indemnizatórias fundadas num Direito estrangeiro só podem, assim, ser atendidas pelos tribunais portugueses na medida em que sejam compatíveis com o princípio da proporcionalidade. Neste sentido depõe aliás o considerando 32 do Regulamento de Roma II relativo à lei aplicável às obrigações extracontratuais, que se ocupa expressamente do problema[1765].

[1762] *BGHZ* 118, pp. 312 ss. A decisão revidenda, proferida pelo *Superior Court of the State of California in and for the County of San Joaquin*, condenava o réu, que praticara ilícitos sexuais contra o autor, a ressarci-lo das despesas em que incorrera com tratamentos médicos, no montante de 260 dólares, e a pagar-lhe as quantias de 100.000 dólares por despesas futuras da mesma natureza, de 50.000 dólares por despesas com o seu realojamento, de 200.000 por danos não patrimoniais e de 400.000 dólares a título de *punitive damages*; e impunha-lhe ainda o pagamento ao advogado do autor de honorários em montante correspondente a 40% daquelas quantias.

[1763] *BGHZ* 118, p. 338: «Die moderne deutsche Zivilrechtsordnung sieht als Rechtsfolge einer unerlaubten Handlung nur den Schadensausgleich (§§ 249 ff. BGB) [...]. Die Bestraffung und – im Rahmen des Schuldangemessenen – Abschreckung sind mögliche Ziele der Kriminalstrafe (§§ 46 f. StGB), die als Geldstrafe an den Staat fliesst, nicht des Zivilrechts». *Idem*, p. 344: «Aus hiesiger Sicht erscheint es unerträglich, in einem Zivilurteil eine erhebliche Geldzahlung aufzuerlegen, die nicht dem Schadensausgleich dient, sondern wesentlich nach dem Interesse der Allgemeinheit bemesen wird und möglicherweise neben eine Kriminalstrafe für dasselbe Vergehen treten kann». Sobre esta decisão, veja-se Andre Fiebig, «The Recognition and Enforcement of Punitive Damage Awards in Germany: Recent Developments», *Georgia Journal of International and Comparative Law*, 1992, pp. 635 ss.

[1764] Pronuncia-se também neste sentido Andreas Spickhoff, *Der ordre public im Internationalen Privatrecht*, Neuwied/Frankfurt a.M., 1989, pp. 204 ss.

[1765] Aí se refere, com efeito, que «a aplicação de uma disposição da lei designada pelo presente regulamento que tenha por efeito dar origem à determinação de indemnizações não compensatórias

Na aferição da existência de uma *justa proporção* entre a gravidade do ilícito e a sanção para ele cominada por uma lei estrangeira, há de o julgador atender a todas as circunstâncias relevantes do caso. Avultam entre elas a natureza e o valor do dano suportado pelo lesado, o grau de culpabilidade das partes e a repercussão que têm sobre a sua situação económica o dano e a aplicação da sanção. Especial prudência requer a fixação pelo tribunal de danos cuja quantificação seja insuscetível de se basear em critérios exatos ou cuja verificação não possa ter-se como certa, como sucede com o dano não patrimonial.

A orientação assim delineada aplica-se também aos *punitive damages*. Destes não pode dizer-se que a sua aplicação pelos tribunais portugueses seja em abstrato contrária à ordem pública. Não repugna, com efeito, ao sentimento jurídico nacional a ideia de justiça retributiva que lhes preside; mas já será ofensiva da nossa ordem pública a fixação da «indemnização punitiva» em montante desproporcionado à gravidade do dano e à culpa do lesante ou que tenha por consequência colocá-lo em situação de insolvência. O mesmo pode dizer-se das hipóteses em que os *punitive damages*, revertendo na íntegra para o lesado, representem para este uma injustificada benesse ou um meio de enriquecer à custa do lesante; ou em que a punição do réu haja tido lugar concomitantemente em sede penal ou tenha sido incluída na indemnização atribuída ao autor, pois que a ser assim ver-se-ia aquele duplamente sancionado pelo mesmo facto em violação do *ne bis in idem*.

§ 25º Responsabilidade extracontratual e responsabilidade contratual: sentido e limites da distinção

a) Origens da distinção

A *summa divisio* entre contrato e delito remonta às *Institutiones* de Gaio[1766]. A distinção manteve-se desde então nos Direitos romanistas e encontra-se na base da ramificação contemporânea da responsabilidade civil. Acolheu-a a codificação justinianeia, que lhe acrescentou todavia as categorias do quase-contrato e do quase-delito[1767]. Daí transitou essa distinção, sob a influência de Pothier, para o Código Civil francês[1768].

exemplares ou punitivas de carácter excessivo pode, em função das circunstâncias do caso e da ordem jurídica do Estado-Membro do tribunal em que a acção é proposta, ser considerada contrária à ordem pública do foro».

[1766] Cfr. *Institutiones*, 3, 88. Aí se lê: «*Nunc transeamus ad obligationes. Quarum summa divisio in duas species diducitur; omnis enim obligatio vel ex contractu nascitur vel ex delicto*».

[1767] *Institutiones*, 3, 13, 2: «*divisio [obligationum] in quattuor species diducitur: aut enim ex contractu sunt aut quasi ex contractu aut ex maleficio aut quasi ex maleficio*».

[1768] Cfr. os arts. 1231 e seguintes (correspondentes aos arts. 1146 e seguintes da versão do Código em vigor até 1 de outubro de 2016), relativos à responsabilidade contratual, e os arts. 1240 e seguintes (correspondentes aos antigos arts. 1382 e seguintes), relativos à responsabilidade extracontratual.

Nos sistemas de *Common Law*, a distinção entre *Law of Contract* e *Law of Torts* remonta ao séc. XIX[1769] e deve-se em larga medida à influência exercida sobre autores como Pollock e Anson, criadores do moderno Direito contratual inglês, pelos juristas romanos, por Pothier e por Savigny[1770].

A distinção ajustava-se às conceções sociais e económicas próprias do liberalismo e à ênfase por este posta no contrato como instrumento de trocas livres. O critério distintivo das duas formas de responsabilidade radicava por isso, segundo a doutrina oitocentista, essencialmente na circunstância de a responsabilidade contratual (ou por inexecução de obrigações) ter uma fonte consensual (o contrato), ao passo que a responsabilidade delitual, resultando da infração de deveres gerais, não pressupunha qualquer relação anterior das partes e tinha por fonte exclusiva a lei[1771].

b) A tese da unidade da responsabilidade civil

I – No nosso tempo, a distinção entre as duas formas de responsabilidade, formulada nos referidos termos, foi posta em causa por diversas construções doutrinais, que preconizaram a unidade da responsabilidade civil, do mesmo passo que advogaram uma separação mais ou menos radical entre o dever de prestar e o dever de indemnizar a cargo do devedor inadimplente.

Ainda nos anos vinte do século passado, sustentou Henri Mazeaud[1772], seguido por Léon Mazeaud e André Tunc[1773] e por Jean Mazeaud e François Chabas[1774], que à face do Direito francês «não existe diferença fundamental entre as duas ordens de responsabilidades», admitindo embora a existência entre elas de «diferenças acessórias». Estas seriam na sua maioria de índole «puramente histórica» e dificilmente passíveis de uma «justificação racional»[1775]. Compartilharam esta opinião Planiol, Ripert e Esmein[1776], que consideraram serem as diferenças entre as duas responsabilidades apenas «de natureza técnica». Paralelamente, enten-

[1769] Cfr. Atiyah, «Contracts, Promises and the Law of Obligations», *in Essays on Contract*, pp. 10 ss.

[1770] Cfr. Atiyah, *The Rise and Fall of Freedom of Contract*, pp. 682 s.

[1771] Esta conceção é ainda hoje sustentada por uma parte da doutrina. Cfr., quanto ao Direito francês, Martine, *L'option entre la résponsabilité contractuelle et la résponsabilité délictuelle*, p. 7; e quanto ao Direito inglês, Salmond/Heuston, *The Law of Torts*, p. 11.

[1772] Cfr. «Responsabilité délictuelle et responsabilité contractuelle», *RTDCiv*. 1929, pp. 551 ss. (p. 553).

[1773] Cfr. Henri e Léon Mazeaud e André Tunc, *Traité théorique et pratique de la responsabilité civile délictuelle et contractuelle*, t. I, p. 103.

[1774] Cfr. Henri, Léon e Jean Mazeaud e François Chabas, *Leçons de Droit Civil*, t. II, vol. I, *Obligations. Théorie générale*, pp. 368, 382 e 385 ss.

[1775] Cfr. H. e L. Mazeaud/A. Tunc, ob. cit., p. 109.

[1776] *Traité pratique de Droit Civil Français*, t. VI, *Obligations. 1e. partie*, p. 663. Cfr. no mesmo sentido Ripert/Boulanger, *Traité de Droit Civil*, t. II, p. 338.

deram os autores mencionados em primeiro lugar que a obrigação do devedor de reparar o dano sofrido pelo credor em virtude da inexecução do contrato é perfeitamente distinta da obrigação que sobre ele recai de executar a prestação prometida: uma obrigação nova, que se substitui à anteriormente existente[1777].

II – A mesma linha fundamental de orientação foi posteriormente adotada em Portugal por diversos autores.

No domínio do Código Civil anterior, defendeu Manuel Gomes da Silva que «os dois ramos da responsabilidade não diferem nem por essência nem na generalidade ou individualidade das relações de cuja violação emergem, nem é diferente a importância social dos interesses a que uma e outra dizem respeito»[1778]; e que «nenhuma divergência se nota entre o regime das duas [responsabilidades] e [...] só por equívoco ou simples preconceito se tem entendido o contrário»[1779].

A primeira destas proposições baseia-se em três argumentos fundamentais: *a)* O dever de prestar e o dever de indemnizar são radicalmente diversos, pelo que a responsabilidade contratual – ao contrário do que defendia a doutrina do século XIX – não se identifica com a obrigação violada: o dever de indemnizar não é o próprio dever de prestar, modificado no seu objeto, posto que conservando a sua própria identidade, mas antes, segundo o autor referido, algo de radicalmente diferente, pois tem objeto, fim e fundamento diversos dele[1780]. *b)* Ao contrário do que se supõe habitualmente, a responsabilidade aquiliana pode ter por base a violação de deveres concretos: a obrigação de não causar danos surge quando alguém entra em situação de os poder causar, o que lhe dá carácter concreto e evidencia que ela implica a existência de verdadeira relação jurídica[1781]; e a responsabilidade delitual pode ter por fonte a violação de um dever positivo, como o de defender pessoas que estão sendo vítimas de qualquer agressão, o qual é um dever concreto e relativo[1782]. *c)* É errónea a ideia segundo a qual a responsabilidade delitual implica a violação de deveres fundamentais, enquanto que a contratual é apenas consequência da infração de regras destinadas a facilitar a convivência social, mas não imprescindíveis. Na base dessa ideia está um preconceito liberal e individualista: o de que os homens estão vinculados fundamentalmente por deveres, em geral negativos, destinados a garantir a convivência social, conservando-se estranhos em tudo o que não for necessário para salvaguardar a liberdade individual. Ora esta conceção está posta de parte, pois que contempo-

[1777] Cfr. H. Mazeaud, est. cit., p. 555; H. e L. Mazeaud/A. Tunc, ob. cit., p. 105.

[1778] Cfr. *O dever de prestar e o dever de indemnizar*, vol. I, Lisboa, 1944, p. 192.

[1779] *Ibidem*, p. 210.

[1780] *Ibidem*, pp. 226 ss. e 249.

[1781] *Ibidem*, p. 191.

[1782] *Ibidem*, *idem*.

raneamente numerosos contratos, bem como o exercício de várias profissões, são objeto de minuciosa regulamentação legal e os interesses que eles envolvem são protegidos pelo Estado. Os prejuízos causados pela inexecução dos contratos são mesmo muitas vezes socialmente mais graves e reprimidos com sanções mais pesadas do que aqueles que dão lugar à responsabilidade aquiliana[1783].

A segunda das referidas proposições funda-se numa análise do regime da responsabilidade civil empreendida à luz do Direito anterior ao Código Civil vigente; não iremos, pois, analisá-la neste lugar.

No âmbito do Código Civil de 66, a inexistência de uma distinção essencial entre a responsabilidade contratual e a extracontratual foi reafirmada por Fernando Pessoa Jorge[1784]. Nesse sentido deporiam, segundo o autor: *a)* O facto de não serem suficientemente significativas as diferenças de regime entre as duas responsabilidades; *b)* A aplicabilidade de diversas disposições relativas à responsabilidade por factos ilícitos à violação de deveres decorrentes de negócios jurídicos; *c)* A necessidade de recorrer aos preceitos do capítulo do Código sobre a responsabilidade extracontratual para integrar lacunas da regulamentação legal da responsabilidade por violação de obrigações; *d)* A possibilidade de cumulação das duas responsabilidades quando emergentes do mesmo facto; e *e)* A circunstância de a regulamentação legal da obrigação de indemnizar ser comum às suas diversas fontes. Pelo que respeita às relações entre o dever de prestar e o dever de indemnizar, o autor defende uma posição intermédia entre a que os identifica e a que os considera completa e radicalmente distintos: sendo eles autónomos, por isso que o seu objeto é diverso, não poderia contudo estabelecer-se entre eles uma distinção completa, dado que o seu fim é o mesmo: a satisfação do interesse do credor[1785].

Orientação próxima desta foi posteriormente sufragada por António Menezes Cordeiro, que sustentou a viabilidade de uma «doutrina unitária da responsabilidade civil»[1786]; mas o autor veio entretanto a abandonar essa posição[1787].

Também Mário Júlio de Almeida Costa considera, à face do Código Civil vigente, que o regime da responsabilidade contratual é basicamente idêntico ao da responsabilidade extracontratual, não existindo uma distinção essencial de regimes entre as duas formas clássicas de responsabilidade[1788]. A maior parte das

[1783] *Ibidem*, p. 192.

[1784] *Ensaio sobre os pressupostos da responsabilidade civil*, p. 41.

[1785] *Ibidem*, pp. 45 ss.

[1786] Cfr. *Direito das obrigações*, vol. II, Lisboa, 1990, p. 276.

[1787] Cfr. *Da responsabilidade civil dos administradores das sociedades comerciais*, pp. 19 e 470; *Tratado de Direito Civil*, vol. VIII, pp. 387 ss.

[1788] Cfr. *Direito das Obrigações*, pp. 542.

diferenças tradicionalmente admitidas não encontraria mesmo, segundo este autor, «qualquer justificação prática ou lógica»[1789].

Uma posição mais matizada é assumida por Luís Menezes Leitão[1790], para quem se mantêm no atual Direito português «diferenças menores» entre os dois regimes de responsabilidade, ainda que as responsabilidades delitual e obrigacional não tenham uma diferente natureza. A distinção fundamental entre elas derivaria de que, «enquanto a responsabilidade delitual surge como consequência da violação de direitos absolutos, que aparecem assim desligados de qualquer relação inter-subjectiva previamente existente entre lesante e lesado, a responsabilidade obrigacional pressupõe a existência de uma relação inter-subjectiva, que primariamente atribuía ao lesado um direito à prestação, surgindo como consequência da violação de um dever emergente dessa relação específica».

III – Entre as teses que rejeitam a distinção da responsabilidade contratual relativamente à extracontratual sobressai ainda a que foi sustentada na Alemanha por Picker[1791]. O autor reconhece que o Direito alemão, tal como outros Direitos europeus, estabelece uma rigorosa distinção entre as responsabilidades contratual e extracontratual, à qual correspondem relevantes consequências práticas. De um modo geral, a responsabilidade contratual coloca o credor em melhor posição do que a responsabilidade delitual[1792]. A distinção entre as duas formas de responsabilidade e a tendência no sentido de alargar cada vez mais a primeira à custa da segunda[1793] colocariam a jurisprudência e a doutrina perante o problema da determinação de um fundamento material que justifique a diversidade de regimes de responsabilidade e permita simultaneamente delimitá-las.

A busca de especiais motivos de imputação ou de «fatores de agravamento da responsabilidade» que justifiquem a aplicação das regras da responsabilidade contratual constituiria, segundo Picker, o elemento comum a todas as tentativas doutrinais de fundamentação da especialidade do regime dessa responsabilidade. Essas tentativas teriam, contudo, falhado, pois que a descoberta de «factores de

1789 *Ibidem, idem.*

1790 *Direito das Obrigações*, vol. I, pp. 276 ss.

1791 Cfr. «Positive Forderungsverletzung und culpa in contrahendo – zur Problematik der Haftungen „zwischen" Vertrag und Delikt», *AcP* 1983, pp. 369 ss.; «Vertragliche und deliktische Schadenshaftung – Überlegungen zu einer Neustrukturierung der Haftungssysteme», *JZ* 1987, pp. 1041 ss. Para uma exposição e crítica das posições deste autor vejam-se, na literatura portuguesa, Sinde Monteiro, *Responsabilidade por conselhos, recomendações ou informações*, pp. 496 ss., e Carneiro da Frada, *Contrato e deveres de protecção*, pp. 223 ss.

1792 Est. cit. na *JZ* 1987, p. 1041.

1793 A que nos reportaremos adiante, no § 26º.

fortalecimento do dever» emergentes da vinculação negocial ou de uma relação especial não foi conseguida[1794].

O problema teria, assim, de ser encarado numa nova perspetiva. O autor entende que há que partir da consideração do fundamento último de todo o dever de ressarcir um dano, que em seu entender é o princípio do *neminem laedere*[1795]. Por força dele, em princípio todos os danos seriam indemnizáveis. Não haveria, por isso, que procurar «factores de agravamento do dever», mas antes fundamentos da exclusão da responsabilidade[1796]. A configuração restritiva do Direito delitual – em particular a exclusão da responsabilidade por danos patrimoniais não causados pela violação de direitos absolutos ou pela violação de leis de proteção, operada pelo § 823 do BGB – radicaria no objetivo de restringir o número dos potenciais credores de indemnização e de, por essa via, garantir a liberdade de ação[1797]. Para Picker este desiderato achar-se-ia satisfeito sempre que o titular de uma pretensão indemnizatória esteja individualizado e determinado através da violação de um direito absoluto ou de uma disposição que o proteja; e encontrar-se-ia também preenchido fora do âmbito dos contactos acidentais regulados pelo Direito delitual quando exista entre as partes uma «ligação especial» («*Sonderverbindung*»), ou seja, quando o possível credor de uma indemnização se ache determinado previamente[1798].

Assim sendo, haveria que concluir que às responsabilidades contratual e extracontratual assiste um fundamento homogéneo. Elas não se distinguiriam pelo seu conteúdo, mas tão-só pela forma de determinação do credor da indemnização: num caso, através da fixação dos bens jurídicos cuja violação determina a responsabilidade; no outro, através da dita «ligação especial»[1799].

Da conceção exposta resultaria, segundo o autor, a eliminação da dicotomia responsabilidade contratual-responsabilidade extracontratual e a sua substituição pela distinção entre o dever de prestar de fundamento negocial e o dever de indemnizar imposto pela lei, pois que a causa do dever de indemnizar seria, mesmo no quadro de uma relação contratual, sempre o comportamento lesivo sancionado pelo Direito[1800]. As duas formas de responsabilidade apenas difeririam por isso que se socorrem de métodos diferentes de limitação da responsabilidade[1801]. Verdadeiramente diferentes, em virtude do seu fundamento material

[1794] Est. cit. na *JZ* 1987, p. 1047.

[1795] Cfr. *AcP* 1983, pp. 460 ss., e *JZ* 1987, pp. 1048 ss.

[1796] Cfr. *AcP* 1983, p. 466; *JZ* 1987, p. 1052.

[1797] Cfr. *AcP* 1983, p. 477; *JZ* 1987, p. 1053.

[1798] Cfr. *AcP* 1983, p. 478; *JZ* 1987, p. 1053.

[1799] Cfr. *AcP* 1983, p. 479 s.; *JZ* 1987, p. 1054.

[1800] Cfr. *AcP* 1983, p. 507; *JZ* 1987, p. 1055.

[1801] Cfr. *AcP* 1983, p. 509; *JZ* 1987, p. 1055.

e do seu conteúdo, seriam o dever de prestar de fonte negocial e a responsabilidade por danos[1802].

IV – Frente ao Direito inglês, a distinção entre *contract* e *tort* operada pela doutrina clássica a partir da fonte voluntária ou legal dos deveres emergentes dessas categorias foi contestada por Atiyah, que apontou como um dos fenómenos mais notórios dos tempos modernos o gradual desvanecimento das fronteiras entre o Direito dos Contratos e as demais partes do Direito das Obrigações[1803].

Por um lado, salientou o autor, o modelo clássico do contrato, caldeado pela doutrina e pela jurisprudência inglesas dos sécs. XVIII e XIX e assente na teoria da vontade, não corresponderia ao Direito contemporâneo. Neste vigorariam sobretudo «critérios objetivos» quanto à determinação da existência e do sentido das vinculações contratuais, sendo para tanto irrelevantes as intenções das partes; a generalidade dos deveres contratuais teria fonte legal, não sendo os mesmos imputáveis, senão por via de uma ficção, à vontade das partes; e em virtude da ampla divulgação dos contratos *standard* o conteúdo das vinculações contratuais mais correntes não seria hoje efetivamente negociada entre as partes, limitando-se uma delas a aceitar condições que lhe são na prática impostas pela outra. Demais, mercê da profunda alteração dos valores políticos dominantes ocorrida a partir de 1870, e da introdução no Direito inglês de conceções coletivistas e socialistas, que nele exerceram acentuada influência até 1980, entrou em declínio o relevo atribuído à liberdade de escolha em matéria contratual, tendo a ordem jurídica passado a interferir de múltiplas formas na contratação privada, *v.g.* proibindo certos contratos e impondo determinadas condições em ordem a assegurar a justeza substancial das transações. A doutrina da *frustration of contracts* teria também permitido aos tribunais extinguir contratos quando a sua execução se haja tornado impossível, independentemente de culpa de qualquer das partes; certa legislação publicada a partir dos meados do século impôs mesmo em determinadas circunstâncias o dever de contratar (por exemplo, aos proprietários de habitações); outra legislação ainda restringiu em muitos pontos a liberdade de estipulação, em ordem a proteger o trabalhador e o consumidor; e os próprios tribunais passaram a reconhecer *implied terms* nos contratos e a interpretar as estipulações das partes por forma a alcançarem o mesmo desiderato. O contrato não fundaria mais a sua eficácia, por conseguinte, exclusiva ou sequer predominantemente, na vontade das partes.

1802 Cfr. *JZ* 1987, p. 1056. Já no est. cit. *in AcP* 1983, p. 394, o autor definira o critério da causa da atribuição patrimonial como determinante da distinção entre o dever negocial de prestar e o dever legal de indemnizar.

1803 Cfr. *The Rise and Fall of Freedom of Contract*, pp. 691 ss. e 726 ss; «Contracts, Promises, and the Law of Obligations», *in Essays on Contract*, pp. 10 ss.; e *Atiyah's Introduction to the Law of Contract*, pp. 2 ss.

Por outro lado, o consentimento, a intenção e as condutas voluntárias não seriam, segundo Atiyah, de todo irrelevantes no *Law of Torts*. A autonomização do *tort of negligence*, que domina o Direito delitual moderno, deveu-se justamente à necessidade de uma disciplina específica dos danos pessoais sofridos no âmbito de situações contratuais. Além disso, aquela responsabilidade resultaria na maior parte dos casos de atuações voluntárias (por exemplo, a condução de veículos); pelo que do agente se pode dizer, com tanto ou tão pouco rigor como de qualquer contraente, que ao agir ele se submete às exigências da lei. A responsabilidade delitual do condutor perante o peão não diferiria significativamente, nesta perspetiva, da sua responsabilidade contratual perante o passageiro por si transportado. Em ambos os casos ela resultaria primordialmente, segundo o autor, de algo que é feito voluntariamente, da existência de um benefício recíproco e da confiança. Acresce que certos ilícitos delituais, como os *torts* de *deceit, misrepresentation, duress, inducing breach of contract* e *negligence* determinam reflexamente as obrigações de contraentes e de putativos contraentes, ao definirem os parâmetros da atuação permissível no mercado, tanto nos preliminares como na execução dos contratos.

Por fim, assiste-se modernamente ao surgimento de responsabilidades *in contract* e *in tort* fundadas na confiança (que não no incumprimento de obrigações voluntariamente assumidas ou de deveres impostos pela lei, como pretendia a doutrina clássica): a tanto visariam, por exemplo, as regras atinentes à *misrepresentation*, às *warranties*, ao *estoppel* e ao *promissory estoppel*. Na medida em que se pretende desse modo prevenir certo tipo de danos – em particular os de natureza puramente patrimonial («*economic loss*») – o Direito dos Contratos sobrepor-se-ia hoje a largas esferas do Direito delitual.

Mais radical é a posição sustentada, perante o Direito dos Estados Unidos da América, por Grant Gilmore, que proclamou em 1974 a «morte do contrato»[1804]. A existência deste último como figura autónoma relativamente ao delito pressupunha, segundo a doutrina clássica norte-americana, tal como foi exposta nas obras de Holmes e Williston, a verificação de três requisitos formais: a oferta, a aceitação e a *consideration*. Com o advento de novas formas de responsabilidade independentes desses requisitos, como as que resultam do enriquecimento sem causa e da confiança na promessa informal desprovida de «consideração» (o *promissory estoppel*, consagrado no § 90 do *Restatement of Contracts*), teria deixado de existir qualquer distinção viável entre a responsabilidade *in contract* e *in tort*[1805]. Eis por que estaria em curso uma «reabsorção» do contrato pelo delito[1806], donde

[1804] Cfr. *The Death of Contract*, especialmente pp. 95 ss.

[1805] Ob. cit., p. 96.

[1806] *Ibidem*, p. 95.

aquele irradiara na Idade Média por via da ação de *assumpsit*, que constituía originariamente uma modalidade das ações (delituais) de *trespass on the case*[1807].

c) Os termos da distinção no Direito contemporâneo

I – É hoje inquestionável a tendência que se regista em muitos sistemas jurídicos no sentido da equiparação das consequências das duas formas de responsabilidade.

Para o efeito, socorrem-se os legisladores de diferentes técnicas: *a)* Nalguns sistemas, regulamenta-se em termos gerais a obrigação de indemnização, independentemente da sua fonte[1808], estabelecendo-se regras suplementares para a responsabilidade delitual[1809] e para a responsabilidade contratual[1810]; *b)* Noutros, consagram-se regras mais pormenorizadas sobre a responsabilidade contratual[1811], que são em parte aplicáveis à responsabilidade delitual[1812]; e *c)* Noutros ainda, coloca-se a ênfase principal na regulamentação da responsabilidade delitual, para a qual se remete na disciplina da responsabilidade contratual[1813].

É, por outro lado, sem dúvida exato que «a obrigação de indemnização tem caracteres que são independentes da sua fonte e que são, portanto, os mesmos quer se trate de obrigação resultante de facto ilícito quer de obrigação derivada do não cumprimento de uma obrigação pré-existente ou de outra fonte ainda»[1814].

Uma análise comparativa revela-nos, contudo, que o regime das duas formas de responsabilidade difere na generalidade dos sistemas jurídicos em aspetos de grande relevo, como a definição do dano indemnizável, a exigibilidade de culpa, os sujeitos da obrigação de indemnização e os demais pressupostos desta, o regime da prescrição e da caducidade, a transmissibilidade dos créditos indemnizatórios e a determinação do tribunal competente e da lei aplicável às relações plurilocalizadas.

No relatório da reforma francesa do Direito dos Contratos e das Obrigações, de 2016, declara-se a este respeito:

1807 Cfr. Cheshire/Fifoot/Furmston, *Law of Contract*, pp. 4 s.

1808 Como sucede nos §§ 249 a 255 do BGB e nos arts. 562º a 572º do Código Civil português.

1809 Assim o BGB, §§ 842 a 853; e o Código Civil português, arts. 494º a 498º e 507º a 510º.

1810 Código Civil português, arts. 798º a 800º, 806º e 807º e 809º a 812º.

1811 Como é o caso dos arts. 1231 e seguintes (ex-arts. 1146 e seguintes) do Código Civil francês.

1812 Assim sucede em França, por exemplo, em matéria de causalidade: cfr. Terré/Simler/Lequette, *Droit civil. Les obligations*, pp. 761 e 912.

1813 É que sucede no Direito suíço, por força do disposto no art. 99, nº 3, do Código das Obrigações, que dispõe: «Les règles relatives à la responsabilité dérivant d'actes illicites s'appliquent par analogie aux effets de la faute contractuelle». Em Portugal, socorre-se do mesmo expediente, pelo que respeita à culpa, o art. 799º, nº 2, do Código Civil.

1814 Assim, Vaz Serra, «Obrigação de indemnização», cit., p. 6.

«fundamentalmente, estas duas formas de responsabilidade são mecanismos da mesma natureza, os quais assentam na existência de um facto gerador, de um dano e de um nexo de causalidade entre os dois. Apenas os opõem diferenças de regime, fundadas essencialmente na originalidade do facto gerador em matéria contratual.»[1815]

Só uma indagação das causas dessas diferenças, que procure discernir o seu sentido profundo, permitirá concluir se elas são o mero fruto da tradição, sem qualquer justificação dogmática, ou se, ao invés, elas se fundam na diversidade ontológica das situações da vida humana tipicamente geradoras de cada uma das duas formas de responsabilidade e dos bens jurídicos, interesses e valores por elas tutelados. É o que procuraremos fazer em seguida[1816].

II – Ambas as vertentes da responsabilidade civil visam fundamentalmente, como resulta do anteriormente exposto, a reparação de um dano. Nem todo o dano é, porém, ressarcível. O problema central de toda a temática da responsabilidade civil é, assim, como já notámos, o da delimitação do dano indemnizável. Ora, este problema pode ser enfrentado e resolvido de diferentes formas.

Retomemos, a este propósito, a questão de saber se o dano patrimonial puro ou primário – isto é, aquele que não é precedido de uma perda *in natura*, ou dano real, decorrente da violação de um direito absoluto de que o lesado seja titular – pode ter-se por indemnizável seja qual for a sua fonte ou tão-só em certas situações especificadas na lei ou em precedentes judiciais.

São vários, como vimos, os sistemas jurídicos em que a causação do dano patrimonial puro só é sancionada se existir uma *relação jurídica especial*, nomeadamente um contrato ou uma relação pré-contratual, entre o lesante e o lesado, da qual resulte para o primeiro um dever de cuidado relativamente aos interesses patrimoniais do segundo (salvo se tiver sido violada uma disposição legal de proteção ou o lesante tiver agido em abuso de direito).

Estão neste caso, consoante se verificou acima, os Direitos alemão[1817] e português[1818], pois em ambos só as violações de direitos subjetivos ou de disposições

[1815] Cfr. *Rapport au Président de la République relatif à l'ordonnance no 2016-131 du 10 février 2016 portant réforme du droit des contrats, du régime général et de la preuve des obligations.*

[1816] Retomamos aqui a exposição a este respeito feita em *Da responsabilidade pré-contratual em Direito Internacional Privado*, pp. 119 ss.

[1817] Cfr. Kötz, «Economic Loss in Tort and Contract», *RabelsZ*, 1994, pp. 423 ss. (p. 428); *idem*, *Deliktsrecht*, pp. 33 e 72; e Christian von Bar, «Limitation and Mitigation in German Tort Law», *in The Limits of Liability*, pp. 17 ss. (pp. 22 ss.).

[1818] Cfr. Sinde Monteiro, *Responsabilidade por conselhos, recomendações ou informações*, pp. 187 ss.; Antunes Varela, *Das Obrigações em geral*, vol. I, pp. 643 ss.; Carneiro da Frada, *Uma "terceira via" no direito da responsabilidade civil?*, pp. 37 s.; *idem*, *Teoria da confiança e responsabilidade civil*, pp. 238 ss.; Adelaide Menezes Leitão, *Normas de protecção e danos puramente patrimoniais*, pp. 259 ss.; Pinto

legais de proteção de interesses alheios (na Alemanha também a ofensa intencional dos bons costumes) podem servir de fundamento à imputação delitual do dano ao lesante. Idêntica conclusão pode formular-se perante o Direito suíço[1819].

Também nos sistemas de *Common Law* vigora a regra segundo a qual o dever de cuidado no sentido de evitar a causação de danos a outrem se restringe, na falta de uma *special relationship* entre o agente e a vítima, ao dano físico causado às pessoas ou à propriedade[1820]; e entende-se geralmente que o dano económico, por isso que corresponde a uma expetativa de ganho que se viu gorada, pertence ao domínio do Direito dos Contratos[1821]. (Admite-se no entanto, como se verá adiante, que preenchem aquele requisito, justificando o ressarcimento *in tort* do dano económico, situações em que sejam prestadas falsas declarações nos preliminares e na conclusão dos contratos.)

Nestes ordenamentos só se indemniza em sede delitual o dano patrimonial que seja o reflexo do dano real sobre a situação patrimonial do lesado. É apenas com fundamento na responsabilidade contratual que o ressarcimento dos danos patrimoniais puros pode ser reclamado[1822]. Historicamente, o Direito delitual encontra-se assim funcionalizado à proteção da vida, da integridade física e da propriedade das pessoas (*«life, limb and property»*)[1823].

Entre as principais razões justificativas deste regime de proteção diferenciada dos bens jurídicos avulta a necessidade de tutela da liberdade de atuação das pessoas, que uma proteção irrestrita do património comprometeria decisivamente.

Oliveira, *Princípios de Direito dos Contratos*, pp. 591 ss.; *idem*, «Tópicos sobre a distinção entre a responsabilidade contratual e a responsabilidade extracontratual», *in Estudos em comemoração dos 20 anos da Escola de Direito da Universidade do Minho*, Coimbra, 2014, pp. 513 ss. (p. 522).

1819 Cfr. Keller, «Schweiz», *in Deliktsrecht in Europa*, p. 9; Guhl/Merz/Kummer/Koller/Druey, *Das Schweizerische Obligationenrecht*, pp. 99 e 174; e Gauch/Schluep/Schmid/Rey, *Schweizerisches Obligationenrecht. Allgemeiner Teil*, vol. II, p. 166.

1820 Cfr. quanto ao Direito inglês Salmond/Heuston, *The Law of Torts*, p. 227; Rogers, «Keeping the Floodgates Shut: "Mitigation" and "Limitation" of Tort Liability in the English Common Law», *in The Limits of Liability*, pp. 75 ss. (pp. 82 s.); e *Markesinis and Deakin's Tort Law*, pp. 102 e 141; e quanto ao Direito dos Estados Unidos, Dobbs, «Direct and General Limits on Tort Damages in the United States», *in The Limits of Liability*, pp. 27 ss. (pp. 40 s.).

1821 Cfr. *Atiyah's Introduction to the Law of Contract*, p. 399: «The general rule in English law is that, prima facie, the innocent party is entitled to damages for his lost expectations; he is entitled, in other words, to be placed in the position in which he would have been if the contract had been fully performed, so far as money can do this, as opposed (merely) to the position he would have been in had the contract not been made at all».

1822 Assim Larenz, *Lehrbuch des Schuldrechts*, vol. I, p. 369.

1823 Cfr., quanto ao Direito inglês, *Markesinis and Deakin's Tort Law*, p. 16; e quanto ao Direito alemão, Deutsch, «Zum Verhältnis von vertraglicher und deliktischer Haftung», *in Festschrift Michaelis*, Göttingen, 1972, pp. 26 ss. (p. 35).

A interação social torna inevitável, com efeito, que constantemente se causem danos patrimoniais a outrem. Tal ocorre, porém, as mais das vezes indiretamente, mediante o funcionamento de leis económicas: por exemplo, o comerciante que vende os seus produtos mais baratos que um seu concorrente, diminuindo-lhe a clientela, prejudica-o; mas não terá de indemnizá-lo, excepto se houver infringido disposições legais que visem protegê-lo.

Ora, a limitação da responsabilidade extracontratual às lesões de direitos absolutos e de leis de proteção permite justamente estabelecer um equilíbrio aceitável entre a tutela dos interesses patrimoniais do lesado e a garantia da liberdade de ação do lesante[1824], pois que desse modo se restringe o número dos potenciais credores de indemnização, concentrando-o nos titulares daqueles direitos e nos beneficiários das referidas leis. A não ser assim, teria o lesante de indemnizar não só a vítima directa e imediata da sua conduta, mas também todos aqueles que com ela se encontrem numa qualquer relação que determine o sofrimento de danos; o que criaria o perigo de um alargamento desmedido da responsabilidade civil, quer no tocante ao número de potenciais beneficiários, quer pelo que respeita à dimensão das pretensões indemnizatórias, com um inevitável efeito inibidor de atividades socialmente úteis e do livre desenvolvimento da personalidade humana, que à ordem jurídica cabe assegurar.

Pois bem: este problema não se coloca quanto à responsabilidade emergente do contrato e das demais relações de carácter negocial, porque estas, por natureza, delimitam o círculo dos potenciais credores de indemnização. Eis por que essa responsabilidade não carece de uma restrição dos bens jurídicos através dela protegidos, nem de uma exclusão de princípio da ressarcibilidade dos danos patrimoniais puros, análoga à que vigora para a responsabilidade delitual[1825].

[1824] Neste sentido Canaris, «Schutzgesetze – Verkehrspflichte – Schutzpflichten», *in Festschrift Larenz*, cit., pp. 27 ss. (p. 39).

[1825] Convergimos, pois, neste ponto com a explicação proposta por Picker para o carácter mais restritivo do Direito delitual (cfr. ests. cits. no *AcP* 1983, p. 477, e na *JZ* 1987, p. 1053), a qual, aliás, é também aceite por Larenz, ob. cit., p. 122. Onde já não podemos acompanhá-lo é na ideia, por ele aventada, segundo a qual por força do princípio do *neminem laedere* – fundamento último, no seu entender, de todo o dever de indemnizar – quaisquer danos patrimoniais seriam indemnizáveis desde que na situação controvertida não ocorra fundamento algum de exclusão da responsabilidade. (Recorde-se que os danos desse tipo devem ter-se por ressarcíveis, de acordo com esta conceção, sempre que tal não tenha como consequência a criação do risco de potenciação do número de credores; o que não sucede, segundo Picker, desde que o potencial credor de indemnização possa, ao menos em abstrato, ser determinado *ex ante*, mormente por existir entre as partes uma «ligação especial».) Semelhante construção mostra-se, com efeito, suscetível de conduzir a resultados intoleráveis. Suponha-se que o potencial cliente de um banco solicita a este um empréstimo e que, sendo-lhe dito por um seu empregado que o pedido será certamente aprovado pelo órgão competente para o efeito, realiza diversas disposições, que vêm a saldar-se em prejuízos por o

III – Variam também nalguns sistemas jurídicos as formas de indemnização admissíveis nas duas modalidades de responsabilidade civil. Nos Direitos francês e italiano, a restauração natural só se encontra prevista legalmente nos casos de responsabilidade extracontratual, sendo na responsabilidade contratual a indemnização em princípio fixada em dinheiro[1826]. Não assim, porém, nos Direitos alemão e português, segundo os quais se procede em princípio à restauração natural, independentemente da forma de responsabilidade[1827].

Difere ainda, consoante a espécie de responsabilidade, o cômputo da indemnização. Como resulta do que se deixou dito acima, sendo esta fixada em dinheiro, terá como medida, seja qual for a fonte da obrigação ressarcitória, a diferença entre a situação patrimonial em que se encontra o lesado e aquela em que se encontraria se não tivesse ocorrido o dano. Contudo, só na responsabilidade contratual se atende, na determinação do dano indemnizável, ao interesse positivo, ou de cumprimento, sem prejuízo da relevância do interesse negativo ou de confiança[1828]. A indemnização do primeiro destina-se a colocar o lesado na situação em que se encontraria se o contrato fosse cumprido; a do segundo, visa repor o

empréstimo não ser, afinal, concedido. Nesta hipótese, resultam danos patrimoniais da prestação de uma informação errónea a uma pessoa relativamente à qual não existia qualquer dever legal ou negocial de fazê-lo, não ocorrendo culpa grave do lesante. De acordo com a tese de Picker esses danos seriam, não obstante, ressarcíveis, visto que o número dos potenciais credores de indemnização se achava à partida delimitado; o que parece de muito duvidosa justificação e mesmo perigosamente inibidor da liberdade de actuação individual e da fluidez do tráfico jurídico. Supomos, pois, que do *neminem laedere*, ainda que associado à verificação da inexistência em concreto de um especial motivo para excluir o dever de indemnizar ou mesmo de uma qualquer relação jurídica ou de facto entre o lesante e o lesado, não se segue a necessária imputabilidade ao primeiro dos danos patrimoniais sofridos pelo segundo. É antes do princípio contrário, por força do qual é o património da vítima que deve em regra suportar o dano, que há de partir-se. Aliás, traduzindo-se a imputação de danos, como já dissemos, numa limitação à liberdade de agir das pessoas não pode sequer afirmar-se a vigência sem restrições de um princípio de *neminem laedere*. Observe-se ainda, a este propósito, que na imputação de danos meramente patrimoniais e na definição do conteúdo da correspondente responsabilidade deve também relevar a natureza das relações entre o lesante e o lesado: a existência de um contrato, e por conseguinte de deveres de fonte negocial a que corresponde geralmente uma contrapartida remunerada, justifica uma aceitação mais ampla do dever de indemnizar. A autonomização do regime da responsabilidade contratual funda-se por isso, entre outros motivos, no nível mais elevado dos deveres que vinculam as partes, cuja violação deu origem ao dano, e da diligência que lhes é exigível no seu cumprimento, não constituindo, pois, uma simples técnica de limitação da responsabilidade, como pretende Picker.

1826 Em França, a jurisprudência admite, no entanto, em certos casos, a restauração natural em matéria de responsabilidade contratual: cfr. Geneviève Viney, «Exécution de l'obligation, faculté de remplacement et réparation en nature en droit français», *Revue de Droit Henri Capitant*, nº 3 (2011).

1827 Cfr. *supra*, §§ 14º, *b)*, e 23º, *a)*.

1828 Expressamente neste sentido, Pessoa Jorge, *Ensaio*, cit., p. 380; e Antunes Varela, *Das obrigações em geral*, vol. I, p. 624.

lesado na situação que teria se não houvesse celebrado o contrato ou iniciado as negociações a ele conducentes. No caso de «perturbações da prestação», é o primeiro interesse que deve ser ressarcido.

No Direito inglês difere também, segundo a orientação tradicional, o modo de cálculo da indemnização em dinheiro nas responsabilidades contratual e extracontratual: na primeira, o lesado deve, como vimos acima, ser colocado na posição em que se encontraria se o contrato houvesse sido cumprido; na segunda, pretende-se repor a vítima na situação que ocupava antes da ocorrência do evento danoso[1829].

Esta diversidade de interesses atendíveis no cômputo da indemnização prende-se com a circunstância de ser também diferente a índole dos factos indutores da responsabilidade contratual e da responsabilidade extracontratual – na primeira, o incumprimento de uma obrigação; na segunda, a violação de deveres jurídicos gerais – e dos bens jurídicos através delas tutelados – numa, as expetativas das pessoas no cumprimento de obrigações assumidas por outrem; na outra, a vida, a integridade física e a propriedade.

Relevam ainda no cômputo da indemnização certas exceções à teoria da diferença, que alguns ordenamentos consagram em termos diversos consoante a modalidade de responsabilidade em causa. Assim, ao Direito delitual alemão são fundamentalmente estranhos limites quantitativos à responsabilidade; ao passo que em matéria contratual eles existem em disposições avulsas[1830]. No Direito português, esses limites existem em matéria de responsabilidade pelo risco[1831]. Por seu turno, a possibilidade de graduação equitativa da indemnização, quando haja mera culpa do lesante, de que se deu conta oportunamente, só vigora no Direito português em matéria de responsabilidade extracontratual, não sendo extensível à responsabilidade contratual, onde seria pouco compatível com as expetativas do lesado. O Direito português consagra ainda a possibilidade de o credor de indemnização por responsabilidade extracontratual obter, em caso de mora do devedor, uma indemnização suplementar, além dos juros[1832], que não vigora no caso da responsabilidade contratual.

IV – Consoante se referiu acima, admite-se em Inglaterra e nos Estados Unidos a imposição de *punitive damages* em diversas situações cobertas pela obrigação de ressarcir um dano causado a outrem.

[1829] Assim Cheshire/Fifoot/Furmston, *Law of Contract*, p. 296; Cartwright, *Contract Law*, p. 278; *Chitty on Contracts*, vol. I, p. 121; *Markesinis and Deakin's Tort Law*, p. 803.

[1830] BGB, § 702; *Handelsgesetzbuch*, §§ 430, 485, 2, e 600.

[1831] Código Civil, arts. 508º e 510º.

[1832] Art. 806º, nº 3, do Código Civil.

Em princípio, o domínio de intervenção da figura restringe-se aos ilícitos extracontratuais: assim sucede tanto no Direito inglês[1833] como no dos Estados Unidos[1834]. Alguns tribunais norte-americanos impõem tais *damages* também em caso de incumprimento contratual; mas trata-se de hipóteses excecionais[1835]. Entende-se, na verdade, que a figura em questão, pela sua natureza penal, não é adequada à proteção contra os riscos económicos tipicamente inerentes às transações de bens e serviços e à reparação de violações de deveres fiduciários[1836].

V – Verificam-se também diferenças de regime no tocante às cláusulas de limitação ou de exclusão da responsabilidade civil, consoante a fonte do dever de indemnizar e a natureza do dano[1837].

Admite tais cláusulas a jurisprudência francesa, posto que com restrições, em matéria contratual; mas considera-as nulas quando referidas à responsabilidade delitual[1838].

Na Alemanha, a doutrina aceita, perante o atual § 276 (3) do BGB[1839], a exclusão convencional da responsabilidade contratual pela causação negligente de um dano (mas não já nos casos de dolo)[1840]. Assim sucede mesmo quando o facto danoso constitua simultaneamente um ilícito extracontratual; mas já se afigura mais questionável a possibilidade de exclusão pura e simples da responsabilidade delitual, que a citada disposição não contempla, sobretudo quando esta derive da lesão da integridade física ou da vida[1841].

Também o Código italiano apenas admite a licitude das cláusulas de exoneração da responsabilidade do devedor por culpa leve[1842].

1833 Cfr. Treitel, *The Law of Contract*, pp. 1119 s., bem como a jurisprudência aí citada.

1834 Cfr. os §§ 1-106 (1) do *Uniform Commercial Code* e 355 do *Restatement 2nd of Contracts*. Na doutrina, *vide* no sentido do texto: *Farnsworth on Contracts*, vol. III, p. 194, e *Murray on Contracts*, p. 705.

1835 *Farnsworth on Contracts*, vol. III, pp. 196 ss.

1836 Neste sentido Stoll, «Consequences of Liability: Remedies», *IECL*, vol. XI, *Torts*, cap. 8, p. 100.

1837 Ver, numa perspetiva de comparação de Direitos, Carmen Ruiz Sutil, «Las cláusulas de exoneración o limitación de responsabilidad», *in* Sánchez Lorenzo (org.), *Derecho contractual comparado*, t. II, pp. 765 ss.

1838 Cfr. Mazeaud/Tunc, ob. cit., vol. I, p. 241; Carbonnier, *Droit civil*, vol. II, *Les biens. Les obligations*, pp. 2219 ss.; Terré/Simler/Lequette, *Droit Civil. Les obligations*, p. 925. Veja-se ainda, a este respeito, o art. 1282 do anteprojeto de reforma da responsabilidade civil, que dispõe: «En matière extracontractuelle, on ne peut exclure ou limiter la réparation du préjudice qu'on a causé par sa faute».

1839 Nos termos do qual: «Die Haftung wegen Vorsatzes kann dem Schuldner nicht im Voraus erlassen werden».

1840 Neste sentido, Brox/Walker, *Allgemeines Schuldrecht*, p. 204; Looschelders, *Schuldrecht. Allgemeiner Teil*, p. 179.

1841 *Vide* em sentido afirmativo, em face do Direito anterior à reforma de 2002, Larenz, ob. cit., p. 552.

1842 Cfr. o art. 1229º.

Em Portugal, tende-se a aceitar a validade das cláusulas de limitação da responsabilidade contratual[1843]; mas não é pacífico, atento o disposto no art. 809º do Código Civil, que o mesmo valha quanto às cláusulas de irresponsabilidade: enquanto que um setor da doutrina se pronuncia no sentido da sua nulidade, com ressalva do caso previsto no art. 800º, nº 2, do Código Civil[1844], alguns autores admitem a sua validade, salvo nos casos de dolo e de culpa grave[1845]. Esta última solução é, de resto, a que se retira da Lei das Cláusulas Contratuais Gerais[1846]. Exclui-se em todo o caso, por contrária à ordem pública, a exoneração da responsabilidade por danos pessoais[1847], a cuja reparação provê primordialmente a responsabilidade extracontratual.

Também no Direito inglês se proscreve a exclusão ou a limitação, por cláusula contratual («*exemption clause*») ou por declaração unilateral («*disclaimer*»), da responsabilidade delitual por danos pessoais ou pela morte causados mediante dolo ou negligência («*negligence*»), sempre que tais danos sobrevenham no decurso de uma atividade negocial («*business*») ou num local destinado a esse efeito («*business premise*»): é o que resulta do disposto na secção 2 do *Unfair Contract Terms Act 1977*, que subordina ainda a eficácia daquelas cláusulas quanto à responsabilidade por outros danos à condição de serem razoáveis[1848]. Nos Estados Unidos, admite-se, em geral, a exclusão convencional da responsabilidade[1849]; mas os tribunais têm-na rejeitado em diversas circunstâncias quando referida à responsabilidade delitual[1850].

[1843] Cfr. Carlos Mota Pinto, *Teoria geral*, pp. 593 s.; Galvão Telles, *Direito das obrigações*, pp. 426 ss.; Almeida Costa, *Direito das Obrigações*, p. 788.

[1844] Cfr. Antunes Varela, *Das obrigações em geral*, vol. II, pp. 136 ss.; Pires de Lima/Antunes Varela, *Código Civil Anotado*, vol. II, n. 1 ao art. 809º, pp. 72 s.; Galvão Telles, *Direito das Obrigações*, pp. 423 ss.; e Menezes Leitão, *Direito das Obrigações*, vol. II, p. 283.

[1845] Ver, nesta linha de orientação, Pinto Monteiro, *Cláusulas limitativas e de exclusão de responsabilidade civil*, pp. 217 ss.; Carlos Mota Pinto, ob. cit., p. 595; Almeida Costa, *Direito das Obrigações*, pp. 790 ss.; Nuno Pinto Oliveira, *Princípios de Direito dos Contratos*, p. 912 (excluindo todavia os contratos celebrados por consumidores, relativamente aos quais as cláusulas de exclusão ou limitação de responsabilidade do profissional seriam sempre nulas).

[1846] Haja vista ao art. 18º, alínea *c)*, nos termos do qual são em absoluto proibidas as cláusulas desse tipo que «[e]xcluam ou limitem, de modo direto ou indireto, a responsabilidade por não cumprimento, mora ou cumprimento defeituoso, em caso de dolo ou culpa grave».

[1847] Cfr. Pinto Monteiro, ob. cit., p. 436; e Mota Pinto, ob. cit., p. 595.

[1848] A limitação e a exclusão da responsabilidade decorrente de factos danosos ocorridos noutras circunstâncias é disciplinada por disposições de diplomas diversos, como o *Road Traffic Act 1972*, secção 148 (3), e o *Occupier's Liability Act 1984*, secção 2.

[1849] Cfr. *Farnsworth on Contracts*, vol. I, pp. 613 s.

[1850] *Idem*, vol. I, p. 614, e vol. II, p. 13; *Prosser and Keeton on the Law of Torts*, pp. 482 e 656.

VI – Como se viu acima, o dano é, por si só, juridicamente irrelevante. Para que possa ser imposto àquele que o causou o dever de repará-lo, é necessário que ocorram certos fundamentos de imputação do mesmo à sua pessoa. Entre estes avulta a *culpa*. Ora, também a exigibilidade desta como pressuposto da obrigação de indemnizar varia em alguns sistemas consoante a espécie de responsabilidade em causa.

Nos sistemas de *Common Law*, como notámos noutro lugar desta obra[1851], a responsabilidade contratual é fundamentalmente independente de culpa, pois constitui o corolário da *garantia* que se tem por ínsita na promessa contratual, a qual é geralmente remunerada. Diferentemente, a responsabilidade delitual pressupõe nesses sistemas, como se viu também anteriormente[1852], a culpa do agente, pelo menos sob a forma de *negligence*.

Nos Direitos continentais, o contrato é, como se deixou dito acima, uma figura mais vasta do que nos sistemas de *Common Law*, pois à atribuição patrimonial que dele deriva para uma das partes ou para um terceiro não corresponde necessariamente uma equivalente desvantagem patrimonial a suportar pelo seu beneficiário. A culpa é por isso, nesses Direitos, um requisito comum à responsabilidade contratual e à responsabilidade extracontratual: em princípio, só uma conduta ético-juridicamente censurável, traduzida na inobservância da diligência exigível, pode servir de fundamento ao dever de indemnizar *ex contractu*.

Nos contratos celebrados a título gratuito, atendendo à circunstância de que o grau de diligência exigível do devedor é geralmente menor, restringe-se porém a sua responsabilidade às hipóteses de culpa qualificada[1853]. Já no tocante aos contratos onerosos, seguramente os mais frequentes no tráfico jurídico, uma vez que é maior o grau de diligência abstratamente exigível do devedor – pois que este retira do contrato uma vantagem patrimonial –, é justo que a ordem jurídica onere de modo especial o seu incumprimento, impondo-lhe a obrigação de

[1851] Cfr. *supra*, § 14º, *d)*, IV.

[1852] *Vide* o § 22º, *c)*.

[1853] Assim sucede no Direito alemão em virtude dos §§ 521, 599 e 690 do BGB e no Direito português por força dos arts. 957º, nº 1, 1134º e 1151º do Código Civil. (O mesmo vale, aliás, quanto aos casos de mora do credor: haja vista ao § 300 do BGB e ao art. 814º, nº 1, do Código.) Idêntico pensamento encontrava-se subjacente ao disposto no art. 504º, nº 2, do Código, que afastava a responsabilidade objetiva e exigia a culpa como requisito da responsabilidade do transportador pelos danos causados àqueles que são transportados gratuitamente em caso de acidente de viação. O D.L. nº 14/96, de 6 de março, veio no entanto alterar aquele preceito, alargando no nº 3 da nova redação dada ao art. 504º do Código a responsabilidade objetiva do transportador aos danos pessoais sofridos pelo passageiro transportado gratuitamente. Fê-lo, porém, como se retira do relatório do citado diploma, no pressuposto de que, por força de legislação europeia, essa responsabilidade se encontra hoje obrigatoriamente coberta por seguro.

reparar o dano causado ao credor ainda que o juízo de censura de que a sua conduta é merecedora seja menos grave.

Na generalidade dos Direitos continentais pode, em todo o caso, observar-se algum grau de *objetivização* da responsabilidade contratual, imposta pela necessidade de assegurar a segurança e a fluidez do tráfico jurídico. É o que acontece, por exemplo, no domínio dos contratos de trabalho e de transporte e no tocante à responsabilidade por atos dos auxiliares.

A exigência de culpa encontra-se consagrada na generalidade dos sistemas continentais em matéria de responsabilidade extracontratual. Contemporaneamente, porém, evoluiu-se no sentido da progressiva admissão, também neste domínio, de uma imputação de danos independente de culpa[1854]. Erroneamente se suporia, no entanto, ter resultado daí uma reaproximação das duas formas de responsabilidade.

É que em muitos casos seria económica e socialmente indesejável que recaíssem apenas sobre o lesante os encargos inerentes à reparação dos danos acidentais. Daí a generalização de esquemas de seguro de responsabilidade civil, voluntários ou obrigatórios, através dos quais os prejuízos causados por acidentes são diluídos no seio das colectividades de riscos constituídas por aqueles que pagam os respectivos prémios. O seguro de responsabilidade civil possibilita assim uma certa repartição social das perdas acidentais[1855].

Ora a elevada probabilidade – se não mesmo a certeza – de que, mercê da existência de um seguro de responsabilidade civil, o dano imputado ao agente será, sempre que não exista direito de regresso contra o segurado, suportado por um terceiro (e em última instância pela coletividade), ficando o primeiro na prática isento da obrigação de indemnizar, incita os tribunais, ao julgarem ações fundadas na responsabilidade extracontratual, a interpretarem de modo liberal as condições dessa responsabilidade e a fixarem as indemnizações por forma que a vítima fique completamente ressarcida[1856]; o que não sucede no domínio da responsabilidade contratual.

A divulgação do seguro como técnica de reparação de danos acentuou, nesta medida, a distinção entre as responsabilidades contratual e extracontratual[1857].

[1854] Cfr. *supra*, § 23º.

[1855] O que não significa, contudo, que a responsabilidade civil em si mesma considerada funcione como instrumento de distribuição social das perdas, contra o que pretendem Fleming, *An Introduction to the Law of Torts*, pp. 6 ss., e *The Law of Torts*, pp. 8 s.; e *Atiyah's Accidents, Compensation and the Law*, pp. 410 ss.

[1856] Assim Viney, *Traité de droit civil. Introduction à la responsabilité*, p. 27.

[1857] À mesma conclusão chega Von Mehren, «A General View of Contract», *IECL*, vol. VII, *Contracts in General*, p. 4.

É certo que através do chamado seguro de crédito também o incumprimento de obrigações contratuais passou a ser objeto de contratos através dos quais companhias de seguros garantem a satisfação de direitos de crédito.

Mas sempre que no objeto desses contratos se compreenda o incumprimento voluntário de obrigações contratuais não é de verdadeiros seguros que aí se trata, pois que, não constituindo um risco para alguém, pela própria natureza das coisas, o evento cuja ocorrência depende inteiramente da sua vontade, esse incumprimento não pode ser tido em relação ao devedor como um risco suscetível de ser seguro. Os contratos em apreço são, na realidade, simples fianças[1858]. E ainda que porventura assim não fosse, a circunstância de preverem o direito de regresso do segurador contra o devedor inadimplente sempre permitiria distingui-los dos seguros de responsabilidade civil extracontratual, em que por regra tal direito não existe, pois que desse modo será em derradeira análise o lesante a suportar o dano por si causado.

VII – Conexo com este aspeto está o facto de na maioria dos sistemas continentais caber ao devedor o ónus da prova da ausência de culpa sua, presumindo-se esta na falta dessa prova[1859]; ao passo que o ónus probatório da culpa do agente pertence em princípio ao lesado[1860].

Esta diversidade de regimes, cuja centralidade na diferenciação dos dois tipos de responsabilidade civil se acha hoje amplamente reconhecida[1861], prende-se com a diferente natureza dos deveres jurídicos infringidos nas duas formas de responsabilidade.

Estando em causa a violação de deveres jurídicos gerais, impostos a qualquer um e susceptíveis de possuirem os mais diversos conteúdos, seria manifestamente excessivo presumir a censurabilidade da conduta do agente; mas já quando se esteja perante o incumprimento de deveres especiais ou relativos, dotados de alto grau de concretização, como sucede na responsabilidade contratual, parece legítimo supor que o lesante podia e devia ter actuado de outro modo e que o

[1858] Neste sentido, Castro Mendes, «Acerca do seguro de crédito», *Revista Bancária*, 1972, pp. 5 ss. (p. 12).

[1859] BGB, §§ 282 e 285; Código das Obrigações suíço, art. 97, nº 1; Código Civil italiano, art. 1218; Código Civil português, art. 799º, nº 1. Solução fundamentalmente idêntica vigora em França no que respeita à prova da *faute contractuelle*, em razão do disposto no art. 1231-1 do Código Civil, nos termos do qual, consoante se viu acima, o devedor é condenado ao pagamento de uma indemnização em virtude do incumprimento da obrigação ou da mora na sua execução, se não demonstrar que esta foi impedida por causa de força maior.

[1860] Assim na Suíça, de conformidade com o art. 42, nº 1, do Código das Obrigações; em Itália por força do art. 2697, 1, do Código Civil; e em Portugal em virtude do art. 487º, nº 1, do Código Civil.

[1861] Na jurisprudência portuguesa, veja-se o acórdão do Supremo Tribunal de Justiça de 23 de fevereiro de 2012, proc. 1674/07.7TVLSB.P1.S1.

incumprimento é reprovável – cabendo a este, por conseguinte, demonstrar a escusabilidade da sua conduta.

Tal solução é, aliás, conforme com a experiência comum (na qual se fundam, em última análise, todas as presunções), pois que só excepcionalmente o incumprimento se deve a causas inimputáveis ao devedor[1862].

VIII – Varia também o regime das duas espécies de responsabilidade no tocante à definição dos sujeitos da obrigação de indemnização.

Assim sucede relativamente à responsabilidade por atos de terceiros. Regista-se, com efeito, uma tendência nos Direitos continentais para alargar o âmbito das pessoas por cujos atos o devedor é responsável, face à responsabilidade homóloga do agente[1863].

Esta tendência é levada ao extremo no Código alemão, que prevê no § 278 a responsabilidade em princípio irrefragável do devedor pelos atos dos seus auxiliares, ao passo que se limita a consagrar no § 831, como vimos, uma presunção ilidível de culpa *in elegendo, in instruendo* ou *in vigilando* do agente pelos atos dos seus auxiliares. As insuficiências desta última disposição estão, como já notámos, na origem do amplo desenvolvimento jurisprudencial do Direito contratual alemão operado neste século, nomeadamente através dos institutos da *culpa in contrahendo* e do contrato com eficácia de proteção para terceiros[1864].

Em Portugal, a responsabilidade do agente por atos de terceiro supõe a existência de uma relação de dependência do segundo perante o primeiro, que a lei exprime através do emprego, no art. 500º do Código Civil, do termo «comissão»[1865], a qual é dispensável para efeitos de imputação ao devedor dos danos causados por atos dos seus auxiliares[1866].

Outra não parece ser a orientação adotada pelos Direitos inglês e dos Estados Unidos da América, onde vigora também um regime especial, mais restritivo, para a responsabilidade do agente por atos dos auxiliares («*vicarious liability*»), a qual pressupõe uma relação de «*master-servant*» e que este tenha praticado o delito, como já se referiu, «*in the course of his employment*»[1867].

1862 Cfr., sobre esta matéria, Bianca, *Diritto civile*, vol. 5, *La responsabilità*, p. 73; Antunes Varela, *Das Obrigações em geral*, vol. II, p. 101; Arnoldo Wald, *Direito Civil*, vol. 7, *Responsabilidade Civil*, 3ª ed., São Paulo, 2015, pp. 170 s.

1863 Cfr. o Código italiano, arts. 1228 e 2049; e o Código português, arts. 500º e 800º.

1864 Neste sentido cfr. Von Caemmerer, «Wandlungen des Deliktsrechts», *in Hundert Jahre Deutsches Rechtsleben*, pp. 49 ss. (p. 56).

1865 Cfr. Pires de Lima/Antunes Varela, *Código Civil anotado*, vol. I, pp. 507 s.

1866 Cfr. o art. 800º do Código Civil.

1867 Cfr. quanto ao Direito inglês Salmond/Heuston, *Law of Torts*, pp. 506 ss., e *Markesinis and Deakin's Tort Law*, pp. 554 ss.; e quanto ao Direito dos Estados Unidos *Prosser and Keeton on the Law of Torts*, pp. 499 ss., e Dobbs/Hayden/Bublick, *Hornbook on Torts*, pp. 753 ss.

Esta diversidade de regimes prende-se com a diferente natureza dos deveres de conduta cuja violação está em causa nas duas formas de responsabilidade. No tocante aos danos causados a outrem mediante a infração de deveres gerais, em princípio cada um responde por si. Se, porém, o facto danoso for praticado por conta e sob a direção de terceiro, também este responderá, ainda que apenas como garante. Estando em causa o cumprimento de uma obrigação, o devedor pode geralmente socorrer-se da colaboração de outras pessoas – e é até natural que o faça se se tiver vinculado no exercício de uma actividade profissional ou empresarial –; mas responderá perante o credor pelos atos por elas praticados, ainda que as mesmas gozem de autonomia (excepto, evidentemente, se por acordo prévio as partes tiverem excluído essa responsabilidade). De outro modo, permitir-se-ia que o devedor colhesse os benefícios inerentes a essa forma de cumprimento da obrigação, suportando o credor os correspondentes riscos – o que se traduziria num injustificável privilégio para o primeiro[1868].

No tocante à pluralidade de responsáveis, existe à face do Direito português responsabilidade solidária entre os coautores do mesmo delito[1869], mas não entre os codevedores em virtude do mesmo contrato, excepto se a própria obrigação violada tiver natureza solidária[1870]. Idêntica distinção vigora em França[1871].

IX – Os prazos de prescrição e de caducidade aplicáveis aos direitos de indemnização fundados na responsabilidade contratual e na responsabilidade delitual diferem em quase todos os ordenamentos jurídicos aqui considerados, sendo em regra mais curtos os que valem quanto a esta última[1872]. A responsabilidade emergente de determinados contratos pode, no entanto, prescrever em prazos ainda mais curtos[1873].

[1868] Cfr. sobre o ponto Vaz Serra, «Responsabilidade do devedor pelos factos dos auxiliares, dos representantes legais ou dos substitutos», *BMJ* 72 (1958), pp. 259 ss. (especialmente pp. 267 ss.); Jorge Ribeiro de Faria, *Direito das Obrigações*, Coimbra, 1990, vol. II, pp. 406 ss.; Antunes Varela, *Das Obrigações em geral*, vol. II, pp. 102 ss.; e Carneiro da Frada, «A responsabilidade objectiva por facto de outrem face à distinção entre responsabilidade obrigacional e aquiliana», *Direito e Justiça*, 1998, pp. 297 ss. (especialmente pp. 307 ss.).

[1869] Código Civil, arts. 497º e 507º.

[1870] Código Civil, art. 513º.

[1871] Assim Carbonnier, *Droit civil*, vol. II, *Les biens. Les obligations*, p. 2407.

[1872] Código Civil francês, arts. 2224 e 2226; BGB, §§ 195 e 199(2); Código das Obrigações suíço, arts. 60, nº 1, e 127; Código Civil italiano, arts. 2946 e 2947; Código Civil português, arts. 309º e 498º, nº 1 (cfr., porém, no sentido da aplicação deste preceito indistintamente à responsabilidade contratual e à extracontratual Pedro Albuquerque «A aplicação do prazo prescricional do nº 1 do artigo 498º do Código Civil à responsabilidade civil contratual», *ROA* 1989, pp. 793 ss.; contra, entre outros, Pires de Lima/Antunes Varela, *Código civil anotado*, vol. I, p. 505; Antunes Varela, *Das Obrigações em geral*, vol. I, p. 652; e Almeida Costa, *Direito das obrigações*, p. 470, n. 3).

[1873] BGB, §§ 196 e 197; HGB, §§ 414, 423, 439; Código Civil italiano, arts. 2950 a 2956; Código Civil português, arts. 316º e 317º.

Excetua-se a esta tendência, nos sistemas romanistas, o Brasil, onde o prazo de prescrição da pretensão de reparação civil é o mesmo (três anos, segundo o art. 206, § 3º, inciso V), quer esta se funde na responsabilidade contratual, quer na extracontratual[1874].

Em Inglaterra aplicam-se prazos idênticos à ação contratual e à ação delitual, variando os mesmos, no entanto, consoante a natureza do dano[1875]. Nos Estados Unidos vigoram prazos de prescrição mais curtos para as ações delituais[1876].

Relaciona-se esta diferença de regimes com o problema da prova do evento danoso: esta, quando referida ao delito e ao dano por ele causado, tem normalmente de ser realizada num prazo curto, sob pena de desaparecer (mormente se for feita por testemunhas); já a prova do contrato e da sua violação, geralmente feita por documentos, estará com grande probabilidade disponível mesmo após o decurso de um longo período de tempo[1877]. Outro tanto pode dizer-se da prova do dano contratual, cujo *quantum*, pelo menos quando se trate de obrigações pecuniárias, é frequentemente fixado por recurso a regras legais ou convencionais[1878].

Regista-se também uma diversidade de regimes quanto ao momento relevante para o início da contagem dos referidos prazos. Em matéria delitual, o prazo prescricional só começa a correr a partir do momento em que ocorreu o facto danoso[1879], em que a vítima teve conhecimento do direito que lhe compete[1880] ou em que conheceu o dano e a pessoa do responsável[1881]. Diversamente, em matéria contratual o prazo prescricional ou de caducidade começa a correr a partir do momento da entrega da coisa que a prestação tenha por objeto[1882] ou daquele em que a indemnização for exigível[1883], em nenhum sistema se diferindo o início do curso da prescrição até ao momento em que o credor soube que era titular de uma pretensão indemnizatória. Em Inglaterra a lei determina que o prazo prescricional aplicável à propositura de ações tendentes a efectivar qualquer das

[1874] Veja-se neste sentido o acórdão do Superior Tribunal de Justiça de 7 de dezembro de 2016, recurso especial nº 1281594, em que se pode ler: «O termo "reparação civil", constante do art. 206, § 3º, V, do CC/2002, deve ser interpretado de maneira ampla, alcançando tanto a responsabilidade contratual (arts. 389 a 405) como a extracontratual (arts. 927 a 954)».

[1875] *Limitation Act 1980*, secções 5 e 11.

[1876] Cfr. *Prosser and Keeton on the Law of Torts*, p. 664.

[1877] Ver em sentido próximo o ac. do STJ de 11 de junho de 1975, *BMJ* 248, pp. 402 ss. (p. 404).

[1878] Código Civil francês, art. 1153; BGB, § 288; Código das Obrigações suíço, art. 104, nº 1; Código Civil português, art. 806º.

[1879] Art. 2947 do Código Civil italiano.

[1880] Art. 498º, nº 1, do Código Civil português.

[1881] § 852 (1) do BGB; art. 60, nº 1, do Código das Obrigações suíço.

[1882] BGB, §§ 477, 558, 606 e 638; Código Civil português, arts. 917º e 921º, nº 4.

[1883] Cfr. o § 198 do BGB, o art. 130, nº 1, do Código das Obrigações suíço e o art. 306º, nº 1, do Código Civil português.

formas de responsabilidade se conta da data em que ocorreu a causa de pedir da ação («*the moment when the cause of action accrues*»)[1884]. Assim, se a ação se fundar em *breach of contract* aquele prazo corre a partir do momento da violação do contrato, pois que o dano não é, como dissemos, pressuposto dela[1885]; se a ação tiver por fundamento um dos *torts actionable per se*, que não pressupõem a demonstração de um dano, o prazo para intentá-la corre a partir do momento em que o ato lesivo foi praticado[1886]; quanto aos demais *torts*, em que a ocorrência de um dano é condição da responsabilidade delitual, o prazo para instaurar a correspondente ação conta-se da data em que a vítima começou a sofrer o dano[1887].

Supomos que esta diversidade de regimes obedece à seguinte ideia geral. Na responsabilidade extracontratual, não existe qualquer relação creditória entre as partes antes de verificada a lesão; não parece, pois, que haja incúria do lesado que não exercite o seu direito antes de verificados os factos acima referidos. Só depois deles deve, por conseguinte, iniciar-se a prescrição. Na responsabilidade contratual, essa relação existe, pelo que o titular do direito à indemnização estará por via de regra em condições de fazê-lo valer logo que ela se torna exigível, havendo negligência se o não fizer; não sendo de admitir que esta prolongue o prazo da prescrição, é desde esse momento que ela deve funcionar. Na responsabilidade por defeitos do objeto da prestação a contagem do prazo para o exercício dos direitos do lesado a partir da sua entrega pode ainda justificar-se pela dificuldade em distinguir, decorrido algum tempo, entre o defeito e a deterioração normal desse objeto.

X – Analisadas que estão, nos seus traços fundamentais, as principais diferenças de regime entre as duas formas de responsabilidade que o Direito comparado nos revela, e apontadas que foram as principais razões que as justificam, cabe agora perguntar pela existência de um critério que permita distingui-las.

São, na realidade, vários os carateres distintivos das duas formas de responsabilidade. Entre outros, podem referir-se os seguintes.

Em primeiro lugar, a fonte da obrigação ressarcitória. Vimos acima que para a doutrina tradicional as duas responsabilidades se distinguiriam consoante a fonte do dever jurídico violado: a responsabilidade extracontratual seria uma responsabilidade pela violação de deveres fixados pela lei, ao passo que a responsabilidade contratual se fundaria na violação de deveres criados pela vontade das partes.

Mas esta construção afigura-se insustentável à luz do Direito contemporâneo. Por um lado, porque também existem deveres contratuais imperativamente fixa-

[1884] Secção 5 do *Limitation Act 1980*.

[1885] Assim Cheshire/Fifoot/Furmston, *Law of Contract*, p. 636.

[1886] Cfr. Salmond/Heuston, *Law of Torts*, p. 665.

[1887] Cfr. *Markesinis and Deakin's Tort Law*, p. 783.

dos na lei – fenómeno de resto acentuado pela intervenção estadual na formação, na extinção e na determinação do conteúdo dos contratos, especialmente os de trabalho, de arrendamento e de consumo de bens e serviços. Por outro, porque mesmo quanto aos contratos relativamente aos quais as partes conservam intacta a sua liberdade de celebração e estipulação é a lei que lhes atribui força vinculativa, constituindo por isso a fonte mediata dos deveres deles emergentes. Finalmente, porque o conteúdo de certos deveres jurídicos gerais cuja violação determina a responsabilidade delitual do lesante é suscetível de ser modificado por acordo das partes.

A distinção terá assim de fazer-se atendendo preferentemente à natureza do *facto indutor* da responsabilidade. Na responsabilidade contratual, ele corresponde ao incumprimento de uma obrigação preexistente e do correlativo direito de crédito, emergentes de contrato ou de qualquer outra categoria de factos jurídicos, da lei ou de princípios gerais; ao passo que na responsabilidade extracontratual ele consiste na violação de deveres jurídicos gerais, i. é, de deveres de conduta impostos a todas as pessoas, ou da prática de certos atos que, embora lícitos, causam prejuízo aos direitos absolutos de outrem[1888].

Daí vem que as duas formas de responsabilidade se distinguem também quanto ao modo pelo qual se estabelece o vínculo que une os sujeitos da obrigação ressarcitória. Com efeito: *a)* A responsabilidade contratual surge no âmbito de uma relação preconstituída, da qual emerge, como *dever secundário de prestação*, o dever de indemnizar substitutivo ou complementar da prestação principal[1889]; é, por isso, fundamentalmente idêntica, como melhor se verá de seguida, a correlação de interesses que as duas categorias de deveres se destinam a satisfazer. *b)* Diferentemente, na responsabilidade extracontratual o dever de indemnizar

[1888] Cfr. Heinrich Hörster, *A parte geral do Código Civil português*, p. 72; Galvão Telles, *Direito das Obrigações*, pp. 211 s.; Antunes Varela, *Das Obrigações em geral*, vol. I, pp. 537 ss.; Sinde Monteiro, «Rudimentos da responsabilidade civil», *RFDUP*, 2006, pp. 349 ss.; e Mafalda Miranda Barbosa, *Lições de responsabilidade civil*, pp. 15 s. No assento do Supremo Tribunal de Justiça nº 7/99, de 17 de junho de 1999, publicado no *DR*, I Série-A, de 3 de agosto de 1999, pp. 5016, afirma-se de igual modo que «a responsabilidade por facto ilícito (extracontratual ou aquiliana) e a responsabilidade contratual, são essencialmente diferentes, porquanto [a segunda] resulta da inexecução de uma determinada obrigação preexistente entre o credor e o devedor, enquanto a primeira deriva de um facto ilícito prejudicial a alguém independentemente de qualquer obrigação preexistente entre o lesante e o lesado» (p. 5019).

[1889] Neste sentido, também Larenz, *Lehrbuch des Schuldrechts*, vol. I, pp. 8 e 369, e Mengoni, «Responsabilità contrattuale (dir. vig.)», *EDD*, vol. XXXIX, pp. 1072 ss. (p. 1072). Entre nós, vejam-se, na mesma linha de orientação, Mota Pinto, *Cessão da posição contratual*, reimpressão, Coimbra, 1982, pp. 337 e 429, e *Teoria geral*, p. 372; Antunes Varela, *Das Obrigações em geral*, vol. I, p. 125; e Almeida Costa, *Direito das Obrigações*, p. 77.

constitui-se *ex novo* em virtude da ocorrência do facto danoso, correspondendo por isso a um *dever primário*[1890].

As duas formas de responsabilidade são igualmente autonomizáveis em razão dos sujeitos da obrigação ressarcitória. Na responsabilidade extracontratual, em que se incorre perante aquele de quem não se é devedor, o responsável não pode ser determinado previamente à constituição do dever de indemnização. Ao invés, na responsabilidade contratual a individualização dos sujeitos da obrigação ressarcitória pode ser feita, com referência à relação obrigacional preexistente, anteriormente a esse momento.

São ainda diversos os bens ou interesses tipicamente tutelados por cada uma das duas vertentes da responsabilidade civil. De um modo geral, a responsabilidade contratual protege a expetativa do credor no cumprimento da obrigação voluntariamente assumida ou imposta pela lei ao devedor, ao passo que a responsabilidade extracontratual protege a vida, a integridade física, a propriedade e direitos análogos[1891].

No Direito português, a indemnização pelo não cumprimento das obrigações, pelo seu cumprimento defeituoso, pela mora ou pela impossibilidade da prestação imputável ao devedor visa repor as coisas no estado em que hipoteticamente se encontrariam se a prestação houvesse sido realizada no tempo, modo e lugar devidos[1892]. É, portanto, a mesma a finalidade a que se dirigem a prestação originariamente devida e a indemnização complementar ou sucedânea dela: a satisfação do interesse do credor em que lhe seja proporcionado certo bem ou utilidade. Deve, por conseguinte, reconhecer-se, à face do ordenamento jurídico português, a *identidade normativa* do dever de prestar e do dever de indemnizar consequente ao seu incumprimento.

Em idêntico sentido pode ainda aduzir-se, por um lado, a circunstância de ser o contrato ou o negócio unilateral donde promana o dever de prestar igualmente a fonte ou origem do dever de indemnizar; e, por outro, a admissibilidade da modificação do objeto do direito do credor (que no caso vertente deixa de ser a prestação debitória, se esta for definitivamente incumprida ou se tornar impossível, para passar a ser a correspondente indemnização), sem que por esse motivo se extinga a relação obrigacional (que se mantém intacta na hipótese em apreço, nomeadamente no que respeita às garantias pessoais ou reais do credor, ao prazo prescricional e à oponibilidade de certas exceções)[1893].

[1890] Assim, Larenz, *Lehrbuch des Schuldrechts*, vol. I, p. 8; Antunes Varela, *Das Obrigações em geral*, vol. I, p. 125.

[1891] Cfr. em sentido próximo Zweigert/Kötz, *Einführung in die Rechtsvergleichung*, p. 598.

[1892] Art. 562º do Código Civil.

[1893] Reconhecem que a obrigação ressarcitória corresponde à obrigação violada, modificada quanto ao seu objeto, no caso de esta deixar de ser cumprida ou se tornar impossível por culpa do devedor,

Atenta a natureza dos bens jurídicos que visa tutelar, a responsabilidade contratual assume uma função instrumental da modelação da vida social possibilitada pelo princípio da autonomia da vontade. Protege-se por intermédio dela a modificação de posições jurídicas, *maxime* a transferência de recursos económicos através do instrumento jurídico que é o contrato.

Diversamente, a responsabilidade extracontratual tutela um *statu quo*, uma esfera jurídica mínima, que permite às pessoas exercerem a sua liberdade na convivência social.

Deve, no entanto, reconhecer-se que esta delimitação dos bens jurídicos protegidos pelas duas formas de responsabilidade civil tem um caráter meramente tendencial ou aproximativo: a tutela aquiliana já não se restringe hoje, em muitos ordenamentos jurídicos, às violações de direitos absolutos, antes se estende à violação por terceiros de direitos de crédito. Assim sucede, por exemplo, no *Common Law* com os *torts* de *inducing breach of contract* e de *interference with contract*.

Relevam, por fim, como fatores de caraterização das duas formas de responsabilidade as funções sócio-económicas por elas desempenhadas.

Consideremos antes de mais a obrigação de indemnizar *ex contractu*. A sua fundamental razão de ser é a reparação de um dano. Mesmo no *Common Law* a suscetibilidade de atribuição de *nominal damages* não prejudica que a responsabilidade contratual preencha uma função primordialmente compensatória de um dano[1894].

A responsabilidade contratual exerce também uma função preventiva: a ameaça da imposição do dever de indemnizar funciona como dissuasor do incumprimento das obrigações e da causação de danos por essa via. Nos Direitos

mas sem quebra da sua identidade: Manuel de Andrade, *Teoria Geral da Relação Jurídica*, vol. II, p. 21; Carlos Mota Pinto, *Cessão da posição contratual*, p. 427, e *Teoria geral do Direito Civil*, p. 372; Antunes Varela, *Das Obrigações em geral*, vol. I, pp. 160 ss.; Galvão Telles, *Direito das Obrigações*, p. 214; e Mafalda Miranda Barbosa, *Lições de responsabilidade civil*, pp. 16 e 407 ss. Na literatura alemã *vide* no mesmo sentido Larenz, *Lehrbuch des Schuldrechts*, vol. I, pp. 9 e 27; e Brox/Walker, *Allgemeines Schuldrecht*, p. 13. Salienta que é o mesmo o «fundamento de validade» («*Geltungsgrund*») dos dois deveres, em crítica à tese de Picker, Jakobs, *Gesetzgebung im Leistungstörungsrecht*, p. 28, n. 62. Na doutrina francesa, Carbonnier carateriza a indemnização por danos contratuais como «a continuação» («*la suite*») das relações preexistentes entre o credor e o devedor: cfr. *Droit Civil*, vol. II, *Les biens. Les obligations*, p. 2186. Em Itália, posição análoga é sustentada por Mengoni, «Responsabilità contrattuale (dir. vig.)», *EDD*, vol. XXXIX, pp. 1072 ss. (p. 1073). Sustentando a autonomia do dever de indemnizar relativamente ao dever de prestar, vejam-se, na doutrina portuguesa, entre outros, Manuel Gomes da Silva, *O dever de prestar e o dever de indemnizar*, vol. I, Lisboa, 1944, pp. 226 ss.; Fernando Pessoa Jorge, *Ensaio sobre os pressupostos da responsabilidade civil*, reimpressão, Coimbra, 1995, pp. 44 ss.; e Menezes Leitão, *Direito das Obrigações*, vol. I, p. 278.

1894 Assim, por exemplo, Von Mehren, «A General View of Contract», *IECL*, vol. VII, cap.1, p. 90, n. 574.

continentais, a preocupação em não facilitar o incumprimento das obrigações reflete-se no regime jurídico da responsabilidade contratual, na medida em que se tende a fazer recair sobre o devedor o ónus de provar que a falta de cumprimento ou o cumprimento defeituoso não lhe é imputável.

A proteção da expetativa do credor no cumprimento dos deveres de prestação a cargo do devedor ou, de um modo geral, no respeito pela palavra dada, é no entanto, dentre as funções sócio-económicas desempenhadas pela responsabilidade contratual, a que melhor permite distingui-la da responsabilidade extracontratual.

Através da responsabilidade contratual opera-se também uma determinada repartição do risco de danos emergentes do não cumprimento da prestação debitória.

Esta função da responsabilidade contratual é mais nítida nos sistemas de *Common Law* do que nos Direitos latinos e germânicos, pois que à face daquele a impossibilidade originária ou superveniente da prestação não constitui por si só fundamento de liberação do devedor mesmo que se deva a facto a ele não imputável. No Direito anglo-americano, o devedor só se exonera, consoante se viu acima, verificando-se «erro comum» ou «mútuo» dos contraentes («*common*» ou «*mutual mistake*») quanto a circunstâncias preexistentes à celebração do contrato ou a «frustração» deste em virtude de factos supervenientes e imprevisíveis[1895]. Na disciplina destas situações atende-se, pois, não tanto à causa da impossibilidade da prestação, mas sobretudo à distribuição do risco do dano visada, real ou presumivelmente, pelas partes ou determinada pelo tribunal em função das circunstâncias do caso concreto[1896]. Por isso se entende geralmente que a responsabilidade do devedor pelo incumprimento devido a facto a ele não imputável é, antes de mais, uma questão de interpretação e de integração do contrato. Como vimos, os tribunais ingleses revelam-se, de todo o modo, em atenção aos princípios da força vinculativa dos contratos («*sanctity of contracts*») e da tutela da confiança, relutantes em declarar a sua ineficácia com fundamento quer em «erro comum» das partes quer na sua «frustração». O risco da impossibilidade da prestação tende por isso, contrariamente ao que sucede nos sistemas continentais, a ser fundamentalmente suportado pelo devedor, que em princípio responde perante o credor mesmo que a impossibilidade não lhe seja imputável.

Passemos à responsabilidade extracontratual. Na generalidade dos sistemas jurídicos contemporâneos, é a reparação do dano a sua função primordial (posto que não exclusiva). Em regra, o dano não é, porém, condição suficiente para a intervenção do instituto, sendo necessária uma razão ulterior para justificar

[1895] *Supra*, §§ 11º, *b)*, e 13º, *c)*.

[1896] Cfr. *Atiyah's Introduction to the Law of Contract*, pp. 187 ss.

a sua transferência da vítima para um terceiro[1897]. Às normas da responsabilidade extracontratual pertence, assim, definir quais os pressupostos cuja verificação é necessária a fim de que um evento danoso possa constituir fundamento de uma pretensão indemnizatória. Ao preencherem estoutra função, essas normas garantem, reflexamente, aos que intervêm no tráfico social uma *esfera mínima de liberdade*[1898].

A responsabilidade civil por factos ilícitos tem ainda por função *prevenir* a prática pela mesma ou por outras pessoas de factos idênticos àquele que originou o dever de indemnizar[1899]. A própria responsabilidade pelo risco, assim como a responsabilidade por factos lícitos, tende a estimular a vigilância das pessoas sobre os seus comportamentos e sobre as coisas perigosas que utilizem em seu proveito, evitando erros de conduta potencialmente danosos. Desta forma se provê ao interesse geral na segurança do tráfico jurídico, em que assenta toda a vida em comunidade, e à necessidade de reduzir os custos sociais inerentes aos danos acidentais[1900].

Além de tutelar a vítima, a responsabilidade civil constitui, pois, um *mecanismo de defesa social.*

Em diversos países (entre os quais Portugal), a responsabilidade extracontratual por atos ilícitos prossegue, por outro lado, como já notámos, uma *função repressiva ou sancionatória*, visto que a lei consagra quanto a ela a possibilidade de graduação equitativa da indemnização em razão do grau de culpabilidade do

[1897] Por outro lado, a compensação de danos não é uma função privativa da responsabilidade civil: outros sistemas, como o seguro e a segurança social, têm vindo a desenvolver-se e desempenham hoje um papel mais relevante do que a responsabilidade civil, no tocante, por exemplo, ao ressarcimento dos danos causados por acidentes.

[1898] São manifestações dessa função a regra da irressarcibilidade *ex delicto* dos danos patrimoniais puros, o princípio da culpa e as diferentes formas de delimitação dos *Tatbestände* delituais a que aludimos acima.

[1899] Reconhecem-no, perante o Direito alemão, Larenz/Canaris, *Lehrbuch des Schuldrechts*, vol. II/2, p. 354; e, em Portugal, F.M. Pereira Coelho, *O enriquecimento e o dano*, pp. 20, n. 33, 31 e 67, e Mafalda Miranda Barbosa, *Lições de responsabilidade civil*, p. 46 (sublinhando, contudo, que «o mecanismo preventivo operará de forma dependente do mecanismo reparador»). Pelo que respeita ao Direito norte-americano, veja-se Dobbs/Hayden/Bublick, *Hornbook on Torts*, pp. 15 ss.

[1900] Aspeto posto em especial destaque por um dos fundadores da denominada *análise económica do Direito*, Guido Calabresi: cfr *The Cost of Accidents. A Legal and Economic Analysis*, pp. 44 ss. da tradução castelhana. Na mesma linha de pensamento, Schäfer e Ott, *Lehrbuch der ökonomischen Analyse des Zivilrechts*, pp. 100 e 111 ss., atribuem à prevenção do dano um papel central na disciplina da responsabilidade civil. Também Kötz aponta como finalidade precípua do Direito da responsabilidade civil o estabelecimento de regras sobre os pressupostos e o âmbito do dever de indemnizar que se mostrem aptas a orientar a conduta das pessoas por forma que estas evitem todos os acidentes cuja prevenção se justifique à luz do incremento do bem-estar social que lhe esteja associado: cfr., do autor, «Ziele des Haftungsrechts», *in Festschrift für Ernst Steindorff*, pp. 643 ss. (p. 645), e *Deliktsrecht*, pp. 30 ss.

agente e prevê a fixação do direito de regresso entre coresponsáveis na medida das respetivas culpas.

No caso da responsabilidade pelo risco e por atos lícitos, avulta ainda uma função de *distribuição social do dano*[1901]. Ela é obviamente estranha à responsabilidade contratual.

d) Limites à possibilidade de uma distinção

Há, em qualquer caso, que reconhecer a existência de limites à possibilidade de uma distinção entre as duas modalidades de responsabilidade civil: embora se possam apontar os carateres distintivos fundamentais das duas formas de responsabilidade e formular um conceito central de responsabilidade contratual e de responsabilidade extracontratual, é difícil traçar, mesmo dentro de dado sistema jurídico local, as fronteiras exactas de cada uma destas figuras.

Existem, na verdade, diversas situações em que é discutível se um dano foi causado no âmbito de uma relação obrigacional preexistente ou fora dele e, por conseguinte, se o mesmo origina responsabilidade contratual ou extracontratual.

Estão nesse caso as situações que integram a responsabilidade do produtor, a responsabilidade médica, a responsabilidade do transportador perante o passageiro transportado gratuitamente, a responsabilidade por conselhos, recomendações ou informações e a responsabilidade por atos ou omissões ocorridos nos preliminares e na formação dos contratos.

Temos, nesta medida, por exata a afirmação de Köndgen[1902] segundo a qual entre os pólos do contrato e do delito existe um *continuum* de relações.

Nem por isso, contudo, perde sentido a distinção entre as responsabilidades contratual e extracontratual. É que da existência de situações da vida que não se deixam apreender rigorosamente nestas categorias conceptuais – através das quais a ciência e a lei procuram tão-só resumir e sistematizar o Direito vigente, que de outro modo apareceria aos olhos dos que têm de interpretá-lo e aplicá-lo como uma massa informe de preceitos[1903] – não se segue necessariamente que seja injustificada a diversidade de regimes que elas exprimem. Esta só pode ser avaliada, como procurámos fazer, à luz dos valores e interesses relevantes na disciplina jurídica dos diversos problemas que a imposição do dever de indemnizar coloca.

Tão-pouco se afiguram inapropriadas quer a sujeição de tais situações «híbridas» ou «mistas» à disciplina legal de uma das formas de responsabilidade, desde

[1901] Cfr. Kötz/Wagner, *Deliktsrecht*, p. 42 s.

[1902] *Selbstbindung ohne Vertrag*, Tubinga, 1981, p. 420.

[1903] Este, a nosso ver, o sentido precípuo de toda a construção jurídica. Cfr., na mesma linha fundamental de orientação, Engisch, *Die Einheit der Rechtsordnung*, pp. 81 s.

que se demonstre conter a espécie concreta algum ou alguns dos carateres distintivos delas[1904]; quer a construção para essas situações, a partir da combinação dos regimes existentes, das soluções mais adequadas às necessidades de regulamentação jurídica que nelas se fazem sentir.

Na qualificação dessas situações relevam frequentemente, à face das diferentes ordens jurídicas, factores alheios aos que considerámos atrás – como, por exemplo, a inadequação do regime local de uma das formas de responsabilidade civil às exigências da vida contemporânea. Daí resultam pressões no sentido da extensão ou da restrição do âmbito das respectivas normas, que tendem a desviá-las das suas funções sociais típicas. Desses fenómenos nos iremos ocupar em seguida.

§ 26º Tendências expansivas da responsabilidade extracontratual

a) A «fuga para o delito» nos sistemas de Common Law

I – A configuração restritiva da responsabilidade contratual no Direito inglês, decorrente da exigência de *consideration* e da regra da *privity of contracts*, atrás examinadas[1905], tem levado a jurisprudência inglesa a definir novos deveres de cuidado *in tort*, cuja violação dá lugar à responsabilidade delitual em situações de causação de danos patrimoniais puros por negligência, que, não obstante a ausência de uma relação contratual, seriam reconduzidas, em certos Direitos continentais, à responsabilidade contratual.

Assim, no caso *Hedley Byrne & Co. Ltd. v. Heller & Partners Ltd.*[1906], a demandante, a quem haviam sido gratuitamente prestadas por uma instituição bancária, com negligência, referências favoráveis acerca da solvabilidade de um prospetivo cliente seu, as quais vieram a revelar-se erradas, reclamou da demandada o ressarcimento dos danos sofridos em virtude de, confiando nessas informações, ter concedido crédito a uma empresa insolvente, que faltou ao cumprimento dos compromissos assumidos para consigo. A questão foi submetida, em sede

[1904] A distinção entre as duas formas de responsabilidade mantém interesse mesmo nas situações para as quais o legislador instituiu uma disciplina uniforme de responsabilidade, como a que se encontra vertida no D.L. nº 383/89, de 6 de novembro, pelo que respeita aos danos causados por produtos defeituosos (cfr. sobre a natureza dessa disciplina Calvão da Silva, *Responsabilidade civil do produtor*, pp. 475 ss.). É o que resulta, no tocante à responsabilidade visada por esse diploma, do disposto no respectivo art. 13º, que expressamente ressalva a responsabilidade decorrente de outras disposições legais. Em virtude deste preceito, poderá, por exemplo, o adquirente de um produto defeituoso reclamar do fabricante que lho houver vendido o ressarcimento dos danos económicos que tiver sofrido em consequência dos defeitos de que o mesmo padeça – o que não lhe seria consentido nem ao abrigo das disposições do citado diploma, nem em sede extracontratual (conforme reconhece o autor citado, a p. 706 da mencionada obra).

[1905] Cfr. *supra*, §§ 5º, *c)*, e 12º, *b)*.

[1906] [1963] 2 All E.R. 575; [1964] A.C. 465.

de recurso, à Câmara dos Lordes. Num *obiter dictum*, Lord Devlin admitiu existir um dever de cuidado a cargo daquele que presta gratuitamente informações a outrem, cuja violação pode dar origem a responsabilidade fundada no *tort of negligence* pelos danos económicos daí resultantes, se as partes se encontrarem numa relação «equivalente a um contrato», ou seja, quando haja uma «assunção de responsabilidade» em circunstâncias tais que, «não fora a ausência de *consideration,* haveria um contrato». A ação fracassou por o tribunal ter entendido que a responsabilidade do demandado fora validamente excluída por um *disclaimer* constante da informação por este prestado. No entanto, o reconhecimento pela Câmara dos Lordes da admissibilidade da imposição de responsabilidade delitual por danos patrimoniais puros causados por uma *negligent misrepresentation,* ocorrido pela primeira vez nesta decisão, constituiria a base de relevantes desenvolvimentos jurisprudenciais subsequentes.

Seja ainda o caso *Ross v. Caunters,* julgado em 1980[1907]. A beneficiária de uma disposição testamentária, formalmente inválida devido à incúria dos *solicitors* que a haviam preparado a pedido do testador, exigira destes uma indemnização, por ter desse modo ficado privada do legado com que o *de cuius* a contemplara. A indemnização foi-lhe concedida pela *Chancery Division* do *High Court* inglês, por se ter entendido existir na espécie um dever de cuidado dos demandados para com a demandante. Este decorreria da circunstância de que, sendo a beneficiária do testamento diretamente afetada pelos seus atos e omissões em execução das instruções do respetivo cliente, lhes era razoavelmente possível preverem que ela podia ser lesada por tais atos e omissões[1908].

A mesma orientação fundamental foi prosseguida pela Câmara dos Lordes no caso *Junior Books Ltd. v. Veitchi Bros.*[1909]. A dona de uma obra de construção civil demandara na espécie uma subempreiteira por si escolhida (*«nominated subcontractor»),* mas com a qual não mantinha qualquer relação contratual, pelos danos sofridos em consequência de defeitos dos trabalhos por ela executados. De novo a pretensão foi deferida com fundamento na existência de um dever de cuidado dos demandados perante a demandante, decorrente da *especial proximidade* entre as partes[1910].

[1907] [1980] Ch. 297.

[1908] Neste sentido Sir Robert Megarry V.-C., loc. cit., p. 306: «the solicitors owed a duty of care to the plaintiff since she was someone within their direct contemplation as a person so closely and directly affected by their acts and omissions in carrying out their client's instructions to provide her with a share of his residue that they could reasonably foresee that she would be likely to be injured by those acts and omissions».

[1909] [1982] 3 All E.R. 201.

[1910] Cfr. o *speech* de Lord Roskill, loc. cit., p. 214: «the relationship between the parties was as close as it could be short of actual privity of contract [...]. I see nothing whatever to restrict the duty of care arising from the proximity of which I have spoken».

Posteriormente, no caso *White v. Jones*[1911], as autoras demandaram os advogados do seu falecido progenitor, com fundamento em *negligence*, por não terem estes concluído atempadamente a elaboração da minuta de um testamento que o *de cuius* lhes havia encomendado, no qual aquelas eram contempladas com certos legados, de que em consequência disso se viram privadas. Também neste caso a ação foi julgada procedente, por ter prevalecido o entendimento conforme o qual a «assunção de responsabilidade» pelo advogado relativamente ao seu cliente é extensível ao beneficiário de uma disposição por morte que, em razão da negligência daquele, possa ser privado do seu legado[1912].

Em todos estes casos, não obstante os danos invocados serem puramente patrimoniais e estar em jogo a frustração de expetativas cuja tutela pertence geralmente ao Direito dos Contratos, não podiam ter-se por violadas, perante o *Common Law* inglês, quaisquer obrigações contratuais cujo cumprimento fosse exigível em juízo, uma vez que a tal se opunham o requisito da *consideration*[1913] e a regra da *privity of contract*[1914]. Está aí a razão por que os tribunais ingleses se voltaram nesses casos para a responsabilidade *in tort* a fim de ajuizarem da sujeição dos lesantes ao dever de repararem os danos causados[1915].

Entendeu-se, para tanto, que se compreendem nas «relações especiais» em que sobrevém o dever de cuidado cuja violação é pressuposto do *tort of negligence* as situações em que se teria formado um contrato entre as partes em litígio, não

[1911] [1995] 1 All E.R. 691.

[1912] Ver a *opinion* de Lord Goff, loc. cit., p. 710: «the assumption of responsibility by the solicitor towards his client should be held in law to extend to the intended beneficiary who (as the solicitor can reasonably foresee) may, as a result of the solicitor's negligence, be deprived of his intended legacy in circumstances in which neither the testator nor his estate have a remedy against the solicitor» (cfr. porém, em sentido oposto, as *dissenting opinions* de Lords Keith e Mustill, respectivamente a pp. 694 s. e 718 ss.).

[1913] Ver neste sentido Peter Cane, *Tort Law and Economic Interests*, Oxford, 1996, p. 459, que escreve, a propósito do caso *Hedley Byrne*: «What the transaction between P and D needed to turn into a contract was consideration; that is, value given in exchange for the statement».

[1914] Observe-se que a reforma da *privity* operada pelo *Contracts (Rights of Third Parties) Act 1999* não alterou o Direito inglês quanto a este ponto, visto que nos contratos celebrados entre um testador e um *solicitor*, como aqueles a que os casos *Ross v. Caunters* e *White v. Jones* diziam respeito, o segundo não assume, expressa ou implicitamente, a obrigação de efectuar qualquer prestação a favor do beneficiário da projectada disposição testamentária; pelo que não assistiria a este, nos termos daquele diploma, o direito de reclamar em juízo uma indemnização por *breach of contract*. Ver *Markesinis and Deakin's Tort Law*, p. 23, e *Anson's Law of Contract*, p. 664.

[1915] Cfr. a *opinion* de Lord Devlin no caso *Hedley Byrne*: «A promise given without consideration to perform a service cannot be enforced as a contract by the promisee; but if the service is in fact performed and done negligently, the promisee can recover in an action in tort». Cfr. [1963] All E.R. 575 (p. 608). Observe-se, porém, que na espécie o tribunal entendeu ter o réu excluído validamente a sua responsabilidade (cfr. *ibidem*, pp. 586, 595, 599, 613 e 618).

fora a ausência nelas de *consideration*[1916]; e que esse dever se constitui nas situações em que ao devedor era possível prever que um terceiro seria lesado pelos seus atos ou omissões, dada a proximidade existente entre as partes, contanto que, atentas as demais circunstâncias da causa, fosse razoável impor-lhe esse dever.

Possibilitou-se deste modo a compensação, ao abrigo das regras da responsabilidade delitual, de danos patrimoniais a que o Direito contratual inglês não atende em virtude da sua estruturação em torno daqueles requisitos.

Deu-se assim, no Direito inglês contemporâneo, o que já se apodou de «fuga para o delito» («*escape into tort*»)[1917]. Admitindo-se nestes casos a responsabilidade *in tort*, não obstante a natureza puramente patrimonial dos danos em causa, atenua-se, com efeito, a rigidez que carateriza o Direito contratual inglês; o que constitui como que o fenómeno oposto da «fuga para o contrato» («*Flucht in die Vertragssphäre*») no Direito alemão, atrás examinada[1918].

Encarada a questão sob outro prisma, dir-se-á que em Inglaterra, numa imensa simetria com o que vimos suceder na Alemanha, foi o Direito da responsabilidade civil chamado a preencher as lacunas da proteção conferida pelo Direito dos Contratos decorrentes do requisito da *consideration* e do princípio da *privity*.

Importa todavia ter presente que as espécies mencionadas estão longe de representarem uma orientação consolidada no Direito inglês[1919]; e que as circunstâncias da causa – em particular as que apontavam no sentido da existência de uma relação de «especial proximidade» entre as partes –, assim como as considerações de razoabilidade, desempenharam nelas um papel determinante na aferição da existência do dever de cuidado que é condição *sine qua non* da imputação de danos com fundamento em *negligence*, o que torna sobremaneira difícil qualquer generalização a partir dos casos referidos.

II – Nos Estados Unidos observam-se também manifestações do fenómeno em apreço.

[1916] Assim Lord Devlin, no caso *Hedley Byrne*, loc. cit., pp. 528 s.: «the categories of special relationships which may give rise to a duty to take care in word as well as in deed are not limited to contractual relationships or to relationships of fiduciary duty, but include also relationships which [...] are "equivalent to contract", that is, where there is an assumption of responsibility in circumstances in which, but for the absence of consideration, there would be a contract».

[1917] Ver neste sentido Basil Markesinis, «An Expanding Tort Law – The Price of a Rigid Contract Law», *LQR* 1987, pp. 354 ss.; *Markesinis and Deakin's Tort Law*, pp. 20 ss. Cfr. ainda *Atiyah's Introduction to the Law of Contract*, pp. 352 ss.

[1918] Cfr. *supra*, § 12º, *b)*.

[1919] O que aqui dizemos vale sobretudo para a decisão proferida no caso *Junior Books*, que tem suscitado reservas na jurisprudência posterior: cfr. *Winfield and Jolowicz on Tort*, p. 120.

No caso *Ultramares Corporation v. Touche*[1920], julgado em 1932 pelo *New York Court of Appeals*, discutiu-se a responsabilidade da demandada – uma sociedade de auditores que elaborara um relatório de auditoria referente a determinada empresa, a pedido desta, sem lhe apor quaisquer reservas – perante a demandante, que emprestara dinheiro a essa empresa confiando no referido relatório. A empresa auditada foi declarada insolvente no ano seguinte ao da auditoria. Demonstrou-se que o relatório fora elaborado com negligência, pois uma análise mais cuidada da situação da empresa teria revelado que ao tempo a mesma já se encontrava insolvente. O tribunal, presidido pelo juiz Cardozo, rejeitou contudo que houvesse responsabilidade dos auditores por *tort of negligence*, visto inexistir a cargo destes, na espécie, qualquer dever de cuidado perante a demandante. Outra solução exporia os auditores, em seu entender, a uma «responsabilidade por valor indeterminado, por tempo indeterminado e perante uma categoria indeterminada» (*«liability in an indeterminate amount for an indeterminate time to an indeterminate class»*).

Mais recentemente, porém, o § 552 do *Restatement 2nd of Torts* admitiu a imputação delitual de danos causados mediante a prestação negligente de informações falsas, quando o prestador tenha atuado no âmbito da sua atividade profissional ou empresarial com inobservância do cuidado razoavelmente exigível na respetiva obtenção ou comunicação e os sujeitos a quem as destinou ou sabia que se destinavam hajam confiado nelas ao celebrarem uma transação que a mesma visava influenciar. A responsabilidade dos profissionais estende-se hoje, assim, para além dos sujeitos com quem se encontrem numa relação contratual[1921]. Tal como em Inglaterra, regista-se nos Estados Unidos uma expansão da responsabilidade delitual que visa suprir as limitações impostas à responsabilidade contratual pelos princípios da *privity* e da *consideration*. Mas também aqui ela é rodeada de cautelas, expressas na exigência da violação de um dever de cuidado razoável.

b) Confronto com os sistemas de Civil Law

I – Nos ordenamentos jurídicos francês, alemão e português, os problemas postos por situações deste tipo analisam-se de modo diverso[1922].

Em França, o problema da ressarcibilidade dos danos patrimoniais puros ao abrigo das regras da responsabilidade extracontratual não se coloca com autonomia: a reparação de danos de índole puramente económica nunca encontrou,

[1920] 174 N.E. 441.

[1921] Cfr. Jay M. Feinman, *Professional Liability to Third Parties*, 2ª ed., Chicago, 2007.

[1922] Cfr., para uma comparação, Makesinis/Unberath/Johnston, *The German Law of Contract. A comparative Treatise*, pp. 206 ss.; e Mauro Bussani/Vernon Palmer, «The Frontier Between Contractual and Tortious Liability in Europe: Insights from the Case of Compensation for Pure Economic Loss», *in* Hartkamp e outros (orgs.), *Towards a European Civil Code*, pp. 945 ss.

como notam Viney, Jourdain e Carval[1923], objeção de princípio ; o que bem se compreende, dada a extensão da cláusula geral de responsabilidade extracontratual consignada no Código Civil e o facto de o dever de atuação conforme à boa fé se incluir nos deveres extracontratuais de conduta suscetíveis de gerarem a obrigação de indemnizar[1924].

Já o Direito alemão propende, como vimos, a admitir a existência em tais situações de vínculos obrigacionais com o titular dos interesses lesados, resultantes, nomeadamente, de um contrato com eficácia de proteção de terceiros («*Vertrag mit Schutzwirkung zugunsten Dritter*»), o qual permite à vítima de um dano que não estivesse em relação contratual com o agente obter o ressarcimento de um dano ao abrigo das regras da responsabilidade contratual, da liquidação de danos a terceiros e da *culpa in contrahendo*[1925]. Trata-se, com efeito, de situações insuscetíveis de serem reconduzidas, na ordem jurídica alemã, às normas do Direito delitual, dado o caráter muito restritivo deste, mormente no tocante ao ressarcimento do dano patrimonial puro causado por negligência (que o § 823 do BGB não admite salvo em contadas exceções) e à responsabilidade do agente por atos dos seus auxiliares (disciplinada, nos termos restritivos acima expostos, no § 831 do BGB)[1926]. Por isso procuraram a doutrina e jurisprudência alemãs reconduzi-las à responsabilidade contratual, cujo escopo de proteção não se cinge neste país à integridade física e ao património tangível, nem conhece limitações análogas pelo respeita à responsabilidade do devedor pelos atos praticados pelos seus auxiliares[1927].

Seja, a fim de exemplificarmos esta diferença de perspetivas, o denominado *Testamentfall*, julgado em 1965 pelo Tribunal Federal alemão[1928]. O caso era em tudo análogo ao que foi posteriormente objeto de decisão proferida pela Câmara dos Lordes em *White v. Jones*, de que demos conta acima (e que aliás o refere expressamente): um advogado comprometera-se a colaborar com um cliente em ordem a possibilitar a designação da filha deste como sua herdeira única. O trabalho do advogado foi, porém, protelado e, antes de concluído o testamento que fora incumbido de preparar pelo seu cliente, este faleceu. O *Bundesgerichtshof* considerou que a filha do *de cujus* podia reclamar uma indemnização do advogado, uma vez que do contrato que este celebrara com o pai decorriam deveres de proteção relativamente à primeira, que o segundo deixara de cumprir.

[1923] Cfr. *Traité de Droit Civil. Les conditions de la responsabilité*, p. 42.

[1924] *Ibidem*, pp. 492 ss.

[1925] Cfr. *supra*, §§ 7º e 12º, *b)*.

[1926] Cfr. *supra*, §§ 21º, *d)*, e 22º, *a)*.

[1927] *Vide* Hein Kötz, «Economic Loss in Tort and Contract», *RabelsZ*, 1994, pp. 423 ss.

[1928] Decisão de 7 de julho de 1965, reproduzida na *JZ*, 1966, pp. 141 ss., com uma anotação de Werner Lorenz.

E no Direito português? Os problemas que se colocam na Alemanha a respeito da responsabilidade extracontratual não se põem, como se sabe, em Portugal. Não obstante isso, também aqui o recurso às regras da responsabilidade contratual, com base designadamente no contrato com eficácia de proteção para terceiros, se afigura preferível à mobilização do Direito delitual como fundamento da imputação de danos patrimoniais puros causados por negligência. O Direito delitual português acha-se, com efeito, fundamentalmente adstrito à defesa dos direitos absolutos e dos interesses tutelados através de normas de proteção; e é isso que, em parte, explica o regime legal vigente em Portugal nesta matéria – menos aberto, como se viu, à autonomia privada do que o da responsabilidade contratual. Chamar o primeiro a intervir nestes casos, em que apenas ocorrem danos patrimoniais causados por negligência, poria de alguma sorte em crise a composição de interesses levada a cabo pelas regras do Direito dos Contratos. Em contrapartida, a aplicação das regras da responsabilidade contratual resguarda o devedor de um alargamento excessivo e inesperado da sua responsabilidade.

II – Ocorre a este respeito perguntar: tratar-se-á aqui de uma manifestação daquilo que já foi denominado por alguns comparatistas a *lei de substituição,* nos termos da qual as diferenças entre sistemas jurídicos quanto a certas questões são por vezes compensadas por diferenças quanto a outras questões, que de alguma sorte se anulam reciprocamente[1929]?

Supomos que a resposta a esta questão deve ser negativa. Porquanto os resultados a que se chega nos ordenamentos jurídicos em apreço são distintos: a amplitude com que é admitida a imputação de danos patrimoniais puros causados por negligência nos Direitos francês, alemão e português é, apesar de tudo, superior à que se regista no Direito inglês, como o demonstra, além do mais, a exposição acima feita a respeito da *culpa in contrahendo* e da liquidação de danos a terceiros, figuras que não têm acolhimento neste último sistema jurídico. Não há nesses casos, *hoc sensu,* a substituição de certo instituto jurídico por outro em vista da produção do mesmo resultado.

Os «movimentos tectónicos» de sentido oposto que a análise comparativa aqui empreendida permitiu identificar a respeito do ressarcimento dos danos patrimoniais puros causados por negligência não se reconduzem, em suma, à mera diversidade das técnicas jurídicas usadas a fim de resolver os mesmos problemas, antes têm associadas diferentes valorações dos interesses em jogo[1930].

[1929] Ver sobre o ponto Michael Bogdan, *Concise Introduction to Comparative Law,* Groningen, 2013, p. 84.

[1930] Neste sentido se pronunciava já Kurt Lipstein, em «Protected Interests in the Law of Torts», *Cambridge L.J.,* 1963, pp. 85 ss.

§ 27º Concurso das responsabilidades contratual e extracontratual

a) Posição do problema

Pode, em determinados casos, uma situação da vida suscetível de ser caraterizada como uma violação de uma obrigação contratual constituir simultaneamente um ilícito extracontratual, por isso que envolve também a ofensa de um direito absoluto.

É o que sucede sempre que um dos contraentes, deixando de cumprir algum dos deveres principais ou acessórios para si decorrentes da relação obrigacional, ocasiona um dano na pessoa ou nos bens do seu co-contraente.

Podem mencionar-se a este respeito, a título de exemplo, as seguintes hipóteses: *a)* O transportador de uma mercadoria provoca negligentemente um acidente, de que resulta a danificação da mesma; *b)* Um médico prescreve ao paciente um tratamento inadequado segundo as regras da arte, o qual lhe provoca lesões corporais; *c)* O cliente de um estabelecimento hoteleiro sofre uma intoxicação causada por alimentos em mau estado de conservação, que nele lhe foram servidos.

Dado que se preenchem nestes casos as previsões das regras que disciplinam as duas espécies de responsabilidade, integram os mesmos o chamado concurso das responsabilidades contratual e extracontratual. Levanta-se, a seu respeito, a questão de saber qual o regime de responsabilidade que lhes é aplicável. É desta questão que curaremos em seguida.

b) O sistema do concurso aparente

O Direito Comparado revela nesta matéria dois sistemas fundamentais. O primeiro é o do *concurso aparente*. De acordo com este, sempre que for causado um dano a outrem mediante o incumprimento de uma obrigação contratual, são exclusivamente aplicáveis as regras da responsabilidade contratual.

Este sistema encontra-se consagrado no Direito francês, onde é designado por «não cúmulo das responsabilidades» («*non-cumul des responsabilités*»)[1931]. A existência de um contrato entre o lesante e o lesado, em cuja execução sobreveio um dano, preclude, pois, a aplicação dos arts. 1382 e seguintes (atuais arts. 1240 e

[1931] Cfr. Gérard Cornu, «Le problème du cumul de la responsabilité contractuelle et de la responsabilité délictuelle», *in* AAVV, *Études de droit contemporain (Nouvelle Serie). Sixième Congrès International de Droit Comparé. Hambourg. 1962*, Paris, 1962, pp. 239 ss.; Mazeaud/Chabas, *Leçons de droit civil*, t. II, *Obligations*, vol. I, *Théorie générale*, pp. 383 e 402 ss.; Carbonnier, *Droit civil*, vol. II, *Les biens. Les obligations*, p. 2409; Terré/Simler/Lequette, *Droit civil. Les obligations*, pp. 931 ss.; Fabre-Magnan, *Droit des obligations*, vol. I, p. 762; Malaurie/Aynès/Stoffel-Munck, *Droit des obligations*, p. 593.

seguintes) do Código Civil francês. Assim o decidiu a Cassação francesa, nomeadamente, no acórdão de 11 de janeiro de 1922[1932], em que se afirmou:

> «Os artigos 1382 e seg. não são aplicáveis quando se trate de uma *faute* praticada em execução de uma obrigação resultante de um contrato.»

Encontrando-se preenchidos os pressupostos da responsabilidade contratual, não pode o interessado, por conseguinte, prevalecer-se das disposições da responsabilidade extracontratual ainda que seja essa a solução mais conforme com os seus interesses. O Direito contratual constitui, de acordo com esta conceção, um *ordenamento especial* perante o Direito da responsabilidade civil extracontratual.

Resulta esse sistema, além do mais, da circunstância de que a cláusula geral de responsabilidade extracontratual – que, como vimos, abrange em França a causação negligente de danos patrimoniais puros – deixaria sem espaço de aplicação o regime da responsabilidade contratual, caso se pudessem cumular as duas responsabilidades; o que colocaria potencialmente em crise a repartição do risco operada pelas regras supletivas de Direito dos Contratos. Trata-se, pois, de um sistema que visa evitar os efeitos mais nocivos da inclusão dos danos patrimoniais puros no escopo de proteção da responsabilidade extracontratual, que ocorre nos ordenamentos jurídicos, como o francês, que consagram cláusulas gerais nesta matéria.

A favor dele deporia ainda o *princípio da autonomia da vontade*, pois que a aplicação das regras da responsabilidade delitual às hipóteses de incumprimento de uma obrigação contratual seria contrária à vontade das partes quando estas hajam regulado ou excluído convencionalmente a responsabilidade por esse incumprimento. Por outro lado, afirma-se, o devedor não deve ser surpreendido com uma responsabilidade com que não contava ao celebrar o contrato, por a mesma se situar fora do domínio contratual.

À regra dita do *non-cumul* subjaz, em suma, como salienta Cornu[1933], uma ideia de «*não imiscuição*» da responsabilidade delitual nas relações contratuais.

Esse sistema obteve, por manifesta influência francesa, consagração legislativa expressa no Quebeque, cujo Código Civil dispõe no art. 1458:

> «Toda a pessoa tem o dever de honrar os seus compromissos contratuais. É responsável, quando falte a esse dever, pelo dano, moral ou patrimonial, que causar ao

[1932] *Recueil Dalloz*, 1922, parte I, p. 16. A mesma solução foi afirmada posteriormente nos acórdãos da Cassação de 24 de novembro de 1954, *JCP* 1955, II, nº 8625; de 7 de dezembro de 1955, *Recueil Dalloz*, 1956, parte II, p. 136; de 30 de outubro de 1962, *Recueil Dalloz*,1963, p. 57; de 9 de março de 1970, *Bull.*, 1970, parte I, p. 71; de 11 de janeiro de 1989, recurso nº 86-17323; e de 9 de junho de 1993, recurso nº 91-21650.

[1933] Est. cit., p. 241.

seu cocontratante e obrigada a repará-lo; nem ela nem o cocontratante podem nesse caso subtrair-se à aplicação das regras do regime contratual de responsabilidade a fim de optarem a favor das regras que lhes seriam mais favoráveis.»

Uma formulação muito próxima desta obteve acolhimento no anteprojeto francês de Lei de Reforma da Responsabilidade Civil, de 2016, em que se prevê a introdução no Código Civil de um art. 1233 com o seguinte teor:

> «Em caso de inexecução de uma obrigação contratual, nem o devedor nem o credor podem subtrair-se à aplicação das disposições próprias da responsabilidade contratual para optarem a favor das regras específicas da responsabilidade extracontratual./Todavia, o dano corporal é reparado com fundamento nas regras da responsabilidade extracontratual, ainda que seja causado por ocasião da execução do contrato.»

c) O sistema do concurso real

I – O outro sistema a que nos referíamos acima é o do *concurso real*. Nele, há que atender às várias normas em concurso para regular juridicamente o caso.

Na Alemanha, onde o tema foi mais trabalhado – o que se prende, como é bom de ver, com a frequência das situações de concurso, resultante do alargamento da responsabilidade contratual através de figuras como o contrato com eficácia de proteção para terceiros e a *culpa in contrahendo* –, esse concurso reveste a forma de um «*concurso de normas de pretensão*» («*Anspruchsnormenkonkurrenz*»)[1934] ou de um «concurso de fundamentos de pretensão» («*Anspruchsgrundlagenkonkurrenz*)[1935]: o lesado dispõe de uma só pretensão, fundada em várias normas.

Radica este regime na necessidade de suprir certos aspetos do regime muito restritivo da responsabilidade contratual e delitual alemão (*maxime* a irressarcibilidade *ex contractu* do dano não patrimonial, consagrado no BGB até à reforma de 2002, e a exoneração do agente pelos atos dos seus auxiliares).

Rege esse concurso (com a exceção de que se dará conta adiante) o princípio segundo o qual o credor não pode ser colocado em situação pior do que aquela em que se encontraria se a sua pretensão se fundasse numa só disposição legal.

São vários os argumentos invocados em abono desta solução. Por um lado, não existe uma relação de especialidade entre a responsabilidade contratual e a extracontratual, pois nem toda a violação de um contrato é uma ação ilícita

1934 Termo proposto por Apostolos Georgiades, *Die Anspruchskonkurrenz im Zivilrecht und Zivilprozessrecht*, Munique, 1968, pp. 128, 164, 167 e 280. Adotaram-no posteriormente, entre outros, Larenz/Canaris, *Lehrbuch des Schuldrechts*, vol. II/2, p. 597; e Larenz/Wolf, *Allgemeiner Teil des Bürgerlichen Rechts*, p. 355 s.

1935 Assim Brox, *Allgemeines Schuldrecht*, p. 26.

no sentido do § 823 do BGB, que não é tão amplo quanto a regra homóloga do Direito francês. Por outro, visando o Direito delitual garantir o cumprimento do dever geral de não violar a integridade física, a saúde e o património alheios, deve o mesmo intervir de modo a reforçar o Direito contratual, mas não pode ser afastado por ele[1936]. A proibição geral de lesar a integridade física e a propriedade alheias será porventura individualizada e reforçada através de deveres contratuais com ela concorrentes, mas não é afastada por eles[1937]. Depunha ainda no sentido da admissibilidade do concurso das responsabilidades a circunstância de o Direito alemão excluir até recentemente a indemnização dos danos não patrimoniais («*Schmerzensgeld*») nas ações contratuais, diversamente do Direito francês, que admite o ressarcimento desses danos independentemente da natureza contratual ou delitual da ação: sendo intolerável conceder essa indemnização, por exemplo, ao peão que é vítima de um acidente causado por um automóvel e não ao passageiro que viajava no interior do mesmo, há que admitir a possibilidade de este último demandar o lesante com fundamento na responsabilidade extracontratual. A diversidade do regime da responsabilidade por atos dos auxiliares consoante a sua fonte contratual ou delitual concorre também no sentido da solução apontada: sendo neste particular a regulamentação da responsabilidade do agente, constante do § 831 (1) do BGB, geralmente tida por insuficiente, como se viu acima, torna-se necessário permitir o seu afastamento em benefício da disciplina homóloga da responsabilidade do devedor como forma de evitar a sistemática exoneração do lesante pelos atos dos seus auxiliares. O mesmo pode dizer-se, por fim, da cláusula residual constante do § 826 do BGB, por força do qual a causação de danos com violação dos bons costumes – *hoc sensu*, das regras de conduta social que integram o mínimo ético-jurídico[1938] – só determina a responsabilidade do agente quando este haja atuado dolosamente.

[1936] Neste sentido pronunciou-se o Tribunal do Império na sentença de 13 de outubro de 1916, *RGZ* 88, pp. 433 ss. (pp. 434 s.): «Die allgemeine Rechtspflicht, niemanden körperlich zu verletzen, besteht immer und gegenüber jeder Person, gleichviel ob diese mittels Vertrags oder ohne Vertrag in den Handlungsbereich des Verletzers gekommen ist. Diese allgemeine Rechtspflicht kann dadurch nicht beseitigt werden, dass es ein Vertrag war, durch den die Möglichkeit der Einwirkung auf den Körper des andern gegeben wurde. Auch der Vertragsgegner bleibt immer der durch § 823 BGB Geschützte; er wird es in noch stärkerem Grade, wenn der Vertrag den Verletzer sogar noch besonders, nämlich eben auch noch vertragsmässig, zur Fürsorge verpflichtet. Das allgemeine Verbot widerrechtlicher Körperverletzung wird dadurch nur individualisiert und verstärkt, dass der Vertrag dem andern sogar noch ein vereinbartes Recht auf Fürsorge, also auf das Gegenteil jeder Körperverletzung gibt. Andernfalls würde die Widerrechtlichkeit der Körperverletzung i. S. des § 823 nur darum verneint, weil dem andern noch ein weiterer besonderer Anspruch auf Unterlassung jeder Körperverletzung zusteht, – ein Ergebnis, dessen Ungereimtheit und Unerträglichkeit auf der Hand liegt».

[1937] Assim *Münchener Kommentar*/Bachmann, § 241, n.m. 40, nota 103.

[1938] Assim Larenz/Canaris, *Lehbuch des Schuldrechts*, vol. II/2, pp. 355 e 451.

O concurso só é recusado quando se verifique que o legislador ou os contraentes quiseram que dado preceito legal ou contratual regulasse todas as pretensões emergentes de determinado dano. Presume-se essa intenção do legislador ou das partes quando o objetivo precípuo das disposições contratuais se frustraria se as mesmas não fossem aplicadas igualmente às pretensões delituais. É o que sucede nos casos em que a lei exige como pressuposto da responsabilidade contratual a culpa qualificada do devedor[1939], em que foi acordada no contrato a exclusão ou a limitação da responsabilidade e em que o prazo de prescrição da pretensão contratual é mais curto do que o que vale para a pretensão delitual[1940]. Ocorre aí, segundo Larenz, uma redução teleológica do âmbito de aplicação das regras delituais a favor das contratuais[1941].

II – Na Suíça, a jurisprudência do Tribunal Federal admite o concurso de pretensões desde que do exame das disposições legais reguladoras do tipo contratual em apreço não se infira que as mesmas visam regular de modo exaustivo a responsabilidade emergente dos factos nelas previstos[1942].

A admissibilidade do concurso será acaso menos premente neste país do que na Alemanha, pois em virtude da remissão constante do artigo 99, nº 3, do Código das Obrigações a indemnização do dano moral prevista no art. 49, nº 1, do mesmo Código é em princípio possível em matéria contratual. Poderá mesmo perguntar-se se a ela se não oporá a amplitude da cláusula geral de responsabilidade aquiliana consagrada no art. 41 daquele Código. Na doutrina interpreta-se, porém, o conceito de ato ilícito («*acte illicite*», «*unerlaubte Handlung*»), a que este preceito se refere, em sentido restrito, compreendendo-se nele tão-somente as lesões de direitos absolutos e as lesões patrimoniais que importem violação de uma lei de proteção. Dele fica excluído o incumprimento de deveres de prestação que não constitua simultaneamente violação de deveres jurídicos gerais, ao qual se aplicam os arts. 97 e seguintes do mesmo Código[1943]. São, por isso, relativamente limita-

[1939] Assim, por exemplo, os §§ 521, 599, 690 e 708 do BGB.

[1940] Como acontece por força do disposto nos §§ 558 e 606 do BGB quanto às pretensões indemnizatórias do senhorio e do comodante. Cfr. Larenz/Canaris, ob. cit., pp. 597 s.

[1941] Cfr. *Methodenlehre der Rechtswissenschaft*, 6ª ed., Berlim, etc., 1991, p. 270 (na tradução portuguesa, com o título *Metodologia da Ciência do Direito*, por José Lamego, Lisboa, 1997, p. 379).

[1942] Cfr. as sentenças de 20 de Janeiro de 1911, *ATF*, vol. 37/II, pp. 1 ss. (p. 9), e de 21 de Maio de 1941, *ATF*, vol. 67/II, pp. 132 ss. (p. 137). Na doutrina *vide* no sentido da admissibilidade do concurso de pretensões, por último, Gausch/Schluep/Schmid/Rey, *Schweizerisches Obligationenrecht. Allgemeiner Teil*, vol. II, p. 168.

[1943] Cfr. Peter Jäggi, «Zum Begriff der Vertraglichen Schadensersatzforderung», *in Mélanges en l'honneur de Wilhelm Schönenberger offertes à l'occasion de son 70e anniversaire*, Fribourg, 1968, pp. 181 ss. (p. 183); Alfred Keller, «Schweiz», *in Deliktsrecht in Europa*, Colónia, 1993, p. 9; e Pierre Engel, *Traité des obligations en droit suisse*, 2ª ed., Berna, 1997, p. 756.

das as situações subsumíveis a ambos os complexos normativos. O conceito de facto ilícito no Direito suíço assemelha-se, assim, ao que resulta das disposições fundamentais do Direito delitual germânico; o que permite em alguma medida explicar a adesão da jurisprudência suíça à doutrina da *Anspruchskonkurrenz*.

III – Em Itália, certa corrente doutrinal inspirada no modelo francês sustentou a primazia, em caso de concurso, da responsabilidade contratual sobre a delitual[1944]. A esta orientação objetou-se, porém, que não seria justo nem conforme à vontade dos contraentes presumir que estes renunciam à proteção de que gozariam independentemente do contrato pelo mero facto de o terem concluído[1945].

A jurisprudência constante da *Corte di Cassazione*[1946] e a doutrina mais recente[1947] consideram, por isso, que assiste ao lesado nas hipóteses em apreço a faculdade de escolher o regime de responsabilidade que lhe for mais favorável.

Achando-se a cláusula geral de responsabilidade aquiliana constante do Código italiano formulada em termos tão amplos quanto aqueles em que o legislador francês a consagrou, poderia supor-se que a admissão do concurso de normas ou de ações no Direito italiano importa a consequência – apontada no Direito francês como fundamento de rejeição do cúmulo de responsabilidades – de que

[1944] Cfr. neste sentido Domenico-Riccardo Peretti-Griva, «Concorso di responsabilità contrattuale e di responsabilità extra-contrattuale?», *Giur. it.*, 1951, Parte Prima, sezione II, cols. 289 ss.; *idem*, «Ancora sul concorso della responsabilità contrattuale ed extracontrattuale», *Giur it.*, 1952, Parte Prima, Sezione I, cols. 289 ss.; *idem*, «Concorso di responsabilità contrattuale ed extracontrattuale», *Foro Pad.*, 1960, Parte Prima, cols. 639 ss.; Raffaelle Russo, «Concorso di responsabilità contrattuale ed extracontrattuale e fatto ilecito dei commessi», *FI*, 1951, Parte Prima, cols. 1190 ss.

[1945] Assim De Cupis, *Il danno*, vol. I, pp. 114 s.

[1946] Cfr. as sentenças de 16 de abril de 1951, *FI*, 1951, Parte I, col. 1190; de 18 de abril de 1951, *Giur. Ital.*, 1952, Parte I, Sezione I, col. 290; e de 20 de outubro de 1956, *Giur. It.*, 1957, cols. 16 s. Nesta última afirma-se: «Questa Corte ha costantemente ritenuto il concorso dell'azione per responsabilità contrattuale con quella per responsabilità extracontrattuale allorquando il fatto illecito violi non soltanto diritti derivanti dal contratto ma anche diritti che spettino al danneggiato, indipendentemente dal contratto stesso. E ciò per la ragione che l'assorbimento di un'azione nell'altra non trova giustificazione allorquando il fatto illecito, unico nella sua genesi, costituisca violazione di un duplice diritto: quello particolare tutelato dal contratto e quello corrispondente al generico dovere del *neminem laedere*». Para uma resenha da jurisprudência ulterior sobre o tema cfr. Carlo Rossello, «Concorso di responsabilità contrattuale ed extracontrattuale», *NGCC*, 1985, Parte Seconda, pp. 317 ss., e Pier Giuseppe Monateri, *Cumulo di responsabilità contrattuale e extracontrattuale (Analisi comparata di un problema)*, Pádua, 1989, pp. 171 ss.

[1947] Cfr. Renato Sconamiglio, «Responsabilità contrattuale ed extracontrattuale», *NssDI*, vol. XV, pp. 677 ss. (p. 678); De Cupis, «Il problema del cumulo della responsabilità contrattuale ed extracontrattuale», *Ann. Dir. Compar. e Studi Legisl.*, 1963, pp. 249 ss.; *idem*, *Il danno*, vol. I, p. 116; Francesca Giardina, *Responsabilità contrattuale e responsabilità extracontrattuale. Significato attuale di una distinzione tradizionale*, Milão, 1993, pp. 161 ss.; Bianca, *Diritto civile*, vol. 5, *La responsabilità*, p. 553; e Giovanna Visintini, *Trattato breve della responsabilità civile*, Pádua, 1996, p. 223.

todo o devedor inadimplente responderia afinal também ao abrigo das normas que disciplinam a responsabilidade extracontratual, ficando assim privadas de efeito prático as da responsabilidade contratual.

Seria porém incorreta tal conclusão. A justificação do diferente regime do concurso de responsabilidades nos dois ordenamentos em questão, cujos textos legais definem em termos muito próximos a fonte da obrigação ressarcitória *ex delicto*, encontra-se, se bem cuidamos, na diferente delimitação do facto determinante de responsabilidade extracontratual neles operada pela doutrina e pela jurisprudência. Importa por isso averiguar o que se entende à face dos Direitos francês e italiano por esse facto.

Enquanto que em França se define a *faute* a que alude o art. 1240 (ex-1382) do *Code Civil* como toda a «violação de uma regra de conduta imposta aos homens»[1948] ou, em termos mais amplos, como qualquer «comportamento repreensível»[1949] – nela se compreendendo, ao menos em potência, a violação de obrigações contratuais –, em Itália a jurisprudência que consagrou a admissibilidade do cúmulo das duas formas de responsabilidade partiu da exigência, como elemento constitutivo da responsabilidade aquiliana, da lesão de um direito absoluto da vítima[1950]. Este entendimento já não corresponde hoje ao Direito positivo italiano, em virtude da generalizada admissão da tutela aquiliana do crédito[1951]. Nem por isso, no entanto, se reconhece como ilícito extracontratual qualquer facto lesivo de um interesse creditório, não tendo por conseguinte acolhimento a tese que equipara para esse efeito direitos absolutos e direitos de crédito[1952]. Sustenta-se, ao invés, que o «dano injusto» a que se reporta o art. 2043 do Código Civil é a «lesão de um interesse juridicamente protegido na vida de relação»[1953]; e que esta compreende «as lesões dolosas ou culposas de direitos de personalidade e de direitos reais bem como as lesões socialmente intoleráveis pela gravidade do facto ou pela particular relevância do interesse lesado» e ainda «as lesões de interesses tutelados mediante normas penais ou específicas proibições legais»[1954].

Eis, pois, como a doutrina italiana opera uma delimitação do conceito de dano injusto que permite aproximá-lo do facto ilícito dos Direitos alemão e suíço. Com-

[1948] Assim Carbonnier, *Droit civil*, vol. II. *Les biens. Les obligations*, p. 2310.

[1949] Cfr. Terré/Simler/Lequette, *Droit Civil. Les obligations*, p. 778.

[1950] Cfr. Rodolfo Sacco, «Concorso delle azzioni contrattuale e extracontrattuale», *in* Giovanna Visintini (org.), *Risarcimento del danno contrattuale ed extracontrattuale*, Milão, 1984, pp. 155 ss. (p. 158).

[1951] Cfr. Sacco, est. e loc. cits.; Giulio Ponzanelli, «Il concorso di responsabilità: Le esperienze italiana e francesa a confronto», *Responsabilità Civile e Previdenza*, 1984, pp. 36 ss. (p. 41); Giardina, est. cit., p. 169; e Bianca, ob. cit., pp. 601 ss.

[1952] Assim Bianca, ob. cit., p. 586.

[1953] *Ibidem, idem*, p. 582.

[1954] *Ibidem, idem*, p. 587.

preende-se, assim, a similitude das soluções consagradas nestes ordenamentos quanto à questão do concurso de responsabilidades.

IV – Na doutrina portuguesa não existe unanimidade de vistas sobre o problema em apreço.

No âmbito do Direito vigente, sustenta Almeida Costa[1955] a consunção da responsabilidade extracontratual pela contratual. Para o autor, as hipóteses de concurso das responsabilidades contratual e extracontratual reconduzem-se à figura do concurso aparente de normas, consumindo o regime da responsabilidade contratual o da responsabilidade extracontratual.

Por seu turno, Teixeira de Sousa considera que o concurso da responsabilidade aquiliana com a contratual integra a categoria que denomina de *concurso de títulos de aquisição da prestação*[1956]. Este seria uma das expressões do concurso de pretensões[1957]. Carateriza-se pela existência de uma relação de consunção entre os títulos das pretensões concorrentes, em vez da relação de alternatividade entre pretensões que, para a dogmática tradicional, ocorre no concurso de pretensões[1958]. Não seria aceitável, para o autor, qualquer *favor creditoris* no concurso de títulos de aquisição, traduzido na faculdade de escolha pelo autor de um dos títulos de aquisição, porque isso se traduziria num desrespeito dos princípios da igualdade das partes processuais e *iura novit curia*[1959]. Sempre que a mesma factualidade seja subsumível a várias pretensões concorrentes, o autor não pode vincular o tribunal a apreciar unicamente a pretensão qualificada[1960].

No pólo oposto dos autores anteriores situam-se Pessoa Jorge[1961] e Carlos da Mota Pinto[1962]. Para o primeiro, nada impede que se cumulem as duas responsabilidades, emergentes do mesmo facto; de acordo com o segundo, representando a violação de um dever contratual simultaneamente um ilícito extracontratual, o lesado pode em princípio escolher a tutela contratual ou a extracontratual.

Outros autores ainda sustentam a admissibilidade nas hipóteses em apreço da chamada *ação híbrida*. Assim, para Vaz Serra[1963] quando a violação do contrato for

[1955] Cfr. «O concurso da responsabilidade contratual e da extracontratual», *in* Antunes Varela e outros (orgs.), *Ab uno ad omnes. 75 anos da Coimbra Editora 1920-1995*, Coimbra, 1998, pp. 555 ss. (p. 564); *Direito das Obrigações*, p. 552.

[1956] *O concurso de títulos de aquisição da prestação*, Coimbra, 1988, p. 136.

[1957] *Ibidem*, p. 18.

[1958] *Ibidem*, pp. 18, 271 e 347.

[1959] *Ibidem*, pp. 288 ss.

[1960] *Ibidem*, p. 292.

[1961] *Ensaio sobre os pressupostos da responsabilidade civil*, reimpressão, Coimbra, 1995, p. 41.

[1962] *Cessão da posição contratual*, p. 411.

[1963] Cfr. «Responsabilidade contratual e responsabilidade extracontratual», *BMJ* 85, pp. 115 ss. (pp. 231 s.); anotação ao ac. do STJ de 26 de Julho de 1968, *RLJ*, ano 102º, pp. 298 ss. (p. 313).

ao mesmo tempo um facto ilícito gerador de responsabilidade delitual o lesado tem o direito de invocar à sua escolha as regras de uma ou de outra responsabilidade, conforme melhor lhe convier, podendo inclusivamente escolher parte de umas e parte de outras, para deste modo aproveitar de todos os benefícios que elas podem dar-lhe.

Baião do Nascimento[1964] advoga também que nessas hipóteses – que denomina de concurso de fundamentos de uma mesma pretensão – se construa um *regime misto*, pela combinação do que estatuem as várias normas em presença, o qual representaria a síntese real das várias perspectivas analíticas corporizadas por essas normas.

Rui de Alarcão[1965] entende que a admissibilidade do cúmulo nas hipóteses de facto em abstrato qualificáveis como geradoras de duas formas de responsabilidade é a «solução natural», que como tal se deve aceitar na falta de disposição legal em contrário, desde que, no caso concreto, não conduza a soluções injustas. Esse cúmulo efectiva-se através de uma única ação, a que corresponde no plano material um único direito, que tem como objetivo unitário o ressarcimento do dano, mas que se fundamenta em diversas normas. Há, pois, um concurso de normas que fundamentam uma única pretensão.

A mesma orientação fundamental é ainda perfilhada por Pinto Monteiro[1966], Romano Martinez[1967], Calvão da Silva[1968] e Mafalda Miranda Barbosa[1969].

De acordo com esta orientação, se por exemplo em consequência de uma intervenção cirúrgica o doente morre por culpa do médico com quem estabelecera um vínculo contratual, os familiares do primeiro podem demandar o segundo pelos danos sofridos com a perda da vítima, ao abrigo do disposto nos arts. 495º e 496º do Código Civil; mas não estão sujeitos aos prazos de prescrição do art. 498º do mesmo Código, podendo antes invocar o prazo ordinário estabelecido no art. 309º[1970].

Na vigência do atual Código Civil, o Supremo Tribunal de Justiça pronunciou-se em diversos arestos sobre a admissibilidade da aplicação concorrente de regras disciplinadoras das duas formas de responsabilidade.

[1964] *Do concurso de normas*, Lisboa, 1971, pp. 83 ss.

[1965] *Direito das Obrigações*, Coimbra, 1983, pp. 211 s.

[1966] *Cláusulas limitativas e de exclusão da responsabilidade civil*, Coimbra, 1985, pp. 429 ss.; *Cláusula penal e indemnização*, Coimbra, 1990, pp. 713 s.

[1967] *Cumprimento defeituoso em especial na compra e venda e na empreitada*, pp. 287 s.

[1968] «Empreitada e responsabilidade civil», *in Estudos de Direito Civil e Processo Civil*, Coimbra, 1996, pp. 5 ss. (p. 25); e «Incumprimento e responsabilidade civil», *in ibidem*, pp. 97 ss. (p. 120).

[1969] *Lições de responsabilidade civil*, p. 20.

[1970] Exemplo fornecido por Moitinho de Almeida: cfr. «A responsabilidade civil do médico e o seu seguro», *SI*, 1972, pp. 327 ss. (p. 331).

Assim, no acórdão de 22 de outubro de 1987[1971] julgou-se um caso em que os autores, proprietários de prédios construídos pelo réu com violação de disposições regulamentares atinentes às edificações urbanas, haviam, em consequência da ruína parcial de um muro de contenção de terras destinado a proteger o terrapleno que servia de acesso às garagens desses prédios causada pela inobservância pelo réu de regras de segurança, deixado de poder utilizar o dito terrapleno, daí lhes advindo prejuízos alegadamente imputáveis ao réu. Este excecionou a caducidade do direito de ação por força do disposto nos arts. 1220º e 1225º, nºs 1 e 2, do Código Civil. As instâncias consideraram procedente a exceção, por entenderem que a ação tinha como causa de pedir o cumprimento deficiente do contrato de empreitada celebrado entre o réu e o dono da obra, tendo por isso julgado improcedente a ação e absolvido o réu do pedido. O Supremo, porém, considerou que: «a simples circunstância da invocação de um contrato de empreitada, ao abrigo do qual se tenha desenvolvido a construção da obra, não significa que eventuais prejuízos consequentes da sua má execução se confinem ao regime da responsabilidade contratual [...] para além do não cumprimento rigoroso das cláusulas contratuais, o empreiteiro pode responder por responsabilidade delitual se, na execução da obra, não cumpriu os deveres de obediência às regras impostas pelo Estado – ou pelas autarquias – em matéria de construção civil, designadamente no que respeita às cautelas a ter para segurança da obra». Assim, careceriam de razão as instâncias «quando, ao pretenderem qualificar a causa de pedir na presente ação, logo excluíram a possibilidade de esta se traduzir em responsabilidade delitual com o simples argumento de ter sido invocada a existência de um contrato de empreitada». O Supremo pareceu, assim, admitir o concurso alternativo ou eletivo de responsabilidades.

No acórdão de 25 de novembro de 1998[1972], curou-se de um caso em que os autores haviam confiado à ré, titular de um infantário, a guarda de um filho menor, mediante o pagamento de uma contrapartida. Em novembro de 1990, o menor encontrava-se numa sala do infantário quando ocorreu um curto-circuito num convetor nela existente. Em consequência, houve queda de matéria incandescente sobre o colchão onde estava deitado, o qual se incendiou. Nesse momento, nenhum elemento do pessoal da ré se encontrava na sala. O menor foi atingido pelo fogo durante vários minutos. Só quando, por mero acaso, uma vigilante teve de voltar à sala é que a situação foi conhecida. O menor sofreu queimaduras em consequência das quais ficou gravemente desfigurado. O Supremo entendeu que os deveres de vigilância, assistência e proteção que para a ré resultavam do contrato com os pais haviam sido gravemente negligenciados. Suscitou-se a questão de saber qual a natureza da sua responsabilidade. O interesse da questão prendia-se, «com a dúvida sobre se a responsabilidade

[1971] *BMJ* 370, pp. 529 ss.
[1972] *BMJ* 481, pp. 470 ss.

contratual abrange os danos não patrimoniais». Ora, a omissão do cumprimento dos referidos deveres implicou, para o Supremo, responsabilidade contratual da ré. Mas determinou também responsabilidade extracontratual por violação do direito dos pais ao «são e harmonioso desenvolvimento físico do seu filho menor». Os danos não patrimoniais sofridos pelos autores foram, por isso, julgados indemnizáveis ao abrigo do art. 496º, nº 1, do Código Civil. Tendo previamente reconhecido que a omissão da ré implicou «quer responsabilidade contratual [...] para com os pais do menor, quer responsabilidade extracontratual», o Supremo aplicou as normas que se mostravam mais favoráveis aos lesados e em que estes haviam fundado o pedido de revista.

No acórdão de 22 de setembro de 2011[1973], tratava-se de uma ação intentada por um cliente de um dentista contra este. O réu tinha-lhe extraído um dente e no decurso da intervenção fraturou o maxilar do paciente, o que o sujeitou a diversas operações, dores e incómodos vários. O Supremo entendeu haver um concurso aparente de normas, a resolver pela prevalência das relativas à responsabilidade contratual, mais favoráveis ao lesado. Aplicou assim a presunção de culpa do art. 799º.

Em face do exposto, parece não haver uniformidade na jurisprudência do Supremo Tribunal de Justiça português sobre esta matéria. Nuns casos, decidiu-se no sentido do *concurso real* não cumulativo das normas que disciplinam as duas responsabilidades; noutro, no da *consunção* da responsabilidade extracontratual pela responsabilidade contratual.

Observa-se, em todo o caso, uma certa propensão do Supremo para a solução em cada caso mais favorável ao lesado. O que bem se compreende. Preenchendo a mesma situação de facto as previsões de duas ou mais normas de responsabilidade civil, estas tornam-se, *ipso facto*, aplicáveis ao caso, salvo disposição legal em contrário ou se entre elas existirem relações de especialidade, de consunção ou de colisão. Constitui-se, assim, na esfera jurídica do lesado um direito ao ressarcimento do dano sofrido e na do lesante um dever de indemnizar, que encontram o seu fundamento em qualquer das normas concorrentes. Há um *concurso de normas*, na medida em que se verifica uma definição plúrima do mesmo efeito jurídico – o dever de indemnizar – por várias normas.

Como, porém, seria injusta a cumulação dos efeitos dessas normas, visto que daí resultaria uma dupla indemnização do mesmo dano e, por conseguinte, um enriquecimento sem causa do lesado, o concurso há de resolver-se na atribuição a este (ou ao tribunal, a título subsidiário) de uma faculdade de opção entre os regimes de responsabilidade concorrentes, sendo inaplicável aquele que não for escolhido; ou na combinação desses regimes, através da aplicação a cada questão concreta das regras que lhe sejam mais favoráveis.

[1973] Proc. 674/2011.

A solução a perfilhar deve resultar da consideração do problema no plano das relações sistemáticas entre as normas concorrentes e da ponderação dos interesses e valores em jogo. Há, por isso, que indagar se a combinação das regras de responsabilidade visando a construção de um regime misto é inadmissível por as mesmas serem mutuamente excludentes; e determinar qual a solução mais conforme com a justiça material, os interesses do lesado, do lesante e do tráfico jurídico.

Não nos parece que a relação entre as normas da responsabilidade contratual e da responsabilidade extracontratual, quando concorram sobre os mesmos factos, possa ser configurada quer como uma relação de especialidade, quer de consunção.

A relação de especialidade entre normas jurídicas ocorre quando o âmbito de aplicação de uma é o *género* e o de outra a sua *espécie*: são normas especiais aquelas cujo âmbito de aplicação se insere totalmente no da norma geral, traduzindo-se por um conceito que é espécie em relação ao conceito mais extenso que define o campo de aplicação da norma geral e que funciona como género[1974].

Sucede que as normas da responsabilidade contratual e extracontratual têm campos de aplicação próprios, não sendo qualquer deles espécie do outro: a primeira reporta-se, como vimos, à violação de direitos de crédito; a segunda, aos danos causados por infrações de direitos absolutos ou de disposições legais destinadas à proteção de interesses alheios.

Além disso, as duas responsabilidades distinguem-se através dos sujeitos da obrigação ressarcitória, dos bens jurídicos tutelados e das funções sócio-económicas que desempenham.

Os domínios das duas responsabilidades não se encontram, pois, numa relação de género e espécie.

Estamos igualmente em crer que as normas da responsabilidade contratual não consomem as da responsabilidade extracontratual, pois que os interesses tutelados pelas primeiras não absorvem aqueles que são prosseguidos pelas segundas[1975].

No plano sistemático, nada parece opor-se, pois, à combinação dos regimes das duas formas de responsabilidade em caso de concurso.

A rejeição do cúmulo pode, aliás, conduzir a resultados iníquos, traduzidos quer na disparidade de tratamento de sujeitos que sofram os mesmos danos consoante sejam credores ou terceiros, quer na negação ao credor das garantias gerais da responsabilidade extracontratual pelo simples facto de ter contratado[1976].

[1974] Cfr. José Dias Marques, *Introdução ao Estudo do Direito*, Lisboa, 1986, p. 181.

[1975] Consoante é pressuposto da relação de consunção entre normas jurídicas: cfr. Cavaleiro de Ferreira, *Lições de Direito Penal. Parte geral*, vol. I, Lisboa, 1992, p. 533.

[1976] Recorde-se que o regime da responsabilidade extracontratual pode revelar-se mais favorável ao lesado em matéria de pluralidade passiva de responsáveis, de prescrição, de capacidade delitual, de

Visto que o contrato não exclui o dever geral de não ofender direitos e interesses alheios, antes o reforça, semelhante solução seria, com efeito, injusta: o credor não pode, pelo facto de a sua pretensão se fundar em duas ou mais normas, ficar em situação menos favorável do que aquela que ocuparia se essa pretensão se baseasse numa só dessas normas.

No sentido da admissibilidade daquela combinação depõe ainda a circunstância de certas normas da responsabilidade extracontratual serem entre nós aplicáveis, por força de disposição legal expressa, à responsabilidade contratual[1977].

Acresce que se se admite a construção de regimes mistos para as situações atípicas (i. é, não reconduzíveis a qualquer das categorias de situações da vida tipificadas pelo legislador[1978]), também hão-de admitir-se tais regimes relativamente às situações que preencham mais do que uma previsão legal, como as que ocorrem em caso de concurso de normas[1979].

Na construção desses regimes há que harmonizar os interesses atendíveis do lesado, do lesante e do tráfico jurídico. Os do primeiro apontam no sentido da aplicação das regras que em cada caso lhe sejam mais favoráveis, por forma a não ser colocado em pior situação do que a que ocuparia se não houvesse concurso; os do segundo, no da exclusão do cúmulo, sem adaptações, das regras em concurso, a fim de se evitar a dupla indemnização do mesmo dano (mas não já no da aplicação das regras mais favoráveis ao lesante, pois que tendo-se este tornado responsável com o preenchimento da previsão das normas concorrentes não lhe é legítimo esperar que sejam aplicadas, dentre essas normas, apenas as que em concreto se revelem mais favoráveis aos seus interesses); e os do tráfico, no de que as soluções jurídicas resultantes da combinação de regimes se aproximem, tanto quanto possível, de soluções reais, decorrentes das normas em concurso, evitando-se desse modo a imprevisibilidade e a insegurança inerentes às soluções construídas pelo julgador.

Aceitando-se a combinação dos regimes da responsabilidade contratual e da responsabilidade extracontratual, deve admitir-se, *a fortiori*, a escolha pelo interessado de um desses regimes tomado no conjunto das disposições que o integram.

constituição em mora, de indemnização por mora e de atendibilidade de danos não patrimoniais, caso se entenda que esta não é extensível à responsabilidade contratual.

1977 É o caso, por exemplo, do art. 487º, nº 2, do Código Civil, para o qual remete o art. 799º, nº 2, do mesmo diploma.

1978 De que é exemplo entre nós, como se viu, a responsabilidade pré-contratual: cfr. *supra*, § 7º, *a*).

1979 Neste sentido sustenta Castanheira Neves que «a "norma aplicável" não terá de ser necessariamente uma só norma, podendo decerto abranger, conjugadas, todas aquelas normas a que o problema concreto, pela pluralidade dos seus aspectos problemáticos, se refira e que a controvérsia da realização do direito [...] não deixará de convocar»: cfr. *Metodologia jurídica*, Coimbra, 1993, p. 175.

V – Nos sistemas de *Common Law*, o problema apresenta contornos mais difusos. Tendem a prevalecer aí doutrinas intermédias, que admitem, com exceções, o concurso de responsabilidades.

Assim, na decisão proferida em 1956 pela Câmara dos Lordes no caso *Lister v. Romford*[1980], relativa a uma ação de indemnização intentada pela entidade patronal contra um seu empregado com fundamento nos danos causados pela violação por este do dever de cuidado a seu cargo no manuseamento de bens de propriedade da primeira, Lord Radcliffe, depois de reconhecer que «o Direito imputa aos empregados um dever de cuidado razoável no manuseamento dos bens do seu empregador», afirmou que «o dever em causa é tão contratual como delitual» e que «é uma solução comum no nosso Direito que o mesmo ato ilícito pode constituir objeto de uma ação contratual ou delitual, à escolha do demandante, e, embora o caminho escolhido possa ter certas consequências incidentais que não ocorreriam se tivesse sido escolhido o outro, é um erro encarar as duas formas de responsabilidade como mutuamente excludentes». Num caso em que um trabalhador sofrera danos devido à violação de um dever de cuidado pela entidade patronal, a *Queen's Bench Division* entendeu, analogamente, que o primeiro tanto podia demandar a segunda com fundamento em *tort* como por *breach of* contract[1981].

É certo que em 1986 Lord Scarman sustentou numa decisão do *Privy Council* que não haveria vantagem em buscar uma responsabilidade delitual quando as partes se encontram numa relação contratual[1982]; o que parecia excluir a possibilidade de uma responsabilidade *in tort* quando as partes se encontrem numa relação contratual. Mais recentemente, porém, a Câmara dos Lordes reiterou de modo expresso, no caso *Henderson v. Merrett Syndicates Ltd.*[1983], a admissibilidade, à face do Direito inglês, de o lesado por uma violação de um dever contratual que constitua simultaneamente um delito demandar o lesante com fundamento em qualquer dessas duas «*causes of action*» desde que as partes não hajam restringido convencionalmente a responsabilidade[1984].

[1980] [1957] A.C. 555.

[1981] Cfr. *Matthews v. Kuwait Bechtel Corporation*, [1959] 2 Q.B. 57.

[1982] «Their Lordships [did] not believe that there was anything to the advantage of the law's development in searching for a liability in tort where the parties are in a contractual relationship»: cfr. *Tai Hing Cotton Mill Ltd. v. Liu Chong Hing Bank Ltd.*, [1985] 2 All E.R. 947.

[1983] [1994] 3 All E.R. 506.

[1984] Ver neste sentido os *speeches* proferidos no caso referido por Lord Goff («unless his contract precludes him from doing so, the plaintiff, who has available to him concurrent remedies in contract and tort, may choose that remedy which appears to him most advantageous»: loc. cit., p. 533) e por Lord Browne-Wilkinson («The existence of an underlying contract (eg as between solicitor and client) does not automatically exclude the general duty of care which the law imposes on those who voluntarily assume to act for others»: loc. cit., p. 544). Podem ver-se consagrações anteriores

Este *concurrent approach* adquiriu particular relevo com a admissão no *leading case Hedley Byrne v. Heller*, de que demos conta acima, de uma responsabilidade delitual pelos danos patrimoniais puros causados através da prestação negligente de informações erradas. Como vimos, essa decisão alargou substancialmente o âmbito das situações em que um vínculo contratual ou pré-contratual é fonte de um dever de cuidado cuja violação é sancionada contratual e delitualmente e por conseguinte a área de potencial sobreposição das duas vertentes da responsabilidade civil. É que se o lesado dispõe, conforme decidiu a Câmara dos Lordes, de uma *cause of action* delitual por lhe ter sido prestada gratuitamente uma informação errada causadora de danos, a circunstância de a mesma ser fornecida ao abrigo de um contrato não importa a renúncia do credor aos seus direitos delituais (salvo se as partes houverem excluído ou limitado convencionalmente a responsabilidade civil). Como escreve Fleming, «seria estranho que um cliente que paga ficasse em posição pior do que um que não paga ou do que um terceiro»[1985].

No Direito dos Estados Unidos da América, admite-se a ocorrência de um concurso de responsabilidades nomeadamente nos casos em que o cumprimento defeituoso de um contrato cause uma lesão física ao credor[1986] e em que o devedor viole um dever de cuidado emergente do contrato[1987]. Mas, dada a flutuação da jurisprudência, revela-se muito difícil estabelecer qualquer regra geral acerca do regime desse concurso[1988]. Algumas decisões reconhecem ao autor o direito de eleger dentre as pretensões («*claims*») concorrentes a que prefere deduzir em juízo desde que a questão *sub judice* tenha carácter processual ou, possuindo natureza substantiva, o pedido indemnizatório se funde em danos patrimoniais[1989]. No tocante às pretensões indemnizatórias por danos pessoais a jurisprudência tende a aplicar exclusivamente as regras delituais, em conformidade com a doutrina que manda atender ao «ponto mais grave» («*gravamen*») ou à «essência» («*gist*»)

da possibilidade de escolha pelo lesado entre a responsabilidade contratual e delitual nos casos *Esso Petroleum Co. Ltd v. Mardon*, [1976] 2 All E.R. 5 (pp. 22 e 26), e *Batty and another v. Metropolitan Property Realizations Ltd and others*, [1978] 2 All E.R. 445 (p. 453), ambos julgados pelo *Court of Appeal*. Na doutrina vejam-se no mesmo sentido Cheshire/Fifoot/Furmston, *Law of Contract*, p. 25; Fleming, *The Law of Torts*, p. 187; Kaye, *An Explanatory Guide to the English Law of Torts*, p. 8; John Cartwright, *Contract Law*, cit., p. 51; *Chitty on Contracts*, vol. I, pp. 125 ss.; *Winfield and Jolowicz on Tort*, p. 8; *Markesinis and Deakin's Tort Law*, pp. 18 e 25.

1985 «[I]t would be odd if a paying client were to be worse off than a non-paying one or some third party»: ob. e loc. cit.

1986 Cfr. *Prosser and Keeton on the Law of Torts*, p. 660.

1987 *Ibidem, idem*, p. 663.

1988 Neste sentido William L. Prosser, «The Borderland of Tort and Contract», *in Selected Topics on the Law of Torts. Five Lectures Delivered at the University of Michigan*, Ann Arbor, 1953, pp. 380 ss. (p. 434); Prosser and Keeton on the Law of Torts, ob. cit., p. 666.

1989 Prosser, est. cit., p. 434; *Prosser and Keeton on the Law of Torts*, p. 666.

da ação[1990]. Uma ação por danos pessoais é assim geralmente tida por delitual, ainda que os mesmos resultem da violação de obrigações contratuais; ao passo que uma ação por danos patrimoniais tanto pode ser contratual como delitual, consoante a escolha do autor. Neste sentido pronunciou-se o Supremo Tribunal da Califórnia no caso *Comunale v. Traders & General Insurance Company*, julgado em 1958. Aí se afirmou: «em regra, quando um caso é qualificável como contratual e delitual, o demandante terá geralmente a liberdade de escolher entre a ação delitual e a contratual [...]. Exceciona-se esta regra em ações por danos pessoais causados por negligência, quando se consderer que prevalence a natureza delitual da ação»[1991].

Os tribunais são ainda influenciados na decisão das hipóteses de concurso pelo conteúdo das regras em presença, aplicando por vezes a que lhes parece substancialmente mais adequada à situação controvertida. Seja a decisão proferida em 1964 pelo Supremo Tribunal da Pensilvânia no caso *Griffith v. United Airlines*. O autor reclamava, na qualidade de testamenteiro («*executor*») da vítima de um acidente de aviação causado por terceiros no exercício das funções que desempenhavam como empregados da ré, uma indemnização pelos danos sofridos por aquela. Na sua decisão, o tribunal afastou a aplicabilidade das regras da responsabilidade contratual com fundamento em que «atentos os factos em presença, uma ação por mera violação do contrato não conferiria ao demandante uma indemnização substancial. A essência deste caso permanece a mesma independentemente da sua etiqueta. Meros aspetos técnicos da petição não devem obnubilar a verdadeira natureza da ação»[1992].

Nesta medida, a *praxis* dos tribunais americanos não parece estar muito distante dos resultados a que chegam as jurisdições alemãs ao abrigo da doutrina do concurso de normas de pretensão[1993].

VI – O moderno Direito chinês faz-se também eco da teoria do concurso real, admitindo nas hipóteses em apreço a escolha pelo lesado das disposições legais em que pretende fundamentar a ação ressarcitória. Assim, dispõe nesta matéria o art. 122 da Lei dos Contratos:

[1990] Prosser, est. cit., p. 437; *Prosser and Keeton on the Law of Torts*, p. 667.

[1991] «It is the rule that where a case sounds both in contract and tort the plaintiff will ordinarily have freedom of election between an action of tort and one of contract [...]. An exception to this rule is made in suits for personal injury caused by negligence, where the tort character of the action is considered to prevail»: cfr. 328 P. 2d 198.

[1992] «Under the facts before us, an action for simple breach of contract would not and could not justify a substantial recovery by plaintiff. The essentials of this case remain the same regardless of its label. Mere technicalities of pleading should not blind us to the true nature of the action»: cfr. 203 A. 2d 796.

[1993] Cfr. neste sentido Georgiades, ob. cit., p. 62.

«Se a violação do contrato por qualquer das partes implicar lesão do direitos pessoais ou de propriedade e dos interesses da outra parte, o lesado tem o direito de escolher entre exigir que a parte inadimplente suporte a responsabilidade pela violação do contrato ao abrigo desta lei ou de acordo com outras leis.»

d) Balanço

A análise comparativa do problema do concurso das responsabilidades contratual e extracontratual permite concluir que é relativamente limitado o número de soluções de que ele é passível nos diferentes ordenamentos jurídicos; e que tende a prevalecer a orientação que admite o cúmulo ou a concorrência de responsabilidades.

Em qualquer caso, a admissibilidade da cumulação das regras da responsabilidade contratual e da responsabilidade extracontratual funda-se largamente nas caraterísticas próprias destes institutos à face das ordens jurídicas locais e não pode, por conseguinte, ser apreciada em abstrato.

Assim, uma definição em termos muito genéricos dos factos indutores da responsabilidade extracontratual, coexistindo com uma regulamentação muito pormenorizada da responsabilidade contratual, pode conduzir, como sucede em França, à exclusão do cúmulo de responsabilidades a fim de preservar o domínio próprio das regras da responsabilidade contratual.

Inversamente, a necessidade de suprir certos aspetos menos favoráveis para o credor da indemnização do regime legal de uma ou outra das formas de responsabilidade, como a que existe no Direito alemão, determina a admissão da escolha pelo interessado da pretensão que fará valer em juízo.

A comparação dos Direitos continentais com os anglo-saxónicos evidencia o menor relevo nestes últimos do problema dos concursos de normas; o que se prende com a circunstância de o *Common Law* ser uma ordenação largamente casuística, construída pela jurisprudência, em que predomina um pensamento jurídico de cariz problemático, bem como com a atitude pragmática adotada pelos respectivos tribunais. A inserção sistemática do caso singular e os concursos derivados da circunstância de o mesmo facto preencher a previsão de mais do que uma norma jurídica têm por isso importância secundária nestes ordenamentos jurídicos.

§ 28º Síntese comparativa

A análise comparativa acima empreendida permite concluir pela existência de diferenças muito significativas entre os sistemas jurídicos considerados quanto ao regime da responsabilidade civil.

Assim, ao passo que alguns desses sistemas, como os de *Common Law,* assentam numa tipicidade das situações geradoras da obrigação de indemnizar, outros, como os de matriz francesa, acolhem nesta matéria uma ampla cláusula geral, à qual são reconduzíveis situações muito diversificadas; e outros ainda, como o alemão e o português, optam por uma orientação intermédia, consistente em definir na lei os bens jurídicos cuja ofensa é suscetível de gerar aquela obrigação ou os carateres de ilicitude que o ato lesivo deve revestir a fim de que o agente possa ser chamado a responder pelas suas consequências.

Diferem também relevantemente os pressupostos da responsabilidade civil nos sistemas aqui analisados. Destaca-se a este respeito, desde logo, a centralidade do *direito subjetivo* como elemento individualizador dos bens jurídicos tutelados pelo Direito delitual na Alemanha, em Portugal e nos Países-Baixos a qual não tem correspondência nos sistemas de *Common Law*, nos quais é antes em torno da noção de *dever de cuidado* e da sua violação que gira no essencial a discussão sobre a ocorrência de um ato ilícito gerador do dever de indemnizar, nem nos Direitos francês e italiano, que deixam fundamentalmente aos tribunais a tarefa de definir quais os interesses protegidos através das regras relativas à *faute* e ao *danno ingiusto*.

Não menos relevantes são as diferenças que separam os sistemas analisados quanto ao dano indemnizável. Sobressai nesta matéria a maior latitude com que alguns desses sistemas, com destaque para o francês, admitem a imputação a outrem de danos patrimoniais puros, em comparação com os sistemas alemão e inglês, que se mostram bastante mais restritivos a este respeito. Outro tanto ocorre pelo que respeita à indemnização de danos não patrimoniais, matéria em que estes últimos sistemas consagram limitações muito significativas, que não têm paralelo no Direito francês. Neste, pelo contrário, observa-se, desde os anos quarenta do século passado, um movimento de contínuo desenvolvimento jurisprudencial da responsabilidade civil[1994].

Impressiona também a liberalidade com que o Direito francês encara a exigência de um nexo de causalidade entre o facto e o dano a fim de que este possa ser imputado ao agente, a qual contrasta com o maior rigor posto na aferição desse requisito noutros sistemas, como o alemão e o português, que além de exigirem uma causalidade adequada limitam a imputação do dano ao agente, sendo caso disso, através da consideração do escopo de proteção da norma violada pela conduta lesiva.

Igualmente significativas são as diferenças detetadas entre estes sistemas jurídicos pelo que respeita à admissão da responsabilidade objetiva, i.é, independente de culpa, a qual é imposta com maior amplitude no Direito francês (onde tende a invadir o espaço tradicionalmente ocupado pela responsabilidade subjetiva)

[1994] A ponto de numa obra recente se afirmar categoricamente: «S'il n'y avait la Sécurité sociale, ce droit serait insupportable, parce qu'irréaliste»: cfr. Malaurie/Aynès/Stoffel-Munck, *Droit des obligations*, p. 30.

do que nos demais sistemas aqui considerados, designadamente o português e o alemão, que acolhem quanto a estas situações um princípio de tipicidade, em ordem a proteger o agente de uma inesperada imputação de danos a esse título. Mais restritivo ainda é, nesta matéria, o Direito inglês, onde, em consonância com o princípio *no liability without fault*, a responsabilidade objetiva se mantém absolutamente excecional.

Observam-se ainda diferenças de relevo pelo que respeita ao regime da obrigação de indemnizar e às demais sanções dos ilícitos civis, que nos sistemas anglo-americanos tendem a apresentar uma maior variedade do que na Europa continental, nelas se compreendendo espécies de índole nitidamente penal, como é o caso dos *punitive* ou *exemplary damages*.

Regista-se, além disso, uma certa fluidez das fronteiras entre as responsabilidades contratual e extracontratual, fruto, como se viu, da pulsão no sentido do alargamento do escopo da obrigação de indemnizar – que pode dizer-se ser hoje comum a um largo número de sistemas jurídicos – e das diferentes barreiras com que a mesma se defronta nos sistemas jurídicos nacionais, em particular aqueles, como o alemão, que adotam uma orientação nitidamente restritiva quanto à imputação de danos *ex delicto*.

Este fenómeno repercute-se sobre o regime dos concursos da responsabilidade contratual e extracontratual, relativamente ao qual se verificou que os sistemas que adotam uma definição muito ampla dos factos indutores de responsabilidade extracontratual, como o francês, propendem a excluir o cúmulo de responsabilidades, em ordem a preservarem um domínio próprio às regras da responsabilidade contratual; ao passo que os sistemas que acolhem um regime mais restritivo da responsabilidade extracontratual, como o alemão, admitem a escolha pelo lesado do regime aplicável à sua pretensão indemnizatória.

Erroneamente se veria nestas diferenças de regime o mero reflexo de divergências de índole técnica quanto ao modo preferível de disciplinar o ressarcimento dos danos sofridos por alguém à margem de qualquer relação contratual. Elas são antes, como se observou acima, fruto de valorações divergentes dos interesses em jogo na responsabilidade civil: a preservação da liberdade de atuação individual, por um lado, e a proteção da esfera jurídica de cada um contra as lesões por terceiros dos bens jurídicos que a integram, por outro.

Bibliografia específica

Almeida, Alberto Ribeiro de – «Responsabilidade civil pela violação de direitos subjetivos da propriedade intelectual – as influências anglo-saxónicas», *RDI*, 2014, pp. 165 ss.

Almeida, Luís Moitinho de – «A responsabilidade civil do médico e o seu seguro», *SI*, 1972, pp. 327 ss.

Ascensão, José de Oliveira – «Responsabilidade e pena civil na tutela do direito de autor», *in Estudos jurídicos em homenagem ao Professor Orlando Gomes*, Rio de Janeiro, Forense, 1979, pp. 3 ss.

Ataíde, Rui – *Responsabilidade civil por violação de deveres no tráfego*, Coimbra, Almedina, 2015.

Bar, Christian von – *Verkehrspflichten. Richterliche Gefahrsteuerungsgebote im deutschen Deliktsrecht*, Colónia, etc., Heyman, 1980. – e Ulrich Drobnig – *The Interaction of Contract Law and Tort and Property Law in Europe. A Comparative Study*, Munique, Sellier, 2004.

Barbosa, Ana Mafalda Castanheira Neves Miranda de – *Lições de responsabilidade civil*, Cascais, Principia, 2017.

Beale, Hugh – «An Outline of Liability in Tort in English Law; or "Continent Cut Off by Fog"», *Europa e diritto privato*, 1999, pp. 361 ss.

Bussani, Mauro – *As peculiaridades da noção de culpa. Um estudo de Direito Comparado*, tradução de Helena Saldanha, Porto Alegre, Livraria do Advogado, 2000. – e Marta Infantino – «Tort Law and Legal Cultures», *AJCL*, 2015, pp. 77 ss. – e Vernon Palmer (orgs.) – *Pure Economic Loss in Europe*, Cambridge, Cambridge University Press, 2013.

Cabral, Rita Amaral – «A tutela delitual do direito de crédito», *in Estudos em homenagem ao Professor Doutor Manuel Gomes da Silva*, Coimbra, Coimbra Editora, 2001, pp. 1025 ss.

Canaris, Claus-Wilhelm – «Schutzgesetze-Verkehrspflichten-Schutzpflichten», *in Festchrift für Karl Larenz zum 80. Geburtstag*, Munique, Beck, 1983, pp. 27 ss. – «Grundstrukturen des deutschen Deliktsrechts», *VersR*, 2005, pp. 577 ss.

Cane, Peter – *Tort Law and Economic Interests*, 2ª ed., Oxford, Clarendon Press, 1996. – *The Anatomy of Tort Law*, Oxford, Hart Publishing, 1997. – *Key Ideas About Tort Law*, Oxford/Portland, Hart, 2017.

Catala, Pierre, e John Antony Weir – «Delict and Torts: a Study in Parallel», *Tulane L.R.*, 1962/63, pp. 573 ss.; 1963/64, pp. 221 ss., 663 ss. e 701 ss.

Conk, George W. – «A New Tort Code Emerges in China: An introduction to the discussion and a Translation of Chapter 8 – Tort Law of the Official Discussion Draft of the Proposed Revised Civil Code», *Fordham International Law Journal*, 2007, pp. 935 ss.

Cordeiro, António Menezes – *Da responsabilidade civil dos administradores das sociedades comerciais*, Lisboa, Lex, 1997. – *Litigância de má-fé, abuso do direito de ação e culpa in agendo*, 3ª ed., Coimbra, Almedina, 2014.

Cornhill, Lord Bingham of – «The Uses of Tort», *JETL*, 2010, pp. 3 ss.

Cornu, Gérard – «Le problème du cumul de la responsabilité contractuelle et de la responsabilité délictuelle», *in* AAVV, *Études de droit contemporain (Nouvelle Serie). Sixième Congrès International de Droit Comparé. Hambourg. 1962*, Paris, Cujas, 1962, pp. 239 ss.

Costa, Mário Júlio de Almeida – «O concurso da responsabilidade contratual e da extracontratual», *in* Antunes Varela e outros (orgs.), *Ab uno ad omnes. 75 anos da Coimbra Editora 1920-1995*, Coimbra, Coimbra Editora, 1998, pp. 555 ss.

De Cupis, Adriano - «Il problema del cumulo della responsabilità contrattuale ed extracontrattuale», *Ann. Dir. Compar.*, 1963, pp. 249 ss. – *Il danno. Teoria generale della responsabilità civile*, 2 vols., 3ª ed., Milão, Giuffrè, 1979.

Descheemaeker, Eric – «De la structure de la responsabilité: reflexions comparatistes autour de *Torts and Rights*», *RIDC*, 2013, pp. 51 ss.

Deutsch, Erwin – «Zum Verhältnis von vertraglicher und deliktischer Haftung», *in Festschrift für Karl Michaelis*, Göttingen, Vandehoeck & Ruprecht, 1972, pp. 26 ss.

El-Ehwany, Hossam – «La responsabilité délictuelle en droit civil égyptien», *in* République Arabe d'Égypte/Ministère de la Justice, *Actes du congrès international du cinquantenaire du Code civil égyptien (1948-1998)*, Cairo, 1998, pp. 244 ss.

Faure, Michael G. – «Accident compensation», *in* Jan Smits (org.), *Elgar Encyclopedia of Comparative Law*, Cheltenham/Northampton, Edward Elgar, 2006, pp. 1 ss.

Feinman, Jay M. – *Professional Liability to Third Parties*, 2ª ed., Chicago, American Bar Association, 2007.

Ferrari, Franco – «Remarks on the different methods in approaching liability for one's own acts», *Eur. Rev. Priv. Law*, 1997, pp. 439 ss.

Fiebig, Andre – «The Recognition and Enforcement of Punitive Damage Awards in Germany: Recent Developments», *Georgia Journal of International and Comparative Law*, 1992, pp. 635 ss.

Fleming, John – «Is there a Future for Tort?», *Austr. L.J.*, 1984, pp. 131 ss. – *An Introduction to the Law of Torts*, 2ª ed., Oxford, Clarendon Press, 1985. – *The Law of Torts*, 8ª ed., Sidney, The Law Book Co. Ltd., 1992.

Frada, Manuel Carneiro da – *Uma «terceira via» no Direito da responsabilidade civil?*, Coimbra, Almedina, 1997. – *Teoria da confiança e responsabilidade civil*, Coimbra, Almedina, 2004. – *Direito Civil. Responsabilidade Civil. O método do caso*, Coimbra, Almedina, 2006. – «A própria vida como dano? Dimensões civis e constitucionais de uma questão-limite», *in Forjar o Direito*, Coimbra, Almedina, 2015, pp. 253 ss.

Georgiades, Apostolos - *Die Anspruchskonkurrenz im Zivilrecht und Zivilprozessrecht*, Munique, C.H. Beck, 1968.

Giardina, Francesca – *Responsabilità contrattuale e responsabilità extracontrattuale. Significato attuale di una distinzione tradizionale*, Milão, Giuffrè, 1993.

Giesen, Ivo – «The Use and Influence of Comparative Law in 'Wrongful Life' Cases», *Utrecht Law Review*, 2012, pp. 35 ss.

Goldberg, John C. P. – «Tort», *in* Peter Cane e Mark Tushnet (orgs.), *The Oxford Handbook of Legal Studies*, Oxford, Oxford University Press, 2003, pp. 21 ss.

Gotanda, John Y. – «Punitive Damages: A Comparative Analysis», *Columb. J.Transnat'l.L.*, 2004, pp. 391 ss.

Honoré, A. M. – «Causation and Remoteness of Damage», *IECL*, vol. XI, cap. 7.

Honsell, Heinrich – «Der Ersatz reiner Vermögenschäden in Rechtsgeschichte und Rechtsvergleichung», *in* Th. Rauscher/H.P.Mansell (orgs.), *Festschrift für Werner Lorenz zum 80. Geburtstag*, Munique, Sellier, 2001, pp. 483 ss.

Immenhauser, Martin – *Das Dogma von Vertrag und Delikt. Zur Entstehungs- und Wirkungsgeschichte der zweigeteilten Haftungsordnung*, Colónia, etc., Böhlau, 2006.

Infantino, Marta – *La causalità nella responsabilità extracontrattuale. Studio di diritto comparato*, Berna/Nápoles, Stämpfli/Edizioni Scientifiche Italiane, 2012.

Jäggi, Peter - «Zum Begriff der Vertraglichen Schadensersatzforderung», *in Mélanges en l'honneur de Wilhelm Schönenberger offertes à l'occasion de son 70e anniversaire*, Fribourg, Éditions Universitaires, 1968, pp. 181 ss.

Jansen, Nils – «The State of the Art of European Tort Law», *in* Mauro Bussani (org.), *European Tort Law. Eastern and Western Perspectives*, Berna, Stämpfli, 2007, pp. 15 ss. – «The Concept of Non-Contractual Obligations: Rethinking the Divisions of Tort, Unjustified Enrichment, and Contract Law», *JETL*, 2010, pp. 16 ss.

Jayme, Erik – «Precedente e Rechtsfortbildung nel sistema tedesco dell'illecito civile. Influenza del diritto comparato», *in La giurisprudenza per massime e il valore del precedente*, Pádua, Cedam, 1988, pp. 125 ss.

Jourdain, Patrice – *Les principes de la responsabilité civile*, 4ª ed., Paris, Dalloz, 1998.

Kaye, Peter – *An Explanatory Guide to the English Law of Torts*, Chichester, Barry Rose Law Publishers, 1996.

Keller, Alfred – «Schweiz», *in* Christian Von Bar (org.), *Deliktsrecht in Europa*, Colónia, etc., Heymanns, 1993.

Köhler, Helmut – «Die "Beteiligung an fremdem Vertragsbruch" – eine unerlaubte Handlung?», *in* Andreas Heldrich e outros (orgs.), *Festschrift für Claus-Wilhelm Canaris zum 70. Geburtstag*, Munique, C.H. Beck, 2007, pp. 591 ss.

Kötz, Hein - «Ziele des Haftungsrechts», *in* Jürgen Baur, Klaus Hopt e K. Peter Mailänder (orgs.), *Festschrift für Ernst Steindorff zum 70. Geburtstag am 13. März 1990*, Berlim/Nova Iorque, Walter de Gruyter, 1990, pp. 643 ss. – «Economic Loss in Tort and Contract», *RabelsZ*, 1994, pp. 423 ss. – e Gerhard Wagner – *Deliktsrecht*, 12ª ed., Munique, Vahlen, 2013.

Koziol, Helmut (org.) – «Schadensersatz für reine Vermögensschaden», *Juristische Blätter*, 2004, pp. 273 ss. – «Comparative law – A Must in the European Union: Demonstrated by Tort Law as an Example», *Journal of Tort Law*, 2007, pp. 1 ss. – e Yan Zhu, «Background and Key Contents of the New Chinese Tort Liability Law», *JETL*, 2010, pp. 328 ss.

Landes, William, e Richard A. Posner – «The Positive Economic Theory of Tort Law», *Georgia Law Review*, 1980, pp. 851 ss.

Leitão, Adelaide Menezes – *Normas de Protecção e Danos Puramente Patrimoniais*, Coimbra, Almedina, 2009. – «Responsabilidade civil por violação de direito de autor», *Jurismat*, 2014, pp. 201 ss.

Leitão, Luís Menezes – «A transposição da Directiva 2004/48/CE sobre a aplicação efectiva dos direitos de propriedade intelectual efectuada pela Lei 16/2008, de 1 de Abril», *Direito da Sociedade da Informação*, vol. VIII, Coimbra, 2009, pp. 281 ss. – «O dano da vida», *CDP*, nº especial, 2012, pp. 3 ss.

Lipstein, Kurt – «Protected Interests in the Law of Torts», *Cambridge L.J.*, 1963, pp. 85 ss.

Lourenço, Paula Meira – *A função punitiva da responsabilidade civil,* Coimbra, Coimbra Editora, 2006.

Magnus, Ulrich – «The Reform of German Tort Law», *InDret,* nº 2/2003. – «Tort law in general», *in* Jan Smits (org.), *Elgar Encyclopedia of Comparative Law,* Cheltenham/Northampton, Edward Elgar, 2006, pp. 719 ss. – «Why is US Tort Law so Different?», *JETL,* 2010, pp. 102 ss.

Markesinis, Basil – «An Expanding Tort Law – The Price of a Rigid Contract Law», *LQR* 1987, pp. 354 ss. -, Michael Coester, Guido Alpa e Augustus Ullstein – *Compensation for Personal Injury in English, German and Italian Law. A Comparative Outline,* Cambridge, Cambridge University Press, 2011.

McQuillan, Lawrence J., e Hovannes Abramyan – *U.S. Tort Liability Index. 2010 Report,* São Francisco, Pacific Research Institute, 2010.

Monateri, Pier Giuseppe - *Cumulo di responsabilità contrattuale e extracontrattuale (Analisi comparata di un problema),* Pádua, Cedam, 1989.

Monteiro, António Pinto - *Cláusulas limitativas e de exclusão da responsabilidade civil,* separata do vol. XXVIII do *suplemento ao BFDUC,* Coimbra, 1985. – *Cláusula penal e indemnização,* Coimbra, Almedina, 1990. – «Princípios gerais da responsabilidade civil», *Revista da Escola Nacional de Magistratura,* 2007, pp. 106 ss.

Monteiro, Jorge Ferreira Sinde - «Responsabilidade civil. I. Introdução», *RDE* 1978, pp. 313 ss. – *Responsabilidade por conselhos, recomendações ou informações,* Coimbra, Almedina, 1989. – «Portugal», *in* J. Spier (org.), *The Limits of Expanding Liability,* Kluwer, 1998, pp. 173 ss. – «Hipóteses típicas de responsabilidade civil ("trabalhos de casa" do Grupo de Tilburg)», *Revista Jurídica da Universidade Moderna,* 1998, pp. 1 ss. – «Responsabilidade delitual. Da ilicitude», *in* Faculdade de Direito da Universidade de Coimbra (org.), *Comemorações dos 35 anos do Código Civil e dos 25 anos da reforma de 1977,* vol. III, Coimbra, Coimbra Editora, 2007, pp. 453 ss. – «Responsabilidade civil : o novo Código Civil do Brasil face ao direito português, às reformas recentes e às actuais discussões de reforma na Europa», *RBDC,* nº 23 (2003), pp. 153 ss. – «Rudimentos da responsabilidade civil», *RFDUP,* 2006, pp. 349 ss. -, Rui de Moura Ramos e Heinrich Ewald Hörster – «Portugal», *in* Christian Von Bar (org.), *Deliktsrecht in Europa,* Colónia, etc., 1993.

Nascimento, António Baião do - *Do concurso de normas,* Lisboa, Cadernos de Ciência e Técnica Fiscal, 1971.

Oertel, Christoph – *Objektive Haftung in Europa. Rechtsvergleichende Untersuchung zur Weiterentwicklung der verschuldensunabhängigen Haftung im europäischen Privatrecht,* Tubinga, Mohr Siebeck, 2010.

Oliphant, Ken – «Rival Perspectives on European Tort Law (A Comparative Analysis)», *in* Helmut Koziol/Barbara Steininger (orgs.), *European Tort Law 2009,* Viena/Nova Iorque, De Gruyter, 2010, pp. 666 ss. – «Cultures of Tort Law in Europe», *JETL,* 2012, pp. 147 ss.

Oliveira, Nuno Pinto – «Tópicos sobre a distinção entre a responsabilidade contratual e a responsabilidade extracontratual», *in Estudos em comemoração dos 20 anos da Escola de Direito da Universidade do Minho*, Coimbra, Coimbra Editora, 2014, pp. 513 ss.

Owen, David G. – «A Punitive Damages Overview: Functions, Problems and Reform», *Villanova Law Review*, 1994, pp. 363 ss.

Peretti-Griva, Domenico-Riccardo – «Concorso di responsabilità contrattuale ed extracontrattuale?», *Giur. ital.*, 1951, Parte I, Sezione 2, col. 290 ss. – «Ancora sul concorso delle responsabilità contrattuale ed extracontrattuale», *Giur. it.*, 1952, Parte I, Sezione 1, col. 289 ss. – «Concorso di responsabilità contrattuale ed extracontrattuale», *Foro Pad.*, 1960, pp. 639 ss.

Pessoa Jorge, Fernando – *Ensaio sobre os pressupostos da responsabilidade civil*, reimpressão, Coimbra, Almedina, 1995.

Picker, Eduard - «Vertragliche und deliktische Schadenshaftung - Überlegungen zu einer Neustrukturierung der Haftungssysteme», *JZ*, 1987, pp. 1041 ss.

Pinto, Paulo Mota – «Indemnização em caso de "nascimento indevido" e de "vida indevida" ("wrongful birth" e"wrongful life")», *Lex Medicinae*, 2007, pp. 5 ss.

Ponzanelli, Giulio - «Il concorso di responsabilità: Le esperienze italiana e francesa a confronto», *Responsabilità Civile e Previdenza*, 1984, pp. 36 ss.

Proença, José Carlos Brandão – *A conduta do lesado como pressuposto e critério de imputação do dano extracontratual*, Coimbra, Almedina, reimpr., 2008.

Prosser, William L. – «The Borderland of Tort and Contract», *in Selected Topics on the Law of Torts. Five Lectures Delivered at the University of Michigan*, Ann Arbor, 1953, pp. 380 ss.

Rodrigues, Andreia – *Análise jurisprudencial da reparação do dano morte: impacto do regime da proposta razoável de indemnização*, Lisboa, 2014 (disponível em http://repositorio.ucp.pt).

Rosa, Manuel Cortes – *A delimitação do prejuízo indemnizável em direito comparado inglês e francês*, separata do vol. XIV da *RFDUL*, Lisboa, 1962.

Rossello, Carlo – «Responsabilità contrattuale ed extracontrattuale», *NGCC*, 1985, II, pp. 317 ss.

Russo, Raffaele – «Concorso di responsabilità contrattuale ed extracontrattuale e fatto illecito dei commessi», *FI*, 1951, I, col. 1190 ss.

Sacco, Rodolfo - «Concorso delle azzioni contrattuale e extracontrattuale», *in* Giovanna Visintini (org.), *Risarcimento del danno contrattuale ed extracontrattuale*, Milão, Giuffrè, 1984, pp. 155 ss.

Saleilles, Raymond – *Les accidents de travail et la responsabilité civile (Essai d'une théorie objective de la responsabilité délictuelle)*, Paris, Librairie Nouvelle de Droit et Jurisprudence, 1897.

Salvi, Cesare – «Il paradosso della responsabilità civile», *RCDP*, 1983, pp. 123 ss. – «Responsabilità extracontrattuale (diritto vigente)», *in EDD*, vol. XXXIX, pp. 1186 ss.

Santos Júnior, Eduardo – *Da responsabilidade civil do terceiro por lesão do direito de crédito*, Coimbra, Almedina, 2003.

Schlechtriem, Peter - *Vertragsordnung und ausservertragliche Haftung. Eine rechtsvergleichende Untersuchung zur Konkurrenz von Ansprüchen aus Vertrag und Delikt im französischen, amerikanischen und deutschen Recht,* Frankfurt a. M., Metzner, 1972. - «Vertragliche und ausservertragliche Haftung», *in* Bundesminister der Justiz, *Gutachten und Vorschläge zur Überarbeitung des Schuldrechts,* vol. II, Colónia, Bundesanzeiger Verlagsges., 1981, pp. 1591 ss.

Sconamiglio, Renato - «Responsabilità civile», *in NssDI,* vol. XV, pp. 628 ss. – «Responsabilità contrattuale ed extracontrattuale», *in NssDI,* vol. XV, pp. 670 ss.

Sériaux, Alain – «Responsabilité civile», *in* Denis Alland/Stéphane Rials, *Dictionnaire de la culture juridique,* reimpressão, Paris, PUF, 2007, pp. 1353 ss.

Serra, Adriano Vaz - «Culpa do devedor ou do agente», *BMJ* 68 (1957), pp. 13 ss. – «Responsabilidade do devedor pelos factos dos auxiliares, dos representantes legais ou dos substitutos», *BMJ* 72 (1958), pp. 259 ss. – «Reparação do dano não patrimonial», *BMJ* 83 (1959), pp. 69 ss. – «Obrigação de indemnização (Colocação. Fontes. Conceito e espécies de dano. Nexo causal. Extensão do dever de indemnizar. Espécies de indemnização). Direito de abstenção e de remoção», *BMJ* 84 (1959), pp. 5 ss. – «Responsabilidade contratual e responsabilidade extracontratual», *BMJ* 85 (1959), pp. 115 ss. – «Requisitos da responsabilidade civil», *BMJ* 92 (1960), pp. 37 ss.

Silva, João Calvão da - *Responsabilidade civil do produtor,* Coimbra, Almedina, 1990. – «Empreitada e responsabilidade civil», *in Estudos de Direito Civil e Processo Civil (Pareceres),* Coimbra, Almedina, 1996, pp. 5 ss. – «Incumprimento e responsabilidade civil», *in Estudos de Direito Civil e Processo Civil (Pareceres),* Coimbra, Almedina, 1996, pp. 97 ss.

Silva, Manuel Duarte Gomes da - *O dever de prestar e o dever de indemnizar,* vol. I, Lisboa, 1944.

Sousa, Miguel Teixeira de - *O concurso de títulos de aquisição da prestação,* Coimbra, Almedina, 1988.

Spier, Jaap (org.) – *The Limits of Expanding Liability. Eight Fundamental Cases in a Comparative Perspective,* Haia/Londres/Boston, Kluwer, 1998.

Stoll, Hans - «Consequences of Liability: Remedies», *in IECL,* vol. XI, *Torts,* capítulo 8.

Sugarman, Stephen D. – «Doing Away with Tort Law», *California Law Review,* 1985, pp. 558 ss.

Tourneau, Philippe le, e Loïc Cadiet – *Droit de la responsabilité,* Paris, Dalloz, 1996.

Tunc, André – «Les problèmes contemporains de la responsabilité civile délictuelle. Introduction», *RIDC,* 1967, pp. 757 ss. – «A Codified Law of Tort – The French Experience», *Louisiana Law Review,* 1979, pp. 1051 ss. – *La responsabilité civile,* 2ª ed., Paris, Economica, 1989.

Trigo, Maria da Graça – «Responsabilidade civil do comitente», *in* Faculdade de Direito da Universidade de Coimbra (org.), *Comemorações dos 35 anos do Código Civil e dos 25 anos da reforma de 1977,* vol. III, Coimbra, Coimbra Editora, 2007, pp. 153 ss. – *Responsabilidade civil. Temas especiais,* Lisboa, Universidade Católica Editora, 2015.

Varela João de Matos Antunes – «Rasgos inovadores do Código Civil português de 1966 em matéria de responsabilidade civil», *BFDUC*, vol. XLVIII (1972), pp. 77 ss.

Visintini, Giovanna – *Trattato breve della responsabilità civile. Fatti illeciti. Inadempimento. Danno risarcibile*, Pádua, Cedam, 1996. – *Cos'è la responsabilità civile*, 2ª ed., Nápoles, Edizioni Scientifiche Italiane, 2014.

Wagner, Gerhard – «Comparative Tort Law», *in* Mathias Reimann/Reinhard Zimmermann (orgs.), *The Oxford Handbook of Comparative Law*, Oxford, Oxford University Press, 2006, pp. 1003 ss.

Wester-Ouisse, Véronique – «Responsabilité délictuelle et responsabilité contractuelle: fusion des régimes à l'heure internationale», *RTDCiv.*, 2010, pp. 419 ss.

Capítulo V
A gestão de negócios

§ 29º Posição do problema; interesses em jogo

I – Designaremos por gestão de negócios, para os efeitos da exposição subsequente, a situação em que uma pessoa assume a direção de um negócio (*hoc sensu*, um assunto) alheio, no interesse e por conta do respetivo dono, sem para isso estar autorizada.

Os casos clássicos de gestão de negócios prendem-se com a conservação de bens alheios. É o que ocorre, por exemplo, se, necessitando um imóvel de reparação urgente enquanto o seu proprietário se encontra ausente, um vizinho, *sponte sua*, encarrega alguém de executar essa reparação.

Outros tipos de situações podem contudo incluir-se nesta categoria: por exemplo, o pagamento de uma dívida alheia, o fornecimento de bens ou serviços a alguém que deles careça ou o salvamento de uma pessoa em perigo.

II – A respeito dessas hipóteses, pergunta-se se e em que condições deve o gestor ser reembolsado pelo dono do negócio das despesas em que incorreu por causa da gestão e, eventualmente, ser remunerado por ela; e ainda se deve o dono do negócio ser ressarcido pelo gestor dos prejuízos que lhe causou a gestão e, sendo caso disso, se pode fazer seus os resultados desta.

Avultam na regulação desta matéria diferentes ordens de interesses. Antes de mais, *interesses sociais*. Entre estes destacam-se, por um lado, o interesse em impedir e sancionar intromissões não autorizadas na esfera patrimonial e pessoal alheia; e, por outro, o interesse em aproveitar e estimular os atos que visem conservar bens alheios, que de outro modo poderiam perder-se, deteriorar-se ou manter-se improdutivos. Além disso, há que ponderar os *interesses individuais* do dono do negócio e do gestor. O primeiro pretenderá normalmente ser ressarcido dos danos que a interferência de outrem nos seus negócios lhe causou.

O segundo quererá presumivelmente ser reembolsado das despesas que fez e porventura até ser remunerado pela gestão. Vejamos como são valorados estes interesses nos diferentes ordenamentos jurídicos nacionais.

§ 30º Antecedentes

A gestão de negócios, dita em latim *negotiorum gestio*, é uma criação do Direito Romano, que a integrou na categoria das *obligationes quasi ex contractu*: é sob esta epígrafe que a figura aparece regulada nas *Institutiones* de Justiniano[1995].

Fundamentalmente, tinha-se em vista através dela a gestão, à margem de qualquer ofício ou relação jurídica preexistente, dos assuntos de pessoas ausentes. Em tais casos, só a imposição de uma obrigação de reembolsar o gestor evitaria que os assuntos do ausente fossem negligenciados.

A intervenção, nessas condições, de um estranho em negócios alheios era, em todo o caso, estritamente limitada: o *dominus* tinha de estar ausente (embora não em sentido físico) e a intervenção tinha de ser *utilis*. Os serviços do gestor tinham, além disso, de ser executados no interesse do dono – *contemplatione domini*. Pressupunha-se ainda que o gestor tivesse agido *animo obligandi*, ou seja, visando ser reembolsado das suas despesas, e não *animo donandi*, i. é, com espírito de liberalidade.

Ao dono do negócio e ao gestor eram conferidas, respetivamente, a *actio directa* e a *actio contraria* a fim de fazerem valer os seus direitos. Pela primeira destas ações, o dono do negócio podia exigir do gestor a entrega dos resultados da gestão e a indemnização dos danos que esta lhe houvesse causado. Mediante a segunda, era dado ao gestor reclamar do dono do negócio o reembolso das suas despesas. A primeira delas pressupunha uma intromissão não autorizada de terceiro nos negócios do autor e, sendo reclamada uma indemnização, a demonstração da ocorrência de um dano em consequência dela e a culpa do gestor (embora este pudesse também responder por *casus fortuitus* se se tivesse afastado dos negócios habitualmente realizados pelo *dominus* ou ignorado uma proibição deste); a segunda, implicava a demonstração de que a gestão fora iniciada com um pro-

1995 Cfr. I. 3, 27, 1: «*Igitur cum quis absentis negotia gesserit, ultro citroque inter eos nascuntur actiones, quae appellantur negotiorum gestorum: sed domino quidem rei gestae adversus eum qui gessit directa competit actio, negotiorum autem gestori contraria. quas ex nullo contractu proprie nasci manifestum est: quippe ita nascuntur istae actiones, si sine mandato quisque alienis negotiis gerendis se obtulerit: ex qua causa ii quorum negotia gesta fuerint etiam ignorantes obligantur*» («Se alguém gerir os negócios de um ausente, nascem entre as partes ações recíprocas, que se designam por gestão de negócios. É ao dono do negócio que compete a ação principal contra aquele que geriu o negócio, cabendo ao gestor a ação contrária. É manifesto que tais ações não nascem de contrato, porquanto surgem quando alguém se dispoe a gerir negócios alheios sem mandato. Por esse motivo, aqueles cujos negócios foram geridos ficam obrigados mesmo sem o seu conhecimento»).

pósito útil (*utiliter coeptum*) e da intenção do gestor de gerir um negócio alheio (*animus negotia aliena gerendi*). A ação fundada na *negotiorum gestio* era, em todo o caso, um *iudicium bonae fidei*; ao juiz cabia por isso averiguar se o devedor havia atuado *ex fidei bona*, de onde resultava, em seu benefício, um certo grau de discricionariedade na aferição dos pressupostos da ação[1996].

O pensamento jusnaturalista encarou com menos favor a gestão de negócios, porquanto, como observou Hugo Grócio, à ação nela baseada «não subjaz qualquer dos fundamentos em virtude dos quais a natureza impõe uma obrigação»[1997]; o que levou as codificações mais diretamente influenciadas por aquele pensamento – o *Allgemeines Landesrecht* prussiano e o Código Civil austríaco – a praticamente excluírem a sua admissibilidade[1998].

§ 31º Consagrações legais do instituto e traços gerais do seu regime nos Direitos contemporâneos

I – Hoje, a gestão de negócios acha-se regulada, designadamente, nos códigos francês (arts. 1301 a 1301-5), alemão (§§ 677 a 687), suíço (arts. 419 a 424), italiano (arts. 2028 a 2032), egípcio (arts. 188 a 197), português (arts. 464º a 472º), brasileiro (arts. 861 a 874) e holandês (artigos 6:198 a 6:202), bem como nos Princípios Gerais de Direito Civil chineses (art. 93).

Estes textos legais concedem ao gestor o direito a ser reembolsado em certas circunstâncias – entre as quais sobressai a *utilidade da gestão* – das despesas que tiver realizado, bem como a ser indemnizado do prejuízo que tiver sofrido.

Preveem-no, designadamente, o Código Civil francês, no art. 1301-2, quando o negócio alheio tiver sido «utilmente gerido», pelo que respeita às despesas feitas pelo gestor no interesse do dono do negócio e aos danos que aquele tiver sofrido em virtude da sua gestão[1999]; o Código das Obrigações suíço, no art. 422(1), quando «o interesse do dono do negócio reclamasse a gestão»; o Código Civil

[1996] Ver sobre a gestão de negócios no Direito Romano, Zimmermann, *The Law of Obligations*, pp. 433 ss.; Santos Justo, *Direito Direito Privado Romano – II (Direito das Obrigações)*, pp. 109 ss.; Kaser/Knütel, *Römisches Privatrecht*, pp. 274 ss.

[1997] Cfr. *De jure belli ac pacis*, livro II, cap. X, § IX: «*Nam negotiorum gestorum actio ex lege civili nascitur: nullum enim habet eorum fundamentorum, ex quibus natura obligationem inducit. Nos autem id quod natural est hic quaerimus*».

[1998] Vejam-se o § 228 da Parte I, Título 13, do ALR («In der Regel ist niemand befugt, sich in die Geschäfte eines Andern ohne dessen Auftrag oder ein andres besondres durch ausdrückliche Gesetze ihm beygelegtes Recht zu mischen») e o § 1035 do ABGB («Wer weder durch ausdrücklichen oder stillschweigenden Vertrag, noch vom Gerichte, noch aus dem Gesetze das Befugniß erhalten hat, darf der Regel nach sich in das Geschäft eines Andern nicht mengen. Hätte er sich dessen angemaßt; so ist er für alle Folgen verantwortlich»).

[1999] Diz a referida disposição: «Celui dont l'affaire a été utilement gérée doit remplir les engagements contractés dans son intérêt par le gérant. Il rembourse au gérant les dépenses faites dans son intérêt

italiano, no art. 2031, quando a gestão tenha sido «utilmente iniciada»; o Código brasileiro, no art. 869, «se o negócio for utilmente administrado»; o Código holandês, no art. 6:200(1), quando o interesse do dono do negócio houver sido «adequadamente cuidado»; e a lei chinesa, no preceito acima mencionado, quando o gestor houver agido «a fim de proteger os interesses de outra pessoa sem estar legal ou contratualmente obrigado a fazê-lo».

Por seu turno, o Código Civil alemão exige para tanto, no § 683, que «a assunção da gestão corresponda ao interesse e à vontade, real ou presumível, do dono do negócio»[2000]; de modo semelhante, o Código Civil português requer, no art. 468º, nº 1, que a gestão haja sido «exercida em conformidade com o interesse e a vontade, real ou presumível, do dono do negócio».

Há, assim, na Alemanha e em Portugal, uma acentuação do *elemento subjetivo* da gestão de negócios[2001]. É certo que, quando a gestão não seja exercida em conformidade com o interesse e a vontade do dono do negócio, se prescreve nos códigos alemão (§ 684) e português (art. 468º, nº 2) que o dono do negócio responde perante o gestor, ainda assim, nos termos do enriquecimento sem causa. Não obstante isso, o risco de uma gestão desconforme à vontade do dono do negócio recai nesses sistemas jurídicos fundamentalmente sobre o gestor.

O interesse do dono do negócio é ainda atendido através da responsabilização do gestor pelos danos que este lhe causar quando não cumpra as obrigações do mandatário ou não empregue na gestão os cuidados de uma pessoa razoável, consoante a lei lhe exige (Código Civil francês, arts. 1301 e 1301-1), a gestão seja contrária à vontade real ou presumível do dono do negócio e o gestor devesse sabê-lo (Código Civil alemão, § 678)[2002], o gestor atue com negligência (Código das Obrigações suíço, art. 420 (1)), não cumpra as obrigações que resultam de um mandato (Código Civil italiano, art. 2030) ou a gestão seja levada a cabo em desconformidade com o interesse ou a vontade, real ou presumível, do dono do negócio (Código Civil português, art. 466º; a aprovação da gestão pelo dono do negócio implica, todavia, renúncia ao direito de indemnização: art. 469º; outro tanto sucede no Código brasileiro por força do disposto no art. 862).

Quando exercida no âmbito de atividade profissional do gestor, a gestão de negócios alheios dá lugar, no Direito português, a uma remuneração (art. 470º,

et l'indemnise des dommages qu'il a subis en raison de sa gestion. Les sommes avancées par le gérant portent intérêt du jour du paiement».

[2000] Hipótese em que se diz a gestão «legitimada» («*berechtigt*»): cfr. Brox/Walker, *Besonderes Schuldrecht*, pp. 443 ss.

[2001] Cfr., pelo que respeita ao Direito alemão, *Staudingers Kommentar*/Bergmann, Vorbem. zu §§ 677 ff, n.m. 17, onde se alude, a este respeito, a um «*subjektive Prinzip*»; e, quanto ao Direito português, Júlio Gomes, *A gestão de negócios. Um instituto jurídico numa encruzilhada*, Coimbra, 1993, pp. 150 ss.

[2002] Gestão dita pela doutrina alemã «não legitimada» («*unberechtigt*»): Brox/Walker, ob. cit., pp. 454 s.

nº 1, do Código Civil), aplicando-se à fixação da remuneração devida as tarifas profissionais e, na falta delas, os usos ou a equidade, nos termos do art. 1158º, nº 2, para que o art. 470º, nº 2, remete. O mesmo sucede no Direito holandês em virtude do disposto no art. 6:200(2) do Código Civil. Não assim, porém, no Direito francês, que recusa ao gestor qualquer remuneração, mesmo quando a gestão seja exercida no quadro da sua profissão[2003].

Observe-se que tanto o Direito francês (art. 1301-1, 2º §, do Código Civil) como o italiano (art. 2030, nº 2, do Código Civil) autorizam o juiz a moderar a indemnização imposta ao gestor, atentas as circunstâncias do caso concreto, nos casos de mera negligência. À mesma conclusão se chegará no Direito português, por aplicação das regras gerais, mormente o art. 494º do Código Civil[2004]. O BGB não contém disposição semelhante, embora o § 680 prescreva a limitação da responsabilidade aos casos de dolo e negligência grosseira quando a gestão se destine a afastar perigo iminente que ameace o dono do negócio; o art. 420 (1) do Código suíço estabelece, por seu turno, que a responsabilidade do gestor será «apreciada com menor rigor» quando houver gerido o negócio a fim de evitar um dano iminente.

Por outro lado, os Direitos latinos (Código Civil francês, art. 1301-1; Código Civil italiano, art. 2028; Código Civil português, art. 466º, nº 1) estabelecem uma responsabilização do gestor pelos danos causados ao dono do negócio quando aquele interrompa injustificadamente a gestão, que os Direitos alemão e suíço não consagram.

II – Com a gestão de negócios não se confundem diversas outras figuras jurídicas, que todavia apresentam certos traços comuns a ela.

Está neste caso, antes de mais, o mandato. Este é o contrato através do qual uma das partes – o mandatário – se obriga a realizar por conta da outra – o mandante – um ou mais atos jurídicos[2005]. Entre os dois institutos em apreço há uma semelhança óbvia: ambos se referem às atuações de alguém por conta de outrem

[2003] Cfr. o ac. da Cassação, *Chambre Commerciale*, de 15 de dezembro de 1992, recurso nº 90-19608, em que se declara: «l'article 1375 du Code civil n'accorde au gérant que le remboursement de toutes les dépenses utiles ou nécessaires qu'il a faites ; que c'est donc à bon droit que l'arrêt a rejeté la demande par laquelle la société Bertrand sollicitait, non pas le remboursement de dépenses, mais le paiement d'une rémunération, sous la dénomination de dédommagement de ses efforts promotionnels».

[2004] Cfr. Luís Menezes Leitão, *A responsabilidade do gestor perante o dono do negócio no Direito Civil português*, Coimbra, 2005, p. 280 s.

[2005] Regulado, em Portugal, nos arts. 1157º a 1184º do Código Civil. Alguns sistemas jurídicos disciplinam a gestão de negócios imediatamente após o contrato de mandato: tal o caso, por exemplo, do Direito alemão (onde o regime do mandato consta dos §§ 662 a 676h) e do Direito suíço (que o regula nos arts. 394 a 418v do Código das Obrigações).

e presumivelmente no seu interesse, gerindo interesses seus. Em ambos os casos, *lato sensu*, estamos perante uma gestão de negócios alheios. Simplesmente, num caso essa atuação é previamente ajustada, por contrato, entre as partes. É a *gestão com mandato*. No outro caso, não existe esse contrato. O gestor chama a si, de modo espontâneo, a função do mandatário. É a *gestão sem mandato*, de aqui cuidamos. Daqui que, como dissemos, esta forma de gestão tenha sido integrada pelos romanos, e na esteira destes pelos franceses, na figura dos *quase-contratos*[2006], definidos no Código napoleónico como «factos puramente voluntários de que resulta uma vinculação de quem deles beneficia sem a tal ter direito, e por vezes uma vinculação do seu autor perante terceiro»[2007]. A gestão de negócios é com efeito, na expressão de um autor francês, um «*quase-contrato de mandato*»[2008]. Esta diferença formal levanta delicados problemas no tocante ao ressarcimento de cada uma das partes pelas despesas e prejuízos que porventura sofrer em virtude da gestão. De todo o modo, aos atos jurídicos praticados pelo gestor em nome próprio manda a lei portuguesa aplicar as regras sobre o mandato sem representação[2009]. O que significa, além do mais, que o gestor é obrigado a transferir para o dono do negócio os direitos que adquiriu em execução da gestão[2010]. Trata-se aqui de um corolário de um dos aludidos requisitos da gestão: que o gestor aja por conta de outrem, ou seja, com a intenção de transferir para o dono os proveitos e encargos da sua atuação, imputando-lhe os resultados desta.

A gestão tem, além disso, elementos de contato com a representação. Esta consiste na prática de atos jurídicos por alguém em nome de outrem, cujos efeitos jurídicos se produzem diretamente na respetiva esfera jurídica. Ora, o gestor pode agir em nome próprio ou em nome do dono do negócio. Nos primeiros casos fala-se de *gestão não representativa*; nos segundos, de *gestão representativa*. Daí que se apliquem neste caso à questão da eficácia do negócio celebrado pelo gestor as regras relativas à representação sem poderes, *maxime* as que a fazem depender da respetiva ratificação pelo representado[2011].

A gestão de negócios distingue-se, finalmente, do contrato a favor de terceiro, anteriormente examinado. Em ambos os casos pode ter lugar uma aquisição de direitos por terceiros, sem que estes intervenham nos atos tendentes a esse fim.

[2006] Sobre a qual pode ver-se, na literatura mais recente de língua portuguesa, Arion Sayão Romita, «Quase-contrato», *RBDC*, vol. 36 (1º semestre de 2009), pp. 65 ss.

[2007] Art. 1300, 1º §: «Les quasi-contrats sont des faits purement volontaires dont il resulte un engagement de celui qui en profite sans y avoir droit, et parfois un engagement de leur auteur envers autrui».

[2008] Bénabent, *Droit des obligations*, p. 344.

[2009] É o que dispõe o art. 471º do Código Civil.

[2010] Art. 1181º do Código Civil.

[2011] Cfr. o art. 471º do Código português.

Mas na gestão de negócios não há, como no contrato a favor de terceiro, um contrato em virtude do qual o dono do negócio se torna beneficiário da atuação do gestor. Como se dizia no Código de Seabra, na gestão há uma aquisição de direitos *por mero facto de outrem*[2012]. Por outro lado, o terceiro pode rejeitar o benefício que lhe é conferido pelo contrato celebrado a seu favor; ao passo que o gestor não pode fazê-lo sempre que a gestão haja sido levada a cabo em conformidade com seu interesse e a sua vontade, real ou presumível[2013]. Finalmente, na gestão o gestor tem direitos perante o dono do negócio, o que não sucede entre o promitente e o terceiro no contrato a favor deste.

III – Da gestão de negócios própria, ou pura, em que o gestor assume a direção de um negócio alheio no interesse do respetivo *dominus*, distingue-se a *gestão de negócios imprópria ou impura* («*unechte Geschäftsführung*», «*gestion d'affaires imparfaite*»), a qual tem lugar quando o gestor, estando ciente de que os bens por si geridos são alheios, atua no seu próprio interesse, com o intuito de fazer seus os lucros resultantes da gestão[2014].

Trata-se, sob o ponto de vista da correlação de interesses em jogo, de uma situação fundamentalmente diversa da que temos vindo a considerar até aqui, uma vez que lhe falta o *animus aliena negotia gerendi* em que assenta o favorecimento do gestor, acolhido, como vimos, em diversos sistemas jurídicos romanistas.

Não obstante isso, alguns destes sistemas admitem que o dono do negócio faça valer perante o gestor as pretensões que lhe assistem no caso da gestão própria, *maxime* o de se apropriar dos lucros dela resultantes.

Assim, o § 687 (2) do BGB prevê a aplicabilidade à gestão imprópria, a pedido do dono do negócio, de diversas disposições da gestão própria[2015]. E também o art. 423 (1) do Código das Obrigações suíço[2016] estabelece que, ainda que a gestão não haja sido empreendida no interesse do dono do negócio, este tem o direito de se apropriar dos lucros dela resultantes, o que tem lugar através de uma *action en remise du gain*[2017]. Por seu turno, o art. 1301-4 do Código francês prevê, a este res-

[2012] Haja vista à epígrafe do Livro III da Parte II do Código.

[2013] Veja-se o art. 468º do Código Civil português.

[2014] Sobre o tema, veja-se, numa perspetiva de comparação de Direitos, Joana Leal de Macedo Vitorino, «A gestão imprópria e a gestão de negócio alheio julgado próprio nos Direitos alemão, suíço, francês e português – Estudo de Direito Comparado», *RFDUL*, 2014, pp. 245 ss.

[2015] Dispõe esse preceito: «Behandelt jemand ein fremdes Geschäft als sein eigenes, obwohl er weiß, dass er nicht dazu berechtigt ist, so kann der Geschäftsherr die sich aus den §§ 677, 678, 681, 682 ergebenden Ansprüche geltend machen. Macht er sie geltend, so ist er dem Geschäftsführer nach § 684 Satz 1 verpflichtet».

[2016] Segundo o qual : «Lorsque la gestion n'a pas été entreprise dans l'intérêt du maître, celui-ci n'en a pas moins le droit de s'approprier les profits qui en résultent».

[2017] Cfr. Tercier/Pichonnaz, *Le droit des obligations*, p. 405.

peito, que o interesse pessoal do gestor em encarregar-se de um negócio alheio não exclui a aplicação das regras da gestão de negócios, sendo que neste caso as obrigações, as despesas e os danos dela resultantes se repartem na proporção dos interesses de cada um no negócio comum[2018].

O Código Civil português não contempla expressamente esta situação[2019], sendo controvertido na doutrina que sobre ela se pronunciou se o gestor deve entregar ao dono do negócio o que obteve com a gestão[2020]. O certo, porém, é que o lucro obtido pelo infrator de direitos intelectuais deve, desde 2008, ser atendido pelos tribunais portugueses na fixação do valor da indemnização devida por essa infração, nos termos do Código da Propriedade Industrial e do Código do Direito de Autor e dos Direitos Conexos[2021]. Embora a solução surja aí enquadrada no regime da responsabilidade civil do infrator daqueles direitos, é manifesto que a consequência típica da gestão imprópria nos sistemas que a regulam *ex professo* encontrou acolhimento no Direito português.

§ 32º Funções do instituto

À consagração do instituto e ao regime para ele estabelecido nos sistemas jurídicos romanistas liga-se a preocupação em salvaguardar, dentro de certos limites,

[2018] «L'intérêt personnel du gérant à se charger de l'affaire d'autrui n'exclut pas l'application des règles de la gestion d'affaires. Dans ce cas, la charge des engagements, des dépenses et des dommages se répartit à proportion des intérêts de chacun dans l'affaire commune».

[2019] A qual constituía no entanto objeto do art. 17º do articulado sobre a gestão de negócios proposto por Vaz Serra, em que se previa que, havendo gestão de um negócio como próprio, sabendo o gestor que o mesmo é alheio, este responderia perante o dono «como se fosse um verdadeiro gestor», ficando obrigado a entregar-lhe «mesmo aquilo que, devido a circunstâncias especiais suas, obteve com a gestão» (nº 2). Por seu turno, o dono do negócio que fizesse valer contra o agente os direitos que lhe pertenceriam contra um verdadeiro gestor de negócios deveria reembolsá-lo das despesas feitas, até ao limite do seu enriquecimento, se não incorresse em maior responsabilidade» (nº 3). Cfr. «Gestão de negócios», *BMJ* 66 (1957), pp. 45 ss. (p. 280).

[2020] Contra, Francisco Pereira Coelho, *O enriquecimento e o dano*, p. 89, por entender que «a lei iria, assim, conscientemente, fomentar um enriquecimento sem causa, do titular do direito à custa do interventor»; a matéria estaria sujeita às regras da responsabilidade civil e da obrigação de restituir por enriquecimento sem causa. No sentido também da aplicabilidade nestes casos das regras da responsabilidade civil, Antunes Varela, *Das Obrigações em geral*, vol. I, p. 454, que sublinha faltar neles um requisito essencial ao espírito do instituto «que é o de estimular (ou pelo menos não desencorajar) a intervenção útil nos negócios alheios carecidos de direcção». Já Luís Menezes Leitão admite a aplicação analógica a estes casos do art. 472º do Código Civil, relativo à gestão de negócio alheio julgado próprio, atribuindo-se ao *dominus* a possibilidade de sujeitá-los ao regime da gestão, mediante a respetiva aprovação; de contrário, aplicar-se-ia o regime do enriquecimento por intervenção ou o da responsabilidade civil: cfr. *Direito das Obrigações*, vol. I, p. 495, e *O enriquecimento sem causa no Direito Civil*, pp. 694 ss. *Vide* também neste sentido Júlio Gomes, *A gestão de negócios*, cit., pp. 117 ss.

[2021] Cfr. *supra*, § 24º, *b)*, II.

o *valor da solidariedade* nas relações interindividuais, comum ao Direito Romano e aos Direitos modernos por ele mais diretamente influenciados[2022]; a gestão de negócios constituirá assim uma das aplicações mais antigas da *regra moral* no Direito das Obrigações[2023].

Mas o acolhimento dado àquele valor é temperado pela preocupação de proteger também o interesse individual do dono do negócio em evitar interferências não autorizadas nos seus assuntos.

Por outro lado, quando exercida em conformidade com o interesse do dono do negócio, a gestão dá lugar a obrigações de reembolso e indemnização do gestor a cargo do dono do negócio. Subjaz-lhe também, nesta medida, uma ideia *de justiça comutativa ou corretiva* («*ausgleichende Gerechtigkeit*»)[2024].

Dir-se-á assim que a telelologia da gestão de negócio nos sistemas romanistas radica hoje num *aproveitamento seletivo* de atos jurídicos socialmente úteis, posto que não autorizados pelo titular dos interesses em jogo.

Estas as razões pelas quais não nos parece que se trate aqui de uma fonte de obrigações «não baseada em princípios gerais»[2025]: a solidariedade é um valor ético que uma ordem jurídica de inspiração cristã, como a portuguesa, convola, no domínio da gestão de negócios alheios, em *critério normativo* de solução dos conflitos sociais, ainda que procurando harmonizá-lo com outros valores igualmente importantes, como a salvaguarda da integridade da esfera jurídica de cada um e a justiça comutativa.

Às referidas funções acresce, nos sistemas que estendem as regras acima descritas à chamada gestão imprópria, uma *função sancionatória e restitutória* dos ganhos obtidos pelo gestor graças a uma interferência não autorizada na esfera jurídica alheia, a que não presidem os referidos intuitos altruístas: possibilita-se assim que o dono do negócio, além de uma indemnização pelos danos sofridos através dessa interferência (que muitas vezes não ocorreram ou não são quantificáveis, consoante sucederá, por exemplo, se a obra de que é autor, publicada por um terceiro sem o seu consentimento, se destinasse a permanecer inédita), receba os ganhos auferidos pelo gestor através de uma atuação não autorizada. O regime da gestão de negócios complementa aqui os da responsabilidade civil e do enriquecimento sem causa, os quais se mostram, nestes casos, menos favoráveis aos interesses do dono do negócio. Sempre que assim suceda, a gestão de negócios deixa, como é bom de ver, de ter uma teleologia unitária.

[2022] Ver, em sentido próximo, Júlio Gomes, *A gestão de negócios*, cit., p. 37.

[2023] Nesta linha de orientação, veja-se François Goré, «Le fondement de la gestion d'affaires source autonome et générale d'obligations», *D.*, 1953, chr., pp. 39 ss. (p. 42).

[2024] Assim, *Staudingers Kommentar*/Olzen, Einleitung zum Schuldrecht, n.m. 80.

[2025] Cfr. Menezes Leitão, *Direito das Obrigações*, vol. I, pp. 479 ss.

§ 33º A rejeição do instituto nos sistemas de *Common Law*; figuras comparáveis

I – No Direito inglês, a gestão não autorizada de negócios alheios não confere, em princípio, ao gestor o direito a ser ressarcido das despesas que para o efeito tiver realizado. Neste sentido, afirmou Lord Bowen em *Falcke v. Scottish Imperial Insurance Co.*, julgado pelo *Court of Appeal* inglês em 1886[2026]:

> «O princípio geral é, sem dúvida, o de que o trabalho realizado ou o dinheiro despendido por uma pessoa a fim de preservar ou beneficiar a propriedade de outrem não criam, de acordo com o Direito inglês, qualquer direito sobre a propriedade salva ou beneficiada, nem geram qualquer obrigação, ainda que isolada, de reembolsar a despesa feita. Não se podem impor responsabilidades às pessoas nas suas costas, do mesmo modo que não se pode conferir um benefício a alguém contra a sua vontade.»

O Direito norte-americano é menos categórico na afirmação da mesma ideia fundamental. De todo o modo, o § 2(3) do *Restatement 3rd of Restitution and Unjust Enrichment*, de 2011[2027], declara a este respeito o seguinte:

> «Não há qualquer obrigação de restituir em virtude de um benefício não solicitado, voluntariamente conferido, salvo se as circunstâncias da transação justificarem a intervenção do demandante na falta de um contrato.»

O comentário oficial a esta disposição esclarece, a propósito dela, que, «[e]m lugar de propor um negócio, aquele que reclama a restituição confere primeiro um benefício e depois procura obter o pagamento do respetivo valor. Quando este modo de proceder se mostre inaceitável – como o será geralmente, se o demandante tiver negligenciado a oportunidade de celebrar um contrato – a pretensão baseada no enriquecimento sem causa será rejeitada».

A mesma solução havia já sido acolhida anteriormente numa decisão proferida em 2008 pelo Tribunal Federal do 7º Circuito[2028], da qual foi relator o juiz Posner, em que se pode ler:

> «Aquele que voluntariamente confere um benefício a outrem, na ausência de uma obrigação contratual de fazê-lo, não tem por via de regra qualquer direito a ser compensado.»

[2026] [1886] 34 Ch.D 234.

[2027] Cfr. American Law Institute, *Restatement of the Law Third. Restitution and Unjust Enrichment*, St. Paul, Minesota, 2011.

[2028] Cfr. *Indiana Lumbermens Mut. Ins. Co. v. Reinsurance Results, Inc.*, 513 F3d 652.

Exclui-se assim, em princípio, a restituição do enriquecimento sem causa ao denominado *intermeddler* ou *volunteer*[2029]. O «bom samaritano» é, pois, desencorajado nos sistemas de *Common Law*.

Subjacente a este entendimento está a preocupação em evitar as ingerências alheias na esfera jurídica de cada um e a intenção de preservar o mais possível a liberdade individual; o que implica, por um lado, que ninguém deve ser obrigado a pagar por benefícios que não solicitou, e, por outro, que não devem ser imputadas responsabilidades a quem agiu sem culpa.

O denominado *bargain principle*, a que aludimos acima, transparece nas regras em apreço[2030]. Deparamos aqui, em suma, com mais uma manifestação do pendor individualista dos Direitos inglês e norte-americano e da relutância destes em aceitarem a constituição de relações obrigacionais com fundamento apenas na lei, como é o caso das que nascem da gestão de negócios nos sistemas romanistas.

II – Não obstante o exposto, os sistemas de *Common Law* desenvolveram algumas figuras que visam salvaguardar, relativamente a certas categorias de situações típicas, a posição daquele que interfere sem autorização na esfera jurídica alheia[2031].

No Direito inglês, essas situações são de duas ordens.

Quando preexista à gestão uma relação jurídica entre as partes (normalmente a de *agency*) recorre-se, sob certos pressupostos, à doutrina dita da «*agency of necessity*». Por *agency* entende-se, no Direito inglês, a relação jurídica existente entre duas pessoas em virtude da qual uma delas (o *agent*) adquire licitamente o poder de atuar por conta da outra (o *principal*), de forma suscetível de afetar a sua posição jurídica. Nos termos da dita doutrina, em certos casos de emergência, se o *agent* tiver excedido os seus poderes, intervindo nos assuntos do *principal*, *v.g.*, prestando-lhe serviços úteis sem que isso lhe tenha sido solicitado, tem

2029 Veja-se também neste sentido Michael Traynor, «The Restatement (Third) of Restitution & Unjust Enrichment: Some Introductory Suggestions», *Wash. & Lee L. Rev.*, 2011, pp. 899 ss., que escreve: «A person who confers an unrequested benefit voluntarily will usually not be able to recover in restitution; and the law will not impose liability on an innocent recipient to a forced exchange, especially in the United States where we still prize personal autonomy and do not appreciate undue interference with our freedom to make choices».

2030 Consoante o admite expressamente no comentário *c.* ao § 2 do *Restatement*, em que se declara: «Contract is superior to restitution as a means of regulating voluntary transfers because it eliminates, or minimizes, the fundamental difficulty of valuation».

2031 Cfr. Samuel J. Stoljar, «Negotiorum Gestio», *IECL*, vol. X, cap. 17, pp. 35; Christian von Bar, «Die Äquivalente des Common Law für das kontinentaleuropäische Konzept der berechtigten Geschäftsführung ohne Auftrag», *in* Thomas Rauscher (org.), *Festschrift für Werner Lorenz zum 80. Geburtstag*, Munique, 2001, pp. 441 ss.; Duncan Sheehan, «Negotiorum Gestio. A Civilian Concept in the Common Law?», *ICLQ*, 2006, pp. 253 ss.

direito a receber uma compensação por esses serviços, desde que não pudesse comunicar com o *principal* e haja atuado de forma razoável e prudente no interesse deste. O campo principal de aplicação da figura são as relações de Direito Marítimo. Por força da *agency of necessity*, o capitão pode tomar medidas para salvar o navio que se encontre em perigo no alto mar, por exemplo deitando ao mar toda ou parte da carga transportada, vendendo-a ou dando-a como garantia a fim de reparar o navio, etc.

Numa segunda categoria de situações, não há uma relação preexistente entre as partes e, não obstante isso, os tribunais reconhecem àquele que intervém em assuntos alheios uma pretensão restitutória, atento o interesse público dessa intervenção. Fala-se, nestes casos, de «*necessitous intervention by a stranger*». Assim, por exemplo, aquele que sepultar um morto tem direito, em Inglaterra, a reaver as despesas razoáveis que tiver realizado da pessoa que primariamente seria responsável pelo funeral. Por outro lado, aqueles que salvem pessoas ou propriedade em perigo no mar devem, segundo o Direito inglês, ser reembolsados das despesas feitas. Requer-se, em qualquer caso, que ao demandante fosse «impraticável» obter instruções ou uma autorização do demandado.

Há duas ordens de explicações possíveis para estas exceções ao aludido princípio geral. Uma prende-se com a especial importância que o salvamento de pessoas e bens assume no comércio marítimo, de enorme relevância para a economia inglesa. A outra, aponta para uma certa influência continental na formulação destas regras do Direito inglês; o que resultará, segundo alguns, do facto de os tribunais eclesiásticos e marítimos, a quem cabia a apreciação dos casos referidos, terem sido controlados por juristas mais abertos à influência romanista, os quais se inspiraram na doutrina da gestão de negócios a fim de resolvê-los[2032].

Mas, cumpre notá-lo, não se verifica aqui uma verdadeira consagração dessa doutrina. Primeiro, porque a *agency of necessity* só opera quando preexista uma relação jurídica entre as partes, que a gestão de negócios continental dispensa; e tem *caráter excecional*, não podendo os seus efeitos ser estendidos a todas as situações de gestão não autorizada de negócios alheios. Segundo, porque nos demais casos de *necessity* o que os tribunais ingleses parecem admitir é a restituição dos benefícios injustamente obtidos pelo dono do negócio e não a remuneração do gestor por serviços prestados ou a indemnização dos danos que sofreu[2033].

III – No Direito norte-americano, admite-se excecionalmente a restituição dos denominados «*emergency benefits*», conferidos a terceiros em ordem a proteger a

[2032] Zimmermann, *The Law of Obligations*, p. 449, n. 126.

[2033] Ver, sobre o ponto, Goff/Jones, *The Law of Unjust Enrichment*, 9ª ed., Londres, 2016, pp. 549 ss.

vida, a saúde ou a propriedade alheias ou certos interesses públicos. Contemplam estas situações os §§ 20 a 22 do *Restatement 3rd of Restitution and Unjust Enrichment.*

A primeira dessas disposições confere àquele que prestar serviços profissionais a fim de proteger a vida ou a saúde alheias o direito à restituição na medida do necessário a fim de prevenir o enriquecimento sem causa, caso as circunstâncias justifiquem a decisão de intervir sem que tal fosse solicitado; o enriquecimento é nestes casos aferido em função do custo razoável dos serviços em causa[2034]. A assistência prestada em situações de emergência por um não profissional não confere, assim, o direito a qualquer restituição. Consoante se refere no *Restatement,* em nota ao citado preceito, «os prestadores profissionais de assistência médica são geralmente titulares de um direito suscetível de execução coativa a serem compensados; ao passo que o salvador não profissional ou bom Samaritano apenas tem direito às recompensas que outros decidam atribuir-lhe». Esta solução é justificada do seguinte modo: «Uma coisa é encorajar a intervenção profissional em situações de emergência, outra seria criar incentivos financeiros para possíveis salvadores que talvez devessem ficar à margem». E acrescenta-se: «O Direito não exige que qualquer benefício seja pago [...]. Um salvamento heróico pode conferir um benefício de valor inestimável, mas será provavelmente de origem puramente altruísta. A imposição de uma obrigação de restituição nessas circunstâncias – um princípio que apenas se tornaria visível quando a pretensão fosse resistida – transforma um ato de auto-sacrifício numa troca de valores contenciosa. O Direito evita essa consequência pouco edificante, presumindo que o salvamento numa situação de emergência constitui um ato gratuito. O espectador heróico não recebe nada; o profissional heróico recebe um "valor razoável e habitual" por serviços profissionais, mais nada mais pelo seu heroísmo»[2035]. Aflora aqui de novo orientação fundamentalmente individualista que, como notámos, inspira o Direito norte-americano nesta matéria.

Uma solução ainda mais restritiva prevaleceu no tocante às atuações tendentes a proteger a propriedade alheia. De acordo com o § 21 do *Restatement,* tais atuações apenas conferem o direito à restituição do enriquecimento sem causa na medida em que seja razoável presumir que o proprietário desejaria que fossem empreendidas[2036].

2034 «(1) A person who performs, supplies, or obtains professional services required for the protection of another's life or health is entitled to restitution from the other as necessary to prevent unjust enrichment, if the circumstances justify the decision to intervene without request. (2) Unjust enrichment under this section is measured by a reasonable charge for the services in question».

2035 Ob. cit., p. 288.

2036 «(1) A person who takes effective action to protect another's property from threatened harm is entitled to restitution from the other as necessary to prevent unjust enrichment, if the circumstances justify the decision to intervene without request. Unrequested intervention is justified only when it is reasonable to assume the owner would wish the action performed. (2)

Procura-se assim evitar a criação de incentivos a uma intervenção inapropriada nos negócios alheios[2037].

Pelo que respeita ao cumprimento de deveres alheios, o § 22 do *Restatement* estabelece igualmente uma regra muito restritiva do direito à restituição do enriquecimento, que apenas é admitido quando as circunstâncias justifiquem a intervenção não solicitada em assuntos alheios, *maxime* por isso que a mesma se destina a evitar um dano iminente aos interesses de terceiros ou visa proteger a saúde pública, a segurança ou o bem estar geral[2038].

Solução esta que o comentário oficial ao *Restatement* justifica da seguinte forma[2039]:

> «O Direito não favorece a intervenção não solicitada nos assuntos alheios e o pagamento não solicitado de uma dívida alheia exemplifica a conduta condenável por importuna. Em circunstâncias excecionais, a intervenção não solicitada do demandante é aceite como base de uma pretensão de restituição devido às vantagens que assegura a terceiros ou ao público.»

§ 34º Síntese comparativa

Há passante de cinquenta anos, observava um distinto professor de Harvard, a respeito da gestão de negócios: «A nossa interdependência recíproca aumenta à medida que os horizontes do mundo se expandem e as suas complexidades se acentuam». E advertia a este propósito: «Poderá ocorrer um sério desperdício de recursos valiosos e uma rejeição de fortes impulsos da natureza humana se forem negadas todas as formas de compensação à ajuda espontânea que se revele útil, apenas porque a ação em causa não foi originariamente solicitada ou subsequentemente ratificada»[2040].

Unjust enrichment under this section is measured by the loss avoided or by a reasonable charge for the services provided, whichever is less».

2037 Ob. cit., pp. 295 s.

2038 «(1) A person who performs another's duty to a third person or to the public is entitled to restritution from the other as necessary to prevent unjust enrichment, if the circumstances justify the decision to intervene without request. (2) Unrequested intervention may be justified in the following circumstances: (a) the claimant may be justified in paying another's money debt if there is no prejudice to the obligor in substituting a liability in restitution for the original obligation; (b) the claimant may be justified in performing another's duty to furnish necessaries to a third person, to avoid imminent harm to the interests of the third person; and (c) the claimant may be justified in performing another's duty to the public, if performance is urgently required for the protection of public health, safety, or general welfare. (3) There is no unjust enrichment and no claim in restitution by the rule of this section except insofar as the claimants' intervention has relieved the defendant of an otherwise enforceable obligation».

2039 Ob. cit., p. 308 s.

2040 Cfr. John P. Dawson, «Negotiorum Gestio: The Altruistic Intermeddler», *Harvard L.R.*, vol. 74 (1960/61), pp. 817 ss., 1073 ss. (p. 1127).

Compreende-se, a esta luz, que não faltem nos sistemas de *Common Law* pronunciamentos favoráveis a um acolhimento mais vasto da doutrina da gestão de negócios. Assim como não falta também nos sistemas romanistas quem reconheça que esta particular fonte de obrigações, situada na *terra de ninguém* entre o contrato e o delito, pode envolver uma séria restrição da liberdade individual, na medida em que dela decorre a imposição de responsabilidades ao dono do negócio por atos praticados em seu benefício, mas que não consentiu nem aprovou. Daí resultarão, aliás, certos aspetos do regime da figura nesses sistemas, como a exigência de que a gestão seja conforme ao interesse e à própria vontade do dono do negócio.

O certo, porém, é que as diferenças entre esses sistemas jurídicos quanto à disciplina desta matéria, de que demos conta acima, decorrem em última análise de fatores metajurídicos, cuja erradicação é improvável.

«Tal como sucede na maior parte dos assuntos de relevo», escrevia Dawson, «a questão subjacente é moral», reconduzindo-se a saber se o Direito vigente «reconhece suficientemente o ideal da ajuda mútua». É justamente porque este ideal não conhece, nem nunca conheceu, o mesmo favor em todos os sistemas jurídicos em apreço que subsistem entre eles diferenças tão acentuadas quanto ao regime da gestão de negócios.

As principais funções acima apontadas à gestão de negócios nos sistemas romanistas têm, com efeito, inteiro cabimento em ordens jurídicas, como as do continente europeu, assentes numa ideia de solidariedade social, nas quais se admite a constituição, com base nesta, de responsabilidades patrimoniais entre privados não voluntariamente consentidas.

Já nos ordenamentos jurídicos em que se procura acima de tudo fomentar a livre iniciativa privada e se cinge por isso a imposição de responsabilidades patrimoniais entre privados às situações em que existam entre estes vínculos voluntariamente assumidos ou em que ocorram danos ilicitamente causados a outrem que devam ser ressarcidos por quem os causou, não existe espaço para um instituto, como a gestão de negócios, que visa essencialmente compensar alguém por atos altruístas não solicitados pelo seu beneficiário.

Bibliografia específica

American Law Institute – *Restatement of the Law Third. Restitution and Unjust Enrichment*, St. Paul, Minesota, American Law Institute Publishers, 2011.

Bar, Christian von – «Die Äquivalente des Common Law für das kontinentaleuropäische Konzept der berechtigten Geschäftsführung ohne Auftrag», *in* Thomas Rauscher (org.), *Festschrift für Werner Lorenz zum 80. Geburtstag*, Munique, Sellier, 2001, pp. 441 ss.

– «Geschäftsbesorgungen im Sinne des Rechts der Geschäftsführung ohne Auftrag.

Eine rechtsvergleichende Skizze», *in* Ingeborg Schwenzer/Günter Hager (orgs.), *Festschrift für Peter Schlechtriem zum 70. Geburtstag*, Tubinga, J.C.B. Mohr, 2003, pp. 699 ss.

Dawson, John P. – «Negotiorum Gestio: The Altruistic Intermeddler», *Harvard L.R.*, vol. 74 (1960/61), pp. 817 ss. e 1073 ss.

Gomes, Júlio – *A gestão de negócios. Um instituto jurídico numa encruzilhada*, Coimbra, suplemento ao BFDUC, 1993. – «A gestão de negócios: "a Oeste nada de novo"?», *in* Faculdade de Direito da Universidade de Coimbra (org.), *Comemorações dos 35 anos do Código Civil e dos 25 anos da reforma de 1977*, vol. III, Coimbra, Coimbra Editora, 2007, pp. 39 ss.

Goré, François – «Le fondement de la gestion d'affaires source autonome et générale d'obligations», *D.*, 1953, chr., pp. 39 ss.

Leitão, Luís de Menezes – *A responsabilidade do gestor perante o dono do negócio no Direito Civil português*, reimpressão, Coimbra, Almedina, 2005.

Nóbrega, José Carlos de Medeiros – «O direito à remuneração na gestão de negócios: um exemplo de estudo à luz do direito Português e do Projecto de Quadro Comum de Referência (DCFR)», *in* Maria Olinda Garcia (org.), *Estudos sobre incumprimento do contrato*, Coimbra, 2011, pp. 29 ss.

Romita, Arion Sayão – «Quase-contrato», *RBDC*, vol. 36 (1º semestre de 2009), pp. 65 ss.

Serra, Adriano Vaz – «Gestão de negócios», *BMJ* 66 (1957), pp. 45 ss.

Sheehan, Duncan – «Negotiorum Gestio. A Civilian Concept in the Common Law?», *ICLQ*, 2006, pp. 253 ss.

Vitorino, Joana Leal de Macedo – «A gestão imprópria e a gestão de negócio alheio julgado próprio nos Direitos alemão, suíço, francês e português – Estudo de Direito Comparado», *RFDUL*, 2014, pp. 245 ss.

Capítulo VI
O enriquecimento sem causa

§ 35º Ideia geral do instituto

Passemos ao enriquecimento sem causa. Na base deste instituto está o princípio, já afirmado por Pomponius[2041], conforme o qual ninguém deve enriquecer-se em prejuízo de outrem.

A maioria dos ordenamentos jurídicos acolhe esse princípio; mas nenhum o faz com aquele grau de generalidade. O que bem se compreende, pois todo o lucro é de alguma sorte obtido à custa alheia. Uma consagração irrestrita da obrigação de restituir o enriquecimento obtido desse modo inviabilizaria, assim, o funcionamento da economia de mercado.

A imposição dessa obrigação pressupõe, portanto, um juízo acerca das circunstâncias em que uma deslocação patrimonial, posto que conforme à lei, deva ter-se como desprovida de uma causa que a legitime substantivamente e haja, por isso, de ser desfeita; o que, como é bom de ver, contende ao mais alto grau com as conceções de justiça vigentes em cada ordenamento jurídico e o próprio modelo económico que este serve.

Não surpreende, por isso, que sejam muito diversas as formas pelas quais se provê à realização do referido princípio nos sistemas jurídicos contemporâneos; e que sejam também eminentemente variáveis neles os seus pressupostos e efeitos. É o que procuraremos demonstrar neste capítulo.

§ 36º Antecedentes

A restituição do enriquecimento sem causa tem como antecedente, no Direito Romano clássico, as ações denominadas *condictiones*[2042]. Estas podiam ser inten-

[2041] «*Nam hoc natura aequum est neminem cum alterius detrimento fieri locupletiorem*» (D., 12, 6, 14).

[2042] Do latim *condicere*, notificar: na primeira audiência, o autor notificava o réu, no caso de este negar a sua pretensão, para comparecer de novo perante o magistrado dentro de trinta dias; durante esse prazo, as partes podiam chegar a acordo; caso contrário, o processo prosseguia.

tadas sempre que alguém pretendesse recuperar uma quantia ou bem, qualquer que fosse a causa da obrigação de restituir – inclusive, portanto, para a restituição do enriquecimento[2043].

Na compilação justinianeia (*Digesto* e *Codex*), distinguiram-se várias modalidades de *condictiones* destinadas a tutelar as situações em que ocorre uma deslocação patrimonial injustificada. Entre elas podem referir-se: *a)* A *condictio indebiti*, consistente na restituição de uma prestação realizada por erro desculpável; *b)* A *condictio ob rem* ou *causa data causa non secuta*, i.é, a restituição de uma prestação por não se ter verificado o resultado através dela visado; *c)* A *condictio ob turpem vel iniustam causam*, traduzida na restituição de uma prestação recebida por causa injusta ou reprovável; e *d)* A *condictio sine causa*, com carácter residual, na qual se incluíam as situações não previstas nas *condictiones* anteriores.

As várias modalidades de *condictiones* previstas no Direito bizantino sobreviveram nos Códigos de Oitocentos e constituem o núcleo da regulamentação contemporânea desta matéria nos sistemas jurídicos romano-germânicos. Examiná-las-emos em seguida.

§ 37º Consagrações e âmbito do instituto nos Direitos contemporâneos

I – O Código Civil francês não continha originariamente uma disposição genérica sobre esta matéria; mas consagrou o princípio da repetição do indevido (*«paiement de l'indu»*) e regulamentou-o a propósito dos já referidos «quase-contratos»[2044].

Referem-se as disposições do Código francês sobre esta matéria, fundamentalmente, às situações em que alguém realiza indevidamente uma prestação. O art. 1302 (ex-art. 1235) proclama a este respeito como princípio geral:

> «Qualquer pagamento pressupõe uma dívida; o que tiver sido recebido sem que fosse devido está sujeito a restituição.»

Como corolário deste princípio, estabelece-se acerca das situações ditas de «indevido objetivo» (*«indu objectif»*) que «[a]quele que receber por erro ou conscientemente o que não lhe era devido deve restituí-lo àquele de quem o recebeu indevidamente»[2045].

Por outro lado, dispõe-se a respeito do denominado «indevido subjetivo» (*«indu subjectif»*) que «[a]quele que, por erro ou sob coação, tiver pago a dívida

[2043] Ver Reinhard Zimmermann, *The Law of Obligations*, pp. 834 ss.; Santos Justo, *Direito Privado Romano – II (Direito das Obrigações)*, pp. 113 ss.; Encarnació Ricart Martí, «De la condictio romana al enriquecimento injustificado en el proyecto de princípios de derecho contractual europeo (DCFR)», *in O sistema contratual romano: de Roma ao Direito actual*, Lisboa, 2010, pp. 373 ss.

[2044] Cfr. os arts. 1302 a 1302-3 (que correspondem aos arts. 1235 e 1376 a 1381 no texto anterior à reforma de 2016).

[2045] Art. 1302-1 (ex-art. 1376).

de outrem pode agir em restituição contra o credor. Todavia, esse direito cessa no caso de o credor, na sequência do pagamento, ter destruído o seu título ou renunciado às garantias que asseguravam o seu crédito. A restituição pode também ser exigida àquele cuja dívida foi paga por erro»[2046].

Há, como é bom de ver, situações de enriquecimento sem causa não abrangidas por estes preceitos. É o caso da prestação de serviços sem base jurídica, da transferência da propriedade sobre um bem com uma finalidade que depois se frustra, da intervenção ilícita em bens alheios e dos casos em que a coisa reclamada foi transmitida para o réu por intermédio de um terceiro. Os referidos preceitos constantes da versão original do Código mostraram-se, por isso, insuficientes.

Daqui o acolhimento pela Cassação francesa, na esteira da doutrina formulada por Aubry e Rau, de uma ação geral de enriquecimento sem causa. Esta veio a ser consagrada no acórdão *Boudier*, de 15 de junho de 1892[2047]. Com fundamento no princípio de equidade que proíbe o enriquecimento sem causa, de que o art. 548 do Código Civil[2048] seria uma manifestação, o supremo tribunal francês declarou neste aresto que quem tivesse obtido um enriquecimento à custa do dano de outrem deveria restituir o seu valor.

O caso *Boudier* dizia respeito ao pagamento do preço de adubos aplicados pelo respetivo comprador num prédio por si arrendado. Não tendo esse sujeito cumprido as suas obrigações como arrendatário, resolveu o senhorio o contrato de arrendamento. O vendedor tentou primeiro obter o pagamento dos adubos pelo comprador, mas este estava insolvente. Posteriormente demandou o senhorio, alegando que este beneficiara dos adubos aplicados no seu prédio. A Cassação julgou a ação procedente com o seguinte fundamento:

> «Derivando esta ação do princípio de equidade que proíbe o enriquecimento em prejuízo de outrem, e não se encontrando ela regulada em qualquer texto das nossas leis, o seu exercício não está subordinado a qualquer condição específica; basta, a fim de que seja procedente, que o demandante alegue e demonstre a existência de uma vantagem que tenha, mediante um sacrifício ou facto pessoal, conferido ao demandado.»

Reconheceu-se assim uma pretensão genérica de restituição do enriquecimento sem causa, mesmo perante um terceiro face às relações entre o empobrecido e aquele que com ele contratara. A ela se deu a designação de *action de in rem*

[2046] Art. 1302-2 (ex-art. 1377).

[2047] *Julien Patureau c. Boudier*, reproduzido em Capitant/Terré/Lequette, *Les grands arrêts de la jurisprudence civile*, tomo 2, pp. 383 ss.

[2048] Segundo o qual: «Les fruits produits par la chose n'appartiennent au propriétaire qu'à la charge de rembourser les frais des labours, travaux et semences faits par des tiers et dont la valeur est estimée à la date du remboursement».

verso, na esteira da *actio* homónima consagrada pelo Direito Romano e pelo Direito Comum, nos termos da qual era possível ao empobrecido demandar aquele que se tivesse enriquecido graças a um negócio celebrado em seu benefício por um escravo, um filho seu ou um empregado.

Os termos em que foi acolhida esta ação – a qual, na falta de qualquer texto legal que lhe servisse de fundamento, não pode deixar de ser tida como uma criação jurisprudencial – depressa se revelaram, porém, demasiado vagos e amplos; o que obrigou os tribunais franceses a restringirem o seu alcance, sob pena de se subverter a ordem jurídica.

De acordo com a jurisprudência entretanto firmada, são três as condições da ação *de in rem verso*: *a)* O autor deve ter sofrido um empobrecimento, que teve como consequência um correlativo enriquecimento do réu; *b)* O enriquecimento deve ser obtido sem causa legítima; *c)* Não deve haver outra ação com base na qual o empobrecido pudesse deduzir a sua pretensão, não fora a circunstância de a ela se opor um impedimento jurídico: a ação *de in rem verso* tem caráter subsidiário, sendo concebida essencialmente como um «mecanismo corretor». Se a ação fundada no contrato, por exemplo, estiver prescrita, não pode o credor reclamar por esta via a restituição do enriquecimento assim obtido pelo devedor[2049].

A exigência destes requisitos, que restringiram consideravelmente o alcance do instituto, é uma consequência de a ação por enriquecimento sem causa ser em França, como notámos acima, fruto de um desenvolvimento jurisprudencial da lei, o qual apenas é admitido, por isso mesmo, dentro de estritos limites.

A reforma de 2016 acolheu o instituto no Código Civil no art. 1303, que dispõe agora:

> «Fora dos casos de gestão de negócios e de pagamento do indevido, aquele que beneficiar de um enriquecimento injustificado em detrimento de outrem deve ao empobrecido uma compensação igual ao enriquecimento ou ao empobrecimento, consoante o valor que for menor.»

O empobrecido não pode assim, segundo se refere no relatório justificativo da reforma, enriquecer-se à custa alheia, obtendo mais do que a quantia correspondente à diminuição patrimonial que sofreu; e tão-pouco pode reclamar mais do que o enriquecimento obtido por outrem à sua custa, pois de outro modo a ação em apreço constituiria na realidade uma ação de responsabilidade, que por hipótese lhe estará vedada.

O enriquecimento é tido como injustificado, segundo o art. 1303-1, «quando não proceda nem do cumprimento de uma obrigação pelo empobrecido nem da sua intenção de efetuar uma liberalidade».

[2049] Cfr., sobre o ponto, Malaurie/Aynès/Stoffel-Munck, *Droit des obligations*, p. 622.

A subsidiariedade da obrigação de restituir o enriquecimento, afirmada, como dissemos, pela jurisprudência, foi mantida no art. 1303-3[2050]. A ação correspondente não pode, assim, consoante se observa no dito relatório, servir para contornar as regras relativas a uma ação contratual, extracontratual ou legal de que o empobrecido disponha no caso concreto; nem para suprir a inadmissibilidade de uma outra ação que, *in casu*, não lhe fosse dado intentar em razão de um obstáculo jurídico, como a prescrição ou a caducidade.

II – A orientação original do Código francês foi, no essencial, recebida no Código espanhol, o qual regula na secção segunda do capítulo dedicado aos «quase-contratos» (arts. 1895 a 1901) a «cobrança do indevido». Dispõe a este respeito o art. 1895:

> «Quando se recebe alguma coisa que não havia o direito de cobrar, e que havia sido indevidamente entregue por erro, surge a obrigação de restituí-la.»

A doutrina espanhola contemporânea – na esteira, aliás, da tradição jurídica anterior ao Código[2051] – pronuncia-se a favor da existência de um princípio geral de Direito que proscreve o «*enriquecimiento injustificado*», orientação que foi entretanto acolhida na jurisprudência do Tribunal Supremo[2052].

O instituto foi, aliás, consagrado no art. 10, nº 9, do Título Preliminar do Código Civil, aquando da reforma de que este foi objeto em 1973/74, posto que tão-somente em ordem a estabelecer uma regra de Direito Internacional Privado sobre o tema[2053]. Dela se infere, porém, inequivocamente que o enriquecimento sem causa é hoje fonte de obrigações em Espanha. A correspondente ação tem caráter subsidiário[2054].

III – O primeiro Código Civil holandês, de 1838, não acolheu um princípio geral de restituição do enriquecimento sem causa, ao que não é alheia a sua ascendência francesa. Mas a codificação civil de 1992 consagra uma ação geral por enriquecimento sem causa no art. 6:212(1), segundo o qual:

2050 Diz esse preceito: «L'appauvri n'a pas d'action sur ce fondement lorsqu'une autre action lui est ouverte ou se heurte à un obstacle de droit, tel que la prescription».

2051 Cfr. as *Siete Partidas*, em que se declara expressamente que «*ninguno non debe enriquecer torticeramente con daño dotri*» (7, 33, 13).

2052 Ver Luis Díez-Picazo/Antonio Gullón, *Sistema de Derecho Civil*, vol. II, tomo 2, 11ª ed., Madrid, 2015, pp. 301 ss.

2053 Segundo a qual: «En el enriquecimiento sin causa se aplicará la ley en virtud de la cual se produjo la transferencia de valor patrimonial en favor del enriquecido».

2054 Luis Díez-Picazo/Antonio Gullón, ob. cit., p. 305.

«Aquele que se houver enriquecido injustamente à custa alheia está obrigado, na medida em que tal seja razoável, a reparar o dano até ao montante do seu enriquecimento.»

Desta ação, que não tem caráter subsidiário[2055], distingue-se, na esteira do Direito francês, a devolução do pagamento indevido, que não é encarada como uma forma de restituição do enriquecimento sem causa e não está, por isso, como aquela, limitada ao valor do enriquecimento. A matéria é disciplinada no art. 6:203 do Código, segundo o qual quem, sem fundamento jurídico, tiver entregado um bem a outrem, tem direito a reclamar a sua devolução como pagamento indevido.

IV – A unificação das várias *condictiones* romanas num princípio geral foi primeiramente preconizada na Alemanha por Savigny[2056]. No BGB, o enriquecimento sem causa encontra-se regulado nos §§ 812 a 822. O primeiro destes preceitos acolhe, no seu nº 1, uma cláusula geral, que é depois complementada por diversas disposições particulares. Diz-se nele:

«Quem através de uma prestação de outrem, ou por outra forma, obtiver algo à sua custa sem causa jurídica, está obrigado a restituir. Esta obrigação existe também quando a causa desaparecer posteriormente ou o resultado visado através de uma prestação não se verificar.»

A *condictio indebiti* tem lugar com base no disposto no primeiro período deste preceito; a *condictio causa data causa non secuta* figura na segunda parte do segundo período; e a *condictio ob causam finitam* consta da primeira parte do segundo período. Por seu turno, a *condictio ob turpem vel iniustam causam* está prevista no § 817(1), segundo o qual «[s]e a finalidade de uma prestação tiver sido determinada de forma tal que o credor haja violado uma proibição legal ou os bons costumes através da respectiva aceitação, fica o credor obrigado a restituí-la».

A aplicação daquele primeiro preceito do Código alemão suscitou, porém, dificuldades, pois rapidamente se reconheceu que nem todas as situações em que uma pessoa aumenta o seu património à custa de outrem sem uma causa contratual ou legal que o justifique devem dar lugar à restituição do enriquecimento[2057].

[2055] Assim Hartkamp, *Contract Law in the Netherlands*, pp. 249 s.

[2056] Cfr. *System des heutigen römischen Rechts*, vol. V, Berlim, 1841, p. 507.

[2057] Seja a hipótese clássica de alguém construir uma represa num terreno seu e de os seus vizinhos, que se recusaram a participar nas despesas da construção, tirarem benefícios dessa infraestrutura: tais benefícios são obtidos à custa alheia; contudo, não parece que devam ser restituídos, uma vez que o titular da represa agiu no seu próprio interesse.

Surgiu assim a necessidade de precisar os casos a que se aplicaria a referida cláusula. Foi o que fizeram Wilburg[2058] e von Caemmerer[2059], que – reconhecendo a impossibilidade de se formular um critério válido para todas as hipóteses de enriquecimento à custa alheia – distinguiram duas categorias fundamentais de situações de restituição por enriquecimento sem causa, denominadas, na esteira do Direito Romano, *Kondiktionen*, as quais viriam posteriormente a ser aceites pela jurisprudência do Tribunal Federal alemão.

A primeira delas compreende as hipóteses de *enriquecimento por prestação* («*Leistungskondiktionen*»), o qual tem lugar nos casos em que a situação de enriquecimento provém de uma prestação feita pelo autor ao réu (*v.g.*, em cumprimento de um contrato inválido). A ele se reporta a primeira parte do nº 1 do § 812 do BGB. Incluem-se nesta categoria as situações em que o enriquecido adquire à custa alheia um valor patrimonial, se liberta de uma dívida ou poupa despesas.

Na segunda, incluem-se as situações de enriquecimento não baseado numa prestação («*Nichtleistungskondiktionen*»), a que se refere a segunda parte do mesmo preceito. Nesta categoria avulta o enriquecimento por intervenção («*Eingriffskondiktion*»), obtido mediante a ofensa de um interesse protegido do empobrecido (consistente, *v.g.*, no uso ou fruição de bens de outrem). Dela se ocupa, num caso especial, o § 816(1), relativo a atos de disposição de bens alheios[2060]. Mas são admitidos outros casos de *Nichtleistungskondiktionen* fundados em eventos que não cabem nessa categoria, como, por exemplo, o pagamento de dívidas alheias («*Rückgriffskondiktion*») ou a realização de despesas não autorizadas que beneficiam bens alheios («*Verwendungskondiktion*»).

As finalidades do instituto podem, por conseguinte, consistir: *a)* Na anulação de uma transferência patrimonial carecida de justificação (como sucede na *Leistungskondiktion*); ou *b)* Numa proteção de bens jurídicos complementar da reivindicação e da tutela delitual (consoante é o caso da *Eingriffskondiktion*). O instituto não tem, assim, segundo a doutrina dominante na Alemanha, um fundamento unitário[2061].

[2058] Cfr. *Die Lehre von der ungerechtfertigten Bereicherung nach österreichischem und deutschem Recht. Kritik und Aufbau*, Graz, 1934.

[2059] Cfr. «Bereicherung und unerlaubte Handlung», *in Festchrift für Ernst Rabel*, vol. I, Tubinga, 1954, pp. 333 ss.

[2060] Estabelece esse preceito: «Trifft ein Nichtberechtigter über einen Gegenstand eine Verfügung, die dem Berechtigten gegenüber wirksam ist, so ist er dem Berechtigten zur Herausgabe des durch die Verfügung Erlangten verpflichtet. Erfolgt die Verfügung unentgeltlich, so trifft die gleiche Verpflichtung denjenigen, welcher auf Grund der Verfügung unmittelbar einen rechtlichen Vorteil erlangt».

[2061] Cfr. Larenz/Canaris, *Lehrbuch des Schuldrechts*, vol. II/2, p. 130.

À pormenorizada regulamentação legal da matéria no Código Civil alemão não é estranho o *princípio da abstração* que este diploma acolhe, por força do qual, em homenagem à tutela da confiança e à segurança no tráfico jurídico, a aquisição do direito de propriedade ou de outro direito subjetivo sobre um bem em virtude da sua entrega baseada num contrato inválido não é afetada pelo vício de que enferma este último: o adquirente torna-se proprietário em qualquer caso[2062]. Mas o vendedor pode obter a restituição do bem ao abrigo do § 812 do BGB.

Rejeitou-se, em todo o caso, a *actio de in rem verso* acolhida no Direito francês. Donde resultou a doutrina dita da *imediação*, por força da qual apenas há lugar à restituição do enriquecimento sem causa se a atribuição patrimonial tiver sido feita diretamente ao enriquecido, não quando haja ocorrido por intermédio de um terceiro.

Outra importante limitação resulta de no § 818(3) do BGB se prever que a obrigação de restituição se extingue quando desapareça o enriquecimento.

Em contrapartida, não se consagra no Direito alemão a subsidiariedade da ação fundada no enriquecimento sem causa.

V – Diversamente dos Códigos francês (na sua redação originária) e espanhol, o Código das Obrigações suíço consagra no art. 62, nº 1, uma cláusula geral de enriquecimento sem causa, segundo o qual «[a]quele que, sem causa legítima, se houver enriquecido a expensas de outrem, é obrigado à restituição». O nº 2 da mesma disposição acrescenta que «[é] devida, em particular, a restituição do que tiver sido recebido sem causa válida, em virtude de uma causa que não se tiver realizado ou de uma causa que deixou de existir».

Também o Direito suíço desconhece o princípio da subsidiariedade da obrigação de restituir o enriquecimento.

VI – A matéria foi subsequentemente regulada no Código italiano, cujo art. 2041, nº 1, dispõe:

> «Quem, sem justa causa, se tiver enriquecido à custa de outra pessoa é obrigado, nos limites do enriquecimento, a indemnizála da correlativa diminuição patrimonial.»

Tal como vimos suceder no Direito francês, esta ação tem carácter subsidiário, não podendo, de acordo com o art. 2042 do Código, ser proposta quando o lesado possa intentar outra ação a fim de fazer-se indemnizar do prejuízo sofrido.

A restituição da prestação indevidamente efetuada é autonomizada, consoante sucede em França, do enriquecimento sem causa, constituindo o objeto dos arts. 2033 a 2040 do Código Civil. A diferença entre os dois núcleos de dispo-

[2062] Cfr. *supra*, § 5º, *d)*, IX.

sições está no facto de que enquanto a restituição do enriquecimento se orienta para o património do adquirente, tendo como limite, segundo o art. 2041, nº 1, o seu enriquecimento, a ação por pagamento indevido dirige-se à restituição da quantia ou coisa indevidamente prestadas, com independência do acréscimo ocorrido no património do adquirente. A primeira visa o ressarcimento de um dano, ao passo que a segunda tem, *hoc sensu*, carácter real. A sistematização é, de todo o modo, deficiente, pois a cláusula geral aparece depois de disposições especiais, que mais não são do que concretizações dela[2063].

VII – O Código Civil português regula o enriquecimento sem causa nos arts. 473º e seguintes, classificando-o como uma fonte autónoma de obrigações.

O princípio geral que rege nesta matéria consta do art. 473º, nº 1, segundo o qual:

> «Aquele que, sem causa justificativa, enriquecer à custa de outrem é obrigado a restituir aquilo com que injustamente se locupletou.»

O legislador português adotou assim, na linha da jurisprudência francesa, uma cláusula geral. De acordo com esta, são três os requisitos para a verificação de uma obrigação de restituir o enriquecimento sem causa: *a)* A ocorrência de um enriquecimento; *b)* Que esse enriquecimento haja sido obtido à custa de outrem; e *c)* A ausência de uma causa justificativa para esse enriquecimento.

Veremos melhor adiante os requisitos da obrigação de restituir. Importa no entanto salientar desde já que, se a cláusula geral do Direito português fosse aplicada irrestritamente, em muitas situações ela subverteria o regime legal das outras fontes de obrigações, pois sempre que não houvesse, com base nelas, uma pretensão suscetível de ser exercida em juízo (*v.g.*, por não ser possível a ação de cumprimento do contrato em virtude de estar prescrito o crédito correspondente), o interessado poderia lançar mão do enriquecimento sem causa para atingir o mesmo objetivo. Eis o que explica o disposto no art. 474º do Código, segundo o qual:

> «Não há lugar à restituição por enriquecimento, quando a lei facultar ao empobrecido outro meio de ser indemnizado ou restituído, negar o direito à restituição ou atribuir outros efeitos ao enriquecimento.»

[2063] Como reconhece Trimarchi, *Istituzioni di diritto privato*, p. 346, que escreve: «il ricevimento di una prestazione non dovuta non costituisce altro che un'ipotesi particolare di arrichimento ingiustificato, alla quale il legislatore, in considerazione della sua importanza, ha dedicato una disciplina particolareggiata com gli art. 2033-2040 cod. civ. Tutti gli altri modi in cui può conseguirsi un arrichimento ingiustificato ricadono nella previsione sintetica e generale dell'art. 2014 cod. civ.».

Consigna-se aqui o *princípio da subsidiariedade* da obrigação de restituir o enriquecimento, que como vimos acima, se encontra igualmente consagrado nos Direitos francês e italiano[2064].

O Código português conferiu-lhe, aliás, um alcance literalmente mais vasto, não obstante as reservas formuladas por Adriano Vaz Serra no estudo que dedicou a esta matéria[2065]. A essa solução não terá sido alheia a preocupação do legislador de evitar uma aplicação excessivamente ampla do art. 473º, nº 1, que privaria o regime legal das demais fontes de obrigações do seu campo próprio de aplicação. Mas um correto entendimento do princípio obriga, como se verá adiante, a afastar uma interpretação literal daquele preceito[2066].

O art. 473º, nº 2, do Código Civil português prevê especialmente três hipóteses de enriquecimento sem causa: *a)* O recebimento indevido (por exemplo, em virtude de uma obrigação inexistente); *b)* O recebimento por virtude de uma causa que deixou de existir (*v.g.* um contrato que foi rescindido); e *c)* O recebimento em vista de um efeito que não se verificou (como sucede no caso de um contrato que não chegou a ser concluído). Como se pode verificar, a influência romana e alemã foi muito forte na lei portuguesa nesta matéria.

A primeira daquelas situações de enriquecimento pode, por seu turno, ocorrer em duas categorias de hipóteses: o cumprimento de uma obrigação inexistente e o cumprimento de uma obrigação alheia na convicção de que é própria ou de que se estava obrigado a cumpri-la. À primeira refere-se o art. 476º, sob a epígrafe «repetição do indevido». Nestes casos, há direito à restituição do enriquecimento, desde que não houvesse uma obrigação natural do autor da prestação. À segunda categoria de hipóteses referem-se os arts. 477º e 478º. Por força destes, se alguém cumpre obrigação alheia na convicção de que é própria, tem em princípio direito a reavê-la (art. 477º, nº 1). Já se alguém cumpre obrigação alheia na suposição de que estava a isso obrigado (*v.g.*, por crer que é fiador do devedor), só há direito à restituição contra o credor se este conhecia o erro; de contrário, o autor da prestação apenas pode exigir ao devedor exonerado aquilo com que ele se enriqueceu injustamente (art. 478º).

[2064] Ver, a este respeito, Diogo Leite Campos, *A subsidiariedade da obrigação de restituir o enriquecimento*, Coimbra, 1974, pp. 192 ss.; Júlio Manuel Vieira Gomes, *O conceito de enriquecimento, o enriquecimento forçado e os vários paradigmas do enriquecimento sem causa*, Porto, 1998, p. 421; Luís Menezes Leitão, *O enriquecimento sem causa no Direito Civil*, reimpressão, Coimbra, 2005, pp. 911 ss.; *idem, Direito das Obrigações*, vol. I, pp. 406 s.; António Menezes Cordeiro, *Tratado de Direito Civil*, vol. VIII, p. 251; e José Carlos Brandão Proença, «À volta da natureza subsidiária da obrigação de restituir fundada em enriquecimento sem causa», *CDP*, nº 50 (2015), pp. 3 ss.

[2065] «Enriquecimento sem causa», *BMJ* 81 (1958), pp. 5 ss. (pp. 236 ss.).

[2066] Cfr. *infra*, § 38º, IV.

A segunda situação de enriquecimento sem causa prevista na lei consiste, como dissemos, no recebimento por alguém de uma prestação por virtude de uma causa que deixou de existir. Ocorrerá esta situação, por exemplo, se o contrato de arrendamento for resolvido pelo senhorio em momento em que o inquilino já tinha pago a renda do mês seguinte; ou se uma companhia de seguros paga uma indemnização por um rádio de um automóvel que foi furtado e este depois aparece e é restituído ao dono. Também aqui a lei admite a restituição do enriquecimento.

Resta a terceira categoria de situações mencionada no art. 473º: o enriquecimento por falta de um resultado previsto. Por exemplo, alguém envia a outrem uma quantia para pagamento do preço de um fornecimento de certa mercadoria, mas o contrato não vem a ser celebrado, porque o vendedor não quis ou não pôde fazê-lo. Em princípio, há aqui lugar à restituição do enriquecimento. Mas o art. 475º exclui-o em dois casos: se o autor da prestação já sabia que o resultado era impossível (*v.g.*, no caso referido, o «*solvens*» já sabia que o destinatário do pagamento não tinha disponível a mercadoria em causa); e se o autor da prestação impediu a verificação do resultado (por exemplo, ele impede-o de adquirir essas mercadorias para lhas revender).

Em todos estes casos, estamos perante um *enriquecimento por prestação*, decorrente da realização por alguém de uma prestação que se vem a verificar não ter causa.

Sucede no entanto que o enriquecimento por prestação não esgota o elenco das situações possíveis de enriquecimento sem causa, no qual se compreendem também outras, que a lei não regula expressamente, mas que a doutrina portuguesa, na esteira da germânica, tem autonomizado: o *enriquecimento por intervenção*, a que como dissemos os alemães chamam «*Eingriffskondiktion*»; e o *enriquecimento por despesas* efetuadas por outrem, que toma na Alemanha a designação de «*Aufwendungskondiktion*», em que cabem o pagamento de dívidas alheias e a realização de despesas que beneficiam bens alheios. Vejamo-los brevemente.

O enriquecimento por intervenção ocorre quando alguém se enriquece à custa alheia mediante uma ingerência não autorizada no património alheio, por exemplo, usando, fruindo ou dispondo de bens alheios. Pense-se, por exemplo, na situação relativamente frequente de alguém publicar uma obra alheia, usar uma marca ou comercializar um invento patenteado por outrem sem o seu consentimento. Essa pessoa aufere um benefício, que não tem necessariamente como correspondente um prejuízo do titular do bem ilicitamente utilizado. Não há assim responsabilidade civil, por faltar um dano. Mas há um enriquecimento ilegítimo à custa alheia. Nestes casos, com base na cláusula geral do art. 473º, pode haver restituição do enriquecimento sem causa, verificados que estejam os respectivos pressupostos.

No enriquecimento por despesas efectuadas por outrem englobam-se dois tipos de situações: o enriquecimento por incremento de valor de coisas alheias: uma pessoa realiza despesas em certa coisa que está na sua posse, mas que pertence a outra pessoa, que irá beneficiar do incremento do valor dessa coisa. Há a obrigação de restituir esse benefício (por exemplo, mediante a restituição das benfeitorias: art. 1273º); e o enriquecimento por pagamento de dívidas alheias não abrangido pelos arts. 477º e 478º, já referidos, ou seja em casos em que o sabe estar a cumprir uma obrigação alheia e que não está vinculado a isso. É mais duvidoso aqui que deva haver obrigação de restituição, quer a cargo do credor, quer do devedor.

VIII – No Brasil, o enriquecimento sem causa é regulado em termos próximos daqueles que prevalecem em Portugal[2067].

Diz, a este respeito, o art. 884 do Código Civil: «Aquele que, sem justa causa, se enriquecer à custa de outrem, será obrigado a restituir o indevidamente auferido, feita a atualização dos valores monetários. Parágrafo único. Se o enriquecimento tiver por objeto coisa determinada, quem a recebeu é obrigado a restituí-la, e, se a coisa não mais subsistir, a restituição se fará pelo valor do bem na época em que foi exigido». E acrescenta o art. 885: «A restituição é devida, não só quando não tenha havido causa que justifique o enriquecimento, mas também se esta deixou de existir».

São, por conseguinte, pressupostos da obrigação de restituir o enriquecimento sem causa: *a)* A ocorrência de um enriquecimento; *b)* A sua obtenção à custa alheia; e *c)* A ausência de causa do enriquecimento ou a cessação da existência desta. Trata-se, também aqui, de uma *amplíssima clausula geral*, suscetível de conduzir à maior incerteza[2068].

Compreende-se, assim, que a subsidiariedade da obrigação de restituir o enriquecimento haja igualmente encontrado consagração no Brasil[2069].

IX – No Direito inglês, tal como no Direito Romano, o problema da restituição do enriquecimento sem causa começou por ser tratado pela jurisprudência através da sua integração num dos tipos de ações («*forms of action*») existentes,

[2067] Ver, sobre o ponto, Diogo Leite de Campos, «O enriquecimento sem causa em Direito Brasileiro», *RBDC*, nº 23 (2003), pp. 3 ss.; e Luís Menezes Leitão, «O enriquecimento sem causa no novo Código Civil brasileiro», *Revista CEJ*, nº 25 (junho 2004), pp. 24 ss.

[2068] A essa cláusula geral acrescem as disposições constantes dos arts. 876 a 883 do Código brasileiro, que disciplinam autonomamente a restituição do pagamento indevido, o qual constitui no entanto também uma hipótese de enriquecimento sem causa.

[2069] Cfr. o art. 886, segundo o qual: «Não caberá a restituição por enriquecimento se a lei conferir ao lesado outros meios para se ressarcir do prejuízo sofrido».

concretamente a «*action for money had and received*» e a «*action for money paid*». Para tanto, ficcionava-se um contrato implícito entre o enriquecido e o empobrecido («*quasi-contract*»).

As *forms of action* foram, no entanto, abolidas no séc. XIX, como se referiu acima. O recurso à figura do contrato implícito, ou quase-contrato, para tutelar as situações de enriquecimento sem causa deixou, assim, de se justificar. Nem por isso, todavia, o Direito inglês evoluiu no sentido da consagração de uma genérica ação por enriquecimento sem causa: continua a consagrar-se nele uma regulamentação fragmentária e casuística do enriquecimento sem causa. Como declarou Lord Diplock em 1978 na Câmara dos Lordes:

> «[N]ão existe qualquer doutrina geral de enriquecimento injusto reconhecida no Direito inglês. O que este faz é prever remédios específicos em certos casos daquilo que poderia ser classificado como enriquecimento injusto num sistema jurídico baseado no Direito Civil.»[2070]

Também aqui está presente o receio, acima aludido, de um «rebentamento dos diques» da responsabilidade (*lato sensu*) e das consequências nefastas que uma admissão mais ampla da restituição do enriquecimento sem causa possa ter sobre o funcionamento de uma economia essencialmente assente na livre concorrência e não na distribuição equitativa da riqueza.

Na doutrina inglesa acolhe-se hoje, é certo, o conceito de «enriquecimento injusto» («*unjust enrichment*»), ao qual se reconduzem as diferentes categorias de situações em que um benefício obtido por uma pessoa à custa de outra deve ser restituído a esta por ter sido obtido em circunstâncias que a ordem jurídica considera injustas. Essa é a orientação expressa, designadamente, no influente manual de Goff e Jones[2071] e, já antes dele, na decisão proferida pela Câmara dos Lordes em 1991 no caso *Lipkin Gorman v. Karpnale Ltd.*[2072], em que Lord Templeman exprimiu a opinião segundo a qual:

> «[A] lei impõe ao receptador de dinheiro furtado a obrigação de pagar uma quantia equivalente à vítima se o receptador se tiver "enriquecido injustamente" à custa do verdadeiro proprietário.»

2070 Cfr. *Orakpo v. Manson Investments Ltd.*, [1978] A.C. 95 (p. 104).

2071 Cfr. *The Law of Unjust Enrichment*, pp. 7 s. Veja-se também, no sentido do texto, *Chitty on Contracts*, vol. I, pp. 2101 ss., onde pode ler-se: «the concept of unjust enrichment lies at the heart of, and is the principle underlying, the individual instances in which the law gives a right of recovery in restitution».

2072 [1991] 2 AC 548; [1992] 4 All ER 331.

A par dos *contracts* e dos *torts*, autonomizou-se assim no Direito inglês uma terceira fonte de obrigações: o enriquecimento injusto.

Há três condições fundamentais para que deva ter lugar a restituição deste: que o réu se tenha enriquecido mediante a perceção de um benefício; que esse benefício haja sido obtido a expensas do autor; e que seja injusto permitir ao réu que conserve o benefício[2073].

Além das situações de obtenção de um benefício injusto à custa alheia, de forma direta (*v.g.* um pagamento por erro, o cumprimento de um contrato inválido, um pagamento a que não corresponda qualquer *consideration* e certos casos de «*necessitous intervention by a stranger*») ou indireta (por exemplo, o réu recebe de um terceiro uma quantia destinada ao autor), os *restitutionary remedies* têm também lugar quando alguém obtenha um benefício através de uma conduta ilícita («*wrongful act*»). Nesta última hipótese (dita «*restitution for wrongs*»), a *cause of action* é, no entanto, o ilícito («*wrong*») e não o enriquecimento injusto[2074].

Cumpre em todo o caso sublinhar que o Direito inglês não conhece uma teoria geral do enriquecimento sem causa. O *unjust enrichment* constitui tão-somente um conceito que permite agrupar uma série de distintas pretensões restitutórias.

A função do instituto e o lugar que o mesmo ocupa no sistema jurídico inglês são, pois, diversos dos que lhe pertencem nos sistemas romanistas – tanto daqueles, como o alemão, que elevam a restituição do enriquecimento sem causa à condição de princípio geral, como daqueloutros, como o francês, em que ele constitui uma categoria residual do Direito das Obrigações[2075].

Não há, por outro lado, um regime uniforme da obrigação de restituir, variando o seu conteúdo consoante as situações em presença, em especial a causa da invalidade do contrato. Nisso apresenta a *Law of Unjust Enrichment* um certo símile com a *Law of Torts*.

Em particular, não há qualquer princípio geral que confira à pessoa que efetua o pagamento de uma dívida de outrem o direito à sua restituição: exige-se ainda ao *solvens*, a fim de que possa obtê-la, a demonstração de um «*unjust factor*»,

2073 Pode ver-se uma consagração jurisprudencial recente destas condições na sentença proferida pelo Supremo Tribunal do Reino Unido em 4 de novembro de 2015 no caso *Bank of Cyprus UK Limited v. Menelaou*, [2015] UKSC 66.

2074 Cfr. Peter Birks, *Unjust Enrichment*, 2ª ed., Oxford, 2005, pp. 12 ss.; Andrew Burrows, *The Law of Restitution*, 3ª ed., Oxford, 2010, pp. 9 ss.; *Chitty on Contracts*, vol. I, p. 2105. No mesmo sentido, no plano do Direito Internacional Privado, *Dicey, Morris and Collins on the Conflict of Laws*, 15ª ed., Londres, 2012, p. 2307.

2075 Veja-se, para um confronto do Direito inglês com esses sistemas jurídicos, os estudos de Brice Dickson, «The Law of Restitution in the Federal Republic of Germany: A Comparison with English Law», *ICLQ*, 1987, pp. 751 ss.; e «Unjust Enrichment Claims: A Comparative Overview», *Cambridge L.J.*, 1995, pp. 100 ss.

como o erro (hoje já não apenas de facto, mas também de Direito[2076]) em que incorreu ao realizar o pagamento[2077]. Assim, o pagamento voluntário de dívidas alheias não confere àquele que a efetuar (em conformidade, aliás, com a rejeição da gestão de negócios pelo Direito inglês) qualquer direito a ser reembolsado. Trata-se aqui de outra manifestação da ideia de *privity of contract*, que examinámos acima: o contrato apenas vincula as partes, pelo que, em princípio, ninguém pode tornar-se credor de uma delas pagando por sua iniciativa uma dívida sua.

X – Nos Estados Unidos, a matéria é desde 1937 objeto do *Restatement of the Law of Restitution* (atualmente alargado ao *Unjust Enrichment*). Declara a este respeito o § 1 da terceira edição desse texto[2078]:

> «Uma pessoa que se enriqueça injustamente a expensas de outra está sujeita a responsabilidade por restituição.»

O «enriquecimento injusto» é, assim, visto nos Estados Unidos como o princípio unificador da *Law of Restitution*, constituindo uma fonte de obrigações autónoma do contrato e do delito[2079].

A obtenção de um benefício à custa alheia não é todavia – importa notá-lo – condição suficiente para que haja a obrigação de restituí-lo, consoante resulta do § 2(1) do *Restatement*, nos termos do qual «[o] facto de o destinatário ter obtido ter obtido um benefício sem pagar não demonstra por si só que o destinatário se haja enriquecido injustamente»[2080].

O referido princípio geral desdobra-se, pois, numa pluralidade de *enrichment claims*, que só em limitada medida se sujeitam a um regime comum. As principais categorias de situações legitimadoras da restituição do enriquecimento sem causa podem sintetizar-se do seguinte modo: *a)* A concessão de benefícios a terceiros por erro (*maxime* por via de um pagamento indevido ou da realização de uma prestação devida por terceiro); *b)* A celebração de negócios viciados (*v.g.* por

[2076] Cfr., sobre o ponto, a decisão proferida pela Câmara dos Lordes no caso *Kleinwort Benson Ltd. v. Lincoln City Council*, [1998] 3 WLR 1095.

[2077] Cfr. Friedmann/Cohen, «Payment of Another's Debt», *IECL*, vol. X, cap. 10, pp. 10 s. e 49. É o seguinte o elenco atual dos *unjust factors* no Direito inglês: *mistake, duress, undue influence, exploitation of weakness, incapacity of the individual, failure of consideration, ignorance or powerlessness, fiduciary's lack of authority, necessity, illegality* e *unlawful obtaining or conferral of benefit by a public authority*: cfr. Andrew Burrows (org.), *A Restatement of the English Law of Unjust Enrichment*, Oxford, 2012, pp. 5 s.

[2078] Cfr. American Law Institute, *Restatement of the Law Third. Restitution and Unjust Enrichment*, St. Paul, Minesota, 2011.

[2079] Cfr. George Palmer, «History of Restitution in Anglo-American Law», *IECL*, vol. X, cap. 3, p. 8.

[2080] «The fact that a recipient has obtained a benefit without paying for it does not of itself establish that the recipient has been unjustly enriched».

fraud, misrepresentation, duress, undue influence, etc.); *c)* As transferências de valores feitas para terceiros por força de uma obrigação legal (por exemplo, em virtude de uma decisão judicial posteriormente anulada ou de um imposto erroneamenete aplicado); *d)* As intervenções de emergência em assuntos alheios; *e)* O cumprimento de uma obrigação do enriquecido; *f)* Certos casos de intervenção em assuntos alheios no interesse do próprio interventor (*v.g.* a fim de proteger os seus próprios bens); e *g)* A obtenção de benefícios em virtude de um facto ilícito praticado pelo beneficiado («*restitution for wrongs*»).

Não há, porém, uma tipicidade de situações de enriquecimento indevido geradoras da obrigação de restituir, sendo legítimo aos tribunais norte-americanos reconduzirem outras situações ao aludido princípio geral, sem prejuízo das restrições a que o mesmo se encontra subordinado.

XI – A hostilidade dos sistemas jurídicos muçulmanos a todas as formas de enriquecimento ilegítimo, de que demos conta acima[2081], explica que mesmo aqueles que foram mais significativamente influenciados pelo Direito francês hajam acolhido na lei uma cláusula geral relativa ao instituto em exame, muito antes de esta ter encontrado consagração no Código Civil francês. Foi o que sucedeu, por exemplo, no Egito, onde o art. 179 do Código Civil proclama :

> «Qualquer pessoa, mesmo privada de discernimento, que se enriqueça sem causa legítima em detrimento de outra pessoa, é obrigada, na medida do seu empobrecimento, a indemnizar esta pessoa daquilo em que esta se empobreceu. Esta obrigação subsiste mesmo que o enriquecimento haja subsequentemente desaparecido.»

XII – Uma regulação ainda mais genérica do enriquecimento sem causa acha-se consignada no art. 92 dos Princípios Gerais de Direito Civil da República Popular da China, segundo o qual se forem obtidos lucros de forma imprópria e sem base legal, e daí resultar uma perda para outra pessoa, devem os mesmos ser restituídos ao lesado[2082].

§ 38º Pressupostos

I – A fim de delimitarmos o âmbito de aplicação do instituto, importa agora examinar mais detidamente os seus pressupostos.

Antes de mais, observe-se a este respeito que a unidade do instituto tem sido contestada, dada a diversidade das situações que cabem nele[2083]. Ora, a serem exatas as reservas a este respeito formuladas na doutrina, ficaria de alguma sorte

[2081] Cfr. *supra*, § 5º, *b)*.

[2082] Cfr. Yuanshi Bu (org.), *Chinese Civil Law*, p. 289.

[2083] Cfr. Menezes Leitão, *O enriquecimento sem causa no Direito Civil*, pp. 955 ss.

prejudicada a possibilidade de se enunciarem pressupostos comuns a todas as situações de enriquecimento.

Pelo que respeita aos Direitos inglês e norte-americano, este ponto de vista é, pelas razões já apontadas, tendencialmente correto[2084]. Relativamente aos Direitos continentais, parece-nos todavia que, consoante defende a doutrina dominante, é possível discernir um núcleo mínimo de requisitos gerais do instituto[2085]. Vamos analisá-los em seguida.

II – Por um lado, exige-se a verificação de certos requisitos positivos a fim de que possa constituir-se a obrigação de restituir o enriquecimento obtido à custa aheia.

À cabeça destes figura a ocorrência de um *enriquecimento* do obrigado à restituição. Este consiste na obtenção de uma vantagem patrimonial traduzida: *a)* Num aumento do seu ativo patrimonial (*v.g.* o preço da venda de uma coisa alheia ou o lucro da edição de uma obra alheia); *b)* Numa diminuição do passivo (por exemplo, o cumprimento de uma dívida feito por um terceiro na convicção de estar obrigado a efetuá-lo); *c)* No uso de coisa alheia ou no exercício de um direito alheio (por exemplo, a utilização de um automóvel ou de uma casa de outrem); ou *d)* Na poupança de despesas (por exemplo, a alimentação de um menor filho de A por B, que o julgava seu filho).

É necessário, por outro lado, o suporte do enriquecimento por outrem, à custa de quem ele foi obtido.

Muitas vezes, isso resultará de um correlativo *empobrecimento* de outrem (traduzido, *v.g.*, em despesas efetuadas ou em remunerações não auferidas). A vantagem patrimonial alcançada pelo enriquecido decorre então de um sacrifício económico correspondente suportado pelo empobrecido. Este último é, como vimos, exigido pelos Direitos francês e italiano. Reclamam também um *mirror loss* alguns sistemas de *Common Law*[2086].

2084 Existem todavia na jurisprudência norte-americana pronunciamentos no sentido da admissão da existência de pressupostos comuns à generalidade das situações de enriquecimento sem causa. Veja-se, por exemplo, a decisão proferida pelo Supremo Tribunal da Dacota do Norte no caso *Schroeder v. Buchholz*, 2001 ND 36, 622 N.W.2d 202, em que se afirma expressamente: «Five elements must be established to prove unjust enrichment: 1. An enrichment; 2. An impoverishment; 3. A connection between the enrichment and the impoverishment; 4. Absence of a justification for the enrichment and impoverishment; and 5. An absence of a remedy provided by law». A doutrina civilista do enriquecimento sem causa parece ter, assim, logrado obter aqui um certo reconhecimento.

2085 Cfr. Galvão Telles, *Direito das Obrigações*, 195 ss.; Antunes Varela, *Das obrigações em geral*, vol. I, pp. 480 ss.; Almeida Costa, *Direito das Obrigações*, pp. 491 ss.

2086 Haja vista, por exemplo, ao caso *Air Canada v. British Columbia*, [1989] 1 S.C.R. 1161, decidido pelo Supremo Tribunal do Canadá em 4 de maio de 1989, em que se pode ler: «Restitutionary

O enriquecimento sem causa não postula, contudo, um empobrecimento alheio em todos os sistemas em exame. Em alguns destes, ele tem apenas de ser obtido *à custa alheia*, i.é, com bens ou meios pertencentes a outrem. Pode, assim, haver enriquecimento à custa de outrem sem um correspondente empobrecimento. Por outras palavras, o enriquecimento nem sempre pressupõe uma deslocação de valores entre patrimónios. É, *v.g.*, o que sucede na Alemanha e em Portugal.

Pense-se, por exemplo, na publicação de uma obra alheia ou na utilização de uma marca ou da imagem alheias de que não resulte um prejuízo para o autor ou o titular da marca ou o sujeito cuja imagem foi utilizada. Podem o autor, o titular da marca ou a pessoa cuja imagem está em causa não pretender explorá-la. A circunstância de outra pessoa o fazer não diminui o seu património e também não o priva de um aumento do respetivo valor. Apesar disso, há um enriquecimento à custa alheia que, se não tiver causa justificativa, obrigará à sua restituição[2087].

Esta solução encontra o seu fundamento dogmático na ideia de que a utilização não autorizada daqueles bens por terceiros é de molde a frustrar o *conteúdo de destinação* («*Zuweisungsgehalt*») dos direitos de exclusivo que sobre eles incidem, traduzido no facto de certas utilidades que os mesmos são suscetíveis de gerar se encontrarem reservados aos respetivos titulares[2088].

A referida correlação, não tem por outro lado, na lei portuguesa, de ser direta ou imediata: pode o enriquecimento dar-se por intermédio de um terceiro. Suponhamos, a fim de exemplificar, que *A* obtém um fornecimento de *B*, que não paga. *C*, que vive em economia comum com *A*, beneficia desse fornecimento. Há um enriquecimento indireto de *C* à custa de *B*. Mas a questão de saber se *C* pode ser obrigado à restituição do enriquecimento é controvertida na doutrina. Outro caso: *A* paga a *B* uma dívida de *C* perante *B*, convicto de que estava obrigado a satisfazê-la. *C*, o devedor, obtém uma vantagem à custa de *A*, mas através

principles, however, preclude recovery where the plaintiff has suffered no loss. If the taxing authority retains a payment to which it was not entitled, it will be unjustly enriched but not at the taxpayer's expense if the economic burden of the tax has been shifted to others. Generally, it is preferable to leave the enrichment with the tax authority instead of putting the judicial machinery in motion for the purpose of shifting the same enrichment to the taxpayer. The law of restitution is not intended to provide windfalls to plaintiffs who have suffered no loss. Rather, its function is to ensure that where a plaintiff has been deprived of wealth that is either in his possession or would have accrued for his benefit, it is restored to him».

2087 Ver no sentido de que a estas situações, de *gestão de negócios imprópria*, é analogicamente aplicável o art. 472º do Código Civil, Menezes Leitão, *Direito das Obrigações*, vol. I, p. 495. Sobre essa figura, *vide* o § 31º, II.

2088 Cfr., pelo que respeita à doutrina alemã, von Caemmerer, «Bereicherung und unerlaubte Handlung», cit., p. 353; e Larenz/Canaris, *Lehrbuch des Schuldrechts*, vol. II/2, pp. 169 ss.; e na doutrina portuguesa, Leite de Campos, *A subsidiariedade da obrigação de restituir o enriquecimento*, pp. 468 ss., e Menezes Leitão, *Direito das Obrigações*, vol. I, pp. 432 ss.

de uma atribuição patrimonial indireta. Neste caso, o art. 478º faculta a *A* ação de enriquecimento contra *C*.

III – Por outro lado, a lei estabelece requisitos negativos para que se constitua uma obrigação de restituição do enriquecimento sem causa. Entre estes avulta a *ausência de causa legítima* – quer porque o enriquecimento nunca a teve, quer porque entretanto a perdeu –, a qual se traduz, na expressão do Supremo Tribunal de Justiça português, «na inexistência de uma relação ou de um facto que, à luz dos princípios aceites no sistema, legitime o enriquecimento»[2089].

Será o caso, nas hipóteses contempladas no art. 473º, nº 2, do Código português, quando o enriquecimento haja sido obtido por prestação, se faltar ou for inválida uma relação jurídica – *v.g.* um contrato – da qual resulte ser essa prestação devida ao enriquecido. A causa é aqui a relação jurídica de que deriva o dever de realizar a prestação.

Noutros casos, em que o enriquecimento não resulta de uma prestação, a ausência de causa resulta antes de a utilização ou exploração de bens alheios pertencentes a outrem ferir o referido *conteúdo de destinação* de um direito absoluto do empobrecido, que foi violado pelo enriquecido. É o que sucede em muitas situações de enriquecimento por intervenção, em que há uma utilização abusiva de bens intelectuais ou de personalidade de outrem, *v.g.*, mediante a exploração de uma obra, de um invento, da imagem ou do nome alheios sem o consentimento do seu titular e sem pagamento. O titular do direito poderia até nem querer explorar economicamente esses bens; mas a ordem jurídica reservou-lhe, mediante o direito subjetivo que lhe atribuiu, o aproveitamento económico deles. Aquele que os explore sem o seu consentimento, e que assim obtenha uma vantagem patrimonial, auferi-la-á sem causa justificativa porque ela estava reservada pela ordem jurídica ao titular do direito em questão.

O requisito em apreço não parece, assim, suscetível de uma definição unívoca, antes assume diferentes concretizações consoante as situações de enriquecimento que estiverem em jogo.

Neste ponto, os sistemas romanistas revelam uma diferença não despicienda relativamente aos de *Common Law*: é que estes últimos não se bastam com a verificação da *ausência de causa* a fim de que o enriquecimento obtido à custa alheia possa determinar a obrigação de restituir; é ainda necessário, para esse efeito, que o interessado na restituição demonstre uma *específica razão* (como dissemos, um «*unjust factor*») que permita qualificar o enriquecimento como *injusto*[2090].

[2089] Acórdão de 7 de fevereiro de 2009, proc. 123707.

[2090] Neste sentido, veja-se Daniel Visser, «Unjustified Enrichment in Comparative Perspective», *in* Mathias Reimann/Reinhard Zimmermann (orgs.), *The Oxford Handbook of Comparative Law*,

A própria designação do instituto nesses sistemas – «*unjust enrichment*» – reflete este requisito, o qual opera, consoante observou Dawson[2091], como um «mecanismo de contenção» dos *restitutionary remedies*.

IV – Exige-se ainda em diversos sistemas romanistas, como o francês, o espanhol, o italiano e o português, a inexistência de outro meio jurídico que possibilite ao empobrecido obter uma compensação do seu prejuízo.

Declara-se a este respeito no acórdão do Supremo Tribunal de Justiça português de 4 de outubro de 2007:

> «Se alguém obtém um enriquecimento à custa de outrem, sem causa, mas a lei faculta ao empobrecido algum *meio específico* de desfazer a deslocação patrimonial, será a esse meio que ele deverá recorrer, não se aplicando as normas dos artigos 473º e seguintes.»[2092]

É o que resulta, como notámos, do disposto no art. 474º do Código português, nos termos do qual a pretensão restituição do enriquecimento é subsidiária, e não alternativa, relativamente a outras de que o empobrecido possa socorrer-se.

Sucede, com efeito, que em certos casos de enriquecimento sem causa a lei faculta ao empobrecido meios específicos de reação. É o caso da declaração de nulidade e da anulação de um negócio jurídico, cujos efeitos são regulados pelo art. 289º do Código Civil português. Este prevê que deve ser restituído tudo o que tiver sido prestado e não apenas o enriquecimento daquele a quem tiver sido feita uma prestação ao abrigo do negócio e até independentemente dele. A declaração de nulidade e a anulação do negócio têm assim como consequência a eliminação retroativa desse enriquecimento, caso exista. Dado porém o caráter subsidiário do regime deste último, não podem as partes no negócio nulo ou anulado invocá-lo em ordem a que seja definido na base dele o objeto da restituição. As regras sobre a nulidade ou anulação consomem, portanto, as relativas ao enriquecimento sem causa.

A questão é mais complexa no tocante à responsabilidade civil. Suponha-se que ocorre uma situação de enriquecimento patrimonial à custa da vítima de um facto ilícito, *v.g.* a utilização não autorizada de bens alheios. Se não há dano, não pode haver indemnização; mas pode haver restituição do enriquecimento ao

Oxford, 2006, pp. 969 ss., que escreve, a p. 997: «the common law does not work with the concept that enrichment is unjustified principally because it is *sine causa*: rather it is interested in a positive reason that makes the enrichment unjustified».

2091 Cfr. *Unjust Enrichment. A Comparative Analysis. A Series of Lectures,* Boston, 1951, p. 117.

2092 Proc. 07B2772.

abrigo das regras desta. Neste caso, a subsidiariedade da obrigação de restituir o enriquecimento não impede que se lance mão deste instituto[2093].

Quid iuris, todavia, se além do enriquecimento à custa alheia há um dano para o empobrecido? Nestes casos, a subsidiariedade da obrigação de restituir o enriquecimento implica, em princípio, a primazia da responsabilidade civil[2094].

Mas na doutrina tem-se entendido que, se através da ação de enriquecimento se obtiverem resultados mais favoráveis do que através da ação de responsabilidade, a primeira ação pode, ainda assim, ser utilizada. É o que sucede, por exemplo, se o enriquecimento for superior ao dano e as regras sobre a indemnização do segundo se mostrarem, por isso, insuscetíveis de remover integralmente o primeiro; ou se o direito à indemnização estiver prescrito e o direito à restituição não, caso em que o art. 498º, nº 4, do Código Civil português permite o recurso à restituição. A subsidiariedade não tem, assim, caráter absoluto em Portugal, havendo que aferir em concreto se as regras da responsabilidade civil que concorrem com as do enriquecimento sem causa esgotam, atenta a sua *ratio legis,* a tutela instituída pela ordem jurídica para a situação em apreço[2095].

A subsidiariedade também é acolhida, como vimos, nos Direitos francês, espanhol e italiano; mas tem aí um âmbito mais restrito, dado que não abrange as ações de restituição típicas. Já no Direito alemão, como vimos, não há subsidiariedade da obrigação de restituir o enriquecimento. Aliada à importância que têm na Alemanha os negócios abstratos, mormente em matéria de transmissão da propriedade, esta circunstância tem como consequência ser o alcance do instituto muito mais vasto na Alemanha do que em França, em Itália e em Portugal. Na Alemanha, com efeito, a restituição do enriquecimento é uma *válvula de segurança* para os efeitos injustos da abstração de certos negócios jurídicos que, não obstante serem desprovidos de causa, operam deslocações patrimoniais. Diferentemente, a nulidade de um negócio por falta de causa resolve diretamente em França, Itália e Portugal muitas questões que na Alemanha têm de ser resolvidas por via do enriquecimento sem causa.

[2093] Assim o entendeu o Supremo Tribunal de Justiça em acórdão de 23 de março de 1999, *BMJ* 485, pp. 396 ss.: numa situação de intromissão em bens ou direitos alheios, se não se verificarem todos os pressupostos da responsabilidade civil (por exemplo, um dano), o caráter subsidiário da obrigação de restituir o enriquecimento não impede a sua aplicabilidade.

[2094] Cfr. o ac. do Supremo Tribunal de Justiça de 16 de dezembro de 2012, proc. 978/10, em que se declara: «se a intromissão gera um enriquecimento para o intrometido e ao mesmo tempo um dano para o lesado, só na falta de um dano reparável é que o lesado poderá fazer uso da restituição por enriquecimento». Na mesma linha, cfr. o ac. de 20 de outubro de 2015, proc. 6553/12.

[2095] Ver, sobre o ponto, Leite de Campos, *A subsidiariedade da obrigação de restituir o enriquecimento,* pp. 319 ss.; e Menezes Leitão, *O enriquecimento sem causa no Direito Civil,* pp. 916 ss.

§ 39º Sanções

a) Obrigação de restituir; seus limites

Relativamente ao objeto da obrigação de restituir, o art. 479º, nº 1, do Código português explicita que esta compreende, em princípio, tudo quanto se tenha obtido à custa do empobrecido, i.é, a coisa ou direito recebido, os seus frutos e o que se adquiriu em virtude desse direito (*v.g.* o dinheiro obtido com a cobrança do crédito transmitido). Se a restituição em espécie não for possível (por exemplo, por o enriquecimento se ter dado através de um serviço prestado, de benfeitorias numa coisa que são inseparáveis dela, de coisas que foram consumidas, etc.), será devido o valor correspondente.

Note-se que não se compreendem na obrigação de restituição os lucros que a coisa a restituir proporcionaria ao empobrecido: não há lucros cessantes no enriquecimento sem causa, ao invés do que sucede, como vimos, na responsabilidade civil.

A obrigação de restituição não pode todavia exceder, no Direito português, a «medida do locupletamento» à data da citação para a ação judicial de restituição ou em que o enriquecido tomar conhecimento da falta de causa do enriquecimento ou da falta do efeito visado com a prestação (art. 479º, nº 2). É o princípio da restituição do *locupletamento efetivo e atual.*

Obteve assim acolhimento no Direito português a conceção segundo a qual o enriquecimento relevante para efeitos de restituição é o *enriquecimento patrimonial*, expresso na diferença entre a situação real em que o beneficiado se encontra e aquela em que se encontraria se não fosse a deslocação patrimonial ocorrida a seu favor, e não o *valor objetivo dos bens indevidamente recebidos* do empobrecido.

Conceção essa que constitui a expressão normativa da função precípua do instituto no Direito português: *remover o enriquecimento sem causa* – e apenas ele – do património do enriquecido, assegurando que este seja colocado na mesma situação em que se encontraria se não se tivesse verificado a dita deslocação patrimonial injustificada.

Portanto, se a utilidade que o enriquecido retirou desses bens for inferior ao seu valor real ou nula, o valor a restituir por ele será correspondentemente inferior ou nulo.

Por outro lado, se a coisa indevidamente recebida perecer ou se deteriorar, essa circunstância tem de ser atendida no valor da obrigação de restituição. O risco de perecimento ou deterioração da coisa a restituir até ao referido momento corre assim por conta do empobrecido, salvo nos casos em que o enriquecido esteja de má-fé, como resulta do art. 480º.

Na base deste regime está também a ideia de que enriquecido de boa-fé é merecedor de um tratamento mais benevolente no que toca à imposição da obrigação de restituir. A partir da citação ou do conhecimento da falta de causa do enriquecimento, o enriquecido passa contudo a responder pelo perecimento ou deterioração da coisa: deixa, nessa altura, de merecer proteção do Direito, pois cessa a sua boa-fé subjetiva.

Ora bem: esta limitação da obrigação de restituir, que o Direito alemão também consagra[2096], não tem correspondência nos Direitos francês e espanhol; ao que não é alheia a circunstância de estes sistemas terem preservado a distinção entre a *condictio indebiti* e a ação geral de enriquecimento e de não regularem aquela pelos mesmos princípios que norteiam esta.

Certo, o agravamento da responsabilidade do enriquecido que se encontre de má-fé é também assegurada pelo Código francês, de cujo art. 1379 resulta, designadamente, que aquele que houver recebido indevidamente uma coisa de má-fé *garante* a sua perda por caso fortuito[2097]. E outro tanto sucede no Código espanhol[2098].

Mas não há nesses sistemas jurídicos uma genérica limitação do objeto da obrigação de restituir ao *enriquecimento atual*, cabendo antes ao beneficiário do pagamento indevido, mesmo que de boa-fé, a sua restituição em espécie ou a do seu valor. A obrigação do enriquecido é, assim, por via de regra mais ampla nestes sistemas jurídicos.

Nos sistemas de *Common Law* a obrigação de restituir tem por via de regra como objeto exclusivo o valor pecuniário do enriquecimento: analogamente ao que sucede em matéria de incumprimento do contrato, cuja *specific performance* apenas tem lugar em hipóteses excecionais, a *specific restitution* apenas pode ter lugar quando a atribuição ao empobrecido de uma quantia em dinheiro se mostre insuficiente, *v.g.* porque o benefício obtido pelo enriquecido consiste num direito de propriedade ou o mesmo se encontra insolvente[2099].

[2096] § 818(3) do BGB: «Die Verpflichtung zur Herausgabe oder zum Ersatz des Wertes ist ausgeschlossen, soweit der Empfänger nicht mehr bereichert ist».

[2097] «Si la chose indûment reçue est un immeuble ou un meuble corporel, celui qui l'a reçue s'oblige à la restituer en nature, si elle existe, ou sa valeur, si elle est périe ou détériorée par sa faute ; il est même garant de sa perte par cas fortuit, s'il l'a reçue de mauvaise foi».

[2098] Cfr. o art. 1896: «El que acepta un pago indebido, si hubiera procedido de mala fe, deberá abonar el interés legal cuando se trate de capitales, o los frutos percibidos o debidos percibir cuándo la cosa recibida los produjere. Además responderá de los menoscabos que la cosa haya sufrido por cualquier causa, y de los perjuicios que se irrogaren al que la entregó, hasta que la recobre. No se prestará el caso fortuito cuando hubiese podido afectar del mismo modo a las cosas hallándose en poder del que las entregó».

[2099] Cfr., sobre o tema, Colleen P. Murphy, «What is Specific About 'Specific Restitution'?», *Hastings Law Journal*, 2009, pp. 853 ss.

b) Account of profits

Poderá a obrigação de restituição incluir o lucro auferido pelo infrator de direitos absolutos alheios, *v.g.* de propriedade intelectual? Ou está a mesma limitada ao valor objetivo de mercado da utilização desses bens, ou seja, o preço que normalmente se pagaria pela sua utilização?

Perante o Direito inglês, é hoje inequívoco que o titular de um direito intelectual infringido pode reclamar em juízo a restituição do lucro auferido pelo respetivo infrator: o denominado *account of profits* ou *disgorgement of profits*[2100]. Neste sentido, aduziu Lord Keith no caso *Attorney-General v. Guardian Newspapers Ltd. (No. 2)*[2101]:

> «O remédio deve, em minha opinião [...] ser atribuído ao princípio conforme o qual a ninguém deve permitir-se que lucre com a sua própria infração. A sua aplicabilidade pode também, de um modo geral, servir uma finalidade útil na medida em que atenua a tentação dos recetores de informação confidencial de a utilizarem ilicitamente com o intuito de obterem vantagens financeiras.»

Em Portugal, uma parte da doutrina[2102] não vê qualquer limitação na lei à obrigação de restituir, que compreenderia tudo o que se obteve à custa do empobrecido, incluindo o lucro desse modo realizado. Haveria, assim, direito à entrega desse lucro. Outros entendem, pelo contrário, que se a lei atribuisse ao titular do direito todo o lucro auferido pelo infrator, mesmo que aquele nunca o tivesse obtido pelos seus próprios meios, fomentaria por seu turno um *enriquecimento sem causa* do primeiro à custa do segundo[2103].

A isto se acrescenta que a criação de riqueza tem uma função socialmente útil e deve, por isso, ser encorajada pelo sistema jurídico; pelo que, salvo no caso de violações particularmente graves de direitos alheios, aquele que realiza um lucro utilizando bens de outrem sem autorização deve poder mantê-lo, contanto que remunere os demais fatores de produção[2104].

A estas objeções procurou obviar o juiz Robert Goff no caso *Redwood Music Ltd. v. Chappell & Co. Ltd.*[2105], admitindo que ao valor a restituir pelo infrator não intencional de direitos autorais se deduzisse uma quantia correspondente à «aptidão e esforço» («*skill and effort*») por si empregues na obtenção do lucro.

2100 Cfr. Andrew Burrows, *The Law of Restitution*, pp. 645 ss. e 690.

2101 [1990] 1 A.C. 109

2102 Cfr. Antunes Varela, *Das Obrigações em geral*, vol. I, p. 515.

2103 Neste sentido, Pereira Coelho, *O enriquecimento e o dano*, p. 89.

2104 Assim Paolo Gallo, «Unjust Enrichment: A Comparative Analysis», *AJCL*, 1992, pp. 431 ss. (p. 452).

2105 [1982] RPC 109.

O atual Código da Propriedade Industrial português, bem como o Código do Direito de Autor e dos Direitos Conexos português, na esteira da Diretiva nº 2004/48/CE, relativa ao respeito dos direitos de propriedade intelectual, admitem que se atenda, na fixação do valor da indemnização devida pela violação de direitos intelectuais, ao lucro obtido pelo infrator e às remunerações que teriam sido auferidas pela vítima se o infrator tivesse solicitado uma autorização para utilizar os bens em questão[2106]. A solução tem paralelo noutros sistemas jurídicos europeus, em particular o alemão, que já anteriormente o consagrava[2107].

Ainda que para o efeito seja invocado o instituto da responsabilidade civil, não parece que se trate aqui, em rigor, de medidas de ressarcimento de um dano (que pode não existir ou ser inferior ao lucro em causa), mas antes de restituição do enriquecimento sem causa obtido à custa alheia ou mesmo de punição do infrator de direitos intelectuais alheios, a quem é imposto o pagamento de uma indemnização de valor superior ao dano por si causado[2108].

Outro tanto pode dizer-se das situações contempladas no art. 20 da Lei da Responsabilidade Civil chinesa, conforme o qual, sendo indeterminado o valor do dano causado por um ato ilícito, e demonstrando-se que o infrator obteve ganhos com o mesmo, deve a compensação devida à vítima ser fixada com base nesses ganhos.

c) Constructive trust

Nos sistemas de *Common Law*, a ocorrência de uma situação de enriquecimento sem causa pode dar lugar a uma sanção diversa da obrigação de restituir o enriquecimento: trata-se do denominado *constructive trust*, que a jurisprudência admite como uma modalidade de *implied trust*.

A constituição de um *implied trust* decorre da lei e não da vontade dos interessados[2109]. O Direito norte-americano prevê duas modalidades de *trusts* deste tipo: o *resulting trust* e o *constructive trust*. O primeiro decorre de atos ou declarações das partes que indiciam a intenção de constituir um *trust*; o segundo é imposto pelo tribunal em ordem a compelir alguém que injustamente detém um bem alheio a transferi-lo para o seu legítimo proprietário[2110].

[2106] Cfr. os arts. 338º-L do CPI e 211º do CDADC.

[2107] Cfr. o § 97(2) da *Urheberrechtsgesetz* e o § 139(2) da *Patentgesetz*.

[2108] No sentido de que a restituição do lucro efetivamente obtido pelo infrator de bens intelectuais «não é claramente justificável do ponto de vista da indemnização» e de que, nestas hipóteses, «[o] quadrante dogmático será antes o do enriquecimento sem causa», veja-se Carneiro da Frada, *Direito Civil. Responsabilidade civil*, p. 96. Consultem-se ainda, sobre o ponto, os autores e obras citados *supra*, no § 24º, *b)*.

[2109] «An implied trust is one that is created by operation of law».

[2110] «A "resulting trust" exists where the acts or expressions of the parties indicate an intent that a trust relation resulted from their transaction.... A "constructive trust" is a trust imposed by a

Perante o Direito inglês a situação é menos nítida; porém, o Supremo Tribunal do Reino Unido admite a constituição, a favor do *principal*, de um *constructive trust* sobre os benefícios (*v.g.* luvas ou comissões secretas) ilicitamente obtidos pelo *agent* em violação de deveres fiduciários que sobre si recaiem[2111].

A solução assim gizada, pertinente ao domínio da *Equity*, é mais uma manifestação da inexistência nos sistemas de *Common Law* de uma correlação tão nítida como a que existe nos sistemas continentais entre o direito invocado em juízo e o respetivo remédio jurídico, expressa no adágio *ubi ius, ibi remedium*.

§ 40º Síntese comparativa

Todos os ordenamentos jurídicos acima analisados acolhem o princípio da restituição do enriquecimento sem causa, entendido como aquele que se encontra privado de um título que o justifique. Há todavia quanto a esta matéria diferenças não despiciendas entre esses ordenamentos, que permitem duvidar da possibilidade uma convergência de regimes. Senão vejamos.

I – Diferem, desde logo, as técnicas pelas quais na lei e na jurisprudência se acolhe aquele princípio. Estas variam historicamente entre: *a)* O *sistema da tipicidade* das situações geradoras da obrigação de restituir (consagrado no Direito Romano e, contemporaneamente, no Direito inglês); *b)* O sistema *da cláusula geral de enriquecimento*, complementada pela previsão de algumas hipóteses típicas de enriquecimento (acolhido na Alemanha e em Portugal); e *c)* O sistema da regulação, a título principal, da *repetição do indevido*, acrescida da previsão de uma ação de restituição com caráter subsidiário relativamente a outros meios de ressarcimento do empobrecido (adotado em Espanha, França e Itália).

As posições dos Direitos francês e alemão em matéria de responsabilidade civil invertem-se, assim, no tocante ao enriquecimento sem causa: ao passo que naquela matéria o Código Civil francês consagra, como vimos, uma amplíssima cláusula geral e o Código Civil alemão apenas três pequenas cláusulas, no domínio do enriquecimento sem causa é o Código Civil alemão que acolhe uma cláusula geral e o francês que a omite. A relevância do enriquecimento sem causa é, pois, muito diversa nos dois ordenamentos.

II – Variam também, por várias ordens de razões, as funções desempenhadas pelo instituto e, reflexamente, o seu âmbito.

court in equity to compel a person who unfairly holds a property interest to convey such interest to the rightful owner»: cfr. *Loberg v. Alford*, 372 N.W.2d 912, 915 (N.D. 1985).

[2111] Cfr. a decisão proferida em 16 de julho de 2014 no caso *FHR European Ventures LLP and others (Respondents) v. Cedar Capital Partners LLC (Appellant)*, [2014] UKSC 45.

A função primordial das normas sobre a restituição do enriquecimiento sem causa consiste em removê-lo do património do enriquecido, complementando desse modo, nos casos de *condictio indebiti*, as regras do Direito dos Contratos[2112].

Esta função não assume, contudo, a mesma relevância em todos os sistemas jurídicos examinados. Assim, por exemplo, na Alemanha a restituição do enriquecimento sem causa permite mitigar, nos casos de *Leistungskondiktion*, as consequências mais nocivas do princípio da abstração dos negócios de disposição, possibilitando a recuperação pela parte lesada de uma prestação contratual malograda, que não o pode ser ao abrigo da ação anulatória. Diferentemente, nos países, como a França, a Itália e Portugal, onde se exige uma *causa lícita* no contrato e se negam em regra quaisquer efeitos aos contratos abstratos, muitas situações que na Alemanha são abrangidas pela restituição do enriquecimento sem causa resolvem-se por via da nulidade, da anulação ou da resolução do contrato[2113].

Por outro lado, nos sistemas romano-germânicos, dada a admissão da validade dos contratos gratuitos, uma pessoa que dê o seu consentimento a um tal contrato não pode reclamar a restituição da sua prestação com fundamento em que não recebeu qualquer contrapartida por ela. Mas na *Common Law*, dada a doutrina da *consideration*, tal é possível.

Em alguns sistemas jurídicos o instituto exerce também funções de caráter acessório, que refletem certas particularidades desses sistemas. É o que sucede na Alemanha, onde o enriquecimento sem causa complementa a tutela delitual dos bens jurídicos, mediante a imposição da obrigação de restituir o enriquecimento obtido à custa de outrem através da intervenção ilícita em bens alheios («*Eingriffskondiktion*»), *v.g.*, pela sua utilização ou fruição. Esta função do instituto é estranha a outros sistemas jurídicos, como o francês e o italiano, onde o mesmo não compreende tais hipóteses, em que não há um empobrecimento de alguém. O que é em parte uma consequência de a tutela delitual ser mais facilmente acessível em França e na Itália, graças à ampla cláusula geral de responsabilidade civil extracontratual acolhida nos respetivos sistemas jurídicos, a qual (contrariamente, como se viu, ao que sucede na Alemanha) não especifica os direitos ou interesses protegidos. A situação é menos nítida nos sistemas de *Common Law*, uma vez que no direito inglês é controvertida a qualificação da «*restitution for wrongs*» como hipótese de *unjust enrichment*; já nos Estados Unidos o *Restatement 3rd of Restitution and Unjust Enrichment* reconduz sem ambages essa figura ao enriquecimento «injusto».

2112 Assim também Reinhard Zimmermann, «Unjustified Enrichment: The Modern Civilian Approach», *Ox.J.L.St.*, 1995, pp. 404 ss. (p. 406).

2113 Esta circunstância é ainda mais acentuada em Portugal, por não valer no nosso sistema jurídico o princípio, admitido em outros Direitos, de que *posse vale título*: reconhece-o expressamente Antunes Varela, *Das Obrigações em geral*, vol. I, p. 506.

Finalmente, a rejeição pelos sistemas de *Common Law* da gestão de negócios como fonte autónoma de obrigações remete para a *restitution* situações que nos sistemas romano-germânicos são disciplinadas no âmbito dessa figura, como são os raros casos de *necessitous intervention by a stranger* em que se admite o reembolso de despesas feitas em benefício de outrem ou a remuneração de serviços profissionais, *v.g.*, de médicos, para salvar ou curar alguém.

O âmbito de aplicação do instituto difere, portanto, nos sistemas jurídicos nacionais aqui considerados, sendo mais amplo no alemão do que nos restantes.

III – Tão-pouco é o mesmo o alcance da obrigação de restituir nos sistemas jurídicos aqui considerados.

Em França, em Itália, em Espanha, em Portugal e no Brasil, consagra-se o *princípio da subsidiariedade* da ação de enriquecimento sem causa (naqueles dois primeiros países, todavia, apenas fora das ações de restituição típicas), como forma de temperar a amplitude com que se admite neles a restituição do enriquecimento; mas na Alemanha e nos sistemas de *Common Law*, como se viu, esse princípio não tem aceitação.

Por outro lado, enquanto que em diversos sistemas jurídicos, como é o caso do alemão e do português, a obrigação de restituir compreende em princípio tudo quanto se obteve à custa de outrem, ainda que não tenha ocorrido uma transferência patrimonial a favor do enriquecido, noutros, como o francês e o italiano, ela não pode exceder o valor do *correlativo empobrecimento* sofrido por alguém, sem o qual a dita obrigação não existe.

Em contrapartida, na Alemanha e em Portugal o objeto da obrigação de restituir limita-se, pelo menos quando o enriquecido se encontre de boa-fé, ao seu *locupletamento efetivo*, admitindo-se por isso a extinção da obrigação de restituir quando desapareça o enriquecimento por facto superveniente (*v.g.*, o perecimento da coisa indevidamente recebida), independentemente de haver ou não culpa do enriquecido nesse facto; o que não sucede nos Direitos francês e espanhol.

Nos sistemas de *Common Law*, não basta, como vimos, a fim de que se constitua a obrigação de restituir, a *ausência de causa* do enriquecimento: é ainda necessário que este possa ser qualificado como *injusto* em virtude da ocorrência de um «*unjust factor*», como tal reconhecido pelos precedentes judiciais. O *approach* anglo-americano quanto a esta matéria – que reflete o caráter indutivo e fragmentário do pensamento jurídico prevalecente além-Mancha – é, assim, o oposto do continental. Além disso, a *condictio indebiti* tem naqueles sistemas um alcance mais restrito, pois como notámos não há qualquer princípio geral que confira à pessoa que equivocadamente efetua o pagamento de uma dívida alheia o direito à sua restituição («*Rückgriffskondiktion*»). Tão-pouco é admitida a *restitution* fundada na realização de benfeitorias não solicitadas ou aceites numa propriedade alheia. Nesta medida, mostram-se esses sistemas mais restritivos na imposição da obrigação de restituir o enriquecimento.

Eis, em suma, por que não existem atualmente nem um conceito único de enriquecimento sem causa nem um regime uniforme para ele nos sistemas jurídicos aqui analisados.

Bibliografia específica

American Law Institute – *Restatement of the Law Third. Restitution and Unjust Enrichment*, St. Paul, Minesota, American Law Institute Publishers, 2011.

Birks, Peter – *Unjust Enrichment*, 2ª ed., Oxford, Oxford University Press, 2005.

Burrows, Andrew (org.) – *A Restatement of the English Law of Unjust Enrichment*, Oxford, Oxford University Press, 2012.

Caemmerer, Ernst von – «Bereicherung und unerlaubte Handlung», *in* Hans Dölle/Max Rheinstein/Konrad Zweigert (orgs.), *Festchrift für Ernst Rabel*, vol. I, Tubinga, JCB Mohr, 1954, pp. 333 ss.

Campos, Diogo Leite – *A subsidiariedade da obrigação de restituir o enriquecimento*, Coimbra, Almedina, 1974. – «O enriquecimento sem causa em Direito Brasileiro», *RBDC*, nº 23 (2003), pp. 3 ss.

Coelho, Francisco Manuel Pereira – *O enriquecimento e o dano*, reimpressão, Coimbra, Almedina, 1999.

Dawson, John P. – *Unjust Enrichment. A Comparative Analysis. A Series of Lectures*, Boston, Little, Brown & Co., 1951.

Dickson, Brice – «The Law of Restitution in the Federal Republic of Germany: A Comparison with English Law», *ICLQ*, 1987, pp. 751 ss. – «Unjust Enrichment Claims: A Comparative Overview», *Cambridge L.J.*, 1995, pp. 100 ss.

Friedmann, Daniel, e Nili Cohen – «Payment of Another's Debt», *in IECL*, vol. X, *Restitution/Unjust Enrichment and Negotiorum Gestio*, capítulo 10.

Gallo, Paolo – «Unjust Enrichment: A Comparative Analysis», *AJCL*, 1992, pp. 431 ss.

Gomes, Júlio Manuel Vieira – *O conceito de enriquecimento, o enriquecimento forçado e os vários paradigmas do enriquecimento sem causa*, Porto, Universidade Católica Portuguesa, 1998.

Leitão, Luís Menezes – «O enriquecimento sem causa no novo Código Civil brasileiro», *Revista CEJ*, nº 25 (junho 2004), pp. 24 ss. – *O enriquecimento sem causa no Direito Civil*, reimpressão, Coimbra, Almedina, 2005. – «O enriquecimento sem causa no Código Civil de 1966», Faculdade de Direito da Universidade de Coimbra (org.), *Comemorações dos 35 anos do Código Civil e dos 25 anos da reforma de 1977*, vol. III, Coimbra, Coimbra Editora, 2007, pp. 15 ss.

Murphy, Colleen P. – «What is Specific About 'Specific Restitution'?», *Hastings Law Journal*, 2009, pp. 853 ss.

Proença, José Carlos Brandão – «À volta da natureza subsidiária da obrigação de restituir fundada em enriquecimento sem causa», *CDP*, nº 50 (2015), pp. 3 ss.

Ricart Martí, Encarnació – «De la condictio romana al enriquecimento injustificado en el proyecto de princípios de derecho contractual europeo (DCFR)», *in O sistema contratual romano: de Roma ao Direito actual*, Lisboa, Coimbra Editora, 2010, pp. 373 ss.

Serra, Adriano Vaz – «Enriquecimento sem causa», *BMJ* 81 (1958), pp. 5 ss. e 82 (1959), pp. 5 ss.

Smith, Lionel – «Restitution», *in* Peter Cane e Mark Tushnet (orgs.), *The Oxford Handbook of Legal Studies*, Oxford, Oxford University Press, 2003, pp. 48 ss.

Traynor, Michael – «The Restatement (Third) of Restitution & Unjust Enrichment: Some Introductory Suggestions», *Wash. & Lee L. Rev.*, 2011, pp. 899 ss.

Visser, Daniel – «Unjustified Enrichment in Comparative Perspective», *in* Mathias Reimann/Reinhard Zimmermann (orgs.), *The Oxford Handbook of Comparative Law*, Oxford, Oxford University Press, 2006, pp. 969 ss. – «Unjustified enrichment», *in* Jan Smits (org.), *Elgar Encyclopedia of Comparative Law*, 2ª ed., Cheltenham/Northampton, Edward Elgar, 2013, pp. 947 ss.

Wilburg, Walter – *Die Lehre von der ungerechtfertigten Bereicherung nach österreichischem und deutschem Recht. Kritik und Aufbau*, Graz, Leuschner & Lubenski, 1934.

Zimmermann, Reinhard – «A road through the enrichment-forest? Experiences with a general enrichment action», *The Comparative and International Law Journal of South Africa*, 1985, pp. 1 ss. – «Unjustified Enrichment: The Modern Civilian Approach», *Ox.J.L.St.*, 1995, pp. 404 ss.

Capítulo VII
As principais conceções do Direito das Obrigações

§ 41º A conceção romano-germânica

A exposição antecedente permite-nos identificar diferentes conceções acerca do Direito das Obrigações, que se desprendem dos sistemas jurídicos analisados.

A primeira dessas conceções, na ordem que observámos ao longo da exposição, é a que prevalece nos sistemas romano-germânicos. Podemos sintetizá-la nos seguintes traços fundamentais:

a) O Direito das Obrigações é, nestes sistemas jurídicos, um *ramo unitário* do Direito, que estabelece uma disciplina comum para vínculos nascidos de fontes muito diversas.

b) A disciplina das obrigações radica aí, em primeira linha, num *princípio de liberdade*, que é o corolário, neste domínio, do personalismo jurídico de matriz cristã e da liberdade de iniciativa privada por ele postulada.

c) Nesta visão das coisas, a obrigação constitui primordialmente expressão da capacidade reconhecida a todas as pessoas humanas de se *auto-determinarem* e, por conseguinte, de se obrigarem.

d) Esse princípio traduz-se, em matéria negocial, na *autonomia da vontade*, consagrada por todos os sistemas integrados na família jurídica romano-germânica.

e) Esta consente, todavia, certas restrições, ditadas por preocupações de *solidariedade* e de *justiça* – ou, mais precisamente, de tutela da confiança e do equilíbrio das prestações devidas pelas partes.

f) Em razão da primeira dessas preocupações, o conceito de *relação obrigacional* dilata-se consideravelmente nalguns destes sistemas jurídicos, com destaque para o alemão, acolhendo no seu seio, além do dever de prestação e do direito de crédito correspondente, um vasto caudal de deveres de conduta, não raro autónomos relativamente aos deveres de prestação, que vinculam os intervenientes no tráfico jurídico à consideração dos interesses alheios a partir do simples estabelecimento de «contactos negociais» e independentemente da celebração de qualquer contrato, cuja violação os responsabiliza nos termos das regras gerais da responsabilidade obrigacional, independentemente de um ato voluntário de autovinculação. Admite-se, *hoc sensu*, a existência de *obrigações sem deveres de prestação.*

g) Outros sistemas, como o francês, mostram-se mais relutantes em admitir deveres da referida índole ou, pelo menos, em tutelá-los ao abrigo das regras gerais da responsabilidade obrigacional. O conceito de relação obrigacional tem aí, por conseguinte, um alcance mais restrito.

h) Por força da segunda das mencionadas preocupações, permite-se em alguns dos sistemas em apreço a revisão ou resolução dos contratos quando a *equivalência das prestações* devidas ao abrigo deles seja perturbada por circunstâncias supervenientes, bem como a sua anulação com fundamento na disparidade originária do respetivo valor nos casos ditos de lesão enorme.

i) A referida ideia de justiça está também subjacente ao reconhecimento ao gestor de negócios do direito a ser ressarcido das suas despesas e prejuízos, bem como ao empobrecido do direito à restituição daquilo com que outra pessoa se houver locupletou injustificadamente à sua custa.

j) A disciplina jurídica das obrigações obedece ainda, nos referidos sistemas jurídicos, a um *ideal de codificação.* Embora este se tenha ressentido profundamente, nos últimos anos, da proliferação de leis avulsas em matéria de obrigações, em parte decorrente da harmonização europeia de certos aspetos do seu regime, a generalidade dos sistemas jurídicos inseridos na família romano-germânica mantém-se-lhe fiel.

k) A circunstância, porém, de as codificações adotadas nesta família jurídica consagrarem, em matéria de obrigações, amplas cláusulas gerais – com destaque para a boa-fé, com base na qual os tribunais alemães adaptaram, ao longo do século XX, o Direito das Obrigações às novas circunstâncias económicas e ao sentimento de justiça prevalecente na sociedade – implica que, não obstante o referido ideal, os tribunais dos sistemas romanistas gozam na decisão dos casos singulares de uma discricionariedade em muitos aspetos sem paralelo nos sistemas de *Common Law.*

§ 42º A conceção anglo-americana

Uma segunda conceção acerca do Direito das Obrigações, que prossegue em parte – mas só em parte – os mesmos ideais, embora servindo-se de uma técnica diversa, é a anglo-americana ou de *Common Law.* Carateriza-se esta pelas seguintes notas distintivas:

a) Parte igualmente de um ideal de *liberdade,* posto que a sua fundamentação seja, neste caso, predominantemente utilitária, como o demonstra a circunstância de o contrato não obrigar enquanto pura expressão da autonomia privada, mas tão-só na medida em que constitua o instrumento de uma troca («*bargain*»), e de a obrigação contratual ter por objeto não uma prestação suscetível de ser exigida coativamente, como sucede nos sistemas de *Civil Law,* mas tão-só um dever de indemnizar os danos causados quando a mesma não seja voluntariamente realizada.

b) Encaram-se com muito maior relutância quaisquer restrições à força vinculativa dos contratos livremente celebrados, cuja revisão ou resolução com fundamento em considerações de *justiça comutativa* (*maxime* o equilíbrio das prestações) apenas é admitida havendo estipulação das partes nesse sentido.

c) Pela mesma ordem de razões, a imposição de obrigações não voluntárias – nomeadamente o dever de indemnizar danos causados a outrem à margem de qualquer relação contratual, de reembolsar o gestor de negócios pelas despesas por este efetuadas sem autorização do dono do negócio ou de o compensar pelos prejuízos que houver sofrido em virtude da gestão e de restituir o enriquecimento sem causa obtido à custa alheia – é encarada com reserva nos sistemas de *Common Law* e por isso submetida neles a um princípio de tipicidade.

d) A ideia de *solidariedade* é-lhe igualmente estranha, como o revela a rejeição pelos sistemas em apreço da responsabilidade pré-contratual, do direito do gestor de negócios ao reembolso das despesas que tiver efetuado por conta do dono do negócio e da doutrina do abuso de direito: em lugar do modelo colaborativo próprio dos sistemas romano-germânicos, predomina aqui a preocupação de favorecer a *concorrência* entre agentes económicos.

e) Rejeita-se também nesses sistemas a constituição de deveres recíprocos de conduta, designadamente de «consideração pelos interesses alheios», em virtude de meros contactos negociais, cujo incumprimento seja suscetível de dar origem a uma responsabilidade obrigacional.

f) O conceito de relação obrigacional em sentido amplo não tem, pois, acolhimento substancial nesses sistemas.

g) Em contrapartida, subjaz-lhes um certo *utilitarismo,* que explica, entre outras, a figura da *consideration* e a regulação das obrigações contratuais como garantias cujo incumprimento desencadeia a responsabilidade do devedor independentemente de culpa deste ou dos seus auxiliares.

h) Nesta como em outras matérias, o *Common Law* é rebelde à ideia de *sistema,* desconhecendo uma disciplina comum das obrigações contratuais e extracontratuais. O regime destas obrigações é essencialmente atomístico, repartindo-se por três grandes grupos: *contracts, torts* e *restitution*. As próprias regras que disciplinam a responsabilidade civil variam consoante o *tort* em causa.

i) Esse regime é, no essencial, de fonte jurisprudencial, e não legislativa. A sua evolução faz-se por pequenos incrementos, resultantes muito mais de uma valoração feita pelos tribunais acerca da solução mais adequada para cada caso singular do que da formulação pelos mesmos de princípios gerais.

j) A circunstância, porém, de as soluções judiciais, quando tomadas pelos tribunais superiores, cristalizarem em precedentes, a que os tribunais situados abaixo deles na hierarquia judiciária devem obediência (salvo havendo lugar ao *distinguishing*), e o caráter altamente pormenorizado dos mesmos, implica que esses tribunais exercem na decisão dos casos singulares um grau de discricionariedade inferior ao dos seus homólogos da família romano-germânica.

k) O pensamento jurídico é aqui, em todo o caso, essencialmente *indutivo* e não *dedutivo*; e mais atento aos factos do caso singular do que a preocupações dogmáticas. O Direito não é tido como um sistema de regras e princípios, mas antes como um meio de prover à resolução de problemas concretos.

l) A doutrina jurídica anglo-americana é, por isso, refratária a uma teoria geral dos vínculos deste modo constituídos. Mesmo uma teoria geral dos contratos ou da responsabilidade extracontratual só muito limitadamente tem sentido nos sistemas de *Common Law*, porquanto certos tipos contratuais, assim como determinados *torts*, têm hoje regimes completamente autónomos, que tornam difícil formular princípios comuns a seu respeito.

§ 43º A conceção muçulmana

Muito diversa das anteriores – em particular da última – é a conceção muçulmana do Direito das Obrigações. Podemos caraterizá-la essencialmente como uma *conceção idealista*, a que se contrapõem o pragmatismo e a busca da eficiência económica que, nesta como noutras matérias, dominam o pensamento jurídico anglo-americano. Os seus traços mais salientes podem resumir-se no seguinte:

a) Em lugar da liberdade contratual, assumem nela um papel central a *equivalência substancial* das prestações contratuais e a certeza das obrigações voluntariamente assumidas.

b) Em consequência disso, são proscritas pela *Xaria* todas as formas de obtenção de vantagens excessivas («*riba*») ou aleatórias («*gharar*») nas transações entre privados.

c) A tutela do contraente mais fraco assume assim importância essencial no Direito muçulmano: não há espaço nele, ao contrário do que sucede noutros sistemas jurídicos, para o *caveat emptor.*

d) A vinculatividade do contrato conhece também restrições consideráveis, nomeadamente em razão do sistema dito das opções e da suscetibilidade de exoneração dos contraentes por força das alterações imprevistas de circunstâncias.

e) A autonomia privada subordina-se ainda a fortes restrições no Direito muçulmano clássico, em resultado do *princípio de tipicidade* a que nele se sujeita a contratação entre particulares, pelo menos na interpretação das escolas zahirita e hanifita.

f) Nos sistemas muçulmanos, o contrato não é, nesta medida, um instrumento da autodeterminação individual, mas antes, fundamentalmente, o título legitimador de uma troca de bens ou serviços, tal como a ordem jurídica e religiosa estabelecida a consente.

g) O princípio da tipicidade limitou significativamente, por outro lado, o desenvolvimento de uma teoria geral do contrato nos sistemas jurídicos muçulmanos, onde a doutrina tende a privilegiar o estudo dos tipos contratuais consagrados pela *Xaria*, com destaque, nas escolas sunitas, para a compra e venda, que constitui o paradigma das demais formas de contratação.

h) A ciência jurídica islâmica («*fiqh*») é, assim, essencialmente *casuística* e não dogmática: preocupa-se sobretudo com a resolução de casos, recorrendo para o efeito abundamente à analogia («*qiyas*»), salvo no rito zahirita, e evita a elaboração de conceitos e princípios gerais.

i) A noção de obrigação nunca mereceu, por isso, particular atenção por parte dos juristas muçulmanos da época clássica: a sua consagração nos códigos civis de alguns países muçulmanos corresponde essencialmente a um *transplante jurídico* e deve-se em boa parte à influência que neles exerceu a doutrina francesa no século XX.

j) O Direito das Obrigações subordina-se nos sistemas muçulmanos – mesmo naqueles em que a *Xaria* se entrelaça, como frequentemente hoje sucede, com regras recebidas de ordenamentos jurídicos ocidentais – a uma *ética religiosa*, que lhe imprime os seus valores fundamentais.

k) Sendo, ao menos nos seus fundamentos, um *Direito revelado,* o Direito das Obrigações muçulmano tem uma natureza substancialmente diversa da dos Direitos ocidentais.

§ 44º A conceção chinesa

Também a conceção chinesa do Direito das Obrigações radica em postulados muito diversos daqueles que fundamentam os sistemas romano-germânicos e de *Common Law*. Com efeito:

a) Parte historicamente de um *princípio de autoridade* e não de liberdade.

b) Aceita, dentro de certos limites, a consagração do princípio da *liberdade contratual*.

c) Sujeita todavia esta última a consideráveis restrições, resultantes não apenas da lei e dos princípios da justiça e da boa-fé, mas também dos ditames da ética social, do interesse público e dos planos estaduais.

d) Procura assim conciliar a adesão da China à economia mercado com a sua fidelidade ao pensamento confucionista e a preservação de um alto grau de controlo do Estado sobre a atividade económica.

e) A preocupação com a efetividade dos contratos é em todo o caso menos relevante no Direito chinês, o que se manifesta designadamente na amplitude do recurso à *conciliação* como forma de composição de litígios e na admissão frequente de desvios ao pactuado pelas partes em ordem a preservar a relação contratual.

f) Serve-se este Direito, na regulação das obrigações, de uma técnica jurídica fortemente tributária do modelo romano-germânico; mas apresenta significativa autonomia – para alguns mesmo diferenças radicais – relativamente a ele na definição do conteúdo substantivo dessa regulação.

g) É talvez um exemplo extremo de como no Direito a semelhança das formas pode, devido a razões culturais, históricas e ideológicas, ocultar diferenças substanciais muito profundas.

Capítulo VIII
A harmonização e a unificação internacional do Direito das Obrigações

§ 45º Antecedentes e principais fontes a considerar

I – Identificadas que foram, no capítulo antecedente, as principais conceções do Direito das Obrigações que a comparação dos sistemas jurídicos nacionais permite isolar, importa agora responder à questão de saber se e em que medida são essas conceções suscetíveis de uma aproximação por via da harmonização ou da unificação normativa internacional.

A questão coloca-se fundamentalmente em virtude de a atividade económica que é regida por este ramo do Direito transcender hoje amiúde as fronteiras nacionais, dando lugar a situações internacionais ou plurilocalizadas, as quais reclamam segundo determinada corrente do pensamento jurídico contemporâneo um regime próprio que supere a diversidade dos sistemas nacionais e faculte aos agentes económicos um quadro normativo mais seguro do que aquele que presentemente resulta do funcionamento das regras de conflitos de leis no espaço[2114].

Este, por conseguinte, o ponto que nos propomos dilucidar em seguida. Para o efeito, importará, em primeiro lugar, passar em revista os antecedentes das atuais iniciativas de harmonização e unificação internacional do Direito das Obrigações e as principais fontes a considerar a este respeito. Dar-se-á conta em seguida do modo como os instrumentos jurídicos internacionais e supranacionais de maior relevo regulam as diferentes categorias de fontes de obrigações atrás consideradas. Concluir-se-á o presente capítulo com um ensaio de resposta à questão acima colocada.

II – As tentativas modernas de harmonização e unificação do Direito das Obrigações têm como antecedente remoto o *Ius Commune* que floresceu na Europa na

[2114] Veja-se, sobre o tema, o vol. I desta obra, § 82º.

sequência da receção do Direito Romano iniciada no século XII[2115]. A partir das fontes romanas redescobertas nessa época, formou-se na Europa uma cultura jurídica em larga medida comum, que se projetou na formação dos juristas, nas obras doutrinais, na atividade dos jurisconsultos e nas decisões dos tribunais, sobretudo em matéria patrimonial e com particular destaque para o Direito das Obrigações[2116]. Dela dá expressivo testemunho, em Portugal, a relevância atribuída pelas Ordenações do Reino à Glosa de Acúrcio e à opinião de Bártolo como fontes subsidiárias de Direito[2117]. As próprias codificações de Direito Civil surgidas no século XIX são até certo ponto emanações dessa cultura jurídica, exprimindo como que variantes nacionais dela.

III – Remonta a 1927 o primeiro ensaio contemporâneo de unificação supranacional do Direito das Obrigações corporizado no projeto franco-italiano de um *Código das Obrigações e Contratos* elaborado por uma comissão de especialistas na esteira de uma proposta de Vittorio Scialoja[2118]. O projeto não teve porém continuidade. Sucedeu-lhe nos anos 30 o projeto de uma lei uniforme sobre a compra e venda impulsionado sobretudo pelo professor de Direito berlinense Ernst Rabel[2119]. Mas também este ficaria comprometido em virtude dos eventos que subsequentemente marcaram a vida pública europeia.

Após a II Guerra Mundial, foram várias as iniciativas lançadas com o mesmo intuito fundamental. A mais bem-sucedida foi inequivocamente a Convenção de Viena de 1980 Sobre a Compra e Venda Internacional de Mercadorias (*United Nations Convention on Contracts for the International Sale of Goods* ou CISG), que ao cabo de quase três décadas de vigência conta com 85 Estados partes (entre os quais se não incluem todavia, por ora, Portugal e o Reino Unido)[2120].

[2115] Cfr. Reinhard Zimmermann, «Roman Law and the Harmonization of Private Law in Europe», *in* Hartkamp e outros (orgs.), *Towards a European Civil Code*, pp. 27 ss.; e Corjo Jansen, «A European Civil Code and National Private Law: Lessons from History», *Eur. Rev. Priv. Law*, 2016, pp. 473 ss.

[2116] Sobre o *Ius Commune*, veja-se o vol. I desta obra, § 14º, *b)*, IV, e a demais bibliografia aí citada.

[2117] *Idem*, § 17º, *g)*, III.

[2118] Cfr. *Projet de Code des obligations et des contrats. Texte définitif approuvé à Paris en Octobre 1927/Progetto di Codice delle Obbligazione e dei Contratti. Testo definitivo approvato a Parigi nell'Ottobre 1927*, Paris, 1929.

[2119] Cfr., do autor citado, «Der Entwurf eines einheitlichen Kaufgesetzes», *RabelsZ*, 1935, pp. 1 ss.; e «L'unification du droit de la vente internationale. Ses rapports avec les formulaires ou contrats-types des divers commerces», *in* AAVV, *Introduction à l'étude du Droit Comparé. Recueil d'Études en l'honneur d'Édouard Lambert*, vol. II, Paris, 1938, pp. 688 ss.

[2120] Cfr., sobre este instrumento internacional, em língua portuguesa, Bento Soares/Moura Ramos, *Contratos internacionais. Compra e venda. Cláusulas penais. Arbitragem*, Coimbra, 1986; Moura Vicente, «A Convenção de Viena Sobre a Compra e Venda Internacional de Mercadorias: características gerais e âmbito de aplicação», *in Direito Internacional Privado. Ensaios*, vol. II, Coimbra, 2005, pp. 39 ss.; Lima Pinheiro, *Direito Comercial Internacional*, Coimbra, 2005, pp. 259 ss.; Moura Ramos,

A Convenção de Viena aplica-se, nos termos do seu art. 1, aos «contratos de compra e venda de mercadorias celebrados entre partes que têm o seu estabelecimento em Estados diferentes». O seu objeto precípuo são assim os *contratos internacionais*; não se trata, pois, de um instrumento de uniformização dos Direitos nacionais, antes se visa através dela tão-só a instituição de um regime específico para aqueles contratos. Esse regime cinge-se em todo o caso à formação do contrato e aos direitos e obrigações que este faz nascer entre as partes (art. 4), à interpretação do contrato (art. 8) e à sua forma (art. 11). As matérias não abrangidas pela Convenção (denominadas «lacunas externas»), entre as quais se incluem, segundo o art. 4, a validade dos contratos e a transferência da propriedade sobre as mercadorias vendidas, assim como as questões compreendidas no seu âmbito material de aplicação mas que não sejam resolvidas pelas suas disposições (ditas «lacunas internas»), são reguladas (no segundo caso apenas se não for possível recorrer, para o efeito, aos princípios gerais que inspiram a Convenção) pela lei aplicável segundo as regras de Direito Internacional Privado do Estado do foro, conforme se determina no art. 7 (2).

Mesmo nas matérias a que é aplicável, a Convenção pode ser excluída por efeito da vontade dos contraentes, assim como pode qualquer das suas disposições ser por eles derrogada ou modificada (art. 6). As regras da Convenção têm assim *caráter supletivo*; e num considerável número de situações essas regras são efetivamente excluídas pelas partes ao abrigo desta faculdade de *opting out*[2121].

«A Convenção de Viena de 1980 Sobre o Contrato de Compra e Venda Internacional de Mercadorias trinta e cinco anos depois», *BFDUC*, 2016, pp. 1 ss.; Paulo Nalin/Renata Steiner, *Compra e venda internacional de mercadorias. A convenção das Nações Unidas sobre compra e venda interncional de mercadorias (CISG)*, Belo Horizonte, 2016; e os estudos recolhidos em Schwenzer/Pereira/Tripodi (orgs.), *A CISG e o Brasil. Convenção das Nações Unidas para os Contratos de Compra e Venda Internacional de Mercadorias*, Madrid, 2015. Noutros idiomas, vejam-se, entre muitos, Bianca/Bonell (orgs.), *Commentary on the International Sales Law. The 1980 Vienna Sales Convention*, Milão, 1987; Calvo Caravaca/Fernández de la Gándara (diretores), *Contratos internacionales*, Madrid, 1997, pp. 144 ss.; Honnold, *Uniform Law for International Sales under the 1980 United Nations Convention*, 3ª ed., s.l., 1999; Huber, «Some Introductory Remarks on the CISG», *IHR*, 2006, pp. 228 ss.; Kröll/Mistelis/Perales Viscasillas, *UN Convention on Contracts for the International Sale of Goods. Commentary*, Munique, 2011; Schlechtriem/Schwenzer (orgs.), *Kommentar zum Einheitlichen UN-Kaufrecht*, 6ª ed., Munique/Basileia, 2013; Schlechtriem/Schroeter, *Internationales UN-Kaufrecht*, 5ª ed., Tubinga, 2013; e Schroeter, «Gegenwart und Zukunft des Einheitskaufrechts», *RabelsZ*, 2017, pp. 32 ss.

[2121] Veja-se sobre o ponto o estudo de Justus Meyer, «UN-Kaufrecht in der deutschen Anwaltspraxis», *RabelsZ*, 2005, pp. 457 ss. Um inquérito levado a cabo junto da advocacia alemã revelou, segundo o autor, que a aplicação da Convenção de Viena é excluída em cerca de dois terços dos contratos de compra e venda internacional redigidos com a participação de advogados alemães. Entre as razões desta opção figuram, em primeiro lugar, a insuficiente segurança jurídica proporcionada pela Convenção em virtude do frequente recurso nela feito a conceitos indeterminados; e, em segundo lugar, as instruções nesse sentido recebidas pelos próprios advogados inquiridos dos seus constituintes.

A ausência de uma instância internacional de interpretação das suas disposições – muitas das quais recorrem a conceitos indeterminados, como os de «boa-fé», «violação fundamental do contrato» e «prazo razoável» – limita igualmente, apesar da diretriz a este respeito traçada no art. 7(1), a possibilidade de uma aplicação uniforme da Convenção[2122].

É todavia inegável a influência que a Convenção exerceu quer sobre outros instrumentos internacionais em matéria de contratos (com destaque para os *Princípios UNIDROIT* de que nos ocuparemos em seguida), quer sobre atos jurídicos da União Europeia (entre os quais sobressai a Diretiva sobre a venda de bens de consumo, que igualmente examinaremos mais à frente) e da OHADA (como é o caso do respetivo Ato Uniforme Sobre o Direito Comercial Geral). Esses instrumentos fizeram-se eco, com efeito, de conceitos e soluções consagrados na Convenção de Viena, os quais lograram também por essa via introduzir-se nos Direitos nacionais, inclusive de Estados que dela não são partes[2123]. A Convenção inspirou, além disso, importantes reformas legislativas levadas a cabo em diversos países no domínio da compra e venda e dos contratos em geral: foi o que sucedeu, designadamente, nos Países-Baixos em 1992, na Rússia em 1994, na China em 1999 e na Alemanha em 2001.

IV – Não menos relevantes, enquanto repositório de soluções normativas para os contratos internacionais, são hoje os *Princípios UNIDROIT Relativos aos Contratos Comerciais Internacionais,* originariamente publicados pelo Instituto Internacional Para a Unificação do Direito Privado em 1994 e cuja última versão saiu a lume, como já notámos, em 2017[2124].

Consoante se refere no respetivo preâmbulo, esses *Princípios* estabelecem regras gerais para contratos comerciais internacionais, que devem ser aplicadas quando as partes assim o estipulem, bem como quando haja que prover à inter-

[2122] Ver, sobre o tema, José Augusto Fontoura Costa, *Normas de Direito Internacional. Aplicação Uniforme do Direito Uniforme,* São Paulo, 2000. Note-se ainda, a este respeito, que as bases de dados jurisprudenciais relativas à Convenção de Viena referidas *supra,* no § 3º, facilitam significativamente a uniformidade da aplicação das disposições convencionais: embora as decisões dos tribunais supremos dos Estados partes nelas disponibilizadas não possam ser qualificadas como precedentes na aceção anglo-saxónica deste termo, podem ter um relevante *efeito persuasivo* na interpretação e aplicação daquelas disposições por outros tribunais.

[2123] É o caso de Portugal, que pela transposição da Diretiva 1999/44/CE acolheu na sua ordem jurídica a noção, oriunda da Convenção de Viena, de *obrigação de conformidade* dos bens vendidos com o contrato.

[2124] Sobre esse instrumento, consultem-se em especial Michael Joachim Bonell, *An International Restatement of Contract Law. The UNIDROIT Principles of International Commercial Contracts,* 3ª ed., Roma, 2004; e Stefan Vogenhauer (org.), *Commentary on the UNIDROIT Principles of International Commercial Contracts (PICC),* 2ª ed., Oxford, 2015.

pretação ou integração de outros instrumentos jurídicos nacionais ou internacionais. Podem, além disso, operar como *modelos* para os legisladores nacionais e internacionais. Situam-se nesta medida, como nota Basedow, numa «zona cinzenta» entre o Direito Internacional Público e o Direito estadual[2125].

A aplicabilidade deste tipo de instrumentos – que são destituídos de caráter vinculativo[2126], mas nem por isso desprovidos de relevância na decisão de casos singulares, razão por que alguns os reconduzem ao conceito de *soft law*[2127] – foi tida em vista nos *Princípios da Haia Sobre a Escolha da Lei Aplicável aos Contratos Comerciais Internacionais*[2128], cujo art. 3 dispõe:

> «A lei escolhida pelas partes pode consistir em regras de Direito geralmente aceites ao nível internacional, supranacional ou regional como conjuntos neutros e equilibrados de regras, salvo disposição em contrário da lei do foro.»[2129]

Não é, porém, inequívoco, atento o seu limitado escopo – no qual se compreendem apenas disposições sobre os contratos em geral –, que os *Princípios UNIDROIT* sejam aptos a constituir, só por si, o *estatuto contratual*; a sua vocação consistirá porventura antes em serem incorporados nos contratos internacionais, mediante uma referência material («*materiellrechtliche Verweisung*») a eles feita, a qual não prejudica a aplicação ao contrato da lei escolhida pelas partes ou supletivamente designada pelas regras de conflitos do Estado do foro[2130].

[2125] Cfr., daquele autor, «Internationales Einheitsprivatrecht im Zeitalter der Globalisierung», *RabelsZ*, 2017, pp. 1 ss. (p. 19).

[2126] Como sublinha, por exemplo, Claus-Wilhelm Canaris, que recusa aos Princípios UNIDROIT a qualidade de fontes de Direito vigente («*Rechtsgeltungsquelle*»), embora admita que os mesmos possam desempenhar na ordem interna a função de fontes de criação de novo Direito («*Rechtsgewinnungsquelle*»): cfr., deste autor, «Die Stellung der "UNIDROIT Principles" und der "Principles of European Contract Law" im System der Rechtsquellen», *in* Jürgen Basedow (org.), *Europäische Vetragsrechtsvereinheitlichung und deutsches Recht*, Tubinga, 2000, pp. 5 ss.

[2127] Ver, por exemplo, Michael Joachim Bonell, «Towards a Legislative Codification of the UNIDROIT Principles?», *ULR/RDU*, 2007, pp. 233 ss.; François Dessemontet, «The application of soft law, Halakha and Sharia by International Arbitral Tribunals», *The American Review of International Arbitration*, vol. 23 (2012), *A Tribute to Professor Hans Smit*, pp. 545 ss.

[2128] *The Hague Principles on Choice of Law in International Commercial Contracts*, texto aprovado em 19 de março de 2015, disponível em http://www.hcch.net.

[2129] «The law chosen by the parties may be rules of law that are generally accepted on an international, supranational or regional level as a neutral and balanced set of rules, unless the law of the forum provides otherwise».

[2130] Estamos a pressupor, evidentemente, que a jurisdição competente é um tribunal estadual. Na arbitragem comercial internacional, o problema coloca-se em moldes um tanto diversos. Sobre o tema, que não pode ser aqui desenvolvido, veja-se o nosso *Da responsabilidade pré-contratual em Direito Internacional Privado*, pp. 366 ss. Na literatura mais recente, consultem-se em especial

Neste sentido depõe também a circunstância de os Princípios UNIDROIT não poderem, em rigor, ser reconduzidos ao conceito de *regras de Direito* – até porque não vigoram enquanto tais em parte alguma: a sua redação obedeceu em muitos casos, como se verá adiante, mais à preocupação de selecionar as que seriam, no entender dos seus autores, as *best rules* para cada uma das questões neles disciplinadas do que à intenção de identificar um *common core* (não raro inexistente, como se demonstrou na exposição anterior) dos sistemas jurídicos nacionais em matéria contratual.

V – Na União Europeia, a harmonização do Direito das Obrigações tem sido empreendida essencialmente sob a égide da ideia de mercado interno e da prevenção e repressão de distorções da concorrência no seio deste.

As diretivas europeias sobre a matéria versam sobre aspetos gerais do regime dos contratos (entre os quais pontificam as cláusulas abusivas nos contratos celebrados com os consumidores[2131], a formação do contrato por meios eletrónicos[2132] e a mora no pagamento[2133]), sobre os contratos celebrados entre profissionais e consumidores[2134], sobre tipos contratuais específicos (com destaque, entre estes, para a venda de bens de consumo[2135] e os contratos de *time-share*[2136]) e ainda sobre situações particulares da responsabilidade civil com particular incidência no funcionamento do mercado interno (como é o caso da responsabilidade decorrente de danos causados por produtos defeituosos[2137], de danos ambientais[2138], da vio-

Carmen Vaquero López, «Autonomía de la voluntad y normas imperativas», *in* Sánchez Lorenzo (org.), *Derecho contractual comparado*, t. II, pp. 89 ss.; Patricia Orejudo Prieto de los Mozos/Ricardo Rueda Valdivia, «Ley aplicable a los contratos internacionales», *in ibidem*, pp. 571 ss. (pp. 586 s.); Diego P. Fernández-Arroyo, «The Growing Significance of Sets of Principles to Govern Transboundary Private Relationships», *in* UNIDROIT (org.), *Eppur si muove: The Age of Uniform Law. Essays in honour of Michael Joachim Bonell to celebrate his 70th birthday*, vol. I, Roma, 2016, 251 ss.; Massimo Benedetelli, «Applying the UNIDROIT Principles in International Arbitration: An Exercise in Conflicts», *Journal of International Arbitration*, 2016, pp. 653 ss.; e Marie-Élodie Ancel/Pascale Deumier/Malik Laazouzi, *Droit des contrats internationaux*, Paris, 2016, pp. 356 ss.

2131 Diretiva 93/13/CEE, de 5 de abril de 1993, *JOCE*, nº L 95, de 21 de abril de 1993, pp. 29 ss.

2132 Diretiva 2000/31/CE, de 8 de junho de 2000, *JOCE*, nº L 178, de 17 de julho de 2000, pp. 1 ss.

2133 Diretiva 2011/7/UE, de 16 de fevereiro de 2011 *JOUE*, nº L 48, de 23 de fevereiro de 2011, pp. 1 ss.

2134 Diretiva 2011/83/UE, de 25 de outubro de 2011, *JOUE*, nº L 304, de 22 de novembro de 2011, pp. 64 ss.

2135 Diretiva 1999/44/CE, de 25 de maio de 1999, *JOCE*, nº L 171 de 7 de julho de 1999, pp. 12 ss.

2136 Diretiva 2008/122/CE, de 14 de janeiro de 2009, *JOUE*, nº L 33, de 3 de fevereiro de 2009, pp. 10 ss.

2137 Diretiva 85/374/CEE, de 25 de julho de 1985, *JOCE*, nº L 210, de 7 de agosto de 1985, pp. 29 ss.

2138 Diretiva 2004/35/CE, de 21 de abril de 2004, *JOCE*, nº L 143, de 30 de abril de 2004, pp. 56 ss.

lação de direitos de propriedade intelectual[2139] e da infração às disposições do Direito da Concorrência[2140]).

Tal como sucedeu noutros domínios jurídicos, o Direito das Obrigações experimenta hoje, por esta via, um processo de crescente *europeização*, que a competência interpretativa do Tribunal de Justiça da União Europeia dos atos normativos desta emanados reforça significativamente[2141].

VI – A proliferação de instrumentos normativos europeus que visam harmonizar o regime dos contratos, frequentemente sem especial preocupação de coerência sistemática, e a consequente fragmentação desse regime, explicam os apelos, surgidos de vários quadrantes, à sua codificação na União Europeia[2142].

Esses apelos estão na origem da elaboração dos *Princípios de Direito Europeu dos Contratos*, da iniciativa de uma comissão de especialistas, coordenada pelo professor dinamarquês Ole Lando[2143]. Para alguns, esse texto constituiria o embrião de um futuro Código Civil europeu, cuja elaboração o Parlamento Europeu reiteradamente preconizou[2144].

Este instrumento procura, consoante se retira das notas justificativas dos seus preceitos, definir soluções comuns aos diferentes sistemas jurídicos europeus na base de um critério de equivalência funcional entre as regras nestes consignadas[2145].

Uma iniciativa contemporânea da anterior, mas de expressão francesa, é o anteprojeto de *Código Europeu dos Contratos*, preparado pela *Academia dos Jusprivatistas Europeus*, com sede em Pavia, o qual teve como relator geral o professor italiano Giuseppe Gandolfi[2146].

[2139] Diretiva 2004/48/CE, de 29 de abril de 2004, *JOCE* nº L 195, de 2 de junho de 2004, pp. 16 ss.

[2140] Diretiva 2014/104/UE, de 26 de novembro de 2014, *JOUE*, nº L 349, de 5 de dezembro de 2014, pp. 1 ss.

[2141] Ver, sobre o tema, *Staudingers Kommentar*/Olzen, Einleitung zum Schuldrecht, n.m. 280 ss.; *Münchener Kommentar*/Säcker, Einleitung zum BGB, n.m. 214 ss.

[2142] *Vide*, na doutrina mais recente, Stefan Grundmann, «The Future of Contract Law», *ERCL*, 2011, pp. 490 ss.; e Hein Kötz, *Europäisches Vertragsrecht*, especialmente pp. 15 ss.

[2143] Cfr. Commission on European Contract Law, *Principles of European Contract Law*. Encontra-se disponível uma versão consolidada deste texto em http://www.transnational.deusto.es.

[2144] Cfr. «Resolução sobre um esforço de harmonização do direito privado dos Estados-membros», *JOCE*, nº C 158, de 26 de junho de 1989, pp. 400 s.; «Resolução sobre a harmonização de certos sectores do direito privado dos Estados-membros», *in ibidem*, nº C 205, de 25 de julho de 1994, pp. 518 s.; e «Resolução do Parlamento Europeu sobre a aproximação do direito civil e comercial dos Estados-Membros», *in ibidem*, nº C 140 E, de 13 de junho de 2002, pp. 538 ss.

[2145] Sobre a busca da equivalência funcional entre as soluções consignadas nos Direitos nacionais como diretriz metodológica do Direito Comparado, veja-se o que escrevemos no I volume desta obra, § 8º.

[2146] Cfr. Accademia dei Giusprivatisti Europei, *Code européen des contrats. Avant-projet*, Milão, Livro I, 2ª ed., 2004; Livro II, Título I, 2007.

Não é porém isento de dúvidas que a União Europeia – cujas competências se regem, nos termos do art. 5º, nº 1, do Tratado da União, por um *princípio de atribuição* – disponha de competência para uma harmonização integral do Direito dos Contratos.

É certo que, nos termos do art. 114º do Tratado Sobre o Funcionamento da União Europeia o Parlamento e o Conselho, «adotam as medidas relativas à aproximação das disposições legislativas, regulamentares e administrativas dos Estados-Membros, que tenham por objeto o estabelecimento e o funcionamento do mercado interno».

Contudo, não basta a mera existência de diferenças entre as regras nacionais e um certo grau de sobrecustos daí resultante para a celebração de contratos internacionais a fim de que possam ser adotadas medidas de aproximação de legislações: é ainda necessário, como nota Grigoleit[2147], que a distorção do mercado em causa tenha *natureza qualificada*.

Ora, está por demonstrar que a diversidade das legislações nacionais tenha só por si um impacto significativo nas opções das empresas e dos consumidores pelo que respeita à contratação com entidades estabelecidas noutras jurisdições. O exemplo norte-americano parece depor precisamente em sentido contrário.

Por outro lado, o *princípio da subsidiariedade*, consagrado no art. 5º do Tratado da União Europeia, reclama que, nos domínios que não sejam da sua competência exclusiva, como é o das obrigações, a União intervenha apenas «se e na medida em que os objetivos da ação considerada não possam ser suficientemente alcançados pelos Estados-Membros, tanto ao nível central como a nível regional e local, podendo contudo, devido às dimensões ou aos efeitos da ação considerada, ser mais bem alcano nível da União»[2148].

VII – Não surpreende, por isso, que o Projeto de um Código Civil Europeu haja sido preterido pelas instâncias comunitárias em benefício de um instrumento de alcance mais restrito, a que se deu a designação de «Projeto de Quadro Comum de Referência» (*Draft Common Frame of Reference* ou DCFR), cuja versão final foi publicada em 2009[2149].

2147 Cfr. Hans Cristoph Grigoleit, «Against the Background of DCFR and CESL: Developing Quality Standards for Future Harmonization of European Contract Law», *in* Ana Afonso (coord.), *Um Direito Europeu das Obrigações? A influência do DCFR*, Porto, 2015, pp. 241 ss. (p. 245).

2148 Veja-se sobre esta matéria o nosso estudo «Um Código Civil para a Europa? Algumas reflexões», *in Estudos em homenagem ao Professor Doutor Inocêncio Galvão Telles*, vol. I, Coimbra, 2002, pp. 47 ss., com mais referências.

2149 Cfr. Christian von Bar/Eric Clive/Hans Schulte-Nölke (orgs.), *Principles, Definitions and Model Rules of European Private Law. Draft Common Frame of Reference (DCFR). Outline Edition; Full Edition*, em 6 vols., Munique, 2009.

Os objetivos fundamentais deste instrumento foram enunciados numa declaração do Conselho Europeu de 2008[2150]. Segundo esta, o DCFR visaria constituir um instrumento para a melhoria da feitura de leis («*better lawmaking*») dirigido aos legisladores comunitários. Conter-se-ia nele um «conjunto de definições, princípios gerais e regras-modelo» respeitantes aos contratos e extraídos de diversas fontes. Compreender-se-ia no seu âmbito o Direito dos Contratos em geral, incluindo os contratos de consumo. Pelo que respeita à sua eficácia jurídica, tratar-se-ia tão-só de um conjunto de «linhas de orientação não vinculativas» («*non-binding guidelines*»), destinadas a serem utilizadas pelos legisladores comunitários como fonte comum de inspiração[2151].

O DCFR não foi, por conseguinte, concebido como um regime alternativo aos Direitos estaduais. Aliás, a eliminação do art. 3º, nº 2, do projeto de Regulamento de Roma I, divulgado em 2005, que previa a possibilidade de as partes escolherem como lei aplicável aos contratos internacionais «princípios e regras de direito material dos contratos reconhecidos a nível internacional ou comunitário» é elucidativa a este respeito. As partes podem, é certo incorporar nos seus contratos tais princípios e regras; mas não podem excluir a aplicabilidade aos mesmos dos Direitos nacionais[2152]. O Direito Internacional Privado da União Europeia não consente, nesta medida, «contratos sem lei».

O objeto do DCFR viria no entanto a alargar-se a outras matérias, para além do regime geral dos contratos (que constitui o objeto precípuo do seu Livro II): certos contratos em especial (disciplinados no Livro IV); a «intervenção benevolente» em assuntos alheios (Livro V); a responsabilidade extra-contratual emergente de danos causados a outrem; o enriquecimento sem causa (Livro VII); a aquisição e perda da propriedade sobre bens (Livro VIII); as garantias sobre bens móveis (Livro IX); e os *trusts* (Livro X). Esta circunstância terá levado os autores do DCFR a incluir nele uma regulamentação das obrigações em geral (constante do Livro III), na qual se compreende o regime do cumprimento e do incumprimento dos contratos. As regras constantes deste livro do DCFR – as quais se pretendem comuns a todas as fontes de obrigações e consistem numa espécie da *parte geral* deste instrumento jurídico, de inspiração nitidamente germânica – apresentam assim um grau de abstração muito superior às dos Princí-

[2150] *Vide* o comunicado à imprensa do Conselho Europeu de 18 de abril de 2008, reproduzido em *ZEuP*, 2008, pp. 880 s.

[2151] Ver sobre os objetivos gerais do DCFR, em língua portuguesa, Ana Afonso, «Apresentação: a relevância do DCFR», *in eiusdem*, *Um Direito Europeu das Obrigações? A influência do DCFR*, Porto, 2015, pp. 15 ss.

[2152] Cfr. o art. 3º, nº 1, 1º período, do Regulamento de Roma I, segundo o qual: «O contrato rege-se pela lei escolhida pelas partes».

pios Europeus; o seu acolhimento pelas legislações nacionais menos recetivas à Pandectística presta-se por isso a dúvidas[2153].

A finalidade visada por este texto permanece, em todo o caso, algo indefinida. Trata-se, consoante nele se declara, de um conjunto de «princípios, definições e regras-modelo». Mas, perguntar-se-á, qual o sentido de enunciar um conjunto de princípios e definições que não são Direito positivo, que não vigoram em lugar algum e que não constituem uma verdadeira alternativa aos Direitos estaduais? E como definir princípios e regras comuns a estes sem uma verdadeira comunhão de valores e objetivos na regulação das matérias em causa por eles instituída?

É certo que na introdução ao DCFR se identifica uma série de «objetivos nucleares» («*core aims*») do Direito Privado Europeu, como a justiça, a liberdade, a proteção dos direitos humanos, o bem-estar económico e a solidariedade e a «responsabilidade social»[2154]. Mas o significado exato desses objetivos ficou por definir. E sobretudo o modo como no DCFR se resolvem os potenciais conflitos entre esses objetivos – *v.g.* os que no campo do Direito Privado podem suscitar-se entre a liberdade e a solidariedade – está longe de poder dizer-se consensual na União Europeia.

Todo o Direito é, como se sabe, feito de valorações; as que subjazem ao DCFR não podem dizer-se senão as dos seus próprios autores. Não correspondem seguramente a valorações «europeias» nem a uma *ratio scripta*. A sujeição, por exemplo, da autonomia privada ao princípio da boa-fé – definida como «um padrão de conduta caraterizado pela honestidade, a abertura e a consideração pelos interesses da outra parte na transação ou relação em causa»[2155] – não constitui, como se viu acima, uma solução aceite pelos sistemas de *Common Law*.

De «comum» o DCFR tem, assim, relativamente pouco, pois as suas regras não podem dizer-se em vigor em todos os Estados-Membros da União, ou sequer na maior parte deles. Alguns institutos nele regulados não obtiveram mesmo qualquer aceitação em vários sistemas jurídicos europeus: assim sucede, por exemplo, com a gestão de negócios e o enriquecimento sem causa, pelo que respeita aos sistemas de *Common Law*; e com o *trust* em diversos sistemas de *Civil Law*. Outro tanto pode dizer-se da noção de obrigação nele consignada, a qual é definida como «um dever de prestar que vincula uma das partes numa relação

[2153] Veja-se, para uma crítica da referida opção sistemática, Ole Lando, «The Structure and the Legal Values of the Common Frame of Reference (CFR)», *ERCL*, 2007, pp. 245 ss. (pp. 250 s.). Cfr. ainda, sobre o tema, Jan Schmidt, «The Structure of the DCFR: Borrowed from the German BGB or Expression of a Common European Tradition?», *in* Ana Afonso (coord.), *Um Direito Europeu das Obrigações? A influência do DCFR*, Porto, 2015, pp. 33 ss.

[2154] Cfr. o nº 22.

[2155] «A standard of conduct characterised by honesty, openness and consideration for the interests of the other party to the transaction or relationship in question»: art. I.-1:103 (1).

jurídica, o devedor, à outra, o credor»[2156]. Esta noção, que fica muito aquém da de relação obrigacional acolhida no Direito alemão, é em todo o caso estranha à tradição de *Common Law*, que como se deixou dito acima não opera com ela, por isso que os sistemas que a integram não estabelecem regras comuns a todas as categorias de obrigações.

O DCFR não corresponde, pois, a um «fundo comum» de soluções vigentes na União Europeia. Algumas das suas regras não estão, aliás, em vigor em qualquer país. Não se trata sequer de um *restatement* ao estilo dos que foram adotados nos Estados Unidos pelo American Law Institute. Aliás, ainda que o DCFR aspirasse a sê-lo, a isso se oporia a diversidade dos Direitos europeus, que é muito superior à dos Direitos norte-americanos, de tal sorte que a sua adoção pela jurisprudência seria sempre muito mais difícil do que sucede nos Estados Unidos com as regras constantes dos *restatements of the law*[2157].

Tratar-se-á, pois, mais de um *modelo de regulação*, dirigido aos Estados-Membros da União Europeia e aos próprios órgãos legislativos desta. No plano científico, e enquanto estudo comparativo, o DCFR tem, indiscutivelmente, enorme interesse, como o tinham já antes dele os Princípios UNIDROIT, os Princípios de Direito Europeu dos Contratos e o anteprojeto de Código Europeu dos Contratos. Dada a influência que pode exercer na resolução de casos concretos (à imagem do sucedido com os Princípios UNIDROIT, cujas soluções são por vezes invocadas na fundamentação de sentenças proferidas por tribunais arbitrais internacionais), tem também o DCFR sido reconduzido por alguns autores ao conceito de *soft law*.

VIII – O DCFR foi ainda redigido tendo em mente a possível elaboração pela União Europeia de um *instrumento jurídico opcional*, que às partes fosse dado incorporarem nos contratos internacionais e que dispensasse o recurso aos Direitos nacionais dos Estados-Membros[2158].

[2156] «A duty to perform which one party to a legal relationship, the debtor, owes to another party, the creditor»: art. III.-1:101.

[2157] Para uma apreciação crítica do DCFR, *vide* Horst Eidenmüller/Florian Faust/Hans Christoph Grigoleit/Nils Jansen/Gerhard Wagner/Reinhard Zimmermann, «Der Gemeinsame Referenzrahmen für das Europäische Privatrecht – Wertungsfragen und Kodifikationsprobleme», *JZ*, 2008, pp. 529 ss. (existe versão em inglês com o título «The Common Frame of Reference for European Private Law – Policy Choices and Codification Problems», *Ox.J.L.St.*, 2008, pp. 659 ss.); e Wolfgang Ernst, «Der "Common Frame of Reference" aus juristischer Sicht», *AcP*, 2008, pp. 248 ss.

[2158] Hipótese expressamente aventada pela Comissão Europeia no *Livro verde da Comissão sobre as opções estratégicas para avançar no sentido de um direito europeu dos contratos para os consumidores e as empresas*, documento COM (2010) 348 final, Bruxelas, 1 de julho de 2010, p. 9. Ver ainda, sobre este documento, Max Planck Institute for Comparative and International Private Law, «Policy Options for Progress Towards a European Contract Law. Comments on the issues raised in the Green Paper from the Commission of 1 July 2010, COM (2010) 348 final», *RabelsZ*, 2011, pp. 371 ss.

Nesta linha de orientação, a Comissão Europeia propôs em 2011 um regime comum dos contratos de compra e venda facultativamente aplicável nos Estados-Membros da União. Trata-se da proposta de Regulamento do Parlamento Europeu e do Conselho sobre um Direito Europeu Comum da Compra e Venda («*Common European Sales Law*» ou CESL)[2159].

De acordo com o art. 3º dessa proposta, o Direito Europeu Comum da Compra Venda destinar-se-ia a ser aplicado aos contratos internacionais (ditos «transfronteiriços» na tradução portuguesa) de compra e venda de bens, de fornecimento de conteúdos digitais e de prestação de serviços conexos, quando as partes o escolhessem.

O projeto visava, segundo o seu considerando 9, harmonizar o Direito dos Contratos dos Estados-Membros, não através de alterações aos sistemas jurídicos destes, mas antes introduzindo neles um «*segundo regime*» da compra e venda, com caráter opcional. Esse regime seria idêntico em toda a União e vigoraria paralelamente às normas do Direito dos Contratos preexistentes nos Estados-Membros.

O acordo das partes com vista à aplicação desse Direito comum seria concluído, acrescentava o considerando 10 do projeto, no âmbito do Direito nacional aplicável nos termos do Regulamento de Roma I ou, no que respeita aos deveres de informação pré-contratual, nos termos do Regulamento de Roma II ou de qualquer outra norma de conflito de leis. Não haveria, assim, uma *escolha direta* do CESL, mas quando muito uma escolha *indireta* por via da eleição do Direito nacional aplicável ao contrato, do qual este instrumento seria parte integrante[2160].

O art. 11º da proposta de Regulamento declarava ainda a este respeito:

> «Se as partes acordarem de forma válida na aplicação do direito europeu comum da compra e venda a um determinado contrato, apenas este direito comum pode reger as questões abrangidas pelas suas disposições. Se o contrato for efetivamente celebrado, o direito europeu comum da compra e venda rege igualmente o cumprimento e os meios de defesa em caso de incumprimento dos deveres de informação pré-contratual.»

[2159] Documento COM (2011) 635 final, de 11 de outubro de 2011, disponível em http://eur-lex.europa.eu. Sobre esse texto, veja-se, por muitos, Reiner Schulze (org.), *Common European Sales Law. Commentary*, Baden-Baden, etc., 2012, com mais referências.

[2160] Ao que não terá sido alheia a intenção de enquadrar a proposta no art. 114º do Tratado Sobre o Funcionamento da União Europeia, o qual se basta com uma maioria qualificada dos votos no Conselho para a adoção de medidas de aproximação das legislações dos Estados-Membros, e não no art. 352º do mesmo Tratado, que exige unanimidade nas deliberações relativas a outras ações destinadas a atingir os objetivos da União. Que o CESL constituísse um verdadeiro instrumento de aproximação de legislações afigura-se, porém, muito duvidoso, uma vez que, a par das suas disposições, subsistiriam nas ordens jurídicas nacionais dos Estados-Membros as disposições comuns de Direito dos Contratos, aplicáveis às compras e vendas meramente internas e bem assim às compras e vendas internacionais quando as partes não optassem pelo novo regime.

Mais do que um Direito comum, visava-se, pois, instituir um *Direito alternativo* em matéria de compra e venda, ainda que apenas suscetível de ser escolhido pelas partes através do referido *two-step procedure*[2161].

A circunstância, porém, de a sua aplicação caber aos tribunais nacionais dos Estados-Membros da União e de inexistir qualquer instância jurisdicional supranacional à qual coubesse a uniformização da jurisprudência desses tribunais quanto a esta matéria (salvo, evidentemente, no contexto das questões prejudiciais submetidas ao Tribunal de Justiça da União Europeia nos termos do art. 267º do Tratado Sobre o Funcionamento da União Europeia) tornava muito difícil a consecução desse desiderato.

Por outro lado, o facto de o art. 6º, nº 2, do Regulamento de Roma I sobre a lei aplicável às obrigações contratuais estabelecer que a escolha pelas partes da lei aplicável ao contrato não pode ter como consequência privar o consumidor da proteção que lhe proporcionam as disposições não derrogáveis por acordo da lei do país em que o consumidor tem a sua residência habitual implicava que as disposições do CESL não seriam aplicáveis aos contratos celebrados por consumidores sempre que oferecessem a este uma proteção inferior à da lei do país da sua residência habitual[2162].

Ainda que assim não fosse, o CESL apenas seria aplicável mediante escolha expressa das partes (aliás de duvidosa plausibilidade tanto no que respeita aos consumidores como relativamente às empresas[2163]), na falta da qual os Direitos dos Estados-Membros da União Europeia permaneceriam aplicáveis aos contratos de compra e venda internacionais abrangidos por esse instrumento, o que retirava a essa disposição muito do seu aparente alcance uniformizador.

Era discutível, além disso, que nas relações *business to business* houvesse necessidade de um tal regime alternativo, tendo em conta a liberdade de escolha da lei aplicável que o Regulamento de Roma I consagra e a existência de um regime supletivo da compra e venda de mercadorias, de fonte internacional, consignado na Convenção de Viena, a qual ratificada pela maior parte dos Estados-Membros da União.

Contra a eleição pelas empresas daquele regime alternativo depunha aliás – consoante a *Law Commission* britânica não deixou de notar – a circunstância de

2161 Para uma crítica dessa solução, veja-se Horst Eidenmüller/Nils Jansen/Eva-Maria Kieninger/Gerhard Wagner/Reinhard Zimmermann, «The Proposal for a Regulation on a Common European Sales Law: Deficits of the Most Recent Textual Layer of European Contract Law», *The Edinburgh Law Review*, 2012, pp. 301 ss. (pp. 312 s.).

2162 Neste sentido também Gisela Rühl, «The Common European Sales Law: 28th regime, 2nd regime or 1st regime?», *Maastricht Journal of European and Comparative Law*, 2012, pp. 148 ss.

2163 Conforme notou, entre outros, Eric Posner, «The Questionable Basis of the Common European Sales Law: The Role of an Optional Instrument in Jurisdictional Competition», *CMLR*, 2013, pp. 261 ss.

se fazer nele amplo uso da noção de boa-fé, ao arrepio da tradição inglesa, mais relutante como se viu acima no emprego de fórmulas suscetíveis de gerarem incerteza nas relações comerciais[2164].

A maximização da proteção do consumidor empreendida pelo CESL mediante a sujeição de cada questão por ele versada às soluções mais *consumer friendly* adotadas nos Direitos dos Estados-Membros, a que acrescia a extensão às relações entre empresas das regras do atual acervo comunitário sobre as cláusulas contratuais gerais abusivas, teriam, por outro lado, certo impacto nos preços dos bens de consumo, o qual potencialmente neutralizaria a almejada redução dos custos das transações intracomunitárias através da adoção de regras comuns aos diferentes Estados-Membros.

Por último, era notório que, tendo sido concebido como o embrião de um futuro Código Europeu dos Contratos ou mesmo de um Código Civil Europeu, o CESL não preenchia qualquer dos requisitos que historicamente viabilizaram a codificação do Direito Privado: a emanação de um Estado, a formulação numa língua comum aos seus destinatários, o alicerçamento na tradição doutrinária e a existência de um supremo tribunal encarregue de assegurar a sua aplicação uniforme[2165].

Compreende-se, a esta luz, que a proposta haja sido retirada pela Comissão Europeia em 2014[2166].

IX – Fora do espaço europeu, saliente-se a este propósito o Ato Uniforme Relativo ao Direito Comercial Geral adotado em 1997 pela Organização Para a Harmonização do Direito dos Negócios em África (OHADA), revisto em 2010[2167].

[2164] Neste sentido, veja-se o relatório da Law Commission, *An Optional Common European Sales Law: Advantages and Problems*, s.l., 2011, nº 44 (disponível em http://www.lawcom.gov.uk).

[2165] Questionando também sob este prisma a proposta de CESL, veja-se Reinhard Zimmermann, «Codification. The Civilian Experience Reconsidered on the Eve of a Common European Sales Law», *ERCL*, 2012, pp. 367 ss.

[2166] Cfr. o anexo 2 ao documento COM (2014) 910 final, de 16 de dezembro de 2014, no qual se contém o Programa de Trabalho da Comissão Europeia para 2015, em que se anuncia a substituição do CESL por uma nova proposta destinada a potenciar o comércio eletrónico no «mercado digital único». Em 9 de dezembro de 2015, foram apresentadas pela Comissão Europeia duas propostas de Diretivas em execução deste propósito: a Proposta de Diretiva do Parlamento Europeu e do Conselho sobre certos aspetos relativos aos contratos de fornecimento de conteúdos digitais (COM (2015) 634 final) e a Proposta de Diretiva do Parlamento Europeu e do Conselho relativa a certos aspetos que dizem respeito a contratos de vendas em linha de bens e outras vendas à distância de bens (documento COM (2015) 635 final).

[2167] Cujo texto atualizado se encontra reproduzido em Joseph Isa-Sayegh/Paul-Gérard Pougoué/Filiga Michel Sawadogo, *OHADA. Traité et Actes Uniformes commentés et annotés*, 4ª ed., s.l., 2014 (disponível igualmente em http://www.ohada.org). *Vide* também a tradução portuguesa da versão

No Livro VIII (arts. 234º a 302º) desse Ato Uniforme estabelece-se uma minuciosa regulamentação da venda comercial, em termos fundamentalmente coincidentes, como já notámos, com os da Convenção de Viena[2168]. Foram ainda divulgados, em 2004, um anteprojeto de Ato Uniforme da OHADA sobre o Direito dos Contratos, baseado nos Princípios UNIDROIT, que não foi até hoje adotado[2169]; e, em 2015, um Projeto de Texto Uniforme Relativo ao Direito Geral das Obrigações no Espaço OHADA[2170].

Noutro plano, destacam-se ainda os instrumentos jurídicos internacionais que visam unificar o regime dos contratos de transporte aéreo, marítimo, rodoviário e ferroviário internacional e bem assim da responsabilidade dos transportadores, a que fizemos alusão no volume I desta obra[2171]. Dada, porém, a sua especificidade, não iremos analisá-los aqui.

§ 46º A harmonização e a unificação do regime dos contratos e dos negócios jurídicos unilaterais

a) Elementos constitutivos do contrato

I – Procuraremos agora dar conta do modo como os instrumentos jurídicos acima referidos disciplinam as principais questões suscitadas pelo regime do contrato, principiando pelos seus elementos constitutivos.

Declara-se no art. 3.1.2 dos Princípios UNIDROIT que o contrato «é concluído, modificado ou revogado por mero acordo das partes, sem qualquer outro requisito». Não obstante isso, o art. 2.1.2 do mesmo texto requer, a fim de que a proposta de conclusão de um contrato constitua uma oferta, que a mesma indique

original, reproduzida em M. Januário da Costa Gomes/Rui Ataíde (orgs.), *OHADA. Tratado, regulamentos e atos uniformes*, Coimbra, 2008.

2168 Ver, sobre o tema, Salvatore Mancuso, *Direito Comercial Africano (OHADA)*, Coimbra, 2012.

2169 Cfr. *Acte Uniforme OHADA sur le Droit des Contrats. Avant-projet*, s.l., 2004. Sobre esse texto, vejam-se: Marcel Fontaine, «Le projet d'Acte Uniforme OHADA sur les contrats et les Principes d'Unidroit Relatifs aux Contrats du Commerce International», *ULR/RDU*, 2004, pp. 253 ss.; Félix Onana Etoundi, «Les Principes d'Unidroit et la sécurité juridique des transactions commerciales dans l'avant-projet d'Acte uniforme OHADA sur le droit des contrats», *ULR/RDU*, 2005, pp. 683 ss.; Dário Moura Vicente, «A unificação do Direito dos Contratos em África: seu sentido e limites», *in Direito Internacional Privado. Ensaios*, vol. III, 2010, pp. 87 ss.; e Carmen Vaquero López, «La armonización del derecho de los contratos por la OHADA», *in* Sánchez Lorenzo (org.), *Derecho contractual comparado*, t. I, pp. 479 ss.

2170 *Projet de texte uniforme portant Droit général des obligations dans l'espace OHADA*, 2015, da autoria de Joseph Issa Sayegh, Paul Gérad Pougoue e Filiga Michel Sawadogo. Sobre ele pode ver-se Cyril Grimaldi, *Projet de texte uniforme portant droit général des obligations dans l'espace OHADA*, 2016 (disponível em http://www.village-justice.com).

2171 § 82º, *b)*.

«a intenção do oferente de se vincular em caso de aceitação». Para além do *mútuo consenso*, a *vontade de vinculação jurídica* deve, assim, ter-se como elemento constitutivo do contrato nos Princípios UNIDROIT. Verifica-se em todo o caso a ausência neste instrumento jurídico de qualquer exigência expressa de causa ou *consideration*. Em nota ao primeiro daqueles preceitos, afirma-se aliás que a desnecessidade de *consideration*, dele resultante, trará maior certeza e reduzirá a litigância; e acrescenta-se que o mesmo exclui também a exigência de causa.

A Convenção de Viena não contém uma disposição análoga àquela, mas o requisito da vontade de vinculação jurídica consta do art. 14(1), relativo à proposta contratual, a que nos referiremos adiante. A inexigibilidade da *consideration* como condição de eficácia do contrato resulta, designadamente, da irrevogabilidade da proposta durante o prazo que para o efeito for indicado pelo proponente, ainda que a tal não corresponda qualquer contraprestação (art. 16 (2)), e bem assim da suscetibilidade de modificação do contrato por simples acordo das partes, sem que se exija, como sucede por exemplo no Direito inglês, a prestação de qualquer contrapartida pelo beneficiário dessa modificação (art. 29 (1))[2172].

No anteprojeto de *Código Europeu dos Contratos* encontra-se todavia uma importante concessão à doutrina da causa. Embora sem a mencionar diretamente, o art. 25 desse texto estabelece que «[o] conteúdo do contrato deve ser útil»; e o art. 26 explicita que o requisito da utilidade do conteúdo do contrato se encontra verificado quando este «corresponder a um interesse, ainda que não patrimonial, das duas partes ou pelo menos de uma delas». Ora, este interesse é justamente, consoante se viu acima, a essência da causa em sentido objetivo, que vários sistemas jurídicos europeus exigem como elemento constitutivo do contrato[2173].

Nos Princípios de Direito Europeu dos Contratos e no DCFR, formula-se a exigência de que, a fim de que exista um contrato, as partes tenham a intenção de se vincularem juridicamente através dele e hajam chegado a um acordo suficiente[2174].

[2172] Ver, sobre o ponto, Bento Soares/Moura Ramos, *Contratos internacionais*, p. 74.

[2173] Veja-se, neste sentido, Martin Oudin, «Un droit européen...pour quel contrat? Recherches sur les frontières du contrat en droit comparé», *RIDC*, 2007, pp. 475 ss., que escreve, a p. 517 : «Si la cause n'est pas tout à fait un outil de promotion de l'équilibre contractuel, du moins permet-elle de s'assurer que tout contrat présente bien un intérêt pour chacune des parties, qu'il est donc bien un contrat».

[2174] Estabelece, na verdade, o art. 2:101(1) daquele primeiro instrumento jurídico: «A contract is concluded if: (a) The parties intend to be legally bound, and (b) They reach a sufficient agreement without any further requirement». E no art. 2:102 explicita-se, a este respeito, que: «The intention of a party to be legally bound by contract is to be determined from the party's statements or conduct as they were reasonably understood by the other party». Na mesma linha fundamental de orientação, dispõe o DCFR no art. II.-4:101: «A contract is concluded, without any further requirement, if the parties: (a) intend to enter into a binding legal relationship or bring about some other legal effect; and (b) reach a sufficient agreement».

Não se exige para o efeito qualquer requisito adicional, como a existência de causa ou consideração[2175].

Bem se compreende a omissão nestes instrumentos jurídicos de qualquer referência expressa a esses elementos do contrato. Por um lado, ela decorre da circunstância de se tratar aqui de textos de fonte supra- ou internacional, que procuram estabelecer um *mínimo denominador comum* entre os Direitos nacionais. Ora, como se viu acima, a exigência de causa e de consideração é fonte de divergências entre os sistemas de *Civil* e *Common Law*. Por outro, a possibilidade de um controlo dos fins visados pelas partes, que subjaz à teoria da causa, está, como é bom de ver, nos antípodas da *conceção liberal do contrato* que inspira os Princípios UNIDROIT, os quais o apresentam, logo no preâmbulo, como fruto exclusivo do querer das partes, subtraído enquanto tal a todo e qualquer crivo daquela índole[2176].

II – Sucede que, como se viu acima[2177], a exigência de causa em relação à generalidade dos negócios jurídicos surge historicamente associada à dispensa da observância de determinada forma na sua celebração: foi precisamente quando se impôs, na Idade Média, o princípio do consensualismo que se estendeu à generalidade dos contratos a exigência de causa – exigência essa que, na sua redação original, o Código Civil francês consagrou de modo expresso nos arts. 1108 e 1131. Em contrapartida, quando a Pandectística concebeu o negócio abstrato, que dispensava a causa a fim de ser vinculativo, não deixou de lhe associar o requisito da forma escrita, que o BGB consignou nos § 780 e 781. Por conseguinte, na tradição europeia continental, o negócio jurídico obrigacional ou é causal ou é formal; não há, em princípio, negócios abstratos informais.

Não pode por isso dizer-se que a admissão nos Princípios Europeus de Direito dos Contratos e no DCFR de promessas unilaterais de prestações às quais não se encontre associada a exigência de causa nem da observância de certa forma reflita um *common core* das soluções adotadas quanto a esta matéria nos sistemas jurídicos vigentes na Europa[2178].

2175 O que é justificado nos princípios introdutórios do DCFR com a promoção da eficiência e liberdade, «by making it easier for parties to achieve the legal results they want in the way they want without the need to resort to legal devices or distortions»: cfr. o princípio nº 56.

2176 A esta luz se deve entender, com efeito, a declaração, constante do referido preâmbulo dos Princípios, conforme a qual os mesmos «[s]erão aplicáveis sempre que as partes acordem em submeter o contrato a estes Princípios» e «[p]odem aplicar-se quando as partes convencionem submeter o contrato aos "Princípios gerais do direito", à *"lex mercatoria"* ou outra fórmula semelhante».

2177 Cfr. *supra*, § 5º, *b)*.

2178 Veja-se, exprimindo também reservas quanto a esta solução, Filippo Ranieri, *Europäisches Obligationenrecht*, p. 1152.

III – Seja porém como for, a validade e a eficácia de um contrato internacional na ordem interna de qualquer país sempre dependerão em alguma medida da sua conformidade com a lei para o efeito designada pelas regras de conflitos nele vigentes[2179]; e isto independentemente de a formação desse contrato se encontrar subordinada a um instrumento de Direito Internacional que regule exaustivamente esta matéria.

Assim sucede, por exemplo, na Convenção de Viena[2180] e no projeto de Direito Europeu Comum da Compra e Venda[2181], que expressamente excluíram do seu âmbito de aplicação a questão da validade do contrato e das respetivas cláusulas. Os próprios Princípios de Direito Europeu dos Contratos afastam do seu escopo, no art. 4:101, a «invalidade resultante de ilegalidade, imoralidade ou incapacidade»; e preveem no art. 15:102(2) que a violação de regras imperativas de Direito nacional, aplicáveis nos termos do art. 1:103, produz relativamente ao contrato os efeitos prescritos por essa regra.

Na jurisprudência já se entendeu que as exigências dos Direitos nacionais em matéria de causa ou de *consideration* como requisitos do contrato mantêm por esta via a relevância que os instrumentos em apreço aparentemente lhes negam[2182]. O ponto não é, porém, pacífico[2183]. Trata-se, como é bom de ver, de uma questão

[2179] Entre as quais sobressai, na União Europeia, o art. 10º, nº 1, do citado Regulamento de Roma I, segundo o qual: «A existência e a validade substancial do contrato ou de alguma das suas disposições são reguladas pela lei que seria aplicável, por força do presente regulamento, se o contrato ou a disposição fossem válidos».

[2180] Veja-se o art. 4, nos termos do qual a Convenção «não diz respeito, em particular: a) à validade do contrato ou de qualquer das suas cláusulas, bem como à validade dos usos; b) aos efeitos que o contrato pode ter sobre a propriedade das mercadorias verndidas».

[2181] O recurso à lei aplicável segundo as regras de conflitos competentes seria imprescindível, no âmbito do CESL, quanto às matérias enunciadas no considerando 29 do regulamento que o aprovaria. Aí se declarava, com efeito: «Todas as questões de natureza contratual ou extracontratual que não sejam tratadas pelo direito europeu comum da compra e venda serão regidas pelas normas em vigor do direito nacional, fora do âmbito do direito europeu comum da compra e venda, aplicáveis nos termos dos Regulamentos (CE) nº 593/2008 e (CE) nº 864/2007 ou qualquer outra norma de conflitos de leis. Entre essas questões incluem-se a personalidade jurídica, a nulidade do contrato resultante de incapacidade jurídica, ilegalidade ou imoralidade, a determinação da língua do contrato, a prevenção da discriminação, a representação, a pluralidade de devedores e de credores, a alteração das partes, incluindo a cessão, a compensação e a fusão/concentração, os direitos reais, incluindo a transferência da propriedade, a propriedade intelectual, bem como a responsabilidade civil [...]».

[2182] Assim o decidiu o *U.S. District Court for the Southern District of New York* na sentença proferida em 10 de maio de 2002 sobre o caso *Geneva Pharmaceuticals Technology Corp. v. Barr Laboratories, Inc.* (disponível em http://cisgw3.law.pace.edu), em que o tribunal indagou da existência de *consideration* ao abrigo da lei da Nova Jérsia, que regia o contrato *sub judicio*, não obstante a aplicabilidade ao mesmo da Convenção de Viena.

[2183] Em sentido crítico quanto a essa solução, veja-se Kröll/Mistelis/Perales Viscasillas, *UN Convention*, Art. 4, n.m. 20.

de qualificação, que apenas pode ser resolvida em face do teor e finalidades das disposições em causa.

Não podemos, em todo o caso, acompanhar Jan Smits[2184] quando este autor sustenta que o requisito da «intenção de criar relações jurídicas», acolhido nos Princípios Europeus, torna supérflua a exigência de causa ou de consideração, aduzindo para tanto que aquele requisito seria suficiente a fim de se separarem os acordos vinculativos daqueles que o não são; e menos ainda quando refere que a preservação dessas exigências em alguns sistemas jurídicos se deve a razões de índole meramente histórica.

Como se viu acima, a exigência de causa e de consideração como elementos constitutivos do contrato, respetivamente nos sistemas latinos e nos anglo-saxónicos, prende-se com a sujeição da eficácia do contrato a requisitos que transcendem a mera vontade das partes de criar relações jurídicas e que acrescem a ela: no primeiro caso, porque a ordem jurídica se reserva a possibilidade de efetuar um certo controlo das finalidades práticas visadas pelas partes através do contrato, negando-lhe eficácia se estas lhe merecerem reprovação; no segundo, porque apenas se consideram merecedores de tutela jurídica os acordos dotados de presumível utilidade económica, por isso que à prestação prometida por uma das partes corresponde uma contraprestação a cargo da outra. As regras que estabelecem essas exigências não parecem, assim, suscetíveis de serem qualificadas como exclusivamente pertinentes à formação do contrato, antes contendem em muitos casos com a sua validade.

b) A promessa unilateral

Distinguem-se claramente, em face de quanto acima se expôs acima, os conceitos de contrato («*contract*») e de promessa unilateral de uma prestação («*unilateral promise*» ou «*unilateral undertaking*»). O primeiro requer, segundo os instrumentos jurídicos em exame, um acordo de vontades; a segunda não. Apesar disso, vários dos instrumentos em exame compreendem no seu escopo as promessas unilaterais. É, por exemplo, o que se retira do disposto no art. 1:107 dos Princípios Europeus, que declara, sob a epígrafe «aplicação dos princípios por analogia»:

> «Estes princípios aplicam-se, com as modificações apropriadas, aos acordos destinados a modificar ou a pôr termo a um contrato, às promessas unilaterais e a outras declarações e condutas que indiquem uma intenção.»

A promessa unilateral é, assim, em princípio vinculativa, não obstante a ausência de um acordo de vontades. Di-lo expressamente o art. 2:107 dos Princípios,

[2184] Cfr. *Contract Law. A Comparative Introduction*, 2ª ed., Cheltenham/Northampton, 2017, p. 79.

segundo o qual «a promessa que vise ser juridicamente vinculativa sem aceitação é vinculativa».

Os Princípios Europeus operam deste modo uma extensão do regime do contrato às promessas unilaterais, na esteira dos sistemas de *Common Law*.

A esta solução não é estranha, como é bom de ver, a circunstância de estre instrumento jurídico não operar com o conceito de negócio jurídico como categoria fundamental do regime que estabelece, mas antes (na esteira, aliás, da Convenção de Viena) com a de contrato.

Tal como os Princípios Europeus, o DCFR dispõe a este respeito no seu art. II.-1:103 (2) que «[u]m compromisso unilateral válido é vinculativo para a pessoa que o assumir se tiver em vista ser juridicamente vinculativo sem aceitação».

Em princípio, as promessas unilaterais são, assim, válidas independentemente da observância de qualquer forma especial e de se demonstrar que servem alguma finalidade socialmente útil, ou seja, de terem uma determinada causa. Vimos que não existe um princípio semelhante nos sistemas romanistas, onde vigora, ao invés, o *princípio do contrato*[2185].

Aduz-se neste sentido, no DCFR, que tais promessas visam em muitos casos propósitos comerciais inteiramente legítimos (consoante sucederia, por exemplo, no caso da abertura de um crédito documentário por um banco com base nas instruções do comprador de uma mercadoria); razão pela qual as mesmas devem vincular os promitentes.

A sujeição das promessas unilaterais ao regime do contrato seria, no entanto, artificial no entender dos autores do DCFR[2186]. Tal o motivo por que este instrumento as disciplina diretamente, sem lhes estender as regras próprias dos contratos.

Deste ponto de vista, o DCFR – a que não falta, no art. II.-1:101 (2), uma definição do conceito de «ato jurídico», do qual o contrato seria uma subcategoria – mostra-se mais próximo da tradição germânica do que os Princípios Europeus.

c) Formação do contrato

I – Passemos à formação do contrato e dos negócios jurídicos unilaterais. A Convenção de Viena contém uma regulamentação pormenorizada da formação dos contratos entre ausentes, que em parte serviu de modelo aos instrumentos posteriores[2187]. Essa regulamentação pressupõe a formação do contrato mediante uma oferta e uma aceitação. Do art. 14(1) retira-se, a este respeito, que uma declaração

[2185] Cfr. *supra*, § 17º, *b)*.

[2186] Cfr. von Bar/Clive, *Draft Common Frame of Reference. Full Edition*, vol. I, p. 133.

[2187] Ver Reiner Schulze, «Formation of Contract», *in* DiMatteo *et al.* (orgs.), *International Sales Law*, Baden-Baden, 2016, pp. 203 ss.

negocial tendente à conclusão de um contrato («*proposal*») será tida como uma proposta («*offer*») se: *a)* For dirigida a uma ou mais pessoas determinadas; *b)* For suficientemente precisa; e *c)* Indicar a vontade de o seu autor se vincular em caso de aceitação. A proposta é suficientemente precisa quando «designa as mercadorias e, expressa ou implicitamente, fixa a quantidade e o preço ou dá indicações que permitam determiná-los». Não são fundamentalmente diversas destas as regras consignadas nos arts. 2.1.2 dos Princípios UNIDROIT, 2:201 dos Princípios Europeus e II.-4:201 do DCFR, posto que não se exija neles a fixação do preço na proposta contratual. Na realidade, a própria Convenção admite no art. 55 a celebração de contratos sem que o preço das mercadorias seja nele fixado, considerando-se nesse caso que as partes se referiram tacitamente ao preço habitualmente praticado para as mesmas mercadorias, vendidas em circunstâncias comparáveis, no ramo comercial considerado.

II – Uma proposta dirigida a pessoas indeterminadas é considerada pela Convenção como um mero *convite a contratar*, exceto se quem a fez tiver indicado claramente o contrário: é o que resulta do art. 14(2). Outra é a solução a este respeito consignada nos Princípios Europeus no tocante à publicitação ou exposição de produtos ou serviços com a indicação do respetivo preço, que se presume uma *oferta ao público,* ainda que limitada às disponibilidades do fornecedor[2188]. Tem-se em vista deste modo conciliar os interesses dos consumidores com os do profissional que anuncia publicamente os seus produtos e serviços, o qual não quererá por via de regra vincular-se a prestar bens ou serviços para além das suas disponibilidades.

III – Relativamente à questão da vinculação do proponente à oferta, a Convenção de Viena consagra uma solução de compromisso entre os sistemas nacionais atrás referidos[2189]. Aí se estabelece, efetivamente, que até ao momento da conclusão de um contrato, pode uma proposta contratual ser revogada, se a revogação chegar ao destinatário antes de este ter expedido uma aceitação (art. 16(1)); mas logo se acrescenta que a proposta contratual será irrevogável se o indicar por qualquer modo ou se na situação controvertida fosse razoável o seu destinatário atribuir caráter irrevogável à proposta e este tiver agido em conformidade (art. 16(2)).

[2188] Neste sentido, dispõe o art. 2:201(3) desse texto: «A proposal to supply goods or services at stated prices made by a professional supplier in a public advertisement or a catalogue, or by the display of goods, is presumed to be an offer to sell or supply at that price until the stock of goods, or the supplier's capacity to supply the service, is exhausted».

[2189] Cfr. Kröll/Mistelis/Perales Viscasillas, *UN Convention,* Art. 16, n.m. 1.

Os Princípios UNIDROIT estabelecem a este respeito no art. 2.1.3(2) que a oferta, ainda que irrevogável, pode ser revogada se a declaração de revogação chegar ao seu destinatário antes ou ao mesmo tempo que a proposta. Nesta matéria, também os Princípios de Direito Europeu dos Contratos procuram estabelecer um compromisso. Declara, com efeito, o art. 2:202:

> «(1) Uma oferta pode ser revogada se a revogação chegar ao destinatário antes de este ter expedido a aceitação [...]. (2) Uma oferta ao público pode ser revogada pelos mesmos meios que foram utilizados para fazer a oferta. (3) Contudo, uma revogação da oferta é ineficaz se: (a) a oferta indicar que é irrevogável; ou (b) estabelecer um prazo fixo para a sua aceitação; ou (c) fosse razoável que o destinatário confiasse na oferta como sendo irrevogável e tenha atuado com base na confiança depositada na oferta.»

As mesmas regras constam do art. II.-4:202 do DCFR. A tutela da confiança do destinatário da proposta surge assim, nos textos em apreço, como critério decisivo da vinculação do proponente a esta. Não é muito diversa desta, como se viu acima, a orientação que a este respeito obteve acolhimento no *Restatement 2nd of Contracts* norte-americano[2190].

IV – Vale como aceitação uma declaração ou outro comportamento do destinatário que manifeste o seu assentimento à proposta; já o silêncio e a inação, por si sós, não têm em princípio essa virtualidade. É bastante, contudo, a conduta de uma das partes que revele a sua concordância relativamente à proposta, como, por exemplo, o começo da execução do contrato[2191]. Nas relações entre profissionais, admitem, além disso, os instrumentos em apreço que o silêncio de uma das partes em face de uma carta de confirmação do contrato, enviada pela outra, valha como assentimento, salvo se essa carta alterar substancialmente o contrato[2192].

V – O contrato conclui-se no momento em que a declaração de aceitação da proposta contratual se torna eficaz[2193]. A este respeito, os instrumentos em exame acolhem a denominada *teoria da receção* (que, como vimos, se encontra igualmente consagrada nos Direitos alemão e português), nos termos da qual essa declaração se torna eficaz quando chega ao proponente[2194]. No caso de aceitação através de

[2190] Cfr. o § 87 (2) desse instrumento.

[2191] Art. 18(1) da Convenção de Viena; art. 2.1.6 (3) dos Princípios UNIDROIT; art. 2:204 dos Princípios Europeus; art. II.-4.204 do DCFR.

[2192] Princípios UNIDROIT, art. 2.1.12; Princípios Europeus, art. 2:210; DCFR, art. II.-4:210.

[2193] Assim o estabelece a Convenção de Viena, no art. 23.

[2194] Convenção de Viena, art. 18(2); Princípios Europeus, art. 2:205(1); DCFR, art. II.-4:205(1).

uma conduta, o contrato considera-se concluído no momento em que a notícia dessa conduta chega ao proponente[2195].

VI – A aceitação da proposta com modificações vale em princípio como contraproposta. Se, porém, a resposta à proposta apenas contiver elementos complementares ou diferentes dela que não alterem substancialmente os seus termos, constituirá uma aceitação, salvo se o proponente, sem demora injustificada, objetar às diferenças entre a proposta e a respetiva resposta. Não sendo este o caso, os termos em que o contrato vale serão os da proposta modificada em conformidade com a declaração de aceitação[2196]. Os instrumentos em apreço mitigam assim um tanto, na esteira do *Uniform Commercial Code* norte-americano, a *mirror image rule* que referimos acima[2197].

VII – A existência de «cláusulas em aberto» («*open terms*») não obsta, nos instrumentos jurídicos em exame, à formação do contrato, sempre que as partes as hajam relegado para negociação posterior ou determinação por um terceiro: é o que resulta, designadamente, do disposto no art. 2.1.14 dos Princípios UNIDROIT. Falhando o(s) mecanismo(s) convencionados pelas partes para este efeito, ainda assim o contrato não se extingue, contanto que a lacuna em causa possa ser suprida com recurso às regras sobre a integração dos contratos.

VIII – A formação dos negócios unilaterais («*unilateral jurídical acts*») é objeto de regras específicas no DCFR, constantes dos artigos II.-4:301 a II.-4:303.

De acordo com o primeiro destes preceitos, a fim de que se forme validamente um negócio jurídico unilateral, é necessário que: *a)* Que o autor dele queira vincular-se juridicamente ou obter um efeito jurídico relevante; *b)* Que o negócio seja suficientemente preciso; e *c)* Que a comunicação do negócio alcance a pessoa a quem o mesmo é dirigido ou, se o ato é dirigido ao público, que o ato seja tornado público por anúncio, aviso público ou outro meio.

A intenção de uma pessoa de se vincular juridicamente ou de produzir o efeito jurídico relevante deve ser determinada a partir das suas declarações ou

[2195] Princípios Europeus, art. 2:205(2); DCFR, art. II.-4:205(2).

[2196] Cfr. a Convenção de Viena, art. 19; Princípios UNIDROIT, art. 2.1.11; Princípios Europeus, art. 2:208; DCFR, art. II.-4:208. De acordo com o art. 19(3) da Convenção, considera-se que alteram substancialmente os termos da proposta contratual «elementos complementares ou diferentes relativos nomeadamente ao preço, pagamento, qualidade e quantidade das mercadorias, ao lugar e momento da entrega, ao âmbito da responsabilidade de uma parte em face da outra ou à resolução dos diferendos».

[2197] Cfr. *supra*, § 6º, *b)*, VI.

da sua conduta tal como estas seriam razoavelmente compreendidas pela pessoa a quem são dirigidas (art. II.-4:302).

Se o negócio visar conferir um direito ou benefício à pessoa a quem é dirigido, pode essa pessoa rejeitá-lo, desde que o faça sem atraso injustificado e antes que o mesmo haja sido expressa ou implicitamente aceite (art.II.-4:303).

d) Culpa na formação do contrato

I – A generalidade das convenções de unificação do Direito dos Contratos não inclui no seu domínio de aplicação a *culpa in contrahendo.*

Está neste caso a Convenção de Viena. Os trabalhos preparatórios deste instrumento internacional sugerem que houve a intenção de excluir a matéria do seu escopo, pois no decurso deles foi rejeitada uma proposta da República Democrática Alemã que estabelecia: «Se uma das partes violar deveres de cuidado habituais na preparação e formação de um contrato de compra e venda, a outra parte pode exigir uma indemnização pelos custos em que tiver incorrido»[2198]. Igualmente recusado foi o art. 5 do anteprojeto preparado em 1977 pela Comissão das Nações Unidas para o Direito do Comércio Internacional, que dispunha: «Na formação do contrato devem as partes agir lealmente e de boa-fé»[2199]. A esta fórmula foi objetado que era demasiado vaga, pelo que a sua interpretação daria azo a divergências; e de que na ausência de uma especificação das consequências da inobservância do que nela se prescrevia ficava prejudicada a uniformidade jurídica neste domínio, visto que a matéria teria de ser regida pelos Direitos nacionais[2200]. Pesou ainda a circunstância de nos países de *Common Law* o princípio da boa-fé não ter consagração em matéria de formação do contrato e de ser muito variável o alcance desse princípio nos sistemas de *Civil Law*[2201].

No art. 7 da Convenção estabeleceu-se, porém, que:

> «(1) Na interpretação da presente Convenção ter-se-á em conta o seu caráter internacional bem como a necessidade de promover a uniformidade da sua aplicação e de assegurar o respeito da boa-fé no comércio internacional. (2) As questões respeitantes às matérias reguladas pela presente Convenção e que não são expressamente resolvidas por ela serão decididas segundo os princípios gerais que a inspiram ou, na falta destes princípios, de acordo com a lei aplicável em virtude das regras de direito internacional privado.»

[2198] Cfr. *Uncitral Yearbook*, vol. IX (1978), p. 66.

[2199] *Idem*, p. 35.

[2200] Cfr. Bianca/Bonell, *Commentary on the International Sales Law*, pp. 68 s.

[2201] *Idem, ibidem*, pp. 85 s.

Esta disposição – para alguns a mais significativa da Convenção, visto que o êxito desta depende da orientação seguida pelos tribunais na sua interpretação e integração[2202] – adota uma solução de compromisso entre a posição dos Estados que preconizavam a consagração de um dever geral de as partes atuarem de boa-fé e a dos que se opunham a qualquer referência explícita ao princípio da boa-fé no texto da Convenção[2203]. A boa-fé obteve assim reconhecimento nela; mas tão-só como critério de interpretação e integração das disposições convencionais[2204].

O ponto não é, todavia, isento de dúvida. Para um setor da doutrina, não decorre dessa disposição (diferentemente do que sucede, por exemplo, com o § 242 do BGB ou o art. 227º do Código Civil português) qualquer dever de os contraentes atuarem segundo os ditames da boa-fé[2205]. Para outro, derivam dela, ainda que tal não houvesse sido contemplado pelos redatores da Convenção, específicos deveres de conduta das partes na negociação e na execução do contrato de compra e venda internacional[2206].

São vários os problemas que este último entendimento suscita no tocante à matéria de que aqui nos ocupamos.

Avulta, em primeiro lugar, a questão do modo de determinação do conteúdo dos deveres pré-contratuais de conduta emergentes daquele princípio. Para o efeito haveria, segundo Bonell, que recorrer à comparação dos Direitos nacionais em presença, às circunstâncias do caso concreto e aos usos comerciais relevantes[2207]. Assim, pelo que respeita ao rompimento das negociações, a solução convencional teria de se situar entre os dois extremos representados pelos Direitos continentais e anglo-saxónicos. Deveria, por conseguinte, considerar-se responsável a parte que houver iniciado ou prosseguido negociações ciente de que

[2202] Assim Kröll/Mistelis/Perales Viscasillas, *UN Convention*, Art. 7, n.m. 2.

[2203] Bianca/Bonell, *Commentary on the International Sales Law*, pp. 83 s.

[2204] Cfr., neste sentido, Schlechtriem/Schroeter, *Internationales UN-Kaufrecht*, p. 50; e *Münchener Kommentar*/Gruber, Art. 7 CISG, n.m. 32 s., salientando os riscos que a aplicação da cláusula geral da boa-fé envolve do ponto de vista da aplicação uniforme da Convenção.

[2205] Cfr., neste sentido, Allan Edward Farnsworth, «Duties of Good Faith and Fair Dealing under the UNIDROIT Principles. Relevant International Conventions and National Laws», *Tul.J.Int. Comp.L.*, 1994, pp. 47 ss (p. 55); Markus Schütz, *UN-Kaufrecht und culpa in contrahendo*, Frankfurt a.M., 1996, pp. 289 ss.; Peter Schlechtriem/Ingeborg Schwenzer (orgs.), *Kommentar zum Einheitlichen UN-Kaufrecht*, p. 182.

[2206] Assim Bianca/Bonell, *Commentary on the International Sales Law*, p. 85; Bonell, «Formation of Contracts and Precontractual Liability Under the Vienna Convention on International Sale of Goods», *in* AAVV, *Formation of contracts and precontractual liability*, Paris, 1990, pp. 157 ss. (p. 169); Ulrich Magnus, «Die allgemeinen Grundsätze im UN-Kaufrecht», *RabelsZ*, 1995, pp. 469 ss. (p. 480); e Kröll/Mistelis/Perales Viscasillas, *UN Convention*, Art. 7, n.m. 25.

[2207] Cfr. Bonell, «Formation of Contracts», cit., pp. 169 s., e «Vertragsverhandlungen und culpa in contrahendo nach dem Wiener Kaufrechtsübereinkommen», *RIW*, 1990, pp. 693 ss. (pp. 700 s.).

não tinha a possibilidade de as concluir ou sem a intenção de celebrar qualquer contrato. O mesmo *approach* seria válido na determinação das demais aplicações do princípio da boa-fé no processo formativo dos contratos, como por exemplo os deveres de informação e de confidencialidade, que em alguns sistemas vinculam as partes nessa fase do *iter* negocial[2208].

No tocante à fixação das sanções aplicáveis à violação desses deveres haveria que admitir, na falta de disposição expressa da Convenção, a aplicação analógica dos seus arts. 74 e 77. No que respeita ao primeiro destes preceitos, os prejuízos e os lucros cessantes aí referidos compreenderiam as despesas feitas pelo lesado em vista da celebração do contrato projectado e as oportunidades negociais falhadas em consequência das negociações rompidas. A indemnização devida visaria, assim, colocar a parte lesada na posição em que se encontraria se a outra não houvesse violado os deveres de conduta que sobre si impendiam[2209].

A construção em apreço reconduz-se, na realidade, à *aplicação cumulativa* das leis conexas com a situação controvertida, ou seja, à aplicação da lei mais restritiva dentre elas. Ora, semelhante solução é suscetível de conduzir a resultados indesejáveis, pois importa uma necessária diminuição do grau de exigência por que há de ser aferida a conduta das partes no comércio internacional em confronto com aquele que decorre de pelo menos uma das leis em presença. No tocante ao rompimento das negociações, apenas subsistiria, em muitos casos, a proibição do recesso intencional[2210].

À responsabilidade emergente do incumprimento dos deveres de conduta que vinculam as partes nos preliminares e na conclusão de contratos de compra e venda internacional de mercadorias deve, em nosso modo de ver, ter-se por aplicável, nos termos do art. 7(2) da Convenção, o Direito nacional competente segundo as regras de conflitos vigentes no Estado do foro[2211]. Isso é incontroverso quanto à violação de deveres de proteção e cuidado, que, pela sua natureza delitual, constituem matéria não compreendida no âmbito da Convenção; mas a mesma solução deve valer quanto aos deveres pré-contratuais de informação que visem assegurar a correta formação da vontade de contratar, uma vez que a Convenção não se ocupa da falta e vícios da vontade dos contraentes, matéria que se encontra, por conseguinte, submetida aos Direitos nacionais[2212].

[2208] *Idem*, «Formation of Contracts», cit., p. 170; «Vertragsverhandlungen», cit., p. 701.

[2209] *Idem*, *ibidem*.

[2210] Recorde-se que este também é fundamento do dever de indemnizar nos sistemas de *Common Law* quando se achem verificados os pressupostos da *misrepresentation*.

[2211] Pronuncia-se também neste sentido Peter Huber, est. cit., p. 234; cfr. ainda *Münchener Kommentar*/Huber, Art. 4 CISG, n.m. 29 s.

[2212] Neste sentido Schlechtriem/Schroeter, *Internationales UN-Kaufrecht*, pp. 72 e 80.

A Convenção parece no entanto limitar quanto a três pontos a aplicabilidade dos Direitos nacionais neste domínio.

O primeiro prende-se com a revogação da proposta contratual, que nem sempre se afigura suscetível de constituir, no âmbito de aplicação da Convenção, fundamento de responsabilidade pré-contratual. Neste sentido concorre o facto de os pressupostos da eficácia da revogação da proposta contratual se acharem expressamente regulados no art. 16 da Convenção. Nos casos em que, em face da Convenção, essa revogação não é permitida, o contrato forma-se mediante a aceitação da proposta pelo seu destinatário. Pelo seu incumprimento haverá, assim, responsabilidade contratual, nos termos das disposições convencionais, com necessária exclusão de quaisquer pretensões indemnizatórias deduzidas a outro título. O recurso às disposições nacionais sobre a *culpa in contrahendo*, o *promissory estoppel* ou outras deve, em tais circunstâncias, ter-se por precludido no âmbito de aplicação da Convenção[2213].

O segundo dos pontos a que aludíamos acima contende com a venda de coisa defeituosa. Perante o disposto no art. 35 da Convenção, esta é de qualificar como incumprimento contratual, encontrando-se sujeita às sanções previstas no art. 45 para esse incumprimento. Não há, por isso, no domínio de aplicação da Convenção de Viena, responsabilidade pré-contratual emergente desse facto (como pode suceder no Direito português), mas antes responsabilidade contratual.

O terceiro e último ponto relativamente ao qual deve entender-se que a Convenção derroga as disposições nacionais em matéria de *culpa in contrahendo* diz respeito à exceção oponível ao vendedor que tenha omitido a revelação ao comprador de factos que consubstanciem a falta de conformidade de mercadorias por si vendidas, dos quais tinha ou devia ter conhecimento, hipótese em que, nos termos do art. 40, fica precludida a possibilidade de o vendedor se prevalecer do disposto nos arts. 38 e 39 a respeito do ónus do comprador de examinar as mercadorias por si adquiridas e de denunciar num prazo razoável as situações de falta de conformidade de que as mesmas porventura padeçam.

II – Muito mais longe foram nesta matéria os Princípios UNIDROIT, que consagram expressamente o princípio da boa-fé no comércio internacional. Estabelece a este respeito o art. 1.7 (1):

> «As partes devem proceder segundo as regras da boa-fé no comércio internacional.»

2213 Diferentemente, John Honnold, *Uniform Law for International Sales under the 1980 United Nations Convention*, p. 168, perfilha o ponto de vista segundo o qual ocorre neste particular uma lacuna na convenção, a preencher nos termos do art. 7(2), por força da qual haveria lugar à indemnização dos danos sofridos pelo destinatário da proposta revogada. No sentido do texto, vejam-se Schlechtriem/Schroeter, *Internationales UN-Kaufrecht*, p. 124.

Deste princípio – que o comentário oficial classifica como «uma das ideias fundamentais que subjazem aos Princípios» – decorrem vários corolários relativos aos preliminares e à formação do contrato. Avultam entre eles: *a)* A proibição de condutas incoerentes (art. 1.8); *b)* A irrevogabilidade da oferta «se o destinatário tinha fundadas razões para crer que a proposta era irrevogável e agiu confiando nela» (art. 2.1.4 (2) (b)); *c)* A cominação de responsabilidade à parte que houver negociado ou rompido negociações de má-fé, designadamente no caso de recesso intencional (art. 2.1.15 (2) e (3)); *d)* A consagração de um dever pré-contratual de sigilo e de responsabilidade pelo seu incumprimento (art. 2.1.16); *e)* A previsão da ineficácia de «estipulações-surpresa» (art. 2.1.20); *f)* A disciplina do erro (art. 3.2.2), do dolo (art. 3.2.5) e dos negócios usurários (art. 3.2.7); e *g)* A responsabilidade da parte que conhecia ou devia conhecer uma causa de anulabilidade do contrato (art. 3.2.16).

A primeira coisa que se nos oferece ao atentarmos nos Princípios UNIDROIT é o alcance muito mais vasto que a consagração do princípio da boa-fé neles logrou do que aquele que lhe pertence em alguns dos sistemas jurídicos nacionais acima examinados, bem como na Convenção de Viena.

Verifica-se, por outro lado, uma definição do conteúdo dos deveres pré-contratuais de conduta emergentes da boa-fé com um grau de precisão superior àquele que se encontra na generalidade dos Direitos nacionais. Os Princípios UNIDROIT não contêm, todavia, uma disciplina autónoma, formulada em termos gerais, dos deveres pré-contratuais de informação, nem da sanção aplicável à sua violação.

No que respeita ao dano indemnizável pela *culpa in contrahendo*, admite-se no art. 2.1.16 que sejam tomados em consideração, em caso de violação do dever pré-contratual de sigilo, os benefícios recebidos pela parte inadimplente; e prevê-se no art. 3.2.16 o ressarcimento do *interesse negativo* no caso de celebração de contratos anuláveis. Na mesma linha fundamental de orientação, declara-se na nota 2 ao art. 2.1.15 que «a parte lesada tem direito ao reembolso das despesas incorridas nas negociações e pode ser compensada pela oportunidade falhada de concluir o contrato com um terceiro (o denominado interesse de confiança ou negativo), mas não pode geralmente receber o lucro que teria obtido se o contrato originário tivesse sido concluído (o chamado interesse de cumprimento ou positivo)». A solução adotada nos Princípios é, neste particular, mais restritiva do que a consagrada em alguns ordenamentos jurídicos nacionais, incluindo o português.

No entanto, se as partes tiverem acordado expressamente um dever de negociar de boa-fé, todas as sanções do incumprimento serão aplicáveis, segundo se afirma na nota 3 ao mesmo preceito, incluindo o ressarcimento do interesse positivo.

De notar, em todo o caso, que os Princípios UNIDROIT admitem expressamente a consagração no contrato de uma «cláusula de integralidade» («*merger clause*»), por força da qual se exclui a relevância contratual (i.é, como fundamento de obrigações contratuais) de quaisquer declarações proferidas pelas partes ou de acordos por elas concluídos anteriormente à celebração do mesmo. Neste sentido, dispõe o art. 2.1.17:

> «O contrato escrito que contenha uma cláusula indicando que dele consta tudo quanto foi acordado não pode ser contraditado ou completado pela prova de declarações ou acordos anteriores. Estas declarações ou acordos podem, porém, ser usados para interpretar o documento.»

A vinculação das partes às suas declarações pré-contratuais, que a boa-fé pode reclamar, é assim consideravelmente mitigada.

III – Passemos ao Direito Europeu. Os deveres pré-contratuais de conduta têm hoje um lugar proeminente no denominado acervo comunitário em matéria de Direito Privado. Tais deveres encontram-se previstos, designadamente: *a)* Na Diretiva 1998/6/CE, relativa à defesa dos consumidores em matéria de indicações dos preços dos produtos oferecidos aos consumidores[2214], que coloca a cargo dos comerciantes certos deveres de informação relativos aos preços de venda dos respetivos produtos; *b)* Na Diretiva 1999/44/CE sobre a venda de bens de consumo[2215], que tem, não raro, sido interpretada no sentido de que consagra um dever (indireto) de o vendedor de um bem de consumo informar o consumidor da eventual inadequação desse bem às utilizações habitualmente dadas a bens do mesmo tipo ou de que o mesmo não apresenta as qualidades ou o desempenho habituais em bens do mesmo tipo e que o consumidor possa razoavelmente esperar; *c)* Na Diretiva 2000/31/CE sobre o comércio eletrónico[2216], que impõe aos prestadores de serviços da sociedade da informação o dever de fornecerem aos destinatários desses serviços determinadas informações sobre os contratos que consigo celebrarem por meios eletrónicos; *d)* Na Diretiva 2002/65/CE, relativa à comercialização à distância de serviços financeiros prestados a consumidores[2217], que obriga os prestadores desse tipo de serviços a, em tempo útil e antes de o consumidor ficar vinculado por um contrato à distância ou uma proposta, lhe fornecerem certas informações sobre o próprio prestador, o serviço financeiro por si oferecido, o contrato e os meios de composição de litígios ao dispor do consumidor; *e)* Na Diretiva 2005/29/CE relativa às práticas comer-

[2214] Diretiva 98/6/CE, de 16 de fevereiro de 1998, *JOCE*, nº L 80 de 18 de março de 1998, pp. 27 ss.

[2215] Cit. *supra*, § 45º.

[2216] Diretiva 2000/31/CE, de 8 de junho de 2000, *JOCE*, nº L 178, 17 de julho de 2000, pp. 1 ss.

[2217] Diretiva 2002/65/CE, de 23 de setembro de 2002, *JOCE*, nº L 271, de 9 de outubro de 2002, pp. 16 ss.

ciais desleais das empresas face aos consumidores no mercado interno[2218], que qualifica como prática comercial enganosa a omissão de informação substancial que, atendendo ao contexto, seja necessária para que o consumidor médio possa tomar uma decisão de transação esclarecida ou a apresentação dessa informação de modo pouco claro, ininteligível, ambíguo ou tardio; *f)* Na Diretiva 2008/122 sobre o *time-sharing* e a aquisição de produtos de férias de longa duração[2219], em que se vinculam igualmente os cocontratantes dos consumidores a prestarem determinadas informações a estes, respeitantes designadamente aos direitos por si adquiridos, aos bens que estes têm por objeto, aos custos a eles associados e à resolução dos contratos celebrados; e *g)* Na Diretiva 2011/83 relativa aos contratos entre consumidores e profissionais[2220], que estabelece, pelo que respeita a estes contratos, certos deveres de informação a cargo dos profissionais sobre as caraterísticas dos bens ou serviços por si comercializados, a sua identidade, o preço total dos bens ou serviços em causa, as modalidades de pagamento, entrega ou execução, a existência de uma garantia legal de conformidade, a duração do contrato e as condições da sua resolução, etc.

Contudo, os atos europeus referidos têm como objeto, por via de regra, apenas os contratos celebrados entre profissionais e consumidores. Consagram, além disso, exclusivamente deveres de informação: não se alude neles, por exemplo, a deveres de proteção e cuidado nos contactos pré-contratuais. Por outro lado, as Diretivas em causa ocupam-se, as mais das vezes, apenas de certos tipos contratuais ou de determinadas categorias de situações bem delimitadas; e deixam não raro aos Direitos nacionais a definição das sanções aplicáveis à violação dos referidos deveres. Não existe, por conseguinte, uma harmonização integral do regime dos deveres pré-contratuais de conduta no Direito Europeu vigente.

IV – Já os Princípios de Direito Europeu dos Contratos estabelecem, mais amplamente, que «as partes devem agir de acordo com as exigências da boa-fé e da lealdade»[2221], valendo este princípio tanto pelo que respeita à formação do contrato como à sua interpretação e ao cumprimento das obrigações dele emergentes.

O art. 2:202 (3) estabelece, em aplicação daquele princípio, que a revogação da proposta é ineficaz se o seu destinatário tinha fundamento razoável para crer

[2218] Diretiva 2005/29/CE, de 11 de maio de 2005, *JOUE*, nº L 149, de 11 de junho de 2005, pp. 22 ss.

[2219] Cit. *supra*, § 45º.

[2220] Cit. *supra*, § 45º.

[2221] Art. 1:201: «[e]ach party must act in accordance with good faith and fair dealing». Por «good faith» quer-se aqui significar a boa-fé subjetiva; por «fair dealing», a boa-fé objetiva. Cfr. Ole Lando, «Each Contracting Party Must Act in Accordance with Good Faith and Fair Dealing», *in Festskrift till Jan Ramberg*, Estocolmo, 1996, pp. 346 ss. (pp. 357 s.): «"Good faith" means honesty and fairness in mind [...]. "Fair dealing" means observance of fairness in fact which is an objective test».

que a mesma era irrevogável e houver actuado confiando nela. À responsabilidade pré-contratual reportam-se os arts. 2:301, 2:302, 4:106 e 4:117 dos Princípios[2222].

As *merger clauses* são admitidas pelos Princípios Europeus no art. 2:105; o que assume particular relevância tendo em conta que o art. 6:101 deste texto (sem paralelo nos Princípios UNIDROIT) expressamente prevê a possibilidade de as declarações pré-contratuais das partes darem origem a obrigações contratuais.

V – O DCFR, por seu turno, ocupa-se dos deveres pré-contratuais no capítulo 3 do livro II, que consagra um dever geral de agir de acordo com a boa-fé na negociação de contratos[2223]. Neste sentido, dispõe o art. II.-3:301(2):

> «Uma pessoa envolvida em negociações tem um dever de negociar de acordo com as exigências da boa-fé e da lealdade e de não romper as negociações contrariamente à boa-fé. Este dever não pode ser excluído nem limitado por contrato.»

E acrescenta o art. II.-3:301(4):

> «É contrário à boa-fé e à lealdade, em particular, entrar e prosseguir negociações sem a intenção real de chegar a acordo com a outra parte.»

No essencial, estas regras retomam os Princípios de Direito Europeu dos Contratos e os Princípios UNIDROIT. Sobressai nelas a distinção, que como vimos estes textos igualmente consagram, entre os termos *good faith* – pelo qual se exprime fundamentalmente o dever de atuação honesta – e *fair dealing* – ou seja, a atuação de acordo com os ditames da lealdade, que não é, bem vistas as coisas, senão um corolário do primeiro.

O DCFR estabelece, além disso, uma regulamentação minuciosa dos deveres pré-contratuais de informação. Estes compreendem: *a)* O dever de as empresas prestarem aos adquirentes dos seus bens ou serviços, antes da conclusão do contrato, as informações respeitantes àqueles que os seus co-contratantes «possam razoavelmente esperar, tendo em consideração os padrões de qualidade e

[2222] Nos quais se comina o dever de indemnizar os danos causados, respectivamente, pela condução ou rompimento de negociações contrariamente às exigências da boa-fé, pela violação do dever de confidencialidade quanto a informações fornecidas no decurso das negociações, pela conclusão de um contrato com fundamento numa informação inexata fornecida pela outra parte e pela conclusão de um contrato inválido.

[2223] Sobre o qual podem ver-se Mustapha Mekki/Martine Kloepfer-Pelèse, «Good faith and fair dealing in the DCFR», *ERCL*, 2008, pp. 338 ss.; Moura Vicente, «Os deveres pré-contratuais no *Draft Common Frame of Reference*», *in* Ana Afonso (coord.), *Um Direito Europeu das Obrigações? A influência do DCFR*, Porto, 2015, pp. 71 ss.

execução que seriam normais nas circunstâncias» (art. II.-3:101); *b)* O dever de as empresas não prestarem, no *marketing* dos seus bens ou serviços, informação enganosa («*misleading information*»), definida como a que deturpe ou omita factos relevantes que o consumidor médio poderia esperar que lhe fossem comunicados em ordem a poder tomar uma decisão informada (art. II.-3:102); *c)* O dever de as empresas prestarem certas informações sobre os bens ou serviços a fornecer e o contrato a celebrar quando o consumidor se encontre em situação de «desvantagem informativa significativa» («*significant informational disadvantage*») devido ao meio de contratação usado, à distância física entre as partes ou à natureza da transação (art. II.-3:103); *d)* O dever de as empresas prestarem aos consumidores informação explícita sobre a sua identidade e o propósito de comunicações estabelecidas com estes à distância e em tempo real («*real time distance communication*»), i.é, aquelas em que uma das partes pode interromper a outra no decurso da comunicação (*v.g.* telefone e voz sobre protocolo internet) (art. II.-3:104); *e)* O dever de as empresas fornecerem à contraparte certas informações sobre os contratos concluídos por meios eletrónicos, *maxime* o seu processo de formação (art. II.-3:105); e *f)* O dever de clareza, precisão e inteligibilidade da informação prestada e a obrigatoriedade de confirmação por escrito da informação prestada a consumidores em contratos concluídos à distância (art. II.-3:106). Várias destas disposições foram, como é bom de ver, diretamente retiradas do acervo comunitário em matéria de contratos celebrados por consumidores e estendidas à generalidade das relações contratuais de Direito Privado.

Consignam-se ainda no DCFR deveres pré-contratuais de prevenção de erros, de confirmação de comunicações e de confidencialidade, a saber: o dever de as empresas que tencionem concluir contratos por meios eletrónicos disponibilizarem à outra parte meios técnicos apropriados, eficazes e acessíveis a fim de identificarem e corrigirem erros de inserção de dados antes de fazerem ou aceitarem uma proposta (art. II.-3:201); o dever de as empresas que facultem a conclusão de contratos por meios eletrónicos sem comunicação individual de confirmarem por meios eletrónicos uma proposta ou aceitação recebida da outra parte (art. II.-3:202); e, se uma das partes fornecer à outra informação confidencial no decurso das negociações, esta encontra-se sujeita a um dever de não revelar essa informação e de não a utilizar para os seus próprios fins, quer um contrato seja ou não posteriormente concluído (art. II.-3:302).

O DCFR estabelece também sanções para a violação de deveres pré-contratuais de conduta. Estas incluem a suspensão da contagem do prazo para o exercício pelo consumidor do «direito de retirada» («*right of withdrawal*») do contrato, consagrado no capítulo 5 do livro II do DCFR, *v.g.*, quanto a contratos negociados fora de um estabelecimento comercial e a contratos de *time-share* (art. II.-3:109(1)); a inclusão no contrato, a cargo da empresa que o celebrou, das obrigações com que a outra parte pudesse razoavelmente contar em virtude da ausência ou incorreção de certa informação (art. II.-3:109(2)); a anulação do contrato por erro (art. II.-3:109(4)); a suscetibilidade de revogação de uma oferta ou aceitação cuja receção não haja sido confirmada por uma empresa que ofereça a possibilidade de celebração de contratos por meios eletrónicos (art. II.-3:202(2)); e a responsabilidade pelos danos causados à outra parte (arts. II.-3:104(5), II.-3:109(3), II.-3:301(3), II.-3:302(4) e II.-3:501(1)). Estes últimos preceitos são, porém, omissos quanto à questão do interesse protegido através da imputação dos danos causados *in contrahendo*, matéria que o DCFR deixa assim ao critério dos Direitos nacionais.

Também o DCFR prevê, na esteira dos Princípios Europeus, que certas declarações pré-contratuais (mormente as proferidas no âmbito de atividades publicitárias ou de *marketing*) podem valer como *contract terms*[2224]. Mas também nele se admite a eficácia das *merger clauses*, por força das quais «quaisquer declarações prévias, compromissos ou acordos que não estejam incluídos no documento não constituem parte do contrato», desde que tais cláusulas sejam individualmente negociadas[2225].

Nos planos sistemático e dogmático, este regime não tem deixado de suscitar certas reservas.

Com efeito, a boa-fé aparece consignada no art. II.-3:301(2) como padrão fundamental de conduta das partes nas negociações contratuais. Contudo, na secção relativa aos deveres de informação (arts. II.-3:101 e seguintes) – que antecede aquela disposição apesar de se tratar aí de corolários da boa-fé – não se descortina qualquer referência a esta: as informações devidas à contraparte nas negociações são antes aferidas pelo critério das *expetativas razoáveis*. Embora este critério possa, em última análise, ser reconduzido à boa-fé (*rectius*, à tutela da confiança por ela postulada), o DCFR não parece muito consistente sob este prisma. E menos ainda o parece se atentarmos no regime do erro (arts. II.-7:201 e II.-7:205)[2226], em que a boa-fé é retomada como critério de aferição das informações devidas entre contraentes.

Sucede, por outro lado, que o dever de indemnizar os danos causados pela violação de deveres pré-contratuais de conduta (previsto no art. II.-3:501) se encontra consignado no livro respeitante aos contratos e outros atos jurídicos. Sujeita-se, assim, às regras gerais respeitantes às obrigações contratuais.

[2224] Cfr. o art. 9:102.

[2225] Haja vista ao art. 4:104.

[2226] Sobre o qual pode ver-se Hugh Beale, «The Draft Common Frame of Reference: Mistake and Duties of Disclosure», *ERCL*, 2008, pp. 317 ss.

Outra foi, no entanto, a qualificação desse dever feita pelo Tribunal de Justiça da União Europeia no acórdão *Tacconi*, proferido em 17 de setembro de 2002[2227], em que essa instância considerou que a ação em que se invoca a responsabilidade pré-contratual do demandado se integra no domínio extracontratual na aceção do artigo 5º, nº 3, da Convenção de Bruxelas de 1968 Sobre o Reconhecimento e a Execução de Decisões em Matéria Civil e Comercial (e, por conseguinte, também dos Regulamentos «Bruxelas I», nº 44/2001, e «Bruxelas I*bis*», nº 1215/2012, relativos à mesma matéria, que lhe sucederam), dada a «inexistência de um compromisso livremente assumido por uma parte perante a outra durante as negociações para a formação de um contrato e pela eventual violação de regras jurídicas, nomeadamente da que impõe às partes o dever de agir de boa-fé no âmbito dessas negociações».

A qualificação delitual da responsabilidade *ex culpa in contrahendo* prevaleceu igualmente no Regulamento de Roma I sobre a lei aplicável às obrigações contratuais, cujo art. 1º, nº 1, alínea *i)*, exclui do seu âmbito de aplicação as «obrigações decorrentes de negociações realizadas antes da celebração do contrato»; e no Regulamento de Roma II relativo à lei aplicável às obrigações extracontratuais, que declara, no seu art. 2º, nº 1, que, para os efeitos do que nele se dispõe, «o dano abrange todas as consequências decorrentes da responsabilidade fundada em acto lícito, ilícito ou no risco, do enriquecimento sem causa, da *negotiorum gestio* ou da *culpa in contrahendo*».

O DCFR não parece, assim, ajustar-se à qualificação da *culpa in contrahendo* que prevaleceu na jurisprudência e nos atos normativos de Direito Europeu.

A isto acresce que o dever de agir de boa-fé acolhido no art. II.-3:301(2) do DCFR vincula qualquer pessoa que entre em negociações contratuais («*who is engaged in negotiations*»), quer se trate de uma empresa ou de um consumidor. Já o dever geral de informação consignado no art. II.-3:101(1) apenas recai sobre as empresas («*businesses*») e, dentre estas, unicamente sobre as que fornecem os bens ou serviços em causa. Os consumidores e as empresas que adquiram bens ou serviços não parecem, assim, estar sujeitos a deveres de informação, embora estejam sujeitos ao dever geral de boa-fé. Não se vê todavia razão que justifique esta diferenciação do âmbito de aplicação das duas regras.

Não pode, em suma, dizer-se que o DCFR exprima nesta matéria princípios comuns aos Direitos nacionais dos Estados-Membros. À uma, porque o dever geral de boa-fé consignado no DCFR não tem, como se viu acima, acolhimento nos sistemas de *Common Law*. Por outro lado, porque a qualificação contratual da responsabilidade pela violação dos deveres pré-contratuais de conduta não é

[2227] Caso *Fonderie Officine Meccaniche Tacconi SpA c. Heinrich Wagner Sinto Maschinenfabrik GmbH*, *CJTJ*, 2002-I, pp. 10087 ss.

consagrada no Direito francês nem no italiano. Além disso, porque o escopo dos deveres de informação excede amplamente o que a maioria dos sistemas nacionais consagra nesta matéria (nomeadamente em virtude do seu alargamento aos contratos «B2B» e da ausência de qualquer limitação destes deveres por via do ónus de cada contraente de se informar adequadamente acerca do objeto do contrato e de outros aspetos relevantes para a sua decisão de contratar).

Tão-pouco parece possível afirmar que o DCFR consagre as «melhores soluções» em matéria de deveres pré-contratuais, pelo menos na ótica dos sistemas que dão primazia à liberdade negocial. Com efeito, através da regulamentação dos deveres pré-contratuais que consagra e do acolhimento da cláusula da boa-fé, o DCFR limita muito consideravelmente essa liberdade, mesmo nas relações *business to business*[2228]. A liberdade de negociar, aliás, apenas aparece discretamente referida no art. II.-3:301(1), entre o enunciado dos deveres pré-contratuais e a proclamação do princípio da boa-fé, num preceito cuja epígrafe é «*negotiations contrary to good faith and fair dealing*»[2229].

Não é, pois, de supor que no futuro próximo a generalidade dos Estados-Membros da União Europeia adote um regime dos contratos modelado pelo DCFR. Muito antes do *Brexit* depunha já nesse sentido, pelo que respeita ao Reino Unido, a comunicação proferida por Lord Falconer of Thoroton (ao tempo *Lord Chancellor* de Inglaterra) na abertura da conferência sobre o Direito Europeu dos Contratos, realizada em Londres em 2005[2230], que apontou justamente como uma das principais vantagens do Direito inglês dos contratos a ausência nele de um dever geral de boa-fé[2231].

[2228] Pronunciando-se decididamente no sentido da inadequação do DCFR às relações comerciais, veja-se Bertrand Fages, «Pre-contractual duties in the Draft Common Frame of Reference – What Relevance for the Negotiation of Commercial Contracts?», *ERCL*, 2008, pp. 304 ss.

[2229] Dispõe esse preceito: «A person is free to negotiate and is not liable for failure to reach an agreement».

[2230] Disponível em http://www.dca.gov.uk/speeches/2005/lc150905.htm.

[2231] Afirmou a este respeito aquele magistrado britânico: «You could say, that the English common law of contract is now a world-wide commodity. It has become so because it is a system that people like. It provides predictability of outcome, legal certainty, and fairness. It is clear and built upon well-founded principles, such as the ability to require exact performance and the absence of any general duty of good faith. These principles were formed in the crucible of experience and are given effect by an expert cadre of judges and lawyers. This has made the common law without rival as the law of choice in commercial transactions. It is important for the UK, and important for the EU that it remains so. It would be a huge error for the UK and the EU to lose this distinctiveness in the name of harmonisation. An error not just for the UK, but for the EU as a whole. Make no mistake, any weakening of the suitability and attractiveness of the common law of England as the most popular law for the conduct of commercial business throughout the world would be disastrous and would be seized upon by rival jurisdictions such as New York and Geneva. The EU would be the poorer as a result».

Mas mesmo na Alemanha, cujo Direito inspirou muitas soluções do DCFR, ele é controverso, neste como noutros aspetos, não faltando quem sublinhe a «maciça erosão da autonomia privada» que o mesmo implica, a qual iria muito além das tendências contemporâneas no sentido da materialização do Direito Privado[2232].

e) Forma do contrato

Em matéria de forma dos contratos, os textos em apreço consagram, de um modo geral, o *princípio de liberdade* que, como se viu acima, um largo número de Direitos nacionais hoje acolhe.

Assim, por exemplo, a Convenção de Viena prevê no art. 11 que o contrato de compra e venda «não tem de ser concluído por escrito nem de constar de documento escrito e não está sujeito a nenhum outro requisito de forma»; e o art. 29, nº 1, acrescenta que um contrato «pode ser modificado ou extinto por simples acordo entre as partes».

Contudo, a Convenção teve de consagrar também nesta matéria um compromisso, visto que ao tempo da sua celebração um considerável número de países, entre os quais a União Soviética, exigia que os contratos internacionais de compra e venda fossem celebrados por escrito, em ordem a facilitar o controlo oficial do comércio externo. Daí que o art. 12 da Convenção preveja que os arts. 11 e 29 não se aplicarão quando uma das partes no contrato tenha o seu estabelecimento num Estado Contratante que haja formulado uma reserva a essas regras nos termos do art. 96[2233].

Por seu turno, o art. 1.2 dos Princípios UNIDROIT declara que nada neles impõe que o contrato seja celebrado nem provado por escrito; o art. 2:101 (2) dos Princípios de Direito Europeu dos Contratos dispõe que o contrato não tem de ser concluído nem provado por escrito, nem está sujeito a qualquer outra exigência de forma; e o art. II.-1:106 (1) do DCFR estabelece que um contrato ou outro ato jurídico não carece de ser concluído, feito ou provado por escrito, nem se encontra sujeito a qualquer outra exigência formal.

[2232] Cfr. Eidenmüller/Faust/Grigoleit/Jansen/Wagner/Zimmermann, est. cit.: «the verdict on the published Draft must be negative. The text suffers from a great number of shortcomings. These include unresolved or unconvincing policy decisions as much as ill-adjusted and inconsistent sets of rules. Especially alarming is the fact that the Draft paves the way for a massive erosion of private autonomy which goes far beyond existing tendencies to "materialise" private law».

[2233] Apesar de sete Estados terem feito esta reserva (a Argentina, a Bielorrússia, o Chile, o Paraguai, a Federação Russa, a Ucrânia e o Vietname: cfr. http://www.uncitral.org), serão poucos aqueles em que ela tem hoje algum alcance prático, visto que a maior parte deles se converteu entretanto à liberdade de forma, mesmo pelo que respeita aos contratos internacionais.

Mas também nestes instrumentos o princípio da liberdade de forma, neles acolhido com grande amplitude, pode ver-se limitado por força de disposições imperativas nacionais, cuja aplicação esses textos expressamente reservam[2234].

As fontes internacionais tiveram um papel determinante no acolhimento por muitos sistemas jurídicos nacionais do *princípio da equivalência* da forma eletrónica à forma escrita. Diz, a este respeito, o art. 6, nº 1, da Lei-Modelo das Nações Unidas Sobre o Comércio Eletrónico[2235]:

> «Quando a lei exigir que a informação seja reduzida a escrito, essa exigência encontra-se satisfeita através de uma mensagem de dados se a informação nela contida for acessível por forma tal que possa ser utilizada posteriormente.»

Por seu turno, a Diretiva 2000/31/CE, relativa ao comércio eletrónico, a que aludimos acima, consagra no art. 9º, nº 1, o princípio da liberdade de celebração de contratos por meios eletrónicos, determinando que os Estados-Membros assegurem que os seus sistemas legais permitam a celebração de contratos por meios electrónicos».Também este princípio se encontra hoje consignado num largo número de países, por via da transposição dessa diretiva.

A legislação europeia sobre a defesa do consumidor consagra, no entanto, diversas exigências especiais de forma, tendentes a proteger aquele contra a sua própria precipitação na celebração de contratos. Destaca-se, a este respeito, o art. 7º da Diretiva 2011/83/EU, já referida, que requer a redução a escrito dos contratos celebrados por consumidores fora do estabelecimento comercial do seu cocontratante[2236]: é o denominado *renascimento do formalismo*, de que já havíamos dado conta anteriormente[2237].

f) Interpretação e integração do contrato

I – Em matéria de interpretação do contrato, os textos em exame procuram estabelecer um compromisso entre as orientações subjetivista e objetivista de que demos conta acima, posto que com algum predomínio da primeira. Nesse sentido, prevê-se neles que o contrato será em princípio interpretado de acordo

[2234] Cfr. os arts. 1.4 dos Princípios UNIDROIT, 1:103 (2) dos Princípios Europeus e II.-1:102 (1) do DCFR.

[2235] Aprovada pela Resolução da Assembleia Geral das Nações Unidas nº 51/162, de 16 de dezembro de 1996. Até à presente data, terá sido adotada legislação baseada ou influenciada pela Lei-Modelo em 69 Estados (cfr. o estado desse instrumento em http://www.uncitral.org).

[2236] Diz o nº 1 desse preceito: «Nos contratos celebrados fora do estabelecimento comercial, o profissional fornece ao consumidor as informações previstas no artigo 6º, nº 1, em papel, ou, se o consumidor aceitar, noutro suporte duradouro. Essas informações devem ser legíveis e redigidas em termos claros e compreensíveis».

[2237] Cfr. *supra*, § 8º, *b)*.

com a vontade comum das partes, ainda que esta difira do seu significado literal («*common intention test*»)[2238]. Não podendo determinar-se essa vontade, o contrato é interpretado de acordo com o significado que lhe atribuiria uma pessoa razoável da mesma condição das partes, colocada nas mesmas circunstâncias («*reasonableness test*»)[2239]. Esta última regra tem correspondência com a que, como vimos, o art. 236º, nº 1, do Código Civil português estabelece a respeito da interpretação da declaração negocial[2240]. Ela opera, tal como sucede no Direito português, sob reserva de que, se uma das partes tiver atribuído um significado particular ao contrato e a outra o conhecesse ou não pudesse deixar de conhecer ao tempo da sua celebração, será o contrato interpretado em conformidade com esse significado (*falsa demonstratio non nocet*)[2241].

Atentemos em especial no que dispõe a este respeito o art. II.-8:101, nºs 1 e 2, do DCFR[2242]:

> «(1) Um contrato deve ser interpretado de acordo com a intenção comum das partes, ainda que esta difira do significado literal das palavras nele empregues. (2) Se uma das partes tivesse em vista que o contrato, ou determinado termo ou expressão nele usado, tivesse um significado particular e, ao tempo da conclusão do contrato, a outra parte estivesse ciente, ou pudesse razoavelmente esperar-se que estivesse ciente, da intenção da primeira parte, deve o contrato ser interpretado em conformidade com a intenção da primeira parte.»

O DCFR mostra-se, neste particular, tributário de um subjetivismo em matéria de interpretação que o afasta da orientação dominante nos sistemas de *Common Law*: a regra do nº 1 deste preceito é manifestamente de inspiração francesa[2243].

Subsidiariamente, porém, o nº 3 da mesma disposição, dá algum acolhimento à orientação objetivista quanto a esta matéria, mandando atender ao sentido que uma pessoa razoável daria ao contrato. Diz esse preceito:

2238 Arts. 4.1 (1) dos Princípios UNIDROIT, 5:101 dos Princípios Europeus e II.-8:101 (1) do DCFR.

2239 Arts. 8(2) da Convenção de Viena, 4.1 (2) dos Princípios UNIDROIT, 5.101 (3) dos Princípios Europeus e II.-8:101 (3) do DCFR.

2240 Neste sentido também Pedro Pais de Vasconcelos, «Unidroit – Interpretação do contrato (comparação das regras UNIDROIT e das regras do Código Civil português)», *Themis*, 2000, pp. 235 ss. (p. 238).

2241 Arts. 8(1) da Convenção de Viena, 4.2 (1) dos Princípios UNIDROIT, 5.101 (2) dos Princípios Europeus e II.-8:101 (2) do DCFR.

2242 Ver, para um confronto dessa disposição com o Direito português, Carlos Ferreira de Almeida, «Interpretação e integração do Contrato no *Draft Common Frame of Reference*: comparação com o Direito português», *in* Ana Afonso (coord.), *Um Direito Europeu das Obrigações? A influência do DCFR*, Porto, 2015, pp. 53 ss.

2243 Neste sentido também Fabre-Magnan, *Droit des Obligations*, vol. I, p. 36.

«O contrato deve, contudo, ser interpretado de acordo com o significado que uma pessoa razoável lhe atribuiria: (a) se não puder determinar-se qualquer intenção ao abrigo dos parágrafos anteriores; ou (b) se a questão se suscita com uma pessoa que, não sendo parte do contrato ou que não tenha legalmente direitos superiores aos de uma parte, tenha confiado razoavelmente e e de boa fé no significado aparente do contrato.»

Este afloramento da doutrina objetivista é reforçado pelo enunciado dos elementos atendíveis na interpretação dos contratos, os quais incluem, segundo o art. II.-8:102 (1) do DCFR: *a)* As circunstâncias em que foi concluído, incluindo as negociações preliminares; *b)* A conduta das partes, mesmo após a conclusão do contrato; *c)* A interpretação que foi anteriormente dada pelas partes a termos ou expressões idênticos ou similares aos usados no contrato e as práticas entre elas estabelecidas; *d)* O significado comummente atribuído a esses termos e expressões no ramo de atividade em causa e a interpretação de que esses termos e expressões possam ter sido objeto; *e)* A natureza e finalidade do contrato; *f)* Os usos; e *g)* A boa-fé e a lealdade.

Esta disposição reitera, no essencial, regras constantes dos arts. 8(3), da Convenção de Viena, 4.3 dos Princípios UNIDROIT (os quais todavia omitem a este respeito a referência à boa-fé) e 5:102 dos Princípios Europeus. Como é bom de ver, consagra-se nela um elenco de circunstâncias atendíveis que está longe de ser comum aos sistemas jurídicos nacionais atrás examinados: a primeira desafia mesmo abertamente a *parol evidence rule* inglesa e norte-americana[2244]; e a última colide com a rejeição da boa-fé no Direito inglês.

Entre as máximas de interpretação acolhidas nos instrumentos supranacionais em apreço destaca-se a regra *contra proferentem*, constante do art. 5º, nº 2, da Diretiva 93/13/CEE, relativa às cláusulas abusivas nos contratos celebrados com os consumidores, segundo o qual:

«No caso dos contratos em que as cláusulas propostas ao consumidor estejam, na totalidade ou em parte, consignadas por escrito, essas cláusulas deverão ser sempre redigidas de forma clara e compreensível. Em caso de dúvida sobre o significado de uma cláusula, prevalecerá a interpretação mais favorável ao consumidor. Esta regra de interpretação não é aplicável no âmbito dos processos previstos no no 2 do artigo 7º.»

Esta máxima interpretativa foi igualmente adotada no art. 4.6 dos Princípios UNIDROIT, no art. 5:103 dos Princípios Europeus e no art. II.-8:103 do DCFR, os quais todavia a estendem aos contratos comerciais. Dispõe o último destes preceitos:

[2244] No sentido de que não é admissível o recurso a essa regra no âmbito da Convenção de Viena, vejam-se Peter Huber, est. cit., p. 236; e Kröll/Mistelis/Perales Viscasillas, *UN Convention*, Art. 8, n.m. 26.

> «(1) Na dúvida sobre o significado de uma cláusula não individualmente negociada, deve preferir-se uma interpretação contra a parte que a predispôs. (2) Na dúvida sobre o significado de qualquer outra cláusula, e esta haja sido adotada sob a influência preponderante de uma das partes, deve preferir-se uma interpretação contra essa parte.»

Através desta regra procura-se desincentivar a inserção de cláusulas ambíguas nos contratos, protegendo-se, do mesmo passo, a parte que se limitou a aderir a cláusulas predispostas pela outra.

Outra máxima interpretativa relevante assenta no *favor contractus*, consignado no art. II-8:106 do DCFR, o qual manda dar primazia a uma interpretação à luz da qual o contrato seja válido e eficaz. Esta disposição repercute as regras sobre a mesma matéria constantes do art. 4.5 dos Princípios UNIDROIT e do art. 5:106 dos Princípios Europeus.

II – A integração de cláusulas contratuais omissas encontra-se prevista nos Princípios UNIDROIT, cujo art. 4.8 estabelece que, na falta de acordo entre as partes quanto a uma cláusula importante para a determinação dos respetivos direitos e obrigações, se aditará ao contrato uma *cláusula apropriada nas circunstâncias*. A fim de se determinar o teor dessa cláusula, deve atender-se, designadamente, à vontade das partes, à natureza e finalidade do contrato, à boa fé e à razoabilidade.

Na mesma linha fundamental de orientação, estabelece a este respeito o art. II.-9:101 (2) do DCFR:

> «Sendo necessário regular uma questão que as partes não previram ou regularam, pode o tribunal aditar uma cláusula, tendo especialmente em conta: (a) a natureza e finalidade do contrato; (b) as circunstâncias em que o contrato foi concluído; e (c) as exigências da boa fé e da lealdade.»

Não obstante a referência ao «aditamento de cláusulas» («*supply of terms*» ou «*implication of terms*») constante destes preceitos, a qual evoca a prática inglesa em matéria de integração contratual, ambos se afastam dela, quer por omitirem as restrições que vimos vigorarem em Inglaterra quanto à admissibilidade do recurso pelos tribunais a *implied terms*, quer pela referência neles feita à boa-fé. Por outro lado, o nº 3 do mesmo preceito do DCFR confere relevo nesta matéria, na linha da lei alemã, à *vontade hipotética* das partes, ao estabelecer:

> «Qualquer cláusula aditada ao abrigo do parágrafo (2) deve, sempre que possível, conferir eficácia ao que as partes provavelmente teriam querido se tivessem regulado a questão.»

De notar ainda, a este respeito, que a Convenção de Viena considera as partes vinculadas pelos usos a que hajam dado o seu acordo ou que tenham estabelecido entre elas (art. 9 (1)); e manda aplicar ao contrato e à sua formação os usos do comércio internacional (por alguns denominados *lex mercatoria*) de que as partes tinham ou devessem ter conhecimento e que sejam largamente conhecidos e regularmente observados nos contratos do mesmo tipo, no ramo comercial considerado, os quais se têm, na falta de estipulação em contrário, por tacitamente incorporados no contrato (art. 9 (2)).

Esta regra foi retomada, com alguma simplificação, nos Princípios UNIDROIT cujo art. 1.9 estabelece:

> «(1) As partes estão vinculadas pelos usos por elas aceites e pelas práticas entre elas estabelecidas. (2) As partes estão vinculadas pelos usos geralmente conhecidos e regularmente observados no comércio internacional no sector comercial em causa, salvo quando a aplicação de tais usos não seja razoável.»

Encontram-se formulações semelhantes nos arts. 1:105 dos Princípios Europeus e II-1:104 do DCFR.

Aos usos é assim reconhecido pelos instrumentos em exame, à imagem do que vimos suceder em diversos sistemas jurídicos nacionais, valor integrativo das declarações negociais das partes[2245].

g) Cláusulas contratuais gerais

I – A validade das cláusulas contratuais gerais encontra-se subtraída ao âmbito de aplicação da Convenção de Viena, em razão do disposto no seu art. 4, alínea *a)*, atrás citado. Trata-se, pois, de matéria que foi por ela reservada aos Direitos nacionais.

Na União Europeia, o regime das cláusulas contratuais encontra-se hoje, como se notou acima, parcialmente harmonizado, em virtude da Diretiva nº 93/13/CEE relativa às cláusulas abusivas nos contratos celebrados com os consumidores. Destaca-se nesse instrumento europeu o *fairness principle* ínsito no art. 3º, nº 1, segundo o qual:

> «Uma cláusula contratual que não tenha sido objeto de negociação individual é considerada abusiva quando, a despeito da exigência de boa-fé, der origem a um desequilíbrio significativo em detrimento do consumidor, entre os direitos e obrigações das partes decorrentes do contrato.»

[2245] Ver, sobre o tema, Miguel Checa Martínez, «Los usos del comercio en perspectiva comparada y transnacional», *in* Sánchez Lorenzo (org.), *Derecho Contractual Comparado*, t. I, pp. 525 ss.

A exigência de boa-fé pode ser satisfeita pelo profissional, de acordo com o considerando 16º da Diretiva, «tratando de forma leal e equitativa com a outra parte, cujos legítimos interesses deve ter em conta». É reconhecível aqui a influência germânica. E não é menos nítido o contraste com a orientação prevalecente no *Common Law* inglês em virtude da jurisprudência firmada pela Câmara dos Lordes no caso *Walford v. Miles*[2246], por força do qual as partes nas negociações contratuais se acham numa *adversarial position* em que podem prosseguir exclusivamente os seus próprios interesses, contanto que não incorram em *misrepresentations*.

A Diretiva estabelece em todo o caso duas importantes restrições à avaliação do caráter abusivo de uma cláusula contratual geral. Por um lado, essa avaliação deve ser feita, de acordo com o art. 4º, nº 1, da Diretiva, mediante a consideração de *todas as circunstâncias* que rodearam a celebração do contrato, bem como de *todas as outras cláusulas* do contrato, ou de outro contrato de que este dependa. Uma cláusula que, tomada isoladamente, pareça abusiva, poderá assim não o ser quando considerada à luz do contrato como um todo. Por outro lado, dispõe o nº 2 do mesmo preceito que «a avaliação do carácter abusivo das cláusulas não incide nem sobre a definição do objeto principal do contrato nem sobre a adequação entre o preço e a remuneração, por um lado, e os bens ou serviços a fornecer em contrapartida, por outro, desde que essas cláusulas se encontrem redigidas de maneira clara e compreensível». As cláusulas nucleares do contrato que se conformem com este requisito estão assim subtraídas ao dito *fairness principle*.

No anexo à Diretiva contém-se uma «lista indicativa e não exaustiva de cláusulas que podem ser consideradas abusivas». Procura-se, assim, assegurar uma *harmonização mínima* dos Direitos nacionais nesta matéria, o que em alguma medida explica a subsistência de certas diferenças entre esses Direitos.

Esta última decorre, além disso, da circunstância de o Tribunal de Justiça da União Europeia considerar que a determinação da ocorrência do referido desequilíbrio em detrimento do consumidor constitui matéria que deve ser apreciada em função das circunstâncias do caso concreto, o que compete aos órgãos jurisdicionais nacionais[2247].

Por outro lado, de acordo com o mesmo Tribunal, «para saber se uma cláusula cria, em detrimento do consumidor, um "desequilíbrio significativo" entre os direitos e as obrigações das partes decorrentes do contrato, há que ter em conta, designadamente, as normas de direito nacional aplicáveis na falta de acordo das partes». Esse desequilíbrio resultaria de o consumidor ser privado, através da

[2246] Cfr. *supra*, § 7º, *b)*.

[2247] Cfr. o acórdão de 1 de abril de 2004, proferido no proc. C-237/02, *Freiburger Kommunalbauten GmbH v. Ludger Hofsteteter et al.*

cláusula em questão, de uma vantagem de que gozaria ao abrigo da lei nacional aplicável na ausência dessa cláusula. Contudo, uma cláusula que derrogue as regras nacionais aplicáveis na falta de acordo das partes não seria só por si abusiva, uma vez que para tal se requer ainda que o desequilíbrio seja contrário às exigências da boa fé; sendo que para apurá-lo «importa verificar se o profissional, ao tratar de forma leal e equitativa com o consumidor, podia razoavelmente esperar que ele aceitaria a cláusula em questão, na sequência de uma negociação individual»[2248].

Nos termos do art. 6º, nº 1, da Diretiva «[o]s Estados-Membros estipularão que, nas condições fixadas pelos respectivos direitos nacionais, as cláusulas abusivas constantes de um contrato celebrado com um consumidor por um profissional não vinculem o consumidor e que o contrato continue a vincular as partes nos mesmos termos, se puder subsistir sem as cláusulas abusivas».

II – Consoante se notou acima, apesar de a Diretiva ter sido transposta para as ordens jurídicas internas de todos os Estados-Membros da União Europeia, está-se muito de longe de uma uniformização do regime desta matéria nos sistemas jurídicos desses Estados[2249]. A Diretiva deixou assim espaço para outros instrumentos de harmonização e unificação dos Direitos nacionais. O referido *fairness principle* encontrou também acolhimento nos Princípios de Direito Europeu dos Contratos, cujo art. 4:110 dispõe:

> «(1) Uma cláusula que não tenha sido individualmente negociada pode ser anulada por uma das partes se, contrariamente às exigências da boa fé e da lealdade, criar em seu prejuízo um desequilíbrio significativo nos direitos e obrigações que para as partes decorrem do contrato, tendo em conta a prestação a ser realizada ao abrigo do contrato e as circunstâncias da sua conclusão. (2) Este artigo não se aplica a: (a) uma cláusula que defina o objeto principal do contrato, contanto que esteja redigida de forma clara e inteligível; ou (b) à adequação do valor das obrigações de uma das partes tendo em conta o das obrigações da outra.»

Diferentemente, porém, da Diretiva, os Princípios Europeus não contêm qualquer lista de cláusulas abusivas. Por outro lado, os Princípios não preveem como sanção das cláusulas abusivas a não vinculação do aderente, mas antes a sua anulabilidade. Como, porém, a anulação do contrato ou de uma das suas cláusulas não requer, nos Princípios Europeus, a intervenção do tribunal, o efeito é o mesmo.

[2248] Cfr. o acórdão de 14 de março de 2013, proferido no proc. C-415/11, *Mohamed Aziz contra Caixa d'Estalvis de Catalunya, Tarragona i Manresa (Catalunyacaixa)*.
[2249] Cfr. *supra*, § 10º.

Observe-se ainda que nos Princípios Europeus esta regra vale não apenas para os contratos de consumo, como sucede na Diretiva, mas também para os contratos comerciais. Não existe regra análoga nos Princípios UNIDROIT.

Além da referida sanção, os Princípios Europeus estabelecem ainda que as cláusulas contratuais que não hajam sido individualmente negociadas apenas podem ser invocadas contra uma parte que as não conhecesse se a parte que delas se queira prevalecer tiver tomado «medidas razoáveis» a fim de chamar a atenção da outra parte para elas antes ou aquando da conclusão do contrato; a mera referência a essas cláusulas num documento contratual que não as inclua é insuficiente para este efeito (art. 2:104).

O DCFR acolhe também o *fairness principle* em matéria de cláusulas contratuais gerais, especificando todavia os seus sentidos possíveis consoante o contrato seja celebrado entre empresas e consumidores (art. II.-9:403), entre entidades não empresariais (art. II.-9:404) e entre empresas (art. II.-9:405). Nos primeiros dois casos, basta a fim de que a cláusula seja tida como abusiva («*unfair*») que coloque o aderente em desvantagem significativa, contrariamente à boa-fé; no terceiro, requer-se para o efeito que a mesma se «desvie grosseiramente das boas práticas comerciais», em contravenção à boa-fé. No art. II.-9:410 contém-se uma «lista cinzenta» de cláusulas que se presumem abusivas. As cláusulas abusivas não vinculam a parte que as não tiver predisposto (art. II.-9:408(1)).

III – Alguns problemas suscitados pela utilização de cláusulas contratuais gerais ficaram à margem da Diretiva europeia. Estão neste caso os que se colocam a respeito da chamada *battle of forms* a que nos reportámos acima[2250].

Já quanto à Convenção de Viena, não obstante o que se deixou dito anteriormente a respeito da exclusão da validade das cláusulas contratuais do seu escopo, a questão da sua incorporação no contrato de compra e venda internacional deve considerar-se abrangida nela, uma vez que contende com a formação do contrato. A Convenção não contém, é certo, regras específicas sobre a *battle of the forms*, mas na doutrina admite-se, à luz do disposto no art. 19 – que, como se viu, consagra uma versão mitigada da *mirror image rule* –, que o conflito entre cláusulas contratuais gerais se resolve pelo primado das cláusulas enviadas em último lugar sem oposição da outra parte («*last-shot rule*»)[2251]. Alguns autores entendem, porém, que as cláusulas em conflito apenas devem valer na medida em que sejam convergentes, aplicando-se as disposições da Convenção ou da

[2250] Cfr. *supra*, § 10º, *e)*.

[2251] Cfr., neste sentido, Maria del Pilar Perales Viscasillas, «„Battle of the forms" under the 1980 United Nations Convention on Contracts for the International Sale of Goods: a Comparison with Section 2-207 UCC and the Unidroit Principles», *Pace Int'l L. Rev.*, 1998, pp. 97 ss.; *Kröll/Mistelis/Perales Viscasillas*/Ferrari, *UN Convention*, Art. 19, n.m. 15.

lei nacional subsidiariamente competente quanto às questões relativamente às quais não se verifique essa convergência; o problema deve, assim, ser resolvido nos termos da «*knock-out rule*»[2252].

Esta última encontrou acolhimento expresso nos arts. 2.1.22 dos Princípios UNIDROIT, 2:209 dos Princípios Europeus e II.-4:209 do DCFR. Determina-se neles, com efeito, que quando as partes se houverem referido a cláusulas contratuais gerais na proposta e na aceitação e tiverem chegado a consenso exceto quanto ao teor destas cláusulas, se considera o contrato concluído na base das que se mostrem substancialmente comuns a ambas as partes; ressalva-se todavia nesses textos a hipótese de uma delas ter declarado explicitamente à outra que não pretende vincular-se nesses termos.

h) Falta e vícios da vontade e da declaração negocial

I – A Convenção de Viena não regula as consequências de uma divergência entre a vontade real de uma das partes e o sentido com que o contrato deve valer nos termos do art. 8. Trata-se de matéria que, no âmbito da Convenção, se encontra reservada ao Direito nacional competente segundo as regras de conflitos aplicáveis[2253].

Diferentemente, nos Princípios UNIDROIT, o erro é objeto dos artigos 3.2.1 e seguintes. De acordo com a primeira destas disposições, o erro é «uma suposição errónea a respeito dos factos ou do direito existentes no momento da conclusão do contrato». O errante só pode anular o contrato com esse fundamento, segundo o art. 3.2.2 (1), se, aquando da conclusão do contrato, o erro fosse de importância tal que uma pessoa razoável, colocada nas mesmas circunstâncias, não teria concluído o contrato, ou só o teria concluído em condições substancialmente diferentes, caso tivesse tido conhecimento da situação real e, além disso: *a)* A outra parte tiver cometido o mesmo erro, tiver sido causa dele ou conhecesse ou tivesse o dever de conhecer a existência do erro e fosse contrário às exigências da boa-fé em matéria comercial deixar a parte errante em erro; ou *b)* A outra parte não tiver ainda agido, no momento da anulação, confiando no estipulado no contrato. Em todo caso, de acordo com o art. 3.2.2 (2), não há lugar à anulação do contrato quando o erro decorra de culpa grave do errante ou incida sobre elemento relativamente ao qual o risco de erro haja sido por ele assumido ou, tendo em conta as circunstâncias, devesse tê-lo sido. Esta orientação restritiva quanto à anulação do contrato por erro é reforçada pelo primado dos remédios jurídicos por incumprimento sobre a anulação por erro consignada no art.

[2252] Cfr. Schlechtriem/Schwenzer, *Kommentar zum einheitlichen Un-Kaufrecht*, pp. 385 ss.; Schlechtriem/Schroeter, *Internationales UN-Kaufrecht*, p. 133. Esta orientação foi sufragada pelo Bundesgerichtshof em sentença de 9 de janeiro de 2002, disponível em http://cisgw3.law.pace.edu.
[2253] Neste sentido, Schlechtriem/Schroeter, *Internationales UN-Kaufrecht*, p. 103.

3.2.4, segundo o qual «[u]ma parte não tem o direito de anular o contrato com fundamento em erro se as circunstâncias que invoca lhe permitem, ou podiam ter permitido, agir com base em incumprimento do contrato»; solução que o comentário oficial a este preceito justifica com a afirmação de que os remédios por incumprimento «parecem mais adequados e são mais flexíveis do que a solução radical da anulação».

O «erro fundamental quanto aos factos ou ao Direito» encontra-se também contemplado no art. 4:103 dos Princípios de Direito Europeu dos Contratos, segundo o qual uma parte pode, nesse caso, anular o contrato desde que: *a)* O erro haja sido causado por informação fornecida pela outra parte ou esta soubesse ou devesse saber do erro e fosse contrário à boa-fé manter o errante em erro ou ainda se a outra parte tiver incorrido no mesmo erro; e *b)* A outra parte soubesse ou devesse saber que o errante, se tivesse conhecido a verdade, não teria celebrado o contrato ou só o teria celebrado em termos fundamentalmente diversos. Em todo o caso, exclui-se o direito à anulação do contrato se, nas circunstâncias ocorrentes, o erro fosse indesculpável ou o risco do erro devesse ser suportado pelo errante.

Uma regra análoga às anteriores figura no art II.-7:201 do DCFR, que todavia adita às situações que legitimam a anulação do contrato por erro o incumprimento de deveres pré-contratuais de informação pela contraparte do errante.

Verifica-se assim que, diferentemente dos Direitos português, alemão e suíço, estes instrumentos jurídicos requerem a verificação de uma de três *fattispecie* fundamentais a fim de que o erro possa determinar a anulação do contrato: *a)* A causação do erro pela contraparte do errante, por ação ou omissão; *b)* O conhecimento ou a cognoscibilidade do erro por essa contraparte, sendo contrário à boa-fé não elucidar o errante a respeito dele; ou *c)* O erro comum a ambas partes. À ocorrência de uma destas situações acresce a exigência de que a contraparte do errante soubesse ou devesse saber que este, se não tivesse incorrido em erro, não teria celebrado o contrato ou só o teria celebrado em termos fundamentalmente diversos.

Não basta, assim, como sucede no Direito português, em caso de erro unilateral, que o declaratário conhecesse ou devesse conhecer a essencialidade, para o declarante, do elemento sobre o qual incidiu o erro: é necessário que este seja em alguma *imputável ao declaratário*, ou porque o causou ou porque o silenciou indevidamente. Os Princípios UNIDROIT, tal como os Princípios Europeus e o DCFR, revelam-se nesta medida consideravelmente mais exigentes do que o Direito português nesta matéria, dando clara primazia à tutela da confiança do declaratário.

Embora evidencie uma maior preocupação com a proteção dos interesses do declaratário e do tráfico jurídico em geral, na linha dos sistemas de *Common*

Law, nem por isso o regime do erro constante destes textos se reconduz ao desses sistemas, uma vez que se pressupõe neles a existência de deveres de esclarecimento do errante, decorrentes da boa-fé, que, como vimos, inexistem nos Direitos anglo-saxónicos.

II – O dolo («*fraud*») encontra-se também disciplinado nos instrumentos jurídicos em apreço. Assim, os Princípios UNIDROIT dispõem a este respeito no art. 3.2.5 que qualquer das partes pode anular o contrato quando tiver sido induzida a celebrá-lo por «manobras fraudulentas» da outra, incluindo palavras ou atos, ou pela omissão fraudulenta da revelação de circunstâncias que, segundo as regras da boa-fé em matéria comercial, esta parte lhe devia ter revelado».

Os Princípios de Direito Europeu dos Contratos disciplinam-no, por seu turno, no art. 4:107, segundo o qual uma parte pode anular um contrato quando houver sido induzida a concluí-lo pelas declarações fraudulentas da outra, seja por palavras ou por atos, ou pela não revelação fraudulenta de qualquer informação que devesse ter revelado de acordo com a boa-fé a lealdade. Uma declaração ou não revelação será tida como fraudulenta, para este efeito, se visar enganar. A fim de determinar se a boa fé a a lealdade exigiam que uma parte revelasse determinada informação, deve ser tidas em consideração, de acordo com aquele preceito, todas as circunstâncias, nomeadamente: *a)* Se essa parte tinha conhecimentos técnicos especiais; *b)* O custo da aquisição por essa parte da informação relevante; *c)* Se a outra parte podia razoavelmente adquirir a informação pelos seus meios; e *d)* A importância que a informação aparentemente tinha para a outra parte».

Por seu turno, o DCFR ocupa-se desta matéria no art. II.-7:205, cujo nº 1 prevê, analogamente, que qualquer das partes pode anular o contrato se a outra a tiver induzido a celebrá-lo através de uma informação falsa e fraudulenta («*fraudulent misrepresentation*»), ou da omissão fraudulenta de qualquer informação que devesse ser revelada em conformidade com a boa-fé e a lealdade ou com um dever pré-contratual de informação.

De novo encontramos aqui a referência à boa-fé e aos deveres de informação e esclarecimento dela decorrentes, que os sistemas de *Common Law* não acolhem. Dela flui a anulabilidade do contrato por *fraudulent non-disclosure* que inexiste nesses sistemas. Trata-se, também neste caso, de regras que não podem dizer-se representativas de um *fundo comum* de soluções acolhidas nas diferentes famílias jurídicas, mas antes da generalização de conceções próprias dos sistemas de *Civil Law*, em particular os que se acham mais fortementente marcados pelo pensamento jurídico germânico.

III – Finalmente, os instrumentos em apreço tratam também da coação (neles também dita «ameaça»: «*threat*»). A este respeito, estabelece o art. 3.2.6 dos Princípios UNIDROIT que uma parte pode anular o contrato quando tiver sido induzida a celebrar o contrato por uma «ameaça injustificada da outra parte, que, tendo em conta as circunstâncias, seja de tal modo iminente e grave que não deixe à primeira qualquer alternativa razoável». Uma ameaça é injustificada, em especial, se o ato ou omissão de que a parte é ameaçada for «em si mesmo ilícito» ou se «for ilícito o recurso a essa ameaça como meio de obter a conclusão do contrato».

O art. 4:108 dos Princípios Europeus admite igualmente a anulação do contrato pela parte que houver sido induzida a concluí-lo pela ameaça «iminente e séria» de um ato ilícito ou que seja ilícito utilizar a fim de obter a conclusão de um contrato; mas exceciona os casos em que essa parte tivesse uma «alternativa razoável». O art. II.-7:206 do DCFR estebelece regra substancialmente idêntica.

i) Efeitos do contrato

I – Pelo que respeita aos efeitos dos contratos entre as partes, observámos oportunamente que uma das diferenças entre os sistemas latinos e os germânicos consiste na transferência da propriedade da coisa vendida em consequência da celebração do contrato de compra e venda, que os primeiros (com exceção do Brasil) admitem mas que os segundos rejeitam em homenagem ao princípio da separação entre os negócios de vinculação e os negócios de disposição[2254]. Estará aí a razão pela qual os instrumentos de harmonização e unificação do Direito dos Contratos de que nos vimos ocupando, com destaque para a Convenção de Viena, omitem qualquer regulamentação desta matéria, que é assim deixada aos Direitos nacionais[2255].

II – No tocante aos efeitos dos contratos relativamente a terceiros, a situação não é substancialmente diversa. Embora tanto os Princípios UNIDROIT[2256] como Princípios de Direito Europeu dos Contratos[2257] e o DCFR[2258] admitam a celebração de contratos a favor de terceiro, debalde se procurará neles qualquer referência a contratos com eficácia de proteção relativamente a terceiros ou à liquidação de danos a terceiro, matérias em que, como vimos, subsistem diferenças fundamentais entre os sistemas jurídicos aqui examinados.

Por outro lado, uma vez que os Princípios Europeus vão além do Direito inglês nesta matéria – na medida em que admitem uma estipulação tácita de tais efei-

[2254] Cfr. *supra*, § 5º, *b)*.

[2255] Cfr. o art. 4 (b)), da Convenção, citado *supra*.

[2256] Art. 5.2.1.

[2257] Art. 6:110.

[2258] Art. II.-9:301.

tos, o que, como vimos, este não consente[2259] – parece continuar a ser inviável uma qualificação uniforme de certas situações jurídicas como contratos a favor de terceiro.

j) Controlo da justiça contratual

I – Pelo que respeita ao controlo da justiça contratual, merece especial referência o art. 3.2.7 dos Princípios UNIDROIT, que – fazendo-se eco da tendência, a que aludimos acima, para a «materialização» dos contratos acolhida em alguns sistemas jurídicos romanistas – admite a anulação do contrato ou de uma das suas cláusulas por uma das partes quando, no momento da respetiva conclusão, o contrato ou a cláusula atribuíssem injustamente uma «*vantagem excessiva*» à outra parte. Para tanto, acrescenta o mesmo preceito, deve ter-se nomeadamente em consideração a circunstância de a outra parte ter beneficiado de forma desleal do «estado de dependência, de carência económica, da urgência das necessidades, da imprevidência, da ignorância, da inexperiência ou da inaptidão para a negociação da primeira», bem como a natureza e os fins do contrato. O tribunal pode, a pedido da parte lesada, adaptar o contrato ou a cláusula a fim de o tornar conforme às exigências da boa-fé em matéria comercial.

Na mesma linha fundamental de orientação se inserem os Princípios Europeus, cujo art. 4:109 admite a anulação ou a adaptação do contrato se ao tempo da respetiva conclusão uma das partes fosse dependente da outra ou tivesse com ela uma relação de confiança, se se encontrasse em situação de necessidade económica ou fosse imprevidente, ignorante, inexperiente ou carecida de *bargaining skills* e a outra, sabendo ou devendo saber disso, tiver tirado vantagem dessa situação de forma grosseiramente injusta ou tiver obtido para si um benefício excessivo. O DCFR consagra no art. II.-7:207 uma regra fundamentalmente coincidente com esta.

O CESL previa também no art. 51º que uma parte poderia anular um contrato se, no momento da sua celebração: *a)* Tinha uma relação de dependência ou de confiança com a outra parte, tinha dificuldades económicas ou outras necessidades urgentes, ou era imprevidente, ignorante ou inexperiente; e *b)* A outra parte conhecia ou devia conhecer a referida situação e, à luz das circunstâncias e da finalidade do contracto, explorou a situação da primeira parte obtendo um benefício excessivo ou uma vantagem injusta.

[2259] Diz, com efeito, o nº 1 do art. 5.2.1 dos Princípios Europeus: «A third party may require performance of a contractual obligation when its right to do so has been expressly agreed upon between the promisor and the promisee, or when such agreement is to be inferred from the purpose of the contract or the circumstances of the case. The third party need not be identified at the time the agreement is concluded».

Estas disposições estão na linha das regras nacionais atrás examinadas em matéria de usura. Elas vão, porém, consideravelmente além do que os sistemas de *Common Law* permitem ao abrigo das doutrinas da *undue influence* e da *unconscionability*.

II – Consideremos agora a alteração de circunstâncias em que as partes fundaram a decisão de contratar, matéria em que, como vimos, existem também profundas divergências entre os Direitos nacionais.

A Convenção de Viena não dedica qualquer regra particular a esta questão. O art. 79 (1) prevê, é certo, alguns casos de exoneração do devedor, havendo incumprimento da prestação, por este se dever a um impedimento alheio à sua vontade[2260]; mas não se encontra compreendida neles, ao menos de modo expresso, a onerosidade excessiva da prestação decorrente de uma alteração superveniente de circunstâncias. Refletir-se-á aqui a hostilidade dos sistemas de *Common Law* à imposição nestes casos a qualquer das partes de uma modificação ou resolução do contrato.

Não falta contudo quem admita a aplicação por analogia do art. 79 (1) a essas situações[2261]. Na jurisprudência, essa solução foi acolhida, por exemplo, pelo Tribunal de Cassação belga, que decidiu, a respeito de um contrato de fornecimento de tubos de aço, que um aumento inesperado de 70% do preço do aço constituía um impedimento à realização da prestação a cargo do vendedor na aceção daquele preceito[2262]. Mas é discutível que o impedimento aí referido possua suficiente semelhança com as situações de onerosidade excessiva a fim de que possa ter-se por fundada a sua aplicação analógica a estas. Em todo o caso, ficam por esclarecer, nessa eventualidade, quais os efeitos a atribuir, ao abrigo da Convenção, à ocorrência deste tipo de situações, uma vez que não se vislumbra nela base suficiente para a imposição de um dever de renegociar o contrato ou para conferir aos tribunais o poder de adaptarem o contrato[2263].

Outra, muito diversa desta, foi a orientação acolhida nos Princípios UNIDROIT, que se ocupam *ex professo* da matéria nos arts. 6.2.1 a 6.2.3 relativos à denominada *hardship*[2264]. O primeiro destes preceitos começa por declarar que as

[2260] Cfr. *infra*, § 46º, *k)*, XIII.

[2261] Cfr., sobre o tema, Kröll/Mistelis/Perales Viscasillas, *UN Convention*, Art. 79, n.m. 78-86; e Larry DiMatteo, «Excuse: Impossibility and Hardship», *in* DiMatteo *et al.* (orgs.), *International Sales Law*, pp. 665 ss.

[2262] Cfr. a sentença de 19 de junho de 2009, *Scafom International B.V. c. Lorraine Tubes S.A.S.*, disponível em http://cisgw3.law.pace.edu.

[2263] Neste sentido, Schlechtriem/Schroeter, *Internationales UN-Kaufrecht*, p. 210.

[2264] Sobre os quais pode ver-se Joseph M. Perillo, «Force Majeure and Hardship Clauses under the UNIDROIT Principles of International Commercial Contracts», *Tul.J.Int.Comp.L.*, 1997, pp. 5 ss.

partes estão adstritas ao cumprimento das suas obrigações, mesmo que a execução delas se haja tornado mais onerosa. Ressalva porém a ocorrência de *hardship*, que o art. 6.2.2 define como a situação em que sobrevêm factos que «alteram fundamentalmente o equilíbrio do contrato», quer porque o custo da realização da prestação a cargo de uma das partes aumentou, quer porque o valor da contraprestação a que tem direito diminuiu, e em que, além disso, se encontrem preenchidos os seguintes requisitos: *a)* Os factos em questão ocorreram ou tornaram-se conhecidos da parte em desvantagem após a conclusão do contrato; *b)* Tais factos não poderiam ter sido razoavelmente tomados em consideração (i.é, previstos) pela parte em desvantagem no momento da conclusão do contrato; *c)* Esses factos estão fora da esfera de controlo da parte em desvantagem; e *d)* O risco da respetiva ocorrência não foi assumido pela parte em desvantagem. Em caso de *hardship*, a parte lesada pode, segundo o art. 6.2.3, exigir a renegociação do contrato. Na falta de acordo a respeito desta dentro de um prazo razoável, qualquer das partes pode submeter a questão ao tribunal. Este, caso conclua pela ocorrência de *hardship*, pode, se o considerar razoável, pôr termo ao contrato ou adaptá-lo por forma a restabelecer o equilíbrio das prestações.

Os Princípios Europeus ocupam-se do tema no art. 6:111, onde se estabelece uma regra análoga à dos Princípios UNIDROIT. Ambos os instrumentos preveem, pois, uma obrigação de renegociação do contrato, a cargo das partes, em caso de alteração de circunstâncias. O incumprimento dessa obrigação sujeita a parte inadimplente ao dever de indemnizar a outra pelo dano daí resultante. Só se essa renegociação falhar é que o tribunal pode intervir, adaptando ou pondo termo ao contrato se for caso disso. O ónus da prova da ocorrência dos pressupostos de uma situação de *hardship* é, em todo o caso, da parte lesada. O tribunal goza de considerável discricionariedade na concessão da providência requerida.

Também o DCFR admite, no art. III.-1:110(2), a modificação e a resolução judicial do contrato se a execução de uma obrigação emergente deste se tiver tornado tão onerosa, em virtude de uma alteração excecional de circunstâncias, que seja *manifestamente injusto* manter o devedor vinculado à obrigação. Para tanto, é contudo ainda necessário, segundo o art. III.-1:110(3), que: *a)* A alteração de circunstâncias tenha ocorrido após o momento em que a obrigação foi contraída; *b)* O devedor não tenha tomado em conta ao tempo, nem pudesse esperar-se que o tivesse feito, a possibilidade ou a medida dessa alteração de circunstâncias; *c)* O devedor não tenha assumido, nem possa razoavelmente considerar-se que assumiu, o risco dessa alteração de circunstâncias; *d)* O devedor haja tentado, razoavelmente e de boa fé, alcançar pela via negocial um ajustamento razoável e equitativo do contrato. Neste instrumento, o estabelecimento de negociações para a revisão do contrato não constitui, assim, uma obrigação de qualquer das partes, mas tão-só um ónus da parte que pretenda obter a modificação ou resolução *ope judicis* do contrato. A preferência pela via negocial é, pois, menos nítida nele[2265].

Em todo o caso, tanto no DCFR como nos instrumentos que o precederam, foi-se muito além do que os sistemas de *Common Law* consentem nas situações aqui contempladas[2266].

O mesmo decorre, aliás, do confronto entre esses instrumentos e a cláusula-tipo de *hardship* da Câmara de Comércio Internacional[2267]. Esta apenas prevê a obrigação de as partes renegociarem o contrato quando a execução do contrato se mostre excessivamente onerosa em virtude de um evento com que não pudesse razoavelmente contar-se ao tempo da conclusão do contrato. Confere-se à parte que demonstrar essa circunstância a faculdade de resolver o contrato na falta de acordo quanto à revisão do mesmo; mas não lhe é dado recorrer para este efeito (exceto, evidentemente, se houver estipulação expressa nesse sentido) aos tribunais competentes. O reconhecimento a estes do poder de adaptarem contratos em caso de alteração de circunstâncias está, assim, longe de constituir uma solução consensual no Direito do Comércio Internacional[2268]; o que é confir-

[2265] Ver, para um confronto da referida disposição com o art. 437º do Código Civil português, Henrique Sousa Antunes, «A alteração das circunstâncias no Direito Europeu dos Contratos», *in* Ana Afonso (coord.), *Um Direito Europeu das Obrigações? A influência do DCFR*, Porto, 2015, pp. 87 ss.

[2266] Neste sentido, Hannes Rösler, «Hardship in German Codified Private Law – In Comparative Perspective to English, French and International Contract Law», *Eur. Rev. Priv. Law*, 2007, pp. 483 ss., que escreve a este respeito: «it is questionable if the solution found in the UNIDROIT Principles really represents a common international understanding».

[2267] Cujo teor é o seguinte: «[1] A party to a contract is bound to perform its contractual duties even if events have rendered performance more onerous than could reasonably have been anticipated at the time of the conclusion of the contract. [2] Notwithstanding paragraph 1 of this Clause, where a party to a contract proves that: [a] the continued performance of its contractual duties has become excessively onerous due to an event beyond its reasonable control which it could not reasonably have been expected to have taken into account at the time of the conclusion of the contract; and that [b] it could not reasonably have avoided or overcome the event or its consequences, the parties are bound, within a reasonable time of the invocation of this Clause, to negotiate alternative contractual terms which reasonably allow for the consequences of the event. [3] Where paragraph 2 of this Clause applies, but where alternative contractual terms which reasonably allow for the consequences of the event are not agreed by the other party to the contract as provided in that paragraph, the party invoking this Clause is entitled to termination of the contract» (cfr. *ICC Hardship Clause 2003*, Paris, 2003).

[2268] Neste sentido, Hannes Rösler, est. cit.; e Daniel Girsberger/Paulius Zapolskis, «Fundamental alteration of the contractual equilibrium under hardship exemption», *Jurisprudence*, 2012, pp. 121 ss. *Vide* também, sobre o ponto, Luís de Lima Pinheiro, «Cláusulas típicas dos contratos do comércio internacional», *in eisudem* (org.), *Estudos de Direito Comercial Internacional*, Coimbra, 2004, pp. 239 ss. (pp. 247 ss.).

mado pela análise da jurisprudência arbitral, que se mostra muito cautelosa nesta matéria[2269].

k) Cumprimento e incumprimento do contrato

I – Dentre os instrumentos exame, só os Princípios UNIDROIT consagram expressamente o princípio *pacta sunt servanda*. Diz a este respeito o art. 1.3 desse texto:

> «Um contrato validamente celebrado vincula as partes contratantes. Só pode ser modificado ou resolvido nos termos do disposto nas respectivas cláusulas, por comum acordo entre as partes ou ainda pelas causas enunciadas nestes Princípios.»

Este princípio não é, porém, levado às suas últimas consequências. Como se verá adiante, o art. 7.2.2 dos Princípios introduz importantes exceções à possibilidade de execução específica, nomeadamente quando o credor possa obter a prestação de um terceiro em termos razoáveis.

Outro tanto pode dizer-se dos casos em que, em virtude da ocorrência de uma situação de *hardship*, o art. 6.2.3 (4) (b) dos Princípios admite que um tribunal modifique o contrato em ordem a restabelecer o equilíbrio entre as prestações devidas pelas partes.

Já se nota maior uniformidade entre os instrumentos aqui analisados (com exceção da Convenção de Viena pelas razões atrás apontadas) no que respeita ao princípio da boa-fé – com projeção relevante também, como vimos acima, no

[2269] Quando, por exemplo, um banco paquistanês, que faltara ao cumprimento das obrigações decorrentes de uma garantia que prestara a favor de uma empresa indiana, aduziu numa arbitragem por esta contra si instaurada junto da *Cour d'arbitrage* da Câmara de Comércio Internacional a aplicabilidade do princípio *rebus sic stantibus*, com fundamento no conflito armado que eclodira entre a Índia e o Paquistão e a legislação de emergência então adotada por ambos os países, o árbitro único declarou: «As a general rule, one should be particularly reluctant to accept [the doctrine rebus sic stantibus] when there is no gap or lacuna in the contract and when the intent of the parties has been clearly expressed, as in the Bank Guarantee. Caution is especially called for, moreover, in international transactions where it is generally much less likely that the parties have been unaware of the risk of a remote contingency or unable to formulate it precisely» (cfr. a sentença proferida no proc. 1512, parcialmente reproduzida em Sigvard Jarvin/Yves Derains, *Colection of ICC Arbitral Awards 1974-1985*, Paris, etc., 1990, pp. 3 ss.). Sobre o ponto, vejam-se ainda Fouchard/Gaillard/Goldman, *Traité de l'arbitrage commercial international*, Paris, 1996, pp. 28 ss. ; Klaus Peter Berger, «Power of arbitrators to fill gaps and revise contracts to make sense», *Arbitration International*, 2001, pp. 1 ss.; Frederick R. Fucci, *Hardship and Changed Circumstances as Grounds for Adjustment or Non-Performance of Contracts. Practical Considerations in International Infrastructure Investment and Finance*, Nova Iorque, 2006, p. 23 (disponível em http://www.cisg.law.pace.edu/cisg/biblio/fucci.html); e Christoph Brunner, *Force Majeure and Hardship under General Contract Principles. Exemption for Non-Performance in International Arbitration*, Alphen aan den Rijn, 2009, pp. 414 ss.

momento da execução das obrigações contratuais –, o qual tem acolhimento expresso nesses instrumentos, nos termos referidos acima, a propósito da culpa na formação dos contratos.

O DCFR consagra, todavia, uma regra específica à boa-fé no cumprimento das obrigações (o art. III.-1.103) que se desvia um tanto das que constam dos Princípios UNIDROIT e dos Princípios Europeus (e bem assim de diversos Direitos nacionais). Dispõe, com efeito, esse preceito, sob a epígrafe *good faith and fair dealing*:

> «(1) Todos têm o dever de agir em conformidade com a boa-fé e a lealdade no cumprimento das obrigações, no exercício do direito a uma prestação, ao prevalecerem-se ou defenderem-se de uma ação por incumprimento ou no exercício do direito de pôr termo a uma relação contratual. (2) Esse dever não pode ser excluído ou limitado por contrato ou outro ato jurídico. (3) A violação desse dever não confere diretamente acesso aos meios processuais por incumprimento de uma obrigação, mas pode precludir a possibilidade de o infrator exercer ou se prevalecer de um direito, de um meio processual ou de uma exceção de que de outro modo disporia.»

Em razão do disposto no nº 3, a violação por uma das partes do dever de atuação em conformidade com a boa-fé na execução das obrigações dele decorrentes parece insuscetível de determinar, por si só, a obrigação de indemnizar os danos daí resultantes para a outra parte. Tal só será possível, segundo se retira do comentário oficial a esse preceito, na medida em que o dever em causa possa ser extraído de uma estipulação implícita («*implied term*») do contrato. Por outro lado, segundo se refere também no mencionado comentário, aos tribunais cabe recorrer à boa-fé quando tal se mostre necessário a fim de preencher lacunas do contrato, mas não a fim de corrigi-lo[2270].

Do princípio em apreço flui como seu corolário – que os Princípios Europeus e o DCFR consagram, respetivamente, nos arts. 1:202 e III.-1:104 – o dever de as partes cooperarem entre si em ordem a conferirem plena eficácia ao contrato.

II – Os Princípios UNIDROIT operam com um conceito unitário de incumprimento (neles dito «*non performance*»), que compreende qualquer forma de inexecução das obrigações resultantes do contrato, seja o incumprimento total, o cumprimento tardio ou o cumprimento defeituoso. Abrange-se nele, além disso,

[2270] O preceito constitui nesta medida, segundo Filippo Ranieri, *Europäisches Obligationenrecht*, p. 1897, nota 140, uma concessão ao *Common Law* inglês e ao Direito francês, que praticamente desconhecem o controlo de mérito das cláusulas contratuais fora do Direito do Consumo. Sobre essa disposição, veja-se ainda Mustapha Mekki/Martine Kloepfer-Pelèse, «Good faith and fair dealing in the DCFR», *ERCL*, 2008, pp. 338 ss.

tanto a violação de deveres de prestação como de deveres acessórios de conduta. Esse conceito de incumprimento inclui, outrossim, as hipóteses em que o mesmo se deva ter por justificado. É elucidativo a este respeito o art. 7.1.1:

> «Entende-se por incumprimento a falta de cumprimento por uma das partes de qualquer das obrigações resultantes do contrato, incluindo o cumprimento defeituoso ou tardio.»

A Convenção de Viena não é tão explícita, mas o conceito de «violação do contrato» («*breach of contract*») acolhido nela compreende igualmente a inexecução, tanto pelo vendedor como pelo comprador, de qualquer das obrigações que para estes resultem do contrato ou da Convenção (arts. 45 e 61)[2271].

Também os Princípios Europeus consagram, no art. 1:301 (4), um conceito unitário de incumprimento do contrato, que compreende qualquer inexecução de uma obrigação contratual, quer esta se traduza na sua execução tardia, na sua execução defeituosa ou na sua completa inexecução. A esta luz se compreende o disposto no art. 8:101 (1), segundo o qual sempre que uma das partes não cumpra uma obrigação contratual e o incumprimento não deva ter-se como justificado nos termos do art. 8:108, pode a parte lesada recorrer a qualquer dos remédios previstos no capítulo 9.

Aquela disposição dos Princípios Europeus tem correspondência com o art. III.-3:101 (1) do DCFR, que estabelece:

> «Não sendo cumprida a obrigação pelo devedor, e se o incumprimento não se encontrar justificado, pode o credor recorrer a qualquer dos meios previstos neste capítulo.»

Nos instrumentos em apreço, as consequências do incumprimento não são, decerto, as mesmas qualquer que seja a forma que ele revista. Vê-lo-emos adiante, por exemplo, a respeito da resolução do contrato. Mas não sofre dúvida que há neles uma fundamental unificação do regime do incumprimento contratual, patente designadamente na omissão de um regime específico para a mora; o que se liga, como veremos, com a imposição de responsabilidade ao devedor independentemente de culpa, na linha da solução prevalecente nos sistemas de *Common Law*.

III – Na Convenção de Viena, assiste em princípio ao comprador, em caso de incumprimento pelo vendedor, o direito de exigir deste a realização da sua pres-

[2271] Ver Basedow, «Towards a Universal Doctrine of Breach of Contract: The Impact of the CISG», *International Review of Law and Economics*, 2005, pp. 487 ss.

tação (art. 46(1)). O art. 28 estabelece no entanto uma importante limitação à execução específica («*specific performance*»), nos termos da qual:

> «Se, em conformidade com as disposições da presente Convenção, uma parte tiver o direito de exigir da outra a execução de uma obrigação, um tribunal não está vinculado a ordenar a execução específica, a não ser que a decretasse por aplicação do seu próprio direito relativamente a contratos de compra e venda semelhantes, não regulados pela presente Convenção.»

Sujeita-se deste modo à *lex fori* a determinação da admissibilidade da execução específica das obrigações contratuais; o que não é senão um reflexo das diferentes orientações a este respeito consagradas nos sistemas jurídicos nacionais, de que demos conta acima, e da inviabilidade do estabelecimento de uma regra material autónoma na Convenção[2272]. Por força do disposto no art. 28, as diferenças entre os sistemas jurídicos nacionais quanto a esta matéria foram, assim, preservadas.

De todo o modo, no regime convencional o comprador não pode exigir do vendedor o cumprimento específico das suas obrigações sempre que «se tenha prevalecido de um meio incompatível com esta exigência» (art. 46(1) *in fine*). Será esse o caso, por exemplo, da resolução do contrato, da indemnização do interesse de cumprimento ou da redução do preço convencionado[2273].

Já os Princípios UNIDROIT, tal como os Princípios Europeus, admitem por via de regra a execução específica, aderindo portanto à solução maioritariamente adotada nos sistemas de *Civil Law*. Dispõem, com efeito, os Princípios UNIDROIT no art. 7.2.1: «Se o devedor não pagar uma dívida pecuniária, pode o credor exigir o seu pagamento». E estabelecem os Princípios Europeus a este respeito no art. 9:101 (1): «O credor tem direito a receber o montante em dinheiro que lhe é devido».

Não deixam, todavia, estes instrumentos jurídicos de consagrar, pelo que respeita às obrigações não pecuniárias, relevantes exceções a essa regra, manifestamente inspiradas nos sistemas de *Common Law*. Assim, estabelecem os Princípios UNIDROIT no art. 7.2.2:

> «Se o devedor não cumprir uma obrigação não pecuniária, o credor pode exigir o cumprimento desta, salvo se: *a)* o cumprimento for jurídica ou materialmente impossível; *b)* o cumprimento ou, se for esse o caso, a execução coerciva, forem excessivamente gravosos ou onerosos; *c)* o credor puder razoavelmente obter o cumprimento por outro meio; *d)* o cumprimento tiver caráter estritamente pessoal; ou *e)* o credor não exigir o cumprimento num prazo razoável a partir do momento em que teve ou devia ter tido conhecimento do incumprimento.»

[2272] Ver *supra*, § 14º, *b)*.

[2273] Cfr. Kröll/Mistelis/Perales Viscasillas, *UN Convention*, Art. 46, n.m. 13-16.

Aflora aqui a noção anglo-saxónica da «violação eficiente» («*efficient breach*») do contrato, designadamente na medida em que não haverá execução específica do contrato sempre que o credor possa «razoavelmente obter o cumprimento por outra via», i.é, se puder obter de outro fornecedor os bens ou serviços devidos ao abrigo do contrato. Neste caso, o devedor apenas terá de compensar o credor do prejuízo para si resultante, por exemplo, do preço mais elevado que houver de pagar pela prestação realizada por outrem. Mas, importa notá-lo, os Princípios UNIDROIT acolhem também nesta disposição a inexigibilidade da prestação quando a realização desta se mostre excessivamente onerosa, à imagem do que estabelece atualmente o § 275(2) do BGB.

Na mesma linha fundamental de orientação estabelecem os Princípios Europeus no art. 9:102:

> «(1) A parte lesada tem direito à execução específica de qualquer obrigação que não seja a de pagar uma quantia em dinheiro, incluindo a reparação de uma prestação defeituosa. (2) A execução específica não pode todavia ser obtida quando: (a) o cumprimento fosse ilícito ou impossível; ou (b) o cumprimento causasse ao devedor esforços ou despesas irrazoáveis; or (c) a prestação consista no fornecimento de serviços ou na realização de uma obra de índole pessoal ou de dependa de uma relação pessoal, ou (d) a parte lesada possa razoavelmente obter a prestação por outro meio. (3) A parte lesada perde o direito à execução específica se não a requerer num prazo razoável após o momento em que tenha ou devesse ter tido conhecimento do incumprimento.»

Ambos os instrumentos em presença excetuam, assim, a possibilidade de o credor obter a realização forçada da prestação devida pelo credor, ou o resultado dela, sempre que o credor possa obtê-la em condições razoáveis *por outro meio*. Trata-se de uma limitação muito importante à execução específica, que não tem paralelo nos Direitos continentais e que aproxima os Princípios em apreço dos sistemas de *Common Law*. Mas ambos exoneram, do mesmo passo, o devedor nos casos em que a realização da prestação comporte para ele, como se diz nos Princípios Europeus, despesas ou esforços irrazoáveis, solução que apenas se acha acolhida em certos Direitos continentais, como o alemão. As regras neles acolhidas representam assim uma solução de compromisso entre estas duas tradições jurídicas[2274].

A referida limitação fundada na ideia de violação eficiente do contrato não consta, todavia, do DCFR, que não obstante isso mantém a regra da inexigibili-

[2274] Cfr., neste sentido, Gloria Esteban de la Rosa/Esperanza Gómez Valenzuela, «La acción de cumplimiento específico en la contratación internacional», *in* Sánchez Lorenzo (org.), *Derecho contractual comparado*, t. II, pp. 925 ss. (pp. 948 e 956).

dade da prestação excessivamente onerosa. Com efeito, este instrumento, depois de declarar no art. III.-3:301 (1) que «[o] credor tem direito a receber o pagamento em dinheiro que lhe é devido», dispõe no art. III.-3:302:

> «(1) O credor pode obter a execução específica de qualquer obrigação que não consista no pagamento de uma quantia em dinheiro. (2) A execução específica compreende a reparação, sem qualquer encargo, de uma prestação não conforme os termos da obrigação. (3) A execução específica não pode, todavia, ser obtida quando: (a) o cumprimento for ilícito ou impossível; (b) o cumprimento for irrazoavelmente oneroso ou dispendioso; ou (c) a prestação devida for de tal modo pessoal que seja irrazoável exigi-la. (4) O credor perde o direito à execução específica se não a exigir num prazo razoável após ter ou poder razoavelmente ter tomado conhecimento do incumprimento. (5) O credor não tem direito a ser indemnizado pelo dano sofrido ou ao pagamento de qualquer quantia estipulada para o caso de incumprimento se tiver aumentado o dano ou o valor do pagamento devido, insistindo irrazoavelmente na execução específica quando poderia ter realizado um negócio substitutivo sem esforço ou despesas significativos.»

Também neste ponto o DCFR se mostra, assim, mais acentuadamente tributário da tradição jurídica germânica.

IV – A decisão judicial que condene o devedor na realização da prestação em falta pode ainda, de acordo com o art. 7.2.4 (1) dos Princípios UNIDROIT, impor-lhe uma pena judicial («*judicial penalty*») se o mesmo não cumprir a decisão. Essa sanção pode ser determinada *ex officio*, uma vez que os Princípios não requerem para o efeito uma solicitação da parte interessada; o tribunal goza, além disso, de ampla discricionariedade na definição dos pressupostos e do conteúdo da mesma, porquanto os Princípios nada estabelecem a este respeito.

Neste ponto, os Princípios UNIDROIT aproximam-se dos Direitos continentais, em particular do francês: já sabemos que as sanções em apreço não são admitidas noutros sistemas jurídicos, entre os quais os de *Common Law*, onde são encaradas como uma restrição inadmissível à liberdade do devedor. Compreende-se assim que o nº 2 da disposição em exame haja estabelecido que o montante da sanção se destina ao credor, «salvo havendo disposições imperativas em contrário na lei do foro». Submete-se assim a determinação do beneficiário da pena judicial à *lex fori*.

O pagamento do montante da sanção não prejudica, em qualquer caso, segundo a mesma disposição, o direito do credor a ser indemnizado pelos danos que o incumprimento lhe haja causado.

V – Se o vendedor não cumprir qualquer das obrigações que para si resultam do contrato de compra e venda ou da Convenção de Viena, pode o comprador, além de exigir a realização da prestação nos termos já referidos, exercer os direitos à substituição e à reparação das mercadorias, à redução do preço e, verificados os respectivos pressupostos, à resolução do contrato, assim como pode pedir uma indemnização por perdas e danos (arts. 45 a 52)[2275]. Se o comprador não executar qualquer das suas obrigações, está o vendedor, por seu turno, autorizado a exigir dele o pagamento do preço, a aceitação da entrega das mercadorias ou a execução de outras obrigações, a resolver o contrato se se verificarem os respetivos pressupostos, a proceder ele próprio à especificação das mercadorias e a pedir uma indemnização por perdas e danos (arts. 61 a 65).

A indemnização devida por incumprimento compreende na Convenção de Viena tanto o prejuízo causado à outra parte pelo contraente em falta como os benefícios que aquela tiver deixado de auferir em consequência da violação do contrato (art. 74). Consagra-se assim na Convenção o já referido princípio da *reparação integral do dano* (*«full compensation»*, *«Totalreparation»*)[2276].

A indemnização devida é contudo puramente compensatória: não há lugar, no regime convencional, à imposição de *restitutionary damages,* baseadas no lucro auferido pelo devedor inadimplente, nem de *punitive damages,* tendentes a sancioná-lo pelo incumprimento[2277].

Salvo nas situações contempladas nos arts. 79 e 80, o dever de indemnizar é independente de culpa do devedor. A Convenção acolhe deste modo a responsabilidade objetiva do devedor inadimplente, à imagem dos sistemas de *Common Law*[2278]. A esta circunstância se deverá também a tendência, registada em alguns países europeus, de as partes excluírem, ao abrigo do art. 6, a aplicabilidade da Convenção aos contratos de compra e venda internacional de mercadorias[2279]. Uma solução análoga encontrou todavia consagração no malogrado CESL[2280].

Os Princípios UNIDROIT preveem igualmente o direito do credor à indemnização do dano sofrido em caso de incumprimento, salvo quando o incumprimento for desculpável ao abrigo das respetivas disposições (art. 7.4.1). A indemnização visa, também aqui, a reparação integral do dano sofrido pelo credor em consequência do incumprimento, incluindo as perdas registadas e os ganhos de que

[2275] Ver, sobre esta matéria, Peter Huber, «CISG – The Structure of Remedies», *RabelsZ,* 2007, pp. 13 ss.

[2276] Neste sentido, Schlechtriem/Schroeter, *Internationales UN-Kaufrecht,* p. 300.

[2277] Assim Michael Bridge, «Remedies and Damages», *in* DiMatteo *et al.* (orgs.), *International Sales Law,* pp. 529 ss. (p. 5419.

[2278] Neste sentido, Schlechtriem/Schwenzer (orgs.), *Kommentar zum Einheitlichen UN-Kaufrecht,* p. 1012.

[2279] Assim Kröll/Mistelis/Perales Viscasillas, *UN Convention,* Art. 74, n.m. 7.

[2280] Cfr. os arts. 88º, 106, nº 4, e 159º, nº 1.

foi privado. O dano pode ser não patrimonial e inclui, por exemplo, o sofrimento físico e psíquico do credor (art. 7.4.2); vai-se nesta matéria consideravelmente mais longe do que em diversos sistemas europeus, nomeadamente o alemão.

Os Princípios Europeus acolhem também o direito do credor à indemnização do dano resultante do incumprimento, sempre que o devedor não se encontre exonerado das consequências desse incumprimento. O dano indemnizável compreende o dano não patrimonial e o dano futuro que seja razoavelmente provável (art. 9:501). Adota-se, pelo que respeita à indemnização devida ao credor em caso de incumprimento, o critério do *interesse positivo*: o credor deve ser colocado, tanto quanto possível, na situação em que se encontraria se o contrato tivesse sido cumprido, compreendendo-se na indemnização devida tanto as perdas por ele sofridas como os ganhos de que foi privado (art. 9:502). Também neste texto se omite qualquer referência ao *Verschuldensprinzip*.

Os arts. III.-3:701 e III.-3:703 do DCFR acolhem nesta matéria regras análogas às dos Princípios Europeus. A primeira destas disposições explicita, contudo, o conceito de dano indemnizável, que se entende compreender o dano económico e o não económico. O primeiro inclui o lucro cessante, os encargos incorridos e a redução no valor de uma propriedade. O segundo, a dor, o sofrimento e a perda da qualidade de vida[2281].

Os instrumentos em apreço alargam assim consideravelmente o escopo do dano não patrimonial indemnizável relativamente ao *statu quo* nos Estados-Membros da União Europeia.

O Tribunal de Justiça da União decidiu, é certo, no acórdão *Simone Leitner v. TUI Deutschland*, proferido em 12 de março de 2002[2282], que «[o] artigo 5º da Directiva 90/314/CEE do Conselho, de 13 de Junho de 1990, relativa às viagens organizadas, férias organizadas e circuitos organizados, deve ser interpretado no sentido de conferir, em princípio, ao consumidor um direito à reparação do dano moral resultante da não execução ou da incorrecta execução das prestações incluídas numa viagem organizada». Na maioria dos Estados-Membros a ressarcibilidade do dano moral (*rectius*: não patrimonial) não se encontra, porém, assente relativamente aos demais tipos contratuais, como se viu acima.

Na Convenção de Viena o problema do ressarcimento do dano causado a bens intangíveis assume menos relevância, dado que o seu escopo se restringe às vendas comerciais; ainda assim, pode o incumprimento contratual atingir a reputação de uma empresa ou o seu *goodwill*, que serão ressarcíveis ao abrigo do art. 74[2283].

[2281] Ver Christian Von Bar, «The Notion of Damage», *in* Hartkamp e outros (orgs.), *Towards a European Civil Code*, pp. 387 ss.

[2282] Proc. C-168/00.

[2283] Cfr. Bridge, est. cit., p. 551.

Os Princípios UNIDROIT (art. 7.4.13), os Princípios Europeus (art. 9:509) e o DCFR (art. III-3:712) admitem ainda a estipulação contratual de uma quantia a pagar pelo devedor em caso de incumprimento do contrato, independentemente do dano realmente sofrido pelo credor; mas preveem a sua redução, consoante sucede em vários sistemas continentais, caso a mesma se mostre excessiva em face do dano e das demais circunstâncias do caso. Consagra-se aqui, como nota Pinto Monteiro[2284], um «modelo aberto» de cláusula penal, que tanto pode ter um escopo meramente indemnizatório como visar uma finalidade coercitiva do devedor; o que bem se compreende atenta a exclusão de cláusulas penais com este último objetivo nos sistemas de *Common Law*, de que demos conta oportunamente[2285].

O ónus de atenuar os prejuízos decorrentes do incumprimento do contrato (*«mitigation of damages»*; *«Schadensminderung»*) encontra-se acolhido nos arts. 77 da Convenção de Viena, 7.4.8 dos Princípios UNIDROIT, 9:505 dos Princípios Europeus e III.-3:705 do DCFR. Por força destas disposições, o devedor não responde pelo prejuízo sofrido pelo credor se este os podia ter evitado, tomando as providências que, no caso ocorrente, se mostrassem razoáveis, *v.g.*, celebrando um negócio de substituição. O credor tem, em contrapartida, direito a ser reembolsado de quaisquer despesas razoáveis em que tiver incorrido a fim de atenuar o prejuízo. O regime dos Princípios e do DCFR difere – importa notá-lo – do que se extrai das regras sobre a culpa do lesado acolhidas nos sistemas de *Civil Law*, na medida em que não contempla uma repartição do dano entre as partes em função das respetivas culpas na produção do mesmo, mas tão só a exclusão do respetivo ressarcimento pelo devedor inadimplente havendo omissão pelo credor das referidas providências[2286]. Também aqui se manifesta a influência anglo-americana sobre os instrumentos em exame.

VI – Pelo que respeita ao nexo de causalidade exigível em ordem a que possa ser arbitrada uma indemnização por incumprimento contratual, os instrumentos em apreço acolhem o *foreseeability test* que, como se deixou dito, foi consagrado pelo Direitos inglês e norte-americano[2287].

Assim, a Convenção de Viena estabelece que a indemnização não pode exceder o prejuízo sofrido e o lucro cessante que a parte faltosa previu ou deveria

[2284] Ver, do autor, «O "modelo" aberto de cláusula penal no *DCFR*», *in* Ana Afonso (coord.), *Um Direito Europeu das Obrigações? A influência do DCFR*, Porto, 2015, pp. 123 ss. (p. 155).

[2285] Cfr. *supra*, § 14º, *b)*, XI.

[2286] Cfr., nesta linha de orientação, José Carlos Brandão Proença, «Incumprimento pelo devedor e redução do dano pelo credor: o art. III.-3:705 do *DCFR*», *in* Ana Afonso (coord.), *Um Direito Europeu das Obrigações? A influência do DCFR*, Porto, 2015, pp. 123 ss. (p. 130).

[2287] Cfr. *supra*, § 14º, *d)*, V.

ter previsto no momento da conclusão do contrato como consequências possíveis da violação deste, tendo em conta os factos de que tinha ou deveria ter tido conhecimento (art. 74).

Exclui-se deste modo o ressarcimento dos danos indiretos (*«consequencial losses»*; *«Folgeschäden»*) decorrentes do incumprimento do contrato, não previstos nem previsíveis ao tempo da conclusão do contrato (por exemplo, a completa destruição de uma fábrica ou de outras mercadorias do comprador em resultado de um defeito existente numa máquina nela instalada pelo vendedor).

Analogamente, os Princípios UNIDROIT prescrevem que a parte inadimplente apenas é responsável pelo dano que houver previsto ou que pudesse razoavelmente ter previsto ao tempo da conclusão do contrato como consequência provável do incumprimento (art. 7.4.4).

Também os Princípios Europeus restringem a responsabilidade da parte inadimplente ao «dano que esta previu ou podia razoavelmente ter previsto ao tempo da conclusão do contrato como uma consequência provável do seu incumprimento»; mas ressalvam do escopo dessa limitação o incumprimento intencional ou grosseiramente negligente (art. 9:503). O DCFR consagra regra idêntica (art. III.-3:703); e outro tanto sucede no CESL (art. 161º)[2288].

Tal como vimos suceder nos Direitos inglês e norte-americano, este critério de delimitação do dano imputável ao devedor inadimplente, mais exigente que o da causalidade adequada, mitiga de alguma sorte a responsabilidade objetiva do devedor[2289].

A perda de uma oportunidade, ou perda de *chance*, não se encontra especificamente contemplada na Convenção de Viena; ela é contudo ressarcível segundo os Princípios UNIDROIT proporcionalmente à probabilidade da sua ocorrência (art. 7.4.3 (2))[2290]. Se, por exemplo, uma empresa de entrega de encomendas aceita entregar uma proposta para a construção de um aeroporto e só o faz, violando as suas obrigações contratuais, depois de expirado o prazo para a apresentação dessa proposta, a compensação devida pela perda da oportunidade de ganhar o concurso depende, segundo o comentário oficial aos Princípios, do *grau de probabilidade* de a proposta excluída ser aceite se tivesse sido entregue a tempo, o que presssuporá a sua comparação com as demais propostas entregues a tempo;

[2288] Para uma crítica dessa regra, designadamente por não tomar em consideração a *teoria do escopo de proteção da norma violada*, a que fizemos alusão oportunamente, veja-se Zimmermann, «Limitation of Liability of Damages in European Contract Law», *The Edinburgh Law Review*, 2014, pp. 193 ss.

[2289] Neste sentido, a propósito da Convenção de Viena, vejam-se Schlechtriem/Schwenzer (orgs.), *Kommentar zum einheitlichen Kaufrecht*, p. 1028; e *Münchener Kommentar*/Huber, Art. 74 CISG, n.m. 25.

[2290] Diz esse preceito: «A perda de uma oportunidade pode ser reparada na medida da probabilidade da sua realização». O ressarcimento da perda de *chance* é também admitido na nota F ao art. 9:501 dos Princípios Europeus.

a compensação devida será uma proporção do lucro que o lesado poderia ter auferido se tivesse ganho o concurso público.

VII – Diversamente do que vimos acima ser ainda hoje o regime vigente na maioria dos sistemas jurídicos continentais[2291], nos instrumentos em exame a impossibilidade originária da prestação devida ao abrigo do contrato não exonera só por si o devedor de responsabilidade por incumprimento do contrato.

Estabelecem, com efeito, a este propósito os Princípios UNIDROIT, no art. 3.1.3:

> «(1) O simples facto de uma das partes estar impossibilitada de cumprir as suas obrigações no momento da conclusão do contrato não afeta a validade do contrato. (2) Também não afeta a validade do contrato o facto de uma das partes, no momento da conclusão do contrato, não poder dispor dos bens objeto do contrato.»

Os Princípios UNIDROIT desviam-se assim da tradição romanista quanto a esta matéria (da qual se afastou também a lei alemã em 2001, como vimos), remetendo as hipóteses de impossibilidade inicial da prestação para as regras sobre o erro e o incumprimento[2292]. A respeito deste último, refere-se em anotação ao citado preceito: «Os direitos e deveres das partes decorrentes da incapacidade de cumprir de uma delas (ou eventualmente de ambas) são determinados de acordo com as regras relativas ao incumprimento. De acordo com estas regras, pode ser atribuído o peso apropriado, por exemplo, ao facto de que o devedor (ou o credor) já sabia da impossibilidade de cumprimento ao tempo da celebração do contrato».

A mesma linha fundamental de orientação foi posteriormente adotada nos Princípios Europeus, cujo art. 4:102 dispõe:

> «Um contrato não é inválido apenas porque ao tempo da sua conclusão era impossível o cumprimento da obrigação assumida, ou porque uma das partes não podia dispor dos bens a que o contrato se refere.»

Em nota a esta disposição afirma-se: «Nos Princípios, a impossibilidade inicial é tratada, tal como outros erros, como um fundamento com base no qual o contrato pode ser anulado»[2293].

[2291] Cfr. *supra*, § 14º, *b)*.

[2292] Neste sentido, veja-se Vogenauer (org.), *Commentary on the UNIDROIT Principles on International Commercial Contracts*, art. 3.1.3, n.m. 3 (por Peter Huber).

[2293] *Principles of European Contract Law. Parts I and II*, p. 229.

Os Princípios Europeus excluem, todavia, a possibilidade de execução específica do contrato nas hipóteses em que a realização da prestação em causa se mostre impossível (art. 9:102 (2) (a)).

O DCFR consagra exatamente as mesmas regras (arts. II.-7:102 e III.-3:302 (3) (a)).

VIII – Consideremos agora os problemas postos pelo cumprimento defeituoso do contrato.

O regime da Convenção de Viena sobre esta matéria assenta na ideia de que as qualidades da coisa vendida, asseguradas pelo vendedor ou pressupostas pelo comprador, integram o acordo negocial, não se estabelecendo nela, por isso, qualquer diferenciação entre a entrega de uma coisa defeituosa e a de um *aliud*. Neste sentido, a Convenção consagra, no art. 35 (1), a obrigação de o vendedor entregar mercadorias que «pela quantidade, qualidade e tipo correspondam às previstas no contrato»; e prevê, no art. 36 (1), a responsabilidade do vendedor por qualquer *falta de conformidade* que exista no momento da transferência do risco para o comprador[2294].

Compreende-se assim que, se as mercadorias não forem conformes ao contrato, o art. 46 (2), da Convenção confira ao comprador o direito de exigir do vendedor a entrega de mercadorias de substituição, caso essa falta de conformidade constitua uma «violação fundamental do contrato»[2295]: trata-se pois, no sistema da Convenção, de uma hipótese de incumprimento. O comprador pode ainda exigir do vendedor, segundo o art. 46 (3), da Convenção, que este repare a falta de conformidade, salvo se isso for irrazoável, tendo em conta todas as circunstâncias.

Como se viu acima, é muito diverso deste o regime consignado nos arts. 913º e seguintes do Código Civil português para a venda de coisas defeituosas, o qual assenta, pelo menos no tocante à venda de coisa específica, na anulabilidade do contrato, em tais circunstâncias, por erro ou dolo. Outro tanto sucede com os demais sistemas jurídicos europeus que consagraram nesta matéria regimes legais baseados nas ações edilícias do Direito Romano. Perante a lei portuguesa, o comprador tem também o direito de exigir do vendedor a reparação da coisa ou, se tal for necessário e a coisa tiver natureza fungível, a substituição dela; mas esta obrigação não existe, consoante dispõe o art. 914º, «se o vendedor desconhecia sem culpa o vício ou a falta de qualidade de que a coisa padece».

[2294] Ver Bruno Zeller, «Conformity of Goods», *in* DiMatteo *et al.* (orgs.), *International Sales Law*, pp. 379 ss.

[2295] Sobre esta noção, veja-se *infra*, § 46º, *k)*, X.

Na União Europeia, o regime da compra e venda de bens de consumo e das garantias a ela relativas instituído pela Diretiva 1999/44/CE aproxima-se em vários aspetos das regras da Convenção de Viena que acabamos de descrever[2296].

Um dos pontos nucleares da Diretiva é, com efeito, a consagração no art. 2º, nº 1, de uma *obrigação de conformidade* dos bens vendidos com o contrato. Em consequência dela, a entrega de uma coisa defeituosa pelo vendedor constitui uma forma de incumprimento do contrato, pelo qual o vendedor é responsável nos termos do art. 3º. Esta solução assenta na ideia, que como dissemos obteve também acolhimento na Convenção, segundo a qual as qualidades da coisa vendida asseguradas pelo vendedor ou pressupostas pelo comprador integram o acordo negocial. Quanto a este aspeto, o regime da Diretiva filia-se, pois, diretamente no da Convenção de Viena[2297].

Compreende-se, assim, que em Portugal o art. 2º do Decreto-Lei nº 67/2003, de 8 de abril, que visou transpor aquela Diretiva europeia, consagre, no que respeita à venda de bens de consumo, um regime que, neste particular, é muito mais próximo do da Convenção do que do Direito interno comum. Dispõe, com efeito, o nº 1 desse preceito que «[o] vendedor tem o dever de entregar ao consumidor bens que sejam conformes com o contrato de compra e venda». Outro tanto fizeram diversos ordenamentos jurídicos europeus[2298].

Em caso de desconformidade, a Diretiva reconhece ao consumidor os direitos à reparação ou substituição do bem, à redução do preço e à rescisão do contrato[2299]. O exercício destes direitos não prejudica, consoante nela se dispõe, o

[2296] Cfr., sobre esse ato jurídico europeu, Dirk Staudenmayer, «Die EG-Richtlinie über den Verbrauchsgüterkauf», *NJW*, 1999, pp. 2393 ss.; *idem*, «The Directive on the Sale of Consumer Goods and Associated Guarantees – a Milestone in the European Consumer and Private Law», *Eur. Rev. Priv. Law*, 2000, pp. 547 ss.; Paulo Mota Pinto, «Conformidade e garantias na venda de bens de consumo. A Directiva 1999/44/CE e o direito português», *in Estudos de Direito do Consumidor*, 2000, pp. 197 ss.; e Claus-Wilhelm Canaris, «A transposição da Directiva sobre a compra de bens de consumo para o Direito alemão», *in Estudos de Direito do Consumidor*, 2001, pp. 49 ss.

[2297] Ver sobre o ponto, para mais desenvolvimentos, o nosso estudo «Desconformidade e garantias na venda de bens de consumo: a Diretiva 1999/44/CE e a Convenção de Viena de 1980», *Themis*, 2001, pp. 121 ss.

[2298] Cfr., por exemplo, o Código Civil holandês, art. 7:17: «A coisa entregue deve ser conforme ao contrato»; o Código Civil alemão, § 433: «O vendedor tem de entregar a coisa ao comprador livre de vícios materiais e jurídicos»; e § 434 (1): «A coisa encontra-se isenta de vícios materiais se no momento da transmissão do risco tiver a qualidade convencionada. Se a qualidade não tiver sido convencionada, a coisa encontra-se isenta de vícios 1. Se for adequada à utilização pressuposta no contrato, ou 2. Se for adequada à utilização usual e for da qualidade que seja usual nas coisas do mesmo género e que o comprador possa esperar em razão da sua natureza»; e Código do Consumo italiano, art. 129 (1): «O vendedor tem a obrigação de entregar ao consumidor bens conformes com o contrato de venda».

[2299] Art. 3º, nº 2.

exercício de outros direitos que o consumidor possa invocar com fundamento na responsabilidade contratual ou extracontratual. Este deve, todavia, ser feito ao abrigo das disposições nacionais aplicáveis[2300].

Também os Princípios UNIDROIT acolhem, no art. 7.2.3, os direitos à reparação ou substituição da prestação defeituosa, bem como a qualquer outra forma de correção do cumprimento defeituoso. Este direito deve, todavia, considerar-se subordinado às condições enunciadas no art. 7.2.2, por força do qual a execução específica é excluída, como vimos, sempre que se revele *excessivamente oneroso* para a parte inadimplente – *v.g.* porque o defeito da coisa entregue pelo devedor é menor e a sua reparação seria menos onerosa do que a sua substituição[2301].

A consagração na Convenção de Viena e na Diretiva dos direitos à reparação e à substituição dos bens entregues pelo vendedor que se revelem desconformes ao contrato aproximou em alguma medida os sistemas de *Common Law* dos de *Civil Law*. Isto, designadamente, porque o Direito inglês, previamente à transposição da Diretiva, apenas conferia ao adquirente do bem defeituoso o direito à indemnização dos danos sofridos, o que o obrigava a repará-lo à sua custa para só depois poder reclamar em juízo o reembolso do valor correspondente[2302].

A responsabilidade do devedor pela entrega de bens desconformes com o contrato é, na Convenção de Viena, independente de culpa, tendo lugar mesmo que o devedor não tivesse conhecimento da desconformidade. Consagra-se assim na Convenção uma *garantia por defeitos* da mercadoria vendida.

IX – Também no tocante à mora do devedor o Direito da União Europeia procurou levar a cabo uma certa aproximação dos sistemas jurídicos nacionais[2303].

Assim, os atrasos no cumprimento de obrigações de pagamento decorrentes de transações comerciais foram objeto, sucessivamente, da Diretiva 2000/35/CE, do Parlamento Europeu e do Conselho, de 29 de junho de 2000, e da Diretiva 2011/7/UE, do Parlamento Europeu e do Conselho, de 16 de fevereiro de 2011, que revogou a anterior, com efeitos a partir de 16 de março de 2013.

O primeiro destes atos de Direito Europeu foi transposto para a ordem jurídica portuguesa pelo D.L. nº 32/2003, de 17 de fevereiro.

2300 Art. 8º, nº 1.

2301 Neste sentido, Vogenauer (org.), *Commentary on the UNIDROIT Principles*, art. 7.2.3, n.m. 14 (por Harriet Schelhaas).

2302 Cfr. as *Sale and Supply of Goods to Consumers Regulations 2002*, que transpuseram a Diretiva 99/44/CE, as quais conferiram ao consumidor os direitos a «repair or replacement of the goods» e a «reduction of purchase price or rescission of contract». Atualmente, estes direitos encontram-se consagrados nas secções 19 a 24 do *Consumer Rights Act 2015*.

2303 Ver Maria del Pilar Perales Viscasillas, *La morosidad en las operaciones comerciales entre empresas. Ley 3/2004 y Directiva 2000/35*, Madrid, 2006.

Nos termos do art. 3º, nº 1, daquela segunda diretiva, os Estados-Membros asseguram que nas transações comerciais entre empresas o credor tem o direito a receber juros de mora sem necessidade de interpelação caso estejam preenchidas as seguintes condições: *a)* O credor ter cumprido as suas obrigações contratuais e legais; e *b)* O credor não ter recebido dentro do prazo estipulado pelas partes ou fixado na Diretiva, salvo se o atraso não for imputável ao devedor.

Caso estejam preenchidas as condições previstas no nº 1, os Estados-Membros asseguram, nos termos do nº 3 da mesma disposição, que o credor tenha direito a juros de mora a contar do dia subsequente à data do vencimento, ou no termo do prazo de pagamento, estipulados no contrato; ou que, caso a data de vencimento ou o prazo de pagamento não estejam estipulados no contrato, o credor tenha direito a juros de mora após o termo de um dos seguintes prazos: *a)* 30 dias a contar da data em que o devedor tiver recebido a fatura ou um aviso equivalente de pagamento; *b)* 30 dias a contar da data da receção dos bens ou da prestação dos serviços, caso a data de receção da fatura ou do aviso equivalente seja incerta; *c)* 30 dias a contar da data de receção dos bens ou da prestação dos serviços, caso o devedor receba a fatura ou documento equivalente antes do fornecimento dos bens ou da prestação dos serviços; e *d)* 30 dias a contar da data da aceitação ou verificação, caso esteja previsto um processo mediante o qual deva ser determinada a conformidade dos bens ou dos serviços e o devedor receba a fatura ou o aviso equivalente em data anterior.

A Diretiva acolhe assim um sistema de mora automática, decorridos que estejam os prazos nela fixados, dispensando para o efeito a interpelação admonitória do devedor. Trata-se, como é bom de ver, de uma aproximação ao modelo anglo-americano de regulação dos atrasos no cumprimento do contrato, de que demos conta acima.

X – Na Convenção de Viena, a resolução por incumprimento (dita «*avoidance*» na versão inglesa) apenas é admitida nos casos de violação fundamental do contrato («*fundamental breach of contract*»), podendo ter lugar por mera declaração de uma das partes à outra[2304].

Uma violação do contrato é tida como fundamental, segundo o art. 25 da Convenção, «quando causa à outra parte um prejuízo tal que a prive substancialmente daquilo que lhe era legítimo esperar do contrato, salvo se a parte faltosa não previu esse resultado e se uma pessoa razoável, com idêntica qualificação e colocada na mesma situação, não o tivesse igualmente previsto».

O conceito carateriza-se pela sua imprecisão. Compreendem-se nele dois elementos: a causação de um prejuízo de que resulte a *privação substancial* daquilo

[2304] Cfr. os arts. 49(1) e 64(1).

que uma das partes podia esperar do contrato; e a *previsibilidade* desse resultado. O primeiro deverá ter-se como verificado quando o credor perca o interesse na prestação em virtude da violação contratual; o segundo, quando um comerciante razoavelmente conhecedor do mercado, colocado nas mesmas circunstâncias, tivesse previsto o resultado da violação contratual ocorrida[2305].

Na jurisprudência distinguem-se diferentes tipos de casos pelo que respeita à aplicação do conceito em apreço. Assim: *a)* A não realização definitiva da prestação e a recusa de prestar são geralmente tidas como violações fundamentais do contrato; *b)* Já o mero atraso na sua realização só o será se o momento em que a mesma era devida fosse essencial em virtude de estipulação das partes ou das circunstâncias do contrato; *c)* A entrega de mercadorias defeituosas apenas constituirá uma violação fundamental se as mesmas forem insuscetíveis de ser utilizadas pelo comprador, ainda que para o efeito hajam de ser reparadas; e *d)* A insuscetibilidade da transferência da propriedade sobre as mercadorias vendidas, *v.g.* porque estas foram furtadas, constitui também violação fundamental do contrato[2306].

O padrão de exigência da Convenção de Viena para a qualificação de uma situação como violação fundamental do contrato é assim consideravelmente elevado. A resolução é uma *ultima ratio*[2307]. A restrição ao exercício do direito de resolução daqui resultante evidencia o *favor contractus* que subjaz à Convenção[2308]. Este justifica-se pela preocupação de evitar os dispêndios inúteis de recursos económicos inerentes, *v.g.*, à resolução do contrato e à entrega de bens de substituição. Daí que se lhes prefiram na Convenção a reparação dos bens vendidos, a indemnização do comprador e a redução do preço convencionado[2309].

Outro tanto sucede nos Princípios UNIDROIT, nos Princípios Europeus e no DCFR, que adotam nesta matéria a noção de «incumprimento fundamental» («*fundamental non-performance*»), da qual fazem igualmente depender a resolução do contrato[2310].

[2305] Cfr. Kröll/Mistelis/Perales Viscasillas, *UN Convention*, Art. 25, n.m. 10-22.

[2306] Cfr. Ulrich Magnus, «Performance and Breach of Contract», *in* DiMatteo *et al.* (orgs.), *International Sales Law*, pp. 467 ss. (pp. 472 s.).

[2307] Cfr. Peter Huber, «CISG – The Structure of Remedies», *RabelsZ*, 2007, pp. 13 ss. (p. 18); Schlechtriem/Schroeter, *Internationales UN-Kaufrecht*, p. 153 s.

[2308] Neste sentido também Joana Campos Carvalho, «Fundamentos e resolução por incumprimento: comparação entre o Direito português e a Convenção de Viena Sobre os Contratos de Compra e Venda Internacional de Mercadorias», *Themis*, 2015, pp. 175 ss. (p. 183).

[2309] Cfr. Kröll/Mistelis/Perales Viscasillas, *UN Convention*, Art. 46, n.m. 33.

[2310] Cfr., respetivamente, os arts. 7.3.1 dos Princípios UNIDROIT, 8:103 e 9:301 dos Princípios Europeus e III.-3:502 do DCFR.

A resolução do contrato tem lugar mediante declaração à contraparte[2311]. A Convenção, os Princípios e o DCFR afastam-se neste particular da orientação consagrada pelos sistemas jurídicos, como o italiano ou o espanhol (e até recentemente o francês), que, embora admitam a resolução do contrato com maior amplitude, requerem em princípio a intervenção de um tribunal para que a mesma se efetive; e aproximam-se da que, como vimos, prevalece a este respeito nos sistemas anglo-saxónicos.

Tão-pouco se exige nesses instrumentos jurídicos, ao contrário do que sucede em diversos sistemas continentais, a concessão pelo credor de um prazo suplementar ao devedor para sanar o incumprimento antes de resolver o contrato. Esse prazo pode, é certo, ser concedido pelo credor[2312]; mas tal não é obrigatório. Se o incumprimento não for fundamental, o decurso do prazo suplementar sem que haja cumprimento confere todavia ao credor, na Convenção de Viena, o direito de resolver o contrato[2313].

A resolução do contrato libera as partes das suas obrigações; ela não afeta, porém, o direito à indemnização dos danos sofridos por qualquer das partes nem as estipulações relativas à resolução de litígios ou quaisquer outras que devam manter-se eficazes em caso de resolução (*v.g.* o dever de segredo quanto a informações obtidas ao abrigo do contrato). É a chamada *cumulation of remedies,* que os arts. 45(2) da Convenção de Viena, 7.3.5(2) dos Princípios UNIDROIT, 8:102 dos Princípios Europeus e III.-3:102 do DCFR expressamente consignam. Além disso, embora a parte que houver já realizado a sua prestação ao tempo da resolução tenha direito a reavê-la (ou o seu valor em dinheiro, se a restituição em espécie não for possível), a resolução não tem efeito retroativo em qualquer dos instrumentos jurídicos exame, que neste ponto se distanciam, entre outros, dos sistemas francês e português[2314].

Não tem acolhimento nos instrumentos em exame uma faculdade de denúncia dos contratos duradouros com fundamento em «motivo importante», como a que vimos encontrar-se consagrada no § 314 do BGB[2315], embora a mesma tenha sido debatida a respeito dos Princípios UNIDROIT[2316].

[2311] Convenção de Viena, art. 26; Princípios UNIDROIT, art. 7.3.2(1); Princípios Europeus, art. 9:303(1); DCFR, art. III.-3:505(1).

[2312] Cfr. os arts. 47(1) e 63(1) da Convenção de Viena. Vejam-se ainda os arts. 8:106 (1) dos Princípios Europeus e III.-3:103 do DCFR.

[2313] Cfr. os arts. 49(1)(b), 49(2)(b)(ii), 64(1)(b) e 64(2)(b)(ii).

[2314] Convenção de Viena, art. 81; Princípios UNIDROIT, arts. 7.3.5 e 7.3.6; Princípios Europeus, art. 9:305; DCFR, art. III.-3:509.

[2315] *Supra,* § 13º, *c).*

[2316] Cfr. François Dessemontet, *Position Paper with Draft Provisions on Termination of Long Term Contracts for Just Cause,* Roma, UNIDROIT, 2007; *idem,* «The UNIDROIT Principles and the Long

XI – Os instrumentos em presença admitem a resolução imediata do contrato em caso de repúdio («*anticipatory breach*» ou «*anticipatory non-performance*») deste por uma das partes, equiparando essa situação, sob o prisma dos seus efeitos, ao incumprimento do contrato, contanto que se mostrem preenchidos os requisitos da violação fundamental.

Neste sentido dispõe a Convenção de Viena no art. 72(1):

> «Se, antes da data do cumprimento do contrato, for manifesto que uma parte cometerá uma violação fundamental do contrato, a outra parte pode declarar a resolução deste.»

Repare-se que não se exige aqui a certeza do incumprimento do contrato, decorrente, *v.g.*, de o devedor ter declarado que não realizará a prestação: basta um razoável grau de probabilidade de que assim acontecerá. O preceito tem por conseguinte, ao menos potencialmente, um alcance muito vasto. A solicitação porém de alguns países em desenvolvimento, procurou-se atenuar os seus efeitos mais gravosos, prevendo no nº 2 que, se dispuser do tempo necessário, a parte que pretenda resolver o contrato deve notificar previamente disso a outra, a fim de lhe possibilitar a prestação de garantias («*assurances*») adequadas de boa execução das suas obrigações. Esta ressalva não se aplica todavia se o devedor tiver declarado que não executará as suas obrigações. A regra assume assim uma feição compromissória.

Esta última é menos nítida nos Princípios UNIDROIT, que estabelecem a este respeito no art. 7.3.3:

> «Uma parte pode resolver o contrato se, antes do vencimento, for manifesto que haverá incumprimento essencial pela outra parte.»

Os *Princípios Europeus* consagram uma regra praticamente idêntica no art. 9:304. O DCFR explicita um pouco melhor a mesma solução fundamental, dispondo no art. III.–3:504:

> «O credor pode resolver antes de ser devido o cumprimento de uma obrigação contratual se o devedor tiver declarado que haverá um incumprimento da obrigação ou for de outro modo claro que ocorrerá um tal incumprimento e se o incumprimento for fundamental.»

XII – A *exceptio non adimpleti contractus* encontra-se igualmente prevista nos instrumentos em exame. Assim, os Princípios UNIDROIT dispõem no art. 7.1.3:

Term Contracts», *Diritto del Commercio Internazionale*, 2012, pp. 873 ss.

«(1) Estando as partes obrigadas a realizar as respetivas prestações simultaneamente, qualquer delas pode recusar a sua prestação enquanto a outra não oferecer o cumprimento da que lhe cabe. (2) Se as partes estiverem obrigadas a realizar as respetivas prestações consecutivamente, a parte que deva realizar a sua mais tarde pode recusar-se a prestá-la enquanto a primeira não cumprir.»

Por seu turno, o art. 9:201 dos Princípios Europeus estabelece:

«(1) Uma parte que deva cumprir simultaneamente com a outra pode reter a prestação até que a outra a tenha oferecido ou realizado. A primeira parte pode reter toda ou parte da sua prestação, consoante for razoável nas circunstâncias. (2) Uma parte pode do mesmo modo reter a sua prestação enquanto for manifesto que haverá incumprimento pela outra parte no momento em que o cumprimento for devido.»

O DCFR consagra uma regra um tanto mais pormenorizada no art. III.-3:401, segundo o qual:

«(1) O credor que deva cumprir uma obrigação recíproca ao mesmo tempo ou depois de o devedor ter cumprido tem o direito de reter a sua prestação até que o devedor tenha oferecido ou realizado a sua. (2) O credor que deva cumprir uma obrigação recíproca antes de o devedor cumprir e que esteja razoavelmente convicto de que haverá incumprimento pelo devedor quando o cumprimento for devido pode reter a sua prestação enquanto a sua convicção razoável se mantiver. Contudo, o credor perde o direito de reter a prestação se o devedor der uma garantia adequada do cumprimento devido. (3) O credor que retiver a sua prestação na situação mencionada no parágrafo (2) tem o dever de notificar desse facto o devedor assim que tal for razoavelmente praticável e é responsável por qualquer dano causado ao devedor pela violação desse dever. (4) A prestação pode ser retida ao abrigo deste artigo no toda ou em parte, consoante for razoável nas circunstâncias.»

Na Convenção de Viena a *exceptio* não se encontra expressamente formulada como regra geral; mas, ao abrigo do art. 7(2), pode inferir-se dos arts. 58(1), 71, 85 e 86(1) o princípio conforme o qual qualquer das partes pode reter a sua prestação enquanto a outra não tiver oferecido a que lhe compete realizar, contanto que esta seja devida antes ou concomitantemente com aquela[2317].

XIII – Consideremos ainda as situações de impossibilidade superveniente de cumprimento do contrato. O art. 79 (1) da Convenção de Viena estabelece este respeito:

[2317] Neste sentido, Kröll/Mistelis/Perales Viscasillas, *UN Convention*, Art. 45, n.m. 8; Schlechtriem//Schroeter, *Internationales UN-Kaufrecht*, p. 223.

> «Uma parte não é responsável pela inexecução de qualquer das suas obrigações se provar que tal inexecução se ficou a dever a um impedimento alheio à sua vontade e que não era razoável esperar que ela o tomasse em consideração no momento da conclusão do contrato, o prevenisse ou o ultrapassasse, ou que prevenisse ou ultrapassasse as suas consequências.»

Como referem Maria Ângela Soares e Rui de Moura Ramos[2318], abrangem-se nesta disposição as situações de ausência de culpa (*lato sensu*) do devedor na inexecução da prestação, designadamente por esta ser devida a caso fortuito ou de força maior, a facto de terceiro ou à aplicação de normas legais. A excessiva onerosidade da prestação não está, como notámos, compreendida nela[2319].

O preceito em apreço restringe o princípio de responsabilidade objetiva do devedor acolhido na Convenção. O seu significado prático é porém restrito, sendo raros os casos em que os tribunais exoneram o devedor ao abrigo dela[2320]. Para tanto concorre a circunstância de serem muito apertados os pressupostos de que depende essa exoneração, a saber: *a)* A ocorrência de um impedimento situado fora da esfera de controlo do devedor (um desastre natural, um ato de violência, uma greve, um embargo, etc.); *b)* A imprevisibilidade desse impedimento ao tempo da conclusão do contrato; *c)* A inevitabilidade e insuperabilidade desse impedimento através de medidas razoavelmente exigíveis ao devedor; e *d)* Um nexo causal entre o impedimento e a não execução da prestação.

De notar, por outro lado, que o art. 79 (5) da Convenção mantém nestes casos o devedor adstrito ao dever de cumprimento da prestação, apenas o liberando do dever de indemnizar o credor. A realização da prestação pode, assim, ser-lhe exigida se esta entretanto se tornar possível.

A máxima *impossibilium nulla obligatio est* não tem, portanto, aplicação no âmbito da Convenção[2321].

Também o art. 7.1.7 dos Princípios UNIDROIT admite a exoneração do devedor nos casos aí designados por *força maior*. Para tanto, é todavia necessário que o mesmo prove que a falta de cumprimento é devida a um «impedimento fora do seu controlo» e que «não lhe podia ser razoavelmente exigido que o tivesse tomado em consideração no momento da conclusão do contrato, que o tivesse evitado ou superado ou que tivesse evitado ou superado as suas consequências» (nº 1). Se o impedimento for apenas temporário, a exoneração da responsabilidade só produz efeitos «durante um prazo razoável, tendo em consideração as consequências do impedimento sobre o cumprimento do contrato» (nº 2). Em

[2318] *Contratos internacionais*, p. 214.

[2319] Neste sentido, veja-se também Sánchez Lorenzo, «La frustración del contrato», cit., pp. 742 s.

[2320] Neste sentido, *Münchener Kommentar*/Huber, Art. 79 CISG, n.m. 1.

[2321] Neste sentido também Schlechtriem/Schroeter, *Internationales UN-Kaufrecht*, p. 156.

qualquer caso, a parte inadimplente deve notificar a outra da existência do impedimento e das consequências deste sobre a sua capacidade para cumprir; se a notificação não chegar ao destinatário num prazo razoável a partir do momento em que essa parte teve ou devia ter tido conhecimento do impedimento, fica a mesma obrigada a reparar os danos daí resultantes para a outra (nº 3).

Na mesma linha fundamental de orientação, estabelece o art. 8:108 dos Princípios Europeus que o devedor fica exonerado das consequências do incumprimento se demonstrar que este se deveu a um «impedimento fora do seu controlo» e que não seria razoável esperar que tivesse tomado em consideração esse impedimento ao tempo da conclusão do contrato, ou que tivesse evitado ou superado o impedimento ou as suas consequências (nº 1). Quando o impedimento for meramente temporário, a exoneração apenas produz efeitos durante o período em que existir esse impedimento; mas se o atraso constituir um incumprimento fundamental, o credor pode tratá-lo como tal (nº 2). A parte inadimplente deve assegurar que a notificação do impedimento e dos seus efeitos sobre a sua aptidão para cumprir seja recebida pela outra parte dentro de um prazo razoável após a parte inadimplente ter tomado conhecimento ou dever ter tomado conhecimento destas circunstâncias; a outra parte tem direito a ser indemnizada por qualquer dano decorrente da falta de receção dessa notificação (nº 3).

O art. III.-3:104 do DCFR dispõe igualmente que o incumprimento da obrigação pelo devedor se tem por justificado quando for devido a um impedimento fora do seu controlo e não se pudesse razoavelmente esperar que o devedor o tivesse evitado ou superado (nº 1). Não assim, porém, se o devesse razoavelmente ter tido em consideração ao tempo em que assumiu a obrigação (nº 2). Sendo o impedimento meramente temporário, a sua exoneração sê-lo-á também, sem prejuízo de o credor poder tratar o atraso como um incumprimento fundamental (nº 3). Se o impedimento for permanente, a obrigação extingue-se, assim como qualquer obrigação recíproca (nº 4). O devedor tem de informar atempadamente o credor do impedimento, sob pena de responder pelos danos assim causados (nº 5).

Manda-se assim atender nestes instrumentos, como critério fundamental da imputação do dano resultante da impossibilidade de cumprimento, à *repartição do risco* expressa ou tacitamente operada pelas partes. Os resultados da aplicação dos referidos preceitos não são, como é bom de ver, fundamentalmente diversos dos da doutrina da *frustration* consagrada no Direito inglês, exigindo-se a total impossibilidade da prestação a fim de que o devedor possa ser exonerado; a mera *hardship*, assim como a *impracticability* do Direito norte-americano, são insuficientes para o efeito[2322].

[2322] Cfr., neste sentido, Joseph M. Perillo, «Force Majeure and Hardship Clauses under the UNIDROIT Principles of International Commercial Contracts», cit., p. 21, classificando a regra dos Princípios UNIDROIT sobre a *force majeure* como «draconiana».

XIV – Verifica-se, em suma, que os textos internacionais a que nos vimos referindo consagram, em matéria de incumprimento, uma *garantia* a favor do credor, que lhe permite responsabilizar o devedor independentemente de culpa sua pela não realização da prestação devida, salvo ocorrendo caso de força maior e desde que verificados os requisitos da relevância desta; do mesmo passo que admitem a resolução do contrato em caso de incumprimento fundamental por mera declaração de uma das partes à outra e independentemente da concessão à parte inadimplente de um prazo para saná-lo.

Esses sistemas restringem ainda consideravelmente a possibilidade de execução específica da obrigação incumprida, designadamente nos casos em que o credor possa obter a prestação em falta em condições razoáveis de um terceiro, viabilizando assim a «violação eficiente do contrato» pela parte que disponha de uma alternativa economicamente mais favorável.

Não será demais concluir, em face deste quadro normativo, que os instrumentos aqui examinados refletem, quanto a esta matéria, o triunfo da conceção anglo-saxónica de contrato de que demos conta anteriormente[2323], traduzida num certo enfraquecimento da visão moral do contrato acolhida nos sistemas romanistas em benefício de uma visão mais centrada nos seus efeitos económicos, como a que está subjacente aos sistemas de *Common Law*[2324].

§ 47º A harmonização e a unificação do regime da responsabilidade civil extracontratual

a) Razão de ordem

Também no domínio da responsabilidade civil extracontratual se tem feito sentir a influência do movimento de harmonização e unificação internacional do Direito das Obrigações.

A responsabilidade civil encontra-se subtraída à competência legislativa da União Europeia; mas as suas atribuições nos domínios da defesa do consumidor

[2323] Cfr., reconhecendo que o regime do incumprimento do contrato acolhido na Convenção de Viena e, na esteira desta, nos Princípios UNIDROIT, nos Princípios Europeus e no DCFR, foi modelado à imagem dos sistemas de *Common Law,* Ole Lando, «Non Performance (Breach) of Contracts», *in* Hartkamp e outros (orgs.), *Towards a European Civil Code,* pp. 681 ss. (pp. 685 ss.). Vejam-se ainda, no sentido do texto, Ulrich Drobnig, «General Principles of European Contract Law», *in* Petar Sarcevic e Paul Volken (orgs.), *International Sale of Goods: Dubrovnik Lectures,* Nova Iorque, Oceana, 1986, pp. 305 ss. (a respeito da Convenção de Viena); Filippo Ranieri, *Europäisches Obligationenrecht,* p. 709 (salientando a «função modelar» – «*Vorbildfunktion*» – do Direito inglês na conformação do Direito Civil Europeu); Jean-Frédéric Carter, *Le traitement de l'inéxecution (La breach of contract),* Lille, 2003; e Carmen Vaquero López, «La mora en los contratos», *in* Sánchez Lorenzo (org.), *Derecho contractual comparado,* t. II, pp. 820 s.

[2324] Assim, Rémy Cabrillac, *Droit européen comparé des contrats,* p. 156.

e da concorrência deram origem a diversos atos jurídicos europeus relativos a temas específicos de responsabilidade civil. Destacam-se neste campo as mencionadas diretivas sobre a responsabilidade decorrente de danos causados por produtos defeituosos, de danos ambientais, da violação de direitos intelectuais e da infração às disposições do Direito da Concorrência.

Noutro plano, sobressaem a este propósito os *Princípios de Direito Europeu da Responsabilidade Civil*, da iniciativa do Grupo Europeu de Direito da Responsabilidade Civil[2325]. Este texto assenta, segundo se refere nele, num compromisso entre as diferentes soluções acolhidas nos países representados nos respetivos trabalhos preparatórios[2326] e visa constituir o esteio de uma futura harmonização do Direito da Responsabilidade Civil na Europa[2327]. O mesmo objetivo preside ao DCFR, que se ocupa igualmente da responsabilidade civil (posto que numa perspetiva mais próxima do Direito alemão) no seu Livro VI[2328].

Não é todavia pacífica, cumpre notá-lo, a aspiração a um Direito delitual comum na União Europeia[2329]. Valem contra ela, desde logo, as objeções fundadas no *princípio da subsidiariedade* do Direito Europeu e na desejável preservação da pluralidade e diversidade dos sistemas jurídicos, da qual sempre dependerá em alguma medida o desenvolvimento do Direito e a adequação deste ao sentimento de justiça dos seus destinatários. Além disso, em matéria de responsabilidade civil não é tão nítida como no domínio dos contratos a correlação entre a unificação ou harmonização legislativas e o funcionamento do mercado interno. Por outro lado, não pode ignorar-se que a medida em que se admite a imputação de danos *ex delicto* a quem os causou contende ao mais alto grau com as conceções vigentes em cada sociedade acerca das intervenções admissíveis na esfera jurídica

[2325] Cfr. European Group on Tort Law, *Principles of European Tort Law*, Viena/Nova Iorque, 2005. O texto dos princípios encontra-se traduzido em português, a pp. 251 ss. deste volume, por Jorge Sinde Monteiro e André Dias Pereira, e está disponível em http://www.egtl.org. Veja-se, acerca deste texto, Helmut Koziol, «Die "Principles of European Tort Law" der "European Group on Tort Law"», *ZEuP*, 2004, pp. 234 ss.; Nils Jansen, «Principles of European Tort Law? Grundwertungen und Systembildung im Europäische Haftungsrecht», *RabelsZ*, 2006, pp. 732 ss. Para um confronto com o Direito português, consulte-se André Dias Pereira, «Portuguese Tort Law: A Comparison with the Principles of European Tort Law», *in* Helmut Koziol/Barbara Steininger (orgs.), *European Tort Law 2004*, Viena/Nova Iorque, 2005, pp. 623 ss.

[2326] *Op. cit.*, p. 14.

[2327] *Idem*, p. 16.

[2328] Veja-se, para uma comparação do DCFR com os Princípios de Direito Europeu da Responsabilidade Civil, Ken Oliphant, «Rival Perspectives on European Tort Law (A Comparative Analysis)», *in* Helmut Koziol/Barbara Steininger (orgs.), *European Tort Law 2009*, Viena/Nova Iorque, 2010, pp. 666 ss.

[2329] Em sentido crítico, cfr., por exemplo, Cees Van Dam, *European Tort Law*, pp. 159 ss.; e Reinhard Zimmermann, «Codification. The Civilian Experience Reconsidered on the Eve of a Common European Sales Law», *ERCL*, 2012, pp. 367 ss. (que a considera «inconcebível hoje»: p. 397).

alheia e dos deveres recíprocos de conduta que vinculam os seus membros – e, reflexamente, com a liberdade de atuação reconhecida a estes –, matérias sobre as quais se está ainda, como vimos acima, muito longe de um consenso, mesmo no âmbito relativamente restrito da União Europeia[2330]. Ora, os projetos referidos conduziriam em diversos países europeus, caso fossem transpostos para os respetivos sistemas jurídicos, a um alargamento não despiciendo da responsabilidade civil extracontratual[2331]; o que, pela razão apontada, não é de supor que fosse pacificamente acolhido neles.

A investigação acima empreendida demonstrou, outrossim, que a estreita ligação existente entre o contrato e o delito inviabiliza uma unificação, ou mesmo tão-somente uma harmonização, do regime do primeiro que ignore as regras aplicáveis ao segundo e vice-versa. Sendo por toda a parte assaz fluidas as fronteiras entre estas duas fontes de obrigações, e dada a proliferação nas economias contemporâneas de figuras híbridas – entre as quais sobressai a responsabilidade pela causação de danos patrimoniais puros por negligência –, a delimitação do escopo da responsabilidade contratual não é em rigor possível sem uma concomitante definição do âmbito da responsabilidade extracontratual.

A isto acresce que também não se afigura desejável uma unificação ou harmonização do regime da responsabilidade civil que não seja acompanhada de uma concomitante aproximação dos regimes nacionais relativos a outros sistemas de compensação de danos com ela estreitamente ligados, como é o caso dos seguros obrigatórios, dos fundos de garantia e da segurança social; mas esta levanta problemas muito complexos, que não são suscetíveis de serem resolvidos pela mera adoção de textos legislativos comuns aos Estados-Membros da União.

Daqui a importância do tema que nos propomos examinar em seguida. Fá-lo-emos passando em revista, na ótica dos referidos instrumentos de harmonização e unificação legislativa, os principais temas tratados no capítulo IV a propósito da responsabilidade civil extracontratual.

b) Modos de delimitação dos factos danosos geradores da responsabilidade civil extracontratual

Tem interesse determinar a este respeito, antes de mais, de que modo os instrumentos acima referidos delimitam os tipos de atuações danosas suscetíveis de gerarem a obrigação de indemnizar. É o que se fará em seguida.

[2330] Vejam-se, a este respeito, as reflexões de David Howarth, «The General Conditions of Unlawfulness», *in* Hartkamp e outros (orgs.), *Towards a European Civil Code*, pp. 845 ss.

[2331] Consoante se nota, pelo que respeita ao Direito alemão, em *Münchener Kommentar*/Wagner, vor § 823, n.m. 106.

I – Os *Princípios de Direito Europeu da Responsabilidade Civil* partem – tal como vimos acima ser o caso da generalidade dos sistemas jurídicos nacionais – da regra *casum sentit dominus*: apenas é suscetível de indemnização o dano que for juridicamente imputável a quem o causou, em razão, designadamente, da sua conduta culposa, de uma atividade anormalmente perigosa por si empreendida ou de se ter socorrido de um auxiliar que lhe deu azo no exercício das suas funções[2332].

Isto assente, os *Princípios* estabelecem, no art. 2:101, que o dano, em ordem a ser ressarcível, deve consistir «numa lesão material ou imaterial a um interesse juridicamente protegido» («*legally protected interest*»).

A definição de quais sejam os interesses protegidos e, reflexamente, do escopo de proteção da responsabilidade civil, compete à ordem jurídica na sua globalidade. Ela pressupõe, além disso, uma ponderação de interesses contrapostos. Consoante se reconhece no comentário aos *Princípios*, ao proteger os interesses e direitos de uma pessoa, o sistema jurídico exige que todos os outros respeitem essas áreas. «Em resultado disso», acrescenta-se, «todo o reconhecimento de esferas protegidas conduz a uma restrição da liberdade alheia. Por conseguinte, a definição do escopo de proteção requer a ponderação de interesses opostos: por um lado, o interesse em gozar de uma proteção extensa, por outro, o interesse em gozar a máxima liberdade possível»[2333].

Os *Princípios* abstêm-se por isso de fornecer um catálogo completo dos interesses protegidos pelo Direito da Responsabilidade Civil. Mas o art. 2:102 não deixa de formular uma regra de *proteção diferenciada* desses interesses. Diz-se neste preceito:

> «(1) A extensão da proteção de um interesse depende da sua natureza; quanto mais valioso e mais precisa a sua definição e notoriedade, mais ampla será a sua proteção. (2) A vida, a integridade física ou psíquica, a dignidade humana e a liberdade gozam da proteção mais extensa. (3) Aos direitos reais, incluindo os direitos sobre coisas incorpóreas, é concedida uma ampla proteção. (4) Os interesses puramente económicos ou as relações contratuais poderão ter menor proteção. Nestes casos, deve tomar-se em consideração, especialmente, a proximidade entre o agente e a pessoa ameaçada, ou o facto de o agente estar consciente de que causará danos, apesar de os seus interesses deverem ser necessariamente considerados menos valiosos do que os do lesado. (5) A extensão da proteção poderá também ser afetada pela natureza da responsabilidade, de forma a que um interesse possa ser mais extensamente protegido face a lesões intencionais do que em outros casos. (6) Na determinação

[2332] Art. 1:101: «(1) Aquele a quem for juridicamente imputável um dano sofrido por outrem fica obrigado à sua reparação. (2) Um dano pode ser imputado, em particular, àquele: a. cuja conduta culposa o tenha causado; ou b. cuja atividade anormalmente perigosa o tenha causado; ou c. cujos auxiliares o tenham causado no exercício das suas funções».

[2333] *Op. cit.*, pp. 32 s.

da extensão da proteção, devem também ser tomados em consideração os interesses do agente, especialmente na sua liberdade de ação e no exercício dos seus direitos, bem como o interesse público.»

Nos *Princípios Europeus*, todo o dever de indemnizar pressupõe assim, como requisito fundamental, a interferência com um *interesse protegido*. A identificação deste é, porém, em larga medida deixada ao julgador, a quem este instrumento apenas fornece para o efeito um conjunto de diretrizes gerais, a aplicar com recurso ao modelo do «sistema móvel». O que, em parte, constituirá um reflexo da dificuldade em conciliar as diferentes estruturas dos Direitos delituais nacionais[2334], mas abre também o caminho a uma ampliação da responsabilidade civil no confronto com diversos sistemas jurídicos nacionais, incuindo o Direito português[2335].

Com efeito, este último não se refere, na norma fundamental da responsabilidade civil, à lesão de um interesse protegido como forma de ilicitude geradora do dever de indemnizar, mas tão-só à violação de disposições legais que visem proteger interesses alheios (i.é, à violação dos deveres de conduta por elas impostos); o que tem um alcance potencialmente mais restritivo do que a formulação constante dos *Princípios Europeus*[2336]. Tal a consequência de o juízo de ilicitude relevante para a imputação de responsabilidade civil ser, na lei portuguesa, referido a uma *conduta* do agente e não ao *resultado* desta[2337].

II – O DCFR afasta-se também, neste particular, da técnica legislativa adotada pelos sistemas jurídicos nacionais acima examinados.

Com efeito, em lugar de uma cláusula geral ao estilo francês ou de uma enunciação de bens jurídicos na linha do Código alemão, o art VI.-1:101 (1) deste instrumento estabelece a ressarcibilidade do que designa por «dano juridicamente relevante», causado intencionalmente ou por negligência ou de outro modo imputável ao agente[2338].

2334 Sublinha também este ponto Cees van Dam, *European Tort Law*, p. 141.

2335 Chega igualmente a esta conclusão André Dias Pereira, est. cit., p. 648.

2336 Podem, com efeito, ocorrer lesões de interesses juridicamente protegidos que não resultem da violação de qualquer dever legal de preveni-las e que não são, por isso, geradoras do dever de indemnizar em face do art. 483º, nº 1, do Código Civil. Se, por exemplo, um comerciante perde clientela em virtude da concorrência que lhe move um rival, não haverá responsabilidade deste contanto que tenha agido em conformidade com as «normas e usos honestos» do respetivo ramo de atividade económica, para os quais remete o art. 317º, nº 1, do Código da Propriedade Industrial.

2337 Cfr., sobre o ponto, com referência também aos *Princípios Europeus*, Paulo Mota Pinto, *Interesse contratual negativo e interesse contratual positivo*, pp. 502 ss.

2338 «A person who suffers a legally relevant damage has a right to reparation from a person who caused the damage intentionally or negligently or is otherwise accountable for the causation of the damage».

O dano juridicamente relevante reparte-se por três categorias fundamentais, segundo o art. VI.-2:101 (1): *a)* Danos expressamente previstos nesse capítulo do DCFR; *b)* Danos resultantes da violação de um direito conferido pela lei; e *c)* Danos resultantes da violação de um interesse merecedor de proteção legal.

Nestes dois últimos casos estamos, como é bom de ver, perante um enunciado de danos ressarcíveis em parte coincidente com o do art. 483º do Código Civil português. O DCFR acrescenta porém uma limitação que o Direito português não contempla: é que, nos termos do art. VI.-2:101 (2), o dano referido só é ressarcível nesses casos se tal for «justo e razoável» (*«fair and reasonable»*); sendo que na determinação do preenchimento deste requisito deve atender-se, de acordo com o art. VI.-2:101 (3), ao fundamento da imputabilidade, à natureza e proximidade do dano, às expetativas razoáveis do lesado e a considerações de ordem pública.

Entre os danos ressarcíveis tipificados nas disposições do DCFR, para que remete o art. VI.-2:101 (1) deste, encontramos um catálogo mais detalhado do que o da lei portuguesa, no qual se reflete em alguma medida a evolução doutrinal e jurisprudencial das últimas décadas em diversos países europeus.

Estão neste caso os seguintes tipos: *a)* Danos ao corpo ou à saúde de uma pessoa e danos consequentes a estes (art. VI.-2:201); *b)* Danos causados a terceiros em resultado da lesão ou da morte de outra pessoa com quem o lesado tivesse uma relação pessoal particularmente próxima (art. VI.-2:202); *c)* Danos causados pela violação do direito à dignidade, à liberdade e à privacidade e danos consequentes a estes (art. VI.-2:203); *e)* Danos causados a uma pessoa em consequencia da comunicação de informação incorreta a ela respeitante (art. VI.-2:204); *f)* Danos resultantes da comunicação de informação confidencial (art. VI.-2:205); *g)* Danos causados mediante a ofensa do direito de propriedade ou da posse lícita de coisas móveis ou imóveis (art. VI.-2:206); *h)* Danos causados a uma pessoa em virtude de esta ter confiado, na tomada de uma decisão, em conselhos ou informações fornecidas por outrem (art. VI.-2:207); *i)* Danos causados a uma pessoa em razão de um impedimento ilícito ao exercício por esta de uma atividade profissional ou empresarial (art. VI.-2:208); *j)* Danos causados ao Estado ou a autoridades competentes em virtude da lesões a elementos integrantes do meio ambiente (art. VI.-2:209); *k)* Danos causados a uma pessoa em resultado de informações fraudulentas (art. VI.-2:210); e *l)* Danos causados a uma pessoa em resultado da indução de um terceiro ao não cumprimento de uma obrigação por esta assumida (art. VI.-2:211).

c) Pressupostos da responsabilidade civil extracontratual por factos ilícitos

I – Os *Princípios de Direito Europeu da Responsabilidade Civil* abstêm-se de exigir explicitamente a ilicitude como pressuposto da obrigação de indemnizar; ao que não será decerto estranha a circunstância de, como se viu acima, esse conceito não ter acolhimento como requisito autónomo da responsabilidade civil em vários sistemas jurídicos europeus.

Em comentário às disposições dos *Princípios* refere-se que o requisito da ocorrência de uma infração a um interesse protegido, consignado no art. 2:101, se reconduz ao conceito de ilicitude (*«wrongfulness»*)[2339].

Não há todavia nos *Princípios*, como se viu acima, um catálogo completo dos interesses protegidos pela responsabilidade civil extracontratual; de onde resulta (pelo menos no confronto com o Direito português) uma maior fluidez na definição dos ilícitos suscetíveis de determinarem a imputação de um dano àquele que o causou[2340].

Também o DCFR prescinde, ao menos formalmente, do conceito de ilicitude. No art. VI.-1:101, exige-se antes, a fim de que se constitua o dever de indemnizar: *a)* Um «dano relevante»; *b)* A culpa, traduzida no dolo ou na negligencia, salvo quando o dano seja imputável ao agente a outro título, nos termos do capítulo 3; e *c)* O nexo de causalidade.

A definição do dano relevante no DCFR encerra, porém, um elemento de ilicitude, uma vez que, como se deixou dito acima, só é ressarcível o dano que resulte da violação de um direito ou interesse protegido ou que se encontre como tal tipificado neste instrumento jurídico.

Nesta medida, como reconhece o próprio comentário oficial ao DCFR, o conceito de dano nele consignado não se afasta muito do de *«danno ingiusto»* da lei italiana, que, como vimos, também compreende um elemento de ilicitude[2341].

A ilicitude do dano presume-se, pois, no sistema do DCFR, uma vez preenchida a previsão de uma das normas que tipificam os «danos relevantes». Cabe ao réu nesses casos alegar e provar uma das causas de exclusão da ilicitude previstas no capítulo 5 do livro VI, intitulado *«defences»*. Entre estas incluem-se o consentimento do lesado, a legítima defesa, a intervenção benevolente em assuntos alheios, o estado de necessidade e a proteção de interesses públicos.

II – Pelo que respeita ao dano, os *Princípios* acolhem no art. 2:101 um conceito amplo, que compreende tanto as lesões de bens materiais como as de bens imateriais. A lesão em causa deve contudo ter por objeto, consoante já se referiu, um interesse juridicamente protegido.

[2339] *Op. cit.*, p. 24.

[2340] O que motivou a observação de uma autora portuguesa segundo a qual «[n]o fundo, as normas em questão não oferecem uma solução acabada, remetendo para o prudente arbítrio do julgador a poderação acerca da reparação da lesão»: cfr. Mafalda Miranda Barbosa, *Lições de responsabilidade civil*, p. 114.

[2341] Cfr. *Draft Common Frame of Reference. Full Edition*, vol. 4, p. 3151.

Ficam assim excluídas do conceito de dano, para os efeitos dos *Princípios*, todas as ofensas a interesses patrimoniais ou não patrimoniais a que a ordem jurídica não confira tutela, quer pela natureza ilícita destes (pense-se, por exemplo, nos frutos de uma atividade proibida), quer por os mesmos não serem tidos como merecedores dela (consoante será o caso, em certos sistemas jurídicos, do já referido «dano da vida indevida», ou *wrongful life*, por vezes invocado como fundamento de pedidos indemnizatórios formulados por pessoas com malformações congénitas não detetadas em devido tempo pelos médicos que assistiram a progenitora na gravidez)[2342].

Relativamente aos danos patrimoniais puros, os *Princípios* refletem, no citado art. 2:102 (4), a relutância de diversos sistemas jurídicos europeus, com destaque para o inglês e o alemão, em admitir o seu ressarcimento *ex delicto*; mas não o excluem nos casos em que exista certa proximidade entre a vítima e o agente ou em que este estivesse consciente de que os causaria. Esta diretriz provavelmente fica aquém do Direito francês quanto a esta matéria; excede todavia o que a este respeito estabelecem os Direitos alemão e português.

O DCFR não contém regra semelhante à dos *Princípios*, mas contempla no capítulo VI o ressarcimento de danos patrimoniais puros em diversas circunstâncias específicas, entre as quais, como se referiu acima, a divulgação de informações incorretas ou confidenciais, a prestação de informações ou conselhos incorretos ou fraudulentos, o impedimento ao exercício de uma atividade profissional ou empresarial e a indução ao não cumprimento de uma obrigação. O DCFR admite também o ressarcimento dos danos não patrimoniais, incluindo a dor e o sofrimento e a perturbação da qualidade de vida. O dano à saúde mental apenas é ressarcível, todavia, «*if it amounts to a medical condition*» (art. VI.-2:201 (2) (b)), requisito que o Direito francês não estabelece.

III – No tocante ao nexo causal exigível, os *Princípios* acolhem, no art. 3:101, a regra conforme a qual uma atividade ou conduta será tida como causa do dano se, na ausência dela, este não tivesse ocorrido – ou seja, se a primeira puder ser qualificada como *conditio sine qua non* do segundo.

Preenchido este requisito, a imputação do dano ao agente dependerá ainda, de acordo com o art. 3:201, de uma ponderação casuística, que deverá ter designadamente em conta: *a)* A previsibilidade do dano para uma pessoa razoável no momento da atividade, atenta especialmente a proximidade temporal ou espacial entre a atividade causadora do dano e as respetivas consequências ou a dimensão do dano em relação com as consequências normais daquela atividade; *b)* A natureza e o valor do interesse protegido; *c)* O fundamento da responsabilidade; *d)* Os riscos normais da vida; e *e)* O fim de proteção da norma violada.

2342 *Op. cit.*, p. 29.

Também quanto a este ponto os *Princípios* assentam, pois, numa técnica legislativa que confere aos tribunais um alto grau de discricionariedade na aferição do preenchimento dos pressupostos da responsabilidade civil.

IV – Os *Princípios de Direito Europeu da Responsabilidade Civil* consagram no art. 4:101 uma conceção objetiva de culpa («*fault*»), nos termos da qual responderá a esse título a pessoa que, intencionalmente ou por negligência, violar o padrão de conduta exigível («*required standard of conduct*»). Este último corresponde, de acordo com o art. 4:102(1), ao de uma «pessoa razoável colocada nas mesmas circunstâncias» («*a reasonable person in the circumstances*»). A aferição do preenchimento deste requisito da responsabilidade civil depende, segundo o mesmo preceito, de um juízo que tomará especialmente em consideração, entre outros fatores: *a)* A natureza e o valor do interesse protegido em questão; *b)* A perigosidade da atividade; *c)* A perícia expectável da pessoa que a exerce; *d)* A previsibilidade do dano; *e)* A relação de proximidade ou de particular confiança entre as partes envolvidas; e *f)* A disponibilidade e os custos de eventuais métodos preventivos ou alternativos. O padrão de conduta exigível pode, além disso, ser ajustado em função da idade do agente, de deficiência psíquica ou física de que este padeça ou de, devido a circunstâncias extraordinárias, não se poder esperar que a pessoa em causa atuasse em conformidade com o mesmo (art. 4:102(2)). No estabelecimento desse padrão, devem tomar-se ainda em consideração as disposições que prescrevam ou proíbam determinadas condutas (art. 4:102(3)).

O critério da atuação em concreto expectável de uma pessoa razoável aflora também no art. VI.-3:102 (b) do DCFR, nos termos do qual se tem causado um dano por negligência quando a conduta do agente «não corresponde ao cuidado que se poderia esperar de uma pessoa razoavelmente cuidadosa nas circunstâncias do caso».

Na aferição da ocorrência de uma omissão culposa, os *Princípios* admitem a existência de um dever de prevenção do perigo para terceiros, no caso de o agente criar ou controlar uma situação de perigo, de haver uma relação especial entre as partes ou de a desproporção entre a gravidade da lesão e a facilidade de a evitar apontar nesse sentido (art. 4:103)[2343].

O ónus da prova da culpa pode ser invertido quando a gravidade do perigo inerente a certa atividade o justifique (art. 4:201). Além disso, aquele que exercer uma atividade económica ou profissional de caráter duradouro e utilizar para o efeito auxiliares ou equipamento técnico responde pelos danos causados por «defeito da empresa ou da sua produção», salvo se demonstrar que agiu

[2343] Regra que vai manifestamente mais longe do que o art. 486º do Código Civil português, de que demos conta acima: cfr. *supra*, § 21º, *a)*.

de acordo com o padrão de conduta exigível (art. 4:202). Os *Princípios* acolhem assim, quanto a estas situações, ditas de «responsabilidade empresarial» («*enterprise liability*») um regime intermédio entre o da responsabilidade subjetiva e o da responsabilidade objetiva.

d) Responsabilidade pelo risco e por factos lícitos

I – O exercício de uma atividade anormalmente perigosa («*abnormally dangerous activity*») constitui, nos termos do art. 5:101 dos *Princípios Europeus*, fundamento da imputação ao agente, independentemente da ocorrência de culpa sua, dos danos resultantes do risco típico dessa atividade. Uma atividade é tida como anormalmente perigosa quando «crie um risco previsível e bastante significativo de danos, mesmo com a observância do devido cuidado, e não for usual». Apesar de se cingir aparentemente a hipóteses extremas, esta disposição acolhe uma *cláusula geral* de responsabilidade pelo risco, que não tem correspondência nos sistemas jurídicos europeus, como o alemão e o português, que consagram nesta matéria um princípio de tipicidade ou «enumeração».

Os *Princípios* admitem, além disso, que as leis nacionais estabeleçam outras categorias de responsabilidade objetiva por atividades que não sejam anormalmente perigosas; e bem assim que as disposições legais correspondentes sejam aplicadas analogicamente a situações de «risco comparável de dano» (art. 5:102), solução que, de resto, os relatores dos *Princípios* reconhecem não corresponder ao Direito vigente na maior parte dos países[2344].

Entre as hipóteses de responsabilidade objetiva expressamente contempladas nos *Princípios* conta-se a responsabilidade por atos de auxiliares, a qual é admitida sempre que estes tenham agido no exercício das respetivas funções e tenham violado o padrão de conduta exigível (art. 6:102).

Nesta matéria, o DCFR mostra-se consideravelmente mais prudente, na medida em que na secção dedicada à imputabilidade de danos causados sem intenção ou negligência (arts. VI-3:201 a VI-3:208) apenas se preveem certas espécies típicas de responsabilidade pelo risco (respeitantes, designadamente, a danos causados por empregados e representantes, edifícios, animais, produtos defeituosos, veículos motorizados e subtâncias perigosas ou emissões), preservando-se assim neste instrumento jurídico o referido princípio da enumeração.

Ambos os instrumentos em causa acolhem, assim, o princípio *respondeat superior,* que, como se viu acima, o Direito alemão não consagra[2345]. A adoção de qualquer desses instrumentos por este sistema jurídico não seria possível, por conseguinte, sem uma profunda revisão das suas regras sobre esta matéria.

[2344] Cfr. *op. cit.*, p. 111.

[2345] Cfr. *supra*, § 23º, *a)*.

Em contrapartida, nenhum dos instrumentos em causa acolhe um regime de responsabilidade por danos causados por coisas equiparável à *responsabilité du fait des choses*, que como vimos constitui um traço distintivo do Direito francês neste domínio[2346].

II – No âmbito da União Europeia, destaca-se como o principal instrumento harmonizador do regime da responsabilidade civil a mencionada Diretiva 85/374/CEE, de 25 de julho de 1985, relativa à aproximação das disposições legislativas, regulamentares e administrativas dos Estados-Membros em matéria de responsabilidade decorrente dos produtos defeituosos.

Aí se acolhe, enquanto exigência da proteção do consumidor, o princípio da imputação ao produtor, independentemente de culpa sua, dos danos causados por produtos defeituosos, como tais se entendendo aqueles que não oferecem a segurança que deles se poderia legitimamente esperar, tendo em conta todas as circunstâncias, incluindo a sua apresentação, a utilização esperada e o momento da sua entrada em circulação (art. 6º, nº 1).

A Diretiva não deixa, no entanto, de prever um considerável elenco de causas de exoneração da responsabilidade do produtor. Entre estas sobressai a circunstância de o estado dos conhecimentos científicos e técnicos no momento da colocação do produto em circulação não permitir ao produtor detetar a existência do defeito (art. 7º, alínea *e)*). Colocam-se assim a cargo do consumidor os riscos inerentes ao desenvolvimento científico e tecnológico; o que, como é bom de ver, constitui uma forma de não onerar excessivamente o produtor num quadro de mutação tecnológica acelerada como o atual. O estado dos conhecimentos científicos e técnicos constitui deste modo, como foi já notado na doutrina portuguesa[2347], a *pedra de toque* da responsabilidade ou irresponsabilidade do produtor. Contudo, a regra em apreço é suscetível de derrogações pelos Estados-Membros, que o art. 15º, nº 1, alínea *b)*, expressamente consente, tendo a mesma sido objeto de restrições em alguns sistemas jurídicos, como o francês[2348] e o alemão[2349], e de um significativo alargamento no Direito inglês[2350], os quais inevitavelmente limitam, num ponto nuclear, a harmonização de legislações visada pela Diretiva.

2346 *Idem.*

2347 Assim, Calvão da Silva, *A responsabilidade civil do produtor*, p. 521.

2348 Cfr. o art. 1245-11 (ex-1386-12) do Código Civil, que exclui a aplicação da referida cláusula de exoneração aos danos causados por um elemento do corpo humano ou por produtos emanados dele.

2349 Que exclui os danos causados por produtos farmacêuticos do âmbito da *Produkthaftungsgesetz* e, portanto, também do âmbito da referida disposição: cfr. o § 15º deste diploma.

2350 Veja-se a secção 4(1)(e) do *Consumer Protection Act 1987*, de que demos conta acima, no § 23º, *a)*.

e) Conteúdo da responsabilidade

I – Os *Princípios Europeus* consagram uma regulamentação pormenorizada da obrigação de indemnizar.

Assim, nos termos do art. 10:101, a indemnização devida por um facto gerador de responsabilidade civil («*damages*») consiste em princípio numa quantia em dinheiro destinada a compensar a vítima, i.é, a repô-la, na medida em que tal seja possível, na situação em que se encontraria se não tivesse ocorrido a lesão. Consigna-se ainda no mesmo preceito que a indemnização tem também uma função preventiva. Os *Princípios* não consentem todavia a imposição de «danos punitivos»[2351]. Em lugar de uma indemnização em dinheiro, pode o lesado exigir a restauração natural («*restoration in kind*»), desde que esta seja possível e não se revele demasiado onerosa para a outra parte (art. 10:104). Inverte-se assim a regra constante do Direito português.

Visa-se em princípio a compensação integral do dano ocorrido; mas a indemnização pode ser limitada em razão da situação económica das partes, particularmente se a mesma se revelar um «encargo opressivo» («*oppressive burden*») para o demandado (art. 10:401). Os benefícios obtidos pelo lesado com o evento danoso são em princípio tomados em consideração na fixação do montante da indemnização devida (art. 10:103).

São indemnizáveis tanto os danos patrimoniais (definidos como a diminuição do valor do património do lesado causada pelo evento danoso: art. 10:201) como os danos não patrimoniais (em especial nos casos de danos pessoais ou de ofensa à dignidade humana, à liberdade ou a outros direitos de personalidade; nos casos de morte e lesão corporal muito grave pode igualmente ser atribuída uma compensação pelo dano não patrimonial sofrido pelas pessoas que tenham uma relação de grande proximidade com a vítima: art. 10:301(1)). No cálculo da indemnização devida pelos danos não patrimoniais devem ser tomadas em consideração todas as circunstâncias do caso, incluindo a gravidade, a duração e as consequências da ofensa; a gravidade da culpa do agente apenas deve contudo ser tida em conta quando este houver contribuído significativamente para o sofrimento da vítima (art. 10:301(2)). Nos casos de dano pessoal, a indemnização deve abranger tanto o sofrimento da vítima como a lesão causada à sua saúde física e mental.

II – Entre as iniciativas empreendidas na União Europeia com vista a harmonizar as regras que definem o conteúdo da obrigação de indemnizar destaca-se a já referida Diretiva 2004/48/CE, de 29 de abril de 2004, relativa ao respeito dos direitos de propriedade intelectual, a qual se propõe dar execução aos compro-

[2351] Cfr. *op. cit.*, p. 150.

missos assumidos quanto a esta matéria pelos Estados-Membros e pela própria União através do Acordo TRIPS ou ADPIC[2352].

Sucede com efeito que, uma vez que várias disposições daquele Acordo não são diretamente aplicáveis, carecendo antes de disposições internas que as implementem nos sistemas jurídicos nacionais, se mantinham muitas disparidades entre estes no que diz respeito ao *enforcement* dos direitos de propriedade intelectual, as quais foram tidas como prejudiciais ao bom funcionamento do mercado interno europeu. Este pressupõe, como se diz no considerando 8 da mencionada Diretiva, um «nível de proteção equivalente em todo o território da Comunidade». De outro modo, haveria o risco (supõe-se) de certas empresas *deslocalizarem* as suas atividades para certos Estados-Membros, a fim de obterem vantagens competitivas sobre as suas concorrentes.

Essa Diretiva prevê, por isso, a obrigatoriedade de os Estados-Membros adotarem certas medidas tidas como necessárias a fim de assegurar a observância dos referidos direitos. Entre elas inclui-se a indemnização de danos pela violação desses direitos, a qual é objeto do art. 13º.

Segundo este preceito, cabe aos Estados-Membros assegurarem que, a pedido do lesado, as autoridades judiciais competentes determinem ao infrator que, sabendo-o ou tendo motivos razoáveis para o saber, houver desenvolvido uma atividade ilícita, pague ao titular do direito infringido uma indemnização adequada ao prejuízo por si efetivamente sofrido.

Na definição do montante da indemnização devida haverá que ter em conta todos os aspetos relevantes, incluindo não apenas as consequências económicas negativas (mormente os lucros cessantes sofridos pela parte lesada e os lucros indevidos obtidos pelo infrator), mas também, se for caso disso, os danos morais sofridos pelo titular do direito. Em alternativa, admite-se na Diretiva o estabelecimento de uma indemnização com base nas remunerações que teriam sido auferidas pelo titular do direito se o infrator lhe tivesse pedido autorização para utilizar o bem intelectual em questão.

Os Estados-Membros podem ainda, nos termos do mesmo preceito, prever a possibilidade de as autoridades judiciais competentes ordenarem a recuperação pela vítima da infração dos lucros auferidos pelo infrator.

O referido preceito deve, além disso, ser interpretado no sentido de que não se opõe a uma regulamentação nacional segundo a qual o titular de um direito

[2352] *Vide*, sobre esse texto e a sua transposição para a ordem jurídica portuguesa, Adelaide Menezes Leitão, «A tutela dos direitos de propriedade intelectual na Directiva 2004/48/CE», *Direito da Sociedade da Informação*, vol. VII, Coimbra, 2008, pp. 173 ss.; e Luís Menezes Leitão, «A transposição da Directiva 2004/48/CE sobre a aplicação efectiva dos direitos de propriedade intelectual efectuada pela Lei 16/2008, de 1 de Abril», *Direito da Sociedade da Informação*, vol. VIII, Coimbra, 2009, pp. 281 ss.

de propriedade intelectual pode exigir ao respetivo infrator o pagamento de uma quantia correspondente ao dobro da remuneração que seria devida pela licença da utilização de uma obra[2353].

A Diretiva carateriza-se, em suma, por um considerável alargamento do escopo da obrigação de indemnizar, na linha das conceções dominantes quanto a esta matéria nos sistemas anglo-saxónicos. Também nesta matéria se assiste, pois, ao triunfo das conceções que inspiram esses sistemas.

III – Uma outra ordem de soluções, posto que não menos relevante, encontra-se acolhida na mencionada Diretiva 2004/35/CE, do Parlamento Europeu e do Conselho, relativa à responsabilidade ambiental[2354].

Baseia-se este instrumento europeu no conhecido princípio do *poluidor-pagador,* ou seja, da responsabilização do operador económico cuja atividade tenha causado danos ambientais ou esteja na iminência de causá-los.

Nesta matéria, a Diretiva confere primazia à *restauração natural* traduzida na «restituição do ambiente ao seu estado inicial», ou na sua aproximação a esse estado, cabendo ao operador que tiver causado o *dano ambiental* (definido como «a alteração adversa mensurável, de um recurso natural ou a deterioração mensurável do serviço de um recurso natural») ou a *ameaça iminente* desse dano (i.é, a «probabilidade suficiente da ocorrência de um dano ambiental num futuro próximo») pagar os respetivos custos.

Além disso, a Diretiva acolhe o *princípio da prevenção* dos danos ambientais, com base no qual se prevê nela, além do dever de reparar os danos já verificados ou iminentes, o de operadores económicos tomarem sem demora as medidas necessárias a fim de preveni-los.

IV – Mais recentemente, foi publicada a já referida Diretiva 2014/104/EU, do Parlamento Europeu e do Conselho, de 26 de novembro de 2014, relativa a certas regras que regem as acções de indemnização no âmbito do direito nacional por infração às disposições do Direito da Concorrência dos Estados-Membros e da União Europeia[2355].

[2353] Cfr., neste sentido, o acórdão do Tribunal de Justiça da União Europeia de 17 de janeiro de 2017, proferido no proc. C-367/15.

[2354] Ver, sobre esta matéria, Carla Amado Gomes, *Introdução ao Direito do Ambiente,* Lisboa, 2012, pp. 181 ss., com mais referências.

[2355] Sobre a qual pode ver-se João Espírito Santo Noronha, «Litigância jurídico privada e Direito da Concorrência. A Diretiva nº 2014/104/UE, de 26 de novembro de 2014: divulgação de elementos de prova, efeitos das decisões nacionais, prazos de prescrição e responsabilidade solidária», *Revista de Concorrência e Regulação,* 2014, pp. 53 ss.

A Diretiva assenta no pressuposto, expressamente reconhecido no preâmbulo (nº 8), de que «as diferenças entre os regimes de responsabilidade aplicáveis nos Estados-Membros podem afetar negativamente tanto a concorrência como o correto funcionamento do mercado interno»; e procura harmonizar esses regimes em ordem a assegurar um sistema efetivo de aplicação privada («*private enforcement*») do Direito da Concorrência através de ações indemnização (nº 5).

Para tanto, consagra a Diretiva no seu art. 3º o *direito à reparação integral* dos danos causados por infrações ao Direito da Concorrência. A reparação integral visa colocar a pessoa que sofreu danos na posição em que estaria se a infração não tivesse sido cometida. Abrange, por conseguinte, os danos emergentes e os lucros cessantes, a que acresce o pagamento de juros. A reparação integral nos termos da Diretiva não pode, todavia, conduzir a uma reparação excessiva, por meio de indemnizações punitivas, múltiplas ou de outro tipo.

f) Delimitação da responsabilidade contratual relativamente à responsabilidade extracontratual

A comparação dos sistemas jurídicos nacionais anteriormente empreendida revelou-nos a inexistência de uma orientação comum quanto à delimitação recíproca das duas grandes categorias em que se analisa o dever de indemnizar; o que, longe de constituir um mero ponto de técnica jurídica, reflete as valorações fundamentalmente diversas desses sistemas quanto à medida em que deve ser admitido o ressarcimento de certas categorias de danos que de alguma sorte se situam na fronteira entre a responsabilidade contratual e a extracontratual, entre os quais se destacam os denominados danos patrimoniais puros causados por negligência.

Importa agora conhecer o modo como os instrumentos em exame nesta obra procuraram resolver esse problema e avaliá-los criticamente à luz da análise comparativa anteriormente empreendida.

Já se viu acima que os *Princípios de Direito Europeu da Responsabilidade Civil* acolhem uma regra de proteção diferenciada dos interesses jurídicos, nos termos da qual os interesses puramente económicos e as relações contratuais podem merecer uma proteção menos extensa através da obrigação de indemnizar do que os bens jurídicos pessoais e a propriedade.

O critério da distinção prende-se, em alguma medida, de acordo com o comentário aos Princípios, com o *valor intrínseco* dos bens em causa e a sua *notoriedade*, sendo que certos bens, como a vida e a propriedade são geralmente notórios, ao passo que os bens puramente económicos e os bens imateriais não o são[2356].

[2356] Ob. cit., p. 31.

g) Concurso entre as responsabilidades contratual e extracontratual

O sistema do *concurso de pretensões* foi consagrado no art. VI.-1:103(d) do DCFR, segundo o qual a regra constante do art. VI.-101, que comina em termos gerais a responsabilidade extracontratual daquele que, com dolo ou negligência, causar um «dano juridicamente relevante» a outrem, não afeta os meios de reparação que se encontrem disponíveis com outros fundamentos legais. Também neste ponto se revela, portanto, a filiação germânica de DCFR.

§ 48º A harmonização e a unificação do regime da gestão de negócios

O DCFR ocupa-se da gestão de negócios, nele designada por «intervenção benevolente em assuntos alheios» («*benevolent intervention in another's affairs*»), no Livro V.

A intervenção benevolente pressupõe, no regime do DCFR: *a)* A atuação de alguém, o interventor («*intervener*»), com a intenção predominante de beneficiar outrem, o dono do negócio («*principal*»); e *b)* Um motivo razoável («*reasonable ground*») para essa intervenção; ou *c)* A aprovação da atuação pelo principal (art. V.-1:101 (1)). Falta um motivo razoável para a intervenção sempre que o interventor, tendo uma oportunidade razoável de apurar a vontade do dono do negócio, não o faça, ou saiba ou possa razoavelmente esperar-se que saiba que a intervenção é contrária à vontade do dono do negócio (art. V.-1:101 (2)).

O interventor está sujeito aos deveres de atuar com cuidado razoável; de atuar em conformidade com a vontade real ou presumida do dono do negócio, salvo tratando-se de cumprir um dever urgente e de interesse público deste; e, na medida do possível e do razoável, informar o dono do negócio sobre a intervenção e procurar obter o seu consentimento para quaisquer atos adicionais. A intervenção não pode ser interrompida sem um motivo válido (art. V.-2:101). O interventor é obrigado a reparar o dano causado ao dono do negócio em virtude da violação desses deveres, se o dano resultar de um risco que o interventor criou, agravou ou intencionalmente perpetuou (art. V.-2:102).

O interventor tem direito a ser indemnizado pelo dono do negócio dos danos que tiver sofrido e ao reembolso das despesas razoáveis em que tiver incorrido em virtude da intervenção (art. V.-3:101); assiste-lhe ainda o direito a ser remunerado se a intervenção tiver sido razoável e empreendida no âmbito da sua atividade profissional ou comercial (art. V.-3:102).

Como é bom de ver, o regime da gestão de negócios assim instituído pelo DCFR aproxima-se em larga medida do dos sistemas romano-germânicos atrás examinados; e afasta-se correspondentemente do dos sistemas de *Common Law*[2357].

O DCFR reflete assim a inexistência de um *common core* dos sistemas jurídicos nacionais em que possa basear-se uma codificação supranacional do regime da

[2357] Cfr. *supra*, cap. V.

gestão de negócios; e coloca em evidência os limites a que se subordina o ideal uniformizador do Direito das Obrigações[2358].

§ 49º A harmonização e a unificação do regime do enriquecimento sem causa

O enriquecimento sem causa constitui também objeto do DCFR, que o disciplina no seu Livro VII, intitulado, em inglês, «Unjustified enrichment». O art. 1:101 desse Livro consigna o princípio geral sobre a matéria, formulado nos seguintes termos:

> «(1) Aquele que obtiver um enriquecimento injustificado à custa de outrem fica obrigado a restituir a este o enriquecimento. (2) A aplicação deste princípio terá sempre lugar em conformidade com as disposições deste Livro.»

São, à luz do disposto neste preceito, pressupostos da ação de restituição do enriquecimento sem causa, segundo os relatores deste texto[2359]: *a)* Um enriquecimento do réu; *b)* Uma desvantagem do autor; *c)* Uma conexão intrínseca entre o enriquecimento e a desvantagem, i.é, o enriquecimento do réu tem de ser imputável à desvantagem do autor; *d)* O caráter injustificado do enriquecimento.

Este último elemento encontra-se precisado no art. VII-2:101. Liminarmente, este preceito exclui a qualificação do enriquecimento como falho de causa quando o enriquecido seja titular de um direito ao enriquecimento em razão de negócio, ato jurídico, decisão judicial ou norma legal; e bem assim quando a pessoa à custa de quem o enriquecido obteve o enriquecimento tiver consentido nele livre e voluntariamente (nº 1).

Se, porém, o negócio ou outro ato jurídico, a decisão judicial ou a norma legal forem nulos, anulados ou por qualquer outro modo retroativamente ineficazes, o enriquecido não tem direito ao enriquecimento com tal fundamento (nº 2).

Em qualquer caso, o enriquecido apenas tem direito ao enriquecimento obtido com fundamento numa norma legal se esse resultado estiver em conformidade com o escopo dessa norma (nº 3); será o caso, *v.g.*, da prescrição.

O enriquecimento carece ainda de causa justificativa se a pessoa à custa de quem ele foi obtido o tiver concedido com uma finalidade que não se verificou ou com fundamento num expetativa que se frustrou. Neste caso, é necessário que o enriquecido soubesse ou fosse razoavelmente expectável que soubesse qual a finalidade ou expetativa em causa e que haja aceitado ou fosse razoável assumir-se

[2358] Cfr., em sentido próximo, Nils Jansen, «"Negotiorum Gestio" and "Benevolent Intervention in Another's Affairs": Principles of European Law?», *ZEuP*, 2007, pp. 958 ss.

[2359] Cfr. Christian von Bar/Stephen Swann (orgs.), *Principles of European Law. Unjustified Enrichment*, Munique, 2010, p. 179.

que teria aceitado que o enriquecimento deveria ser restituído caso não se realizasse a finalidade ou se frustrasse a expetativa (nº 4).

O art. VII-3:101(1) explicita, por seu turno, o conceito de enriquecimento, qualificando como tais as situações em que uma pessoa obtém um incremento dos seus ativos ou um decréscimo dos seus passivos, beneficia de um serviço ou das consequências da sua prestação ou usa bens alheios.

O empobrecimento de uma pessoa compreende, de acordo com o art. VII-3:102(1), uma diminuição dos ativos ou um incremento de um passivo, a prestação de um serviço ou a realização de um trabalho ou o uso por outrem dos bens dessa pessoa.

O enriquecimento é considerado imputável ao empobrecimento de outrem, segundo o art. VII-4:101, quando: *a)* O empobrecido transmitiu um ativo patrimonial para o enriquecido; *b)* O empobrecido prestou um serviço ou realizou um trabalho em benefício do enriquecido; *c)* O enriquecido usou um bem alheio, designadamente violou direitos ou interesses legalmente protegidos do empobrecido; *d)* Um bem do enriquecido foi beneficiado por outrem; ou *e)* O enriquecido foi liberado de uma responsabilidade por outrem.

Adota-se assim no DCFR um *modelo unitário* de regulação do enriquecimento sem causa, que compreende tanto a repetição do indevido como a restituição prestações realizadas ao abrigo de contratos inválidos e de vantagens injustificadamente auferidas mediante o uso ou a exploração de bens alheios[2360].

Esta regulação, já de si muito ampla, concorre com a das demais fontes das obrigações, não se acolhendo no DCFR qualquer princípio de subsidiariedade da ação por enriquecimento à custa de outrem relativamente a ações com outras causas de pedir, antes podendo a restituição do enriquecimento concorrer com outras pretensões fundadas nos mesmos factos[2361].

Prevê-se contudo a este respeito, no art. VII-7:101(1), que as consequências jurídicas de um enriquecimento obtido por força de contrato ou outro negócio jurídico serão determinadas por outros preceitos legais se estes concederem ou excluírem um direito à restituição do enriquecimento, seja por meio de revogação, de resolução, de redução do preço ou qualquer outro. É o que sucede por exemplo na lei portuguesa, em razão do disposto, designadamente, no art. 801º, nº 2, do Código Civil.

Por outro lado, nos termos do art. VII-7:102(1), quando o empobrecido deduzir simultaneamente, em consequência de um enriquecimento sem causa, um pretensão fundada nas regras relativas ao enriquecimento e uma pretensão de reparação de um empobrecimento ou de indemnização formulada com base

[2360] Cfr. von Bar/Swann, ob. cit., p. 179.

[2361] *Ibidem, idem,* p. 92.

noutras normas jurídico-privadas, a satisfação de uma das pretensões reduzirá a outra no mesmo montante. Procura-se assim evitar uma dupla compensação nos casos em que se admite o concurso de pretensões.

Trata-se, em suma, de um regime que se aproxima do alemão e que não tem correspondência substancial com os regimes consagrados nos sistemas jurídicos latinos e de *Common Law*. Nessa medida, não pode dizer-se que o DCFR constitua, quanto a esta matéria, um *restatement* do Direito vigente na Europa[2362]; nem, de resto, poderia sê-lo, visto que, como se apurou anteriormente, não existe no tocante ao enriquecimento sem causa, senão em muito limitada medida, um fundo comum de soluções nos sistemas jurídicos europeus.

§ 50º Síntese e conclusões

A análise empreendida neste capítulo permite concluir que, não obstante diversas realizações notáveis e de grande repercussão económica e social, se revelou até hoje inviável uma unificação integral do Direito das Obrigações. Os instrumentos jurídicos internacionais atrás examinados desenvolveram quanto a muitas questões, é certo, um *padrão internacional* de regulação, sobretudo em matéria de contratos, que contribui relevantemente para a facilitação das trocas através das fronteiras e tende a ser gradualmente assimilado, ainda que em medida variável, pelas próprias ordens jurídicas nacionais. Mantém-se todavia imprescindível em muitas situações, mesmo pelo que respeita a matérias abrangidas por disposições de Direito uniforme ou harmonizado, o recurso às legislações nacionais designadas através de regras de conflitos de Direito Internacional Privado.

É o que sucede, por exemplo, no tocante à Convenção de Viena Sobre a Compra e Venda Internacional de Mercadorias, sem dúvida um dos instrumentos jurídicos internacionais até hoje mais bem sucedidos neste domínio. A Convenção deixou, com efeito, às legislações dos Estados contratantes a regulação da validade dos contratos de que se ocupa e dos efeitos destes sobre a propriedade das mercadorias vendidas, bem como da admissibilidade da execução específica das obrigações contratuais a que se reporta; mesmo no tocante às matérias que tratou *ex professo*, ressalvou a possibilidade de as partes excluírem por acordo a aplicabilidade das suas disposições ou de lhe modificarem os efeitos; e permitiu ainda aos Estados contratantes a formulação de reservas às disposições convencionais de que resulte a dispensa de forma escrita na sua celebração, modificação ou extinção. É assim muito vasto o leque de matérias em que a Convenção tem

2362 Neste sentido também Jack Wright Nelson, «On the Conceptual Origins of the Law of Unjustified Enrichment in the Draft Common Frame of Reference», *EJLS*, 2013, pp. 154 ss. (p. 173); e Gerhard Dannemann, «Comparisons with Book VII of the *Draft Common Frame of Reference*», *in* Charles Mitchell/William Swadling (orgs.), *The Restatement Third: Restitution and Unjust Enrichment. Critical and Comparative Essays*, Oxford/Portland, 2013, pp. 285 ss. (p. 286).

de ser articulada com os Direitos nacionais em ordem a determinar-se o regime aplicável aos contratos de compra e venda internacional de mercadorias. Pelo que, não obstante o inequívoco progresso que a Convenção representa, existem limites muito significativos à «redução da complexidade jurídica» através dela lograda nas relações privadas internacionais.

Por seu turno, a Diretiva 1999/44/CE, que constitui de alguma sorte uma adaptação da Convenção de Viena à venda de bens de consumo no espaço europeu, ocupou-se apenas de certos aspetos desta, ficando fora do âmbito da harmonização por ela operada, por exemplo, «o exercício de outros direitos que o consumidor possa invocar ao abrigo de outras disposições nacionais relativas à responsabilidade contratual ou extracontratual» (art. 8º, nº 1); e limitou-se a estabelecer, quanto às matérias que regula expressamente, um *standard* mínimo de proteção do consumidor que não prejudica a possibilidade de os Estados-Membros adotarem ou manterem disposições mais estritas. Remete-se ainda nela para os Direitos nacionais a regulação de questões fulcrais como a exigibilidade de denúncia da falta de conformidade dos bens vendidos e o prazo para realizá-la.

Compreende-se assim que na União Europeia a eliminação dos obstáculos ao comércio internacional resultantes das divergências entre as legislações nacionais em matéria de obrigações continue a ser prosseguida fundamentalmente através da unificação de regras de conflitos, como a que foi empreendida na última década através dos Regulamentos de Roma I e Roma II; sendo que o primeiro destes atos de Direito Europeu confere aos exportadores a vantagem não despicienda que consiste em submeter os contratos de compra e venda de mercadorias *business to business*, na falta de escolha pelas partes da lei aplicável, à ordem jurídica do país em que o vendedor tem a sua residência habitual, evitando-lhe assim os custos inerentes à sujeição a uma lei estrangeira pelo que respeita, designadamente, à sua responsabilidade pelo incumprimento ou cumprimento defeituoso do contrato.

A uniformidade do Direito Privado não é, de resto, um bem em si mesmo nem um ideal que haja de ser prosseguido *à outrance* pelos Estados e pelas organizações internacionais. Pelo contrário: a diversidade dos Direitos nacionais, que é inerente à pluralidade de culturas e à diferente valoração dos mesmos problemas sociais pelas distintas comunidades humanas, deve tanto quanto possível ser preservada, porque preservadas devem ser também a identidade cultural das nações e dos sujeitos que as compõem e a adequação do Direito ao sentimento ético-jurídico dos seus destinatários. No mesmo sentido concorre a circunstância de o pluralismo jurídico ser o principal impulsionador da criação legislativa e jurisprudencial de novas soluções para os problemas sociais que ao Direito compete resolver; impulso esse que a «cristalização» das regras aplicáveis nas fórmulas do Direito uniforme pode comprometer[2363]. Daqui, aliás, a moderna preferência por instrumentos mais flexíveis de aproximação dos sistemas jurídicos nacionais, como os textos de *soft law* que referimos.

Não pode negar-se, como resulta do que dissemos, a relevância da *função modelar* que tanto a Convenção de Viena como estes últimos instrumentos vêm exercendo relativamente às iniciativas regionais de unificação e harmonização jurídica e às reformas legislativas empreendidas em diversos Estados, incluindo alguns de longa tradição no domínio das obrigações, como é o caso da Alemanha e da França. Em consequência disso, verifica-se em algumas matérias uma certa aproximação entre os sistemas jurídicos de *Civil* e *Common Law*, de que talvez os melhores exemplos sejam, por um lado, o conceito unitário de incumprimento do contrato acolhido nos arts. 45 da Convenção de Viena e 7.1.1. dos Princípios UNIDROIT, entretanto adotado no § 280 do BGB; e, por outro, as obrigações de reparação e substituição dos bens desconformes com o contrato consagradas na Convenção de Viena e na Diretiva 1999/44/CE, que o Reino Unido incorporou na sua ordem jurídica em 2002 pelo que respeita às vendas a consumidores.

O certo porém é que, não obstante a influência desses instrumentos internacionais, o Direito das Obrigações permanece, ao cabo de quase um século de iniciativas no sentido da sua unificação e harmonização, um ramo do Direito de fonte essencialmente nacional, no qual se exprimem visões muito distintas e não raro contraditórias entre si quanto à valoração dos interesses em jogo na relações creditícias – bem patentes, por exemplo, no diferente acolhimento dado pelos sistemas referidos à *culpa in contrahendo* e à alteração de circunstâncias em que as partes fundaram a decisão de contratar. O que não é senão, bem vistas as coisas, um reflexo da natureza cultural do Direito, de que demos conta noutro lugar desta obra[2364]. Não surpreende, a esta luz, que mesmo numa época dita de globalização da economia a codificação do Direito das Obrigações continue a ser essencialmente obra dos legisladores nacionais. Mantêm-se nesta medida atuais as palavras proferidas por Portalis no discurso em que apresentou o primeiro projeto de Código Civil francês:

> «Os códigos dos povos fazem-se com o tempo; mas, a bem dizer, não se fazem.»[2365]

[2363] Reconhece-o, por exemplo, Hein Kötz, para quem «o Direito Uniforme pode ter um efeito inibidor da capacidade de um sistema jurídico nacional de desenvolver e testar novas ideias»: cfr. «Rechtsvereinheitlichung – Nutzen, Kosten, Methoden, Ziele», *RabelsZ*, 1986, pp. 1 ss. (p. 18).

[2364] Cfr. o vol. I, § 1º.

[2365] «Les codes des peuples se font avec le temps; mais, à proprement parler, on ne les fait pas»: Jean-Étienne-Marie Portalis, *Discours préliminaire du premier projet de Code civil*, Paris, 1801.

Bibliografia específica

Alpa, Guido – «Nouvelles frontières du droit des contrats», *RIDC*, 1998, pp. 1015 ss. – e Remo Danovi (orgs.) – *Dirito Privato Europeo. Fonti ed effetti. Materiali del seminário dell'8-9 Novembre 2002*, Milão, Giuffrè Editore, 2004.

Ancel, Marie-Élodie, Pascale Deumier e Malik Laazouzi – *Droit des contrats internationaux*, Paris, Dalloz, 2016.

Bar, Christian von – «Le Groupe d'Études sur un Code Civil Européen», *RIDC*, 2001, pp. 127 ss. – «Working Together Toward a Common Frame of Reference», *Jurídica International*, 2005, pp. 17 ss. – «A Common Frame of Reference for European Private Law – Academic Efforts and Political Realities», *EJCL*, 2008, vol. 12.1. – «Non-Contractual Liability Arising out of Damage Caused to Another under the DCFR», *ERA Forum*, 2008, pp. 33 ss. – e Stephen Swann – *Principles of European Law. Unjustified Enrichment*, Munique, Sellier, 2010.

Basedow, Jürgen – «Un droit commun des contrats pour le marché commun», *RIDC*, 1998, pp. 7 ss. – «Towards a Universal Doctrine of Breach of Contract: The Impact of the CISG», *International Review of Law and Economics*, 2005, pp. 487 ss. – *The Law of Open Societies. Private Ordering and Public Regulation in the Conflict of Laws*, Haia, Brill/Nijhoff, 2015. «Internationales Einheitsprivatrecht im Zeitalter der Globalisierung», *RabelsZ*, 2017, pp. 1 ss.

Beale, Hugh – «A Law for Big Business and Competent Consumers?», *ERA Forum*, 2008, pp. 79 ss. – «The Draft Common Frame of Reference: Mistake and Duties of Disclosure», *ERCL*, 2008, pp. 317 ss.

Benacchio, Gian Antonio, e Barbara Pasa – *A Common Law for Europe*, tradução de Lesley Orme, Budapeste/Nova Iorque, Central European University Press, 2005.

Berger, Klaus Peter – «Power of arbitrators to fill gaps and revise contracts to make sense», *Arbitration International*, 2001, pp. 1 ss.

Boele-Woelki, Katharina – *Unifying and Harmonizing Substantive Law and the Role of Conflict of Laws*, Leiden/Boston, Martinus Nijhoff, 2010.

Bonell, Michael Joachim – «Formation of Contracts and Precontractual Liability Under the Vienna Convention on International Sale of Goods», *in* AAVV, *Formation of contracts and precontractual liability*, Paris, CCI, 1990, pp. 157 ss. – «Vertragsverhandlungen und culpa in contrahendo nach dem Wiener Kaufrechtsübereinkommen», *RIW*, 1990, pp. 693 ss. – «Do We Need a Global Commercial Code?», *Dickinson Law Review*, 2001, pp. 87 ss. – *An International Restatement of Contract Law. The UNIDROIT Principles of International Commercial Contracts*, 3ª ed., Ardsley, Nova Iorque, Transnational Publishers, 2005. – «Towards a Legislative Codification of the UNIDROIT Principles?», *ULR/RDU*, 2007, pp. 233 ss

Brunner, Christoph – *Force Majeure and Hardship under General Contract Principles. Exemption for Non-Performance in International Arbitration*, Alphen aan den Rijn, Kluwer, 2009.

Canaris, Claus-Wilhelm – «Die Stellung der "UNIDROIT Principles" und der "Principles of European Contract Law" im System der Rechtsquellen», *in* Jürgen Basedow (org.), *Europäische Vetragsrechtsvereinheitlichung und deutsches Recht,* Tubinga, Mohr Siebeck, 2000, pp. 5 ss. – «A transposição da Directiva sobre a compra de bens de consumo para o Direito alemão», *in Estudos de Direito do Consumidor,* 2001, pp. 49 ss.

Carvalho, Joana Campos – «Fundamentos e resolução por incumprimento: comparação entre o Direito português e a Convenção de Viena Sobre os Contratos de Compra e Venda Internacional de Mercadorias», *Themis,* 2015, pp. 175 ss.

Chaves, Marianna – «Contratos internacionais de compra e venda de mercadorias: efeitos do incumprimento à luz dos ordenamentos brasileiro e português, e da Convenção das Nações Unidas Sobre a Venda Internacional de Mercadorias», *in* Maria Olinda Garcia (org.), *Estudos sobre incumprimento do contrato,* Coimbra, Almedina,2011, pp. 157 ss.

Clive, Eric – «An Introduction to the Academic Draft Common Frame of Reference», *ERA Forum,* 2008, pp. 13 ss.

Collins, Hugh – «European Private Law and the Cultural Identity of States», *Eur. Rev. Priv. Law,* 1995, pp. 353 ss.

Comissão Europeia – *Livro verde da Comissão sobre as opções estratégicas para avançar no sentido de um direito europeu dos contratos para os consumidores e as empresas,* documento COM (2010) 348 final, Bruxelas, 1 de julho de 2010.

Cornu, Gérard – «Un code civil n'est pas un instrument communautaire», *D.*, 2002, nº 4, Chroniques, pp. 351 s.

Costa, José Augusto Fontoura – *Normas de Direito Internacional. Aplicação Uniforme do Direito Uniforme,* São Paulo, Atlas, 2000.

Cristas, Assunção – «Incumprimento contratual – O Código Civil Português e o DCFR – Notas Comparadas», *in* AAVV, *Estudos em homenagem ao Professor Doutor Carlos Ferreira de Almeida,* Coimbra, Almedina, 2011, vol. II, pp. 239 ss.

Dannemann, Gerhard – «Comparisons with Book VII of the *Draft Common Frame of Reference*», *in* Charles Mitchell/William Swadling (orgs.), *The Restatement Third: Restitution and Unjust Enrichment. Critical and Comparative Essays,* Oxford/Portland, Hart, 2013, pp. 285 ss.

David, René – «The International Unification of Private Law», *in IECL,* vol. II, cap. 5.

Dessemontet, François – *Position Paper with Draft Provisions on Termination of Long Term Contracts for Just Cause,* Roma, UNIDROIT, 2007. – «The UNIDROIT Principles and the Long Term Contracts», *Diritto del Commercio Internazionale,* 2012, pp. 873 ss. – «The application of soft law, Halakha and Sharia by International Arbitral Tribunals», *The American Review of International Arbitration,* vol. 23 (2012), *A Tribute to Professor Hans Smit,* pp. 545 ss.

Doralt, Walter – *The Optional European Contract Law and why success or failure may depend on scope rather than substance,* Max Planck Private Law Research Paper no. 11/9, disponível em http://ssrn.com.

Drobnig, Ulrich – «General Principles of European Contract Law», *in* Petar Sarcevic e Paul Volken (orgs.), *International Sale of Goods: Dubrovnik Lectures,* Nova Iorque, Oceana, 1986, pp. 305 ss. – «Ein Vertragsrecht für Europa», *in Festchrift für Ernst Steindorff,* Berlim, De Gruyter, 1990, pp. 1140 ss. – «Scope and general rules of a European civil code», *Eur. Rev. Priv. Law,* 1997, pp. 489 ss. – «Vereinheitlichung von Zivilrecht durch soft law: neuere Erfahrungen und Einsichten», *in* Jurgen Basedow e outros (orgs.), *Aufbruch nach Europa. 75 Jahre Max-Planck-Institut für Privatrecht,* Tubinga, Mohr Siebeck, 2001, pp. 745 ss.

Eidenmüller, Horst – «What Can Be Wrong With an Option? An Optional Common European Sales Law as a Regulatory Tool», *Common Market Law Review,* 2013, pp. 69 ss. – e Florian Faust, Hans Christoph Grigoleit, Nils Jansen, Gerhard Wagner e Reinhard Zimmermann – «Der Gemeinsame Referenzrahmen für das Europäische Privatrecht – Wertungsfragen und Kodifikationsprobleme», *JZ,* 2008, pp. 529 ss. (existe tradução inglesa com o título «The Common Frame of Reference for European Private Law –Policy Choices and Codification Problems», *Ox.J.L.St.,* 2008, pp. 659 ss.). – e Nils Jansen, Eva-Maria Kieninger, Gerhard Wagner e Reinhard Zimmermann – «The Proposal for a Regulation on a Common European Sales Law: Deficits of the Most Recent Textual Layer of European Contract Law», *The Edinburgh Law Review,* 2012, pp. 301 ss.

Engel, Arno – «Ein Europäisches Zivilrechtsgesetzbuch? – Zukunftsperpektiven aus dem Blickwinkel der Gemeinschaftskompetenz», *ZfRV,* 1999, pp. 121 ss.

Ernst, Wolfgang – «Der "Common Frame of Reference" aus juristischer Sicht», *AcP,* 2008, pp. 248 ss.

Etoundi, Félix Onana – «Les Principes d'Unidroit et la sécurité juridique des transactions commerciales dans l'avant-projet d'Acte uniforme OHADA sur le droit des contrats», *ULR/RDU,* 2005, pp. 683 ss.

Fages, Bertrand – « Pre-contractual duties in the Drfat Common Frame of Reference – What Relevance for the Negotiation of Commercial Contracts?», *ERCL,* 2008, pp. 304 ss.

Farnsworth, Allan Edward - «Duties of Good Faith and Fair Dealing under the UNIDROIT Principles. Relevant International Conventions and National Laws», *Tul.J.Int. Comp.L.,* 1994, pp. 47 ss.

Fauvarque-Cosson, Bénédicte – «Les travaux du groupe Association H. Capitant des Amis de la Culture Juridique Française/Société de législation comparée : terminologie, principes directeurs et révision des Principes du droit européen du contrat», *ERA Forum,* 2008, pp. 51 ss. – e Denis Mazeaud – «A Way Forward for the Common Frame of Reference : Views from France», *ZEuP,* 2009, pp. 675 ss.

Fernández de la Gándara, Luis, e Alfonso Calvo Caravaca – «El contrato de compraventa internacional de mercancías», *in eiusdem* (diretores), *Contratos internacionales,* Madrid, Tecnos, 1997, pp. 144 ss.

Fernández-Arroyo, Diego P. – «The Growing Significance of Sets of Principles to Govern Trans-boundary Private Relationships», *in* UNIDROIT (org.), *Eppur si muove: The Age of Uniform Law. Essays in honour of Michael Joachim Bonell to celebrate his 70th birthday*, vol. I, Roma, 2016, 251 ss.

Ferrari, Franco – «The CISG and its Impact on National Contract Law», *in* Jorge Sánchez Cordero (org.), *The Impact of Uniform Law on National Law. Limits and Possibilities*, México, Universidad Nacional Autónoma de México, 2010, pp. 121 ss.

Flessner, Axel – «Juristische Methode und europäisches Privatrecht», *JZ*, 2002, pp. 14 ss.

Fontaine, Marcel – «Le projet d'Acte Uniforme OHADA sur les contrats et les Principes d'Unidroit Relatifs aux Contrats du Commerce International», *ULR/RDU*, 2004, pp. 253 ss.

Fucci, Frederick R. – *Hardship and Changed Circumstances as Grounds for Adjustment or Non-Performance of Contracts. Practical Considerations in International Infrastructure Investment and Finance*, Nova Iorque, 2006 (disponível em http://www.cisg.law.pace.edu/cisg/biblio/fucci.html).

Fuchs, Angelika – «A Plea for a Europe-Wide Discussion of the Draft Common Frame of Reference», *ERA Forum*, 2008, pp. 1 ss.

Gandolfi, Giuseppe – «Verso il tramonto del concetto di "obbligazione" nella prospettiva di un codice único per l'Europa?», *Riv. Dir. Civ.*, 1995, I, pp. 203 ss.

García Rubio, Maria Paz, e Marta Otero Crespo – «La responsabilidad precontractual en el Derecho contractual europeo», *InDret*, 2010/2.

Gordley, James – «The Future of European Contract Law on the Basis of Europe's Heritage», *ERCL*, 2005, pp. 163 ss.

Grimaldi, Cyril – *Projet de texte uniforme portant droit général des obligations dans l'espace OHADA*, 2016, disponível em http://www.village-justice.com.

Grundmann, Stefan – «European Contract Law(s) of What Colour?», *ERCL*, 2005, pp. 184 ss. – «The Future of Contract Law», *ERCL*, 2011, pp. 490 ss.

Hartkamp, Arthur – «Modernisation and Harmonisation of Contract Law: Objectives, Methods and Scope», *RDU/ULR*, 2003, pp. 81 ss.

Hesselink, Martijn W. – «The Common Frame of Reference as a Source of European Private Law», *Tul. L.R.*, 2009, pp. 919 ss.

Huber, Peter – «Some Introductory Remarks on the CISG», *IHR*, 2006, pp. 228 ss. – «CISG – The Structure of Remedies», *RabelsZ*, 2007, pp. 13 ss.

Illescas Ortiz, Rafael, e Pilar Perales Viscasillas – *Derecho mercantil internacional. El derecho uniforme*, Madrid, Centro de Estudios Ramón Areces, 2003.

Jansen, Corjo – «A European Civil Code and National Private Law: Lessons from History», *ERPL*, 2016, pp. 473 ss.

Jansen, Nils – «European Civil Code», *in* Jan Smits (org.), *Elgar Encyclopedia of Comparative Law*, Cheltenham/Northampton, Edward Elgar, 2006, pp. 247 ss. – «Principles of European Tort Law? Grundwertungen und Systembildung im Europäische

Haftungsrecht», *RabelsZ*, 2006, pp. 732 ss. – «"Negotiorum Gestio" and "Benevolent Intervention in Another's Affairs": Principles of European Law?», *ZEuP*, 2007, pp. 958 ss. – e Reinhard Zimmermann – «Vertragsschluss und Irrtum im europäischen Vertragsrecht. Textstufen transnationaler Modellregelugen», *AcP*, 2010, pp. 196 ss.

Kadem, Innocent Fetze – «Harmonisation, unification et uniformisation en droit des contrats: plaidoyer pour un discours affiné sur les moyens d'intégration juridique», *ULR/RDU*, 2008, pp. 709 ss.

Kötz, Hein – «Rechtsvereinheitlichung – Nutzen, Kosten, Methoden, Ziele», *RabelsZ*, 1986, pp. 1 ss. – *Europäisches Vertragsrecht*, 2ª ed., Tubinga, J.C.B. Mohr, 2015. – «Towards a European Civil Code: The Duty of Good Faith», *in* P. Cane e J. Stapleton (orgs.), *The Law of Obligations. Essays in Celebration of John Fleming*, Oxford, Clarendon Press, 1998, pp. 243 ss.

Kronke, Herbert – «International uniform commercial law Conventions: advantages, disadvantages, criteria for choice», *ULR/RDU*, 2000, pp. 13 ss.

Kropholler, Jan – *Internationales Einheitsrecht. Allgemeine Lehren*, Tubinga, J.C.B. Mohr, 1975.

Lando, Ole – «European Contract Law», *in* P. Sarcevic (org.), *International Contracts and Conflicts of Law*, Londres, etc., Graham & Trotman/Martinus Nijhoff, 1990, pp. 1 ss. – «Principles of European Contract Law. An Alternative or a Precursor of European Legislation», *RabelsZ*, 1992, pp. 261 ss. – «Each contracting party must act in accordance with good faith and fair dealing», *in* AAVV, *Festskrift till Jan Ramberg*, Stockholm, Juristförlaget, 1996, pp. 346 ss. – «Does the European Union need a Civil Code?», *RIW*, 2003, pp. 1 ss. – «Culture and Contract Laws», *ERCL*, 2007, pp. 1 ss. – «The Structure and the Legal Values of the Common Frame of Reference (CFR)», *ERCL*, 2007, pp. 245 ss.

Law Commission – *An Optional Common European Sales Law : Advantages and Problems*, s.l., 2011 (disponível em http://www.lawcom.gov.uk).

Legrand, Pierre – «Sens et non-sens d'un code civil européen», *RIDC*, 1996, pp. 779 ss. – «Against a European Civil Code», *The Modern Law Review*, 1997, pp. 44 ss. – «Le primat de la culture», *in* Pascal Vareilles-Sommières, *Le droit privé européen*, Paris, Economica, 1998, pp. 1 ss. – «Antivonbar», *JCL*, 2006, pp. 13 ss.

Lehmann, Matthias – «Die Zukunft der culpa in contrahendo im Europäischen Privatrecht», *ZEuP*, 2009, pp. 693 ss. – «Derecho privado europeo ¿Un derecho opcional?», *Noticias de la Unión Europea*, 2011, pp. 3 ss. – «Auf dem Weg zu einem europäischen Vertragsrecht: Die „Feasibility Study" der Expert Group on European Contract Law», *GPR*, 2011, pp. 218 ss.

Lehmann, Michael – «Globalisierung und Zivilrecht», *in* Andreas Heldrich e outros (orgs.), *Festschrift für Claus-Wilhelm Canaris*, vol. I, Munique, 2007, C.H. Beck, pp. 729 ss.

Leible, Stefan – «Europäisches Privatrecht am Scheideweg», *NJW*, 2008, pp. 2558 ss. – «Was tun mit dem Gemeinsamen Referenzrahmen für das Europäische Vertragsrecht? – Plädoyer für ein optionales Instrument», *BB*, 2008, pp. 1469 ss.

Lequette, Yves – «Quelques remarques à propos du projet de code civil européen de M. von Bar», *D.*, 2002, nº 28, Chroniques, pp. 2202 ss.

Magnus, Ulrich – «Die allgemeinen Grundsätze im UN-Kaufrecht», *RabelsZ* 1995, pp. 469 ss.

Malinvaud, Philippe – «Réponse – hors délai – à la Commission européenne: à propos d'un code européen des contrats», *D.*, 2002, nº 33, Chroniques, pp. 2542 ss.

Mance, Jonathan – «Is Europe Aiming to Civilise the Common Law?», *EBLR*, 2007, pp. 77 ss.

Mattei, Ugo – «A transaction costs approach to the European Code», *Eur. Rev. Priv. Law*, 1997, pp. 537 ss.

Max Planck Institute for Comparative and International Private Law – «Policy Options for Progress Towards a European Contract Law. Comments on the issues raised in the Green Paper from the Commission of 1 July 2010, COM (2010) 348 final», *RabelsZ*, 2011, pp. 371 ss.

Mazeaud, Denis – «La terminologie commune et les principes directeurs du droit des contrats», *ERA Forum*, 2008, pp. 39 ss.

Mekki, Mustapha, e Martine Kloepfer-Pelèse – «Good faith and fair dealing in the DCFR», *ERCL*, 2008, pp. 338 ss.

Meyer, Justus – «UN-Kaufrecht in der deutschen Anwaltspraxis», *RabelsZ*, 2005, pp. 457 ss.

Nelson, Jack Wright – «On the Conceptual Origins of the Law of Unjustified Enrichment in the Draft Common Frame of Reference», *EJLS*, 2013, pp. 154 ss.

Palao Moreno, Guillermo – «Book VI of the DCFR (Non-contractual Liability Arising Out of Damage Caused to Another) and European Private International Law», *Eur. Rev. Priv. Law*, 2009, pp. 703 ss. – «El marco común de referencia como sistema opcional 28º: algunas reflexiones desse el derecho internacional privado», *in* Francisco Blasco Gascó e outros (coords.), *Estudios jurídicos en homenaje a Vicente L. Montés Penadés*, tomo II, Valencia, Tirant lo Blanch, 2011, pp. 1905 ss.

Perales Viscasillas, Maria del Pilar – «„Battle of the forms" under the 1980 United Nations Convention on Contracts for the International Sale of Goods: a Comparison with Section 2-207 UCC and the Unidroit Principles», *Pace Int'l L. Rev.* 1998, pp. 97 ss.

Pereira, André Dias – «Portuguese Tort Law: A Comparaison with the Principles of European Tort Law», *in* Helmut Koziol/Barbara Steininger (orgs.), *European Tort Law 2004*, Viena/Nova Iorque, Springer, 2005, pp. 623 ss.

Perillo, Joseph M. – «Force Majeure and Hardship Clauses under the UNIDROIT Principles of International Commercial Contracts», *Tul.J.Int.Comp.L.*, 1997, pp. 5 ss.

Pinheiro, Luís de Lima – «Cláusulas típicas dos contratos do comércio internacional», *in eisudem* (org.), *Estudos de Direito Comercial Internacional*, Coimbra, 2004, pp. 239 ss. – «A Convenção de Viena sobre a Venda Internacional de Mercadorias perante as ordens jurídicas portuguesa e dos países africanos lusófonos», *in* Stefan Grundmann e outros (orgs.), *Internationaler Rechtsverkehr und Rechtsvereinheitlichung aus deutsch-lusitanischer Perspektive*, Baden-Baden, Nomos, 2014, pp. 273 ss.

Posner, Eric – «The Questionable Basis of the Common European Sales Law: The Role of an Optional Instrument in Jurisdictional Competition», *CMLR,* 2013, pp. 261 ss.

Rabel, Ernst – «Der Entwurf eines einheitlichen Kaufgesetzes», *RabelsZ,* 1935, pp. 1 ss. – «L'unification du droit de la vente internationale. Ses rapports avec les formulaires ou contrats-types des divers commerces», *in* AAVV, *Introduction à l'étude du Droit Comparé. Recueil d'Études en l'honneur d'Édouard Lambert,* vol. II, Paris, Sirey, 1938, pp. 688 ss.

Rachlitz, Richard – «Effective Private Law Harmonisaton: A Comparative Analysis of the EU Draft Regulation on Common European Sales Law and the OHADA Uniform Acts», *Journal of Comparative Law in Africa,* 2014, pp. 47 ss.

Ramos, Rui de Moura – «A Convenção de Viena de 1980 Sobre o Contrato de Compra e Venda Internacional de Mercadorias trinta e cinco anos depois», *BFDUC,* 2016, pp. 1 ss.

Riesenhuber, Karl – *EU-Vertragsrecht,* Tubinga, Mohr, 2013.

Rosengren, Jonas – «Contract Interpretation in International Arbitration», *Journal of International Arbitration,* 2013, pp. 1 ss.

Rühl, Gisela – «The Common European Sales Law: 28th regime, 2nd regime or 1st regime?», *Maastricht Journal of European and Comparative Law,* 2012, pp. 148 ss.

Ruse-Kahn, Henning Grosse – *The European Draft Common Frame of Reference – A Source of Comparative Law; a New Option for Choosing the Applicable Law; or a Template for a European Civil Code?,* disponível em http://ssrn.com.

Schroeter, Ulrich – «Gegenwart und Zukunft des Einheitskaufrechts», *RabelsZ,* 2017, pp. 32 ss.

Schütz, Markus – *UN-Kaufrecht und culpa in contrahendo,* Frankfurt a.M., Lang, 1996.

Schwenzer, Ingeborg, Cesar Guimarães Pereira e Leandro Tripodi (orgs.) – *A CISG e o Brasil. Convenção das Nações Unidas para os Contratos de Compra e Venda Internacional de Mercadorias,* Madrid, etc., Marcial Pons, 2015.

Sirena, Pietro – «The DCFR – Restitution, unjust enrichment and related issues», *ERCL,* 2008, pp. 445 ss.

Smits, Jan (org.) – *The Need for a European Contract Law. Empirical and Legal Perspectives,* Groningen, Europa Law Publishing, 2005. – «Convergence of Private Law in Europe: Towards a New *Ius Commune?*», *in* Esin Örücü/David Nelken (orgs.), *Comparative Law. A Handbook,* Oxford/Portland, Oregon, Hart Publishing, 2007, pp. 219 ss.

Sonnenberger, Hans Jürgen – «L'harmonisation ou l'uniformisation européenne du droit des contrats sont-elles nécessaires? Quels problèmes suscitent-elles – Réflexions sur la Communication de la Commission de la CE du 11 juillet 2001 et la Résolution du Parlement européen du 15 novembre 2001», *RCDIP,* 2002, pp. 405 ss.

Staudenmayer, Dirk – «Die EG-Richtlinie über den Verbrauchsgüterkauf», *NJW,* 1999, pp. 2393 ss. – «The Directive on the Sale of Consumer Goods and Associated Guarantees – a Milestone in the European Consumer and Private Law», *Eur. Rev. Priv. Law,* 2000, pp. 547 ss.

Storme, Matthias E. – «Une question de principe(s)? Réponse à quelques critiques à l'égard du projet provisoire de «Cadre commun de référence», *ERA Forum*, 2008, pp. 65 ss.

Tallon, Denis – «Vers un droit européen du contrat?», *in Mélanges Colomer*, Paris, Litec, 1993, pp. 485 ss.

Taschner, Hans Claudius – «Internationale Übereinkommen, EG-Richtlinien, Europäisches Zivilgesetzbuch. Wege zu gemeinsamen Zivilrecht. Einige kritische Randbemerkungen», *in* Ingeborg Schwenzer/Günter Hager (orgs.), *Festschrift für Peter Schlechtriem zum 70. Geburtstag*, Tubinga, Mohr Siebeck, 2003, pp. 275 ss.

Tilmann, Wienfried – «Eine Privatrechtskodifikation für die Europäische Gemeinschaft?», *in* P.C. Müller-Graff (org.), *Gemeinsames Privatrecht in der Europäischen Gemeinschaft*, Baden-Baden, Nomos, 1993, pp. 485 ss. – «The legal basis for a European Civil Code», *Eur. Rev. Priv. Law*, 1998, pp. 471 ss

Vasconcelos, Pedro Pais de – «Unidroit – Interpretação do contrato (comparação das regras UNIDROIT e das regras do Código Civil português)», *Themis*, 2000, pp. 235 ss.

Vicente, Dário Moura – «Desconformidade e garantias na venda de bens de consumo: a Diretiva 1999/44/CE e a Convenção de Viena de 1980», *Themis*, 2001, pp. 121 ss. (reproduzido em *Direito Internacional Privado. Ensaios*, vol. I, Coimbra, Almedina, 2002, pp. 35 ss.). – «Um Código Civil para a Europa? Algumas reflexões», *in* António Menezes Cordeiro e outros (organizadores), *Estudos em homenagem ao Professor Doutor Inocêncio Galvão Telles*, vol. I, Coimbra, Almedina, 2002, pp. 47 ss. (reproduzido em *Direito Internacional Privado. Ensaios*, vol. I, Coimbra, Almedina, 2002, pp. 7 ss.). – «A Convenção de Viena Sobre a Compra e Venda Internacional de Mercadorias: características gerais e âmbito de aplicação», *in Estudos de Direito Comercial Internacional*, Coimbra, Almedina, 2004, pp. 271 ss. (reproduzido *in Direito Internacional Privado. Ensaios*, vol. II, Coimbra, Almedina, 2005, pp. 39 ss.). – «A unificação do Direito dos Contratos em África: seu sentido e limites», *BFDB*, nº 8 (2008), pp. 243 ss. (reproduzido *in Direito Internacional Privado. Ensaios*, vol. III, Coimbra, Almedina, 2010, pp. 87 ss.). – «Perspectivas da harmonização e unificação internacional do Direito Privado numa época de globalização da economia», *in* AAVV, *Estudos em honra do Prof. Doutor José de Oliveira Ascensão*, Coimbra, Almedina, 2008, vol. II, pp. 1653 ss. (reproduzido *in Direito Internacional Privado. Ensaios*, vol. III, 2010, Coimbra, Almedina, 2010, pp. 87 ss.).

Witz, Claude – «Rapport de synthèse», *in* Christophe Jamin/Denis Mazeaud (orgs.), *L'harmonisation du droit des contrats en Europe*, Paris, Economica, 2001, pp. 161 ss.

Zimmermann, Reinhard – *Comparative Foundations of a European Law of Set-Off and Prescription*, Cambridge, Cambridge University Press, 2002. – «Codification. The Civilian Experience Reconsidered on the Eve of a Common European Sales Law», *ERCL*, 2012, pp. 367 ss. – «Limitation of Liability of Damages in European Contract Law», *The Edinburgh Law Review*, 2014, pp. 193 ss.

ÍNDICE DE ABREVIATURAS

AAFDL	–	Associação Académica da Faculdade de Direito de Lisboa
AAVV	–	autores vários
ABGB	–	Allgemeines Bürgerliches Gesetzbuch
ac.	–	acórdão
A.C.	–	The Law Reports, Appeals Cases (Londres)
AcP	–	Archiv für die civilistische Praxis (Tubinga)
ADC	–	Anuario de Derecho Civil (Madrid)
AJCL	–	American Journal of Comparative Law (Berkeley, Califórnia)
AJIL	–	American Journal of International Law (Nova Iorque)
All E. R.	–	The All England Law Reports (Londres)
ALR	–	Allgemeines Landesrecht
Arab L.Q.	–	Arab Law Quartely (Londres)
Arch. phil. droit	–	Archives de philosophie du droit (Paris)
art.	–	artigo
Austr. L.J.	–	Australian Law Journal (Sidney)
Ann. Dir. Compar.	–	Annuario di Diritto Comparato e di Studi Legislativi (Roma)
ATF	–	Arrêts du Tribunal Fédéral Suisse (Lausana)
BB	–	Der Betriebs-Berater (Heidelberga)
BDDC	–	Boletim de Documentação e Direito Comparado (Lisboa)
Beijing L.R.	–	Beijing Law Review (Beijing)
BFDB	–	Boletim da Faculdade de Direito de Bissau (Bissau)
BFDUC	–	Boletim da Faculdade de Direito da Universidade de Coimbra (Coimbra)
BGB	–	Bürgerliches Gesetzbuch (Código Civil alemão)
BGE	–	Entscheidungen des Schweizerischen Bundesgerichts (Berna)
BGH	–	Bundesgerichtshof
BGHZ	–	Entscheidungen des Bundesgerichtshofes in Zivilsachen (Berlim/Colónia)

BMJ	–	Boletim do Ministério da Justiça (Lisboa)
Bull. Civ.	–	Bulletin des arrêts de la Cour de Cassation: chambres civiles (Paris)
BOA	–	Boletim da Ordem dos Advogados (Lisboa)
BVerfGE	–	Entscheidungen des Bundesverfassungsgerichtshofes (Tubinga)
c.	–	cerca de
Cambridge L.J.	–	The Cambridge Law Journal (Cambridge)
cap.	–	Capítulo
CC	–	Código Civil
CDADC	–	Código do Direito de Autor e dos Direitos Conexos
CDP	–	Cadernos de Direito Privado (Braga)
CESL	–	Common European Sales Law
cfr.	–	confrontar
Ch. D.	–	Law Reports, Chancery Division (Londres)
Chicago-Kent L.R.	–	Chicago-Kent Law Review (Chicago)
China-EU Law J.	–	China-EU Law Journal (Berlim)
CISG	–	Convention on the International Sale of Goods
cit.	–	citado
CJ	–	Colectânea de Jurisprudência (Coimbra)
CJSTJ	–	Colectânea de Jurisprudência. Acórdãos do Supremo Tribunal de Justiça (Coimbra)
CJTJ	–	Colectânea de Jurisprudência do Tribunal de Justiça das Comunidades Europeias (Luxemburgo)
CMLR	–	Common Market Law Review (Haia)
CNUDCI	–	Comissão das Nações Unidas para o Direito Comercial Internacional
Co. Rep.	–	Coke's Reports (Londres)
col./cols.	–	coluna/colunas
Columb. J.Transnat'l.L.	–	Columbia Journal of Transnational (Nova Iorque)
Columbia L.R.	–	Columbia Law Review (Nova Iorque)
Coord.	–	coordenador
Cornell L. Rev.	–	Cornell Law Review (Ythaca, Nova Iorque)
CPI	–	Código da Propriedade Industrial
CTF	–	Ciência e Técnica Fiscal (Lisboa)
CRP	–	Constituição da República Portuguesa
D.	–	Digesto
DCFR	–	Draft Common Frame of Reference
Dir.	–	O Direito (Lisboa)
D.L.	–	Decreto-Lei
Doc.	–	Documento
DP	–	Dalloz Périodique (Paris)
DPCI	–	Droit et Pratique du Commerce International (Paris)

DR – Diário da República (Lisboa)
Duke L.J. – Duke Law Journal (Durham, Carolina do Norte)

EBLR – European Business Law Review (Londres)
ed. – edição
EDD – Enciclopedia del Diritto
EG – Estates Gazette (Londres)
EJCJS – Electronic Journal of Contemporary Japanese Studies
EJCL – Electronic Journal of Comparative Law (Tilburg)
EJLS – European Journal of Legal Studies (Florença)
El. & Bl. – Ellis and Blackburn's English Queen's Bench Reports (Londres)
E.R. – The English Reports (Londres)
ERCL – European Review of Contract Law (Berlim)
est. cit. – estudo citado
Eur. Rev. Priv. Law – European Review of Private Law (Deventer)
EWCA Civ. – England and Wales Court of Appeal (Civil Division)
EWHC QB – England and Wales High Court (Queen's Bench Division)

FI – Il Foro Italiano (Roma)

German L.J. – German Law Journal (Frankfurt a.M.)
Giur. It. – Giurisprudenza italiana (Turim)
Giust. civ. – Giustizia Civile (Milão)
GPR – Zeitschrift für Gemeinschaftsprivatrecht (Munique)

Harvard L.R. – Harvard Law Review (Cambridge, Massachussets)

I. – Institutiones
ICLQ – International and Comparative Law Quarterly (Londres)
IECL – International Encyclopedia of Comparative Law (Tubinga)
IHCA – International Handbook of Commercial Arbitration (Haia)
IPRax – Praxis des Internationalen Privat- und Verfahrensrechts (Bielefeld)

J. Contract L. – Journal of Contract Law (Sydney)
J.Int.Arb. – Journal of International Arbitration (Londres)
JCL – The Journal of Comparative Law (Londres)
JCP – Juris-classeur Périodique (Paris)
JETL – Journal of European Tort Law (Viena)
JhJh – Jherings Jahrbücher für die Dogmatik des bürgerlichen Rechts (Iena)
JOCE – Jornal Oficial das Comunidades Europeias (Luxemburgo)
JuS – Juristische Schulung (Munique)
JZ – Juristenzeitung (Tubinga)

K.B. – Law Reports, King's Bench Division (Londres)

LQR – The Law Quarterly Review (Londres)
LR – Law Reports (Londres)

M&W – Meeson & Welsby's Exchequer Reports (Londres)
McGill L.J. – McGill Law Journal (Montreal)
Mich. L. Rev. – Michigan Law Review (Ann Arbor, Michigan)
MLR – The Modern Law Review (Oxford/Cambridge)

n. – nota
N.E. – Northeastern Reporter (St. Paul, Minesota)
NGCC – La nuova giurisprudenza civile commentata (Pádua)
NJ – Nederlandse Jurisprudentie (Zwolle)
NJW – Neue Juristische Wochenschrift (Munique)
n.m. – número à margem
NssDI – Novissimo Digesto Italiano
N.Y.S. – New York Supplement Reporter (St. Paul, Minesota)

ob. cit. – obra citada
OHADA – Organização Para a Harmonização do Direito dos Negócios em África
org. – organizador
Ox.J.L.St. – Oxford Journal of Legal Studies (Londres)

p./pp. – página/páginas
Pace Int'L L. Rev.. – Pace International Law Review (Nova Iorque)
PECL – Principles of European Contract Law
Polis – Polis - Enciclopédia Verbo da Sociedade e do Estado (Lisboa/São Paulo)

Q.B. – Law Reports, Queen's Bench Division (Londres)

RabelsZ – Rabels Zeitschrift für ausländisches und internationales Privatrecht (Tubinga)
RBDC – Revista Brasileira de Direito Comparado (Rio de Janeiro)
RCDIP – Revue Critique de Droit International Privé (Paris)
RCDP – Rivista Critica del Diritto Privato (Nápoles)
RCP – Responsabilità Civile e Previdenza (Milão)
RdC – Revue des Contrats (Paris)
RDC – Revista de Direito Civil (Lisboa)
RDCC – Revista de Direito Civil Contemporâneo (São Paulo)
RDCDGO – Rivista di Diritto Commerciale e del Diritto Generale delle Obbligazioni (Como)

RDE – Revista de Direito e Economia (Coimbra)
RDES – Revista de Direito e Estudos Sociais (Coimbra)
RDI – Revista de Direito Intelectual (Coimbra)
RDIDC – Revue de Droit International et de Droit Comparé (Bruxelas)
Rec. Cours – Recueil des Cours de l'Académie de La Haye de Droit International (Haia)
Rec. Dalloz – Recueil Dalloz (Paris)
Reimpr. – Reimpressão
Rep. foro it. – Repertorio del Foro Italiano (Roma/Bolonha)
Rev. arb. – Revue de l'arbitrage (Paris)
RFDUL – Revista da Faculdade de Direito da Universidade de Lisboa (Lisboa)
RFDUP – Revista da Faculdade de Direito da Universidade do Porto (Porto)
RGZ – Entscheidungen des Reichtsgerichts in Zivilsachen (Berlim e Leipziga)
RIDA – Revue Internationale des Droits de l'Antiquité (Paris)
RIDB – Revista do Instituto de Direito Brasileiro (Lisboa)
RIDC – Revue Internationale de Droit Comparé (Paris)
Riv. Dir. Civ. – Rivista di Diritto Civile (Pádua)
RIW – Recht der Internationalen Wirtschaft (Heidelberga)
RLJ – Revista de Legislação e Jurisprudência (Coimbra)
ROA – Revista da Ordem dos Advogados (Lisboa)
RPC – Reports of Patent, Design and Trademark Cases (Oxford)
RPCC – Revista Portuguesa de Ciência Criminal (Coimbra)
RTDC – Revista Trimestral de Direito Civil (Rio de Janeiro)
RTDCiv. – Revue Trimmestrielle de Droit Civil (Paris)

s./ss. – seguinte/seguintes
S. – Recueil Sirey (Paris)
SCR – Supreme Court Reports (Otava)
s.d. – em indicação de data
S.E. – South Eastern Reporter (St. Paul, Minesota)
SI – cientia Iuridica (Braga)
s.l. – sem indicação de local
SALJ – The South African Law Journal (Cidade do Cabo/Joanesburgo)
Sem. Jud. – La Semaine Judiciaire (Genebra)
SJZ – Schweizerische Juristenzeitung (Zurique)
Southwestern L. J. – Southwestern Law Journal (Los Angeles, Califórnia)
STJ – Supremo Tribunal de Justiça
S.W. – South Western Reporter (St. Paul, Minesota)

t. – tomo
Tel Aviv St. L. – Tel Aviv University Studies in Law (Tel Aviv)

TSAR	–	Tydskrif vir die Suid-Afrikaanse Reg/Journal of South African Law (Cidade do Cabo/Joanesburgo)
Tul.J.Int.Comp.L.	–	Tulane Journal of International and Comparative Law (Nova Orleães, Luisiana)
Tul. L. R.	–	Tulane Law Review (Nova Orleães, Luisiana)
U. Chi. L. Rev.	–	University of Chicago Law Review (Chicago)
UKPC	–	United Kingdom Privy Council
UKSC	–	United Kingdom Supreme Court
ULR/RDU	–	Uniform Law Review/Revue de Droit Uniforme (Roma)
UNESCO	–	Organização das Nações Unidas Para a Educação, Ciência e Cultura
UNIDROIT	–	Instituto Internacional Para a Unificação do Direito Privado
U.S.	–	United States Supreme Court Reports (St. Paul, Minesota)
v.	–	*versus*
v.g.	–	*verbi gratia*
Va. L.Rev.	–	Virginia Law Review (Charlottesville, Virginia)
VersR	–	Versicherungsrecht (Karlsruhe)
vol.	–	volume
Wash. & Lee L. Rev.	–	Washington and Lee Law Review (Lexington, Virginia)
WLR	–	The Weekly Law Reports (Londres)
Wisconsin L.R.	–	Wisconsin Law Review (Madison, WI)
Yale L.J.	–	The Yale Law Journal (New Haven, Connecticut)
ZEuP	–	Zeitschrift für Europäisches Privatrecht (Munique)
ZfRV	–	Zeitschrift für Rechtsvergleichung, Internationales Privatrecht und Europarecht (Viena)
ZSR	–	Zeitschrift für Schweizerisches Recht (Basileia)
ZverglRW	–	Zeitschrift für vergleichende Rechtswissenschaft (Estugarda)

ÍNDICE ANALÍTICO